做有温度的教育
——瓯越教育人在行动
（中册）

主　编　伍　挺
副主编　潘建中　黄　静　钱　勇

北京理工大学出版社
BEIJING INSTITUTE OF TECHNOLOGY PRESS

内 容 提 要

本书是温州市"瓯越教育人才"培养计划("教育名家"培养对象、"未来名师"培养对象)的研修成果。全书分"办学思想""教学风格""专业成长""学科教学""立德树人""课程建设""教育故事"七大板块。本书的内容都来自校长、教师们的丰富实践,包含着他们在办学、教学过程中的真知灼见。本书可供中小学校长、教师们阅读。

版权专有　侵权必究

图书在版编目(CIP)数据

做有温度的教育：瓯越教育人在行动. 中册 / 伍挺主编. —北京：北京理工大学出版社，2021.5
ISBN 978-7-5682-9822-3

Ⅰ.①做…　Ⅱ.①伍…　Ⅲ.①中小学教育－教育研究　Ⅳ.①G632.0

中国版本图书馆CIP数据核字(2021)第091687号

出版发行 / 北京理工大学出版社有限责任公司	
社　　址 / 北京市海淀区中关村南大街5号	
邮　　编 / 100081	
电　　话 / (010)68914775(总编室)	
(010)82562903(教材售后服务热线)	
(010)68948351(其他图书服务热线)	
网　　址 / http://www.bitpress.com.cn	
经　　销 / 全国各地新华书店	
印　　刷 / 北京紫瑞利印刷有限公司	
开　　本 / 787毫米×1092毫米　1/16	
印　　张 / 27.5	责任编辑 / 江　立
字　　数 / 668千字	文案编辑 / 江　立
版　　次 / 2021年5月第1版　2021年5月第1次印刷	责任校对 / 周瑞红
定　　价 / 498.00元(共3册)	责任印制 / 边心超

图书出现印装质量问题，请拨打售后服务热线，本社负责调换

序

利民莫先于兴学，兴学莫过于强师。

西晋太康年间，横阳学宫创立。瓯越大地，崇学重教之风即成传统，1700余年，弦歌不辍。

南宋永嘉学派，主张"经世致用，义利并举"，事功思想蔚然成风；清末大儒孙诒让，办实业，兴学校，求民智之开通，救民族于危亡，苦志力行，为浙南近代教育奠定基础。

温州教育，承传统古风，迎时代先潮。

依据中共中央、国务院《关于全面深化新时代教师队伍建设改革的意见》，结合温州市"十三五"教育事业发展规划，以办人民满意的教育为目标，温州市教育局于2018年至2020年间积极推进"瓯越教育人才"培养计划，分别实施"百千万工程"，即选拔100名"教育名家"培养对象、1 000名"未来名师"培养对象、10 000名"未来骨干教师"培养对象进行为期3年的培训。

其中，"教育名家"和"未来名师"培养对象采取了集中、分组、跟踪的过程性培训机制。三年坚持、三年探索，初步走出了一条富有温州特色的高质量教育人才培养之路。主要可以概括为：走进知名高校，开阔理论视野，熏养教育情怀；走近知名学校与名师，汲取管理经验，体悟教学艺术；聘请国内知名学科专家，深化个人实践，总结提炼经验；开展本地知名教师高端对话，促进相互学习，打造发展共同体；接轨温州骨干教师考核机制，着重实际行动，实现过程提升。

三年培训，走访省内外的高校与名校，对接省内外的名师，力求以"名"促"名"，体现了培训的高标性、学员的自主性、同伴的互动性、渠道的灵活性、过程的深入性和结果的评价性。

三年培训，其间虽受疫情严重冲击，但温州教育的未来名家名师们，抗疫之时率先承担公益网课，开展线上研训，深入探索线上教学的有效性，复学之后积极研究线上线下教学的融合，成就了学的多种可能，又丰厚了教的多样创造，教育教学成长之路从未阻断。

据不完全统计，三年之中，这批学员队伍中新晋了15位省特级教师、18位正高级教师、24位温州市名校长名教师名班主任、15位省教坛新秀，以及一批温州市教坛新秀、教坛中坚，新结了许多颇具价值的教科研成果，新出了许多温暖而有创意的生动案例。

而今，三年研修周期行将结束，以"教育名家"培养对象和"未来名师"培养对象为主的《做有温度的教育——瓯越教育人在行动》亦将付梓。翻阅样稿，一个个熟悉的名字，一次次熟悉的场景，共同演绎发生在身边的温州教育史。

"办学思想"板块。在未来已来的背景下，温州的校长、园长们，无不在思考：如何传承办学的传统，如何融入技术的力量，如何寻找学校的特质，如何更好地激发人的潜力，正是有了他们进取而又切近的想法和做法，方有温州近年来各层次、各类别优质学校的涌现。学校特色的背后，是办学者的深深思索。

"教学风格"板块。这些文章中，我们又读到了精益求精的匠人精神和独到的艺术视角，更有一种对教育教学的无比炽爱与对教学境界的孜孜以求。只有将教学看作生命的一部分，教学方成为艺术，教育工作才具备无比的魅力。温州教师培养有"五格四型三类"的体系，这些案例让我们看到如何从个人"升格"到形成个人风格，看到书写者们从优秀教师成长为领航型教师的可能。

"专业成长"板块。这是一种踏踏实实的进步与改变，既有个人的，又有团队的。他们都是从普通教师成长起来的"温州名师"，或者都只是扎根于一线的"平凡的温州教师"，阅读他们的成长之路，总是与阅读、科研、自我坚持密不可分，这是一个逐渐发现自我并开始努力成就自我的过程。对教育工作的热爱是在深入的教育工作中慢慢被点燃的，直至成为一种终生坚守的理想信念。

"学科教学"板块。这一板块数量最多，均来自老师们最为真切的日常记录，代表着温州基础教育各层面、各学科教学的最新动态。我们可以看到温州的教师如何用自己的智慧将核心素养落地，又如何用创意让深度学习成为可能。温州教育从来不缺乏对改革的敏感与勇气，也不缺乏来自最为一线的创造与践行，这种革新意识和勇气，正是温州精神的特质。

"立德树人"板块。陶行知先生言："生活即教育。"如何利用生活中的一切契机去进行教育上的唤醒？这些文章提供了丰富的范例，或是校园运动会，或是校园微拍，或是德育银行，点点滴滴，春风化雨，启示我们每位教育者如何改变一个孩子，如何去创造教育的奇迹。只有爱才可以点燃爱，只有温暖才可以增添温暖，只有心灵方能唤醒心灵。

"课程建设"板块。这些文章让我们看到，一位教师如何像大树扎根大地般的深入，在教学中做一次系统化的整体思考与梳理。更让人心动的是，这些课程多与具体的校情或瓯越乡土风情结合，启发我们思考温州的教育需要什么样的课程，而温州的课程又能为培养优秀的未来温州人才提供怎样的支撑。

"教育故事"板块。这些故事是属于温州教育人自己的，非常朴素，极其温暖，满是感动，它们就是瓯越大地上的每一位教师的日常。一样的辛苦付出，一样的富有激情；一样的遇到困难，一样的充满智慧；温州教育人用敢爱敢拼的奋斗精神，在瓯越的热土上演绎着属于自己的精彩。让我们不得不感叹，教育的力量就在身边，每一位教师都是了不起的。

《做有温度的教育——瓯越教育人在行动》是瓯越教育人才们的奋斗记忆，有着温州教育人特有的精神印记，还启示着瓯越教育人才队伍的未来建设。

极为不平凡的2020即将过去，2021在人们的期待中款款而来。

时代需要瓯越教育人才追求卓越。

2021年，"十四五"开局，全面建设社会主义现代化国家开启新征程。党的十九届五中全会指出，"十四五"时期要建设高质量教育体系，到2035年要建成教育强国。温州市委"十四五"规划建议提出，温州要打响"学在温州"品牌，打造"未来教育"标杆，建设教育教学水平在"长三角"领先、在全国有较大影响力的教育高地。

在第一轮培养行动的经验基础之上，进一步培育瓯越教育人才，提升并扩大温州高层次教育人才的质与量，是历史赋予的使命。我们急需一批具有教育情怀，富有创新思想，在教育教学路上能进行坚韧不拔探索的未来名家和名师，立大志、学大师、成大家，争做"未来教育"的温州领航者，带动更多的温州教师，以瓯越教师群体的力量托举温州成为教育的高地，为教育强国宏伟目标的实现添上一笔属于温州的精彩。

时代需要瓯越教育人才守正创新。

世界正进入一个百年未遇的大变局中，未来世界充满着复杂性与不确定性，需要教育者守住教育的本真，开启学习的未来。

面对"未来教育"，瓯越教育人才们要守得一身正气，以孙诒让这样的瓯越先贤为榜样，将为国育才作为人生的使命，立德树人，争做让党放心、家长满意、学生爱戴的温州良师典范；面对"未来教育"，瓯越教育人才们要勇于、善于改变自我角色，创新教书育人的方式，不断适应高质量教育发展的要求，要率先具备全方位应对、深度介入未来学习、教学与教育变革的综合素养和能力，要率先成为未来教学模式变革的创造者、引领者和优先示范者，争做"未来教育"浪潮的弄潮儿。

温州市瓯越教育人才培养的第一轮研训行动结束了，更好、更长的研训在于自我学习的坚持，真正的教育者必是终身的自我学习者。期待在不久的将来，这支队伍里能走出更多有全国影响力的瓯越名家和名师，引领温州全体教师，以奋斗奋进的温州人精神，奋力续写新时代温州教育创新史！

温州市教育局党委委员、副局长　伍挺
2020 年 12 月

目录

模块四 学科教学 001

01	通过数学实验教学落实高中数学建模核心素养	黄高湧	2
02	基于核心素养的地理新高考备考策略	叶克鹏	9
03	"一题一课"教学中的问题选择及其实施策略	吴立建	16
04	在音乐教学中调适高中生不良心理的策略	赵蓓莹	22
05	智能教学工具辅助下的数学个性化诊断教学实践	叶事一	27
06	视听体验:小学音乐课堂多声教学的策略	项雅丽	32
06	借助概念复习 构建知识体系	曾小豆	38
08	因"生"而"活"		
	——基于学生主体的思政课议题式教学思考	张恩丰	43
09	"一卡一单"促进科学深度学习的教学模式	谢杰妹	47
10	从展示走向问题解决		
	——对一次送教下乡活动的思考	屈小武	54
11	"五·四式"反思学习模式的建构与反思	吴加涛	58
12	高中英语复习教学中作业分层有效性的探究	陈晓静	66
13	基于实践力培养的地理模拟实验改进与反思	金开任	70
14	"素养为本"的化学大单元教学设计		
	——以"氧化还原反应"单元教学为例	郑益哈	75
15	构建基于微课的、生本位的课堂教学模型	陈宗造	80
16	立足三"自" 凸显三"化"		
	——道德与法治课"深度学习"的路径探析	林雪微	86

17	初中"三学联网"智慧课堂教学实践与探索	叶益耿	91
18	差异化"三单"教学内容的选择与设计	曾淑萍	96
19	统编教材单元统整视域下的教学策略研究		
	——以五下第八单元为例	牟原喜	103
20	统编教材视域下小学阅读教学支架设计问题与对策	朱广久	110
21	以拓导思 以探激能		
	——浅谈拓展课培养学生的探究能力	陈加仓	116
22	以儿童为中心的角色游戏的探索与实施		
	——以角色游戏"梦多多小镇"为例	陈晓为	123
23	搭建支架:促学活动的核心任务	单志明	129
24	基于想象力培养的小学不同学段整书阅读导读点探索	吴金红	134
25	区域推进幼儿园自主游戏的实施策略	陈声叠	140
26	基于学科核心素养,优化高中信息技术原创试题的命制	雷 鸣	146
27	中度智障儿童拼音学习策略探究	周洁静	153
28	读人·读文·读世界		
	——例谈小学课外联结式阅读的实践路径	潘 旸	157
29	英语学习活动观视域下的初中英语语言综合运用课教学	刘 毅	162
30	语文教育的"道"与"技"	解观凯	167
31	关注互涉文本,助力阅读教学	丁家盛	172
32	谈风景摄影的"着眼点"在语文教学中的应用	吴 君	176
33	研究数学中考试题,探索初高中衔接教学	林 荣	182
34	深度学习视角下的学本课堂		
	——以高一基本不等式复习课为例	徐登近	191
35	"大单元"教学,促进学生深度学习	鲁友栋	197
36	基于云阅卷数据的英语客观题精准讲评	王学义	201
37	主题意义下高中英语单元整合教学的实践探究		
	——以人教版新课标"M6U3 A Healthy Life"为例	蔡新虹	204
38	在重演中建构物理知识	陈礼请	210
39	探讨利用同屏软件提高课堂教学效率	许文龙	215
40	基于物理"微专题"精准教学例析	卓建银	219

41	基于现代学习方式的灵动学习空间建设和使用	陶光胤	226
42	基于"学情视角"的语文教学有效性的实践与探索	陈珊景	233
43	淘金式教学模式下的小说单元整体教学	魏金德	236
44	透视教材,深度融合 ——大观念背景下的初三大一轮复习的实践和思考	陈颖娣	241
45	基于思维导读单的初中英语模块话题复习策略	林秋玲	246
46	发展性教学评价在初中英语口语中的实践研究	杨桂琴	253
47	借力深度学习 落实核心素养	陈 飞	260
48	初中道德·法治课有效教学情境创设策略	陈德新	266
49	"空间感知"素养下的地理学具的应用与实践	卓艺颖	270
50	理解·超越·聚焦 ——历史与社会课程内容的整合与优化	钱文辉	277
51	基于学习进阶的学情研判在优化初小衔接教学中的设计与实践	徐洁茹	283
52	初中科学课堂中"如何引发学生提问"的思考	董素琴	297
53	来,一起拆掉课堂的墙!	何优优	303
54	例谈高中信息技术《算法》教学优化策略	朱清闽	308
55	《App设计师》社团课程的项目化学习探究与实践	刘 荃	312
56	无画处皆成妙境 ——小学美术课堂教学"留白"艺术的探析	叶怡妲	316
57	抓实"六字诀"突出概念教学本质	张海萍	322
58	有的放矢,让"学习单"更给力 ——谈语文课堂阅读练习设计的若干策略	沈 虹	327
59	一年级语文"反思性学习"能力的培养策略	张滨雁	332
60	浅谈消除一年级新生入学焦虑的策略	郭琼琼	337
61	学海无涯"图"作舟 ——思维导图在小学语文教学中的应用	黄亦娜	341
62	统编教材写人类习作的编排探析与实践策略	柯 珂	349
63	梯度校本教研培训模式的实践与反思	胡安莲	355
64	习得·运用·完善:习作单元"三步式"教学策略 ——以统编教材五年级上册第五单元习作单元为例	郑 伟	361

65	单元统整思路下教学目标的系统解读与实施路径		
	——以统编教材六下册第五单元为例	周文仙	367
66	"功能性写作":让习作教学华丽"转身"	陈 杰	372
67	在"估算"中教学估算	黄剑活	378
68	基于 APOS 理论的小学数学概念教学		
	——以"百分数"教学为例	王增强	381
69	几何直观揭本质　对比沟通促联系		
	——《3 的倍数特征》的教学实践与思考	郑乐央	386
70	"大处"着眼　"小处"着手		
	——指向"整体建构"的小学数学课时教学策略	沈冬青	393
71	认知冲突策略在"反冲力"概念转化教学中的应用		
	——以《像火箭那样驱动小车》为例	陈开华	399
72	从用"尺子"到发明"尺子"		
	——低段科学课工程思维渗透的教学策略	戴乐韵	404
73	基于"PBL"理念实施小学综合实践活动课程	刘康康	410
74	"淘宝式学习"推进小学综合实践活动		
	——以《牵手传统节日》课程为例	陈长春	413
75	小小手指　大大创意		
	——"手指创意"在美术课堂的实践与思考	高 洁	419
76	生本理念下的幼儿园规则游戏自主化的再思考	王 畅	425

模块四 学科教学

教学技能是表现在教学活动中的教学行为方式，是一种富有灵活性、开放性和创造性的高级技能，是教师专业素养的外化形式。课堂教学是一门艺术，是教师在课堂上采用优美的语言、和谐的动作、高尚的情操，给学生以美的享受。

在课堂教学中，面对一个个有丰富情感和个性的学生，教师的个性化、灵活化、多样化的评价，是激发学生个体潜能发挥的重要因素。要及时把握和利用课堂动态生成因素，用恰如其分的表扬、充满关怀的批评、满怀希望的鼓励，帮助学生营造一个愉悦、宽松的学习气氛，从而给学生创造出一个认识自我、建立自信的空间。

教学，同时也是为学生服务，以学论教应是教师必须具有的意识。提高教学的有效性，就应贴近学生的知识、情感和思维。

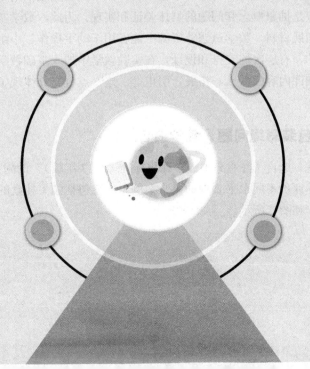

通过数学实验教学落实高中数学建模核心素养

温州市龙湾区教师发展中心　黄高湧

《普通高中数学课程标准（2017年版）》将"把握数学本质，启发思考，改进教学"作为数学课程的基本理念之一，要求数学教学从数学问题的本质出发，通过适当的教学设计促进学生对知识的理解掌握。基于创建高中实验教学的目标，借助数学实验这一较为开放的载体，能够更好地进行课堂教学设计，以体现促进学生研究、创新的育人要求。

一、落实数学核心素养的数学实验教学

高中数学总是给学生一种复杂无用、枯燥乏味的印象，高强度的抽象性和知识量使得学生在学习中遇到较大阻碍，从而很难对概念本质进行理解，将所学知识进行串联和融会贯通。作为数学实验教学的首要任务，是要将所学知识点与现实世界的联系进行深入剖析，拉近数学与学生的距离，将其去抽象性，体现"应用"二字，因此，数学实验教学以"数学实验"的形式为载体，意在帮助学生更好地理解课本知识。

高中数学实验教学可从广义和狭义两个角度理解，广义上的数学实验即在数学的背景下，经历设置情境或提出问题、问题理解和转化、动手实践验证再到解决问题的一系列过程，达到应用数学知识和技能、强化知识理解、思维训练的目的，实验教学过程中学生经历的过程需被强调和重视；狭义上的数学实验需关注实验的模式，包括动手制作、数学软件学习、问题的探究、验证性实验的设计和实施等。对于高中生而言，数学实验应是依附于日常学习的，课本知识的拓展与深入也应是抽象概念和问题的具体验证和实现。为此，数学实验教学尝试挖掘数学教材、课外辅导和拓展材料、数学试题等资源中能够用于动手操作、小组讨论或数学建模的相关内容，进行递进的、有层次的安排和设计，在实验教学中加入基础数学课来不及或没有条件提及的内容，是基础课内容的深入、拓展、引申等。这一点也充分体现了数学实验教学落实数学核心素养的理念。

二、数学实验《包装彩绳问题》教学内容

《包装彩绳问题》选自《普通高中数学课程标准（2017年版）》的附录2教学与评价案例，属于对数学建模素养评价不同水平表现的一个案例。内容包括购买礼盒的生活场景以及售货员的捆扎方式，如图1和图2所示。

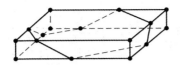

图1 捆扎方式一 　　图2 捆扎方式二

这是立体几何中论证线段长度的问题，学生验证售货员观点的两种方法反映出数学建模素养的不同水平。方法一：如果学生能够结合几个具体的长方体盒子，通过捆扎操作、测量比较的方法，得到针对这几个盒子的结论，并且能够通过归纳，提出在一般长方体盒子情况下的猜想，即使不能给出证明，也可以认为达到数学建模水平一的要求；方法二：如果学生能够用字母表示各段绳长，将长方体盒子平面展开，把问题转化为平面上折线长度的比较，把"扎紧"的表述转化为两点间直线段，最后给出一般性的结论，可以认为达到数学建模水平二的要求。最后的内容就是具体数学化的解决问题过程。建模素养水平一基本都会达到，关键是培养学生达到建模素养水平二，甚至突破到建模素养水平三，这是教学的重点，也是要突破的难点。与传统的高中数学学习的内容相比，数学建模的课例研究比较少，学习资源相对匮乏，师生都感到生疏，但它在新的高中数学课程中的位置，在数学核心素养培养过程中都显得十分特别和重要。新教材增加了数学建模具体内容以及课时，不仅能让学生体验数学建模的一般过程，而且是培养学生数学建模核心素养的重要途径。

三、数学实验教学提升核心素养解析

数学建模是对现实问题进行数学抽象。培养学生用数学语言表达问题，用数学方法构建模型解决问题的素养。数学建模过程主要包括：在实际情境中从数学的视角发现问题、提出问题、分析问题、建立模型、确定参数、计算求解、检验结果、改进模型，最终解决实际问题。数学模型搭建了数学与外部世界联系的桥梁，是数学应用的重要形式。数学建模是应用数学解决实际问题的基本手段，也是推动数学发展的动力。数学建模主要表现为发现和提出问题、建立和求解模型、检验和完善模型、解决问题。

通过高中数学实验教学能使学生有意识地用数学语言表达现实世界，发现和提出问题，感悟数学与现实之间的关联，学会用数学模型解决实际问题，积累数学实验的经验，认识数学模型在科学、社会、工程技术诸多领域的作用，提升实践能力，增强创新意识和科学精神。数学建模是一种独立的数学素养，也是一种综合程度很高的素养，因为建模的过程离不开数学抽象、逻辑推理、直观想象、数学运算、数据分析。它打破了数学知识内部的严密的知识体系和技能体系的界限，强调以学生的经验、学习实际和社会需要的问题为核心，以问题求解的需要为导向，对学生学过的数学学科内部和跨学科的知识工具、方法、资源进行整合应用，有效地培养和发展学生解决问题的能力、探究精神和实践能力。

四、数学实验《包装彩绳问题》教学设计

1. 教学基本流程

实际问题—数学问题—数学模型—求解模型—检验模型—模型应用。

2．留意身边的数学问题

问题1： 买一份精美的礼物，售货员用彩绳对礼盒做了两种方式"捆扎"，如图1和图2所示。请问：你熟悉这两种捆扎方式吗？测量这两种捆扎方式的彩绳长度并进行比较。

设计意图：

（1）让学生感知生活中的实际问题。数学建模的核心是来源于生活，用数学思想方法解决问题，最终回归现实生活。

（2）数学实验活动中非常重要的过程就是学生动手实践，通过动手捆扎礼盒亲身体会并测量两种捆扎的绳长，让学生通过实验捆扎探究彩绳长度问题，更加直观地感受空间的彩绳，只有直观上充分认识才能建立合理的空间想象，从而为建立数学模型做好铺垫。同时获得数据，为引出问题、归纳、猜想做好材料准备。

（3）学会收集生活中的数据信息，并学会用数学思维去分析数据，获得数学问题，通过设问将特殊长方体的结论推广到一般长方体，使得问题更加数学化。

3．将包装彩绳问题转化为数学问题

问题2： 对任意一个长方体礼盒，同一组对面上的"对角"捆扎和"十字"捆扎哪一种捆扎用绳更短？

设计意图：

数据从实验中来，而且对于任意一个长方体，已经不能全部从实验中获得，必须经过数学严格的证明，从而把社会问题转化为数学问题，这里最核心的就是用数学语言表示问题，也就是要建立数学模型。

4．建立立体几何数学模型

问题3： 设长方体长、宽、高分别为 x、y、z，且 $x \leqslant y \leqslant z$，设十字捆扎最短绳长为 L，求绳长 L（图2）。

十字捆扎方式的"最短"绳长（扎紧绳子再也抽不动）$L=2x+2y+4z$。

思考： 十字捆扎方式在另外两组对面上捆扎，参数如何变化？最短绳长是多少？在 z 最小的情况下，哪一组对面上的捆扎方式绳长最短？

设计意图：

（1）最短的直观感知转化为数学理解，为求解绳长奠定基础。

（2）通过不同组对面的捆扎方式的绳长，引导学生思考参数改变对结果的影响。

问题4： 设长方体长、宽、高分别为 x、y、z，且 $x \leqslant y \leqslant z$，设对角捆扎的最短绳长为 M，求绳长 M（图1）。

问题5： 如图3，如果固定 E、G 两点，那么动点 F 在 $A'B'$ 的何处时 $EF+FG$ 最短？[展平后 E、F、G 三点共线时，两点间线段最短（两边之和大于第三边）]

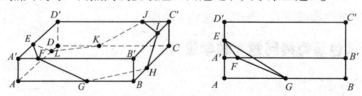

图3　求 F 点位置

设计意图：

这是教学的难点也是重点，如何突破难点是关键。利用学生原有的直观认知深度分析，"相邻"两个面展平后能够得到2条线段，如何使2条相连线段的一条折线段最短，那就是通过直观经验两点间距离线段最短，通过实际的直观感知彩绳最终是一条的，而常规六个面的展开是分散的3条相连折线最短，那么如何处理？进而引导学生直观展开的思维提升，每"相邻"两个面展开能够得到2条相连线段的一条折线段距离最短，最终实现8条线段沿着交线相邻两个面的连续展开，从而突破难点，从而提升学生直观性能力。

方法1（图4）：

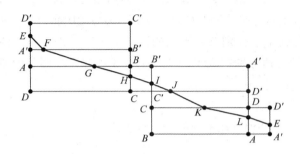

图4　方法1图

$M = \sqrt{(2x+2z)^2 + (2y+2z)^2}$，$L = 2x+2y+4z$ 用换元两边平方可得 $M < L$。

设计意图：

方法1中引导学生将相邻两个平面沿着交线连续展开将8条线段拼接在一起，实现难点的突破，学生自然而然能够想到通过勾股定理求得 M 的长度。但也有学生展开了其中4个面就停滞不前，可能是因为在展开时上底面用了两次，与学生原来的认知（长方体展开图是六个面，每个面用一次）是矛盾的。首先肯定他的想法是好的，且已经从2条线段突破到了4条线段，其次引导通过"相邻的线段在同一平面内"，继续把相邻两个面沿着交线展开，从而解决问题。这也可以培养学生勇于大胆尝试、不断进取的数学精神。

问题6：最短绳长与点 E 在棱 $A'D'$ 上的位置有关吗？点 E 在棱 $A'D'$ 上任意位置都可以吗？

设计意图：

在求得绳子长后进一步研究 E 点在棱 $A'D'$ 上的位置与绳长是否有关系，从而确定在对角扎紧的情况下，最短绳长是一样的；以及 E 点在棱 $A'D'$ 上要控制在一定范围，否则就无法实现对角在底面的捆扎，让学生体会数学建模从实践中来到实践中去。

方法2（图5）：

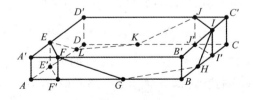

图5　方法2图

两边之和大于第三边：

$EF < EA' + A'F$, $FG < FF' + F'G$, $GH < GB + BH$, $HI < HI' + I'I$

$IJ < IC' + C'J$, $JK < J'J + J'K$, $KL < KD + DL$, $LE < LE' + EE'$

所以 $EF+FG+GH+HI+IJ+JK+KL+LE < 2x+2y+4z$，即 $M < L$。

设计意图：

将对角捆扎每一线段都构成直角三角形，目的是将直角三角形的边长与长方形的长、宽、高联系起来，其所有直角边之和就是 L 长度。或将每一线段看成向量进行正交分解，所有分解后的向量同向之和的模就是 $2x+2z$ 与 $2y+2z$，从而两边之和大于第三边。在数学建模的求解中，不断激发学生思考动力，促进学生对数学知识的灵活运用能力。

问题7： 十字捆扎的十字分别打在不同的面上有3种方式，哪一种绳长最短？能给出判断标准吗？对角捆扎的对角分别打在不同的面上有3种方式，哪一种绳长最短？能给出判断标准吗？

解：

（1）十字捆扎的十字分别打在不同的面上有3种方式（图6）。

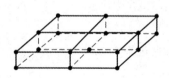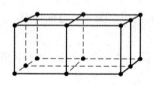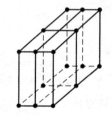

图6 十字分别打在不同面上

$L_1 = 2x+2y+4z$, $L_2 = 2x+2z+4y$, $L_3 = 2y+2z+4x$

（2）对角捆扎的对角分别打在不同的面上有3种方式（图7）。

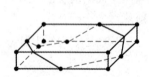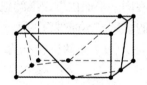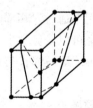

图7 对角分别打在不同的面上

$$M_1 = \sqrt{(2x+2z)^2 + (2y+2z)^2}$$

$$M_2 = \sqrt{(2x+2y)^2 + (2z+2y)^2}$$

$$M_3 = \sqrt{(2y+2x)^2 + (2z+2x)^2}$$

结论： 当 $z \leq x$, $z \leq y$ 时，即 z 最小时，十字捆扎的十字打在含 x、y 面上时，绳子最短。在 z 最小时，对角捆扎的对角打在含 x、y 面上时，绳子最短。在 z 最小时，在含 x、y 面上的对角捆扎方式绳子最短。

设计意图：

该问题的实验教学中在十字捆扎和对角捆扎分别求出绳长时，可以让学生思考探究，让学生感受数学模型中参数的变化对模型的影响，本模型中本质是让 x、y、z 互换，为后面模型应用做好铺垫，提高解决问题的效率。

5．深入探究

探究 1：

将 10 个相同的长方体礼盒，用彩纸按规则打包的形式打包成一个长方体大包，怎样打包使用彩纸最少？（礼盒长 20 cm，宽 10 cm，高 5 cm，包内物体都是全等长方体，且相邻两物体必须以全等侧面对接，打包后的结果仍是一个长方体）

探究 2：

用对角捆扎方式对如图 8 所示正四棱台进行捆扎，点 P 在线段 AB 上，且 $PB=1$，当彩绳扎紧四棱台且经过 P 点时，求此时彩绳的长度。

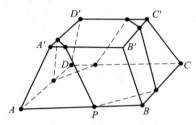

图 8　捆扎四棱台

设计意图：

立体几何模型的深化应用，主要是让学生再次运用求解模型的数学思想方法，解决立体几何中的线段问题，学生对此已经有所熟悉，而将线段长度问题拓展到面积问题更具有挑战性。同时，新的问题需要重新建模，能使学生更加熟悉数学建模的一般流程，提升学生数学建模水平。

五、实验教学实践反思

1．学生实验表现及反馈

实验教学将教师教为主导转变为学生学为主导，需要转变教学模式。数学实验的核心需要学生主动学习数学、使用数学，积极参与数学建模中的动手实验环节，在体验中感知，在体验中发现问题、提出问题、分析问题，并在建立模型与求解中自主独立思考，运用所学的数学知识、方法、思想解决问题。

数学建模要用真实情境，让学生体验到数学来源于生活，认识到知识和技能在未来的学习和生活中的价值，从而在数学与问题情境的有效互动中激发学习数学的兴趣，提升数学核心素养，培养用数学建模解决实际问题的能力。

学生主动学习并不是漫无目的的，需要教师精心设置问题进行引导，如由彩绳长度的测量出发，归纳出结论，通过建立数学模型、求解模型使实际问题得以解决，其中难点就在于对角捆扎的彩绳长度的求法，先设置问题解决 2 条线段问题，进而推广到 8 条甚至 n 条线段。

数学实验活动环节，学生相对陌生，此时需要教师多多鼓励，学生只有亲身感知，才能获得数学"源"与"流"的过程，面对求解模型环节，学生想法会较多，这时既要展示教学设计方案，又要尊重学生，让学生充分展示其求解模型的方法，在其基础上引导并解决问题，关注其解决不了的困境在哪里，并帮助学生寻找摆脱困境的方法，让学生在课堂中有成就感，形成积极活跃的课堂氛围，并让学生培养知难而上的探究精神。

2．数学实验教学的思考

通过数学实验教学的内容，激发学生对数学建模的兴趣，引导学生进行深入探究和动手实验。学生的探究实验过程有较高的自由度，教师仅起到观察和引导的作用。在探究和实验过程中对有困难的学生，建议以小组讨论的形式相互指导，实验教学希望学生经历"发现问题—探究尝试—形成方案—解决问题"这样一个现实问题解决的过程，同时，也将数学建模从"现实问题—现实模型建立—数学模型建立—数学问题解决—结论返回现实"的整个过程融入其中。数学实验教学应力求从学生熟悉的内容入手进行探究和设计，同时，教学内容的设计也应尽可能将学生所学的数学知识与现实相关联。

参考文献

[1] 刘卫锋，何霞，王尚志．高中数学建模中教师问题初探[J]．数学通报，2007（10）：13-16．

[2] 张思明．理解数学：中学数学建模课程的实践案例与探索[M]．福州：福建教育出版社，2011．

[3] 张思明，胡凤娟，王尚志．数学建模从走近到走进数学课堂[J]．数学教育学报，2017，26（6）：10-13．

[4] 李明振，喻平．高中数学建模课程实施的背景、问题与对策[J]．数学通报，2008，47（11）：8-10．

[5] 黄英芬，颜宝平，龙红兰．从应用题到建模问题的回译——一种开发数学建模素材的新思路[J]．数学通报，2019，58（9）：34-37．

[6] 童永健．深挖课本深入探究深度理解——以一堂数学实验拓展课设计为例[J]．中学教研（数学），2019（11）：21-24．

基于核心素养的地理新高考备考策略

温州市教师教育院 叶克鹏

一、了解现状知方向

在教育领域深化改革的同时,浙江省的新高考制度也在进一步推进,遵循教育规律和人才成长规律,将促进学生健康成长和全面而有个性地发展作为改革着力点,深入推进素质教育[1]。根据《浙江省深化高校考试招生制度综合改革试点方案》,新的高考制度实行考生自主确定选考科目,考生可根据本人兴趣特长和拟报考学校及专业的要求,从思想政治、历史、地理、物理、化学、生物、技术(含通用技术和信息技术)7门设有加试题的高中学业水平考试科目中,自主选择3门作为高考选考科目,并拥有两次考试机会,同时,学生可选择其中较为满意的成绩作为高考录用成绩。高校则根据各专业学科发展需要提出相应的选考科目种类和数量,结合其他选拔条件要求,综合评价,择优录取。由此,打破了"一考定终身"的机制,增加了学生的选择性,分散了考试压力,促进了学生的健康发展。

高考改革的日益深化,不仅表现在考查内容和考查方式方面,更表现在考查重心和教育方式方面,传统的备考策略与当前的育人要求偏差逐渐增大。而基于学科核心素养的新高考地理备考策略能更加全面提升学生的地理学科素养,更好地培育德智体美全面发展的社会主义建设者和接班人。

经过三年来对浙江省高考招生选考试卷的研究,笔者发现试卷的一大特点就是侧重对学生学科核心素养的考查。我们随机选取温州市部分普通高中作为调查对象,通过对正在进行地理选考备考教学的一线教师和复习迎考的学生进行调查和访谈,深入了解到现阶段选考备考的一般方式和方法,如教学计划安排、课堂教学方式、学生作业反馈、考试评价等,总结分析目前新高考背景下高中地理教学的现状及存在的问题。

二、解读变化明趋势

1. 选考试题变化概况

新高考改革后,浙江选考地理试题由学考要求的70分和选考要求的30分两部分组成。学考要求部分的试题难度值相对较低,选考要求部分的试题难度值相比老高考试题的难度则有所提升。新高考试题的最大变化还在于进一步渗透核心素养理念。地理核心素养是地理能力、地理方法、地理观念和地理思维的凝练与升华,地理核心素养具有统摄力等特点[2]。体现地理学科素养的优秀地理高考试题应该具有起点低、重心低的特点,应该立足基础、突出主干,强调基础知识、基本技能、核心素养的重要性[3]。

纵观改革后浙江高考选考地理试题，既起到评价学生能力、水平和素养，发挥高考选拔人才的功能，同时又契合新课程改革精神和素质教育的要求。浙江选考地理试卷中学考部分的试题灵活且贴近生活，综合考查学生的地理知识和地理思维；选考部分的试题一般以小区域为切口，思维量大，综合考查区域中某些地理事物现象的成因、发展变化和影响等。试题提供的参考答案突破所谓的"解题模板"，体现出整体性思想、人地和谐观等地理学的核心观念，旨在考查学生对可持续发展理念的理解。同时，试题还更多地将地理原理、规律与日常生活、社会活动紧密结合，注重考查学生的地理实践能力和学以致用的能力。例如，2017年4月的试题比2016年10月的试题更加强调回归地理基础知识，关注人地和谐；2016年10月的试题比2016年4月的试题更贴近生活，从而引导考生关注社会热点，用地理学的视角和观念去思考和解决问题。总而言之，新高考的地理试题应重视问题情境的创设，逐渐摆脱纯理论争论，始终贯彻人地关系主线，引导学生树立尊重自然、人与自然和谐相处的人地协调理念。

2. 选考考试标准解读

选考考试说明除了有对知识的考核要求，还有对学科能力的考核要求和对品质的考核要求。考试说明明确提出："地理学科命题注重考查考生的地理学习能力和学科素养，即考生对所学相关课程基础知识、基本技能的掌握程度和综合运用所学知识分析、解决问题的能力。"在这些内容要点的落实过程中，还应关注"情感态度与价值观"的目标，关注人口、资源、环境和区域发展等问题，从而积累并提升学生的科学素养和人文素养，以使学生能够正确认识人地关系，形成可持续发展的观念，珍爱地球，善待环境。这些无一不在强调地理核心素养的重要作用，强调学生区域认知、综合思维、地理实践力、人地协调观四个方面须全面发展，相辅相成。

三、剖析问题找不足

1. 新高考突出了素养立意和能力考核

地理学科核心素养理念不仅强调地理知识与技能，还强调了获取知识和技能的方法与能力，关注知识和技能的生成过程，重视学生的体验、探究与理论升华，强调学生在此过程中的德智体美全面发展。因此，对学生核心素养的培养应渗入其课内外学习和日常生活的方方面面。目前，浙江省的高中大多是寄宿制，对于绝大部分高中生而言，课堂学习、校园生活占据了其主要的时间，从这个角度来讲，课堂应是渗透地理学科核心素养的主阵地，对提升学生地理学习能力显得尤为重要。即使在选考备考阶段，教师仍需重视对学生学科核心素养的培养。

（1）备考需重视知识的自主建构。选考备考时的课型大多为复习课，此阶段学生已有一定的基础知识储备，他们缺乏的往往是知识的"唤醒"与知识体系的构建。根据地理学科四大核心素养的内涵，这样的课堂最需要教师基于学生已有的学习基础和学习能力，创设较为贴近学生生活认知的情境，给学生充分的思考和探究空间，从而引领学生构建适合自身需要的知识框架，弥补自身能力不足，发展地理综合能力。

（2）备考需加强学习的自我体验。地理是一门与生活紧密联系的学科，学生地理核心素养的发展需要切实体会，亲身体验或者带入情境的印象远比看到或者听到某段文字描述更加深刻，触动也更加深远。受时间、师资和硬件设备等客观条件的限制，教师也可以利用多媒体、身边简单或熟悉的地理事物来营造相应的情境，留足课内和课后时间，让学生去观察、实践和思考，捕捉内心的情感流动，获得真实的地理思维，从而树立较为科学的人地观念。

（3）备考需更新教师的教学理念。新高考改革后，也有很多教师和学生发现传统备考策略的不足，但是在执行过程中常出现偏差。很大一部分原因在于教学理念并没能及时更新。因此，我们要引导教师在教学中科学设置教学进程、准确定位教学目标、全面评估学习状况，在教育教学的各个方面都应紧靠地理学科核心素养，在其内涵的指引下循序渐进，逐步向适合新高考的备考策略转变。

2．传统备考策略在备考中出现的问题

新高考改革后，不合理的备考策略可能会产生许多问题。下面就通过案例的方式来进行举例说明。

（1）重解题能力，轻地理实践。

例1：（2018年4月浙江选考）图1为2016年我国农户生活用能结构图，其中电力构成中火电占78%。

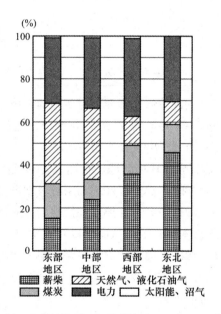

图1　2016年我国农户生活用能结构图

可再生能源使用比例最高的是（　　）。

A．东部地区　　　　B．中部地区　　　　C．西部地区　　　　D．东北地区

这道题是近几年来选考选择题中错误率最高的一道，正答率不超过20%。其实在命题时，教师并不觉得该题有难度，而是将其归类到容易题中，原因是曾经的教材版本对"薪柴"有过表述。但随着浙江省环境保护意识的增强以及经济发展水平的提升，已经几乎没有家庭或企业在利用"薪柴"，学生便缺乏这方面的真实体验和认识，再加上现行教学对此也没有涉及，从而造成学生无法判断出"薪柴"属于可再生资源，错误也就不可避免。因此，在选考备考

阶段，教学如果缺乏学科核心素养的指导和引领，就很容易变成"满堂灌"的习题讲解课，学生被动接受信息。教学强化解题所需的知识与解题技巧，从应付考试来讲是有效的，但由于学生缺乏发展实践感知与认知体验，对知识的内化做不到位，也就很难进行知识和能力的迁移。

（2）重知识讲授，缺区域认知。浙江省选考试题对区域定位的要求并不高，甚至是宽松。区域定位是为了有助于了解该区域的自然地理特征和人文地理情况，是分析区域特点的基础工具之一。区域认知内涵不仅是确定某一区域的位置，更是在此基础上运用气候、地形和区位等分析方法，对区域展开分析研究。但在传统的备考中，学生往往误认为需要精确识记地理位置，记忆区域特征，将综合题没答好的原因归结于背得不够扎实。恰恰是这样只是为了解题而学习的区域认知，最偏离区域认知的本质。如下题：

例2：（2018年11月选考）表1是我国某农作物全生育期，结合表1，判断该农作物是（　　）。

  A．水稻   B．小麦   C．玉米   D．土豆

表1　我国某农作物全生育期

月份	10月	11月	12月	次年1月	2月	3月	4月	5月	6月
月平均气温/℃	14	6	0	−2	1	8	16	21	26
月降水量/mm	27	13	5	4	7	12	18	37	57
生育期	播种发芽成苗期		越冬休眠期			返青拔节抽穗期		成熟收割期	

这组试题要求学生具有较好的区域认知素养，对我国的区域差异有较深的理解。学生只有通过表格材料提供的最冷月均温（1月）为−2 ℃，判断出该地位于我国的华北地区，再结合该农作物有越冬生长的特点，才能分析出该农作物为冬小麦。

（3）轻情感体验，少人地观念。环境问题、自然灾害和城市化等问题都是学生耳熟能详的地理现象，很多教师在新课教学时，都能很好地利用材料创设良好的情境来落实情感态度价值观目标，但在备考过程中，教师往往会舍弃掉这些情感培养的好素材，追求所谓的"以考定教，精准复习"，造成学生情感体验有限，从而难以对人生观、价值观的培养产生深层次影响，学习地理的兴趣和动力在枯燥的"地理知识讲解课"中匆匆流逝。从另一个角度来讲，新课的情感体验是初体验，复习课的情感体验才是正式体验甚至更容易升华，这对于调动学生的思考分析主动性所起的作用不可谓不大。

（4）少自主探究，缺综合思维。核心素养强调学生是学习的主体，是课堂的主人。缺乏地理学科核心素养支持的课堂，教师已然成为课堂的主导，课堂多采用教师单方面发声或者师生问答式交流，真正意义上的师生互动交流、学生独立思考、学生主动探究的机会十分有限，因此造成了学生的综合分析能力弱。

教师对地理学科素养尤其是地理核心素养理解不到位，对新高考解读不够，在课堂教学中教授多、探究少，让学生记忆多、思考少，忽视了对学生思维的培养，也忽视了对学生深度学习能力的培养，有的时候往往是以练代教、以考代学，备考缺乏有效规划，对选考试题研究浮于表层等问题都是导致新高考备考中出现上述问题的原因。

四、研究方法定策略

地理学科核心素养的落实必须结合地理学科课程[4]，地理学科课程目标的达成也要借助地理核心素养理论的指导。因此，本文基于地理核心素养，提出以下四点地理选考备考策略。

1. 加强学习，理解素养内涵

学校层面，提供良好的条件鼓励教师积极学习研究核心素养，尤其是地理学科核心素养的相关理论；教师层面，认识学科核心素养对于地理教学和学生选考的重要性，充分理解地理学科核心素养的内涵，并在教育教学实践中尝试应用。总之，对核心素养的学习要做到理念引领、政策导向、资源整合和实施调控的全面覆盖。

2. 研究试题，把握考试方向

高考招生制度改革，浙江选考地理试题的呈现方式、难度、考查重难点等或多或少发生了变化，备考策略的精准制定需要充分了解选考试题特点之后才能有较好的针对性。教学时，还需结合学生学情，把握备考教学的方向与难度，这样既能避免过分深挖造成时间浪费，又能避免过分轻视造成措手不及。

3. 创设情境，树立人地协调观

树立人地协调观是地理教育的基本要求，也是高中生应该具备的基本素养。在复习备考阶段，教师需要综合运用各种方法策略来培养和提升学生人地协调观的核心素养。进行地理实验、考察和观测是最直接有效的方式，但是受到目前各限制性因素的影响，建议教师在有限的课堂教学时空中，采用创设情境的方法来帮助学生树立人地协调观。

以湿地资源的开发与保护为例，洞庭湖湿地经历了过度开发→出现问题→合理开发与保护的过程，远在湖南的湿地对于温州地区的学生来说过于遥远，即便是课堂上利用视频、图片这样直观的方式来刺激，也总是让学生有种距离感。此时，教师可以选用本校周围的河流湿地来创设情境，设计问题，如河流发生了哪些变化？变化的原因是什么？你喜欢这样的变化吗？为河流的宁静生活出谋划策……这样学生将从视觉到听觉到触觉都能体验到，促使学生体验到"人地和谐"的重要性。

4. 课堂留白，鼓励合作探究

基于核心素养的地理备考课堂是能充分尊重学生和教师的课堂，学生的"学"与教师的"教"都应该是真实有效的[5]。这样的高效课堂，需要教师尊重学生，将主动权交给学生，认真引领，抓住问题的核心，设置活动，留足时间给学生思考、讨论和探究，让学生自己从"已知"生成"新的已知"。这样的生本课堂，需要学生尊重教师，跟进教师的课堂目标和教学设计，大胆质疑，小心求证，及时发现并反馈自己在学习过程中的问题，师生开展平等的交流和互动。

在进行"气候的地方性分异规律"教学时，教师可以在创设情境后，及时放手，引导学生进行合作探究，例如：结合北半球气候模式（表2），在世界气候分布图里找出"不按常理出牌"的气候类型名称，并根据其自然地理特征分析该气候分布在此处的原因。

表 2　北半球气候模式

气候带	纬度范围	气候类型和自然带分布模式			纬度范围
		大陆西岸	大陆内部	大陆东岸	
寒带	90°　70°	极地气候-苔原带和冰原带			90°　70°
亚寒带	60°	亚寒带针叶林气候-亚寒带针叶林带			
温带	40°	温带海洋性气候-温带落叶阔叶林带	温带大陆性气候-中部温带荒漠带，边缘温带草原带	温带季风气候-温带落叶阔叶林带	50°　35°
亚热带	30°	地中海气候-亚热带常绿硬叶林带		亚热带季风气候-亚热带常绿阔叶林带	
热带	20°　10°　0°	热带沙漠气候-热带荒漠带		热带季风气候-热带雨林带、热带草原带	25°
		热带草原气候-热带稀树草原带			
		热带雨林气候-热带雨林带			10°　0°

通过合作探究，学生不仅学会了运用北半球气候模式来确定一般情况下的气候类型，还深刻记忆了非地带性的气候类型名称及其分布位置，而且小组内同学间的互助式讨论、思考和交流，可以让学生们对非地带性气候类型形成原因留下深刻印象。

5．创造条件，加强地理实践

教育学家杜威曾指出"教育即生活，教育即生长，教育即经验的改造和重组"，这正同地理核心素养中的"地理实践力"相一致。课堂上的手工制作、教具演示是地理实践，课后生活中的各种调查、观察、野外实习也都是地理实践。但是对于选考备考的学生而言，野外实践实施的可能性并不大。因此，最佳的方案还是在课堂上提升地理实践力。

例如，利用现代科学技术，3D视图展示、Google Earth、ArcGIS等工具进行模拟和展示，或者在课堂上充分利用可利用的素材来模拟演示。以地球自转为例，笔可以充当"地球"。学生笔尖朝下竖直手持笔杆，自西向东演示地球自转，从笔帽一方向下看，可见"地球"逆时针旋转，从笔尖一方向上看，可见"地球"顺时针旋转。

6．区域认知，精选典型案例

郑冬子教授认为"区域概念内涵丰富，理论价值超过地理学中其他任何概念"[6]。随着高中地理学科的发展，对区域定位的要求也在不断变化，有效选考备考就需要精准定位选考要求，并在大量的题海中筛选符合考纲要求的区域分析试题来加以训练。

研究新高考的路还很长，随着新课标和新教材的实施，新高考的命题必然还会发生一些变化。文中的一些数据也仅是温州地区的部分学校数据，因为区域是有差异性存在的，教师的课堂和备考也都有自己的思考和策略，所以本文仅是笔者个人对于新高考的一些摸索和思考，还存在考虑不全面等情况，今后有待进一步深入研究。

参考文献

[1]浙江省教育厅．浙江省人民政府关于印发浙江省深化高校考试招生制度综合改革

试点方案的通知［EB/OL］．［2014-09-19］．http://jyt.zj.gov.cn/art/2014/9/19/art_1532974_27485645.html.

[2] 张家辉．试析地理学科核心素养体系［J］．中学地理教学参考，2015（9）：003.

[3] 袁孝亭．基于地理思想方法的地理课程与教学研究［J］．课程·教材·教法，2010（7）：82-87.

[4] 林培英，张冬梅．漫谈高中地理核心素养的提出［J］．地理教育，2016（3）：4-6.

[5] 卢莹．培养地理核心素养，构建有效思维课堂［J］．延边教育学院学报，2017，31（2）：118-120.

[6] 郑冬子．地理学中区域概念的分析［J］．信阳师范学院学报（自然科学版），1998，11（1）：66-69.

"一题一课"教学中的问题选择及其实施策略

乐清市教研室 吴立建

一、"一题一课"的概念

"一题一课"简单地说，就是教师通过对一道题或一个材料的深入研究，挖掘其内在的学习线索与数学本质，基于学情，并科学、合理、有序地组织学生进行相关的数学探索活动，从而完成一节课的教学任务，以此达成多维目标的过程。

二、"一题一课"的问题选择原则

作为"一题一课"的问题，在选择时要注意把握以下原则：浅入深出，有一定的知识容量，涉及数学思想方法多，学生思维能得到真正的锻炼；问题具有层次性，可以让不同的学生在数学上得到不同的发展；问题具有开放性，即探究过程和结果呈开放姿态，让不同层次的学生都能参与，同时又能得到不同的发展；问题具有广延性，易于学生发现问题作进一步的探究与推广。

三、"一题一课"教学设计的两个典型课例及教学流程

由于学情与问题难易程度不同，在设计"一题一课"时，应该采取不同的策略，下面以两个典型的课例说明设计的思路。

（一）针对看似比较简单的问题的设计策略

设计流程如图1所示。

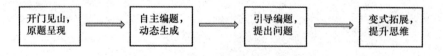

图1 比较简单问题的设计流程

比如：2015年温州市中考第8题的教学设计。

1. 开门见山，原题呈现

（2015·温州）如图2所示，点 A 的坐标是（2，0），$\triangle ABO$ 是等边三角形，点 B 在第

一象限。若反比例函数 $y=\dfrac{k}{x}$ 的图像经过点 B，则 k 的值是（　　）。

A．1　　B．2　　C．$\sqrt{3}$　　D．$2\sqrt{3}$

直接呈现原题，放手让学生讲题、做题。若个别学生有困难，可作如下点拨：从结论出发，要求 k 值，应怎样思考？可以求点 B 坐标吗？从条件出发，已知等边三角形，如何求出点 B 坐标？

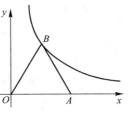

图 2　原题呈现

具体分解如图 3 所示。

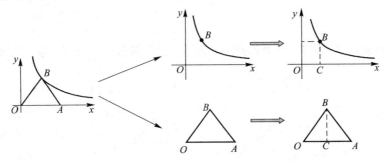

图 3　具体分解

解答后，可以以提问的方式进行小结。在解决本题时，经历了哪些过程？在这个过程中，用到了哪些知识和方法？

小结：板书如下：

特殊三角形 —→ 线段长度 —符号!→ 点的坐标 —待定系数法→ 确定 k 值

2．自主编题，动态生成

视角 1：改变三角形形状：等边三角形→直角三角形。如图 4 所示，$OB \perp AB$，$OB=4$，$AB=3$，求 k 的值。

视角 2：渗透动点：点 A 也是双曲线上的动点，即双曲线的一个分支与三角形一个交点变为两个交点，如图 5 所示，反比例函数 $y=\dfrac{k}{x}$（$k>0$）上有 A、B 两点，连接 AB、OA、OB，想探究什么问题？

预设：探究点 A、B 坐标，△ABO 的面积等。

师追问：若探究△ABO 的面积，需要哪些条件？

生：B（1，2），A（2，1）；师继续追问：若点 A（2，0.8）可以吗？

3．引导编题，提出问题

若学生编题有困难，可通过师生交流，给出如下题目：

如图 6 所示，反比例函数 $y=\dfrac{k}{x}$（$k>0$）上有点 A（2，m）和 B（1，2），连接 AB、OA、OB，求：(1) k 和 m 的值；(2) △ABO 的面积。

两小题分步呈现，可作如下提炼：k 值的代数意义；坐标乘积不变性，即 $x_1y_1=x_2y_2=x_3y_3=k$。

17

师：由 x_1y_1 同学们想到什么？提炼出 k 值的几何意义：$S_{矩形}=|k|$；师继续追问：如图 7 所示，此时 $S_{\triangle AOB}$ 是怎么计算的？本题常见的思路如图 8 所示。

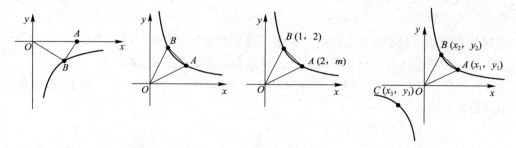

图 4　改变三角形形状　　图 5　渗透动点　　图 6　引导编题　　图 7　求解三角形面积

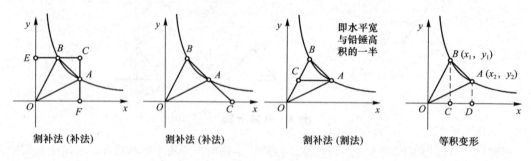

割补法（补法）　　割补法（补法）　　割补法（割法）　　等积变形

图 8　求解三角形面积思路

对于等积变形可以作如下总结：$S_{\triangle BOC}=S_{\triangle AOD}=|k|$。

再得到 $S_{\triangle AOB}=S_{梯形 ABCD}=\dfrac{1}{2}(y_1+y_2)(x_2-x_1)$。

通过比较，让学生自主选择适合自己、能够掌握的最佳解法。

4．变式拓展，提升思维

（1）由已知两点坐标→两点坐标之间的关系，如图 9 所示，反比例函数 $y=\dfrac{k}{x}$（$k>0$）上有点 B 和点 A 的横坐标之比为 $1:2$，连接 AB、OA、OB，若 $\triangle AOB$ 的面积为 $\dfrac{3}{2}$，求 k 的值。

解法一：

设点 $B(x,y)$，则 $A\left(2x,\dfrac{1}{2}y\right)$。

$\therefore \dfrac{1}{2}\left(\dfrac{1}{2}y+y\right)(2x-x)=\dfrac{3}{2}$

解得 $xy=2$，即 $k=2$。

解法二：

设点 $B\left(x,\dfrac{k}{x}\right)$，则点 $A\left(2x,\dfrac{k}{2x}\right)$

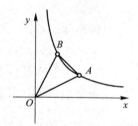

图 9　点 B 和点 A
横坐标之比 $1:2$

$$\therefore \frac{1}{2}\left(\frac{k}{2x}+\frac{k}{x}\right)(2x-x)=\frac{3}{2}$$

解得 $k=2$。

（2）由三角形→矩形，即点 A、B 的纵坐标之比为 1：2。如图 10 所示，反比例函数 $y=\dfrac{k}{x}$（$k>0$）与矩形 $OFGE$ 交于 A、B 两点，且 A 为 GF 的中点，连接 AB、OA、OB，若△AOB 的面积为 $\dfrac{3}{2}$，求 k 的值。

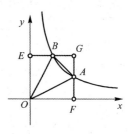

图 10　A、B 纵坐标之比为 1：2

说明：由三角形演变为矩形后，形状发生改变，而实质未变，只是由上一题显性的横坐标之比为 1：2 到本题的隐性的纵坐标之比为 1：2，其余类同。

（二）针对看似难度比较大的问题的设计策略

设计流程如图 11 所示。

图 11　看似难度较大问题的设计流程

比如：2016 年温州中考试卷第 10 题的教学设计。

1．由浅入深，激发兴趣

如图 12 所示，在 Rt△ACB 中，∠ACB=90°，AC=4，BC=2，点 P 是 AB 边上的一动点，连接 CP，当点 P 沿着 AB 从点 A 运动到点 B 的过程中，哪些量是常量、哪些量是变量？

预设：常量有：$AB=2\sqrt{5}$，△ABC 的周长 $=6+2\sqrt{5}$，△ABC 的面积 $=4$，……变量有：线段 AP、CP、BP 的长度，∠APC、∠CPB、∠ACP、∠PCB 的角度，△ACP、△BCP 的周长、面积等。

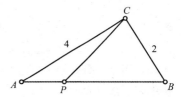

图 12　直角三角形上动点

教师追问：△ACP 的面积是怎样变化的？△BCP 呢？它们的和呢？

设计意图：

设计低起点的开放题，旨在激励更多的学生参与课堂活动，通过追问，把问题聚焦到两个三角形面积之和的变化，为引出原题埋下伏笔。

2．方法提炼，积累经验

在问题 1 的基础上，如图 13 所示，过点 P 作 $PD\perp AC$ 于点 D。点 P 从点 A 出发，沿 AB 方向运动，当点 P 到达点 B 时停止运动。在整个运动过程中，图中阴影部分面积 S_1+S_2 的大小变化情况是（　　）。

A．一直减小　　　　B．一直不变
C．先减小后增大　　D．先增大后减小

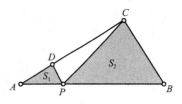

图 13　阴影部分面积变化

预设：方法1，特殊位置法：起点、中间任意点、终点。

当点P在点A时，S_1+S_2等于△ABC的面积；当点P在点B时，S_1+S_2也等于△ABC的面积；当点P在线段AB上（除端点外）时，出现了△CDP，所以S_1+S_2小于△ABC的面积，因此S_1+S_2先减小后增大。

方法2，转化为判断△CDP的面积变化情况。

因为△ABC的面积不变，关注到△CDP从无到有再到无，所以△CDP的面积是先增大后减小，因此S_1+S_2先减小后增大。

方法3，函数法：如图13所示，设$PD=x$，则$AD=2x$，$AP=\sqrt{5}x$，$BP=2\sqrt{5}-\sqrt{5}x$。

（1）$S_1+S_2=\dfrac{1}{2}x\cdot 2x+\dfrac{1}{2}(2\sqrt{5}-\sqrt{5}x)\times\dfrac{4\sqrt{5}}{5}=x^2+4-2x=(x-1)^2+3$。

（2）$S_1+S_2=S_{\triangle ABC}-S_{\triangle CDP}=(x-1)^2+3$。

（3）因为△ABC的面积一定，所以可以先转化为判断△CPD的面积变化情况：$S_{\triangle CDP}=\dfrac{1}{2}x(4-2x)=-(x-1)^2+1$。

因为$S_{\triangle CDP}$先增大后减小，故S_1+S_2先减小后增大。

设计意图：

为原题搭建脚手架，倡导一题多解，让不同层次的学生从不同角度切入，体验成功的喜悦，不知不觉中渗透了特殊值法、转化的思想、函数法等数学思想与方法，注重方法的提炼与优选。

3．原题呈现，类比探究

如图14所示，在Rt△ACB中，∠$ACB=90°$，$AC=4$，$BC=2$，点P是AB边上的一动点，$PD\perp AC$于点D，点E在P的右侧，且$PE=1$，连接CE。P从点A出发，沿AB方向运动，当点E到达点B时，P停止运动。在整个运动过程中，图中阴影部分面积S_1+S_2的大小变化情况是（　　）。

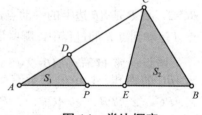

图14　类比探究

A．一直减小　　　　B．一直不变

C．先减小后增大　　D．先增大后减小

教师提问：此题与图13的区别在哪里？怎样解决呢？如图15所示，学生们抓住△CPE的面积为定值这一关键点，利用"特殊位置法"或"函数法"快速得出答案。

教师追问：改变条件，若$PE=3$，S_1+S_2又会是怎样的变化趋势？

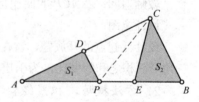

图15　△CPE面积为定值

学生们一致认为是先减小后增大，教师利用几何画板演示，证实S_1+S_2一直减小。提醒关注自变量的取值范围，显然可得，当$PE=3$时，自变量的取值范围是$0\leq x\leq\dfrac{10-3\sqrt{5}}{5}$，最终得出：当$0\leq PE<\sqrt{5}$时，$S_1+S_2$先减小后增大；当$\sqrt{5}\leq PE<2\sqrt{5}$时，$S_1+S_2$一直减小。

设计意图：

抓住学生因思维的惯性导致错误的机会，借助几何画板给出感性的初步认识，激发学生积极探索并深度思考：最值问题要关注自变量的取值范围。

4．拓展提升，训练思维

其他条件不变，如图16所示，过点 E 作 $EF \perp BC$ 于点 F，连接 DF，针对这一图形，同学们能设计出怎样的问题？

引导学生关注点的变化：点 P 的移动，导致点 D、E、F 都在动，四个图形的面积都在变。

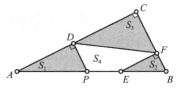

图16　拓展提升

设计意图：

培养学生提出问题、解决问题的能力，并及时巩固之前所学的几种方法。

四、结语

连续四年的研究表明："一题一课"可以体现以生为本与学为中心的教学理念，能促进学生核心素养能力的提升。"一题一课"的教研活动，能引领教师团队的成长，要求教师既要研究试题，又要研究课堂。

说明：本文选取吴立建领衔的温州市优秀教研项目《"一题一课"教学教研一体化的实践研究》部分内容并重新整合修改而成。

参考文献

[1] 史宁中．推进基于学科核心素养的教学改革[J]．中小学管理，2016（2）：19-21．

[2] 吴立建．数学课堂中应重视引导学生提出问题——《等腰三角形性质复习课》教学实践及反思[J]．数学通报，2013，25（7）：25-27．

[3] 吴立建，滕连敏．一题一课理念下的教学设计与思考——以2016年温州市数学中考试卷第10题为例[J]．数学教学，2017（10）：18-20．

[4] 俞卫胜．"一题一课"追求简约，贵在自然[J]．中学数学，2017（4）：75-78．

在音乐教学中调适高中生不良心理的策略

文成县教育研究培训院　赵蓓莹

高中学生属于现今社会的"高压人群"之一，紧张的学习生活、同伴间的激烈竞争及教师、家长寄予的厚望，都无形之中给他们带来莫大的压力。部分学生性格较为内向或来自独生子女家庭，处理人际关系的能力较弱，不能和教师、同学和谐相处。据观察，高中学生普遍存在情绪低落、焦虑、忧郁、自卑、无助等不良心理，更有甚者，有些学生经常失眠、记忆力减退、注意力不集中等，个别学生还有抑郁的趋向。这些心理亚健康的状态如果得不到及时、正确的疏导，将会影响学生的身心健全发展。

古今中外大量的文献资料都记载了音乐对健康有着重要的促进作用。我国两千多年前的《黄帝内经》就提出了"五音疗疾"的理论，古代十大名医之一的朱震亨则说："乐者，亦为药也。"《史记·乐书》《乐记》《琴赞》等古代音乐典籍中都论证了音乐与健康的关系。而在国外，古埃及就有"音乐为人类灵魂妙药"的论述，古希腊、古罗马的历史著作也曾有过记载。在十八世纪的欧洲，音乐治疗开始风行，如今已成为一门"年轻"但"成熟"的边缘学科，在临床上广泛运用。高中音乐教学在达成本学科的教学目标的同时，应充分发挥自身优势，为学生的成长保驾护航。那么，要想潜移默化地调适学生的不良心理，有哪些可行的途径呢？笔者认为，可以通过"听、唱、奏、律动"等教学策略来实施，加强学生的体验，从而因势利导。

一、听——促能力，导想象，共情绪

《音乐鉴赏》是高中学生的必修课，高中音乐教学以鉴赏为主。音乐是听觉的艺术，音乐鉴赏是借助"听觉"而实现的艺术实践活动。同时，它也是"情感"的艺术，必须通过对同一作品的反复聆听、对不同作品的对比聆听等方式，从而使感官得到愉悦，情感得到共鸣，精神得到升华。

1. 关注音乐要素，提升听觉能力

《淮南子》中曰："六律具存而莫能听者，无师旷之耳也。"如果没有"师旷之耳"，再美的音乐也是没有意义的。由此可知，要想受到音乐的熏陶，并领悟音乐的内涵，提高音乐听觉能力是非常重要的。音乐教师要引导学生从音高、音色、节奏、旋律、力度、速度、和声、曲式、调式等音乐要素入手，培养对音乐良好的感知能力和辨别能力。这些能力越强，对音乐作品的情感越能体验得细腻、深刻。同时，要引导学生研读和讨论作品的时代背景、作者的审美观点，并将获得的情感体验与自己的往日记忆以及情感欲求融为一体，如在柴可夫斯基的《悲怆交响曲》中痛苦、哀伤，在肖邦的《C小调练习曲》中激动、悲愤，在李斯特的《爱之梦》中甜蜜、陶醉，在郭文景的《御风万里》中热情、自豪……这时的感情就会更加真切动人。培养学生对音乐持续的注意力，心无旁骛；加强学生对音乐高度的记忆力，循序渐进。印象越深，体验越强，音乐给心灵带来的冲击力和情感上的感染力也就越大，从而获得压抑的释放以及美的享受。

2．了解作者生平，锤炼人生意志

"不经历风雨，怎么见彩虹，没有谁能随随便便成功"，正如歌曲中所唱，每个经典音乐作品的背后都凝聚着音乐家们的理想、艰辛和锲而不舍。梅兰芳，一个世界闻名的艺术大师，他曾经因为貌不出众，笨嘴拙舌，反应迟钝，天分不足，而险些与京剧无缘，但他苦练唱腔、身段……精益求精的学艺之路让人赞叹不已。被誉为"新音乐之父"的捷克音乐家斯美塔那在年过半百之时，有着比贝多芬有过之而无不及的耳聋经历，两耳失聪并受噪声烦扰，据他描述，似乎永远置身于一个喧嚣的大瀑布之下。这个病症还一度引发了他的精神病，迫使他不得不住进疯人院。在这样痛苦的情况下，他不但没有放弃创作，而且屡出精品，交响诗套曲《我的祖国》就是这个时期的作品。音乐家们坚韧不拔的经历让学生们叹服，同时也激励着他们不忘初心、重燃信心、越挫越勇的昂扬斗志。

3．练习瑜伽冥想，保持良好情绪

在练习瑜伽时，在最后的环节，或躺在瑜伽垫上或盘腿而坐，闭上眼睛，一边听着舒缓的音乐，一边听着人声的导语，放松身心的感觉很好。于是，笔者把这一手段也引入高中音乐课中进行尝试，取得良好的效果。如在执教《流水》一课时，在学生们分段鉴赏并了解古琴演奏技巧及乐曲的意境等内容之后，笔者要求大家完整地聆听全曲。拉上窗帘，点上一盏古香古色的橘黄色的台灯，点燃一炷手工香，学生们以自己最舒适的坐姿仰靠在椅子上，闭上眼睛。在环境静、身静、心静的情况下，随着古琴的勾剔、抹挑、吟猱、绰注等技法展开联想与想象，时而涓涓细流，时而一泻千里，时而奔腾不息，在大自然的壮丽河山中，胸襟豁然开朗，感悟到作者百折不挠的精神，从而得到深度放松。一曲听罢，学生们纷纷表示神清气爽，恍如隔世。

4．提供音乐处方，强化心理暗示

过多的不良心理容易劳神、劳心，久之伤身，需要经常引导和良性默示。《黄帝内经》阐述，"宫商角徵羽"五音对应着"心肝脾胃肾"五脏，通过声波振动，刺激人体和谐共振，从而精神欢愉，身体健康。中外专家都总结了音乐处方，如焦虑时可听巴赫的《四首大键琴协奏曲》、古琴曲《平沙落雁》，悲伤时可听德彪西的《大海》、李斯特的《叹息》等。高中学生对未知、稀罕的事物是好奇、乐于尝试的。

（1）精选背景音乐，提高学习效率。据研究证明，古典音乐能唤醒语言能力和以往的记忆，抒情柔美的古典音乐可促进学习效率，流行音乐基本不起作用，而有歌词的中文歌曲、日韩歌曲等则会阻碍学习。引导学生们在平时的学习生活中要善于选择并使用背景音乐。在执教《巴赫》一课时，笔者始终用每分钟60拍的低振幅、低频率的巴洛克音乐作为背景音乐，学习完本课内容之后的拓展环节，笔者问学生，本节课的学习活动有何不同？运用了背景音乐对我们的学习效率起到怎样的作用吗？学生们纷纷反馈。笔者继续说道，20世纪80年代，保加利亚哲学博士罗扎诺夫发明了一种"暗示学习法"，运用舒缓优美的音乐协调听者的呼吸、心跳以及输入信息的节奏，可使学生注意力集中从而高效地学习。美国快速学习专家欧斯特兰德在《超级学习法》中介绍，选用巴洛克音乐作为背景音乐，无须采用其他任何方法，就能使学习速度提高24%，记忆力增长26%。在今后的学习中，同学们可以进一步去尝试。

（2）定制时段音乐，温馨校园环境。音乐教师应悉心打造学校的音响系统，以及与校园广播站沟通，在各个特定的时间段，播放精心选择的乐曲，为学生们营造一个温馨、舒适的视听环境，抚摸他们困乏的神经，慰藉他们浮躁的心灵。如夜晚睡觉之前播放肖邦的《摇篮曲》、德彪西的《梦》、舒曼的《梦幻曲》等，期末考试之前播放亨德尔的《水上音乐》、莫扎特的《单簧管协奏曲》、舒伯特的《小夜曲》等。

二、唱——训呼吸，增认知，强自信

歌唱是音乐教学的重要内容，是最方便、最经济、最容易普及、见效最快的音乐学习活动。就全国高中选修模块开设的情况看，"歌唱"模块的开展最为普遍。同时，"音乐鉴赏""演奏""音乐与舞蹈""音乐与戏剧表演""创作"等模块的教学都少不了歌唱的环节。提高学生的歌唱水平，既是培养他们对音乐的审美力、表现力、创造力的有效途径，又是一种难以替代的健身运动。

1. 强化呼吸训练，增强记忆能力

大部分的高中学生已经度过了变声期，声音状态趋向于稳定，并具备了成人的音色和音域，是提升歌唱技能和艺术表现的合适阶段。"气乃声之本""气乃声之帅"，可以说，整个歌唱的过程就是呼吸控制的过程，歌唱的艺术就是呼吸的艺术。在歌唱教学中，我们有必要对学生进行形象生动的呼吸训练，培养学生掌握科学的呼吸方法。唱歌和练声，能增大肺活量，促使肺经的流畅；训练腹式呼吸，能锻炼腹肌，刺激大肠的蠕动；唱歌可以加压横膈膜，有节奏的呼吸就如同身体内部的循环按摩，可加快新陈代谢。为了更好地表现歌曲，我们还应该要求学生背唱歌曲，这样有利于音乐材料的积累，并能更加沉浸入歌曲的意境，更好地抒情表意。经常背唱歌曲，可以增强语言表达能力和说话咬字、吐字的能力，是锻炼记忆力良好、有趣的方法。

2. 深化歌曲内涵，凸显情意表达

初中阶段的歌唱倾向于感受与体验，而高中阶段的歌唱则倾向于表演与创作。高中学生抽象逻辑思维能力得到了很大的发展，他们能够将情感体验上升为理性认识，并能对歌曲的内涵进行深入理解以及将内心情感体验进行外化表现。高中"歌唱"模块的内容选择更加关注艺术性和精神性，这些古今中外的声乐作品可以激发学生歌唱的兴趣与欲望，同时，引导学生健康向上的审美观和高尚的审美情趣，对培养丰富的情感和熏陶积极的性格情操都有裨益。如学唱《踏雪寻梅》《半个月亮爬上来》，在恬静美妙的情境中平和心态，体会歌词的文字之美，用歌声表达对美的追求，在生活中善于发现"诗和远方的田野"，热爱生活，珍爱生命；在新中国成立70周年之际，与学生们一起学唱《我和我的祖国》《我的未来不是梦》等歌曲，在或朴实真挚，或激情澎湃的歌声中，学生们不知不觉地将自己的学习、人生与祖国的命运联系在一起，迸发了不怕困难、努力拼搏的意愿。开设"想唱就唱"小舞台，开展"校园好声音"比赛，鼓励有特长的学生当众声情并茂地演唱，或独唱，或对歌曲进行简单改编、创作，排练成重唱、组唱，同伴们的掌声、欢呼声，都是对他们自信心的极大激励，强化了他们的自身价值感。

3. 注重合唱教学，助力情感通畅

高中课程改革之后的走班学习模式，使学生之间存在一定程度的陌生感和隔阂感；同时，被作业、课本、考试团团包围的高中学生，缺失情感宣泄、表达的机会。好不容易等到一节音乐课，听音乐是他们最想念的放松，而表现音乐是他们最盼望的放肆。合唱让他们在浅吟低唱时与内心对话，引吭高歌时宣泄情绪。同时，可以避免一部分更期待集体表现、害怕单独表演的学生缺失安全感，又可以感受多声部音乐相融时交相辉映的丰厚色彩。合唱时，音色要完美，需要互相聆听，他们必须静心；声部要和谐，需要反复训练，他们必须耐心；合唱活动贵在坚持，需要不断纠错改进，他们必须有恒心。合唱教学有利于学生之间合作、互动学习，避免"一枝独秀""孤军奋战"，养成互相信任、互相鼓励的意识。在合唱中体现出来的平等、包容、和谐、互补等态度折射到学习、生活中也定然是良性竞争、互帮互助、调养情志。合唱可以忘却烦恼和忧愁，消除孤独和恐慌，创建团结、欢乐、友爱的大家庭，美丽心情，启迪心智。

三、奏——乐参与，倡即兴，突创意

在高中音乐教学中，学生不能仅仅是聆听者，还要作为一个主动者参与其中，教师要创设丰富多彩的音乐实践活动，尽可能地开发、挖掘学生的潜能。高中学生的学习生活非常繁忙，可以自主支配的时间很少，所以在高中阶段学习、能演奏乐器的学生少之又少。乐器演奏对于绝大部分高中学生来说，很难，很遥远，但是又充满了吸引力。

世界音乐教育专家奥尔夫先生说："完全从即兴出发的自由教学，是而且永远是一个卓越的出发点！"即兴演奏是学生学习和表现音乐的最好手段之一，在高中音乐教学中，进行即兴演奏活动是值得提倡的。即兴是一种创造性的才能，它不需要事先做准备，而是在一种情境、心境下自主、本能的表现。我们可以引导学生乐于用手、脚、身体各部分来进行演奏，或者探索报纸、水桶、铅笔盒、桌子等生活中、自然界中的声响来创造声势，或者运用奥尔夫乐器来为歌曲即兴伴奏，或为一个主题创作乐曲。如在执教《鼓乐铿锵》一课的拓展环节，把学生分成四组，鼓励他们选择和运用各种打击乐器即兴表演《龟兔赛跑》，用乐器讲故事，对学生来说是新鲜惊奇的，他们积极踊跃地参与其中，思维活跃，作品各有千秋；在学唱《踏雪寻梅》之后，指导学生用奥尔夫乐器，为歌曲即兴创作前奏与尾声。他们互相沟通，乐于探索各种乐器的音响和演奏方法。关注多种乐器叠加的多声部效果，注重速度、力度的变化来营造唯美的意境，可以带来不可抗拒的感动和震撼。

即兴演奏既需要运用以往的经验，又不受局限；既追求共性，又保持个性；既遵循模仿，又富有创造。简单、重复、合作的操作，避免了学生与艰难的专业技巧做搏斗，消除紧张心理；直接、丰富、生动的感受，避免了学生被动地接受知识，增强了亲近感。即兴演奏既突出情感表达，又加强自我认知，并增加团体凝聚力，使学生们在音乐活动中体验成功的喜悦，提升智慧和境界。

四、律动——推协调，高释放，重交流

高中学生音乐实践机会不多，音乐实践能力不足，在体态语言的表达上普遍害羞、拘束，这与长期以来的教学不重视肢体解放训练有关。体态律动是一种很有效的体验音乐、理解音乐

及创造性地表现音乐的手段。它主张以身体为感官媒介，将音乐要素融入身心，不强调肢体动作的规范与优美，难度大大低于即兴舞蹈，对学生全身运动技能的协调有着积极的意义，对他们极为紧张的身心更是一种缓解和松弛。

在执教德彪西的交响素描《大海》之《海上——从黎明到中午》时，在视唱了第一段的很短小的主题一之后，为了让学生捕捉主题一多次再现时在乐器的音色、调式、力度、音区、速度等方面的频繁变化，要求他们在聆听音乐时，一旦出现主题一就用丝巾来即兴律动表现，从而来感受印象派音乐不易歌唱，瞬息万变，轮廓朦胧模糊，但又有踪迹可寻的特点，想象德彪西心中变幻无常、捉摸不定、波光闪烁的大海画面。

在鉴赏河南民歌《王大娘钉缸》时，则引导学生一边听着教师在演唱什么内容，一边在教室中随意地走动。第二次时，要求学生在衬词部分加入演唱，并停在原地进行即兴律动。然后请学生思考，大家的律动有何共同点？为什么大家不约而同有这样的律动呢？于是师生一起分析歌词、旋律的特点。接着，老师演唱剩余的几段歌词，要求学生进行回忆背唱。然后再问学生，大家眼前浮现的是怎样的一个人物形象？她走在怎样的路上？担子里挑着什么？请学生们一边演唱，一边想象并进行律动，通过听、视、唱及动觉的体验，对歌曲明快、诙谐等特点的感受更自然、直接和强烈。最后，把学生分成四个小组，以《王大娘钉缸》的旋律为基础，以学校生活为素材，编一个小歌舞进行表演。在对音乐有了感性认识的基础上，对音乐进行较理性的分析，在接受与理解别人音乐情感表达的基础上，用音乐经验改编歌词并创编小歌舞来显化、强化、锐化自我情感表达，并进行交流性表达。体态律动深化艺术感染力，学生们内心世界互为敞开有利于锻炼心理素质，肌肉放松有利于缓解精神上的阻滞，陶情冶性，促进人格体系的完善。

参考文献

[1] 金亚文. 高中音乐新课程教学论 [M]. 北京：高等教育出版社，2005.

[2] 刘峨. 音乐团体心理辅导与咨询 [M]. 北京：清华大学出版社，2016.

[3] 张刃. 音乐治疗 [M]. 上海：机械工业出版社，2015.

[4] 李妲娜，修海林，尹爱青. 奥尔夫音乐教育思想与实践 [M]. 上海：上海教育出版社，2010.

[5] 杨立梅，蔡觉民. 达尔克罗兹音乐教育理论与实践 [M]. 上海：上海教育出版社，2011.

智能教学工具辅助下的数学个性化诊断教学实践

温州市教育教学研究院　叶事一

囿于"大班教学",教师们使用传统的方式教学,往往只能凭借大体的印象、过往的经验或者部分抽样等手段推断大体的学情,根本无法对每一位学生的实际情况进行精准、动态的掌握,更遑论对学生进行有针对性的分层指导。但智能教学工具的产生和应用让这一难题有了解决方案。

一、个性化诊断教学的实施策略

如何有效地诊断出每个学生的个性问题,是高中数学教学过程中的一大挑战。在对不同年级、不同基础学生的课堂教学与课后辅导实践中,我们逐渐形成了一套将智能教学工具融入教学的实施策略,即"知识轨迹诊断—找准突破口—教师分层指导与学生分层训练—考前短训指导"。下面就以一次普通的平面向量测试为例进行阐述。

(一)知识轨迹诊断

学生完整学完一个知识点或者一个单元后,教师会利用智能教学工具,安排一次摸底测试,并进行线上阅卷和数据统计分析。通过对错题进行数据分析,教师可以发现学生个人的学习轨迹,从而为下一步的辅导提供参考。此次平面向量测试题型设置为18道选择题和4道填空题、3道解答题,难度分层包含二星(基础题)、三星(中等题)和四星(稍难题)。下面以某学生为例,智能教学工具自动扫描上传该学生的答题情况(图1),并进行检测,认定该学生的实际水平处于二星到三星之间。该学生对三角函数的知识点掌握较好,但在平面向量数量积这一考点上掌握不够好。

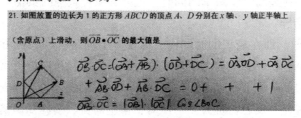

图1　自动扫描上传的某学生答题情况

(二)找准突破口

通过与该学生交流,我们发现他自认为平面向量的知识点都懂,并不感觉难,可是拿到题目却不会做。经过分析,认为原因在于平面向量对学生思维要求高,更多的时候要用巧解而非硬算,而该学生对此尚未形成知识体系,因此得分率低。通过教研,我们梳理出了平面向量相关的知识树(图2)。该学生的薄弱项表现在平面向量数量积上,如图所示,我们发现只需要辅导该学生加强向量法、坐标法、几何法的练习即可。

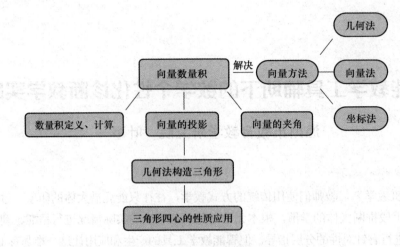

图2 平面向量数量积知识树

（三）教师分层指导与学生分层训练

智能教学工具能够对学生的薄弱项进行归类和分组，并能根据学生个人的错题，智能生成有针对性的提高练习。这让教师落实分层教学有了有力的依托，也让学生脱离了题海，提高了学习效率。参考智能教学工具生成的学情分析，在解决完班级的共性问题后，教师可以为不同学生一键推送个性化的练习。同时，教师还可以针对不同层次的学生，进行不同深度的变式讲解。以平面向量基本定理的应用的讲解为例：针对二星的学生（掌握二星难度题目解法的学生，下同），教师讲解的重点在于明确基本概念和定理的含义；针对三星的学生，讲解重点就要放在熟练掌握向量的线性运算及三点共线性质的应用上；对四星的学生，教师可以安排向量综合应用的训练。这样有针对性地"因材施教"，可以有效激发学生自主学习的积极性。与此同时，学生也可以通过智能教学工具进行自主练习。系统会对每次的错题进行自动记录，并在学生下次练习时自动生成之前错题中的同类题，来检测学生是否掌握。智能教学工具可对学生错题进行自动分类。每个学生的练习数据都同步共享，如发现学生反复出错，教师就可以进行个别讲解。这一机制，在提高学生效率的同时，也能够减轻教师的负担。

（四）考前短训指导

所谓考前短训指导，即在较短的时间内（通常一个月左右），利用智能教学工具，对学生个体的学情进行诊断分析，并结合考纲热点"对点"选题，从而拟订富有个性的复习方案，督促学生进行自主学习的一种方式。考前短训指导的基本流程：沟通调查—诊断归因—对点练习—反思提升—对点强化—反思再提升……，对于学生而言，掌握知识情况是有差异的，因此以上指导流程的路线不尽相同，但从学生巩固知识与培养能力的视角来考量，总体均呈螺旋上升的态势。智能教学工具可以为学生量身定制复习内容，考前短训指导是师生双向交流的过程，教师的"导"与学生的"练"要完美结合，学生的"练"必须是教师借助平台资源指导下的精练，教师的"导"同样是符合学生个性化特征的指导。

二、个性化诊断教学的多维度实践

随着移动互联网和大数据技术与教育的融合发展，涌现出了大批智能教学工具。这些工具都有自己的产品设计思路并切入不同的教学环节，因此，它们对一线教学的参考价值也有很大的不同。基于此，本次研究聚焦的是高中数学的个性化诊断，在智能教学工具上，选择了最能从数据角度衡量学习者个体差异，直接切入组卷、阅卷环节的两个平台。一个平台提供了比较齐备的出题组卷、作业布置、批改讲评、学情分析等功能，在教师出题、磨题及学生变式训练上有很大的优势，但不足的是不能进行集体阅卷。

"云阅卷"平台最强功能在于阅卷，客观题自动评阅，主观题评卷效率高，能够快捷生成统计报表，并做精准、多维的分析，但尚未实现命题、组卷等功能。本次的研究综合了两个平台的优势，对智能教学工具在高中数学个性化教学领域的应用进行了实践。从2016年2月起，课题组分别从学生个体、班级、全段三个维度，对个性化诊断教学进行了实践，获得了学生、教师两个群体的普遍认可。

（一）个体维度的个性化教学辅导实践

由于高三学生面临高考，接下来，课题组开展针对学生个体的个性化诊断教学。个性化诊断、针对性提升显得更为迫切，所以课题组将第一次实验放在高三。实验的第一阶段，样本校的高三任课教师在班上选取了部分学生做实验。这部分学生普遍具有以下特点：基础不扎实，漏洞比较多；答题时的书写格式不规范，逻辑不清晰；害怕做解答题，缺乏深入思考，且对题目的分析能力有待提高；知识的综合运用能力较差，在需要运用多个知识点的情况下，往往只能想到一两个知识点；性格内向，不喜欢沟通。在实验过程中，对于这部分学生教师既可以沿用全段统一命制的分块限时训练，也可以通过平台进行组卷，借助"云阅卷"批改，得出每个学生的成绩分析以及知识点漏洞分析。结合这些分析，教师对学生进行分组指导，针对不同学生个体进行"个性化"的二次巩固测试，并借助平台为学生选取同类题进行反复测验。

通过周测或其他定时定量的作业，教师对学生的学习情况进行检测诊断。这部分学生普遍取得了较为明显的进步，突出表现为：数学知识开始系统化；书写格式变得规范，答题时条理性增强；答题时的恐惧心理逐步消除；感受到教师的关怀，开始主动沟通。由于实验的成效明显，在第一阶段实验结束后，样本校立即决定在各个阶段铺开个性化诊断辅导，其流程如图3所示。

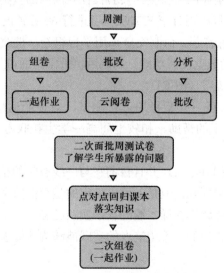

图3 "一对一"个性化教学辅导实践流程

（二）班级维度的个性化教学辅导实践

样本校的两位高二教师开始以4个同层次班级为实验对象，分成两组进行实验，文理各选一个班为实验班，剩下的班级为对照班。在实验过程中，两位教师每周五都会在全年级进行一次40分钟的周测，采用平台软件组卷、阅卷，生成学情分析。所不同的是，对照班级在分析成绩之后，仍采取传统的教学模式进行分析，实验班级则针对平台中分析出的各个学生知识点漏洞，进行分组指导。分析后，对照班级进行二次巩固测试，统一命题，而实验班级学生的二次巩固测试试卷则是根据各自的知识点漏洞，由平台软件生成的个性化命题（图4）。实践发现：实验班相较对照班学生成绩由原来的不相上下，慢慢优于对照班；实验班学生在做过的题目或者做错的题目上，出错率明显低于对照班。

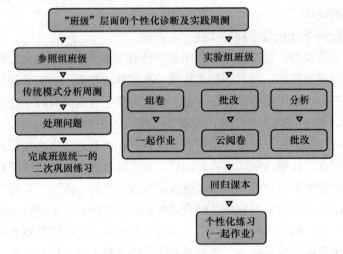

图4　班级维度的个性化教学辅导实践流程

（三）全段维度的个性化教学辅导实践

全段性教学辅导对象为全体高一新生。实验校任教高一的教师从衔接教材开始，直至第二学期期中考这段时间，坚持每周周日第三节晚自习进行60分钟的周测。周测的试卷包括8道选择题、4道填空题和1道解答题。命制完全采用平台组卷，批改采用"云阅卷"网上阅卷，诊断则应用"云阅卷"软件的数据反馈功能。周测后，教师再通过平台的筛题功能匹配姊妹卷，让学生开展有针对性的巩固练习（图5）。

实践发现，学生从进入高一开始每周进行测试，对他们适应高中数学学习、培养解题题感、形成数学思维都有一定的帮助，相较上届高一学生在联考中的成绩排名也有了明显的进步。

智能教学工具的出现时间并不长，并且目前在与一线教学的结合上也很难说完美，很多环节仍然需要教师的人工辅助和判别，但是，可以肯定的是智能教学工具对传统教学的改造甚至重构将是深度且不可逆的。课题组在样本校的教学实践已经充分证明了智能教学工具的效力，这是传统的教学手段所无法比拟的。希望笔者的实践能够为智能教学工具和手段的运用提供一些参考。

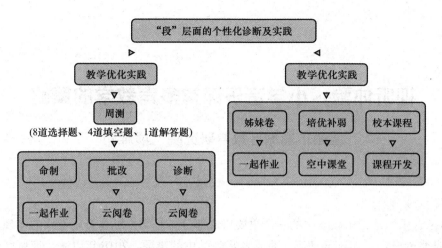

图 5　全段维度的个性化教学辅导实践流程

视听体验：小学音乐课堂多声教学的策略

温州市鹿城区教育研究院 项雅丽

"多声音乐"是音乐教学中的一个重要组成部分，是学生综合音乐素质的体现。在当前小学音乐课堂教学中，多声部演唱一直是歌唱教学中的难题。2016年以来，鹿城区致力于小学音乐歌唱教学有效性研究。尽管音乐教师在教学理念、教学方法手段上发生了较为显著的变化，但关注点仍在教师的"教"上。学生学得被动，特别在小学音乐多声教学上表现尤为明显。究其原因，我们进行了分析。

一是缺乏整体课程意识。"一课一歌"的传统教学思维，顽固地盘踞在一些教师的思路中，使得教学缺乏整体性、连贯性、系统性，内容零散。而多声教学则是音乐各要素，如节奏、音准、视唱、读谱等能力的进一步拓展，如果学生没有扎实的经验积累，教学盲点就会不断增加，影响多声教学的有效进行。

二是缺乏有效学习引导。"师说生练"仍是学习的主要方式。首先，"一课一歌"逐课推进的教学方式看似已经达成教学目标，但是忽略了课与课之间、单元与单元之间、学段与学段之间的整体架构。其次，师说生练的基本模式使教学过程机械、手段单一、缺少了学生自主探究的空间。再次，教师对多声音乐重要意义认识不足，专业能力尚不能完全驾驭教学的要求。忽视早期对学生多声音乐的熏陶与体验，过多关注旋律横向发展，忽略纵向音响引导，导致学生在多声音乐的学习上陷入了困境。

三是缺乏个人综合体验。体验学习的首要原理就在于学习者发挥主动精神，真正成为教学过程中的主体。"师说生练"、"一课一歌"、固定于"秧田式"的座位等单一的教学模式禁锢了学生的思维，而音乐则需要借用空间，打开学习者身体的各种感官，不断促进听觉、视觉、运用觉等与思维、情感等的协调，通过音乐与身体结合的运动，培养学生对音乐内在美的细腻感受，进而使学生获得体验和表现音乐情绪情感的能力。

一、多觉联动，重新梳理

通过多觉联动，能清晰地捕捉到更多的音乐信息，获得生动的音乐与情感体验。"视听体验"是在学生学习音乐的过程中，将视觉、听觉、运动觉等感官联动起来，助推学生合唱能力的发展，更关注学生学习的主观能动性。

教师对照课标、教材，梳理学生学习多声音乐的相关内容与脉络。如读谱知识是学生学习多声音乐的基础，在通览、分析教材后，我们了解到"音符"的学习规律，是从"整体"—"元素"—"整体"，如图1所示。

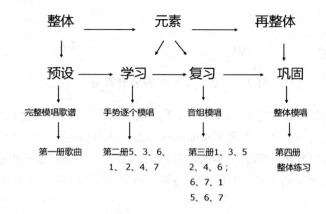

图 1 小学 1～4 册曲谱学习梯度图

如图 1 所示，在第一册的内容中并未涉及单个音符的学习，音符是在学生学习的过程中以谱例的形式整体出现的，教师无须教授个别音符的唱名，但是可以像"唱歌词一样去唱曲谱"。如《小星星》，这首歌曲孩子们从小便耳熟能详，张口即来，教师教他们像唱歌词一样唱曲谱，既巩固歌曲旋律，又是用另一种表达方式表现歌曲，提高学生的兴趣，还是教材编写者刻意地"预设"学习内容；在第二册的内容中，开始出现需要教授的音符唱名（字母谱），这时教师可利用手势逐个教授，让学生认识其形状、音高，此时为"元素"学习；在第三册教材上的安排是以"音组"（"1、3、5""2、4、6"等）形式出现的，既是对第二册经验的复习，也是通过不同音组的音高比对演唱，培养学生内心音高的概念确定；而第四册又回到了整体。教师带着学生模唱整首歌谱，学生在演唱时已经对各个音符有了较为深刻的了解；从第五册开始，学生在字母谱的经验上转化为对简谱的认识，也是对音高概念的再一次巩固。

通过对节奏、音程、演唱技法、律动等的梳理，教师们对各类不同内容的教学顺序会有清晰的概念，从而明了音乐学习有"预设"—"认识"—"复习"—"巩固"四个阶段，为多声音乐教学的有效性奠定了基础。

二、和声构建，培养意识

音乐的原始功能是娱乐，多声音乐课堂首先是一个让学生能够"玩起来"的课堂。但这种"玩"也不是单纯的玩耍，而是含有深刻意义甚至是哲理性的活动。尤其是对于儿童来说，玩本身就是一项极其严肃、认真的活动。也因此，所有活动都要兼顾趣味性、教育性和音乐性。

多声课堂很重要的一点是要构建学生的和声感，需要从培养音乐纵向意识入手，笔者的观点是用游戏的方式把技能训练和音乐体验结合起来，通过以下"四步"循序渐进。

（1）元素学习。从"玩"节奏入手，建立多声节奏基础；如学生学习"走"（×）的节奏符号并进行练习实践时（图2），可以通过不同音色的变化，在卡农的游戏表现形式中感受"纵向"的音响效果。多种音色的出现刺激了学生的听觉，他们在好奇中通过亲身实践，去聆听、去感受、去探索不同声音产生的丰富节奏，从而潜移默化地培养多声音感。

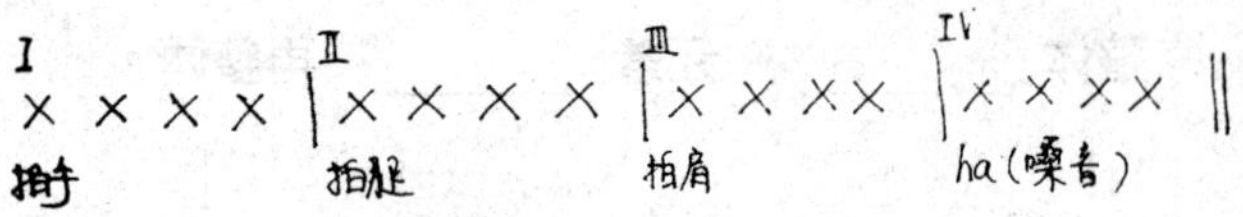

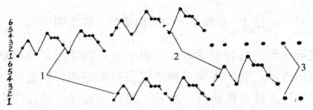

图 2 "走"（×）的节奏符号

（2）整体感受。从"唱"旋律（和声）入手，通过图谱等建立视觉效果。将纵向的音响效果直观地呈现在学生面前，让学生明了乐曲结构形态，两声部进行时的旋律走向，各自的音高状态。如图 3 所示为三年级合唱曲《美丽的黄昏》图形谱，1 表示第一句完全相同，第二声部在第一声部第一句唱完后进入；2 表示第二句第二声部少了两小节；3 表示第二声部只需演唱两小节。

图 3 《美丽的黄昏》图形谱

（3）立体体验。从"听"音乐入手，平面的旋律通过音响传递，形成立体的多声通道。

（4）综合表现。从"联觉"入手，各要素组合，以综合性艺术表演呈现。下面以《我的家在日喀则》为例：

第一阶：

（1）听音乐走恒拍，感受 2 拍子的节拍规律。

（2）加入带有藏族风格的象声词，形成简单的纵向节奏音响。

第二阶：用课堂打击乐器形成多声节奏音响效果，引导学生关注纵向音响效果。

第三阶：演唱带有旋律的顽固伴奏，培养音乐记忆力及和声感。

第四阶：综合性表演，成为一个完整的合唱音乐小作品。

以上活动可以根据不同班级的具体程度进行不同的尝试，循序渐进地逐步培养学生的"纵向"意识，尽早在低段学生中培养多声音乐聆听的习惯与实操经验。

三、强化听觉，塑造音色

音乐是听觉的艺术，多声音乐的学习更离不开灵敏的耳朵。一般意义上的听只是耳朵的功能，而音乐需要"凝神细听"——这可能是一种心理功能，可以培养听觉敏锐度（图 4）。

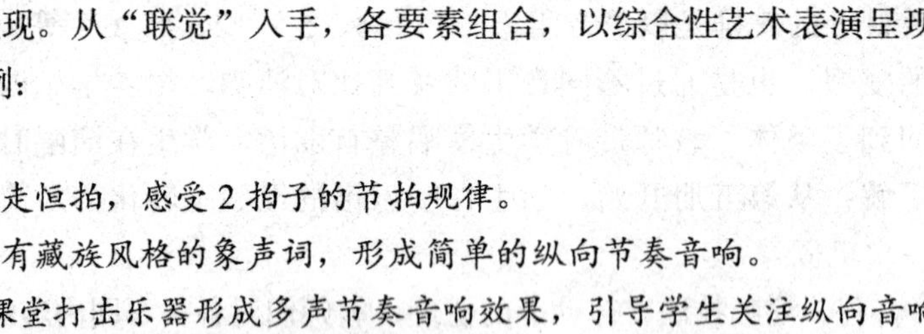

图 4 培养听觉敏锐度

1. 节奏乐器叠加创编

节奏乐器的演奏方法简单，容易操作。通过不同音色打击乐器不同节奏的演奏叠加可以带给学生多声音乐非常直观的感受，不失为课堂的好帮手。

如在《春天的音乐会》的即兴情境创编活动中，可以通过不同节奏、音色打击乐器的叠加来表现风声、雨声、脚步声等。

春水（串铃）　　　　X - ｜X - ｜X - ｜X - ｜
春雨（双响筒）　　　XX XX｜XX XX｜XX XX｜XX XX｜
春雷（大鼓）　　　　X X ｜X X ｜X X ｜X X ｜

在声部的叠加中可以根据给予的节奏、乐器，由学生自主选择，也可以由学生根据自己的想象自主创编。创编过程中需要引导学生去听辨感知叠加的节奏或乐器音色是否有重叠，如何使每种乐器的音色在整个声效中凸显出来，通过探讨活动，提升学生多声音乐的思辨能力。

2. 旋律乐器合奏创作

课堂旋律乐器运用时，在学生掌握了单旋律的基本演奏技巧后，可以鼓励学生运用两个八度合作演奏、卡农式演奏、和声伴奏、添加副旋律等多种方式做一些多声的旋律编创。在编创活动中引导学生能从音色的协和度上感受编创的旋律是否合适，从而培养学生对音乐作品立体纵向的感受，有效地提升学生多声的思维能力。

谱例（图5）：

图5　谱例

3. 特色作品演唱

教师要能够深入挖掘作品中富有趣味性的素材，敏锐捕捉音乐的特点，使作品所表达的音乐形象能够深入学生脑海中，直抵心灵。如三年级合唱曲《钟声叮叮当》（图6）。

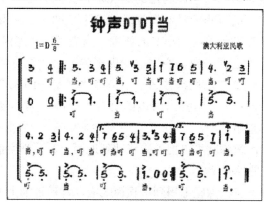

图6　钟声叮叮当

此曲第一声部旋律优美，描绘的是钟声缭绕的美好场景；而第二声部通过"叮当"的同音反复，再加入强拍重音，形象地模拟了钟声响起的声音，全曲仅有"叮叮当"三个字的词、两句旋律，但是描绘了立体、多维的情境，完美地诠释了"语言的尽头是音乐"。演唱歌曲时，要引导学生用不同的音色去表现，第一声部、声音自然、流畅，有流动感；第二声部，要模拟钟声，注意强调字头、后鼻韵母的归韵、鼻腔共鸣的运用，使音乐更富有动感，学生也乐于用声音表现"立体"的情境，感受音乐带来的美好。

通过听觉强化的训练，学生对音色的敏感度增强，对音乐美的判断力也随之加强，在自己参与的演唱、演奏、聆听鉴赏等活动中有了明确的目标，音乐表达也就得心应手。

四、探索空间，把握统一

音乐不仅仅是听觉的艺术，还是空间的艺术。达尔克罗兹说：一节课结束时，不是能使学生说"我知道"，而要说"我体验到"。课堂就是要引起学生的表现欲望，激活他们的情感世界，扩大他们的本能力量，并迁移到生活中去。所以教师在设计多声音乐教学时，要全方位调动学生音乐学习的主动性。

体验四步（图7）：

图7 体验四步

如图7所示，我们可以将整个过程分为四步。第一步是学会聆听，唤起学生对音乐一种最本能、最原始、最直接的感受。第二步是感性表现，学生用肢体动作最原始的直觉反应，感受音乐外在的形态，如快慢、强弱、高低、力度等。第三步是理解，这是学生已经清楚地认识到音乐表现的一般规律，理解音乐的内涵，可以有意识地通过动作来感知有特征的节拍、节奏、旋律和声、织体等要素。第四步是最高层次——理性表现，学生可以自如地用动作来呈现音乐的形态，并通过身体的感知传递到体内深处，唤起内心的感应。

如在学唱轮唱曲《两只老虎》时，四步模式收效良好：

首先演唱《两只老虎》，感受其活泼、欢乐的情绪。

然后是感性地表现。学生自己根据歌曲的描绘情境编创动作，并进行演唱。

最后教师利用设计表格式游戏帮助学生理解轮唱的原理。这也是这个过程的难点和重点。教师先抛出问题：玩表格的时候，两边的老虎是否要同时迈出第一步？最初学生想也不想，会说，不是的！但在玩的过程中他们发现：就算不是同时出声音，也是同时开始的，因为音乐已经开始了，要在心里留出这一小节的位置。当老师问"怎样才能同时到达终点"时，他们会发现两边的演唱速度必须一致。右边的老虎多唱一个"真奇怪"可以在最后与左边的老虎同时结束。当他们为避免自己声部被另一个声部"带走"而大声喊叫时，发现歌声不美了，"游戏"的氛围不和谐了，于是提出两边都要有"控制"地"轻声"歌唱……自己发现歌唱的规律，才是真正的理解。

当学生了解了原理时，教师就可以把表格移动到地面上，让学生们组队来"玩轮唱"。此时学生们都兴致盎然，充分享受课堂。

视听结合的游戏活动不仅在课堂上得到了积极响应，课后地面上的大表格而且成了学生课间游戏平台之一。合唱从课内延伸到课外，远远超出了教师的预期。

促进学生多向思维发展，培养群体意识，优化学生合作、交往能力，发展学生的音乐潜能，将音乐真善美的价值融为一体……多声教学的优点是显而易见的，不止学生，教师也在这个过程中收获良多：树立了正确的多声音乐教学意识，建立了"大备课观"，从关注"教"到关注"学"，从按部就班的片面分析到学会寻找教材的教学价值。

参考文献

[1] 学习基础素养项目组. 素养何以在课堂中生长 [M]. 上海：华东师范大学出版社，2017.

[2] 周琦. 走向"体验"的音乐教学 [M]. 宁波：宁波出版社，2014.

借助概念复习　构建知识体系

温州外国语学校　曾小豆

　　复习有两个目的：一是对所学知识进行回顾和整理；二是深化对知识内在联系的再认识，提高学生知识应用能力。从笔者近几年所观摩的复习课来看，教学时对后者目的达成度不高，尤其是对一些简单的基础知识复习，如概念复习，往往仅简单罗列或复述一下原有定义，或以一个小问题一问一答而过。对概念复习"罗列"或"复述"是不可缺少的，但是复习时可否摒弃文字描述之乏味，力求简单概念有新突破，让它立足数学知识整体结构处，全方位打通各关联知识点的阻隔，使概念再次以饱满的形象呈现出来。本文以"相反数"概念复习的教学片段，就如何达到后者目的谈一些教学经验。

一、教学片段回顾

（一）建圈子，导目标

教师：请同学们回忆一下相反数是在哪个章节学习的？

学生 1：在第一章学的，应该是在数轴之后学习的。

教师：与相反数关联的知识点有哪些？你可否罗列这些知识？

（教师巡视观察活动结果，发现大部分学生都能写出一些与相反数关联的知识点。）

学生 2：与相反数有关联的知识点我觉得有数轴、距离、对称、正数、负数。

教师：你能说明一下它们之间的联结点吗？

学生 2：因为一对相反数所表示的点在数轴原点的两侧，并且离开原点距离相等，这两点是关于原点对称的。

学生 3：与绝对值也是有关联的，因为点离开原点距离是用绝对值表示的。

教师：那与正数、负数会有关系吗？

学生 4：有关系。因为正数的相反数是负数，负数的相反数是正数，其实从相反数描述的定义上就能体现出来，当然 0 除外。

（大家对学生 4 的意外联想纷纷给予肯定，学生们的畅所欲言使得课堂气氛一下子就热闹了。）

教师：很好，大家都能从自己学的知识中，不断搜索出关联的知识点与相反数相互挂钩，不让相反数孤独寂寞。

（教师板书——相反数与小伙伴那些事。）

（二）拉关系，互沟通

教师：我们继续探究一下相反数与小伙伴会发生哪些事。大家就从与它关联的知识点中去寻找和整理吧。

活动1：从相反数定义角度，编制题目复习。

片刻后，学生设计了类似以下的题目：

（1）分别求 -5 和 0 的相反数；

（2）相反数是 2016 的数是什么？

（3）$-\dfrac{12}{7}$ 和 $\dfrac{7}{6}$ 是相反数吗？

教师：请设计题目（3）的同学谈谈你的题目作用是什么？

学生5：主要是让大家辨析一下定义中"只有符号不同"该怎样理解，我可以把问题再完善："$-\dfrac{12}{7}$ 和 $\dfrac{7}{6}$ 是相反数吗？若不是，请改正。"

（通过解答，促使对相反数概念的回顾：如果两个数只有符号不同，那么称其中一个数是另一个数的相反数。）

活动2：从关联的知识点1——数轴角度，编制题目复习。

很快学生就设计了以下题目：

（1）在数轴上表示互为相反数（0除外）的两个点，位于 _____，并且 _____ 相等。

（2）数轴上离开原点5个单位长度的点表示的数是什么？

教师：同学们对以上两个题目的编制有其他想法吗？

学生6：我觉得这题目有些简单了，一看便会。我把第二题改为："一对相反数在数轴上的对应点之间的距离为5个单位长度，则这对相反数是什么？"

教师：现在看这个问题没有那样直白了，却更突出了一对相反数所表示的点在数轴上位置的特征了。

学生7：我也琢磨了，并画了数轴，改为这样："一个数在数轴上对应的点位于表示 -1 的点的左边，且它的相反数比5小，则这个数是什么？"

（学生设计这样一个问题，真是出乎笔者的意外，就顺势抛给了学生。）

学生8：这个数找不到，学生7的题目有问题！

教师：哦！你说明一下原因吧。

学生8：这个数在 -1 的左边表明就是负数，那么这个数的相反数肯定是正数，比5小的正数有无数个，所以学生7的题目有问题！

（在学生8手舞足蹈，非常激动的时候，已经听到一种声音：再改一下就可以了。）

学生9：只要把"一个数"改为"一个整数"就有答案了。

教师：请大家继续再对这个问题进行解答吧。

学生10：这个整数是4或3或2。我是用对称的方法来解的，因为在 -1 左边的数有 -2、-3、-4、-5、-6 等，这些数对应的点关于原点对称且距离小于5的点，也只有4或3或2了。

（掌声响起！学生10洋洋得意。）

教师：通过刚才这个问题的修订和解决，我们可以收获到：借用数轴来解决相反数的一些问题很直观，容易找到解决问题的思路，下面请大家完成以下练习：

练习：如图1所示，有数轴如下：

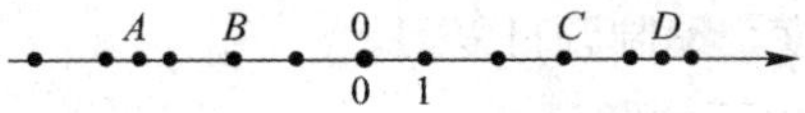

```
        A   B   O       C   D
    ————•—•—•—•—•—•—•—•—•—•—•————
                0 1
```

图1 数轴上的点

点 A、B、C、D 所表示的四个数中，有互为相反数的吗？若有，把它们写出来，若没有，请移动其中一个点，使它所表示的数与另一个数互为相反数。

教师再次引导学生总结相反数在数轴上对应点的特征：在原点的两侧，并且到原点的距离相等。

（通过以上问题解决，揭示了数轴、相反数、距离、对称之间的关系，并且能利用相反数在图形上的特征探索解题的思路。）

活动3：从关联的知识点2——绝对值角度，编制题目复习。

教师巡视指导，得到以下有代表性的题目：

（1）绝对值等于2016的有理数是＿＿＿＿。

（2）已知 $|x-5|$ 的值是7，求 x 的值。

教师："$|x-5|$ 的值是7"的意义是什么？

学生11：$|5|$ 的意义是表示数5的点离开原点的距离，$|x|$ 的意义是表示数 x 的点离开原点的距离，是什么有些迷茫呀。

（学生瞬间议论开了，讨论有些激烈，教师作出引导。）

教师：因为原点表示的数是0，所以可以这样看：$|x|=|x-0|$，那么 $|x-5|$ 的意义是不是也可以进行类比理解呢？

学生12：可以的，$|x-5|$ 表示数 x 的点离开表示数5的点的距离，$|x-5|$ 的值是7，由相反数在数轴上的意义可知 $x-5=7$ 或 $x-5=-7$，可得 $x=12$ 或 $x=-2$。

学生13：这就等同于把整条数轴往右平移5个单位长度，所以 $x=\pm 7+5$。

（学生13的解释获得了全班同学的掌声，再让学生归纳出相反数、数轴、绝对值这三者位置和数量的关系。）

（三）善变通，探策略

活动4：从关联的知识点3——方程角度，编制题目复习。

由于在第一个学习环节中没有涉及方程这个关联点的回顾，学生迟迟没有成果，最终还是笔者给出以下两个题目：

（1）已知 $3a$ 与 $6+a$ 互为相反数，则 $a=$＿＿＿＿。

（2）已知 $|x-5|+|2y-1|=0$，求 $x+4y$ 的值。

教师：一对相反数的和等于多少？

学生：和等于0。

教师：$3a$ 相反数是什么？

学生14：是 $-3a$，所以有 $-3a=6+a$，得一元一次方程。

学生15：我有另外方法：因为 $3a$ 与 $6+a$ 互为相反数，所以这两个数只有符号不同，那么就有 $-3a+(6+a)=0$，也是一元一次方程。

教师：两位同学归纳得很到位，现在能解决题目（2）了吗？

学生16：由 $|x-5|+|2y-1|=0$，可以得到 $|x-5|$ 与 $|2y-1|$ 是互为相反数的，又因为绝对值是非负数，只有0加0才会等于0，所以 $|x-5|=0$，且 $|2y-1|=0$，得 $x=5$，$y=\frac{1}{2}$。

（在对以上两个题目的讨论和交流上，从两个相反数代数运算的形式体现上，让学生进一步领悟到：若 $x+y=0$，则 x、y 互为相反数，反之也成立。）

（四）勤小结，活结构

教师：通过以上环节对相反数进行了全面复习，同学们学到了什么知识和方法？获得哪些活动经验？还有什么疑惑？

（学生从个人小结到同桌互补小结进行了交谈，并要求学生课后画思维导图。）

二、教学思考

（一）群策群力——丰富学习活动的厚度

教学中依据相反数定义和其中三个关联知识点，设计了四个学习活动，给足学生时间和空间，集思广益，由"建圈子"让学生明确本节课复习的目标，指明学习活动的目的和方向，在目标的导引下"拉关系"呼朋唤友，让数轴、相反数、绝对值三位伙伴在学生的交流和探讨中，逐步牵手并尽兴热聊沟通，相反数定义中关键词的理解、相反数在数轴上表示点的特征及数量位置的关系，得到了充分鲜明的展示，更重要的是，以前通过几节课讲的教学内容，通过"关联编题—观察交流—修正改进—织网纳入"的学习过程，相互交织，相伴相随。在熟络它们关系后，让概念运用进行了"善变通"，从两个相反数代数运算的形式体现上，进一步领悟文字语言和符号语言转化的重要性，从数与形两方面对相反数进行了拓展性的复习，扩充了复习的维度。

从学生学习参与度看，四个学习活动起点低、入口浅，能较好地激发学生积极回顾旧知识、迫切产生学习新方法的愿望，学习过程既有学生自主实践和思考的过程，又有相互反馈和评价的过程，如在活动2中，对题（2）再次改编和解决达到一种新的学习厚度：一方面，对相反数在数轴上对应点之间的距离和位置进行重新认识，在辨析中让一般性和特殊性达到了高度的一致性；另一方面，此学习活动过程促进了对称思想方法的酝酿和产生，同样地，在活动3中，学生13利用平移的思想方法提出了自己个性化的求解方法。可见，四个学习活动丰富了学生参与的维度，加厚了学生思维活动的具体素材，叠加了数形结合、方程、图形变换等数学思想的学习目标。

（二）左右逢源——加强关联知识的联系

各个知识点之间往往有着千丝万缕的关联，而书中为了教与学的需要，常将它们进行一些细化和分割，降低难度，突出重点，便于学生接受和理解。这样，学生收获的是一个个点状的知识点，也带来学生对数学认知结构优化的不利。因此，立足知识整体结构处，让各关联的知识点畅通起来，将有利于提高学生对知识信息的提取能力、学习迁移能力和灵活解决问题的能力等。

为了能引领学生对关联知识点进行整合和梳理，形成一个良好的知识体系，教学时基于关联知识点的相互作用，设计四个学习活动，通过学生已有的知识和经验进行有目标的编题，将数轴、相反数、绝对值、方程等概念问题化，利用一个概念串接多个知识点的特点，采用"纲举目张"的复习方式，抓那些能带动整体的纲或目，而不是一个一个知识点进行复习。

如何让"关联知识"左右逢源是教学时首要考虑的，由于学习的素材大部分内容都来自学生现场的编题，选择的问题恰当与否，直接关系着"联系"与否。选择时：首先，要选择合适的教学起点，从学生已有的知识和经验出发，以题领题，拾级而上，才有打开学生思维的可能；其次，要突出知识联系和整合，题目之间不可孤立，要尽可能前后串接、逐步生长，形成一个有机整体。如活动3中，题（1）是绝对值在数轴上的意义所连带出来的一对相反数，从绝对值的定义来复习相反数的几何意义，题（2）是衔接于题（1）对绝对值几何意义更深入的理解和应用，有联系更有变化，虽然它们都在同一个知识结构中，但是实现的教学目标有所不同。同时，题（2）的解决方法为活动4中产生问题的解决创设了思考的路径。

（三）上下沟通——构建整体内容的脉络

就学习有理数这章节来分析，这些知识点让学生形成从点到面的学习过程，也突出了本章概念学习重点和难点，从形和数上对相反数作了全面的诠释，层次分明，脉络清晰，为学生构建良好的数学认知结构作出了最优良的保证。

一是保证了学生对相反数概念内涵的准确认识。从相反数定义的文字表达到几何图形表达，再到代数形式表达，学生经历自己归纳→总结→互相补充→完善等构建知识的过程，最终由学生将关联知识点串联起来，并利用数形结合、方程、对称、化归等思想方法解决问题，活络了整体知识应用的筋脉，达到了对概念理解和运用的一致性。

二是保证了学生对相反数再学习的积极性。教师对概念的复习往往是一带而过，本课时对相反数的复习就劈开这一不良的复习方法，放慢复习节奏，拉长复习过程，将落点放于相反数在本章知识体系中所处的地位是什么，让相反数找朋友，拉帮结派，形成一个让学生看得到、用得到的知识体系，充分让学生领悟到学有所用，学有所值，也领悟到要解决数学问题靠单个数学知识点是不够的，更需要的是一群能上下沟通的数学知识点。

（四）思前想后——加深知识方法的理解

更多时候，教师总喜欢把学生认识定格在正确、合理、严密等的格局上，事实上，学生对任何数学知识、方法的掌握总有一个简单到复杂、低级到高级的发展变化过程，而对旧知识的复习正是这种变化过程建立的一种良好途径。在这个途径中教师不能仅仅停留在"12的相反数是多少"等类似的问题上，应该引导学生在复习中对相反数所涉及的知识、技能、方法不断进行归理评价，形成"直观理解—局部理解—系统理解"的发展阶段。

本教学中，把问题留给学生，把思维冲突留给学生，把时间留给学生，让学生探索、讨论、寻找答案，这些留白需要学生有一个思前想后的过程，从而能更好地从不同问题中找到共性，回归数学本质，形成合理的解决问题的方法。

三、结束语

从数、式、方程等角度出发，将相反数与关联知识点结合起来复习，其目的不仅仅只是引导学生在自己认识结构上合理构建知识体系，更是让教师对概念学习既要有思想上、观念上的转变，还要切实把提高学生思维能力和认知能力作为一项教学任务，为后续其他数学知识学习方法提供借鉴，保证了学生后续数学学习方法的可选性。如函数、方程、代数式、四边形等概念的学习，都可以通过"呼朋唤友"，将它们与之相关的知识联络起来，先后衔接，相互渗透，让学习过程和结果融为一个有机体，使得教学活动真正有效地提高学生的数学素养。

因"生"而"活"
——基于学生主体的思政课议题式教学思考

浙江省乐清中学　张恩丰

课堂教学,从学生学习的角度来说,学生是学习的主体,教师、教材、教学条件是学生学习的介质。因此,课堂教学要充分利用学生的主体地位,为学生的有效学习、深度学习创造有利条件。课堂教学方式的变革对学生的有效学习意义重大。普通高中思想政治课程标准中指出:学科内容采取思维活动和社会实践活动等方式呈现,即通过一系列活动及其结构化设计,实现"课程内容活动化""活动内容课程化"。要通过议题的引入、引导和讨论,推动教师转变教学方式,使教学在师生互动、开放民主的氛围中进行。这告诉我们议题式课堂教学要以学生为主体,要在活动中完成教学任务,实现教学目标。为此,议题式课堂教学要着眼学生发展需要,基于学生成长体验,引领学生回归生活。

高中思想政治课程是落实立德树人根本任务的关键课程,以培育社会主义核心价值观为目的,是帮助学生确立正确的政治方向、提高思想政治学科核心素养、增强社会理解和参与能力的综合性、活动型学科课程。由此可见,人是教学的对象和目的,培养怎样的人是根本。人的培养需要学习,而只有个体亲身的经历才称得上是学习,也才能使外在的知识转化为学习者自身所拥有的经验。因此,议题式课堂教学中话题的选择、议题的确定、情境的创设、问题的设置、活动的开展和评价必须紧紧围绕学生。让课堂因为有学生而有活力、有生命力。

一、基于生活,贴近学生的生活实际

思政课作为活动型学科课程,力求构建学科逻辑与实践逻辑、理论知识与生活相结合的体系。着眼于学生的真实生活和长远发展,使理论观点与生活经验、劳动经历有机结合。实践出真知。知识只有蕴含在学生的生活经历之中,学生才能更好地理解知识的出处、知识的用处,明白知识的意义。

例如,民主管理:共创幸福生活这一内容。公民如何参与社会管理,对于大多数学生来讲熟悉而又陌生,因为高中学生课业负担比较重,很少有时间关注或亲身参与社会管理。但是,在这次疫情中,因为小区和村庄封闭管理、居民居家隔离,这为居家学习的高中生提供了一个切实体验参与社会管理的机会。如何宣传发动,社区的广播、橱窗、横幅,乡村的大喇叭各显神通;如何有效回收废口罩,"废口罩"换肥皂就是一招;如何及时了解居民体温情况,手机打卡、小区微信群能帮大忙。这些鲜活的事实和生动的过程是他们亲身经历和见证的。通过讲述自己经历过的参与小区管理的故事,能够深刻体会如何参与管理,理解参与民主管理的意义和对青年学生成长的作用。生活在同一个时代的不同个体有着共同的时代体验，当然，不同地区、不同家庭背景的学生也有着不同的生活经历。教学中话题的选择和情境的创设也要考虑学生的区域特点。

二、理解学生，符合学生的认知水平

规律是客观的，教学要遵循学生的认知规律，符合学生的认知水平。人们对新知识的理解总是建立在自身原有的认知结构基础上的，当原有认知结构对新知识有支撑作用时，人们就相对容易理解新知识；相反，如果原有认知结构中缺乏支撑新知识的内容或原有认知结构中的相关知识未被激活，人们对新知识的理解就将变得相对困难。教学中应充分利用学生原有的体验和认知，努力寻找"最近发展区"，促进学生认知的发展。

例如，疫情期间如何正确看待停课、复学。这是学生亲身经历的，也是事关学生切身利益的，学生有话可说，也有话想说，但不一定正确合理。不同地区、不同年龄段、不同要求的学生看法可能不同。因此要引导学生达成共识，通过亲身的感受，分析现实，在碰撞中形成理智的看法。我们都知道父母希望自己的子女能够健康成长，希望孩子坚持努力学习。但是，在孩子生病之时却会让他们先休息好，在正常情况时会要求孩子不能放松学习。同样，当疫情蔓延尚未有效控制之时，为了学生安全和健康全国停课；当疫情基本稳定，各省视具体情况复学；当疫情突变，北京果断叫停小学复学等。对此，你有什么想法或体会？通过学生的具体感受，通过他们之间的观点碰撞，经历"同化"或"顺应"，树立公民意识，正确处理公民与政府的关系，做一个合格的新时代公民。

三、尊重生命，触动学生的思想情感

思政课是对学生进行马克思主义基本理论教育，用习近平新时代中国特色社会主义思想铸魂育人，培养德、智、体、美、劳全面发展的社会主义建设者和接班人。要引领学生通过观察、辨析、反思和实践，真学、真懂、真信、真用马克思主义。课堂教学如果不能触动学生的内心深处，不能引起学生行为的改变，那只是灌输具体的知识而已，没有真正起到教育的作用。

为了减轻企业负担，尽快恢复发展生产，出台相关减免税收政策；为了更好地保障居民的生活，企业让利，政府补贴、发放消费券；为了能够恢复发展生产，一些企业和地方政府专车接送务工人员或报销路费、提供食宿补贴等。让处于不同家庭背景的学生能够切实体会到社会主义制度的优越性，珍惜来之不易的幸福生活，培养家国情怀。

四、引导生成，瞄准学生的发展需求

思政课关注思想政治学科核心素养的培育，要引领学生自觉践行社会主义核心价值观。所谓学生核心素养，是指学生应该具备的适应终身发展和社会发展需要的必备品格和关键能力。思想政治学科核心素养包括政治认同、科学精神、法治意识、公共参与四个方面。在课堂教学中，话题的选择、议题的设置、情境的创设、活动的开展和评价都要指向学科核心素养的培养。课堂教学要将学科的知识融入学生的生活体验，能够激发学生的思维，解决学生的困惑，让学生感受到有用才会愿意去学。

例如，在"为人民服务的政府"这一单元教学中，我们要引导学生树立正确的观念，能够让学生真正理解公民与政府的关系并在实际生活中积极践行。为了达成这一目标确定了议题：当疫情突然而至，我们该怎么办？围绕该议题设置相应的问题：

当你第一时间听到有关疫情信息时，你的真实感受是什么，当时有什么行动？

你是通过哪些方式和渠道了解疫情的？

当你获得的信息有冲突，你有何想法，是如何做的？

当你获知关于疫情的更多的权威消息时，你的想法有什么变化？期间你做了什么？

当疫情不断升级，采取封闭式管理时，你又有何想法，又是如何做的？

当政府有关部门对人们生活、生产等各方面提供科学指导和做出相关规定时，你又是怎么想的、怎么做的？

这些问题伴随着疫情的发展过程，也遵循着学生的认知过程展开。通过对现象多角度、多层次的思考，逐渐认清事物背后的本质，解开学生认知上的疑惑。通过学生自身经历和感受，真实呈现公民与政府的关系，从而相信政府是为人民服务的，理解政府的决策，支持政府的工作，监督政府的行为。通过一系列问题的思考，来培养学生的辩证思考、遵守法制、坚定信仰、关心家国、积极参与的意识和能力。

五、促进生长，提高学生的政治地位

思政课要坚持马克思主义思想，要引导学生在人生成长的道路上把握正确的思想政治方向。要将远大的目标落实在生活中，落实在学生的言行中。

民族大义、社稷安危历来是头等大事，天下兴亡匹夫有责向来不是一句空话。突如其来的新冠肺炎疫情，在复杂的国际环境中，需要站在时代发展需要、国家民族危亡的政治高度来认识。如何才能让学生将生活经历上升到家国情怀，需要有国际视野、历史视野。例如，围绕抗疫布置这样的任务：若你向外国友人介绍中国抗疫，你想说什么？请列出讲话提纲。各小组围绕讲话的角度新颖性、事例典型性、说理严谨性、立场坚定性、合作顺畅性进行评价。

在这一活动中，可以引导学生思考以下问题。

在抗疫过程中，当你知道武汉封城做出牺牲；

当你知道全国各地逆行的志愿者驰援武汉；

当你知道生活艰难的环卫工人捐出自己的积蓄；

当你知道"90"后新人将自己举办婚礼的费用捐给医院；

当你知道企业家慷慨解囊；

当你知道一些国家将自己仅有的医疗物资捐给中国……

面对这些情况你有何感想？在这些问题思考中引导学生理解中华民族精神和建设人类命运共同体的理念。从身边的小事到国家大事，在学生的切身感受中，感悟民族大义；从民族兴亡、国家兴衰的高度理解抗疫。从时代发展的需要理解构建人类命运共同体。树立正确的"三观"，为共同理想和最高理想的实现奠定信仰基础。

认识是主体对客体的能动反映。在课堂教学中，教师要心中有学生、想学生、助学生、为学生，借助"议"的活动，结合学生生活经历，让学生经历交流、碰撞、思考的过程，形成自己的内心体验，使学生成为学习的真正主体，学会学习。

参考文献

[1] 刘月霞，郭华. 深度学习：走向学科核心素养（理论普及读本）[M]. 北京：教育科技出版社，2018.

[2] 胡田庚，李秀妮，代利玲，等. 中学思想政治课堂教学实施策略[M]. 北京：科学出版社，2016.

[3] 中华人民共和国教育部. 普通高中思想政治课程标准（2017年版，2020年修订）[M]. 北京：人民教育出版社，2020.

"一卡一单"促进科学深度学习的教学模式

温州市绣山中学　谢杰妹

深度学习是在理解的基础上,以高阶思维的发展和实际问题的解决为目标,学习者能够积极主动地、批判地学习新知识和事实,并将它们融入原有的认知结构中,并能够将已有的知识迁移到新的情境中,做出决策和解决问题的学习。[1][2]深度学习强调问题在学习过程中的积极作用,并需要教师对学习者的情况做出准确的预评估。[3]我们以谢杰妹名师工作室为研究共同体,以学员任教的23所初中学校为实践基地,历时十年,先后对科学课堂的"问题卡""任务单"及"一卡(问题卡)一单(任务单)课堂教学模式"进行了大量的理论与实践探索。

"一卡一单"创造性地结合"问题卡"和"任务单",以问题卡为学情研判工具,了解学生的原有认知与前概念,也寻找到学生的最近发展区;以任务卡为教学支架,引发认知冲突,解构迷思概念,并通过一系列有梯度任务的落实,建构、完善科学概念。

一、"一卡一单"促进深度学习教学模式的核心要素与设计

基于建构主义、最近发展区、概念转变等理论,研究中深度学习应具有的特征:强调学习者主动、积极地学习;对获取信息进行批判性的整合与建构;具备迁移应用、解决问题的能力。[4]"一卡一单"科学课堂教学模式以"问题卡"和"任务单"两大载体促进学生达到以上深度学习的特征。

1. 问题卡

"一卡",即问题卡,学生进行问题化学习的有效载体。"问题卡"即问题卡片,可以是预习提问的"提问卡",围绕学科的核心观念引出相关问题,具体的模板见表1,要求学生进行课前预习和组内交流,填写"你的问题"和"小组点评"内容。同时,需结合不同课型的特点设计问题卡,如概念新授课、试卷分析课等。除课前的提问卡之外,问题卡可以是课堂综合应用的"问题指南卡",也可以是课后归纳的"答疑卡"以及单元复习整理的"问题本"。

表1　概念新授课的课前"提问卡"

班级_____　姓名_____　章节_____　日期_____　同桌_____　组别_____

本课的核心概念:	你的问题	小组点评	老师点评
根据已学知识和生活经验,你是怎样理解核心概念的	1. 2.		
针对核心概念,提出若干个你最感兴趣的问题	1. 2.		

续表

本课的核心概念：	你的问题	小组点评	老师点评
针对核心概念，提出若干个你认为最难懂、最深奥的问题	1. 2.		
结合核心概念，提出若干个问题考考你的同桌	1. 2.		

问题卡强调问题的生成，引导学生进入深度学习的状态。问题卡的设计应该尽量简单、容易操作、指向性明确，便于学生问题的生成。不同类型问题卡的教学策略不同。问题卡着眼于问题的发现和提出，强调的是培养学生的问题意识，引导学生进入深度学习的状态。

2．任务单

"一单"，即任务单，学生活动的脚手架。所谓的"任务单"，是指在教学过程中以"任务"为媒介，引导学生在"活动"中自主、合作、探究学习，从而实现教学目标的一种学习支架，使学生成为主动参与学习、提出问题的探索者。根据科学教材内容多样性的特征，设计了多种类型的学习任务单，见表2。

表2 任务单类型及作用

类型	作用
前置式学习任务单	教师根据学生在课前完成任务的情况，采取有针对性的教学策略开展课中的学习
驱动式学习任务单	创设与之相应的问题串，将实验探究的难点分解为许多小问题，引导学生层层深入，做到驱动学习
选择式学习任务单	多种方案使学生通过选择交流活动，相互分享实验的方法、成果，进一步评价探究过程中的不足，避免独立探究的片面性和局限性
整合式学习任务单	对教材进行了再创造和整合，把四维教学目标整合其中，使学生学习的内容更加全面、系统
补全式学习任务单	课堂学习的内容是零碎的，对一个问题的研究或是解决是不完整或者片面的。补全式学习任务单，引导学生在课外进一步探索，形成知识的完整和多面性
反馈式学习任务单	诊断学生在课中的学习情况，为后续教师改进教学的方法和策略提供指导
引导式学习任务单	引导学生利用科学知识解决实际问题，提升学生综合运用科学知识分析和解决问题的能力。课后完成引导式学习任务单，满足学生进一步探究科学的欲望

任务单以学习任务设计为支架，有效落实学生的深度学习。首先，学习任务的设计目标要明确，把每个模块的学习转化为一个个容易掌握的"任务"。其次，任务设计要有梯度层次，分散重难点。任务单能够让学生清晰地了解本节课的思路及进展，真正实现以学促教、以学定教的目的，并有效落实学生的深度学习。

二、"一卡一单"促进深度学习教学模式的教学过程

"一卡一单"构建了"三位一体"的动态课堂模式。一卡、一单的结合旨在搭建"以学为中心"的学习平台，促进学生学习方式的变革，最终实现学生问题意识、提问能力和创新实践能力的提高。"一卡一单"模式对于促进科学的深度学习具有重要的意义。"一卡一单"与深度学习两者密切关联，具体的对应关系如图1所示。

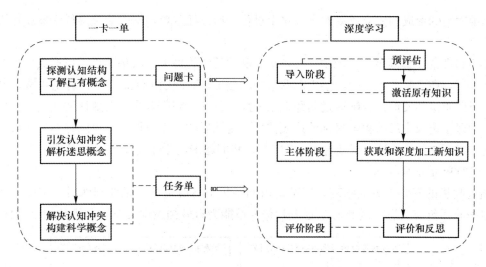

图 1　"一卡一单"与深度学习的关系

1. "一卡"有效开启深度学习导入阶段

"问题卡"是引导学生发现和提出问题的载体，促进开启深度学习的导入阶段。

教师需要将设计好的课前问题卡提前两天分发给学生。之后，教师基于学生在问题卡中问题的反馈，有针对性地安排小组互评，让学生通过同伴讨论及互动的方式解决其中个别问题。教师收集问题卡，了解学生问题卡填写及小组互评的过程，对学生的问题及回答进行整理和分类，预估学生对于教学内容的了解情况，选出典型的、利用现有条件可进行探究的问题作为教学的起点。

"问题卡"这一学情研判工具，能有效探测学生的认知结构，也有助于教师确定教学起点，故"问题卡"的使用有效地开启了深度学习中的"导入阶段"。

2. "一单"有效落实深度学习主体阶段

"任务单"基于学情，指向目标，学习任务设计合理，推进落实深度学习的主体阶段。

结合导入阶段对学生学情的预估，教师设计课堂实施的任务单。对于一些较难突破的问题，需要学生开展合作学习和探究学习等方式进行解决，可将任务单以纸质稿的形式呈现并发放给学生，供课堂使用。纸质任务单可以较好地呈现任务，也便于学生跟随着课堂活动进行记录。对于"一单"中一些简单的任务，仅通过自学或思考就能解决的，可在课件中或由教师直接口述呈现。

任务单中关于知识的拓展问题更是给学生提供了迁移应用的机会，让学生能够学以致用。通过任务单中一个又一个任务的考验，学生知识与能力的学习更为坚固。并且任务单中一个个任务的呈现，条理清晰，要求明白，学生更容易接受并完成，有利于学生批判性地整合和建构知识。

3. "一卡一单"有效拓展深度学习评价阶段

问题卡提供学生反思的平台，任务单助力过程性评价，拓展深度学习的评价阶段。

以"任务单"为载体，学生可以表达自己对问题的思考，可以记录自己对问题的解决方法，教师可了解学生在课堂中的成长，对学生进行过程性评价。另外，任务单的设计，引导学生经历从思维冲突的形成到探究成果的发现这个过程，通过任务单，学生能重温科学概念建立的思维过程。

学生将课前"提问卡"、课中"任务单"和课后"答疑卡"收集整理，可形成学生个人的"问题本"。在"问题本"中，学生对课堂的问题记录、问题解决甚至是问题的生成，都是学生上课听课质量的反馈，教师通过问题记录情况评价学生问题解决的有效性和完成度。也可以从学生的课堂记录中反映教学目标的达成情况作为课后的反思与评价。"问题本"还可增加单元问题卡（图2）和试卷分析问题卡（图3），将问题卡与学生笔记完美地结合，引导学生围绕问题进行单元复习。

通过收集的答题卡分类整理，归纳普遍问题集中答疑将学习延伸到课后，完成学生在深度学习中的评价与反思。因此，问题卡和任务单能为有效拓展深度学习的评价提供载体。

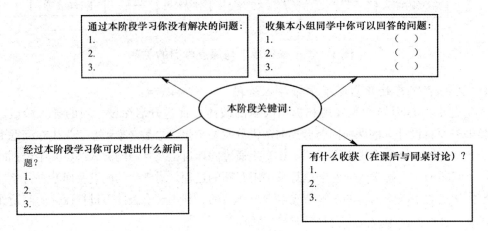

图 2　单元问题卡图

我选择的题型是		教师评价
得分率（%）		
1.你自己解决了哪些问题？		教师评价
2.在同学的帮助下，你解决了哪些问题？		教师评价
3.分析自己解题错误的原因，纠错后提出关于该知识点的一个问题		教师评价
4.这个问题你的同桌回答如何？你怎么想？		教师评价
自我反思		

图 3　试卷分析问题卡

三、"一卡一单"教学模式的操作要点及注意事项

为了保证"一卡一单"实施的有效性,要求教师注重"一卡一单"的不同组合呈现出教学的多样性和可能性。与此同时,学生使用"一卡一单"中所提出的问题的科学性及价值性,也需要教师在使用中不断去培养和引导。

1. 课前"问题卡"的使用

在新授课的课前使用"问题卡",主要步骤如下:

(1)教师在新授课前两天发给学生"问题卡",要求学生进行课本预习,并填写"你的问题"。

(2)第二天,学生利用课余时间进行组内交流,彼此解决对方的问题,并填写"小组点评"内容。

(3)教师收缴"问题卡"并认真评阅,判断学生概念学习的难点和盲点,修正自己事先确定的教学策略,确定概念学习的切入点和突破口,把握概念学习的深度和广度。

(4)课后将课堂学生学习的情况进行诊断和反思,对照课前学生问题卡中填写的问题,思考以后课堂教学的不足、注意点和整改措施,记录如何更好地做好教学。

2. 课中"问题卡"和"任务单"的使用

我们设计了课中的"问题卡"和"任务单"。以"电荷与电流"为例,使用方法如下:

(1)编制"问题卡"和"任务单":电荷与电流知识在内容上呈现一定的逻辑关系,所以就可以直接从内容上提炼知识线索,即学习任务从现象、原因到应用(表3)。

表3 "电荷与电流"课中"问题卡"和"任务单"内容

编号	教师预设的问题	学生生成的问题
任务一 体验摩擦起电	情境:教师演示保鲜膜吸附在手上。 1. 同学们知道其中的原因吗?(手或保鲜膜带电了)其依据是什么?(带电体能吸引轻小物体) 2. 同学们有什么办法让物体带电?	
任务二 分析摩擦起电的原因	情境:丝绸和玻璃棒摩擦,玻璃棒带正电,丝绸带负电。 摩擦起电的原因什么?请画图说明。	
任务三 探究电荷间的相互作用	同学们会如何设计实验方案呢?实验有哪些现象?其结论是什么?	
任务四 静电知识的应用与解释	情境:小明穿了一条新裤子,不到一天就沾了不少灰尘,妈妈批评他不注意清洁。他很不服气地说,是灰尘往我裤子上跑,躲都没法躲。妈妈听了很生气,认为他在说谎。 你能帮助小明解释一下吗?	

(2)利用"问题卡"和"任务单":在课前提前几分钟发给同学们事先准备好的"问题卡"和"任务单"。教学从创设情境引入课题,沿着该课知识主线逐渐呈现各项任务,从体验摩擦起电到分析摩擦起电,从探究摩擦起电到应用摩擦起电。

(3)填补"生成的问题":在学生学完相关任务后,可让学生直接汇报"生成的问题",对于难度较大的任务,让学生小组讨论后填写小组的"学生生成的问题",让小组进行汇报,见表4。

表4 "电荷与电流"课中"问题卡"和"任务单"

编号	教师预设的问题	学生生成的问题
任务一 体验摩擦起电	情境：教师演示保鲜膜吸附在手上。 1. 同学们知道其中的原因吗？（手或保鲜膜带电了）其依据是什么？（带电体能吸引轻小物体） 2. 同学们有什么办法让物体带电？	1. 我们怎么知道纸屑就不带电呢？ 2. 丝绸和玻璃棒，毛皮和橡胶棒，那它们之间为什么不交换过来摩擦呢？ 3. 要使手带电，要跟什么东西摩擦呢？
任务二 分析摩擦起电的原因	情境：丝绸和玻璃棒摩擦，玻璃棒带正电，丝绸带负电。 摩擦起电的原因什么？请画图说明。	课本上说摩擦起电的原因是电子的转移，为什么不可以是质子的转移呢？
任务三 探究电荷间的相互作用	同学们会如何设计实验方案呢？实验有哪些现象？其结论是什么？	1. 除摩擦能使物体带电外，还有没有其他方法使物体带电呢？ 2. 接触起电的原理是什么？电量是根据什么来分配的？
任务四 静电知识的应用与解释	情境：小明穿了一条新裤子，不到一天就沾了不少灰尘，妈妈批评他不注意清洁。他很不服气地说，是灰尘往我裤子上跑，躲都没法躲。妈妈听了很生气，认为他在说谎。你能帮助小明解释一下吗？	1. 裤子上的静电是从哪里来的呢？ 2. 有什么办法去掉静电呢？

（4）问题解决：对于学生提出的一系列问题，教师不要急着回答，应积极引导，充当教师角色，主动参与问题的解决过程，相互补充与完善，最终实现问题的解决。

3. 课后"答疑卡"的使用

"答疑卡"属于课后释疑的"问题卡"，是针对部分学生在课堂上没机会问、不敢问或者也不知道怎么问的实际情况而设立的，以解释学生再生问题为目的，通过集中答疑将学习延伸到课后，让学生学会复习，并为教师的作业讲评和下节课的备课提供依据。

（1）学生每节课用一张答疑卡，课堂上留下一定的时间，让学生迅速将这节课还没听懂，或理解不透彻的某点内容或词句及其他疑难问题简明、准确地记在卡片上，以更好地帮助学生梳理本节课所学的主要内容及思路。

（2）回家后在做作业前，要求学生先复习，复习时再把答疑卡拿出来，在复习后将发现的问题及时记录下来。

（3）在作业完成后，将作业中出现的问题也记录在答疑卡上，或者列出自己认为值得探究的问题。

4. 优化不同类型问题卡和任务单的组合

根据教学内容、教学时空（课前、课中和课后）、课型等方面的不同，我们设计了不同类型的问题卡和任务单，"一卡一单"的组合是丰富多彩的，也是灵活多样的。不同的组合方式其使用范围和对象也会有所不同，如何合理、更好地将问题卡和任务单组合使用是一个关键。不同的卡单组合有其不同的功能侧重，针对不同的课堂教学，合理选择卡单组合，对实现科学深度学习是十分重要的。

四、"一卡一单"促进深度学习的实践效果

"一卡一单"教学模式在初中科学教学中的实践效果主要表现在学生的创新实践能力、科学探究能力与问题解决能力上。

1. 创新实践能力

从初中科学的角度来讲，批判性思维是指善于严格估计、评价和分析知识，能够察觉存在的谬误，不断反思，能精确检查思维过程并提供反馈，以及不断探索求新与优化的能力。教师授课时，处于深度学习阶段的同学总是能够第一时间发现问题，善于质疑权威，并勇于表达。

2. 科学探究能力

学生深度学习表现在青少年科技创新活动、生活中的问题解决、对生活问题的探究中。源于生活体验的问题解决与探究活动，可以加深学生对科学知识的理解，并且使学生明白科学探究始于问题，没有单一的步骤可循，需要基于证据与原有经验知识的解释等，进而提升探究能力、问题解决能力与创新能力等。

3. 问题解决能力

科学习题的解答是学生思维表达的过程，也是学生解决问题的过程。基于深度学习的科学教学实践中，强调学生提出疑惑的问题，关注解疑解惑过程中对方法的理解与应用，关注学生思维的表达。深度学习的实践教学效果还表现于习题解答与问题解决中的思维体现，在解题过程中，学生能将题中文字表达转换成数学表征，将题目中的条件等效起来，化动为静，呈现了学生的高阶思维（表5）。

表5 实验班和对照班的成绩 t 检验结果

人数	差值均数	差值标准差	t 值	P
42	7.738 1	13.385 6	3.746 5	0.000 6

结论：经 t 检验，得 $P=0.000\ 6$，按 $\alpha=0.050\ 0$ 水准拒绝 H_0，接受 H_1，故可认为实验班和对照班的成绩有明显差别，实验班的学习效果显著。因此，"一卡一单"这种深度教学模式提升了学生问题解决的能力。

五、结论

"一卡一单"教学模式以问题卡和任务单为载体，通过一个个递进的问题，将知识体系串联在问题链中，使学生的思维由低阶向高阶递进。通过一个个任务，将课前、课中、课后的学习目标明确，学生在任务中说与做，大大提升了学生接收的信息量和消化的知识深度。通过实践的检验，"一卡一单"教学模式能够较好地促进学生的深度学习。同时，初中其他学科应该可以借鉴与效仿，在高中阶段同样适用。

参考文献

[1] 何玲，黎加厚．促进学生深度学习［J］．计算机教与学，2005（5）：29-30．

[2] 安富海．促进深度学习的课堂教学策略研究［J］．课程·教材·教法，2014，34（11）：57-62．

[3] Eric Jensen，Le Ann Nickelsen．深度学习的7种有力策略［M］．上海：华东师范大学出版社，2010．

[4] 杜娟，李兆君，郭丽文．促进深度学习的信息化教学设计的策略研究［J］．电化教育研究，2013，34（10）：14-20．

从展示走向问题解决
——对一次送教下乡活动的思考

温州市南浦实验中学 屈小武

送教下乡是一种常见的受教师喜欢的教研形式。这种教研形式有利于优质资源的辐射作用，也有助于促进教育均衡发展，使得农村教师不出家门就能学习到优秀教师的教学方法和感受到他们先进的理念，受到了教师的肯定。但在实践操作中，我们也逐步认识到存在的一些问题，如送教内容、送教形式创新等方面仍然值得思考和完善。其中较为突出的一点是送教活动常常难以解决当地教师教学中最急需解决的问题，其主要原因是送教课题通常是送教者来选定的，而送教者所选择的课题和所要解决的问题并不一定是听课教师最迫切需要解决的问题。其次送教活动未能很好地发挥听课教师的主体作用。在活动中，听课教师更多的是处于被动的状态，他们更多的是听和记，与执教者缺乏面对面沟通的时间和机会，无法深入地探讨在教育教学中遇到的问题。再者，活动一结束，也就意味着支教的结束，后续的研究和支持难以跟上。上述问题使得送教下乡活动尚未发挥其应有的价值和作用。作为初中英语工作室，送教下乡是我们常采用的一种活动形式，我们也面临着同样的问题。但在某一次活动中，我们从加强策划入手，就如何更加有效地进行送教进行了思考和探索，在具体操作中调整了思路，进行了一些新的尝试，取得了令人较为满意的效果。

一、案例描述

1. 问题缘起

按照工作计划，我们初中英语工作室准备送教到县里的一所初中学校。按照惯例，活动前一个月我们和当地学校校长商讨送教下乡事宜，确定送教内容和形式。在此过程中，校长将教师的意见转告给我们，说能否由他们学校的教师们来确定本次活动的主题，即让我们工作室学员送一节九年级的写作课。这对我们来说是一个挑战。首先我们选定的送课教师没有准备这个课题，其次相对于听说课，写作课难度较大，而九年级的写作课难度显然会更大。但既然这是当地学校教师们目前教学中亟待解决的问题，是当地学校英语组教师共同的诉求，我们唯一可做的就是尽工作室的全力去完成他们提出的任务。为此我们召开专题会议部署送教活动的内容、主题和形式，同时我们布置工作室的其他几位学员围绕写作主题每人准备10分钟左右的说课，与大家分享自己最满意的写作课或写作课片段。在说课中要求学员借助PPT来阐明自身写作课的指导思想、设计意图以及在操作中的实际效果，成功体现在哪里？还有哪些不足？同时说明需改进的地方。

2．现场回放

我们初中英语工作室在当地中学开展主题为"初中英语九年级写作课研讨"的送教下乡活动。教研活动流程如下：

（1）基于问题解决的研究课：工作室学员承担公开课一节，课题为：基于主题的九年级写作课。

（2）针对问题解决的互动点评：在课后的点评中，我们一改以往的专家点评，而是采取人人参与的互动点评。先由执教教师阐明设计意图并对教学的实际效果进行反思。接着是互动点评，要求每位教师就这堂课谈自己感触最深的一到两点，同时提出一个问题或需要改进的地方，也可以结合自身平时教学中的困惑提出问题。

（3）围绕问题解决的分享型说课：送教的第三个环节是工作室成员优秀写作课分享环节。根据事先分工，工作室每位成员围绕写作这个主题从不同的角度与众人分享自身的一堂最满意或最有感触的写作课或写作课片段。学员们借助PPT分别从写作的话题内容选取、过程关注、框架搭建、平时素材积累、教材资源的有效利用等角度切入进行了理论结合课例的说课。

最后工作室主持人对整个活动进行总结。在充分肯定每位学员所做的努力的基础上，对大家写作课普遍存在的"目标太多"等问题提出意见和建议。

（4）深化问题解决的分组研讨：活动的最后一项内容是分组研讨。根据工作室学员所教的年级段，将他们分为三组分别与当地学校的三个级段的教师进行研讨。研讨的主题为两项：一是继续围绕写作教学进行更为深入的研讨；二是就该年级段教学中教师们遇到的问题展开讨论。工作室学员毫无保留地与教师们分享了自己在平时教学中一些比较有效的做法，在一定程度上为该校教师今后开展有效英语教学提供了帮助。

最后工作室成员与当地学校教师们相互交流了联系方式，以便日后继续深入研讨平时教学中的问题。

二、对活动的反思

本次活动得到了学校和教师的肯定。他们认为，这样的观课、评课、课例分享和分年级讨论，让他们全方位地了解了写作课，明确了教学目标的定位与落实对写作教学有效性达成的重要性。尤其是深入细致的互动点评让他们受益匪浅。教学理念和实际相结合，引领他们正确反思，同时，对他们教学的整体把握有着方向性的引导作用。"送教给我们的老师带来了实实在在的帮助和学习的机会，我真希望这样的活动今后能多多举办。"学校校长如是说。

本次活动有以下几个特点。

1．从展示活动转向问题解决

送教下乡的意义在于组织和策划者应考虑活动如何最大限度满足当地学校的教师需求，切实解决农村教师平时课堂教学中的困难和问题。但在实际操作中通常课题是由送教者来定的，送教者往往会选择自身比较有把握的较为成熟的课，这些课能较好地体现送教者的教学理念。但不足之处是课题所解决的问题不一定是当地学校所面临的亟须解决的问题，有时甚至与当地学校的实际状况相差甚远。因而，活动更多的可能是一种展示，一般很难达到送教下乡活动的根本目的。而本次活动的课题由听课教师来选定有效地解决了此项问题。在活动中，送教教师以上课形式在教学现场呈现克服教学困难的过程，工作室学员以说课的形式围绕写作这一主题从不同角度切入阐述自身对写作教学的探索和理解。如果说上课具有直观性和可模仿性的特点，但它带给听课者可能更多的是一些感性认识，而围绕同一主题的说课和评课，将丰富教师对写作教学这一主题的认识，帮助他们把认识从感性阶段上升到理性阶段。送教整个过程较为系统和全面地呈现了工作室学员对写作教学这一主题的理解，较好地解决了当地学校所提出的问题。

2. 充分尊重当地教师的主体性

目前，教师教育中比较忽视教师主体性发展已成为一个不争的事实。在送教下乡中也存在着类似的问题。实践证明，这样的教研活动很难让教师形成积极主动参与自身发展的态势。发展教师的主体性已成为目前教师专业发展的迫切任务。而本次活动无论是课题的选择还是主题式写作课例分享，策划都是围绕着当地学校教师的需求展开的。课后安排执教教师及工作室其他学员围绕写作这一主题以实践为基础进行说课，有助于教师更容易也更到位地理解本次活动所要解决的问题。另外，我们通过互动点评和分组研讨环节使教师参与到活动中，由于课题是当地学校教师提出的，听课教师对研讨的问题已有心理准备，因此，在活动中他们不仅有话想说，而且有话可说。在整个活动过程中当地学校教师从被动的听众变为主动平等的交流者，有助于增强他们的主人翁体验，提升他们的专业自信心。从这点上来说，本次活动较好地体现了送教活动的服务意识，凸显了听课教师在活动中的主体地位。

3. 实现送教者和听课者的共同成长

一次教研活动应该是上课者和听课者双赢的活动，在此过程中双方都应有所收获、有所成长。但在以往的送教活动中，不能说送教者没有收获，但相比较而言，受益更多的是听课者。而本次活动我们在一个月前通过给全体工作室学员布置任务，并阐明在本次活动中我们试图解决的问题，促使送教人员去思考、去研究。尤其是在准备说课的过程中，我们要求每位学员要为自己的教学实践找出理论依据，而不是仅仅单凭经验。通过此项任务，促使学员从感性走向理性、从经验走向科学。例如，执教者从接到任务起，用了整整一个月时间组织学校英语组教师用同课循环的形式开展研讨、磨课，并寻找设计的相关理论依据。在此过程中，执教老师和整个团队对九年级写作教学的思路日趋清晰。正如执教老师本人所说的：本次活动对我的教学发展意义匪浅。当然受益的并非只有执教老师，这次主题鲜明、内容丰富的活动对参与活动的每一位教师都是一次分享，也更是他们反观自我教学的良好机会。

4. 利用团队差异达到资源共享

"实践反思、同伴互助、专业引领"是校本教研三要素，也是促进教师专业发展所不可缺少的一个整体的三个方面。本次活动区别于以往活动的另一特点是我们充分利用团队的力量，发挥团队的智慧，让每一位学员都参与到送教活动之中。工作室的学员均为来自温州市市区的骨干教师，他们的教龄、认识结构、智慧水平、思维方式等都存在着差异，这种差异本身就是一笔宝贵的资源。本次送教通过赋予学员同一主题任务，要求他们围绕九年级写作这一主题展开研究，有助于他们之间的经验分享和彼此思想的丰富。由于教师们身处不同的学校，乃至不同的地区，在长达一个月的准备过程中，他们网上进行教研活动，进行同伴之间的相互引领。教师们在思维与智慧的碰撞中，生成许多有价值的新见解，每位参与者在此过程中都得到了不同程度的提高。而在布置任务时我们也关注了教师之间的差异，允许他们围绕主题根据自身的兴趣和特长选择一个角度切入，旨在让每位教师发挥个人的资源优势，鼓励个性化发展。

三、对活动的进一步思考

本次活动之所以取得预期的效果，与活动前期的精心策划是分不开的。如同教师上课需要备课一样，送教下乡同样需要组织者事前策划。首先要在了解参加活动者需求的基础上确立送教主题；在活动形式的选择上要注重全员参与，尤其是让教师有具体的、适当的参与性任务；在活动的过程中主持人要关注活动的现场生成，发挥引领作用；在活动结束后，要有后续的支持跟进。当然，本次活动还存在着一些有待改进的地方。听课教师在充分肯定本次活动的基础上，认为如果能将活动系列化，对他们将会有更大的帮助。他们希望能结合该校的教研主题，进行系列的活动，完成一个主题的研讨。他们也希望能在每次活动完成后，名师工作室成员能针对他们的教学与听课反思，以及课例的再修改进行指导和反馈。教师们的反馈使得我们今后的工作更具方向性，那就是更加贴近他们的教学实践。这也将是我们工作室今后工作的重点。

"五·四式"反思学习模式的建构与反思

平阳县实验中学 吴加涛

一、问题提出

1. 从一次检测中引发的思考

案例1：在两次单元检测中分别出现两道练习，几天后，这两题恰巧又一字不差地出现在另一份综合检测题中。统计了学生在前后两次的检测中的正确率，见表1。

表1　前后两次检测中的正确率

题目	首次检测		第二次检测		正确率上升	两次检测时间间隔
	做对人数	正确率	做对人数	正确率		
题1	21	52.5%	25	62.5%	10%	11天
题2	27	67.5%	32	80.0%	12.5%	8天

从检测结果来看，正确率有一定的提高，但对于一模一样的题目来说，这种提高就显得微不足道了。经过讲评后，为什么还会做错呢？因为同一题不同的学生有不同的错因，教师讲评时缺乏针对性。而且初中生元认知水平不高，不善于对错题进行反思，不会分析、评价自己的思考方法，从而导致一错再错。

2. 从一次调查中引发的思考

案例2：让两个平衡班用同一份试卷进行测试，7班用传统的方法讲评分析，8班先让学生反思错因，再讲评。五天后，在不告知学生的情况下，用同一份试卷再次测试（表2是其中一道题的结果）。

表2　其中一道题的结果

题目	订正要求	人数	第1次检测		第2次检测		正确率上升	时间间隔
			做对人数	正确率	做对人数	正确率		
九(7)	直接订正	40	20人	50%	26人	65%	15%	5天
九(8)	自我反思后订正	38	17人	44.7%	30人	78.9%	34.2%	5天

从调查中可以看出，让学生对错题进行自我反思，可以大大提高准确率，促进有效学习。

因此，为了提高作业有效性，提高学生自主反思能力，笔者在教学中尝试构建了"五·四式"反思学习模式。

二、"五·四式"反思学习模式的构建

（一）构建"五环节"作业管理模式

反思性学习就是学习者对自身学习活动的过程及活动过程中所涉及的有关的事物、材料、信息、思维、结果等学习特征的反向思考。根据反思性学习的基本概念，笔者构建了利用作业进行自我反思训练的一般流程，如图1所示。

图1 自我反思训练的一般流程

1. "独立作业"培养了学生自主学习的习惯和能力

作业是教学过程中重要的巩固和反馈环节，学生完成各种课后练习的过程，就是在课堂以外的场景中，发挥各自的主观能动性，自我调配时间，调动思维，激活记忆，对知识的再次消化和吸收过程。

作业前，要求学生将当天课堂学习的内容"理一理"。整理笔记，回顾课堂，厘清概念、规律、原理间的关联，为后续的独立作业打下基础。作业时，要求学生将作业当作考试，即"考一考"。不仅为有效反馈学习效果，更重要的是将学生独立思考、细致审题等变为日常习惯，为正式考试做好技术上和心理上的准备。在两个环节的独立作业的过程中，培养了自主学习的习惯和能力，为学习力的提升奠定基础。

2. "管理把控"给了学生有效的反馈和激励

作业管理和作业批改，不仅仅是为了解、评价学生的学习结果，更重要的是要激发和调动学生的积极性和学习热情。

首先，教师和课代表要对作业完成情况进行记录，即"记一记"。课代表记录作业完成时间，建议分析题目等，给教师有目的性地讲评打下基础。教师记录学生作业存在的问题，了解作业难度等。对学生进行管理、督促，或是提供帮助（表3）。

表3 作业情况登记本

	作业内容	内容的选择（A——有精选，B——无精选）
作业布置情况	1.《教与学》课堂讲解本第10课	1. A
	2.《教与学》课后练习本第10课	2. A
	3.	3.
	4.	4.
作业完成情况	全交	作业完成大约时间：40分钟
建议老师分析题目	课堂讲解本，预测演练2	

	作业批改情况（"A——全批；B——选批；C——自批"）	作业分析情况（"A——有分析；B——没有分析"）
作业批改、分析情况	1. A	1. B
	2. A	2. A
	3.	3.
	4.	4.
作业优秀名单	林晨轩　林天福	
作业不理想名单	袁天龙	
错误率高的题目	课堂讲解本，预测演练2；课后练习5 课后练习本，第17题	
存在的主要问题	课后练习本：第17题错选A较多，主要是因为没有很好理解什么是抗原。 第20题主要表现为答题不规范，语言表达能力有所欠缺。 课堂讲解本：预测2错选C较多，免疫的知识在具体的应用上有所欠缺	

同时教师进行作业批改，即"批一批"。可以用学生自批、互批，教师选择性批改。还可以小组合作形式进行批改，即按学习能力强弱分小组，进行讨论、互相批改，在批改过程中，探讨、评价、争论、互教互学等真实、主动、有效的学习自然而然发生，学生更积极。在这种平等、放松的氛围中交流互动，学生在知识、能力、情谊上，都收获很大。

通过有效的作业管理把控，在检查学习质量、发展学生智能的同时，将对学生督促和激励、对教情与学情的反馈等有机融合。

3．"引导反思"促成了学生的深度学习

作业中的错题反映出学生学习中存在的不足，给出了学生需要对相应内容加深记忆或深入理解的信号。通过"纠一纠"和"思一思"引导学生进行反思的方式，让学生对思考的过程、推理的方法、概念表达的意义等进行深度学习，符合建构主义理论主张的"要主动学习，要在活动中进行建构，要对自己的活动过程不断地进行反省、概括和抽象"。

作业批改后，首先让学生进行自我订正，即"纠一纠"。让学生用红笔进行自主纠正，如遇难题让学生以小组为单位进行讨论、订正。

作业纠正后，要让学生在自己的错题旁写出错因及改进策略，即"思一思"。主要从几个方面反思：写思考过程；写正确解法；写改进策略；写整体反思。反思自己可以坚持并完善的方法，反思改进自己不好的习惯等。一位学生的错题反思示例如下。

学生写的反思
解析：锌与浓硫酸反应产生的水会稀释浓硫酸变成稀硫酸，稀硫酸又会和锌反应生成氢气。
反思：以为锌与浓硫酸能产生氢气，不知道是因为锌与浓硫酸反应产生水稀释了浓硫酸，从而使锌与稀硫酸反应产生氢气，在解题时应该分析题目的已知条件，找出关键字词。

"纠一纠""思一思"，比起单纯的教师讲解，学生更能真正投入学习过程中。从学生自身的先前知识出发，以具体的情境化问题为基础，逐步走向对于概念性知识的深层理解，实现深度学习。

4．"激励反馈"激发了学生的学习积极性

教育心理学证明：学习必须获得信息的反馈，没有反馈的学习收效甚微，甚至无效；而反馈越及时，学生的学习兴趣就越浓，学习效率就越高。因此，教师对学生的错题反思进行及时的评价和反馈，并写上贴切的评语，能激发学生主动学习。如"你永远是学习、作业最认真的一个"。还可以将优秀作业反思在校内进行展览等。

所以，教师对学生的反思进行评价和反馈，充分肯定，或给予真诚的建议，甚至一个微笑，对学生来说有时都是莫大的鼓舞，无形中激励学生养成反思的习惯，帮助学生在学习的道路上走得更好、更远。

5．"总结反思"促学习成果的进一步落实巩固

在平时的作业反思后，可能还存在学生无法解决的问题。这时需要教师通过课堂进行集体反馈。通过讲评课的形式，查漏补缺、纠正错误、巩固双基，寻找产生错误的原因，吸取失败的教训，总结成功的经验，从而完善学生的知识系统和思维系统，进一步提高学生解决问题的能力。

案例3：练习讲评课。

课前准备：

（1）答题情况统计和数据分析。

（2）学生完成"课前自我反思表"。

数据分析结果显示这几道题也正是得分率较低的几题（表4）。

表4 答题情况统计

题号	解答题	实验探究题		
分值	31（4分）	26（2）（2分）	27（3）（3分）	29（3）（3分）
平均分	2.073	0.902	1.573	1.109
难度值	0.52	0.45	0.52	0.37

课中诊断：

（1）激励反馈：展示优秀试卷、进步学生、单题完成最好的学生等，呈现各个层面激励对象。

（2）互助自评：进行小组讨论，引导学生深入思考，归纳出思路和规律。如第18题：在氢氧化钡溶液中，逐滴加入硫酸，其溶液的导电性随硫酸质量增加而变化的图像是（　　）。

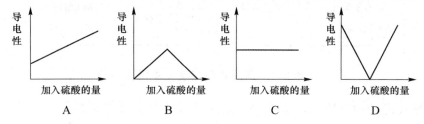

在讨论中学生达成共识：反应后生成硫酸钡和水都不容易导电，而当硫酸过量时，溶液又导电，因此选项D正确。

（3）诊断释疑：将学生原始答案范例展示出来，让学生明白几种答案的特点，比较其中的优劣。

（4）思维拓展：在讲解后适当拓展延伸，精选类似的习题让学生模仿训练。并在掌握常规思路和方法的基础上，启发新思路，探索巧解、一题多解的新方法。

课后反思：反思自己在答题时有哪些地方需要改正。表5是某学生检测后填写的反思总结表。

表5 反思总结表

课后自我总结表			
失分原因总结（写题号）：			
审题不清	12、25、29（1）	表述不准确不规范	31
理解不到位	30、32	基础知识识记不清	5
知识点混淆	9	其他原因	
本次考试你的收获是：通过这次考试，我也深刻地感受到平时多努力的重要性。有句话说得好"大考大玩，小考小玩，不考不玩"，原来总以为是谬论，考试怎能不复习？不考试才应该轻轻松松地玩呢。现在我终于深切体会到这句话的用意了。小学时科目少，临考试时多复习几遍就行了，现在不同，科目多，可时间有限，这就要求我们平时多下功夫，考试才能轻松过关，这次科学考试不仅给了我查找自己不足的机会，还让我知道了自己的真实水平。考试就像捕鱼。第一次考试你会发现渔网上的漏洞，经过一次次地修补、一次次地捕捞，在中考的时候，你的知识与能力编成的渔网一定会是牢不可破的。			

如何真正落实一节讲评课，自我反思是讲评课的重要一环。课前反思，让学生对试卷有了初步的自我认识和思考，明确解题的得与失，知道哪些是自己没有掌握需要老师帮助的，并为教师的讲评提供符合学情的依据。课后反思，能让学生自我分析答题错误的原因，总结经验归纳方法思路。

（二）构建"四段式"错题反思模式

作业的五环节管理模式中，难度最大，最需要学生用心去做的是"引导反思"环节。学生在该环节的投入与努力，决定其收获程度。因此，教师在此环节对学生的引导，也是至关重要的。经过研究实践，构建出"四段式"错题反思模式（图2）。

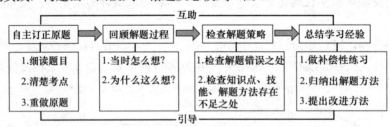

图2 "四段式"错题反思模式

1. 错题反思的四个阶段指令明确，有利于学生学会反思方法

（1）自主订正原题：学生通过重读原题，独立深入理解题意，清楚原题考什么知识点，思考可能用到什么方法，然后再独立重做原题。这一环节是反思的开端，只有自己会订正才能进入下一环节。如果自己无法独立自主订正，先与同伴交流，争取在互动交流中获得新的认知。或求助于教师，在教师的帮助下解决问题。

（2）回顾解题过程：学生回顾当时在解题时是怎么想的。对照正确答案，想想自己原来的解法到底错在哪里，当时为什么会这么想等。只有清楚自己当时的思路，才能对错题进行深入的理解。

（3）检查解题策略：学生对自己解题的过程和结果作出判断，检查自己解题错误之处，是因为粗心、题目没读懂还是没记住等。检查思考自己的解题方法、知识和技能上是否存在漏洞。

（4）总结学习经验：通过分析，认识问题的成因之后，学生积极寻找新思想与新策略来解决面临的问题，通过接受大量新的信息，不断挖掘新信息的内涵和外延，产生更有效的概念和策略方法。学生通过总结自己学习中成功的经验和失败的教训，从偶然性中发现必然性，使自己的认识由感性认识向理性认识飞跃。

2. 错题反思方法多样，有利于学生养成反思的习惯

（1）口头反思。实际学习中显示，对待错题的态度不同，学习的效果会有很大的差别。如果不注意反思，就会不断重复犯许多一样的错误，利用好错题，常对错因进行反思分析，会缩短这个直觉形成的过程。然而，"反思"并不一定都是书面的，"口头反思"也是一种有效的方式。在课堂中教师应多问几个"你为什么会错""你是怎么想的"等。给学生反思的机会，让学生充分地表达，充分肯定学生的反思，树立反思范例。并定期从学生的"错题集"中选出有代表性的错题，让学生在课堂上进行剖析，充分暴露解题思路，讨论错误原因。这样，既减轻了学生的课业负担，又提高了学生的反思意识。

（2）书面反思。口头反思方便快捷，但学生对重要的知识要深刻理解时，书面反思也是一种好方法，还能为学生保留学习的痕迹，便于日后再复习。

①指导学生写出解题思路。指导学生反思自己是否弄清了题干与设问之间的内在联系、我的想法与同学和老师想法的差距在哪里、这个题目我还可以怎么解……让学生在错题旁写上自己当时的解题思路，通过这样的反思，大大地明确了解题观点和思维层次。

②指导学生写出错题原因。谁不允许学生犯错误，就将错过最富成效的学习时刻。在练习中，学生总会有不少题目做错，在这些错题的背后，往往隐藏着学习知识过程中产生的漏洞，所以，在反思时要不断指导学生认识自己产生错误的原因，要求真正找出错误原因并写出来，写得要具体，是概念不清还是用错公式，是没弄懂题意还是马虎等，让学生自己归纳错因，有利于学生主动寻找办法解决问题。

③指导学生写出改进策略。在学生熟练找出自己错误的原因之后，再要求每位学生写出自己的解决办法。如一位学生审题总是很潦草，经过反思后，他对自己提出"看题画重点字词，不漏字"等要求。

案例4：

原题：在反应 $3CO+Fe_2O_3 \xrightarrow{\text{高温}} 2Fe+3CO_2$ 中，铁元素的化合价由 +3 价变为 0 价，碳元素的化合价由 +2 价变成 +4 价，这类在化学反应前后有化合价变化的反应属于氧化还原反应，据此判断，下列反应不属于氧化还原反应的是（　　）。

A. $2H_2+O_2 \xrightarrow{\text{点燃}} 2H_2O$　　　　B. $Fe+CuSO_4=FeSO_4+Cu$

C. $2H_2O_2 \xrightarrow{\text{催化剂}} 2H_2O+O_2\uparrow$　　D. $Fe_2O_3+3H_2SO_4=Fe_2(SO_4)_3+3H_2O$

上题是九年级总复习练习中的一道题，在批改过程中发现较多的学生错选C。如何让学生

真正理解此题呢，采用如下的反思模型：

（1）自主订正原题：在教师作业批改后，学生重新读题，找出重点字词；

（2）回顾解题过程：在学生自主订正的基础上，要求学生重新回顾自己当时的解题过程，写写当时是怎么想的、当时的想法错在哪里。下面是学生写的自己解题时的想法。

> 学生写的解题思路：
> 解题时，只看到氧化还原反应几个字，以为氧化反应一定要与氧元素结合，而答案 C 是分解反应，没有与氧元素结合，就选了 C。

（3）检查解题策略：再检查自己的解题策略存在什么样的问题，是知识上的漏洞还是方法上的问题，让学生进行深入的剖析。

> 学生写的解题困惑：
> 主要原因在于没有认真读题，只是凭感觉做题，而题目中已经告知什么是氧化还原反应，而导致错误。

（4）总结学习经验：在前面的反思的基础上，对自己的学习进行总结归纳。

> 学生写的改进措施：
> 在以后审题时，一定要认真阅读，找出关键词，不要急着下笔，看清楚每个字的含义。

整个过程是学生再学习、再反思、再总结、再提高的过程，使学生对知识的理解更加深刻，对知识的掌握更加牢固。学生的反思能力也得到了有效的培养与提高，拓宽了学生的思维空间。

经过实践，学生在五环节作业管理模式及四段式错题反思模式的指导和要求下，对待作业和错题的方式的确与以前有明显变化。以前学生对作业错题多数是依赖性的改正，现在学生明确了通过反思不仅能及时改正错误，还能优化已有的认识，提高自己的知识水平。一发现错题，能从不同的角度去审视题目，分析并反思自己错误的原因。

案例 5：小陈是八年 8 班的一名学生，但成绩不太理想，大多是 60 分到 75 分之间，她也很苦恼。笔者从检测中发现，她很多做错的题目是曾经做过的题目，在平常的作业中也出现一错再错的现象。这反映出她不仅是知识上存在缺陷，而且不会对错题进行有效反思。于是笔者有意识地对小陈进行了作业管理和错题反思的指导。

从中可以看出，该生对解题错误的反思没有抓住本质，对错题的反思有时还很被动。针对这种情况，笔者改变指导策略。首先，有意识地对她的作业进行合理的正面评价和鼓励，提高她对错题反思的兴趣。其次，对她进行反思指导。反思：错在哪？自己存在什么问题？准备采用什么方法进行改进？在笔者和她的共同努力下，她的反思能力提升了。学生后期写的反思如下：

> 错因：原来觉得元素和物质是画等号的，物质的种类发生改变，元素种类就发生改变，因此错选答案 A。
> 解析：元素种类可以用元素符号表示，元素符号也可以表示某种原子，所以既然原子种类不变，那么元素的种类也不变。

在后续的一系列检测中发现，该生成绩有了明显的提高。作为一名学习能力较弱的学生，能达到这样的成绩实属不易，这说明反思对该生的学习起到了重要的作用。

荷兰著名教育家弗赖登塔尔指出："反思是思维活动的核心和动力。"通过近两年的实践，"五·四式"反思学习模式不仅改变了学生只重作业不重反思的习惯，而且改变了教师只重学生解题正误不重反思的习惯。从近两年的中考数据分析可以看出，我校科学成绩总体处于上升中，优秀率和及格率都有所提升，尤其是对后20%的控制作用是更加明显的。从而说明它确实能促进教学质量的提高，提高学生学习的有效性。在实践研究中还发现，想要让学生和教师形成反思的自觉行为还是任重而道远的。尤其到九年级学习压力大的情况下，学生有时会将反思当作一种负担或者一种额外的任务，所以还需继续坚持深入研究，将学习和反思融为一体。

参考文献

[1] 罗强. 浅谈解题教学中反思意识的培养 [J]. 数学通报，1998（10）28-31，38.

[2] 吴开朗，米荣，许梦日. 论汉斯·弗赖登塔尔的数学教育观 [J]. 数学教育学报，1995（3）：17-21.

[3] [美] 约翰·杜威. 我们怎样思维 [M]. 姜文闵，译. 北京：人民教育出版社，1984.

[4] 赵永锁. 例谈初中物理解题思维错误及对策 [J]. 中学物理，2014（7）：38.

高中英语复习教学中作业分层有效性的探究

浙江省瑞安中学　陈晓静

一、背景描述

　　复习课作为英语课堂教学的一分子，承担着"温故而知新"的任务，很多教师对复习课教学进行了有益的探索，但较少关注如何进行课外知识的巩固、作业的设置。绝大部分的教师以征订的资料为主阵地，题海战术普通；教师们总是抱怨学生不认真完成作业，甚至有抄袭作业的现象。在和学生的访谈中，英语成绩出色的学生认为作业有时缺乏挑战性，机械重复的现象较多；成绩较差的学生认为英语作业偏难，课业负担重是他们抄袭作业的缘由。

二、高中英语复习教学作业无效性的现状

　　（1）复习教学方法落后。在高考指挥棒的压力下，大部分教师在复习教学时，均以讲解知识点或语法点为主，相应地，在设置作业方面，采用题海战术，更为糟糕的是一些教师对练习采取的是"拿来主义"，全然不顾学生的实际水平；作业重复且繁多，有的学生由于备受挫折而对学习失去了兴趣，从而严重地削弱了复习课教学的有效性。

　　（2）作业设置单一化。教师喜欢选择填空形式的巩固性作业，合作性作业极少，学生忙于做题，不会想或很少想问题，学生的思维得不到交流和碰撞，在很大程度上限制了学生思维的开放性。

　　（3）教师分层意识缺失。现行的大班额制度使教师疲于改作业，如果进行分层作业的设置，很多教师认为工作量过大。久而久之，就忽视了复习教学和作业设置的分层意识，忽视了学生的主体参与和各层次学生自主学习能力的培养。

　　同一年龄段的学生在认知、思维能力、兴趣、才能等方面存在着较大差异，这种差异要求我们有区别地引导学生进行学习，针对不同层面的学生安排相应的学习任务。因此，关注学生的个体差异，进行分层教学、分层设计作业是提高英语复习教学有效性的一个重要举措，是实现每位学生在现有基础上的最佳发展的一个重要途径。

三、"分层教学"和分层作业设置的策略分析

　　分层教学就是注重不同学生的特点，根据学生智力组合的多样性实现最大程度的个性化教学，通过与每位学生的智力强项相结合的过程学习语言和运用语言。英语复习教学应该从学情出发，研究学生个体的差异。俄国著名心理学家维果茨基提出"最近发展区"教学理念。他认为学生的发展有两种水平：一种是学生的现有水平；另一种是学生可能的发展水平。两者之间

的差距就是最近发展区。基于这种理论,"分层教学"是为了确保教学与各层学生的"最近发展区"一致,"分层作业的设置"是为了更好地从学生实际出发,巩固各层学生的已学知识,不断超越各层学生的现有水平。

20世纪70年代,苏联著名教育家巴班斯基推出"教学过程最优化理论",在集体教学的框架里进行分组教学和个别教学。这既顾及了个体间存在的差异性,避免不分对象"一刀切"的弊端,又可将因材施教提升到可操作水平。这一理论启示教师在教学和作业的设置上,既要注重分层,又要重视学生之间的合作,以促进各层次学生的进步。

在高中英语复习教学中,我们就阅读、书面表达的作业分层进行了有效的实践探究,强调学生根据自己的实际情况,自主选择,合作交流;期望能拓宽各层次学生的知识面及培养他们的思维能力,有效地舒缓后进生的恐惧心理,提高优秀生的成就感。

四、复习教学中作业分层的实践

(一)阅读复习教学的作业分层

1. 隐性分层和自主选择

将学生按成绩进行分层可能会伤害学生的自尊心和积极性。另外,用考试的成绩作为唯一的标准来确定英语水平的层次也是不科学的。因为学生的语言水平并不能直接根据一次或几次的成绩来决定。学生的听说读写能力不是同一个层次的。因此可采用隐性分层,即在教师指导下的自愿报名方式。

"教科书不再是教学的唯一资源了。一套教材编得再好也是有限的,但课程资源是无限的。"(刘道义,2006)。在高一英语阅读分层中,可以通过课外教材的补充,拓宽学生的阅读面,给出学生三个层次的课外阅读读物,让学生根据自身的阅读水平,选择阅读读物。

如图1所示,随学生层次提高,阅读读物的难度也相应加深。因此,前期应结合学生现阶段阅读能力和教师对学生的观察了解,制定相应的课堂课后的阅读分层指导。通过阅读读物的选择确定层次,在阅读教学中实施分层。

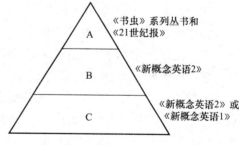

图1 各层次学生阅读读物

2. 课内外分层阅读,巩固和丰富知识

(1)阅读课分层复习。课堂阅读教学中,建立同组异质的小组,提供可选择性的任务,在小组内进行分工,以达到各层次的提高。如M1U1的阅读单元复习课中,设置两道讨论题:

① What would you miss if you went into the hiding place like Anne and her family? Give your reasons.(感知题)

② What can you do to be a good friend to the people in life? Give some examples.(深化运用题)

让学生自主选择其中一题进行讨论并撰写报告,旨在每位学生有话可谈。成绩平平的学生会选择第①题,因为其内容和课文密切相关,通过换位思考,更能理解作者当时的心境;第②题则是对文章话题的深化,通过对该话题的讨论、理解,培养学生感恩的情结。

(2)阅读作业的分层复习。阅读作业中的词汇是每位教师非常强调的一项内容。复习时,可要求每个层次的学生必须掌握单词、短语,熟读课文;B层的同学能对难句做分析并仿

写句子，阅读与课文相关的背景文章；A层的同学在掌握以上要求之外，还能进行句子转换等形式的练习。这样的复习作业更加注重学生的差异性，使复习更有针对性。在单元复习检测中，也可设置选做题，如M1U1的单元复习检测中，选做题——"Write out 2 proverbs about friendship"，旨在拓宽A、B层学生的知识面。

为加强A、B层学生的课外阅读能力，筛选全国高考的10个省市的试卷，每单元选择适合于高一学生水平的3份试卷，供A、B层学生作业时练习，让他们提前感受高考，走近高考，拓宽思维。

（二）书面表达复习教学的作业分层

高中生的英语书面表达能力差异很大，成绩好的学生能洋洋洒洒地写出一篇图文并茂的好文章，但部分学生连一个完整的句子都写不通，甚至到了高二、高三还是词汇贫乏，语法混乱。这一现象充分表明了实施书面表达作业分层的必要性。

1．命题作文分层要求与训练

命题作文复习时，教师可以就学生的个体差异，设计不同要求的作业。

C层：指导写好句子，组句成文，并进行相应的句子翻译。

B层：要求句式有变化，会用连接词，并做相应的练习。

A层：要求能应用高级词汇和高级句型，并做相应的练习。

在高考命题作文复习时，可以就话题和写作要求进行分层与训练。如半开放作文的教学中，首先给学生一篇美文，在美文欣赏的基础上，要求学生掌握文章的结构和脉络，发现语法、词汇、句式的亮点。

C层：要求模仿美文写作。

A、B层：给出同类型的高考真题进行写作。

由于进行了分层要求和分层作业布置，学生写作的积极性有所增加，特别是畏惧英语写作的学生，在有针对性的分层指导下，增强了学习的动力。

2．开放式作文分层要求与训练

开放式作文往往只给学生主题或两三点提示，由学生自主去发挥、构思。因此，平时的开放式作文一般以单元的话题为内容，与学生生活实际相结合，并强调在一定情境中完成。通常学生以2～4人小组为单位展开小组合作活动，强调"组间同质、组内异质"，组间尽量缩小差距，创造平等互助的学习氛围。根据不同时期学生的能力水平，设计不同形式的写作，如引导性写作和自主性写作。

（1）引导性写作的分层和合作。引导性写作以某单元的话题和知识点为依托，教师给出总体的写作要求，指导学生小组合作讨论，根据不同层次确定不同的任务，通过交流，获取文章的观点、结构和语言等。

例如，在Module 2 Unit 3 Computer的复习教学中，设计了一项说写的作业——设计机器人，劝说Miss Lazy或Mr. Stubborn买此机器人。要求组内成员先确定机器人的名字、价格；然后每位同学分别描述其外表特征、功能等的句子；之后，组内交流修改，挑选出最佳的句子组成一篇文章。组长协同A层同学进行文章的最后润色，最后在小组中交流、汇报。A、B层的同学通过帮助C层同学解决困难的过程，充分享受到帮助他人的快乐和收获学习的成果，同学们在互帮互助中，分享合作的成就感。小组合作的文章相比之下更有文采，更富新意。

（2）自主性写作的分层和合作。自主性写作倡导学生主动探索，自主构建知识写作。往往通过课题设计、寻找资料、社会调查等亲身实践来解决实际问题，尝试与他人交往和合作，获得对知识、对社会的直接感受和体验。小组成员分工合作，明确各自的职责，如领导者、收集资料员、排版者、报告者等。在这个写作过程中，学生可充分表达自己的思想情感，发挥自己的特长，在学习他人优点的同时提高写作能力。

例如，Module 2 Unit 1 Culture relics 单元教学结束时，可以让学生就瑞安的文物古迹进行调查，办一期海报，复习本单元的知识。通过这样的活动，学生自主走进生活，走向社会，去收集、整理各种数据、知识。学生表现出良好的团队精神，希望通过共同努力获得成功；英语写作成绩平平的学生也跃跃欲试，作文错误率较低。很多同学在这次活动中展示了自己的特长：策划、画画、版面设计、查询资料、收集信息等。有的学生还通过计算机排版，使整个画面非常精美。教师对学生的作业评价后，让学生再讨论修改，最后予以展示。通过分层和合作的活动，各层次学生不仅在语言方面有了较好的巩固和提高，而且拓宽了他们的视野和思维，有了更好的发展。

五、作业分层的成效和思考

1. 教师教学理念的改变

通过分层复习作业的研究，教师接受了学生的差异，根据学生的差异设置不同的作业要求，努力尝试让不同的学生在其原有的水平上向其"最近发展区"前进，从而深层次地理解了新课程中"关注人"的理念。

2. 学生自主参与意识的增加

设计分层复习作业，要求教师对学生现有的知识水平和能力结构进行科学的分析研究，减轻学生的学习负担，调动学生学习的积极性和主动性，激发学生自主参与。分层作业使各层次的学生都有"跳一跳就能够到苹果"的欲望，同时，也减少了抄袭作业的现象，使学生从无奈的学习倦怠感中走向积极的学习中来。同组异质的构建增强学生的合作意识，学生从"要我做"转变为"我要做"，在与其他同学的交流中得到思维的提升。

分层作业的研究还处于初始阶段，还有很多问题需要深入实践；但是我们从中欣喜地看到了学生的变化，特别是英语薄弱的学生有了学习英语的兴趣和动力，有力地证明了分层作业对有效英语复习教学的重要保障作用。

基于实践力培养的地理模拟实验改进与反思

浙江省平阳中学　金开任

一、问题来源

《普通高中地理课程标准（2017年版）》倡导自主学习、合作学习和探究学习，倡导开展地理观测、地理考察、地理实验、地理调查和地理专题研究等实践活动[1]。地理实验是指在教师的指导下，学生通过实验得出结论，从而完成既定学习任务的教学方法[2]。通过实验教学可以提高学生地理图表的绘制技能和地球地形等模型的制作技能，提高实验观察和空间想象能力，培养学生综合思维能力和科学研究方法，激发学生的地理学习兴趣，提升地理实践力核心素养[3]。由于地理实验有别于化学、物理等科学实验，不能直接拿研究对象做实验，而且成熟的中学地理实验项目和仪器比较少，地理实验开展的难度很大[4]。

2018年10月，笔者有幸参加省高中地理优质课评比活动，其中一位年轻地理教师通过"洪涝灾害模拟实验"来突破"影响洪涝灾害的因素"这一重难点，学生热情很高，但受诸多因素影响，实验中对下渗量控制等演示效果有待提高。基于此，笔者重新设计了实验方案，并在教学实践中对该模拟实验进行了多次论证与改进。

二、原实验设计方案与存在问题

（一）原实验设计方案

实验器材：集水托盘1个、无孔坡面1个、引水盘1个、有孔坡面1个，顶部分别有孔径为1 mm、2 mm的矿泉水瓶2个（滴有红墨水）。实验装置设计如图1所示，实验记录见表1。

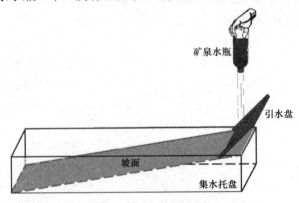

图1　实验装置设计

表1 实验记录表

影响因素	组别	模拟河道	模拟降水	实验现象
下渗量	对照组	无孔坡面	倾倒挤压孔径为1 mm的矿泉水瓶，使有颜色的水均匀流出	坡面上迅速积水，集水托盘没有积水
	实验组	有孔坡面		水流迅速通过孔隙下渗，坡面无积水，集水托盘有积水
植被覆盖	对照组	无孔坡面		坡面上迅速积水，集水托盘没有积水
	实验组	有孔坡面上铺满草皮		水流迅速通过孔隙下渗，坡面无积水，集水托盘有积水
降水强度	对照组	无孔坡面	倾倒挤压孔径为1 mm的矿泉水瓶，使有颜色的水均匀流出	坡面上迅速积水，集水托盘没有积水
	实验组		倾倒挤压孔径为2 mm的矿泉水瓶，使有颜色的水均匀流出	坡面上积水速度更快，集水托盘没有积水

（二）原实验存在的问题

笔者对实验进行多次实践，操作过程中主要遇到下列几个问题：

（1）前后对比实验有时间差，观察者全凭记忆回忆实验现象，实验对比效果不直观；

（2）实验设计相对粗糙，矿泉水瓶在人为挤压时难以控制一致，实验无关变量难以控制以致影响实验结果；

（3）有孔坡面的下渗速度大于降水速度，基本无积水形成，不符合实际情况；

（4）模拟降水环节时，由于草皮土层薄，下渗速度快，与有孔坡面组实验现象差异不大，不符合实际情况；

（5）实验条件与实际地理现象相差过大，无法得出实验结论。

三、实验改进与反思

针对上述问题，笔者对实验做了改进，思路如下：①设置两组水箱（图2），两组对照组实验同时进行，实验效果更直观；②将矿泉水瓶换成洒水壶，并控制倾角高度一致来模拟降水，减少无关变量对实验结果的干扰；③重点对模拟水循环下渗环节进行改进。

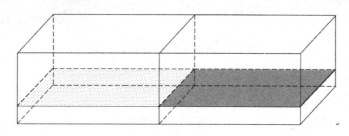

图2 水箱设计图

（一）改用纱布控制下渗量

1. 主要器材和装置

亚克力托盘、带孔亚克力长板、两只相同体积的洒水壶（5升）。设置两组实验，其中一组表面覆盖纱布，另一无任何覆盖物的组为对照组。实验过程中两组同时进行，通过控制洒水壶倾斜角度和倾斜时间，尽量保证两组模拟降水环节降水量和降水速度保持一致。

2. 实验效果与反思

较原方案而言，同步对比实验效果更为明显（实验设计，如图3所示）。实验中可以观察到下列现象：模拟降水过程中，覆盖纱布组在一开始水无法渗透纱布形成积水，但在纱布湿透后，水立刻全部渗透下去，最终两组托盘中积水量相同。但是纱布使用要注意，干纱布对于减缓雨水下渗速度可能有一定作用，但湿纱布对于减缓雨水下渗速度起到的作用不明显。

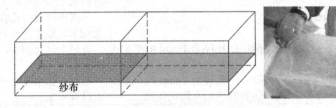

图3　用纱布控制下渗量

（二）改用扎孔塑料控制下渗量

1. 主要器材和装置

亚克力托盘、带孔亚克力长板、两只相同体积的洒水壶（5升）。设置两组实验，其中一组表面覆盖塑料扎孔，另一无任何覆盖物的组为对照组。实验过程中两组同时进行，通过控制洒水壶倾斜角度和倾斜时间，尽量保证两组模拟降水环节降水量和降水速度保持一致。

2. 实验效果与反思

实验观察到的现象（图4）：模拟降水过程中，覆盖扎孔塑料组和对照组中，两者覆盖物表面无积水，两者托盘内积水差不多，雨水下渗速度都很快。实验发现：表面覆盖扎孔塑料对于减缓雨水下渗速度几乎无影响。

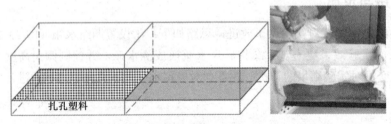

图4　用扎孔塑料控制下渗量

（三）改用无土草皮控制下渗量

1. 主要器材和装置

亚克力托盘、带孔亚克力长板、两只相同体积的洒水壶（5升）。设置两组实验，其中一组表面覆盖无土草皮，另一无任何覆盖物的组为对照组。实验过程中两组同时进行，通过控制洒水壶倾斜角度和倾斜时间，尽量保证两组模拟降水环节降水量和降水速度保持一致。

2. 实验效果与反思

实验观察到的现象（图5）：模拟降水过程中，由于一开始模拟雨量较大，覆盖无土草皮组在覆盖物上形成积水，但是积水很快消失，在积水消失后，同一时间内两组托盘中积水量水位几乎相同。实验总结：实验用的无土草皮，建议先精心培植，草根密集，否则演示草皮对于减缓雨水下渗速度效果不显著。

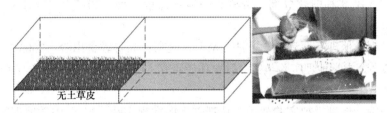

图 5　用无土草皮控制下渗量

（四）改用带土层草皮控制下渗量

1. 主要器材和装置

亚克力托盘、带孔亚克力长板、两只相同体积的洒水壶（5升）。设置两组实验，其中一组表面覆盖带土层草皮，另一无任何覆盖物的组为对照组。实验过程中两组同时进行，通过控制洒水壶倾斜角度和倾斜时间，尽量保证两组模拟降水环节降水量和降水速度保持一致。

2. 实验效果与反思

实验观察到的现象（图6）：模拟降水过程中，随着模拟降雨量增加，覆盖带土层草皮组表面开始出现积水；同一时间内，与表面覆盖无土草皮组相比，带土层草皮组托盘内积水量明显较少。实验发现，草皮带土覆盖在表面能很好起到减缓雨水下渗速度的作用。

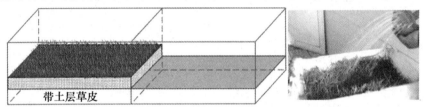

图 6　用带土层草皮控制下渗量

实验观察到的现象：表面覆盖纱布、扎孔塑料、无土草皮对减慢雨水下渗速度几乎无作用，只有表面覆盖带土层草皮能够减缓雨水下渗速度。分析原因，可能是由于孔隙过大导致雨水下渗过快，无积水实验现象；带有较厚土层的草皮孔隙小能缓冲雨水下渗速度，两者共同的作用能够有效减缓雨水下渗速度，而单一的表面覆盖纱布、扎孔塑料及无土草皮等其他覆盖物都无法有效减缓雨水下渗速度。本实验中，笔者认为草皮密度和泥土厚度对于减缓雨水下渗速度也存在影响，但是限于实验条件，未进行深一步研究。

总之，合理有效开展地理实验，可以活跃学生思维，培养学生严谨细致的科学素养，培养学生的探究精神和实践能力，但是当前地理实验中存在教师对地理实验设计重视不够的问题[5]，为了实验效果显著，教师需要具备加工和迁移实验的能力，实验选取要考虑课堂时间，实验操作要考虑学生实际情况，紧扣教学目标反复推敲地理实验，突出实验教学的目的性和可操作性，基于心理需求激励学生全员参与，关注实验教学的主体性和实践性[6]，切实提高学生地理实践力核心素养。

参考文献

[1] 中华人民共和国教育部．普通高中地理课程标准（2017年版）［S］．北京：人民教育出版社，2017．

[2] 段玉山．地理新课程教学方法［M］．北京：高等教育出版，2003．

[3] 徐宝芳．中学地理实验与实习教育功能研究［J］．内蒙古师范大学学报，2005（10）：100-102．

[4] 黄莉敏．地理模拟实验教学：从观念走向常规实践［J］．中学地理教学参考，2014（5）：44-46．

[5] 周旸．我国中学地理实验设计研究综述［J］．地理教育，2015（11）：13-14．

[6] 陈炳飞．高中地理实验教学存在的问题与改进［J］．地理教学，2018（4）：19-23．

"素养为本"的化学大单元教学设计
——以"氧化还原反应"单元教学为例

浙江省苍南中学　郑益哈

《普通高中化学课程标准（2017年版）》明确指出：教师在化学教学与评价中应紧紧围绕"发展学生化学学科核心素养"这一主旨，重视开展"素养为本"的教学，优化教学过程，有效提高教学质量。[1]学生化学学科核心素养的发展是一个持续进步的过程，教师应依据化学学科核心素养的内涵，结合学生的已有经验，对学段、模块、单元和课时教学目标进行整体规划与设计。

长期以来，一线教师大多满足于"课时计划"，并不理会"单元设计"。钟启泉教授在《基于核心素养的课程发展：挑战与课题》一文中指出：在"核心素养—课程标准—单元设计—学习评价"这一环环相扣的教师教育活动的基本链环中，单元设计处于关键的地位。离开了单元设计的课时计划归根到底不过是聚焦碎片化的"知识点"教学而已。[2]这里所提到的单元和我们一般理解的教材中的文本内容单元是两个概念。教材划分单元的依据是内容，而钟教授所提到的"单元设计"，是立足学科核心素养，整合目标、任务、情境、内容和评价的教学单位，是基于一定的目标与主题所构成的教材与经验的模块或单位，也就是文中提及的"大单元"。因此，"素养为本"的化学大单元教学设计应根据一定的主题教学内容，确定教学单元，构建知识体系，从化学学科核心素养内涵和发展水平出发，寻找合适的认识角度、认识思路及相应的认识方式，形成化学学科特定的思维方式和思想方法，以发展和培养学生核心素养为目标设计教学活动。下面以化学核心概念"氧化还原反应"为例，浅谈"素养为本"的大单元教学设计。

一、教学单元的构建——主题统摄

化学学科主题是指能够统摄一类化学知识的化学核心概念或化学学科思想与观念。"素养为本"的化学大单元教学应注重基于化学学科主题的整体设计，充分发挥化学核心概念的统摄作用，使学生的化学学习由"散点"变成结构化，形成从"一般概念"到"重要概念"再到"核心概念"的层级清晰的知识结构，实现化学知识的"功能化"和"素养化"。

"氧化还原反应"是高中化学课程中的核心概念，几乎贯穿于整个高中阶段的化学学习。在不同的学习阶段，教材分别用典型的反应例子从化合价变化、电子转移、方程式的书写、配平与计算、原电池、电解池的原理及应用等多个层面展示概念的不同层次。并且，这些内容层次之间层层递进，又彼此交错，如果我们不加分析地孤立学习，不仅容易造成内容的杂乱无章，而且难以形成概念的深刻理解，降低学习效率。

"氧化还原反应"概念的层次性决定了教学分层的必要性，从宏观、定性、局部层面入手，由表及里，逐步深入到微观、定量、符号层面，最后形成"氧化还原反应"概念的整体性认识。概念层次与教学重构见表1。

表1 概念层次与教学重构

概念层次	教学主题	学习任务	课时分布	实施建议	目标维度
经验与例证	概念形成	常见氧化还原反应实验现象及微观模拟	第1课时	《必修》主题2第2节"氧化还原反应"中实施学习	宏观辨识与微观探析
定性含义	相关概念的含义	"氧化剂—氧化性—被还原—还原产物""还原剂—还原性—被氧化—氧化产物"等概念含义及与化合价升降、电子得失的关系；常见氧化剂、还原剂及相关反应			变化观念与平衡思想 证据推理与模型认知 科学探究与创新意识
定量衡量	配平与计算	1. 氧化还原反应方程式的配平 2. 电子得失守恒，相关概念的定量关系与计算	第3、4课时	《必修》主题2第6节"物质性质及物质转化的价值"中实施学习	宏观辨识与微观探析 变化观念与平衡思想
概念分化与整合	氧化性、还原性大小比较	物质氧化性、还原性与反应自发性、微粒结构、元素性质及周期律、金属活动性等概念的关系和规律	第5课时	《必修》主题3第1节"原子结构与元素周期律"中实施学习	科学探究与创新意识 证据推理与模型认知
概念应用	元素化学	元素化合物知识及应用	第2课时	《必修》主题2第4节"金属及其化合物"中实施学习	宏观辨识与微观探析 变化观念与平衡思想 证据推理与模型认知 科学探究与创新意识 科学态度与社会责任
	电化学	原电池原理（化学能转化为电能）与应用（化学电源）	第6、7课时	《必修》主题3第4节"化学反应与能量转化"或《选择性必修》板块1主题1第3节"化学反应与电能"中实施学习	
		电解池原理与应用	第8、9课时	《选择性必修》板块1主题1第3节"化学反应与电能"中实施学习	

二、认知架构的搭建——情境激发

情境创设是教学的重要环节，是指通过创设生动、具体、直观的情境，激发学生的情感，唤醒学生的学习热情，引起学生对学习的兴趣，充分调动学生学习的积极性和主动性，从而展开一系列学习活动，促进学生学习方式的转变。[3] 真实、具体的情境是学生化学学科核心素养形成和发展的重要平台，也为学生化学学科核心素养提供了真实的表现机会。

1. 通过先行组织者搭建认知桥梁

先行组织者是先于学习任务本身呈现的一种引导性材料，要比原学习任务本身有更高的抽象、概括和包容水平，并且能清晰地与认知结构中原有的观念和新的学习任务关联。

"氧化还原反应"单元的教学内容较为抽象，为克服学生的畏难情绪，教学时可以为学生提供丰富的情境素材，这些情境素材起到先行组织者的作用，能帮助学生搭建认知桥梁。例如，"氧化还原反应"概念的学习，可以创设情境："现场榨果汁"实验导入。"现榨果汁"充当了先行组织者的角色，学生通过认真观察"鲜榨苹果汁很容易变色""苹果与柠檬混榨不易变色"的现象，感到新奇、有趣，并能积极思考、探究生活现象背后的化学原理，让学生在实验探究中从生活走近化学世界，走近氧化还原反应的概念。

2. 通过类比推理建构思维模型

建构主义提出，学习者应该在真实或接近于真实的情境中，用探究或自主发现的方法完成对知识的建构过程。

为了提升教学效果，单元教学过程中围绕学生的最近发展区，通过类比学习帮助学生将新知识顺利纳入原有的认知结构中，贯穿于教学活动中的类比推理过程能加速新知识的"同化"与"顺应"。例如，为了让学生从电子转移角度认识氧化还原反应的本质，可以创设情境："原电池"实验。让学生通过"电流计指针偏转"，从感官上接受其微观实质，并在建立"宏观—微观—符号"三重表征理解的基础上，引导学生建立起对"锌与稀硫酸反应"第四重表征（实验）的理解，构建如下模型，促进新知识生长。

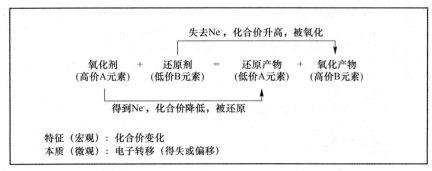

通过模型厘清概念之间的相互关系，聚焦氧化还原反应的本质，掌握问题解决的一般思路，对巩固所学知识可以起到事半功倍的效果。

三、教学活动的设计——任务驱动

"核心素养"是在问题情境中借助问题解决的实践培育起来的[4]。"素养为本"的教学应根据教学情境的需要，立足教学目标，综合考虑学生原有认知与将要达成的认知之间的差距，设计有价值的"启发性问题"，实施任务驱动，让学生在经历知识学习、运用、反思的过程中形成核心素养。

在任务驱动下，"启发性问题"的设置应该难度适中、排列有序，要符合教学内容的知识结构和学生的认知规律，每一个任务之间的连接要具有逻辑性，能展示学习过程，揭示思想方法，从而形成相互联系、循序渐进的问题系统，有利于单元教学活动中核心素养的形成与发展。现以"氧化还原反应"单元教学第1课时"氧化还原反应的概念"为例，教学活动设计见表2。

表 2 教学活动设计

情境	学习任务	启发性问题线	学生活动线	素养发展线
实验："现场榨果汁"	任务1：体验身边的氧化还原反应	1. 为什么鲜榨果汁颜色很容易发生变化？ 2. 为什么苹果与柠檬混榨颜色不易发生变化？	观察、讨论，提出猜想	真实问题情境，激发学习兴趣
1. 展示：Na 与 Cl$_2$ 反应过程中原子结构的变化及 NaCl 的生成过程 2. 实验：原电池	任务2：感受氧化还原反应中的电子转移（本质）	1. 结合初中、高中已学知识，说说你是如何判断一个反应是否属于氧化还原反应的。 2. 氧化还原反应中有化合价的升降是表面现象，化合价变化的深层次原因是什么？	1. 对比分析、回答、评价初高中两种氧化还原反应判断方法。 2. 认识氧化还原反应的本质	在对比中升华对氧化还原反应的认识；引导学生从微观结构角度去分析、解释宏观变化，培养"宏观辨识与微观探析"的核心素养
	任务3：表征氧化还原反应中的电子转移	1. 如何用化学语言表示反应过程中电子转移的方向和数目呢？ 2. 化合价的升降数目和电子得失数目有什么定量关系？	在学生思考、分析基础上用"双线桥"构建氧化还原反应认识模型	学生对氧化还原本质的认识进阶过程中，培养"证据推理与模型认知""变化观念与平衡思想"的核心素养
1. 展示：古诗词 2. 展示：鲜榨果汁	任务4：利用氧化还原反应解释、解决问题	1. 诗词是古人为我们留下的宝贵精神财富，下列诗句中哪些涉及氧化还原反应？ 　A. 野火烧不尽，春风吹又生 　B. 粉身碎骨浑不怕，要留清白在人间 　C. 春蚕到死丝方尽，蜡炬成灰泪始干 　D. 爆竹声中一岁除，春风送暖入屠苏 2. 除苹果与柠檬混榨外，还有什么方法让苹果汁颜色不易发生变化？	利用氧化还原反应知识分析、理解古诗词，并学以致用，设计实验方案解决生活问题	丰富学生对氧化还原反应的认识，提高学习兴趣，弘扬中华传统文化，培养"科学探究与创新意识""科学态度与社会责任"的核心素养
展示：动画跷跷板	任务5：总结氧化还原反应的规律	通过以上学习，我们发现氧化还原反应中有什么规律？	交流、讨论，总结规律： （1）氧化反应与还原反应同时发生； （2）还原剂化合价升高的总价数等于氧化剂化合价降低的总价数； （3）还原剂失去的电子总数等于氧化剂得到的电子总数等于转移电子总数	采用类比方法归纳总结，促进学生认识进一步升华

四、反思与总结

"素养为本"的化学大单元教学设计是"撬动课堂转型的一个支点"[5]，因为一个主题单元具有自身的逻辑结构，包含了"学科认知、化学实验和科学探究、科学与人文教育"[6]，具有承载发展学生化学学科核心素养任务的教学内容。因此，在教学实践中教师应努力提高"素养为本"的化学大单元教学设计的能力，尽快适应新课程改革下化学教学的需要。

1. 注重"核心概念"单元主题的确定

化学核心概念是"化学"与"核心概念"的组合,指位于化学这一学科中心地位的概念。在化学学科中,核心概念居于化学学科的中心,概括了众多化学现象的本质,理解化学核心概念是学生学习其他化学知识的前提,也有助于建构学生头脑中的化学基本观念,发展其科学素养与化学学科核心素养。因此,"素养为本"的化学大单元教学设计应树立整体观,注重基于化学学科主题的整体设计,充分发挥化学核心概念的统摄作用,以利于教师把握教学内容的本质和关键,让具体内容的学习服务于学生学科核心素养的发展。

2. 注重"真实性"化学情境的创设

"核心素养"不是直接由教师教出来的,而是在问题情境中借助问题解决的实践培育起来的[7]。所以,单元教学学习活动的基本特征之一是基于真实问题情境促进学生核心素养发展的学习活动设计思想。通过选择生产生活和自然情境的真实问题为背景,从问题情境中提炼出教学目标要求下的化学问题,通过问题讨论、实验探究等方式提高问题意识和探究意识,通过运用归纳、概括、推理论证等逻辑思维方法获取物质变化的信息和证据,建立研究化学学习的一般思维模型。

3. 注重"学为中心"任务问题的设计

学习任务是连接核心知识与具体知识点的桥梁和纽带,是实现知识结构化的重要环节。[8] "学为中心"的核心是以学生的学习为中心,鼓励学生自己学(起点),教会学生如何学(要害),今后不教也能学(目标)。要实现这样的目标,大单元教学应当关注学生的知识水平和已有经验,设计可操作性、真实性和情境性的任务问题,激发学生的学习兴趣,诱发和驱动学生的思考。

4. 注重"多样化"课堂活动的组织

"真实"情境中的学习,是任务驱动的学习,必须通过一定的化学学习活动来实现。化学学习活动具有多维性,按照不同的标准,可以对化学学习活动进行不同的分类。比如按照科学活动的性质,可以将化学教学中的学习活动分为科学实践活动(科学观察、科学调查和科学实验等)和科学思维活动(描述、比较、分类、推理、判断、预测、假设、分析、解释、说明、设计、评价、选择等)。[9] 学生的化学学科核心素养是在化学学习活动中形成和发展的,又是在化学学习活动中表现出来的。因此,"素养为本"的化学大单元教学特别强调化学学习活动的素养功能设计。

参考文献

[1][8] 中华人民共和国教育部. 普通高中化学课程标准(2017年版)[S]. 北京:人民教育出版社,2017.

[2][4][5][7] 钟启泉. 基于核心素养的课程发展:挑战与课题[J]. 全球教育展望,2016,45(1):3-25.

[3] 吴佳丹,王后雄. 化学教学情景创设中的非流畅性问题及其解决对策[J]. 化学教学,2011,(8):7-8.

[6] 王云生. 课堂转型与学科核心素养培养——中学化学课堂教学改革探索[M]. 上海:上海教育出版社,2016.

[9] 郑长龙,孙佳林. "素养为本"的化学课堂教学的设计与实施[J]. 课程教材教法,2018,38(4):71-78.

构建基于微课的、生本位的课堂教学模型

龙湾中学 陈宗造

教育部在教育信息化十年发展规划（2011—2020年）中将"基本建成人人可享有优质教育资源的信息化学习环境，促进优质资源的共建共享"作为规划的首要目标，即鼓励学生利用信息手段主动学习、自主学习、合作学习，致力于培养学生利用信息技术学习的良好习惯，发展兴趣特长，提高学习质量；增强学生在网络环境下提出问题、分析问题和解决问题的能力。因此，学校在2012年就开始申请国家级课题的子课题《基于微课程的学本课堂构建》的研究，组建微课程资源建设小组，并以此推进我校符合学生实际学习与发展需求的在线学习平台的建构。经过全校多年的实践努力与共同探索，在课题组的积极推动下，现在龙湾中学已有数十位教师具备了微课程资源开发与翻转课堂教学的能力，也积累了涵盖数学、物理、化学、英语、地理等学科的近百个微课程资源，且这些成果也得到了一定的社会认可。

翻转课堂作为一种新兴的教学模式，最早由坐落于美国科罗拉多州的林地公园高中（Woodland Park High School）的两位教师开始使用。起初，乔纳森·伯尔曼（Jonathan Bergmann）和亚伦·萨姆斯（Aaron Sams）为了让那些因故缺课的同学能够赶上课堂学习进度从而录制了课程视频，并且将视频上传网络，随后这种方式得到了家长与学生的广泛认可，由此他们便尝试制作更多类型的可以让学生在家自学的视频课程，并且也开始认识到开发一种新型教学模式的可能性，即"课外自学研究、课内巩固内化"，由此翻转课堂为学生提供了一种全新的学习环境，而这种学习理念也是目前被证明操作简便、行之有效、可广泛推广的一种数字化教学模式。国外成功的教学实验为我们利用教育技术推动学校教育模式的变革具有重要的借鉴价值。为此，我们设想，如果在恰当的任务驱动与学习监管机制下，将原本在课堂中教授的重点、难点、核心知识点、典型例题等录制成符合学生心理发展水平的较短的教学视频（即微课程），让学生可以根据自身情况在课余时间进行个性化学习，而课内就主要进行师生与生生的互动交流，有针对性地解决学生学习过程中发现的问题，势必能较大幅度地提高学生的学习效率，也能为学生学习方式的转变带来积极的影响。

那么，该如何具体开发这种以学生为本的微课程呢？首先，我校将微课这一课程资源的开发分为微课视频、进阶练习、学习任务单三个相互配套的组成部分。其中，微课视频是用视频形式呈现的教学资源，时间长度一般在10分钟以内，一般用于解释知识点的核心概念或内容、方法演示、知识应用讲解。进阶练习与微课视频配套，一般采用在线测试方式，用于检测学生对知识点、知识能力目标的掌握程度。它与一般常模测试不同，是一种基于课程标准的查缺补漏学习过程。学习者在学习过程中通过微课视频学习—练习—重复学习微课视频—再练习，直至全部掌握知识点、知识能力目标，实现学习的查缺补漏。而学习任务单则是由教师设计，用于为学生自主学习微课程提供"学什么和怎样学"建议的学习导航，包括学习任务、学

习过程、学习方法建议，以及配套学习资源推荐（包括教材相关内容阅读及其他学习资源学习）。学习任务单强调任务驱动和问题导向，将学习任务转化为激发学生思考的问题，让学生在问题解决过程中达成学习目标。

微课资源开发是一个较为复杂的系统工程，我们将其拟分为3个阶段。第一阶段为分析和设计阶段，完成微课知识地图和微课资源原型。为保证微课资源更好地满足一线教师的需求，在设计过程中，要求各学科单位设计制作出各学科样例，样例在一线中先进行试用，依据样例征求一线教师意见后，由此确定微课资源原型。第二阶段为开发阶段，根据原型开发学科系统的微课资源群。第三阶段则为中试实验阶段，通过学校实验信息反馈，修正和完善微课资源（图1）。

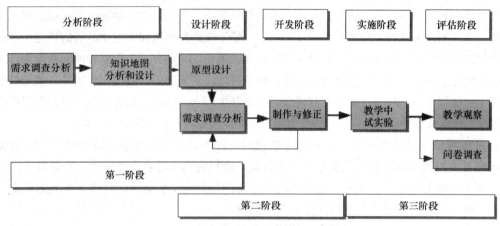

图1　微课资源的课程开发流程

开发微课知识地图的基础是对学科课程的知识能力层次分析和表现标准的程度分析。微课知识地图的设计有助于分析和掌握各个知识点的内在联系，通过内在联系将每一单元的知识点微课联结起来，使之成为一个整体，为教师的教和学生的学提供一个步骤化的流程，且为了能够辅助知识地图的建构，我们还会附上微课的知识点清单，以便后台更好地管理微课资源数据（表1）。

表1　知识点清单——电流的热效应

学科	年级	单元编号	微课编号	知识点描述	目标类型	关联知识点编号
物理	9	08	08127	知道电流的热效应是将电能转化为内能	了解	08128；08129；08130；08131；08137；08140；08143
物理	9	08	08128	知道在电流、通电时间相同的情况下，电阻越大，产生的热量越多	了解	
物理	9	08	08129	知道在通电时间一定、电阻相同的情况下，通过电流大时，产生的热量多	了解	
物理	9	08	08130	知道在电流、电阻相同的情况下，通电时间越长，产生的热量越多	了解	
物理	9	08	08131	知道焦耳定律	了解	08132；08134；08136
物理	9	08	08132	知道焦耳定律的公式 $Q=I^2Rt$	了解	08133
物理	9	08	08133	会用焦耳定律公式进行计算	认识	

续表

学科	年级	单元编号	微课编号	知识点描述	目标类型	关联知识点编号
物理	9	08	08134	知道电流通过纯电阻时,电能全部转化为热,而没有同时转化为其他形式的能量	认识	08135
物理	9	08	08135	知道电流通过纯电阻时,电流产生的热量 Q 等于消耗的电能 W	了解	
物理	9	08	08136	会用电功率公式和欧姆定律的公式推导出焦耳定律	认识	

需求调查分析与知识地图的制作完成之后，初步形成的原型资源便可以投入到开发阶段。第一步是微课视频的开发，视频内容的设计一般会包括学习目标的制定、情境引导和核心概念（内容）的引入、阐述和解释、归纳与小结4个环节。鉴于微课短小精悍和生动灵活的特点，一般不用课堂教学过程再现的实录方式，而是采取拍摄与录屏相结合的方式，依据具体的教学需求进行后期的编辑加工制作，力求生动活泼、形象，恰到好处，讲究美感。值得注意的是，微课是整个教学组织中的其中一个环节，必须与其他教学活动环境配合，因此，如有需要，可在微课程中适当位置设置暂停或后续活动的提示，便于学生浏览微课程时转入相关的学习活动。

进阶练习是学生从微课转入相关学习活动的一种方式，是一段学习旅程结束后的通关测试，即学习一段视频教程后要完成相应的练习题，而只有当学习者全部答对一套题目后，才可以进入下一个单元的学习。这种在线检测的设计目的是帮助学生掌握课程的基本能力要求，一般可分为概念辨析、熟练练习和应用拓展3种题型。

习题包括题干、选项、正确答案、错因分析等相关信息。题目的内容会体现该课程教学目标的基本要求，并且尽可能地选择能够暴露出学生，特别是学习尚有一定困难的学生容易发生错误的典型问题。当某些复杂的教学目标无法通过一道题目来测试时，就会采用题组的方法，即由多个题目组成一个题组，这个题组中的各个题目在统一练习时同时出现，整体的作答结果将作为一个测试的反馈结果。

在完成微课视频、进阶练习的设计后，我们再来讨论下学习任务单的相关情况。学习任务单是每个人定制化的一份学习任务清单，它能让学生根据个人需要安排自己的进度，即让每个学生按照自己的步骤学习，取得自主学习的实效（表2）。

表2　微课学习任务单设计模板

一、学习指南
1. 课题名称： （提示：用"版本＋年级＋册＋学科名＋内容名"表示）
2. 达成目标： ［提示：达成目标不同于教学目标。请用"通过观看教学视频（或阅读教材，或分析相关学习资源）和完成《微课学习任务单》规定的任务＋谓语＋宾语"表述；旨在让学生明确预习任务］
3. 学习方法建议： （提示：帮助学生避免思维弯路，注意有就写，没有就不写，删了这一行；不要"喧宾"夺了"任务"之"主"）
4. 课堂学习形式预告： （提示：简要说明课堂教学组织形式，也可用流程图代替。其目的是使学生明确微课学习知识与课堂内化知识的关系）

二、学习任务
通过观看教学录像自学，完成下列学习任务：（提示：含必要的提示等帮助性信息） 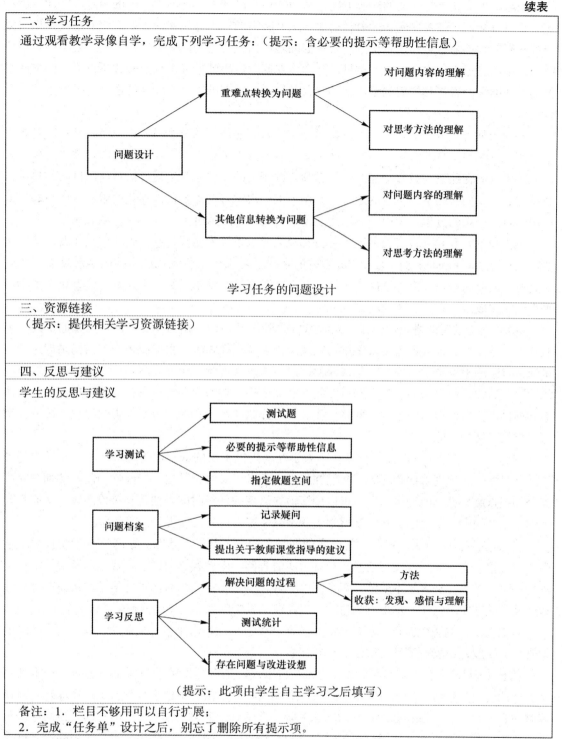 学习任务的问题设计
三、资源链接
（提示：提供相关学习资源链接）
四、反思与建议
学生的反思与建议 （提示：此项由学生自主学习之后填写）
备注：1. 栏目不够用可以自行扩展； 2. 完成"任务单"设计之后，别忘了删除所有提示项。

问题设计是该学习任务单设计的亮点。我们主张让教学中的重难点都转换为能启发学生思考与实践的问题。这一思想源于基于问题的教学法，即让学生在解决问题的经验中学习，这样，让他们既可以掌握内容又能掌握思维策略。基于问题的教学正式开启了问题的呈现，学生

投入问题，生成观点与可能的解决方案，从而知道自己现在了解与不了解的内容，在此基础上建立学习目标，明确发展问题的可行解决方案所必需的知识与技能，开始为获取这些知识与技能展开研究，仔细思考利用新信息所解决的问题，回顾自己的问题解决过程，之后从问题解决的结果中反思过程与方法。由此可见，让学生在问题解决的情境中反复实践不仅可以磨炼所学技能，帮助学习者将其应用到更广泛的学科领域中；还有助于学习者系统地建构一个以某一学科为核心的整合的知识结构。

在学习任务完成之后，学生的反思也将围绕着问题解决的整个过程，思考自己在问题解决中使用的方法与工具的合理性与有效性，学生可在其中记录下自己在问题解决过程中遇到的困难或障碍以便在线下与教师交流时，向教师咨询相关的建议。学生通过对自己测试的结果进行总结反思，找到自己学习不足的地方，并作为下一次学习中需要再次强化的重点。而只有反复经历学习—反思的过程，知识的雪球才能越滚越大，越滚越厚实。

截至目前，我校微课资源的绝大部分都成功经过了开发阶段，即正处于课堂实践的第三阶段。具体来说，我们是通过龙湾Wei学院的在线学习平台来收集微课实践的信息反馈，并利用这些反馈及时修正并完善微课资源。在课程资源开发组的不懈努力下，这一信息化在线学习平台已能完成以下几项主要功能：

（1）支持翻转课堂教学模式：龙湾Wei学院设计的初衷是为了支持翻转课堂的实践，因此这一平台支持教师根据需要来编排与管理课程内容，教师可以根据课程内容结构来创建学习单元，有顺序地发布学习内容，包括课程创建、修改（视频、课件、习题、学案等）与发布功能、课程通知、教学讲义、参考资料、教学资源链接、教师简介等信息；对课程进行分类、体系和标签设置以便搜索与定位。同时，我们也为开放课程（自由学习）与强制课程（按流程学习）提供不同的功能。

（2）视频学习交互功能：信息化为教学互动提供了新的形式，为了不让学生在学习任务结束前只能一味地观看课程视频，我们在视频中插入了实时检测这一交互性功能。教师在完成某个知识点或典型例题的讲解后，可以便捷地在微课的任意时间点插入有关检测题，从而实现视频学习过程中与学生的交互，唤醒学生的学习注意力，并由此提高学习效率。

（3）支持学习行为反馈：为帮助教师即时掌握学生的学习状态，龙湾Wei学院提供了学生学习进程与学习成果等反馈信息。教师可实时查阅学生课程学习的统计数据，及时了解每个学生的学习进度，把握学生哪些知识点已经掌握，哪些知识点尚有困难等信息，从而有针对性地在课堂教学中提供相关重难点的教学，提高课堂教学的效率。

总的来说，利用微课程，积极开展翻转课堂教学实践，构建基于微课的、以学生为本位的课堂教学模型是我校对信息化教学的重要探索。

信息化为师生之间的互动提供了新的参与形式，是对师生关系与课堂角色的一种重新定义。在课前，学生将不再只对着课本进行简单预习，而是结合微教学视频自主选择深入学习该课时内容，并完成少量具有针对性的知识关联。学生对于自学过程中产生的疑问可与同伴进行讨论交流，对于解决不了的问题可带进课堂向教师提问。课堂上，学生不再是知识的信息接受者，而是主动学习者。课前的学习增加了学生的学习信心，课前产生的疑问将使学生的学习更有针对性和挑战性，并由此增强学生的学习动机。学生在课堂上主要完成教师布置的巩固性练习，并通过小组讨论和教师讲解对疑惑进行解答。在课后，学生不用面对堆积如山的练习，而是可以开始下一课时的微课程学习。

　　对于教师而言，在课前，教师需要根据学生、学科、教学内容特点等信息编制导学案、录制课前导学视频以供学生进行自主学习，导学案的编制要求教师以问题为导向，让学生明确学习的目的和预期的结果。课堂上，教师通过课前学习的反馈设计教学、组织交流讨论，引领与指导学生自主解决自主学习中存在的问题，通过引导、点拨、归纳帮助学生构建知识体系。坚持学生自己能学会的不教，学生学不会的复杂问题则通过提供脚手架，引导学生自主解决，让每一位学生都成为学习的主体，投身于集体学习的过程，以实现提高课堂教学的效率之目标。在课后，教师也不用面临一大堆要批改的作业，而是根据学情、知识特点，编制下一个课时使用的，科学合理、分层实施的作业以帮助学生巩固课堂所学。

　　我校目前虽然在微课程资源开发与实践上已取得了相关的成果，但翻转课堂信息化教学对我们来说仍然是一个与传统教学模式截然不同的新概念，因此，我们在翻转课堂的实践之路上仍在不断地向前探索，一方面是继续完善龙湾 Wei 学院在线学习平台的建设，为学生提供更加个性化的学习支持服务；另一方面则是继续加大微课资源的开发力度，逐渐完善单一学科的微课程及以某一学科为核心的微课资源群结构，加强相关学科之间的联系，构建富含特色的微课程体系。

立足三"自" 凸显三"化"
——道德与法治课"深度学习"的路径探析

乐清市城南中学 林雪微

随着课程理念的深入和课程改革的推进,促进学生深度学习已成共识。深度学习是指在理解基础上学生能评判性地学习,能进行触及事物本质的知识迁移,能做出决策和解决问题的学习。而事实上,面对升学压力,课堂上只见教师不见学生,学生学得无奈、学得低效、过于依赖、不会学习甚至厌学等现象依然存在。尤其在学习道德与法治过程中,存在着知行不一、知识的习得死板零碎、缺乏及时的反思与课后践行等情况。如何促进学生深度学习、提升核心素养,改变学生学习中知识碎片化、方法简单化、反思虚无化、行动乏力化的现象,我们积极进行引导学生学会"自主提问、自我反思、自觉践行"的三"自"学习的种种探索,努力促进学生自主学力的提高。

一、活化:自主提问三重境,促深度思考

问题是思维的起点和催化剂,也是素养形成和测评的载体。在学习中,思考能力主要表现为提问能力,善于发现问题,才能善于解决问题。为培养学生的自主提问意识与能力,我们着力在一堂课的课前、课首、课尾引导学生有步骤、有重点地形成自主提问的三个递进的阶段,即三重境。这些问题均依据环节流程需要由学生提出,一堂课中的自主设问与解答贯穿始终,形成一个问题链,随着问题的深入与不断解决,学生的深度思考真实发生。具体如下:

(1)课前预学,困惑而问。教师引导学生课前预习时提出对内容的困惑,这里的自主提问主要包括两个方面:一是学生在课前根据自己对学习内容的理解,针对不懂地方加以提问,这是引导学生养成预学习惯的基本做法;二是在课前预学中学生自己对学习思路的梳理并转化成问题。

(2)课首探学,针对而问。教师在导入新课后通过创设情境,引导学生设问探究。教师提出一定的要求,学生根据教师的提示设计问题,即对教师引导下的内容设问。教师通过情境创设后,提供一定的思维支架,如引导学生按照"是什么、为什么、怎么办"的思路展开,以此探讨课堂核心内容。

(3)课尾助学,质疑而问。在课堂小结后学生针对自己在本堂课的掌握程度提出质疑,互助解决。在课堂最后环节,教师舍得化时间引导学生对所学内容再思考、深思考,去设疑互辩。学生质疑有可能出现片面或模糊笼统的理解,需要教师进行有效"收边",引导释疑。

以上三重境主要着手一堂课教学内容的操作,着力将教师问题变成学生问题,通过创造自主提问的条件,尝试自主提问的方法,实现以问题串课的新转变。在此过程中,引导学生针对课题、关键词而问,联系生活实际而问,针对身边现象发散问、逆向问、总结问,敢问、想

问、好问。这条问题线一脉相承,承接这三重境而在同一课堂中的贯穿,是一个问题层层递进、思维步步提升的活化过程。

课例1:一堂学生自主设计问题课引起的思考
——以"法律为我们护航"为例

在学习统编七下教材第四单元第十课"法律为我们护航"中的"特殊保护"时,教师通过"走近保护""探究保护"与"感悟保护"三个板块,把学习目标贯穿落实于整个学习过程。学生在课前预学环节设问"为什么未成年人需要特殊保护""特殊保护的内容有哪些"等问题;在上第二个环节"探究保护"时,教师将全班学生分为"家庭保护组""学校保护组""社会保护组"与"司法保护组",每一大组再四人一小组,分发学习探究资料,尝试让学生自主设问、合作探讨。整堂课下来,学生设计了很多精彩的问题,教师针对性地归结梳理四大保护的含义、地位、内容、要求等。解决这些问题后,接下来就是第三步的助学,学生抛出自己学习后的疑点:公安部门的保护是司法保护还是社会保护?父母为教育孩子而查看孩子QQ信息是否符合家庭保护?学校为了学生安心学习,查看学生书包是否带手机是学校保护吗?教育部门要求学校加强消防演练是学校保护还是社会保护?于是课堂就此进行师生、生生互助,共同解决问题。

整合以上"三问"要求在一堂课中的实践,我们提炼了促进深度思考的自主提问课堂模式:"见题生疑—目标设疑—探讨归结—梳理新疑—互助答疑—巩固提升"六环式,也即"三步任务学习法",如下:

(1)任务布置—(生)根据要求、梳理预学问题—(师)深透备课、预设潜在困惑。

(2)任务实施—(生)指向目标、交流探学问题—(师)合理组建、掌控方式时间。

(3)任务反馈—(生)质疑释疑、解决助学问题—(师)善于等待、有效引导激励。

学生自主提问能力的培养是一个渐进的过程,是教师从"牵着手"到"半放手"再到"全放手"的过程。从初疑到主疑到质疑,这是一个预学—探学—助学的过程,是一个探疑—解疑—释疑的过程。在这个过程中,学生从被动到主动,教师从主宰到主导,课堂从封闭到开放。

二、内化:自我反思三层次,促深度对话

反思是思维活动的核心和动力,是学生学习自我消化、自我提高的内化过程,是课堂深度对话的重要手段。在道德与法治教学中,一些学生缺乏学习中的自我反思和结合自身行为表现的反思,容易导致知识与行为两张皮的现象。反思的表现方方面面,这里的自我反思,主要是指一堂课中对所学阶段性知识的整理反思、对所学内容联系自身的行为反思和对整堂课学习的自我评价反思,是深度学习的一种体现,是对自己学习成效的考量,有利于学习的系统架构,以促进课堂与自我的深度对话。具体包括如下:

(1)对知识归结的回顾反思。一堂课就某一重点、难点知识的巩固和突破,采用归结式整理反思,这是课堂自我反思的第一层次。如在"人身权利"一课教学中,教师引导学生对课堂学习进行如下总结反思:

课例2:制卡维权,反思明理
——以"维护人身权利"为例

在统编教材八下第二单元"我们的人身权利"第三课"生命健康权与我同在"教学中,一位教师在"总体感知·畅谈权利—小品表演·解读权利—拓展延伸·法律护权"分析"生命和

健康的权利"后,在"案例会餐·正确维权"环节,安排全班推选3～4名同学上台当"小律师",针对其他同学联系现实生活或结合课前寻找的案例,进行"现场法律专题热线"答辩。教师在小结后,要求学生对活动进行反思,小组合作制作一张维权卡。

维护人身权利,我有我一套
在发生前:_____。
在发生时:_____。
当身体受到非法搜查时,正确的维权方法是:_____
当_____时,正确的维权方法是:_____
当_____时,正确的维权方法是:_____
受到伤害后:_____
其他:_____

通过制作维权卡反思总结,进一步落实维护人身权利的正确方法,符合学生从感性认识上升到理性认识的认知规律;同时通过学生小结交流,努力培养道德思维能力。

(2)对学生导行的促进反思。在课堂教学中,就所学内容进行及时联系学生自身实际行为的反思,这是课堂自我反思的第二层次。如教师在上述"人身权利"教学中,引导学生进行自我反思。

"维护人身权利"反思单
(1)我受到的人身权利被侵犯的事情,当时的感受与处理:_____。
(2)我无意中侵犯了他人人身权利的行为及结果:_____。
(3)接下来我将:_____。
(生活上、思想上……)

学生结合生活体验的反思与交流,有利于巩固运用前面所学内容,增强自我防范意识,将维权落实在生活的点滴之中;同时,学生寻找身边事例,谈自身感受,从情感上理解不伤害他人人身权利的法定义务,使交流对话更贴心深入。这样做能突出重点、突破难点,进一步引导行为达成。

(3)对课堂表现的评价反思。对一堂课的总体表现反思评价,这是对课堂自我整理的重要方式,是对学习效果和学习目标达成的一种自我评价与考量,也即第三层次。例如,在课堂的最后环节由学生进行一句话小结课堂与自我评价。学生根据原先的学习目标,利用教师给出的分数形式(给出0、1、2、3,分别代表其对问题的认识程度,0代表不能,3代表完全能),反思课堂效果,发现不足及时加以改进。评价反思是学生自我反馈的过程,通过这一反思及时知晓自己在课堂上的效果及存在问题,教师也能及时了解学生的掌握情况。如上述"维护人身权利"课堂,通过评价反思,发现有学生将人身自由与人格尊严内容混淆记1分、有学生参与制作维权卡反思表现不够积极记2分等,教师及时予以分析指正。学生就是在自我剖析中,内化品德。

自我反思三层次其实就是一课三反思,将一堂课的反思进行到底。课中的小结反思,归结知识与方法;课尾的联系反思,引导行为实践;整堂课的回顾反思,直奔目标与效率。整合三层次反思基本模式如下:情境导课—交流探讨—归结反思—导行反思—评价反思—拓展延伸。

当然,上述三层次学生自我反思方式,都需要教师的合理干预和方法引领,需要激发学生自我反思和对话的动力,从而让深度对话切实发生。

三、深化：自觉践行三类型，促深度拓展

自觉践行是道德与法治课深化教学的要求和落脚点，也是课堂深度拓展的重要体现。这里的引导践行三类型主要是指在课堂教学中，通过现场情境、反馈展示、评析辩论等多种活动方式，让学生置身其中，进行深刻的自觉体验与行为实践，引导知行统一。

（1）"现场体验"式践行引导。要引导学生自觉践行，需要在课堂教学中，让教学核心环节触及学生的精神世界。现场情境的创设很能引发学生的触动，能积极充分地让学生感悟，从而有利于引导学生的实践行动。例如，一位教师在"调节情绪"一课教学中，通过"你猜你猜你猜猜猜"的方式，以及组织学生分小组情绪词语大PK后，调查学生的现场感受，顺势引导到相应的情绪体验上来，让学生体验认识情绪的多样性和可变性、复杂性，学会正确评价与调节自己的情绪，凸显了在现场情境中生成的巧妙，有效地引导学生践行。

（2）"行为导向"式践行引导。在课堂教学中，教师为了引导学生知行统一，给学生榜样示范，有意识地为学生搭建脚手架促行。当然，这种引导需要技巧。例如，在"弘扬民族精神"的课堂教学中，一位教师以"家书"为线索，在系列的读家书、品家书、悟家书后，让学生写"微"家书引导行为落地。

课例3：简约设计，无缝对接
——"家书"让学生的行为落地

高扬民族精神是统编九上教材第三单元第五课"守望精神家园"中的内容，重点是民族精神的基本内涵，难点是让弘扬民族精神成为学生自觉实在的行动。在写微家书引导行动中几易其稿，具体如下：

第一次尝试：弘扬民族精神，对我们学生意味着什么？请大家也给自己的父母、母校或祖国母亲写一封"微"家书，说说我们的打算和努力。（温馨提示：民族精神的内容很丰富，就你最有感触的一个方面谈启发；从自己的学习、生活着手，以自身的实际行动来诠释；情真意切，不喊口号）本以为这样的设计要求明确，在前面学习家书的基础上，让学生写家书的环节显得自然巧妙，但因为时间短，又缺乏具体情境，学生写出来大部分是套话。

第二次尝试：在写家书之前给予一定的情境支撑，呈现父母、教师、学校为学生付出的相关图片，说明我们要感恩，请写一封"微"家书。这次学生写的大都是感谢话语，而讲自己行动的也是说好好学习之类的比较宽泛的内容。教师再次强调要写出学习上和生活上的具体行动，结果基本也是相差无几，学生还是没有写出自己的真实感受。

第三次尝试：再具体地进行行为引导，如"升国旗时严肃认真的态度、公交车上的一次让座、运动场上的拼搏身影，都是一种践行"。这样，教师增加了提示语，说明民族精神不仅体现在轰轰烈烈的壮举中，也体现在我们学习生活的点点滴滴中，请大家写一封"微"家书。同时，为了更好地细节引导，呈现本班学生活动时的照片作为示范，进一步拉近与学生的距离，让学生有亲切感。最终课堂上因学生积极表达了自己如何切实践行民族精神，精彩纷呈。就是在这样的基础上，真正实现学知导行、知行统一的无缝对接，把行动落地。

几易其稿的尝试说明课堂引导学生的自觉践行需要：有效情境的铺垫渲染；正确明晰的要求指向；提供一定的行为示范；学生行动的支架搭建；教学细节的认真推敲。这样，让课堂的每一分钟都发挥出精致和高效。

（3）"多方并举"式践行引导。当然，要引导学生自觉践行，提升行动力，还需要在课堂上采取多种方式恰当并举。例如，一位教师在上"人生当自立"一课时，通过自立与否的材料对比例证、现场折叠校服自立体验、"是否赞同签订家务劳动合同"辩论、自立反思和自立宣言等方式，提升学生的道德认知，培育学生的学科认同力、思辨力和选择力，使学生在"入境—体验—明理—动情"的过程中积极参与、乐于尝试。这样，让教学的深度拓展行为引导真实落地。

总之，自主提问、自我反思、自觉实践的三"自"学习策略，或自成序列、一线贯穿，或相辅相成、一体融通，通过活化—内化—深化教学，让深度学习真实发生。这种以问题为导向、以反思为保障、以践行为抓手的三"自"三"化"策略，是凸显自主学习核心素养的三大支架，就是利用有限的课堂阵地与适当的课外延伸，以最高效的安排着力于学生学的能力培养，提高学生的思维力和行动力，体现了道德与法治学科的性质与价值追求。

初中"三学联网"智慧课堂教学实践与探索

瑞安市新纪元实验学校　叶益耿

一、"三学联网"智慧课堂的内涵

我校"三学联网"中的"三学"即"自学、议学、悟学";"联网"是指上述环节在泛在信息技术支持下,以"自主发展"为基础开展的5A学习:任何人(Anyone)、任何地方(Anywhere)、任何时间(Anytime)、任何学习设备(Any device)、任何方式(Any way);"三学"的三个环节可以回环往复,甚至可以两两组合。

这是一种以自主为核心、互联网为辅助的智慧课堂,学生是自己建构知识的主人,是学习的主角,是知识生成与内化的主体,每位学生都能在自己的最近发展区得到适应性的发展,全面提升学习的效率。其精髓在于:以学生主动乐学为主线,以核心素养培养为主攻,以能力和思维训练为主旨,让课堂成为适合学生自主发展的新常态。其教学模式的结构如图1所示。

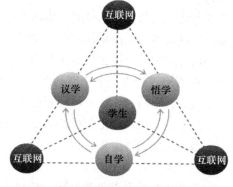

图1　"三学联网"教学模式结构图

(1)"自学联网":是指学生在教师导航、任务驱动下进行的个体学习行为,自学过程在线上实现,包括课前自学、课内自学和课后自学等不同维度、不同类型的自学。在自学中,要求教师在学生的学习需求、学习方法、学习过程、学习资源、学习时空、学习评价等方面,促进学生更大程度上的自主。教师要推送"在线预习作业",为学生搭建自主预习平台,让学生有目的地进行自学。通过乐课平台的支持,教师第一时间快速掌握学生的学情,进行二度备课,作出"基于学情,学为中心"的教学设计,形成个性化教案,实施"先学后教,以学定教"的教学策略。

(2)"议学联网":是中心环节,也是教学的关键,还是知识的生成与内化的渠道。学生在导议基础上进行线上线下的生生对议、生生群议、师生互议等不同维度、不同类型的议学类型,转变学生的学习方式,在议中提升自我的综合能力。在议学中,教师通过计算机终端及时把握学生的了解水平、接纳水平等学情,针对学生的问题整合学科的思想与方法在议学中推进。

(3)"悟学联网":课堂总结是悟的主要环节,是对知识的归纳和总结,也是对知识的运用和实践。信息技术的支持,使得课堂作业"悟"的反馈更及时;线上个性化的课后作业,使得学生课后"悟"的内化更个性。学生在反馈悟、归结悟、作业悟中成为知识和能力的主人。

在悟学中，教师为学生学习的独立性和责任感立规，使得学生认知的基础与课堂教学的内容通过线上线下相互渗透，实现差异化教学。教师要编写日日清、周周清作业，利用每周学生返家时间进行网络课堂直播、网上互动答疑等，打造翻转课堂。

因此，转变教与学的行为模式，"以学定教，以生定教"，让学生站在课堂教学的正中央，达到信息技术与课堂教学的深度融合，是我校"三学联网"课堂教学模式变革的精髓。它既是教师教的模式，又是学生学的模式。以教师教学行为的转变，带动学生学习模式的转变，是适应"基于学情，以学定教"的幸福教育理念的核心。

二、"三学联网"智慧课堂的支架

1. 课前预习作业的设计与二度备课

课前如何运用乐课网的备课系统进行备课？课前备课要做哪些工作？通过备课组研讨，明确教师课前的两大任务，一是预习作业的设计与推送。要求每位教师在上每一节课之前，首先要备好"预学案"，即对本节课的知识点、重难点、突破点作出引导。学校规定"预学案"要提前一天通过乐课网推送给学生预学，学生完成后带着问题上课，从而避免学习的盲目性。二是教师的二度备课。教师借助乐课平台的预习功能，实时获知预习情况，查看学生预习报告，进行二度备课与教案设计，重新制定学习目标，确定重难点，作出"基于学情，学为中心"的教学设计，形成个性化教案（上课的关键），实施"先学后教，以学定教"的教学策略。

在实施过程中，各个教研组开展《基于"课前预学"的二次备课研究》，坚持一月一次的主题式教研活动，做到活动有主题、教研有内容、研究有目标。人人参与研讨，人人总结提炼，各个备课组研讨出新授课和复习课学生预习作业的典型案例，制作部分重点知识与难点内容的微视频助力学生学习。

2. 课中议学问题的设计与实时互动

问题的设计是教学的关键。教师在教学设计时，要着重围绕重难点内容设计问题，重视关键问题设计，预设学生的混点、疑点问题，精心设计导学、议学的问题，精心设计导学案。要以问题为出发点，以议学为方式，让学生在乐课网的讨论区里交流讨论，线下小组代表发言、学生补充发言、全班学生分享，达到合作交流、共同提高的目的。

课堂互动是达成教学有效性的关键。没有有效师生互动的课堂不是好课堂。在乐课平板教学中，我们注重师生课堂互动，通过经常性的推门听课和乐课后台跟踪检查，督促和指导教师的课堂互动问题设计，以加强师生的课堂交流。从2019年度第一学期10月开始至2019年度第二学期，我校七八年级教师的每节课的课堂互动平均次数在不断增多，第二学期明显提高（表1）。

表1 课堂互动

月份	2019年10月		2019年11月		2019年12月		2020年2—6月	
年级	七年级	八年级	七年级	八年级	七年级	八年级	七年级	八年级
课堂互动平均次数	1.25次	0.85次	1.32次	0.96次	1.3次	0.96次	6.9次	6.2次

3. 课后悟学问题设计与拓展延伸

课堂小结设计得好，能产生画龙点睛、余味无穷、启迪智慧的效果。因此，教师要精心设计一个新颖有趣、耐人寻味的课堂小结，这样不仅能巩固知识，检验效果，强化兴趣，还能激起学生求知的欲望，活跃思维，拓展思路，发挥学生的创造力，在热烈、愉快的气氛中将一堂课的教学推向高潮，达到"课结束，趣犹存"的良好效果。在现实教学中，一些教师对课堂教学的总结不够重视，认为"悟学"环节可有可无。不重视"悟学"的结果是，分散的、零碎的知识得不到归纳、整理和系统化，模糊的、错误的地方得不到纠正，容易造成学生对课堂的教学内容认识不深、理解不透，从而影响课堂教学效果。

因此，在课堂小结环节中，教师要精心设计悟学问题，让学生悟出知识的内涵与本质、悟出思想与方法，对知识深层次理解。同时，要利用乐课网的课后复习、作业、自主学习系统，设计课后学习资源、线上作业及自适应学习资源，达到温故知新、巩固知识、拓展学习的目的。

三、"三学联网"智慧课堂的结构与实施

1. "三学四环"课堂结构的构建

在"实践—理论—实践—理论"基础上，通过各备课组、教研组的主题研讨、充分酝酿，我校构建了"三学四环"课堂结构（三学：自学、议学、悟学；四环：课前导学，自学检测—课中议学，互动展示—巩固训练，扎实"四基"—课后悟学，拓展提升）。这一课堂结构为教师教学提供了一般性的参照，起到了规范性的作用。

在课堂整体结构的基础上，各备课组、教研组坚持"建模—研模—出模"教学策略，优化不同学科、不同课型的课堂教学流程。我校"三学联网"智慧课堂教学流程得以构建，以语文学科为例，语文学科的教读课流程为：自学检测，导入新课—搭建框架，整体把握—示范策略，探究鉴赏—总结感悟，拓展提升；自读课的流程为：阅读提示，感知全文—选择策略，精读文本—合作探究，分享文本—拓展训练，感悟提升。通过细化与优化"三学四环"智慧课堂教学模式，用模式建立教学新常规，用模式提升专业水平。

2. "三学三课"的智慧融合

"自学、议学、悟学"是学生开展自主学习的学习方式，"课前、课中、课后"是智慧课堂的结构，如何利用乐课网将"三学"有机融合在"三课"之中，是精准教学的根本，也是我们研究的重点。因此，我们开展了"研讨课、汇报课、展示课"等课堂教学系列活动，在实践中探索，在探索中反思，在反思中提高，初步形成"三学联网"智慧教学课堂结构。其结构图如图2所示。

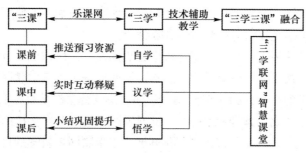

图2 三学联网智慧课堂教学结构图

3. "三学联网"智慧课堂的实施

评价到哪里,教学就到哪里。因此,研制《瑞安市新纪元实验学校"三学联网"智慧课堂教师考核量化表》和《瑞安市新纪元实验学校"三学联网"评价量表》是我校智慧课堂实施的重点。根据乐课平台数据功能的科学性、价值性,通过备课组研讨、查阅借鉴、专家指导,我校设定各项评价指标的权重,横向比较综合衡量,研制乐课平板教学评级标准,将评价结果纳入教学月考核,以评价促进智慧教学常态化开展。

基于乐课网平板智慧课堂教学三大系统,即课前备课系统、课中实时互动系统、课后复习系统,我们可以利用教务空间的权限和功能,检查每位老师每天的教学常规工作中的各项指标数据,从中了解教师的教学常规落实情况。学校关注教师的备课率、上课率、作业布置率、课堂互动次数,将各项指标作为教学月考核的依据,很大程度上提高了教师运用平板教学的自觉性和积极性,促进了课堂教学与信息技术有效融合。

四、"三学联网"智慧课堂实施成效

两年来,我校"三学联网"智慧课堂实践研究深入开展,"三学联网"教学课堂结构得以优化,"三学联网"课堂教学一般流程初步构建,智慧课堂教学评价量表形成,实现了信息技术与教育教学的深度融合。"三学联网"课堂教学的实施,更新与强化了教师"学为中心"的教学理念,形成了以"学为中心"的智慧课堂教学文化,促进了学生良好学习方式的形成,促进了学生的自主发展,促进了教学质量的提升。

1. 初步形成"三学联网"课堂文化

实施"三学联网"智慧课堂教学,教师从"学科教学"转向"学科教育",从"知识核心"教学走向"素养核心"培育,更新了教学观念,促进了教师教学行为的转变。我们的研究遵循以"学生发展为本"的理念,着力于转变学习方式,提高学习效度,初步形成了"三学联网"智慧课堂的文化:三学、融合、高效。其中,"三学"是根基,"融合"是辅助,"高效"是目标。通过"三学联网"教学文化的构建,让师生的生命活力在课堂教学中得到有效发挥,让课堂成为师生乐园。

2. 实现信息技术与教育教学的深度融合

从教师的教学来看,人人会用乐课平板组织教学,人人将"三学"融入乐课网的"三课"中,自觉利用"课前预习、课中互动、课后提升"的教学功能,优化教学设计。在"三学联网"课堂教学模式指引下,已初步实现预学反馈的精准性、全员参与的广泛性、师生交流的互动性、课堂检测的及时性、个别辅导的针对性、乐豆评价的激励性、使用操作的便捷性、课堂效率的高效性,达到了信息技术与教育教学有效融合。

从疫情的特殊考验来看,我校通过线上教学常规的建立,研讨线上教研活动的开展、线上教学评价的跟进,线上教学非但没有受疫情影响,反而促进了"三学联网"的真正落地,促进了信息技术与课堂教学的融合。2019学年第二学期,我校智慧教学整体上课率93.5%,位列乐课网全国合作学校的第2名,备课率93.6%,位列乐课网全国合作学校的第1名,校本资源建设同比上学期增幅超50%,真正实现了常态化开展"三学联网"教学的目的。

3. 提高了教师的教学能力和科研水平

通过"三学联网"课堂教学实践,激活了校本研修的密码,唤醒了教师的教学智慧,增强了教师对教材的理解力,提升了课堂教学的执教力。通过对"三学联网"教学模式的理解和实践,教师的科研水平得到极大提升。各学科教研组从本学科的特点出发,基于"三学联网"智慧课堂教学模式,总结提炼智慧课堂结构,通过认真研究,不断总结,编辑"三学联网"智慧课堂教学设计、案例集,为一线教师教学提供范本。

两年来,我校教师参加瑞安市、温州市教研组教研活动方案设计,教师专业发展培训优秀项目评比,教师教育教学论文、教学案例、课堂教学等评比,获奖丰富,科研成果丰硕。

4．保障了教学质量的可持续提升

两年来,"三学联网"智慧课堂教学从教学实践到理论研究,从技术操作到课程内容的融合,从建模研模到流程探讨,经历了艰难的研究过程,也取得了预期的成果。从学生调查反馈来看,95.756%的学生对"三学联网"教学总体评价良好,97%的学生认为实施"三学联网"智慧教学促进了自己的学习,学生认为96.29%的教师在课堂互动方面做得较好,学生对五大文化学科的学习兴趣、学习效果普遍认为较好。总体上,师生教与学的方式得到转变,教学效果不断提高,学生参加瑞安市学期质量检测,总体 Z 值稳居瑞安市第一,学校每年获得瑞安市教育教学质量奖。

"三学联网"智慧课堂教学实践研究,让我校课堂教学从关注课堂到关注课堂前后与本身,从线下学习到线上泛在学习,拓展了课堂教学的时间与空间,从重视教师的"教"到重视学生的"学",回归了教学的本质。这是互联网＋背景下创设适合学生自主发展的有效载体,真正回归到"以学定教,以教促学"的教学本质,促进了学生的自主学习、本我提升、优势发展。"三学联网"智慧课堂润泽了学生的核心素养,为我校全面提升绿色教育教学质量打上了幸福的底色,保障了我校教学质量可持续发展。

参考文献

[1] 郝展飞. 互联网＋教育时代下我国中学"翻转课堂"模式应用研究 [J]. 考试周刊, 2016（30）: 141-142.

[2] 穆岚, 齐春林. "互联网＋"视域下"互联网＋课堂"模式探究 [J]. 教育导刊, 2016（9）: 77-79.

[3] 崔允漷. 有效教学 [M]. 上海: 华东师范大学出版社, 2009.

差异化"三单"教学内容的选择与设计

平阳县职业教育中心 曾淑萍

笔者对温州地区8个县市区15所中职学校财会专业调研发现，目前，温州地区中职学校的财会专业班级以40人以上的大班为主。在实际教学中，虽然有学习通、钉钉、蓝墨云、UMU等教学平台助力，但教师忽视学生个体差异，在一个班级用同一个教学目标、同一个评价标准，讲授同一个内容的现象依然十分普遍。学生方面，由于学习的任务、内容、时间，均"被安排"，逐渐养成了被动接受学习的习惯。在课堂中，优秀学生"吃不饱"，无法提升其高阶思维；后进学生"吃不进"，无法维持其"对学习渴望的情绪"状态。长此以往，学生之间的差异就这样被教师以及学生自己忽略，逐步走向"同质化"。

"三单"是指基于中职财会专业特点的侧重学情研判的学前诊学单、侧重学法指导的学中导学单和侧重学习迁移的学后拓学单，它是指向学习目标、承载学习内容、呈现学习方式、融入学习指导、实施过程评价，支持促进差异化学习的一种载体。针对以上"同质化"现象，我校财会专业由"借助'三单'设计与实施，让自己的课堂更具吸引力"的朴素研究开始，逐渐转向"以促进学生的个性化发展为宗旨"的课堂教学变革行动。本文以财会专业为例，阐述采用"三单"实施差异化教学的具体做法与成效。

一、对接未来岗位发展，调研分析学情

我校就业指导处2016—2018年对近三年财会毕业生就业情况进行跟踪调查。收回的有效问卷中，2016年131份，2017年89份，2018年86份，共计306份。

数据表明，无论中职毕业还是高职毕业，出纳岗位基本稳定在33%左右；总账会计已经接近20%；原本占比很大的收银岗，近年由于机器换人，占比大幅度下降；相比之下，开网店等自由岗位的占比越来越大，2016年到2018年增长率为52.43%。说明越来越多的财会学生毕业后，从事着与"资金"打交道且需具备敏锐的职业判断力和较强的转岗能力的职业，这种用人需求与目前"同质化"教学方式有着一定程度的矛盾。

据此，笔者对接市场需求，根据学生初岗核心工作，结合中职财会专业特点，探索实践差异化"三单"教学。

二、对接学生未来发展，实施"三单"教学设计

定位学生未来发展，基于现有教学任务，实施差异化"三单"教学应从内容整合和设计方法两个方面着手改革。

（一）提炼"三单"教学内容

1. 提炼基础教学任务

会计核算的主要工作流程包括填制与审核会计凭证、登记账簿和编制财务会计报表三大项工作。工作周而复始，有着它特有的规律。工作流程如图1所示。

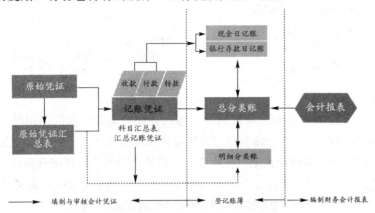

图1　会计工作基本流程

笔者结合市场需求和专业核心教材所涉及的教学内容，结合初学者的认知规律，提炼出基础教学任务，见表1。

表1　财会工作元认知部分的任务分解

工作序号	总任务	子任务分解
流程1	会计凭证的填制与审核	1. 概念；2. 作用；3. 分类；4. 内容；5. 填制（5.1 会计对象；5.2 会计要素；5.3 科目与账户；5.4 复式记账法；5.5 填制）；6. 审核
流程2	账簿的登记与核对	1. 概念；2. 作用；3. 内容；4. 分类；5. 设置；6. 登记；7. 核对；8. 错账更正
流程3	财务报表的编制与分析	1. 概念；2. 作用；3. 分类；4. 结构；5. 内容；6. 编制；7. 使用

通过以上梳理，每个子任务在学生学习体验之前，先感知整体会计工作基本流程，完成子任务学习后，再反思感悟整体业务流程。通过"总分总"的梳理，帮助教师提升整体工作任务分解为微任务的能力，逐步形成"建单"意识。

2. 提炼岗位教学任务

笔者结合新教材和专业核心精品教材《企业财务会计》及新课改教材《记账凭证的填制与审核》（以下涉及本部分内容用"B"表示），对其所涉及的教学内容对照"中职学生的会计主岗"进行整合归类分析。依据会计工作的规律和主岗位工作的任务要求，结合中职生的培养目标，分解核心岗位任务，见表2。

表2　主要财会岗位任务分解

序号	岗位名称	子任务	序号	岗位名称	子任务
1	资本核算	1. 债务的核算 2. 所有者权益的核算	2	成本核算	1. 材料费用归集与分配 2. 人工费用归集与分配 3. 制造费用归集与分配 4. 其他费用归集与分配

续表

序号	岗位名称	子任务	序号	岗位名称	子任务
3	存货核算	1. 材料收发的核算 2. 库存商品收发的核算 3. 周转材料收发的核算 4. 应付款项的核算	5	销售核算	1. 营业收入的核算 2. 期间费用的核算 3. 应收款项的核算
4	固定资产核算	1. 增加的核算 2. 折旧的核算 3. 减少的核算	6	财务成果核算	1. 收入利得的结转 2. 成本损失的结转 3. 营业外收支的核算 4. 利润的形成与分配

3. 提炼教学内容属性

同类型"子任务"具有类似的特征属性，指向会计知识和技能的不同类型，学生学习的方式、理解的程度不同，"三单"教学设计的处理方式也会有所不同，笔者根据会计专业的特点和布鲁姆教育目标分类的理论框架，把中职会计所涉及的基本子任务和岗位子任务归纳为三类，即"概念性任务""程序性任务"和"综合性任务"。其学习目标及要义具体见表3。

表3　中职财会三类工作任务的目标层次及要义

类型名称	学习的目标层次	任务要义及学情
概念性任务	指对会计对象以及不同会计对象之间关系的理解。包括： 1. 表示：利用账表、实例、公式、数字、语言等表示的会计概念； 2. 解释：指会计概念对实际工作中的具体情境进行专业分析； 3. 判断：根据会计概念判断对象属性及与其相关概念的区别与联系； 4. 分类：根据一定的标准将所对应的对象进行正确分类	1. 概念性任务涉及概念本身、概念与概念之间的联系，在会计学习中可协调矛盾和指引方向； 2. 概念性任务表现为"是什么"的知识，涉及许多会计本质的问题，因此对于涉世不深的学生来说往往比较抽象； 3. 学情：学生学习中，易模糊、易混淆、易片面理解，导致会计归属错误经常出现
程序性任务	指利用已掌握的会计概念解决实务问题，重在规范操作流程，包括： 1. 技能：根据会计法、规范、规章规定的程序完成会计实务的处理； 2. 技巧：指选择并应用概念、规则和方法、经验等解决常规问题。会计的技巧大多是经过反复验证，约定俗成的规律，而非直接观察或发现的结果，如查找错账的技巧	1. 程序性任务是在完成概念性任务之后，对会计规则、会计方法的具体运用； 2. 程序性任务关注做的过程，强调"怎么做"，其核心在于方法的选择和操作步骤的规范； 3. 学情：在学生学习中，经常出现的问题是方法选择错误、规则模糊、步骤混乱，导致数据失真
综合性任务	指运用概念性和程序性知识，选择方法解决非规问题，包括： 1. 分析：根据会计工作情境中的有效信息，分析问题情境中的会计对象的关系，并用"流程"进行表达； 2. 筹划：会用会计思想进行简单的筹划与推理； 3. 反思：可以对在解决问题中所运用的方法、知识进行反思，有意识地构建关联知识框架	1. 综合性任务是基于实际工作任务而生成的，其关键是会计素养和会计能力； 2. 综合性任务是对上述任务的整合，表现为系统的思考方式和全盘业务的统筹能力； 3. 学情：学生在学习中，缺乏从系统的角度思考问题的思维，从而导致解决问题的过程凌乱无序，决策失误

从会计专业特点、中职学生的认知规律和以往学生的诊学结果等角度归纳三类子任务的目标层次和要义，以及相对应的学情，让教师更加清晰学情与内容间的关联，为精准教学奠基。

（二）提炼"三单"设计方法

每位学生都带着不同的知识经验、学习风格和兴趣偏好来到课堂。针对会计的三大任务，学生在学习中也呈现出一定的认知、操作差异化，笔者设计"诊—导—拓"行为导向下的"诊学单、导学单和拓学单"实施差异化教学，引导学生基于自身进行深度学习。

1. 确定"三单"设计总路径

"三单"教学的典型特征就是"交互性"和"差异性"，作为教科处主任和财会专业带头人，笔者成立了"笔者、备课组、研究组"三合一的线上研讨平台，以"差异化互助共进"为导向，摸索出了"三单"的设计路径，具体如图2所示。

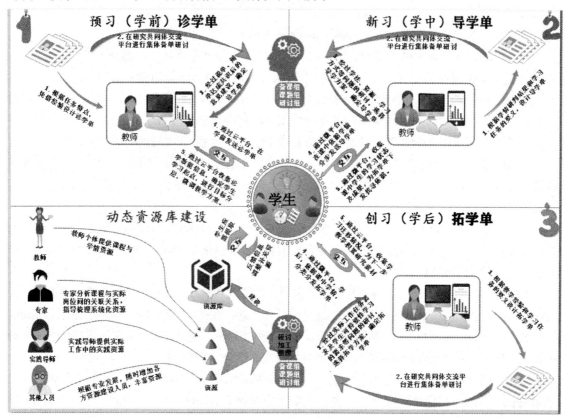

图2 "三单"设计的路径图

整体路径设计前，先将"三大任务"细分为38个任务点，按照"知道—理解—掌握"拆分为三个认知层次，每个层次再拆分为"易、中、难"三个深度，每个层次再设置至少三个不同维度的自我诊断题，建成了"三三三"教学资源库。平时，根据诊学、导学和拓学实现师生之间三次信息交互，以此作为后续学情研判的依据，最后，结合专家和合作企业实践导师的意见与建议，不断地对资源库进行修正与完善，"三三三"教学资源库是科学建单的基础。

"三单"都经过"独立预设—集体磨单—微调建单—推送使用—回收分析"五步进行设计检验，为"单"的质量提供保障。

2. 提炼"三单"设计基准线

诊学单、导学单和拓学单虽然功能有所不同，但最终的目标指向均是引导学生在"想并且可以学习的地方开始有效的学习"，以促进中职学生的错位发展。所以"三单"需要"统一谋划，分单设计"，总体设计基准线见表4。

表4 "三单"设计基准线一览表

工作任务	基本原则（P）	基本要素（F）	基本要求（D）
概念性任务	1. 学为中心	1. 清晰明了的目标	1. 可理解性
程序性任务	2. 整体设计	2. 层次丰富的资源	2. 相关联性
综合性任务	3. 形式多元	3. 多维发展的学法	3. 实质重于形式

"三单"设计需要遵循一定的原则，以确保"单"的设计方向和效果。

P1. 学为中心。"三单"设计的出发点不是"教"，而是"学"，教师设计时要理解、欣赏并根据学生存在的差异，合理选择教学策略，及时调整教学促进他们个性化发展。

P2. 整体设计。"三单"的设计应从整体出发，将"诊—导—拓"看作一个有机整体，教师应通过对学生已知和未知的预判，设计诊学单，根据课前诊断及教学任务的肌理，设计环环相扣的导学单，根据导学效果，以及学生所表现出的个性化差异，设计拓学单。

P3. 形式多元。"三单"设计时，可通过形式多元的设计，满足不同感官偏好的学生学习要求。每次设计尽量考虑VAK（视觉、听觉和动觉），让学生学得更快更容易，体验学到后的成就感。

F1. 清晰明了的目标。"三单"教学是一个"教/学"目标导向过程。"三单"设计是站在学生角度进行的，目标需要清晰地表述为KUD（Know、Understand、Do）三层次，让"三单"成为学生差异化学习的导航仪。

F2. 层次丰富的资源。"三单"设计需根据学生的层次和学习任务特征，提供学生最近发展区的学习资源，让不同层次的学生均可选择适宜的学习支架，在可以学习的起点顺利开展学习活动。

F3. 多维发展的学法。"三单"设计需以学生发展为目标，通过促进学生多维发展的学法指导设计，引导学生学会获取知识和解决问题的基本技能，学会学习的智慧，提升学生的学习能力。

D1. 可理解性。"三单"向学生传达的信息应当简洁明了，指令应当清晰明确，学法应当通俗易懂，资源应当梯度适宜，便于各层次学生快速提取有用的信息，积极投入学习，便于学生的理解和使用。

D2. 相关联性。"三单"应当与不同层次学生已有的基础相关联，应当与实际岗位工作所需的新知识相关联，应当与当下问题今后的发展相关联，让"单"成为学生过去、现在与将来知识库的联结点和助推器。

D3. 实质重于形式。要求教师设计"三单"时，不拘泥于统一模式，应按照学习任务本质，进行问题情境、学法指导、资源整合等方面的设计。重"引发—促进学习"的实质，不求"整齐划一"的形式。

3. 提炼"三单"设计基准点

在"三单"设计的基准线及设计路径明晰的前提下，如何通过设计凸显"诊学、导学和拓学"的个体功能性呢？笔者根据对照学习任务内容，归纳了"三单"设计的基准点，以备在实际教学中具备更强的操作性。具体见表5。

表 5　中职财会"三单"设计基准点（三类任务）

学习任务	设计基准点（建议）
概念性任务	诊学单：尽量将概念结构化，找到概念的元认知； 导学单：联系生活，尽量将抽象概念具体化、形象化，获取认知过程的具体经验，常用关键词学习法； 拓学单：整体感悟，尽量将概念置于整个流程中，凸显其地位与作用，形成新的认知
程序性任务	诊学单：创设情境，熟悉情境中的岗位工作任务，尽量获取程序链中前序知识与技能的认知情况； 导学单：利用思维导图，构建完成任务所应具备的素材库，逐步建立日后财会工作所需的统筹思维； 拓学单：分业务流程与核算流程两种类型绘制思维导图，逐步养成多线程工作的习惯，以适应日后岗位发展的要求
综合性任务	诊学单：根据概念性和程序性知识的理解，分析问题情境，找出核心问题，绘制"核心业务流程"，研判学生的思维障碍点； 导学单：围绕核心业务流程向前向后拓展延伸，分层设置，帮助学生建立系统思考问题的习惯； 拓学单：关注资金流和物流的关系，帮助学生建立知识迁移的学习力

范例：概念性任务：诊学单设计——"记账凭证概念"。

步骤 1：目标任务：能够解释记账凭证的概念和作用。

步骤 2：概念结构化：凭证属于会计核算工作的第一步，在实际工作中，一般先取得原始凭证，再填制与审核记账凭证，然后据此登记账簿，因此，概念的元认知可采用"流程图提示"的方式呈现，以判断学生是否具有将概念结构化的能力，以及图与文的转化能力（采用图+文的形式呈现）。

步骤 3：问诊呈现形式：经过一段时间的学习，学生基本熟悉会计工作的"证账表三部曲"，给出流程图，估计解读没有问题，但用语言完整表述，在课堂有限的时间很难完成，所以采用填写"关键词"的方式设计。关键词学习法是一种可以促进理解（思维）、记忆及快速阅读的方法。

步骤 4：设计诊学单（图 3）。

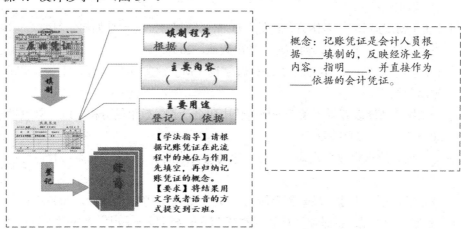

图 3　记账凭证概念诊学单

改进前，教师直接让学生阅读书本，画出关键词并记忆，有效但非高效和实效；改进后教师根据概念的特征引入"工作程序图"，将概念置身于"流程"中，帮助学生在直观理解的基础上进行关键词填空记忆，兼顾了关键词记忆与流程图直观辅助记忆的优点，大幅度提升了学生学习的效率。

三、差异化"三单"的设计,需要双高要求保障

1．对教师素质提出了更高的要求

"基于差异化的'三单'教学内容的选择与设计"的主旨是注重教学内容的差异化、情境化和实用化,这就对教师提出了更高的要求。教师需要随时关注实际工作中的岗位工作任务要求的变更,用以及时整合教材的学习内容,并利用"三三三"的方法做到差异化分解,尽可能地做到"理实对接"和"差异化发展",以保证教学的时效性和实效性。

2．对教学组织提出了更高的要求

"基于差异化的'三单'教学设计"改变了原来"同质化"的教学现状,基于学生的学习起始点,分"诊学、导学和拓学",对教学内容进行选择与设计,让学生的"差异化"高效学习成为可能。这也就对教学组织提出了更高的要求:如何利用智能化教学平台进行精准学情研判,如何针对研判结果推送适宜的学习资源给学生,如何在同一空间利用"三三三"资源指导不同层次的学生进行深度学习,如何调动学生自主学习,如何评价差异化学习的有效性等问题,都将是教师的挑战,这也是笔者后续的研究方向。

参考文献

[1]［美］Diane Heacox. 差异化教学:帮助每个学生获得成功［M］. 杨希洁,译. 北京:中国轻工业出版社,2004.

[2]［美］Eric Jensen,LeAnn Nickelsen. 深度学习的7种策略［M］. 温暖,译. 上海:华东师范大学出版社,2009.

[3] 余文森. 核心素养导向的课堂教学［M］. 上海:上海教育出版社,2017.

[4] 皮连生. 科学取向的教学论的核心理念及其应用的基本操作程序［J］. 当代教育科学,2012.

[5]［美］M.苏珊娜,多诺万,约翰·D.布兰斯福特. 学生是如何学习的——课堂中的历史［M］. 桂林:广西师范大学出版社,2011.

[6]［美］R.M.加涅. 学习的条件和教学论［M］. 皮连生,译. 上海:华东师范大学出版社,1999.

[7] 李素贤. 新课改背景下关于如何改善中职会计教学效果的分析［J］. 教育教学论坛,2014,(8):192-193.

[8] 钟志贤. 信息化教学模式——理论建构与实践例说［M］. 北京:教育科学出版社,2005.

[9] 林崇德. 创新人才与教育创新研究［M］. 北京:经济出版社,2009.

[10] 刘坚,余文森. "深化课程教学改革"深度调研报告［J］. 人民教育,2010(17):19-22.

[11]［美］大卫·库伯. 体验学习:让体验成为学习和发展的源泉［M］. 王灿明,等,译. 上海:华东师范大学出版社,2008.

[12] 林欣. 高中信息技术作品制作课不同分组方案的教学实验研究［D］. 南京:南京师范大学,2013.

统编教材单元统整视域下的教学策略研究
——以五下第八单元为例

乐清市丹霞路小学　牟原喜

双线组元架构整个单元是统编教材最显著的特点之一。这一结构将"人文主题"和"语文要素"有机融合在一起，从而实现了"单元整体"教学功能。另外，各单元语文要素呈层级性、螺旋式上升，纵横有联系、有发展，最终全面构建学生的语文能力系统。

在小学语文统编教材中，"单元"作为建构语文能力系统中的一个单位，它有其独特的教学功能和定位，在整个小学阶段语文能力发展中起承前启后的桥梁作用，有语文教学共同之任，更有独挡其任之任。那么如何实现"单元教学"的双重任务，使单元教学最优化呢？笔者从"单元统整"的角度解读单元编排体例，探寻单元整体教学的有效策略，以求发展学生的语文学习能力。现以统编教材五下第八单元为例。

一、单元编排体例简说——明单元独挡之任

基于单元统整视角解读单元，就是将单元作为一个整体来观照，然后发现其编排体例及单元的独挡之任。

1. 单元整体架构

统编教材五下第八单元教材由表1中的板块和内容组成。

表1　统编教材的板块和内容

模块	内容	具体定位和要求
单元篇章页	提示了本单元的人文主题和语文要素	1. 风趣幽默是智慧的闪现。 2. 感受课文风趣的语言，看漫画，写出自己的想法
课文	《杨氏之子》	精读课文，小古文，应答之妙
	《手指》	精读课文，语言具象化、风趣
	《童年的发现》	略读课文，心理活动真切，调侃之风趣
口语交际	"我们都来讲笑话"	1. 笑话能给我们带来快乐，让我们来讲笑话吧。 2. 准备的笑话内容要积极向上。 3. 避免不良的口语习惯；用心倾听，做一个好听众
习作	"漫画启示"	观察：阅读漫画的内容，发现可笑之处。 思考：联系生活中的人和事，思考漫画的含义，说说获得的启发。 撰写：写清楚漫画的内容，写出自己的思考
语文园地	分四部分组成	交流平台：单元回顾"风趣的语言"。 语句段运用：仿情境说，照样子写。 书写提示：欣赏《颜勤礼碑》。 日积月累：做人的一些根本的德行

这是一个完整的单元,由单元篇章页、精读课文、略读课文、口语交际、习作和语文园地组成。

（1）人文主题。本单元的人文主题是"风趣和幽默是智慧的闪现",这句话是大文豪莎士比亚说的。风趣指的是风味有情趣,幽默指的是有趣可笑且意味深长。我们习惯于将风趣、幽默连在一起用,其实是有区别的。最大的区别在于风趣一般是指直截了当的有趣,而幽默则是意味深长的有趣,且常伴有夸张。对于五年级学生来说,不必要对风趣和幽默作上述学理上的严格区分,只要让孩子知道,这一单元人文主题强调风趣和幽默,实则是对一种高品质语言的需求和建构,是符合高段学习特点的。

（2）语文要素。语文要素分两部分,第一部分是阅读要素:感受课文风趣的语言。这一阅读要素指向的是培养学生言语的理解力和言语的鉴赏力,通过言语感知言语背后的思维力。第二部分是表达要素:看漫画,写出自己的感受。漫画是用简洁而夸张的手法来描绘生活和事件,在令人发笑的同时又受到深深的启发。漫画是无声的幽默语言,幽默语言是无形的漫画,两者具有共通的艺术追求。让学生看漫画,写想法,实则是将漫画的无声语言转换成"有声"语言的过程,是对学生言语思维的锤炼过程。

（3）统整基点。从"人文主题"和"语文要素"分析中可以得知,这一单元统整的基点是"幽默风趣的语言"。再从表1看三篇课文、口语交际、语文园地中的"交流平台"和"语句段运用",发现它们都在人文主题和语文要素的统领下,形成了有机的教学整体——体会风趣幽默的语言并试着运用风趣幽默的语言来表达。单元间高度的"关联性"促使单元编排的"统整思维"从"隐性"走向"显性",规约着单元教学的方向（图1）。

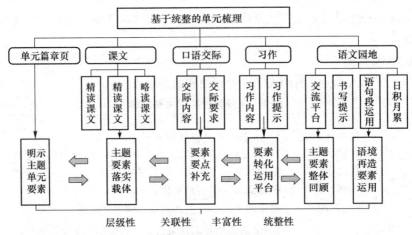

图1 基于统整的单元梳理

2. 单元间纵横联结

纵观部编版小学语文单元编排体系,"感受课文风趣语言"这一语文要素在学生学习经验链中学生言语能力基础是什么,又将建构学生怎样的新的言语经验系统呢?笔者简单地梳理了统编版教材与这一单元相关联的语文要素,试图发现该单元的前后关联性（表2）。

表 2　单元间的纵横联结

年级单元	要素	年级单元	要素	统整发展
三上第一单元	关注新鲜感的词语与句子	五上第一单元	初步感受作者借助具体事物抒发的感情	从三年级开始，统编教材就以螺旋式、递进性的方式通过不同角度提升学生的语言感知力和鉴赏力，发展学生高品质的语言，最后让学生能自主、自由地通过高品质的语言表达自己的情感
三上第二单元	运用多种方法理解难懂的词句	五上第四单元	借助资料，体会作者表达的思想感情	
三上第七单元	感受课文生动的语言、积累语言	五上第六单元	注意体会作者描写的场景和细节中表达的感情	
三下第六单元	运用多种方法理解难懂的句子	五下第一单元	体会课文表达的思想感情	
四上第三单元	尝试从不同的角度去思考，提出不懂的问题	五下第六单元	了解人物的思维过程，加深对课文内容的理解	
四下第一单元	借助关键词，初步体会文章表达的思想感情	五下第八单元	感受课文风趣的语言	
四下第四单元	体会作家是如何表达对动物的感情的	六下第三单元	体会文章是怎样表达感情的	

具体分析表2，笔者发现从三年级上册第一单元开始就有涉及新鲜的词语和句子，风趣和幽默的语言本身就是具有新鲜感的词语或句子；再如三年级下册第六单元，运用多种方法理解难懂的句子，风趣幽默的语言有很高的思维含量，比较难以理解，需从不同的角度加以品味。那一单元安排了一篇语言非常幽默风趣的课文《剃头大师》，为何不在那一单元就让学生感受幽默的语言呢？因为幽默是高级的思维品质，低年级孩子的言语思维水平还没有达到理解风趣语言这一层级，这正好证明了部编版教材之间的统整性以及语文要素的关联性和适切性。再看五下第六单元提出"了解人物的思维过程，加深对课文内容的理解"，这一单元直接提出"思维"这一概念，希望在学习过程中暴露学生学习的思维过程，让学习可视化，这一单元恰是该年级学习的坚实基础。充分解读表2，就能发现统编教材整体编排体例是以"单元"为单位的，有序、有机地构成了学生语文的能力系统。

3. 单元独挡之任

既然统编教材强调以单元为单位进行语文能力整体有序编排，那么就要发挥单元教学的整体功能，明白该单元的教学价值。这一单元的语文要素是感知风趣和幽默的语言并尝试表达，这就规约了该单元教学的方向——感知、理解、鉴赏高品质的语言。结合单元整体架构和单元纵横联系，该单元的独挡之任就是——通过感受风趣和幽默的语言，体会人物的智慧及言语的思维力，发展学生鉴赏高品质言语的能力，优化学生言语经验系统。概括成一句话就是"品语言之妙，展思维之奇"（表3）。

表 3　课文的特点与统整思考

课文	特点	统整思考
《杨氏之子》	杨氏之子的智慧应答充满风趣和幽默，借语言展思维之魅力	语言的建构和运用，思维的发展和提升
《手指》	丰子恺先生以极其风趣的语言向我们阐述了五指的姿态和特点，语言背后则是他看问题思维角度新颖	
《童年的发现》	作者运用风趣的语言描述了自己发现的自豪感，根据自己的思维路径想当然认为发现是多么重要、童真	
"我们都来讲笑话"	幽默风趣的高品质的语言是笑话的载体	
"漫画启示"	漫画本就是幽默风趣的艺术手法	
"语文园地"	交流平台和词句运用是本单元风趣语言学习的回顾及新语境运用	

表3清晰地呈现了本单元确定独挡之任的依据所在，再联系语文学科四大核心素养——语言建构与运用、思维提升与发展、文化传承与理解、审美鉴赏与创造，就能进一步明确该单元的核心教学任务。从表3中还可发现单元的教学内容是高度聚焦的，形成了系列化、结构化及读写融合的教学体系，真正发挥单元的"整体"功能，这是统编版教材与人教版教材相比，在体例上的重大突破。

二、单元教材统整规约——定核心学习活动

每一篇课文处在单元整体中就有了单元的规约，既与单元内其他课文有着紧密的联系又有自己的特质，因而，从单元统整角度解读单元内的材料，就不应该各自为政、单打独斗。如何将课文作为单元整体下的材料作统整解读，形成单元教学合力，实现"1+1+1>3"的功效，提升学生语文学习的能力呢？

1."新旧"对比显规约

统编教材五下第八单元的三篇课文都是"旧"文，在人教版课标实验教科书中都有（表4）。这一单元是属于"旧文"重组后的"新单元"，这隐性显示着"统编教材单元整体功能"对课文教学价值的规约。

表4 "新旧"对比

课文	《杨氏之子》	《手指》	《童年的发现》
人教版单元	五下第三单元（精读）	六下第一单元（略读）	五下第二单元（略读）
统编版单元	五下第八单元（精读）	五下第八单元（精读）	五下第八单元（略读）
人教版人文主题	"精练得当的语言，能使我们有效地和别人沟通；机智巧妙的语言，能帮助我们化解可能出现的尴尬局面；幽默风趣的语言活跃我们的生活"	"平常的小事往往使人有所感悟，受到启发。"	"童年是纯真、难忘的岁月，身处童年，我们每天都在编织着美丽的故事，一只昆虫、一个玩具、一次发现、一场争执……看起来微不足道，却含着我们的快乐、梦想和追求。"
部编版人文主题、语文要素	风趣和幽默是智慧的闪现，感受课文风趣的语言；看漫画，写出自己的感受		
比较发现	照人教版的编排体例，这三篇课文处于不同主题下拥有不同的教学任务，把它们聚在一起似乎成了大杂烩。但是编者恰恰将这三篇课文安排在一起，且跨年级、课文性质发生变化（比如《手指》六下的略读课文，在本单元变成了精读课文），从这一变化中可以充分感受到课文编进单元中之后，就受到了单元定位（目标、功能、价值）的"规约"，发挥了应有的作用		

通过梳理和比较，统编教材的教学功能更加集中，通过前后联系形成教学整体。正像统编教材总主编温儒敏说的："（统编教材）板块设置比以前清晰，但彼此融合，综合性也有加强。教师们在使用教材时，要在彼此融合方面多用心。"

2.系统整合显"力量"

根据著名教育家皮亚杰先生的"同化和顺应"理论，理应将学习的过程变成系统性和结构化的过程，从而在不断累加和创造的过程中，丰富和完善学生学习经验的结构系统。这一单元在"风趣和幽默语言"这一主题的统领下，是如何建构"语言之妙，思维之奇"整体的呢（表5）？

表 5　系统整合

内容	思维角度	言语的特点	系统整合
《杨氏之子》	灵感思维 转化思维	根据语境，巧妙应答	风趣和幽默的语言都是智慧的表现，但是风趣、智慧的语言表现路径各不相同，都是有迹可循的，能学习和迁移的。这恰是学生学习的着力点所在，既让学生欣赏各不相同的语言形式，又很好地锤炼学生的思维能力
《手指》	形象思维 对比思维	具象化、富有节奏感的语言，加上恰当的修辞手法，重在修辞	
《童年的发现》	分析思维 递进思维	自我安慰，调侃之味，重在心理活动	
"口语交际"	发散思维	对风趣和幽默语言故事的拓展延伸，重在口头表达	
"漫画的启示"	直觉思维	看漫画，将漫画的内容通过风趣的语言描述下来，重在书画表达	
"语文园地"	归纳思维	总结归纳，形成风趣的言语图式	

风趣、幽默的语言背后是作者的思维之奇。回顾本单元确定的核心教学任务，再结合这张表格（表 5），不难发现激活学生多样的思维经验，才能更好地理解风趣、幽默语言所产生的言语力量，也能在以"思维"为抓手的教学过程中形成结构化的教学系统，丰富学生的言语经验系统。

3．学习活动定航标

明确了单元统整解读的视角，接着就要考虑将解读到的内容转化为实际的课堂学习活动。根据本单元的特质，从"语言鉴赏、思维锤炼、言语表达"三个方面综合考虑来设置学习活动。

（1）基于不同的言语情境，品言语之妙——破解言之境。语言理解最好的途径是"语境理解"和"比较理解"，这一单元的三篇课文语言风格迥异，但言语品质极佳，读完都会让读者在会心一笑的同时感受到语言的魅力。教学时应让学生在鲜活的语境中通过联系比较方式，感受语言之独特。因而，根据单元课文特色确定了这一学习活动。

（2）基于真实的生活问题，探思维之力——揭示思之径。思维是语言的外壳，在品味语言的过程中，也是对言语思维的一次锤炼。三篇课文、口语交际、习作和语文园地整合在一起，就会发现思维路径的不同。正因有了思维的路径，言语的表达才会水到渠成，因而，探究文本表达或者探秘文本中人物的思维过程，会涉及言语思维的多个方面（如言语目的、言语对象、言语时机）。

（3）"基于语言表达的需要，究语言之趣——建言语图式。表达是语言综合运用的能力，是语言、思维、情感和谐共振的结果。这一单元的特殊性（感受风趣和幽默语言）给表达定了调子，表达应努力向"风趣和幽默的智慧语言"靠近。根据学生的言语认知基础，理解的风趣和幽默往往停留在"好笑的层面"。因而，通过言语鉴赏和思维锤炼，希望学生的语言表达向高品质的语言靠近。

三个学习活动互为因果，逐渐递进，互相融合，最终指向这一单元的独挡之任——"品语言之妙，展思维之奇"。

三、单元整体实施路径——精选学习策略

基于单元核心学习任务确定了三大学习活动。那么如何统筹安排，打破篇篇单打独斗的教学局面，使得精选学习策略和学习活动相匹配呢？结合课文的特点，精选了四条学习策略。

策略一：还原比较。

还原就是还原当时的语境（场景），然后在还原的语境（场景）中比较分析语言的优劣。例如，教学《杨氏之子》"儿应声答曰：'未闻孔雀是夫子家禽。'"时，就可以还原当时的语境（场景）——在什么情况下，杨氏之子这样回答的；杨氏子除这样回答还有其他的回答方法吗？当他听到这样的问话，他是怎样思考的？为什么你们觉得他这样回答是最妙的呢？结合语境——孔君平的语言"此是君家果"来思考。紧接着我们就可以分析杨氏子语言应答之迅速、之巧妙，从而体会语言背后杨氏子的智慧。

再如在教学《手指》中大拇指的段落时，可以请学生联系生活经验，还原大拇指的工作情境，确实脏活累活大拇指都有做；再根据文本前后言语的比较，体会拟人修辞手法的妙处。

策略二：移情体验。

移情体验就是站在文中人物的角度设身处地地去理解他的思考过程。根据《追求理解教学设计》一书中说的理解的六个侧面（自知、神入、洞察、应用、阐明、解释），移情体验属于"神入"这一侧面。在教学《童年的发现》时，就可以运用这一策略，理解作者的思维过程，从而体会语言的调侃之味。例如，"我想的那样的痴迷，以至于从河里抓到一条鱼，我都要翻来覆去地看个仔细，恨不得从鱼身上发现将来的人应该具有的某些特征"。

当学生发觉语言描写有趣之后，让学生化身为文中的小男孩——如果是你，你会这样做吗？为什么？请联系上下文来思考，当时的你处于怎样的状态中？如果"我"的发现是真的，那"我"该是多么了不起的存在？……当学生"神入"之后，很自然就理解了"我"的思维过程，从而理解了"语言之妙、思维之奇"。

策略三：切身提问。

根据文本内容，让学生化身为旁观者，站在课文外来观照课文中的人物或作者，然后切身提问。切身提问是言语、思维共同作用的结果，也是体会风趣幽默语言背后言语思维的最佳路径之一。

学了《杨氏之子》，若有机会采访杨氏子，最多问三个问题，请学生说说会问什么问题；学了《手指》，若有机会采访丰子恺先生，请学生说说会问丰子恺先生什么问题，如果采访"手指"，又会问什么问题；学了《童年的发现》，若有机会采访文中的"我"，最多问三个问题，请学生说说会问什么问题；看了漫画，若化身为记者，最多问三个问题，请学生说说会问图上人物哪三个问题。

以切身提问激发学生探究人物或作者的思维历程，然后再化身为文中的人物或作者试着回答同学们提出的问题，在一来一去之中，破解了言之境，揭示了思之奇，从而建构了新的言语图式——落实了本单元的语文要素。

策略四：整合发现。

整合有两条路径：第一条路径可以将一篇课文内相关联的内容进行整合，发现言语的秘妙。如教学《手指》时，可以将描写大拇指和中指的段落进行整合，也可以将描写大拇指与食指的段落进行整合，从而发现拟人、排比、对比的修辞手法，感受丰子恺语言的幽默。第二条路径是不同课文间的整合，《杨氏之子》中风趣的语言与《手指》《童年的发现》中风趣的语言有什么不同？将三篇课文的内容整合在一起，发现不同语境中不同的言语表现和言语风格，从而提升学生鉴赏语言的能力，也逐渐发现了风趣语言背后的智慧。

四、单元统整课型建构——助能力发展

基于单元统整的教学重点是统整,因而在统整的视域下,还要探寻基于单元整体的课型建构,以课型的变化来突破课课各自为政的弊端,形成系统性的教学进程。

(1)单元导读课。在进入单元学习之时,与孩子一起浏览单元的学习内容,通过激趣、了解等方式,制定本单元的核心学习任务。

(2)单元精读课。根据核心学习任务,相应调整课文教学的次序,然后将单元内的课文进行统筹安排。如这单元先教学《手指》,再教学《杨氏之子》,再将《杨氏之子》与《手指》进行比较,发现风趣语言的不同路径,体会语言之妙和思维之奇。

(3)单元习作课。统编教材注重读写融合,在单元精读教学时,学生理解了风趣幽默语言不同路径之后,让学生独立完成"漫画启示"的习作初稿,然后联系"口语交际"和"语文园地",逐次修改自己的习作,最终完成习作成品。习作教学分解在不同的教学时段,制订计划,独立书写,通过同伴互助、读写联结等多种方式,真正遵循统编教材"读写融合"的编排思路。

(4)单元整理课。学会本单元的教学内容后,通过整理、联结、图示化等学习方式,对本单元的学习内容进行梳理,然后在梳理的过程中查漏补缺,形成本单元的知识体系,并与学生原有的经验系统链接。

(5)单元延展课。引进课外阅读资料,增加阅读量,以小组合作的方式,汇报自己的学习成果,进一步整理本单元的学习所得,在实践和运用中检验学生的学习成效。

单元统整视域下的教学模式探寻,重在"统整",将单元作为一个整体加以解读和统筹安排,打破单篇教学各自为政的现状,形成结构化的教学,从而实现单元统整教学的最优化。

参考文献

[1] [美]E.多尔. 后现代课程观 [M]. 王红宇,译. 北京:教育科技出版社,2000.

[2] 韩雪屏. 语文课程知识初论 [M]. 南京:凤凰传媒出版集团,2011.

[3] 余文森. 核心素养导向的课堂教学 [M]. 上海:上海教育出版社,2017.

[4] [瑞士]皮亚杰. 皮亚杰教育论著选 [M]. 卢濬选,译. 北京:人民教育出版社,2015.

[5] 李忠秋. 结构思考力 [M]. 北京:电子工业出版社,2019.

[6] [美]格兰特·威金斯,杰伊·麦克泰格. 追求理解的教学设计 [M]. 闫寒冰,宋雪莲,赖平,译. 上海:华东师范大学出版社,2017.

统编教材视域下小学阅读教学支架设计问题与对策

温州道尔顿小学　朱广久

当前，随着统编教材的全面使用，小学语文阅读教学发生了深刻的变革，在落实语文要素、策略方法指导等方面展开的实践探索，取得了显著的突破。但是，在阅读教学的支架设计与利用上，仍然存在一些比较突出的问题。学习支架的核心价值是"能够支持学生延伸能力，促使其深度参与有意义的学习活动，同时，也能帮助学生发展元认知能力，促进其高阶思维能力的发展。"[1]阅读教学中，如何通过优化学习支架，促进学生的深度学习，切实提高课堂教学效率，需要进一步研究与实践。

一、当前小学语文阅读教学中学习支架设计问题分析

（1）支架的频繁介入，影响了教学节奏，不利于学生的思维联结和语言建构。学习支架是教师基于"最近发展区"理论设计的、帮助学生由现实发展水平达到潜在发展水平的工具。学习支架的设计不是多多益善，最重要的原则是适切性。当下的阅读教学，常常看到的现象是，课堂上，每个学习活动中都设计了若干个学习支架，单个看来，有的支架设计得很有创意，但是，由于支架的频繁介入，学生的学习常常刚刚进入状态却不得不"切换频道"。一节课下来，学生真正潜心会文、揣摩语言、习得写法、于无声处得意得言的时间较少，所得有限。于永正老师说过："真的不要太像老师，不要太像上课；太像那么回事，就不是那么回事了。"[2]这实际上是要求我们的语文教师，要走进儿童的内心世界，语文课要上得本色自然，切忌矫揉造作"太像那么回事"。要加强深度备课，从课文内容中精选教学内容。重视学习支架设计但又要慎用支架。以前听于永正老师、贾志敏老师的课，为什么总感到他们的课堂那么从容优雅，充满着思维之美、建构之美、隽永之美？细细想来，关键在于他们的课目标明晰、取舍得当、流程简约，他们在了然于胸的导学过程中自然地达成了常态的基础目标，只是在教学起承转合的关键处，在学生参与核心学习活动达到"愤""悱"状态时，才呈现适切的教学支架，帮助学生或突破思维的瓶颈，或领悟言语的形式，或实现情感的提升，让教学达到一种柳暗花明、敞亮澄明的境界。"好钢用在刀刃上"，基础目标的达成基本不用支架，在关键处体现支架的独特价值，是优质课堂的显著特征。

（2）从"教"的角度设计利用支架，忽略了"学"的需求，不利于展开深度学习。我们说的支架设计，不是基于"教"，而是基于"学"。学习支架是助学工具，支架的设计一定要建立在充分把握学情的基础之上。有些语文课上，学习支架完全是为了教师自己教得得心应手

而设计，甚至在一些名师的展示课上，支架的设计也不是基于学生真实的学习需求，而是为了展示教师的才艺智慧。作为公开课，这是典型的功利主义；作为常态课，这是典型的"懒教"思维。我们常说的"教—扶—放"，"教"的环节一般不需要支架，需要教师教的，教师就理直气壮地教——把知识讲明白，把问题讲透彻，把技能练到位。支架主要用在"扶"的环节，给学生的迁移学习以必要的扶持，让学生借助支架，有效地突破学习环节的重点和难点。"放"的环节，恰恰是要撤去支架，放手让学生自主学习。林永基于知识建构理论，探究课堂协作学习过程，通过搭建学习支架来分别支持以个人为单位、以小组为单位和以班级为单位的三个知识建构的学习活动[3]，体现了"学为中心"的支架设计理念。

王崧舟老师执教过《天籁》一课，因为课文是文言文，朗读有一定难度。王老师在初读环节的朗读指导是这样设计的：①教读——"我读一句，你们跟着读一句"，在读的过程中，教师不断正音，指导学生读准多音字、生僻字、异读字；"教读"环节，教师不用任何支架，没有视频播放，没有断句提示，就是以身示范，让学生"跟我学"。②扶着读——"我读第一句，你们读第二句，我读第三句，你们读第四句，这样依次轮着往下读"。这里学习支架出现了，就是教师的示范引领。为什么"教读"部分教师的读不是支架，而"我读第一句，你们读第二句"，教师的读就成了支架呢？因为第一次"教读"是把课文读通读顺读正确，是最基础的要求，而师生轮读，教师读的功能发生了质的改变——既是为了激趣，更是为了帮助学生体味文言文的语感，为学生的朗读做好语速、语调的示范和铺垫。这个看似朴素的支架，恰恰是学生独立阅读这篇有一定难度的文言文所必需的，既自然无痕，又特别有效。③学生自读——先是同桌之间轮读互评，接着是指名读，最后是全班齐读。自读环节，教师已经逐步放手，通过适当的点拨激励，渐渐撤去了朗读指导的支架，学生读得越来越好，完全突破了朗读这个难点。

（3）支架的设计缺乏系统性，忽略了学习活动的集群效应，不利于形成教学合力。学习支架在一定程度上反映学生思维活动的轨迹。各环节之间，包括环节之内不同学习活动、学习支架之间，要体现出清晰的逻辑关系，才有利于发挥学习活动的集群效应。我们常常看到一些这样的阅读教学，要么是串讲串问为主，单调乏味的问题支架主宰课堂，久而久之，学生逐渐厌恶语文；要么是多媒体霸屏，三单（预习单、学习单、评价单）主宰，学习支架纷繁复杂，学生实际获得有限，逐渐害怕语文。学习支架的设计要进行系统的结构化思考，要结合学习活动的目标，综合考虑支架的丰富性、开放性、生成性，要发挥图式和微课等现代教育的元素在支架设计中的独特作用，让整节课或一个完整的学习活动中的支架形成支架群，发挥集群效应，让不同类型的支架或激趣，或示范，或评价，促进学生的语言习得、思维发展和学习力提高。

当前，基于单元整体的阅读教学，围绕语文要素这个核心目标，教学资源得以充分整合，一组课文之间的教学功能形成较为清晰的层递或互补关系。基于单元视角设计教学活动，由重视支架设计到关注支架群的构建，是提高教学效益的关键。

二、阅读教学中学习支架设计的策略与方法

（一）领会教材编写意图，基于课文助学系统设计支架

与以往教材相比，统编教材的助学系统更为系统和完备，客观上也成为教师解读教材和架

构学习活动的助"教"系统。教材的助学系统包括单元导语、课后思考题、课文批注、阅读链接等。教师在备课时必须认真揣摩、深入领会编者意图,将"备支架"作为"备教材""备教法""备学情"的有机组成部分,根据教学的需要对助学系统中的支架素材进行再加工,根据教学目标,或直接选用为学习支架,或精心改造为学习支架,合理嵌入学习活动之中。

例如,六年级上册第八单元课文《少年闰土》,课后题如下:

1. 有感情地朗读课文。背诵第1自然段,体会闰土在"我"心中的美好形象。

2. 课文写了记忆中的闰土、初次相识时的闰土、给"我"讲新鲜事的闰土。结合相关内容,说说闰土是个怎样的少年。

3. 读句子,注意加点的部分,说说从中感受到"我"怎样的内心世界。

（1）我那时并不知道这所谓猹的是怎么一件东西——便是现在也没有知道……

（2）我素不知道天下有这许多新鲜事……

（3）阿!闰土的心里有无穷无尽的稀奇的事,都是我往常的朋友所不知道的……

以上三道课后题,无一不是直接或间接地指向本单元的语文要素:通过事情写一个人,表达自己的情感。尤其是第一题和第三题,较为显性地帮助学生体会如何在写人物特点时表达自己的情感。从"读"的角度培养语感,第一题具有很好的开发价值,从读写结合的角度让学生体会作者的表达方法;第三题更有开发价值。

可以根据第一道课后题,对教材进行二次开发与整合:

师:如果把课文《少年闰土》改编成连环画,闰土讲的一个个精彩故事就变成一幅幅有趣的画面了。同学们猜一猜,如果让鲁迅先生从中选择一幅作为这本连环画的封面,他会选哪一幅,为什么?

对这个问题的回答,必将伴随着学生对课文内容及其表达特点的再思考,学生无疑会聚焦"看瓜刺猹"这幅画面。此时,可以出示以下两段文字,请学生读一读,体会不同的朗读语气。

1. 深蓝的天空中挂着一轮金黄的圆月,下面是海边的沙地,都种着一望无际的碧绿的西瓜。其间有一个十一二岁的少年,项戴银圈,手捏一柄钢叉,向一匹猹尽力地刺去。那猹却将身一扭,反从他的胯下逃走了。（"我"的回忆）

2. 月亮地下,你,听,啦啦地响了,猹在咬瓜了。你便捏了胡叉,轻轻地走去……走到了,看见猹了,你便刺。这畜生很伶俐,倒向你奔来,反从胯下蹿了。它的皮毛是油一般的滑……（闰土的描述）

第一个片段是"我"的深情回忆;第二个片段则是闰土绘声绘色讲述自己的看瓜奇遇记。两段文字的朗读基调差异较大。通过比较朗读,让学生体会到,即使是描写同一情境,如果角度不同,表达目的不同,朗读起来情感和语气也完全不同。这个支架的改造设计,基于课文本身的重点语段重构,将"有感情地朗读课文"这个目标抓得更扎实更有效了。更重要的是,学生真正成了知识意义的主动建构者。

针对第三道思考题,可以对学习支架做如下设计:

有人说,既然题目是"少年闰土",这几处写"我"的感受完全可以删去,你们认为呢?请在小组内讨论,充分发表观点。

经过小组讨论,学生不难体会到,作者是借对比的手法表达对少年闰土的敬佩之情。

此时,出示两幅对比图片（图1）和第3处写"我"的感受的语段,进一步体会"四角的天空"的含义,体会作者的情感。

阿！闰土的心里有无穷无尽的希奇的事，都是我往常的朋友所不知道的。他们不知道一些事，闰土在海边时，他们都和我一样只看见院子里高墙上的四角的天空。

图 1 对比图片

这个教学片段，在课后第 3 题的基础上，增加了问题支架和情境支架，让学生经历有层次的审辨式思考与辩论，兴趣被激发，思维被激活，在深度学习的状态中获得语言的建构和思维的提升。

（二）观照单元组整体，基于大语文视野构建课文教学的支架群

统编教材的双线组元特点，为教师的备课提供了清晰的目标导航。但是，在教学研究中发现，相当一部分教师在确立单元每一课教学目标和重点时，都将单元语文要素列为主干目标，甚至有"唯单元要素"的倾向。而现实情况是，并非所选的几篇课文都适合去落实这个"唯一"的语文要素。单元的选文往往会有一两篇精读课文作为定篇或"例文"来落实语文要素，其余的课文或作为略读课文发挥"样本"的功能，来巩固本单元语文要素，或用来强化以前单元或学段的语文要素，形成螺旋上升的语文能力训练体系。

学习支架是依附教学内容、学习活动存在的，同样要观照单元整体，要将每一课甚至每一个单元课文学习的支架设计纳入一个整体，形成课程结构视域下的单元组整体教学的支架群。

例如，统编小学语文六年级上册第二单元人文主题是"重温革命岁月"，单元语文要素是学习点面结合的写法。可以依照王荣生教授对课文的选文类型，对四篇课文的教学功能、核心目标和主要学习支架进行系统组织安排（表 1）。

表 1 课文的教学功能、核心目标和学习支架

篇目	功能	核心教学目标	主要学习支架
《长征》	定篇：精读，教课文为主，指向诗歌欣赏与文化素养培育	情感诵读，体会诗歌传达的精神境界	1. 配乐示范诵读，激发兴趣，引导学生把握诵读基调； 2. 背景知识阅读：阅读巧渡金沙江和强渡大渡河的文字材料，体会"暖"与"寒"的含义
《狼牙山五壮士》	例文：精读，以课文为例，体会并学习点面结合的写作方法	通过阅读课文和随文练笔，学习点面结合的写法	1. 比较阅读：出示点面结合的语段和缺少"点"的描写的语段，比较体会点面结合的好处。 2. 随堂创设情境，"点面结合"随文练笔
《开国大典》	样本：略读为主，以课文为例自主体会点面结合的好处	学习长文阅读中内容梳理与概括；体会点面结合的好处	1. 出示开国大典流程图，让学生在快速阅读的基础上完成小标题的提炼并填空。 2. 播放开国大典视频资料，感悟课文中毛主席宣告这个"点"的描写的重要意义； 3. 播放阅兵式视频，体会"面"的描写的方法
《灯光》	用件：作为《开国大典》教学的联读资源	快速阅读，重在体会战地这个"面"的背景下，郝副营长这个"点"的细节描写，感受革命先辈的精神境界	小组研讨：为什么要细致描写战斗场面中的"微弱灯光"，它与天安门前璀璨的华灯是什么关系？

续表

篇目	功能	核心教学目标	主要学习支架
《囚歌》（课后阅读链接）	用件：作为《长征》教学的联读资源	情感朗读，感受革命先辈的崇高信仰和献身精神；与《长征》对比阅读，体会格律诗与自由诗之别	知识卡片微课：介绍格律诗与自由诗的不同特点

本单元的学习支架，从横向看，呈现方式有问题、情境、图表、视频（微课）等，体现了支架设计的丰富性；从纵向看，从教到放，从读学写，体现了支架设计的层次性；学习支架之间优势互补，避免了雷同、无序和无效。教师一旦建立基于单元整体的支架群意识，有利于建立简约、统整、丰富、高效的单元组课文教学理想样态。

（三）预测学情以学定教，基于课堂动态生成活用支架

教学"是一个教育环境中实际发生的事情——不是理性上计划了要发生的事，而是真正发生的事情"[4]，开放性、生成性、不确定性，正是课堂教学的魅力所在。学生的现有认知水平和最近发展区，是生成性学习支架形成的基础条件。生成性学习支架是以预设学习支架为基础，同时，又是一种动态变化的支架形态[5]。教师在备课时要加强学情预测，既要精心设计学习活动和学习支架，又要预设课堂可能出现的变化，以学定教，将有价值的生成性资源调整、改造为新的学习支架加以利用，助推学生的深度学习，让阅读教学走上自由王国的佳境。

在《梅兰芳蓄须》一课教学中，一位教师设计了两个关键的学习活动：

（1）借助思维导图这个学习支架，形成梳理文章脉络、概括课文内容的方法图式。

在这个环节，思维导图是显性支架，而学生在阅读理解的基础上概括关键词继而概括课文内容过程中的多元表达，可以视为隐形支架加以利用。这需要教师在对此环节进行充分预设，借助学生的概括加以引导、启发、激励，让学生在实践中习得提取关键信息、概括关键词、根据关键词概括主要内容等一系列阅读策略，提升阅读能力。

（2）对于一位杰出的艺术家，又处在艺术创作的巅峰时期，这8年蓄须罢演，到底值还是不值呢？请阅读梅兰芳抗战胜利后第一次演出的日记节选，再结合课文内容想一想，然后分正方、反方辩一辩。

"梅兰芳蓄须值还是不值"是一个开放的富有思辨性的话题，意在运用认知冲突策略，让学生从不同角度发表见解，学会多角度看问题，发展高阶思维。在论辩过程中，教师可以根据学生的不同观点，促进学生展开更深层次的阅读思考，他们会联系当时的社会背景、梅兰芳的艺术成就、梅兰芳的爱国情怀，甚至上升到爱国可以有多种表达方式，如可以用舞台这个特殊的"战场"来表达自己的爱国热情，有效达成知人论世这个情感教育目标。整个学习活动，以学定教、顺学而导，学习支架因课堂的变化而不断调整或补充。

当然，将课堂生成性资源作为支架开发利用，需要教师有足够的教学经验和智慧，不是朝夕之功。

学习支架设计是学习活动设计的有机组成部分。优质的学习支架设计，对学习内容的呈现、学习方法的揭示、学生兴趣的激发及学习目标的有效达成，都发挥着极其重要的作用。在统编教材全面使用以后，尤其要加强基于教材体系和单元整体的支架式教学策略研究，努力打造目标清晰、流程简约、思维流动、深度学习的高效课堂。

参考文献

[1] 姚巧红,修誉晏,李玉斌,等.整合网络学习空间和学习支架的翻转课堂研究——面向深度学习的设计与实践[J].中国远程教育,2018(11):25-33.

[2] 于永正.做一个学生喜欢的老师——我的为师之道[M].北京:教育科学出版社,2014.

[3] 林永.知识建构理论支撑下的协作学习活动支架设计与应用[D].上海:华东师范大学,2016.

[4] 伊丽莎白·琼斯,约翰·尼莫.生成课程[M].周欣等,译.上海:华东师范大学出版社,2004.

[5] 刘宁,王铟.生成性学习支架设计与实施[J].中小学信息技术教育.2017(3):51-55.

以拓导思　以探激能
——浅谈拓展课培养学生的探究能力

温州大学城附属学校　陈加仓

探究能力是数学学习不可或缺的能力，新课改以来小学数学教育越来越关注学生自主探究能力的培养。纵观小学数学课堂教学，很多探究活动流于形式，教师们不知道如何为学生创设有效的探究活动，而学生们面对问题时也不知道如何去研究。笔者通过多年来对小学数学拓展课的实践与研究发现，数学拓展课可通过创设问题情境，提供活动空间，让学生在动手操作、实践探究等活动中发现数学知识，感悟数学思想与方法，有效激发学生的探究能力。

一、创设有效情境，发展问题意识

问题意识是数学学习得以有效进行的一个重要因素，没有问题，学生也就没有进一步探究的欲望。在拓展课中，问题驱动探究任务，问题引发思考深度。因此，拓展课教学首先要创设有效的情境，发展学生的问题意识，激发学生的探究需求。有效的情境必须具备趣味性、挑战性和思考性。

1. 创设富有趣味性的情境

小学生喜欢趣味的故事、动态的图片，还有游戏。因此，拓展课的情境创设需符合学生心理，将探究的主题融入趣味的故事中或好玩的游戏中。如《读"心数"》一课，课的开始我便和学生卖起关子，玩起了游戏：同学们，知道什么是读"心数"吗？你心里想好一个数，我就能把它猜出来。想不想试试看？接着呈现四张卡片（图1）：这里有四张卡片，每张卡片上都有哪些数？找一个你喜欢的数，不需要说出来，只要告诉我哪几张卡片有这个数，我就能猜出这个数。

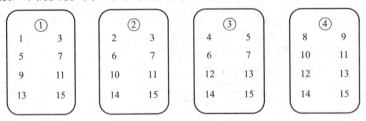

图1　读"心数"卡片

以"读'心数'"游戏导入，学生被深深地吸引、折服。师生互玩几次后，再同桌两个人玩，一人想数，另一人猜数。从游戏互猜数到自制游戏卡片，一轮在数学王国里的探秘活动开始了，在游戏、操作中学生逐步感悟二进制。创设富有趣味性的情境能立刻吸引学生的眼球，使其快速投入学习。

2．创设富有挑战性的情境

小学生不仅对"好玩"的数学感兴趣，也对有"挑战性"的数学感兴趣。根据学生年龄特征，创设挑战性的情境，为学生创造经历"研究数学"的机会，同时，也为他们创造表现自我、发展自我的机会，让他们在研究中找到自信，并形成"我能够而且应当学会数学地思考"的数学观。如"硬币的滚动圈数"一课，当一个硬币不动，另一个硬币绕着它的外沿滚动一圈回到原位时，这个硬币本身滚动了几圈？全班学生异口同声地说："1圈"，然而验证的结果却是"2圈"。和学生猜想完全不一致的结果，无形中为学生创设了富有挑战性的情境，激发了学生的学习兴趣与强烈的探究欲望。

3．创设富有思考性的情境

教学情境是为教学目标服务的，它的核心目标是引起学生的思考，提高学习活动的思维含量。因此，创设的问题情境须富有思考性，能为学生提供思考的空间，引发学生广泛的联想。如《三角形的最多个数》一课，呈现问题：把一个1 000边形的硬纸板，沿着直直的一条线剪一刀，将它分成了若干个图形，其中三角形最多有多少个？有的学生猜想最多只能剪1个三角形，有的猜想最多可能会有2个，有的认为最多可能会有3个……到底几个？怎么研究？在热闹过后引导学生静心思考，得出研究方法：先从最简单的多边形开始研究，然后慢慢地增加边数，发现三角形的最多个数（图2）。这样的情境导入直奔主题，让学生带着问题去思考，简洁、有效。

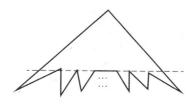

图2　1 000边形的硬纸板

二、定位探究方式，学会研究方法

小学数学拓展课的学习内容与教材相比，更具探索性与挑战性。因此，我们不能让学生被动地听老师讲解或示范，而要设计有层次的、适合学生的探究活动。探究活动前，教师需认真分析学习素材特征，以及学生的学情与认知特点，定位契合孩子思维发展的探究方式。课堂中引导学生自主探究，学会研究的方法，积极参与知识的形成过程，感悟数学思想方法，提升数学素养。

1．半扶半放型探究

有些拓展课学习素材涉及一些未学知识或数学方法，学生探究起来有难度，这时就应该采用半扶半放型探究。半扶半放型探究意味着教师不能当"甩手掌柜"，在学习关键处需"扶"一下。教师要精心组织、策划教学活动，重点部分要把舵，小结部分要帮助归纳，有争议的地方需要阐明正确的观点。

如"老大哥分数"一课，比较老大哥分数$\frac{4}{5}$和$\frac{3}{4}$的大小。笔者放手让学生探究，结果出现了两种典型的错误。错例1用长方形表示出分数再比较（图3），认为 $\frac{3}{4}$ 与 $\frac{4}{5}$ 空白部分都是1份，所以一样大；错例2用不同的图表示出分数再比较大小（图4），结果发现不好比较。此时，笔者介入并"扶"一下学生：画图比较两个分数的大小时，首先要画完全一样的图，接着再对图形进行平均分并涂出相应的份数，最后比较大小。学生在辨析中明确了比较的前提与方法。

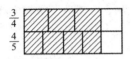　　　　　　　　　

图3　用长方形表示分数　　　　图4　用不同的图表示分数

当出现"比涂色部分大小"与"比空白部分大小"两种方法时，组织学生比较，然后点拨：比涂色部分大小，可以直接得 $\frac{4}{5}$ 大；比空白部分大小（剪下空白部分重叠在一起，如图5所示），$\frac{1}{4} > \frac{1}{5}$，推理得到 $\frac{4}{5}$ 大。前者直接比大小，后者通过推理比大小，都是好方法。

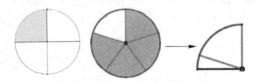

图5　"比涂色部分大小"与"比空白部分大小"

接着让学生比较多个老大哥分数的大小，很快就发现空白部分越来越小，涂色部分就越来越大，"老大哥"分数就越来越大。

$$\frac{3}{4} < \frac{4}{5} < \frac{5}{6} < \frac{6}{7} < \frac{7}{8} < \frac{8}{9} < \frac{9}{10} \cdots\cdots$$

$$\frac{1}{4} > \frac{1}{5} > \frac{1}{6} > \frac{1}{7} > \frac{1}{8} > \frac{1}{9} > \frac{1}{10}$$

此时，借助几何画板演示，让学生直观感知老大哥分数的分子分母越来越大，分数也越来越接近1（图6）。同样的方法延伸至"老二哥"分数（分子比分母小2）……

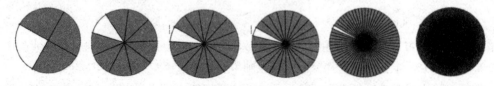

图6　分子分母逐渐加大

整个探究过程步步为营、层层深入，适时在关键处点拨，让只学习了"分数的初步认识"的学生不仅认识了"老大哥"分数，且掌握了真分数的性质，有效挖掘了学生的潜能，发展了学生的数感。

2. 开放型探究

还有一些拓展课学习素材基于教材的知识点，通过小组合作的方式即可探究学习，此类学习素材就采用开放型探究方式。在开放型探究中，虽然学生不需要"扶"着走路，但在关键处还需教师指一指方向。当学生探究进入"死角"且长时间出不来时，要引导"回头看"；当学生探究走到"十字路口"时，要引导"辨方向"；当学生探究路径不多时，要引导"另辟蹊径"。教师需引导学生学会合作，有时还需让学有余力的学生离开座位帮助不会的学生共同完成探究任务。

如"画 2 cm² 的正方形"一课，呈现问题：面积是 2 cm² 的正方形，你们会画吗？学生通过计算 1.3×1.3=1.69、1.4×1.4=1.96、1.5×1.5=2.25、1.45×1.45=2.102 5……结果找不到两个相同的数乘积为 2 cm²，甚至有个别学生提出 2 cm² 的正方形不存在。就在学生的思考进入"死角"时，我引导他们"回头看"：①你会画哪些正方形？②由边长想面积，画不出 2 cm² 的正方形，能否直接从面积角度去思考呢？点拨后放手让学生自主探究，再汇报交流。

方法 1：如图 7（1）所示，先画一个面积 4 cm² 的正方形，然后分成 4 个同样的等腰直角三角形，用其中的 2 个拼成一个面积是 2 cm² 的正方形。

方法 2：如图 7（2）所示，先画一个面积是 4 cm² 的正方形，把各边的中点连起来，里面的正方形是大正方形的一半，面积是 2 cm²。

方法 3：如图 7（3）所示，先画两个面积是 4 cm² 的正方形，然后各画两条对角线，当中就有一个面积是 2 cm² 的正方形。

引导学生对这三种方法进行比较分析后再激发学生继续思考，于是学生思维被打开了。

方法 4：如图 7（4）所示，先画一个面积是 1 cm² 的正方形，再平均分成四份，接着再画同样的 4 份，得到一个面积是 2 cm² 的正方形。

方法 5：如图 7（5）所示，先画 2 个面积是 1 cm² 的正方形，然后分成四个三角形，将上面的两个三角形移到下面来，拼成一个面积是 2 cm² 的正方形。

方法 6：如图 7（6）所示，先画一个面积是 1 cm² 的正方形，再用对角线作边长画一个正方形，它的面积就是 2 cm²。

笔者肯定了学生的精彩想法后，引导学生继续思考，学生又蹦出新的想法。

方法 7：如图 7（7）所示，直接画两条互相垂直的 2 cm 线段，连线得到面积是 2 cm² 的正方形。

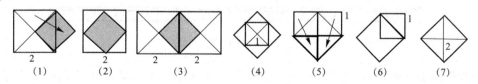

图 7　画面积是 2 cm² 的正方形

在探究之后，笔者引导学生比较分析，总结方法：前三种方法都是由"大面积"想到"小面积"，第 4 种与第 6 种方法都是由"小面积"想到"大面积"，第 5 种方法属于"等积变形"，第 7 种方法由对角线长度想到正方形的面积。通过比较分析，学生进一步厘清了解决问题的思路。

三、设计分层练习，提升思维品质

练习是课堂教学的重要组成部分，是学生学习过程中不可缺少的重要环节。小学数学拓展课也需要设计相应的练习，帮助学生进一步掌握知识，提升思维品质。但是，练习设计要充分考虑学生之间的差异，让不同层次的学生都有机会挑战，获得成功的体验。

如"涂色问题"一课，当学习了棱长为 n 的正方体涂色问题之后，笔者设计了基础性练习、拓展性练习及非常规性练习，帮助学生进一步巩固知识，深刻理解知识。

1. 基础性练习

（1）将一个棱长为 5 cm 的正方体表面涂色，然后切成棱长为 1 cm 的小正方体，请问：三面涂色、两面涂色、一面涂色、没有涂色的小正方体各有几块？

（2）将长 5 cm、宽 4 cm、高 3 cm 的长方体表面涂色，然后切成棱长为 1 cm 的小正方体，请问：三面涂色、两面涂色、一面涂色、没有涂色的小正方体各有几块？

第（1）小题是正方体的涂色问题，与之前学习的内容相同；第（2）小题是长方体的涂色问题，涂色的小正方体块数的计算方法略有不同，因此，这样的基础性练习既能巩固知识，又能"举一反三"，培养思维的灵活性。

2. 拓展性练习

如图 8 所示，将棱长为 4 cm 的正方体 5 个面涂上颜色，然后切成棱长为 1 cm 的小正方体，请写出小正方体的涂色情况及相应的块数。

此拓展性练习紧扣学习内容，进行适当的拓展变化。练习之后再与 6 个面涂色问题进行对比，让学生充分体验到各种涂色小正方体的块数与位置的变化及原因，让思考变得更全面，培养思维的缜密性。

图 8 棱长为 4 cm 的正方体

3. 非常规性练习。

将 36 块相同的小正方体拼成一个长方体，表面涂色，然后分开，则三面涂色的小正方体最多有多少块？最少有多少块？

此题一呈现，学生会脱口而出"最多有 8 块，最少也有 8 块"，因为三面涂色的小正方体在顶点处，且长方体、正方体都只有 8 个顶点。经点拨，学生继续思考想象、讨论交流，最终分别得到正确答案 32 块与 0 块（图 9）。

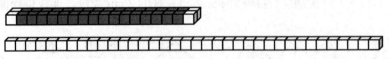

图 9　36 块小正方体

非常规性练习从表面上看似乎与一般习题没有区别，但是求解的途径与思维方式完全不同。它能让学生在练习中"恍然大悟"，克服思维定式，促使学生学会更全面地思考问题。

当然，不是每一节数学拓展课都要设计三个层次的练习，而应根据教学内容、教学时间与学情灵活确定。

四、分类反思概括，培养建模能力

数学建模是数学知识与数学应用的桥梁。研究和学习数学建模能帮助学生探索数学的应用，产生对数学的兴趣和应用数学的意识与能力。数学拓展课中模型的建构并非一蹴而就，它渗透在学生获得知识和解决问题的过程中。因此，要引导学生在观察实验、比较分析、抽象概括等活动中不断反思，挖掘背后蕴含的数学思想方法，帮助学生建立数学模型，从而达到解决问题的目的。

如《有趣的分数加减法》一课，这是一节计算类拓展课，在教学中一般先让学生计算一些算式后，引导发现这些算式的共性，即算式特征（数学模型），然后寻找算式特征的原理（数学模型的解），再利用原理去验证或解释已发现的计算方法。因此，课始先让学生画图表示 $\frac{1}{2}+\frac{1}{4}$、$\frac{1}{2}+\frac{1}{4}+\frac{1}{8}$、$\frac{1}{2}+\frac{1}{4}+\frac{1}{8}+\frac{1}{16}$（图10），发现它们的和都等于1减去最后一个分数单位；接着计算 $\frac{1}{2}+\frac{1}{4}+\frac{1}{8}+\frac{1}{16}+\frac{1}{32}$、$\frac{1}{2}+\frac{1}{4}+\frac{1}{8}+\frac{1}{16}+\frac{1}{32}+\frac{1}{64}$ 等。

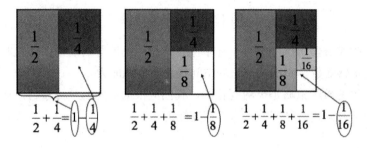

图10 分数加减法1

再次探究 $\frac{1}{3}+\frac{1}{6}+\frac{1}{12}+\frac{1}{24}$，学生通常会通过类比得到错误答案 $1-\frac{1}{24}=\frac{23}{24}$，此时让学生画图验证并发现正确答案为 $1-\frac{1}{3}-\frac{1}{24}$；接着再算 $\frac{1}{5}+\frac{1}{10}+\frac{1}{20}+\frac{1}{40}+\frac{1}{80}$、$\frac{1}{7}+\frac{1}{14}+\frac{1}{28}+\frac{1}{56}$，最后总结算法（图11）。

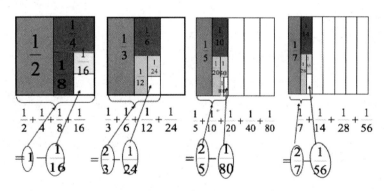

图11 分数加减法2

课的结束渗透数学文化"尺之棰，日取其半，万世不竭"。算式为 $1-\frac{1}{2}-\frac{1}{4}-\frac{1}{8}-\frac{1}{16}-\frac{1}{32}-\ldots-\frac{1}{n}$，如果一直往下减，结果就越来越趋向0，也就达到0了。

再如"三角形的拼接"一课,这是一节几何类拓展课,在教学中一般让学生经历"猜想—验证—发现"的过程,体会方法多样性及最优化,体验思维的深层次挖掘带来的快乐。课始,先呈现问题:10个三角形拼接,有14个连接点,有几条边?学生无从下手,引导从2个、3个三角形拼接开始研究(图12)。之后提出猜想:三角形个数 −1= 边数 − 点数;接着引导学生在5个、6个、7个,甚至更多个数的三角形拼接中验证,结果发现猜想是正确的;紧接着在 n 个三角形拼接的基础上,再增加一个三角形拼接,发现猜想还是正确的。在此基础上,探究"四边形的拼接",发现同样的规律,以此类推到五边形、六边形拼接……,归纳总结"多边形个数 −1= 边数 − 点数",最后解释原因,沟通联系,发现这些多边形的拼接都可转化成三角形的拼接。

图12 三角形的拼接

此课,让学生充分经历探究过程,在举例、猜想、验证等活动中渗透化归思想,建立模型并解决问题,初步感受数学归纳法,培养空间观念和推理能力。

总之,拓展课的教学策略是灵活变化的,我们应根据不同的学习素材,充分考虑学情,选择最适合孩子的学习方式引导探究,培养探究能力。

以儿童为中心的角色游戏的探索与实施
——以角色游戏"梦多多小镇"为例

温州市第十幼儿园　陈晓为

角色游戏是 3～6 岁幼儿最喜欢的游戏活动之一。角色游戏是幼儿以"角色扮演"为主要表征手段，自主地表现和表达自己对现实生活和环境中各种角色的认识和体验、想法和愿望的一种象征性游戏活动。[1]

杜威提出"儿童是起点，是中心，而且是目的。儿童的发展、儿童的生长，就是理想所在"。以儿童为中心体现在教育过程中，要求教师应考虑儿童的个性特征，使每个儿童都能发展他们的特长，尊重儿童在教育活动中的主体地位。近年来，幼儿园角色游戏在从以教师为中心到以儿童为中心的转变过程中取得了显著的进步，但还存在很多问题。特别是出现了表面上热热闹闹貌似游戏的假游戏，就是表面上是儿童游戏，实际上是教师掌控下的游戏儿童，且不具备游戏基本因子。[2]

2015 年开始，为了突破传统角色游戏以教师为中心的瓶颈，体现儿童发起、儿童主导的游戏理念，幼儿园推出了"梦多多小镇"角色游戏。这是以儿童为中心的角色游戏，即打造室内外主题角色体验游戏场所"梦多多公民小镇"，含 15 个主题角色游戏，通过中大班幼儿混龄混班的游戏形式，让幼儿自主选择游戏主题、游戏同伴、游戏材料，发展游戏情节，促进幼儿社会性品质发展的游戏。

一、确定"自己"的游戏主题

苏联科学家艾利康宁认为，主题、角色、动作和规则是混龄角色游戏的基本结构要素。其中，"主题"是核心要素。在以往的游戏主题的确定中，往往"一切是教师说了算"。小镇里玩什么主题游戏能否由幼儿说了算？可是幼儿没有经验怎么说了算呢？我们的策略是让幼儿成为小镇游戏主题的规划师。

（1）真实生活体验。家长和教师带幼儿们走进生活中的各个角落，感受社会中职业的多元和重要。

（2）模拟游戏体验。师生走进温州市唯一的"梦多多儿童职业体验公园"进行主题游园会，体验各个职业游戏，了解幼儿感兴趣的游戏信息。

（3）向幼儿开展主题征集。"我最想玩的小镇游戏"征集单中设计了"你在哪里玩最开心""最想玩什么游戏""你想怎么玩"等问题（表1）。从征集结果看，幼儿首先聚焦于和吃有关的游戏；其次是喜欢体验较丰富的游戏，如理发、购物。

表 1 你最想玩的游戏征集表

问题	理由
你最想玩的游戏是什么	
选择理由	
你还想玩什么	

我们根据幼儿的兴趣点，有选择地设置了 15 个游戏点的内容，全方位架构了小镇游戏的主题（图1）。我们认为，这就是一个"幼儿自己的角色游戏"，因为游戏主题源于幼儿的生活经验，游戏主题是幼儿选出来的。

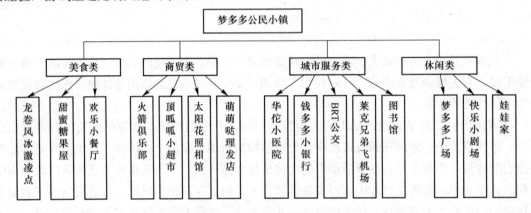

图 1　梦多多公民小镇游戏主题构架

二、打造"自主"的游戏环境

在角色游戏中，"玩什么"是关键，游戏场景的规划直接影响到幼儿学习和探索的兴趣。以往将游戏主题变成幼儿好玩的场景和材料，多半是教师加班加点的成果。如何为幼儿设计和搭建充满学习价值的游戏场景？如何选择适合幼儿发展阶段的材料是值得每位教师思考的问题？我们的策略是让幼儿成为小镇游戏材料的设计师。

（一）鼓励幼儿参与规划整体环境

一是引导幼儿参与小镇整体环境规划。让幼儿尝试画出"你心目中的小镇场馆"；根据幼儿设想，将原有的示范生活体验馆（功能室）和中班 4 个教室打造成不同主题场馆；根据幼儿建议，在走廊边角创设了"BRT 公交站""比萨小铺"，将幼儿园二楼打造成梦多多小镇全貌。二是引导幼儿设计"迷你小镇"形象。比如向幼儿征集"梦多多小镇"名牌、地面贴上小镇标志，设计统一的游戏室门牌、走廊路牌、提示语、小镇娃娃币等。

（二）启发幼儿创设标识性环境

在小镇标识环境的创设中，幼儿通过同伴商讨，自主选择设计实物标识、图示标识、角色标识、地面标识，通过符号、示意图、照片、说明书等形式，发挥它们明确角色、规范行为、提示规则、示意步骤、丰富情节的作用。如实物标识有围裙、眼镜、领结等，帮助幼儿区分游戏角色；图示标识是帮助幼儿学习图书管理、有序摆放，材料归位；角色标识是快递公司的收件员、打包员、寄件员；幼儿还设计了地面标识：出口、入口、斑马线、候车站、一米线等。这些标识有利于幼儿形成自觉自律、自主管理的习惯。

（三）引导幼儿思考材料的投放方式。

替代物作为角色游戏的一种材料，对幼儿的发展价值得到了众多研究者的认可。我们从形象逼真的模拟玩具与替代物投放的比例上着手，将游戏材料的投放方式分为全逼真游戏材料、半真半替代游戏材料和全替代游戏材料三种。我们发动幼儿收集各类游戏材料，并将材料分类，建立材料超市。在游戏中，引导幼儿自选材料，循序渐进地将游戏材料和场景布置到角色游戏中。

我们认为，"梦多多公民小镇"就是幼儿们自己的家。因为小镇的环境是幼儿自己创想出来的，小镇的一砖一瓦是幼儿自己收集的，小镇每天的生活场景是幼儿们自己玩出来的。特别是我们发现替代物比实物更容易让幼儿产生替代行为，对于中班和大班幼儿来说，半真半替代游戏材料投放方式更有利于促进其游戏行为的发展。

三、积累"自在"的角色扮演经验

角色扮演能力是幼儿角色游戏水平的关键。小镇游戏刚开始的几个星期，我们发现挺多幼儿老是在走廊里游荡，当我们好奇地问他们：你当谁？你在干什么？他们的回答不是摇摇头就是"不知道"。可见，他们缺乏对这些游戏的现实生活的经历和体验。我们的策略是让幼儿成为小镇游戏的学习者。

（一）借助幼儿园主题教学丰富角色认知

主题教学是解决"梦多多小镇"游戏中幼儿角色扮演经验缺乏而实施的教学形式之一。教师结合每个场馆的角色扮演的要求，设计原创的各种主题活动。如通过大班园本主题教学"亲亲小店""小镇你好"等系列主题的形式层层推进，让幼儿逐步了解小镇人、事、物，从而为小镇游戏中每一个角色扮演开展积累经验准备（表2）。

表2 主题活动一览表

	系列一"亲亲小店"				
主题产生	主题活动"亲亲小店"是为对小镇还不熟悉的幼儿准备的。建议在开学后第一个月开展，旨在提高幼儿对该活动的职业认知，丰富生活经验，为顺利开展小镇游戏积累认知和生活经验				
预设目标	1. 了解各年龄段相关游戏的环境、相关设备及工作人员的劳动，知道这些场所为人们的生活带来很多方便。 2. 创造性地表达和表现自己对这些职业的认识，练习摆放、分类、数物匹配、整理。 3. 体验与同伴合作完成相关任务带来的成功和喜悦				
年龄段	活动名称	重点领域			
		健康	语言	科学	社会	艺术
	超市主题系列活动					
	1. 认知活动：亮亮大超市		√	√		√
	2. 调查实践：理货上架			√		
	3. 征集活动：我们的超市		√			
	4. 体验活动：好玩的超市				√	

（二）通过社会实践任务完成经验积累

这是小镇游戏开展前后幼儿获得职业认知经验的另一种形式。一是幼儿根据自己缺乏的角色经验主动领取相关任务单。如有亲身体验的任务：乘坐BRT公交车；有参观任务：去图书馆；有调查任务的小医院等；二是根据不同任务的要求，教师或家长带领幼儿们去体验身边的职业;三是幼儿们在获得角色经验之后,自己填写任务单,告诉教师获得了哪些经验。

当幼儿多接触社会,多接触生活,加深对不同社会角色的感性认识后,我们欣喜地看见,幼儿在角色游戏中通过扮演某种特定角色展示了这种角色特定的行为、规范及相关联的社会关系,扩大了对社会职业角色的理解。

四、享受"自由"的游戏过程

以前,教师总是对幼儿的游戏过程干涉过多,导致幼儿在游戏中显得非常拘束,总是问"老师,这个怎么玩"等,其实,从这些言语中我们可以体会到幼儿的思维被教师的思维框住了。现在教师只是材料的提供者。我们的策略是让幼儿成为游戏的主导者。

1. 幼儿自选游戏玩伴

"谁一起玩"是幼儿关心的问题,也是儿童发起游戏的重要因素。我们让不同年龄段的幼儿混龄游戏,自主选择。在"你愿意和哪个班级的小伙伴一起玩游戏"的讨论中,幼儿发现玩伴可以是同班级的幼儿,也可以是平行班的其他幼儿,更是允许幼儿主动邀请不同年龄段的幼儿结伴游戏。

2. 幼儿自选游戏内容

游戏前,幼儿们制订游戏计划。他们用画圈的方式记录想玩的游戏。游戏中,为了突出支持幼儿的选择、感受和体验,我们把游戏的流程初步设计为角色应聘、上岗准备、自主结伴、自由游戏、游戏分享五个环节。游戏结束后,幼儿进行游戏回顾。在老师的引导下,幼儿们在游戏计划表中用图示或符号记录今天玩了什么游戏,和谁玩,玩的心情如何等。我们教师也逐渐学会了观察幼儿的游戏故事,思考下阶段游戏材料的跟进等进展。

在游戏过程中,幼儿们想玩什么游戏由他们说了算,当他们可以自发地寻找游戏玩伴,根据喜好来确定游戏主题时,任由他们去玩、去体验,每个幼儿都能体会到游戏的快乐。我们发现幼儿在游戏中显得更加自主、自由了。

五、体验"自然"的游戏推进

杭州师范学院王春燕教授曾说游戏最大的问题就是对游戏的"再组织"不足,以至于游戏热闹但松散,没有发挥活动应有的教育价值。所以,我们开始思考:教师如何追随幼儿的游戏时刻推进幼儿游戏水平的提升?我们的策略是让教师成为幼儿游戏的推动者。

案例:动车站的故事。

1. 缘起——游戏的生发点

一个男孩子要搭乘小镇中的BRT去杭州玩,却被司机无情拒绝,因为BRT公交车是到不了外地的,去杭州一般都是坐动车的。于是,建个动车站成为孩子们的兴趣点。

对于幼儿兴趣点,教师从游戏是否有价值、有意义,幼儿园是否有资源去支持生发研究三个方面考虑。

2. 分析与思考——学习的出发点

(1)孩子们建动车站的理由。到附近的城市去玩,需要坐动车;幼儿园角色游戏里没动车站;动车不会延误。

(2)教师支持幼儿建动车站的理由。角色游戏的作用就是反映社会生活,动车是人们日常生活中比较常见的一种交通工具;动车站游戏是一种综合活动,幼儿在过程中与各种材料及工具相互作用，进行建构，并涉及科学、社会等多方面经验；能够生成新的角色游戏，与现有的游戏整合等。

基于以上两点分析，教师决定展开一系列针对动车站游戏的跟进与支持。

3．实践研究——幼儿学习与发展的行动点

（1）我计划——发现幼儿原有经验。孩子对动车站的原有经验有什么？当孩子们把各自的想法都画了下来，我们惊讶地发现，每个孩子的原有经验是丰富的。孩子知道动车站中的构造、工作人员、坐动车的流程以及动车运行方式……当然孩子们还会有自己的想法，他们说：我们的动车站里要开有很多好吃的店、动车里还要有个大大的电视机来放动画片……

（2）我建构——研究材料的来源和替代。有了计划，要开始创造动车站了。我们始终坚持力所能及的事情交给孩子去做。地址在哪里？让孩子们决定。材料需要哪些？让孩子们自己去收集。儿童收集材料的过程，本身就是一个富有意义的学习活动。这些材料哪里来？怎么来？不同材料有什么用？教师通过追问支持儿童的探究。在这个过程中，材料替代能力、语言交往能力、建构能力、科学的探究能力都在发展着。

（3）我发现——追随倾听，追随观察，适时跟进。

问题一：动车有方向盘吗？

小朋友的问题引发了孩子们的争论与思考。老师说："我也不知道啊。"于是孩子就带着这个问题回家了。第二天答案出来了：动车并没有方向盘。那驾驶员是用什么来操控动车的呢？追随着儿童的问题，教师开展了社会活动：认识动车，丰富幼儿对动车操控系统的认知。孩子获得新认知后，开始自发地调整动车头的构造。如男孩子用纸筒当动车里的操作杆，用雪花片当按钮。

这个过程的意义是儿童自发地去观察分析，主动学习，幼儿材料的替代能力便自然习得了。

问题二：怎么让其他班级的小朋友们知道我们的动车站呢？

孩子们开始讨论了，选出3个比较合适的办法：①自己制作宣传单，分发到其他孩子手中；②到每个班级去介绍动车站；③请大家来参观动车站。

孩子们充分发挥了自己的智慧，吸引了许多客人来坐动车，海报设计水平、说服别人的语言能力、交往合作等社会性品质也得到提升。

问题三：车厢里面好拥挤，到处都是行李，这些行李该怎么放呢？

一个孩子说那我们看看真的动车里面是什么样的。于是，幼儿一起观察了动车车厢的图片，并展开了讨论。那有什么办法可以让车厢不拥挤？他们想到两个好办法：一是把车厢变大；二是做个行李架。

问题四：行李架上重的行李都放不了，大的行李放不下，怎么办呢？

刚开始，孩子们尝试用多个滚筒搭建架子来支撑行李架，可是由于行李架与地面的距离太高，没过多久滚筒就塌了，多次尝试都以失败告终，动车站计划遇到了瓶颈。

当幼儿遇到问题不能自己解决时，就是教师适时跟进的时候。教师以谈话的方式介入游戏，及时提供图片支持，通过追问"大的行李放在哪里更方便呢"引发幼儿思考并展开关于车厢设置的讨论。在讨论中，行李放置处就这样诞生了。孩子们用纸板箱制作出了可以折叠翻盖的行李放置处。

问题五：车厢里面非常吵闹，怎么办？

孩子们讨论出了一些乘坐动车的小公约：①车厢内不能大声讲话；②垃圾要及时扔到垃圾袋里……为了让乘客知道这些公约，孩子们用书面的方式将乘坐小公约贴在车厢里，同时，也支持了孩子符号表征能力的发展。

当然在不断的游戏中，还有许多新问题的生成，比如关于角色扮演的、游戏的坚持性等，等待着孩子们去发现、去探索，积累经验又反馈到游戏中去。

在整个动车站游戏中，我们可以看出：当教师的角色从知识出发到从幼儿的兴趣和需求出发给予支架支持，当教师退后倾听、退后观察、适时向前追随的时候，孩子们真的带给我们很多惊喜，让我们感受到儿童的力量，孩子们自主选择、自发行为、自由探索等自主游戏的特征体现得淋漓尽致。

正如安吉程学琴老师所说，要请教师从教育舞台的中心走下来，把儿童从观众席请到教育舞台的中央。这还需要教师发挥高度的教学机智，需要教师有驾驭对话的能力、觉察学习点的动态变化的能力和掌控自己控制欲的能力，让角色游戏真正成为属于儿童的真游戏。

参考文献

［1］王振宇．游戏的界限［J］．幼儿教育，2017（Z6）：13-15．

［2］刘焱．儿童游戏通论［M］．北京：北京师范大学出版社，2004．

［3］沈晗．国内外学前儿童混龄角色游戏研究成果综述［J］．新课程研究，2017（09）：107-109．

搭建支架：促学活动的核心任务

永嘉县教师发展中心　单志明

近年来，"促进有效学习"的课堂变革如火如荼，"学为主"的课堂探索实现了极大的突破，学习活动的设计与实施已经成为小学语文课堂教学的共识。但是，存在的困惑与问题同样不容忽视，主要有以下表现：其一，目标意识不够明确，一些放牧式的学习活动容易陷入高耗低效的尴尬；其二，学习过程不够充分，学习行为流于形式，甚至以标准答案代替学生真实的探究过程；其三，学习逻辑不够严谨，没有认真分析学情学理，条理和层次不够清晰分明。因此，在"学"的活动中，如何基于"学"的教育心理，让"学"真实发生，提高"学"的含金量，成为研究学习活动有效性的关键。我们将视角关注到了支架式教学上。

"支架"原指建筑工地上的脚手架。支架式教学是以最近发展区理论为基础的建构主义教学模式。简单地说，它是指在学习过程中教师搭建"支架"，将任务转移给学生，让学生自己去攀登，并尝试逐步接近目标，最后撤去支架。"学习支架"是展开学习活动的凭借和载体，是连接学生现有水平与目标水平的桥梁，将学习过程变得具体化、可视化、可操作化。因此，有效的学习支架有如下特征：提供清晰的学习方向；指向明确的学习目标；调动积极的学习动机；设计具体的学习任务；明确阐述学习期望；获取有价值的学习效果。这契合了学习活动的实施路径，完全符合语文学科的学习逻辑与心理逻辑，有助于形成课堂的促学系统。本文针对当前现状的困惑，试着从目标视角、学情视角、过程视角分别探讨学习支架在学习活动实施中的运用价值。

一、聚焦：让目标视角从"模糊"走向"清晰"

从支架的表现形式来看，学习支架可分为范例、话题、建议、向导、表格、图示等。学习支架遵循适时性、适度性、适量性等原则，其形式随任务不同、目的不同而变化。但究其根本，选择学习支架要树立目标意识，必须与教学目标相匹配，有助于将复杂的学习任务加以分解，以便于将学生的理解逐步引向深入。以常用的学习支架为例，说明学习支架与能力目标的匹配取向。

1. "复述"与"重整"

（1）人物档案：如《詹天佑》《我的伯父鲁迅先生》等写人类文章，利用此支架可以对文章中的相关信息进行提取，还可以概括散布的事例提炼成小标题，陈述事实，对篇章作局部的辨识性理解。

（2）思维导图：如《彩色的非洲》选材面广，事物众多，可借助发散式导图，厘清层次，梳理脉络。如《夜莺的歌声》篇幅长，情节复杂，可利用推进式导图，提炼关键事件，概括主要内容，在复述与重整中对篇章作整体的概括性理解。

2. "解释"与"伸展"

（1）观点辩论：如《学会看病》"这位母亲让儿子独自去看病的做法，你赞同吗？赞同或不赞同的理由有哪些？"；如《钓鱼的启示》"你赞成放鱼，还是留鱼？到文中找找理由"。面对这些具有思辨意义的观点，从文中发现依据，将自己的观点陈述得有理有据，既要解释文中关键词句的表面意义，又要伸展其隐含意义。

（2）可视策略：如《刷子李》利用折线图表现曹小三的心情变化，体会一波三折的表达方式。如《我们家的男子汉》利用圆形比例图比较男孩子与男子汉性格特征的大小关系，以理解其成长的发展过程。借助一些富有创意的可视化学习支架，将理性的词句提炼为形象直观的图示，这种伸展需要推论、想象、预测等能力，是深层次的理解与创造。

3. "问题解决"与"创意评鉴"

（1）提示方法：如何将长文章读短，这是阅读能力培养的需要。如《金色的鱼钩》，抓老班长的三次"笑"与战士的三次"哭"，体会对比阅读的方法，并在文章中迁移发现并运用。抓准落点，克服难点，夯实训练，收获一课一得，便是建立在阅读起点与终点之间的支架价值。

（2）转化文本：如《蟋蟀的住宅》可以与"最美住宅推荐词"相结合；如《世界地图引出的发现》可以与世界地质大会上的演讲稿相结合……或理解关键词，或营造表达情境，或训练信息提取能力，或形成观点分析能力。搭建学习支架，有效地监控学习过程，实现对阅读经验的反思，有助于提高学生的阅读能力。

二、活动：让学情视角从"教过"走向"学会"

支架式教学着眼于最近发展区，充分展开学习过程，主动学习得以真实发生，最终使学生掌握、建构、内化那些更高水平的技能。这一过程也自然成为一项完整的"学的活动"。一般来说，在学习支架的支撑下，"学的活动"包括搭建学习支架，进入情境、独立探索、合作学习、评价反馈五个基本环节（图1）。因此，支架式教学在教师的"教"与学生的"学"之间找到了一个适宜的结合点，有效地实现"教"与"学"的互动。以《只有一个地球》为例，阐述其互动过程。

图1 "学的活动"基本环节

1. 以"学生学情"选择"学习支架"

了解学情，要针对一篇具体的课文，去探测学生的学习经验——哪些是已懂的；哪些是理解不了、揣摩不出的；哪些是想要领悟而领悟不到的、曾经研究而研究不出的。这正是学习支架设计的出发点：学生需要学什么。

例如，《只有一个地球》对于六年级学生而言，看似一读就懂，实为懵懵懂懂。特别是整篇行文中"但是"所隐含的强烈对比，不仔细发现，就很容易被忽视。这恰恰是本文极具效果的表达特色。我们可以采用与本文特质相适切的阅读话题作为学习支架："这是一个（　　　　）的地球"，以小组合作为基础，全面、真实地展示学生的思考，做足学情功夫，努力实现顺学而导。

2. 以"学习支架"组织"学的活动"

明确"学生需要学什么"之后，那么，"学生怎样学才好呢"？这就关乎"学的活动"的路径设计了。借力学习支架，其意义便是——试图扭转课堂教学中教师"教"有结构而学生"学"处于"无结构"的现象，使"学的活动"真正活动化。

"这是一个（　　）的地球"是牵一发而动全身的阅读话题，其内在的牵引力，组织起一个学习活动的板块。自主发现，小组择优，词卡粘贴，黑板上一张张词卡外显了学生的阅读，学习过程显得真实可见。第一步，审视词卡，聚焦频度最多的内容，追问"你是如何读出这个词语的"，梳理课文脉络，点明说明方法。第二步，分类词卡，追问"你为什么这么分类"，将文本中隐含的"原本的地球"与"现在的地球"之间的对比呈现出来，发现"但是"一词所隐含的情感色彩与表达效果。

3．以"学的活动"展开"学习过程"

基于学习支架的学习活动，正是聚焦学情，帮助跨越学习障碍、达成学习目标、形成意义建构的过程。这个过程应该是有指向、有组织、有结构、有可见成效的，每个学生在共同的学习活动中逐渐获得新经验，生长出新知识。

《只有一个地球》紧扣话题的学习支架，形成了"真相大发现""遭遇大倾诉""新闻大求真"三个"学的活动"，将学习过程展开得非常充分：其一，梳理词卡，引导分类，形成对比，初识"但是"；其二，解构文本，归类重整，从内容分析进入表达发现，再识"但是"；其三，画面对比，视听刺激，具化"但是"；其四，运用"但是"，情境练笔，内化对比，引起共鸣。整个学习过程最大限度地放大了阅读张力，实现了对文本阅读的一次自我重构，这正是基于学情视角的学习活动所追求的课堂增量。

三、结构：让过程视角从"平移"走向"重构"

一般来说，阅读课堂的一节课大致安排两至三个"学的活动"，每个活动 10～15 分钟，这不是教学环节的简单叠加和平移，而需要从整体上进行全局思考、全盘设计，使各项活动在支架的建构上更趋合理，从而使学习过程相对丰富、多样、完整。这就关系到支架式教学含金量的关键——结构化。结构化，意味着更加明确的目标指向，以目标谋求效益；意味着更加合理的过程设计，以组合寻求突破。

（一）指向过程方法

学的活动是动态过程的集合体。教师要将学习时间与实践机会交给学生，根据学习进程，提供必要的线索和提示，引导学生逐步发现问题并尝试解决问题。因此，学习支架要呈现出其导向性和层次性，发挥活动向导的引领作用，以满足学生在学习过程中不断深入的需要。

1．过程型支架的导向性

"真疑问"是"真学习"的前提。搭建学习支架，将质疑与反思还给学生，让学的活动因"疑"而"动"。如《青山不老》围绕"在阅读中最难理解的问题是什么"来搭建支架，为"真学习"导航。

①梳理疑问，反馈整理。

②先学后教：哪些问题可以通过小组集体智慧马上解决？反思在剩下难以解决的问题中，哪些问题是最重要、最值得研究的。

③提供建议：发现关键问题，展开研读"了不起的奇迹"。

④回复疑问：学完课文，你是否解开了这些疑惑？

学生疑难点，不讨论不明，不分辨不清，倡导先学后教、顺学而导，通过"思考—比较—反思"的学习活动，使阅读由浅入深，更富有层次。这种学习支架站在学情视角，指向学疑发现，导向学疑解决，这样的阅读实践才能谓为"探究"。

2. 过程型支架的层次性

学生的感悟与理解不是一蹴而就的，它是紧贴着最近发展区一个个台阶状提升的。相应的，学习支架也应随着最近发展区的提升而层层搭建，以显示其结构化的层次性。《青山不老》中"了不起的奇迹"是学生能读懂的，支架提升的空间更应当关注到"奇迹的背后"。

（1）支架一"15年创造的奇迹"。

基于阅读：找一找文中哪些叙述让你感受到"这是一个奇迹"。想一想你是如何理解奇迹的。

（2）支架二"15年奇迹的背后"。

基于表达：播放村干部的两则工作手记，走进其中的一天，想象老人当时的情境，选择其中一则，动笔写下来。

两项"学的活动"相辅相成、紧密相承，体现了学习支架结构化的最佳优势：遵循学生的阅读心理，始终紧扣文本表达特色，从读到写，逐步切入、深入、细入，形成"活动场"的磁性，使学习空间、语境空间、心理空间三者合一，实现了结构化的效用。

（二）指向阅读策略

阅读是基于阅读经验的建构过程，而这种自我建构受限于年龄、阅历、水平，往往带有一定的盲目性，因此，丰富阅读策略，提高阅读能力对于自我建构是极其重要的。阅读策略类支架能提供相对集中而明确的方向，能使无形的思考行为变得可模仿、可操控、可评价，以减少学生许多无谓的努力，以最适宜的速度、最明确的目标发展。

1. 策略型支架的开放性

高年级学生对《鹿和狼的故事》诸类科普文充满天生的好奇心。可最尴尬的是，学生一读而过，对文章的隐含意义难以揣摩。笔者曾以"新闻调查"栏目为任务情境，紧扣预测推论、整合资讯、自我监控等阅读策略，搭建开放型的学习支架。

（1）洞察数据：联系课文，读懂"凯巴伯森林鹿群数量统计表"中关键数据的含义。

（2）角色扮演：如果你是一名新闻播放员，你会如何根据关键数据向观众介绍鹿群数量的变化呢？

（3）小组评议：谁的新闻播放条理最清楚，表达最准确？

一张"凯巴伯森林鹿群数量统计表"，读数据、讲数据，学生需要对关键数据进行解释、重整，还需要伸展、推论等能力的综合运用。这种思辨，关乎结论，更重在过程，学生乐在学中。

2. 策略型支架的可视性

《鹿和狼的故事》在表达上的严谨是极大特色，如第7段就采用正反辩证的方式将鹿群锐减的原因论述得滴水不漏。在教学中，利用图像化的支架，引领学生进行辩证思维，运用伸展的能力进行推论，阅读的"发现"就会产生价值。

（1）默读了解从最初的"灭狼护鹿"，到最后的"鹿群锐减"，中间发生了什么？

（2）从文中提取关键词，填入旋涡图中。

（3）小组交流介绍自己填写的图示，补充修改。

借助漩涡式的思维导图，既形象可观，又生动可感。文章的结构图像化了，思维深刻了。最主要的是借力这样的学习支架，学生的认识与表达、语言与思维融为一体。多一些感性的体验,多一些发现的过程,学生逐渐学会如何建构自己的阅读经验。这也正说明了学习支架的重要特点:动态的、渐撤的。

(三)指向文本重构

弗莱说:"作者带来文字,读者带来意义。并且,阅读不是文本的复制。"因此,阅读作为一种个性化的创造性活动,在学习支架的驱动下整合言语活动、思维活动、情感活动,呈现"依文本设计活动,让学生在活动中学习语文"的课堂教学形态,从而形成新的阅读经验,建构出"第二文本",就显得尤为重要。

1. 重构型支架的独创性

文本重构必须依赖别出心裁又富有张力的学习活动,自然巧妙地调动学生的多种感官去体验文本的意境,既立足文本,又超越文本。这是一种新奇愉悦的阅读体验,更是一种个性化的文学创作。如《刷子李》可以"曹小三的日记"作为重构文本的支架:

(1)拟日记标题:如果你是曹小三,要把学艺头一天的经历写成一篇日记,你会拟什么题目呢?

(2)抓心情标点:如果要在日记的心情栏上用三四个标点来表示这一天的心情变化,你会用什么标点呢?

转变角色,让学生成为学徒第一天的亲身体验者与主动发现者,从而创设了一种和文本相和谐的情境任务——记叙日记。这种深入浅出的学习支架,开发出语言实践的新途径,让学生眼前一亮,驱动了整个文本重构的过程。

2. 重构型支架的整合性

基于重构型支架,一篇略读课文成了一块可以押、拉、压、拽的语言材料,反复揉,反复捶,自然越发光彩而个性十足。同时,学习活动就成了一个漩涡,能使学生被卷入得越来越深。不可否认,这是一项充满挑战性的学的活动。

叙日记内容:紧扣标点,品读精彩细节,再现曹小三的心情变化。

今天,我终于瞧见了师傅的拿手绝活,只见师傅的手臂,_____。我忍不住赞叹:_____!

后来,竟然,我想:_____?

忽然,我想:_____!

要参与到这项活动中,靠的不是纯粹朗读,不是单调分析,而是学的创造性,整个过程整合了对文本的解读、对语言的积累、对价值观的判断、对阅读方法的运用等,不再是文本的简单复制,而是思维参与的言语构建,课堂也因此真正生动起来。

综上所述,基于学习支架的学习活动,更多地关注到学生的"学"——学的状态、学的方式、学的过程及学的效果,最大限度地使目标聚焦化、过程活动化、课堂结构化,最终实现对促学系统的重构,这是对"促进有效学习"课堂变革的有益尝试。当然,根据文本的不同类型与特质,学习支架会开发出更多的结构指向与具体策略。殊途同归,学习支架搭建得越合理,学的活动就展开得越充分,只有这样,才能激发促学系统的巨大活力。

参考文献

[1] 王荣生. 阅读教学设计的要诀[M]. 北京:中国轻工业出版社,2014.
[2] 语文活动式教学实验课题组. 语文活动式教学课例研究[M]. 北京:语文出版社,2010.
[3] 肖家芸. 语文"活动式"教学[M]. 合肥:安徽教育出版社,2005.

基于想象力培养的小学不同学段整书阅读导读点探索

温州市平阳县教师发展中心　吴金红

《语文课程标准》在"总体目标与内容"中提出，应能主动进行探究性学习，激发想象力和创造潜能。在不同学段对学生的想象习作提出具体要求：第一学段写想象中的事物；第二学段能不拘形式地写下自己的想象；第三学段要求能写科幻作文。可以说，对想象力的培养要求是贯穿于小学语文教学的整个阶段的。但是，现实教学中，教师固然有要求学生去想象，但也只是让学生在原有的基础上表达，很难有专门的支架来长期促进学生的想象力提高。而整本书阅读能够让学生的思维更加开阔与深入，当然对想象力这一思维能力的培养也是如此。

那么，应该选择哪些书籍进行导读？如何导读才能促发想象力的发展？各个学段之间的导读课该有怎样的联系呢？笔者拟从以下三个方面进行探索。

一、指向想象力培养的整书选择

不同年龄段的学生，喜欢的书籍不同，想象力发展的特点也不同。统编小学语文教材在教材中设置"和大人一起读""我爱阅读""快乐读书吧"等栏目，依据学生的年龄特点，匹配语文要素，推荐了许多类型的书籍，是非常好的选择来源之一。温州市中小学"爱阅读"推荐书目，遵循学生的年龄特点，从文学、科学、人文等不同维度进行研制，注重阅读的阶梯性，也是选择书籍的一个重要参考点。另外，许多学校依据本校情况研制的书单也是一个很好的选书依据。

（1）依据年段的年龄特点选择书籍。低段学生主要以形象思维为主，他们的识字量也不够多，往往更喜欢阅读绘本、桥梁书，这一类书中的形象、事件也容易被孩子接受。中段孩子的想象开始偏向有意想象，他们喜欢荒诞的、有趣的故事，童话、神话就是非常好的选择。高段的孩子开始向往探索外面的世界，冒险小说和科幻小说最容易被学生接受。兴趣是第一位的因素，只有依据学生的兴趣点和年龄特点选择合适的书籍类型，才能让学生读进去，在读的过程中培养想象力。

（2）配合统编教材的阅读推荐。"和大人一起读""快乐读书吧""阅读链接"等栏目向学生推荐了适合学生阅读的书籍，例如，一年级的图画书阅读，六年级的探险类名著阅读等。这些书籍既可以满足学生的需求，也可以让学生用课内习得的方法在课外实践中有新的收获，如想象力的增长。

这样的选择就是基于原有的阅读计划，不额外增加负担，只是通过导读的方式引领学生在想象的品质上有更好的发展。

二、不同阶段的不同导读点、导读途径

学生的想象心理发展规律表明，低段学生的想象主要依赖模仿和简单再现。而中高年级学

生的想象更具创造性、完整性和精确性。因此，不同学段，培养想象力必须有所侧重，从低段到高段，螺旋上升，逐步积累和递进。

（一）低段：导在丰富表象处

想象是人在头脑中对已储存的表象进行加工改造形成新形象的心理过程。因此，已有的表象是否丰富决定着想象的广度。低段帮助学生丰富经验，积累表象，提供一点支架以供模仿，能够帮助学生展开丰富的想象。

阅读是学生间接积累表象的重要途径。在阅读中借助图文信息，丰富形象；补充空白处，模仿创意；动态表演，经历过程，都是学生丰富表象的好方法。绘本和桥梁书的精美图片和简洁的文字恰好为学生的想象提供充裕的空间。

1. 借助图片信息，积累形象，丰富表象

绘本和桥梁书通过精美的图案为学生创造了一个有趣的世界，会说话的花鸟虫鱼，有脾气的风云日月……世界万物几乎全部容纳于小小的书籍中。一位教师在上二年级的绘本课《小真的长头发》时，设计了这样的板块：

板块一：图画会"说话"

* 读第6～13页，想一想：小真的长头发能干什么？

* 交流：小真的长头发可以钓鱼、套牛、当被子、晾衣服。（根据学生回答，板贴，图1）

图1　小真的长头发能干什么

* 读第6～25页，说说：小真是怎么解决麻烦的？

* 交流：把头发放在小河里洗；让十个妹妹来梳头；把头发烫起来像树林。（图片出示图2）

图2　小真是怎么解决麻烦的

通过这个环节，学生发现长发的形象、晒衣服的形象、洗头发的形象已经与往常看到的有所区别，对没见过的套牛等事物也有了补充认识。这样，对于头发的长有了更形象的认识，丰富了他们对已有事物的认知，同时，又积累了新的事物的形象，这种认识为他后续的自由想象提供了素材上的帮助。

2. 联结相似点，拓宽想象域，丰富表象

大部分绘本或桥梁书在画面或者文本的描述上会留下一定的空间，读者通过自己的想象去补充和丰富，绘本的"补白"一般借助联想来完成。在导读课上，教师要引导学生学习联想的方法，让学生形成这种"补充"的思维定式。同样是《小真的长头发》，教师在教学中设置了以下板块。

板块二：绘本空白处会"说话"。

* 读了故事，你觉得小真的长头发还能干什么？请你和小朋友说一说。

生：可以放风筝、可以当钓鱼竿……（学生的思路不能完全打开）

* 小真的长头发是什么颜色的？它又会像什么呢？宽的窄的？又让你想起什么呢？如果斜着放？你又会想起什么？

生：可以当滑梯，可以放风筝，可以当彩旗……

* 小真可能还会有什么麻烦？怎么解决呢？（平常生活中，长头发会有哪些麻烦呢？）

生：走路绊倒了怎么办？

生：一边甩着跳绳一边上学。

生：……

因为有了前面素材的积累，学生对头发的长有了丰富的形象化的认识，而且，在教师的引导下学生从头发的质地、形状、色彩等处联结相似点，他们的想象就宽泛了，又从横放、竖放、斜着、平铺开来、卷起来等角度去联想，想到的事物就更多了。在"麻烦"这部分，引导学生调动生活中原有的积累，再进行想象，边想象又边积累。通过联结相似点，学生想象的范围更广，经验的积累也就更为丰富了。

3．静态画面动态化，经历过程，丰富体验

低段学生最佳的学习方式是游戏化，是全身心投入，这样的学习状态才能让他们印象深刻，体验丰富。因此，借助表演是一种非常好的方式。一位老师在执教绘本《蚂蚁和西瓜》中，就有这样的教学设计。

板块三：搬运西瓜，演一演（出示四格图）。

* 看图说：四只蚂蚁是怎么搬西瓜的呢？（推、顶、蹬、背）

* 请几位学生表演。

板块四：蚂蚁王国，演一演，猜一猜。

* 观察蚂蚁王国图，试着演一演里面的蚂蚁在干什么。

* 出示标有序号的蚂蚁王国图，以小组为单位进行演练。

* 全班交流，"我说　你猜"。

我说　你猜

以四人一小组为单位，挑选其中一个房间表演。

全班同学猜一猜。

这两个环节就让学生经历、体验了蚂蚁搬西瓜的全过程，让静态的图画变成自身的动态行为，体验更加深刻，这种边体验边积累的方式也有助于表象的积累。

借助"观察图片""补白图文""表演体验"等途径丰富学生的间接经验，积累表象，为想象的发生提供素材，并在积累素材的过程中进行想象，是低段想象力培养的重要方法。当然，这几种方式可以有所删减和侧重。

（二）中段：导在创意生发的奥秘处

随着年龄的增长和对现实社会的认识，学生的想象力没有上升，反而出现下降。《中国科学教育发展报告——科学教育蓝皮书（2015）》在分析学生的想象力数据中，发现小学 3 年级是学生想象力发展的最高点，但是从 4 年级开始，小学生的想象力开始逐渐下降，这一现象被称为创造性的"四年级骤降现象"。因为三、四年级学生的逻辑抽象思维开始得到发展，但也因此限制了自身想象，拘于现实。如何通过阅读进行打破呢？

1. 发现想象的奥秘，习得"密码"，助力想象力的生长

想象力丰富的书籍除能够引领学生进入与众不同的世界外，还能够启发学生学习想象产生的秘妙。学生如果能发现并学习这些奥秘，那么"合理想象"的心理会得到极大的释放，就能够大胆想象。一位教师在《晴天有时下猪》的导读课中就做了这样的尝试：

板块五：屏幕阅读，感受情节的有趣。

*出示《晴天有时下猪》一书中"晴天有时下猪"的故事。

*阅读分享：说说你刚才看到了什么或自己看后的感受。

板块六：读《油炸铅笔》，发现想象的秘密——"置换"。

*交流，表演读一个片段：分角色读故事。

*探究"好笑"密码。

师：故事为什么这么有趣好笑呢？

生：油炸铅笔，晴天下雨不会下猪，吃坏肚子吃药不能吃橡皮末。

师：原来这些事情与我们生活中的不一样，把平常的事物进行了更换。你看，PPT 出示：油炸+面粉（铅笔），晴天下雨（下猪），吃药（橡皮末）。这就叫"置换"，通过置换，创意就产生了。

板块七：看目录编故事，习得更多方法。

*这本故事中，还有很多好玩的事情发生，例如，"金鱼做了个鬼脸""厕所里有条蛇"……你能从中选一个题目，来编故事吗？

*再阅读，书上又是用到哪种方法想出这个故事呢？生阅读交流：夸大、改变……

这样的导读旨在提点学生发现想象、创意产生的方法，让学生习得利用置换、夸大、组合、改变等方式来生发自己的想象，给想象一个支架。在方法的指引下，利用积累的素材，可以比较顺利地展开想象，又在想象中运用、产生更多的方法。

2. 变更视角，另类视域，引发想象力

换位思维，是跳出自我，站在其他对象或他人的位置上进行多维思考、交流感情、产生共鸣的一种思维方式，这个过程本身就极具想象力。《我变成一棵树》是统编三年级语文教科书中的一篇文章，作者就是以"树"的视角来看待身边的人和小动物，想象丰富，趣味盎然。如果阅读止步于这篇文章，那么学生就不能完全体会这样的视角带来的与众不同的趣味。在教学中，可以以这篇文章为导读，引导学生继续阅读顾鹰的童话集《我变成一棵树》，其中"我坐到了花瓣上""一条喜欢喵喵叫的狗""小熊孵蛋"等童话都是让学生从另类的视域去看待世界，站在"他"的角度去体验，那么不一样的想象与创意就萌生了。

（三）高段：导在想象的科学处、前瞻处

高年级的学生，想象与现实联结更紧密。他们的视野也更开阔，对世界、宇宙、未来、科学有了更多的探索欲望。科幻小说，冒险与科幻并存，常以脑洞大开的方式启迪学生想象力发展，是很好的想象力培养的载体。但是，根据笔者的"阅读推荐小调查"显示，123 位学校"爱

阅读"负责人，0.8%的教师推荐了这类小说，主要原因是教师自己不熟悉，不知道该如何导读与反馈。那么，这类导读课又该如何指向想象力培养呢？

1. 影像化常见科学术语，建立对未知世界的想象模型

科幻小说最重要的两个主题：一是星际旅行；二是生命智能。小学生阅读更多的是星球旅行。这类小说旨在在探索、拓展人类生存空间的广度上有所发现。这类小说会有一个多维的未知世界的立体形象。学生脑中如果没有这样的图像化模型，对科幻的想象就无从展开。在《乔治的宇宙大爆炸》导读课上，教师安排了下面这样两个环节：

（1）解读封面，创编故事。

＊看封面，猜猜故事会是什么样的呢？（指名交流）

＊给故事再添加"一只猪、超级电脑"，再猜猜故事会是什么样的。

（2）了解起因，分析报告。

＊出示：

> 宇宙中哪里是猪的最宜居之地？……超级电脑把现居宇宙区域适合猪生存的地方找了个遍，总结出一份科学小报告……

＊你们见过科学报告吗？出示"各行星分析报告"。（板贴：太阳系）（漫画式）

＊这份科学报告的八个地方是太阳系的八大行星，按照排列的顺序，你们看懂了哪部分内容？（教师配合行星影像，进行适当解说）

小结：报告的结论是，地球是最适合居住的地方。

＊书名大爆炸也是其中一个科学知识点，我们也来了解一下。（板贴）（看小视频）

这两个环节中，教师借助封面、八大行星和宇宙爆炸小短片，帮助学生对书中的科学术语有了更多的认识，建立起自己脑海里的初步影像，后续的想象就有了基石。在科幻、冒险类小说的阅读中，这种影像模型的建立对学生展开时空多维的想象有极大的帮助。

2. 勾连现实背景，触发预见性的想象

科幻类的作品不同于一般的幻想类作品，具有预见未来的特性，凡尔纳的《海底两万里》就被人赞誉：现代科学只不过是将凡尔纳的预言付诸实践的过程而已。科幻小说可以说是将未来的世界在现在预演。学生如果能基于现实，学习书中的前瞻性想象，那么创新就产生了。同样是《乔治的宇宙大爆炸》，教师在随后的教学中展开如下环节：

＊出示阅读提示：

> 再次快速浏览故事节选，用"～～～～～"画出具有幻想性的事物。

交流幻想性的事物，板书：宇宙门户、超级电脑、星际旅游。

＊再看板书，这里的事物，你在现实生活中有听到过类似的吗？

> 2001年，世界上唯一一个提供太空轨道观光飞行的政府机构——俄罗斯联邦航天署将美国富商丹尼斯·蒂托送上太空，让后者成为人类首位太空游客。
>
> 维珍银河太空旅游公司旨在为付费客户提供定期的亚轨道太空飞行。其开发的第二代太空船团结号（VSS Unity）已于2018年12月成功进入外太空测试阶段。
>
> ……

交流小结：科幻书的幻想是基于科学产生的美好追求，有着现实的科技基础，不是一味地幻想，未来有可能实现。

*勾连拓展，阅读《海底两万里》中的"鹦鹉螺号"。教师勾连作者写作时的科技发展背景，出示现代潜艇。

从这一导读例子可以看到在阅读中可以引导学生勾连现实生活，认识现实中的不足，激发学生产生对于未来的改进性、更新性的想象。

三、学段之间循序渐进，各有重点

想象力的培养在不同的学段有不同的任务，但从积累到创造性、前瞻性的想象培养并不是割裂的，而是螺旋上升的过程，各学段间要有衔接，也要依据需求，有所侧重。

1. 突出阶段重点，着力落实目标

依据学生的年龄特点及阅读的书籍特点，导读点各有侧重，低段在于表象积累，因此，要在阅读中突出形象的积累，让学生形成丰富的形象素材，有取之不尽的素材库。中段在于方法的习得，教师在整书的导读中，关注想象的方法，让学生在阅读中习得方法，运用方法加工已有的表象，促发创意。高段是促发更深更广更具前瞻性的想象力。

2. 关注学段衔接，循序渐进

不同学段有不同的侧重策略来设计导读课，各学段要注意自然衔接过渡。比如，高段的科幻、冒险小说的阅读策略，在中段的比较易于阅读的小科幻文章的阅读中已经有所涉及，只是在高段作为重要的点落实。

3. 关注"新现象"，螺旋上行

不同的学段主要任务虽然各有重点，但是在阅读中总会出现新的方法、新的事物。例如，表象的积累，在低段已经引导过了，高段有时同样需要积累表象。比如，对科幻作品中星球、虫洞、多维空间等的认知也需要通过数学、科学、地理等方面的学习，建立概念，形成表象。

通过这样不同学段的整书导读课，一以贯之，持续不断推进学生课外阅读，学生的想象力可以得到很好地发展。

参考文献

[1] 罗晖. 中国科学教育发展报告[M]. 北京：社会科学文献出版社，2015.

[2] 刘宇. 小学生想象力的培养[J]. 新语文学习（教师版），2009（5）.

[3] 孔瑶瑶. 浅谈语文教学中如何培养学生的想象力[J]. 苏州教育学院学报，2000（04）：107-108.

区域推进幼儿园自主游戏的实施策略

瑞安教师发展中心 陈声叠

游戏是幼儿实现自我成长的最好途径。自主游戏不仅是幼儿最喜欢的活动，也是幼儿自主、快乐地展开广泛学习的最佳途径。在教育实践的过程中发现，自主游戏的自发、随意与教师预设的活动之间形成了矛盾，形成了当下在自主游戏中所显现的问题。我市280多所幼儿园，自主游戏活动不容乐观，幼儿园口头上重视游戏，实践中却轻视或忽视游戏。我们在思考：什么样的自主游戏才能满足幼儿个体发展的需要？怎样的自主游戏才适合城乡各类幼儿园的需求？教研部门如何引导幼儿园开发自主游戏活动并实施自主游戏？如何提升不同能力水平教师的游戏指导能力？

一、创想策略，推进指导

（一）政策管理推进策略，促使幼儿园园长用心用力

1. 政策导向策略

在《本市发展学前教育第三轮三年行动计划（2015—2017年）》（瑞政办〔2015〕75号）、《本市加快学前教育发展十条举措》（瑞政发〔2017〕151号）等文件中，提出自主游戏的意义和必要性。

2. 考核管理策略

在《本市幼儿园保教质量奖考核办法》《本市2018年幼儿园园长年度工作目标考核方案》《本市开展2018年度民办幼儿园工作检查暨规范幼儿保教工作防止小学化倾向检查方案》《2019年自主游戏环境创设评比》等文件中，明确将自主游戏的开展情况纳入考核项目。

用政策引领考核督促的办法，迫使幼儿园必须开展有"质量"的自主游戏。很多幼儿园会根据园所情况做针对性的改变，如在自由游戏中规定板块时间：每周固定的游戏及学习时间；自选板块：各班利用零星时间开展特色自主游戏；错峰开展：针对不同年龄段孩子年龄特点及幼儿园场地开展错峰游戏。

（二）创想场地建设策略，促使自主游戏空间资源开发

1. 转变游戏空间理念，创设张扬天性的游戏场

（1）从"活动室"到"游戏场"：在以往游戏中，大多幼儿园的游戏空间只是停留在"活动场"的层面，基本满足幼儿活动与运动的需要，但未能更好地刺激幼儿的想象力和创造性。我们鼓励幼儿园从"活动室"向"游戏场"转变，是指在一定的空间范围内，通过对空间的设计和安排及一定的游戏设备与材料的提供而形成的一种有结构的户外游戏环境。游戏场的转变使幼儿摆脱室内有限空间的限制，它在让幼儿自由奔驰的同时，解放了幼儿的想象力和创造性。

（2）从"指定区"到"自主区"："指定区"是相对教师指定场地、指定材料和内容等现状提出的。在"自主区"内幼儿玩什么游戏由他们根据自己的游戏意愿自行决定，即教师提供给幼儿空的游戏场，幼儿自主使用游戏场。许多幼儿园开始打破空间界限，大胆尝试"混龄游戏""室内外联动游戏"等自主游戏形式，从游戏场地的指定到自主，更体现了幼儿的主体性。

（3）从"班级内"到"班级外"：我们提出要破"班级内"的游戏界限，将游戏空间延伸至"班级外"的走廊、过道、角落或其他班级的空间环境。幼儿的游戏范围不断扩大，游戏内容得到延展，在游戏中人际交往互动的范围不断扩大，同时，游戏也可不止于本班幼儿，还可以和其他班级一起进行联动游戏。

2．改造户外闲置场地，具备自主游戏教学功能

我市某幼儿园秉承《3—6岁儿童学习与发展指南》中"让每一处环境都有用"的理念，对幼儿园原有场地进行改造和再利用。如对操场、智趣园进行了重新改造，拆除了景观带，并将整个操场进行整合，连成一片，大大提高了场地的功能性。又如小沙池跟智趣园做整合，将沙、树、水做有效整合，将活动空间拓展到空中、斜坡，形成了一个立体的活动空间，大大拓宽了幼儿的活动场地和范围。

3．顶层设计场地开发，适合自主游戏多样性

很多幼儿园意识到了自主游戏场地的重要性，特地请设计师对游戏场地进行整体规划设计。我市某幼儿园有效利用活动室、走廊、大厅及户外操场、草坪、游泳池等，根据幼儿运动特点，分技能设置区域。如对大操场、小操场、草坪、智趣园、风车广场、阳台等区域划分成7个活动区。在走廊上，以"我住的地方——美丽的塘下"为背景，创设"特色—交往—合作"社会性主题区域。

4．场地功能回归幼儿，让孩子成为游戏主人

场地的使用对象是孩子，创设孩子想要的、喜欢的游戏场地是我们的宗旨。我市某幼儿园将一片小树林的改造权交给孩子，让孩子设计、投票选择、监督施工、参与创设，创设出了孩子自己真正适宜并喜欢的游戏场所。

（三）分层对口指导策略，促使教师自主游戏活动规范开展

我市幼儿园园所数多，教师能力参差不齐。如何针对不同教师的需求开展针对性的指导是我们直面的最大问题。

1．直击"纵"面、理论先行、按需教研

我市以三级园居多，市级层面的教研活动更多的是面向教学园长的方向引领，可能一线教师的能力水平或实践情况还达不到。于是我们以我市二级园及以上的园长、教学园长组成的教研大组为依托，将4组成员分别对接8大学区。要求每个学期针对各大学区教师就"有效开展自主游戏"这个话题开展2次及以上的按需教研活动。这样的活动更多的是以教师的实际水平为基准，采用"缺什么补什么"的方法，利用参与式教研的方式，面对面、手把手地、有针对性地"教"，对全面提升教师的游戏能力有很大的帮助。

2．重击"横"面、问题导向、聚焦现场

我们以5个我市的自主游戏实验园为研究对象。每个学期直面游戏现场，收集教师在开展游戏过程中的困惑点，以问题为导向开始教学研究，并将好的方法向全市做推广。

通过这种纵横交错的方式，借不同的群体，以不同的教研方式，对不同能力的教师起到了很大的提升作用。

（四）观察评价引领策略，促使教师自主游戏教学能力提升

1. 游戏观察技术策略

陶行知先生说过："教育为本，观察先行。"观察记录的方法有描述性观察记录、频率观察记录、评定观察记录、要素观察记录、图表观察记录等。运用观察方法是为了让我们教师看到的更真实、更客观。我们基于"两个看点"，帮助教师"学会观察"。

一看——是否是儿童的"真游戏"：儿童自己的游戏才是"真游戏"。如果教师能在儿童游戏中看到下列几个方面的特质，那么你就可以确定自己找到了真正属于孩子们自己的游戏：是否是真心想玩的游戏、是否是真情投入的过程、游戏过程是否是真正开放的、游戏内容是否能获得真实体验……

二看——是否在游戏中"真成长"：教师在观察时要看幼儿是否在游戏中真正得到了发展，包括学习方式上是否是自主的、经验上是否是累积递进并且是整合提升的，关注他们通过游戏是否能够获得"真成长"。

（1）表格填选观察法。表格填选观察法具有简单、快速、明了的优点，能方便教师观察记录。这种方法是先确定观察目的，然后科学规划编码，并以此转化为表格，用以实际观察与记录。例如，某幼儿园大班的老师运用表格填选观察法记录幼儿在跑跳区域中运动与材料互动的持久性（表1）。

表1　跑跳区域中运动与材料互动的持久性

幼儿	选择材料	主要动作表现	表现特征
幼儿1	跳绳	跳跃	ACEF
幼儿2	弹跳鞋	弹跳	ACDG
幼儿3	羊角球	弹跳	ACEF
其他幼儿	跑跳区各种材料	自由地跳、跑组合	ACEF
表现特征编码	频繁更换材料A、运动时间长B、运动时间短C、与同伴互动多D、与材料互动多E、独立运动F、平行游戏G		

表1中，很清晰地呈现了大班孩子在跑跳区中选择材料不同、运动技能不同，但是表现出来的特征是一致的，教师进行量化处理以后，可以进一步进行研究和分析，从而评价幼儿的行为、材料提供的有效性等，为接下来的游戏活动提供依据。

（2）"游戏路径图"观察法。我们尝试运用"游戏路径图"来观察幼儿，了解幼儿自主游戏的过程、路径是怎样的。可以比较形象地再现游戏运动的场景，可以看到孩子们在游戏中各自在玩什么、跟谁玩、怎么玩。对话也可以简单记录。"游戏路径图"可以帮助我们梳理幼儿与材料的互动、同伴关系的促进等。

（3）视频记录观察法。我们尝试利用视频来进行观察记录。下面就《鸟妈妈送鸟蛋》视频介绍自主游戏的视频观察研究方法。

策略一：从观察到记录。在游戏之前首先我们要确定观察要点，设计活动方案。例如，发现自主游戏中幼儿自我解决问题与矛盾冲突时，我们教师要睁大眼看、持续看，最终锁定游戏事件。有了事件，我们就通过视频开始记录，我们采用对比和对应两种方式进行记录研究，对比即不同的人记录同一游戏事件，对应即将观察记录与视频对接，拿着自己的记录回看视频，目的是检查自己的记录是否客观，是否有遗漏细节。侧重于研究自主游戏中的细节、情节、动作、语言、时间长短等。

策略二：从记录到解读。我们分三步探究视频游戏中幼儿自我解决问题和探究的价值，第一步回看视频，发现幼儿自我解决问题的能力；第二步解读事件，对照《3—6岁儿童学习与发展指南》聚焦关键事件进行解读；第三步集体梳理，整合不同角度的解读信息进行整理。这个环节要从幼儿在游戏中当前的行为表现解读，也就是看见孩子的兴趣、特点、思维、逻辑、表达等。要从幼儿在游戏中学习的长远效应分析，例如可以发现孩子学习品质方面的表现。要从整体角度研究幼儿的游戏，不能片面，不能看到一个就下结论。

策略三：从解读到回应。观察解读是客观评价的前提，观察解读最终的目的是回应孩子，我们尝试集体回应的方式。就视频观察研究，我们达成三点共识：一是观察幼儿游戏千万不要急着介入；二是观察幼儿需要耐心和尊重；三是对幼儿游戏中的指导是以幼儿的需要为前提的。

2．游戏教学评价策略

《幼儿园教育指导纲要》中指出："评价是了解教育的适宜性、有效性，调查和改进工作，促进每个幼儿发展，提高教育质量的必要手段。评价的过程，是教师运用专业知识审视教育实践，发现、分析、研究、解决问题的过程，对幼儿的行为表现和发展变化具有重要的评价意义。"

（1）分类评价策略（表2）。

表2　分类评价策略

年龄段	评价方式
小班	小班的孩子自我评价能力无疑还是比较简单、个人的，因此我们针对小班幼儿，设计了"我的游戏心情"评价栏，幼儿可以将自己的照片根据自己的心情放在笑脸和哭脸的框框中，这种简单的评价方式更直观，适合小班的幼儿
中班	中班的孩子社会性发展开始，我们的游戏设置开始引导孩子尝试合作游戏或者社会性的自主游戏，因此我们设计的评价表更趋向于对幼儿合作能力的评价，"今天我和谁一起玩"，孩子们将自己和一起玩的朋友的照片放在同一圆圈中，这种直观的方法让孩子们更加近距离地感受到群体的快乐
大班	大班的孩子不论社会性还是动作发展都已经有一定的基础，我们的评价表就是根据幼儿能力提升的情况设计的，游戏结束之后，孩子们根据自己的游戏情况先进行自我评价，表现很棒的，将名牌贴在"很棒"的一栏；但是对于自己在自主游戏过程中有困难或有新发现的幼儿，则把自己的名牌贴在"？"一栏，以便老师及时发现、总结经验

（2）教师游戏教学评价量表（表3）。

表3　教师游戏教学评价量表

自主游戏活动课堂评价量表		
让幼儿想怎么玩就怎么玩，玩出兴趣，玩出意义		
维度	指标	赋分
游戏活动环境（20分）	1. 游戏场地安全性	10
	2. 情境配置合适性	5
	3. 材料投放有效性	5
游戏活动设计（10分）	4. 环境主题匹配性	5
	5. 活动主题适龄性	5
幼儿自主表现（50分）	6. 人人参与主动性	20
	7. 游戏方式多样性	20
	8. 同伴合作和谐性	5
	9. 活动容量足够性	5
教师指导调控（20分）	10. 观察全体全面性	5
	11. 个别指导及时性	5
	12. 过程管理低控性	10

二、努力前行,卓显成效

(一)"以自主游戏为基本活动"得以践行

越来越多的幼儿园真正理解了自主游戏对于幼儿发展的意义,从幼儿园课程顶层设计上使自主游戏开展得到了保障。无论设施设备、资金投入还是时空的保证上,都得以明显改善。我们惊喜地发现"以游戏为基本活动"已经从观念转向行动。

(二)幼儿的"自主游戏水平"得以提高

幼儿在按照自己的意愿自由选择、自主开展活动,不断地以自己的方式来解决游戏的主题、情节、内容等,获得的是轻松、自然、愉快的感受。这样的游戏能更大限度地支持和满足幼儿在自主游戏中通过直接感知、实际操作和亲身体验获取经验的需要,从而使幼儿的游戏水平得到显著提高。

1. 幼儿更乐于交往与合作

我们发现能经常主动邀请同伴进行游戏的幼儿从原来的55.2%提高到95.4%,100%的幼儿表示在与同伴进行游戏时感到很愉快或者比较愉快。当发生游戏冲突时,91.9%的幼儿能自己协商或独立解决或寻求帮助。对于游戏规则,更多的幼儿能表现出经常商议或制定游戏规则。由此可见,在自主游戏中,幼儿在个性行为表现上、在原有水平上均获得提高,特别是具有了积极主动的情绪愿望,培养了必要的规则感,更学会了相互合作协商。

2. 幼儿更会想象和创造

我们发现,84.7%的幼儿在游戏中经常表现出响亮而丰富的语言表达;90.2%的幼儿在游戏中的肢体动作表现出积极投入;大部分的幼儿能持久地进行一项游戏活动(都在半小时以上)。当我们让幼儿融入一种自主的、真实的游戏后,幼儿的身体动作更为投入,语言表达更为丰富,对探究世界也变得更为专注和持久。

(三)教师"自主游戏"的专业素养显著发展

1. 基于儿童立场积极创造自主游戏的条件

教师开始自觉为幼儿创设更多的游戏时间,拓展更宽阔多元的游戏空间,立足儿童立场,努力创造自主游戏条件。这种改变不仅仅体现在一些知名的、主城区的幼儿园,当我们走进一些民办幼儿园或相对偏远的乡镇幼儿园时,我们还欣慰于教师的改变:充足的游戏时间、多元的游戏材料、无边界的游戏空间等都已经在游戏中随处可见。

2. 习惯以幼儿为主体的自主游戏生成方式

越来越多的教师理解了"以幼儿为主体"的游戏开展方式,无论在内容来源,还是在游戏主题、材料、时空的生成与选择中,教师开始关注幼儿在游戏中多元经验的自主习得;教师开始以"年长一点的游戏伙伴"的角色隐性地去支持幼儿的游戏,正是这样一种角色意识的建立,越来越多的来自幼儿真实的游戏化项目活动在推进着,源于幼儿原经验引发的游戏课程正在以良性循环式推进着(表4)。

表4 自主游戏主题来源

游戏主题引发因素	生活经验	主题教学	材料环境
	65.50%	14.20%	20.30%
游戏内容来源	幼儿生成	教师研发	师幼共同建构
	69.70%	7.30%	19%

3. 明确教师在自主游戏中的观察者角色

我们惊喜地发现教师开始真正理解自己存在于幼儿游戏中的意义，开始潜心地去客观观察、解读儿童的发展，并学会用各种观察方法捕捉幼儿的成长瞬间，并观察与记录用于推进幼儿发展的重要依据。

随着四大实施策略的开展，我市自由游戏开展的深度与广度都有了很大的提升。我们将进一步携手教师，践行幼儿喜欢的自主游戏研究，张扬天性，让游戏编织幼儿的七彩梦想；享受自主，让游戏表达幼儿的内在愉悦；真实体验，让游戏回归幼儿的真实生活；乐于创造，让游戏点燃幼儿的生命智慧！

参考文献

［1］教育部基础教育司．《幼儿园教育指导纲要（试行）》解读［M］．北京：北京师范大学出版社，2002．

［2］李学通，冯晓霞．《3—6岁儿童学习与发展指南》解读［M］．北京：人民教育出版社，2013．

［3］洪晓琴．幼儿生成活动回应策略的研究［J］．上海：幼儿教育（教育教学），2005（04）：20-21．

［4］徐则民，洪晓琴．走进游戏 走近幼儿［M］．上海教育出版社，2012．

［5］董旭花，韩冰川，刘霞．幼儿园自主游戏观察与记录：从游戏故事中发现儿童［M］．北京：中国轻工业出版社，2015．

［6］董旭花，阎莉，刘霞．幼儿园区域活动现场指导艺术［M］．北京：中国轻工业出版社，2015．

［7］华受华．幼儿游戏理论［M］．上海：上海教育出版社，2001．

基于学科核心素养，优化高中信息技术原创试题的命制

平阳教师发展中心　雷　鸣

原创试题是教师从事教学活动所必备的一项技能。《普通高中信息技术课程标准（2017年版）》明确要求命题应以课程标准的内容为依据，指向信息技术核心素养的发展水平。可以看出，最大的变化在于要基于学科核心素养的评估进行命题、开展测试和评价，基于学业质量的不同水平进行描述，这种新的命题方向对师生日常的教与学都提出了新的挑战，教师命制原创试题要通过不同形式的优化、创新，转变为面向学科核心素养，通过原创试题的命制提升教师的教学研究能力，有效考查学生的学科核心素养。笔者通过梳理相关内容，提出以下四大策略对信息技术学科原创试题的命制进行优化。

一、遵循标准思路，优化原创试题命制前的程序路径

高中信息技术学科的试题在当下阶段还需专家和一线教师不断地开发、更新、迭代和创新，对于原创试题命制的标准性、规范性、科学性和流程性都值得探索与思考。当下很多教师在原创试题命制的程序路径上较为随意，很大部分的比重都落在试题内容的推敲命制上，对于前期的规划、结构的设计及评分的导向等不是特别重视。基于对学科核心素养的理解，在原创试题命制的流程上需要一定的优化，让信息技术核心素养可测。

1. 在命制原创试题的标准上

原创试题要按照"标准"进行命制，这里的"标准"，是指以"若干标准"为指导，做"标准"的试题命题流程。但试题的科学性、有效性需要我们在命制的时候遵循"若干标准"。"标准"是指"课标及里面包括的学科核心素养、学业质量标准，加之相关教材等"。这样，在命制原创试题的标准上，是"旧—新""单一—多样""限定—开放"一些转变的优化。

2. 在命制原创试题的结构上

在结构规划中，因受信息技术学科试题传统结构的影响，很多老师不敢有所创新，均以"选择题+填空题"为整卷的试题结构，笔者参考了其他学科的试卷结构，觉得有必要在高中信息技术的命题结构中做一定的优化，从"选择题+填空题"—"选择题+非选择题（填空和操作+材料题+程序设计题）"转型，推进学科内容多样化的考察方式，使信息技术学科的特点更能在试题结构中体现出来，鼓励原创试题更加多元化，让学生的学科素养进一步可测和提升。试题文本的规范性设计也是原创试题中必须具备的。在原创试题的文本编制方面，要从编排的合理性、美观性出发，兼顾信息技术学科的特性（偏向操作性的试题）。

3. 在命制原创试题的内容上

试题内容的设计在这个流程中占最重的比例，除符合信息技术学科核心素养（信息意识、计算思维、数字化学习和创新、信息社会责任）外，还需要与四大学科概念相呼应，从真实情境出发，结合学科知识本位的各个维度，这就需要教师在创新试题的时候，兼顾各个方面，努力提高自身的学科素养。例如，在编制材料题和程序设计题时，应考虑生活中的问题解决角度。

在原创试题命制前期工作均合理、有效完成之后，对于学科参考答案和评分标准的设计也是不能忽视的。大多数试题的参考答案和评分标准均较为简单，但结合前面"结构规划"的优化、"试题内容"的优化，对于评分，信息技术学科也要有所优化。例如，介入 SOLO 分类评价理念，针对开放性的材料题进行详细的评分说明等，这也是优化连续性的体现。

优化原创试题的命制流程如图 1 所示。

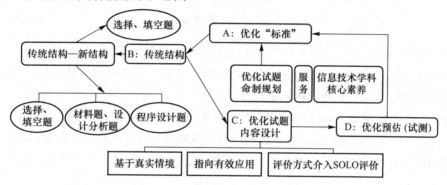

图 1 优化原创试题的命制流程

二、基于学科核心素养，优化原创试题命制的系统脉络

在新课标下的信息技术学科有四大学科核心素养、四个学科大概念。其中包括数据与计算、数据结构、网络基础、信息系统与社会及若干软件的应用，涉及方方面面、林林总总的大小知识点非常多，教师在原创试题的命制时，应在各核心素养、学科大概念中，考虑知识点的相关性、逻辑性和系统性，让原创试题更综合，更能考察学生的知识归类、盘活和应用等能力。

1. 梳理碎片化知识，让计算思维原创试题的命制更具模块化

凭算法的学习来发展学生的计算思维，是最有效的方法。在任何一种程序设计语言的学习中，经典的一些算法是抽离开相关语言规则的学习而独立存在的，因此，在设计原创试题中的此部分内容时，教师一定要梳理好中小学阶段需要深刻掌握或知晓的一些算法，甚至在拓展上也可以做相应的文章，并且要梳理处理每种算法中的模块内容。笔者简单整理了在算法"面上"的具体内容（图2），并且在"线上"也做了模块和模块之间简单的关系链，在原创试题命制的时候，就可以将零散的碎片化的算法梳理串联起来，在模块中找到"递进性""系统性"，并找到模块间的关系，为命制原创试题服务。

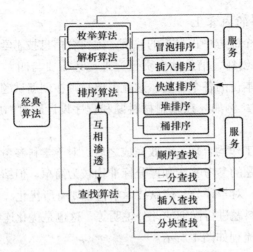

图2 经典算法

例如，梳理模块化的"排序算法""查找算法"综合式试题的思路："理"四个算法各自模块的相关知识点；"列"两大算法模块的变式内容；"找"模块中内容的共性、个性；"找"模块间内容的关系；"命"模块化的原创试题。

2．链接相关知识点，让数字化学习原创试题的命制更有相关性

在命制数字化学习的原创试题中，我们应有效梳理各类软件的相关知识点，可以从中发现若干内容的相关性，从而在原创试题中更加合理地串联知识，进而培养学生在应用知识时的迁移能力。

笔者梳理了在老的教学内容中Photoshop和Flash应用软件各自的知识点，以及部分知识点之间的相关性。

（1）对于图像的理解，在命制原创试题的时候，就可以有通融性。

（2）对于图层的认知，两个应用软件均可以作为重点命制，但有各自不同的主打功能；另外，两个软件总体上的应用和操作也存在相似性。

（3）在Flash简单脚本内容上，我们甚至可以和程序设计语言挂上钩，设计一个更为宽广的原创试题。这样就能精准地踩到点，让原创试题在命制时更能看到相关性（图3）。

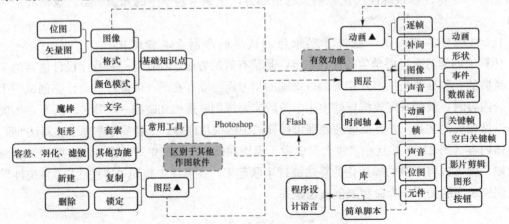

图3 链接相关知识点

3. 整理全局内容，让数据与计算原创试题的命制更有系统性

学科知识有模块化，也有相关性，但更重要的是系统性，在模块中有系统，在相关中有系统，这样更会让原创试题命制瞻前顾后、让学生的思维活起来，更有综合解决问题的理念和思维方式。

笔者根据 Excel 学习的整体内容，将基础和拓展内容均列在系统的内容中（图4），是为了让教师在命制原创命题的时候有一定的拔高，又与模块内容的主要功能不脱节，不仅能让原创试题更有质量，还能让试题在系统性的命制上更完整。

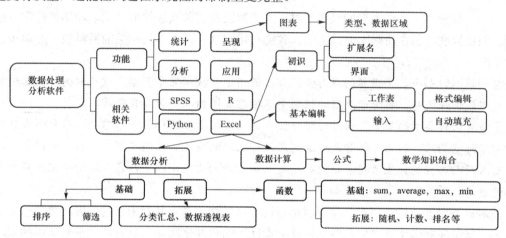

图 4　整理全局内容

三、基于核心素养，优化原创试题命制中的真实情境

自新课程高考实施以来，"新材料、新情境"的命题原则已经成为新课程高考的标志性特点。而在原创试题的命制过程中，真实情境的素材选择也是核心所在。信息技术学科素养的测评，需要通过学生应对复杂真实情境时的外在表现加以推断，让学生在真实情境中表现自己学科的真实水平。因此，需要命题者具备选取经典，具有真实性、开放性和不良结构性的问题情境的意识，才能更有针对性地设置原创试题。以此来提升学生的动机和参与作答水平。

真实情境包括以下要素：情境中的事件应该是真实发生或者能够发生的；基于该情境的设问也能够在现实生活中找到；而且提供的信息或者数据应该能够实现。高中信息技术情境主要有如图5所示维度，而且从不同方向上进行梳理。

情境维度	内　涵	示　例
个人生活	与学生个人的日常生活、学校活动直接相关	家庭旅行计划、与朋友交流沟通、个人理财购物、学校社团活动
个人学习	与学生个人的学习活动相关	网络学习、数字化学习
公共	与所在社区以及更大范围的社区相联系	社区服务、国际志愿服务、购票系统、银行网络安全、多媒体视听互动系统
学科	设计计算机、信息技术、自然科学等方面的议题	经典算法应用、最新技术、云计算、物联网、生态画报、APP应用
人文	偏向人文、艺术的情境	平面设计、多媒体系统、三维设计

维度	内　涵
数据	数据、信息、知识的概念、数据获取、编码
计算	算法、程序设计、数据结构、数据统计
信息系统	信息系统的概念、网络
信息社会	数据加密、网络安全

图 5　情境维度

以上情境的维度和内容均涉及学生生活、学习方面，内容也都指向考查学科核心素养的素材。笔者认为，命制时选择的素材不仅要与核心素养匹配，还要经典，能通用，也能滚动式测试，这样原创试题的效度、信度就会提高。

1. 基于科技前沿的经典素材

在当前考查信息技术学科核心素养的众多试题中，人工智能和大数据方向的素材与前沿科技最紧密结合，而且两者是息息相关的，它们既体现学科发展的前沿，又是学科技术发展的证明。

例如，收集人工智能类型的经典素材。人工智能有三种代表性的技术，即知识挖掘、模式识别、创意智能。那在命制原创试题前，教师对指向这三种技术的相关前沿科技、经典事件要有所了解。

原创试题：如今，全世界的医疗系统都在运用远程技术互帮互助，攻克难关，例如远程医生通过佩戴特殊头盔，将患者病灶部位的全息投影成像精准地悬浮在眼前，同时，另一方的主刀医生戴着同样类型的头盔，通过远程会诊系统一边演示一边标注手术路径，这种混合现实技术打破了时空局限，利用人工智能技术完成了一次次的突破。你还了解哪些人工智能技术的应用？有人说人工智能让生活越来越便利、越来越美好，请结合以上内容，运用辩证的角度来谈谈你的看法。

这种试题的开放性让所有学生都有话可说，可选择的观点和对未来的发展趋势的想象要素非常多，但是需要学生从"信息意识、社会责任"的角度来阐述。只有得到普遍认识的素材，才能让几乎全体的学生有效分析，教师应时刻关注、收集学科特色前沿方向的内容，并要做一定的整理，形成问题式的材料，指向学科核心素养，指向学科大概念，指向精准知识点，让原创试题的材料更具学科特色、时代特色。

2. 基于"计算思维"的经典素材

"计算思维"逐步成为一种处理信息问题的重要思考方式，也是测评学科核心素养最有代表性的一个经典方向，让计算思维贯穿于数据和算法等几大学科概念中。

原创试题："世界这么大，我想去走走。"同学们，你们的旅程也肯定很丰富，如果请大家设计开发一个"旅行小助手"的 App 或者小系统，记录以往出行的信息，当地风土人情，个人旅游经历、收获等，作为他人或自己以后旅行时的参考。你觉得这个小助手应该具备哪些功能呢？

教师在命制指向"计算思维"的原创试题时，应随时观察体现"计算思维"的事件，如网上购买火车票流程、新生报到流程、物流配送流程等。但不仅仅局限于对于流程的设计，还应该更宽广地看到计算思维的整体性。

这道题原意是指向信息系统的面，指向数据库的点，但笔者认为，以整体性的规划设计来培养学生的计算思维，从大角度来讲，更有助于这种能力的培养。

指向计算思维的经典素材，可以来自其他学科，也可以来自生活实例，教师也应有思考、有系统地挑选相关内容，让计算思维的原创试题更有思维性、更有系统性，并结合思维导图的运用，相信更有原创试题的新意。笔者还推荐参考《软件设计师》书籍上的内容。

3. 基于"生活线索"的经典素材

生活线索是融合了所有技术应用的方向。它能够激发学习的兴趣，将课堂教学与真实生活联系起来，形成连贯、逻辑严密的概念结构。

这样，学生在阅读题干时的第一感觉是对材料很熟悉，避免了陌生情境对分析材料和厘清分析路径的干扰，能够将学科核心素养更真实地展示出来，从而有利于让学生参与真实的生活探究过程，进而促进学生形成对学科本质的理解。

运用经典素材优化原创试题，不仅能让学生更好地发挥其思考的本质，而且对原创试题的信度、效度进行了补充，最后让学科的核心素养在经典中传承，反过来也让核心素养辅助学生的学习和生活。

四、设置说题环节，优化原创试题命制后的核心质量

基于学科核心素养，原创试题的命制在标准上、思路梳理上、素材选取上都做了一定的优化。成型的试题还需介入一项"说题"环节，以优化原创试题的核心质量，更加符合学科核心素养的相关内容。

笔者在高中学段的教研活动中多次组织过学科的说题活动，并从中梳理出信息技术的说题的基本流程，如图6所示。

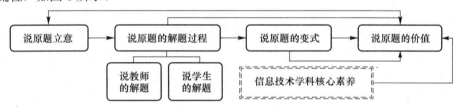

图6 说题基本流程

笔者认为，在"说"原创试题的过程中，每一个环节都非常重要。在原创试题命制后，教师通过说题的过程，不断优化、不断梳理思路，不仅对他们的命题能力、问题架构能力有进一步的提升，还让原创试题更加站在学生的角度，根据学生当下的认知，基于学情，高于学情。

原创试题：某一高中通校学生，每天早上7点、下午5点乘坐城乡公交上下学，而父母8:00左右乘公交上班，下午5:15下班，该学生和父母对于公交车的感受完全不一样：宽松和拥堵。请你结合自拟的数据、图表，进行相关分析，得出结论，并提出相应的改进措施。

说原创试题，让试题在命制后更具有学科专业知识的渗透，对原创试题的高层次的解析，更能对试题内容进行深入的理解，不断优化原创试题的质量，与学业质量水平内容相匹配，更能体现学科的核心素养。

对于每一位学科教育者来说，命制高中信息技术原创试题不仅应该准确理解核心素养的内涵、具体表现及水平描述，更应基于学科核心素养，在优化原创试题的流程上、试题内容的结构上、挖掘相关经典素材的方法上有所思考和创新，然后通过科学的思维路径有效地组织和编排相关的内容，从而更有效地实现对学生核心素养的测试。

参考文献

［1］中华人民共和国教育部．普通高中信息技术课程标准（2017年版）［S］．北京：人民教育出版社，2017．

［2］闫寒冰. 数据与计算［M］. 杭州：浙江教育出版社，2019.

［3］李艺，董玉琦. 数据与计算［M］. 北京：教育科学出版社，2019.

［4］任友群，黄怀荣. 普通高中信息技术课程标准（2017年版）解读［M］. 北京：高等教育出版社，2018.

［5］吴飞. 人工智能初步［M］. 杭州：浙江教育出版社，2019.

中度智障儿童拼音学习策略探究

乐清特殊教育学校　周洁静

教育部新编教材和浙江省编教材都未将拼音教学列入系统教学范畴，拼音教学在培智学校处于边缘化状态。在日常教学中，教师往往直接借助图片或直观教具进行生字教学，效果一般。随班就读智障儿童在普通学校能接触拼音教学，但智障儿童认知、记忆和模仿能力均较弱，加之拼音教学较为抽象、枯燥，智障儿童拼音学习效果不佳。另外，现代信息交流要求个体有一定的拼读能力，掌握基本的拼音规律，从而更好地融入社会。而有先天构音系统缺陷的儿童，不会发音或发音不清晰，也需要教师借助拼音纠正发音。因此，根据中度智障儿童个体特性，开展个别化拼音学习实践研究，具有现实意义。

一、从抽象走向形象的"直观学拼音"策略

在汉语拼音字母中，易混淆发音较多。对于中度智障儿童而言，突破易混淆发音是学好拼音的基础，更是教师拼音教学能否取得根本成效的根基。笔者在具体教学中，利用实物、手势和已有知识，根据不同中度智障儿童实际，交叉使用，有一定的效果。

（一）借助实物，学习形近拼音

除普校教材提供的拼音插图外，笔者通过各种途径寻求配套的直观教具。依据中度智障儿童心理特征，尽量选取具有生活性的物品、图片、动画或视频等，借助中度智障儿童视觉优势，突破形近拼音障碍。如教学声母"b"和"d"时，借助"宝宝听广播"和"马儿奔跑"的视频，区别字形易混淆拼音；教学声母"f"和"t"时，出示图片"拐杖"和"伞柄"，区别形近拼音。

（二）利用动作，学习易错发音

发音不清晰是中度智障儿童异常构音的常见现象。在拼音教学中，笔者注重抽象拼音符号和直观动作相结合的形式，借助实际生活场景，让中度智障儿童理解抽象的拼音所表达的含义。如教学声母"p"时，借助动作让学生体验"p"和"泼水"的"泼"同音，加深中度智障儿童初学声母的印象；教学声母"ch"时，以动作"吃"来巩固或矫正发音。

（三）结合认知，学习发音方法

部分中度智障儿童有构音障碍，由于他的口腔肌肉过于紧张或松弛，导致发音不准确。借助"学""认"同步，"双线并进"的形式，将拼音与识字等彼此分散的要素统整在一起，互相渗透，整体协调，最终形成一个有价值、有效率的整体。据此，笔者在拼音教学中，结合中度智障儿童前期已掌握的生字，来巩固拼音的正确发音。简而言之，就是看生字学拼音。如教学前鼻音"in"时，中度智障儿童分不清楚"in"和"ing"的发音部位，笔者联系前面刚学过的"亲""林"等生字纠正发音，q-īn-qīn（亲），l-ín-lín（林），并编成儿歌"亲近、

亲近、in、in、in""森林、森林、in、in、in",强化中度智障儿童正确发音。

二、从固化走向趣味的"生动学拼音"策略

解决中度智障儿童构音障碍的传统方式为口腔训练,通过改变其口腔肌张力状况,进而改善发音状况。该方式个体间差异大、训练方式枯燥,构音障碍儿童配合度不理想,总体成效一般。笔者在拼音教学中,利用儿歌诵读、角色扮演和趣味活动等形式,将口腔肌张力训练、拼音知识和儿童活动巧妙融合,有效解决中度智障儿童构音障碍问题。

(一)趣味儿歌诵读,学习字母发音

儿歌具有朗朗上口、贴近儿童生活、韵律感强等特点。教师利用这一特点,有针对性选择儿歌,并通过趣味诵读的形式,突破智障儿童音节发音障碍,提升拼音教学的有效性。如《韵母歌》:发 a 时,嘴张大;念 o 时,嘴拢圆;扁扁嘴巴 eee,牙齿对齐 iii,嘴巴突出 uuu,口哨吹吹 üüü。再如《声母歌》:广播 b,泼水 p,双门 m,拐棍 f;马蹄 d,伞把儿 t,单门 n,小棍儿 l;鸽子 g,蝌蚪 k,喝水 h;i 字拐弯就是 j,气球 q,西瓜 x;板凳 z,刺猬 c,蚕吐 s;zh、ch、sh,卷舌头,加椅子;一颗小苗 rrr,树杈 y,屋顶 w,汉语拼音要牢记。

利用中度智障儿童知—动训练模式,将儿歌诵读和动作有机结合,起到事半功倍的效果。如区别形近声母 b、d、p、q,通过诵读儿歌并辅以手部动作加深记忆:左上半圆 qqq,右上半圆 ppp,左下半圆 ddd,右下半圆 bbb。将儿歌和肢体动作结合起来,让智障儿童在轻松愉悦的环境中学习拼音。再如《拼音休息操》:点点头,伸伸腰,我们来做休息操。动动手,动动脚,我们来背声母表 b p m f,d t n l……扭扭脖子,扭扭腰,我们来背韵母表 a o e,i u ü……站要直,坐要正,我们来背整体音节认读表 zhi chi shi……

(二)角色扮演互动,学习抽象字母

角色扮演能有效地还原真实情境,让中度智障儿童在真情实感中快乐学习。教师通过创设情境,让中度智障儿童在角色扮演中参与到拼音教学中来,从而解决拼音字母抽象难记的现象。如学习韵母"e"时,中度智障儿童借助扮演小天鹅在水中舞蹈的动作,观赏 PPT 视频天鹅在水中的倒影,记住"e"的字形;学习韵母"u"时,通过"龟兔赛跑"的故事,加深他们对"u"(乌龟)的发音记忆;学习韵母"ü"时,让他们尽情地体验小鱼游来游去,配上小鱼吐出泡泡的视频,泡泡变成"ü"上的两个小圆点,使学生对拼音的音形义记忆深刻。只有让中度智障儿童参与体验了,才能真正帮助他们打开拼音王国的大门。

(三)设置游戏活动,学习特殊拼音

构音障碍儿童掌握气流强弱比较困难,在发送气和不送气拼音时经常出现发音不清晰或发音错误的现象。在拼音教学活动中,教师通过精心设置游戏,能有效引导构音障碍儿童送气音练习,提升他们的课堂参与度,活跃课堂氛围,突破送气和不送气发音技巧难点,增强语音教学成效。如教学送气音"p""t""k"时,需呼出较强气流,单纯口腔训练成效不理想,构音障碍儿童兴趣不大。如果在课堂中导入吹气球、蜡烛或口哨等游戏,他们的兴致会很快提升上来,参与度也会高涨,教学效果事半功倍。构音障碍儿童掌握送气音发音方法后,还经常出现送气音和不送气音混淆现象,教师利用吹纸游戏矫正发音,通过游戏体验哪些拼音送气,哪些拼音不送气。同理,可用此方法引导他们掌握前鼻音和后鼻音、平舌音和翘舌音的发音方法,从而提升构音障碍儿童发音能力。

三、从灌输走向内生的"优化学拼音"策略

随着特殊教育理论不断发展，中度智障儿童语音教学辅助工作日渐丰富，教师可充分利用辅助工具，根据中度智障儿童个体特点和差异，针对性选择适切辅助工具，突破中度智障儿童构音缺陷，提升语音教学成效。

（一）动手操作，在实践中获得知识

（1）动手做。每天学完汉语拼音，教师就鼓励中度智障儿童回家制作拼音卡片。让他们和家长一起动手制作，找纸板、裁剪、书写。第二天和同伴比一比，看谁做得更有趣、更漂亮，增强他们拼音学习的成就感。

（2）动手画。学习单韵母"a"时，让中度智障儿童想一想"a"像什么，然后给"a"配插图，虽然是智力障碍，但他们的想象依然五花八门，有画小姑娘梳辫子的，有画大嘴巴的，还有画盘子的……画什么是次要的，关键是通过有趣的绘画，不知不觉中记住拼音字形，掌握正确发音。

（3）动手摆。学习生字时，借助中度智障儿童前期制作的拼音卡片，让他们用声母和韵母卡片动手摆一摆、拼一拼，以视觉优势填补拼音这一抽象思维的不足。儿童在摆玩中，既感新奇，又觉有趣，能积极参与课堂互动。

（二）借助辅具，在操作中加强交流

（1）沟通辅助系统。借助 iPad、iPhone 或 iPod Touch 的图片沟通辅助（Picture AAC）软件，引导中度智障儿童或构音障碍儿童利用拼写文字，由系统转化为语音输出，达成与人交流的目的。

（2）沟通板。借助沟通板纠正构音障碍儿童发音，实现无声语言向有声语言转化、有声语言向自发语言内化。

（3）平板计算机或手机。借助平板计算机，发起小组交流、活动介绍或游戏分享等活动，加强构音障碍儿童与同伴交流。借助手机，通过 QQ、微信等交流平台，引导中度智障儿童与家人或同伴网络交流，让他们有机会参与社交沟通，参与社会互动，完成从自发语言向沟通语言的转变。

（三）参与互动，在活动中积累经验

（1）开展拼音竞赛活动。依据中度智障儿童小团体语境实际，结合拼音教学内容精心设置相应主题活动："给生字宝宝找声母（或韵母）""拼音生字对对碰"，结合学校古诗诵读活动进行"古诗注音"等趣味拼音竞赛，为中度智障儿童拼音教学提供自然的、生活化的语用环境，强化拼音学习效果。

（2）倡导无障碍阅读。在拼音教学中，教师引用绘本故事进行拼音教学，将枯燥的拼音植入有趣的故事中。创设多渠道阅读环境，引导中度智障儿童阅读绘本、拼音读物，让他们参与阅读，爱上阅读。借助阅读课，让中度智障儿童将自己阅读的绘本、拼音读物讲给同伴听，培养他们沟通与表达的能力。开展推荐一本好书活动，将你认为好看的拼音读物拿来和大家一起分享。成立班级图书角，教师将适合的拼音读物推荐给中度智障儿童。通过各种途径，激发他们拼音阅读兴趣，提高他们拼音阅读能力。

（3）开展无障碍沟通。借助讲故事、背儿歌、背古诗和推送好书等活动，为中度智障儿

童沟通创造条件。利用写话、拼音日记或简单周记活动等形式，把自己的所见所闻以文字的形式分享给同伴或家人，提升中度智障儿童语用能力和表达能力。

中度智障儿童拼音教学具有反复性、差异性和多元化等特点，教师在教学拼音时，要根据受教对象实际，综合上述方法，交叉运用。同时，结合教学成效阶段性评估，适时调整操作方案，有效突破中度智障儿童构音障碍，增强他们的社会融入度。

参考文献

［1］中华人民共和国教育部.培智学校义务教育生活语文课程标准（2016年版）［S］.北京：人民教育出版社，2016.

［2］吴春燕，肖非.从"生活化的课程"走向"有意义的生活"——试论智障教育课程的价值取向［J］.中国特殊教育，2014（12）：34-37.

［3］庄今新.培智学校《生活语文》新教材的试教与思考［J］.现代特殊教育，2017（6）：61-62.

［4］林乐珍.绘本拼音教学法的思考：认识、行动与蓝图［J］.小学语文教师，2018（11）：4-9.

读人·读文·读世界
——例谈小学课外联结式阅读的实践路径

温州市鹿城区教育研究院　潘　旸

时下，全社会高度重视儿童阅读，但繁荣的表象之下有烦冗的负担：繁荣了童书市场，却勾不起阅读欲望；繁荣了理念推广，却带不起实践步伐；繁荣了阅读数量，却提不起文学素养……因此，亟须对优质高效的阅读教学方式进行探索。新版统编教材"和大人一起读""我爱阅读""快乐读书吧"等栏目，联结了学校基础性课程与拓展性课程，实施"1+X"延伸阅读，从单篇、群文到整本书，实现了阅读量的飞跃，更引发了思维模式的质变。但教师如何研读文本、创设路径、巧用策略，将阅读变为学生愉悦而深刻的精神之旅？这是当下不得不正视的瓶颈。

一次偶然的"相遇"：由"读人"切入激起学生阅读兴趣。我曾设计过一堂"鲁迅其人其文"的作品赏析课，先读人——勾勒鲁迅的童年形象，再联结——阅读亲人、朋友、学生眼中的他，以"概念圈"梳理各个年龄段的鲁迅形象。没想到效果出奇的好，学生对"怕怕"的周树人一下子有了亲近的感觉。"有时学习不是从'伟大'入手，而是从生活故事入手，深度阅读就自然而然地发生了。"可见，若要引导学生静下心来成为"白色阅读"者（玛格丽特·杜拉斯），"人"正是最好的触发器。

为此，我们链接课堂内外，选取"大师大家＋名事名篇"，以"读人—品文—知世界"的视角，探究学生联结式阅读的策略，情感上，因势利导，变阅读训练为阅读享受；程序上，张扬主体，变教师指导为自主探究，自动自发，综合实践，用阅读的触角探寻经典文化传承，用审美的眼光留心生活中的事物，从"还原性阅读"走向精神建构的"有我阅读"，全面提升阅读能力与阅读情志。

一、"读人·读文·读世界"视角下的课外阅读内容设计

1. "勾连—比读"：阅读作家的人生地图

"读人"，怎样读"大师大家"？我们首先梳理"大家"的生命时间轴，让"人"的形象鲜活丰满起来。例如，巴金的《人生地图带着时代的烙印》，作品中流露出的求实诚挚、激流勇进的精神，让学生心怀感佩。萧红的《人生历程》则是由时间与地点的迁移图解，从1911年到1942年，从呼兰到香港，从她短暂又颠沛的一生，身后100多万字的作品，感受这位"文学洛神"的惊艳与凄苦。冰心的人生地图定位由其代表作代言，在时间轴上孩子们惊喜地发现作者内心的"逆生长"……据此，学生树立了"知人论世"的意识，让文字有了生命的温度，由此启发学生阅读的源动力，使得他们后续主动拓宽、深化阅读的维度。

2. "聚合—联读"：阅读作家的童年故事

如果以"读人"带动"读文"是发掘作者作品的内部联系和生命内核，那么聚焦作家的童

年书写，则是从学生的生命体认出发，寻求跨越时空的共鸣。笔者带领团队引导学生先聚合后联读，形成主体关联和追溯探究的兴趣。像钱理群教授主编的《小学生名家读本》系列，我们就是围绕童年主题先梳理、后筛选、再联结组织教学。

如读鲁迅，从小学到高中共选19篇文章，我们运用KWL图表选择《隐鼠成亲》《百草园的泥墙根》《我与三味书屋》《送灶神》群文阅读，配合《哈哈党》《"剪刀阵"和"壶瓶骂"》等横向联读，学生很轻松感受到鲁迅丰富立体的"真形象"。《小学生冰心读本》联结《纸船》《雨后》《别猜了这朵花》诗歌赏析品味冰心"有了爱就有了一切"的博爱哲学，对比重读《忆读书》《童年的春节》《说几句爱海的孩子气的话》以童真视角看世界，妙趣横生。《小学生沈从文读本》选择"顽童自传"中《我上许多课仍然不放下那一本大书》《星期日》等文章了解作家童年在大自然中创造N种玩法的乐趣，品味"语言中多用动词"形成"场感"的写作秘诀（图1）。还有书本和其他艺术形式的统整立体阅读，整本书阅读《蔡澜食趣》，通过世界美食地图拼贴、结合蔡澜各个发展时期的故事以及其文学作品、电影剧本等展开联结阅读；"杨绛作品赏析"系列选取了清华读书、《我们仨》的生活趣文、翻译《堂吉诃德》的插曲，以及钱钟书创作《围城》等文章及故事进行抽丝剥茧般的联读。

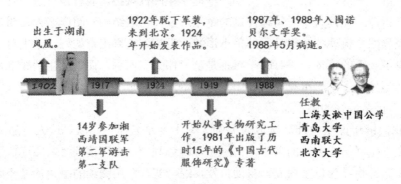

图1 沈从文的"人生时间轴"

3．"发散—走读"：阅读作家的生活轨迹

读万卷书，行万里路。如何设计开放性的"走读"任务，引导学生触摸作品的精神内核，牵手"作品背后的人"呢？如为巴金纪念馆选址并陈述理由，为展厅写前言；去瓯海瞿溪按图索骥打桂花，去"琦君纪念馆"现场酿桂花；追寻朱自清的踪迹，从《绿》到《荷塘月色》到《我的南方》，在温州的山和水、人和事里，品味其文字的"通感"玄机。在阅读与行走中，学生在感性上贴近了文本的情境氛围与人文背景，理性上基于老师的阅读策略强化了加工信息、运用语言和体悟思辨等核心素养。由此，综合能力与阅读情志就在潜移默化中生成，从"还原性阅读"走向精神建构的"有我阅读"。

二、"读人·读文·读世界"视角下的联结式阅读操作路径

依照"国家课程校本化实施、特色课程系统化实施"的原则与路径，在课时安排上，每周抽出一节语文课专门上阅读课，激发引导；拓展性课程时间主要尝试微课展示与交流，将学生

推上"TED"演讲台。以"读人·读文·读世界"为基本路径，一年一个大主题，原创开发。自下而上，依从学生的真实需求；自上而下，考量教师的专业底蕴。一般一个专题4～24课时甚至更多课时序列化开发，建立主题阅读课程资源库。

2016年2月28日到2016年12月18日研发"小学生名家读本赏析——美食地图"主题阅读课程，大家们爱写作，也爱美食，这同时也是孩子们的心头好。"名家美食地图"课程广受欢迎：萧红的爷爷从井底捞上来的美食；"吃货"鲁迅书房里的糖盒子、饼干筒子、瓜子罐；冰心笔下春节的味道；朱自清温州故居对门的"猪油糕"……为经典阅读增添别样的风味，虽浅显，却用美食最大限度地打开了儿童阅读的"知情意趣"，走进了儿童的精神视域，让儿童遇见更多的美好。

2017年4月30日到2020年7月研发"文学世界里的十二味童年"主题阅读课程，我们选择研发的关键词是"童年"，正如托尔斯泰说的"一个作家写来写去，最后都会回到童年"。童年的记忆会影响作家对当今社会的看法，使之建构个人历史，成为公众记忆、民族记忆，乃至成为人类共同的记忆。我们带领学生研读作家笔下的童年，从中了解其成长道路，加深对其作品的理解，也促进学生对童年的自我建设。好孩子、坏孩子、乖孩子、怪孩子……每个作家都有一支神奇的笔，他们徐徐写下童年时变换的季节，英子耳中忽远忽近的驼铃声，汤姆索亚的冒险经历，逃学大师沈从文……这些看似个人的故事，却浓缩了一代人的童年。

以《汪曾祺名家读本》为例，联结式阅读的组织形式大致如下。

1. 导读，赏析趣事美文

从汪曾祺先生喜欢吃蟹入手，用大量的文史资料来丰富学生的阅读内涵，历史考据、传说故事、历代文学名家作品描写以及电视电影视频等，持续学生的阅读期待，形成立体的阅读层次。

2. 联结，观看精选美片

赏《舌尖上的中国》有关醉蟹的制作视频、电视剧《红楼梦》中吃蟹咏诗的镜头；读《晋书》《明宫史》等相关记载，了解古人吃蟹的习俗；品大文豪苏东坡、陆游、林语堂等笔下的吃蟹场景；从构字法上，了解"天下第一食蟹人"巴解的传说故事；听中国人如何帮德国人除蟹灾，猜中国人为何爱吃蟹。学生兴致勃勃地探寻大师们如何吃出文化，吃出文学。

3. 转化，上教师下水文

如何以美文写美食？通过师生共读汪曾祺的《咸菜茨菇汤》，结合教师下水文《小米汤》，发现美食与美文之间的秘妙："品味文字纤细的美，写出具体感觉""要有情感""说美食的由来""加入故事和传说"……学生们读后争先恐后地道出自己的见地。

4. 实践，学生创作微课

学生自创《名家美食地图》。姜彤同学通过比较各地的鸭蛋，聊汪曾祺与高邮鸭蛋的故事，品读《端午的鸭蛋》，体会到家乡人的勤劳、美食的有味，感受到其作为老饕的朴素与雅致；黄隽然同学的《舌尖上的内蒙古——羊》，先展示了作家贾平凹先生笔下的"羊"，随后联结各种以羊为原料的食物，从中提炼出写作技巧、情感脉络和历史沿革三个层面的感悟。

5. 演绎，荐香樟巡讲团

挑选优秀的微课，成立"香樟巡讲团"，搭建平台，逐层推荐，从班级、年段到温州市图书馆，乃至各县市区图书馆和学校，甚至温州大学进行宣讲。

6. 修改，润色创意微课

引导学生多次修改润色，有的同学都改到十几稿才罢休。这种高涨的热情实际上就是阅读情志迸发的真实呈现，其过程就是海量阅读后筛选、联结、取舍，最后实现"活心"，内化为自己的阅读体验。

7. 创作，形成个性作品

将微课解说稿拓展成为学生的个性作品：手抄报、读后感、演讲稿、微视频、游记等，在各个学校、文化场馆或者发布平台推送，将阅读与写作紧密地结合在一起。

这是一份完整的儿童视角的联结式阅读微课建设操作流程：

教师引领阅读—学生选择主题创作微课—参加"香樟演讲团"巡讲—提炼形成演讲文章—自主创作微课—参与"TED"讲演—走上"毛毛虫讲坛"。

一个个系列专题展开，兴趣的激发点燃，信息的整合输出，学生在"读人"的阅读情志催化下产生浓郁的探究精神，语言敏感性及对美的追求就在不经意间形成，正如惠特曼所说的，美的东西也将成为孩子的一部分，有了感动的力量。如此便构建了阅读联结体系，提升思考力，实现自我的创意阅读，形成个性化的"有我阅读"世界。

三、"读人·读文·读世界"的联结式阅读实践策略

实践中，我们依据奥苏泊尔的认知通化理论，首先引导学生联结课内外，由此及彼，由表及里，由浅入深，逐渐分化"下位"阅读形成知识链，走进文学的"曲径通幽处"；再连贯主题"读人·读文"，序列巩固"上位"阅读，打开打破自己，在模仿、创作、展示中不断联结思考、"反刍"，形成了联结重构、序列推进的阅读实践策略。

1. 磨课策略：换位思考，联结最适切的阅读材料

借鉴教师滚雪球式磨课的经验，引导学生通过自我追问，同学互访确定教学目标，经过月余海量阅读，筛选材料，设计活动，准备道具，制作课件，从小组试讲到老师辅导，到实践改进，少则一两次，多则十几次。

例如，学生搜集丰子恺漫画作品，组成"春天寄语"，巧妙组合《小学生丰子恺读本》的目录和藏宝地图带领同学们寻找丰子恺文学乐园的"五宝"，个性评价丰子恺是"拥有真谛的人"；《小学萧红读本》"小老师"们读出了百千姿态的萧红：用照片梳理萧红的人生地图、生活经历；走进《呼兰河传》，极富个性地抓住"快乐""荒谬""人不如猪狗"三个关键词，结合电影谈感悟；以"一个永在逃亡却热爱自由的人"为主题，选取小说三章内容联系思考，想到一个真正大志的人，不可沉湎于个人情绪，而应突破局限，放眼社会和未来……孩子们已经从单纯的感动中走出，走向理性品位，走向写作迁移。

2. 巡讲策略：高阶磨炼，展示最适味的阅读微课

从班级到大学讲台，学生一次次完善升级，每一次讲演都是阅读的二次构建，实现了语言与情感的同构共生，与奥苏贝尔理论的"下位学习"理念不谋而合，即"有意义的阅读过程的联结与重构"。学生到温州市各大图书馆及其他兄弟学校巡讲，甚至给师长上课，在市"爱阅读"项目研讨会、区小学语文九十学时培训班、区小学语文学科素养提升活动上分享，接待丽水、青田等地的骨干教师……不同学情、不同场域、不同情境，学生的阅读思考力从各个角度被激发，最大限度地联结阅读，上出有味道的儿童阅读课。

3. 研究策略：深度阅读，探寻最适性的阅读世界

通过一个个系列专题的课堂阅读指导，提升了学生获取信息，提炼主题，联结批注、表达观点的能力，更在展演中始终保持高涨的阅读情志，于是我们逐渐放手，让其自主进入深度阅读阶段：

品鲁迅，学生们和两位"90"后年轻教师一起从孔乙己的茴香豆研究"吃货"的可爱本色；读金庸，虽是在高段学生痴迷仙侠小说时有针对性地尝试引导，但在金粉老师的感染下却是脑洞大开，将《左转》、唐诗宋词、明清笔记、美食文化、历史知识熔于一炉；对《简·爱》产生兴趣，将文学和影视联结，其演讲全文被《当代教育家》刊发；受《活着》的影响，遍读余华所有作品，成为其忠实粉丝，哲思飞扬："活着就是在创造生活"……

综上所述，"为'立人'读经典"，"读人·读文·读世界"视角的联结式阅读，有机整合重构教材与课外阅读，改变阅读程序，打破阅读结构，学生的阅读活动从单一走向联结，阅读微课从模仿走向创作，再走向课程，形成"导读—联结—转化—实践—演绎—修改—创作"和"确立人·文主题—海量阅读—联结筛选—备课打磨—示范展示—纵深研究—建设个性课程"师生双线并进、循环往复的操作范式及实施路径。实践证明，学生情志高涨，表现出强烈的阅读欲望和深读的诉求，在循环往复的联结作家、受众、文本及生活中，学生信息评价和提炼观点的能力越来越强，极大程度上培养了学生的阅读欣赏与创造能力。我们就这样一堂堂微课创设情境、一次次联结进行提炼整合，迁移思考，将"读人·读文·读世界"浑然融为一个知识体系，帮助学生建立一张"自由的思维网（大卫·伊格内托）"，让学生成为快乐的阅读者与思考者，真正唤醒其生命意识。

英语学习活动观视域下的初中英语语言综合运用课教学

温州市第八中学　刘　毅

一、引言

外研社版《英语》课本由学习模块及复习模块组成，每模块含有三个学习单元（Unit）（即听说部分、读写部分及语言综合运用部分）。《教师用书》中提道：每个模块下的第三单元 Language in use 是为训练学生运用本模块所学的语言结构与词汇，综合提高听、说、读、写技能的单元。通过设计真实的活动场景与要求，让学生有机会运用本单元掌握的语言知识与技能处理一些实际生活中的问题，这和《义务教育英语课程标准》首次提出核心素养目标相一致。

反观目前的初中英语语言综合运用课堂，笔者发现还存在以下诸多不足。教师对于每个模块的 U3 Language in use 的教学研究普遍不到位；教师在开展教学设计时，往往仅考虑"语言第一，应试第一"的价值取向；教学呈现"碎片化、表层化、模式化和标签化"特征（王蔷，2018）；活动设计基本是知识讲解与机械操练，或者增加一些课外练习；有些教师甚至将这节课简单上成了"做练习，对答案"的练习课，忽视文化内涵的挖掘、思维能力的发展和学习能力的培养。所以，探讨如何上好每个模块的 U3，是初中一线英语教师值得思考和研究的问题。

二、英语学习活动观含义

《义务教育英语课程标准》里对英语学习活动观有具体的文字阐释——学生在主题意义的引领下，通过学习理解、应用实践、迁移创新等一系列体现综合性、关联性和实践性等特点的英语学习活动，基于已有的知识，依托不同类型的语篇，在分析问题和解决问题的过程中，促进自身语言知识学习、语言技能发展、文化内涵理解、多元思维发展、价值取向判断和学习策略运用（教育部，2018）。这正是英语学习活动观的含义。从中可以看出，活动观是以发展学生核心素养为指向的。所以，我们要研究英语学习活动观视域下的语言综合运用课的教学实施和策略。下面选取外研社版《英语》学生用书中的 Unit 3 的几个例子来进行简要说明。

三、英语学习活动观视域下的语言综合运用课教学实施

（一）优化教学设计，做到学科育人

1. 优化教学目标，关注学科育人价值，让学习更有意义

"过去的十几年课程改革，英语课程提出了综合语言运用能力的学科课程目标，从过去

重视语言知识和语言技能的双基目标转向了多元的总和目标。"（王蔷，2016）但在现实教学中有些教师设立的学习目标只有知识能力目标，此类目标通常只涉及本节课学生应该学习的知识内容及学习的程度。这有悖于当前英语教学所倡导的"关注学科育人价值、关注学生思维发展、关注学生核心素养"。所以，我们要优化教学目标，通过学习活动帮助学生实现语言知识和语言技能的发展、文化意识的增强、思维品质的提升及学习能力不断提高的目标，真正做到学科育人。

例如，七年级（下）M10 A holiday journey Unit 3 Language in use 的学习内容主要是复习并运用 so，guess，excited，arrive，relax，sell，top，on，wonderful，world-famous，till，light 这些词句和用电子邮件的形式向朋友介绍自己的假期旅行经历。我们将本课的学习目标设置如下：

（1）熟记动词过去式的变化并能正确使用，能恰当使用一般过去时态尤其使用特殊疑问句谈论旅游。

（2）能用 U1、U2 中出现的词汇如 excited，relax，world-famous，wonderful，so，till 等向他人介绍旅行经历。

（3）通过自主学习和小组讨论，领悟文本背后的深刻意义。

（4）通过阅读文本和讨论动画电影《飞屋环游记》，领略中外不同文化的内涵，收获分享旅行的意义及培养冒险精神和热爱生活的品质。

（5）通过小组合作，对电影进行续集编（基于剧情需要融合自己的旅行经验），以 E-mail 形式发给导演。

上述学习目标中的前三个目标关注培养语言能力和思维品质，第四个目标开始关注文化意识、价值观的培养，第三、四、五个目标除语言、文化和思维品质外，还需要学习能力作为支持条件——查阅资料、咨询他人、合作研究等，同时，需要学生不断调整学习策略和学习方法。由此看出这节课的学习目标设计内嵌了核心素养要素，关注了学科育人价值，让学习更有意义。

2. 立足主题语境，整合课程六大要素，让活动更有价值

活动观倡导主题语境、语篇类型、语言知识、文化知识、语言技能和学习策略、课程内容六要素的整合性。在教学设计中要让学习活动在一定的主题语境下进行，基于情境，依托语篇，将知识、技能、策略等融于各项活动之中。

例如，八下 M3 Journey to space 的话题是太空探索，我们创设的主题语境是以"人类的太空之梦"为主题制作一张海报（网页、视频）给地方科技馆作宣传。围绕这个主题语境学生需要了解学习更多的航天知识，谈论人类已知的、未知的、已做的、未做的事情。整合学生用书上的材料（问题、小语篇、练习等），深刻理解语言，探究文化内涵。制作海报（网页、视频），既要基于 U1、U2 和 U3 语篇的学习内容，以及所涉及的知识、技能、文化与策略，又要在任务的驱动下发挥想象力，表达对太空探索的畅想。这个学习过程中需要学生在语篇赏析中习得中外太空探索的相关知识并作比较、提炼，在教师的引领下明确海报（网页、视频）的撰写方法，并创造性地表达个人观点。这就实现了在主题语境下"课程内容诸要素在学习活动中融通、互动、渐变，综合协调发展，最终实现核心素养的整体发展"。（高洪德，2018）

（二）改进教学流程，凸显核心能力

英语学习活动观的特征之一是体现外语学习特点的认知和运用维度，即学习理解、应用

实践和迁移创新三大类活动。在当前的初中英语教学中,教师解读文本过于关注表层信息和语言知识点讲解,课堂设计的活动浅层、低效,忽视思维品质、文化品格和学习能力的培养。所以要改进教学流程,课堂中的学习活动要在语言、思维、文化相融合中层层递进,以此帮助学生在对主题意义的深入理解中习得语言和文化知识,发展语言技能,形成积极的情感态度价值观,并创设新的情境,引导学生在运用所学语言和文化知识中创造性地分析问题和解决问题。下面以八下 M3 Journey to space Unit 3 为例加以说明。

1. 善用文本,学习理解,汲取多元信息

学习理解可分为感知注意、记忆检索、提取概括,旨在基于语篇获取信息,感知语言内涵及其价值取向。

本节课学生用书上有 12 项内容,教师挑选了语篇 "Spaceship on Mars!" "A letter—I've found a great book" 和第 25 页练习 9 的短文进行学习。这三篇内容都涉及人类与太空探索之间的关联。然后设置了有梯度的问题:如 Who has ever been to Mars?(No one has been there, but spaceship has.)(细节理解题——表层含义理解);Has any spaceship in China just gone to the space?(Not yet, but it will in the future.)(细节理解题——表层含义,培养民族意识);What's the passage (P25.9) mainly talked about?(About human's exploring the space.)(主旨大意题——深层概括);What haven't people done for space yet?(开放的推断题——运用已学的知识技能,对已知的内容进行整理,概括出人类尚未做的事情,领会太空探索的意义,培养学生追求真理、勇攀高峰的科学精神)。

通过这些语篇的学习,学生既复习模块三 U1、U2 的语言知识,又获得对于太空探索的新的认知。在梳理、概括、整合信息过程中,形成新的语言和文化知识结构,感知并理解语篇所表达的意义和承载的文化价值取向。

2. 设置任务,实践应用,内化知识技能

应用实践类活动是内化所学知识和技能等形成语言运用能力的过程。在这个教学步骤里,教师设置了两个任务:一是词语情境化练习活动,如完成学生用书 23 页练习 6 和 24 页练习 7 等,不仅进一步理解了太空探索的意义和人类对太空探索前景的展望,同时,又将信息进行提取、分析、整合运用,促进知识理解和内化。二是给学生两个问题进行讨论:(1) Is there life on Mars? Give at list 3 reasons. (2) Is it good or bad to explore the space? List at least 5 reasons. 这两个问题都属于推理判断的开放题,学生需要深层理解所学文本,结合自己的认知,回顾太空探索方面的相关语言知识并且能够用现在完成时谈论自己的态度与观点,这正是运用内化的知识技能,重组语言进行论述的过程。

3. 链接生活,迁移创新,走向深度学习

迁移创新类活动是运用所学知识和技能创造性地解决陌生情境中的问题,促进能力向素养转化的过程。本单元的新情境是制作一张主题为"人类的太空之梦"海报(网页、视频),为地方科技馆做宣传。内容包含(1) What do you want to do for space?(2) What's human being's dream for space? 围绕上述两个问题,学生小组合作选择海报的素材,在探讨中回顾整理已学的知识,了解更多的航天知识,并从生活中找到灵感,展开想象力,学会选择与提炼。海报(网页、视频)制作完成后进行小组展示,评选出最佳作品。为科技馆作宣传这个主题情境来源于生活,海报素材的灵感又来自生活,学生将所学的知识技能很好地运用起来,创造性地分析问题和解决问题，这样既提升了主题活动的意义，又实现了学生能力迁移，达到了深度学习。

四、英语学习活动观视域下的语言综合运用课的教学策略

1. 主题活动设计重在意义探究

英语教学过程不局限于语言知识的识记和语言技能训练，应基于语篇，围绕主题意义，探究知识、经验和智慧。（程晓堂，2018）主题活动的创设，不仅是为达到语言知识和文化知识的学习目标，更是为语言学习提供有意义的语境，并渗透情感、态度和价值观。

例如，八下 M9 Friendship U3 教师在选择整合重构了一些语篇后，设置了如下活动：How do you start the friendship?—How do you solve the problems —Can you give us some good advice?—How many ways of making friends do you know? What are they? —Describe an experience of making a friend or describe friendship—Talk about searching new friends. 本节课的任务是 Make a web page about making new friends。上述活动是围绕着有意义的主题情境——交友展开的，教师创设和利用真实的语用情境，激活学生已有的知识和经验，形成正确的交友策略，改进语言表达，开设征友网页。设置的问题体现了学习活动的内在逻辑性和语言、文化、思维的发展。最后设置的任务——制作交友网页（内容包括交友法则、交友标准、本人的喜恶、交友故事等），引导学生在解决新情境问题的过程中进行分析与判断、想象与创造、批判与评价等学习活动，实现了能力的迁移和创新。

2. 文本整合重构突出语篇意义

学生用书中的 U3 Language in use 的内容由 Language practice、Around the world、Module task 三部分组成，形式多以练习和活动为主，包括一些语篇如 Around the world、补全对话、词语填空等。教师如果不进行认真的研究，往往会以完成练习的形式组织课堂教学，这样就无法落实学科育人的目标。

语言综合运用课上基于主题意义探究的教学，语篇的选择、整合和重构是非常重要的。例如，八下 M9 Friendship U3，教师选择了学生用书中 P79 Around the world、P76.2（国外朋友受邀参加音乐会）、P77.5（新生的焦虑：如何开始友谊）、P78.7（朋友间出现的问题）、P78.6（奶奶的交友状况）&8（对于友谊中存在的问题提出建议）&9（描述好朋友）的这些文本，围绕"交友策略"这个主题情境讨论，注重从语篇的语言（各个语篇中的精彩表达）、背景（朋友间出现问题的缘由）、文化（Around the world 国外学生交友方式、国外朋友受邀参加音乐会中表达的多彩的校园生活、中外文化共同点：新生的焦虑——如何开始友谊）、结构（如何描述好朋友的文章结构）等多角度挖掘语篇的意义，让学生了解不同文化背景的人们的交友观，最后形成自己的交友观并表达出来。这样的文本选择、整合和重构，注重融语言、思维、文化为一体，重视在语境中进行知识、技能、策略等的整合性的学和用，符合新课标提倡的学习活动观。

五、结束语

英语学习活动观并非某种固定的活动模式，而是一种相对宏观的学习途径。（高洪德，2018）英语学习活动观视域下的初中英语语言综合运用课教学，要遵循从理解到内化再到运

用，最后实现能力迁移，并向素养转化的学习规律。这一过程既是语言知识与语言技能整合发展的过程，又是文化意识不断增强、思维品质不断提升、学习能力不断提高的过程。

参考文献

［1］王蔷．核心素养对教学设计的再思考［R］．北师大版英语教材教学交流研讨会上的报告，2016．

［2］王蔷．《普通高中英语课程标准（2017年版）》六大变化之解析［J］．中国外语教育，2018（02）：11-19．

［3］赵连杰，刘晶．英语阅读教学流程重构探析［J］．基础教育外语教学研究，2019（5）：7-12．

［4］中华人民共和国教育部．普通高中英语课程标准（2017年版）［S］．北京：人民教育出版社，2018．

［5］章策文．英语学习活动观的内涵、特点与价值［J］．教学与管理，2019（19）．

［6］程晓堂．基于主题意义探究的英语教学理念与实践［J］．中小学外语教学（中学篇）．2018（10）：1-7．

［7］高洪德．英语学习活动观的理念与实践探讨［J］．中小学外语教学（中学篇），2018（4）：1-6．

语文教育的"道"与"技"

温州市瓯海第一高级中学　解观凯

可能没有哪个学科像语文那样存在着诸多的教育教学思想流派,作为一名语文教师,虽不一定非要创立自己的流派,但面对繁多的语文教育思想或教学主张,却一定要有自己的判断,有自己对语文教育的基本看法。笔者在 20 年的从教生涯中也逐渐形成了自己对语文教育各方面的看法,称之为语文教育之"道"。但是,只有"道"是远远不够的,现代教学理论和学习理论的发展,深刻地影响着教学实践,基于这些理论的教学策略、方法、技术等,也是一线教师不能不关注的,近年来,随着《普通高中语文课程标准(2017 年版)》的颁布实施,笔者集中精力学习了"单元课程"方面的内容,完成了论文《借助单元课程,落实核心素养》,此文体现了笔者近年来对语文单元课程的思考,将之称为语文教育之"技"。既关注"道",也不看轻"技",做一个语文教育的思想者和行动者。

一、语文之道——语文教育观

1. 从语文到人——"立人"的语文教育目的观

语文教育不只是教学生学习语言技能,更要陶冶学生的人格、培育学生的精神。语言是人们认识和思维的工具,而哲学家海德格尔甚至认为"语言是存在之家",人的存在因语言而得以确立,因为有了语言人才能理解自我和世界。从这个意义上说语文教育的终极目的在于"立人",是要引导学生通过语文学习来完成精神上的启蒙和成人。

"立人"的语文教育观不同于道德教化。道德教化式的语文教育秉承的是"以文载道"的观点,将语文当作载道的工具,来宣讲道德教条。"立人"的语文教育观以人与文的统一为基础,主张"以文立人",即借助对已有的、精选的文化资料的学习来使"人"摆脱自然的蒙昧状态,形成独立的精神本体和健全的人格。

2. 从知识到体验——"实践性"的语文学科性质观

语文是一门实践性学科。学习者只有在听、说、读、写的言语活动中才能发展出相应的语文能力。知识是必要的,掌握基本的语文知识可以使言语活动获得自觉的品格,但语文学科并不以传授知识为目的,而重在让学生获得听、说、读、写、赏等语文活动体验。

学语文如学游泳。下水前了解水性和气息调节的知识对学习游泳应该是有帮助的,但只掌握这些知识并不等于学会了游泳,因为它不能代替下水游泳的体验。在语文教学中,教师的讲授无论如何精彩都不能代替学生听说读写的语文活动。为此王尚文先生提出"让学"的观点。"让学"可以理解成让学生学,也可以理解成教师要为学生让开学习之路。如果教师不放不让，一味牵着学生走或阻碍学生学，其学习的效果无疑会非常糟糕，因为这违背了语文学习的实践性原则。

3. 从教师到学生——"活动指导"式语文教学观

对语文学科特性的认识决定了我们的语文教学观。既然语文是实践性如此之强的学科，那么就应该果断摒弃讲授式的语文教学观，建立课堂应以学生学习活动为主的教学观。讲授式的语文教学观着眼的是教师对教材的理解与处理，教师在备课时主要考虑的是自己怎么讲，在课堂上教师是表演的主角，学生是被动的观众。而以学生学习活动为主的语文教学观着眼的是学生怎样学，要考虑学生的学习心理和学习能力水平，教师在备课时主要考虑怎样设计活动方案，上课时学生成为活动的主体，教师则退隐为幕后的导演。

让学生在课堂上开展语文学习活动并不是放任自流。由于学生学习的自主性相对较弱，且存在个体差异，因此教师要精心设计活动方案，为学生自主学习搭设支架。活动方案应以课程标准为依据，由若干学习步骤及系列学习任务组成。课堂上的学习活动可以分为两类：一类是直接的学习活动，活动本身即是语文学习，如朗读、阐释、讨论、写作等；另一类是间接的学习活动，是通过活动来学习，如表演、游戏等。

4. 从教学到课程——"用教材教"的语文课程观

教学观的转变还关系到对教材的看法。讲授式的语文教学观视教材为课程内容，教教材即教课程内容。以学生学习为主的语文教学观认为教材只是承载课程内容的材料，它隐含的思想是用教材教。

语文教学应从"教学"的视角转向"课程"的视角。教学视角的语文是以"课"为单位的，着眼于教材的处理，课与课之间往往缺乏系统的联系，至多是以"课文"为单位的，再分若干课时。虽然教材分单元编排，但这种单元往往是松散的。而课程观是将一个学期或学段、某一专题或单元做系统设计，它有明确的课程目标，具体的课程内容，每一堂课是这个课程的一个小环节，这些环节共同指向课程目标。

从"教学"的视角转向"课程"的视角首先要变教教材为用教材教。打破以教材为中心的授课模式，以具体的课程内容为节点来组织课时。这时课文就变成落实课程内容，达成课程目标的材料了。其次要开发具体的课程内容。对于语文学科而言，由教学观向课程观转变的难点在于课程内容的确定。教师须根据课程标准中的相关条目，对教材进行深入解读，从中提炼出相应的课程内容。当然这里的课程内容不只是知识性的东西，也包括各种形式的活动。最后还要打通课内课外的界限。为了达成课程目标，可以对课本上的内容进行必要的取舍，也可以适当选择课外的材料来帮助我们落实课程内容，达成课程目标。

5. 技艺与本色——融合式的语文教师素养观

语文教师的个人修养对语文教学成效的影响是不容低估的。关于这个话题有本色和技艺之争。本色派主张语文教师个人的语文修养是最重要的课程资源，要求教师有深厚的语言学和文学修养。而技艺派则强调教学设计、多媒体应用和多种课程资源整合的能力。

笔者认为这二者并不是矛盾的。作为语文教师就应该尽量多地阅读经典著作，不断地提升自己的语文修养，也要精通现代心理学、现代课程理论和教学理论，熟练掌握现代教育技术。但真正重要的是语文教师的人格修养要与这两方面的素养相融合，从而形成自己的教学个性。

二、语文之技——单元课程的探索

单元课程是落实学科核心素养的有效途径。

（一）单元课程再认识

1. 什么是单元课程

"单元课程"中的"单元"是一个自我完备的教学单元，有明确的教学及学习目的、层次分明的内容组织及配合目标的评价方法。由不同单元组合而成的课程，便是单元课程。从这个描述看，单元课程有明显的课程属性，它遵循确定目标、组织内容、设计活动、及时评价的课程操作路线，是对语文教学系统有序且富于创造性的设计。

2. 单元课程与单元教学

从逻辑上看，单元教学虽也倡导"单元"，但它仍是一个"教学"层面的概念。在许多语文教育文献中，单元教学通常是作为一种"教学法"来研究的，探讨对现行教材单元的教学化处理，这种研究思路往往走向课堂教学模式的研究，侧重于教学环节的分析和教学模型的建构，因缺乏课程意识的观照所以不免有些局限。

单元课程介于学科课程和单元教学之间，具有综合性的特点。其综合性体现在多个方面。首先是教学材料的综合，单元课程设计不限于教材上的材料，为了实现课程目标要综合调动课内外各方面的材料。其次是教学与评价的综合。通行的单课教学往往是教学与评价分离的，既不讲究在教学之前确立明确可操作的课程目标，也不注意教学之后目标达成度的评价。再次是教学方式的综合。关于教学方式常有学生中心和教师中心之争。其实好的教学必然是辩证施教，即根据不同的教学内容、不同的教学目标和不同的教学对象而采取最恰当的方式。单元课程即主张在教学过程中综合使用各种教学方式，或讲授或探究或表演或讨论。单元课程可以为教学策略的使用和学习活动的开展提供灵活而广阔的空间。

3. 单元课程与教材单元

单元课程也不同于教材单元。首先，单元课程是课程领域的概念，而教材单元是教材领域的概念。其次，单元课程一般包括目标、内容、活动、媒体、评价和资源等要素，而教材单元只是将教学材料分组呈现，一般不具备目标、活动、媒体、评价等要素。

现行的语文教材虽是按单元编排的，但在教学实践中，大家采用的还是单课教学的模式。所谓单课教学就是以一篇课文为单位来设计教学，一般一篇课文可设计为1课时到3课时的教案。单课教学的问题在于缺乏系统性，每一课的知识依赖于课文的内容，它背后的教学观念是"教教材"。单元课程的优点正在于打破单课教学的模式，不视教科书为唯一的教材，不仅要对课文做新的整合，还要打通课内外的界限，在课程标准的指导下，设计一系列的课程单元。

（二）单元课程的必要性

1. 有效落实课程目标和核心素养——践行基于标准的教学

在深化课程改革的时代，基于标准的教学越来越成为大家的共识。它要求教师根据课程标准对学生规定的学习结果来确定教学目标、设计评价、组织教学内容、实施教学、评价学生学习、改进教学等一系列设计和实施教学的过程。基于标准的教学可以提高课堂教学效率，保证教学质量和育人目标的达成。这种教学思想与单元课程的理念是一致的，都强调将课程标准中的课程目标贯穿到教学内容的选择、教学过程的实施和教学评价这一系列活动之中。

《普通高中语文课程标准（2017年版）》已将语文学科的核心素养分解为具体的课程目标。因此，在课堂教学中，只要遵循基于标准的教学，就可以将学科核心素养落实到具体的教学活动中。基于标准的教学显然不同于通常的单篇式教学，遵循了课程设计和实施的基本思路，而单篇式教学则缺乏明确的目标和评价的意识，特别是缺乏教—学—评一致的意识。因此，我们认为基于标准的教学的基本形态就是单元课程。

2．有利于国家课程的校本化实施——践行"用教材教"的理念

提倡单元课程面对的一大质疑就是：语文教材已经按单元编排，按照教材教就是了，何必搞"单元课程"？

教材确实是按单元或专题编排的。但在实际教学中，往往还是一篇篇来教的，缺乏单元整体教学的意识。其一，单元课程可以避免单篇教学的重复和琐碎，有利于落实课程目标。其二，单元课程遵循的是"用教材教"的理念，要求根据课程标准组织课程内容并实施和评价，在这种观念下，课程标准的地位高于教材。这与"教教材"的传统观念是大异其趣的，因为在传统观念下，教材的地位高于课程标准。其三，教材是统一的，而各地区各学校的学情则千差万别，这就要求对教材进行校本化的实施，这也是教材内容教学化的必然要求。可以说，单元课程是践行"用教材教"的理念，对国家课程进行校本化实施的重要途径。

3．有利于组织学生活动——尊重语文学科的实践品质

单元课程的设计和实施为学生学习活动的开展提供了广阔的空间。

语文是一门实践性学科。学习者只有通过具体的言语实践才能发展出相应的语文能力。既然语文是实践性如此之强的学科，那么课堂教学就应以学生学习活动为主。以学生学习活动为主的语文教学着眼于学生怎样学，要考虑学生的学习心理和学习能力水平，教师在备课时主要考虑怎样设计活动方案，上课时学生成为活动的主体，教师则成为学习活动的指导者。

单元课程就是以课程标准为依据，由若干学习活动及系列学习任务组成的。由于突破了单篇教学的局限，引入了不同性质的文本，这就为不同文本间的比较分析、归纳整合、讨论探究等学习活动的开展提供了广阔的空间。

（三）单元课程的设计策略

1．从核心素养到单元课程的操作路径

钟启泉认为基于核心素养的课程发展所面对的挑战之一就是借助单元设计的创造，撬动课堂的转型。多年来，我国一线教师大多满足于"课时主义"，并不理会"单元设计"。然而在"核心素养—课程标准—单元设计—学习评价"这一环环相扣的教师教育活动的基本链环中，单元设计处于关键的地位。

核心素养—学科核心素养（课程标准中的课程目标）—单元课程（目标、内容、设计、实施、评价），这就是从核心素养到单元课程的操作路径。

在这个逻辑链条中，有几个关键环节：一是以"任务群"为抓手，从学科核心素养即课程标准中的课程目标推演出单元课程目标，将课程目标与学习材料对接起来；二是充分利用"教材"，围绕单元目标对教材和其他材料进行选择与组织，这里要用到选文类型鉴别的知识，以精当的材料确保课程目标的落实；三是单元课程实施中的任务设计或者说是活动设计，务必遵

循归纳、发现、体验的原则，尽量避免抽象知识的讲授；四是单元课程的评价问题，要遵循基于标准的评价原则和逆向设计的思路，确保单元课程目标的达成。

2. 单元课程要避免单元整体性与单篇个性之间的冲突

在单元课程实施过程中，常常会遇到单元的整体性与单篇的个性之间的冲突。当我们照顾到单元的整体性与共同性时，往往就容易忽略单篇课文的个性，无法深入读出这一篇的独特内涵。但这两者之间的冲突不是绝对的，可以借助一定的设计技巧来化解。

（1）并不是所有的课文都有细读的价值。课文本有讲读和自读、精读与泛读的区别。对需要讲读和精读的课文可以采用"一篇带多篇"的方式来设计单元，就是对这一篇进行深入的研讨，充分挖掘其"个性"以训练学生细读精赏的能力，而对单元中的其他篇进行泛读，在泛读中寻找共性，掌握一类文本的阅读欣赏的规律和方法。

（2）采用比较分析的策略。一篇作品的个性往往在与一个相近文本的比较中才容易见出。所以，单元课程中将相近而有差异的文本放在一起进行比较，才有利于发现不同文本的个性。

（3）可采用不同性质文本聚焦的策略。在单元课程设计中可以将文学文本、文学评论、语言学、美学等不同性质的文本编在一起，在教学中聚焦于某一个文本，而其他性质的文本则起到辅助的作用。

3. 综合运用教材设计和教学设计的方法

在当下的语文教学实践中，一线语文教师擅长的是教学设计，而且这种教学设计基本上是对某一篇课文的教学设计。单元课程设计则综合了教材设计和教学设计的各种方法。

（1）从教材设计的角度看，单元课程设计须选择阅读文本（或重组教材中的课文）、提取必备知识，考虑学生的经验，然后对这些文本和知识进行合理的编排。

（2）从教学设计的角度看，单元课程可以综合各种教与学的活动，如微型的讲座、个体阅读、分组讨论及角色扮演等活动。还可以将听、说、读、写的活动作统整式的安排。

学生核心素养和语文学科核心素养的提出为中学语文教育指明了方向，《普通高中语文课程标准（2017年版）》的颁布明确了高中语文课程的内容，任务群式的课程设计标志着语文课程范式的转换，在新的课程范式下，单元课程设计将大有可为！

参考文献

[1] 李子建，马庆堂，高慕莲. 建立中国语文科及数学科专业学习社群[M]. 南京：南京师范大学出版社，2011.

[2] 崔允漷. 课程实施的新取向：基于课程标准的教学[J]. 教育研究，2009（1）：74-79.

[3] 钟启泉. 基于核心素养的课程发展：挑战与课题[J]. 全球教育展望，2016（1）：3-25.

关注互涉文本，助力阅读教学

平阳鳌江中学　丁家盛

语文学习讲求"得法于课内，得益于课外"，课外阅读对于提高语文素养意义重大，2017年颁布的《普通高中语文课程标准》要求高中学生"读整本书"，高中三年阅读量达到200万字，也是基于语文素养层面的考虑。但事实上在高中的学业压力下，课外阅读很难正常开展，尽管语文教育工作者一再奔走呼告，但课外阅读仍处于"内容理想化、指导无序化、评价缺失化"的尴尬局面。因此，高中语文"得益于课外"目前似乎仍是一个伪命题。

文学阅读是能让学生沉淀下来思考人生，借鉴他人的人生经验来形塑自己生命的有效途径，所以，现实的困境并不代表我们该徘徊不前或缴械投降，而是要细化自身的工作，寻找突破。笔者认为有效推进高中阶段课外阅读，就是要我们解决读什么和怎么读的问题，在内容选择上要符合学生的最近发展区原则，方法指导要精细切实不讲空话，评价手段要客观多元并有激励作用。故此，笔者试图借助"互涉性"阅读理论，立足高中语文必修教材，希望能从课外阅读的内容选择突破高中语文课外阅读的瓶颈，并适时给予方法指导。

所谓"互涉"，就是指不同的文本之间的互相关涉，即一个作品往往能与其他作品交互映衬参照。"互涉性阅读"最早由法国批评家朱莉娅·克里斯蒂娃提出，该理论认为，任何文学作品，都会受到其他作品的影响，反过来也会影响其他作品。也就是说可以借助多个作品来解释一个作品的内涵，这样做既为主文本阅读提供更多的解析和佐证，又能增强阅读者探究文本内涵的兴趣，扩大阅读面。"互涉性"阅读作为一种开放性、多元性的阅读方式，类似一根杠杆，如果能以教材为支点，建立相关联的纵深发展的文本网络，那么这根杠杆就有可能为撬动阅读教学助力。

如何以"互涉性"理论为抓手来引导课外阅读呢？笔者认为应有如下策略。

一、立足教材，建立互涉阅读

课外阅读首先要确定读什么，高中阶段的语文教学本身时间有限，而且学生的功利性很强。因此，我们应结合教材本身的辐射力并捕捉合适的机会，从课内拓展到课外，有的放矢地构建交互性的阅读资料群。

以下将从四个方面来谈互涉性课外阅读在内容上的推进策略。

1. 聚焦类似题材

阅读教学往往强调读者的个体的差异性，但其实读者的情感体验中更多的是共性。虽然读者的阅历和感受不尽相同，但社会生活中不断积淀的同类经验更普遍，形成一种超个性的群体心理现象。高中生的生活经验尚浅，如果仅依靠他们自己的个体情感体验来理解经典的教材内容，或流于肤浅，或被动接受教师的解读，因此，不妨借助同类作品的群体经验来填补空白。例如，一个在教学中很普遍的做法是在苏洵的《六国论》教学时，很多老师会将其他人撰写的《六国论》等同类历史题材的作品，放在一起进行解读，以帮助学生更加深刻地理解课文。

那么依据此法，我们在解读教材中台湾诗人郑愁予的诗作《错误》时，也可以有类似操作。《错误》是一首现代诗，但是传统的"思妇"题材，这一题材对于新入学的高一的学生来说，其实并不容易理解。那么我们不妨引入台湾女诗人席慕蓉的作品《一棵开花的树》，从现代诗角度先来帮助解读"爱情""思念""闺怨""无尽的等待"一类相关的信息，再引导学生课外接触传统的"思妇"题材的作品，诸如《诗经》中的《君子于役》，曹丕《燕歌行》中的"慊慊思妇恋故乡，君何淹留寄他方"等，这些同类思妇题材的作品包罗古今、相互映衬，形成广阔的审美空间，既联系了学生的直接经验，又调动了其他作品的间接经验，让学生的情感体验得到延展。

2. 把控情感轨迹

"文如其人，言为心声"，文学作品烙下了作者鲜明的个人形象和情感体验，"知人论世"的重要性无须赘言。但是在解读教材时与其生硬地讲述作者的生平资料、写作背景，不如向学生推荐同样表现作者情感的其他作品开展与目标文本的互文解读，更能顺延课堂的情感轨迹，激发学生的阅读需求。

正如很多老师会在解读史铁生的《我与地坛（节选）》时，引导学生读史铁生的其他作品，就是为了将课堂营造的情感氛围在课外得以延伸。同理，推荐海明威的作品，我们完全可以在学《桥边的老人》时再推荐读《老人与海》，也许比超前读更有收获，更有感受。

以此类推，我们希望学生课外多读鲁迅的作品，就不应操之过急，以免破坏学生的阅读"胃口"。因为解读《祝福》时，就会发现学生对祥林嫂的悲剧成因很难有深刻理解，产生疑惑和盲点，这个时候就可以引导学生阅读鲁迅的《离婚》等小说。阅读同样展现女性悲剧的作品，便于学生感受作者创作时的时代氛围、个人遭际、思想轨迹、情感倾向等。以《祝福》为立足点，以"互涉"为抓手，引导学生读《离婚》，进而阅读鲁迅的其他作品，使得课外阅读内容推荐在步骤上更有阶梯性；也有利于营造氛围，帮助学生在特定的历史文化空间中与文本进行对话。

又如，苏教版教材中的英国作家高尔斯华绥的作品《品质》，表现了机器大生产时代，小手工业者走向衰亡的命运，学生也许能同情并尊敬格斯拉兄弟这样的底层手工业者，但对于背后的深刻的社会问题未必能真正理解。其实这一时期的欧美类似作品很多，如法国作家都德《磨坊书简》中的《戈利亚的风磨》等，展现了小手工业者在手工业日益萎缩的境遇下为了最后的尊严不惜倾家荡产的悲惨境遇。这一类作品篇幅不长，与课文相映衬，是学生更愿意接受的课外阅读推荐材料。

3. 借助评论预热

教材中的经典之作，必然有各种相关评论，经典文本引发经典评论，经典评论成就经典文本。阅读评论材料为学生提供更多思考方向，批判性地吸取他人的思想，实现教材、作者、评论及读者的多维对话，构建真正属于自己的价值系统。在教学中很多老师也有这方面操作，例如，教材中有多篇苏轼的作品，我们往往都会以优秀的评论性文章作为解读苏轼的重要资源，如林语堂的《苏东坡传》、康震的《康震评说苏东坡》等。

新课标在课外阅读推荐中包括如《孟子》《庄子》等相对艰深枯燥的作品，这其实对于课业紧张的高中生来说是有点理想化的。笔者认为还不如在《寡人之于国》《逍遥游》等课文的教学中引导学生读类似《鲍鹏山说孟子》《鲍鹏山说庄子》等深入浅出的评论性作品，更能激发学生兴趣，为日后阅读《孟子》《庄子》预热。

4. 撷取艺术手法

艺术手法是解读文本的重要切入点，作品独特的表现形式，如果能在互涉性文本中找到参照，对于深刻理解作品内涵很有意义。

以高中语文教材中的《阿房宫赋》为例，该文本使用了"赋"的手法。"赋"是介于诗歌和散文之间的文体，特点是"铺采摛文，体物写志"，用铺排夸饰的摹写来抒发情志。但空泛的解释是很难让学生理解的，为了强化学生对"赋"特点的认识，我们可以先引导学生复习初中学过的《木兰诗》。其中"东市买骏马，西市买鞍鞯，南市买辔头，北市买长鞭"就运用了铺排夸饰的手法，将木兰买出征装备这件事，安排在"东西南北"的集市以体现花木兰为出征积极准备。这种手法还见于高中课本《荷塘月色》中引用过的《汉乐府·江南》一诗："江南可采莲，莲叶何田田，鱼戏莲叶间。鱼戏莲叶东，鱼戏莲叶西。鱼戏莲叶南，鱼戏莲叶北。"后四句以"东西南北"并列，以句式复沓的方式渲染"鱼戏莲叶"时活泼欢乐的氛围。这些语句在《阿房宫赋》中体现于"明星荧荧，开妆镜也；绿云扰扰，梳晓鬟也；渭流涨腻，弃脂水也；烟斜雾横，焚椒兰也""燕赵之收藏，韩魏之经营，齐楚之精英"等句子中，以夸饰手法极度展现了阿房宫的奢靡。此时如果需要引入课外阅读资料，我们可以选择比较富于生活气息的汉代末年的民歌《陌上桑》，其中有"行者见罗敷，下担捋髭须。少年见罗敷，脱帽著帩头。耕者忘其犁，锄者忘其锄。来归相怨怒，但坐观罗敷"，这一段就借助"赋"的手法侧面夸赞了秦罗敷的美貌。

撷取互涉文本群共同的艺术手法，相得益彰地引导学生关注文本的同质性，有助于学生深入赏析文学作品的艺术性，获得更多的审美体验。

二、紧扣"互涉"，追求阅读实效

利用"互涉"理论来圈定课外阅读的内容，搭建了更广阔的阅读平台。有了内容还要有方法，才能实现"从课内延伸到课外，借课外巩固课内"的教学效果。

1. 解放固有认知，实现多元解读

引导学生多元解读是培养学生语文能力的重要任务。引入不同类型的课外阅读资料就是为了开阔视野，激活思维，培养学生的思辨性。因此，在教学过程中解放学生的认知定式很重要。

例如，在《氓》的教学中，我们会发现，由于这首诗的年代久远，学生对"桑女"的认识存在很多误解及困惑，对于中国古代不同时期的社会礼俗、风尚缺乏系统的整体的认知。此时，不妨引入《诗经》中的《王风·大车》《郑风·子衿》等作品，用"榖则异室，死则同穴。谓予不信，有如皦日""挑兮达兮，在城阙兮。一日不见，如三月兮"等上古诗句，引导学生理解上古先秦时期女性勇于追求爱情和独立、自主、平等的婚恋观念。还可以引入朱熹、钱钟书和鲍鹏山等学者对"桑女"的评价来引导学生解读作品。宋代朱熹认为："此淫妇为人所弃，而自叙其事以道其悔恨之意也。"钱钟书则认为："盖以私许始，以被弃终。初不自重，卒被人轻，旁观其事，诚足齿冷。"当代鲍鹏山又说："在《诗经》中最完美的女性，我以为便是那位卫国女子。"这些不同时代的学者对于"桑女"的评价，打破了学生的固有思维，使其结合原有的认知和体验，对"桑女"有更加客观全面多元的解读。

2. 完成意义聚合，丰富作品内涵

文本内涵往往通过文本中的某些关节点来体现，而这些内容就是我们课堂教学中的"焦点"。课堂上我们抓住这些"焦点"引起学生的联想与想象，再引导学生用好互涉文本，最后帮助学生完成深层意义的聚合，即"课堂引燃焦点—开展互涉性课外阅读—完成意义聚合"，才是"借外力修内功"的阅读教学完整的过程。

例如，在《鸿门宴》的教学过程中，学生质疑：鸿门宴上项羽放走刘邦注定败局，那么他为何要放走刘邦？此时不妨引导学生读《陈涉世家》《项羽本纪》等史料，还可以补充汉代人对项羽的评价文本，这些评价中有认为项羽是"妇人之仁""恻隐之心""君子之度"，再梳理楚汉之争的来龙去脉，最终鼓励学生总结归纳出自己的解释。课外阅读助力课内教学也应环环相扣，让学生在历史的大环境之中，体会到人物复杂的性格，渐渐领悟出《鸿门宴》在字里行间所表现的微言大义。

再如，泰戈尔的小说《素芭》，会让人有年代感，那么今天的印度女性的生存状况如何？印度女性悲剧的历史成因是什么？这些问题都成为课堂的焦点，不妨推荐学生观看2016年上映的印度电影《炙热》，再引导学生比较探讨，领会泰戈尔小说的深层意义。整个过程教师讲得不多，学生收获得不少。

总之，关注"互涉性"文本，借力课外助推课内，能促使学生在文本群的共性特征的基础上更加深入地了解教材所包含的多元思想，拓宽知识面，起到举一反三、触类旁通的效果。所以，"互涉性"阅读是借助课外助力课内阅读教学的有效手段。

参考文献

[1] 惠婧. 基于文本互涉理论的高中语文阅读教学策略[D]. 重庆：西南大学，2012.

[2] 赵飞飞. 互文性理论在群文阅读中的应用[J]. 教学与管理，2016（28）：52-54.

[3] 曹萍. 基于互文特性，积极开展群文阅读[J]. 好家长，2017（63）：162.

[4] 罗艳芳. 中学古诗文教学中的互文性文本解读研究[D]. 长沙：湖南师范大学，2017

[5] 刘英. 谈互文性阅读教学对语文"深度阅读"的有效实现[J]. 基础教育研究，2014（02）：35-36.

[6] 王益丹. 互文性解读在中学古典诗词教学中的实践研究[D]. 徐州：江苏师范大学，2018.

[7] 庄照岗. 互文性文本解读的切入点[J]. 广东教育（综合版），2012（01）：62-64.

[8] 谢东. 互文性与语文阅读教学[J]. 当代教育理论与实践，2019（01）：20-24.

谈风景摄影的"着眼点"在语文教学中的应用

浙江省平阳中学　吴　君

一、"着眼点"的含义及必要性

摄影爱好者拍摄风光，常常是高兴而出，扫兴而归；现场看到的风景挺壮观，拍出来的照片总觉得挺平常。于是常想：为什么拍摄得很"干净"，但总是给人的感觉很"平淡"。是拍摄的角度不对，还是风光的本身不美？还是缺少什么？下面看一下两张照片（图1、图2）。

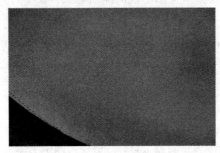

图1　摄影照片1　　　　　　图2　摄影照片2

图1的色彩不可谓不好看，整个画面不可谓不简洁，但是并没有给人美丽之感，看上去就是觉得缺少什么；图2有了一个人确实让人眼睛一亮，似乎有了点睛之笔，有了生气。是什么原因导致有这样截然不同的效果呢？其实就是"着眼点"在作怪。

风光摄影中的"着眼点"指的是在一个并无主题背景，却可以有主次之分的整体画面中，最能吸引人也让人目光停留时间最长的一个或几个突出的元素。

其实，语文课堂教学也是一样，没有"着眼点"的语文课堂，便没有抓手，结果往往是眉毛胡子一把抓，语文课堂也将是死水一潭，没有生气，索然寡味。在语文课堂中，如果能找到"着眼点"，便能让课堂有了抓手，通过"抓手"便能串起整个课堂，从而提纲挈领，举重若轻，让语文课堂教学变成一道亮丽的风景。

那么，什么是语文教学中的"着眼点"呢？笔者认为，语文教学中的"着眼点"指的是在语文教学中，能拿来分析形象、感受意境、体会情感，可探究的、牵一发能动全身的那些"抓手"。

二、探寻"着眼点"的策略

1. 寻找来的"着眼点"

一日，路过海边恰逢落日，大家都要求司机停车下去拍照，同行的摄影爱好者都往前挤，尽量躲开其他人。从画面中可以看到，这样的空镜我们不用长焦绝对拍摄不好。因为能作为你"着眼点"的就只有那艘船，并且一定要拍得大一点。这时我们去另外寻找"着眼点"，如我们可以走到他们身后，寻找几个相同"姿势"的摄影师作为着眼点，如图3所示。

图 3　摄影照片 3

"世界上并不缺少美，缺少的是发现美的眼睛。"在语文教学中也是一样，一篇文章也总会存在着一些"着眼点"，这时需要我们去寻找，有的是课文反复出现的字词，有的是表述矛盾的语句，甚至是用法非同寻常的标点，这些都可以成为语文教学的"着眼点"。通过"着眼点"再设置问题进行教学，从而探讨，总能呈现优美的课堂画面。

如案例1：杨仲老师的教学片段。

师：在描写看客时，作者对一个字似乎情有独钟，反复使用，也很能表现人物特点，你能找出来吗？请找出那个字的内容并读一读。

生：应该是"笑"吧！

师：你能读一读吗？

（生读）

师：他们在笑什么，是笑他劫持爱斯梅拉达吗？

生：不是，是笑卡西莫多的丑陋。

师：看来，群众笑他骂他恨他，不是因为他的罪行——劫持爱斯梅拉达，而是因为他丑陋，这本不能成为憎恨的理由却让他承受了如此的嘲笑辱骂，从中我们看到了怎样的看客？

生：无怜悯心的看客。

生：无聊的、冷漠的看客。

生：麻木的看客。

师：同学们说得很到位，那作者是如何评价看客的呢？我们一起来读一读第16段。

（生读）

师：课文第16段为何强调小孩们和姑娘们笑得格外厉害。

生：小孩最真实，他认为好笑就笑了。

生：小孩代表纯真，姑娘代表善良，本该纯真也不纯真了，本该善良也不善良了，更加说明看客的无知。

师：说得好，在受刑之前、受刑之时与受刑之后，看客都在笑吗？他们为何又不笑了？

生：只有受刑之时没有笑。

师：为什么唯独这时没有笑声？

生：当人们看到他认为最精彩的一幕时，往往会沉醉其中，忘记了一切。

师：看来，此刻的群众也沉醉了，专注于对行刑过程的欣赏，专注于对别人痛苦的享受。无论笑与不笑的描写，都反映出群众的无知。从笑中我们看到了无知的群众。

……

本教学片段之所以给人留下深刻的印象，是因为在教学过程中，找到了一个"着眼点"——反复出现的"笑"；一个"笑"字架起了整个课堂，让学生感受了人物形象，让学生领会了小说主题，从而让语文教学变得更加"精彩"。

寻找语文教学中的"着眼点"，需要我们对教材文本进行分析。反复出现的字词往往是文章的"着眼点"，因为反复的地方，往往是作者表情达意的地方。如在《老王》这一文章中可以抓住"他蹬，我坐"这一重复的地方，创设"着眼点"进行探究，从中探究出"雇佣与被雇佣"的关系和"那是一个幸运的人对一个不幸者的愧作"深意，其中的反复则体现出老王是那个不幸的人，而"我"是那个幸运的人。

文本出现的不符合"常理"的词句，也是文章教学的"着眼点"，有些内容看似自相矛盾，而实际却是作者的别出心裁之处，在此处创设"着眼点"，通过提问将学生直接引入矛盾的对立面，不仅可以引导学生认真阅读、分析课文并展开积极的思维活动，而且可以使学生领会、学习作者高超的写作技巧。

2．等待来的"着眼点"

在摄影中，有的时候我们可以等一等，说不定就等来了"着眼点"。如图4这张照片，这里的建筑总是那么迷人的，但是一个空镜让我们觉得索然无味。所以可以等一等，等人来。当然，要是来个五大三粗的爷们，似乎也不合适。如果等到这么一个姑娘，画面就好多了。图5等来的"着眼点"则是一群鸟。

图4　摄影照片4

图5　摄影照片5

在语文教学中也是一样，有的"着眼点"是等待学生回答问题时或是学生有"异议"、有"疑问"时才出现的，语文课堂需要等待，需要耐心，语文教学中教师也不必急于回到自己所预设的内容上，有时课堂的等待也可以让课堂出现"大片"。

如案例2：肖培东老师的教学片段。

师：请找出最能感受到情感在山羊和主人之间的双向流动的细节描写。

（生找到"兹拉特，我们现在的一切，你是怎么想的"到"咩——"，并朗读）

师：下面我们进行分角色朗读，男生读阿隆的话，女生读兹拉特的内容。

（生读）

师：有没有读出其中的情感？

生：没有。

师：你说，哪个地方读不到位呢？

生：在读"咩——咩——"的时候，并没有读出两者的区别，应该说这时兹拉特表示理解阿隆的话，因此，前面的那个"咩"应该读得短些，紧促些。

生：还有最后一个"咩——"字要读得长些，因为这时，兹拉特已经完全理解了阿隆讲的话。

生：老师，其实兹拉特一直在说话，"咩——"就是它所说的内容。

生：老师，那让他来说一说兹拉特所说的话。

师：说得非常有道理，让我们等一等，让这位同学补充补充。

（下面是补充的内容）

兹拉特：真的很糟糕，但是一切困苦都会过去的。

兹拉特：是啊，我们还真的要感谢这个草垛。

兹拉特：嗯，阿隆，不用担心，这里有足够的草够我吃。你可以喝我的奶，还可以抱着我取暖。

兹拉特：我说了，你能听到吗？

兹拉特：是的，你一定能明白我的意思。因为我们彼此需要，永不分离。

师：非常好，相当不错，下面我们根据补充内容再进行分角色朗读……

老师给学生一时的"等待"，学生给老师一个惊喜。这个"着眼点"是等出来的，通过细细品味，我们真切地感受到了"咩"字的深刻含义，一个"咩"字，叫出了情感，叫出了精神！也让我们深深地感到这个"咩"字叫得精彩。

等来的"着眼点"可以是在课堂上等待学生回答问题时，教师应能抓住等来的"意外"这一"着眼点"，带领学生进行分析、解读，进而体会、领悟其中的内容或情感；这要求教师有较强的课堂驾驭能力和分析能力。

等来的"着眼点"也可以是在课堂前等待学生提出疑问时，而总结出来诸多学生所关注的问题，教师针对这些学生问题的共性而设置"着眼点"。这样的"着眼点"来自学生，具有较高价值，具有较强的针对性，容易引发学生的共鸣。

3．创造来的"着眼点"

在摄影当中，有时没有"着眼点"可以寻找，也没有"着眼点"可以等待，这时可以发挥我们的主观能动性，有目的性地创造"着眼点"。有经验的摄影师经常在星空的照片中加入光绘以丰富画面，增加美感，其实这就是人为创造一个"着眼点"，如图6所示。

图6　摄影照片6

同样，在语文教学中，许多时候没有现成的"着眼点"可以寻找，或者也暂时等不来"着眼点"，这时我们就可以创造"着眼点"。就是说我们要利用文本、根据文本、紧扣文本创设"抓手"，这样创造出来的"着眼点"也一样能达到良好的效果。

如案例3：金锦友老师的教学片段。

师：故事总是发生在端午节，在三年里，我们见到了一个由她、他、他们组成的不一样的湘西边城的端午节。那么，湘西边城的端午节是什么颜色的呢？

生1：是绿色的，因为那里是绿水青山，给人清新的感觉。

生2：是红色的，因为他们爱得热烈，因为他们都是热心肠。

生3：是白色的，湘西人们都具有一颗纯洁的心灵。

生4：可以说是紫色的，可以理解为朦胧的爱的萌芽。

生5：是灰色的，善良的人们并没有美好的结局，让我们感到凄凉和悲伤。

生6：是金色的，因为他们有着金子般的心。

生7：总之是彩色的，是因为生活的多彩。

师：湘西边城的端午节是多样色彩的，但无论什么颜色，都是湘西的色彩，都是边城人的色彩。正如作者沈从文所说的"我要表现的是一种优美、健康、自然的人性美"。如果我们从沈从文笔下湘西世界的总体的大叙事角度考察《边城》，则不难发现他的真正的命意在于构建一个诗意的田园牧歌世界，支撑其底蕴的是一种美好而自然的人性。

（小说的结局）翠翠站在码头上，等着傩送归来，"这个人也许永远不回来了，也许明天回来"。

沈从文也站在我们中华文化的码头，等着人性美的归来，"也许永远不回来了，也许明天回来"。

《边城》要歌颂的是美好人性，要表现的是"一种优美、健康、自然的人性美"，那么如何让学生进一步体会、感受其中的情感呢？边城的青山绿水，边城人的纯洁爱情，以及"金子般"的心灵……，让我们想到那"缤纷的色彩"，从而创设"湘西边城的端午节是什么颜色"这一"着眼点"，通过讨论分析让学生充分领会其中的"人性美"。

创造语文教学的"着眼点"可以在文本的"空白处"。课文作者的思想不仅可以通过字面来表示，也可以隐蔽于文字的空白处。抓住"空白处"创造"着眼点"，引导学生凭借语境进行探究，既是对课文思想内容的丰富，又是对文本的发展和超越。能做到这一步，就是我们常说的"进入文章了"。

创造语文教学的"着眼点"还可以在文本的"拓展处"。对文本"拓展处"创造"着眼点"进行探究，使自身体验与文本的意义同化，进而从文本意义中发现、认识自己，也容易在感悟、体验"他人的世界"的基础上建构"自己的世界"。这种做法无疑是化抽象为具体，化深奥为浅显，学生也容易把握其中蕴含的思想，对整篇文章的理解也就迎刃而解了。

三、运用"着眼点"应注意的事项

1. 发现"着眼点"要有一双"慧眼"

高中语文教学中，并不缺少这些"着眼点"，而是缺少对这些"着眼点"的发现，因此，在平时我们要注重提高自己的水平，练就一双慧眼，善于在"平常"的文章中找到"着眼点"。

如在《林黛玉进贾府》教学中，我们发现课文中"忙"字出现的频率比较高，就可以抓住"忙"字作为"着眼点"：通过"忙"字分析，可以窥见荣府各色人等的性格：林黛玉的"忙"，是不敢怠慢；王熙凤的"忙"，带有表演性质，也表现出她的能干；而宝玉的"忙"，则是由于心情急迫，"看见多了一个姊妹，便料定是林姑妈之女，忙来作揖"；至于邢、王二位夫人，她们的"忙"，主要是毫不耽搁地服从贾母之命，表现了当时妇人对公婆的应有之德。通过一个"忙"字，看到的却是各种人物的精神。

2．创造"着眼点"要有一颗"忠心"

高中阅读教学，讲求的是对文本的欣赏，而文本也给我们提供了探寻内蕴的一个个"窗口"、一个个"着眼点"。更多时候，语文教学过程也就是对文本中人为的空白和拓展，以及未定的因素逐步加以填补、充实、升华、完善的再创造的过程，而这些地方往往也是我们教学的"着眼点"。

因此，在对文本进行创设"着眼点"时，只能基于文本，出自文本，师生围绕文本而展开对话，只有忠心于"文本"，创设的"着眼点"才有意义，才能为教学服务。

3．运用"着眼点"要有一种"思维"

"着眼点"是用来"服务"课堂的，因此，在运用"着眼点"进行教学时，要有一种"思维"：要让语文教学的"着眼点"成为提高课堂有效性的"着眼点"。只有能提高课堂教学有效性的"着眼点"才是有效的"着眼点"，也只有这样，语文课堂教学才能像摄影一样，拥有一道亮丽的风景。

参考文献

[1] 朱慕菊．走进新课程——与课程实施者对话[M]．北京：北京师范大学出版社，2002．

[2] 张雨仁，徐志伟，徐晓彬．问题与问题解决[M]．南京：江苏教育出版社，2008．

[3] 孙绍振．文本细读[M]．上海：上海教育出版社．2009．

[4] 宁思潇潇．摄影笔记[M]．北京：人民邮电出版社，2015．

研究数学中考试题，探索初高中衔接教学

温州市第二高级中学　林　荣

初高中数学衔接教学一直是老师们非常关心的问题，新的课程标准还特地为初高中衔接教学做了内容上和课时上的安排，说明这个问题已经引起了课程设计专家的充分重视了。中考是学生初中阶段最重要的考试，中考试题是对初中教学最有指导价值的素材，当然也是思考如何做好初高中衔接问题不可忽视的素材。实际上从高中数学的角度看中，考试题可以看出初高中数学教学在数学知识和数学思想方法上的联系和区别，可以让学生对高中数学知识和思想方法有一个直观的感受，为学习高中数学做好心理和知识上的准备，这对初中毕业学生顺利实现向高中过渡是有意义的。

一、从中考数学试题看初高中数学的联系和区别

1．高中知识是初中知识的延伸和拓展

中考数学试题是严格遵守《义务教学数学课程标准》命制的，所以，中考数学试题中对知识的限定是十分严格的，试题必须符合初中数学教学的知识要求和能力水平，对于超出要求范围的题目要严格限制，有些用高中知识可以快速解决的问题必须能用初中知识和方法解决，而高中知识是初中知识的自然延伸和拓展，了解这一点是做好初高中衔接的基本出发点。例如，2020年杭州中考数学试卷的第23题：

如图，已知 AC、BD 为圆 O 的两条直径，连接 AB、BC，$OE \perp AB$ 于点 E，点 F 是半径 OC 的中点，连接 EF（图1）。

（1）设圆 O 的半径为1，若 $\angle BAC=30°$，求线段 EF 的长。

（2）略。

本题的第（1）问，参考答案中给出的解答是通过证明 $\triangle AEF$ 是等腰三角形，得出 $EF=AE=\dfrac{\sqrt{3}}{2}$。而从高中数学的角

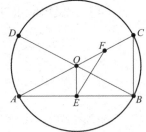

图1　例图1

度首先想到的肯定是利用余弦定理：在 $\triangle EOF$ 中，$OE=OF=\dfrac{1}{2}$，$\angle EOF=120°$，所以 $EF=\sqrt{OE^2+OF^2-2OE\cdot OF\cdot \cos 120°}=\dfrac{\sqrt{3}}{2}$。这里的余弦定理，$\cos 120°=-\dfrac{1}{2}$ 都是高中的知识，是初中知识的自然延伸和拓展，实际上也是大部分初中毕业学生可以掌握的知识，只是在中考中受命题规则的限制，而被排除到了普通的初中数学课堂之外，类似这样的知识在初高中衔接教学中应该是可以涉及的，因为它是初中内容的自然延伸，对于培养学生数学知识的迁

移能力，提升学生的数学核心素养是有帮助的。

2．初中数学重"形"，高中数学重"数"

从某种意义上来说，初中数学相对更偏重直观的"形"，高中数学相对更偏重抽象的"数"，这是符合学生的认知心理的发展水平的。例如，2020年温州市中考数学试卷第15题：

点 P、Q、R 在反比例函数 $y = \dfrac{k}{x}$（常数 $k > 0$，$x > 0$）图像上的位置如图2所示，分别过这三个点作 x 轴、y 轴的平行线。图中所构成的阴影部分面积从左到右依次为 S_1、S_2、S_3，若 $OE = ED = DC$，$S_1 + S_3 = 27$，则 S_2 的值为_____。

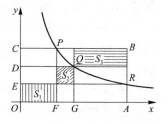

图2　例图2

这个题目很能反映出初高中对某些数学知识在理解认识上的区别。初中对反比例函数的考察主要侧重于函数图像的几何属性，如面积不变性。本题就是利用"面积不变性"得到：$\begin{cases} 3S_1 = 2(S_1 + S_2) = S_1 + S_2 + S_3 \\ S_1 + S_3 = 27 \end{cases}$，通过解方程组就可以将 S_2 求出来了。这一点与高中对反比例函数的研究是完全不同的，高中对反比例函数的研究偏重于反比例函数变化规律（如增减性），以及反比例函数与其他基本函数（如一次函数、二次函数）结合产生的新的函数的性质，例如，函数 $y = \dfrac{1}{x-1}$ 在 $x \geqslant 0$ 时的取值范围，又如，函数 $y = x \pm \dfrac{1}{x}$ 的图像与性质等。初高中数学中存在的这些区别给初高中衔接教学提供了参考角度，教师在初高中衔接教学中应尽早地引导学生过渡到高中数学的主要思想上。具体如何实施，将会在后面的小案例："函数 $y = x + \dfrac{1}{x}$ 的性质探究"中有所呈现。

当然这里所说的高中数学更重抽象的"数"并不意味着高中数学不重视"形"，事实上高中数学是非常注重数形结合的，可以说培养数形结合思想是学好高中数学的关键所在。例如，2020年杭州中考数学试卷的第10题：

在平面直角坐标系中，已知函数 $y_1 = x^2 + ax + 1$，$y_2 = x^2 + bx + 2$，$y_3 = x^2 + cx + 4$，其中 a、b、c 是正实数，且满足 $b^2 = ac$，设函数 y_1、y_2、y_3 的图像与 x 轴的交点个数分别为 M_1、M_2、M_3，（　　）。

A．若 $M_1 = 2$，$M_2 = 2$，则 $M_3 = 0$　　　　B．若 $M_1 = 1$，$M_2 = 0$，则 $M_3 = 0$

C．若 $M_1 = 0$，$M_2 = 2$，则 $M_3 = 0$　　　　D．若 $M_1 = 0$，$M_2 = 0$，则 $M_3 = 0$

这题当然可以从"数"的角度，通过对三个函数的判别式"△"的判定，转化为对 a、b、c 进行讨论，通过对 a、b、c 范围的判断，从而做出选择。另一方面，也可以利用"形"，将三个函数与 x 轴交点的问题，转化为抛物线 $y = -x^2$ 与三条直线 $y = ax + 1$、$y = bx + 2$、$y = cx + 4$ 的交点问题，通过作图，将"数"的问题变成"形"的问题，可以更直观地作出判断。在高中阶段，这种思想是随处可见的。

3．初中数学偏"技巧"，高中数学更注重"通法"

这里所说的初中数学的一些"技巧"主要体现在初中的平面几何之中，因为平面几何注重逻辑推理，有时思维甚至需要一定的跳跃性，例如，2020年温州中考数学试卷的第16题，这是一道非常有新意的题目，考察学生数学建模的能力和利用数学解决实际问题的能力，体现了新课程对培养学生数学核心素养的要求，是一个非常优秀的试题：

如图 3 所示，在河对岸有一矩形场地 $ABCD$，为了估测场地大小，在笔直的河岸 E、F、N 上依次取点 $AE \perp l$，$BF \perp l$，使点 N、A、B 在同一直线上。在 F 点观测 A 点后，沿 FN 方向走到 M 点，观测 C 点发现 $\angle 1 = \angle 2$。测得 $EF=15$ 米，$FM=20$ 米，$MN=8$ 米，$\angle ANE=45°$，则场地的边 AB 为_____米，BC 为_____米。

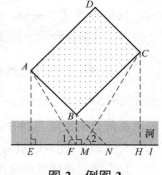

图 3　例图 3

本题中 AB 的计算是比较容易的，难在 BC 的计算，站在初中数学的角度，更多是考虑题中的各个几何元素之间的关系，寻求解题方法：利用 $\angle 1 = \angle 2$，得 $\dfrac{AE}{EF} = \dfrac{CH}{MH}$，又因为 $AE = 25$，$EF = 15$，所以 $\dfrac{CH}{MH} = \dfrac{5}{3}$，设 $CH = 5x$，$MH = 3x$，由 $\angle ANE = 45°$，可知：$GH - BF = HF$，即 $5x - 10 = 3x + 2$，解得 $x = 6$，所以 $FH = 20$，所以 $BC = 20\sqrt{2}$。

站在高中数学的角度看这个题目，显然可以通过建立坐标系，利用解析法来解决（图 4）：分别以 EF、EA 所在的直线为 x、y 轴建立平面直角坐标系，则容易得 $B(5, 10)$，$M(17, 0)$，BC 和 MC 的斜率（是指刻画直线的方向的量）分别为 1 和 $\dfrac{5}{3}$，所以直线 BC 的方程为 $y = x - 5$，直线 MC 的方程为 $y = \dfrac{5}{3}(x - 17)$，联立 $\begin{cases} y = x - 5 \\ y = \dfrac{5}{3}(x - 17) \end{cases}$，解得 $C(35, 30)$，所以 $BC = 20\sqrt{2}$。

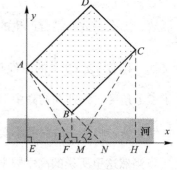

图 4　例图 4

对比可以看出，高中数学的一个重要思想就是解析几何思想，即用代数方法解决几何问题，而这种思想方法在解决几何问题时是一种通法。

二、初高中衔接教学的探索

如何有效地实施初高中衔接教学？初高中衔接教学中应该注意哪些问题？需要避免哪些误区？下面通过一个案例来展示笔者在初高中衔接教学中所作的探索。

案例——"函数 $y = x + \dfrac{1}{x}$ 的图像与性质的探究"。

案例背景：函数 $y = x + \dfrac{1}{x}$ 的图像与性质的探究对于教师来说是一个非常熟悉的课题，本案例的特殊性在于在初高中衔接教学中实施该课题研究，是在学生还没有学习高中的函数概念，也没有学习奇偶性、单调性等概念的背景下实施的。在初高中衔接教学的过程中实施本课题的目的是让学生理解反比例函数与一次函数做加法运算时会产生怎样的性质，使学生对函数刻画变量之间变化关系的概念有更深的认识，从这个角度出发，虽然没有奇偶性和单调性等概念的铺垫，只要做好合理的设计是可以让学生探究出函数 $y = x + \dfrac{1}{x}$ 的性质的，其过程对于培养学生的数学探究能力，提高学生的数学核心素养是十分有利的。

案例设计：

（一）课堂引入，两个铺垫

在初中里我们学习一次函数解析式的求法，主要用的是待定系数法，这种方法固然可以解决一次函数解析式的计算问题，但是相对比较麻烦，更重要的是这种方法不利于解决一些综合性更强的问题，所以，我们需要寻求更简便的求一次函数解析式的方法，例如：

问题一：已知函数 $y = -2x + b$，当 $x = -\dfrac{1}{2}$ 时，$y = -1$，求函数的解析式。

解答：因为是一次函数，其中 x 的系数是 -2，且当 $x = -\dfrac{1}{2}$ 时，$y = -1$，所以函数解析式为 $y = -2\left[x - \left(-\dfrac{1}{2}\right)\right] - 1 = -2x - 2$。

总结：如果一次函数 $y=kx+b$ 的图像经过点 $A(m, n)$，则一次函数可以写成：$y = k(x - m) + n$。

问题二：已知反比例函数 $y = \dfrac{1}{x}$ 的图像上的点 $A\left(2, \dfrac{1}{2}\right)$，直线 $l: y = kx + b$ 的图像经过点 A 且与反比例函数的图像只有一个交点，求出 k 的值。

解答：设直线 $l: y = k(x - 2) + \dfrac{1}{2}$，根据题意，联立方程组：

$\begin{cases} y = k(x - 2) + \dfrac{1}{2} \\ y = \dfrac{1}{x} \end{cases}$，消元得 $k(x - 2) + \dfrac{1}{2} = \dfrac{1}{x}$，整理得：$kx^2 + \left(\dfrac{1}{2} - 2k\right)x - 1 = 0$（*）。

∵ 直线 l 与双曲线 C 只有一个交点，即方程（*）只有一个根。

（1）当 $k = 0$ 时，有 $\dfrac{1}{2}x - 1 = 0$，∴方程（*）只有一个根 2；

（2）当 $k \neq 0$ 时，有 $\Delta = \left(\dfrac{1}{2} - 2k\right)^2 + 4k = 4k^2 + 2k + \dfrac{1}{4} = \left(2k + \dfrac{1}{2}\right)^2 = 0$。

∴ $k = -\dfrac{1}{4}$，方程（*）可化为 $-\dfrac{1}{4}x^2 + x - 1 = 0$，只有一个根 2。

总结：（1）直线与双曲线的交点个数问题可以通过联立方程组，然后消元得到一个一元二次方程，再分析一元二次方程的根的个数来判断直线与双曲线交点的个数。

（2）当 $k = 0$ 时，直线 l 的表达式为 $y = \dfrac{1}{2}$，它是一条与 x 轴平行的直线；当 $k = -\dfrac{1}{4}$ 时，

直线 l 的表达式为 $y=-\dfrac{1}{4}x+1$，它是双曲线的一条切线（图5）。

这里直线 $l:y=\dfrac{1}{2}$ 虽然与双曲线也是只有一个交点，但它不是双曲线的切线。在高中数学中，我们将会学到曲线的切线的更为严谨的定义，在这里我们只需知道：一条直线与一条曲线只有一个交点，这条直线不一定是该曲线的切线。这与我们学过的圆的切线的定义是有很大的不同的。

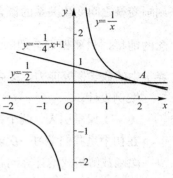

图5　例图5

（3）把问题二中的点 A 推广为双曲线上的任意一点 $P\left(m,\dfrac{1}{m}\right)$，我们可以用同样的方法求出经过点 P 的双曲线的切线的表达式，过程如下：

设过点 $P\left(m,\dfrac{1}{m}\right)$ 的直线为 $y=k(x-m)+\dfrac{1}{m}$，联立方程组：

$\begin{cases} y=k(x-m)+\dfrac{1}{m} \\ y=\dfrac{1}{x} \end{cases}$，消元得：$kx^2+\left(\dfrac{1}{m}-km\right)x-1=0$。

$\therefore \Delta=\left(\dfrac{1}{m}-km\right)^2+4k=(km)^2+2k+\dfrac{1}{m^2}=\left(km+\dfrac{1}{m}\right)^2=0$，解得 $k=-\dfrac{1}{m^2}$。

$\therefore$ 过点 $P\left(m,\dfrac{1}{m}\right)$ 的切线的表达式为 $y=-\dfrac{1}{m^2}x+\dfrac{2}{m}$。

（二）分析核心概念——增减速度

我们在学习一次函数和反比例函数时，会研究它们的增减性。如函数 $y=-2x+1$，函数值 y 就是随着 x 的增大而减小的；又如函数 $y=\dfrac{1}{x}$，在每一个象限内，函数值 y 也是随着 x 的增大而减小的。这两个函数的函数值 y 都是随着 x 的增大而减小的，那么这两个函数的函数值在减小的过程中有没有不同之处呢？通过观察图像（图6）可以发现，这两个函数的函数值减小的方式是不同的：函数 $y=-2x+1$ 随着自变量 x 的增大而减小，并且函数值 y 减小的速度是恒定的；而函数 $y=\dfrac{1}{x}$ 随着自变量 x 的增大而减小，函数值 y 减小的速度不是恒定的，在第一象限内，函数值 y 减小的速度是越来越慢的（随着自变量 x 的增大），在第三象限内，函数值减小的速度是越来越快的（随着自变量 x 的增大）。

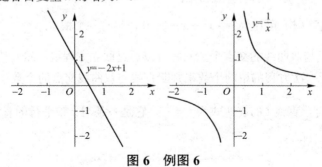

图6　例图6

显然，一次函数 y=kx+b 随着 x 的增大函数值 y 的增减速度是恒定的，可以用 |k| 来刻画它的增减速度，|k| 越大其增（k>0）、减（k<0）的速度就越快。对于反比例函数 $y=\dfrac{1}{x}$ 来说，它的函数值 y 随着 x 的增加而减小，而且减小的速度不是恒定的，那么我们用什么来刻画它的函数值 y 减小的速度的变化情况呢？如图 7 所示，从函数 $y=\dfrac{1}{x}$ 在第一象限内的图像上任取两点 P_1、P_2，它们的横坐标分别为 x_1、x_2，且 $x_1<x_2$。根据问题二中的结论双曲线 $y=\dfrac{1}{x}$ 在 P_1、P_2 处的切线表达式分别是 $y=-\dfrac{1}{x_1^2}x+\dfrac{2}{x_1}$ 与 $y=-\dfrac{1}{x_2^2}x+\dfrac{2}{x_2}$，因为一次函数的增减速度是恒定的，所以我们可以用切线 $y=-\dfrac{1}{x_1^2}x+\dfrac{2}{x_1}$ 与 $y=-\dfrac{1}{x_2^2}x+\dfrac{2}{x_2}$ 的增减（事实上都是减小）

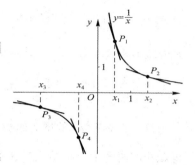

图 7　例图 7

速度分别刻画函数 $y=\dfrac{1}{x}$ 在 x_1 和 x_2 处的减小速度，因为 $0<x_1<x_2$，所以 $-\dfrac{1}{x_1^2}<-\dfrac{1}{x_2^2}<0$，即 $\left|-\dfrac{1}{x_1^2}\right|>\left|-\dfrac{1}{x_2^2}\right|$，从而说明随着自变量 x 的增大，函数值 y 的减小速度越来越慢。类似地，从函数 $y=\dfrac{1}{x}$ 在第三象限内的图像上任取两点 P_3、P_4，可以说明随着自变量 x 的增大，函数值 y 的减小速度越来越快。同学们可以自行研究一下。

（三）化整为零，探究函数 $y=x+\dfrac{1}{x}$ 的性质

以上，我们对函数的增减性做了更细致的研究，在此基础之上我们可以去研究一些更复杂、更综合的函数的性质了，例如：

问题三：（1）已知函数 $y=x-\dfrac{1}{x}$，当 $\dfrac{1}{2}\leqslant x\leqslant 3$ 时，求函数值 y 的取值范围；

（2）已知函数 $y=x+\dfrac{1}{x}$，当 $\dfrac{1}{2}\leqslant x\leqslant 3$ 时，求函数值 y 的取值范围。

解答：（1）令 $y_1=x$，$y_2=-\dfrac{1}{x}$，当 $\dfrac{1}{2}\leqslant x\leqslant 3$ 时，y_1 随着 x 的增大而增大，y_2 也是随着 x 的增大而增大。

∵ $y=y_1+y_2$，∴ y 随着 x 的增大而增大。

当 $x=\dfrac{1}{2}$ 时，$y=-\dfrac{3}{2}$；当 x=3 时，$y=\dfrac{8}{3}$。

∴函数值 y 的取值范围是：$-\dfrac{3}{2}\leqslant y\leqslant \dfrac{8}{3}$。

（2）令 $y_1=x$，$y_2=\dfrac{1}{x}$，则 $y=y_1+y_2$。当 $\dfrac{1}{2}\leqslant x\leqslant 3$ 时，y_1 随着 x 的增大而增大，y_2 随着 x

的增大而减小。

又∵ y_1 增大的速度是恒定的，x 的系数为 1，即 y_1 增大的速度为 1。

又∵ y_2 减小的速度是越来越慢的，设 P 是函数 $y=\dfrac{1}{x}$ 图像上的任意一点（图 8），其横坐标为 x_0 且 $\dfrac{1}{2} \leqslant x_0 \leqslant 3$，则函数 $y=\dfrac{1}{x}$ 在 P 处减小的速度为 $-\dfrac{1}{x_0^2}$（其中负号表示函数值在减小），其大小为 $\dfrac{1}{x_0^2}$，当 $\dfrac{1}{x_0^2} > 1$ 时，即 $\dfrac{1}{2} \leqslant x_0 < 1$ 时，y_2 减小的速度大于 y_1 增大的速度，∴ y 随着 x 的增大而减小；当 $\dfrac{1}{x_0^2} < 1$ 时，即 $1 < x_0 \leqslant 3$ 时，y_2 减小的速度小于 y_1 增大的速度，∴ y 随着 x 的增大而增大。

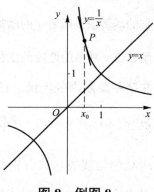

图 8　例图 8

∴当 $x=1$ 时，y 有最小值为 2，又∵当 $x=\dfrac{1}{2}$ 时，$y=\dfrac{5}{2}$，当 $x=3$ 时，$y=\dfrac{10}{3}$，∴函数值 y 的取值范围是：$2 \leqslant y \leqslant \dfrac{10}{3}$。

（四）课堂小结，拓展提升

1. 课堂小结

（1）函数 $y=x-\dfrac{1}{x}$ 可以看成是由函数 $y_1=x$ 与 $y_2=-\dfrac{1}{x}$ 相加得到的，如图 9 所示，可以由 $y_1=x$ 与 $y_2=-\dfrac{1}{x}$ 的图像相加得到 $y=x-\dfrac{1}{x}$ 的图像，从图像中我们可以看出函数 $y=x-\dfrac{1}{x}$ 的一些性质，例如：

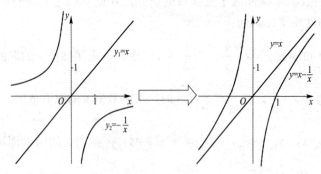

图 9　例图 9

①函数的图像是关于原点对称的；

②当 $x > 0$ 时，y 随着 x 的增大而增大，函数的图像都在直线 $y=x$ 的下方且随着 x 的增大无限靠近直线 $y=x$；

③当 $x < 0$ 时，y 随着 x 的增大而增大，函数的图像都在直线 $y=x$ 的上方且随着 x 的减小无限靠近直线 $y=x$。

（2）函数 $y = x + \dfrac{1}{x}$ 可以看成是由函数 $y_1=x$ 与 $y_2 = \dfrac{1}{x}$ 相加得到的，如图 10 所示，由于随着 x 的增大，y_1 是增大的，而 y_2 却是减小的，所以相加的函数值 y 是增大还是减小就不一定了。因为 y_1 增大的速度是恒定的（等于1），y_2 减小的速度却不是恒定的，它在点 P（其横坐标为 x_0）处减小的速度为 $-\dfrac{1}{x_0^2}$（负号代表减小），其大小为 $\dfrac{1}{x_0^2}$，当 $\dfrac{1}{x_0^2} < 1$（即 $x_0^2 > 1$ 或 $x_0 > 1$）时，y_2 减小的速度小于 y_1 增大的速度，所以随着 x 的增大 y 增大；当 $\dfrac{1}{x_0^2} > 1$（即 $0 < x_0 < 1$ 或 $-1 < x_0 < 0$）时，y_2 减小的速度大于 y_1 增大的速度，所以随着 x 的增大 y 减小。根据前面的分析，结合 $y_1=x$ 与 $y_2 = \dfrac{1}{x}$ 的图像我们可以得到函数 $y = x + \dfrac{1}{x}$ 的图像。从图像中我们可以看出函数 $y = x + \dfrac{1}{x}$ 的一些性质，例如：

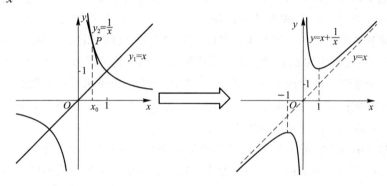

图 10　例图 10

①函数的图像是关于原点对称的；

②当 $x > 0$ 时，若 $x > 1$，则 y 随着 x 的增大而增大，若 $0 < x < 1$，则 y 随着 x 的增大而减小，当 $x=1$ 时，y 取到最小值 2，函数的图像都在直线 $y=x$ 的上方且随着 x 的增大无限靠近直线 $y=x$；

③当 $x < 0$ 时，若 $x < -1$，则 y 随着 x 的增大而增大，若 $-1 < x < 0$，则 y 随着 x 的增大而减小，当 $x=-1$ 时，y 取到最大值 -2，函数的图像都在直线 $y=x$ 的下方且随着 x 的减小无限靠近直线 $y=x$。

2．拓展提升

上面将一次函数 $y_1=x$ 和反比例函数 $y_2 = \dfrac{1}{x}$ 相加减，从而创造出了两个新的函数，并详细研究了这两个函数的图像与性质。实际上，还可以将上述问题推广到更一般的一类函数（形如 $y = ax + \dfrac{b}{x}$ 的函数）的性质的研究，感兴趣的同学可以去研究一下。数学学习就是一个不断探索，发现问题、创造问题、解决问题的过程。一次函数和反比例函数作为两个最基本的函数，我们可以拿它们当作"零件"，运用加、减、乘、除四则运算，构造出更多的新的函数来研究。

3. 案例反思

（1）本课题的探究设计是以往教学中没有过的，这里是在初中毕业生已有的认知水平上设计教学内容的，如利用判别式来解决切线问题，这是在没有学习导函数概念的情况下比较有效的处理方式。

（2）本课题对学生的思维水平提出了更高的要求，如用函数某一点处的切线的斜率来刻画函数在该点处的增减速度是本课题的一个教学难点。在实际教学过程中，通过教师的耐心引导，大部分学生还是可以理解这一概念的。

（3）在没有系统地学习高中函数的概念及函数的基本性质的情况下进行本课题的探究，本身就是一次大胆的尝试，教学过程中难免存在一定的不足。但从培养学生的探究学习的能力，提升数学核心素养，让学生更深刻地理解函数的性质，为高中阶段学习做好铺垫这几个角度来看这样的尝试还是有可取之处的。

通过以上的案例探索和反思，对初高中衔接教学提出以下几点建议：

①初高中数学衔接应避免过"早"。初高中数学衔接教学要避免过早地教授高中的内容，现在很多机构或出版物将许多高中的知识作为初高中衔接教学的主要内容，将一些高中要学习的概念在衔接教学中过早地教给学生，实际上是很不负责任的做法。衔接内容关键在于一个"衔"字，"衔"在初高中知识和思想上的盲点和承上启下的关键节点上，而不是对高中内容的提前学习，过早地学习高中内容一方面由于大部分学生的思维水平还未做好接受高中知识的准备，学了也不深刻；另一方面会影响正常的高中教学安排，容易造成学生对知识一知半解，变成"夹生饭"，以后再做补救就事倍功半了。

②初高中数学衔接应避免过"深"。初高中数学衔接应以初中毕业学生的实际情况为依据，确定教学的内容，不应一味地加深学习的难度。可以在初中数学知识的基础上适当加深，但不可挖得过"深"。对于一些特别优秀的学生，如竞赛班的孩子来说，再怎么深挖都不为过，但是这类学生毕竟还是少数，对于大部分的初中毕业生来说，还是应在初中原有知识的基础上，将基本功打扎实，只有地基牢固，才能盖起高楼大厦。

③初高中数学衔接应注重多"思"。学生们在初高中衔接的学习中应注重数学思想方法的提炼。所谓数学思想方法，指的是在遇到数学问题时是怎样理解问题、思考问题和解决问题的。高中数学主要的思想方法有分类讨论思想、数形结合思想、转化化归思想、函数方程思想。数学学习是离不开做题的，在初高中衔接时也是一样的，但是在做题的同时，学生们一定要注重对解题方法的反思，及时总结自己做题过程中的得与失，努力提升自己的数学思维水平，树立基本的数学思想方法，提高自己解决问题的能力。

④初高中数学衔接应注重多"动"。这里的"动"是指要多去实践，做题是学好数学的一个方面，而且是很重要的一个方面，但不是学好数学的唯一途径。这里的多"动"是指学生们除做常规的数学题外，还可以做一些探究性的学习活动。因为初高中的衔接阶段一般都在假期，学生们还有比较充裕的时间可以做一些自主探究的活动，通过做一些探究性的活动可以提高自身的数学核心素养，使自己更加适应新时代的发展。

深度学习视角下的学本课堂
——以高一基本不等式复习课为例

浙江省龙湾中学　徐登近

一、深度学习的深度理解

1. 深度学习的含义

深度学习是指在教师引领下，学生围绕着具有挑战性的学习主题，全身心积极参与、体验成功、获得发展的有意义的学习过程。[1]深度学习是学生源于自身动机的对有价值的学习内容展开的完整的、准确的、丰富的、深刻的学习，是一种有意义、理解性、阶梯式的学习。[2]

深度学习理论认为学习既是个体感知、记忆、思维等认知过程，也是根植于社会文化、历史背景、现实生活的社会建构过程。深度学习是相对于浅层学习所提出的概念，1976年，美国学者马顿和萨尔约针对只是孤立记忆和非批判性接受知识的浅层学习，最先提出了"深度学习"的概念，认为深度学习是指在理解的基础上，学习者能够批判地学习新思想和事实，并将它们融入原有的认知结构中，能够在众多思想间进行联系，并能够将已有的知识迁移到新情境中，做出决策和解决问题的学习。[3]

吴秀娟等人认为深度学习要求学习者进行理解性的学习、深层次的信息加工、批判性的高阶思维、主动的知识建构和知识转化、有效的知识迁移及真实问题的解决；[4]崔允漷认为深度学习的关键是信息的自我转换，学生需要实现加工信息、理解信息、评价信息、应用信息、反思自己的学习。[5]

2. 高中数学学科教学中深度学习的理解

数学深度学习是指在理解学习的基础上，在教师的引领下，学生带着自己的想法，围绕具有挑战性的学习任务，积极主动参与，并将它们融入原有认知结构，进而将已有的知识迁移到新情境中，做出决策和解决问题的学习。它是触及数学知识本质，探究数学知识相互关联，在理解的基础上更多关注分析、评价与创造层面的高阶思维的学习。其核心理念是知识的充分广度，即为理解提供多样性的背景、经验支架，为知识意义的达成创造可能性和广阔性的基础。[6]数学深度学习是将深度学习的一般性描述与数学教学的具体实际联系起来，让每一个数学知识的建构过程都具有深度学习的特征。知识角度，要完整而深刻地理解和处理数学知识本质，即用全面的、联系的眼光处理数学知识的广度、深度和关联度；学习角度，学习者在学习过程中充分参与和积极建构，并能进行有效的迁移运用；教学角度，通过设计以数学学科为载体的，综合数学知识的整体连贯性，让学生在问题情境中自主探究形成数学核心素养，发展数学思维能力。[7]

3. 学本课堂中深度学习的理解

2017年9月，教育部部长陈宝生在《人民日报》撰文提出，要掀起"课堂革命"，确定课堂教学改革是教育改革的核心。提出发起课堂革命总的原则是"坚持以学习者为中心"，也就是以人为本，以生为本，以学为本。教育工作的出发点是"以学生为中心，一切从学生出发"。新课堂的"预习"和"展示"两个环节体现着以人为本的教育观念，培养出学生能够适应终身发展和社会发展需要的必备品格和关键能力。学生要在课堂上获得关键能力、必备品格，就必须经过深度学习，深度学习是基于核心素养的学习。深度学习并不能自然发生，它需要促发条件，除教师的自觉引导外，还需要结构化的教学教材和基于学生经验的过程设计。[8]要改变填鸭式的满堂灌的教法，必须建立教为学服务的理念，所有的教必须服务于学，构建一个以学为中心的课堂行为模式。学习必须变成学生自己的事情，学习必须发生在学生身上，学习必须按照学生的方式进行。也就是学习应该是深度学习，课堂应该是学本课堂，学本课堂是深度学习的前提，深度学习是学本课堂的保障。

二、教学片段实录与分析

1. 教学片段1：创设情境

多媒体展示情境：用一个两臂长短有差异的天平（图1）称一样物品，有人说只要左右各称一次，将两次所称重量相加后除以2就可以了。你觉得这种做法比实际重量轻了还是重了？

图1　例图1

生：可用初中的物理知识说明是重了还是轻了，过程如下：

设物体实际重量为 m，两臂长短分别为 x、y，第一次称得重量为 a，第二次称得重量为 b，则有

$$mx=ay,\ my=bx,\ 解得\ m=\sqrt{ab}$$

$$\frac{a+b}{2}-\sqrt{ab}=\frac{1}{2}(\sqrt{a}-\sqrt{b})^2 \geq 0 \Rightarrow \frac{a+b}{2} \geq \sqrt{ab}$$

师：在这个实际问题中，蕴含着基本不等式 $\frac{a+b}{2} \geq \sqrt{ab}$，今天这一节课我们就来复习基本不等式，重点是再认识。

［分析］通过实际问题引入，点燃学生的学习激情。问题的处理提示了本节课的学习目标，"再认识"定下了本节课的学习基调，也是诱发学生深度学习的引擎，有开发性、生长性，又可以学生认可的方式进行学习。

2. 教学片段2：自主探究1——$\frac{a+b}{2} \geq \sqrt{ab}$ 的再认识

师：刚才那个实际问题，基本不等式解释了生活中有些做法的科学依据，那么有没有什么几何图形可以证明基本不等式呢？

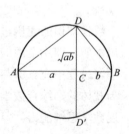

图2　例图2

生1：课本中曾提到基本不等式 $\sqrt{ab} \leq \frac{a+b}{2}$ 几何意义是"半径不小于半弦"（图2），易证 Rt△ACD ∽ Rt△DCB，那么 $CD^2 = CA \cdot CB$，

即 $CD = \sqrt{ab}$。

这个圆的半径为 $\dfrac{a+b}{2}$，显然，它大于或等于 CD，即 $\dfrac{a+b}{2} \geqslant \sqrt{ab}$，其中当且仅当点 C 与圆心重合，即 $a=b$ 时，等号成立。

生 2：如图 3 所示，由正方形的面积不小于四个直角三角形的面积和即得 $a^2+b^2 \geqslant 2ab$，可得 $a+b \geqslant 2\sqrt{ab}$。

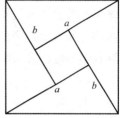

图 3　例图 3

分析：著名数学家华罗庚曾说过：数无形时少直观，形无数时难入微，数形结合千般好，数形分离万事非。从图形与图形关系中抽象出数学概念及概念之间的关系，既是数学抽象，又是数学建模，数学抽象是数学的基本思想，是形成理性思维的基础，数学模型构建了数学与外部世界的桥梁，是数学应用的重要形式。让学生自己去回顾基本不等式的几何解释，学生能更好地理解数学概念、命题、方法和体系，把握数学的本质，有助于应用意识的提升、创新能力的增强。同时，从中引出 $a^2+b^2 \geqslant 2ab$ 这一重要不等式，为接下来的教学环节做好了铺垫和转承。

3．教学片段 3：自主探究 2——$a^2+b^2 \geqslant 2ab$ 的再认识

师：从某种意义上说，基本不等式可以看作是重要不等式 $a^2+b^2 \geqslant 2ab$ 的一种推广或变形，那么对于 $a^2+b^2 \geqslant 2ab$ 你还有别的证法吗？从学过的知识出发，如函数、三角、向量等。

生 3：可从方程的判别式考虑，$a^2+b^2 \geqslant 2ab \Leftrightarrow (a+b)^2 - 4ab \geqslant 0$，这个形式与根的判别式很像（$\Delta = b^2-4ac$），可构造以 a、b 为根的一元二次方程 $x^2-(a+b)x+ab=0$，则 $\Delta = (a+b)^2-4ab \geqslant 0$，即 $a^2+b^2 \geqslant 2ab$ 成立。

生 4：函数的单调性与不等式有关，可以构造函数 $f(x)=x$，显然该函数为增函数，根据增函数的定义可知 $[f(a)-f(b)](a-b) \geqslant 0$，即 $(a-b)^2 \geqslant 0 \Leftrightarrow a^2+b^2 \geqslant 2ab$。

生 5：我是利用平面向量证明的，设 $m=(a, b)$，$n=(b, a)$，则 $|m|=|n|=\sqrt{a^2+b^2}$，$m \cdot n=ab+ba=2ab$，由 $m \cdot n \leqslant |m||n|$ 得 $a^2+b^2 \geqslant 2ab$，当且仅当 $a=b$ 时，等号成立。

生 6：可以构造双勾函数来证明，显而易见，当 $ab \leqslant 0$ 时，不等式 $a^2+b^2 \geqslant 2ab$ 成立，当 $ab > 0$ 时，不等式 $a^2+b^2 \geqslant 2ab \Leftrightarrow \dfrac{b}{a}+\dfrac{a}{b} \geqslant 2$，设 $\dfrac{a}{b}=x(x>0)$，可构造函数 $f(x)=x+\dfrac{1}{x}$，根据函数的单调性定义可证，在（0，1）时函数是减函数，在（1，+∞）上是增函数。则 $f(x)=x+\dfrac{1}{x}$ 的最小值是 2，即 $x+\dfrac{1}{x} \geqslant 2$ 成立，所以 $a^2+b^2 \geqslant 2ab$。

生 7：根据同学 6 的提示，我这里只要证明 a、$b > 0$ 的情形即可，我构造了一个直角三角形，如图 4 所示，在 Rt$\triangle ABC$ 中，设 $\angle C=$Rt$\angle$，$AB=c$，$AC=b$，$BC=a$，则 $a=c\sin A$，$b=c\sin B$，所以，$2ab=2c^2 \sin A \sin B = 2c^2 \sin A \cos A = c^2 \sin 2A \leqslant c^2 = a^2+b^2$，当且仅当 $\sin 2A=1$，$\angle A = \angle B = 45°$ 时，即 $a=b$ 时，等号成立。

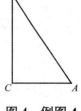

图 4　例图 4

师：$a^2+b^2 \geqslant 2ab \Leftrightarrow 2(a^2+b^2) \geqslant (a+b)^2 \Leftrightarrow \dfrac{a^2+b^2}{2} \geqslant \left(\dfrac{a+b}{2}\right)^2$，在必修一第 45 页复习参考题 B 组的第 5 题第（2）问，提到了函数与不等式相关的一个性质——凹凸性，我们可以

联想到函数 $f(x)=x^2$，问题 $\dfrac{f(a)+f(b)}{2} \geqslant f\left(\dfrac{a+b}{2}\right)$ 显然是成立的。对于 $a^2+b^2 \geqslant 2ab$ 还有很多证明方法，每一种方法都代表着从不同数学角度对 $a^2+b^2 \geqslant 2ab$ 的再认识。

分析：这一个教学片段是对"$a^2+b^2 \geqslant 2ab$"的"再认识"，是"温故而知新"，教师给学生布置的学习任务具有开放性、挑战性，但又有指向性，要求学生从已学过的必修一、必修四和必修五前两章的知识迁移到重要不等式"$a^2+b^2 \geqslant 2ab$"中，探究数学知识的相互关联。这种学习是解决问题的学习，是让学生触及数学本质的学习，是评价和创造层面的高阶思维的学习。

4．教学片段4：合作探究——不等式的证明

例1，若 $a、b、c\in R^+$，求证：① $\dfrac{a^2}{b}+\dfrac{b^2}{c}+\dfrac{c^2}{a} \geqslant a+b+c$；② $\dfrac{a^2}{a+b}+\dfrac{b^2}{b+c}+\dfrac{c^2}{c+a} \geqslant \dfrac{a+b+c}{2}$。

师：运用基本不等式证明不等式，首先要看所证明式子的结构是否与基本不等式有关，怎样看待①式是切入的关键。

生1：因为 $a、b、c\in R^+$，所以 $\dfrac{a^2}{b}+b \geqslant 2a$，$\dfrac{b^2}{c}+c \geqslant 2b$，$\dfrac{c^2}{a}+a \geqslant 2c$，上述三式相加，可证明 $\dfrac{a^2}{b}+\dfrac{b^2}{c}+\dfrac{c^2}{a} \geqslant a+b+c$。

师：生1抓住从左到右是分式变整式这一特点，运用基本不等式 $\dfrac{a^2}{b}+b \geqslant 2a$ 等三式证明问题，对于 $\dfrac{a^2}{b}+b \geqslant 2a$ 是否有其他的"认识"。

生2：$\dfrac{a^2}{b}+b \geqslant 2a$ 就是 $a^2+b^2 \geqslant 2ab$ 的变式，当 $b>0$ 时，两边同除以 b 得到的式子。

师：请同学们解决第②小题，并尝试将问题进行一般性的推广。

生3：第②小题就是第①小题的变式，将分母改成 $a+b$、$b+c$、$a+c$ 即可，即 $\dfrac{a^2}{a+b}+(a+b) \geqslant 2a$，$\dfrac{b^2}{b+c}+(b+c) \geqslant 2b$，$\dfrac{c^2}{a+c}+(a+c) \geqslant 2c$，……

（生3发现最后并不能证明所证的不等式）

师：生3同学并没有证明出结果的原因是什么？

生4：三次利用基本不等式等号并不能同时成立，根据式子的轮换对称特征，等号成立的条件应该是 $a=b=c$，所以处理如下：

$\dfrac{a^2}{a+b}+\dfrac{a+b}{4} \geqslant a$，$\dfrac{b^2}{b+c}+\dfrac{b+c}{4} \geqslant b$，$\dfrac{c^2}{a+c}+\dfrac{a+c}{4} \geqslant c$，三式相加整理得 $\dfrac{a^2}{a+b}+\dfrac{b^2}{b+c}+\dfrac{c^2}{c+a} \geqslant \dfrac{a+b+c}{2}$，当且仅当 $a=b=c$ 时等号成立。

分析：深度学习是源于自身动机的、阶梯性的学习，例1的教学体现了数学思维的层次

性，凸显了数学教学重思想的策略，有助于学习技能的提高，也有助于学生更深入地理解基本不等式的本质及应用策略。

例1的处理，围绕本节课的主题"再认识"，而且是深层次的"再认识"，同时，也是数学知识的应用，并揭示了应用基本不等式解决数学问题中三要素"一正二定三相等"中"相等"的重要性。学生在学习过程中积极参与知识的建构，有助于学生构建自己的知识网络，形成自己的理性思维。

三、基于深度教学的教学反思

1. 深度教学是基于价值引领的教学

《教育部关于全面深化课程改革　落实立德树人根本任务的意见》也指出要将个人修养、社会关爱、家国情怀放在各学段学生发展核心素养体系的突出位置。深度教学应该牢牢把握立德树人的根本任务，立足学科特点，找准数学学科价值引领的渗透点。像数学这些传统的理科思维的学科，也在思考"数学教学究竟要给学生什么"这样一个根本性的命题，指出了"数学教学要给学生一种精神""数学教学应该是培养学生对美的鉴赏和追求的教学、体现科学和艺术的教学""数学教学要体现精神性、思辨性和艺术性"等观点。本节课的主题是对基本不等式的"再认识"，在"再认识"过程中，有家国情怀、有理性精神、有简约之美，"再认识"的过程是深层次的思维活动过程，是探究基本不等式数学本质的过程，是追寻数学美的过程，是科学研究方法的体验，更是意志品德的锤炼。

2. 深度教学是基于真实情境的教学

"深度学习"强调让学生在真实情境里，通过自主与合作学习，迁移所学知识，解决实际问题。真实的问题情境是"将学习镶嵌在它所进行的社会和物理的境脉中"，在贴近学生现实生活中触发学生的好奇心和内在的兴趣，激发学生持续学习的愿望。[9] 本教学设计从天平这一实际情境出发，开发本源性问题，并迁移到教材的"半径不小于半弦""赵爽弦图"这两个具有数学文化背景的情境，使学生理解教材的体系，了解不同知识之间的内容关系，使学生亲历从感知、领会的浅层学习，到广泛调动和激活原有认知的背景性知识及经验，发展到迁移应用、分析、综合和评价的深度学习。

3. 深度教学是基于问题的教学

"教学过程是一种提出问题、解决问题的持续不断的过程。"（布鲁纳）问题设计既成为连接情境与教材的桥梁，又成为培养学生的理性精神、开放性意识、批判性思维和创新能力的催化剂与助推器。深度教学要求课堂上设计的问题从单一走向综合、从封闭走向开放、从"一对一"走向"一对多"、从知识的记忆巩固走向问题探究、从浅层思维走向高阶思维、从"基于答案"走向"通过答案"，培养学生的怀疑精神、批判性思维和创新能力。本教学设计教学片段2和3，设置的问题分别是"$\frac{a+b}{2} \geq \sqrt{ab}$ 的再认识"和"$a^2+b^2 \geq 2ab$ 的再认识"，这两个问题具备开放性、综合性和探究性，学生可以从几何角度、三角角度、向量角度、函数角度、方程角度等回答问题，使学生能够将基本不等式这一知识进行内化，并融入数学的知识网络之中，这样方可融会贯通，促成深度学习。而教学片段4是"基本不等式的应用"，学生在解决这个例题的过程中，会发现基本不等式的应用方法，即"一正二定三相等"，会提出类似"等号是否成立"这一关键性的思辨问题，最后解决问题。能思辨是深度学习的体现，可以加强学生对概念的理解，增强学生的反思意识。

4. 深度教学是基于微专题、微探究的教学

微专题涉及面小，切入点准，学生的分析、讨论、探究、展示更有感而发。本教学设计围绕基本不等式这一主线，学生自己联系所学知识，高效地参与了教师的课堂设计，同时，也进行了知识的建构和数学理性研究能力的培养，激发了自身的潜力，深度参与了课堂教学。

微专题以小见大，见微知著，可以引导学生结合自身知识体系，针对遇到的问题进行深入研究，通过解决教师设计的各种具有挑战性的问题，浅入深出、由表及里，在知识的运用中深化认知，提升素养。[10] 本教学设计从引入到两个"再认识"再到例题教学，每一个环节都是一个微探究，将基本不等式与日常生活、数学文化相融合，将基本不等式与三角函数、平面向量、函数方程等知识点有机结合，既深化了对基本不等式的认知，又活跃了课堂气氛；既提高了数学能力，又培养了核心素养。

参考文献

[1][10] 曾伟. 以分段函数的微专题教学设计为例谈深度学习的有效方式[J]. 中学教研（数学），2018（2）：1-4.

[2] 钱晓雯. 数学深度学习探析[J]. 数学之友，2017（24）：1-3.

[3] Maton F，Saljo R. On Qualitative Difference in Learning：I—Qutcome and Process[J]. British Journal of Educational Psychology，1976，(46)：41-47.

[4] 吴秀娟，张浩，倪厂清. 基于反思的深度学习：内涵与过程[J]. 电化教育研究，2014（12）：23-28+33.

[5] 崔允漷. 课堂教学变革的"家在哪里"[N]. 中国教师报，2016-06-01.

[6] 陈学军，金鹏. 基于深度学习的深度教学[J]. 中国数学教育：高中版，2018（4）：27-31.

[7] 蒋安娜，唐恒钧. 数学深度学习：内涵、实践模式与展望[J]. 中学数学，2018（1）：1-4.

[8] 李正寅. 幸福课堂. 深度学习[N]. 江苏教育报，2018-01-03.

[9] 杨清. 课堂深度学习：内涵、过程和策略[J]. 当代教育科学，2018（9）：66-71.

"大单元"教学，促进学生深度学习

平阳中学　鲁友栋

高中数学大单元教学是以素养为导向，将一个学习单元作为一个整体，通盘考虑，跨年级进行知识的有效整合，螺旋式上升；重构符合教学实际的新知识系统，使课堂内容无重复倍增、教学环节更紧凑的一种教学思想和授课方式。教师要做到深度教学，学生真正意义上的深度学习需要建立在教师深度教导、引导的基础之上，对知识进行"层进式学习"和"沉浸式学习"。在这个过程中学生掌握学科的核心知识，理解学习的过程，把握学科的本质及思想方法，形成积极的内在学习动机、高级的社会性情感、积极的态度、正确的价值观，成为既具有独立性、批判性、创造性，又具有合作精神，基础扎实的优秀的学习者，成为未来社会历史实践的主人，最终让学生达到深度学习。

一、问题的提出

在现实的教学实践中，"以考代练"和"以考代学"的课堂可谓司空见惯，但是教学效果并不明显，还有以下几点：

（1）教学变革"模式化""程序化"倾向严重，"形式化""浅表化"问题突出，基本上形成了"导学案"风靡全国的单一形态。

（2）很多教师将"教学改变方式"理解为教学改革的全部追求，基本放弃了对教学领域如学生认知特点与学习规律、学科及学习特点与本质、教学规律等重要方面的认知、研究和探索。课堂教学要么"满堂灌"，要么将"满堂灌"转化为"满堂问"，忽视思维过程，排斥求异思维，留给学生独立思考的时间与空间极为有限。

（3）教师在教学领域的困惑非常集中。如"如何调整教学方式、教学目标与教学内容""如何分层才能促进学生差异化发展""如何提高课堂效率，既拓宽学生视野又提升学生学科素养"。

二、基于常规教学的对比分析和对大单元教学的思考

深度学习倡导单元学习。它要求教师建立核心素养与学科核心内容之间的关系，依据课程标准和教材，选择有利于培养学科核心素养的教学内容和情境素材，制定学习目标、选择学科内容、设计学生活动、开展课堂教学、进行学习评价，环环相扣，使学科核心素养具体化，可培养、可干预、可评价。开展单元学习有四个重要环节，即选择单元学习主题、确定单元学习目标、设计单元学习活动、开展持续性评价。下面主要探讨教学设计和学习评价两个方面。

（一）深度学习的教学设计是素养导向的，更关注人的发展

（1）基于大单元学习主题的教学设计围绕主题进行教学内容的选择和组织，形成更具功

能性的知识结构，强调在知识获得的基础上，发展学生的核心素养。常规教学活动设计只是导向性的，更关注知识的结构，以知识的逻辑顺序为主序来确定教学顺序。

（2）基于大单元学习主题的教学设计围绕主题形成驱动型任务系列，综合考虑问题解决过程、学生认知发展规律、知识逻辑顺序等，再确定教学顺序。常规教学设计主要涉及教学环节和环节之间的过渡、素材例证的选取等方面。

（3）基于大单元学习主题的教学设计依据驱动型问题设计学生活动及其评价方案。常规教学设计中的教与学的方式以教师启发讲授为主，学生主要进行识记、理解等思维活动。

（4）基于大单元学习主题的教学活动中，教师以引导为主，采用合作探究、交流展示等多种教学方法，学生独立或小组合作进行任务分析、解决问题设计、互相质疑研讨、评价及改进等发展高级思维的活动。常规教学设计以教师精确的讲解为主，学生以倾听为主，参与度低，生成少。

【案例1】在人教A版必修2第六章平面向量的内容编排来看，与老教材有明显的区别，新教材更注重对学生素养的培养，几何与代数两条主线非常清晰，更是着重介绍了投影和投影向量这个几何与代数优秀的载体。下面以《基底的价值》为例，介绍大单元教学设计。

1. 一维空间

学习定理：向量 $\vec{a}(\vec{a} \neq \vec{0})$ 与 $\vec{b}$ 共线的充要条件是：存在唯一一个实数 λ，使 $\vec{b} = \lambda\vec{a}$。

根据这个定理，设非零向量 $\vec{a}$ 位于直线 l 上，那么对于直线 l 上的任意一个向量 $\vec{b}$，都存在唯一的一个实数 λ，使 $\vec{b} = \lambda\vec{a}$，也就是说位于同一直线上的向量可以由位于这条直线的一个非零向量表示。因此，将这个非零向量 $\vec{a}$ 叫作这条直线的一个基底。

定理推广：（1）A、B、C 三点共线 $\Leftrightarrow \overrightarrow{AB} = \lambda\overrightarrow{AC}$；

（2）A、B、C 三点共线，且 O 为任意一点，且 $\overrightarrow{OC} = x\overrightarrow{OA} + y\overrightarrow{OB} \Leftrightarrow x+y=1$；

（3）点 C 在线段 AB 上，且 O 为任意一点，且 $\overrightarrow{OC} = x\overrightarrow{OA} + y\overrightarrow{OB} \Leftrightarrow x+y=1$（$x, y > 0$）。

问：一个平面如何寻找基底？一个向量还是两个向量呢？有什么要求？

生：两个不共线的向量能成为平面的一组基底（不共线排除零向量）。

问：平面内的任何一个向量都可以由这组基底来表示。

2. 二维空间

平面向量基本定理：如果 $\vec{e_1}$、$\vec{e_2}$ 是同一平面内的两个不共线向量，那么对于这一平面内的任意向量 $\vec{a}$，有且只有一对实数 λ_1、λ_2，使 $\vec{a} = \lambda_1\vec{e_1} + \lambda_2\vec{e_2}$。我们把 $\{\vec{e_1}, \vec{e_2}\}$ 叫作表示这一平面内所有向量的一组基底。

问：你能类比上面的共线定理，从而得到平面向量基本定理的推广吗？学生探究（图1）：

（1）若点 M 在平面 ABD 内 $\Leftrightarrow$ 存在实数 x, y，使 $\overrightarrow{AM} = x\overrightarrow{AB} + y\overrightarrow{AD}$。

图1 例图1

（2）若点 M 在直线 BD 上 $\Leftrightarrow$ 存在实数 x, y，使 $\overrightarrow{AM} = x\overrightarrow{AB} + y\overrightarrow{AD}$ 且 $(x+y=1)$。

（3）若点 M 在线段 BD 上 $\Leftrightarrow$ 存在实数 x, y，使 $\overrightarrow{AM} = x\overrightarrow{AB} + y\overrightarrow{AD}$ 且 $(x+y=1, x、y>0)$。

（4）若点 M 在 $\triangle ABC$ 内 $\Leftrightarrow$ 存在实数 $x、y$，使 $\overrightarrow{AM} = x\overrightarrow{AB} + y\overrightarrow{AD}$ 且 $(0<x+y<1, 0<x<1, 0<y<1)$。

（5）若点 O 为空间中任意一点，则上式可转化为 $\overrightarrow{OM} = x\overrightarrow{OA} + y\overrightarrow{OB} + z\overrightarrow{OD}$

且$(x+y+z=1)$。

（6）若点 O 为空间中任意一点，且点 M 在 $\triangle ABC$ 内，则 $\overrightarrow{OM} = x\overrightarrow{OA} + y\overrightarrow{OB} + z\overrightarrow{OD}$ 且$(0 < x+y+z < 1, 0 < x, y, z < 1)$。

（7）练习：设向量 $\overrightarrow{a_1} = (1, 5)$，$\overrightarrow{a_2} = (4, -1)$，$\overrightarrow{a_3} = (2, 1)$，$\lambda_1、\lambda_2、\lambda_3$ 都是非负实数，且 $\lambda_1 + \dfrac{\lambda_2}{2} + \dfrac{\lambda_3}{3} = 1$，则 $|\lambda_1 \overrightarrow{a_1} + \lambda_2 \overrightarrow{a_2} + \lambda_3 \overrightarrow{a_3}|$ 的最小值是____。

生：$\overrightarrow{OM} = \lambda_1 \overrightarrow{a_1} + \dfrac{\lambda_2}{2}(2\overrightarrow{a_2}) + \dfrac{\lambda_3}{3}(3\overrightarrow{a_3})$，再根据数形结合，得到 O 到 AB 的距离为最小值 $3\sqrt{2}$（图2）。

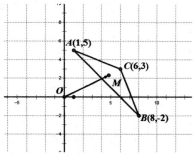

图 2　例图 2

3．三维空间

有了一维和二维的铺垫，学生入手并不难，难在他们能研究到什么程度。教师可以让学生以报告的形式上交。可以借鉴新教材必修 2 第六章平面向量中的数学探究《用向量法研究三角形的性质》。让学生提升自身素养，达到更深度的学习。

启示学生通过自己的研究发现：一维空间只有长度，二维空间只有长、宽，三维空间由长、宽、高组成，也就是我们所处的这个空间。三维空间中，很多事物都是三维的，包括我们人体本身。那么自然而然，学生就会思考，是否有四维空间？四维空间又是什么样的？存在着什么呢？也许学生会发现，除长、宽、高外，还有一个维度是时间。

当然科学的研究没有尽头，而要弄懂四维空间甚至更高维度的存在，我们必须对时间和空间完全掌握，或许等到人类真正完全掌控了时间和空间，对于维度的秘密也就明白了，那个时候人类就有办法突破维度空间法则的限制，进入高维空间和高维空间的生物进行交流，人类也可能由此进化成为更高级的生命。未来学生将带着这个疑问，不断地学习，不断地进行自我完善，深度学习。

（二）深度学习需要开展持续性学习评价

教师要永远关注学生是否学会了，而不是自己有没有教到。选择好单元学习主题、确定了单元学习的目标、设计好了活动之后，学生学习的效果如何？学科素养真的得到发展了吗？这些都需要科学的评价。持续性评价是深度学习中教师教学、学生学习不可或缺的环节。评价是基于证据的推理和判断——这里的证据就是学生学科核心素养是否有提高，提高的依据包括学习过程、学习结果、学习态度、学习行为等方面；评价需要科学的评价工具，让学生能够比较充分地表现出已经具备的核心素养；评价需要有收集学科素养发展、课堂教与学行为证据的思路和手段；评价要对收集的各类信息进行分析判断，要根据证据做出评价，并将评价结果用于指导学生学习和教师教学的改进。

【案例2】继续以《基底的价值》为例，制定持续性评价方案；确定持续性评价反馈的内容与方式；论证持续性评价方案；公开持续性评价标准，见表1。

表 1　评价标准

序号	评价目标	评价任务	评价标准	评价方式
1	熟悉定理的内容、建立维度变化的基本观念	课后 P16 作业、课后 P27 作业	①零散地、无规律地说出答案；②能正确说出共线定理可证三点共线问题；③能正确说出平面向量基本定理	学生作品及作业

续表

序号	评价目标	评价任务	评价标准	评价方式
2	动态建立维度变化与基底的联系	①课上，观察学生回答问题及提问情况（是否理解平面和空间都是由基底决定）；②课后，关注学生在师生访谈中，能否对基底及定理进行运用	①不会运用定理解决问题；②能用基本定理表示向量，认识基底的价值和意义；③有意识地去研究四维空间	学习笔记、课堂观察、师生访谈
3	建立维度变化的联系，形成三维空间维度的感知以及对四维空间的思考	①课上，观察学生在分组讨论和设计实验方案时是否关注维度递进与基底变化；②课后，关注学生在师生访谈中，能否对四维空间及更高维度思考	①不关注维度及基底的联系与变化；②同伴合作与交流不和谐、不流畅；③能认识到维度与基底的对应关系；④能熟练掌握基底研究空间	实验方案、课堂观察、课后探究报告和问卷

三、结束语

深度学习的单元学习主题可以实现教学内容的整合，避免知识琐碎、零散。单元主题教学可打通知识到素养的通道，只有让学生完成具有挑战性的任务，获得对知识和数学学科思想方法的深刻理解，才能让学生实现对知识的迁移应用，进而形成学科的关键能力和必备品格。

高中数学以学生素养发展为指导，将三年的学习内容按照学习的实际需要重新规划整合，综合设计，高度浓缩，有序实施。将高效的"单元模块"植入课堂，一方面是教与学的一致性决定的；另一方面是当前课堂教学普遍存在的局限性决定的，站在三年的高度，打破学年、课时和教材顺序等界限，将三年的课程内容作为一首完整的曲子来弹，从而让学生达到深度学习。

参考文献

[1][法]安德烈·焦尔当. 学习的本质[M]. 杭零，译. 上海：华东师范大学出版社，2015.

[2]刘月霞，郭华. 深度学习走向核心素养[M]. 北京：教育科学出版社，2018.

[3][苏]苏霍姆林斯基. 把整个心灵献给孩子[M]. 唐其慈，译. 天津：天津人民出版社，1981.

[4]林日福. 基于数学核心素养的教学研究[M]. 重庆：西南师范大学出版社，2018.

基于云阅卷数据的英语客观题精准讲评

温州市龙湾中学　王学义

试卷讲评是课堂教学的重要组成部分。讲好试卷讲评课，对学生巩固学科知识、提高学科能力、改善学习动机、优化学习习惯等都有着积极作用。就英语试卷而言，其特殊之处是客观题尤其多，如在英语高考试卷67道题中共有55道客观选择题。所以，做好英语客观题的讲评尤为重要。有效讲评客观题的关键之一是获得并分析客观题答题数据，从而做到精准讲评，让学生更有收获感。

在传统环境下，教师往往是在紧迫的时间中匆匆批改完一摞的试卷，没来得及或没意识去统计和分析得分情况，也没有针对性准备，就得去讲评试卷。结果是平均使力，从头讲到尾，或者挑选了一些试题，但是不知是否具有代表性，师生俱疲地上完一节讲评课，总觉得收获不够多。这样的讲评课以往十分常见，其有效性也是众所周知的。这其中的关键问题包括试卷批阅的速度不快、留给数据处理的时间不足、教师数据处理的能力不强、数据处理不够精细全面，尤其是试卷讲评的精准度不够最终导致讲评效果大打折扣。

在现代教育技术条件下，情况发生巨大变化。例如，云阅卷系统就能够帮助教师克服上述诸多局限，极大地助力英语客观题讲评。

一、云阅卷系统及其数据

云阅卷是网上阅卷系统，可以做到高效批阅、智能分析和学情跟踪。在装有云阅卷系统的计算机中导入客观题答案之后，与计算机相连的阅卷机就快速扫描学生的答题卡，同时，计算机上即刻显示、记录客观题的得分情况。阅卷结束，各种数据统计随之完成，省时省力，便捷高效。云阅卷这种海量数据处理能力，可以使精准讲评"摆脱规模的束缚"（付达杰，唐琳，2017）。

对于试卷讲评尤其有帮助的是，云阅卷系统能提供一次考试在各个层面上的分析报告。利用好这其中的各项数据，正是英语客观题精准讲评的重要基石。

另外，云阅卷系统也可保留历次考试统计数据，这对于把握学情变化、深化精准讲评和学生指导等都具有重要的意义。

二、基于云阅卷数据的英语客观题精准讲评的实践

（一）从多到少——云阅卷数据助力讲评重点的突出

教育教学的一切都是为了学生的发展，试卷讲评也不例外。基于考情，讲评需聚焦对学生发展有更大价值的试题，也就是学生"惑而不解"的那些试题。这种试题就是"得分率"低的试题，"得分率"低意味着多数学生"不懂"或"不会"；至于"得分率"高的试题则可以不予讲评或只需简单点拨，因为"学生会的，不教"。

云阅卷系统中的平均分、"得分率"等各种数据，可以帮助教师取舍试题。圈定"得分率"低的试题，舍去"得分率"高的试题，使讲评题量由多变少，从而在有限的教学时间里突出讲评重点、难点，避免"面面俱到却又面面不到"的情况。

例如，笔者选择"班级得分率"在75%以下的试题做重点讲评。因为多于25%的学生对试题有疑惑，说明其中的问题具有一定的普遍性。试题"得分率"越低，困惑越普遍，讲评需越仔细。为了深化讲评效果，讲评时，还需要辅以精准的变式训练和相应的拓展练习。而其他"得分率"在75%以上的试题，因为困惑较少，则简要点拨或让学生小组内讨论分享，以"兵教兵"的方式进行讲评。至于得分率高达100%的试题，显然是不需要讲评的。

选定重点讲评的试题之后，教师就可以进一步研究试题，从某些共性的角度将其归类；通过归纳讲评的方式，促进学生理解和掌握。（董胜胜，2017）例如，可以从强化重要知识点、启发解题思路和方法、诱导思维定式等角度来分类，凸显重点；也可以根据"得分率"高低对所有客观题进行排序，对"得分率"低的试题进行专门的集中思考，探究其失分原因，反思自己的教学；甚至可以将得分率最低的那些试题先进行集中讲评，在学生精力更充沛、注意力更集中的时候讲评得分率低的疑难试题，能收到更好的讲评效果。

（二）从小到大——云阅卷数据助力讲评难点的突破

确定需要讲评的客观题后，就面临着讲解哪个或哪些选项的问题。在此，我们务必明确，讲评既需要"辨正"更需要"辨误"。即试题讲评不仅要说明白正确选项为什么正确，更要辨析错误选项为什么错误，因为学生的最大困惑往往是"我选的选项也讲得通，为什么是错的"。

这时，我们同样可以利用云阅卷大数据来进一步查看错误选项的分布情况。教师要问自己如下问题：这道题是否有普遍选择的错误选项？具体是哪个或哪些错误选项？这个或这些错误选项说明了学生有什么困惑或问题？

显性的数据统计，折射出隐性的认知需求。聚焦普遍的错误选项，可以戳到学生认知的痛处或痒处。高度匹配学生的认知需要，能极大地提高学生的课堂收获感。

那么，如何获得各选项的选择比例呢？在系统阅卷完毕将自动生成每一题各选项的"选题率"。该部分数据十分确切地将学校所有学生的详细选题数据——呈现。

具体到班级，云阅卷同样给出"班级选题率"。教师可以直接查看"试卷分析"中的"班级选题率"，明确本班学生的具体错误选项。教师可以基于大数据，深入思考或访谈学生，理解学生做出错误选项时的思考，从而做到更为精准的辨误讲评。这样的讲评如同将学生的错误选项置于放大镜下仔细审视，精准、具体而深入，学生能从中得到贴心的收获。

再以表2为例，第36题"班级得分率"仅为5.71%，再从"班级选题率"查看学生的错误选择。班里选择正确选项B的仅2人，多达31位学生选择错误选项D。显然对于选项D的讲解与辨析是需要放大细审的讲评环节。有了这些大数据，我们就可以在课前准备相应的补偿性教学材料；课上给出时间让学生充分说出自己的想法，充分探知问题所在，从知识、解题思路等方面精准讲评；精准拓展练习，以深入巩固，充分发挥错误的价值，而非盲目讲评，或蜻蜓点水、一带而过。这样的讲评也是"教师精准教，学生个性学，资源有效推"（浙江省教育厅教研室，2018）思想的一种具体应用。

（三）由强知弱——云阅卷数据助力得分实质的明确

云阅卷呈现显性直观的各种数据，如不同班级、本地区不同学校，乃至不同地区学校的最高分、平均分、得分率等，我们可以很容易发现本校、本班学生是强是弱、差距如何，甚至可以明确各题上的强弱之分，在更大的背景中和更细的项目上理解学生的学习情况。

但是，直观并不意味着简单。我们还需要进行数据挖掘，获得更多对于具体数字的理解，以"从分数转向学习诊断"（浙江省教育厅教研室，2018）。例如，仅看数值大小，有时不一定能实质性理解该分数的意义。

结合云阅卷大数据，可以在讲评试卷时谈谈"别人家的孩子"，再结合学生中存在的问题，相对精准地介绍一些先进经验和做法，发挥考试的积极作用。

（四）由面到点——云阅卷数据助力对学生个体的指导

讲评课要尽可能面向全体学生，主要针对共性问题，但个别学生的特殊问题也不可以忽视。除在课上引导"会"的学生教会"不会"的学生，我们还需要在课上或课外结合数据对学生做一些个别指导，分析其错题原因；通过他/她与同学的得分情况的对比，发现别人值得学习的方面，改进自己的行动。

云阅卷数据助力对学生个体的指导也体现为更深度地利用云阅卷的历次考试成绩的大数据，更精准地服务学生个体。聚焦学生个体的大数据，主要是将云阅卷中某学生个体的各次考试的试卷、成绩、名次，以及各类小题得分等数据和相应的试卷电子文档一起保存起来，建立资源库。在对个别学生特殊问题做个别讲评时，可以调取相关试卷和相应的云阅卷数据进行历史性的比对，以此发现确切问题，有的放矢地指导学生，也引发学生反思自己的学习情况，促使他/她明确自己的努力方向和行动目标。"让数据说话"的效果是泛泛而谈、空洞鼓励所不能比拟的。

三、教学成效

基于云阅卷数据的英语客观题精准讲评，是精准教学与英语学科融合的重要方面。（聂胜欣，蔡裕方，2017）其大数据有助于英语客观题讲评的精准发力，提高了英语试卷讲评课的效益。它不仅在批卷的环节为教师减轻负担、减少时间成本，更以其大数据使教师有更多依据看清学情，精准讲评试题。学生在大数据的精准引导下，每一分钟有每一分钟的收获。

实践表明，基于云阅卷数据的英语客观题精准讲评取得了良好的成效。例如，我校2019届英语高考学生成绩名列全市前茅，笔者所任教的两个班级平均分为125分，高分率明显。

当然，云阅卷数据只是数据，能在多大程度上助力精准讲评，关键还在于教师。其教学成效还可以进一步提升。

参考文献

[1] 董胜胜. 试卷讲评课如何评讲 [DB/OL]. https://wenku.baidu.com/view/7102bdcee43a580216fc700abb68a98271feac3e.html.

[2] 付达杰，唐琳. 基于大数据的精准教学模式探究 [J]. 现代教育技术杂志，2017（7）：12-18.

[3] 聂胜欣，蔡裕方. 基于大数据的精准教学应用初探 [J]. 英语教师，2017（24）：74-80.

[4] 浙江省教育厅教研室. 从教学监测到精准教学——大数据背景下实证教研的浙江路径 [DB/OL]. https://wenku.baidu.com/view/889929d0541810a6f524ccbff121dd36a32dc483.html.

主题意义下高中英语单元整合教学的实践探究
——以人教版新课标"M6U3 A Healthy Life"为例

平阳中学　蔡新虹

为适应新课改的要求，突破模式化、碎片化的教学形式，进一步推动高中英语课堂教学的改革，以教材作为主阵地，将主题单元作为教学单位，通过提炼文本大意，确定主题意义；整合教学材料，突破碎片化教学；聚焦语言功能，突出教学重点；融合核心素养，驱动任务实践为单元教学模式，提高英语教学的效度，发展学生英语学科核心素养。

一、问题的提出

教学材料从狭义上说属于教学资源之一，是为教学有效开展提供的素材等各种可被利用的条件。专家文秋芳（2017）针对教材的利用曾提出"产出导向法"（Production-Oriented Approach，POA）教学材料使用与评价理论框架，可将课堂上使用POA教学材料的步骤概括如下：教师利用材料呈现产出场景，引导学生选择性学习及依托材料完成系列促成活动（毕争，2019）。教学材料的重要性不言而喻，但如何开发利用教材，整合资源，落实核心素养，避免碎片化的教学是一线教师一直在探讨的课题。基于教学中出现的困惑，笔者在教学中尝试使用基于主题意义以单元为教学单位开展教学实践，在知识的整合性、学生的综合性发展方面取得了较为显著的效果。

二、主题意义下单元教学实践的基本内涵

杰弗里·利奇在《语义学》（Semantics，1981）中将广义的意义（meaning）划分为概念意义（Conceptual meaning）、内涵意义（Connotative meaning）、社会意义（Stylistic meaning）、情感意义（Affective meaning）、反映意义（Reflected meaning）、搭配意义（Collocative meaning）和主题意义（Thematic meaning）七种不同的类型。主题意义是蕴藏于语篇中各句所表达的一个系列意义中的主要思想，是每个句子所表达的意思的概括（雷佳林，1996）。围绕主题语境展开对主题意义的探究是学习语言最重要的内容，直接影响着学生语言能力、思维品质及学习能力等的发展。同时，在《普通高中英语课程标准（2017年版）》（以下简称《课标》）中明确提出，英语课程内容包括六个要素，即主题语境、语篇类型、语言知识、文化知识、语言技能和学习策略。课程内容的六个要素是一个相互关联的有机整体，对于语言能力、文化意识、思维品质及学习能力等学科核心素养的形成起到基础性的作用。另外，单元是实现教学目标和完成教材处理的重要单位。《课标》指出：单元是承载主题意义的基本单位，单元教学目标是总体目标的有机组成部分。单元教学目标要以发展英语学科核心素养为宗旨，围绕主题

语境整体设计学习活动。为有效地将《课标》中的六要素整合，发展学生的核心素养，笔者决定基于主题意义以单元为教学单位开展教学探索实践。单元教学的整体思路是梳理文本形式、标题及意义，确定每个文本的主要内容及写作目的；通过纵横向对比，确定文本的主线即主题意义学习；教材取舍，整合教学文本，突破教学碎片化及独立性问题；聚焦语言表达方式、特点、篇章结构、句式功能等突出单元教学重点；最后以任务性驱动整合输出，融合发展学生的核心素养。整个教学活动的设计体现目标化、问题化、思维化、层次化、梯度化及渐进化；从发展学生的核心品质来讲，任务的驱动体现理解性、整合性、实践性以及创新性。

三、主题意义下单元教学的探讨

为了更好地说明"主题意义下单元整合性的教学"在实际教学中的运用，现以普通高中课程标准实验教科书（人民教育出版社）选修六第三单元 A Healthy Life 为例说明。

1. 提炼文本大意，确定主题意义

以单元为整体的教学中，对单元多模态语篇教材内容的文本形式与主要大意的梳理、分析及提炼是单元整体教学的第一步。基于教学内容的整体分析，结合学生实际情况，确定贯穿整个单元主题语境重点学习的语篇与内容。在《课标》主题语境的板块中，明确将主题语境整合为人与自我、人与社会和人与自然三大类。三大主题语境下涉及十个主题群与三十二项子主题。围绕主题语境中的主题群及内容要求，结合教材，融合培养语言能力和学习能力，发展思维能力。以人教版《英语》选修 6 Unit 3 A healthy life 为例，见表 1。

表 1　A healthy life

The form of text	Title or main idea（task）	Function
Reading	Advice from grandad	Background information of smoking and advice
Reading and discussing	HIV/AIDS：Are you at risk?	Background information of HIV/AIDS and correct attitude
Listening	Two college students are chatting. Tina wants Sara to go to disco with her, but Sara is nervous about going	Introduce the functions of advising, warning, and giving permission and prohibitions
Speaking	Create a social situation where drugs and alcohol may be present and to reflect on how they should behave to keep themselves safe	Express function words, phrases and sentences
Writing	Li Xiaolei encounters problems and asks for tips	Provide further practice in the target functions

通过表格的整理，笔者发现整个单元的教学主题语境是关于人与自我项目下的健康的生活方式、积极的生活态度。阅读材料通过外祖父的自身经历出发，讲述了吸烟上瘾的原因、危害及建议，关注健康是多方面的，而不仅仅是身体方面，还涵盖精神与思想等方面；阅读与讨论部分的文本主要交代了艾滋病的背景信息及正确认识艾滋病；听说写这方面主要围绕建议语用功能展开，以语言的产出为主。

基于以上单元信息的分析，笔者以健康作为文本话题，通过列举常见的健康问题导入本单元重点探讨的两个子话题（吸烟及艾滋病）如图 1 所示。

图 1　探讨子话题

2. 整合教学材料,突破碎片化教学

针对阅读文本,一线教师普遍将最完整的原文呈现给学生,对于低段及必修课本来说,这种操作的可行性较强,但对于选修内容的开发,教师应基于四个核心素养,全方面提炼单元教学的目的。在引出 Smoking 与 AIDS/HIV 的基础上,教师通过提问学生对这两种健康问题的了解程度,掌握学生原有认知,分析并纠正不足,提炼本单元涉及的两个文本中关于吸烟与艾滋病的相关信息。如下呈现两个提问的话题及优先处理的文本,围绕单元主题语境,避免模式化及碎片化的教学。

Q1: Why people are attracted by smoking and what harmful effects do they have?

Q2: What do you know about HIV and AIDS?

图 2 的材料来源于 reading 部分第三、四段,主要内容是关于吸烟上瘾的原因以及它的危害。在理解文本大意的基础上,让学生去概括两段内容的核心信息。概括性教学活动的设计对于学生把握文本间的逻辑,具象提炼段落核心内容,提升思维品质起到促进作用。呈现如图 3 所示。

Grandad: By the way, did you know that this is because you become addicted in three different ways? First, you can become physically addicted to nicotine, which is one of the hundreds of chemicals in cigarettes. This means that after a while your body becomes accustomed to having...When I was taken off the school football team because I was unfit, I knew it was time to quit smoking.

图 2 材料 1

	Information from the reading material (key)
Different ways people can become addicted to cigarettes	Physically addicted to nicotine Addicted through habits Mentally addicted
Harmful physical effects for smokers	Do terrible damage to heart and lungs Have difficulty in becoming pregnant Be unfit Smell terrible

图 3 概括性教学

图 4 的材料来源于 reading and discussing 的第一、二段,是关于艾滋病的一些背景信息。通过这段信息的呈现,让学生对艾滋病的相关信息有全面的了解,包括来源等。这一教学任务的设计,学生通过自行阅读素材,获取文本的主要大意,增加相关背景知识的储备,对于学习能力的提升及学科兴趣的激发起到导向作用。为有效跟踪学生对相关背景知识的了解情况,笔者将判断正误作为检测手段,并将 reading and discussing 中 The following statements are not true 的文本作为辅助背景知识进行补充,使学生以正确的态度对待艾滋病患者,能够与其友好相处,如图 5 所示。对于完整的听、说、读、写整合为一个单元的教学任务中,词汇等教学不容忽视;但如何在语境中整合教学,笔者通过渗透的方式,即在文本内容的呈现中,针对本单元的一些生词不单独做词义与用法的分析,而是通过英译英的方式,渗透在语境中,结合语境了解词义与用法,如 condom。

HIV is a virus. A virus is a very small living thing that cause disease. There are many different viruses, for example, the flu virus or the SARS virus. HIV weakens a person's immune system; that is, the part of the body that fights disease...For a person to become inflected, blood or sexual fluid that carries the virus, has to get inside the body through broken skin or by injection.

图 4　材料 2

Which of these statements are true and which are false. Tick the correct boxes. For each false statement, write a true one.
You can only get HIV from injecting drugs.
It is very likely that you will die if you get inflected with HIV.
If you look healthy, you cannot have HIV.
It could be dangerous to have sex without a condom（condom: a thin rubber bag that a man wears over his sex organ during sex to prevent a woman having a baby or to protect against disease.）
Taking food from the same dishes as someone inflected with HIV will give you HIV too.
If you have HIV, you will always get AIDS eventually.

图 5　判断正误

3．聚焦语言功能，突出教学重点

在以上的环节中，学生对于本单元的教学主题——健康已经有了清晰的认识。为了将本单元的教学重点或教学目的提前呈现，笔者通过视频（关于 Li Xiaolei 的困惑）创设情境，引出单元学习后的写作作为输出活动（图 6）。学生在整个单元的教学活动中能够针对性抓住教学重点，关注主次，提高了学习的效度。同时，借助视频等材料，教师可直观地向学生说明产出场景的要素，包括产出的对象、话题和场合，帮助学生准确地把握产出目标（毕争，2019）。

Writing
Read this letter and imagine that you are the adviser who deals with students' problems. Write a letter to give Xiaolei some helpful advice.
Dear...,
Can you help me please? My best friend has just started smoking. I don't like it and I told her what I thought. She laughed at me and said that I was not grown-up enough.
Then she offered me a cigarette and I felt so embarrassed and awkward. I did not know how to refuse it. Please help me. I don't want to start smoking, but I do not want to lose my best friend, either.
Yours sincerely,
Li Xiaolei

图 6　创设情境

4．融合核心素养，驱动任务实践

单元教学的主要任务是让学生写一篇建议信，使学生能够关注书信的格式，运用丰富和恰当的相关知识词汇和句式，重视表达的连贯性、输出语言的得体性。笔者首先让学生关注阅读文本的标题及篇章的格式，找出写信人与收件人，预测文本大意（写信的目的），把握文本走向及书信的格式。通过文本的阅读，让学生自行纠正在文本大意预测的过程中出现的偏差，并要求学生找出两部分内容之间的关系（学生可通过两部分文本的标题得知内容）。再次重读导入部分的文本素材（关于吸烟的上瘾方式及危害）后，让学生用自己的语言叙述以上内容，此环节的设置是为写作的输出提供素材。基于两篇文本的理解，让学生提炼出两篇文本的主旨即 What is a truly healthy person?（Someone is healthy in both body, mind and spirit.）同时，为更深层次地挖掘学生的思维品质，发展评判性的阅读能力，让学生关注文本的组织形式，针对 reading 部分的内容，重点开发第二部分的文本；而 reading and discussing 材料中关注第二段即 If you inject drugs 与 If you have sex with a male or a female. 并设计如下几个问题：

Q1. Does each paragraph in the first part of the reading passage begin with a topic sentence?

Q2. Why do you think the authors used a question as the main heading of the second reading passage?

Q3. Why did they use bullet points?

Q4. Why is the first word or phrase for each bullet point highlighted?

主旨句与支撑性内容的辨别作为单元阅读技能，通过主旨句，让学生关注表达建议和禁止的日常交际用语。为进一步促进学生学会表达禁止、警告和允许的日常交际用语，笔者将 listening 部分的教学任务作为突破口，通过听与写的融合，关注目标语言并进行适当的模仿。输出内容见表2。

表 2　输出内容

Permission	Warning	Prohibition
One speaker to another when not certain Is it OK if/to...? Is it all right to... Would you mind if...? Do you mind if...?	Positive It would be a good idea to... Be sure to... Be careful to... Watch out for... Negative Don't forget to... It is not a good idea to... Why not...rather than...?	Something forbidden by family rules or society Don't... You can... You may not... You aren't allowed to... You aren't supposed to...

为模仿并创新使用目标语言，起到为写作输出做铺垫的功能，笔者创设情境，让学生置身于设想的语境中，用完整的句子进行表达，教学活动设置如图7所示。

> If you were in a social situation where cigarettes may be present and related people persuaded you to smoke, but you know the harmful effects of smoking, can you give them some tips using target sentences pattern to give up and live a healthy（body, mind and spirit）life.

图 7　教学活动设置

通过功能目标语的使用，让学生探讨中英文关于劝说建议表达的异同。中文表述更倾向于侧面表达；而英文的表达更直接，应能够正确地理解中外文化，具备跨文化认知、态度和行为取向（《课标》，2018）。在 speaking 活动的基础上，笔者将本单元的输出任务即建议信的书写再次呈现，要求学生结合写信的基本格式、背景知识、目标语言的使用等围绕主题（Health: body, mind and spirit）进行表达。以四位同学为一小组进行自评与互评，从六个维度进行评判，判断标准如图8所示。最后每组呈现一篇最优范本，结合标准阐明出彩之处供大家学习。

1. 书信格式
2. 内容要点
3. 应用相关主题词汇的丰富性和准确性
4. 语法结构的丰富性和准确性
5. 文本的连贯性
6. 书写字迹

图 8　判断标准

四、总结

基于学生原有知识经验建构新知识，以发现学习理论为支撑，将学生的"最近发展区"作为突破口，单元整体教学的开发在新形势下是一种趋势。通过听读、听说、读写等有机地融合发展学生的学科品质，还需要一线教师投入更多的时间和精力去探索更具有效性和实践性的教学方法。

参考文献

[1] Geoffrey Leech. Semantics [M]. Middlesex：Penguin Books，1981.

[2] 江忆文. 主题意义的交际功能 [J]. 安徽农业大学学报（社会科学版），2001（3）：100-102.

[3] 中华人民共和国教育部. 普通高中英语课程标准（2017年版）[M]. 北京：人民教育出版社，2018.

[4] 人民教育出版社. 普通高中课程标准实验教科书·英语6（选修）[M]. 北京：人民教育出版社，2007.

[5] 文秋芳. "产出导向法"教学材料使用与评价理论框架 [J]. 中国外语教育，2017（2）：17-23.

[6] 毕争. "产出导向法"教学材料使用的辩证研究 [J]. 现代外语，2019（3）：397-406.

[7] 李宝荣，闻超，庞淼，等. 基于主题意义进行单元整体教学的实践思路和策略 [J]. 英语学习，2019（02）：32-45.

在重演中建构物理知识

温州市第二十二中学　陈礼请

物理新课程标准对物理教学提出新的要求：不再将结构化的物理知识作为物理课程内容的唯一来源，而是将物理知识的发生和发展过程及与此同时产生的物理文化作为物理课程开发和实施的文本。本文就在物理教学中如何应用"重演律"引导学生开展重演活动进行阐述。

一、"重演律"的简介

"重演律"源于生物学，到目前为止，能作为重演律加以研究的内容，主要有三个：第一，重演律又称胚胎重演律，即高等生物在胚胎阶段的发育过程，重演生物进化史，其中，人在胚胎发育阶段，表达得最为典型。第二，重演律又称个体发育重演律，个体一生的发育，重演群体发展的历史。这是一种生命的"自相似现象"。第三，思维发展的重演律。一个人思维概念的发展，思想发展成熟的过程，重演整个人类认识的历史。

二、重演律对物理教学的启示

如果将科学家从事科学研究的过程视为科学知识的原生产过程，那么学生接受科学教育的过程就是科学知识的再生产过程。理论与实践都表明，这两者之间并非泾渭分明、互不关联，它们在本质上有着极大的相似性：学生的学习过程是对人类文化发展过程的一种认知意义上的重演，他们学习科学的心理顺序差不多就是前人探索科学的历史顺序。

在教学中尽可能地使概念、定律和理论知识接近科学家在其研究过程中形成的概念、发现定律和创建理论，以使学生从中领会科学家在实际创新过程中所用的研究方法。而让学生领会研究方法的最好教学行为就是通过创设情境，引导学生重演物理学家的研究过程，因此，理想的科学教育应该是以浓缩的时空和必然的形式，重演人类丰富多彩的科学活动，让学生去亲历探究的过程，感受科学的启迪。

三、重演活动和科学研究的内在统一

在物理教学中将科学发展史上重要的科学活动让学生去"重演"，这里的重演，不是"重现"，不是将科学发展史上重要的科学探究活动像"放电影"一样展现在学生的面前，让其简单地了解，或者被动地接受；这里的重演，也不是重复，不是将科学发展史上重要的科学探究活动原封不动地复制到教学活动中。这里的重演是学生在教师创设的情境中，站在物理学家的角度，思考问题，探究物理学家在研究过程中遇到的难题，有时可以利用现代化的技术，创造性地解决问题。

教学行为中的重演，也包含提出问题、猜想与假设、制订计划与设计实验、进行实验与收集证据、分析与论证、评估和交流与合作等要素。它是一种探究，是一种"角色扮演式"的探究，是一种引导学生挑战历史难题的探究，是一种挑战物理学家的探究，是一种与物理学家的惊人思维碰撞的探究。

四、重演活动的实现条件和实施策略

（一）学习情境的创建

1．重演活动对学习情境的要求

学习情境对学习效果的影响至关重要，在中学物理教学的重演活动中，创设有利于学习者建构概念的情境是实现教学价值的重要条件。重演模式中学习情境体现在以下几个方面：

（1）角色扮演：要学生重演概念（规律）发生、发展的历程，必须重现历史情境，营造一种身临其境的气氛，使学生能设身处地去体验、重演物理学家的研究活动。这种重演活动是对物理学家探索未知领域的重演，这种活动具有角色扮演的性质，颇具趣味性和仿真性，能激起学习者持续学习的兴趣。

（2）知识的建构：学习情境所提供的学习经验或思考活动的氛围应有助于给问题的求解带来多种观点，有助于解决难题，有助于学生建构知识，并为全体学习者所共享。

（3）内容的完整与趣味：课堂情境围绕一根主线，清晰、明了。物理知识的发展历程有一条相对清晰的主线，重演模式应该把物理知识的发展主线转化为课堂教与学的主线，能吸引学生，激起探究兴趣和动机。

2．学习情境创建的策略

创设重演情境可以有两种不同的方式，即通过历史性的经典实验的操作（或观察仿真实验）和通过介绍历史背景。

（1）经典实验的操作（或观察仿真实验）来创设重演情境。结合历史性的经典实验的操作（或观察仿真实验），介绍前人科学认识过程的实验方法，让学生遵循前人科学发现和发明的思路来学习，将学生推到若干年前，让他们从当时的科学背景出发去重演科学家们在什么问题上，在哪个环节中，在什么情况下，用什么方法和思想做出了科学发明与发现，从而对学生进行创新技能的培养。

例如，对于原子结构的教学，可以运用多媒体现代化手段来展示一些实验及其实验现象，以实验结果为依据，以学生发展为本，让学生身临其境，充当科学家的角色，以"发现"为线索，层层分析，一步步发现核式结构，使学生由被动接受知识变为自主研究性地学习，由个体思考转变为同伴合作交流讨论，培养学生的创新能力。

（2）通过介绍历史背景来创设重演情境。介绍历史背景，让学生能够站在物理学家的角度思考并解决遇到的研究难题，让学生更好地体会物理学家的研究方法，培养学生的创造性思维。还可以结合现代的科学技术水平，让学生用当今的科学技术去解决当时的难题，引导学生提出多种研究方法或实验方案，培养学生的创造性思维。

例如，在"自由落体运动"的教学中，教师可以通过创设历史情境，让学生体验伽利略所处年代的科学技术水平，让学生能够站在伽利略的角度思考并解决伽利略遇到的研究难题，学生的思维可能无法解决当时的难题，此时可以通过介绍伽利略的研究方法，让学生更好地体会伽利略的研究方法。同时，结合现代的科学技术水平，让学生用当今的科学技术去解决当时的难题，引导学生提出多种实验方案（打点计时器、滴水法、频闪照片等），建立多种数学模型（位移与时间关系、速度与时间关系、加速度特点、速度图像等）进行论证假设，培养学生的创造性思维。

（二）学习资源的整理

1. 重演活动对学习资源的要求

物理知识的发展历程比较复杂，教学资源往往不能直接使用，因此，我们要对物理知识进行一番"顺藤摸瓜"式的分析，即厘清物理知识本身历史的、逻辑的演化脉络（"藤"），进而挖掘依附在知识载体上的富有教育、教学价值的课题或素材（"瓜"），从而形成一条有关教学内容的"知识序"。

2. 学习资源的整理的策略

（1）"藤"的设置。物理概念本身历史的、逻辑的演化过程通常是错综复杂的、多支路的，任何教学设计及实施都不可能完全按照物理概念的发展历程全面展开。物理教师应该将物理概念发展历程"转换"成便于学生理解、便于学生探究重演的"藤"，从而形成一条清晰的课堂教学主线。

（2）"瓜"的设置。依附在知识载体上的富有教育、教学价值的课题或素材（"瓜"）是学生探究的内容，由于学习时间有限，教师应该保证这些"瓜"是最甜、最好的。学生重演的内容应具备物理学史意义，富含科学方法、科学思想和科学精神，能够帮助学生更好地理解概念，而且学生面对重演的内容能够提出自己的独到见解或解决方案，而不是勉强接受。因此，在高中阶段，面对有限学时，根据具体教材内容，物理教师要准确选择重演内容。在教学设计中，应该将科学史中关键性的突破和物理学大师们伟大贡献的精华之点创造性地在课堂教学中加以运用，将这些历史上物理学家的研究硕果转化成适合学生采摘的"瓜"。

①侧重说明物理学发展的里程碑或转折点，代表物理学发展潮流的内容，如"光的本性"；

②侧重表明旧理论、旧概念的局限性，新理论、新概念的发展性的内容，如"原子结构认识的发展"；

③富有方法论意义的内容，如"自由落体运动"；

④有助于学生重视实验的内容，如"光速的测定"；

⑤在教学过程中，可利用多种方法启发学生对给定重演内容提出自己的见解，或通过对原有概念的分析，提出更深层次的质疑，如"速度的测量方法"。

（三）教师的教学行为

1. 重演活动对教师行为的要求

重演活动的有效开展，需要教师同时扮演几种角色。教师不再只有一种单一的身份，而是多种角色的综合体。

（1）学习环境的创建者：为学习创设和提供丰富的环境、经验和活动；为学习者的协作性学习、问题求解活动、真实的任务学习、知识共享和责任共担等方面组合各种机会。

（2）指导者：学生面临的学习任务是高难度的，是具有挑战性的，学习者需要在历史再现的情境中挑战物理学家，因此，在课堂中，教师必须扮演指导者角色，为学生的重演提供各种引导和帮助。作为指导者，教师在必要时应通过示范、中介、解释、调整重心、提供选择等方式，以帮助学习者建构自身的意义。

（3）合作学习者和合作研究者：善于和学习者共同参与研究活动，探索新知，并且成为知识建构共同体中的知识生产者。

（4）课程开发者：重演模式的实施，要求教师厘清物理知识本身历史的、逻辑的演化脉络，进而挖掘依附在知识载体上的富有教育、教学价值的课题或素材，这对物理教师提出极高的要求，需要物理教师参阅大量的资料，进行整理分析，积极开发课堂教学目标、内容、结构、资源和作业；与其他教师通力协作，改变传统课程中的部分内容和方法，或开发新课程，如校本课程。

2．教师进行有效互动的策略

重演活动中教师在课堂中的作用主要是提问、点拨、诱导，要引导学生，帮助学生调整学习，促进自我觉悟的提高。

（1）问题的"历史仿真性"。通过创设情境，提出"历史仿真性"的问题，让学生遵循前人科学发现和发明的思路来学习，将学生推到若干年前，让他们从当时的科学背景出发去重演科学家们在什么问题上，在哪个环节中，在什么情况下，用什么方法和思想做出了科学发明和发现，从而对学生进行创新技能的培养。还可以结合现代的科学技术水平，让学生用当今的科学技术去解决当时的难题，引导学生提出多种研究方法或实验方案，培养学生的创造性思维。

（2）问题的"适合性"。物理教师在提问的时候要注意问题的难度和学生的认知水平的匹配、问题的清晰度和发问的次数，要针对学生的"最近发展区"进行提问，提出的问题要围绕一个核心并且简单明了，发问的次数要适中，不宜过多也不宜过少。要在学生回答的时候留给他们一定的时间去考虑，并且教师在对学生的回答作反应也要留有时间，这样，有利于创造宽松的课堂气氛和促进学生对问题进行思考，有利于学生集中注意力，有利于学生建构物理的概念。

（2）问题的"可分解性"。如果学生回答得不正确或不确切，物理教师可以进行转问或探问，转问就是对同一个问题向其他同学进行发问，探问就是对同一个学生提出与原问题相关的问题，或者是将原问题分解成几个小问题进行发问，这一方法可以减小探究难度，有利于学生更加专注于学习活动。

（3）互动的"功能性"。教师在学生的重演活动中，要加强对学生进行探究方法的指导，让学生明白自己在做什么、怎么做、用什么方法做、为什么这么做、还有没有其他方法，让学生掌握科学的探究方法。

（四）重演活动中学生的角色

在中学物理教学的重演活动中，学生的身份也是多种角色的综合体。

（1）知识的生产者：学生在学习情境中，沿着物理学家的研究步伐，重演物理学家的研究发现，自己建构物理概念。对学生而言，物理知识是自己通过思考提出、总结的，自己通过研究形成的，自己就是知识的生产者。

（2）探究者：学生应该有充裕的时间和机会探索观点和形成结论。通过与材料、教师、学习伙伴、技术、学习环境等因素的互动，学生探究物理概念和概念之间的相互联系，体验科学的研究方法，形成科学态度和科学精神。

（3）协作者：在中学物理教学的重演模式中，学生面临的重演任务是一种创造性的、高难度的活动，因此，强调合作学习，在合作竞争中重演概念的发展过程。

（4）学习的管理者：能有效地计划、监控、调节和反思自己的学习进程与结果，有效地管理自己的学习时间、学习环境、情绪意志、努力程度和寻求他人的支持，有高度的主人翁感。

五、小结与反思

重演律的应用在教学过程中碰到的主要问题就是资源问题。重演律要求对物理知识进行一番"顺藤摸瓜"式的分析，从而形成一条有关教学内容的"知识序"。这对物理教师提出极高的要求，需要物理教师参阅大量的资料，进行整理分析。但事实上，有关这些内容的资料很少，教师在备课时遇到了资源严重紧缺的局面。

参考文献

［1］王德胜．试论重演教学法［J］．高等师范教育研究，2003，15（4）：47-52.

［2］钟志贤．信息化教学模式——理论建构与实践例说［M］．北京：教育科学出版社，2005.

［3］吴加澍．对物理教学的哲学思考［J］．课程·教材·教法，2005（7）：66-71.

［4］蔡铁权．物理教学丛论［M］．北京：科学出版社，2005.

探讨利用同屏软件提高课堂教学效率

浙江省瑞安中学　许文龙

多媒体技术应用于现代教育教学中，与学科整合是一种趋势，近年来，随着移动掌上智能设备的普及和移动开发技术的发展，平板与智能手机在课堂教学中的应用日趋成熟，文科教学不成问题，但理科教学因解题思路需要一步一步以手写方式演示给学生，在很长一段时间内无法离开传统的黑板与粉笔，随着软件、硬件技术的进一步发展，近年来许多厂商推出了高精度电容笔和电容屏，其压感高达4096级，笔尖细到0.7 mm，在屏上书写堪比纸上。平板与手机，手机尤其是最便携的随身工具，在课堂教学中通过平板或手机合理利用同屏软件提高课堂教学效率切实可行。本文就手机等与投影仪同屏解决方案及课堂运用做初步的探讨。

一、移动端与投影仪同屏解决方案

考虑以最小的成本实现同屏，同时，又要考虑网络安全、网络负担问题，且又具有可推广性和便携性。目前，大部分学校使用的投影仪都没有内置安卓系统支持，且一些学校网络配置低转发速度慢，不允许学生使用网络。同屏方案需求分析见表1。

表1　同屏方案需求分析

需求	设备	使用说明
硬件需求	免驱版	在教室计算机不带无线网卡的情况下，购置免驱USB无线网卡（如TL-WN725N，淘宝价格50元以下）构建无线热点，让移动设备与教室计算机处在同一网段，既可有效限制学生不正常使用网络，又能避免学校负担重的问题，完全能满足课堂教学同屏要求（对于笔记本计算机不需要另外购买无线网卡）
软件需求	方案一（推荐）	手机端：希沃授课助手（可在应用商店里下载） 计算机端：在计算机里安装希沃授课助手PC端
软件需求	方案二	手机端：一键投影（可在应用商店里下载） 计算机端：在计算机里安装一键投影PC端
软件需求	方案三	手机端：ApowerMirror（可在应用商店里下载） 计算机端：在计算机里安装ApowerMirror PC端

利用方案一实现同屏操作步骤：在计算机主机的USB端插入USB无线网卡。一般会自动安装驱动（如果没能自动安装，请双击USB盘里的安装程序），如果已有无线网卡（笔记本自带），请跳过此步。然后在计算机主机上安装希沃授课助手PC端。使用时请勾选"启动热点"复选框，然后在手机上将Wi-Fi选为热点连接，并输入热点密码。然后打开手机端的希沃授课助手扫一下计算机上希沃授课助手的二维码就可以连接上了。本处之所以启用热点就是为了将当前移动设备与计算机置于同一网段，同屏数据不会经过校园网络进行转发，在减轻学校网络负担的同时提高了同屏效率。

二、希沃授课助手同屏功能分析

从教学角度出发，调研分析目前常用的几款同屏软件，其中 SeewoLink 推出的希沃授课助手完全能满足常规课堂教学需求，希沃授课助手作为 SeewoLink 公司众多教学软件中的一款，其功能一直在完善和增加中。下面介绍课堂教学中使用的常用功能。

（1）拍照上传。在希沃授课助手中有两个地方可以使用拍照上传功能，这是一个非常有用的功能，在课堂教学中，尤其是理科教学，经常需要学生板演，然后教师分析学生答题情况。用了希沃授课助手拍照上传功能后，就不需要费时费力让学生去板演，而只需教师在教室里转个几圈，寻找不同学生的答题特点，从中找出有代表性的答题情况用手机拍摄下来，拍照上传功能支持多拍，用手指滑动来选择需要同屏到投影仪的图片。如果移动设备具有手写笔功能（也可以用手写，但不如笔方便），教师可以很方便地用手写笔在移动端屏幕上对学生的答题情况进行实时批注讲解，一切都会实时同屏到投影仪，这将有效提高课堂教学效率（图1）。

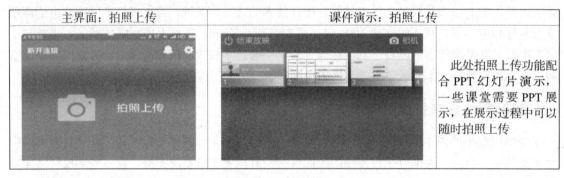

图 1　拍照上传

（2）课件演示。PPT 演示成为教学的常用手段，文科教学对 PPT 的依赖越来越高，怎么高效方便地使用 PPT，希沃授课助手为我们提供了解决方案。进入希沃授课助手课件演示模块，移动端屏幕上会实时显示 PPT 播放内容，并可以方便控制 PPT 的播放，如同在计算机上直接控制 PPT 演示，此处还提供了边演示 PPT 边拍照上传的功能，方便课堂教学中直接拍照上传学生答题情况以供分析讲解。在课件演示模块希沃授课助手还提供了批注功能，在批注里提供了激光教鞭和聚光灯及非常高效的批注笔，可以在 PPT 上批注分析（图2）。

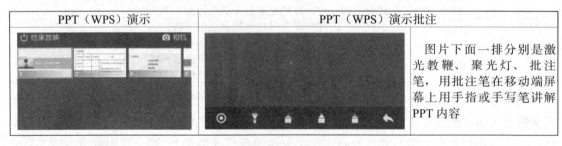

图 2　演示批注

（3）屏幕同步。屏幕同步是培训和教学最核心的功能，而很多人却还不会使用，还停留在传统的视频授课模式。此功能可以让移动端屏幕实时与计算机端（投影仪）保持一致。利用此功能在课堂教学中可做到：第一，利用移动端的笔记软件授课，例如，在 iPad 上利用手写笔使用 Notability 笔记软件上课是一种非常好的体验，尤其针对理科教学需要手写展示演算过程显得更加友好，安卓移动端笔记软件比较好的是 Microsoft One Note，使用体验不错；第二，利用摄像头实时演示实验或展示物品，在屏幕同步状态下摄像头所摄内容都会实时动态显示在投影仪上，理科教学中利用此功能可以方便地向学生展示详细实验过程（图3）。

移动端同屏到计算机端（投影仪）	计算机端（投影仪）同屏到移动端	
手机屏幕同步	计算机桌面同步	可以在移动端（手机）非常直观地看到计算机屏幕上的所有内容，用手指或手写笔在移动端（手机）操作，可以将移动端（手机）当计算机的鼠标和键盘使用

图3　屏幕同步

（4）触控板和文件上传。触控板相当于将移动端（手机）屏幕当成计算机触控板，触控模式下无法在移动端屏幕上看到计算机屏幕内容，但能看到鼠标移动，也提供左、右键功能，如果想将移动端（手机）当鼠标和键盘使用，建议使用计算机端（投影仪）同屏到移动端，此模式下可以在移动端（手机）非常直观地看到计算机屏幕上的所有内容，用手指或手写笔在移动端（手机）操作，可以将移动端（手机）当作计算机的鼠标和键盘使用；文件上传功能可以很方便地将移动端中各种类型文件上传到计算机端运行，如上传图片，可以直接在移动端对图片进行批注分析并实时同屏到投影仪上，如果上传的是 PPT 或 Word 文档等，上传完毕后可直接开启计算机端（投影仪）同屏到移动端，将移动端当作鼠标和键盘使用，很直观方便地操作计算机端文档。

三、利用同屏提高课堂教学的有效性

提高教学的有效性是各科教学的目标。在以班级为单位的授课模式下，教学过程作为由多个教学环节和教学管理环节构成的有机联系的整体，可利用同屏优化教学设计，优化课堂互动方式，优化教学过程，提高课堂教学的有效性。同屏功能在课堂中的合理运用能有效地激发学生的学习兴趣，能将学生的观察能力提上一个新的台阶，扩大学生观察的广度、深度，提高学习效率。

（1）利用同屏展示实验教学的细节。课堂上的演示实验应该让学生看得清、看得懂。演示实验是最能直观展示理工科教学魅力的有效手段。它化枯燥为生动、化抽象为具体，激发学生学习兴趣，在建立概念、验证规律、培养科学思维方法等方面起着重要的引导作用。例如，演示水波的干涉与衍射，教师可以很方便地使用手机将实验细节同屏到投影仪上。

（2）利用同屏改善课堂中教师的自由度，提高课堂教学的生成度。同屏结合移动端相应软件，可对图片任意缩放，对 PDF、PPT 和 Word 文档等进行批注讲解，能轻松实现在实际展示过程中难以解决的局部与整体的关系、大小关系、方位关系，能方便地将抽象的知识直观地呈现在课堂上，能有效帮助教师处理好课堂中的预设与生成的关系，提高教师教学的自由度，同时，能激发并保持学生的兴趣和注意力。

（3）利用同屏提高课堂教学中学生学参与度，解决传统教学互动受限的难题，促进教学互动度。尤其是习题课和复习课，同屏功能的合理运用能很好地提高学生的参与度，节省板演时间，能有效地提高习题分析课的效率。比如试卷分析课，如果全由教师讲解，分析速度快固然是优点，重难点也可以突出，但很容易造成教学中的"满堂灌"的现象，导致学生出现兴趣缺乏、注意力不集中的现象，成绩处于中下游的学生本来听课效率就不高，更难在课堂上保持持久的注意力。所以，对于习题分析课（复习课），可在课前，甚至在课堂上随时方便地将学生的典型错题或答题范例使用移动端（手机）拍照，通过同屏展示在大屏幕上，适时让不同层次的学生进行点评、订正、总结，这将能极大促进学生的参与度，提高兴趣、保持注意力，节省时间，使学生提高教学效率。

参考文献

［1］张谋利. 手机同屏显示在初中物理课堂教学中的使用心得［J］. 中学课程辅导（教师通讯），2017（20）：59-60.

［2］黄治海. iPad及其同屏技术在物理实验教学中的应用［J］. 中学物理（高中版），2018（2）：50-51.

［3］王红琛. 智慧教室多屏互动系统研究［D］. 武汉：华中师范大学，2016.

基于物理"微专题"精准教学例析

浙江省瑞安中学　卓建银

"教什么""怎么教"是我们教学设计的核心。对于新课教学,由于教学内容已经由教科书提供,难度与定位也有《浙江省普通高中学科教学指导意见》指导,也就是说"教什么"已经很清楚,"怎么教"才是我们思考的核心。然而,复习课教学要基于学生的学情,如果教学内容不合适,教学方法再好,学生的认知、能力提升也会很有限,因此,"教什么"才是重中之重。当然,"一口吃不出大胖子",我们找到需要"教什么"后,需要对每个问题"精准突破",而"微专题"就是一种很好的形式。

一、"微专题"的含义

所谓物理复习课"微专题",是指立足学情、教情、考情,以某个"物理点"为中心,整合相关的高中物理概念、原理、规律、模型和方法,力求解决物理复习课中的真问题、小问题和实问题。它不同于大专题复习中的某一主题,物理"微专题"涵盖的内容适量,知识之间联系紧密,借助"微专题"组织教学,可以在复习基础知识的同时,帮助学生形成良好的认知结构,活化知识的运用,提升解决问题的能力。

二、"微专题"精准教学例析

大数据背景下,我们可以精准分析学生错误的题目,甚至可以知道学生在答题中的哪个"物理点"、哪一种方法造成错误、为什么造成错误等。笔者以三个微专题为例,来谈谈如何用"微专题"达到精准聚焦突破。

(一)思维方法类"微专题"例析

【案例一】

以"基本不等式法"求物理极值微专题:

例:如图 1 所示,质量 $m=0.1$ kg 的小球(可视作质点)从 A 点以初速度 v_0 水平抛出后撞到竖直挡板上,已知挡板与 AB 平行,间距 $x=1$ m,AB 足够高,空气阻力不计,$g=10$ m/s^2,求:小球在 A 点以多大初速度抛出时,小球撞到挡板上的动能最小?动能的最小值为多少?

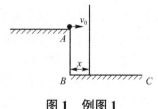

图 1　例图 1

设计思想:此例题学生可以多个自变量表示 E_k,即可以选择初速度 v_0 作为自变量建立函数：$E_k = \frac{1}{2}m\left(v_0^2 + \frac{g^2x^2}{v_0^2}\right)$，也可以选择竖直位移 y 作为自变量建立函数：$E_k = mgy + \frac{mgx^2}{4y}$，或是选择运动时间 t 作为自变量建立函数：$E_k = \frac{1}{2}m\left(\frac{x^2}{t^2} + g^2t^2\right)$，再由基本不等式求极值。但是，学生会率先考虑直接建立 E_k 与 v_0 的函数进行求解，大多数学生不会选择其他物理量与 E_k 建立函数，这也是问题的核心所在。

变式：如图2所示，质量 $m=0.1$ kg 的小球（可视作质点）从 A 点以初速度 v_0 水平抛出后撞到挡板上，已知挡板的下端固定在 A 点正下方的地面 B 点，挡板与水平地面夹角正切值 $\tan\theta = \frac{\sqrt{3}}{2}$，$AB$ 高 $h=3$ m，空气阻力不计，$g=10$ m/s²，求：小球在 A 点以多大的初速度抛出时，撞到挡板上的动能最小？最小动能为多少？

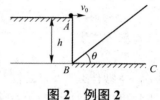

图2　例图2

设计思想：学生也想直接建立 E_k 与 v_0 的函数进行求解。由水平方向 $x=v_0t$，竖直方向 $y = \frac{1}{2}gt^2$，结合其关系 $\tan\theta = \frac{h-y}{x}$，容易得到 $\frac{\sqrt{3}}{2}v_0t = 3 - \frac{1}{2}gt^2$，再由动能表达式 $E_k = \frac{1}{2}mv^2$，得到 $E_k = \frac{1}{2}m(v_0^2 + g^2t^2)$。接着，大部分学生想在 $E_k = \frac{1}{2}mv^2 = \frac{1}{2}m(v_0^2 + g^2t^2)$ 的式子中消去 t 得到 E_k 与 v_0 的关系式，发现很难用 v_0 表示 t，解答过程非常复杂……这就是学生潜意识中不会灵活选择自变量的核心所在。

若打破潜意识探索建立 E_k 与其他物理量的函数，那么，由水平方向 $x=v_0t$，竖直方向 $y = \frac{1}{2}gt^2$，其关系 $\tan\theta = \frac{h-y}{x}$，易得到 y 与 v_0 关系为 $(h-y)^2 = \frac{3yv_0^2}{2g}$，再由动能定理得到 $mgy = E_k - \frac{1}{2}mv_0^2$。若此时执意消去 y 去建立 E_k 与 v_0 的关系式，同样会遇到很难用 v_0 表示 y 的情况，但是用 y 表示 v_0 不难，若消去 v_0 得到 E_k 与 v_0 的函数，易得 $E_k = mgy + \frac{1}{2}m\frac{2g(h-y)^2}{3y}$，整理得 $E_k = \frac{4mgy}{3} + \frac{mgh^2}{3y} - \frac{2}{3}mgh$，接着用基本不等式求极值就很容易。

【案例一分析】

1. 精准突破"重点与难点"

《考试说明》能力要求第四点明确指出："能够根据具体问题列出物理量之间的关系式，进行推导和求解，并根据结果得出物理结论；必要时能运用几何图形、函数图像进行表达和分析。"

2. 精准突破"核心错误"

学生在解答此类问题时失分率一直高。如果将"物理问题"与"数学问题"分开，大部分学生能力是过关的。

经研究，学生在处理此类问题时，往往出现以下几种常见错误：

（1）选择物理规律列式混乱，不够灵活。

（2）方程列了一大堆，但整合能力不足，无法寻找出函数关系。

（3）自变量设置不合理，函数关系非常复杂（核心问题）。

3．精准纠正"教学盲点"

教师们将此类问题定位为"重点内容"，但大多数教师对此类问题没有找到根本解决办法。

例如，很多老师认为解决此类问题的办法如图3所示。

很多教师没有详细引导学生如何"选择物理规律列式，寻找函数关系"，也就是如何将物理问题转化为数学问题——寻找合适的物理量作为自变量列出函数。很多教师并没有发现这个"病根"，学生也没有认识到这个问题。而本"微专题"就是让老师与学生深刻体会"病根"所在，并重新给出如图4所示科学的思维方法。

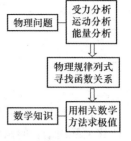

图3 原思维方法

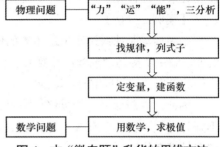

图4 本"微专题"升华的思维方法

（二）物理模型类"微专题"例析

【案例二】

平抛运动模型的解题基本思路微专题：

例：如图5所示，从 h 高的水平桌面边缘 A 点，将小球（可看作质点处理）以初速度 v_0 水平推出，忽略空气阻力，计算过程重力加速度，g 取 $10\ m/s^2$。

问题一：如图6所示，若 $h=3\ m$，在 A 点正前方 $1.2\ m$ 处放置一高为 $2.2\ m$ 的竖直挡板，若小球刚好能越过挡板，且挡板厚度不计，求小球刚好越过挡板时的位移和速度。

图5 例图3   图6 例图4

设计思想：针对平抛运动基本规律的回顾与应用，知道求解平抛运动的位移和速度，为后面的拓展做准备。

问题二：如图7所示，若 $v_0=5\ m/s$，在 A 点前方某处将挡板与水平地面成 $\theta=30°$ 角放置，此时小球从 A 点抛出后刚好垂直地撞在挡板上，求小球从 A 点抛出后在空中的飞行时间。

设计思想：本题让学生识别从速度关系寻找突破口，快速解决问题。

问题三：如图8所示，若 $v_0=5\ m/s$，将挡板的一端接 A 点边缘，另一端放在地面上，挡板与地面成 $30°$ 角放置，求此时小球从 A 点抛出后在空中的飞行时间。

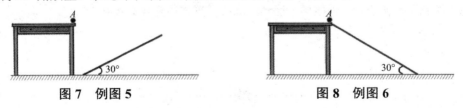

图7 例图5   图8 例图6

设计思想：本题让学生识别从位移关系寻找突破口，快速解决问题。

问题四：如图9所示，若 $h=3\ m$，$v_0=2\sqrt{3}\ m/s$，挡板一端接 A 点正下方的 B 点，则挡板与地面的夹角 θ 等于多少时，小球从 A 点抛出会刚好垂直地撞在挡板上？

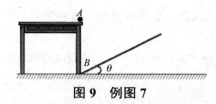

图 9　例图 7

设计思想：本题单从位移或速度角度已经不能解决问题，旨在引导学生学会从速度关系、位移关系相结合的角度寻找突破口。在前两题的基础上，学生已经体会到解决平抛运动的两个常用切入点：一是从速度关系角度；二是从位移关系角度。那么，在较复杂的问题当中，应从速度关系、位移关系相结合的角度去解决问题。

【案例二分析】

平抛运动是曲线运动中最重要的模型之一，它第一次要求学生应用"运动的合成与分解"的方法解决实际运动问题；并要求学生掌握物理学"化曲为直""化繁为简"的方法及"等效代换"的思想，深刻理解分运动的等时性与独立性特点，科学寻找解决实际问题的切入点。

因此，在新课之后如果仅仅采用题海战术，不仅很低效，而且站的高度不够，学生视野打不开。为了"精准"有效地解决平抛运动的模型问题，设计一堂思路清、方法全、效率高的拓展课是必需的。

此"微专题"采用"一题多变"的设计，不仅可以节约教学时间，提高效率；而且巧妙的问题变式让本堂课涵盖了解决平抛运动的所有基本方法。通过本"微专题"的拓展，帮助学生从更高的角度看平抛运动的实际问题，快速精准地识别出解题的"切入点"，轻松解决基于"平抛运动模型"的问题。

（三）解题技能类"微专题"例析

【案例三】

仅"入射方向不同"的带电粒子在匀强磁场中的运动微专题。

例：如图 10 所示，AA_1 与 x 轴垂直并相交于（$3L$，0）点，只在 AA_1 的左边区域空间存在垂直纸面向里的匀强磁场，磁感应强度为 B，在平面直角坐标系的原点 O 放一个开有小孔的粒子源，粒子源在坐标系所在的平面内可沿不同方向发射出大量质量为 m、带电荷量为 q 的正粒子，所有粒子的初速度大小均为 $v = \dfrac{qBL}{m}$。不计粒子的重力及粒子之间的相互作用。问：

（1）带电粒子在磁场中做匀速圆周运动的半径为多大？

（2）粒子会不会从 AA_1 边界离开磁场？

（3）探究所有粒子在匀强磁场中运动的圆心位置连线是什么形状？

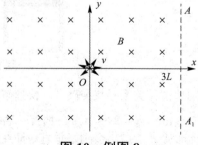

图 10　例图 8

设计思想：

第一，通过三个问题，让学生有以下三个重要的认识：

（1）带电粒子在匀强磁场中做圆周运动的半径大小相同。

（2）粒子发射后，离开发射位置最远的距离为直径。

（3）所有粒子做圆周运动的圆心连线是一个圆。

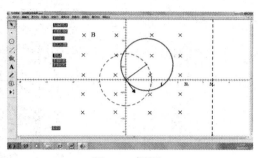

图 11　例图 9

第二，可以借助"工具"（如硬币）、多媒体动画让学生直观体会到粒子的轨迹圆位置变化（图 11）。

第三，通过硬币或动画旋转，引出"旋转圆法"可以辅助解决此类问题。

变式一：如图 12 所示，aa_1 与 x 轴垂直并相交于 (L, O) 点，若只在 aa_1 的左边区域存在垂直纸面向里的匀强磁场，其磁感应强度大小为 B；问：aa_1 哪些区域有粒子射出？

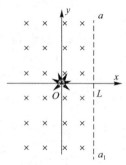

图 12　例图 10

设计思想：仅"入射方向不同"的带电粒子在有界磁场中运动的问题难点在于寻找临界点，学生往往会犯如图 13 所示的错误。而通过"旋转圆法"，并借助工具（如硬币）去寻找临界点，会让问题变得直观、有效。如图 14 所示，"旋转圆法"结合工具找到"直径""相切"等临界情况，然后，在直观感受的基础上再慢慢形成科学的思维判断。

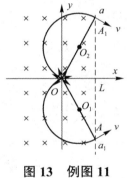

图 13　例图 11

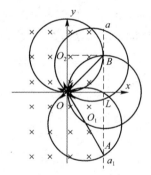

图 14　例图 12

变式二：如图 15 所示，若只在平面坐标 $0 \leq x \leq L$，$-\dfrac{3L}{2} \leq y \leq \dfrac{3L}{2}$ 区域内存在垂直纸面向里的有界匀强磁场，其磁感应强度大小为 B；$t=0$ 时刻，粒子源同时只向 $x \geq 0$ 区域发射大量速度大小均为 $v = \dfrac{qBL}{m}$、速度方向不同的粒子；其速度方向与 y 轴夹角分布在 $0° \sim 180°$ 范围内，问：

（1）粒子从 aa_1 界线哪一点射出的时间最短？

（2）粒子从哪一点射出时间最长？

设计思想：速度大小相同的粒子在磁场中做匀速圆周运动，经过的路径弧长越长，时间越

223

长,若圆弧长度小于半周,对应的弧长越长,弦长也越长,时间也就越大。把判断时间的长短转化为弦长的长短后,再结合"旋转圆法"(图16),找到如图17、图18所示的临界条件。

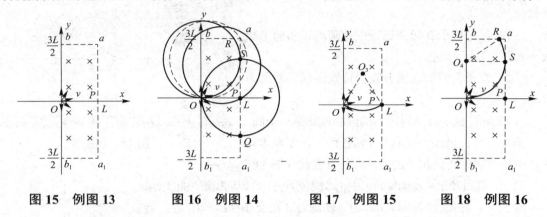

图15 例图13　　图16 例图14　　图17 例图15　　图18 例图16

变式三：如图19所示,在平面坐标第一象限存在垂直纸面向里的匀强磁场,第二象限某区域内存在垂直纸面向里的有界匀强磁场,其磁感应强度大小均为 B；若粒子源只向 $x \geq 0$、$y \geq 0$ 区域发射大量速度大小均为 $v = \dfrac{qBL}{m}$、速度方向不同的粒子,其方向与 y 轴的夹角分布在 $0°\sim 90°$ 范围内,发现所有粒子从磁场边界射出时均能沿着 x 轴负方向运动,试求出第二象限中有界磁场的最小面积。

设计思想：前面已经知道,此问题中,所有粒子在匀强磁场中做匀速圆周运动的圆心位置连线是一个圆。如图20所示,我们就可以利用这一特点用几何关系找出边界,或者代数关系求出边界上的任何一点都满足 $x=-L\sin\theta$,$y=L+L\sin\theta$,两式消去 θ,得到边界方程 $x^2+(y-L)^2=L^2$。

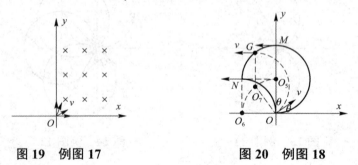

图19 例图17　　　　　图20 例图18

【案例三分析】

仅"入射方向不同"的带电粒子在匀强磁场中的运动的题型是一个难点。学生往往是做了很多这样相似的题目,却还是理解不到位,没有真正掌握"解题技能",做一题学一题,做不到融会贯通。

为了"精准"突破这一难点,让学生把解决此类问题的"解题技能"学到手,此"微专题"指导教师用"多媒体动画"演示,并引导学生借助"工具",让抽象问题直观起来。然后,学生在直观感受中,找到临界,找到几何关系……那么,学生在形象直观的基础上,慢慢形成科学的思维判断,提升"解题技能",做到融会贯通,举一反三。

三、"微专题"的评价与建议

（一）预设目标"微"——让教学更精准

"微专题"具有"小而精"、操作灵活、因微而准、因微而深等特点。"微专题"的设置是为了帮助和引导学生专门解决某个具体的问题，因此，在选题时忌大而笼统、虚而不实。例如，第二轮复习用书中的专题——"带电粒子在匀强磁场中的运动"，这样的专题就太大，涉及面太多，精准度不高，复习效果就难以达到。如果开发前面案例中提到的"仅'速度方向不同'的带电粒子在匀强磁场中的运动""仅'速度大小不同'的带电粒子在匀强磁场中的运动""磁聚焦问题""回旋加速器""质谱仪""粒子推进器"等"微专题"，从一些小的"点"入手，针对"点问题"进行深层次研究，挖掘知识间的联系和相通之处，逐个突破，逐一解决。在拿下多个"点"之后，以"点"带"面"，争取全面提升。

（二）问题导向"专"——让思路更透彻

"微专题"的主题可以是形式不拘、多样化的。例如，可以开发针对某一概念、某一规律、某一模型、某一方法、某一技能、某一易错点、某一重点、某一难点等"微专题"，例如，"超重与失重""'等时圆模型'及其应用""'晒衣服模型'中的力学问题""数列在物理中的应用""静电场中几个图像问题解析""电磁感应中的动量问题""电磁感应中的'转动类'问题"等。

"微专题"的主题一旦确定后，所有的例题、习题都要"专"门围绕这一主题，不宜过多涉及其他与主题无关的知识点、能力点；不宜有复杂的情境；不宜将平时考试或练习中需要考核多项能力指标的题目直接拿来当例题。例如，以"电磁感应中的动量问题"为例，我们设计"微专题"时，不需要复杂的情境背景；导体棒或线圈等对象不宜过多；涉及的规律不宜过多，不要将动力学、能量问题都包含在里面……因为，包罗万象的结果是"精准度"模糊不清，学习过程中容易旁生枝节，学习效果大打折扣。

（三）"题"选精——让学习更高效

在预设目标"微"、问题导向"专"的前提下，我们还需要将"例题""习题"做精。为了有效提高教学效率，我们可以像前面案例中的"微专题"采用"一题多问""一题多变""一题多解"等形式。

例如，"平抛运动模型的解题基本思路'微专题'"采用"一题多问"的形式；"仅'入射方向不同'的带电粒子在匀强磁场中的运动'微专题'"采用"一题多变"的形式；"以'基本不等式法'求物理极值'微专题'"采用"一题多解"形式。

切忌一个"微专题"多个情境，让简单问题复杂化。

参考文献

[1] 郑少华. 以"微专题"为引领提升高三物理复习课效率 [J]. 物理教学探讨，2016，34（10）：8-9.

[2] 许辉. 微专题：中学物理高效复习课堂 [J]. 湖南中学物理，2015，30（12）：52-53.

[3] 张其凤. 利用高考题对物理复习课微专题教学的实践探索 [J]. 物理教学探讨，2017，35（07）：77-80.

[4] 郭本刚，沈耕福. 深度学习理念下的微专题教学初探 [J]. 中小学教学研究，2018（12）：6-9.

[5] 郑慧玉. 基于"微专题"实施协同教学 [J]. 课程与教学，2017（12）：45-47.

基于现代学习方式的灵动学习空间建设和使用

温州市艺术学校 陶光胤

一、基本理念

现代学习方式是以弘扬人的主体性为宗旨,以促进人的可持续性发展为目的,是由许多具体方式构成的多维度、具有不同层次结构的开放系统和多元结构,强调"多维—整合"的学习过程。特别强调自主学习、合作学习、探究性学习等新学习方式的应用。

学习空间是承载学习方式的必要支撑。现代学习空间的建设改变了传统教室的样态。它以丰富的学科资源和技术为支撑,延伸和拓展了教学内容,转变了教与学的方式,适应课程改革和高考改革制度下的选课走班需求,发展了以学生为主体的教学活动,促进了学生核心素养和学习内驱力的提升。

因此,基于现代学习方式的学习空间的重要特征是"灵动"的。灵动的学习空间体现在环境建设、使用理念等各方面。

由于学习空间的建设内涵非常广,涉及各个学科。为便于落地,笔者以在本校设计实践的一个STEAM实验室为样本进行阐述。

二、行动与变革

(一)空间建设为"灵动"提供支撑

为了让现代化的实验室变得灵动,为此,我们想到了现代化的超市。超市是对传统零售小卖部的颠覆,将商品的传递由单一出口转变为多渠道出口。在超市中,顾客可以自由选择适合自己的商品,而不用像传统小卖部一样,每一次商品交互都需要通过售货员,由此,大大提高了传递的效率。

在教学中,课程知识及各种资源就像是超市中的商品,学生便是顾客。为了让学生在其中可以自主地、有选择性地和各类知识交互,我们设计了"生本实验室"的四大"超市"和一个"平台"。

1. 四大"超市"

学生在"生本实验室"中将获得四大"超市"的支持。"超市"中布置了各项学生活动所需要的资源。根据资源的类型,"超市"分为课程、工具、材料及指导师四大类。

(1)课程"超市"(图1):主要包括匹配实验室环境展示的微课,学科的重点、难点,STEAM知识拓展等,它们集成在软件平台中,不断丰富。

(2)工具"超市"(图2):主要包括手工工具、电动工具及数字化工具,也包括各种学科教具、学具等。

（3）材料"超市"（图3）：材料"超市"里布置了丰富的耗材和配件。学生可依据项目方案和使用计划，通过一定的程序领取。各类材料存放的位置固定，方便余料的搜集和利用。

（4）指导师"超市"（图4）：学生在项目推进过程中，难免会遇到各类问题。这些问题可能是跨学科的，为此要邀请不同学科背景的教师参与指导。我们将教师们的不同特长公布在实验室中，学生在有困难时，可以及时找到相应的教师进行请教。

四大"超市"将教师"给"教学资源，转变为学生"要"资源，增强了学生的主体性和能动性。丰富的配置满足了学生项目推进过程中的各种需求。

图1　课程"超市"

图2　工具"超市"

图3　材料"超市"

图4　指导师"超市"

2．一个平台

要实现"超市"中各种资源的有序部署，更方便学生进行学习。我们开发了"生本实验室"教学资源管理平台。这是一个专门针对实验室应用环境的教学资源管理软件。软件主要分为在线微课、题库资源、素材资源、课堂平台、作品展示、个人档案、课程平台等模块。

（1）在线微课模块：支持自建课程体系，教师或学生可以将网络上优化整理的资源或者自己录制的视频等学习资料，很方便地整合在课程体系中，实现微课程的统一管理。

（2）课堂平台模块：可个性化地设计某个知识点的教学过程，集成相应的课件、资源、学案、习题、学生作品等，充分支持学生自主学习的各种需求。

（3）个人档案模块：每个学生一个账号，能个性化地集成每个人的信息、积分、作品，也包括收藏的课件、学案、错题等，是学生的个性学习空间。

另外，素材资源、作品展示等平台也都各具特色，充分考虑实验室学习的需要。

软件的应用让实验室中的各种教学资源得以系统化。"'互联网＋教育'的应用开启了人人皆学、时时可学、处处能学的泛在化学习时代。"[1]教师从知识的简单重复中解脱出来，集中精力开发更好的课程，或者指导学生进行个性学习；学生可以随时随地获得教学支持，其个人的学习成果可以和他人分享；网上纷繁复杂的资源也可以通过优化整理，有机地融合到系统中，实现高效利用（图5）。

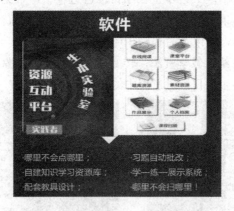

图 5　实验室软件界面及功能

（二）空间使用以"灵动"作为理念

在空间使用过程中，如何改变传统的使用方式，转变理念，使之适应学生现代化学习方式，是灵动型学习空间发挥效用的关键。为此，在使用上，要贯彻以下理念。

1. 教师观：由侧重于"授业"转为侧重于"传道"和"解惑"

韩愈在《师说》中指出，教师的使命在于"传道授业解惑"。而反观最近200多年的教育现状，教师的作用侧重于"授业"，"传道"和"解惑"被忽视。随着科技水平和社会知识总量的不断提升，我们发现知识是教不完的。为此，我们希望在"生本实验室"中进行STEAM教学时，将教师"授业"的部分职责，交由现代教育技术来完成。例如，通过微课、慕课等方式，将教师从简单的重复教学中解放出来，转而承担更为重要的"传道"和"解惑"职责，即根据不同学生的学习特征，进行规划指导，并在学生遇到困难时，共同探讨，破解疑难（图6）。

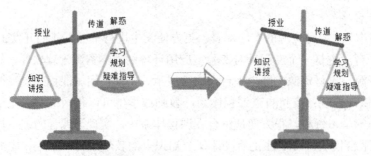

图 6　教师核心作用的转变

---

[1] 曹志祥. 教育装备：中小学创新教育的关键支撑［R］. 潍坊：创新教育研究院，2018.

2. 知识的传递方式：由"层级式传递"转为"网络式传递"

当前，学科的学习方式还大多停留在"学科标准—专家—教师—学生"这种层级式的学习模式中。而在"生本实验室"的 STEAM 教学中，倡导知识传递由"层级式传递"向"网络式传递"转变。这也是体现 STEAM 教育理念的教学方式变革。我们希望学生在这里，能通过合作学习、平台资源供给、网络资源辅助等多种方式，实现知识传递过程的多维度化，进而提高学生的学习能力。

除此之外，理念的转变还发生在以下几个方面：

（1）学生观：一切为了学生、高度尊重学生、全面依靠学生。

（2）工具观：让每个成员有责任地选择并使用最合适的工具。

（3）技术观：融合现代教育技术，打破教与学的边界。

（4）内容观：从情境中来，到生活中去，采用项目式、活动式的教学方式，解决现实世界中的问题。

（5）教法：先架高台看美景，再设阶梯求真知。

（6）学法：倡导项目学习、合作学习、融合学习，以及分享学习。

（三）"灵动"型项目学习列举

实验室建成以来，笔者所在学校的教师团队利用实验室开展了丰富多彩的 STEAM 教育项目，这些 STEAM 教育项目都是充分体现现代化学习理念的。其中，在中美 STEM 教育论坛上所展示的"中国扇"项目，比较完整地体现了实验室的各方面功能和运行机制，受到了与会中外专家的好评。

1. 项目背景

2019 年 6 月 1 日，"2019 浙江 - 新泽西 STEM 创新教育分论坛"在本校举行。本次论坛由浙江省教育国际交流协会和美国肯恩大学主办，本实验室重点承担了本活动的项目展示环节。作为活动的重点，我们策划开展了一个以"中国扇"为主题的 STEM 项目（图 7）。STEM 项目的教育理念和现代学习方式有很大的契合度。为此，这个项目集中展示了"生本实验室"融合现代学习方式的项目开展概况。

图 7　推荐扫码观看：中美 STEM "中国扇"项目实施过程集锦

2. 项目过程

（1）项目招标。依据此次 STEM 项目的需要，我们将项目进行了招标。招标任务书粘贴在实验室中，往来的学生都可以"投标"。最终，除实验室核心管理成员外，高中年级段的众多同学"投标"成功，组成项目组。正式启动了"中国扇"主题项目活动。

（2）明确项目要求，聘请指导师。通过进一步师生项目组成员的讨论，项目组进行分组，分别成立了"扇海报""扇面""扇底座""扇包装"等多个小组。各小组针对自己小组的项目研究方向，提出了相对应的要求。他们不仅邀请了指导师"超市"中的原有的教师作指导，还聘请了"超市"外的教师进行指导，并用实验室开放的机会开展研究。

（3）收集信息。研究伊始，指导师指导同学们参看软件系统中的原有案例。在这个案例库中，学生们可以看到此前开展的各类项目研究活动。在资料分析过程中，他们重点参考了"德国同龄学生来中国体验STEAM""高三成人礼纪念章的设计制作""海报支架的制作"等项目。通过学习，此次项目成员了解了此类项目的研究方法。

（4）方案的构思、呈现和优化。各个项目组分别举行了多次讨论活动，最终，各组确定方案，绘制相应的设计草图。在此过程中，项目组参看了微课《设计草图的绘制》。该微课是由学校的一位美术老师录制的。他对草图绘制过程中的常见技法进行了指导，提出了设计草图的一般要求。

（5）项目制作、优化。项目组在实验室材料"超市"中找到了木棒、铝合金圆管等各种材料，其中，铝合金圆管是实验室建设时期留下来的余料。材料备齐后，他们主要采用了钢锯、钢锉、台转、台虎钳等工具进行加工，还充分运用计算机软件与现代加工工具完成各类成果的制作。由于项目组中有很多同学对工具的使用不熟悉，为此，学生们看了微课《金属锯割》《CDR简单设计》《激光切雕机的使用》。初步完成后，各组对各自作品进行了调试。

（6）项目展示。在众多同学和教师的共同努力下，成员们完成了"中国扇"的所有项目的制作。最终围绕"中国扇"的一节课展开，在项目推进过程中，学生们在该校各个学科指导师团队的共同指导下，展开了真实而有意义的学习。此次课上，作为"生本实验室"主体的学生们重点展示了他们在"生本实验室"完成的研究成果。在学生们的研究展示中，与项目融合的科学、技术、工程、数学等相关知识被学生们研究得深刻、应用得契合、展现得到位。"宽度差与对齿结构强度的相关性研究""斐波那契数列与对勾函数的结合""黄金分割的实践应用""智能电路的设计""展位设计中的人机工程学"，一个个高大上的问题在同学朴实的研究中予以体现。

（7）项目归档。项目基本完成后，学生们将这个项目的进行过程整理成了一个完整的项目。归入系统中，成为后期学生们学习的样例。

三、主要成效

（一）实践样本走出国门

以本校实验室为样本的现代学习空间建成以来，学校的选修课、STEAM项目活动、科技社活动得以常规开展。在这些常规项目中，学生们利用实验室的四大"超市"资源，开展合作学习、探究学习，取得了一系列的活动成果。

其中，有两项活动，还走出了国门（图8、图9）。2019年3月，德国同龄学生来中国体验STEAM的活动，学生们和德国同龄人一起，开展项目实践。2019年6月1日，"2019浙江-新泽西STEM创新教育分论坛"在本校举行。学生们和老师通过一个多月的筹划、实践一起整体筹划了整个项目。

图 8　美国专家参观实验室　　　　　　图 9　德国学生在实验室加工项目

（二）理论研究登上刊首

实践出真知。我们项目组在研究的过程中，不断总结经验，形成理论认知。于 2018 年年底投稿中国教育装备行业最权威的杂志之一——《教育与装备研究》。不到一个月，喜讯传来。我们的研究获得破格提前发表，并最终于 2019 年 4 月，作为该杂志的封面导读第一条推荐，并在首篇发表；论文发表后引起了教育装备行业不少领导、同人的关注。5 月，项目组负责人破例受浙江省教育装备中心邀请，到省城杭州给来自全省的实验室及教具制作的教师培训，介绍实验室建设经验。

除在实验室的整体设计理念上进行拓展外，我们也积极在实验室利用领域开展研究。2019 年两篇分别关于 STEAM 教育和通用技术装备建设的文章：《从传统"小卖部"到现代化"超市"——"生本实验室"中的 STEAM 教育实践》《核心素养背景下通用技术实践室的设计与实践》双双获得市直一等奖、全市一等奖。

（三）领导同人相继勉励

教育部通用技术课程标准组核心专家段青老师来实验室指导，在听取了实验室基本理念后，欣然留言"未来通用技术实践室的范本"（图 10）。多位兄弟学校领导、教师也纷纷来实验室参观并留言（图 11）。

图 10　教育部通用技术课程标准组专家段青老师莅临实验室指导并留言

图 11　多位兄弟学校领导、教师来实验室参观、留言

基于"学情视角"的语文教学有效性的实践与探索

温州市南浦实验中学　陈珊景

温暖、诗意、走心……这些温润的字眼是笔者对语文课最美好的期待。一路走来,些许迷茫、些许失落、些许无助,不知何时,我们的语文课"乱花渐欲迷人眼":大量资料介入的"高深"课堂、为了合作而合作的小组学习、炫人眼目的媒体介入……可细细审视,热热闹闹的语文课堂背后,给孩子们留下了什么呢?

慢慢地,笔者似乎更欣赏温暖恳挚的语文课。于笔者而言,语文应是淡淡的、暖暖的、慢慢的,语文课得在孩子的心间暖暖地走过才行。当我们的心中装满孩子,贴心地关注"学情视角"时,或许能让我们贴着孩子舒展课堂,从而唤醒孩子的语文情怀,点燃孩子灵感的火花,拓宽孩子思维的磁场,让孩子徜徉在语文的童话世界里,或浅浅地微笑,或精彩地演绎,或尽情地绽放……

一、细读文本,贴着孩子的起点备课

细读文本,细读孩子,以孩子的需求和发展为目的,将教师、孩子、文本和教学情境统摄于"学情"的变化之中,从而筛选出合理的教学内容和制定出相应的教学方法,是一件很美好的事。因此,备课时我们要细细追问自己:孩子离文本有多远?孩子离我们有多远?哪些是孩子已知的,哪些是孩子未知的,教学起点该如何确定?对于属于教学目标之内的问题我们还需要加以细分,如这堂语文课孩子应该学会什么。细读文本,贴着孩子的起点备课,方能预约课堂的精彩。

1. 揣着学情合理设置教学目标

教学目标是课堂教学的灵魂,不只是一切课堂教学活动的依据,也是教学的归宿,还是衡量、评价教学有效性的标准。关注"学情视角",就需要我们心中时时装满孩子,以孩子为主体,揣着学情合理设置教学目标,贴着孩子而教,甘愿当他们的领路人。

2. 教学生所困惑和需要的内容

每个孩子都是一个鲜活的个体,如果我们以读者的身份去读每个孩子,会发现他对文本的感觉和我们对文本的解读是有很大差别的。所以,对于一篇课文,我们选择的入口、问题,一定是适合学生群体的,是孩子们感兴趣的,是孩子们能够完成的。备课时,我们要学会动态关注学情,不仅要关心孩子们知道什么,还要关心他们想知道什么,他们学习本课的最大难点是什么、最大兴致点是什么……站在孩子的角度多在内心打问号,以一个读者的身份来阅读文本和孩子,会让我们更贴近孩子。

笔者以前备课都是自己端着书本静静阅读,读到会心处总是动情不舍,于是欣然设计自己的教学内容,于是乎,课堂俨然成了自己的主宰场,那时那地,现在想来,自己就似一个屠夫,活生生扼杀了孩子们的灵光,硬是拽着他们往自己的教学套子里钻。近来,笔者开了节公开课——

《好嘴杨巴》，要求是"学为中心，以学定教"，于是我先做了一张学情调查表，其中设计了"在阅读这篇小说的过程中，你有什么疑惑吗？或者你有什么问题想在课堂上探讨吗？"这样一道预习题，没想到孩子们的困惑惊人地相似，大都集中在"杨巴为什么威名大震，而杨七反倒渐渐埋没，无人知晓？"。针对这样的困惑和需要，笔者进行了教学设计，开头在渲染了中堂大人的威严和茶汤的奇绝后，就提出了"杨巴为什么威名大震，而杨七反倒渐渐埋没，无人知晓？"这一问题，孩子们只是浅层地答道是因为茶汤事件中杨巴凭借巧嘴化险为夷获得赏赐，而没有挖掘出深层原因，所以，笔者又通过介入天津卫残酷、凶险的背景来引导孩子们深挖这件事背后的背景原因、深层原因，于是乎，孩子们通过这堂课学习，解答了自己的困惑，收获满满。

3．细读文本，找准切入点

细读文本是一件好玩又很有味道的事情。细读文本就是仔细地、认真地阅读文本，就是潜心涵泳、慢慢地欣赏文本。如果我们老师能像煲骨头汤一样，慢慢煨、细细炖、不温不火地细读文本，就能熬出孩子们感兴趣的文本的味道和营养来。

4．指导孩子带着问题"先学"

所谓"先学"，不是让学生泛泛地、单纯地看书，而是在教师的指导下先自学。我们可以向学生提出学习目标、学习要求，让他们带着问题在规定时间内自学相关的内容，完成自学检测性的练习。

二、着眼课堂，捕捉孩子的动态生成

课堂里教师不仅要关注孩子，还要找准孩子在某一单位时间内某一项学习活动中的学习状态，包括学习兴趣、学习方式、学习习惯、学习思路等，了解孩子们"现在在哪里""现在想到哪里去"。课堂教学中师生之间互动的形式是多样的，或启发式，或参与式，无论哪种形式，我们都应保持敏锐的教学机智。"学情"是伴随着师生、生生交往和对话中不断生成和变化的，教师要对从孩子们那里涌现出来的各种各样的信息，进行捕捉、判断和重组，一方面将有价值的新信息和新问题纳入教学过程，使之成为教学的亮点，成为孩子智慧的火花；另一方面对价值不大的问题和信息及时地排除与处理，使课堂教学回到有效的轨道上。尤为重要的是，课堂教学还是一个随着时间而不断变化生成的过程，新的学情也会不断出现，需要我们时时关注学情，敏感捕捉课堂里孩子的学习状态。

1．呵护孩子的疑问点，引着孩子深入文本

教师不但是课堂的组织者、引导者，更是课堂的观察者，要密切关注孩子们思维的每一次变化。课堂教学中的学情是鲜活的、动态的，孩子们在学习过程中呈现出来的种种问题是宝贵的教学资源。倘若我们沿着孩子们的认知路径、思维的走向和情感的变化，做及时的调整，或取舍教学内容，或灵动改变教学方法，或增删教学环节，或调整教学节奏，或许我们能踏着学情的节拍，引领孩子深入文本。

2．拾掇孩子的兴趣点，点燃孩子们的"兴奋灶"

笔者在执教《好嘴杨巴》一课时，为了让孩子们能贴着细节感受杨巴在李中堂生气后一系列微妙的情感变化，笔者问孩子们："在中堂大人暴怒的情况下，如果你是杨巴，你的心情如何？"孩子们要么冷漠看着笔者，要么无趣地冷冷几句枯燥作答。课后笔者进行了反思，或许是问题太无趣，无法引爆孩子们的兴奋点。在山穷水尽之时突然想到QQ表情，能不能找几幅表情符号让孩子们选择呢？于是乎，在第二节课，笔者导入了几幅杨巴的表情图，并且在充分品味和研读了李中堂的暴怒和当时的紧张情势后，设置了这样的问题情境：手握生杀大权的李中堂驾临天津卫已让大家胆战心惊，不想此刻李中堂发怒了，而且是大怒，现场如火药桶，一点就破，杨巴更是吓得魂飞魄散、六神无主，如果此时我们有读心术，能钻进杨巴的心里瞧瞧，你觉得他的内心表情可能会是哪幅图？或者还有别的表情？

这个问题抛出后，孩子们被表情符号所吸引，瞬间来劲儿。这样的表情符号和问题情境激发了孩子们的兴趣，点燃了孩子们的兴奋灶，于是乎，孩子们立马关注文本，精彩纷呈的答案喷涌而出：

生1：我觉得应该是欲哭无泪，因为他已经想明白大人为何生气，但是不能解释，就觉得很无助。

生2：我看到的是惊慌失措的表情。因为大人突然生气，把碗都摔了，在场所有的官员都懵了，文中说杨七、杨巴更是慌乱跪下，从慌乱跪下中我读到他们应该是惊慌失措、胆战心惊的。

生3：纠结吧！因为如果说那是碎芝麻，就会显得大人孤陋寡闻，大人生气肯定会打他们；如果不解释，大人就误以为是脏土，就会以下犯上，给大人吃脏土的后果，也是要挨打、砸饭碗的，很纠结。

师：有纠结、有欲哭无泪、有惊慌失措……让我们来还原杨巴真实的内心世界……（请一个孩子读杨巴的内心独白）

这样的环节是贴着孩子们的兴趣点来设计的，这样的激趣设计，或许能在孩子们的心田开出灵动的花朵，轻松架起预设和生成的精彩，更重要的是能够让课堂成为他们快乐的思维驿站。

3. 循着孩子的已知，采撷"唤醒和打开"的精彩

笔者曾经执教《读懂古诗词》一课，从"柳条"意象唤醒孩子们，让他们循着旧知去推断柳条往往作为离别的符号，传达诗人的离别之情。这是一种唤醒，同时笔者没有止于孩子们的这一认知，而是打开孩子们的思维，继续深入下去，让他们不仅懂得柳条有送别之意，还让他们悟得柳条背后的文化内涵和丰富含义。同时，又拓展开送别意象，让孩子们更真切明白古诗之妙，专求意象，从而也引起孩子们重视读诗要关注意象。这堂课是复习课，所以，课堂重在唤醒孩子们的旧知，并且在原有的基础上打开孩子们的思维，让他们在温习旧知的同时进一步深入。

三、牵手作业，领着孩子向青草更青处漫溯

很多时候，我们的语文作业走着寻常路，或是字词的抄写，或是古诗的默写，或是作业本的答题，这是一种落实、一种巩固，但我们也需要好玩的、有创意的、能引爆孩子思维场的作业。

笔者在执教《好嘴杨巴》时，在和孩子们一起感受到了好嘴背后的无奈和心酸后，为了检测孩子们这堂课的落实情况，特地设计了一个环节：李中堂走后，回过神来的小哥俩收拾好地上的碎瓷，如果在经历了这场危机后有番闲聊，你觉得他们会说什么？请你设计两个人物的对话。这个作业的设计不仅是对孩子们理解力的检测，也由孩子的嘴巴传达出他们所理解的这篇文章的主题，并且自然而又顺畅地结束了课堂。

基于"学情视角"的语文教学，让我们更贴合孩子而进行教学，也让孩子更从容、更自信地学会学习，从而让我们的教与学更精准、更高效。语文犹如一个浪漫而诗意的童话世界，而孩子们就像纯真可爱的精灵，我们徜徉其中时，要试着做一名敏感而暖心的老师，倾听孩子们发出的细微声响；试着做一名真切而睿智的老师，深情地探寻语文背后的千山万水；试着做一名有情怀的老师，领着孩子慢走细赏去拾掇经典和精彩。

温暖而贴心的语文课洋溢着香甜的语文气息，散发着恬淡的语文味道。孩子们微笑地舒展在语文课里，浅浅的、慢慢的、甜甜的，就这么让语文课暖暖地在自己的心间走过。

淘金式教学模式下的小说单元整体教学

温州市实验中学　魏金德

《聚焦学科核心素养的课堂教学》一书中提出两种阅读教学模式,即"海绵式"和"淘金式"。前者重在得到知识,吸收的信息越多,就越能理解知识的复杂多样;后者强调在获取知识的过程中与其进行积极的互动,让学生以提问的态度,通过与文本进行深层互动来培养其批判性思维,提升语文核心素养。淘金式阅读教学模式采用教师二次设计,学生自主选择的方法,使学习成为绝大多数学生的主动行为。教师的第一次设计主要基于单元教学目标和文本特点,第二次设计主要根据学生的课前阅读和预学案的调查结果。学生的自主选择是指学生课前阅读文本,并在预学案中呈现出自己对于相应文本的阅读兴趣及困难,以"淘金者"的思维提出学习需求,并在课堂上进行深入研究。因此,教师有必要在任教的两个班级中,根据学情需要随时调整,形成第二次设计。以下是笔者以九上第四单元为例所做的实践尝试。

一、单元整体分析

就教材来看,本单元是小说单元,均为名家名作,艺术技巧精湛,思想内涵深刻。在写作手法上,"对比"是贯穿于三篇小说中的重要因素。《故乡》通过返乡的成年人"我"的视角,"现在"和"过去"的强烈对比寄寓着作者对旧中国及其人民命运的无限关怀和深切思索。《我的叔叔于勒》中远去美洲的于勒曾是一家人幻想中的救世主,当真相揭穿时,其形象跌为穷困潦倒、老无所依的水手,成为一家人避之犹恐不及的对象,前后的巨大反差揭示出残酷的社会现实,既刺痛了年少的"我",又启发读者深思。《孤独之旅》通过杜小康在放鸭之旅中的心理变化,凸显人物的成长。"孤独之旅"实际上是成长之旅。但三篇文本又自有个性:《故乡》的经典在于小说中人物角色的典型性;《我的叔叔于勒》独特的叙述视角丰富了小说的主题和内涵;《孤独之旅》的厚度主要体现在对人物心理的细腻刻画和优美的、抒情性环境描写上。

从学情来看,学生对于小说已有一定的阅读积累,并不感到陌生,但真正以"小说单元"这样的概念介入还是第一次。在教学中,要引导学生关注小说的文体特质,进行阅读策略与方法的引导,使学生能初步感知小说艺术,形成一定的阅读能力,然后放手开展自读课文的自主阅读,以及课外的拓展阅读,最终实现以读促写、读写结合。

在课时安排方面,本单元拟安排12课时,课型包括教读课、自读课、单元整理课、综合性学习、写作课。力求做到教读与自读相结合、课堂学习与课外活动相结合。写作方面又体现

"读写结合""微写作与大写作结合"的原则,每课均附有小写作,单元教学结束后设一大写作任务。为了激发学生阅读和写作兴趣,课前"开讲吧"组织"优秀小说鉴赏"专题,班级中分小组开展"小说接龙创作"。

二、单元学习目标导引(图1)

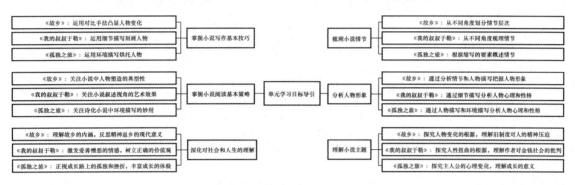

图1　单元学习目标导引

三、单元教学设计(表1)

表1　单元教学设计

课题	课型与课时	过程设计	
《故乡》	教读课 三课时	先行学习	通读全文,标注段落序号,整理本上字词积累。 对小说情节划分层次,并说出依据
		第一课时	目标导学一 1. 交流对小说情节的层次划分,并说出依据。 按"我"的行踪;按回忆和现实;按人物的出场…… 2. 感受"陌生"。 《故乡》里没有传统"游子还乡"的亲切与温情,反而弥漫着低沉、压抑的气氛,充斥着浓郁的陌生感。找一找陌生感的具体表现。 小镇是陌生的……闰土是陌生的……杨二嫂是陌生的…… 3. 关注对比。 "对比"贯穿小说始终。用一张示意图表示文中的对比
		第二课时	设计一稿: 目标导学二 小组讨论:最有价值的对比 1. 闰土:从少年英雄到木偶人。 追问一:闰土为何变化? 追问二:为何延迟闰土出场? 2. 杨二嫂:从豆腐西施到圆规。 追问一:比喻的形神之妙在哪里? 追问二:杨二嫂的变化是个人原因还是社会原因? 追问三:杨二嫂是否多余? 3. 宏儿和水生:轮回的意义	设计二稿: 1. 交流:《故乡》如何运用对比手法来塑造人物。 追问一:闰土是奴才吗? 追问二:杨二嫂是否多余? 2. 讨论:作者为什么要将对比进行到底? 对比可使人物形象更鲜明; 对比突出故乡人事的变迁,深刻反映小说主旨。 3. 迁移:你还在哪些小说中发现对比手法的妙用

续表

课题	课型与课时	过程设计		
《故乡》	教读课 三课时	第三课时	目标导学三　关注"我"，探究核心主旨 讨论一：我是谁？"我"是鲁迅吗？ 明确："我"是线索人物，是离开故乡去异地谋生的人，是觉醒的知识分子，是有着作者鲁迅影子的虚构叙述者。 讨论二：小说中有"鲁迅式呐喊"吗？ 支架一：关注文本——"我"的故乡。（理解"故乡"意象） 支架二：介入材料——"我"的呐喊。（理解"鲁迅式呐喊"）		
		作业布置	1. 完成《课时》上的阅读《〈呐喊〉自序》。 2. 小练笔：发挥想象，续写宏儿和水生长大后见面的情境。		
《我的叔叔于勒》	教读课 两课时	先行学习	1. 通读全文，字词积累。 2. 找出小说中的对比并体会其作用（学习的延续）		
		第一课时	目标导学一　梳理情节，感知内容 1. 小组合作，从不同角度梳理故事情节。 2. 发现"变"与"不变"。 情节不变，视角在变，情感态度在变，对小说的理解在变。 关注对比手法在这一课中的运用。 目标导学二　关注视角，探究作者意图 1. 问题：小说为什么以"我"（若瑟夫）为叙述视角。 问题支架（引导式教学过程）： （1）"我"看于勒，看见了怎样的叔叔？ （2）"我"看菲利普夫妇，看见了怎样的父母？ （3）探究作者以"我"的视角来叙述故事的用意。 2. 还原小说被删去的头尾部分。 讨论：莫泊桑为什么要设置这样的开头和结尾？ 明确：让读者从若瑟夫身上看到希望，金钱把人引向"恶"，但人性之"善"始终都在		
		第二课时	设计一稿： 目标导学三　寻找细节，感受作者对小人物的悲悯 细读"在船上"一幕。 （1）圈画会"被迟钝的观察者所忽视"，却"对作品有重要意义和整体价值"的细节； （2）思考细节的价值并批注： 细节1：船长的话； 细节2：母亲的反应； 细节3：父亲的反应	设计二稿： 1. 小组合作探究。 以《故乡》《我的叔叔于勒》为例探讨小说视角的选择艺术。 2. 个人自主探究。 以《我的叔叔于勒》为例探究小说的细节艺术	
		作业布置	根据作业本上的环境分类，找出本课环境描写并归类。 小练笔：发挥想象，假如菲利普夫妇在船上发现已经成为百万富翁的于勒，他们会有怎样的表现呢？		

续表

课题	课型与课时	过程设计		
《孤独之旅》	自读课 两课时	先行学习 第一课时	1．自学教材中单元写作指导《学习缩写》，圈画要点。 2．把课文缩写成一篇300字以内的小说	
			目标导学一　学习缩写 1．梳理缩写要点。 （1）什么是缩写？ （2）缩写的形式有哪些？ 2．展示缩写作业。 根据小说的缩写要点进行评价和修改。 讨论：缩写应该注意些什么？ 3．讨论。 《孤独之旅》中哪些内容不能缩？哪些可以缩？	设计二稿： 任务一：情节缩写。 1．课外了解《草房子》，补全杜小康"昨天·今天·明天"的经历。 2．明确小说的缩写要素。
		第二课时	目标导学二　感受诗化特点 1．讨论。 《孤独之旅》中可以"缩"的描写在小说中的作用是什么？ 小组选择话题合作探究： 话题一：人物描写之语言。 话题二：人物描写之心理。 话题三：环境描写之芦荡。 话题四：环境描写之鸭子。 话题五：环境描写之暴风雨。 2．交流与分享。 学生汇报成果，教师追问。 人物的心理、鸭子的作用、诗意的环境、标题的含义……	任务二：人物解读。 1．阅读开头、结尾，说说分别看到一个怎样的杜小康。 我发现：小说通过_____表现杜小康的成长。 任务三：写法探究 　小说是怎样具体表现杜小康的成长的？结合文章具体描写进行阐述
		作业布置	1．结合本单元的人物形象，探究小说是如何塑造人物的。 2．整理三篇课文中的环境描写，探究小说环境描写的作用	
《走进小说天地》	综合性学习 两课时	第一课时 （集中）	任务一：小说故事门。 小组就以下话题开展讨论交流： 1．制定"最值得推荐的小说"榜单，写推荐语。 2．制定"最能影响人生的小说"榜单，写推荐语。 3．讲述最难忘的小说故事，探究小说故事吸引人的秘诀。 4．讲述自己读小说的特别经历，探究小说阅读的秘诀	
			任务二：小说人物谈。 1．小组给活动一中涉及的小说人物建立档案，制作名片。 2．开展"小说人物大家猜"活动。 3．探究小说塑造人物的方法	
		第二课时 （分散）	任务三：小说"开讲吧"。 课前三分钟推出微讲座：小说开讲吧。小说爱好者自愿报名，推荐优秀中外小说，从小说阅读策略或小说创作艺术的角度加以分析	
			任务四：小说趣味接龙。 1．学生根据兴趣分组，制定小说创作大纲，设置人物形象、构思情节、确定主旨，开始为期一周的小说接龙创作。 2．小说接龙成果交流与展示。将各组创作的小说结集成册，全班传阅，开展自评和互评	

续表

课题	课型与课时	过程设计		
阅读整理	整理课一课时	课堂任务	任务一：情节梳理。 1. 用思维导图梳理课文情节。 2. 探讨：怎样让故事更好看。 3. 寻找小说故事的"折磨"技巧。 任务二：人物梳理。 1. 给本单元小说人物分分类。 2. 讨论：迅哥儿和于勒是圆形人物还是扁形人物。 任务三：环境梳理。 寻找本单元环境描写的共性 任务四：探究小说阅读的其他策略。	设计二稿： 任务一：寻找最经典人物。 结合内容分析本单元印象最深的人物。 任务二：探寻阅读策略。 小组讨论：你是如何理解小说人物形象的？结合本单元作品梳理阅读策略。 任务三：微写作。 为八年级同学写一份关于"如何理解小说人物形象"的《阅读指南》
小说创作	写作课一课时	课堂任务	任务一：创作人物。 根据结尾创作一个处于"危险边缘"的人物： 结尾：这个人也许永远不回来了，也许明天回来。 ◆人物的身份与性格相抵触。 ◆将人物置于两难情境中。 任务二：构思一个开头。 比较哪一个开头最能"咬人"。 ◆一下子吸引读者的眼球。 ◆介绍故事中的世界。 ◆奠定小说基本的调性。 ◆说服读者继续读下去。 任务三：构思一个故事。 1. 如何让故事"折磨"主人公，也"折磨"读者。 2. 用一个思维导图展示小组构思的故事。 任务四：加入环境描写。 如何让环境成为"味精"	设计二稿： 情境：这个人也许永远不回来了，也许明天会回来…… 【课前调查】 这个人是谁？在合理的人物设定后面打"√"。 任务一：设定矛盾人物 使人物身份与性格相抵触，再设置一个两难情境。 任务二：让人物"立"起来 想象在这个情境中，这个人会怎么说？怎么做？怎么想？写一个片段。 任务三：课后创作。 1. 以这句话为关键句，完善构思，创作小说。 2. 邀请三位读者阅读，参照评价量表做评价
		作业布置	1. 按照已构思的框架，将小说情节完整地写下来。 2. 制定一份小说评价量表，用它评价至少三位同学的小说。 3. 邀请三位读者阅读你的小说，并请他在文后留言反馈	

【教学成效】

"淘金式"教学模式与小说单元整体教学的结合，明显提升了学生的学习积极性，基于学生兴趣和阅读困难的二次设计，使课堂上的学习更有针对性，尤其是对学生小说阅读思维的培养、对小说阅读和写作策略的关注及运用非常有效。班级学生对小说创作的兴趣被激发，即便是在九年级繁重的学业压力之下，两个班级仍涌现出大量的千字文佳作，五个小组的小说接龙也硕果惊人，课前的"小说开讲吧"精彩迭生。

笔者亦借此东风，在乐清市教师进修学校开设了一节小说写作指导公开课，先后在张寰宇名师工作室、阙银杏名师工作室中做经验交流，受温州大学人文学院邀请开设专题讲座。笔者不禁慨叹：身处这个变化的时代，没有人能够置身事外，人人都必须顺应时代的潮流做与时俱进的教学变革。

透视教材，深度融合
——大观念背景下的初三大一轮复习的实践和思考

瑞安市莘塍第一中学　陈颖娣

一、以大观念建构复习的逻辑结构

威金斯和麦克泰格在其《追求理解的教学设计》中认为："大观念，即大概念，就是一个概念、主题或问题，它能够使离散的事实和技能相互联系并有一定的意义。"由此观之，大观念具有透视和聚合的功能。没有透视和聚合教材只能处于单篇、单元，但学段是割裂的。为此，应在最后的复习阶段研读六册教材，研读每个学段、每个单元的文本，发现它们的关联点，抽绎归纳，最终确立大观念，以融合各学段的知识、技能、策略等，使最后的复习摆脱碎片化和浅层次学习。

表1为本学期最后的复习阶段阅读部分的逻辑结构示例。

表1　本学期最后的复习阶段阅读部分的逻辑结构示例

学习任务	大观念	专题内容	知识、概念	技能、策略
文学作品阅读与写作	谁来说故事最好	了解小说的叙事角度	……	……
	折磨读者的秘密	了解小说的延迟价值和冲突		
	感受经典魅力	古典小说的阅读		
	领略小说世界的不同风景	认识小说风格的多样性		
	捕捉生命的律动	把握散文的感性与理性		
	见微知著	不同类型的散文阅读		
	尺水里的波澜	了解戏剧冲突和巧合		
	戏剧人生	短剧的编写和表演		
	我们都曾是任性的孩子	"成长"母题阅读与写作		
	大地上的事情	"自然"母题阅读与写作		
	旧故里草木深	"传统文化"母题阅读与写作		
	走，到另一个地方去	"游记"母题阅读与写作		
	永不褪色的灵魂	"人性"母题阅读与写作		
	……			
非文学类作品阅读与写作	论点和论证的统一	立论文阅读与写作	……	……
	击中靶子以理服人	驳论文的阅读与写作		
	公民的情怀	新闻评论与写作		
	最美的发声	演讲稿的鉴赏与写作		
	探索信息密码	说明性文本阅读		

续表

学习任务	大观念	专题内容	知识、概念	技能、策略
古诗文阅读	山水情怀总是诗	古代山水游记散文阅读	……	……
	先贤智慧	诸子散文阅读		
	抚今追昔	古今传记的异同		
	瑰丽的想象	古代寓言志怪小品文阅读		
	仁心侠骨	"士"文化母题阅读		
	情感与体式的统一	"说""铭""书""表""记"等文体专题阅读		
	……			

如表1所示,有了大观念观照"透视",各单元、各学段的内容便有了统帅,各文体的知识概念如小说的叙述视角、戏剧的冲突和巧合、散文的理性和感性、古典散文中情感和体式的统一等概念便在借助相应的策略和技能中,让学生获得体知,而不是告知。

二、以大观念为统领设计复习学案

语文学科大观念统领的大单元整体教学设计,是以核心素养为取向,其最终的目标是培养未来社会公民。故而,我们的设计始终要基于学生的具体学情和教材内容特点,以下为三种不同结构水平的整体设计。

(1)大观念统领下,教材、名著、阅读素材间的深度融合,促进读写结合。九年级大一轮复习阶段,学生的学情和学生所处的知识结构,都需要教师在确定大观念后,有创造性地透视教材,并补充、聚合素材,然后设计学习活动和流程,通过表现性的核心任务进行驱动。在这种深度融合的学习过程中,达到课内和课外的结合、阅读和写作的互促、知识和能力的训练,以提高复习效率,培养学生的语文素养。

以下是九年级复习阶段的一个课例,该课例选择了名著、剧本、传记、书信等文学形式,选取了小说《水浒传》中的"武松打虎"和盖叫天本的"武松打虎"剧本,节选了《粉墨春秋》中盖叫天演绎武松这一角色时的迭事和《傅雷家书》中关于盖叫天的信件。字数共2 800多,这就要求学生提高阅读速度,在实战中巩固精读、速度、跳读和略读等多种阅读形式。而各种文本形式资源的融合,也训练了学生多种阅读思维,将复习的终极目标落在了语文核心素养。

【经典阅读】

材料一:名著《水浒》第二十二回 横海郡柴进留宾 景阳冈武松打虎节选。

材料二:剧本呈现(《武松打虎》盖叫天本)。

材料三:戏曲人生。

演武松,不要着意雕琢地去端英雄架子、亮身段,心里没有英雄的影儿,架子再端也白搭,懂了英雄的性情,体会了英雄思想,平时行动坐卧都"别离这个",到了台上一亮相,自然就像个英雄。即使在无身段中,也会自然流露出合乎英雄气质的身段来。

(节选自盖叫天《粉墨春秋》,有删改)

盖叫天找医生把骨接上。"我不能让艺术白白糟蹋掉。人活着要吃饭,可是,难道只为吃饭而活着?我一定要挣扎起来,我要演戏。"他的信念像火一样燃烧起来,他开始寻找恢复健康的办法。

……

(节选自盖叫天《粉墨春秋》,有删改)

盖叫天对艺术更有深刻的体会。他说学戏必须经过一番"默"的功夫。学会了唱、念、做，不算数；还得坐下来叫自己"魂灵出窍"，就是自己分身出去，把一出戏默默地做一遍、唱一遍……

（节选自《傅雷家书·1962年4月1日》，有删改）

【创意写作】

任务一：请根据提示，用120字左右的篇幅缩写小说《武松打虎》选段。（10分）

要求：①保留人物和主要情节，体现小说韵味。

②概括准确，线索清晰，结构完整。

③语言简洁通顺，无须评论。

任务二：请在以下小任务中任选其一，按要求作文。（30分）

①从以上文本中选取一位人物，为他写一篇小传。

②转换视角，对小说或剧本进行新编。

③多角度思考，辩证地看待人物，写一篇人物评论。

④结合自己生活和阅读感受，给以上文本中的人物写一封信。

以上任务中的人物可从以下选择：武松、施恩、景阳冈上的店家、盖叫天、傅雷、傅聪。

表2为该复习案例的知识结构表。

表2 该复习案例的知识结构表

教学资源	文本形式	阅读形式	考查重点
《水浒传》武松景阳冈打虎选段	小说	精读	把握人物形象，了解古代白话小说艺术手法，探究情节
《武松打虎》盖叫天本	剧本	速读、精读	把握戏剧冲突，品味戏剧语言，比较小说和戏剧的不同表现形式
盖叫天《粉墨春秋》选段	传记	选择性阅读	学会把握传记典型细节，感受老一代艺术家的舞台人生
《傅雷家书·1962年4月1日》	书信	选择性阅读	运用选择性阅读，了解作者对艺术的理解及对子女在艺术、人生上的引领
根据武松景阳冈打虎选段进行缩写	微写作	/	通过缩写剧本培养概括和综合能力
按要求作文	创意写作	/	训练同学们多角度理解人物形象，培养文体意识

（2）大观念聚焦下，打通整合学段间的内容，立体深化知识技能。就面临中考的初三学子而言，应厘清各学段中各单元的联系点，校准学习内容的复习重点，分解与整合单元内容，在大观念的聚焦之下，采用合宜的方式学习相应内容。上述方式最大的特点是聚焦大观念，跨学段进行提取"公因式"，学生的学习已由原来的单篇"学课文"转变成"用课文"，并以情境和任务驱动去阅读课文，从而完成对学习专题中的知识和技能立体、深刻地把握和运用。如以下学习专题：

【小说叙述角度复习专题】节选

【专题名称】谁来叙述故事最好

【学习材料】《故乡》《社戏》《最后一课》《我的叔叔于勒》《刘姥姥进大观园》《孔乙己》《变色龙》

【学习目标】1. 梳理材料间的关系，了解小说的叙述角度。

2. 转换叙述角度，把握小说叙述的意义。

【学习过程】节选

任务一：细读文本，寻找小说的叙述者。

任务二：转换视角，你觉得还可以由谁来叙述故事。

任务三：跨界阅读，观看黑泽明的电影《梦》节选片段，理解电影表演视角的巧妙性。

任务四：微讲座，你觉得谁作为一篇小说的叙述者最好（请从主题、作者立场、受众读者等角度展开）。

【目标检测】以《窗中戏剧》《孔乙己》为例写一篇关于小说叙述角度的微评论。

（3）大观念观照下，关联整合本学段内各板块，内化知识技能。每个学段内容构成了九年级大一轮复习的基本细胞单位。传统的复习中对于学段内容依然是偏重知识传授和灌输，依然只是在固有知识的基础上进行重复，抑或只是一种唤醒，而不是深化。为此，我们需要立足教材，深耕教材，研究透视学段教材内部的关联，形成聚合，然后在真实情境中，通过有意义的任务和在活动中的不断实践，学会应用已有知识与经验分析，解决各种问题。

以下为七上诗词复习中的一组设计，当时笔者在命制这种题目时，基于学段诗文内容，又联系课外，做到以"内"养"外"，同时，这组设计联系了学生的学习生活，真实还原了学生在进行诗文整理时的本然状态。即在真实情境中考查了学生的语言运用能力，也加强了对其思维和理解能力的培养。

为更好地掌握古诗文，小锐做了整理归类，请按照要求，完成下列任务。

（1）小锐总结了纠正古诗文中错别字的方法，根据提示，在空缺处选择正确的选项。

①意象辨析法：乡书何处达，归_____洛阳边。（王湾《次北固山下》）

A．燕（主要表现春光的美好）　　　　B．雁（主要寄托诗人对故乡的思念）

②偏旁辨析法：夜发清溪向三峡，思君不见下渝_____。（李白《峨眉山月歌》）

A．洲（指水中高地）　　　　　　　　B．州（表行政区划）

（2）小锐梳理了古诗文中的常用手法，根据相关信息，在横线处填上正确的古诗文。（8分）

	对仗	①君子喻于义，_____。（《论语·里仁》）
手法归类	想象	②日月之行，若出其中；_____，若出其里。（曹操《观沧海》）
	白描	③_____，小桥流水人家，古道西风瘦马。（马致远《天净沙·秋思》）
	典故	④_____，无人送酒来。（岑参《行军九日思长安故园》）
	衬托	⑤以动衬静：_____，_____。（王籍《入若耶溪》）
	比喻	⑥_____，_____。（李益《夜上受降城闻笛》）

（3）小锐发现下列名人的名字出自经典诗文《论语》和《诫子书》，请选择一项，并写出相应的文句。（2分）

A．苏有朋（台湾歌手）　　　　　　　B．张学思（中国人民解放军少将）

C．马致远（元代著名戏剧家）

我选（　　），此名出自诗文：_____，_____。

（4）小锐同学在整理刘禹锡的《秋词（其一）》时，发现《秋词（其二）》与《秋词（其一）》既可独立成章，又互为补充。

244

具体内容（略）

综上，大观念背景下的初三大一轮复习是基于深度学习理论而做出的一种探索，在这一背景下，教师应努力突破原有定势的复习模式，避免简单重复的旧有知识的摇摆，做到立足教材，透视教材，拓宽教材，并对课程资源进行深度融合，让最后阶段的语文学习同样呈现语文课堂应有的本色。

参考文献

[1] 阙银杏. 走向联系和整合——统编教材单元整体教学的实践与思考 [J]. 教学月刊，2019（6）：3-8.

[2] 李卫东. 大单元和核心学习任务统领下的大单元设计 [J]. 语文建设，2019（11）：11-15.

[3] 上海教育委员会教学研究室. 单元教学设计指南 [M]. 北京：人民教育出版社，2018.

[4] 曹公奇. 核心素养与语文教学 [J]. 语文教学通讯，2017（28）：18-1.

基于思维导读单的初中英语模块话题复习策略

温州市绣山中学　林秋玲

一、教学理念

《义务教育英语课程标准》指出，英语教学活动要能够促进学生的认知能力、思维能力、审美情趣、想象力和创造力等素质的综合发展。核心素养导向下的初中英语的复习过程，应该是学生主动构建复习内容和框架的过程。复习课是让学生将学过的知识概括性地整理和加深，从而形成新的认识结构，是从部分到整体的一种教学过程。它的基本任务是：帮助学生对所学基础知识、基本技能进行梳理和重整，理出良好的认知结构，培养学生思维的整体性。复习课能调整学生在日常学习过程中所掌握的知识与教学大纲要求之间的差距，完成教学大纲的基本要求，使不同层次的学生各有收益。

初中英语复习课应该指向培养学生对知识的归纳整理能力，提升学生的思维品质，改变学生的学习方式，从而达到有效复习的目标。

因此，在英语复习过程中，我们需要一种有效的方式将所学的知识综合起来，梳理出清晰的脉络。而思维导读单是一种利用思维导图这个工具，引导学生从语法、话题及写作三个方面进行归纳整理的学习单能很好地将单元话题涉及的内容进行呈现，帮助学生构建知识体系，同时，思维导读单的生成过程也是学生思维拓展延伸的过程。

思维导读单是一种有效的教学策略，在初中英语复习课中，教师可以运用思维导读单的形式清晰呈现模块的知识结构图，引导学生梳理归纳知识点，有效地激发学生的积极思维，培养其思维能力，改善其思维品质，从而提升学生的自主学习能力。

二、课堂变革

（一）英语模块话题复习课中教学目标的转变

教学目标由浅层被动学习转化为深层主动学习。目前初中大部分的模块复习教学处于炒冷饭的状态，学生获得的只是支离破碎的信息，思维参与量极小，停留于浅层学习，更谈不上培养学生的发散性思维和发挥学生的学习主动性。而基于思维导图的复习课，则能大大改善先前课堂中的碎片化学习，有助于在课前系统地、有条理地整理模块要点，并以图像的方式记录下思维过程，将隐性知识显性化，进而在课中将知识运用到语言实践中，为学生提供了激活旧知—感悟语言—运用语言的学习支架，促进深度有意义学习的实现。以 8AM2 导读单上的教学目标为例（图1）。

学习目标：学生通过自主学习与合作研讨，能够达成以下目标：
1. 能够借助思维导读单整理、归纳形容词比较级的基本规律并达到熟练运用。
2. 能够借助思维导读单整理、归纳描述一个城市所需的词块与经典句。
3. 能够与伙伴从不同方面恰当地谈论、比较两个城市（听说）。
4. 能够与伙伴合作撰写短文《我们最喜欢的城市》，并通过与家乡温州恰当地对比，让他人更了解（写）。
5. 能够在比较的过程中，体验和表达对家乡及其他城市的喜爱，感受多角度评价事物的思维方式

图1　8AM2 教学目标

学生通过课前绘制思维导图，自主复习了形容词比较级的规律及描述城市的话题语块，课堂中直接在教师的指导下进行情境运用，最后以导图为基础输出写作。这样避免了课堂中重复浅层的知识，能够预留更多的时间用于思维的提升，同时，学生也掌握了主动复习的学习策略。

（二）英语模块话题复习课中思维导读单的运用

基础教育阶段英语课程任务提出："形成有效的学习策略，发展自主学习能力，形成一定的综合语言运用能力。"在复习课中，综合性的语言输出需要语法、话题词块等的积累，因此，本研究的思维导读单致力于在课前、课中、课后引导学生自主构建知识框架。以7BM10复习课为例。

1. 思维导读单的设计

模块话题复习课思维导图学案

课题：七下 Module10 A holiday journey

学习目标： 学生通过自主学习与合作研讨，完成以下目标：
1. 能够借助思维导图整理、归纳一般过去时的基本规律并达到熟练运用。
2. 能够借助思维导图整理、归纳描述一段旅行的词块与经典句。
3. 能够与伙伴讲述自己最喜欢的旅行经历。
4. 能够与伙伴合作撰写一篇游记。
5 能体会旅行使人视野开阔、身心愉悦、增长见识。

一、课前学案

Task1：语法思维导图

Draw a mind-map of past simple wh-questions and their answers. 请画出一般过去时特殊疑问句及回答的思维导图。

Task2：话题思维导图

Draw a mind-map about Betty's holiday journey to Los Angeles and Paris. 请画出 Betty 在 Los Angeles 和 Paris 这两个地方游记的思维导图。

续表

二、课中学案

Writing: 假设你是玲玲，你和父母正在美国洛杉矶度假。现在是晚上7点，你在给你的笔友Jack写邮件，介绍你这几天的旅行。

Date	Activity
The day before yesterday	arrive by plane
Yesterday	visit…
This morning	do some shopping …
This afternoon	…

Useful expression: Los Angeles, Disneyland, Hollywood, Santa Monica

要求：（1）参照信息并进行拓展；（2）词数80个左右。

Task3：作文框架导图

Task4：作文成果

Checklist for your writing

1. all the basic information 10
2. use past tense properly 4
3. good words and sentences 3
4. correct grammar 3

Grade _____

思维导读单主要分为学习目标、导图部分、评价体系三个部分。学习目标的呈现能让学生了解自己本堂课需要掌握的知识技能情感等。导图分为课前和课中。课前包括两个任务（完成语法导图、完成话题导图），课中包括两个任务（完成写作导图、共同撰写作文）。评价体系列出了作文评价的四个方面，即要点涵盖、正确运用过去时、好词好句和正确的语法。

2. 思维导读单的运用（图 2）

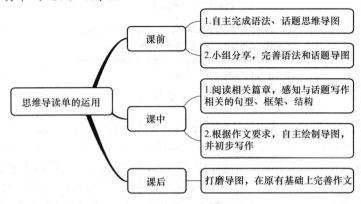

图 2　思维导读单的运用

在课前，思维导图能帮助学生整理话题和语法，为课堂的复习和写作奠定基础。通过语法导图的整理，学生能掌握关于一般过去时特殊疑问句的相关语法知识，同时，who，where，what，when 等疑问词也是游记写作的信息基点，它们的回答是游记的语言组成部分，在复习已知的同时，为后续写作奠定语法和语言支架。通过话题导图的整理，学生能够梳理本模块第一、二单元的信息，同时，也是文本框架的整理和语言素材提炼的过程，对丰富写作内容、提升写作逻辑性都有着强有力的促进作用。

在课中，思维导图能引导激活语言素材，搭建作文框架。在写作前绘制思维导图，列出框架：开头、正文、结尾，有助于搭建写作框架（图 3）。正文通过 where/when/who/how/how/what... 的分类，能帮助学生进行写作准备活动，通过头脑风暴组织写作内容，整理话题相关的要点及语法。

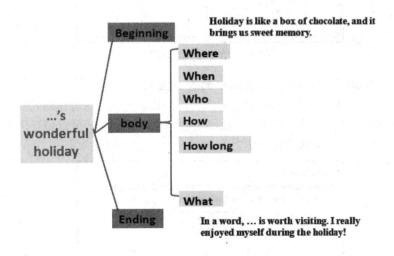

图 3　写作框架

在课后，思维导图能帮助学生实现话题语法的再整理，查漏补缺，最后可使学生独立完成作文。在复习课后进行作业布置，引导学生优化思维导图，为独立写作或润色文章提供更加清晰的思路（图 4）。

Homework

1. 完善关于自己旅行的思维导图，补充what的细节信息；
2. 根据自己的思维导图和课堂的范例，独立写一篇My wonderful holiday（80词左右），要求有开头和结尾，写作要点须与手绘思维导图要点匹配。

图 4　课后作业

（三）英语模块话题复习课中学生同伴之间的合作互助

基于思维导读单的模块复习课堂能促进学生同伴之间的合作互助学习。学生只有在学习过程中主动去发现问题，相互合作去解决问题才能更好地掌握知识。"合作学习过程中的观点冲突会引发讨论，可以促使新观点的产生，引导学生超越给出的信息进行思考，这为学生发展创新思维提供了一个理想的平台。"在合作学习过程中，有价值的问题能引发学生的思考，而不同的观点碰撞则会引发新的信息产生、新的观点形成，这对于培养学生的发散思维能力有很大帮助。

1. 基于思维导读单可以促进学生课前的合作互助

以九年级的时态复习课为例，基于思维导读单，学生在课前就可以先独立将时间状语与相应的时态联系起来，再以小组合作形式，概括各种时态的使用。在小组合作中，同伴之间可以相互借鉴，完善对不同时态的认识，从而形成更完善的时态体系，从而培养学生的语法归纳能力（图5）。

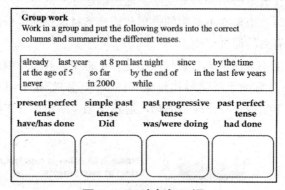

图 5　9B 时态复习课

2. 基于思维导读单可以促进学生课中的合作互助

以八年级上 Module 11 Way of Life 的复习课为例，让学生以小组合作形式介绍英国的有趣生活方式及讨论中国的生活方式（图6）。在小组合作中，同学之间可以相互借鉴，完善自己对话题的储备，从而培养学生话题梳理能力。

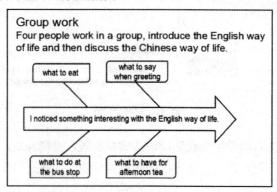

图 6　8A Module 11 Way of life

学生在小组合作的过程中，对复习课中的话题和语法进行了深层次的思考和辩论，这对于培养学生深层次的思维能力十分有益。在合作学习过程中，学生可以相互借鉴、相互补充、相互促进。合作学习可以激发学生的学习兴趣，提升英语复习课的"新鲜感"。

（四）英语模块话题复习课中教师教学的转变

新课改要求提高学生的核心素养，当前初中英语复习课还是以教师为中心，以"满堂灌"的形式向学生单向输入词汇和语法，单纯强调学生的知识积累，而忽略了培养学生的语言运用能力，从而导致学生的技能较为单一，知识往往脱离语境。而基于思维导读单的英语模块复习课堂中的教师十分重视学生在课堂中的主体地位，关注学生自主整理归纳能力的培养、语言运用能力及深层思维能力的提高。

1．以学生核心素养为目标，做深层教学的设计者

要想课堂向深度发展，就要让学生成为课堂的主人，让学生的思维活跃起来。使学生不再是知识的收藏者，而是在思维的参与下成为语言的运用者和建构者。基于思维导读单的英语模块话题复习课关注的是学生核心素养，教师进行深层学习的设计，引导学生进行整理归纳。

2．以学生自主建构为导向，做深度教学的实施者

核心素养下学生的英语自主学习能力的培养至关重要。当下，很多英语教师往往直指考试要点，教学碎片化现象严重，导致学生无法在真实情境中准确地表达和运用语言。因此，初中英语教师要以学生的语言自主运用和建构为导向，开展和实施深度教学策略。思维导读单的设计就是以促进学生自主建构为导向，引导学生自主通过思维导图形式整理归纳模块的话题和语法，从而形成更完整的知识体系，有助于学生在实际教学活动中运用语言。

3．以学生语用能力为靶向，做深度学习的引路人

2016年起，浙江省对高考英语题型作了重大调整，将写作任务调整为读后续写与概要写作，凸显了对学生的综合语言运用能力的考查。教师可以以语用能力为靶向，创设各种情境，激发学生思维，让学生结合情境、语境，成为语言运用的实践者，从而培养英语语感，发展语言运用的意识。教师利用思维导读单使学生对写作框架和内容进行发散性思考，从而可促使学生更好地进行语用实践。

三、教学成效

（1）借助思维导读单，可以改善学生对模块复习课的态度，从而提升成绩。从2018年9月入学的两个初一新生班级入手，每班27人，设置实验组和对照组。实验组借助思维导图单来开展英语模块复习课的教学；对照组按照传统模式进行模块复习课教学，历时一学年。我们对学生的英语成绩总分及作文成绩进行了前后测分析（表1、表2）。

表1　总分成绩前后对比

班级	前测平均分	后测平均分	变化幅度
实验组	53.4	60.1	+6.7
对照组	53	56	+3

表2　作文成绩前后对比

班级	前测平均分	后测平均分	变化幅度
实验组	5.7	8.0	+2.3
对照组	6.0	6.9	+0.9

由表 1 可知，实验组的前测平均分为 53.4 分，对照组为 53 分，两组总成绩平均分十分接近。但在借助思维导读单进行学习之后，实验组的平均分得到了明显的提高，比对照组高了 4.1 分。由表 2 可知，实验组的作文成绩平均分为 5.7 分，对照组为 6.0 分，实验组低于对照组，但在使用了思维导读单之后，实验组的作文成绩平均分得到了提升，超过了对照组 1.1 分。综上所述，思维导读单的使用有助于提高学生的成绩。

为了了解学生对于思维导读单的态度和看法，进行了问卷调查。从问卷数据中可知，与以往传统的复习方式相比，75% 的学生更喜欢运用思维导图来进行模块复习；71.43% 的学生愿意在以后的复习中继续使用思维导图来整理模块语法和话题，说明他们对于这一方法比较认同。

综上所述，思维导读单的使用受到了学生的欢迎，有助于学生提高学习兴趣，转变学习态度，从而提升学习成绩。

（2）借助思维导读单，可以促进学生深层学习，激发学生的创新思维能力。学生对于英语通常只停留在识记单词的浅层学习，而没有深入思考。思维导读单的使用，可以让学生通过联想、画图的方式联系新老知识，将一些碎片化的知识框架化，使之有逻辑。思维导读单的使用有助于提高学生的思维品质和创新能力。

（3）借助思维导读单，可以促进学生与同伴合作学习，培养学生的自主整理复习能力。学生在完成思维导读单时，往往需要独立思考，将所学的语法知识和模块话题知识有逻辑地进行梳理，将教师输入的知识纳入自己的知识体系。另外，在完成思维导读单之后，同学之间的分享和互相学习也有助于同学之间合作学习。

参考文献

[1] 蔡丽丽. 思维英语 USE 教学模式在初中英语复习课中的探究——以仁爱英语八年级上册 Unit 3 Topic 1 复习课为例 [J]. 福建基础教育研究，2017（8）：81-85.

[2] 郭洋. 如何让初中英语复习课充满"新鲜感" [J]. 经营管理者，2015（2）：383.

[3] 韩月姣，吴茜. 转变教师角色，推动初中英语深度教学 [J]. 英语画刊（高级版），2019（16）：105-106.

[4] 教育部. 义务教育英语课程标准（2011 年版）[S]. 北京：北京师范大学出版社，2012.

[5] 皮连生. 教育心理学 [M]. 上海：上海出版社，2011.

发展性教学评价在初中英语口语中的实践研究

乐清乐成公立寄宿学校　杨桂琴

一、教学理念

随着初中新课程改革的实施，教学评价体系改革的深入，对英语口语能力的评价已纳入中考英语的考核之内。本文探究在英语教学中如何实施发展性教学评价，以提高学生英语口语能力，促进学生综合素质的培养，在课堂教学中真正体现以学生为本，关注每一位学生发展的教育思想。

"语言作为一种交流工具，是有声的。"（Language is a system of ar bitrary vocal symbols used for human communication，Ward haugh，1977）语言教学的最终目标是培养学生以书面或口头交流的能力。随着经济社会的不断发展和英语教学改革的不断深入，学习英语并运用英语进行口头交流已成为社会的迫切需要。从 2010 年开始，温州市中考已经将口语成绩纳入的中考总分，2018 年开始，全省在中考时考核学生的英语口语能力，为实现新课标提出的提高学生的核心素养能力的要求迈出了坚实的一步。

（一）发展性教学评价的定义

发展性评价（development assessment）能使学生的潜能、个性有创造性的发挥，使每一位学生具有自信心和持续发展的能力。其实施的关键是教师用发展的眼光看待每一位学生，核心是注重过程的总评价。但是当前对学生的口语能力评价仍旧存在一些问题。教师的评价意识比较淡薄，评价的内容和方式比较单一；评价时，比较注重对结果的评价而忽视了对过程的评价；还有教师对生成的问题未能及时评价，课堂上唯"预设"是问、唯"预设"是评。学生是不断成长着的，学习过程是不断发展变化着的，这种评价难以用在自主学习能力处于成长过程中、意志力处于薄弱阶段的初中学生。该阶段学生大多没有太多耐心一路坚持到终点。在通向终点的漫长而艰难过程中需要教师们悉心呵护、一路相伴。美国教育评价专家斯塔弗尔比姆认为："评价最重要的不是为了证明（prove），而是为了改进（improve）。"因此，注重过程的发展性教学评价显得尤为重要。本文结合笔者的教学实践谈谈在英语教学过程中如何实施发展性教学评价，提高学生的英语口语能力。

（二）发展性教学评价的特点

《义务教育英语课程标准》明确提出："基础教育阶段英语的总体目标是培养学生综合语言运用能力，初中阶段应能就日常生活的各种话题与他人交换信息，并陈述自己的意见。"新课程还特别强调教师要结合自己的教学目标、教学内容、学习环境和个体差异等设计适合自己教学和学生学习的评价工具，制定切实可行的评价标准，以发展学生的综合语言运用和语言实践能力，让学生在语言实践和口语训练中，形成积极的情感态度，主动思维和大胆实践，提高其跨文化意识和形成自主学习的潜能和内驱力。

发展性评价既是一种以人为本、以学生发展为本，又面向"未来"、面向"全体"，强调合作与自我完善的新型的科学与评价理论。它的特点有：其一，在评价方向上，它不仅注重评价对象的表现，而且更加注重其未来的发展；其二，以未来发展为目的，评价结果不与奖惩直接挂钩，使被评价者做到襟怀坦荡，没有顾忌，积极参与评价；其三，评价者与评价对象配对，制订双方认可的发展目标和评价计划，由评价双方共同承担实现发展目标的职责；其四，评价者与评价对象完全是建立在互相信任的基础上，和谐的气氛贯穿评价过程始终。因此，它能调动评价对象发自内心的积极性与主动性，自觉改掉缺点，实现发展目标。实施发展性评价，有利于帮助师生增强教与学的自信心，提高学生运用语言的交际能力和持续发展能力；实行评价主体的多元化，评价内容、评价形式的多样化，体现"一切为了学生发展"的思想，通过评价引导和促进学生的发展与完善，用发展的眼光对学生的发展进行评价。

二、课堂变革

课堂实践活动是实施发展性教学评价的主阵地，这是把握时机对学生进行发展性评价的重要场所，如何使用好这块主阵地进行课堂变革值得我们每位教师研究。笔者在这方面进行了以下有效尝试，获得了满意的效果。

（一）课前汇报评价，有效培养口语

课前汇报（English Daily Report）是一项行之有效的英语口语训练方式，它将带领学生进入一个丰富多彩的英语世界。在这项训练中，学生有充分的自主权选择自己感兴趣的话题。为了把握并充分利用好这短暂的时间，使之成为激活学生思维、激发学生兴趣的英语热身操，笔者根据发展性评价原则，设计了下列评价活动和评价表。每天英语课的前五分钟为学生的"English Daily Report"时间，学生自觉地按座号顺序上台进行 Report，并且根据内容向全班提 2～3 个问题。讲完后将作品放在实物投影仪下进行展示，其他同学根据其表现，运用 Assessment of English Daily Report 对其进行评价，见表1。

表1　Assessment of English Daily Report

Assessment of English Daily Report						
Reporter: _____	Time: _____		Assessor: _____			
Items（项目）	Assessment Contents（评价内容）	分值				
Reading（朗读）	1. Pronunciation & intonation（语音语调准备）	1	2	3	4	5
	2. Fluency（语言顺畅）	1	2	3	4	5
	3. Perfect expression（意义表达完整）	1	2	3	4	5
	4. Natural performance（动作表情自然）	1	2	3	4	5
	5. Voice（声音大声）	1	2	3	4	5
	6. Creative performance（创新表现）	1	2	3	4	5
Mark（总分）						
Standard（评价标准）：　1=need improvement　2=try harder　3=good　4=very good　5=excellent						

同时，对回答问题的学生，教师对其进行评价。

这种评价活动，听、说双方都很认真。演讲者会非常努力地准备，讲前反复诵读，争取将最好的一面展现给同学；听的同学会很认真地听，然后做出客观评价。学生自拟话题，可以谈论天气，谈论家庭，谈论校园生活、英语学习，谈论班级中的人或事和自己的朋友，谈对身边发生的事物的看法、建议等。教师要对学生的 Daily Report 作出及时的鼓励评价，这不仅能使学生对英语的学习保持浓厚的兴趣，而且可使他们的英语口语能力在不知不觉中得到了很大的提高。

（二）课堂表现评价，有效促进口语

要提高课堂教学的效益，就要充分发挥教师的主导作用与学生的主体作用；采取有效的措施激发学生的学习兴趣，调动学生的积极性，让学生主动地开展学习，培养学生的口语能力。

下面以七年级 Unit 10 Section A 的听说课为例，谈谈如何恰当地运用发展性教学评价，促进学生的口语表达能力。Unit 10 是围绕"Abilities"开展教学活动，Section A 部分要求学生学会使用情态动词，能谈论自己在某一方面所具有的能力和自己的喜好与意愿。老师首先设计了四个任务。

Task 1：Games（眼疾嘴快）

Hands up and speak loudly when you see the pictures.

这个活动给学生提供了很好的口语机会，同时，老师给予及时的评价（Good job!/Well done!/ Excellent...），让学生乐于开口说英语。

Task 2：Survey. Then make a report.

Name	Club	Why	Can, well	Can, but not well	Can't
Lucy	music club	fun	/	sing	/

老师创设了真实的交际情境，若学生表现得好，老师及时鼓励（Super! Terrific!...）；偶尔有学生出现语法错误或胆怯时，老师微笑鼓励（Take it easy! I'm sure you can do it!/Come on!...）。这些温暖的预期性评价用语或热情洋溢的肯定评价语言激发了学生的成就感，有效地促进了学生大胆用英语表达，很好地训练了学生的口语。同时，也为下面的 Task3（Interview）作了很好的铺垫，以至于在下面第四个环节 Show Time 中，几乎每位学生都举手要上台表演，激起课堂的高潮。而且在 Show Time 中通过面试的同学马上就能收到一张俱乐部入会单，这既是上课的一个环节，同时也是对学生恰到好处的一个评价，不禁让人叫绝。

```
                    Crazy English Club
        Name: ____Jack____
        Age:  ____14____
        I can  sing many English songs!
        Excellent !
```

在下课铃响前，教师让学生先在他设计的一张评价表上进行自我评价，然后在小组内相互交流评价结果，记录其他学生的评价结果。

Self-assessment

1. Speaking
A. I can speak very well.
B. I can speak, but not very well.
C. I can speak only a little. I need to do better
D. I can hardly speak. I need to work harder.
E. I can't speak at all. I really need to do better.
2. Performance
A. I can act very well.
B. I can act, but not very well.
C. I can act only a little. I need to do better.
D. I can hardly act. I need to work harder.
E. I can't act at all. I really need to do better.
3. Listening
A. I can do the listening very well.
B. I can do the listening, but not very well. I can do better next time.
C. I can hardly understand the listening. I need to do better.
D. I can't understand the listening at all. I really need to do better.
4. Attitude
A. I'm very active in class.
B. I'm not very active. I can do better next time.
C. I'm shy and nervous, I dare not（不敢）speak in class. But I can. I hope I can be brave next time.
D. I'm not interested in the class.

Name	Speaking	Performance	Listening	Attitude
（Model 例子）	B	C	A	A

Model Report

I can speak, but not very well. I can act only a little. I need to do better. I can do the listening very well. I'm very active in class.

这样的一堂英语活动课，通过教师恰当地给予评价，学生争相投入各个活动环节中，从而使他们的英语口语能力得到较大的提升。下课后，被现场招聘通过的学生意犹未尽，马上商量如何策划 English Club。

（三）课外活动评价，有效训练口语

课外学习是课堂教学的一个自然延伸和补充，是学生英语学习的一个重要组成部分。为了给学生创造语言实践的环境和机会，培养学生的口语能力和学习兴趣，在课外组织如下一系列的口语活动。

1. English time（英语时间）

在这个活动中，学生自觉地按顺序轮流进行，一位学生主持（Hot seat），并在黑板上写出 English topic 和 time。过 15~20 分钟后，汇报人先作一个调查，再进行总结汇报（活动中学生不能说中文，否则要上台表演英语节目如绕口令等）。

English time
Topic：What do you think of choosing the top ten students in our school?
Time：4：00-4：20.
Reporter：Jack

Reporter：OK, just now I made a survey about choosing the top ten students in our school. Most of the classmates in our class think it's not necessary. They think it will hurt others and let them down because there're so many excellent students in our school. On the other hand...

其他的 topic 比如：

Topic1：Why did you choose a boarding school?

Topic2：How can our school be our second home?

2．Circle telling the story（故事接龙）

例如，我们在学习了九年级 Unit 12 有关礼仪这一单元之后，笔者设计了一个活动，即编一个自己第一次吃西餐的有趣的经历。

An Interesting Experience

When I first ate in a western restaurant，I didn't know what I was supposed to do. Everything was unfamiliar.

S1：What I finally decided to do was to follow others.

S2：Although I did slowly, I learned a lot.

S3：My neighbor was a native. It was a good chance for me to learn from him.

S4：...

我们还编了好多个故事 A happy Day， An Exciting Trip...

3．Debate（辩论）

在新教材中有许多话题贴近学生的生活，辩论就是一个可以让学生开口说英语的很好的活动。在每个单元之后，设计一个话题来展开辩论。例如，在教学九年级 Unit3 Teenagers should be allowed to choose their own clothes 时，当学生学习了如何谈论各种规章制度，如何发表自己的观点之后，教师可以为学生创设一个模拟的论辩式语境：将全班学生分成 8 人小组，各小组再分为正反两方，围绕问题 "Can teenagers bring their mobile phones to school?" 进行辩论。在辩论过程中，学生学会用 "I disagree with...because.../I can't agree with...because.../I doubt that because..." 等不同句型表达自己的观点，很好地锻炼了他们的口语能力。

4．Enjoy the poems or the stories（朗诵英文诗或英语故事鉴赏）

英文诗歌和经典故事因为其独特的魅力深深地吸引了我们的学生，学生会在上台前反复地、深情地朗读。他们朗诵的诗中给大家留下深刻印象的是 Sally 选的泰戈尔的《飞鸟与鱼》和 Jill 选择的徐志摩的《再别康桥》。后来，大家还诗兴大发，别出心裁地作诗并翻译了李白的《静夜思》等好几首名诗。

附：泰戈尔的《飞鸟与鱼》

世界上最远的距离 So the most distant way in the world,

是鱼与飞鸟的距离 is the love between the fish and bird.

一个在天　　　One is flying at the sky，

一个却深潜海底　　the other is looking upon into the sea.

教师制定上述一系列贴近学生生活、与所学教材紧密相关的专题，实行师生共同评价，引导与激励学生提高、纠错、发展，培养他们的自评、互评的能力。进行评价时，注意关心与重视学生的认知策略技能。为了更好地促进学生的学习，反映学生口语发展情况，以一周或一个月为时间单位对学生的口语进行阶段性评价，评价方式是填写口语评价表（表2）。

表 2 Jack 第_____周（月）口语评价表

项目 活动	语言微技能 （micro-linguistic skills）			日常交际技能 （routine skills）			交际应变技能 （improvisation skills）			参与表现 （participation behavior）			累计分值	综合评价
	语音	语流	词汇	语法	情境反应	描述能力	交流技能	猜测能力	纠错能力	表达规则	应变能力	参与意识	合作情况	创新精神		
English time	B	C	B	B	A	B	B	C	B	B	B	A	B	C	55	B
Debate																
…																

说明：分四个级别填写表格：A（优秀）=5 分，B（良好）=4 分，C（合格）=3 分，D（及格）=2 分。

另外，还可以组织全班举办 English Corner，设计形式多样、趣味性强的活动，如猜谜语、脑筋急转弯；英文经典名曲歌咏比赛；讲英语故事比赛；一分钟即兴命题演讲；英语短剧表演等，由此营造出浓厚的英语口语氛围。在活动中师生间进行交互评价，使学生的听、说、读得到全面的提高，增强了自信，更增强了提高英语口语的信念和热情。

（四）阶段性的评价，有效提高口语

（1）每学期分别在期中和期末进行两次学生学习问卷调查，以便教师能及时了解学生的学习态度、兴趣、困难，调整教学方法和手段，采取相应的措施提高教学效果；学生可对照调查有目的地调整自己的策略和态度，有助于培养自己的兴趣，进一步激发自己的学习热情。

Course assessment questionnaire

Course：_____   Date_____   Name_____

1. Did you enjoy the lessons?
   A．Yes   B．So-so   C．No
2. Did you learn a satisfactory amount of English?
   A．Yes   B．So-so   C．No
3. Did you have enough communicative practice of English?
   A．Yes   B．So-so   C．No
4. What did you particularly like about the course?
_____
5. What didn't you like about the course?
_____

Oral English Self-assessment   Date_____   Name_____

1. The new words I can use:
   ☐ all   ☐ most   ☐ some   ☐ several
2. My favourite activities：
   ☐ pairwork   ☐ groupwork   ☐ learning new vocabulary
   ☐ class discussions   ☐ _____
3. The most difficult part in English speaking：
   ☐ listening   ☐ grammar   ☐ vocabulary
   ☐ fluency   ☐ accuracy   ☐ _____
4. The useful ways to improve your oral English：
   ☐ taking an active part in class discussions
   ☐ preparing lessons carefully before class
   ☐ Having confidence   ☐ _____
5. Need to be improved in learning areas：
   ☐ grammar   ☐ vocabulary   ☐ pronunciation   ☐ listening
   ☐ working with others   ☐ speaking   ☐ _____

（2）在班级的风采展示台上设置了"我的英语真棒"一栏，针对每堂课中学生的参与情况（上课专心踊跃发言，积极思维，与人探讨，敢于发表自己的见解，角色扮演、模仿动作等）及进步情况，师生共同选出课堂表现优秀的学生。每位学生都设置了评价档案表，进行自评、互评和师评。根据不同的主题评选出最佳表演者、最佳课堂表现者、最自信者、最活跃者、最好学者、最受欢迎者、最大进步奖、最佳语音奖、最佳监督员、最佳合作组等，接着，教师评出"Star of the week""Star of the month""Star of the season"和"Star of the year"。这样，班级内处于不同层面的学生都能有机会成为不同阶段最灿烂的一颗星星（英语之星），能有更多的学生体会到成功的喜悦、学习的乐趣，能最大限度地让学生得到充分、自由地发展。

三、教学成效

从发展性评价的特点及评价手段可以看出，发展性评价的内容是全方位的，方法是多样的，评价方式尽量做到以学生为主体，促进学生全面而有个性化地发展，因此，这样的评价也就比较准确和客观。多一把衡量的尺子，就会多出一批好学生。在每一年的中考，笔者中所任教的班级英语成绩在乐清市甚至温州市都名列前茅，并且，在带领学生参加的各口语大赛均荣获温州市最高奖项。

另外，关注学生个体发展、关注过程评价激发了学生学习外语（尤其是口语）的热情，增强了他们的学习动机，提高了他们的自主学习能力。当然，教师在以正面引导积极评价的过程中一定要针对每位学生发展过程中的个体需求，避免评价不当造成学生评价疲劳症的出现。教师的最终目的是要通过发展性教学评价这种手段，让学生对英语的学习成为自觉的一种行动上的渴求，让外在的评价刺激最终内化成学生的自主行动，提高学生学习英语的兴趣，引导学生学会监控和调整自己的英语学习方式和学习进程，从而提高学生的口语能力。

借力深度学习　落实核心素养

瑞安飞云中学　陈　飞

一、教学理念

英语核心素养包括语言能力、学习能力、文化意识、思维品质。语言能力是指在社会情境中，以听、说、读、写、看等形式，理解和表达意义、意图和感情态度的能力。语言能力是英语学科核心素养的起点和基础，是英语学科核心素养的核心，也是最具英语学科本质的价值所在。语言知识是语言能力的基础，语言技能的培养和提高，综合语言运用能力的发展和形成，是建立在语言知识基础之上的。没有语言知识的学习，核心素养的培养将成为无本之木。知识是必备条件，素养（能力＋品格）是目标。如何使学习者利用思维能力、学习能力、文化品格感知和获取新知识，如何创设高质量的运用知识的实践机会，以培养学习者积极主动运用知识更好地认识世界和表达世界进而形成优秀品格是英语教育教学的核心任务？

教育部研究开发的"深度学习"，旨在深化课程改革、落实立德树人的根本教育任务。它既体现先进的教育理念和主张，又蕴含面向未来教育的思维工具。美国研究院组织实施的 SDL 项目（Study of Deeper Learning：Opportunities and Outcomes）就深度学习方面在理论建树与实践普及方面都具有划时代意义。SDL 项目界定了深度学习的六维度能力：掌握核心学科知识、批判性思维和复杂问题解决、团队协作、有效沟通、学会学习、学习毅力。通过深度学习，学生不仅能掌握学科核心知识，还能发展批判性思维、创新能力、合作能力、沟通交流能力等高级素养，并能够形成正确的价值观、积极的内在学习动机和阳光进取的学习态度。

深度学习不仅强调学生的深度思维，强调培养学生发展核心素养，促进学生全面发展，使之成为能够创造未来美好生活的社会人；还关注课堂教学，让学生为主体的理念真正在深度学习教学中得以落实。深度学习的课堂应具备以下特点：以教师为主导，以学生为主体，教师选择恰当内容，创设有效的情境和活动，学生自主学习和合作学习相结合，教师帮助学生亲身经历知识的发现与建构过程，使学生真正成为教学的主体。

二、课堂变革

以下结合笔者一节写作课——NSE 8B M7 Writing：to introduce a Chinese course，阐述基于核心素养和深度学习理念，实践课堂变革。

（一）借力深度学习

立德树人背景下的教育阶段，每一位学生学科学习的目标都不能停留在知识的获取、技能的提高上，而要发展高级素养。深度学习强调教师主导下的学生主动参与，积极建构，强调学生的教育性发展。深度学习要让学生的成长从提高"解答试题的能力"转向提高"解决问题的能力"，进而转向提高"做事的能力"。为了提升学生做事的能力，促进其成长，本课例借力深度学习，体现在以下三个方面：

1. 情境创设有效，活动促进学习

在教学设计中，教师在第一个环节直接说明本课时写作任务和写作目的：To introduce a Chinese course to the people who would like to learn Chinese in Wenzhou this summer。这让学生对本节课学习目标有了方向。在写作前，通过复习，学生对于写作对象、写作目的有了概念和认知前提下，教师为写作任务提供了更多的信息——报社针对有意在温州学习中文的外国人做了调查，结果显示主要有三类对象及他们除学习中文外最感兴趣的三样活动，以便使学生更加明确写作对象和写作内容。该情境任务真实性强且有一定难度，能造成学生的认知冲突、挑战学生的认知角度、驱动学生学习本课时内容，能吸引学生主动学习。后续情境信息的提供（图1、图2）创设了机会让学生更好地应用本课所学知识和方法来解决具体问题。该情境真实、具体、富有价值，是学生学科核心素养形成和发展的重要载体，也为学生学科核心素养提供了真实的表现机会。

图 1　情境信息 1

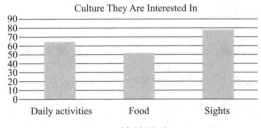

图 2　情境信息 2

2. 学生主体参与，学习方式多样

以人为本是当代教育改革和发展的核心理念，学生是教学的主体，深度学习离不开学生主体作用的发挥。主体学习的过程是学生对所学知识的认识、理解、掌握并逐步内化为自身素质和能力的过程。本课设计注重发挥学生的主体性，复习文本内容和所用语言环节都充分关注学生的学习体验。让学生找出哪些句子能够达到宣传并吸引读者的功能，凸显学生在学习中的自主性、主动性。作者通过哪些手段宣传课程？作者如何吸引更多读者关注并参加该课程？教师引导学生经历了这些写作知识的习得过程，获得基本的写作活动经验——从最有兴趣暑假在温州学中文的三个群体中选择一个，结合他们感兴趣的点，设计并介绍中文课程，达成课堂学习目标。

学习方式泛指学习者在各种学习情境中所采取的具有不同动机取向、心智加工水平和学习效果的学习方法和形式。所以，学习方式包括学习方法和学习形式。本课例中倡导学生采用发现性学习，在复习 Learn English in Los Angeles 篇章时，教师引导学生仔细研读文本，从文本中找出课程的安排与亮点，从文本中找出作者宣传课程所用的语言和方法（To attract readers: offering arrangements，positive descriptions，offering choices，putting on the Internet/...）。在完成 writing plan 后，教师建议学生四人合作，分工完成写作任务，这不仅有利于在有限的课堂时间内达成预定的教学目标，还有助于学生解决问题能力的提升。

3．教师主导课堂，写作评价跟上

在深度学习课堂中，教师的作用就是要帮助学生作为主体去挑战困难、克服困难，从现有水平主动积极走向未来水平。首先，教师确定本节课的写作任务：基于报社调查结果，从中挑选一个群体，结合目标顾客最感兴趣的点，设计并宣传今年暑假在温州学习中文的课程；其次，教师帮助学生成为教学主体：让学生找出 Learn English in Los Angeles 篇章中的主要内容和亮点，让学生找出该篇章达到宣传效果的用语，让学生自主选择一个群体设计课程，让学生自主讨论分工合作完成设计任务。教师充分利用文本资料，创设情境，使学生融入情感地研读文本，评价课程内容，进行深度学习。

教师要关注学生是否真正学会，而不是自己有没有教到。持续性评价便是有效的检测手段。本课例中的复习环节，教师引导学生梳理 Unit 2 Learn English in L.A. 课程的主要内容（图3），在后续写前计划环节中，笔者提供图4，它既可作为写前思路整理的框架，又可作为评价学生写前计划完成情况的评价表，帮助学生明确写前整理的内容，促进其写前整理的习惯养成。

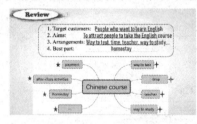

图3　课程主要内容

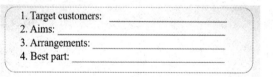

图4　前计划环节

另外，为了帮助学生明确学习目标，指导学生开展有效的写作，检查学生的学习效果，本课例教师结合文本材料特点及教学目标的定位，设定写作评价表，包含写作内容、组织和语言三个层面（图5）。

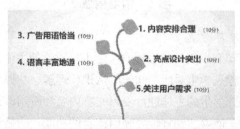

图5　写作评价表

(二)提升核心素养

1. 语言能力提升

语言能力是英语学科核心素养的重要组成部分。语言知识包括语音、词汇、语法、语篇知识和语用知识。相比实验版课程标准中提到的语言知识,基于核心素养的语言能力培养,教师需要更加关注语篇知识和语用知识。

(1)语篇知识。语篇知识泛指关于语篇是如何构成和语篇是如何表达意义的知识。本课例的复习环节中,笔者以提问方式引发学生思考 Unit 2 Learn English in L.A. 文本包含哪些内容,在后续的写前计划和写作实施中,学生也需要考虑他们的课程设计要包含哪些内容。该设计能帮助学生了解并运用语篇是如何构成的语篇知识。

语篇如何表达意义中包含遣词造句知识、写作意图、情感态度和价值取向。这需要我们通过深读多思来挖掘。本案例中英语课程的文本作者写作意图在于吸引更多读者了解他们课程并参加他们课程。学生通过教师的引导,仔细研读文本,整理出作者为了达成目标,做到了以下四点:将文章发布在有尽可能多读者的网络报纸杂志上;提供尽可能多的活动安排,并且亮点突出;提供给读者尽可能多的自主选择内容;用恰当的广告语来推销自己的课程。

另外,本课例有意关注多模态语篇。在学生开始写作前,教师提供了报社针对有意于暑假期间在温州学习中文的外国人的两个问卷调查结果,结果1(图1)显示最有兴趣来中国的三个群体是 teenagers, old people, businesspersons,结果2(图2)显示他们最感兴趣的文化方面内容是 Daily activities, food, sights。调查结果以圆饼图形式和柱状图形式呈现。此设计意在培养学生读图和处理信息能力。学生在日常生活中,文字、数据、图片、音视频、表格等散点式网络状文段是现代信息的呈现方式,阅读这样的文段是我们日常生活必需的技能。因此,需要培养学生探究性学习能力和适应性处理信息能力,教学中需要关注多模态语篇,培养学生处理多模态信息的能力。

(2)语用知识。语用知识是指在人际交往中准确理解他人和得体表达自己的知识。广告语中需要使用得体的词语,既能推销自己的产品,又不会引起读者的反感。

本案例复习的 Unit 2 文本中,作者用积极的词汇介绍课程(图6),以吸引尽可能多的读者。学生了解掌握 Unit 2 文本中隐含的语用知识,有助于他们有效完成写作任务,有助于达成宣传暑假来温州学习中文课程的目的。

另一个体现得体表达意义的语用功能在 Offering choices 环节(图7),该部分除了 PPT 上教师预设的句子外,学生还找出以下表达:

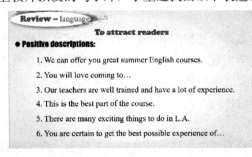
图6 用积极词汇介绍课程

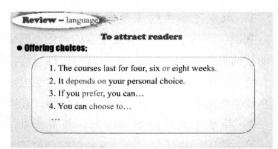
图7 Offering choices 环节

> We provide books, and…
> There are also computers for personal study.
> You must pay for your course at least one month before it starts.

教师借机引导学生思考：为什么该句中 provide, personal, at least 能体现 offer choices 功能？在教师的帮助下，学生明确它们的内涵意义，如 provide 的意思：to make something available, to supply something that is wanted or needed，即用 provide 表示我提供这些东西给你，但你不一定就得用，你可以根据所需再选择使用。这三个句子不如前面几个例句那么轻易地就能看出作者提供了选择给读者，所以，学生找出这三个句子是课堂上帮助老师进行词汇精准教学的一个契机，有助于学生深入学习词汇内涵以促进学生恰当准确运用该词汇，提升得体使用语言表达自己的能力。

2. 其他素养培养

本课例不仅关注了语言能力提升，也体现了对学习能力、文化意识、思维品质的培养。

（1）复习环节中教师提问：Which do you think is the best part of the course？文本 Unit 2 Learn English in L.A. 表明：许多学生认为 Homestay is the best part，但此问题意在激发学生结合不同因素，思考该问题，有理有据地做出自己的判断，如个别学生认为 Going shopping is the best way because I can get into their daily life and it's a good way to experience American culture.

（2）教师在引导学生充分解读文本学习语篇和语用知识后，学生独立开展写作在课堂中没有足够时间，他们只有通过小组分工合作形式才能更好完成写作任务。学生一起完成语篇创作的过程就是一次学习能力提升的机会。

（3）在本案例中，对 Learn English in L.A. 文本的复习研读、确定自己中文课程设计的内容和整体写作任务的设计，都涉及文化内容，无形中学生需要了解并梳理温州文化特色，同时，也能感受到中美文化的异与同，尊重和理解差异，形成国际视野，提高文化意识和跨文化交流能力。

简而言之，本课的特点是将学习语言看作学习如何建构意义的过程。通过师生互动共建的语篇分析，既可以学习到如何运用语言知识和技能在语篇主题情境中建构意义；又可以通过探究语篇的表层和深层意义领悟语篇的文化内涵，拓展思维方式，提高思维品质，增强学习能力，特别是提出问题和解决问题的能力，进一步促进核心素养的培养提升。

三、实践成效

1. 激发了学生的深度学习，提升核心素养

在教学实践中，教师确定学生的最近发展区，选择合适材料开展教学，创设有真实意义的活动帮助学生亲身经历知识的发现与建构过程，使学生真正成为教学的主体，使学生用心投入与参与学习中，提高学习兴趣，提高语言能力，激发思维发展，全面提升学生核心素养，使学生在社会历史实践进程中，成为有责任感、有担当精神的人。

2. 转变了教师的教学理念，提升专业素养

通过学习、设计与实践，教师深刻理解了本学科对于学生成长的独特育人价值，理解课程标准可以带来更有效的教学，理解学科核心素养的具体表现和内涵。另外，教师更加深刻理解并尊重学生，因为教师只有读懂学生，才能设计出好的学习任务。为了帮助学生在迁移所学、

创造性地解决问题的思路和方法上有所进步,即在人们常说的"学会"和"会学"上有所进步,教师理解了尊重学生间的差异,兼顾各类学生,让不同学生通过深度学习,提升核心素养。

参考文献

[1] 吴永军. 关于深度学习的再认识[J]. 课程·教材·教法,2019(2):51-58+36.

[2] 余文森. 核心素养导向的课堂教学[M]. 上海:上海教育出版社,2017.

[3] 梅德朋,五蔷. 普通高中英语课程标准(2017版)解读[M]. 北京:高等教育出版社,2018.

[4] 陈彩虹. 促进英语学科核心素养的表现性评价研究[J]. 中小学英语教学与研究,2019(2):56-80.

初中道德·法治课有效教学情境创设策略

苍南灵溪镇第二中学　陈德新

课堂教学的最高宗旨是：教师以最小的投入帮助学生达成最大的习得，这种习得包括知识与技能的获得、能力的提高与方法的掌握及良好的情感态度价值观的形成等，那么，教师如何以最小的投入帮助学生达成最大的习得呢？这就需要教师在课堂上能创设出帮助学生达成最大习得的途径、方法和情境等。

建构主义认为，知识是不可能脱离活动情境而抽象地存在的，学习应该与情境化的实践活动结合起来。所以，要在课堂教学中让学生获得最大的学习效果（即习得），课堂教学必须为学生创设理想的学习情境，有效激发和引导学生的推理、分析鉴别等思维活动，促进学生自主建构知识、能力和良好的情感态度价值观。

一、初中法治课情境创设的意义

课堂教学情境创设是指在课堂教学环境中，创设有利于学生对所学知识进行理解的情境，这是一个提供各种形式的刺激信息，引起心理反应或活动的过程。创设有价值的教学情境是达成教学目标的重要手段。特别是法治课，绝不能仅通过说教的方式或简单的概念原理讲解形式解决问题，有效的情境创设对学生达成教学目标具有重大的意义。

（1）有利于优化学习过程，彰显法治课的德育特点，提高课堂教学的有效性。法治课的德育功能突出，但是空洞的说教常常会显得苍白无力，造成课堂低效甚至无效，教师通过情境创设，促进了知识的有效转化，促使学生将道德知识内化为自己的情感，树立良好的心理素质和道德信念，强化了法治课的德育功能。

（2）有利于建立起新型的师生关系，增强了教学的民主意识。情境探究教学是一种互动的交往形式，强调重视师生的双边情感体验，教学的过程既是师生信息交流的过程，又是师生情感交流的过程。教学中教师尊重学生的人格、倾听每位学生的意见、接纳每位学生的体验，从而有利于建立起和谐的、民主的、平等的新型师生关系。

（3）有利于确定学生在学习中的主体地位，激发学生学习法治课的浓厚兴趣。因为情境探究的主体是学生，是教师无法代替的，因此，"情境探究教学法"必须将学生摆在真正的主体地位上，这就完全改变了灌输式教学中学生处于被动地位的状况，"情境探究教学法"强调的是"以人为本"，以学生个性的发展为主，自然而然激发起学生学习的兴趣。

二、初中法治课情境创设的类型

根据情境创设的依托点不同，初中法治课教学情境主要有以下六种。

1. 借助实物和图像创设的教学情境

教学中的实物主要是指实物、模型、标本及实验、参观等。图像是一种直观的工具，包括板书、画图、挂图、幻灯、录像、电影、计算机等电教化教学工具。

例如，在《科技兴国战略》一课的教学中，在介绍科学技术重要性和我国取得的成就时，向学生实物展示了袁隆平的杂交水稻，并向学生介绍了杂交水稻的情况，让学生懂得了科学技术是第一生产力的道理。同时，也通过神舟十号飞船飞天的视频，让学生感受到我国科技取得的巨大成就。

2. 借助活动创设的教学情境

学生是学习的主体，要让学生积极参与教学，教师必须在教学中为学生创设自由活动的空间，搭建学生展示自己个性的舞台，让学生在活动中学习，在活动中体验，在活动中思考探究，这样学生才会有真实的感受。

例如，在《社会生活需要合作》一课中，教师可以安排几组学生玩摸石头过河游戏，通过游戏，学生可以亲自体验到合作的重要性，这样的体验让学生终生难忘，胜过千百次的空洞说教。

3. 借助语言创设的教学情境

教师可通过生动幽默、富有情感表现力的语言来描绘生动的学习情境，创造一种引人入胜的意境，再配以形象、生动、幽默风趣的语言，就会产生不同的效果：使学生身临其境、触景生情，并产生感情上的共鸣。

例如，教师在讲授"如何进行合理消费"，处理好"超前消费"和"量入为出"的关系时，列举了中国老太太和美国老太太买房子的事情，中国老太太说："我终于攒够了买房子的钱了"；美国老太太说："我终于把买房子的钱还清了"，通过幽默诙谐的语言，学生深刻体会到了如何进行合理消费。

4. 借助新旧知识和观念的关系与矛盾创设的教学情境

构建主义认为，学生新知识的形成总是建立在原有的知识基础之上，新知识要么是在旧知识的基础上引申和发展起来的，要么是在旧知识的基础上增加的新的内容，或由旧知重新组织或转化而成的，所以，旧知识是学习新知识最直接、最常用的认知停靠点，任何知识都是整体网络上的一个点或一个结。

例如，在《宪法是国家根本法》一课中，在讲解宪法的特殊地位之前，教师可以先让学生回顾什么是法律，具有哪些特征，并且向学生说明宪法首先也是法律，然后再抛出问题："那么，它与普通的法律相比，特殊在哪里呢？"从而引发学生的思考。

5. 借助"背景"创设的教学情境

背景知识是指与教材课文内容相关联的知识的总称。背景知识是学生学习和理解课文的一种重要的认知停靠点，没有相关的背景知识，教学往往无法进行。

例如，在《民族精神发扬光大》一课的教学中，在介绍我国的民族精神：以爱国主义为核心的团结统一、爱好和平、勤劳勇敢、自强不息时，通过对我国古代一些历史人物事迹，如岳飞"精忠报国"的动人故事，陆游"位卑未敢忘忧国"的赤子情怀，文天祥"人生自古谁无死？留取丹心照汗青"的壮志豪情的介绍，让学生更加深刻地了解了我国民族精神的精髓。

6. 借助问题创设的教学情境

问题是科学研究的出发点，是开启任何一门科学的钥匙。没有问题就不会有解释问题和解决问题的思想、方法和知识，所以，借助问题创设情境有利于开拓学生的思维，提高课堂的效率。

例如，在《保护环境》这一课中，教师在学生了解了相关的背景知识后，可以抛出一系列问题：什么是环境问题？环境问题是怎么造成的？为什么要保护环境？中学生应该如何保护环境等？通过这些问题的展示，学生可以深入思考这些问题，提高课堂的效率。

三、初中法治课情境创设需着重解决的问题

教学情境是课堂教学的基本要素，对发挥学生在课堂中的主体性作用，提高课堂效率具有重要的作用，但若设置不妥，也不能取得应有的效果。笔者认为我们在创设教学情境时，需着重解决好以下六个问题：

（1）情境创设要有情节、有悬念，充分激发出学生的学习热情，体现悬疑性。有悬念才会去探究，有情节才会去关注，教师通过对情境的故事化、情节化的设计，吸引学生的注意力，让学生在课堂中学会分析，学会思考，大大提高了课堂的效率。

例如，有位教师对《公民的财产继承权》一课的教学设计中，结合了现实生活中的一些遗产纠纷的例子，设计了王涛妻子张燕遗产纠纷案：整个材料情节跌宕起伏，悬念重重。悬念一：王涛为什么定好日子结婚，却在前一天通知婚礼取消了呢？目的是引出材料。悬念二：你认为王涛的妈妈要来分遗产，合理吗？目的是学习继承人的范围。悬念三：张燕的哥哥认为他是张燕的亲哥哥，理应分到一部分财产，你认为合理吗？目的是让学生了解法定继承顺序。悬念四：张燕生前的一位律师朋友拿出了遗嘱，你认为张燕的遗嘱又会怎么写呢？从而引出遗嘱继承……通过这一系列的悬念来激发学生的学习兴趣，课堂气氛活跃，学生学习热情高涨。

（2）情境创设要关注热点，选用热点人物和事件为例，充分调动学生的学习积极性，体现时代性。借助社会热点创设教学情境，凸显法治课的特点，不仅是法治课教学的时效性和针对性的要求，还易于引起学生的高度注意，激发学生学习的兴趣和热情，调动学生学习的主动性和积极性，激活学生的探究思维。

例如，有位教师在《直面挫折》一课教学设计中，刚开始用的是张海迪的例子，尽管这个例子也很典型，但是由于时间过得太久了，没有任何的新鲜感，很难引起学生的兴趣，所以整节课平平淡淡，气氛沉闷。第二节课，该教师重新选择了材料，选用了当年感动中国十大人物之一——刘伟为例，通过对无臂钢琴师刘伟成长经历的了解和他用脚弹钢琴的视频呈现，学生们的心灵受到了极大的震撼，课堂效果不言而喻。

（3）情境创设要符合学生的生活经验，充分提高学生课堂的参与度，体现生活性。学生思想品德的形成和发展，既需要榜样的感染和正确价值观引导，又需要学生的独立思考、亲身体验和实践才能真正内化。为此，我们可以而且应当联系学生生活，开发和利用学生已有的生活经验，选取学生关注的话题，围绕学生实际存在的问题，有助于帮助学生理解和运用学科知识，理解和把握社会生活的要求与规范，学会进行正确的价值判断和价值选择。

（4）情境创设要注重学生在课堂的实际体验，通过一些活动和游戏，增强课堂的感染力，体现真实性。教学过程应该成为学生一种愉悦的情绪生活和积极的情感体验。体验是一

种基于学生通过本身的活动经验，从中获得感性认识的过程，其主体是学生本人。在思想品德教学中，教师要充分为学生创设体验的情境，使学生在体验的过程中获得成功与失败的感受。

（5）情境创设要注意前后衔接，充分挖掘材料价值，培养学生的思维能力，体现连贯性。法治课教师应当依据学生思维能力发展的规律，适应学生成长的需求，激发学生的思维兴趣，引导帮助学生发现自己潜在的思维能力，课堂的情境要精选，不能过多，要注意前后的过渡，思路的连贯，这样，学生的思维才不会被打断，对问题的思考也更加深入。

例如，有位教师在《手机那些事》一课的教学设计中，先出示不同类型的手机，让学生了解手机发展的历史，然后让学生对现在智能手机的利与弊进行辩论，培养学生的思辨能力，最后让学生讨论如何趋利避害，用好手机，整节课前后衔接紧密。

（6）情境创设要注重本身所包含的问题，引导学生去学会思考，体现问题性。有价值的教学情境一定是内含问题的情境，能有效地引发学生的思考。情境中的问题要具备目的性、适应性和新颖性，这样的问题才会成为感知的思维的对象，从而在学生心里造成一种悬而未决但又必须解决的求知状态，实际上也就是使学生产生问题意识。

例如，在《解救乞讨儿童专题综合复习》一课中，通过展示乞讨儿童任芳芳受伤的图片及文字说明：任芳芳的头发大面积脱落，鼻中隔缺失，脸上多处受伤，很自然地就会引起学生对以下问题的思考：为什么任芳芳小小年纪就走上乞讨之路？是什么原因让她受到如此大的伤害？我们应该怎样去帮助她？教师通过这种情境创设，让学生积极主动地去思考问题，大大提高了课堂效率。

综上所述，情境创设要因人因时而异，根据课程内容、教学目标要求和学生的特点来创设不同的教学情境，同时，也要依靠教师的经验和教学规律来择定。教师要认识到"情"与"境"是教学情境中的两个维度，情因境而生，境为情而设，让学生既看到"境"又生成"情"，做到"情""境"交融，切实解决学生学习的枯燥问题，让学生在快乐有趣的情境中探究学习，高速有效达成学习目标。

参考文献

[1] 李吉林. 情境教育的诗篇 [M]. 北京：高等教育出版社，2015.
[2] 裴娣娜. 情境教学与现代教学论研究 [J]. 课程·教材·教法，1999（1）：5-8.
[3] 陶鸿杰. 在建构主义理论指导下创设教学情境 [J]. 云南教育·中学教师，2009（5）：28.

"空间感知"素养下的地理学具的应用与实践

温州市实验中学教育集团府东分校 卓艺颖

一、背景概述

2014年,浙江省教育厅教研室响应教育部要求深入研究"核心素养"的号召,承担了全国基础教育课程教材发展中心"国家社会科学基金教育学一般课题'中小学学科教学关键问题实践研究'",其中省历史与社会教研员牛学文老师主持《基于学科核心素养的历史与社会教学关键问题研究》[①],提出《历史与社会》学科核心素养主要由空间感知、历史意识、公民自觉、综合思维、社会实践等要素构成。其中,"空间感知"是指对不同尺度的人类生存空间(区域)的感性、理性认识过程,包括区域认知和人地观念。区域认知是指借助各种空间认知工具,对有关区域位置、特征、差异、联系等进行解释、比较、说明,进而形成客观、正确的地理认识;人地观念是指对人地关系的认识、理解和判断。具体反映在看待"地对人的影响""人对地的影响""人与地如何协调"等问题所持的见解与态度上。简而言之,"空间感知"素养是一种借助地图、图表、模型等工具认识区域、分析区域、发展区域的能力。

然而这种能力,在实际教学中的落地情况并不理想。以下两种七年级《历史与社会》的实际教学情境实属平常。

场景一:"老师,为什么等高线凸向数值高的地方就是山谷呀?""因为你看哦……"经过教师一番连比画带画图的详细解释后,学生还是一脸问号,于是后续就变为"你就记住凸高低,凸低高好了"。

场景二:教师利用"立体平面组合式等高线地形图演示模型"讲解等高线的由来,并让学生根据温州杨府山的航拍图,简笔画出其等高线图。领悟能力好的同学能跟着教师完成学习任务,2/3的同学无从下笔。

场景一和场景二是解决七年级《历史与社会》等高线教学内容的两种不同的教学操作,却反映了无论是单纯借助教材上的二维图示,还是借助地理演示教具教学,都会产生学生大脑认知图式里的三维空间与教学里的二维平面无法相融合的问题,"空间感知"素养在七年级历史与社会区域地理教学过程中无法真实落地。

二、地理学具的应用与实践

为求"空间感知"素养的真实落地,实践组以"地理学具的应用"为突破口,在农村学校、

---

① 课题批准号 BHA140087。

民办初中、城区中学三种不同类别的学校开展了为期一年的实践研究。

（一）学生自制"绘制类地理学具"加深空间布局感

"空间感知"的基础是对所学区域先有基本的认识，即区域位置、区域特征等，这些内容都需要从地图中获得。据统计，在初中《历史与社会》地理部分教材中，有地图、景观图、统计图、地理图等共计523幅，其中地图172幅[①]。可见地图是地理学习的第二语言，学生掌握从地理图像中获取地理信息的能力及利用图像说明地理问题的能力是十分重要的。

以学生自制"绘制类学具"学习《地图的三要素》（七年级上册）为例。

第一步，课前导学，了解地图的三要素。

一、地图基本要素：_____、_____、图例。

1．比例尺。

（1）概念：表示图上距离比实地距离缩小的程度。

计算公式：比例尺 = _____/_____。

（2）三种表现形式（表1）。

表1　比例尺表现形式

形式	文字式	数字式	线段式
举例	图上1厘米表示实地距离5千米	1∶500 000	

（3）比例尺的大小与范围、内容的关系：

①分母越大，比例尺越_____。

②图幅大小相同的情况下，比例尺越大，实地范围越____（大/小），内容越_____（详/略）。

2．地图上方向的判读。

（1）一般地图：按"_____"的方法定方向。

（2）指向标地图：根据指向标指向，箭头一般指向_____方。

（3）经纬网地图：经线指示_____方向，纬线指示_____方向。

（4）极点俯视图：北极点四周位于北极的_____方，南极点四周位于南极的_____方。

3．常见图例和注记。

第二步，根据所学，绘制校园地图。

绘制步骤如下：

（1）绘制校园中线，校园正大门与综合楼。

（2）根据相对位置，绘制出教学楼、宿舍楼、专家楼、食堂等。以中线为轴，仔细观察各建筑的相对位置及大小。

（3）根据已绘制好的建筑相对位置，在空余处填绘操场、花坛等，并标注方向、图例注记等。

第三步，教师出示标准版学校地图（图1）。

提问1：在这张地图中找出地图的三要素；提问2：与教师所绘制的地图相比，查找不同。

学生进行小组合作，观察、讨论、分析、探究图组。并在此基础上，利用地图三要素，自己绘制校园地图。

[①] 王敏丽. 初中地理学具制作内容设计及实践研究［D］. 呼和浩特：内蒙古师范大学，2016.

在这节课中，教师十分重视地理图像的利用，通过阅读、使用地理图像和绘制简易地图，帮助学生掌握阅读观察地理图像的基本方法。在此过程中，学生可以从阅读的图像中提取信息，也可以将文字转换为图像，即做到图文互换。再进阶为亲手绘制，通过实际尝试，加深对地理事物空间分布的感知。

实践研究发现，"绘制类学具"适用于《历史与社会》事实性知识教学，即学生的学材中比较充实或较易理解的内容，学习目标要求为识记层次（如"知道、了解、列举"等行为动词引领的学习目标）的课。具体实践内容见表2。

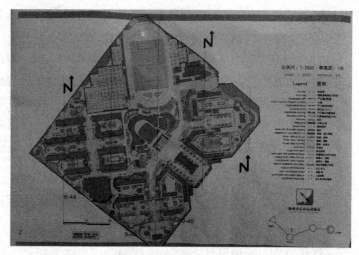

图 1　标准版学校地图

表 2　绘制类地理学具

教材、章节	地理知识	地理学具
七上 1.1.1	运用地图的三要素	绘制校园平面图
七上 2.1.1	了解七大洲、四大洋的基本情况	"一笔画世界"
七上 2.2.1	比较山地、丘陵、高原、平原和盆地五种地形类型	简图表达五种地形类型
七上 2.2.2	会读气温曲线图	绘制温州气温曲线图
七上 2.2.2	会读降水量柱状图	绘制温州降水量柱状图
七上 2.2.4	理解马赛人逐水草而居的自然原因	绘制马赛人的活动范围简图
七下 5.2.1	识记中国主要的山脉和地形区	绘制中国主要地形图
七下 5.2.3	识记黄河的主要特征	绘制黄河简图
七下 5.2.3	识记长江的主要特征	绘制长江简图
七下 5.3.1	知道中国的四大地理区域	绘制、填充四大地理区域分布图
七下 6.1.2	知道黄土高原的范围和自然环境情况	绘制黄土高原区域图
七下 6.2.2	知道四川盆地的范围及其对气候的影响	绘制四川盆地区域图
七下 6.3.1	了解新疆的自然环境	绘制"三山夹两盆"区域图

（二）师生共制"模型类地理学具"助力空间难点理解

模型是地理事物的真实缩影，是直观立体的知识载体，可以将抽象、难以理解的知识现实化，便于学生理解。在七年级区域地理学习中，有很多空间的、立体的、较抽象的内容，如"区域认知"中对区域情况的联系、比较、说明等，学生学习起来有较大的难度，可通过师生共同制作"模型类地理学具"，亲手操作、体验、实验、探究，建构三维立体空间，达到对地理知识重难点的突破。

下面是师生共制"模型类地理学具"解决《沟壑纵横的黄土高原》（七年级下册）中"造成水土流失因素"问题的具体例子。

实验目的：黄土高原是世界上水土流失最严重的地区，影响其水土流失的因素包括植被、气候、土壤等。在《历史与社会》七年级教材中，仅提供了图 6-12 延安的气温与降水量图、图 6-14 过度放牧景观图，但二维平面图无法深入帮助学生理解地理难点知识。故本实验以此为切入点，引导学生自己设计实验，建构水土流失的三维模型，探索影响黄土高原水土流失的自然因素和人为因素，帮助学生树立可持续发展意识，培养学生人地协调观念。

实验步骤：

第一步：教师出示图 6-14 过度放牧景观图，引导学生自己提出疑问。学生设疑："黄土高原地区为什么会黄沙遍地？"教师再出示图 6-12 延安的气温与降水量图、图 6-14 过度放牧景观图，以及黄土高原土质情况。学生试分析黄土高原地区水土流失的原因。

第二步：教师总结学生的分析情况，提示几组变量——"土质""降水量""植被"。学生利用塑料瓶制模，师生一同设计实验，并进一步实证分析所得结论。

三组模型为：第一组"土质"组，两个同等容量的塑料瓶，分别装入黄土和黏土，利用同等容量的洒水壶进行喷洒；第二组"降水量"组，两个同等容量的塑料瓶均装入黄土，1 号洒水壶为 8 孔出水，2 号洒水壶为 4 孔出水；第三组"植被"组，两个同等容量的塑料瓶均装入黄土，其中一个再在黄土上铺上草皮，利用同等容量的洒水壶进行喷洒。

实验结果：第一组"土质"组，黄土的水土流失情况比较严重；第二组"降水量"组，降水量大的水土流失情况比较严重；第三组"植被"组，无植被的水土流失情况比较严重。与学生第一阶段分析吻合。

本课学生模型类学具成品展示如图 2 所示。

图 2　模型类学具成品展示

可见，自制"模型类地理学具"有助于学生理解区域的特征及其特征的成因，有效突破教学难点，与单纯利用图像演示相比，在培养学生空间感知素养方面具有不可替代的优势。

"模型类地理学具"适用于《历史与社会》方法性与价值性知识教学，即学材内容不足或有较难理解的内容，学习目标为理解、运用层次（如"分析、探讨、运用、评析"等行为动词引领的学习目标）的课。具体内容见表 3。

表 3　模型类地理学具

教材、章节	地理知识	地理学具
七上探究一	理解等高线、等高距、陡坡、缓坡、陡崖、山脊、山谷等立体概念，并会判断	制作等高线地形模型
七上探究二	理解经纬线概念及特点	制作简易地球仪
七下 5.1.2	识记省级行政单位轮廓、名称、简称、行政中心等	制作政区图拼图

续表

教材、章节	地理知识	地理学具
七下 5.2.1	知道中国"三级阶梯"的地形特点，理解它对河流、气候的影响	制作中国地形模型
七下 5.2.2	夏季风和冬季风的比较	制作烧杯泡沫板风向模型
七下 6.1.2	对黄土高原水土流失、黄河下游"地上河"现象的理解	水土流失模型探究实验

（三）教师制作"益智类学具"，学生强化地理知识运用

"益智类学具"适用于《历史与社会》方法性知识的课后辅助巩固。部分学习目标为运用地理知识，难度较大，学生通过单纯的课堂学习不能完全掌握。为了帮助学生更好地建构空间感知，加强其地理知识的调动和运用能力，可设置简单的"益智类学具"，即可以将书本中的文字、定义转化为实体，通过玩游戏达到使其熟练运用地理知识的目的。

下面是制作和运用"益智类学具"巩固《气象万千》（七年级上册）教学的例子。

课后游戏目标：通过《气象万千》的课堂教学[①]，学生已经大致了解世界上主要的11种气候类型及其特点。并通过对比学习，一是气温比对，了解气温折线图可分为热带组、亚热带组和温带组；二是雨量对比，了解降水量柱状图可分为年雨型、夏雨型、冬雨型、少雨型。不同的气温折线图和降水量柱状图组合后可产生不同的气候类型。但单纯的课堂教学之后，2/3 的学生还是很难在气温折线图和降水量柱状图自由组合后说出具体的气候类型及其特点，故本学具以此为切入点，引导学生自己设计气候扑克牌，通过对气温折线图和降水量柱状图不断地组合练习，从而巩固对气候类型的理解和运用。

游戏流程：制作18张气候扑克牌，牌面分三组，即气温组、降水量组、气候名称组。

玩法简述：A、B两人玩，18张牌分两组，相互出牌。情况一：如果A出气温牌，B则出降水牌（或A出降水牌，B出气温牌），A需要根据桌面上已有的气温和降水情况，出对应的气候名称牌，如果A没有，则轮到B出。三张牌出完为一个回合结束，同时，三张牌面归最后出气候名称牌的同学所有，下一轮由输的人先出牌。情况二：如果A先出气候名称牌，B需要根据所出的气候名称补充气温牌或降水牌，A则补充剩余的降水牌或气温牌，若A没有，则轮到B出，三张牌出完为一个回合结束，同时，三张牌面归最后出完整的同学所有，下一轮由输的人先出牌。最后获得牌数多的同学获胜。

"益智类学具"的使用一定程度上有效地替代了传统地理知识运用的纸笔练习，强调在妙趣横生、丰富多彩的活动中进行开放的、创造性的、自主的、综合的训练，不仅能发展学生的观察能力、记忆力、想象力、思维能力等智力因素，而且能有效地吸引学生的注意力，强化其对地理知识的运用。

三、地理学具应用于《历史与社会》教学效果检测

为实际检测区域学习中地理学具使用的效果，实践组开展了两次对比测算。

检测一：水土流失模具实验后对空间难点的突破

2019年3月，在F校七年级选取七（25）班作为实验班、七（21）班作为对比班，进行对比研究。这两个班级的日常学力测试情况相当，本课授课教师、时间相同，学生人数差一人，

---

① 本课展播于浙江教研室网站"天天公开课"栏目。

这样可以去掉一些无关变量的影响。在实验班，根据设计的制作项目，开展地理学具制作、实验活动；在对比班，以课堂讲授为主，只是缺少制作环节。两班同时开展课堂检测：

（1）结合图4和图5，图6中河床的低水位应出现在_____季（填"夏"或"冬"）；结合所学知识，解释河床高出地平线的原因。（6分）

（2）黄河中游的支流赤水河上，有一处独特的景观——桥上桥。桥上桥的下桥始建于1667年，1832年在原桥上叠建一桥为上桥。20世纪70年代，当地居民在河中挖沙挖出下桥，使"桥上桥"雄姿展现于世。请根据图7，分析图8中"桥上桥"赤水桥的下桥被淤埋的主要原因。（4分）

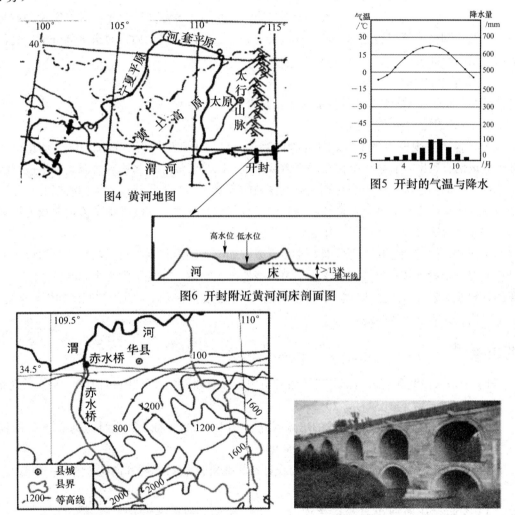

图4 黄河地图　　图5 开封的气温与降水

图6 开封附近黄河河床剖面图

图7 桥上桥所在区域等高线地形图　　图8 桥上桥——赤水桥

对黄河中游，即黄土高原地区水土流失的问题，在对比班上课时由教师出示二维示意图，小组合作探究，教师总结概括其原因，在实验班除小组合作研究外，师生还共同制作了水土流失模型，并进行了变量实验。

分析两班测试结果，在（1）河床的低水季节测试中，两班的正确率均为78%；（1）分析河床高出地平线的原因，满分比率，实验班为83%，对比班为57%；在（2）分析赤水桥的下桥被淤埋的主要原因，2分和满分的比率，实验班分别为85%和34%，对比班分别为51%和17%。

对比测试情况及学生日常学业水平，实践组发现，对于课堂专注度高、学习能力强的学生，是否制作地理学具进行探究性实验，对其的影响不大。但对于课堂专注力低、空间想象能力弱、学习力不强的学生而言，一定程度上帮助了他们对地理现象的理解。总体而言，学生通过参与模型制作、开展实验等活动，有效地提高了对水土流失现象的掌握，间接提升了读图、识图能力，也增强了地理事物的空间分布感知能力。

检测二：气候扑克牌在九年级复习阶段的使用

2018年3月，在S校九（9）班，中考考点2"世界气候类型"的复习后，作为课后复习与娱乐，教师制作了益智类地理学具"气候扑克牌"。尝试一星期后，对班级部分学生进行了访谈。访谈内容如下：

（1）是否喜欢气候扑克牌？
（2）对你记忆气候类型及其主要特征，是否有帮助？
（3）可否提出一些改进建议？

经过访谈，发现男生对于气候扑克牌的兴趣明显高于女生，但所有试用学生均觉得对地理常识的记忆有帮助。有学生提出可增强游戏难度，除将气候类型名称与气温、降水进行匹配外，还可以增加描述其气候类型特点或典型区域的环节。还有学生建议，类似游戏的复习法还能做省级行政单位大富翁牌。在交谈的过程中，教师也发现九年级的学生中考学业较为忙碌，这样的游戏复习法可能更适用于七年级初次学习之后的巩固。

综上所述，自制和运用地理学具是学生喜爱并能够主动参与到《历史与社会》课程学习的一种重要学习手段，其不仅提高了学生学习积极性与主动性，体现了学为中心的教学理念，更重要的是有效地解决了区域地理学习中的困难，一定程度上提升了学生"空间感知"素养能力，助力学科核心素养培育的落地。

参考文献

[1] 中华人民共和国教育部. 义务教育历史与社会课程标准（2011年版）[M]. 北京：北京师范大学出版社，2012.

[2] 陈艳. 学生空间感知素养的培育探究——以《历史与社会》学科为例 [J]. 课程与学科教学研究，2017（02）：95-99.

[3] 王敏丽. 初中地理学具制作内容设计及实践研究 [D]. 呼和浩特：内蒙古师范大学，2016.

[4] 李丽. 让地理小实验走进课堂 [J]. 向导-教育导刊论文汇编，2018（02）：146.

理解·超越·聚焦
——历史与社会课程内容的整合与优化

瑞安市安阳实验中学　钱文辉

随着我国基础教育新一轮课程改革的深入推进，教师是课程实施的直接责任人，那该如何"依标施教"、整合与优化课程内容，创造性地加以实施呢？本文试结合教学实践以人教版历史与社会八九年级教材为例进行简要说明。

一、课程内容的整合与优化简介

在国内，关于课程整合的概念内涵通常有狭义和广义之分。狭义的课程整合是指一种特定的课程设计方法，国内关于课程整合的认识多数基于此；从广义上讲，课程整合不仅是一种组织课程内容的方法，还是一种课程设计的理论，以及与其相关的学校教育理念。既要在宏观上涉及学校教学系统的学生内容等要素，又要在微观上涉及认知情感、技能需要、兴趣意志及知识的各个系列等要素的成分。

在现有的文献中，我们发现首都师范大学教科院徐玉珍教授对于课程整合的内涵与实践提出：课程整合不是与课程分化相对立的课程设计方式，而是与课程分化相对应，并相互包含的课程设计方式；课程整合不是一个固定的模式，而是一种多样化的课程设计方式；课程整合不是一个结果，而是一个过程。同时，台湾空中大学杜振荣教授指出"课程统整"的出发点，在于要处理好减轻学生负担与培养学生能力之间的关系，以及其他社会发展在教育中折射出的问题。香港的课程同整计划也提出了培养创造和终身学习的能力五个方面的实施内容。

在国外，美国学者雅各布斯将九年一贯制课程整合划分为6种不同的设计策略：

（1）学校本位的设计，即在学科的框架之内实现课程内容的整合；

（2）平行设计，即将两门相关的学科的某些主题，安排在同一时间教学，而将建立两门平行学科之间的关联的责任交给学生；

（3）多学科设计，围绕一个共同的主题，将多个相关学科整合在一个正式的单元或学程里；

（4）跨学科设计，即将学校课程中的所有学科有意识地统合在一起，形成常规的大单元或学程；

（5）"统整日"设计，即完全从学生生活世界或好奇心出发而开展活动；

（6）现场教学，这是跨学科设计的一种极端方式，以学生所在的学校环境及日常的生活为内容展开学习，是一种完全的整合设计。

本文所涉及的课程内容的整合指向狭义的课程整合，而且是基于学校本位的现场教学。

二、课程内容的整合与优化的原因

课程标准是国家课程的基本纲领性文件。在中国基础教育的国家课程体系中，开设《历史与社会》综合课程是一种新的探索。本课程对历史、人文地理和相关人文社会科学的内容进行整合，使学生在掌握相关知识的基础上，形成综合地观察问题的视野、综合地运用知识的方法、综合地解决问题的能力。《历史与社会》课程的探究对象是人类的历史发展和社会现实生活，从学生的需要与体验出发，为他们提供历史、地理和其他人文社会学科的基础知识和基本技能，使学生适应社会变革，形成乐观向上的生活态度，弘扬民族精神，提高人文素养。本课程具有鲜明的"综合性""开放性""实践性"的特征，特别注重知识的关联性、整体性，对相关人文社会科学知识进行综合，帮助学生形成对人类历史和社会发展的综合性视野，增强解决问题的综合能力。本课程的整合基础是社会生活与历史变迁，即将社会作为一个动态的过程来描述，借助历史的眼光认识今天的社会。促进学生形成可持续发展的意识，逐步树立科学发展观。使学生能够纵向了解人类社会的演进过程和发展趋势，横向认识社会生活的丰富内容和发展环境。

现行的人教版《历史与社会》教科书是我们目前所使用的教材，具体来说，"七年级上册"呈现的是地理内容，而历史内容自"八年级上册"开始引入，并延续到九年级。这套教材的八九年级的历史部分是按模块、专题、中外历史混合编写的。在使用过程中，教师发现，这种模块、专题体例给中学生的学习带来了诸多弊端。本来人类历史是按照时间顺序从前到后，政治、经济、思想文化相互联系地发展着的，但教科书的模块体例人为地割裂了历史的横向联系，割裂了历史事件的完整性，使很多完整的历史事件呈现在不同的模块中，造成了历史事件的支离破碎，造成了知识点的分散、重复、缺失，学生学起来好比盲人摸象，弄不清楚事件的原委，说不清楚事件的来龙去脉；专题体例又人为地割裂了历史的纵向联系，使很多历史事件在缺乏前因后果的情况下孤立地呈现给学生，学生只能孤立地一个一个地硬性接受历史知识，弄不清历史的发展脉络。同时，这种模块专题体例，又打乱了历史事件的先后顺序，先发生的、后发生的，中国的、外国的，交错编排，造成了时序上的错乱。

同时，教师面对的是新时代的学生，初中阶段的学习在中考指挥棒的影响之下，学生对历史与社会学科的"投入"相对较少，不可避免地出现了"学习被动化""阅读肤浅化""知识碎片化"等现象，这大大脱离了提升学生核心素养的教学目标。因此，需要教师对教学进行优化设计，关注学生成长，促进学生自主发展。

综上，基于课标，基于教材，基于学情，教师都非常有必要对相关内容进行整合与优化。

三、课程内容的整合与优化的方法

课标是国家意志的体现，教科书是学生学习的主要资源，因此怎样立足学情，整合优化课程内容成了教师要解决的首要问题。在实践中，我们探索出以下策略以供参考。

（一）重构教材，搭建有意义的学习支架

众所周知，学习历史不是为了记忆"零碎型"知识，使大脑成为知识的存储器，而是要学会从历史的角度思考问题，运用联系和比较的方法分析历史事件，探究历史进程的来龙去脉，把握历史发展的基本线索和时代特征，总结历史发展的客观规律，进而对历史和社会有全面的

认识，提高我们以历史的眼光和整体的思维认识复杂现实问题的能力，逐步树立正确的世界观、人生观和价值观。课程标准也建议教师"注意历史知识多领域、多层次的联系"，在教学时不仅要"力图从整体上把握历史，而不是孤立、分散地讲述历史知识"，而且要"以唯物史观为指导，注重拓宽历史课程的情感教育功能，充分发掘课程内容的思想情感教育内涵，潜移默化地对学生进行情感态度与价值观方面的熏陶"。

例如，我们在进行八年级下册历史与社会的教学时，就基于学科特色与课程标准要求，以学生为中心，按照教学的实际情况，大胆对学习内容进行优化调整与变通，以"通"的眼光，把握教材内在联系，挖掘教材隐性价值，引导学生辩证地考察人类历史的发展进程，逐步学会全面、客观地认识历史问题，进而潜移默化地实现对学生情感态度和价值观的教育目的（图1）。

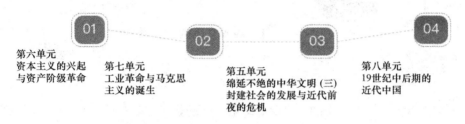

图 1 优化调整与变通

我们将整个八年级下册教材的先后顺序进行了重新的排列组合，从教材的第六单元开始授课，紧接着是第七单元，这两个单元属于世界史部分的内容，之后再进行第五单元、第六单元中国史部分的教学。这样的编排有利于学生从整体上认识世界近代史的演变历程，而且也更容易理解中国在近代逐渐落后于西方的来龙去脉。在此基础上，我们还对里面单元教学的内容进行了适当的调整。

例如，第五单元的教学内容就做了如图2所示的优化。

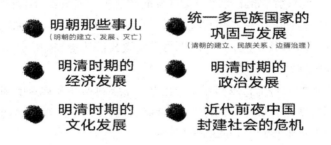

图 2 优化教学内容

教材是一种重要的课程资源，但并不是唯一的课程资源。创造性使用教材已经成为广大一线教师的共识。当然，教学内容的选择必须以教师对教材的理解为基础，创造性地使用教材的前提是准确理解教材，并尽可能地超越教材对于历史的认识。因此，在进行具体某一课时的教学时，我们也贯彻了这样的整合和优化理念。例如，在进行《明清时期的文化发展》这一课时，根据教材的安排，其教学容量需要3课时才能完成，但基于网络学习时期，八年级历史与社会的教学已经进行了重新的架构，学生已经完成了第六、第七单元世界近代史部分的学习，而且第五单元的教材也按照明清朝代更替和专题学习的布局进行了合理的重构。因此，在准确理解教材和把握学情的基础上，本课将教材上3课时的内容进行整合，按照"知发展—理发展—析发展"的结构，用"古代文化发展简史—明清文化发展概况—明清文化的历史拷问"三大板块搭建了"明清文化"的专题学习支架，仅用1课时的时间即可完成原先需要3课时才能完成的内容，更有助于培养学生的思维能力（图3）。

图3 "明清文化"专题学习支架

（二）整体学习，建构有逻辑的知识地图

按照建构主义的解释，教学"是学生通过自己独特的认知方式和生活经验对外在信息的理解、感悟、体验的过程"，教师的任务就是当学生的独立学习以及与同伴的合作都无法建构起新的认知结构时，向学生提供"有意义的学习支架"，引领学生"把新知识嵌入旧认知结构，弥补旧认知结构中存在的缺口或不足"。

整体学习法就是将知识关联起来以达到记忆和应用知识的目的，开始学习的最佳技术是比喻、内在化、基于流程的记事和画图表法，这些方法构成了整体性学习的基础。

很多人说，现代社会网络如此发达，又有万能的百度，有什么不懂的我直接搜索就知道了。可是他们不知道的是搜索引擎能够解决的是一点线索的问题，如果你连要搜索什么都不知道，又如何用好它呢？而知识分类及知识地图可以解决我们从未知到已知的问题，同样，也可以解决从微观到宏观的问题。

所以，我们可以参照教科书目录构建一个包含这个学科所有知识点的知识地图，再经过对比，便可以得知我们现在还有哪些知识盲点，可以让我们更好地检视自己的学习效果，这也是知识地图的好处，解决从未知到已知的问题。

在八年级和九年级课程的复习课中，我们就用这种整体学习法，帮助学生建构了有逻辑的知识地图。例如，九年级的历史部分复习课整体建构见表1。

表1 主题单元练习讲解课

主题	主要内容	复习内容说明（框架）
沿革与统一	①朝代更替时序； ②历史时段的用法； ③地图或图表使用	知晓夏朝到清代王朝的更替时序，熟知并恰当运用表示历史时段的常用词汇或习惯用法，学会运用地图或图表来认知统一或分裂的历史时期，理解统一始终是中华民族发展的历史主流

续表

主题	主要内容	复习内容说明（框架）
沿革与统一	①历史时序； ②元明清的巩固统一史实； ③历史评析	结合前述中国历史发展时序，着重陈述元、明、清时期巩固和发展统一多民族国家的主要史实，通过史料分析理解统一的历史必然性
统治与发展	①中国古代杰出人物的统治措施； ②评价人物或事件	能够列举秦始皇、汉武帝、唐太宗、宋太祖为加强统治所采取的措施，利用所给史料有理有据评价关键历史人物或历史事件对历史进程产生的重要影响；对加强中央集权、创新性举措、大一统等历史概念有一定的认识
文明与交流	①中国古代文化科技等文明成就； ②丝绸之路等文明交流； ③史料分析	从文化、科技、交流等中国古代发展史中提取重要内容，在清晰回忆的基础上理解中华文明发展的重要价值；学会运用史料来说明（或描述）重要史实，比较不同时期或区域的文明特色

我们立足历史学科的特点，采用以主题式项目化方式整合课程内容，突出"沿革与统一""统治与发展""文明与交流""练习讲解"四个分项主题，不拘泥于原有考点，引导学生清晰认知鸦片战争前中国社会发展史中的重大事件和人物，学会对所给史料进行分析陈述，逐步掌握有理有据评价历史人物或事件的能力。

这样的整体复习，强化概念性知识的回忆，重点理解历史知识的内在关联，着力培养学生史论结合、论从史出的历史素养和高阶思维。

又如，我们还开出了一节综合八年级下册整体知识的《14—19世纪的世界与中国》课，按照"知—情—意"的认知逻辑，通过"聚焦—对比—感悟"构建了一幅近代史发展脉络的知识体系图（图4）。

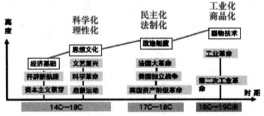

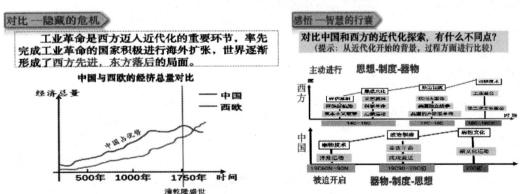

图4 14—19世纪的世界与中国

(三)由表及里,聚焦最核心的素养培养

在素养立意的教学新时期,历史素养的基本要素包括历史知识、历史思维能力、历史意识和价值观。搭建有意义的学习支架,建构有逻辑的知识地图等多种途径,其最终目的则是让学生在学习过程中学会从多种渠道获取历史信息,了解以历史材料为依据来解释历史的重要性;在了解历史事实的基础上,逐步学会发现问题、提出问题,初步理解历史问题的价值和意义,并尝试体验探究历史问题的过程。通过搜集资料,掌握证据和独立思考,初步学会对历史事物进行分析和评价,并在探究历史的过程中尝试反思历史,汲取历史的经验教训。

所谓科学的历史观就是要历史地评价历史,不能单纯地用今天的观点评价。例如,我们在复习了《中国古代政治制度》专题之后,特意又复习了《古代希腊罗马的政治文明》这一专题,并将这两大主题进行了对比分析。在对比分析中,学生发现"其实专制制度的存在并非奇耻大辱,因为许多国家都经历过专制",古代希腊的民主制度也绝非普遍现象,只是普遍专制的情况下的个别民主,是"万绿丛中一点红",而且专制主义中央集权制度在历史上起过非常积极的作用。我国古代的高度文明不都是在这种制度下创造的吗?郡县制、三省六部制、科举制都是当时情况下的制度创新,在那个时代,都是非常先进的制度,其作用都是非常积极的。尤其是科举制,"这是同期其他任何社会都无法比拟的"。只是在明清时期,专制主义中央集权制度才逐渐成为生产力发展的障碍,导致中国落后于西方。因此,不能因为我们今天实行了民主制度,就全盘否定历史上的专制制度,应该历史地评价,这才是科学的历史观。

因此,教师需要对教材内容进行深层次思考,借助古今和中西对比,将教学内容融入历史发展的氛围,感受历史发展的脉搏,让师生共同回到"历史现场",尽量地接近历史的真相,以获取更多有价值的历史知识,从而提升历史思维能力,形成正确的价值观。

在素养立意的新课程改革的浪潮中,为了教师教得更有效,为了学生学得更有用,为了教育变得更有质,"理解课标、超越教材、聚焦素养",应该是不错的选择。

基于学习进阶的学情研判在优化初小衔接教学中的设计与实践

温州市第二十三中学　徐洁茹

学习进阶是当前国际科学教育界备受关注的热点研究课题之一。美国国家研究理事会（NRC）将学习进阶定义为："学生在各学段学习同一主题的概念时所遵循连贯的、典型的学习路径描述。"

本文基于学习进阶理论的指导，将研究重点聚焦于通过学情的研判和利用以促进初小衔接教学，并通过扎根课堂教学研讨和课例研究，试图解决以下三个问题：

（1）如何在初小衔接教学中确定有效的学习区间，厘清学习进阶的路径？

（2）如何在初小衔接教学中探测学生的已有学情，把握认知水平和短板？

（3）如何在初小衔接教学中利用学情研判的结果，优化初小衔接的设计？

我们重点学习了美国科学促进协会编著的《科学素养的导航图》，厘清了小学科学18个核心概念，并研读了《小学科学18个重要概念全景解读》，对小学科学概念教学有了全局性了解，比较初小科学课程标准，围绕核心概念整理成概念图（图1），为开展课例研讨作准备。

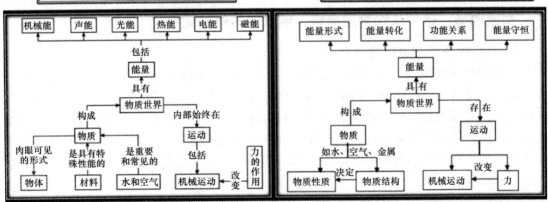

图1　初小物质科学领域概念图

我们通过温州市第二十三中学和黄龙第一小学两个共同体学校的初小科学教师进行结对研究，围绕初小衔接教学进行专题性上课、听课、评课，在实践中不断总结经验（表1）。

表 1 初小衔接教学专题性上课

序号	小学	初中	执教教师
1	五年级下册《给冷水加热》	七年级上册《熔化与凝固》	李冬婷
2	六年级上册《电能和能量》	九年级上册《能量的转化与守恒（1）》	徐洁茹
3	五年级下册《沉浮与什么因素有关》	八年级上册《浮力（2）——阿基米德原理》	徐洁茹
4	六年级上册《杠杆的科学》	九年级上册《简单机械（1）》	李冬婷
5	六年级上册《杠杆类工具的研究》	九年级上册《简单机械（2）》	李冬婷
6	六年级上册《定滑轮和动滑轮》	九年级上册《简单机械（3）》	叶建荣

我们多方搜集优质的教学素材进行研究。研究素材多来源于 2016—2018 年温州市科学初小衔接教学研讨中开出的研讨课及温州市初小衔接课例评比中获奖的优质课例，这些课例研究既可以作为典型进行参考借鉴，同时也能从中汲取初小衔接的差异化教学策略。

我们按图 2 所示的路径开展研究。

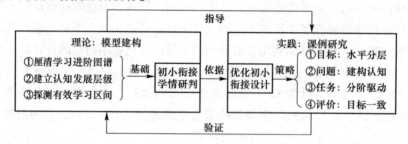

图 2 研究设计图

一、构建模型：建立认知发展层级，明确学习进阶路径

1. 厘清概念学习进阶图谱

小学和初中在围绕相同的核心概念学习时，对学生的认知发展水平有其不同的要求，因此，厘清核心概念学习进阶的路径显得尤为重要。通过将初小核心概念按照由简单到复杂、由低阶到高阶及相互关联的序列加以描述，一方面可以清晰地呈现核心概念之间的横向联系和纵向发展，有助于促进科学概念之间的关联和整合；另一方面可以作为确定学生已有认知储备的有效教学工具，确保核心概念按照螺旋式上升的认知方式进行连贯性教学。

案例①：以教科版小学科学四年级上册《杠杆的科学（一）》和浙教版初中科学九年级上册《简单机械》为例，梳理了如图 3 所示的学习进阶图。从学习进阶图分析，从小学和初中教学内容来看，认识杠杆、杠杆分类以及研究杠杆平衡条件所进行的内容虽形

---

① 课例《关注思维衔接，促进课堂高效》。

式不同,但效果基本一致。初中的杠杆教学,应该集中在抽象思维和高阶思维的培养方面,即力臂的教学及由力臂引出的杠杆平衡条件的教学;而对小学教材中同样涉及的形象感知和形象思维进行弱化。另一方面,从初中课堂实施来看,画杠杆示意图是很多学生的难点和障碍。

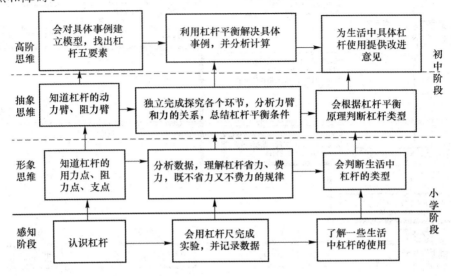

图3 初小《杠杆》学习内容进阶图

2. 建立认知发展层级模型

郭玉英教授等人基于核心概念的学习进阶,构建了科学概念理解发展的层级模型,由低阶到高阶依次是经验、映射、关联、系统和整合五个阶段。其中经验阶段是学生能基于碎片化的事实和经验得出最朴素的观点,学生的迷思概念通常就来源于这一阶段。映射是学生可以在事实经验和科学术语之间建立起简单的关系,这种联系单一且脆弱。只有学生把握住事物的本质特征,才能形成科学概念,这就达到了关联水平。目前,小学科学概念的学习基本上停留在以映射和关联为主的阶段。因此,初中科学概念教学要在此基础上向关联、系统、整合水平进阶提升。这就需要根据科学概念之间的内在逻辑关系,厘清学科知识之间的层次关系,构建层次清晰的知识结构体系。

案例[①]:本文仿照科学素养导航中的进阶图谱,将其与郭教授的概念的发展层级进行了整合,以初小科学"能量"核心概念为例,建立了如图4所示的二维概念进阶图。从这个进阶图可以明显看出,越是概念发展层级低的内容初小重合度越高。相反,概念发展层级高的内容,初小脱节断档比较严重,如功能关系和能量守恒。所以,反观现在教师的教学,很多时候都在做低水平的重复,缺少高水平的衔接。因此,要在厘清概念发展进阶路径的基础上,明确不同阶段初小衔接的教学重心,对本身概念建构水平层级较低的部分进行查漏补缺,加强与其他内容之间的关联水平;对概念发展要求高但断档严重的部分,要给学生的学习搭建桥梁、设立台阶、填补空缺。

---

① 论文《基于学习进阶的学情研判在科学初小衔接中的应用与实践》。

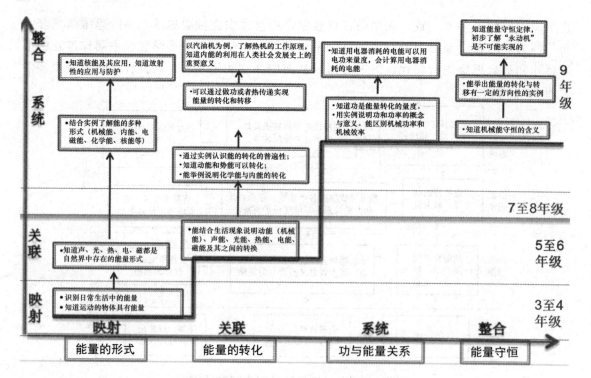

图4 小学和初中"能量"学习进阶图

3. 探测学生有效学习区间

学习进阶理论要求教师关注不同学习水平学生概念发展的起点，在设定的学习目标之间去寻找学生的有效学习区间，提供帮助学生实现过渡的"台阶"，从而实现概念由低阶向高阶转化。为此，除把握由科学概念内在逻辑关系建立起来的发展层级路径外，更要重视刻画来自学生视角在某特定层级表现出来的思维特征和思考方式，尤其是要充分把握好由学生迷思概念干扰产生的"凌乱区间"，将其转化为丰富的认知资源加以利用，让科学概念的理解更上一个台阶，实现从"低锚点"向"高锚点"的转移。

案例：以"能量"核心概念按照概念发展水平建立了表2所示的进阶纬度表。不同的学生在这个表中可以画出不同的起跑线，如小学科学能量部分学习好的话，那么学生能量形式和转化会达到2级、功能关系和能量守恒普遍停留在1级，这条线就是学生的起跑线。所以，在接下来的初中教学中，针对不同的学生教师可以设定不同的教学目标。例如，要求经过初中能量部分学习的学生，能量形式达到3级，能量转化、功能关系和能量守恒达到5级整合水平。由起跑线和终点线形成的区域才是学生真正的有效学习区。每个孩子的学习区大小都不一样，学习能力弱的学生，教师就要把这个学习区域尽量缩小一些，学习能力强的学生就可以适当扩大，总而言之，要落在最近发展区内。

表 2　能量核心概念学习有效区间

层级水平	核心概念的进阶维度			
	能量的形式	能量的转移和转化	功与能量的关系	能量守恒
水平 5 整合		以汽油机为例，了解热机的工作原理，知道内能的利用在人类社会发展史上的重要意义	知道用电器消耗的电能可以用电功来量度，会计算用电器消耗的电能	将能量守恒定律作为判断一个"系统"能否运转的依据。比如论证永动机的可行性
水平 4 系统		可以通过做功或者热传递实现能量的转化和转移；能举出能量的转化与转移有一定的方向性的实例	能从系统的校对说明做功对能量流入和流出的意义	能从系统的角度理解机械能守恒的条件，以及能量守恒定律
水平 3 关联	结合实例说明能的多种形式（机械能、内能、电磁能、化学能、核能等）	通过实例认识能的转化的普遍性；知道动能和势能可以转化；能举例说明化学能与内能的转化	知道可以用做功来量度能量转化的多少。能从实例说明做功的含义和条件	能结合实例说明能量守恒定律，即只能从一个物体传递给另一个物体，而且能量的形式也可以互相转换
水平 2 映射	知道声、光、热、电、磁都是自然界中存在的能量形式	知道一种表现形式的能量可以转换为另一种表现形式（动能、声能、光能、热能、电能、磁能及其之间的转换）	通过"力"来解释能量的转化	能量并没有消失，只是发生了转化或者转移
水平 1 经验	将能量与生命体、运动、电、力等相关联	认为通过碰撞、流动等方式可以将能量进行传递，但没有转化	将生活中的"做工"和"做功"混淆，认为做功会消耗能量	能量是可以被产生、消灭且能量转化中不守恒

4．解读教材内在层级结构

初小衔接教学的难点在于如何有效地利用学情，使其在教学中最大限度地发挥"治疗"功能，以促进学生的学习。以学定教能使学生的进阶学习得以真正发生，教师需要在对学情充分把握的前提下，对初小教材内容的结构和功能进行再认识，深刻理解初小教材中教学活动的设计意图及衔接关系，有针对性地利用学情来调整学习任务，帮助学生实现概念进阶的认知跳跃。初小教材的内容有其内在的逻辑关系，同样可以遵循由低阶到高阶的概念发展层级模式来对比分析，以帮助我们厘清初中科学教学的重心，淡化重复度高的教学内容，弥补概念认知的缺失部分，强化概念之间的联系。

案例：本文依旧采用概念发展层级的模式，对初小科学教材中重合度较高的"能量的形式及转化"一节进行了层级分析。由图 5 可见，初小教材内容的设计安排有重合，但又很好地遵循了螺旋式上升的编排原则。但如果完全按照这样的设计进行教学，那么教学很可能停留在低水平的重复上。因此，结合教材和学情，这块内容的学习，应该在以下两个方面做好衔接：一是能量形式的教学要达到映射水平。突出学习化学能、机械能、电磁能和核能四种能量形式；

尤其要将电能和电磁能、光能加以区别，同时要将能量与运动进行联系。二是在能量的转化教学中关注关联和整合，要强化电能之外能量形式的转化关系。同时，强调要将能量转化放在系统之中去考虑，为之后学习能量守恒定律铺设台阶。

图 5　能量形式的教材学习进阶设计

二、研判策略：优化学情研判设计，精准把握学情水平

1. 分层式诊断：问题链

初小衔接教学的关键点是要基于学情的精准研判对教学进行再设计，所以能否精准把握学情成了有效教学的主要依据。其中采用分层式的问题链进行前测诊断，能有效地预判学生的学习起点，进而评估学生小学阶段的学习对后续初中学习所造成的影响。同以往经验式的前测设计不同的是，分层式的前测问题设计需要从以下三个方面进行结构性优化：一是前测问题的设计要基于初小内容的可衔接部分，这是进阶学习的生长点；二是前测问题的设计要水平化分级，从而明确对学生的认知要求；三是前测问题的设置要能反映学生的思维过程，探测其背后的迷思。通过优化学情研判的设计，精准把握学情水平，才能为分级化教学提供可靠的依据。

案例：在小学学习《水的蒸发》的基础上，在初中学习《汽化和液化》之前，设计了如表 3 所示的分层式前测问题。学生的答题情况能较准确地反映学生对"蒸发"这一知识的思维盲区，同时通过分级的方法选择出课堂时间分配的重点，将问题逐一解决，也有利于物态变化的后续学习。

表 3　《汽化和液化》前测设计与分析

知识级	调查问题	答题情况	分级教学设计
级别 1	你知道水的蒸发吗？（　　） A. 知道　　B. 不知道	100% 正确（A）	由学生直接提出"什么是水的蒸发"，引导其他学生进入本节课的主题

续表

知识级	调查问题	答题情况	分级教学设计
级别2	下列哪些现象属于水的蒸发（注：可多选） A. 热水中冒出的"白汽" B. 湿衣服晾干了 C. 杯中的水几天后消失了 D. 冬天，车窗表面起雾了	10%正确（BC） 常见错答：ABC	从调查可看出，几乎所有学生对"蒸发"的理解仍然不透彻，教学时可以引发学生的辩论，最后得出应结合"蒸发的现象"判定物质状态的变化情况
级别3	哪个因素会影响衣服晾干速度？ 请说明原因：_____	90%（温度） 35%（温度、风） 20%（温度、湿度） 常见错答： 水的质量	学生对原因解释不明，举证能力较弱，采用分小组设计实验并汇报，由教师点评的方式教学，再分组实验，验证猜想。教学中将更加注重对学生进行实验设计与举证能力的培养
级别4	你经历过蒸发现象吗？ 说说你的感受：_____	25% （水消失，凉） 常见错答： 感觉非常难受 人间蒸发	在教学中更注重学生的体验，利用酒精感受蒸发的"吸热"，皮肤"温度"的下降，突破"热量"与"温度"的难点

2．冲突化设计：凌乱区

初小衔接教学要我们更加关注学生的已有认知储备，尤其是要充分把握好由学生迷思概念干扰产生的"凌乱区间"，将其转化为丰富的认知资源加以利用。在科学概念建构教学中，每个学生都有与科学概念相同或者相悖的原始概念，而对小学阶段形成的不利于初中阶段科学概念建构的前概念要先打"破"，而后建"立"新的科学概念，才是有效的概念建构教学策略。其中通过借助前测充分暴露迷思概念、制造认知冲突，能让学生对原有的认知产生不满，进而激发学生寻求新答案的欲望。既能对顽固的迷思概念连根拔起，又能为建"立"科学概念打下坚实的根基。

案例：如表4所示是《熔化与凝固》的冲突化前测设计，每一个前测要点都结合学生的生活经验、凌乱区间、迷思概念加以设计，基本囊括了本节课所有的重难点，精简了教学内容，为针对性教学提供了有效的教学策略。例如，基于学生普遍认为熔化过程温度会变高的迷思，在教学时可以引导学生明确熔化的起点状态和终点状态，并运用科学测量的方法收集、加以分析，得出正确的结论。

表4 《熔化和凝固》前测设计与分析

前测要点	冲突化前测设计	学情研判
熔化的概念	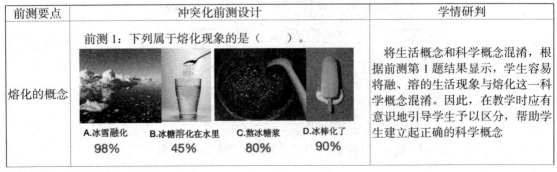 前测1：下列属于熔化现象的是（　　）。 A.冰雪融化 98%　B.冰糖溶化在水里 45%　C.熬冰糖浆 80%　D.冰棒化了 90%	将生活概念和科学概念混淆，根据前测第1题结果显示，学生容易将融、溶的生活现象与熔化这一科学概念混淆。因此，在教学时应有意识地引导学生予以区分，帮助学生建立起正确的科学概念

续表

前测要点	冲突化前测设计	学情研判
熔化过程温度	前测2：你认为冰化成水的过程中，温度如何变化？	将热量变化等同于温度变化，前测第2题结果显现，学生受熔化时需要加热的条件干扰，普遍认为熔化时温度会升高。这种认识的根源主要是对熔化时物质状态的变化缺乏细致的观察
熔化过程热量变化	前测3：你认为0℃的冰和0℃的水温度（　　）。 A．冰冷　B．水冷　C．水与冰冷热程度一样 D．以上判断都不对 前测4：如果用质量相同的0℃的冰和0℃的水来冷却物体，效果（　　）。 A．冰好 56% B．水好 20% C．一样好 20% D．不一定	对物态变化的吸放热情况缺乏认识，对比前测第3题和第4题的结果显示，学生对此明显存在认知冲突。学生普遍认为0℃的水和冰温度相同，但是对冰镇效果更佳在选择时存在很大的意见分歧

3. 可视化工具：概念图

通过设计结构化的问题进行前测，具有统计方面的量化优势，但对诊断概念之间的关联度有所欠缺，无法完整地呈现学生的认知图谱。其中概念图可以作为对概念认知水平的探测的最有效工具，将其前置应用于学情探测尤其有很好的优势：首先，能将知识建构可视化地加以呈现。前测任务对学生保持全面开放，能够最大限度地涵盖所要了解探测的学习水平，以利于学生有足够大的空间来暴露自己的认知体系。最重要的是概念图探测的结果，能呈现学生对概念间的关联程度和整合程度，对其中结构性较弱的部分加以强化学习。

案例：如图6所示，在《能量的形式及转化》一节，设计了如下前测和统计结果：对学情进行分析可见，学生的概念发展水平普遍处于映射水平，主要表现在：①能量的形式方面：以能量的来源记忆为主，能量的性质记忆较弱，无法对能量形式按来源和性质进行分类。如对太阳能、电能、风能、光能就比较熟悉，对动能、化学能较陌生，如不知道太阳能就属于光能的一种等。②能量转化方面：以电能转化为主，其他能量形式转化缺乏联系，分析能量转化时易混淆输入能量形式和输出能量形式。

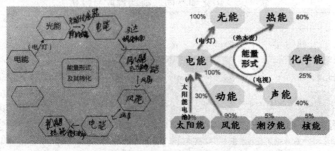

图6　《能量的形式及转化》学情诊断结果

4．操作化任务：前实验

科学探究作为科学的本质，在初小教学中有着重要的地位和作用。初小很多实验很相似却有不同的教学侧重点，小学科学实验更加侧重于动手体验，初中科学实验则更倾向于思维的训练，如方案的设计、科学方法的应用、数据的收集和分析等。所以，要区分实验在初小不同阶段所发挥的不同作用。本课题中提出的前实验，是指学生在操作本科学实验之前，已经通过小学学习对该实验建构自己的认知，而这些前实验的认知势必影响本实验学习。因此，教师在进行科学实验教学时，也必须通过一定的方法了解学生的前实验，并在此基础上设计新的实验教学方案，以达到最优的效果。

案例：如表 5 所示，在学习《金属的化学性质》中有关金属锈蚀的条件内容时，由于在小学阶段也有同样的实验内容，在初中学习时就设计了如表 5 所示的前测实验，在班级小组分别独立设计水和空气实验，通过前测的分析对实验教学的重心进行调整，这样就可把多余的时间用在对方案的评价和改进上，大大提高了实验教学的实效性。

表 5 《金属的化学性质》前测任务设计与研判

项目	小组实验图片	操作分析	前测分析
探究水对铁丝生锈的影响	左试管敞开，铁丝部分浸没于水中，右试管敞开，生石灰干燥试管	忽略了试管外空气中的水蒸气对实验的影响。反映出学生对变量的控制缺乏思维的严谨性	1．查漏 学生已经掌握小学教参要求的知识目标——知道水和空气的共同作用使金属生锈。但对于影响金属生锈的内部因素尚不了解。 2．搭桥 控制变量法掌握不够到位。在小学探究水和空气对金属生锈的影响实验，是对比实验，没有遵循控制变量法的思想。学生受小学实验的影响，在设计时对无关变量控制缺乏严谨性，导致很多小组的实验中存在两个变量
	右试管密封，生石灰干燥空气；右试管煮沸的凉开水浸没铁丝，油在上层隔绝空气	忽略了设计中存在两个变量，最后两个试管中的铁丝均无生锈	
	右试管口敞开，生石灰干燥试管；右试管油浸没铁丝	小学的实验对学生的设计产生了干扰，使得实验出现了两个变量	

续表

项目	小组实验图片	操作分析	前测分析
探究空气对铁丝生锈的影响	左试管铁丝一半浸没于水中；右试管铁丝浸没于水和植物油中	忽略了使用久置的蒸馏水会溶解一部分氧气，使实验存在两个变量	3. 拓展 通过前测不同组之间实验设计操作能力的差异性较大，有些组出现了操作上的错误，同时在前测中学生也提出了一些疑惑。教师可以利用这些素材，进行适当的拓展和补充
	左试管水浸没铁丝；右试管密封，煮沸后的凉开水浸没铁丝，上层植物油隔绝空气	铁丝完全浸没在水中，能接触到的氧气不多，实验效果不明显	

三、优化设计：基于学情诊断结果、优化初小衔接设计

基于初小衔接核心概念学习进阶的目标和知识结构，确定教学策略如下。

1. "目标"：以分层式目标为导向

学习进阶目标的设计要以课标为依据、学习内容为载体，立足学生的实际学情，最终形成分层明确、可操作性强的结构化学习目标。小学（3～6年级）《科学》课程是启蒙课程，初中（7～9年级）《科学》是入门课程，小学科学课程的总目标是培养学生的科学素养，初中科学课程的总目标是提高学生的科学素养，总目标由"培养"到"提高"，从总体上体现学习进阶。如表6和图7所示，《生物的呼吸和呼吸作用》和《简单机械（1）》都是基于学习进阶理念设计的学习目标，即在小学的目标设计基础上进行拓宽加深，同时，又在常规的目标设计上进行分层操作。在科学知识层面，以补缺搭桥为主。在科学方法层面，注重方法运用；在科学态度层面，侧重渗透体验；在科学应用层面，讲究拓宽加深，注重提高利用科学知识解释生活现象的能力。

表6 《生物的呼吸和呼吸作用》学习目标优化设计

课标要求	小学学习目标设计	初中常规学习目标设计	初中学习进阶目标设计
	简要描述用于呼吸的器官	描述呼吸系统的结构和气体交换的过程	
科学知识	1. 知道呼吸的器官名称； 2. 知道人体呼吸将氧气吸入，将二氧化碳排出	1. 描述呼吸系统的结构； 2. 知道气体交换的过程； 3. 了解呼吸运动的原理	水平1：用图指认呼吸系统的结构； 水平2：建立模型说明气体交换的过程； 水平3：运用模型解释呼吸运动的原理

续表

课标要求	小学学习目标设计	初中常规学习目标设计	初中学习进阶目标设计
	简要描述用于呼吸的器官	描述呼吸系统的结构和气体交换的过程	
科学方法	通过探究安静状态和运动状态的呼吸次数变化，学会控制变量的方法	利用模型演示人体呼吸运动的过程，知道人体完成呼吸运动的原理	水平2：通过猜想肺泡内气体交换的过程，学会利用证据建立猜想的方法。水平3：通过模拟人体呼吸运动的过程，学会运用模型解释现象的方法
科学态度	在探究中学会合作、交流	知道生物体结构和功能相适应的思想	水平3：通过论证呼吸器官结构和功能特点，体会结构与功能相适应的思想
STSE	知道运动起来呼吸的变化	知道呼吸对人体生命活动的重要意义	水平3：通过比较安静和运动状态的呼吸变化图像，深化对肺活量意义的认识

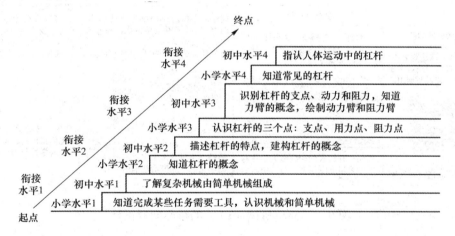

图7 《简单机械（1）》学习目标进阶表现水平

2. "问题"：以递进式问题为锚点

问题的设计取决于当前学生所处的学习阶段，是站在跳板上摆好姿势准备跳水学习新内容和技巧，还是在浅水中练习划水和踢水。优质的焦点问题既能触发学生已有的小学认知储备，同时也能引出后续的真实问题，这些问题有助于学生的学习进阶到一个新高度。参与高认知水平的思考并将他们的理解推向新的深度。如图8和图9所示，在《生态系统的稳定性》和《简单机械（1）》的两节初小衔接案例中，核心问题的设计都是基于开放式的涉及高认知策略的问题链，能够很好地促使学生运用分析、评价或者创造性思维来深化学习。

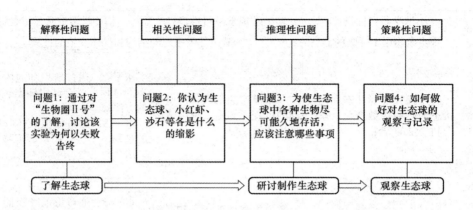

图 8　《生态系统的稳定性》的核心问题设计

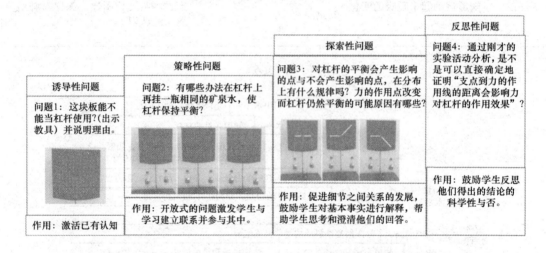

图 9　《简单机械（1）》的核心问题设计

3．"任务"：以结构化任务为载体

初小衔接教学要探索连接进阶起点到进阶终点的路径，关键是要设计进阶的"脚踏板"和"脚手架"。通过围绕活动开展结构化的任务，可以让学生通过清晰、有序的方式逐渐达到高认知水平。首先，结构化的任务设计要与学生学习目标匹配，以大任务进行统整；其次，结构化的任务设计要以分阶的方式驱动，让学生逐级而上达成目标；最后，结构化的任务设计要进行高阶设计，既要基于小学又要高于小学。如图 10 和图 11 所示，两节课都是将大任务由易到难分级设计了三阶小任务，任务形式多种多样。每一级低阶任务都为后一级高阶任务搭桥铺垫，随着每阶任务的完成，学生的思维不断被打开，有效地帮助学生一步一阶拾级而上。不仅运用科学方法学会了科学知识和原理，同时，实现了由低阶思维向高阶思维的衔接过渡。

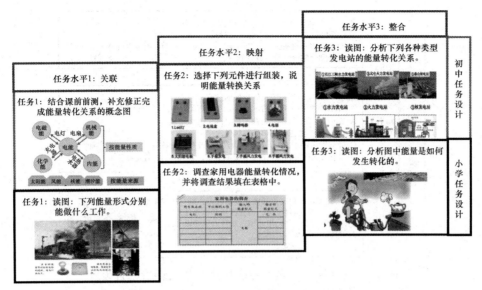

图10 《能量的转化与守恒》学习进阶任务设计

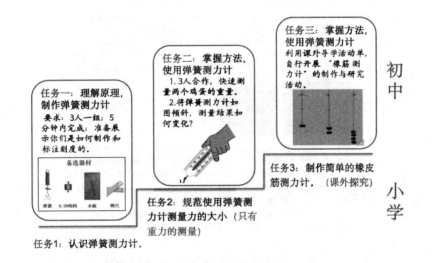

图11 《力的存在》学习进阶任务设计

4. "评价"：以一致性评价为反馈

初小衔接教学评价应依据目标的进阶性而进行分层设计，并贯穿整个教学过程。常规的低阶目标评价通常仅限于对知识的单方面考查，而高阶的目标评价应将科学知识、科学方法、科学态度及 STSE 有效地整合，从而真正地促进学生能力及核心素养的提升。如图12和图13所示，《生物的呼吸和呼吸作用》中的评价设计，相对常规的评价设计做了优化：首先，学习进阶的评价要与学习目标保持高度一致性。所有的检测题都是紧扣教学目标要求加以甄别精选。其次，学习进阶的评价要体现分层性。根据不同水平的目标要求进行评价，以满足不同层次学习水平学生的达标需求。再次，评价的方式应具有整合性。除以终结性评价方式对知识层面进行目标检测外，同时还应注重对科学方法及 STSE 目标进行形成性评价，有效地发挥循环体持续性的反馈与导引功能，提高课堂教学的整体效益。

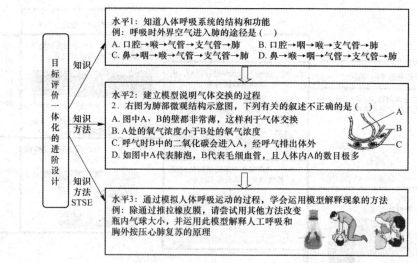

图 12 《生物的呼吸和呼吸作用》学习评价整合设计

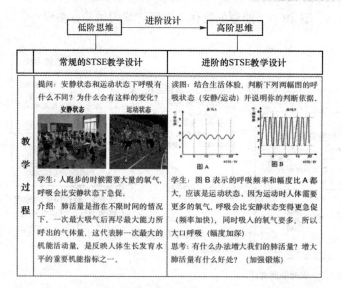

图 13 《生物的呼吸和呼吸作用》学习评价高阶设计

参考文献

［1］姚建欣，郭玉英．为学生认知发展建模：学习进阶十年研究回顾及展望［J］．教育学报，2014（5）：35-42．

［2］刘晟，刘恩山．学习进阶：关注学生认知发展和生活经验［J］．教育学报，2012（2）：81-87．

［3］郭玉英，姚建欣．基于核心素养学习进阶的科学教学设计［J］．课程·教材·教法，2016（11）：64-70．

［4］美国科学促进协会．科学素养的导航图［M］．中国科学技术协会，译．北京：科学普及出版社，2013．

［5］卞志荣，刘琦，薛丽娟．基于学习进阶理论下的原始问题教学设计策略研究［J］．物理教师，2017（6）：9-14．

初中科学课堂中"如何引发学生提问"的思考

泰顺县实验中学 董素琴

通过学生"提出问题"能力欠缺原因的分析和科学理论的指导，结合一线课堂教学的特点，就教师如何使学生想问、敢问、善问、乐问，做以下几点尝试，具有较强的可操作性。

一、让学生想问、敢问、善问、乐问

1．创设问题情境，使学生想问

心理学研究表明，一般情况下人们需要维护自己的观点或信念的一致，以保持心理平衡。倘若在人们的观点或信念中出现了不一致，也就是说产生了所谓的认知冲突，他就要力求通过改变自己的观点或行为，以达到认知和谐。认知冲突能激起学生的求知欲和探索心向，促使学生进行认知结构的同化和顺应，实现认知重建。问题源于情境，所以，教师的工作重点应该放在设计让学生发现并提出问题的情境上，而不是在问题本身的设计上。那么，创设问题情境的途径有哪些呢？①差异性实验——结果出人意料的、与学生学习前概念或常识相违背的科学实验，让学生通过思考、讨论和语言组织，提出相应的问题。例如，"拉两本页码交叠的课本，拉不开课本"的实验，"吹两纸条，吹不开"的实验等。②生活事件与经验。在生活中，学生已接触到许多与科学有关的生活事件，形成了相应的认知结构。教师在教学中要"使科学贴近学生生活，联系社会实际"，恰到好处地利用学生的生活经验和事件来创设问题的情境。③科学模拟研究。利用模拟科学家研究创设问题情境，可以使学生以研究者的角色进入学习，学会科学地看问题、想问题，逐步了解科学的探究过程和方法。④知识的联系——创设问题情境的素材，例如，学习了力的概念，又学习了运动的知识，教学中要通过演示或学生实验或事例，揭示力和运动这两个知识点的一些误区，并引发学生讨论，让他们自己产生"力是产生物体运动的原因吗？"的疑问，并提出探究运动和力关系的课题。

2．营造民主氛围，使学生敢问

学生的情绪对他们的智力活动影响很大，思维和情感几乎是彼此相随的，和谐、融洽、宽松、平等、合作的课堂气氛会使学生情绪处于最佳的状态，促使学生积极、主动思维。青少年学生好奇心强，求知欲旺盛，各种奇思异想、独立见解就会层出不穷，当学生提出问题时，教师专注的目光与神情，能够使学生感到教师对自己所提的问题非常重视，这就是一种无形的力量，让学生感到即使自己提的问题不合理，也能得到教师的充分肯定。教师通过语言、动作包括表情给学生传达一种亲切、信任、尊重的情感信息，让学生感到教师是最可信赖的。教师应该相信学生的智慧和能力，鼓励学生大胆地猜想，大胆地怀疑，既要敢于提出自己不明白、不理解的问题，又要勇于提出自己进一步思考后所产生的新的疑惑、新的问题。学生提出的问题有时会超出教师的预料，甚至给教师出了难题，此时，教师要尊重学生质疑问难的精神，珍惜其可贵的思维积极性，应该因势利导，创造条件，帮助学生实现对问题的探究。切记教育家陶行知先生说的话："你的教鞭下有瓦特，你冷眼里有牛顿，你的讥笑中有爱迪生。"要满腔热情地接受和喜爱学生提出的"问题"，使学生在和谐的气氛中、愉快的心情下主动学习，使学生成为"心灵充满欢乐的人，抬起头走路的人"，凡是能提出"问题"的学生在课堂上让他自圆其说，让他不肯雷同；凡是"问题"中的合理成分，要重在肯定，对不合理成分用积极的态度挖掘出闪光点，教师是学生提出的问题的欣赏者。这样既保护了学生独立思考、质疑问难的主动性，又大大地鼓励了学生，培养了学生敢于提问的精神。

3. 教给科学方法，使学生善问

不同情境下问题的内容、性质各有特点，因而，提问的方法和形式也应各有特色。要提高学生提问的能力，还应教给学生基本的提问方法，使学生善问。①从课本插图提问题。教材中有许多有趣的插图，让学生仔细观察细微处并比较，再提出问题。学习折射规律，让学生看图："鱼在哪里？"学生会提出："为什么鱼叉要对准鱼的下方？""是不是看见的鱼并不是实际的鱼？"从而激发学生探究的兴趣。②从日常生活中提出问题。日常生活中有许多现象与科学息息相关，如，在学习声音的产生与传播时，先播放自然界中一些物体的发声，提出"关于声音，你想知道什么"，学生的问题有：声音是怎样传播的？什么是超声波？什么是次声波？月球上能不能听到声音？……③从实验现象提出问题。④通过自身体验提出问题。

4. 运用积极评价，使学生乐问

"人类本质中最殷切的需要就是渴望被肯定。"对学生的提问，教师要用"赏识"的目光去发现星星点点的智慧火花，及时给予积极评价，让学生常常有一种愉悦的心理体验，从而保持提问的热情。教师对学生提问的积极评价方式是多种多样的，但最常见也最能产生即时积极效应的，应该是在课堂上教师发自内心的热情赞扬和期望。教师恰当、得体的评价，一个赞许的目光、微笑的默许都能让学生感受到成功的自豪和愉悦。

同时，正确处理提问是对学生最有效的激励。心理学研究表明：一个人只要体验一次成功的喜悦和欣慰，便会激起无数次追求成功的渴望和信心。教师应该正确对待、恰当处理学生的疑问，想方设法为不同程度的学生创设成功的机会，让学生体验成功的喜悦。学生尝试提问时，由于知识基础不一样，领悟程度不同，提出的问题也层次不一。有的问题只停留在知识的表层甚至很幼稚。对于这种情况教师应先肯定，然后再引导学生提出更深层次的问题。有的问题对全班学生的学习都有帮助，可以组织学生讨论，教师从旁点拨启发。教师将学生的问题作为大家讨论的问题，是对学生最高的奖赏；有的问题，教师事先没准备，也不能解决的，要实事求是地告诉学生。然后通过师生的进一步讨论和查找资料共同解决，教师只有恰当地处理学生的提问，学生发现问题、提出问题的热情才会越来越高。

二、案例分析

笔者此次学校科学组校本教研的主题确定为"教师如何引发学生提出问题"。在活动中，教研组对八年级下册《空气的污染和保护》一课进行了多次的设计和实践。下面笔者将依据本县校本教研现场会上的研讨课——《空气的污染和保护》一课的板块教案样式和课堂教学过程

（教学实录），结合课堂教学应引导学生如何"提出问题"的指导思想，将"提出问题"纳入教学而设计的教学案例进行分析。

1．《空气的污染和保护》板块教案（表1）

表1 《空气的污染和保护》板块教案

创设		预计研究
目标模块	（一）知识与技能 1．了解空气污染的危害性与防治措施。 2．了解汽车尾气对空气的污染，了解可吸入颗粒物的危害，了解酸雨的危害。 （二）思想与方法 通过学习者提出问题的教学，加强学生的问题意识，培养学生互相合作、互相交流的科学研究方法，提升学生的学习质量。 （三）情感、态度与价值观 通过师生、生生互动，在浓浓求知真情中树立环保意识。课堂道德环境的优化使课堂更趋适合学生的学习	求知求能 渗透教育思想 寓德于教 寓教于乐 创设民主课堂 构建道德环境
情境板块	1．欣赏音乐《明天会更好》 2．展示空气污染的图片	激发学生的情感和思维，使学生进入一种特定的学习状态，形成强烈的认知冲突，为问题的提出作了很好的铺垫
师生互动模块	情境模块中，学生有什么想法、问题？a.与小组同学交流。b.想法、问题写在小纸片上。c.教师投影展示学生的想法、问题，并筛选问题，小专家粘贴问题，分配问题。d.学生分组讨论问题。e.组代表发表问题	让学生从情境模块中提出问题，由于这些问题来自学生自己，学生学习的积极性明显高涨。通过学生间的讨论、交流、合作，增强了探究意识

2．教学过程（第二轮教学）

（学生）在轻音乐《明天会更好》中踏入教室，分6组而坐。

（教师）出示课件，展示空气污染的图片，学生观察研究。

（教师）设疑，让学生吸气，然后假设学生生活在如图片所示的空气中，针对这种情况，有何疑问？

（教师）掌声请上小专家。

（教师）分发问题表："假若你是环保研究人员、环境检测人员、医学研究人员、政府官员、普通公民，你有何问题？"

（学生）结合课本与图片，小组讨论，提出问题。（3分钟）

（教师）将各小组命名。利用投影仪投影问题。

（学生）筛选问题。

（小专家）粘贴问题，分配问题。

（学生）分组讨论问题。（5分钟）

（学生）组代表发表问题。（分组发表—专家点评，点评时以鼓励为主）

（教师）板书问题及答案。

（小专家）逐一点评各组的问题，并发表自己的看法与见解。
（当环保研究组发表时，特别注意采访专家酸雨形成的原因及危害，然后教师播放课件）
（教师）过渡语，评价泰顺的空气污染情况。（指数低，污染小，号召大家热爱家乡）
（小专家）评价育才的空气是否有污染，主要来自哪些方面，质疑学生会怎么办。
（学生）逐个发言怎样保护育才的空气。
（小专家）点评学生回答并给予评价，然后发表自己的看法。
（教师）感谢小专家的精彩点评。
（小专家）解释前面未解决的问题。
（教师）组织小专家与学生互动。
（小专家）结束语，号召大家从我做起，保护周围的空气，让我们永远生活在蓝色的天空下。

在第一轮教学中，新课的引入设计了下面的情境：课件展示一张蓝色天空背景的图片，接着展示四张现象明显（浓烟）的空气污染图片，让学生在对图片的观察中提问题，以期待他们能提出本课探究的基本问题——污染的原因、危害及如何防治。学生观察图片后，讨论也很激烈，许多问题脱口而出，但大部分停留在对"烟"表象的思考层面上。

在课后的反馈会议上，开课老师、教研组老师一起分析原因，认为课件图片不足以引发学生对空气污染做全方位的思考，学生没有结合自身知识对问题进行深层次思考，因此必须对真实情境进行加工，创设一个简单的能让学生体验知识的现实来源的真实情境，会更加有利于学生提出问题，且有更明确的思考广度。

在第二轮教学中，开课老师在问题情境的创设、学生角色扮演、课堂气氛的营造、积极运用激励评价学生提出问题方面，取得了很大的进步和成功。具体表现有以下五项：

（1）利用多媒体，创设问题情境。不同情境下（课本插图、日常生活、实验现象、自身体验等）问题的内容、性质各有特点。多媒体可以形象地将一些用语言难以表达的问题情境用图片给予展示，激发学生的情感和思维，使学生进入一种特定的学习状态，形成强烈的认知冲突，为问题的提出作了很好的铺垫。

问题情境的创设有很强的启发性。通过几幅不同场地、不同原因产生不同现象的污染图片的展示，引起学生的浓厚兴趣和注意，能够促使学生主动探究，并诱发学生提出问题的欲望。学生在此背景下提出一连串让我们意想不到的问题，下面是学生提出的部分问题：

①烟为什么是黄色？
②能不能让汽车没有尾气？
③是否有新能源的开发？这些物质对人体有何危害？
④这样下去会对地球造成怎样的伤害？
⑤生活在这样的环境中，怎样保持健康？
⑥怎样控制废气大量排放？
⑦针对这些污染，政府有什么措施？
⑧怎样才能制止污染蔓延？

所提的问题没有停留在情境的表象上，而是进行综合思考，提出了一些有广度、热度、深度、力度的问题。例如，政府要采取什么措施？能不能让汽车没有尾气？为什么不采取清洁能源？戴上口罩联想到什么？怎样避免受污染的大气对人体造成伤害？怎样控制排废？

（2）营造民主的课堂气氛，积极地运用激励性评价，引导学生积极提问。开课老师幽默风趣的个性特点，具有强烈的亲和力，给学生第一印象是轻松没有压力的，解除学生的心理负担，使学生敢问。再者，无论学生提出的问题正确与否、简单与否、质量高低如何，教师都应给予热情的鼓励。

（3）为学生创造活动的条件、活动的空间。通过小组角色的定位，充分发挥小组讨论的优势和功能。通过以这个小组讨论活动为中介，让每位学生都能够自主积极地参与教学过程，尤其是设置了小专家点评这一环节，更加使课堂氛围和谐、宽松，促使生生对话，并在小组讨论活动中，探索求知、解决问题，并生成新的问题，进而再次提出问题。

（4）学生角色的扮演为提出问题提供了更广阔的空间，拓展了学生思考问题、提出问题的灵感、角度、侧面。学生可以从政府官员、环境监测员、社会人士、科研人员等角度充分发挥想象力提出问题，而且角色的扮演，增强了学生的责任感和自豪感，也因此所提的问题更富有科学、社会价值和现实意义。

（5）挖掘贴近学生生活的素材，充分利用学生已有的认知水平，激励学生提出问题，如"育才学校大气质量如何"。

三、反思

（1）学生"提出问题"使课堂充满了生机和活力。教师教学方式的改变，也促使学生的学习方式发生改变，课堂上充满了活力。充满提问的课堂，师生关系是融洽的，学习氛围是浓厚的，课堂活动是高效的。我们的课堂有了明显的变化：第一，学生成了真正的主体，学生的活动多了，参与性提高了；第二，教师问变成了学生问，教师不再一问到底，鼓励学生多问，在问中求得主动质疑能力。

（2）学生"提出问题"培养了探究、创新能力，提高了科学素养，实现了发展。

①促进创新思维的发展。由于学生解决问题的过程是一种心理活动的过程，这一心理活动过程主要借助于思维的中介作用进行。因此，提出问题能有效地促进学生思维的发展。只有改变学生"被动接受知识"的面貌，鼓励学生提问，鼓励学生质疑，才能有效培养学生的创新精神和创新能力。

②促进综合能力的提高。在课堂教学中，学生"提出问题"，能促使学生收集相关信息，并进行分析处理，从而得出结论，实现其问题的解决，获得知识，培养解决问题的能力。这种解决问题的能力是学生整体素养提高的体现。

（3）学生"提出问题"加强了学生的情感教育。"知识与技能、过程与方法、情感态度与价值观"，这是新课程标准确定的"三维"的教学目标，强调了科学教育教学的目标之一就是情感态度与价值观。因此，加强对未成年人的思想道德教育，这是每一个教育工作者义不容辞的责任。科学的学科特点决定了我们不能对学生进行直接说教，而学生在课堂中"提出问题"，给我们提供了契机。当我们的科学教学与社会和科学技术相联系时，我们让学生看到我们国家在科技上的进步，特别是在航天、通信、战略武器等尖端科技领域的突破，会激发学生的民族自豪感和爱国热情，且科学家刻苦钻研、勇于奉献的精神也会感染学生。

当学生以问题小组为单位进行探究时，他们会有失败的体验，也会有通过合作克服困难、取得成功的体验。这种体验慢慢地会形成一种品质，一种内化在他们灵魂深处的东西，使他们在面对困难和挫折的时候,有正确的态度和处理方法。这比知识本身更重要。同时,合作成功的理念也会进入他们的内心深处。所以,引导学生在课堂中"提出问题"后,教师们便润物无声地实现了情感态度与价值观的教学目标,加强了对学生的思想道德教育。

(4)引导学生"提出问题",给予学生机会,也给予老师机会。给予学生提问的机会,就是给予教师本身一个学习的机会。现在的学生获取知识、信息的渠道很多,思考问题的角度多而新颖,这是任何一个发散思维能力再强的人都无法相比的。课堂上多给学生一次提问的机会,也就是多给自己一个成长的机会。给学生思考的机会,就是给教师本身的课堂教学有反思和及时调整的机会。不仅学生有自由、自主学习的时间和空间,而且教师可以利用短暂的时间反思教学,及时获取学生的反馈信息,调整教师的教与学生的学,尽量减少教学失误。

(5)引导学生"提出问题",要求老师做到:尽力营造一种敢疑敢问的课堂氛围;采用一些行之有效的外部激励手段;改变原有的教学方式,在课堂上留出足够的时间让学生提问,并将学生提出的问题当作一种教学资源来加以合理利用。

没有问题的学习是不成功的学习,不会提问的学生是不成功的学生,不会引导学生提问的教师是不成功的教师。引导学生"提出问题"有着这样重要的作用,就让我们把它真正落到实处吧!

参考文献

[1] 教育部基础教育课程专家工作委员会. 义务教育初中科学课程标准(2011年版)解读[M]. 北京:高等教育出版社,2012.

[2] 刘继和,辛静. 初中化学教学设计与案例分析[M]. 北京:科学出版社,2015.

[3] 陈爱芯. 课程改革与问题解决教学[M]. 北京:首都师范大学出版社,2010.

[4] 张汉昌,赵蒴. 开放式课堂教学法研究[M]. 郑州:河南大学出版社,2001.

[5] 陈玲丽. 如何构建高效初中科学课堂教学模式[J]. 新课程·中学,2016(10):38.

[6] 张怡曙. 实施快乐引导法,建构高效初中科学课堂[J]. 新课程学习(下旬),2015(1):96.

[7] 华小蔚. 浅谈初中科学精准教学的实施策略[J]. 新课程(中学),2017(12):326-327.

[8] 杨启存. 问题化教学在初中科学教学中的应用探讨[J]. 新课程·中学,2017(1):51.

[9] 梁新姝. 问题化教学在初中科学教学中的运用探析[J]. 才智,2016(9):159.

来，一起拆掉课堂的墙！

温州市瓯海区外国语学校 何优优

一、"基于项目学习"应该成为品德课学习方式变革的一种选择

"问题"是一切研究的起点，也是一切研究的意义。

品德学科是一门综合学科，在社会生活中与人互动、交往，促进学生良好品德形成和社会性发展已经成为一种共识。因此，课程标准在设置上，努力将学生置于生活中，引导学生通过与自己生活密切相关的社会环境、社会活动和社会关系的交互作用，形成良好的行为习惯和初步的道德判断能力。

那么，品德学科的社会性、生活性、综合性可以借由怎样的方式统一达成？学生的良好品德形成与社会性发展该诉诸怎样的载体呢？如何基于学生真实的生活与社会情境设计有效的活动，让学生的社会性发展成为现实呢？

我们需要一种怎样的学习方式变革，才能适应课程变革的需求？

1. 聚焦问题解决的实践——伪真实？还是真实？

"问题"是行动的明灯，为了链接生活，设计高效的活动，我们开始寻找相关的内容进行尝试研究，以期推进问题的深入。三年级社区文明单元的《不说话的朋友》，内容涉及公共设施的认识与保护，我们设计了"猜谜—交流—实践—体验"四个环节。

为了从学生生活中使用公共设施的经验入手，感受公共设施与人们"朋友"般的关系，在第三个实践环节中，我们做了如下设计：这一板块的实践活动结合了学生生活的实际情况，充分利用了生活资源，为学校旁边的小区公园做设计，不仅检验了学生对各种公共设施的认识，而且从根本上体现了品德课程的核心——课堂服务生活。

第一轮的课堂实施之后，我们发现这个设计还有更大的空间：小区的公共设施情况是一个真实的情境，而还原真实的过程，是否也能交给学生？如小区的示意图，请哪些"朋友"，这些都是学生生活世界里最真实而生动的问题。

2. 我们必须拆掉思维的墙——仅课内？还是全过程？

我们往往有一种相对固化的思维，觉得经过充分课前调查的学情就是孩子的全部，容易忽视学生在学习过程中的发展。学生从哪里开始，到哪里去，永远不是简单的问题。尤其对品德这门综合性很强的学科来说，学情调查较难精准无误。

于是，我们做出相应的调整，尝试拆掉自己思维的墙，学会适当放手，让学生去尝试自己实地调查、采访、讨论、设计，最后展示交流，获得提升。

在小组活动之前，我们做了两个方面的工作。首先是对小区的环境进行了实地勘察，了解

了关于小区建设办公室能够给予学生的指导、小区实地安全保障等学生研究学习的环境；其次对小组进行了组织，布置了相对开放的主题任务——小区公园设计大赛，并引导小组的分工。

我们欣喜地发现，学生的兴趣非常浓厚，在研究学习的过程中，他们不仅自主设计了平面图纸，而且结合调查采访设置了非常合理的公共设施，相比之前的课堂多出了很多意想不到的精彩。真正的意义是学生在整个活动中，因为主动参与性学习而生成了诸多课时目标之外的能力，如观察能力、协作能力、社会调查能力、思考能力……而在学生开展活动和展示汇报的过程中，我们目睹了学生的进步。

于是，我们也似乎窥见了"课堂的墙"之外的风景，因此，我们发现"基于项目学习"的品德活动课设计与实施，可以成为品德课程学习方式变革的一条重要路径。

二、"基于项目学习"的品德活动课的实践解析

基于项目学习的品德活动课是指向核心素养目标和教材教学目标，一般包括一个真实的情境的创设、一个真实的驱动性问题的提出、每个项目小组的产生与分工、每次项目学习的评价等。我们思考以下三大主要特征：

（1）追求活动的持续性。它不同于常见的实践活动，而是一系列推进式研究学习的活动组群，学生可以在第一次学习活动的基础上，对研究进行改进，进行进一步的实施。

（2）学习小组是学生共同学习的群体。在真实的驱动性任务之下，制订计划，实施活动，调整方案，进行观察、记录、归纳、体验、感悟、整理、探究，真正成为主体，参与到学习活动中，为他们成长为具备参与现代社会生活能力的社会主义合格公民奠定基础。

（3）融入不同的社会环境。打开校门，走入现实世界，毫无成见地交朋友，而不是孤立地存在，真正成为社会的成员。

项目学习1：小小公民在行动

继学生在《不说话的朋友》走进社区获得成功体验之后，我们尝试以项目学习的方式设计了《社区的文明》一课。本课重在引导学生了解整洁卫生的生活环境对人们生活的重要意义，知道要保持周围的环境卫生，并能够遵守各项环保规则和文明公约，养成良好的卫生习惯。我们努力改进项目学习的主题和分工，促使学生能够更加自主且更加协作地完成项目群。

在导入课时，我们进行了小组任务分工和任务认领，并确定了学生开展项目学习的四个社区。

学生初次尝试这样的分组和实践，因此，我们指导得非常认真细致，包括分组活动的地点和活动主题任务，都有明确的规定（图1）。但是为了确保学习任务能够顺利进行，我们将学生按照各自住的社区进行分组，然后每一组联系了一位家长带队协助。

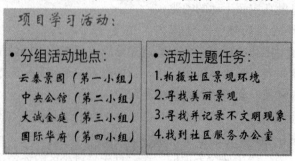

图1

分组开展了社区调查与走访之后,我们在课堂上进行了一次高质量的反馈交流。

这样,基于学生真实的调查与了解的课堂反馈与互动,与往常的课堂观看教师准备的录像并交流想法相比,学生的积极性与主动性要明显高得多,实地"勘察"无形中让学生肩负了责任感与主人翁意识。

以上是第一次项目学习活动和第一次集体交流反馈活动。紧接着我们以课堂任务"如何让我们的社区环境更美好"为第二次项目学习的主题,引导学生采取下一步行动,在真实的情境中做事,在行动中学习。

围绕《社区的文明》,我们开展了长达近一个月的项目学习活动,根据低年级的特点,我们每次设计的项目学习主题都是集中而且明确的,学生在每一次活动之后,都会在课堂上进行交流反馈,并确定下一次项目学习的主题,如此逐渐走向深入(图2)。

《社区的文明》项目学习活动之"小公民在行动":
1. 走访社区管理办公室,寻求配合,制定相关社区居民守则。
2. 成立社区文明小分队,一起清扫社区,使社区更加整洁。
3. 我为社区出份力,设计"我心中的家园"海报展。
……

图 2

项目学习 2:走进缤纷的节日

《节日大观》是浙教版四年级下册"共同生活的世界"的第 2 课,本课的切入点是各民族的传统节日,以及现代节日(图3)。本课教材编排是一个平面推进式的结构,从几大有影响力的节日到现代节日。如果按照教材的顺序来讲,未免显得单调。

如何设计更能体现学生自主意识的有探究空间的项目学习活动呢?我们做了大胆的尝试,将两到三个课时的这一课内容调整成:20 分钟短课—小组项目研究—60 分钟长课—小组项目研究—年级组展示交流。两个课堂活动时间用于"任务分工"和"汇报展示",三个项目研究时间用于同伴合作研究(图4)。

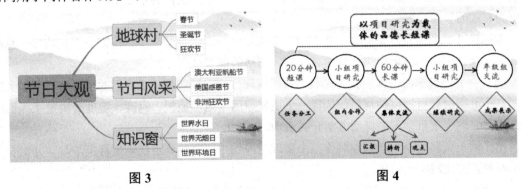

图 3　　　　　　图 4

四年级的学生已经对任务分工合作有比较积极的认识,信息搜集处理能力也已经初步具备。但是,学生在项目学习的过程中,教师应该始终保持在场者的姿态,及时给予学生指导和帮助,以免学生因为受挫而导致情绪消极。

在学生进行第一次项目学习之后,我们设计了最为重要的 60 分钟长课。

活动分为节日精彩、节日分类、节日大观和节日风采四个环节。其中,课堂项目研究是对学生第一次小组自主研究的一个有效补充。在此环节中，我们提供了相应的资源包存于iPad，让小组进行自主学习及整理后，再进行更高质量的反馈。

在汇报展示过程中，学生呈现了非常多元的节日风采，内容涉及春节、圣诞节、端午节、狂欢节等各种节日的由来、活动、影响等，形式包括PPT介绍、故事讲述、情景表演、实物展示、采访报告等，可谓异彩纷呈（图5）。

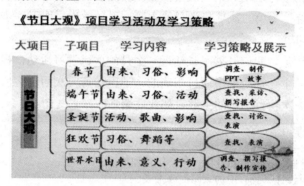

图5

"在这次项目学习过程中，我们跟着同学的奶奶学剪窗花真是太有意思了！""划龙舟活动不仅是对节日文化的传承，而且已经变成现代的竞技体育了，真了不起！"……学生的感悟与体验在汇报的过程中自然而然地流露，而这种基于学生自主学习的展示比原先课堂空间内的学习要显得丰满灵动又有意义得多。

项目学习3：为什么人们的生活有那么大的不同？

在进行基于项目学习的品德活动课设计时，我们的一个核心思考就是如何使学生的学习活动质量得到充分的保证。在前面一个项目中，我们为了保证教师的"在场"引导，给每个学习小组提供了学习资源包，以防止他们在研究过程中因信息搜集能力不足而导致无法顺利呈现学习成果，进而，在六年级的《不同地区不同生活》项目中，我们为学生增加了"微课"学习这个更为有效的学习途径。

本课设计的典型特点是将教学转变为"课堂导学—微课自学—小组探究—汇报梳理—总结提高"，这是一个充满着猜测、自学、探究、归纳的探索过程。

同上一个项目学习一样，我们先利用短课梳理核心问题：为什么人们的生活会有那么大的不同？小组通过教材提供的材料，选择一个主要原因（地形地貌、温度、湿度等决定了人们的衣食住行）确定项目学习的详细方案开展活动。

鉴于网上资料繁杂，教师在制作三个微课时应切中研究的要点供学生自主学习，并结合项目学习单来做比较深入的研究。

在整个学习过程中，教师由单纯的知识传递者转变为学生学习的组织者、引导者和合作者，给学生提供成果展示机会，培养学生搜集资料、整理资料、联系看待事物等的能力。本项目实施过程曾在全市的课改领航活动中交流，为一线品德老师课堂研究引领了方向。

项目学习4：今天，你登录了吗？

网络社会，每个人身处互联网中。每天一进教室对着一体机，就得问电教委员：今天，你登录了吗？

对身处"网中"的学生来说,科技也好,网络也好,是习以为常的生活环境,因此,我们想借《科技造福人类》引领学生通过研究科技发展的脚步提升作为世界公民的信息素养。

我们确定了本课项目学习的主题:选择一种技术,研究它的发展历程。在学习及研究的过程中,渗透德育导向,挖掘科技背后人类对未知领域的探索和对优质生活的不懈追求。

各个项目学习小组在讨论之后,确定了相应的小主题(图6)。

学生对小组的分工与协作已经积累了很多的经验,确定主题之后,教师同样开始了细致的准备,包括微课的制作与学习资源包的准备,与相关部门(电信部门、信息技术老师、电器商行)的协调,为学生能够开展充分的项目学习助力。

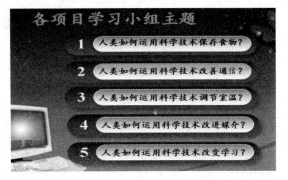

图6

从学习汇报的成果来看,六年级学生已经充分掌握了进行项目学习的能力。但是,后续研究的能力还相对缺乏,因此,我们在第一次成果交流之后,引领学生生发出了许多新的问题(关于电能的研究、关于其他能源的研究……),并引导关注第二次的项目学习,使研究学习走向深入。

三、"基于项目学习"的品德活动课的实践思考

基于项目学习的品德活动课慢慢展开:《家乡的美食》"走进家乡美食(鱼丸、矮人松糕、长人馄饨等)"、《家乡的民风民俗》"探访数学家的世界(谷超豪、苏步青、姜立夫等)"……我们拥有了一次次快乐丰富的学习体验,一个个生动实效的案例。

"基于项目学习的品德活动课设计与实施"还在研究中,而作为项目式学习的设计者,我们感受到了前所未有的挑战。我们的观念在转变,设计能力在不断提升,同时,也不断地产生一些亟待深入思考和解决的新问题:

项目学习小组的组成如何实现每个成员成长的最大可能性?

项目学习的资源如何拓展?如何更好地协调与利用社区资源、家长资源、场馆资源?

……

哈佛大学有句名言:教育的真正目的就是让人不断地提出问题、思索问题。在研究"基于项目学习的品德活动课设计与实施"的过程中,学生在不断提出问题、思考问题,教师也是如此。

来,一起拆掉课堂的墙,开启快乐的项目学习群!我们坚信,学生在快乐成长,我们也在幸福收获。

参考文献

[1] 朱小蔓. 义务教育课程标准实验教科书:品德与生活第一册(一年级上)[M]. 杭州:浙江教育出版社,2005.

[2] 朱小蔓. 教师教学参考用书:品德与生活一年级上[M]. 杭州:浙江教育出版社,2016.

[3] [英]维克托·迈尔-舍恩伯格,肯尼斯·库克耶. 与大数据同行——学习和教育的未来[M]. 上海:华东师范大学出版社,2015.

[4] [美]尼尔·布朗,斯图尔特·基利. 学会提问[M]. 吴礼敬,译. 北京:机械工业出版社,2019.

例谈高中信息技术《算法》教学优化策略

永嘉罗浮中学　朱清闯

《算法》是高中信息技术学习的核心内容之一。一个算法实际问题往往需要将复杂的问题抽象、分解、转化等过程，将大问题转换成小问题后，才能找到最终的解决方案，因此，很多学生会觉得这是一门高深的学问，从心理上有一种敬怕的感觉。如果再碰上教学内容过于抽象，教学设计缺乏趣味性，教学方式单一，学生的学习兴趣将逐步消失。教师想要上好一堂《算法》课，就必须设计出独具匠心的教学方法和教学策略。

一、提出问题，激发学生学习的热情

若教学设计既包含了阶段目标所要学习的知识技能，又有吸引学生的实用性和趣味性，就能唤起学生主动学习算法的欲望。相反，倘若只是照本宣科地讲解算法概念、相应的编程语法，结果学生除学到一些呆板的编程语句外，收获甚微，其编程水平和分析、解决实际问题的能力都没有得到提高，与教学目标并不相符。因此，若要上好一堂算法课，教师除提高自身素质外，同时也要提高学生的学习兴趣，通过生活化情境的创设，结合恰当的实例进行教学，消除他们对算法的畏惧感，使学生感受到算法的实用性，真正乐于学习算法。在实例的选取时，往往可以把握以下一些特点。

1. 贴近学习，走近生活

选取的例子要贴近学生熟悉的情境，可以是学生所学过的数学知识，如一元二次方程的解，在这里重新引入并不是为了这些问题本身，而是希望学生认识到算法在生活的许多事情中同样能得以体现。通过让学生对熟悉的问题进行再思考，训练学生思维的条理性、全面性，提高学生的逻辑思维能力和表达能力，从而逐步做到应用算法思想去解决其他的实际问题。也可以是来自学生的生活实践，如学习算法的选择结构时，就可以采用身体质量指数 BMI 的例子。给出判断标准：输入 BMI 的值，如果 BMI 指数大于等于 18.5 且小于等于 24，则输出正常体重；如果 BMI 指数小于 18.5，则输出"太轻了"，否则（大于 24）输出"太重了"。

这样关系到学生的身体健康例子，自然能够吸引学生，而且，通过解决生活中的实际问题，让学生体会到成就感，因此，学生也会更有兴趣去学习并解决这样的问题。

2. 引用故事，充满悬疑

引用故事作为实例，其优势在于可以吸引学生的注意力，活跃课堂授课的气氛，使课堂教学更有教育和警醒意义。如在讲授循环累加算法时，笔者就用新闻"大学生被黑网贷所害"的问题导入，2019 年 7 月，孙浩（化名）在上网时偶然发现了一个面向大学生的网络贷款公司，声称无抵押、免担保、24小时放款。因为一直想换台笔记本电脑，孙浩便在网上登记了信息，便得到5 000元的贷款，但扣除各种手续费后，最终拿到手只有4 000元的金额。然而到了还款日，因系统故障无法正常还款，网贷公司系统便产生每天贷款金额8%作为滞纳金（按照利滚利），并产生其他10元的费用。半个月后，孙浩共需要偿还多少金额？共亏损多少金额？

引导学生分析拆解问题：

问题1：亏损的费用由哪部分组成？

问题2：通过发现规律，用变量表示每天产生的滞纳金和其他费用。

问题3：滞纳金和其他费用重复计算多少次？

最终引导学生用基本语言描述如下：

S=5 000×0.08+10

i=1

Do while i≤15

$S=S+S×0.08+10$

$i=i+1$

Loop

Print S

Print（S+5 000-4 000）

由此可见，学生学习的热情一旦被点燃，便会乐学且乐此不疲。让算法生活化，须从学生已有的知识经验和现实生活实际出发，创设生活化的学习情境，组织生活化的学习内容，让学生在主动提出问题、探究问题、解决问题的过程中，感受程序的价值与作用，树立学习编程的信心，激发学习编程的热情。当然，在教学中还必须明确，情境不是目的，而是启迪学生思维和想象的手段。在学生可接受的基础上，及时地摆脱具体，过渡到抽象思维，并形成科学的理论体系，掌握知识的规律性，使思维能力得到更高地发展，从而培养学生的信息技术应用意识和实践能力，提高学生的计算思维。

二、探究解决问题的方法和步骤，培养学生学习的能力

1．启发式教学培养学生解决问题的能力

在讲授新课时，首先抛开书本的约束，与学生共同分析问题，引导、启发学生进行算法结构的选择，设计解题过程的流程图，继而让学生用所学过的语句去编写程序，随后再与书中例题进行比较，找出不同之处，完善程序。例如，任意给一组扑克牌数{6，10，8，2，9，4}，要求按照由小到大的顺序排序，学生会马上说出它的正确结果是{2，4，6，8，9，10}，这时就可顺着思路提问学生："你们是如何排出来的呢？""看出来的。""根据什么？""比较一下。"此时，就提到问题的关键所在："我们如何能做到让计算机去比较呢？"此时教师将扑克牌正面朝下，看不到数字，并规定每次只能翻开相邻两张牌，是否要交换两张牌，根据什么依据？"如果后面的牌小于前面的牌，则交换。""是用哪种算法结构实现的呢？""用选择结构"。这样就引导学生找到了切入口，提出冒泡算法，讲解计算机如何实现比较，完成排序。

（1）冒泡排序的基本思想。对 n=6个数据元素{6，10，8，2，9，4}进行 n-1趟冒泡操作，而第 i 趟冒泡操作是从第 n 个元素到第 i 个元素的每相邻两个数据元素从后向前逐一进行

比较，若后一个数据元素小于前一个数据元素，则交换这两个数据元素，这样经过 n-1 趟冒泡操作后，这 n 个数据元素便完成了其从小到大的有序排列。需要强调的是，冒泡排序总共进行 n-1 趟操作，第 i 趟冒泡操作完成后使得第 i 个数据元素是第 n 个元素到第 i 个元素中最小的，因此，该位上的数据就无须参与下一趟的冒泡操作。

（2）演示（也可以利用动画软件，动态演示过程，如图1所示）。

原始数据：6，10，8，2，9，4

第一趟：2，10，8，6，9，4

第二趟：2，4，10，8，6，9

第三趟：2，4，6，10，8，9

第四趟：2，4，6，8，10，9

第五趟：2，4，6，8，9，10

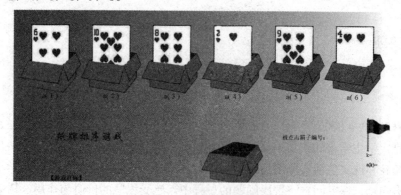

图1 动态演示排序过程

教师引导每趟排序都在进行一个重复的算法就是判断大小，并决定是否交换两个数，"重复的动作最适合用什么算法结构实现呢？""循环结构"。此时教师可以顺势引导画出每趟排序算法的流程图，再根据流程图逐步细分每一个步骤，这样就可使学生在动手编程时，有步骤可循。掌握了算法，也就掌握了程序的灵魂，这样，多数学生都能够将每一步的操作步骤转换成语句。随后教师只需将本课中重点要求学生掌握的内容加以强调，即可达到较好的教学效果。通过这种启发教学，能够使学生逐步养成遇到问题，先进行分析，再进行算法设计，最后完成程序编写的好习惯。由此潜移默化地锻炼学生分析问题、解决问题的能力。课堂的生成性方案，主要在环节生成，体现了创造性思维和计算思维的训练，提高了思维质量。

2. 多方位思考，提高学生的思维能力

在程序设计中，解决同一个问题，往往有多种不同的解决思路和方法，从而有不同的算法和程序。一题多解就是启发和引导学生从不同的角度、不同的思路，用不同的方法和不同的运算过程去分析、解答同一个问题。其目的是充分调动学生思维的积极性，提高综合运用已学的知识解答问题的技能技巧；锻炼学生思维的灵活性，开阔学生的思路，引导学生灵活地掌握知识的纵横联系，培养和发挥学生的创造性。巧妙地选择典型例题，寻求一题多解，不失为培养学生思维的发散性、创造性和广阔性的有效途径。例如，将 a 和 b 两个变量的值互换，最简单的方法是借助第三个变量，即 temp=a；a=b；b=temp。换一个思路：不用第三个变量，要求将变量a、b的值交换。学生经过小组讨论，将a、b两个变量的值进行加加、减减，并赋值，很快得出正确的结果：a=a+b；b=a-b；a=a-b。也有学生在此基础上推算用乘乘、除除，赋值，也可以得出正确的结果：a=a·b；b=a/b；a=a/b。在学生求得多种解题方法之后，继续让学生自己去分析比较，小组相互讨论，找出最好的解题方法。学生在讨论甚至争论后发现，倘若变量的值换成字符串常量，后两种解法均不可行，又或者变量的值为零，解法三也不可行。因此，得出结论：只有借助第三个变量的解法才是最经典的解法。这一讨论过程就是一个继续思维的过程，也是一个对问题再认识的过程，让学生先自我探索和尝试寻找问题的解决方法，然后了解他人解决问题的方法和思维过程，对比自己与他人思维的异同，然后共同讨论，形成共识，这是训练多方位思考的一个不可忽视的环节。判断哪些是一般的解法，哪些是自己的创新，哪种解法简便等，这些都要引导学生自己去进一步思维、进一步认识、进一步提高解决问题的能力。

3．以算法为中心，算法教学与程序设计教学相互渗透

在程序设计教学中，经常会出现这样的问题，学生上课时老师授课的内容都能听懂，程序语句、语法也掌握得比较好，可是到了自己动手编写程序的时候，却一筹莫展，不知从何下手。其实这是算法能力欠缺的一种表现。教师在授课时过于注重分析每条语句的含义，单纯以掌握编程技术为目标，却忽略了算法描述过程的展现，造成学生知其然不知其所以然。教师在讲授时，应以算法为中心，做到算法教学与程序设计教学相互渗透，培养学生解决问题的能力。算法与程序设计的初始阶段可以通过观摩程序、运行程序，让学生了解程序设计，培养学生的兴趣；算法与程序设计的理解与应用阶段，则是通过观摩、编写程序进一步加深对算法的理解，通过编程验证算法的有效性和正确性，解决实际的问题。

三、结束语

总之，在实际教学中凡是能够与"算法"建立联系的内容都要有意识地渗透算法思想。算法中有很多内容需要学习，有很多重要的算法思想需要学生体会和感悟。算法学习结束后，不能就此画上句号，教师要将算法的思想融入今后的学习和生活中，真正做到用算法思想来帮助我们解决问题。

参考文献

［1］孙朝霞．从生活中探究和建立程序设计思想——《算法与程序设计思想》教学案例［J］．中小学信息技术教育，2005（12）：25-26．

［2］魏雄鹰．指向学科核心素养的普通高中课堂教学设计案例丛书"信息技术"［M］．杭州：浙江教育出版社，2019．

［3］宋宝和，宋乃庆．算法教学策略初探［J］．中国教育学刊，2005（5）：41-44．

《App 设计师》社团课程的项目化学习探究与实践

温州市南浦实验中学　刘　荃

在目前智能手机、平板计算机越来越普及的情况下，App Inventor 的出现无疑是课堂教学的宠儿，具有很强的应用性和实践性，这与我们倡导参与和体验、过程和方法、交流和合作、创新和实践的本质相契合，App Inventor 是一个基于网页开发 Android 移动应用程序的快速开发平台。借助 App Inventor 可以将抽象的计算思维具体化，将复杂的编程思想形象化，通过积木块的编程和将计算思维无缝地融入一个有趣的 App Inventor 小项目。

《App 设计师》社团开设的 App Inventor 教学是基于社团七、八年级学生的拓展性课程。当前大部分的拓展性课程是一种以传统教学模式进行授课，以教师为主导，传授零碎的、孤立的知识。在这个过程中，学生是被动学习的，而这样的知识缺少与真实情境的联系，缺乏感情，单调枯燥。另一种是纯粹地让学生"体验"，通过科技电影欣赏，小实验及简单活动的方式让学生玩得尽兴。这样的社团课程看似非常热闹活跃，但实质上对学生思维能力提升的作用微乎其微，学生无法学习到真正有意义的生活化知识，这样的体验式学习只能让学生停留在主动的浅层学习层面。项目化学习是一种以学生为中心设计执行项目的教学和学习方法。在一定的时间内，学生选择、计划、提出一个项目构思，通过展示等多种形式解决实际问题，在时间和空间上社团课程比较适合开展项目化学习，而《App 设计师》社团课程的学习历程就是通过一系列思考实践来解决某个问题，最终展示这个 App 应用项目，这与项目化学习不谋而合。

《App 设计师》课程以一个小项目为引子，以完成项目为主线，并且每个小项目主题以各个学科小课堂为背景，有美术、音乐、数学、语文、英语等主题，学生的参与感和代入感更强，同时鼓励学生以小组团队协作学习，激励学生创新、拓展原有主题内容，而且每节课没有固定 App 范例，学生以"设计师"的角度围绕项目主题设计不同的 App 作品。完成 App 作品的目的是让学生不仅要掌握 App Inventor 组件界面和逻辑界面的基础知识与基本技能，还要学会应用 App 程序来解决工作与生活中的实际问题。

一、选择接近真实问题，激发主动学习的兴趣

在项目化教学中，真实问题的驱动是积极学习的前提，教师选择真实问题或者有目的地创设接近真实生活的具体情境，能引起学生真实的情感，使学生对知识形成身临其境的主观感受，并对教学内容产生积极的态度倾向，主观感受也就不由自主地转移到与教学情境相关的对象上。作为教师不仅要传授知识，更多的是要引导和激发，特别是 App 应用程序具有趣味性和亲民性的特点，更容易引发学生的好奇心，激发学生主动学习的兴趣，同时，鼓励学生进行

大胆的质疑，发现问题，并围绕问题主动探索，养成严谨的学习习惯。

以"Hello World"为例，"Hello World"几乎是学习所有编程语言的第一个程序，一般是显示一个字符串"Hello World"，以此来测试开发环境，并用以入门学习。首先，教师让学生来体验该 App 应用程序：点击小猫图片就听到叮当猫的主题曲，摇晃手机就听到"喵"的叫声，此时学生的好奇心都被积极调动起来，吸引学生尝试制作的兴趣；然后，教师再提出如何制作手机 App 欢迎页面的问题，由此问题驱动学生开展整个小项目的制作。在学习过程中教师只需要提供该 App 项目界面设计（Designer）窗口和所用的素材，适时提出一些问题：点击屏幕图片用了什么组件？摇晃手机又用到了哪个组件？素材如何导入？……将学生自然而然带入教学内容相应的氛围中，通过学生制订项目的计划来逐步探究。App 教学还有很多贴近学生实际生活的内容，如不求人的语音听写 App、记录跳绳的计数器 App、练习音准 App……这些软件起到了一种唤醒或启迪的作用，激发了学生主动学习的兴趣，积极有效地驱动了学生的主动学习。

二、提供多元思维的空间，挖掘自主创新的潜能

在学生项目化学习过程中，边做边学，遇到什么问题就解决什么问题，循序渐进，知识的学习与问题的解决是同步进行的，而不是彼此分离的。《App 设计师》课程中的 App 设计提供给学生更多的解决思路和更多思考的空间，引导和鼓励学生采用不同的解决方法拓展思路，创造性地将问题研究引向深入，从而发掘创新潜能，提升学生分析问题和解决问题的能力，这也是项目化学习的意义，不是解决一个问题，而是解决一类问题。

（1）一题多解。App Inventor 开发平台的指令丰富，功能强大。同一主题的项目可以有多种不同的脚本编写，以"阶乘计算器"为例，分别可用循环、过程、递归三种脚本来实现。正因为每个人看问题的角度不同，思考的视野不同，原有知识结构也有不同，尤其在 App Inventor 中各类丰富的功能模块，提供很多解决问题的可能性，留给学生足够独立思考的空间，自主探究，学生可能会想出更多的意想不到的解决方法。

（2）一题多样。针对 App Inventor 开发平台的多样性，有多媒体、绘图动画、传感器、社交应用、数据存储、通信连链等功能齐全的各式组件，由此看出，可开发的 App 项目类型很多，经典的例子也很多，学生可在此基础上再加工、再创作，如经典例子"打地鼠"，可以延伸出类似的游戏款，如打泡泡、滚珠球、瞄射飞机等，尤其可以利用贴近生活的例子去开发服务于生活的更有创意的、更接地气的 App 应用程序，如"抽奖器"App，该项目选取典型的生活问题，在解决问题过程中对该问题的多个维度进行思考，形成可迁移的解决问题的范式，通过多项目的综合对问题进行解决。项目化学习过程中，根据各小组的不同思路和想法，运用不同算法设计、制作出不同抽奖功能的 App，有随机幸运抽奖 App，也有按序号定向抽奖 App，还有自定义设置的抽奖 App 等，学生在创作的过程中感受到创意的魅力，并体验到成功的乐趣。

（3）一题多用。在开发 App Inventor 程序的过程中，很多例子往往有一些模块运用是相似的，例如，"石头剪刀布"是利用随机函数控制先出的对象是石头，还是剪刀或布；"打地鼠"也是利用随机函数控制地鼠出现的位置，这两个 App 都运用了随机函数模块，在一定程度上可以复制互通使用，大大提升了学生开发 App 的效率，并在多次运用模块的过程中逐步形成个人的模块资源库，学生进一步熟练编程技能，提高了学生的作品成功率。

三、经历学习实践的过程，提升自主探究的能力

学生在项目化学习教学中，教师运用大教学观来实施教学，并不面面俱到地讲操作，仅教给学生学习的方法，将自主学习的空间归还给学生，使学生在这一动态、开放、多元的环境中自主学习，将"想学、能学"逐步向"会学、坚持学"过渡，进一步通过认知策略提升自主学习的能力，经历有意义的学习实践过程。

（1）知识脉络化。App Inventor 开发平台系统具有架构合理、界面清晰、组件丰富等特点，教师可以充分利用这些特点，采用探究式教学法，让学生根据自我认知来自主建构知识，形成自己的知识体系。App Inventor 开发平台中逻辑窗口的内置块和 Scratch 中各色程序模块非常相似，均以各色模块代表不同功能的程序模块，学生可以根据以往的学习经验来重新梳理知识，有效地组合已有知识信息。

（2）细化项目模块化。在 App 项目开发的需求内容驱动下，先通过设置组件进行手机 UI 设计，再在逻辑窗口搭建程序模块。让学生运用已有的知识，学会掌握模块化设计的思想，将一个复杂的问题抽象地分解成多个小问题，即多个小模块，逐一解决问题。

（3）实践成果有效化。现代教学论的代表人物布鲁纳说："人唯有凭借解决问题或发现问题的努力才能学到真正的方法，注重实践越积累，就越能将自己学到的东西概括为解决问题和探究问题的方式。"在学习过程中，学生以实践为主，需要经常对 App 制作进行测试，强调用批判性思维去不断调整改进 App，即使作品失败，也不失为是一次有效的实践过程，学生从中也能有收获，并不是一味为了完成而学习，有思考，才有提升，强化学生的动手实践能力和批判质疑能力，开发的 App 成果通过反复实践检验后更具有效性和可行性。

四、促进小组合作的作用，优化团队互助的效果

App 项目开发需要小组合作完成。项目化学习非常重视团队合作与交流能力的培养，本身就是小组学习与提升的过程。教师应该根据学生的实际情况，充分考虑组内学生的特点和各组之间的能力均衡，进行合理分配。学生进行有效的团队合作、互助探究：一是创造了一个更轻松、更民主的学习氛围，学生自主性更大，使学生有更多的机会发表看法，有利于更多创意的产生，拓展更广的思维空间；二是小组成员拥有共同的目标，在相互讨论和启发中，在相互补充和影响中，思考会更加全面、深入；三是缩小了同伴之间的差异性问题，在同伴互助、资源共享的学习氛围中，实现"一帮一""一带一"或"一带更多"。

App 应用的开发中从图标 Icon、屏幕 UI 设计、后台程序设计到调试作品等一系列内容都是需要团队分工合作完成的，而且在团队中同伴们都是各有所长，美工较强的可以偏向 UI 设计部分的制作，编程较强的同学可以偏向后台模块的搭建，从而形成合作探究的优势互补，达成团队互助有效性的最大化。

五、注重用户需求的体验，树立系统的作品意识

一个完整的、较为成熟的 App 应用程序均经历了"说出想法—写出设计—制作作品—编程调试—完善设计—作品实现"过程，并且，在此期间还会经历无数次的讨论、修改和调试，到最后产品才会出炉。项目化学习都要以成果展示作为完成的标志。而 App 作品的"用"常

常是学生忽视的，好的 App 作品都是站在用户角度考虑，注重用户体验，这也是我们要应用 App 来解决生活问题重要的落脚点，因此，学生要学会从用户"用"的心理、习惯上探究方法和途径，树立一定的产品意识，真正解决实际问题，这也体现了信息技术的核心素养。万事始于头，所以，应培养学生整体筹划的思维，从产品的需求分析开始有序地制订计划，让学生了解整个 App 项目开发的流程，并形成系统的认识。

项目化学习富有一定的挑战性，既要求学生有批判性思维且善于分析，强化了更高水平的思维技能；又要求学生团队协作、与同伴沟通、解决问题、自主学习，对学生的核心能力培养有综合的促进作用。本课程依托项目化学习方式，遵循发展性原则、自主性原则，每个阶段对学生进行多元评价，分为前、中、后三部分评价，尤其是对学生的学习过程进行评价，过程中的各项指标能真实反映活动是否能促进学生发展和体现学生有效的学习成果。通过评价，规范学习行为，促进学生自主学习，提升学生的团队协作、沟通交流、批判性思维和创造创新四种能力，并激发学生开发与生活息息相关 App 应用的探索兴趣。

总之，通过《App 设计师》的项目化学习，可以让学生从中学到分析问题的思维、解决问题的策略、项目开发的理念，培养学生合作、沟通、探究、质疑、创新等多元能力，提升学生的信息素养、有效地使用技术进行创造性思考的能力，并付诸实践，真正使科技服务人类。

无画处皆成妙境
——小学美术课堂教学"留白"艺术的探析

温州市瓯海区外国语学校小学分校　叶怡妲

一、对于"留白"的感悟

　　课堂的留白赋予人思维的空间、探讨的时间、整合的时刻。笔者关于留白的感悟起源于一次公开课。笔者所教的是《图形联想》一课，在课的设计之初，笔者收集、整理了大量关于图形联想和创意的图片，包括画家的创意联想画、广告中的创意设计、各种新奇的动植物照片，还收集了不少学生的作品……可以说有些素材说能用也能用，说不用也可以。在设计中，如何取舍成了笔者的一大难题，"舍"要比"取"更难。一方面，收集素材花费了不少精力，丢弃觉得可惜；另一方面，总想尽可能多地让学生欣赏和感悟，往往丢不下这个舍不了那个。实践证明，多不一定是好事，往往过多之后会使某个环节笼统化，针对性不强，容易干扰学生的思维，学生的体验只能停留在表面，更不用谈教学重点在哪里了。如此一来，美术课的欣赏、感悟、思考有所得就成了一句空谈。孔子曰："学而不思则罔，思而不学则殆"。"留白"两个字突然从脑海跃出，经过几次磨课后，笔者认识到教学应像艺术形式一样讲究"留白"艺术，构成教学的"阴晴圆缺"，以引起学生的注意力，激发学习的兴趣，让学生在求知的过程中能主动地探索、思考和发现。让学生的主体意识在教师留下的空白里得以充分发挥，从而提高课堂教学效率。

二、直视课堂的现状

　　自有所感悟以后，笔者在听课时，对教师的课堂教学"留白"就多加留意，观察中发现40分钟往往都是被教师牢牢地掌控着，学生注定不是这40分钟的主宰者，他们只能在教师的精心策划下，为完成教师预设的目标和任务而努力配合着。

案例1：以一位教师执教的《手形的联想》片段为例。

师：手可以做许许多多的事情，你的小手会干些什么事情呢？

生1：会扫地；

生2：会写字；

生3：会洗衣服；

生4：会画画。

师：你们的手本领可真大！真是好样的。

出示手形图片：👍，你觉得这只手像什么？

生1：手枪；

老师见学生迟疑了片刻，赶紧换了一张图片🤚问：这只手又像什么呢？

生2：电话；

生3：小花；

……

这位教师在教学这个部分时，用时不到5分钟，课堂看似流畅，学生看似敏捷，成效看似卓著。但笔者做了统计，整个教学环节总共请学生回答10次，其中有两位学生回答了2次，因此，只有8位学生真正参与到他的教学活动中。全班有38名学生成为和笔者一样的旁听者。从以上的案例中不难看出，教者步步为营、环环相扣、层层深入、面面俱到。教师的精心、细心和良苦用心跃然于课堂上；学生思维敏捷、想象丰富，师生融洽的合作让人佩服；课堂是热闹非凡、气氛活跃、笑声不绝的，让人感到似乎轻松和谐、成效卓著……其实，大家都知道，这样的课堂有80%的发言权掌握在20%的学生中，有80%的学生只是课堂的看客。而导致80%的学生不能成为课堂活动参与者的根本原因在于，学生有着差异性，有部分学生思维特别敏捷，但是还有绝大多数学生需要教师给予更多的思考空间，而这堂课上，教师在学生迟疑片刻时，害怕课堂沉默，害怕在这个环节给学生更多的思考时间会因此而影响课堂气氛和占用下一个环节的教学时间，乃至影响整堂课的教学效果，于是赶紧换了一张图片，却没有能够给绝大多数学生充分的想象和思考的时间。

基于以上分析与思考，笔者于2018年3月10—11日在学生不知情的情况下，随机抽取了六年级两个班共96位学生进行调查，并随机选择一些学生进行个别访谈。对我校4位专职美术教师和4位兼职美术教师的课堂教学情况做了同步调查，并对10位教师进行了个别访谈。调查结果见表1、表2。

表1　美术课堂教学反馈情况调查（教师）

内容	反馈
课堂提问时学生的参与度如何？	6位教师反映，学生举手不超过10人次； 2位教师反映，学生举手不超过5人次
每个教学环节让学生思考的时间是多久？	5位教师选择少于30秒； 2位教师选择少于1分钟； 1位教师选择视情况而定
名作欣赏时，你的做法是？	4位教师反映是教师仔细讲解，学生听； 2位教师反映是师生互动，学生参与谈想法； 2位教师反映是以欣赏为主，基本上不加讲解
需要教师范画时，你的做法是？	5位教师的做法是教师一气呵成，学生观察； 2位教师的做法是教师一边讲解，一边示范； 1位教师的做法是边示范边让学生思考，给教师提意见

表2　美术课堂教学反馈情况调查（学生）

内容	反馈
对目前的美术课是否满意？	21%的同学较为满意； 55%的同学不满意； 24%的同学认为一般
你认为美术课堂存在的问题是什么？	52%的同学认为教师有时讲得太多，没考虑学生的接受能力； 35%的同学认为教师讲得太快，来不及思考问题； 13%的同学认为自身参与课堂思维的主动性较差
你认为美术课上，教师应该扮演什么角色？	65%的同学选择引导者和学习伙伴； 20%的同学选择疑难问题解答者； 15%的同学选择美术知识、技能的传授者

续表

内容	反馈
你认为学生在美术课堂上最重要的是做什么？	45%的同学认为是积极思考，努力和教师共同探究美术知识； 26%的同学认为是认真听讲，按照教师的要求画好画； 29%的同学认为是多欣赏名作，多思考问题，多练习绘画

调查结果表明：教师的课堂教学环节通常安排得过于紧凑，真正让学生思考的时间不足；而学生则需要一个灵活多变、充满生动状态的美术课堂。笔者认为，"生成教学"必须以对话型教学为依托，因此，课堂就需要"留白"。笔者从近段时间的观课中发现，现在的课堂上，许多学生就像在T型台上走台的模特儿一样成为一个"走课者"。多数学生上一个问题还没有思考成熟，就被教师领进了下一个问题。结果一堂课下来，只有少数学生得到了收获和发展，而绝大多数学生是云里雾里不知所以然。可小学美术课堂教学不是为了培养几个画家，更不是为了应付一节课，教师应该面向全体学生，以全面发展和提高学生能力为主旨来讲课。所以，我们的美术课堂应该为了更多的学生"留白"，给予学生更多的思考时间。

三、课堂"留白"的意义

一个班级的学生有40多人。他们中有校外美术辅导班培训过的学生，有学校美术社团的学生，也免不了有学习、绘画困难的学生。这些学生的基础、能力、反应速度和思考方式都不尽相同——这些都是客观存在的事实。如果教师在课堂上没有考虑到或不考虑学生的差异性，一味地为了追求课堂效果而赶时间、走环节进度，势必会造成多数学生得不到美术课上美的熏陶，那40分钟也必将是高耗低效的，这显然不是教师所愿意看到的结果。因此，在美术课堂教学"留白"就显得至关重要了，能保证优、中、后三类学生在课堂上思考问题的用时，使这三类学生都能有一定的时间去思考、体验和感悟；均衡了学生在课堂上的发展差异，使班级每一类、每一位学生都能得到相应的收获和提高，尤其是后进生，课堂"留白"能让他们加把劲够得着回答，也能让他们对问题或美术作品产生自己独特的感受和体验；也有助于培养学生的发散性思维和想象力。

四、课堂"留白"的时机

法国作家梅里美说过，作诗只能说到七分，其余的三分应该由读者自己去补充，从而分享创作之乐，品尝诗的真味。课堂艺术也是一样，教师讲课也只能讲到七分，其余三分应该由学生去补充，去创造。要变教师"独唱"为"师生合唱"。这就要求每位教师改变传统观念，课堂教学不应该讲通讲透，要留给学生思维的空间，留足学生思考的余地，让学生自奋其力，自求其果。只有这样，才能真正体现学生的主体作用，激发他们学习的积极性。

1. 在探究创造处"留白"——激活创新意识

苏霍姆林斯基说过，在人的内心深处都有一种根深蒂固的需要，这就是希望自己是一个发现者、研究者、探索者。而在儿童的精神世界中，这种需要特别强烈。在新型的课堂教学中，知识不再仅仅作为信息被简单传递，还应该成为引发学生思考的对象。因此，教师在教授学生学习新知识的过程中要引导学生针对某些问题进行共同探讨，尽可能地去暴露学生的思维过程，做到凡是学生能自己探索得出结论的，决不替代；凡是学生能独立思考的，决不暗示，使学生学习的过程真正成为发现问题、提出问题、思考问题、分析并解决问题、发展能力的过程。

案例2：笔者在上《家乡的桥》一课时，因为课前布置学生用各种形式查找有关桥的资料，了解有关桥的知识，所以，课一开始便和学生玩起了有关桥的知识的抢答游戏，抢答正激烈时，笔者适时出示了一张图片（家乡的一座桥），问学生："有谁知道，这座是什么桥？"出乎意料的是问题一出，学生想也没有想，就说："不知道。"接着很多学生都说"不知道"。于是我便提醒学生："老师再给你们30秒的时间，好好想一想，我们在座的肯定有几位同学每天要从这座桥上走过。"经过30秒的思考后，学生都纷纷举起了手："老师，这座桥是不是老街那里的那座桥？""哦，是那座桥，我们校本课程上就有介绍，好像是在宋朝的时候建的。"接着让学生欣赏各种材料、形状的桥的图片，并适时"留白"让学生自主探究，从中发现桥的用途，强化学生对知识的认识和掌握，培养学生的观察能力和自主学习的能力。而在出示小溪的垫步时，一个学生突然提出一个问题："书上介绍桥一般由桥身、桥面、桥墩、桥栏几部分组成，这只是石头排列而成的，没有桥墩也没有桥栏，也是桥吗？"马上有学生接着说："是啊，这怎么能叫桥呢？"这时，笔者并不急于把答案告诉同学们，而是让学生先思考，是不是所有的桥都由这几部分组成？一会儿，一个学生就说："不是，独木桥就没有。"就这样，一个"留白"就解决了垫步是不是桥的问题。……一节课下来，桥的结构、形状、用途等都在师生的探究中得以落实，学生的作业也层出不穷。学生作业如图1所示。

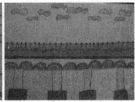

图1

2. 在欣赏时"留白"——留下体验空间

在美术欣赏教学中，教师的主导地位决定了教师应注重引导学生去赏析美术作品，给予学生充分的时间自由地去欣赏作品，让学生在作品欣赏中感受、品味和思索，使学生赏画入情，由情入境，由情悟理，学生的情感和认知在活动中获得自然而真切的感悟。这样，学生才能与作品所表现出来的思想情感产生共鸣，继而从美术作品的内涵和艺术特色中获得一种精神满足和思想收获。

案例3：一位教师在《一张奇特的脸》欣赏环节的两次试教的不同方案。

同样依次出示图片如图2所示。

图2

试教一：师：这里有很多奇特的脸，你们想不想看看？生：想。那我们就一起来欣赏一下吧！老师出示第一张图片，马上介绍：门神是中国民间流行最广的神祇之一，门神一般是雕刻或贴在哪里的？生：门上。师：门神的脸线条粗犷，脸非常大，很严肃，形象奇特。师：欣赏了中国门神的脸，我们去看看非洲的脸奇特在哪里。出示第二张图片，老师马上介绍：这是非洲面具，这些脸型可以是圆形、三角形等，其实奇特的脸型可以是任何形状。除了这些脸型，你还能想到哪些奇特的脸型？生：正方形，多边形……师：你们的想象力可真丰富，画家毕加索的想象力也很丰富。接着出示第三张图片，师：这是毕加索画的《少女的脸》，我们来看看这张脸上的眼睛和我们平时看到的一样不一样？生：不一样。师：我们再看看鼻子，好像长到脖子上面去了。这幅画就是在一个平面上同时表现少女的正面与侧面，所以我们才会觉得她的五官很奇特……

试教二：老师收集了很多奇特的脸，出示第一张图片，师：同学们仔细观察一下，这张脸上哪些地方让你感觉到奇特？思考片刻后，生1：脸很大。生2：眼睛向上翘。生3：看上去很凶。生4：……师小结：同学们很会发现，门神的脸上，线条粗犷，脸型很大，看上去很威武，很严肃。师：欣赏了中国门神的脸，我们去看看非洲的脸奇特在哪里。这时，老师出示了一组非洲面具的图片，让学生观察对比，这一组面具有什么特别之处，学生在观察中发现每个面具形状都各不相同，于是老师就在学生的发现中小结出改变脸的形状，也能让人感觉到脸的奇特。接着老师同样出示的是毕加索画的《少女的脸》，不同的是老师出示图片后并没有急着介绍画家和画面内容，而是给学生1分钟的欣赏时间，问：这张脸哪里让你感觉奇特？为什么会觉得奇特？只见学生都争先恐后地发表自己的见解……

同样的图片欣赏，像试教一教师出示图片后，学生还未看清作品，就开始介绍作品，介绍画家，每张图片一环接一环，表面上看就像一幅构图饱满而没有丝毫空隙的工笔画，其实从头到尾匆匆忙忙，学生根本无法静下心来仔细品读作品，这样的课堂机械并显呆气，而试教二的教师把"留白"法用于课堂之后，效果就不同了，使得这节课更具灵气与意趣。因此，教学中教师应留出情感体验的空白，把最甜的果子让学生去品尝。在美术欣赏过程中，教师不要按自己的"标准答案"来解说，要将作品还给学生、还给视觉。此时无声胜有声，绕梁的余音正是把学生带入欣赏美术作品最高境界的最好媒体。即使教师对作品阐发自己的见解，在表达上也应该是引导学生欣赏，让学生在自我体验和感受的过程中去填补空白，这样会收到意想不到的效果。

3．在范画时"留白"——开拓思维空间

范画是最直接、最具体、最直观的教学方法，美术教师常常在黑板或纸上当场示范，教师在画范画时不一定每一幅画都画得那么完整，可以有目的地画一些"留白"或"残缺"的形象，形成版面空白，让学生去联想、去思考、去补充。

案例4：笔者在上《大家来运动》一课时，范画中，笔者给学生画出几个人物的动态，脸部留白，衣服留白，环境留白，这时，笔者就引导学生想象，并让学生说一说自己想给这个人物画上什么表情，学生竟是争先恐后地表达，生1：我想画一个胜利了很开心的小朋友。生2：小朋友运动的时候很累，我要画一个很累的表情。生3：……，这时笔者就抓住这个教学的契机，再引导学生，小朋友的衣服上还没有花纹，你能给他们加上漂亮的花纹吗？巡视中，发现小朋友都很有设计的天赋，有的用彩笔画了各种不同的线条来装饰，有的在上面画了小花，还有的排列了彩色的几何图形。然后，笔者再引导学生进行接下来的环节：你要让他们在哪里运动呢？请填上你喜欢的背景。学生有的画了树林，有的画了房子，有的画了操场……（图3），让学生发挥想象画出表情和衣服上的花纹装饰，并添加不同的景物，就这样突破了难点，使学生既学会了不同动态人物的画法，又给了他们创新的空间，减少了对教师的过分依赖。这样几个添画，不仅是对画面进行及时的"补白"，还是对学生进行发散性思维和想象力的有效训练。

图 3

南宋画家马远和夏圭的山水画有"马一角"和"夏天"之称，他们往往以山水一隅或春柳初绽的山径，寥寥野枝，淡淡帆影，渐行渐远于画面远处，点化大自然的磅礴之气。总之，美术课堂教学中的"留白"设置，不是空白，不是甩手不理，而是交托给学生的"自留地"，是促进他们积极思考、丰富想象、自主探究的一方舞台。只要教师能合理而又及时地运用，课堂就会变得更加合理丰富，学生就会得到收获和发展，教师的教学就会卓有成效。

参考文献

[1] 常锐伦. 美术学科教育学 [M]. 北京：首都师范大学出版社，2000.

[2] 邱春晓. 美术课程标准解读 [M]. 北京：北京师范大学出版社，2002.

[3] 刘先富. 教师要学会"留白式"管理班级 [J]. 当代教育科学，2009（16）：46.

[4] 周波. 课堂留白无处不在——品德课"留白"教学案例 [J]. 新课程学习（社会综合），2009（12）：313.

抓实"六字诀"突出概念教学本质

文成县峃口镇中心学校　张海萍

一、概念课简介

概念课是指如何让学生理解名词概念并且学会运用名词概念去解决实际生活问题的一种课型。

数学以课的知识类型为视角,可以分为概念课、计算课、统计课、图形课、问题解决课、综合实践课等。如果以教师的教学形式为视角进行分类,可以分为新授课、练习课、复习课、讲评课、活动课等。如果从学生视角出发,数学课的基本课型就是两种,即新知与复习。

二、概念课的现状

数学概念是构建数学理论大厦的基石,是导出数学定理和法则的逻辑基础,是提高解题能力的前提。因此,正确理解概念是学好数学的基础。然而小学数学概念因为抽象性强、感知性弱,使得学生难以理解和掌握,难以运用概念解决问题,教师在教学过程中也难以把握讲解的度。在现实的教学中,学生普遍存在以下三个现象。

1. 不理解,死记硬背

数学概念很抽象,学生理解起来十分困难,可是小学生的记忆能力却非常强,往往能一字不漏地背熟,但却没有理解概念的真正含义。只是"死记硬背",没有经历概念的形成过程,无法理解概念的真正意义,更不会应用概念来解决问题,遇到解题更是无从下手。

2. 不具体,浮光掠影

有的数学概念很简单,学生就自认为很容易理解,看似容易,却没有挖掘其深层次的内涵。于是,在做练习题时反复出错,却找不到真正的错误原因,然后便通过大量做练习,强化概念的形成,一旦遇到更难的选择题与实际应用题时还是一筹莫展。

3. 不联系,孤注一掷

概念学习是具有连贯性的,相关联的概念不能独立存在。不少学生在学习新概念时,总是抛开以前的概念,导致概念之间得不到联系,无法使相关联的概念形成体系,学习效果差,不能提高教学质量。

概念课,从教师的角度来说,要学生识记概念并不难,但概念的教学不应以概念的获得为最终目的,更不能用机械的方法让学生死记硬背。学生真正理解了概念的本质,才能更好地运用概念解决问题。

三、概念课教学有效策略

1. "创"有效情境

在小学数学教学中,概念教学占据着主体位置,学生只有在掌握和理解相关数学概念的基础之上,才能解决数学问题并灵活运用数学知识。但由于许多数学概念都很抽象,难以理解,使得小学生在理解概念的过程中存有很大的困难。因此,在概念教学中教师要特别重视创设有效的情境,来激发学生学习兴趣,吸引学生的注意力,使学生全身心地投入,创造数学学习的氛围和情境,这种教学环境有助于学生更好地领悟抽象的数学概念,培养学生的思维习惯。数学教师可以创设生活情境、问题情境引入新课,可以通过观看视频动画、故事引入新课,可以开门见山引入新课,可以利用学生前测反馈引入新课,可以用导学单引入新课等,应根据教师自己教学的需要选择合理有效的情境,激发学生学习的兴趣和探究的欲望。例如,在教学《三角形内角和》这一课,笔者尝试过以 3 个三角形的争辩动画引入、学生前测反馈引入、质疑引入和开门见山引入等,不同的班级选择不同的引入,让一石激起千层浪,开启高效课堂的第一幕。

2. "动"中感悟本质

在小学数学教学中,许多知识都有丰富的形成过程,如面积公式的推导,教师提供材料,让学生动手去剪一剪、拼一拼等,让他们经历面积公式的推导过程。再如 20 以内的加减法,让学生摆小棒、画一画、圈一圈、拨一拨计算器等操作理解算理等。其实教师的概念教学也是如此。如果教师在概念教学中只是教数学"定义",那教师的教学过程必然是知识模仿、记忆与强化训练,学生无法理解知识的本质。而概念教学,关键是理解概念,突出概念的本质。因此,在日常任何教学中,坚持三步走:创设情境—自主探究—运用提升,只有让学生经历、感知、体验知识的产生过程,才能深刻理解知识的本质,明确知识产生的道理及其必要性。因此,在概念教学中也要非常重视,让学生动起来,让他们在动手实践、自主探究合作交流中理解数学概念并运用数学概念来解决问题。同时,在让学生"动"的时候,还要注意提供准确多样有典型性、科学性和有效性的学习材料,易于学生多方位地整体把握概念的本质属性。例如,在教学《认识周长》时,教师不仅要提供常规的图形如长方形、正方形、三角形、圆等,还需要提供不规则的图形充分放手让学生动手描一描、画一画、围一围、算一算图形的周长,让学生经历丰富的感性材料的体验,还可以在每次感知后让学生用自己的话概括自己对周长的认识。这样,对概念的理解就更加丰富了。也可以使学生体会到周长是一个一般的概念,避免学生产生只有规则图形才能求周长的思维定式;可以让学生在经历不同图形周长求法的知识形成过程中,充分感知周长是长度,是可以测量的;还可以让学生体会"化曲为直"的数学思想方法。这样,到后面让学生计算长方形、正方形、三角形的周长时,学生便知道长方形的周长=(长+宽)×2,正方形的周长=边长×4 等。

3. "找"中理解本质

小学数学概念的抽象性与逻辑性普遍比较强,教师要将对数学概念的理解与学生的实际情况进行有机联系,通过利用学生熟悉的生活例子向学生阐述相关数学知识概念,学生理解起来就形象生动且扎实高效。例如,在教学《真分数和假分数》一课时,如果是让学生背一下概念,学生一两分钟就会背了,但是没有理解它们的本质特征。在教学这一课时,学生的难点就是无法理解"平均分成 n 份，怎么能取出 $n+1$ 份"。如果仅从分数的意义来说教，学生是无法信服的。于是笔者就抓住分数意义本质，不拘泥于形式上的分类，采用数形结合的方式，从不同层面入手，帮助学生突破对大于1的分数的认识，让学生认识到尽管假分数与真分数在形式上不一样，但它们的实质都是分数单位累加的结果。笔者巧妙地引入了生活例子：小红家有三口人，妈妈买了3个月饼，每人分1个，妈妈看见小红这么喜欢吃，就把自己的月饼分成四分之一给小红。妈妈、爸爸和小红分别吃了多少个月饼？笔者追问学生：你能具体说一说小红吃的四分之五个月饼吗？现在你能在生活中找到这样的分数吗？你能不能举一个生活例子来解释你自己喜欢的假分数？那你能不能动手画一画，把你的思考过程表达出来？学生画出一个圆，又画出一个圆，取其中的一份，合起来就是四分之五。学生在生活中找到实例，在动手画一画中体验了真分数与假分数都是分数单位累加的结果。这样的体验过程既向学生说明了假分数的存在性，又在生活情境与动手实践的探究下，加深了学生对假分数的理解，很好地突破了学生理解上的障碍，遇到再难的题目，他们都能迎刃而解了。

4．"画"中读出本质

在小学数学教学中，许多知识看上去是复杂难解的，但是只要认真分析题意，通过数形结合，画出题意，挖掘其数学背后的本质意义，其实都是非常简单的数学问题。在教学分数除法解决问题后，笔者对六年级的学生进行后测，六（1）班一共有45人，男生人数是女生人数的 $\frac{2}{3}$，男生和女生各有几人？学生的后测结果不容乐观，学生的错误率高达59.5%，让笔者很震惊。仔细分析错误的情况，主要存在的问题：单位1的量找不准；具体的量与所对应的率找不到；关键句理解不到位，读不懂其中的含义。针对以上的分析，笔者尝试着把分数除法解决问题和用比解决问题进行整合，借助画图法，读出其数学本质，提高学生分析关键句的能力和灵活解决问题的能力，促进学生核心素养的提升和教学质量的高效。笔者重点分析男生人数是女生人数的 $\frac{2}{3}$ 这个关键句，引导学生画图再理解，学生们从一句话读出9句话：①男生人数与女生人数的比为2：3；②女生人数与男生人数的比为3：2；③男生人数与全班人数的比为2：5；④女生人数与全班人数的比为3：5；⑤女生人数是男生人数的 $\frac{3}{2}$；⑥女生人数是全班人数的 $\frac{3}{5}$；⑦男生人数是全班人数的 $\frac{2}{5}$；⑧女生人数比男生人数多 $\frac{1}{2}$；⑨男生人数比女生人数少 $\frac{1}{3}$。这样，借助画图，学生读懂了背后的数学本质，对于分数解决问题的理解就深刻了，解决起来也就得心应手了。

再如一道题：用绳子测井深，把绳子折三折来量，井外余16分米；把绳子折四折来量，井外余4分米。求井深和绳长。无从下手的题目，通过画图打开学生的思维，清楚题目的意思，明确解题的策略。

从图1中可以看出，把绳子折三折来量，井外余16分米，不是所有的16分米，而是三根绳子分别是16分米，因此多出16×3=48（分米）；同理，把绳子折四折来量，井外余4分米，也就是多出4×4=16（分米）。而水井的深度是不变的，一个是水井深度的3倍多48分米，另一个是水井深度的4倍多16分米。把这两种情况进行

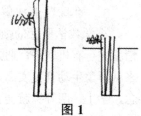

图1

对比便可以知道：井深就是 48-16=32（分米）。因此，绳长为 32×3+3×16=144（分米）或是 32×4+4×4=144（分米）。

通过画图读出数学本质，不仅在解决问题上彰显特色，还在计算和图形几何上魅力无穷。例如，计算 $\frac{1}{2}+\frac{1}{4}+\frac{1}{8}+\frac{1}{16}+\frac{1}{32}=$ _____。学生可以借助常规的通分计算其答案。但是，教师可以利用画图（图2），引领学生深入分析其本质，就变得更加简单了，学生一眼就可以看出来计算上题只需 $1-\frac{1}{32}=\frac{31}{32}$，这样，计算的速度又快，准确率又高，学生的兴趣也就更浓了。

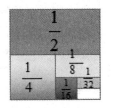

图 2

画图是将抽象的数学问题具体化，还原数学问题的本来面目，尤其是难题与复杂的题目，可通过画图揭开它神秘的面纱，让数学题目变得容易理解题意，拓宽我们解决问题的思路，使我们快速找到解决问题的关键与策略，让我们的数学学习变得简单有趣。

5．"比"出数学本质

小学数学中有些概念比较相似，使学生在记忆过程中容易出现混淆的情况，于是在日常的教学中，教师要重视用比较分析的方法来帮助学生对概念进行区分，让学生在比较中加深对概念的理解。例如在教学《线段・射线・直线》时，笔者都会出示表1，让学生进行整理对比分析三者之间的异同。

表1 直线、射线、线段之间的练习和区别

名称	图示	相同点	不同点		
			端点个数	延伸方向	长度
直线		它们都是一条线，线段和射线都是直线的一部分	没有	两个方向	不可测量
射线			1个	一个方向	不可测量
线段			2个	不可延伸	可以测量

再如，在教学《比》时，笔者会出示表2，让学生通过对比，更加深刻认识分数、除法和比之间的关系。

表2 比和除法、分数的联系和区别

名称	联系				区别
除法	被除数	除号	除数（不能为0）	商	一种运算
分数	分子	分数线	分母（不能为0）	分数值	一种数
比	前项	比号	后项（不能为0）	比值	一种关系

总之，利用对比分析，学生对于数学概念的认识更加清晰，对于概念的意义理解更加透彻，对于数学知识之间的联系、区别更加明了，学习的效果也就更好了！

6．"用"活数学本质

数学概念的解释与应用是对知识本身真面目的再认识、再理解和再创新的过程。数学知识源于生活、高于生活、用于生活。概念最终有没有根植于学生的内心，需要学生在具体应用概念时明晰。因此，在教学中，教师要设计新颖、富有挑战性的应用活动，以此来检验学生的学习效果。例如，教学《认识钟表》一课时，不仅让学生认识钟表，还放手让学生玩玩钟表、画画钟表、做做钟表，在平时的生活中多观察钟表，这样，学生在动手实践中便巩固了知识、提升了知识、落实了核心素养的提升。同时，这样一系列的活动成为专题活动，丰富了学生的数学活动。

总之，在进行小学数学概念的教学过程中，教师除要吃透教材，认真研究学生，准确把握数学意义本质外，还要灵活选择有效的策略，激发学生学习的兴趣，提高学生学习的能力，打造高效的课堂，更好地提升教学质量，更好地促进学生素养的提升，更好地实现教书育人的意义。

参考文献

［1］曹培英．跨越断层，走出误区："数学课程标准"核心词的解读与实践研究［M］．上海：上海教育出版社，2017．

［2］周卫东．突出本质　重在理解　形成素养——以"倍的认识"教学为例谈谈数学的概念教学［J］．小学教学研究（教学版），2020（3）：7-9．

［3］中华人民共和国教育部．义务教育数学课程标准（2011年版）［M］．北京：北京师范大学出版社，2012．

［4］俞正强．小学数学课堂学习的类型及其基本样式（上）［J］.小学数学教师，2010（11）：62-76．

有的放矢，让"学习单"更给力
——谈语文课堂阅读练习设计的若干策略

温州市蒲鞋市小学　沈　虹

首先思考："学习单"的出现有何必要？

2011年6月，《浙江省小学语文教学建议30条》中的第6条提出："根据教学目标精心设计多样化的作业，……课内书面作业时间一般不少于10分钟。"本条文的出现，从教学指导上指出了一条教课者容易忽视的知识信息停驻、反馈的必要性：当学生在课堂内涌现出欲与教材中的语言文字进一步沟通的愿望时，教师应通过何种手段设置这一平台？尤其是教学一些情感性颇为丰富的文章，光是借助"读"这一手段，便可实现学生语言能力的转化吗？基于以上，课堂"学习单"的出现，便是"一呼百应""水到渠成"之现象。那么，课堂练习在彼时地位如何？笔者观察如下：

（1）关注教材内容，无法为"练习"寻得源泉。课堂时间里，由于教学理念无法更新，师者过多注重文本内容，当教学内容被咀嚼殆尽之时，除让学生留下一个"故事"的概念，无法从"语言符号"或是"语言运用"的角度实打实为学生进行练习设计，于是，课堂练习也不是以课堂教学为依据，学生掌握知识显得低能、低效。

（2）缺乏分级性目标设定，练习难疑一刀切。学生与学生之间势必有差异，对基础、能力参差不齐的一个班级的学生而言，同质同量的练习势必造成一部分"吃不饱"，一部分"吃不了"。缺乏阶梯形的目标设定，"学习单"形同虚设。

我们之所以要在课堂教学中设置"学习单"，目的是使学生通过这样的形式，对自己语文知识获得、能力掌握的情况有所检测，也意在改变学生固有的一种学习方式，化课堂教师的教为主为学生课堂的自习为主，也为教师实行下一步教学目标制定前提。

基于以上思索，笔者认为，课堂练习设计，应从以下两个角度进行。

一、深究教材语言信息，以文字带动语文能力

上海师范大学吴忠豪教授曾这样说道："课文只是用于教授语文知识的材料，是'载体'，就像叶圣陶先生说的只是'例子'，语文课就是用课文这一'载体'或'例子'来教学生学语文。"关于入选教材的各类文字如何运用成值得学生学习的载体，从细小文字里辨别出适合学生习得的各种语言文字能力，名家各抒己见。其中，笔者比较推崇王荣生教授在《语文科课程论基础》中提出的："根据我们对中外语文教材的比较和研究，语文教材里的选文，大致可以鉴别出四种类型，即'定篇''例文''样本'和'用件'。"

细细分析，"定篇"的定义，是经典篇章，是集合着世界和民族文化、优秀的经典作品，

有着不容置疑的文学地位，关于"定篇"所涉及的知识点，是文化、文学等专门研究者对该作品的权威解说。以统编教材小学语文六年级下册课文为例，第三单元中朱自清先生的《匆匆》；第四单元中毛泽东的《为人民服务》皆为此类。经典在选文之中处于一种较为特殊的地位，王荣生教授自己就很好地做了总结："……经典训练的价值不在实用，而在文化。有一位外国教授说过，阅读经典的用处，就在教人见识经典一番。这是很明达的议论。""在这里，'定篇'不承担任何附加的任务；尽管在了解和欣赏的教学过程中，它也不可能不发挥出多方面的功能。同样，'定篇'也不附就任何的学生，无论生活处境如何，无论阅读情趣如何，如果'定篇'真是'定篇'，那么每位学生都应该按同样的要求去学习、掌握。"既是如此，在对此文进行练习设计时，笔者认为应定位于两字之上：积累。

《义务教育语文课程标准（2011年版）》中提道："语文课程应激发和培养学生热爱祖国的思想情感，引导学生丰富语言积累，培养语感，发展思维……""……受到优秀作品的感染和激励，向往和追求美好的理想。"由此可见，对于经典文字，应立足这样的目标指引，进行练习设计。

以笔者执教的《匆匆》一文为例：

（出示课文片段：在逃去如飞的日子里，在千门万户的世界里的我能做些什么呢？只有徘徊罢了，只有匆匆罢了；……但不能平的，为什么偏要白白走这一遭啊？）

师：在这一段文字之中，作者对时间的流逝不断追问。他追问了几次？每一次都有回答吗？

生（思考）：作者追问五次，却只有前两次有了回答。

师：找出来这些问题与答案，用笔轻画，轻声去读，你的感受是什么？

生1：朱自清想问自己能做些什么，得到的答案却是"徘徊""匆匆"，由此我感受到了他对于时光飞逝的一种茫然、无奈、惋惜。

生2：当我读到"过去的日子如轻烟，被微风吹散了……"这句，在欣赏文字的同时，我也被文字中透露出来的淡淡的忧伤所感染。

师：同学们，你们的感觉已经融合在文字之中。来，试着去背，将这些文字转化在自己的内心世界。

……

再举一例：

笔者在执教《为人民服务》一文中，发现第四自然段体现了议论文的一大特色——严密的逻辑性，因此，在教学时，在多次朗读的基础之上，设计了如下练习：

师：同学们读了多遍，看看，如若这样，也能读顺吗？

课件出示：（　　）我们是为人民服务的，（　　），我们如果有缺点，就不怕别人批评指出。（　　）是什么人，谁要向我们指出都行。（　　）你说的对，我们（　　）改正。……

生提出：散乱无章，不通顺。

师：可见，关联词在此处，就像一条条绳索一样，系紧了前后的关系，为我们打顺了一条思维之路。试着将这些关联词的运用积累下来。

生（进行口头填空练习）

……

上述两次课堂练习设计，仅以"熟知经典""了解和欣赏"的设计理念，使得学生对朱式散文的美好及毛式议论文的逻辑严谨在练习中得以体验积累，不累赘、不形式，让经典文字以原生态走入学生的文学视野之中，沉淀在学生的文化底蕴之内。

例文与样本则不同。它们的选入，主要目的是让学生进行结构习得，以及进行语言习得，以被临摹的体态展现在学生眼前。师者在对此文型进行练习设计时，不应过度注重内容的解读，而应从其文章结构特点、语言特点、情感价值等多维角度思考，选取学生值得学习吸收的部分，转化为知识目标、能力目标、情感目标。

同以统编教材小学语文六年级下册课文《真理诞生于一百个问号之后》为例。《义务教育语文课程标准（2011年版）》中提出"精读的评价……第三学段侧重考察对文章表达顺序和基本表达方法的了解领悟"，结合本课所在单元导读中提出的学习要求："……还要学习用具体事实说明道理的写法"笔者设计如下：

（出示句子：最后把"？"拉直成"！"，找到了真理。）

师：文章是怎样来写这个？和！的呢？从下面的内容中找出具体表达之处。

生（快速浏览，找到三个事例，并做上记号）

师（出示练习单）

人物	发现的事情	？	！

生（提取信息，完成表格，并作交流）

……

这个练习设计的目的非常明确：以表格的形式来整理内容，培养学生筛选获取信息的能力；并以此来解决文中"？"与"！"在具体事件中是如何描述的。解决完这个问题，再次整理文本脉络，就能清楚发现"提出观点—例举事实—总结观点"的结构层次，避免了过度讲读带来的低效烦琐。

纵观统编教材小学语文六年级下册课文，如《文言文两则》《十六年前的回忆》《他们那时候多有趣啊》等——"例文""样本"的选入占有三分之二的数量，作为学习"语文知识"的"工具"（或材料）。如不以此类型特点——即完全指向于学生语言习得、语言发展能力的目的性来妥善设计练习，恐怕会枉费编者心思，也是让学生在课堂上做无用功。

看"用件"，则又不一样。王荣生教授对于用件的要求"是适用，对于我们的语文教材来说，尤其是要提供足够的材料"。继续以统编教材小学语文六年级下册为例，用件型文章有"综合性学习"单元，是用以实践我们所学之各项语文能力的。因此，在设计这一类型课堂练习时，可以第三学段各项语文能力指标进行验证测试。

以笔者执教的《给外地亲友写封信》为例：

师：（模拟现场）你打算告诉外地亲友或小伙伴一些什么事，罗列下来。

生（完成提纲，交流提纲）

师：哪一件事或几件事是你打算详细写的（结合前面《老北京的春节》中详略分配写法），做上记号提醒自己。

生（交流，在提纲单上做记号）

师：（提笔）将你想写具体的事件思考一番后写下。写后自行修改，再做下一步交流。

……

很显然，"用件"型课文的课堂设计，以联系已经习得的语文方法来进行进一步练习，以实践与巩固某一方面的语文能力。它不同于前几个类型，不需要新的获得，只需要在探索中将已掌握的学习方法进行总结提升。

"得其法，行其路"，明确教材行文特色，形成练习设计的"主心骨"，让学生在教材中剥丝抽茧得到有价值的语文信息，才能助长课堂学习的高效性。

二、关注学生本体，设计属于"他们的学习单"

李林海先生在谈到课程内容开发时，曾这样说："语文课程知识内容的开发的根本视域和立场，是学生，是从学生出发，站在学生的立场上，从学生如何读文章、写文章这样的角度来开发语文知识。"

不同学段的学生，他们在阅读能力发展上，已掌握及需要掌握的能力要点不同。我们在进行课堂练习设计时，应以学生学习能力为基点，立足生本，从学情的角度出发，使得课文成为学生学习语文的载体。

以课文《珍珠鸟》教学为例（《珍珠鸟》选入统编教材小学语文五年级上册第4课、原人教版教材七年级下册第26课），同课异构，凌驾于不同学段学情之上，且看课堂练习设计侧重点有何不同。

第三学段	第四学段
学段目标（阅读）	
1. 学习浏览，扩大知识面，根据需要搜集信息。 2. 能联系上下文和自己的积累，推想课文中有关词句的意思	1. 对课文内容和表达有自己的心得，能提出自己的看法。 2. 欣赏文学作品，有自己的情感体验，初步领悟作品的内涵，从中获得对自然、社会、人生的有益启迪
教学设计目标（阅读能力）	
1. 通过主问题"你从哪里可以感觉到作者对小珍珠鸟的喜爱"的抛出，训练学生浏览课文，搜集相关信息的能力。 2. 通过联系上文相关内容，理解"信赖"一词的具体含义	1. 通过问题"小鸟的笼子有哪些特点""小鸟是否真的离开了笼子"，在学生搜索相关信息的同时，辩证思考"美好的境界"是否真的存在。 2. 通过与筱敏《鸟儿中的理想主义》描述对比，思考关于"信赖"背后的内涵
课堂练习设计	
1. 浏览全文，画出让你感受到作者对小珍珠鸟喜爱有加的语句，并做上1、2、3的记号。可以在旁边用几个词写你的感受。 2. 完成表格 信赖，往往能创造出美好的境界 | "我"的表现 | 小珍珠鸟的表现 | | --- | --- | | | | 信赖，往往能创造出_____。	1. 一分钟重读课文，思考"珍珠鸟的笼子，到底具有怎么样的特点"。快速标出1、2、3，并与小组同学交流。 2. 对比阅读筱敏《鸟儿中的理想主义》，思考"根据筱敏的文章，珍珠鸟属于三类中的哪一类；对于鸟儿的情感态度，冯骥才和筱敏有什么不同"。拿笔在关键处圈画一下

汪潮教授曾提到语文的四个层次，即文字、文章、文学、文化。而这四维目标，在第三学段和第四学段这一"初小衔接"上，目标设定侧重点也有所不同。第三学段较为器重前两者，夯实文字基础，提升文字感悟，初步学会对文章中所透露的思想或人物进行评价，说出自己的喜好；而第四学段则重在发展学生评价、表述、思维方式，以交流研讨的形式，探寻学生思想的火花。可见，即使同一篇文章，课堂练习设计作为帮助学生提高学习能力、达成学段教学目标（语文课程目标）的一种有效手段，必须依附学段学情，才能使学生有所得到，有所发展。

"教者有心，学者得益。"精心设计有效的课堂作业，不仅能直接性地帮助学生形成各项语言文字能力，便于教师高效地组织好课堂学习活动，还能激发学生学习语文的积极性，从而改变学生学习方式，最大限度地拓展学习语文的空间。一切设计的理念，正顺应了苏霍姆林斯基说过的话："在人的心灵深处，都有一种根深蒂固的需要，这就是希望自己是一个发现者、研究者、探索者。在儿童的精神世界里，这种需要特别强烈。"

参考文献

[1] 中华人民共和国教育部. 义务教育语文课程标准（2011年版）[M]. 北京：北京师范大学出版社，2012.

[2] 王旭明. 语文建设[M]. 北京：教育部语言文字报刊社，2012.

[3] 浙江省教育厅教研室. 浙江省小学语文教学建议30条[EB/OL]. 2017.

[4] 王荣生. 语文科课程论基础[M]. 上海：上海教育出版社，2003.

[5] 张文质，窦桂梅. 小学语文名师课堂深度解析[M]. 上海：华东师范大学出版社，2008.

一年级语文"反思性学习"能力的培养策略

温州道尔顿小学　张滨雁

反思是一种高层次的智力活动，反思性学习越来越引起教育界人士的高度关注，它是自主学习的核心目标，也是实现自主学习的核心环节。所谓反思性学习，是通过对学习活动过程的反思来进行学习。学生主动地反思学习态度、学习进程、学习方法、目标达成等，做到有效监控、及时反馈、自我调节、自我评价、有效补救。

但在教学实践中，笔者发现在传统教育观念下，学生的反思性学习比较欠缺。学生过分依赖老师，不了解自身学习状况，没有时间来反思自己的学习过程，不能自主安排自己的学习活动，总是处于被动接受和执行任务的状态。

笔者学校建校的两大基石是道尔顿理论和整理课理论，致力于培养学生成为"独立"的学习者，提高学生的自我反思与自我监控能力一直是教师们努力的方向。从学生入学开始，学校就特别重视对学生反思性学习能力的培养，基于一年级学生身心特点，设计切实有效的、可供使用的学习支架帮助学生建立反思意识和养成反思习惯。通过一年多的尝试，学校初步探索出了一年级学生语文反思性学习能力培养的三个策略，具体如下。

一、整理反思单，回顾型自评促自我认识

反思性学习首先是对学习过程中的回眸与找寻，是学生基于学习目标、学习内容，主动反思学习态度、学习进程、学习方法的过程。它有利于学生客观地认识自我，肯定自我的优势所在，正视自己的不足之处，并及时做出调整。在每一课、每一个阶段学习结束后，教师通过"整理反思单"指导学生进行有效的自我反思，有助于学生语文反思学习习惯的养成，增加他们对学习的掌控感，激发他们对语文学习的兴趣。

1. 课堂整理反思单

每篇课文学完后，结课前5分钟，笔者称为"课堂整理时间"，学生根据"今天我学会了吗"的课堂整理反思单，自我反思这一课的学习结果。

课堂整理反思单的内容可分为评价描述和自我评价两部分。评价描述是依据本课的教学目标设计的，但与教学目标相比，它从学生视角出发，内容更具体、直观，可测评，将本课学生需要掌握的各种目标进行了有序的罗列；表达清晰、直白、较简洁，去掉了程度修辞词语，去掉了具体的学习途经，有利于学生读懂。所有的评价描述还以"我"为开头，增加学生的主体意识，让学生明晰，整理反思是我要做的事情，而不是教师要求的任务。同时，"我能""我会"这类词语的表达，在潜移默化中让学生找到"我能行"的学习动力，学生的自

信心大大增强。自我评价是用四个大拇指来代表不同的目标达成程度，分别是极好地达成目标、较好地达成目标、基本达成目标和未达成目标。大拇指是充分考虑到一年级学生直观、形象思维占优势的特点而设计，实际操作时，由学生来自评勾选，简单易操作。

短短的5分钟回顾型自评，让学生明白了自己学会了什么，学到了哪个程度，哪些方面还学得不好，需要继续学习。学生能客观地了解自己的学习情况，感受到达成目标后自我实现的满足感和成功感，也激励其进一步针对未能很好达成目标的内容继续学习。

2．期末整理反思卡

课堂整理反思是每篇课文学习后的反思，这样的课堂反思有利于学生养成良好的、及时反思的习惯。但这种反思更多指向学习结果、目标的达成，对学生的学习态度、学习方法等关注极少，仅有这样的反思显然不够全面，所以，笔者特意设计了“期末整理反思卡”。希望用反思卡引导学生对一个学期的学习做一个全面的复盘（图1）。

一年级语文学科整理反思卡

班级________________　姓名________________

我的学习自评：

1.我会运用识字方法识字，能正确、较熟练地认读五个单元的生字。□ □
2.我能按照正确的笔顺规则书写汉字，书写正确、端正，且卷面整洁，有较好的写字习惯。□ □
3.我能正确、流利地朗读。□ □
4.我能背诵__篇课文，___首古诗，__首儿歌。□ □
5.我能每天坚持阅读__分钟，这期间，我读了___本课外书。□ □
6.我能创编，并能大声、清楚地讲故事。□ □
7.我能按时完成学习任务，并能及时订正。□ □

我的学习材料：

朗读分享表□　识字闯关□　《生字抄写本》□
周末乐园□　背诵评议表□　预习单□
*（选）看拼音写词语□

我的学习反思： 我的语文学习的目标都完成了吗？

我在语文方面的强项是：
识字□　朗读□　背诵□　写字□　阅读□
我用了哪些具体的办法：
识字：拼读□　用识字方法□　生活中识字□　其他_____
朗读：多读□　加动作读□　互评改进□　视频打卡□　其他____
背诵：多读□　想象背□　抓关键词□　做动作背□　其他____
写字：仔细观察□　坐姿端正□　正确握笔□　少用橡皮□　其他_____
阅读：借助图画□　借助拼音□　亲子□　其他____
我想在语文的哪个方面继续提高：
识字□　朗读□　背诵□　写字□　阅读□

我的学习感受：

我最喜欢的语文学习任务是（　　　　　　）。
我觉得最难的是（　　　　　　）。
我学习语文时，觉得________________________。

图1

期末整理反思卡主要分为我的学习自评、我的学习材料、我的学习反思、我的学习感受四个部分。我的学习自评是本学期学生需要达成的学习目标；我的学习材料是能够证明我达成目标的相关资料；我的学习反思是学生根据自己学习目标达成的情况，反思自身的优势与不足，更多地指向学习策略分析；考虑到一年级学生刚开始学习语文，需要建立语文学习的积极情感认知，我的学习感受则是指向学生情感体验、情绪参与的反思内容。

期末整理反思卡涵盖的内容非常全面，其内部的逻辑线索非常明晰。在教师的带领下，一年级的学生也可以通过简单的勾选，来回顾自己的学习方法是否有效，为什么，需要改变的是什么，如何改变，是否还需要做其他改进。在完成期末整理反思卡的基础上，学校每学期期末还组织学生对本学科进行 3 分钟以内的口头“个人学科综述”。面对导师，面对不同班级的同学，学生客观地评价自己，分享学习的收获和方法，提出改进的目标。

期末整理反思卡的积极运用，很好地解决了学生空对空反思的现状，使得反思能够指向学生的元认知监控和调节。一年级的学生也能主动反思自身的学习能力、学习特点，简单地评估学习结果，对学习过程中所运用的不同学习策略有初步的感知，还能提出简单的努力方向。这种指导不同于教师强加，是学生给自己做的评价和规划，有极高的认同感，有利于今后学生严格执行。

二、作业自查单，预防型自评促自我改进

作业检查，一直是学生学习过程的一个难题。一年级学生语文作业出错率高，虽然常见的错误大多是因为马虎造成的，但仅凭教师“请认真检查”这句话，学生很难检查出来。作业检查也需要有凭借，一年级语文作业检查清单就这样诞生了。如果将教师批改后订正看成是“事后总结”，那么检查清单更倾向于鼓励，相当于“事前预防”。它发挥了学生对作业的自省性，提高了作业准确率，促进学生生成自我修正的能力。

1. 书写类自查清单

针对一年级语文书写作业中的常见错误，如空题、忘标声调、错别字等，设计书写类自查清单。

书写类自查清单明确了很多需要学生一一检查的内容，有常规固定的指向学习态度的检查内容，如第 4 点；也有依据不同书写作业需要特别提醒的检查内容，如 1 ～ 3 点。以上内容还可以根据学生近期的作业反馈适时调整，设计易错点作为检查内容，让自查更加有的放矢。实际操作时，学生每次交作业前都要对照这几项内容，做到一项打钩一项，如果都做到了，再上交，如果还没有，就得自己再思考进一步改进。

2. 口头表达类自查清单

很多口头作业也可以设计自查清单帮助学生进行自我反思和改进，如朗读自查清单、背诵自查清单、讲故事自查清单等（图 2、图 3）。

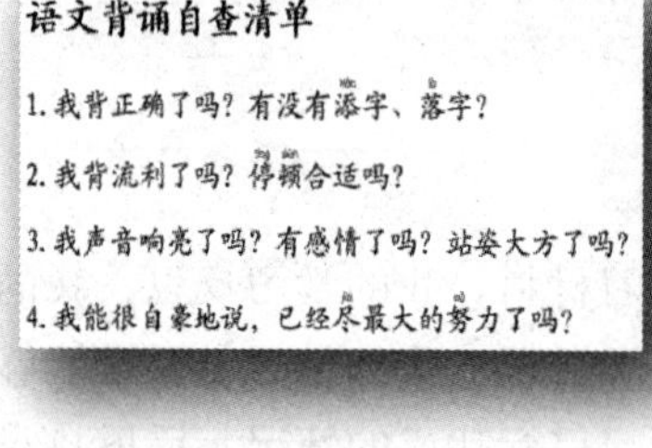
语文背诵自查清单

1. 我背正确了吗？有没有添字、落字？
2. 我背流利了吗？停顿合适吗？
3. 我声音响亮了吗？有感情了吗？站姿大方了吗？
4. 我能很自豪地说，已经尽最大的努力了吗？

图 2

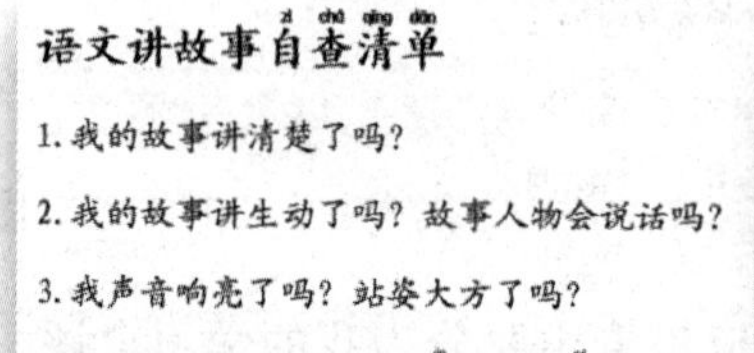
语文讲故事自查清单

1. 我的故事讲清楚了吗？
2. 我的故事讲生动了吗？故事人物会说话吗？
3. 我声音响亮了吗？站姿大方了吗？
4. 我能很自豪地说，已经尽最大的努力了吗？

图 3

口头表达类自查清单，检查内容的设计可以根据能力目标进行。如背诵的具体要求是正确、流利、有感情，那么自查清单可将上述目标分解成三条小任务，以学生自问自答的方式呈现。在学生不断问自己这几个问题时，就像有位教师在指导他们进行背诵，让每一次的练习都变得有效，真正实现了自省、自改的过程。

这两种自查清单粘贴的位置可以按需选择，有些可以直接粘贴在作业本前面，方便每位学生自行翻看，有些共性的"通用型"清单可以放大，粘贴在班级醒目的位置，供学生时时反思之用。

至自查清单使用以来，改变了学生做完作业就给教师检查的流程，而是学生先自主检查改进。避免学生因为"粗心大意"出错而沮丧，对于一年级学生来说，事前预防的检查清单比事后订正效果更佳，提高作业正确率的同时培养了学生的自查能力，让学生更容易找到学习的自信与成就感。

三、可视化评价表，差异化自评促自我激励

传统的评价大多由教师主导，是教师一人管控记分册的局面。虽然教师会以口头表扬的方式告诉学生，但主导权完全掌握在教师手中，更多的是统一进行的终结性评价，无法根据学生的差异来实施，不能很好地实现评价的诊断、改进的作用，对学生自我反思能力的形成尤为不利。

"可视化评价表"恰好可以弥补传统评价的不足，将评价的过程和结果以图示的方式呈现，让学生看见自己的进步或退步，直观地认识自我、评价自我、激励自我，对实现再进步大有裨益。

1．可视化"阅读尺"

重视课外阅读是语文教学的一个共识。学校非常重视培养学生良好的阅读习惯，对刚入学的学生提出每日保持至少半小时的课外阅读时间。为了鼓励学生们大量阅读，形成良好的班级阅读氛围，班级里会设置可视化阅读尺。用皮尺上的数字来表示每个学生的阅读量，每周统计一次，用涂色或移动夹子的方式来记录（图4、图5）。

图 4

图 5

这种直观的阅读量评价，改变了传统的每日记录阅读书目和页码的方式，尊重了学生个性化阅读能力和阅读兴趣。有些学生一周可以阅读几十本绘本，有些学生却只喜欢每天坚持阅读一本书。无论哪种学生，他们看着自己的阅读刻度飞速增长，阅读兴趣越发浓烈，一学期下来全班三分之二的学生阅读量超过120本，班级里自发形成了一种你追我赶的阅读氛围。作为教师再也不必每天提醒，阅读尺刻度的变化就像一根无形的阅读之鞭，因为它，学生会反思自己阅读量少的原因，也常常乐于分享自己阅读的小妙招，时时鞭策自己加强阅读、坚持阅读。

2. 可视化"闯关墙"

一年级识字和写字是学习、考核的重点内容。如果按照传统的评价形式，会在统一的时间完成统一的试卷，再由教师评分。但这种步调一致的方式，无法考虑到学生学习能力的差异，导致优秀生面对毫无挑战的任务渐渐失去学习的热情，能力弱的学生常常无法达标，每天承受学习的挫败，逐渐失去学习的兴趣。于是，笔者专设了可以指向识字和写字考核的可视化评价表——语文闯关墙。挑战的内容是八个单元的识字认读卷和写字过关卷。用可爱的小动物形象代替学生的姓名，用不同的笑脸代表不同的成绩，满分是红色笑脸，过关是绿色笑脸，黄色是不过关。

考核的试卷都放在教室的资料架上，每个学生可以根据自己的能力、复习的进程，自主申请挑战哪个单元。能力强的，可以超越学习进度提前挑战，如果成功还能成为"免试生"和"小考官"，指导帮助其他同学。能力相对弱的，可以一个一个单元慢慢来，什么时候准备好了，什么时候来挑战，还可以反复挑战，直到自己满意为止。这些不停跳动的图标，让每个学生能看到自己与同学完成学习成果的情况，真切地看见自己的成长，增强了评价结果对学生学习的反馈和激励作用。自从有了可视化"闯关墙"，每位学生都成为自己的老师，自己选择差异化的学习任务，自己制定简单的规划，独立、自信地安排复习，还能及时反思总结形成个性化的学习策略，学生的反思意识和反思能力逐步提升。在不断挑战中，学生开始关注学习，爱上学习，最终善于学习。

总之，低年级反思能力的培养重在反思意识和习惯的养成，教师要积极借助有效的反思支架来引导学生学会回顾、学会总结、学会改进、学会自我激励，有效促进学生自身发展和自我完善，逐步提高学生的反思能力，进一步提升学生语文素养，让学生成为独立自信有担当的学习者。

参考文献

[1] 庞维国. 自主学习——学与教的原理和策略 [M]. 上海：华东师范大学出版，2004.

[2] [美] 海伦·帕克赫斯特. 道尔顿教育计划 [M]. 陈金芳，赵钰琳，译. 北京：北京大学出版社，2018.

[3] 桑志军. 反思性学习实践者的内涵、特征及培养 [J]. 教育理论与实践，2012，32（23）：48-50.

[4] 桑志军. 反思性学习——自主学习的核心 [J]. 广东教育（综合版），2016（4）：34-35.

[5] 徐永忠. 运用元认知理论，培养学生数学反思能力 [J]. 中学数学研究，2004（10）：8-11.

浅谈消除一年级新生入学焦虑的策略

洞头实验小学　郭琼琼

一年级的孩子刚从幼儿园上来，习惯了幼儿园温馨的生活氛围，习惯了幼儿园宽松的学习安排，习惯了幼儿园教师和风细雨妈妈式的关怀，初到小学很多孩子甚至是家长出现了不适应的情况。记得班里一个孩子的家长跟我说，有一天晚上孩子哭着对他说，为什么要上小学，这么累，他都还没有享受够幼儿园生活呢，搞得家长都挺难过的。我想这样的例子绝不在少数。所以，作为一年级的教师兼班主任，关注孩子的入学焦虑，消除孩子的入学焦虑就成了教学和常规之外最重要的工作。

曾经调查过一年级入学一个月的孩子的适应情况（比较小学与幼儿园的教师、午餐、同学、教室、课程、作业等）。

有3个班105个孩子接受了调查，调查结果显示，有65个孩子更喜欢幼儿园，有27个孩子更喜欢小学，还有13个孩子两个都喜欢，没有孩子选都不喜欢。

从下面7项数据来看，更喜欢幼儿园同学的有71个，更喜欢幼儿园教师的有67个，更喜欢幼儿园教室的有56个，是7个选项中孩子不喜欢小学原因的前三位。之后分别是上学时间51个、上课48个和作业36个。

所以，要帮助一年级孩子尽快消除入学焦虑，适应并喜欢上小学生活，教师特别是班主任的努力、同学的交往融入和教室氛围的营造是很重要的三个方面。

因此笔者尝试以下几点做法。

一、保留一块童真，感受温暖

幼儿园的游戏活动是孩子最喜欢的，可到了小学我们几乎不再让孩子玩玩具、玩游戏，而教师也完全将孩子当小学生看待，这就让他们很难适应，感受不到小学生活的温暖，所以，笔者力图让孩子们保留一部分幼儿园的生活习惯，保留一些幼儿园教师的做法，让他们保留一块童真，感受小学生活的温暖。

1. 保留幼儿园游戏的角落

幼儿园时，每天下午午睡后是他们的游戏时间，孩子们可以选择自己喜欢的玩具，和小朋友们一起过一段非常惬意的时光。到了小学不能尽情玩了，教室里没有玩耍的地方了，应该是他们不喜欢小学的很大原因。

所以，笔者在教室后面的一角，开辟了一个游戏角，购买了一些诸如磁力棒、拼图之类的玩具。规定他们在中午饭后到午休开始的这段时间里面玩耍，用幼儿园的方式来进行管理。每组一个组长，玩具轮流玩，发生争抢的小朋友就不能再玩了。

一天中的这个时间就成了孩子们最快乐的时光，他们还会将玩具整理得整整齐齐。看到孩子们的笑脸，笔者也真的很满足，是呀，都还是六岁的小孩子，的确还没玩够，一下子让他们都不能玩了，怎么能快乐学习呢，怎么能不想念幼儿园的时光呢！

而且，这个游戏角也成了最好的奖励，表现棒的小朋友笔者会奖励他游戏币，这样他就能在午休的时候一个人尽情地选择玩具玩了。这对于孩子的诱惑可大了，所以，也让笔者管理班级更轻松了，这算是无心插柳柳成荫了。

2. 保留幼儿园教师的关怀

小学教师习惯了一本正经和高高在上，习惯了以学业教育为主，和幼儿园教师妈妈式的、和风细雨式的温柔有很大的不同，所以很多孩子更喜欢幼儿园教师，不习惯小学的生活。所以对于一年级入学的新生，教师要尽量让自己的做法和幼儿园教师靠近，让孩子感受到温暖和教师的关怀。

早晨的迎接，放学的送别，让孩子感受到温暖。

刚开学的一个月笔者会像幼儿园教师一样，早早来到学校，站在教室门口迎接孩子们。跟每个到校的孩子打招呼、问好，对他们嘘寒问暖，让他们一到校就感受到教师的关怀。放学排着队送孩子们出校门，一个一个说再见。让他们不觉得小学和幼儿园差别那么大，让他们觉得小学教师并不是冷冰冰、只让他们学习的。

温柔的话语，适时的关怀，让孩子和你更贴近。

每天下课后，不要急着离开教室，在教室里和孩子们聊聊天，说说话，和孩子们尽早地亲近。一年级的新生很多方面都不能自理，在让他们学会自理的同时，有些事情也可以帮助他们做一做，如收拾书包、整理衣服，让他们觉得小学教师还和幼儿园教师一样喜欢他们。

另外，还要在他们入校前掌握、熟悉他们的各方面情况，特别是记住他们的名字，然后尽快叫出孩子的名字，一年级的孩子最在意的就是老师的关注度。

二、激发一颗童心，展望未来

除给他们提供玩耍的机会，让他们保留童趣，更重要的是为了能让孩子们更好地过渡到小学生活，激发他们对小学生活的向往，让他们对未来的小学生活充满更多的期望和憧憬。对此，笔者做了如下规划。

1. 利用学校硬件资源，激发期待

在升旗仪式之后，带领学生参观大队部。跟他们介绍少年先锋队的知识，让他们感受成为少先队员的光荣感和使命感。让他们观看入队仪式的视频，告诉他们只要他们好好表现，也能戴上鲜艳的红领巾，在升旗仪式上高高举起手敬礼。孩子参观后一个个跃跃欲试，都想早一点戴上红领巾。

带他们参观计算机教室。看到那么多的计算机，孩子们可兴奋了。笔者还请来了计算机教师给他们演示制作游戏。告诉他们，到了三年级，你们也能到这里来上课，学习计算机，制作像这个教师做的一样有趣的游戏。

2. 运用高年级学生资源，激发期望

笔者请了高年级的优秀学生跟孩子们讲讲自己的学习历程和学习乐趣。让孩子展示他在学校参加活动的一些照片和自己获得的荣誉，告诉孩子们，你们以后也可以这样，参加这么多精彩的活动，获得那么多的荣誉，以此激发孩子对自己未来的期望。

笔者还让孩子们分组跟随大队部的同学开展一天的检查、监督工作，体会小学生活的荣誉感。

3. 调动学生家长资源，激发动力

让他们回家将学到的课文、生字展示给爸爸、妈妈、爷爷、奶奶，感受学习的成功感。在收到那么多的表扬和夸奖之后，孩子们能感受到小学生活给他们带来的切切实实的成就感，让他们能激发学习的动力，更好地投入未来的学习生活中。

这样做的目的就是不让他们觉得自己一下子就从幼儿园生活中剥离了，体会到太多的不适应感，同时，又让他们对小学生活充满各种各样的期待，这样才能让孩子们更好、更自然地从幼儿园过渡到小学的生活，让他们意识到"我是小学生了"。

三、提供一个平台，互相接纳

孩子们不适应小学生活最大的原因就是集体发生了变化，小朋友之间不认识，失去了原来的好朋友，找不到归属感。入学后教师要做的是尽快让孩子们融入班集体中，互相认识，成为好朋友，那就需要教师提供平台。

1．开学初讲述自己名字的故事

一入学首先让孩子回家问问爸爸、妈妈自己名字的故事，将自己的名字故事画成一幅画，然后让孩子上台展示自己的画并介绍自己名字的故事。

因为单纯的自我介绍，孩子们很难记住，特别是像姓名这样没有具体意义的，对于一年级不认字的孩子来说记起来太难了。但如果变成名字的故事，甚至变成形象的一幅画，那么对形象记忆很强的孩子来说，记起来就容易了。而且这样做还有一个作用就是让孩子知道自己名字的来历，感受父母的爱和期待，同时对自己产生一种认同感。

2．两个星期后分组举行才艺展示

首先是分组合作，小组里的孩子有了更多接触认识的机会。

如果开学初的姓名故事让孩子们尽快记住了彼此的名字，那么才艺展示就是让孩子了解彼此的特长和爱好，对彼此有最初的了解。笔者并不是简单地让孩子各自上来表演才艺，而是先让孩子上报表演的类型和节目名字，然后根据孩子性别，所观察的孩子的特点和节目的类型进行分组。

3～4人为一组，有些小组是讲故事的，笔者让他们几个人编排一个故事；有的是演奏乐器的，架子鼓、电子琴合作一首曲子；有的是走模特步的，合作用废旧材料设计一组服装，走台；有的是唱歌，排一首歌……保证每组都有男生和女生，相似性格和不同性格都有，另外，因为不同身高的孩子坐的位置离得比较远，比较难熟悉，所以，分组时笔者还会考虑将不同身高的孩子安排到一组。

这样，孩子们为了排练一个节目有了更多接触的机会，不同性格、不同性别的孩子在一起也会有更多的碰撞，有了更多的了解，自然就会接纳彼此了。同时，这样也给家长们提供了一个互相接触认识的机会，不仅是孩子和孩子的认识，还让几个家庭之间接触，为更快地形成一个班集体提供了机会。

其次是用茶话会的形式展示，全班的孩子有了了解的平台。

同时，在表演的时候，不是单纯上台表演，而是采用茶话会的形式，将桌子围成一圈，孩子们围坐在一起，笔者要求打乱原来的分组，让孩子们有更多的接触，不单单是在自己的小组中。表演的时候是全班参与，在一组组的表演中，更深入地认识每一位同学，看到他们不同的一面。茶话会除表演才艺外，还举行各种游戏，让孩子们在游戏中渐渐熟悉，体会到快乐，感受到读小学的乐趣。

另外，还要充分利用学校组织的集体活动，如春游等。学科教学中也有很多很好的机会，如口语交际等，教师只要多用心，就能帮助学生尽快融洽、尽快融入新的集体，交到更多的好朋友，尽快消除入学焦虑，体会到自己是小学生的快乐。

四、营造一个集体，形成合力

为了能让孩子们更好地适应小学新生活，还需要营造一个班集体，让孩子认识到自己是这个集体的一员，产生集体荣誉感和集体认同感。但对于一年级的孩子来说，讲很多大道理是完全没有用的，这一切还是要通过各种各样的活动来实现。

1．创造标志，形成班级性格

开学初笔者就和孩子们一起选择班歌，讨论班训、班标和班级口号。

班歌采用的是集体征集的方式，让孩子把自己最喜欢的歌曲名字统计起来，喜欢人数最多的歌曲就成为我们的班歌。因为是大部分人喜欢的歌曲，孩子们接受程度会更高，而且学唱也会比较快。另外，笔者也是给孩子传递一种集体意识，在集体中，不可能做到人人如愿，遵从大局、少数服从多数是集体生活的特点。

班训、班标和班级口号采用分组布置任务的方式。一共有六个小组，两个小组设计班训，两个小组设计班标，两个小组写班级口号。完成之后，采用竞标投票的方式，一组一组上去展示并说明理由，让全班同学投票，票数多的一组胜出，另一组的内容作为小组的标志。

2．设立小组，营造小组文化

笔者设立了六个小组，选出小组长，并设立组名、组标和小组口号，增强小组凝聚力，让小组成员更快熟悉，形成一个团队。让每一个孩子在班级中都能找到自己的位置，找到归属感，不至于个别孩子一时没有熟悉的朋友而感到孤独。同时，也是为了给今后的教学中小组合作的开展打下基础。

3．了解规则，感受集体荣誉

一进学校就让孩子学习学校的规章制度，知道哪些行为是要扣分的，扣分的后果是什么，如果不扣分会有怎样的奖励。让每个孩子的心往一个方向使。而且，之前提到分组让孩子跟大队部的哥哥姐姐熟悉了管理的流程，也让孩子们更加明白自己应该怎样做才能为班级争光。引导他们每天都要关注学校的班级行为扣分表，时时提醒他们是一个整体，一荣俱荣，一损俱损。

综上，其实如何才能让一年级新生更快地适应小学的新生活，就是教师、班主任本着一颗爱心、耐心、细心和用心，去让孩子感受到来自学校、来自教师、来自集体的关心和温暖。其实每个孩子都是热爱学习的，他们本身都是对小学生活充满期待的，我们要做的就是让他们的这份期待不至于落空。这当然不只要有那份心，还要有一份智慧，走进孩子的心，感受孩子的心，才能抓住孩子的心理，引导他们的心理，这就是对教师提出的挑战。

参考文献

[1] 邓祎．幼小衔接视角下小学一年级新生入学初期适应现状研究[D]．上海：华东师范大学，2010．

[2] 白桦．幼小衔接过程中如何关注幼儿的情感体验与心理需求[DB/DL]．2011．

[3] 杭建兰．浅谈幼儿园如何加强幼小衔接[J]．时代教育，2014（10）：300．

学海无涯"图"作舟
——思维导图在小学语文教学中的应用

乐清市实验小学　黄亦娜

　　思维导图是英国心理学家、教育学家东尼·博赞发明的一种先进的思维工具，它是一种将思维具体化、可视化的方法，是可以将整个思维轨迹高效传达的思想工具，又叫作心智图。

　　2016年9月，中国学生发展核心素养总体框架正式出台。核心素养以培养"全面发展的人"为核心，关注思维的发展与提升，强化终身学习力的培养。阅读与思维同行，是阅读教学的本质，也是时代对教育提出的要求。在当下语文课堂中，思维力的培养一直没能得到足够重视。那么，如何在语言文字运用过程中关注学生思维发展，提升核心素养？

　　2016年3月，笔者曾拟订了《"思维导图"辅助小学语文教学的应用研究》这一课题，并从四年级开始在自己班级亲自实践。经过将近两年的实践与研究，事实证明，利用思维导图进行教学，能有效调动学生学习的积极性与主动性，更加有利于学生构建清晰的知识网络，更能挖掘学生潜能，展现学生个性，让学生在掌握基本知识与技能的同时，发展与提高思维能力。

一、课前——借"图"扬帆起航

　　预习是语文教学中一个很重要但却容易被教师和学生忽略的环节。一是学生不知道如何预习，很多只是轻描淡写的"翻书式"行为；二是教师尽管布置了预习任务，却很少对预习作业进行检查、反馈和评价。

　　如果能指导学生在课前利用思维导图自学课文，不仅能使学生整体感观文本，快速梳理文章内容，清晰地把握文章结构；而且有利于提升学生收集、筛选、整理信息的能力。

（一）借助课堂练习，指导绘图方法

　　借助思维导图进行预习对学生来说的确是好处多多，但如果完全放手，会给学生增加难度，久而久之，学生便对预习产生厌倦。因此，学生初次接触用图预习，不能缺少教师的指导。教师要借助课堂练习，结合具体课文教给学生一些基本的绘图方法。

　　使用思维导图进行预习的第一步即应对课文有一个大概了解，弄清楚课文的主旨，知道课文围绕什么而写，写了什么，线索是什么。这便是文脉的梳理，是中高年级的阅读教学重点之一。

　　下面列举一些常见的思维导图（图1～图3）。

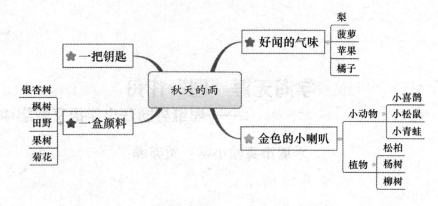

图 1　树权分枝型导图

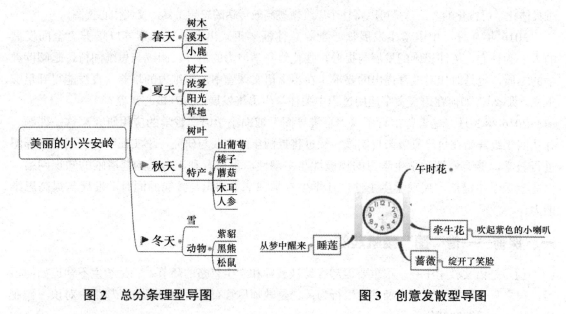

图 2　总分条理型导图　　　　图 3　创意发散型导图

（二）分解基本项目，丰富导图内容

攻克了难点后，就要开始考虑如何添枝加叶，丰富导图内容，加强自学能力的培养。于是，笔者对导图中要呈现的有关内容进行了分解与分类：

（1）解决字词。考虑到学生层次不同，笔者让他们根据自己的实际情况在预习导图上摘录自己在音、形、义上觉得难的词语，也可通过找近义词、反义词来理解词语，积累词语，从而扫清阅读的第一障碍。

（2）了解作者。到了高段，接触的名家名作越来越多，读一篇文章就是了解一位作家的写作风格，走近了作者，也就能走进他更多的作品，这对扩展学生的阅读面，增加阅读量很有帮助。

这一步中添加的项目，没有什么难点，主要是在班中普及预习的常规内容，更多的是关注弱势群体。新鲜方式的刺激会重燃他们学习的兴趣与积极性，慢慢地从易至难，使他们对绘图充满新鲜感，简单易操作又会让他们体验到成就感。

（三）鼓励个性思考，追求思维绽放

只注重基础知识，重视了弱势学生的发展提高，但如果长期如此，会挫伤学习能力较强的学生的探索劲头。于是，笔者就思考，让一部分学生"先富起来"，再带动大家"集体致富"。于是，笔者鼓励学生，除基础的外，还可以在导图里加入自己独有的内容，看看谁有自己独特的预习视角、个性思考和丰富收获。

同一篇课文，学生的理解是多元的，感兴趣的研究点也是不同的。因此，各自的阅读收获是不同的，所画的阅读思维导图也是形状各异，丰富多彩的。图4是笔者班学生在预习五年级上册第14课时所画的思维导图。

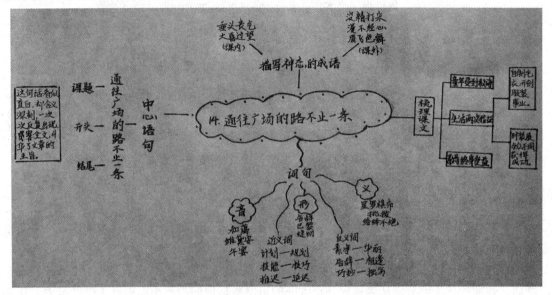

图 4　思维导图

二、课时——借"图"乘风破浪

（一）借"图"整支理脉

《义务教育语文课程标准（2011年版）》（以下简称《课标》）指出，小学中年级段阅读教学的主要目标：使学生"能初步把握文章的主要内容，体会文章表达的思想感情"。由于中年级学生正处在形象思维向抽象思维过渡阶段，而概括文章的主要内容，又要更多地通过抽象思维来完成，对于中年级学生来说，有一定的难度。因此，教师可根据文章的不同类型借助不同的"变式导图"帮助学生梳理文章内容。下面列举三种比较常用的导图。

1．知识树

对于一些说明性文章，由于里面介绍的内容一般属于并列关系，所以借助"知识树"可以帮助学生清晰地梳理主要内容。

笔者在上《太空生活趣事多》一课时，指导学生初读后画了一棵知识树，树干上写题目，一个树冠上写一件趣事。枯燥的说明文教学由此变得妙趣横生，这棵知识树既梳理了课文内容，又可以被用来练习复述。整堂课上，学生学得兴致盎然（图5）。

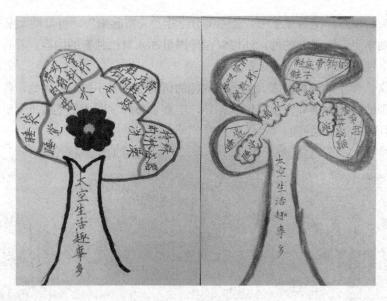

图 5　知识树导图

2．鱼骨图

一些叙事类课文，通过"鱼骨图"来梳理脉络，并依托"鱼骨图"概括主要内容，是非常形象直观的。

特级教师何必钻在上《金色的脚印》一课时，当学生讨论了"究竟是谁救了小狐狸"这个话题后，教师让孩子们分别从老狐狸和正太郎的角度概括他们为救小狐狸做了哪些努力。每一种努力学生都用四个字来概括，教师将学生的概括一一写到黑板上。于是黑板上形成了图6所示的图片。

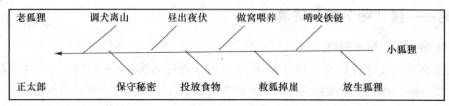

图 6　鱼骨图导图

这样，本文的写作特色"线索"就清清楚楚、明明白白地展现在了学生眼前。学生就会很直观地领悟本文就是老狐狸和正太郎两条线索交错写就的。

3．情节梯

还有一类叙事文章，文章中的人物情感变化往往牵动着读者的心，这也是一条行文线索，如果用"情节梯"来引导学生学习，学生就会深入文本，迅速把握文章脉络，也容易理解人物心情随着事情的发展而不断变化。

五年级语文下册《梦想的力量》一文是一篇故事情节曲折生动的文章。笔者在上这篇课文时，借助"情节梯"可谓是一举多得。

在学生自读课文阶段，笔者在黑板上画上了一个上升式的阶梯。学生开始被这个举动吸引了，他们开始猜想。当笔者在阶梯的第一步写上"筹集70元"时，就有学生举手了，他们似乎明白了笔者的用意。果真如此，他们就按照笔者的要求将瑞恩实现梦想的四个步骤都以小标题的形式概括出来，而且能够从板书上看出来实现梦想的过程漫长、艰辛（图7）。

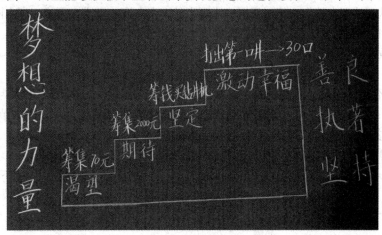

图7　情节梯导图

同时，为了帮助学生体会故事曲折动人的写法，笔者做了一个假设，将阶梯式的板书擦除，直接呈现理想的最初状态和最终结果。学生马上发现这样无法吸引他们，笔者见时机已到，便拿我们日常的写作来作话题，提醒我们存在的平铺直叙的毛病，并示例如何写才能使故事生动而吸引人。

（二）借"图"合作交流

在小组合作学习中，小组内的成员会共同讨论、共同探究问题，这时可以记录员为中心，集中小组成员的所有智慧，共同绘制思维导图，形成头脑风暴式操作模式。当由小组长通过思维导图向大家讲解相关的讨论结果，展示小组成果时，就无形中锻炼了学生的合作意识，提高了学生的思辨能力。

请看《金色的脚印》观点陈述小组合作学习设计。

话题：如果你是正太郎，你会选择帮小狐狸解开铁链还是不解开铁链？

（1）按照解开与不解开的两种观点，就近分组。

（2）每位同学各自从书中找到理由，将关键词批注在句子旁。

（3）小组讨论，将关键词填入理由圈中（图8）。

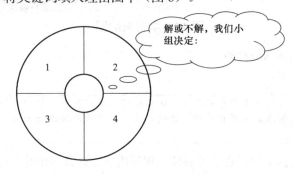

图8　借"图"交流

345

上例借助思维导图设计了小组统整式的合作，当学生在字里行间找寻"解"或"不解"的依据时，他们的思维就会不断地发散、补充，在原有理解的基础上再加上新的观点，这样思考就会更深入、更全面。即小组讨论的重点在于，将各个成员的理由能归并的归并，要互补的互补，需修正的修正，从而整理出整个小组对于同一个观点的多个向度的理由，形成"理由圈型"导图。

这样的理由圈为学生的多元思维、合作交流提供了很好的思维物化的载体，起到"提纲挈领""一击中敌"的功效。

（三）借"图"从读学写

思维导图不能仅局限于教师板画，还要调动学生参与绘制，让导图真正成为学习的工具。在与同事们磨《白鹅》一课时，我们大胆确立了"制作导图，借图写作"的环节，对"鹅的步态"一段有了这样的设计：

（1）研读"步态"，体会写法（教师板画导图如图9所示）。

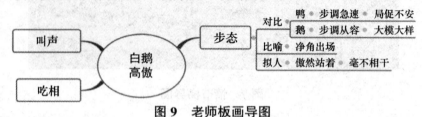

图9　老师板画导图

（2）借助导图，背诵积累。

（3）模仿画图，迁移仿写。

第一步：观看鸡走路录像；

第二步：说说如何运用对比、比喻、拟人写出鸡走路的特点；

第三步：根据思路学生尝试画图交流；

图10即是一位学生自己画的图。

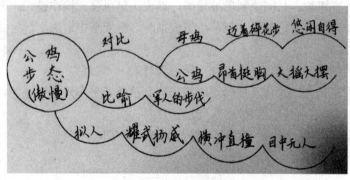

图10　学生画的图

第四步：学生根据导图写片段。

学生仿写的片段如下：

> 公鸡的步态更是傲慢了。大体上与母鸡相似，但母鸡迈着小碎花步，悠闲自得地走着；公鸡走起路来昂首挺胸，大摇大摆的，颇像解放军在检阅时迈的正步。它常耀武扬威地走着，看见有人走过来也是横冲直撞，简直是目中无人。

如此设计，充分发挥了导图在学习阅读、积累语言、迁移习作等方面的指导性作用。"教材无非是个例子"，借助思维导图这条承接链，实现读与写的有机衔接，不仅能检测学生对文本内容吸纳的程度，更为学生的表达提供了典型的范例，还为学生提供了一个读写对接方法的参考，有利于学习方法的创新与积累。

三、课后——借"图"温故知新

孔子曰："温故而知新。""温故"的作用显而易见，那如何才能避免知识的复习整理沦为学生们咽不下去的苦药呢？

实践证明，思维导图是一个巧妙而又实用的复习策略，因为绘图的过程就是学生复习整理、消化吸收、迁移运用的过程。

（一）导图引领"举一反三"

有的课文，在课堂上不用一一讲解，可以引导学生学习有代表性的段落，剩下的让学生课后完善，培养学生"温故而知新"的习惯和自主学习的能力。例如，三年级语文上册《富饶的西沙群岛》一课，开头写了西沙群岛的地理位置；中间写了西沙群岛海面、海底、海滩和海岛的景色；结尾发出感叹。笔者引导学生学习了两个一级分支（开头和结尾），还学习了中间部分的两个二级分支，即海面和海底。剩下的海滩和海岛部分，笔者让学生按照课堂上的学习方式自学。学了之后进行汇报交流。

（二）导图助力"背诵积累"

调查表明，中高年级的背诵积累，一般情况是以家庭作业的形式完成，属于无监督的"浮萍状态"；少数是在课堂上给出时间，但总体处于自由的"散沙状态"，偶尔有教师带着学生在课堂上背诵，但也是属于或填空式，或朗读式，或比赛式……缺少方法的引领和能力的提高。思维导图的出现，无疑是高效背诵的扶手，它能让学生愉快地进入积累背诵的快车道。

下面是笔者班学生接触思维导图一段时间后写的感言：

学完《山中访友》后，我画了一张别具一格、色彩丰富的思维导图。随后我开始背诵课文，突然发现脑子里非但没有像往常那样一片空白，反而条理清晰，层层深入，仿佛感觉眼前慢慢地展开一幅画，一字一句淋漓展现。

（三）导图优化"复习梳理"

我们传统的复习方法是"题海战术"，死板的重复机械性练习让学生麻木和厌烦。四年级语文下册期末复习时，笔者尝试着教学生运用思维导图构建知识网络，解决了复习中存在的问题，收到了较好的效果。图11是学生在复习时绘制的导图。

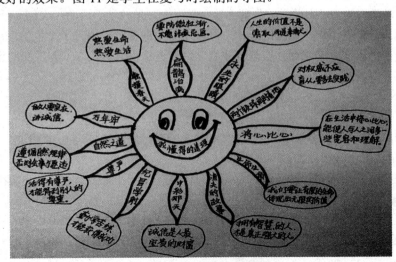

图 11　学生绘制的导图

教材中有不少课文含有深刻的道理,绘制图 11 的学生用光芒四射的太阳将课文含着的道理罗列出来,形象生动的图画让人一下子就记住了课文所要告诉我们的道理。

教材中还有不少写人的文章,每个人物的特点也是需要掌握的内容之一。于是笔者让学生对文中出现的人物进行分类,并用导图将他们的性格特点罗列出来。思维过程就像一棵茁壮生长的大树,树杈从主干生出,向四面八方发散,在大脑里形成一个视觉图像,这样就能清晰地记住每个人物的特点,如图 12 所示。

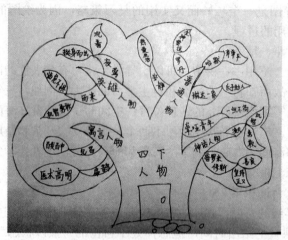

图 12 视觉图像

课文后面的资料袋也是需要掌握的内容,但是这些资料散落在书中的各个角落,复习时容易被遗漏。用导图的形式将资料集中起来,不仅便于记忆,还可以进行适当的延伸、拓展。

总之,使用思维导图开展复习,可以建立系统完整的知识框架体系,让各知识点之间互相联系,真正实现"一图在手,复习无忧"。

"删繁就简三秋树,领异标新二月花。"实践证明,思维导图是一种简单又极其有效的图解工具,它去粗取精,将课文的精华浓缩成一张图,将理解与表达融为一体,简约直观地再现了思维的过程。语文教学中思维导图的运用为教学带来了生机与活力,使得原本枯燥的教学更加生动活泼、原本零散的知识点更具结构化与网络化,极大激发了学生自主学习、自主探究的兴趣,变"被动学习"为"主动学习"到"学会学习",是教学手段的一大创新性探索和实践。导图的合理运用还拓展了学生的思维渠道,开阔了学生的视野,提升了学生的思维品质和学习能力。这正是推进语文教学改革,实现有效教学,促进学生语文核心素养发展的重要手段。

学海无涯,"导图"作舟!

参考文献

[1] 中华人民共和国教育部. 义务教育语文课程标准(2011 年版)[M]. 北京:北京师范大学出版社,2012.

[2] [美] 东尼·博赞. 思维导图 [M]. 卜煜婷,译. 北京:化学工业出版社,2015.

[3] 候紫茵. 思维导图在语文阅读中的应用 [J]. 师道·教研,2015(3):60.

[4] 张会清. 运用思维导图提高阅读教学实效 [J]. 小学语文教学,2014(10):48-49.

[5] 高建华. 论思维导图在语文教学中的应用 [J]. 文学教育,2016(6):52.

统编教材写人类习作的编排探析与实践策略

乐清市丹霞路小学　柯　珂

习作文体在小学阶段没有严格明确的划分，在实际课堂教学中，教师往往会将习作文体分为写人、记事、状物、写景、想象、实用等。写人类习作能训练常见表达方式的运用，统编习作教材三至六年级均有涉及，共八次，约占单元习作13%的比重，可见其重要程度。

人民教育出版社小学语文室常志丹指出，"习作教材具体编写开始之前，就制定了一个能力培养的序列""习作序列在某册排布了一个点，不代表学过这个点之后，学生就高枕无忧了，其更多地意味着一种开始，意味着在今后的习作中要重视这个点的训练"。

笔者作为一线教师，特别关注写人类习作这个"点"的习作能力培养序列的层次性、渐进性、阶段性，既静态研读教材，努力理解并贯彻编者意图，又坚持动态课堂实践，在教学中落实。

一、整体与部分：编排意图的探析

全面、准确地解读统编教材写人习作内容，是教师进行高效习作教学设计和课堂实施的首要因素。纵向梳理统编教材写人类习作整体设计与编排，见表1，可以进行整体观照，部分勾连研读，探析编排意图，教学设计实施前，要注意以下几点。

表1　统编教材写人类习作训练安排

册别	单元	话题	习作要素
三（上）	一	猜猜他是谁	体会习作的乐趣，选择印象深刻的一两点写
三（下）	六	身边那些有特点的人	写一个身边的人，尝试写出他的特点
四（上）	二	小小"动物园"	将印象最深的地方写出来
四（下）	七	我的"自画像"	学习从多方面写出人物特点
五（上）	二	"漫画"老师	结合具体事例写出人物的特点
五（下）	四	他____了	尝试运用动作、语言、神态描写，表现人物内心
五（下）	五	形形色色的人	初步运用描写人物的基本方法，具体地表现特点
六（上）	八	有你，真好	通过事情写一个人，表达自己的情感

（一）清晰编排层级，杜绝越位

观察表1，我们不难发现，教材习作要素的高频词是"印象深刻""人物特点"。"写出特点"是写人类习作的逻辑起点，是发展重点，甚至到了中学，"写出特点"仍旧是写人类习作的重难点。这个词，同样是很多教师教学语的高频词。不同年级，写出"特点"的要求一样吗？如何准确定位？如何精准地传达给学生？笔者认为需要明晰编排层级，厘定教学边界，杜绝越位，防止缺位。

1. 关注学段要求

《义务教育语文课程标准（2011年版）》（以下简称《课标》）对第二学段习作的要求之一是"注意将自己觉得新奇有趣或印象最深、最受感动的内容写清楚"。目标落点在"写清楚"，侧重于"介绍人"，着眼于人物外显的特征，包括其外貌特征、性格爱好等，评价关注的是介绍得"清不清楚""像不像"。

《课标》第三学段习作要求之一是"能写简单的纪实作文和想象作文，内容具体，感情真实"。目标落点是"内容具体，感情真实"，第三学段的写人更趋向于人物评价，由写人物的表象特征走向了写人物的内在特点，在描写方法的使用上也更为多元，重点落在围绕表达的意图，将人物特点写具体，写出个性。

2. 关注话题设计

在同一学段中，习作能力的层级也有渐进性，要根据话题设计特点展开设计。如同样出现"印象深刻"习作要素的两篇习作《猜猜他是谁》和《小小"动物园"》，前者"写清楚"的落点可理解为抓住人物的某个方面，能围绕总述句或中心词句进行清楚表达，后者要求层级则更高，要与一种动物找到关联，在观察和表达中把握人物的特点或品质，在清楚表达的基础上提高构段能力和描写能力。

要基于《课标》的学段要求，结合习作话题个性，厘定教学边界，让一篇有一篇的目标，篇与篇之间相互关联，拾级而上，形成一种文体的教学内容结构。

（二）明晰目标要求，精准守位

在表1中，我们还发现统编习作教材明确给出了习作要素，笔者结合教材中的习作思路提示，将每课教学准确定位，明晰目标要求，以便展开有效的习作教学设计。

1. 明确习作定位

通过习作要素的描述，可以看到随着年级的升高，写人习作的定位，就犹如电影拍摄的镜头，由远景到近景，从模糊到清晰，人物刻画由表及里，符合学生的认知规律。

以第二学段为例，三年级上册，借助"猜猜他是谁"话题支架，写人物比较清晰的外貌，写清楚人物令人印象深刻的一两件事，关注人的"不同"。三年级下册，指向"有特点"，借助"取别号"话题支架，通过人物的动作、语言等一系列行动去表现特点，关注人的"专长"。同样是四年级的两篇习作，有着不同定位。梳理见表2。

表2　三四年级习作定位

册别	话题	习作定位
三（上）	猜猜他是谁	写一个"清晰的人"，关注"不同"
三（下）	身边那些有特点的人	写一个"有特点的人"，关注"专长"
四（上）	小小"动物园"	写一个"个性的人"，关注"独特"
四（下）	我的"自画像"	写一个"真实的人"，关注"自我"

2. 具化目标要求

借助习作要素明确定位后，再具化为每课目标要求，精准卡位。仍以三年级上下册两篇习作为例，习作都会写到人物的典型事件，但对"事件"目标要求是渐进式，从发散趋于集中，从多点聚焦于一点，从清晰走向有特点，教学中，笔者这样制定目标要求（见表3）。

表 3　三年级写人类习作"事件"描写目标要求

话题	写人类习作"事件"描写目标要求
猜猜他是谁	写一两件事表现同学的兴趣、爱好、特长、优点等
身边那些有特点的人	围绕人物特点，写清楚人物的多个动作、人物的语言等

根据习作要素，找准写人定位，准确制定教学目标，开发适宜的习作知识，在教学中找准教学起点，切分好习作知识落点，教学才能踏准节点，与前面教的内容不重复，对后面教的内容不逾越。

（三）还原功能语境，确保到位

交际语境写作理论认为，写作是为了有效交流，写作的本质是作者和读者之间的对话，要重视写作的社会交际功能。统编教材八次写人习作编排有显性语境，也有潜在语境的功能交际特点，在教学中，教师应主动并善于去点燃、去触发，确保"为什么而写"的到位。

1. 点燃显性语境

教材的编排话题和习作提示语就是显性语境。从话题看，形式活泼，富有童趣，覆盖了绝大多数儿童的生活经验，就是在鼓励学生将习作内容当作一种与他人书面交往的载体。再看教材中的提示语，常常直接指向交际功能，不容忽视。例如，《我的"自画像"》提示语这样写道：假如我们班来了一位新班主任，他想尽快熟悉班里的同学，请以"我的'自画像'"为题，向班主任介绍自己，让他更好地了解你。

2. 触发潜在语境

总的来说，写人习作本身潜在的语境是"介绍人"，各篇又各有侧重。根据教材编排，笔者梳理了潜在语境的搭建路径。三年级习作，写一个"清晰的人"，为了"寻找他"；四年级习作和五年级一次习作，写一个"个性的人"，为了"展示他（自己）"；五年级另一次习作，写一个"鲜明的人"，为了"推荐他"；六年级习作，写一个"品质高的人"，为了"学习他"。

还原同文体不同"篇"的语境，为教学提供了动力支持，学生习作由外在任务走向内在需求驱动，平面僵化的作业就变成真实生活的言语交往和人际互动。

二、固本与出新：课堂实践的策略

（一）锚定学段要求，精准定位"篇"教学

课堂教学实施首先要依据《课标》锚定学段要求，"写清楚"与"写具体"在课堂的教学应精准定位到"篇"的教学。

1. 基于"观察"的"写清楚"

中年级是学生观察能力发展的关键期，要引导其进行有目的的、持续的观察，"写清楚"即是抓住人物的印象深刻处，将观察到的内容，按一定的顺序表达清楚。

在教学时，笔者出示两篇下水文对比，引导学生发现习作小妙招：人物要"多动作""会说话"，将观察点落到人物本身的行动上。学生用上"妙招"后的习作片段做到了基于观察的"写清楚"。

2. 基于"清楚"的"写具体"

第三学段"内容具体、感情真实"的要求，在前一学段的基础上，还要巧妙表达，包括写作章法、技巧的有机训练，要有篇章意识，会刻画细节。

如六年级语文上册《有你，真好》，应鼓励学生综合运用阅读中习得的写人方法，除常见的写好人物的语言、动作、神态等细节，同时还有"定格"的习作技巧，在"感触最深"时进行"定格"：加入心理描写、环境烘托等，将多种表达手法相互融汇，融入自身情感，写出独特感受。

精准"篇"的教学使习作中的人物"站"起来，登台亮相，各有特点，达到中段不越位，高段不缺位，各得其位的目标。

（二）精准技法指导，助推能力"巧"提升

"写人类"习作的框架知识是"人物外貌＋典型事例"，还包括通过动作、语言、神态写人，具体到"篇"，各有不同，技法指导要注意从含混不清走向鲜活具体。

1. 避免含混不清

一些教师用"写人类"习作框架知识"一统江湖"，从二年级教到六年级，或是将写人的习作知识在某一堂课就"一网打尽"，显然不可取。如四年级语文上册中《小小"动物园"》的教学，一位教师请学生讲述家人跟动物相像之处后，给出的习作指导是：注意写清楚人物的动作、语言、神态。教师再朗读一篇范文，便宣告完成了指导。笔者不禁思考："人物的动作、语言、神态"是每篇写人作文里都会用到的基本写法，与小小"动物园"又有什么关联呢？在这篇极具鲜明个性的作文里，应该有哪些变化？教师教得含混不清，未开发精准习作知识，学生习作能力并未得到提升。

2. 走向鲜活具体

叶黎明教授在《写作教学内容新论》中指出：写作教学内容在课堂上最主要的落点，应该是鲜活而具体的文体写作知识。同是写人类的习作，教师要善于开发鲜活而具体的习作知识，精准每课技法指导，才能让写人对象"活"起来。

2017年浙江省优质课评比，温州一位教师执教本课习作时，以任务驱动指导学生打开思路，基于原有习作经验进行片段习作后，教师是这样精准技法教学的。

（1）交流讨论：如何将家人写得更像动物，更有趣，让相似指数再往上升？随机提炼学生的已有经验：运用语言、动作描写及夸张等小妙招放大家人的特点。

（2）微课提升：嗨，同学，你喜欢魔法棒吗？它可有神奇的魔力噢！瞧——发现魔法棒里的秘密，形成新经验：平常我们都是将动物当作人来写，这种方法叫作拟人。那魔法棒将人当成动物来写，让他直接带上动物的特征，这种方法叫作拟物（图1）。

图1　微课提升

（3）二次习作：用上刚刚发现的小妙招再来写一位家人。

在这个片段教学中，学生原有的习作知识有了生长，将原"动作、神态"描写升级为贴合

话题的"拟物"描写，这才是精准习作技法的指导，学生"一课"有"新得"，"得得相连"，有助于形成习作新经验。

三、创设功能语境，凸显交际"真"需求

习作教学要让学生明白为什么写这篇文章，写给谁看，有了明确的习作目的和读者对象，就有了习作内驱力，那么，从"教"的维度，功能语境要指向习作全过程；从"学"的维度，则指向学生习作的内驱力。

1. 指向习作全过程

过程写作法主张将写作过程展开为预写、起草、修改、校订和发布五个阶段。教师在教学中，要创设习作功能语境，应贯穿习作全过程，努力做到基于学生生活，设置习作功能语境，让写人需求"真"起来；与习作核心知识相结合，让写人方法"真"起来；与习作支架相关联，让写人过程"真"起来；与习作交流平台相呼应，让写人评价"真"落实。

2. 指向习作内驱力

从学生角度看，心里始终有"写给谁看"的意识，就会有真实明确的习作内驱力，并能够选择合适的内容、恰当的表达形式，让写为交流而服务。在教学中，要从"学"出发，不断激发学生的习作内驱力。

笔者执教三年级语文上册《猜猜他是谁》一课时，就巧用话题本身自带的交际功能，不断激发内驱力展开指导，指向习作全过程。以下为教学片段。

片段一：素写外貌，班级寻人

（1）素写外貌：用几句话写班级同学的样子。

（2）班级寻人。

①出示学生习作：她有着白嫩嫩的小脸蛋，水汪汪的大眼睛，还有一张樱桃小嘴，我觉得她漂亮极了。

②猜猜他是谁。学生无法猜出。

③引发认知冲突。看来这样写外貌，无法猜出她是谁，该怎么写呢？

片段二：例文比较，修改习作

（1）例文比较。

①出示教师下水文，学生猜班级人物。

②对比发现：要抓住人物"最与众不同的部分描写"。

（2）学生一度修改习作。

片段三：猜猜人物，再度修改

再度班级寻人：多人符合条件时，再次修改习作。

整个习作过程，学生在"寻人"的交际语境驱动下，多次修改习作，始终兴致勃勃，多次修改后的外貌描写因交际语境有了真实表达，文字因交际语境有了独特个性。

四、多维交际评价，沉淀习作"实"经验

习作评价，是习作的校订、发布环节，旨在发布习作、交流分享过程中，通过有针对性的

修改实践，落实习作目标，增强习作自信心，获得习作成就感，沉淀习作经验，形成写人类习作熟练的能力素养，特别要关注以下两点。

（1）评价指标，必须紧扣习作目标，精准技法怎么教，就怎么评，不偏离"一课一得"，如此，评价指标在课堂上方能成为教学资源，转化为新习作动力，助力习作结果。教师可提供"评价清单"，引导学生"自读自改""互改互评"。图2为笔者执教三年级语文下册《身边那些有特点的人》一课时的评价清单，紧扣学段目标和本课习作要求，让学生有"标"可对，修改有目标，评价有准星。

评一评，改一改，赞一赞
1. 请自己根据"评价清单"改一改，评一评
2. 给身边同学（或写的对象）赞一赞，评一评

《身边那些有特点的人》评价清单		
星级评价指标	自评	他评
★ 句子通顺、标点正确		
★★ 事件表现人物特点		
★★★ 人物会说话，多动作		

图2　《身边那些有特点的人》评价清单

（2）展示发布，既可以在课内，如上所述"评一评，改一改，赞一赞"等，又可以延伸至课外，评价对象不但可以是教师，还可以是习作对象、同学、家长等，再通过评价平台的拓展：班级作文报、橱窗展示栏、家长微信群、班级公众号、杂志投稿等多渠道、多途径进行习作的校订、发布、展示，有利于培养学生鲜明的读者意识，构筑共同的话语世界，同时，也构建了互助的言语平台。

参考文献

[1] 中华人民共和国教育部. 义务教育语文课程标准（2011年版）[M]. 北京：北京师范大学出版社，2012.

[2] 吴勇. 吴勇话"知识"[M]. 福州：福建教育出版社，2016.

[3] 叶黎明. 习作教学内容新论[M]. 上海：上海教育出版社，2012.

[4] 常志丹. 部编小学语文教材习作编排特点及教学中须注意的问题——以三年级教材为例[J]. 语文建设，2018（8）：48-52.

[5] 叶托. 创设任务情境　突破习作难点——四年级上册《小小"动物园"》习作教学设计（第一课时）[J]. 教学月刊：（小学版语文），2017（12）：15-17.

[6] 胡修喜. 拾级而上，习作教学的应然追求——以统编版五（上）《"漫画"教师》为例谈写人类习作的教学[J]. 教育视界智慧教学，2019（7）：29-32.

梯度校本教研培训模式的实践与反思

温州市建设小学 胡安莲

一、问题背景

个人经历思考：教书十载，阅书不少，但很多时候觉得自己的教学有头无序，有追求没有突破，有理想没有践行，有了一定基础却没有更上一层楼的快感。一位教师告知笔者，想在教学上进步，必须进入课堂教学学习，认真研究课堂教学可以获得比书本上更为直观更为有效的经验，而且这些经验能直接触发你对问题的深思，启迪你教学的灵感，诱发你创新的思维。于是，笔者积极参加课堂教学的学习，听取很多同事或名师的课堂教学，在听的过程中思绪万千，可一到学校就没有太多的时间去磨炼课堂，我想此状况也是很多教师出现的。有思想没有行动更没有反思除自身惰性思想因素造成的外，更多的是学校没有一定校本教研培训的规划和制度。

校本培训现状：校本教研对统一全校课程思想，促进教师专业发展，提高教学质量和教学水平有着重要的意义。新课程理念指引下，很多学校逐步展开不同形式的校本培训，有进入不同课堂教学研究的，有听后要求写反思的等。但是笔者发现目前很多校本教研培训缺乏整体规划，缺乏理论和实践结合，更缺乏一个不断往复、循序渐进的培训模式。

笔者认为：教学专业发展既要重视教师对专业活动的内部建构，让教师有更多的主动探究；又要重视合作，在合作中促进教师专业发展。我校教师将课堂教学分为特级名师经典课、同课异构随堂课（本校教研活动的课）和教师自我录像课三类参与学习研究。从特级名师经典课，欣赏学习求理想；从同课异构随堂课，启发问题求方法；从教师自我录像课，对症下药求进步三个梯度方面展开教育实践，有力证明了"如果一位教师积极参与了梯度校本教研培训，再进一步反思自己的课堂教学，肯定能够取得理想的教学效果，同时能促进个人专业的发展"。

二、具体做法

梯度一：特级名师经典课，欣赏学习求理想

理想是走向成功彼岸的桥梁，理想的教学给我们明确了追求方向。特级名师经典课的质量必须达到相应星级教师课的要求，是教学的理想境界。为此，每个展示教学的教师都不敢松懈，积极认真对待，灵活创新，都上出了自己的精品，实现了教学上的百花齐放。

（一）欣赏经典，寻找教学理想

2010年5月，我校语文教师通过视频收看了浙江特级名师林乐珍老师上的作文课——《学

会作文写猴山活动》。在作文课上她教给了学生最需要的东西，从学生原生态的语言表达出发，注重学生的个性差异，关心学生的思维过程及提升后的表达模式，让学生在无限快乐的享受下学会了规范科学地表达。

通过研讨后，教师得出低段作文教学的思考与教学理想的追求——低段写话，注重兴趣，扎实基础。

1. 直观形象，击兴趣

在落实表达方法教学的环节上，林老师通过创设不同的情境，让学生在兴趣盎然中"润物细无声"地掌握了规矩法则。

（1）句子娃娃巧变魔术，形象深入学生心中。句子教学，无非要求学生将句子的四要素交代清楚，将最基本的信息连成一句话，而后在句子上加些修饰即可。林老师在课堂中是这样操作的，她将句子分成七巧板中的几块图形，在图形中写上句子四要素：春天（圆形）、我们（三角形）、到动物园（平行四边形）、看猴子（正方形剪去一个扇形），随着孩子原生态的语言的蹦出，跟着图形的拼组，随机变成简单的一个句子娃娃——"我们春天到动物园看猴子"。随后，老师告诉学生句子不是一成不变的，可以变换着顺序来组合，就像七巧板拼起来的娃娃也不一样，可以改变顺序，可以变出不同样子的娃娃——句子。林老师让学生在第一幅图上把"春天"这个状语放到了句子的前头，变出了一个正在跑的句子娃娃——"春天，我们到动物园看猴子"。学生不仅为七巧板娃娃喝彩，更为句子的千变万化感到神奇。

（2）句子娃娃妙打扮，学生兴趣真盎然。句子规范表达的掌握，是低段写话教学扎实的第一步，在此基础上教师还要引导学生走向更高层次的写话学习，让句子变得更优美，片段变得更丰富、更具体。林老师是这样设计这一环节的：同学们，看看句子娃娃，我们如果在"春天"前加上一个词，句子娃娃就更美了。如果在"看猴子"前再加上怎样地看，句子娃娃就更漂亮了。在形象生动地打扮句子娃娃的一步一步操作中，学生不知不觉学会了修饰句子，潜移默化中感受到了修饰的重要性。

2. 循序渐进，不畏缩

林老师对学生的学习要求不高，但达到的教学目标却是极其之高，为什么会有这种功到自然成的效果，原来她遵循着一个重要的教学原则——循序渐进。她每设计一个环节，总是在思考着学生现有的认知水平和需求的知识水平，在这两者之间她默默地给学生搭了一座又一座的桥梁，学生在深深的河边不会感到害怕，不会在害怕中产生畏缩，甚至能轻轻松松地到达河的彼岸。林老师从作文字、词、句开始，让学生以学会美化句子的方法进入，又慢慢地将学生引向片段教学，她不急于求成，层层推进。

3. 重锤敲击，教细节

作文教学必须一丝不苟，细致到对标点符号的要求。林老师的课也像习作一样，顾全大局，又不失对细节的掌握与巩固。如标点符号的落实，针对这一不起眼的内容，林老师在课堂上重锤敲击，提及了两次：第一次在打扮句子娃娃的时候，她把标点符号逗号看成了句子娃娃的五官——耳朵，还仔仔细细地在黑板上写出逗号和句号，让孩子知道逗号和句号的用处及其重要性；第二次标点的教学在学生写话处，这时林老师把句子打在方格里，让孩子自主去发现——标点符号要独自占一格，两次不同的教学落实，别具匠心，孩子学得津津乐道。

在特级名师的经典课展示中，教师的教学亮点频频，学生学习其乐融融。课中的一些亮点，给教师以启发，拓展了教师的教学视野，为教师教学的理想找到了目标，也为现今的课堂教学提供了一笔重要的共享资源。

（二）学习经典，追求教学理想

顾泠沅先生曾说："同层极的横向支援，明显缺少了纵向的引领，尤其是在当今课程发展正处于大变动的时期，先进理念如没有以课程内容为载体和具体指引与对话，没有专家与骨干教师等高一层次人员的协助和带领，同事互助常常会自囿于同水平反复。"教师应该在欣赏教学过程后展开实践，实践的除几个较好的设计步骤和方法外，还有名师的理念、精神、人格、境界。

如我校教师在林乐珍老师作文教学的启迪下，认真思考着在每一篇课文的阅读空白处创设情境让孩子写话，从而达到在阅读教学中渐渐学会习作，将近半年时间，该教师班级学生的习作状况明显好转。这种效果比让孩子写日记、周记好得多，因为孩子是在快乐情绪下做作文。

梯度二：同课异构随堂课，启发问题求方法

随堂课是常态课，不通过精雕细琢，不经过全力打磨，在一般教学要求下一次性实践展示的活动，任何一个环节真实自然，这样的课没有经典课那么流畅、那么完美，正因为如此，才给我们留下更多思考的空间和启迪思维的问题。

（一）资源展示，发现问题，学会分析

分享智慧，让智慧的碰撞产生新智慧的火花，教学相交流可以引发更新的设计，教师如果经常捕捉到这些火花，日积月累就可以探索到教育的规律，形成自己富有个性的教学风格。我校出于此观点考虑，每隔两周都会展开主题教学讨论。

其中一主题："如何拒绝分解式阅读教学，从而提升学生习作能力。"这个问题是困扰教师最久的一个难题，针对这个问题，我校就三年级的《花钟》展开同课异构教学。三位教师对第一段的阅读教学设计各不相同。

其一：

师：同学们，读读第一段，这一段里藏着什么花？

师出示图片识花，生齐读花名。

师：这些花美吗？作者是怎样展示花开时的美丽的，拿出笔画画描写花的句子。

生汇报句子。

师出示凸显时间的词。

师：你发现每句都有时间，给它们换个词。

师生对读文本。

师：这段除了都有描写时间外，还有些词都表示花开，同学们赶快找找。

师生通过不同形式练读并模仿语言互相仿写。而且拓展到不同的季节。

其二：

师：请同学们自由读第一段，找出花名。

师出示图片，生齐读花名。

师：这么多花放在一起，哪一句是你最喜欢的？找喜欢的句子读读。

生汇报读，并说明是因为花哪儿漂亮而喜欢。

师：你能从句子上或者哪个动词上说一说为什么喜欢吗？

自由汇报读完后，教师让学生仿写。

其三：

师：请同学读第一段，圈出花名再读读花的名字。

生读，师出示句子，并且在初次读时解决了字词的意思：欣然怒放、暮色和含笑一现。

师：再读读第一段，画出你喜欢的句子。

生汇报读，教师引导从花开时的"笑、醒、舞"三方面解读喜欢的理由。

师：除这些词语外，还有些表示时间的词语请圈出来，并理解约词的表达效果。

生齐读第一段。

纵观三位教师的教学处理，再反思学生学习的情况得知，拒绝分解式阅读教学教师在教学设计时应该在提炼教学的重点后，努力从文本语言的共同点去捕捉文字朗读，不能将具有共同点的语言拆开来一句一句地讲读。

（二）整合资源，找到方法，优化教案

最后截取三位教师中每个教学的优点再写一份教案进行教学：

师：同学们，读读第一段，这一段里藏着什么花？

师出示图片，生识花齐读花名。

师：这些花美吗？作者是怎样展示花开时的美丽的，拿出笔画画描写花的句子。

生汇报句子。

生读，师出示句子，并且在初次读时解决了字词的意思：欣然怒放、暮色和含笑一现。

师：这么多花放在一起，哪一句是你最喜欢的？找喜欢的句子读读。

生汇报读，并说明是因为花哪儿漂亮而喜欢。

师：你能从句子上或者哪个动词上说一说为什么喜欢吗？

自由汇报读完后，教师让学生仿写。

这样的设计效果非同一般，学生掌握了文本知识，又不知不觉提高了习作能力，教师的教学水平也因此提高了一个度。

随堂课是教师素质的临场发挥，是一所学校综合素质风采的展示，我们学校通过开展同课异构式随堂课的形式组织教师参与上课、观摩、点评，互通有无，集思广益，最后整合生成最佳教学方案。

在同课异构式的随堂课教学研究活动中，我们可以更新和深化教学理念，探索和总结深层的教学规律及形成和提升教学智慧。同课异构随堂课构建了一个在实践中学习研究反思的平台，形成多个视觉、多样设计、多种风格的教学，促成教师头脑风暴，大大拓展了教师的教学想象空间。

梯度三：教师自我录像课，对症下药求进步

自我录像课可以拍摄自己的随堂课，也可以拍摄自己的展示课，录像可以记录教学的全过程，包括语言、动作及学生的反馈等情况，360度了解自己教学的成败，可以回放诊断教学病症，从而从侧重自身素质分析提高教学艺术，达到教学的进步。

很多教师在教学时总是在教学环节上做文章，其实教师本身的教学素质是影响教学情绪的很大因素。有的教师有口头禅，有的教师虽然有了精彩的教案课堂教学语言却还是特别冗长，有的教师小动作很多。这些问题旁观者清，当局者迷，教学流程又不可能随着时间重现，故而教师也无法看到自己教学的"阴晴圆缺"。针对此问题，我校规定教师每学期必须用摄像机拍摄一节或几节教学录像，供教师本人或教研活动时大家共同观摩讨论，提出建议，形成解决的方案。

（一）自我思考，主动探究

笔者执教一年级的《棉花姑娘》一课时，就拍摄了两次课堂录像，每次上完课后便回来看视频，让自己站在旁观者的角度看自己的教学。第一次，笔者发现自己的教案设计内容过于繁杂导致学生学习压力过大，所以笔者修改了教学内容；第二次，笔者发现自己在教学引导的过渡语方面表述得不够干脆简练，所以笔者回来后练习了表达能力。在一次又一次的实践、一次又一次的思考、一次又一次的方法寻求中，笔者的教案不断得到优化，教学质量也在逐步提升。

第一次试教：

自读：学以致用，趁热打铁

1. 森林医生啄木鸟和庄稼卫士青蛙又会怎样呢？请同学们用上面同样的学习方法学习第三、四自然段。（用＿＿＿＿＿画出棉花姑娘的话，用～～～～～画出燕子说的话，多读读，想想为什么帮不上忙？）学好了跟同桌或前后桌同学分角色朗读。

A. 生汇报画的话。

B. 厘清为什么帮不上忙，他们只会捉哪里的害虫。

C. 请三个学生读对话。

2. 棉花姑娘一连请了三位医生，都帮不上忙，她的心情一次比一次着急，病情也越来越严重。师生读，男女生读。（整体读）

第二次试教：

独立阅读，学以致用

1. 那么森林医生啄木鸟和庄稼卫士青蛙他们又怎样呢？请同学自己读第三、四自然段。

①自己先读第三、四自然段。

②同桌分角色读读。

2. 棉花姑娘一连碰见三位医生都帮不了她，同时她对每一位医生都说一句话，孩子，你发现了什么？师范读（图片），你又发现了什么？

3. 你有能力当棉花姑娘吗？请在座的同学当医生。

比较两个案例，从学生掌握知识的结果看似乎"殊途同归"，但在教和学的方式上有很大的变化，相比较，可以明显地看出教学片段二更多地关注学生的发展，更有利于学生获得积极的情感体验，让学生自主地参与到学习中，体现了以学生为主体的教学方式，使学生真正成为学习的主人。

（二）集体智慧，富有创新

校本教研中的一堂课——《蜜蜂》，拍摄后在执教者和听课者的校本研讨中发现，教师教学设计的每个节点已经很精彩，但教师还是暴露出了很多的问题，如教师自己教学情绪的合理抒发、教学导语的得体性、每个教学环节的基调高低等。通过视频的播放和暂停，我们分节讨论每一句导语如何表达，每一环节的基调如何处理，讨论后教师再去试教。长久如此，教师的课堂教学就有了很大改观。

教师自我录像课还可以对教学的设计、实施效益，进行实时的调控，发现自己课堂教学中对教材的处理、教学语言和各个环节的衔接与优化问题，了解学生的参与状况、交流状况、语言实践状况、学习生成状况，教和学双方的关系，师生的情感、态度和价值观等。

三、反思

"梯度校本教研培训模式"体现学校以教研为载体，把教学相长的模式融入了学校的日常管理，为教师的专业化发展提供了有效途径。其模式一改往日平面化的教研活动，一改学校片面侧重理论或侧重实践的做法，融理论与实践在实践中不断重复其模式的操作方法，从而多维度提高教师的专业发展水平。其优点有以下三项。

1．循序渐进性

"梯度校本教研培训模式"的梯度性体现如图1所示。

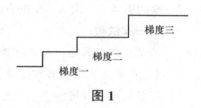

图 1

从图1可知，教师的成长像学生的学习一样需要循序渐进，在梯度一的学习中找到教学的理想，根据自身特点进行教学，因为自我教学是封闭的；在梯度二的同课异构中实现教学方法的突破，从而更好地展现自己的教学；在梯度三中不断地完善自我。

2．教研主题周期性

"梯度校本教研培训模式"是一种系统化的操作模式，从图1可以看出，主题的研讨需要一段时间的学习和实践，也因此有了主题研讨的周期性。在周期内教师参与同一个主题的学习和践行，在理论和实践的反复磨炼中提升教学水平，形成自己的教学风格。

3．重复性

"梯度校本教研培训模式"的重复性如图2所示。

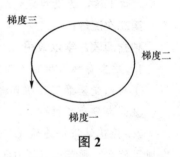

图 2

机械化的重复，会导致活动的无效，而"梯度校本教研培训模式"的重复性有利于教师的进步。由此可知，重复性体现的是操作方法，而操作的内容可以在难度上增加。从梯度一到梯度二再到梯度三，教师完成一个主题的活动，第二次可以在更难的主题上进行磨炼，在简单到困难的不断重复中努力实现突破。

"梯度校本教研培训模式"是教师与集体一起在理论学习和实践探索中摸索的一条成长之路。学校要扎扎实实抓好特级名师经典课、同课异构随堂课和教师自我录像课，以教促研，研教结合，积极为教师们营造互相研讨的空间和氛围，及时发现问题，共同解决问题，以此实现教师的专业发展。

参考文献

[1] 张仁贤．教师专业成长的阶梯[M]．天津：天津教育出版社，2007．

[2] 王崧舟．听王崧舟老师评课[M]．上海：华东师范大学出版社，2010．

习得·运用·完善：习作单元"三步式"教学策略
——以统编教材五年级上册第五单元习作单元为例

永嘉县沙头镇中心小学 郑 伟

"习作单元"在小学语文统编教材中的首次出现，从三年级开始，每册增设一个。与普通单元相比，习作单元的编排体系很独特，它的编排体现出鲜明的"读写结合"特征——"阅读介入习作，指向习作目标，即以读促写，使学生学会写作技巧，从而学会学习，学会更好地吸取知识"。整个单元最终的目标以一次习作任务为准。就"习作单元"来看，目前没有具体可操作的策略，这给当下的习作教学提出了新的挑战，非常值得研究。

其中，针对说明文的习作单元出现在五年级上册。笔者锁定这个单元，就此进行了梳理，梳理结果见表1。

表1

板块		目标	作用
精读课文	16. 太阳	厘清课文从哪几个方面来介绍太阳，体会说明方法及好处	从阅读中学习方法
	17. 松鼠	梳理松鼠的相关信息，通过对比，体会说明性文章的不同风格	
交流平台		交流总结说明性文章的特点，体会恰当使用说明方法的好处	归纳梳理 提炼方法
初试身手	初试身手1	能尝试运用多种说明方法，写清楚一种事物的特点	学生尝试运用 教师诊断教学
	初试身手2	能把《白鹭》改写成说明性文章	
习作例文		进一步了解将事物介绍清楚的方法	进一步强化说明方法，拓展了把一件事物介绍清楚的思路和其他方法
习作		要写清楚事物的主要特点，试着用上恰当的说明方法，可以分段介绍事物的各个方面	形成单元学习成果

纵观整个单元，既有说明文教学指引，又有说明文例文辅助，更有不同层次的说明文习作实践，在这个单元中，以语文要素为基点，以习作能力发展为主线，阅读与习作有机接轨，消除一直以来"重说明文教学，轻说明文习作"的教学弊端，使得习作教学更具有序列性、系统性、针对性。那么，该如何落实这单元习作要求，真正将说明文的应用价值挖掘出来，让习作更有实效，笔者对此进行了研究和探索，提炼了说明文习作单元具体的教学策略。

一、内外联动——习得说明文表达方法

习作单元其实所有内容都服务于本次习作，体现了语文学习的整体性和综合性，在教学时教师要统筹考虑，可以从单元整体出发，明确单元写作目标，通过课内外文本的联动，触发学

生多角度思考，去习得说明文独特的表达方法。

（一）联动精读课文，发现方法

习作单元中的精读课文所承载的教学价值与普通单元的精读课文有所不同，其主要功能是引领学生学习说明文表达方法。教师要敏锐地捕捉到课文的习作密码，将课文与习作联动在一起，在课文学习中逐步落实习作，这样习作就能化难为易。

案例：五年级上册第 17 课《松鼠》中的设计：

板块一：初读课文，厘清说明顺序

1．填一填：

作者围绕总起句"松鼠是一种漂亮的小动物，乖巧，驯良，很讨人喜欢"从_____和_____两方面对松鼠进行介绍。（外形特征　生活习性）

2．分别找出相对应的段落及相对应的特点。

3．出示作业本第五题：读课文，根据松鼠不同方面的特点，完成填空。

（1）观察表格，说发现。

（2）学生独立完成。

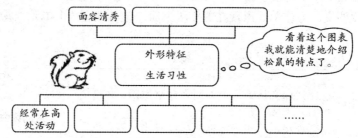

（3）交流外形特征：通过比较，发现不同信息之间的包含关系，确定为不同方面的"身体矫健、尾巴美丽"。

（4）交流生活习性：将学生交流的生活习性通过磁贴板出示在黑板，让学生比较发现，删减重复的生活习性，以体现从不同方面进行概括。

（5）小结提取、归纳、提炼信息的方法。

板块二：评鉴《太阳》与《松鼠》，体会说明方法

1．学习活动二：科学大揭秘。

（1）默读思考《太阳》和《松鼠》两篇课文，发现表达方法和语言风格的不同。

（2）同桌合作完成表格。

项目	《太阳》	《松鼠》
表达方法		
语言风格		
……		

2．交流指导：

（1）表达方法：《太阳》是常识性说明文，为了将抽象、复杂的事物说得清楚明白，往往会使用列数字、举例子、做比较等说明方法；《松鼠》是文艺性说明文，通常抓住事物鲜明的特点，运用打比方的说明方法、拟人的修辞手法进行具体说明，使我们清楚地了解事物。

（2）语言风格：《太阳》语言简洁、平实；《松鼠》语言丰富、活泼。

3．说明文的语言风格多样，你喜欢哪一种呢？为什么？

在《松鼠》这课中，笔者让学生在多样的学习活动中厘清说明顺序，学习说明方法，习得说明文的表达方法，在板块一中引导学生细读，梳理文章的框架，整体把握说明文的说明顺序，把握说明内容。板块二中笔者让学生在比较阅读中了解不同说明文运用不同说明方法的同时，感受运用这种说明方法的好处，同时体会文艺性说明文与常识性说明文的不同语言风格，让学生明白无论哪种风格，描述都要准确、清楚、有条理，才算说明成功。整个学习过程，循序渐进，呈梯度展开。

（二）联动课外阅读，内化方法

在学完课文，发现表达方法后，教师可以选择相同写法的文章让学生进行阅读，让学生联系联读材料，加深对表达方法的理解，让学生在大量语文实践中逐步内化，积淀习作方法，实现积极迁移。

例如，在《太阳》这课中学生习得了说明方法秘妙后，联读了说明性文章《神秘的金星》《天上之"河"》，了解金星和银河的基本信息，思考这两篇文章是分别用什么说明方法来表达，并与小组同学分享这些说明方法的好处。

在联读中进一步体会到说明文在于清楚地把事物说明白，往往运用列数字、作比较、打比方等说明方法，化生疏为熟悉，化复杂为简单，化抽象为形象，让学生再次感受到这种写法的好处，积累丰富的语言表达范式。学生在联读中拓宽了认知视野，同时，巩固发现的表达方法，真正实现习得的目的。由此，学生也收获了成功的喜悦。

二、分散练习——运用说明文表达方法

习得本单元的表达方法后，最重要的是通过练习使学生会用。读为写服务，写为用铺垫。教师在教学时要立足每篇课文，要抓住每个契机，寻找练笔结合点，实施分散练习，让学生对方法加以运用巩固，使学生能够举一反三，触类旁通，学以致用。

（一）仿写练习

说明文中有些句段很典型，教师要充分发挥其示范功能，挖掘其表达秘诀，让学生学习课文中的这些语言，实现初级的读写迁移，在仿写中增强习作能力。

可以进行句子仿写，例如，在《太阳》这堂课中聚焦太阳的特点，明晰作者是通过作比较的说明方法突出太阳大的特点之后，教师便可顺水推舟让学生利用作比较的方法，说说世纪之光高的特点，在仿写中引导学生将世纪之光与科技馆、博物馆进行比较，与长颈鹿、姚明进行比较，这样的仿写练习能为后文的练笔搭建有力的学习支架。

还可以进行段落的仿写，譬如在《松鼠》文后练习2："选择下面一种动物的活动（蚂蚁搬家、喜鹊筑巢、小鸡啄米），仿照课文第4自然段写一段话。"第4自然段主要写"松鼠搭窝"，其言语的结构为：搭窝地点—搭窝动作—窝的样子，让学生选择蚂蚁搬家、喜鹊筑巢、小鸡啄米，模仿段落写话，这样的模仿难度不大，是平移式的，教师可以引导学生模仿其写法，运用"文艺性说明文"的表达特点选择一种动物的活动。

（二）单项练习

"习作单元"中的"初试身手"是进入习作之前的"准习作练习"，这种练习侧重某个方

面的单项练习，这个练习可以是针对学生薄弱的地方，也可以是针对习作某个方面进行的。

在本单元中初试身手有两项内容，第一项是"选择身边的一个事物，试着运用多种说明方法来说明它的特征"，该项训练主要针对的是说明方法的恰当使用；第二项是"查找资料，试着将课文《白鹭》改写成说明性文章，体会它们有什么不同"，此项训练主要针对说明文的文体语言特征。

案例：五年级上册初试身手的设计：

初试身手一：

1. 出示初试身手的第一题的图片和文字，小组讨论：
（1）电视塔这个语段是从哪些方面介绍这座电视塔的？
（2）语段运用哪些说明方法介绍电视塔，这样写有什么好处？
2. 自由练笔：试着用多种方法来说明它的特征，有能力的学生可以用两个自然段来写，每个自然段写一个特征。
3. 集体评议：根据学生情况进行评价，着重指导学生要抓住事物的特点，能用说明方法说明事物的特点。

初试身手二：

1. 先引导学生回忆《白鹭》的内容，厘清作者是从哪些方面描写白鹭的。
2. 聚焦白鹭的外形，引导学生思考：如果把《白鹭》的外形部分改写成一段说明性的文字，你打算怎么写。
3. 师生共同归纳。
4. 学生结合课前搜集的说明性资料动笔。
5. 师生共评，修改练笔。
6. 比较：说说散文白鹭与说明性白鹭有什么不同。

以上两项训练的设计，前者着眼说明文的"言内"组合，着重指导学生要抓住事物的特点，并能用说明方法说明；后者着眼于说明文的"言表"形态，体会到同一事物用不同的方式来表达，侧重点也应该有所不同。它们同属于说明文的本体性训练。说明文根据说明的对象和内容，选择适当的说明方法和表达方式。要想将一种事物介绍清楚，就得学会用说明文的话语方式来写作。如果将说明文的这两项最具有本体性的特征训练到位了，也就能够将任何一种事物介绍清楚了。这两项训练落实了，可为单元习作做好准备。

三、评改促动——完善说明文表达方式

习作教学的重要部分是习作的评改，影响着习作的质量。要想自己的习作更趋于完善，有必要进行评改。教师可以通过有针对性的交流、赏析、修改，让学生明晰评改的要求，促使学生按照要求仔细评改，掌握评改的步骤和方法，可以有效激发学生完善说明文的表达方式，消除学生对说明文的消极情绪，在习作时得心应手。

（一）借助习作例文进行完善

习作例文是编者精选的文章，有很多可圈点之处，教师可以继续引导学生将自己的作品与习作例文进行对照，一读，二比，三对照，就可以发现自己学得如何，以及用的效果。基于这样的比照，再对自己的习作进行修改，完善说明文的表达方式。

案例：五年级上册习作《介绍一种事物》设计了这样一个板块：

1. 学生独立思考，独立习作。
2. 收交习作，教师分析习作。

收交学生习作后，教师进行第一次初阅，初阅中分析学生习作的主要薄弱点。

3. 例文引路，梳理方法。

（1）阅读两篇例文，思考：两篇例文给我们的习作带来什么启发？

（2）总结方法。

4. 对照例文，评改习作。

（1）选取一名学生的习作，对照例文，评议：哪些方面写得好？为什么好？哪些方面写得不好？为什么不好？怎样修改？

（2）学生独自对照例文评改。

5. 学生交流自己的习作，二次修改。

在上述教学中引导学生将自己的习作与例文进行比较，发现例文价值，吸收、迁移、运用，将例文巧妙化为支架，为学生在模仿与运用中间架起了一座桥梁，去解决习作教学中的重点、难点，最大限度为习作教学服务。例文在习作教学中的充分运用是习作教学最有效的方法之一。

同时，例文的材料不能拘泥于书本上提供的，根据学生习作的真实情况，精读课文、学生优秀作品都可以成为学生习作的范文，要多维度挖掘素材。充分利用"生本"例文材料，作为书本例文的补充，展开欣赏、积累、点评、借鉴，让作文讲评有章可循，有的放矢，让习作讲评真正起到提升学生语言表达、提高习作质量的作用。

（二）借助评价清单进行完善

每次习作后安排交流评改的环节。我们可以设计一个评价清单，让每名学生都能通过对照评价清单，在自查和反思的基础上，确定评改的要求，掌握评改的步骤和方法，进行自我评价、自我提升，最后修改完善。

案例：习作《介绍一种事物》时可以设计这样一个板块：

1. 出示习作评价清单。

习作题目			
评价要求	具体要点	自我评价	他人评价
说明事物的特点	能围绕说明的事物，清楚写出特点		
说明方法的使用	恰当使用说明方法，突出事物的特点		
说明的顺序	能够分段介绍事物的不同方面，清楚，有条理		

2. 自由读习作，自我评价。

3. 班级交流，师生共改。

（1）分别请三位不同水平的同学上台分享自己的习作。

（2）对照习作评价清单集体讨论，提出优点与缺点及修改意见。

4. 自己对照评价清单再次独立评价。

5. 同桌对照评价清单，互评互改。

6. 自主修改。

以评价清单为支架，有了清晰的评价标准，说明文习作就要进一步细化，学生应对照评价单，找到自己的不足，使习作逐渐走向规范化，质量也能得到明显提高。如此，学生对说明方法的表达方式方能得心应手。

"语言文字的学习，出发点在'知'，而终极点在'行'；到能够'行'的地步，才算具有这种生活的能力。"在习作单元，教师应树立单元整体意识，以单元整合为契机，明晰单元语文要素，紧扣习作要求，引导学生在学习过程中习得表达方法，运用习作方法，并能够完善习作方法，挖掘习作单元的核心内涵，将阅读与习作融合共生，如此，习作单元将能大放异彩。

参考文献

[1] 朱建军. 语文课程"读写结合"研究[M]. 北京：教育科学出版社，2013.

[2] 徐仙红. "单元"定法，凸显说明文习作之效[J]. 教学月刊（小学版）语文，2020（01）.

[3] 王爱芳. 单元整体观下习作教学策略的探寻[J]. 教学月刊（小学版）语文，2017（01）：68-71.

[4] 叶圣陶. 叶圣陶语文教育论集[M]. 北京：教育科学出版社，1980.

[5] 吴勇. 习作单元：读写结合教学的新走向[J]. 小学语文教学，2019（05）：7-12.

[6] 李晓燕. 谈习作例文的有效选择与运用——以童话故事为例[J]. 语文教学通讯，2019.（05）：59-60.

单元统整思路下教学目标的系统解读与实施路径
——以统编教材六下册第五单元为例

平阳县昆阳镇第二小学　周文仙

单元统整，是指在单元语文要素统领下，对整个单元的阅读、习作、园地等进行全盘统筹的整体性教学模式。

为什么强调单元统整呢？统编语文教材每个单元都是围绕特定的人文主题和语文要素进行选文与规划学习内容的，单元内选文之间具有关联性，其编排顺序在目标落实上具有层次性。但在实施过程中，笔者发现教师们还是缺乏整体意识，即总是习惯于教什么篇目备什么内容，教学目标仅是围绕单篇课文的内容和主题来设定。有些教师虽然也是按照单元语文要素设定目标，但在实施过程中不是蜻蜓点水、在同一个问题上"炒冷饭"，就是罔顾学情，过于拔高，忽视其序列性。

单元统整的思路就需要教师对统编教材编排意图准确把握之后实施教学。它将单元中各栏目看作单元体系的一部分，对每个栏目的教学目标进行整体关照，使其前后关联，相互支撑，从而更有序、有效地落实语文要素，实现语文素养的全面提升。

那么，在这种思路下，教师该如何系统地解读、制定教学目标并予以实施呢？笔者经过两个学期的实践，总结出基本流程：整体规划，在把握编者意图中发现目标；系统解读，在语文要素关联中清晰目标；厘清层级，在要素聚焦中确定精准目标；策划活动，在学习活动组织中落实目标。下面笔者就以统编教材六年级下册第五单元为例，谈谈具体的实施路径。

一、整体规划：在把握编者意图中发现目标

单元统整就要打破篇与篇之间的壁垒，改变以篇备篇的思维，以一个整体去看一个单元，建立"群"的观念。执教者应从群的角度出发，通读单元，了解每篇文章的内容和主旨，发现每一个材料的单元价值，从而准确把握编者意图，以便在学生单元学习的整体规划中确定目标。

六年级下册第五单元围绕着"科学发现的机遇，总是等着好奇而又爱思考的人"这一人文主题安排了四篇课文、一个口语交际、一篇习作及一个园地。四篇课文分别从不同侧面揭示了"科学与发现"：有的是对自然现象的独特认识和解释，有的是对日常生活司空见惯的现象或身边事物展开的探究，有的则是对未来科技展开的奇特想象。口语交际中辩论的话题、习作的材料等都与主题紧密相连。编者这样安排，主题鲜明，促进了学生对"科学精神"的初步感知。

这个单元的阅读要素是"体会文章是怎样用具体事例说明观点的"，表达要素是"展开想象，写科幻故事"。虽然读和写的要素分编，而实际上是读中学写，读写融合，它们是相互依存的，综合起来，语文要素就是学习课文的表达方法，"体会文章是怎样用具体事例说明观点的"。有了这一步认识就初步明确了这个单元的学习目标——了解科学精神，体会文章是怎样

用具体事例说明观点的。

二、系统解读：在语文要素关联中清晰目标

统编教材很多单元的目标之间具有联系性和发展性，每个单元都是完整的语文知识和能力体系中的一环，因而，我们在解读目标时必须系统化。"立足当下""思前想后"，既要读好语文要素长线发展序列，又要读懂语文要素内在关联，全面把握语文要素的结构和相互衔接，明晰该要素在本单元的落实点和达成度，对目标准确定位。

（一）纵向把握，读出发展

"体会文章是怎样用具体事例说明观点的"是引导学生了解课文表达方法。为了更好地了解统编教材表达方法的学习体系和教学梯度，笔者对"了解课文表达方法"进行了梳理，发现从三年级开始，都有所体现，有所巩固，有所提升（表1）。

表1

年级	要素
三下	了解课文是怎么围绕一个意思把一段话写清楚的。 了解课文是从哪些方面把事情写清楚的
四上	了解课文是怎样把事情写清楚的
四下	体会作家是如何表达对动物的喜爱之情的
五上	初步了解课文借助具体事物抒发感情的方法
六上	了解文章是怎样点面结合写场面的。 体会文章是怎样围绕中心意思来写的
六下	分清内容主次，体会作者是如何详写主要部分的。 体会文章是怎样表达情感的。 体会用具体事例说明的方法

（二）横向关联，读懂系统

单元内部又有怎样的关联呢？笔者仔细阅读选文，发现三篇精读课文的课后练习与略读课文的自读提示，都从不同层面上对语文要素提出相关学习要求。

笔者在进一步解读选文，梳理语文要素中，清晰地发现教材在"课文表达方法"方面的编排序列。而单元内部，从篇章页，到选文阅读，再到口语交际、习作，语文要素的层层递进、环环相扣、前后勾连等特点更是一目了然。有了这一整体上的观照，就有了该语文要素在不同篇章的准确定位（表2）。

表2

课型	内容	学习任务	课时目标
精读	文言文二则	了解语文要素	从视觉和触觉两个角度，运用生动形象的比喻和鲜明的对比手法，证明各自观点的正确性
	真理诞生于一百个问号之后	体会语文要素	研读三个具体事例，发现写法上、内容上的共同点，学习课文运用具体典型事例说明观点的方法，来帮助自己比较充分地说明一个观点
	表里的生物	领悟语文要素	通过阅读尝试找到相关语句印证自己的观点，领会用具体事物说明观点的方法
自读	他们那时候多有趣啊	深化语文要素	自主阅读，梳理情节，在未来学校和老式学校的对比中，发现文章的独特构思
口语交际	辩论	运用语文要素	收集能说明自己观点的具体事例，清晰表达观点，学习辩论
习作	插上科学的翅膀飞		在习作中借助几个具体事例来展现自己的科学想象

续表

课型	内容	学习任务	课时目标
课外阅读交流	阅读交流梳理总结	深化语文要素	小组合作汇报交流课外阅读所得，方法延伸，形成类思维
单元整理	语文园地		梳理、总结，形成整体认识

三、厘清层级：在要素聚焦中确定精准目标

以整体为大背景，系统解读语文要素，为教学目标的制定提供了依据。为使单元内的学习内容和活动形成合力，让"一环"的学习扎扎实实，教师必须厘清语文要素层级，在学情的基础上，确定精准的课时目标。笔者在对该单元进一步整理后，呈现如下：

单元内，精读、自读、课外阅读及习作等形成了一个紧扣单元语文要素的"了解感知—落实方法—迁移运用"的三级学习阶梯；而在精读选文内部，则又呈现出阅读内部"要素感知—梳理提炼—阅读实践"三个阅读层级。因此，每一个层级的目标设定就要非常精准，不能在"前学习"中纠缠彷徨，也不随意跨越"操之过急"，必须按照层级要求，步步为营，方能相互支撑，有效达成目的。

四、策划活动：在学习活动组织中落实目标

目标确定了，策划单元统整之下既有梯度，又能激发学生参与的言语实践活动是落实语文要素的关键。下面以选文阅读课、习作课和整理课为例谈具体实施方案。

（一）选文阅读课

《真理诞生于一百个问号之后》是一篇议论文，小学阶段接触比较少。它以三个事例作为论据，来证明"真理诞生于一百个问号之后"。为达到"学习课文运用具体典型事例说明观点的方法"这一核心目标，可以开展以下活动：

1. 了解作者论证方法和写作思路

读了文章之后，你知道作者的观点是什么吗？他举了哪些事例证明自己的观点？结合课堂作业本第3题填表组织学习活动，对三个事例进行梳理。在同桌讨论、全班交流的基础上，理解"？"和"！"的真正意思，发现作者的论证思路。

2. 细读事例，探索事例特点

这个板块需要联结、比较、发现三个步骤。第一步，带领学生细读第二自然段，画出作者认为真理诞生过程的关键词语"现象—问题—探索—真理"；第二步，分小组各选择一个事例，思考每个事例在叙述上与第二自然段的关系；第三步，对比三个事例，发现三个事例表达上的异同点（结构相同：发现问题—进行研究—得出结论；详略不同：第一个事例详写发现，第二个事例详写过程，第三个事例略写）。

3. 迁移运用，尝试运用事例论证观点

如果要说明"有志者事竟成""玩也能玩出名堂"，你会选择哪些事例？怎么安排结构和详略？寻找相同观点的同学组成新小组，讨论、交流、反馈、修改。继而，仿照课文的写法进行创写。

《真理诞生于一百个问号之后》是精读课文，是学习"用具体事例说明观点"的好材料，是单元语文要素学习的重要环节，所以，在阅读中要引领学生经历语文要素"认识—理解—运

用"的全过程，让学生在阅读过程中对语文要素有个全面的体验。

《表里的生物》也是一篇精读课文，它的目标层级是在已经掌握"用具体事物说明观点的方法"基础上进一步引领学生去领悟。那么，策划什么样的活动能帮助学生在阅读实践中领悟语文要素呢？

在学习字词、整体感知课文的基础上，抓住"爱思考、好奇心强"引领学生到文中寻找理由，不断验证自己的观点：

学习活动一：读心理，找证据。默读全文，画心理描写的句子，圈可以验证"爱思考、好奇心强"的关键词。同桌交流：说说这些词可以验证的理由。

学习活动二：对比读，找证据。同桌合作，一人读父亲，另一人读我的心理。讨论：父亲和我形成怎样的对比？哪些证据证明"爱思考、好奇心强"？将证据概括后填写在理由圈。

学习活动三：浏览全文，寻找其余证据。默读课文，圈画哪些证据证明"爱思考、好奇心强"？将证据概括后填写在理由圈。

教师在教学实施层面应准确把握语文要素在篇章的落实点和达成度，不拔高，不重复，精准目标去设计学习活动。

（二）实践运用课

统编教材强调"阅读与表达并重"，这个表达不仅指书面表达还有口语表达。从单元整组来看，口语交际和习作都是语文要素在表达中的运用。在学习活动策划时，要与阅读相联系，与生活相联系，阅读中学表达，表达中深入阅读，落实语文要素，实现目标。

《插上科学的翅膀飞》的目标是让学生学会借助几个具体事例来展现自己的科学想象。围绕这个目标可以展开以下四个学习活动：①借助课外阅读打开学生思路：你读过哪些书？印象最深刻的科幻故事是什么？②结合习作提示，展开科学幻想，设计未来产品，并用思维导图呈现。③小组围绕新技术应该选择哪些有代表性的典型事例进行交流。④联系课文《他们那时候多有趣啊》以及课外阅读的科幻故事，领悟写法，进行创写。

（三）整合梳理课

统编教材构建了教读—自读—课外阅读三位一体的阅读体系。在选文阅读学习完成之后，要对学生课外阅读进行梳理。如何让学生沉入这一言语实践活动中？可以采用群文联读的方式，将单元组文和课外阅读材料当作群文素材，策划"议题"引领学生进入"讨论交流"的情境之中。

因为选文都围绕语文要素用一至两个课时阅读，所以，先由浅显的文本信息梳理开始，然后逐步进入思考与讨论，引领思维走向深入。

第一步，回顾：单元课文有哪些思考和探索？你印象最深的是哪一课？

第二步，梳理：课文中作者分别有哪些观点？为了证明自己的观点，列举了哪些事例？小组共同梳理填写列表，在回答中互相补充。

第三步，联结：你在课外阅读中读了哪些文章？有哪些发现？列举了什么事例，说明什么观点？补充表格，小组交流。

第四步，整理：交流收获，形成类思维。推荐整本书阅读《真理诞生于一百个问号之后》《安德的游戏》等，领会科学精神和科学思想内涵。

单元整体教学将选文阅读和习作等都统整在语文要素视域之下，整个单元的学习目标除一些基础性的语文阅读学习外，主要围绕语文要素进行课与课的统整。其语文要素的学习从阅读感知到梳理提炼，再到迁移运用，经历了一个相对集中、时间相对充裕、实践相对充分、过程相对完整的学习历程。

单元统整思路下教学目标的系统解读，加强了篇章之间的整合和优化。这样实施教学，使得教的前后有关联、学的结果能转化、教学中的信息可共享。笔者相信在这样指向清晰、层次清晰的教学目标指引下，语文学科核心素养会得以更有效的落实。

参考文献

［1］王荣生．新课标与"语文教学内容"［M］．南宁：广西教育出版社，2004．

［2］周一贯．2019："统编教材年"《语文教学通讯·C刊》的响应［J］．语文教学通讯，2019（12）：15-19．

［3］陈卫娟，高杰．统编教材语文要素落实的三大核心维度［J］．教学与管理，2020（2）：32-34．

"功能性写作":让习作教学华丽"转身"

苍南县藻溪镇小学 陈 杰

"功能"指的是事物或方法所发挥的有利作用。当下中小学写作教学存在一个根本的弊端,就是在教学中,教师只考虑如何将"教"的内容(包括知识、方法)体现在学生习作中,以实现教师提出的教学目标,整个写作过程学生便始终处于一种消极被动的言语状态,这是典型的"从属性写作教学"。"从属性写作教学"始终将每次写作当成"学习",更当成获得写作技能的一种必经"途径"。这种传统教与学的方式使学生只能在"要我写"下写作,非常枯燥乏味。学生一旦感到写作索然无味,就会大脑空白,不知如何下笔。

要改变当下"习作"教学的困局,必须树立"功能性写作"的思想,"功能性写作教学"相对于传统的"从属性写作教学",鼓励学生将写作内容作为一种交往载体,引导学生努力用老师"教"的内容来支持和实现自己的言语交往目标。坚持让每次写作成为一种"语用",更成为一次次写作技能的积极"消费"(图1)

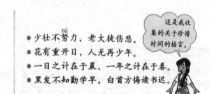

图1

那么,怎么实现"功能性习作"教学的愿景,从而实现习作教学的华丽"转身"呢?笔者以为,一个完整的"功能性习作",基本上由四个要素、四大唯度构成。

一、话题点燃,扫除"内容无趣"的沉疴

"话题"是"功能性习作"的基本内容,传统的"从属性写作"教学,写作内容的规定性,命题方式的单调性、权威性,写作话题的无趣与僵化,致使学生作文中"空话、套话、假话"盛行。提倡"功能性习作",就是要呵护习作话题的情趣与创意。话题的选择要"热",想学生之所想,念学生之所念,急学生之所急。话题的呈现也要"鲜",能让每位学生眼前

一亮,心头一震,从而能唤醒学生关注的兴趣,激发学生探讨的热情,才能展现学生创造的天赋。

例如,关于"名字"的习作,我们的习作教学设计就缺少这样的话题:

第一篇是写自己的名字故事。每个孩子的名字都有一个故事,爸爸、妈妈怎么给他(她)起这个名字?这篇文章好写。

第二篇写爸爸或妈妈的名字故事。对于孩子来说,名字知道,但为什么起这个名字?他们不明白,笔者让其利用字典、词典先写,猜想祖辈为什么给爸爸或妈妈起这个名字。文章写完后,带回家,先问问爷爷、奶奶、外公、外婆自己猜得对不对,问问爸爸、妈妈是否实现了这个目标,然后再给爸爸、妈妈看,本文每个孩子同样能写好。

第三篇写爷爷、奶奶、外公、外婆(其中之一)名字的故事。孩子们根本想不到笔者会用这个话题继续写文章,因为绝大多数的孩子不知道爷爷、奶奶、外公、外婆的名字,所以不知道如何下手。怎么办?笔者这样引导:"这几位老人都非常疼爱大家,说不定有的早已经离开了这个世界。不知道不是你们的错,你们可以以道歉信的形式如实地写出自己的情况,带回家给老人看看,他们一定会告诉你们许多故事的,到时候,你们再补上这篇文章。"之后,这篇文章被很用心地写下来,并且没有一个人有怨言。

第四篇写什么呢?孩子们没有想到,笔者会让他们为自己未来的小宝宝起个名字,这篇文章写得漂亮极了,孩子们将他自己美丽的寄托都写出来了。

有人说,这个话题总该结束了吧,其实没有结束。笔者告诉学生们:"关于名字,还有很多文章可以写,自己亲戚、伙伴等。如果你们再写几篇,将上面所写的文章放在一起,每个人再附上一张照片,设计一个封面,装订好,就是一本非常棒的书。"结果,一学期里,笔者所教班级的学生全部完成了这本"书"。

以上案例,话题成了助推学生习作的"引擎",成为点亮孩子言语系统的动力来源。让孩子乐此不疲的话题构建,其实无异于在习作教学上迈出了成功的第一步。

二、"目的"触发,跨越"动能不足"的藩篱

作文"为什么写"?"从属性习作"的目的只有一个,即以老师的喜好、应试的标准为出发点和终结点。写出来就是为了给老师看的。

当今社会,已经鲜有学生懂得"写作是为了自我表达和与人交流"。如果作文缺少了诚心交流、心灵交互的功能,习作便丧失了本质的属性与功能。但"功能性习作"教学直接指向学生的内在诉求和期待,与学生的生存、生命、生活需要息息相关。并且,写作也在改良孩子的学习生活。

例如,《过一个写作的毕业季》短期写作微课程的开设,就经历了一个与传统习作教学完全异样的"目的性写作"历程。

进入六年级毕业季,同学之间开始写同学录,希望以这种方式纪念永恒的童年。但是笔者发现,写来写去都是那么几句祝福的话,几十本同学录堆在桌子上,写得人叫苦不迭。创意告急!情谊窘迫!于是,创作"班级毕业纪念册"的创意就大胆涌现出来。

通过"班级毕业纪念册"创意的征集,甄选出同学们都认可的"最佳创意"。确定了"班级毕业纪念册"创作的基本框架后,我们将任务进行分解,形成若干环环相扣的写作小任务,

让每个阶段的"作品"都成为"毕业纪念册"的重要组成部分,见表1。

表1

习作总任务:制作班级毕业纪念册(纸质两本,电子一本)					
第一阶段写作任务:写班级毕业纪念册创意说明					
第二阶段任务:制作班级毕业纪念册(上册)《永远的三班——三班那些事》		第三阶段任务:制作班级毕业纪念册(中册)《永远的三班——三班那些人》		第四阶段任务:制作班级毕业纪念册(下册)《蒲葵树下——三班成长纪录片》	
写作任务1	写一件班级里难忘的事	写作任务1	写一个班级里难忘的人	写作任务1	写《三班成长纪录片》脚本
写作任务2	撰写给同学的"毕业赠言"扫描入册	写作任务2	绘制班级漫画式"群英谱",并命名	写作任务2	写《三班那些事》《三班那些人》新书发布会及《三班成长纪录片》首映式主持词
写作任务3	请人写序,并进行封面设计及说明	写作任务3	我和我追逐的梦:每人创作一篇《20年后的我》入册		
说明:整个毕业纪念册坚持原创,所有文字、图画要全部来自同学。"原创"最能体现同学的才干,具有收藏价值。					

且看《三班那些人》"写作任务2"制作,同学们最后借鉴冯骥才《刷子李》一文将全班34个学生加语文老师每个人的特点用"歪写正着"的方式淋漓尽致地表现出来,给人留下了深刻的印象。图2是本书的目录。

```
       班级毕业纪念册《永远的三班——三班那些人》目录
  1. 教书杰        10. 书法沈      19. 才女晗      28. 抱怨媛
  2. 打嗝肖        11. 追星乐      20. 幼稚宇      29. 作文青
  3. 国宝郭        12. 卖萌泛      21. 卡通琦      30. 温柔馨
  4. 乒乓许        13. 学霸鸿      22. 辩论庆      31. 告状瑶
  5. 迟到刘        14. 火爆章      23. 全能轩      32. 生意妍
  6. 淡定宋        15. 演技蔡      24. 兴奋金      33. 舞蹈慧
  7. 任性萱        16. 搞怪豪      25. 作业焘      34. 假小子婧
  8. 自拍谢        17. 漫画林      26. 暴力欣      35. 神功彤
  9. 考试易        18. 绘画恺      27. 足球兰
```

图2

基于需求的目的性写作,触动习作欲求的内驱,让学生表现出令人咋舌的创意与源源不断的灵感。具有目的功能的"任务驱动",任务的确定、完成,对完成任务情况的评估成为教学的中心环节,教师由传统的"主角"转变为"配角",学生也不再将学习当作任务,而是根据任务需求来学习,由被动地接受知识转变为主动地寻求知识,变"要我写"为"我要写",变"他主写"为"自主写"。

三、角色融入，扭转"习作动机"的单一

长期以来，作文教学得不到根本突破的主要原因是学生的作文被看成是一项作业、一次平常的练习，学生总是以"做作业者"的角色与身份进行写作，这种习作动机，极易产生"人文"的背离。

"功能性写作"特别在意学生写作情境的"带入"感，淡化"作业"与"练习"的痕迹，努力构建写作者的文本身份。即作者在习作中以什么样的身份进入语境，以什么样的年龄、经验、性别来说话和表达。角色不同，说话的语气不同，选择的话语内容不同，故事情节的走向不同。

如笔者执教的《一封"辞职"信》：

上个学期，笔者的一个学生在学校里收到了一封奇怪的信，只见那信封上写着"女儿玲玲收"几个大字。内容如下：

妈妈的"辞职"信

亲爱的孩子：

你好！

孩子，妈妈先给你讲一个故事。你知道吗？燕子妈妈都是衔来食物喂给小燕子吃的，可当有一天小燕子长出翅膀的时候，燕子妈妈就会衔着食物在巢外飞翔，任凭小燕子饿得再呼喊也不理它们，小燕子只好拍打着稚嫩的翅膀自己飞出去寻找食物。是啊，燕子妈妈的"无情"就是为了让小燕子从小学会飞翔，长大才能在天空中翱翔……

孩子，妈妈的好孩子，昨天晚上，当你吹灭生日蜡烛的那一瞬间时，妈妈忽然间觉得你长大了。妈妈知道你学习很优秀，可是你身上还缺乏独立、自理能力。所以，亲爱的孩子，妈妈经过一夜的思考，决定从今天开始，辞去以下"官职"：

辞去"保姆"职位：从今天开始，早晨、晚上请你自己准备洗刷用品；每次吃饭时，请你自己拿碗盛饭；当爸妈不在家时，自己解决吃饭问题……

辞去"清洁工"职位：从今天开始，你自己的房间请你自己负责清理；你自己轻便的衣物要自己清洗；有空的时候要帮助妈妈清洗碗筷……

辞去"秘书"职位：从今天起，一些日常的生活安排请你自己处理，如书包、日用品、衣物等请你自己负责整理……

亲爱的孩子，希望妈妈辞去以上"官职"以后，你能学会自理。独立生活是你早晚要面对的事情，做自己能做的事吧，这并不是妈妈不疼你，而是要你真正成长起来！

妈妈预祝你，在人生道路上越走越坚强……

爱你的妈妈
2016 年 10 月 27 日

学生举例畅谈在信中发现自己的影子，之后，引导给妈妈写一封"辞职"信。学生分别写出要辞去小公主、小皇帝、董事长、指挥官、美食挑剔家、餐厅顾客、小跟班等职务。情真意切，意味深长……

妈妈要给女儿写"辞职"信，以一个"真实"的身份出现，其实改变了习作中的"做作业"角色痕迹。习作是心灵和感情的倾诉与释放。教师的责任是帮助学生将内心深处最真实的思想充分且理想地展露出来。此环节引导学生关注自己的生活，反思自己的生活，唤起生活的回

忆，展开与生活的对话。这样的过程，在浓重的"角色意识"中，自然激发了学生的表达需求。

四、"读者"指向，优化"习作行为"的路径

梁启超说："为什么要作文章？为的是作给人看。""读者"就是本次习作的服务对象，他对这篇习作的态度就是检验习作表达成效的关键所在。读者在习作中，一直潜在文本的字里行间，无处不在，无时不有，习作者在表达时所秉持的"观点和立场"，所占有的"事理"，所流溢的"情感"，就是为了引起读者注意和重视，随之打动读者、说服读者，从而赢得读者认同和支持。因此，无论作者愿意还是不愿意，只要是作者动笔写作，为谁而作的问题作者总是要思量的。

但是，在长期的写作训练中，学生的"读者意识"是严重缺失的。在学生眼里，作文是个假东西。写着"爸爸，我想对你说""妈妈，我想对你说"之类的作文，学生知道最终看的人不是爸爸也不是妈妈，而是老师；写着"心中的小秘密"，表达着对伙伴的思念或愤怒，学生知道最终看这些文字的不是伙伴而是老师。封闭，不流通，没有读者意识的作文教学给学生制造了畸形的作文生态。

这样的现状必须改变。以笔者班级的"少艺校四（3）—龙港四小四（8）班灵龙两地书"写作活动为例，拥有"读者意识"的功能性写作，小小的鸿雁魔法般使恼人的作文摇身一变成了快乐的天使。

上午第二节语文课，笔者抱着一个大信封信步走进了教室。

笔者将龙四小李老师拿来的信件抱进了教室。同学们呼啦一下将笔者围了起来。"有我的信吗？""老师，有没有我的信？"

拿到信的同学兴高采烈，读得津津有味。没信的同学也伸长脖子看别人的信。教室里不时传出为龙港同学描述的趣闻逸事而啧啧赞叹，为怎么答复龙港同学而议论纷纷的声音。

夏天的故事

夏天到来了，我经常到林子里玩耍。到了傍晚，就和哥哥捉消息牛（知了）：在树底下找着它的洞，只要轻轻一按，小洞就会变大，然后伸进手去一定能捉到它。有的消息牛早早出洞了，爬到树上，或爬进草里。如果你眼力好，手也灵巧，就能捉到几个，那么今天的游戏里就多了美妙的歌唱家伴奏了。

——夏远帆（龙港）写给黄梓帆（灵溪）的信

班级故事多

"我们班有一个群，名叫歌王群！最近集体创作了一首歌，叫《跳海买卖》：'当初是你要跳海，跳海就跳海；现在你又爬上来，把我拖下海；幸好老子反应快，把你踹下海；让你清楚，让你明白，老子的厉害！'你知道吗？这可是我们班的音乐新专辑主打歌哦！用《爱情买卖》的调来唱，一定能把你的肚子笑痛！当然，这歌格调不太高，我们就图个高兴，你看，我们多淘气。"

——肖涵宇（灵溪）写给缪煊（龙港）的信

"读者意识"支配下的"功能性"习作，使作文成了孩子的"需要"——为了表达自己。使作文拥有了"真实"行为——习作，不再是给老师浏览之后，打个分数即可的事情。通过小小的"两地书"，笔者发现带着"读者"意识的功能性写作确是习作教学中比较理想的状态。

"功能性写作教学"将写作与儿童需求联结在一起，由于"功能语境"的存在，让每个

学生觉得写作可以实现自己的愿望，可以服务自己的生活，可以改善自己的生活和社会，让当下的习作教学一扫颓势，呈现出生机勃勃的气象。在"话题""目的""角色""读者"四个基本要素中，"话题"是表达的中心，"目的"是表达的旨归，"角色"是表达的主体，"读者"是表达的指向，它们互为基础，相互作用，构成了功能性习作教学生动鲜活的表达语境，使每一次习作教学实现华丽"转身"。

参考文献

[1] 吴勇. 吴勇讲"语用"[M]. 福州：福建教育出版社，2015.

[2] 曾扬明. 儿童作文，唤醒"读者意识"[J]. 百家作文指导（小学中高版），2010（9）：26-27.

[3] 管建刚. 我的作文教学系列[M]. 福州：福建教育出版社，2010.

在"估算"中教学估算

温州市龙湾区实验小学 黄剑活

一、想说爱你并不容易——估算教学现状分析

（一）教师认为估算重要但并不重视

随着新课程改革的深入，估算教学也日渐深入人心，数学教师潜意识里开始"重视"估算教学，教学行为也逐步跟进，但实际上很多教师虽然认为估算重要但并不重视，他们对估算教学的理解还只浮于表面。

原因分析：教师对估算的作用和意义认识不足。

很多教师对于估算的作用和意义缺乏系统的认识，他们还是认为估算是可有可无的事情。为此，估算教学被很多教师在教学中孤立，估算的应用率、利用率极低，没有从根本上真正认识到估算的作用和价值。

（二）学生估算意识依然缺乏并淡薄视之

大部分学生对明确提出估算要求的题目，知道要取运算项目的估计数。但如果没提出明确的估算要求，即使运用估算容易解决的问题，学生还是习惯于精确计算。也有相当部分学生对题目的估算要求熟视无睹，一意孤行精算到底，因为精算更能"靠谱"地解决问题。

原因分析：教师难以把握教学目标，学生像在执行程序与命令。

"经历估算的过程，探索并总结估算的一般方法，会表达估算的思路，在解决实际问题的过程中体会估算的价值，培养初步的估算意识。"此估算教学目标的定位既注重学生对估算的情感体验，又注重对估算意识循序渐进的培养，相当科学合理。可现行估算教学目标很大部分呈隐性状态，很多教师难以把握目标，所以，教师只好将估算教学简单化、程式化处理，学生将估算学习当作执行命令，教学更多的力量用在对估算方法的总结和提炼方面，因此，教与学形成了恶性循环，对学生估算意识的培养却到了有口难言的境地，使估算走向了另一个极端。

因此，我们必须研读课程标准，通观教材，寻找有效的估算教学策略，帮助学生建立估算意识的根基。

二、爱要爱得明明白白——估算教学策略研究

1. 基于数学活动经验，培养原始的数感

数感是人对数与运算的一般理解，这种理解可以帮助人们使用灵活的方法做出数学判断和为解决复杂的问题采取有效的策略。对学生进行原始数感的培养有助于估算能力的形成。因此，教师在平时教学中，应以学生熟悉的、感兴趣的生活内容为题材，创设现实、有趣、富有挑战性的情境，逐步培养学生的数感，如从一年级开始，就可以经常创设一些学生熟悉的情

境，如让学生知道 10 比 30 少一些，10 比 5 多一点；知道 28 在 20 与 30 之间但更接近 30；感知 100 页书大约有多厚、一米大约有多长等，这样从学生的生活经验入手，善于挖掘生活中的素材，不失时机地培养学生的数感，对学生估算意识的培养是大有好处的。

2．遵循数学学习规律，创造性地使用教材

"一本书"的时代已经结束了，由独尊教材到活用教材，根据教学实际创造性地使用教材、重组教材、改造教材是一线教师必须具备的基本功，在估算教学中更是如此。例如，在还没有学习估算时，学生已经学习了 100 以内的加法和减法，基于学生敢于精算而不接触估算的事实，在本单元的整理和复习课，设计"谁算得快"游戏，增进学生对估算的意识启蒙和熏陶。

（1）出示：判断题。

①2 班同学，每个人从家到学校的时间，都需要 12 小时。

②妈妈上街买了 2 个面包和 3 瓶牛奶，共付 90 元钱。

（2）出示：商店里，一个热水瓶（26 元）、一个玩具（19 元）。

师：妈妈带了 30 元钱，想买这两件物品，够不够？看谁想得最快。

生：（学生很快举手要求回答）不够。

师：爸爸带了 50 元钱，也想买这两件物品，够不够？

生：（同样很快地举手回答）够。

师：今天怎么算得特别快？真了不起！有什么小窍门吗？说说看。

生 1：我不是算的，是想出来的。

生 2：对，不需要算的，猜猜就能判断。

生 3：我把热水瓶 26 元看作 30 元，玩具 19 元看作 20 元，30+20 只有 50，爸爸有 50 元。"多看了"还正好。所以肯定用不完，当然够。

生 4：我算妈妈带的 30 元钱时，也是猜的，方法是"'少看'还是不够……"

（3）出示：一个热水瓶（26 元）、一个烧水壶（43 元）、一套茶杯（24 元）。

师：妈妈带了 100 元，想买这三件物品，够吗？看谁想得最快，并说出你的思路。

生 1：够。热水瓶和烧水壶合在一起不足 70 元，看作 70 元，加上茶杯最多不超 100 元。

生 2：够。烧水壶和茶杯的总价少于 70 元，看作 70 元，加上热水瓶也不足 100 元。

生 3：够。热水瓶和茶杯的总价正好 50 元，烧水壶又不足 50 元，所以肯定够。

……

这样，一个环节下来，收到了很好的教学效果：第一，对学生估算意识的熏陶真实而自然；第二，没有出现先算后估的现象，学生初步体验到估算比精算省时，开始有点喜欢估算；第三，估算方法的多样化初具雏形。

3．布局螺旋教学结构，立体融合教学环节

学生的估算意识淡薄归根溯源有历史方面的、教师和学生方面的原因，但最主要的是由教师将估算孤立起来教学所引起的。其实，估算教学应渗透于数学教学的各个必要环节，以提高估算的价值，加强估算的实效。

（1）将估算和验算前后结合起来。例如，在进行计算教学以前，教师可以引导学生先对计算结果进行合理的估计，确定计算结果的估计范围，再引导学生在计算后进行验证对照，学生在估算中将正确率提升到可控的范围，学生们兴趣极高。再如，学生做完了计算题之后，教师可以引导学生运用简便的方法——估算，进行快速检查。这种检查高效而便捷，深受学生的喜爱。

（2）将估算与生活结合起来。著名数学家华罗庚说过："人们对于数学产生枯燥无味、神秘难学的印象，原因之一便是脱离实际。"实践表明，数学与生活实际越贴近，越容易引起共鸣，越有利于数学知识的获得和巩固。譬如，上文提出两道判断题①②班同学，每个人从家到学校的时间，都需要 12 小时；②妈妈上街买了 2 个面包和 3 瓶牛奶，共付 90 元钱。学生很自然地想到了估算，感悟到了估算的重要作用。

三、用自己的方式爱你——估算教学应该注意的几个问题

1. 估算≠先算后估

估算教学重在培养学生的估算意识，也很强调估算方法，但由于精算来得精准，导致很多学生还是喜欢偷偷地先算后估，因而，出现了为估算而估摸着的现象，这就失去了估算的意义，试问连准确值都会算了，再估算又有什么用？因此，估算教学一定要充分体现估算的应用价值，引导学生不断体会估算的作用，强化先估后算的方法引导，这样才能让估算渐渐深入人心。

2. 方法多样化更应优化

估算方法是多元化的，估算角度是多样化的，所以，估算的结果有时差异也很大，例如，义务教育实验教科书三上第 70 页有一道题：每张门票 8 元，29 个同学参观，带 250 元钱够吗？生 1：因为 29 接近 30，30×8=240（元），所以带 250 元，够。生 2：因为 8 接近 10，29×10=290（元），所以带 250 元钱，不够。生 3：因为 29 接近 30，8 接近 10，30×10=300（元），所以带 250 元钱，远远不够。这时估算方法的多样化因为具体生活情境而得到了质疑，强调估算方法多样化没错，但是这时遇到具体问题一定要优化，否则会产生南辕北辙的效果。这时就需要教师审时度势，即解决实际方面问题的乘法估算要看大数而估，即选择 29 接近 30，30×8=240（元），这样估算即快速又接近准确值，更能有效地解决实际问题。

3. 方法优化应适可而止

优化要适可而止，过于强调优化，又会使估算教学走向另一个极端，例如，有教师在教学实验教科书三下的除法估算时，创设了一个情境，学校餐厅共有 251 人，平均分 6 排就餐，每排大约坐几人？根据学生交流出现了以下几种情况：A. 252≈300，300÷6=50（人）；B. 252≈250，6≈5，250÷5=50（人）；C. 252≈240，240÷6=40（人）；D. 252≈250，250÷6≈41（人）。接着，教师引导学生比较以上几种方法最喜欢哪种，为什么；结果很多学生选择第 D 种，因为学生的理由是这种方法最接近准确数，可见学生的估算已到了有很严重的思维定式的阶段，这与教师过于强调估算要接近准确值有关，这已严重影响估算的可持续发展，让估算走向了另一个可怕的极端。

估算意识、估算方法、估算能力的培养绝不是一蹴而就的，也不可能毕功于一役，它需要一个长期、反复、坚持不懈的过程，在这个过程中要求教师在实践中不断反思教学，在反思中不断感悟经验，在经验中不断创新教学。做个教学的有心人、有耐性的人，对学生进行有计划、有步骤、不间断的培养。

参考文献

［1］刘兼，孙晓天. 数学课程标准解读［M］. 北京：北京师范大学出版社，2016.

［2］顾汝佐. 数学教学中几个值得研究的问题［J］. 小学青年教师，2003（10）：9-10.

基于 APOS 理论的小学数学概念教学
——以"百分数"教学为例

乐清市虹桥镇第一小学　徐杏干　王增强

一、APOS 理论概述

20 世纪末，美国数学教育学家杜宾斯基等人在数学教育研究的实践过程中提出了 APOS 理论。APOS 理论起源于作者试图对皮亚杰的"反思性抽象"理论进行拓展的一种尝试。该理论指出在学习数学概念的过程中，要经历活动（Action）—程序（Process）—对象（Object）—图式（Schema）四个阶段。

第一阶段：活动（Action）阶段。在该阶段里，主要侧重于问题情境的创设，因此也称为操作阶段。在教学中，教师用创设具体的问题情境，来引导学生对具体的数学"对象"，进行相应的操作活动。例如，在《百分数的意义》一课中，教师创设了学生投篮的情境，以此激发学生的认知，让学生感受百分数带来的好处，也初步感知百分数的意义，使得学生很快投入新课中。然而实质上，这是一个反省和抽象的过程。

第二阶段：程序（Process）阶段。主要涉及学生在学习过程中，对事实性知识的回忆与再现的过程，因此，该阶段也称为过程阶段。在该阶段中，相应的操作不断地被重复，使学生逐渐熟悉新知识。学生对新知识不断同化，在大脑中进行一种内部的心理建构，完善新知识体系。例如，在《百分数的意义》一课中，教师通过三幅主题图的教学，不断地追问不同百分数表示的意思，最后，让学生自己抽象出百分数的概念。另外，还可以通过不断的动手操作来理解什么是百分数，在整个过程中，事实上就是让学生在不断重复中理解百分数的意义。

第三阶段：对象（Object）阶段。在这个阶段中，概念以独立的对象出现，并且学生已经能够对概念进行独立的心理运算。在对象阶段，概念已不再是以往的程序、算法步骤了，此时它所呈现出的是一种结构，更加是一个抽象的整体。例如，在《百分数的意义》一课中，主要通过两个富有层次性的练习题让学生利用百分数的意义去解决。解决问题的过程就是学生对百分数概念的心理运算过程，最后让百分数的概念以独立的对象出现在学生的大脑里。

第四阶段：图式（Schema）阶段。即个体对前面三个阶段及原有的相关问题图式进行恰当的整合、精致，而产生新的问题图式。用新图式的作用能否做出反应，来决定某些、某类问题是否真正属于这个图式。例如，在《百分数的意义》一课中，主要引导学生回忆整节课的学习过程，将整个知识体系进行整合。最后让学生提出关于百分数是否还有什么新的数学问题。显而易见，个体的思维和认识状况，对相关概念进行了深层次的加工和心理表征，在持续建构中得到了更高的提升。

APOS 理论是一种关于数学概念学习的理论，认为在数学教学中要进行相应的心理建构，所以，它也是一种建构主义的数学学习理论。相关的研究证实了 APOS 理论教学的有效性，肯定了 APOS 理论在数学概念教学中的作用。

二、基于 APOS 理论的小学数学概念教学实验

试图通过"百分数"的教学来阐述 APOS 理论对小学数学概念教学的影响。

1. 实验的准备阶段

（1）实验的对象。采用随机抽样的方式在虹桥一小六年级 9 个班中选取 2 个班级进行实验研究。其中六（3）班为实验班，采用 APOS 理论进行教学，六（1）班为对照班，采用传统的教学方式进行教学。

（2）前测成绩分析。为了使实验结果更加精确，对实验班和对照班上学期的期末成绩进行了单样本 K-S 检验与独立样本 t 检验，具体结果见表1、表2。

表1 实验班和对照班前测成绩的单样本 K-S 检验

班级	人数	平均成绩	标准差	K-SZ 值	Sig.（双侧）
实验班	39	84.46	11.313	0.898	0.963
对照班	38	84.58	10.877	0.744	0.963

由表1可知，对照班 K-SZ=0.744，Sig.=0.963，由此可以认为对照班的期末数学成绩服从正态分布；实验班 K-SZ=0.898，Sig.=0.963，由此可以认为实验班的期末数学成绩也服从正态分布。由此可以得到，上学期的数学期末试卷有较好的区分度。

表2 实验班与对照班前测成绩的独立样本 t- 检验

| 班级 | N | 均值 | 标准差 | 均值的标准误差 | 分数的95%置信区间 | | t | df | Sig.（双侧） |
					下限	上限			
实验班	39	84.46	11.313	1.812	-4.920	5.155	0.046	74.987	0.963
对照班	38	84.58	10.877	1.764	-4.923	5.158	0.046	75	0.963

从表2可以看出，实验班与对照班 Sig.=0.963>0.05，由此可以知道两个班的成绩无显著差异，为本文研究的可行性提供了有力的依据。

2. 实验的实施阶段

实验班和对照班均由笔者进行教学，教学内容和教学进度都保持一致，每一课时的上课时间均为 40 分钟。在教学设计方面，实验班采用 APOS 理论指导的教学设计，而对照班采用常规的教学设计，以此来进行对比。下面以"百分数的意义"一课教学为例进行阐述。

（1）从课堂教学效率上看。王光明在《重视数学教学效率·提高数学教学质量——"数学教学效率论"课题介绍》一文中提倡教学效率要从教学效率的时间和结果两个维度进行认识。其中，教学效率的时间是指学生能够充分利用，全身心、积极主动参与数学学习的时间；教学效率的结果是指学生多方面的学习效果，包括认知成绩、理性精神、效率意识、良好的认知结构和数学学习能力。从教学效率的时间与结果两个纬度来分析这两节课，具体见表3。

表3 实验班与对照班从教学效率的时间与结果两个纬度对比

项目	实验班	对照班
学生参与的学习活动	比较丰富	较为单一
学生在课堂上投入的时间	总投入时间为30分钟左右，其中有效时间为25分钟左右	总投入时间为22分钟左右，其中有效时间为15分钟左右

续表

项目	实验班	对照班
学生接受新知识的情况	较快	较慢
学生学习的主动性	学生能够积极思考问题，参与度较高	学生被动听讲的时间较多，思考的时间少
学生兴趣、情绪等非认知因素	学习兴趣高，课堂气氛活跃	学生学习比较被动
课堂节奏	松弛有度	节奏较为单一

基于上述两个教学案例的比较分析，得出结论：基于APOS理论的教学模式与传统的教学模式比较，占有一定的优势。主要体现在：一是实验班学生有效学习的时间比对照班学生要多。在教学过程中，发现实验班学生自主学习的时间明显比对照班多，学生在课堂上参与数学活动的积极性也比对照班要高，活动次数也比对照班多；二是实验班的教学效果要优于对照班。在教学过程中，发现实验班的学生能够通过动手操作、自主合作学习建构起比较完整的认知结构；学生在参与学习的过程中，思维较为活跃，能在教师的引导下主动探究百分数的意义；从学生的反应来看，实验班的学生对学习新知比较感兴趣，很快就能投入新知识的学习中。

（2）从教学设计上分析。实验班的教学充分考虑了数学学科知识体系的建构过程，能从学生已有的认知水平出发，教学的整个过程符合学生的认知发展规律。在教学过程中，学生对百分数的意义从感性的认识上升到理性的认识，再从现象的认识到学科本质的认识，采用的教学方式是学生乐于接受的。在整个教学过程中，教师通过创设问题的情境，使学生在情境中感知百分数的意义，使学生在活动阶段达到对表象的认识；再通过三幅主题图的教学，让学生抽象出百分数的意义，就是学生在程序阶段逐步压缩和抽象形成概念的过程；再通过两个富有层次的练习题，使学生对百分数意义的理解进一步深入并达到对象阶段，最后引导学习回忆整个学习过程并提出新的问题，最终使学生形成较完整的心理图式。整个过程的设计考虑帮助学生循序渐进地建构完整而牢固的知识体系。

3．实验的结果分析

为了使实验结果分析得更加准确，笔者再次对实验班和对照班前测成绩进行了单样本K–S检验和独立样本t检验，检验结果见表4、表5。

表4 实验班和对照班后测成绩的单样本K–S检验

班级	人数	平均成绩	标准差	K–S Z值	Sig.（双侧）
实验班	39	84.21	10.938	0.862	0.447
对照班	38	78.68	12.966	0.642	0.804

由表4知，对照班K–S Z=0.642，Sig.=0.804，由此可以认为对照班的后测成绩服从正态分布；实验班K–S Z=0.862，Sig.=0.447，由此可以认为实验班的后测成绩也服从正态分布。

从表5可以看出，Sig.=0.047<0.05，由此可以知道两个班的成绩有显著差异，并且实验班成绩要优于对照班成绩。

表5 实验班和对照班后测成绩的独立样本t-检验

| 班级 | N | 均值 | 标准差 | 均值的标准误差 | 分数的95%置信区间 | | t | df | Sig.（双侧） |
					下限	上限			
实验班	39	84.21	10.938	1.751	−10.977	−0.065	−2.017	72.269	0.047
对照班	38	78.68	12.966	2.103	−10.961	−0.080	−2.022	75	0.047

三、实验结论

1. 运用APOS理论指导数学教学能够提高学生的数学成绩

20世纪60年代，美国的教育学家舒尔曼做过一项调查。调查证明了学生的数学成绩与教师对教学内容和教学过程的处理方式有关。经过上述的教学实验研究，验证了舒尔曼的结论是正确的。这说明在学生成绩差不多的情况下，在同一教师的指教下，在相同的时间内，运用APOS理论指导教学可以提高学生的数学成绩；也能在一定程度上充分调动学生参与课堂数学活动的积极性。

2. 运用APOS理论指导数学教学能够改善学生的非认知因素

从教学实验的过程上看，实验班的课堂教学氛围、学生的学习情绪及学生的学习积极性等都与对照班有着显著差异。运用APOS理论指导数学教学能够调动学生的学习主动性，使学生能够积极地参与探究数学知识的过程，进行有意义的数学学习。在数学活动过程中，学生有了学习的自主权，有了足够的时间和空间进行思考与探究，进行有效学习的时间比较长，进而可在操作和活动中自主构建新知识，体现了课堂以学生为主体的新课标教学理念。从课堂的教学过程来看，确实能够调动学生的学习主动性，可以说培养了学生的学习兴趣，也培养了学生的创新思维能力。

3. 运用APOS理论指导数学教学能够促进学生对概念的理解水平

APOS理论指出概念的学习过程要按照活动（Action）、程序（Process）、对象（Object）和图式（Schema）四阶段进行。并且，四个阶段是循序上升的，这与学生学习数学概念的思维是相一致的。在活动阶段，学生通过自主的学习活动认识了概念的现实背景，例如，在《百分数的意义》一课，通过比较谁的命中率高来对百分数的概念进行初步的感知；在程序阶段，首先通过三幅主题图的教学，让学生对百分数意义的认知进行深入的思考，在教师不断追问下，通过思维的压缩和内化，最终使学生在心里对整个活动进行反思和抽象，最终提炼出百分数概念的属性和特征；在对象阶段，主要是通过两个富有层次性的练习题，让学生对前面两个阶段形成的关于百分数意义的认识进一步压缩与抽象，使之成为一个独立的对象出现在脑海中；图式阶段是最高阶段，通过引导学生回忆和提出新的问题，使得概念最终在学生的心里形成综合的心理图式。在构建百分数的意义的概念过程中，达到对象阶段的学生占大多数，但达到图式阶段的学生不多。但从后测的数据中可以反映出运用APOS理论指导教学确实可以帮助学生减少在操作阶段和对象阶段的认知错误，有助于学生建立正确概念的心理表征，并促进学生对概念的理解达到更高的对象阶段和图式阶段。

四、结束语

本文以APOS理论和概念教学相关的研究为基础，重点研究和探讨了APOS理论指导下的百分数概念的教学，通过案例对比、课堂活动观察等形式来分析两种教学模式，教学结束后对学生进行问卷测试，最后运用SPSS17.0统计分析软件对获取的实验数据进行统计分析，结果表明，用APOS理论概念教学模式进行百分数概念教学，有利于促进学生对百分数概念的理解，学生的数学成绩相对于传统概念教学有所提高；课堂学习气氛比传统概念教学模式更为活跃，学生参与课堂的积极性也比传统概念教学模式要高，从本质上促进了学生的有意义学习。

但是，APOS理论揭示了在数学概念学习中最终图式的形成，并非一种自发的行为，而是一个经历各个阶段之后，无形中建构的过程。在概念教学中，各个阶段的学习活动为最终的图式的形成打下了良好的基础。图式的特点就是具有相对的专一性，注意离散的活动、过程和对象，同时，也将具有相似性质的其他知识点分离开。当积累到多个图式阶段时，个体可以将各图式中蕴含的知识点之间所包含的关系或衔接有机地组合成一个整体，达成共赢的局面。最后，在图式阶段中，个体将会弄清楚在每个阶段中所涉及的相关知识点之间的错综复杂的关系，并建构出强大的图式。

参考文献

［1］鲍建生，周超．数学学习的心理基础与过程［M］．上海：上海教育出版社，2009.

［2］王光明．重视数学教学效率·提高数学教学质量——"数学教学效率论"课题介绍［J］．数学教育学报，2005（3）：43-46.

［3］曲佳蓝．百分数概念的理解及其教学研究［D］．首都师范大学，2014.

［4］李莉．学生学习数学概念的层次分析［J］．数学教育学报，2002（3）：12-15.

［5］乔连全．APOS：一种建构主义的数学学习理论［J］．全球教育展，2001（3）：16-18.

［6］张奠宙，李俊．数学教育学导论［M］．北京：高等教育出版社，2003.

［7］郑毓信，梁贯成．认知科学、建构主义与数学教育［M］．上海：上海教育出版社，1998.

［8］王增强．基于APOS理论视角下的小学数学概念教学——以"分数的意义"教学为例［J］．中小学教学：小学版，2016（3）：1-3.

几何直观揭本质 对比沟通促联系
——《3的倍数特征》的教学实践与思考

乐清市实验小学 郑乐央

一、问题思考

"3的倍数特征"是在"2、5的倍数特征"的基础上进行学习的，从让学生观察一个数的末尾数字到观察这个数的各数位上数字的和，在思维上具有很大的跨度。但教材的编排仍然是借助数表让学生探究3的倍数特征，2、5的倍数特征借助百数表观察，而在探究3的倍数的特征时，教材有所改动，采用99数表。教材这样编排，使3的倍数特征在99数表上更加容易被发现，从而让学生在学习过程中获得"山穷水尽"与"柳暗花明"的探究体验（图1）。

图1

通过观察，发现素材中99数表比起百数表，呈现的规律（斜着看）会更加明显和统一，因此，借助99数表探究比借助百数表探究更加容易发现3的倍数的特征。

但3的倍数为什么要看各个数位上的数的和？学生无疑是迷茫的。

表1为几个不同版本的教材的对比。

表1

教材版本	情境素材以及探究过程的引导	得出结论	验证
人教版	 　　1 2 3 4 5 6 7 8 9 10 11 12 13 14 15 16 17 18 19 20 21 22 23 24 25 26 27 28 29 30 31 32 33 34 35 36 37 38 39 40 41 42 43 44 45 46 47 48 49 50 51 52 53 54 55 56 57 58 59 60 61 62 63 64 65 66 67 68 69 70 71 72 73 74 75 76 77 78 79 80 81 82 83 84 85 86 87 88 89 90 91 92 93 94 95 96 97 98 99 1. 上表中哪些数是3的倍数？把它们圈起来。 2. 横着看圈起来的前10个数，个位分别是哪些数字？判断一个数是不是3的倍数，只看个位行吗？ 3. 斜着看，你发现了什么？	3的倍数各位上可以是任意数，一个数各位上的数的和是3的倍数，这个数就是3的倍数	任意找几个3的倍数，把各位上的数相加，看看你有什么发现？
北师大版	（计数器图示：2 7 → 2+7=9；4 2 → 4+2=6；7 5 → 7+5=12） 1. 在计数器上分别表示出几个3的倍数，看看各用了多少个珠。 2. 再找几个比较大的3的倍数，并在计数器上表示出来。算一算，每个数所用珠的个数各是多少？你有什么发现？	3的倍数各位上数的和一定是3的倍数	如果一个数不是3的倍数，这个数各位上数的和会是3的倍数吗？找几个这样的数算一算
苏教版	 　1　 2 ③ 4　 5 ⑥ 7　 8 ⑨ 10 11 ⑫ 13 14 ⑮ 16 17 ⑱ 19 20 ㉑ 22 23 ㉔ 25 26 ㉗ 28 29 ㉚ 31 32 33 34 35 36 37 38 39 40 41 42 43 44 45 46 47 48 49 50 51 52 53 54 55 56 57 58 59 60 61 62 63 64 65 66 67 68 69 70 71 72 73 74 75 76 77 78 79 80 81 82 83 84 85 86 87 88 89 90 91 92 93 94 95 96 97 98 99 100 1. 我们研究了2，5的倍数的特征，说一说，3的倍数有哪些特征呢？ 2. 请你在百数表中接着圈出3的倍数，你发现了什么？然后利用计数器拨出3的倍数，引导学生发现各个数位上的珠子加在一起即是3的倍数	你知道吗？这些数各个数位上数字之和都是3的倍数	是这样吗？我找几个数看看

387

通过比较，笔者发现这3个版本的教材知识都是让学生经历“借助素材，发现规律；借助经验，大胆猜想；举正反例，多向验证，抽象概括3的倍数的特征”的过程，都是用不完全归纳法得出3的倍数特征。但对于其特征背后的道理，都没有进一步探究。3个版本的教材，只有人教版在本单元“你知道吗？”版块对3的倍数特征的本质进行了简单的介绍，意在让学生通过阅读知其然，知其所以然。

3的倍数的特征为什么要看各个数位之和？这背后的道理是否要让学生明白透彻呢？答案是毋庸置疑的。在教学中，不仅要让学生学会判断一个数是否是3的倍数，还要让学生理解为什么要这么判断。因此，笔者将这节课进行重新建构，试图将数学知识、数学方法、数学思维、数学思想融为一体进行教学，以期让学生领略知识的来龙去脉，感受数学学习的魅力。

二、教学实践

（一）复习旧知，引出新课

师：2的倍数和5的倍数都有什么特征？判断一个数是不是2或5的倍数，只要看什么？

师：今天我们继续来研究——3的倍数特征。

（二）操作探究，验证归纳

1．大胆猜想

师：请同学们猜一猜，3的倍数有什么特征呢？

出示99数表（图2）：

	1	2	3	4	5	6	7	8	9
10	11	12	13	14	15	16	17	18	19
20	21	22	23	24	25	26	27	28	29
30	31	32	33	34	35	36	37	38	39
40	41	42	43	44	45	46	47	48	49
50	51	52	53	54	55	56	57	58	59
60	61	62	63	64	65	66	67	68	69
70	71	72	73	74	75	76	77	78	79
80	81	82	83	84	85	86	87	88	89
90	91	92	93	94	95	96	97	98	99

图2

要求：

圈出3的倍数，再和自己的猜想比一比，你有什么想说的？

小组内交流你的想法。

学生活动后，展示学生作品（图3）。

	1	2	③	4	5	⑥	7	8	⑨
10	11	⑫	13	14	⑮	16	17	⑱	19
20	㉑	22	23	㉔	25	26	㉗	28	29
㉚	31	32	㉝	34	35	㊱	37	38	㊴
40	41	㊷	43	44	㊺	46	47	㊽	49
50	(51)	52	53	(54)	55	56	(57)	58	59
(60)	61	62	(63)	64	65	(66)	67	68	(69)
70	71	(72)	73	74	(75)	76	77	(78)	79
80	(81)	82	83	(84)	85	86	(87)	88	89
(90)	91	92	(93)	94	95	(96)	97	98	(99)

图3

师：你发现什么？

生1：十位上的数依次多1，个位上的数依次少1，和不变。

生2：个位上是3、6、9的数就是3的倍数。

通过验证发现，个位是3、6、9的数不一定是3的倍数，3的倍数只看个位是不行的，我们原先的猜想是不正确的。

生3：3的倍数的个位0～9这些数都有可能。

……

师：是呀，个位上的数字没有规律，该怎么办呢？

生4：我发现各个数位上的数字相加的和是3的倍数，那么这个数就一定是3的倍数。

师：什么意思呢？谁听明白了？（邀请学生回答）

生：如78是3的倍数，7＋8＝15，15是3的倍数，那么这个数就是3的倍数。

师：一定是这样吗？请同学们动手找几个数验证一下。

师：这里只是100以内的数，如果大于这些数，那这个规律还成立吗？

2．举例验证

通过学生举反例和举大数再次验证3的倍数特征是：各个数位上数字之和是3的倍数，这个数就是3的倍数。

（三）探寻原因，升华提高

生：为何3的倍数的特征是各个数位上数字之和，明明每个数位上的数字表示的意义不同，怎么能够加在一起呢？例如，78表示7个十和8个一，计数单位不一样，怎么能把这些数字相加呢？

师：我们不仅要知其然，而且要知其所以然。那3的倍数特征要看各个数位之和，这是什么道理呢？我们是不是可以借助图形来帮助自己理解这个道理。

课件出示学习要求（图4）。

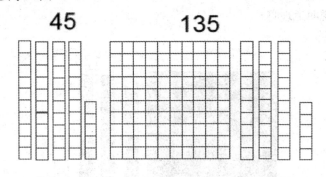

图4

（1）请同学们用圈一圈或画一画等方式选择其中一个数来说明道理。

（2）请同学们把想法用式子写下来，并和你的同桌说一说这个道理。

汇报反馈：呈现学生作品（图5）。

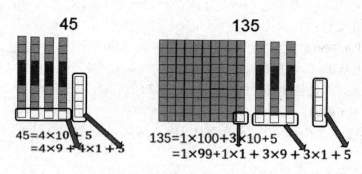

图 5

请学生说出自己的想法，引导学生说出每一步算式所对应的图形。

生1：一个10里面，分掉3个3，也就是9个，剩下1个1，有几个10就分掉几个9，剩几个1。剩下几个1就是对应着十位上的这个数。最后将剩下的几个1和个位上的数相加是3的倍数，那这个数就一定是3的倍数。

同理可得135。

生2：1个百里面分掉33个3，也就是1个99，还剩1个1，有几个百就分掉几个99，剩几个1，剩下的几个1对应着的就是百位上的这个数。

师引导学生，再次让学生理解每个百，每个十最多分掉了几个3，分别剩下几个1，对应的就是百位、十位上的这个数字。

师生共同小结：分掉的是3的倍数，剩下的相加的和若是3的倍数，那这个数就一定是3的倍数。

（四）沟通原理，建立联系

1．对比沟通，发现规律

师：同学们，之前我们学习了2、5的倍数特征，为何判断2、5的倍数只用看个位？现在你能利用方格图来说明道理吗？

出示课件（图6）。

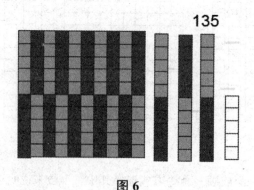

图 6

生：因为百位上是100，一定是5的倍数，十位上是3个10，就是30，也一定是5的倍数，所以判断一个数是不是5的倍数只用看个位了。

师：5的道理是这样，那谁的道理和5也是一样的？

生：2的道理，因为百位、十位一定是2的倍数，而个位5不是2的倍数，因此，判断这个数是不是2的倍数也只用看个位。

师：原来135＝1×100＋3×10＋5，判断一个数是不是2或5的倍数，也是这样分析得到的。

出示课件（图7）。

图7

小结：任何一个自然数，它的千位、百位、十位都是2或5的倍数，因此，判断2或5的倍数只用看个位。

2．拓展延伸，建立联系

师：请同学们对比2、3、5的倍数特征，看一下会有什么发现。

生：无论是2、5的倍数特征，还是3的倍数特征，它们都是利用不同数位分段比较的方法来判断。

师：我们利用方格和式子探索了2、5、3的倍数特征，那么4、8、9、25、125的特征，你有什么发现？

生1：我以136为例，几个100都是4的倍数，但是几个十就不一定都是4的倍数，如30，所以，4的倍数得看数的末尾两个数，若末尾两位数是4的倍数，则这个数就是4的倍数。同理可得末尾两位数是25的倍数，则这个数就是25的倍数。125和8的倍数看末尾3位数字，若末尾3位数字是8或125的倍数，则这个数就是8或125的倍数（图8）。

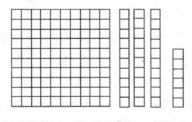

图8

生2：9的倍数特征就更简单了，每个百、每个十最多分掉了几个9，分别剩下几个1，对应的就是百位、十位上的这个数字。分掉的是9的倍数，剩下的相加的和若是9的倍数，那这个数就一定是9的倍数。

……

三、教学反思

（一）利用图形揭露3的倍数的特征本质

数学教学应让学生在探究知识的过程中去感悟和领悟数学的本质，如何揭示数学本质？教材是教学的根据，教师应通读教材，数学教材的理解有助于教师正确组织教学。对于"你知道吗？"环节中采用举例说明的方式，笔者认为太过抽象，因此，在教学3的倍数特征时，笔者采用格子图来说明，为何计数单位不同，却可以直接相加，从格子图中可直观得知，如45，十位上有4个10，一个10里面，分掉3个3，也就是9个，剩下1个1，有几个10就剩几个1，剩下几个1就是对应着十位上的这个数。最后将剩下的几个1和个位上的数相加是3的倍数，那这个数就一定是3的倍数。图的意思一目了然，也就是一个计数单位里有多少个"9"，有几个这样的计数单位就圈了几个这样的"9"，那最后剩下几个这样的"1"，那几个这样的"1"就可以直接相加，如果它们的和是3的倍数，那么这个数就一定是3的倍数。通过图形，让学生在对比、观察、类推中明理，弄清楚问题的本质。

（二）利用图式建立直观与抽象的联系

著名的数学家华罗庚说过："数缺形时少直观，形缺数时难入微。"在数学教学过程中，教师不仅要处理好过程和结果的关系，也要处理好直观与抽象的关系，还要处理好数学本质特征和非本质特征之间的关系。学生通过研究数的组成和分方块的方法对为什么3的倍数的特征要看各个数位数字的和进行深层次的探究。通过分方块更直观地感受每个数位上数字与每一数位余下的方块个数之间的关系，建构出按不同数位分段比较的数学模型，做到了"知其然更知其所以然"。通过这样的图文算式帮助学生建立直观与抽象的联系，同时，深入理解3的倍数须将各数位上的数字相加的道理，从而理解了数学本质。这个定义看起来很抽象，但算式的简洁恰好揭露了最本质的原理，还原了真相，从而建立模型，促进了学生的理解。

（三）利用图形沟通旧知与新知的联系

在教学中，探究了3的倍数特征之后，再提出这样一个问题："判断2或5的倍数特征为何只用看个位数？"让学生再次利用图形来说明道理，得出2、3、5的倍数特征，其实都是一个道理，就是利用不同数位分段比较的方法来理解，这样就可将3的倍数特征和2、5的倍数特征的算理进行沟通联系，完成知识系统的建构。从2、3、5的倍数特征再拓展到4、8、9、25、125等数的倍数特征，学生也能通过图形自主探究本质，从而真正理解掌握。

数学是一门高度抽象的学科。作为数学教师，应该知道每个知识背后的本质，更要了解本质背后的数学文化、数学思维、数学态度、数学精神。这样才能把握教学方法和进度。在教学时，只有把握好本质特征，学生才能根据本质特征进行有效的拓展和延伸，才会知其然更知其所以然，进一步感受数学的独特魅力，从而真正变得聪慧起来。

参考文献

[1] 课程教材研究所，小学教学课程教材研究开发中心．义务教育教科书：五年级 下册 数学［M］．北京：人民教育出版社，2017.

[2] 中华人民共和国教育部．义务教育数学课程标准（2011年版）［M］．北京：北京师范大学出版社，2011.

"大处"着眼 "小处"着手
——指向"整体建构"的小学数学课时教学策略

瑞安市安阳实验小学 沈冬青

当前小学数学教学普遍存在这样一种现象：教师停留在单一课时的教学，疏于对教材的整体背景的把握，只关注一节课"教什么"和"学什么"，忽视前后知识的连续性与系统性，将系统化的数学知识割裂成一个个知识点，进行孤立的学习和机械的操练。这样的教学导致学生迷失在单个知识点，只见树木不见森林，学生的学习是肤浅断层的，缺少对数学知识的整体把握，难以构建属于自己的知识系统，思维能力的发展也受到局限。

《义务教育数学课程标准（2011年版）》指出："把每堂课教学的知识置于整体知识的体系中，引导学生感受数学的整体性。"建构主义认为：一个合理的知识结构对于促进小学生主动建构良好的数学认知具有十分重要的意义。因此，要想改变上述现状，必须要求教师建立"整体建构"的教学观，从"大处"着眼，站在学科系统的角度对教材进行整体把握和分析，从"小处"着手，优化单一课时的教学设计，让学生获得对数学的整体感悟，进而提升学科素养。

笔者结合教学实践的经验，总结了小学数学课时教学中"整体建构"的几点策略，与大家共同探讨。

一、"高瞻远瞩"——建立"整体建构"的教学观

新课标小学数学课程内容可分为"数与代数""图形与几何""统计与概率""综合与实践"四个模块。在编排上体现了知识的系统性和整体性，教材依据学生的年龄特点及内容的难易程度，将完整的知识体系分割为一个个知识点落实到第一节课当中，并以螺旋上升形式推进。但是在实际教学中，由于部分教师缺乏学科整体观念，没有通览教材的自觉，缺乏整体把握教材的能力，从而陷入了就课论课、低效教学的误区。

在《可能性》一课中，很多老师都是抓住"可能""不可能""一定"三个词展开教学，让学生不断地用这三个词描述事件发生的情况，一节课下来，学生已对这三个词运用自如，貌似学习目标达成了。但是看过初中教材的教师会知道这三个词其实不是并列关系的，"可能"是对随机事件的描述，"不可能""一定"是对确定事件的描述。所以，教学时如果只在这三个词上做文章，而没有让学生体会到两个层面的异同点，那么学生对可能性的理解还是停留在表层的。

再如低段教学时，当学生作业中出现"小的数减去大的数"或"小的数除以大的数"时，许多教师都直接打叉，并告诉学生只能用大的数减小的数，或大的数除以小的数。然而，到高段学习小数或分数时"小的数除以大的数"可以用小数或分数表示，初中教材"小的数减去大的数"得负数，这就自相矛盾了。

上述案例都是由于教师就课论课，没有通览教材，缺乏对教材结构的整体认知惹的"祸"。

学习周长和面积时，学生很容易对两个概念混淆，因为面积更为直观，所以周长常常跟着面积"跑"。另外，学生最"搞不清楚"的是周长和面积的内在联系，他们往往认为"周长长的图形面积也大"，或者"面积大的图形周长也长"，而这也恰恰是教师们最"教不清楚"的地方。要想较好地解决这个问题，教学时可以对两者进行"整体建构"，对比辨析。如《认识周长》时，可以设计这样的练习（图1、图2、图3）：

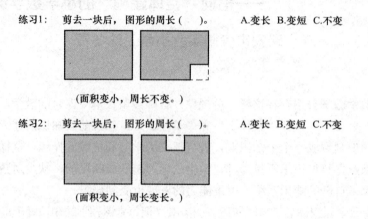

图 1

这两个练习初步打破学生固有的"周长和面积同步变化"的错误观念。教师可以进一步追问：为什么剪掉了同样大小的一块后，周长变化却不一样？（虽然学生还没有学习面积，但是通过直观视觉，学生能感知图形的面积变小）。

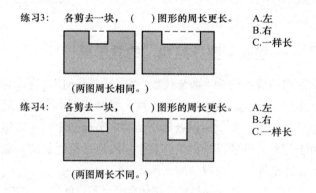

图 2

再接着追问：为什么练习4中右图周长会更长？通过追问，使得学生真正排除面积的干扰，建立周长的空间观念。

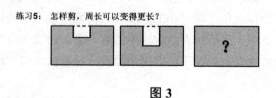

图 3

开放题，进一步巩固周长的空间观念，培养学生的发散性思维。

经过上面的练习，学生不断地在错误中进行修正，在辨析中明确周长与面积的不同。之所以会增加周长和面积的对比练习，正是基于对教材的"整体"感知，知道教学的难点所在，从而有的放矢。

所谓"眼界决定境界"，教师要想在教学中实现"整体建构"，首先自身要转变观念，建立"整体建构"的教学观。认真通读学科教材、学习课程标准，让自己"高瞻远瞩"，才能在课堂内临危不惧，游刃有余。

二、"承前启后"——关注知识的生长与延伸

《义务教育数学课程标准（2011年版）》指出："数学知识的教学要注重知识的'生长点'与'延伸点'，将每堂课教学的知识置于整体知识的体系中，引导学生感受数学的整体性。"

如《两位数乘两位数》一课，计算过程有两层四步。如何让学生在理解算理的基础上掌握算法，而不是机械操练？回顾整数乘法计算教学的脉络，学生在学习《两位数乘两位数》前已经学习了"表内乘法""两位数乘一位数""两位数乘整十数"，这就是《两位数乘两位数》的生长点。所以，在教学过程中可将"14×12"的两位数乘两位数算式转化为4道学过的算式（图4），再数形结合理解算理（图5），在算理的基础上提炼出一个四层的竖式（图6）。

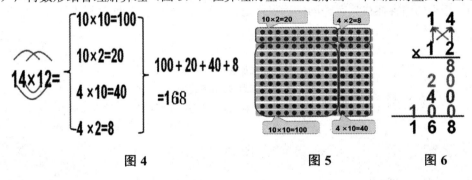

图4　　　　图5　　　　图6

后将"两位数乘一位数"竖式书写格式的简化过程（图7）迁移到两位数乘两位数竖式中，将之简化为两层的竖式书写格式（图8）。

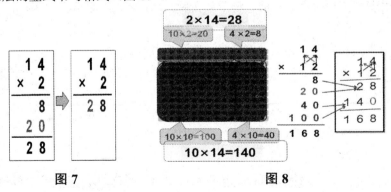

图7　　　　图8

课后练习环节，还可以将"两位数乘两位数"的算法和算理迁移拓展到"三位数乘两位数"中（图9）。

练一练

每套科技书113本，老师买了22套，一共买多少本？

113 × 22 = 286 → 三位数乘两位数

```
    1 1 3
  ×   2 2
  ─────────
  ▉▉▉▉▉  …（ 2 ）套科技书的本数
 ▉▉▉▉▉   …（ 20 ）套科技书的本数
 ▉▉▉▉▉▉
```

图9

纵观整节课，从"表内乘法""两位数乘一位数"到"两位数乘两位数"，立足知识生长点，继而延伸到"三位数乘两位数"，将整个小学阶段整数乘法的教学都贯穿在一起，形成了一个有机联系的完整的知识体系。学生学一点知一片，学一课联一类，发展了思维，生长了智慧。

三、"求同存异"——注重材料的整合与对比

任何知识之间都互相联系，联系越多，知识就会被理解得越透彻。

（1）相近的内容往往具有相同的特点，适合"整体建构"。如四年级下册《加法交换律》和《乘法交换律》可整合为一节课（图10）。

车内一共有多少个座位？

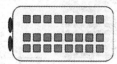

算法一（加法）：8+16=16+8
算法二（乘法）：8×3=3×8
算法三（加法）：8+8+8 =24或
　　　　　　　　3＋3＋3 +3 +3 +3 +3 =24

图10

①指"算法一"问：

发现了什么？是巧合吗？学生举例算式，教师板书。

为什么会相等？无论哪个数在前、哪个数在后，都是将两个数合并起来，求它们的总和。

②指"算法二"问：

发现了什么？是巧合吗？学生举例算式，教师板书。

为什么会相等？无论哪个数在前、哪个数在后，都可以表示"3个8"是多少或"8个3"是多少，所以积相等。

比较加法和乘法两条算式，有什么共同的特点？通过两者的对比，更能凸显交换律的共同属性：加（乘）数交换位置，和（积）不变。

③指"算法三"问：

为什么加法和乘法都有这样的规律，从算式三中同学们找到原因了吗？乘法就是加法，乘法是加法的简便运算。

加法和乘法都有交换律，同学们还想到了什么？自己举例验证减法和除法。

汇报结果，提问：为什么减法和除法不能交换两个数的位置？小组讨论探究。

对比四种运算：为什么加法与乘法有交换律，而减法与除法没有交换律？小结得出：加法与乘法算式中的两个数表示的意义相同，所以可以交换位置。而减法与除法算式中的两个数表示的意义不同，所以不能交换位置。

《加法交换律》和《乘法交换律》两课有近乎完全相同的结构特征，将它们整合教学，不但节约了时间，更能凸显交换律的共同属性及内在联系。再与减法、除法进行对比，更深层次地揭示了运算定律的计算原理，使学生能够知其然更知其所以然，这样的教学效果绝非是单独课时教学能达到的，两节课的整合起到事半功倍的作用。

（2）相反的内容其本质属性相反，更适合"整体建构"。例如，《正比例》和《反比例》可整合为一节课。在学生理解了《正比例》与《反比例》相关联的量的意义后，呈现以下练习（图11）。

表1：一本课外书，已看页数和未看页数。

已看页数	40	50	60	70	80	……
未看页数	60	50	40	30	20	……

表2：一本课外书，每天看的页数和天数。

每天看的页数	5	10	20	50	100	……
天数	20	10	5	2	1	……

表3：一本课外书，天数和已看页数。

天数	2	3	6	12	30	……
已看页数	12	18	36	72	180	……

思考：成正比例关系的是表（   ），成反比例关系的是表（   ）。你是怎样判断的？

图 11

表1中两个相关联的变量"和不变"，所以既不是正比例关系，又不是反比例关系。追问：这里两个变量的和表示什么？（课外书的总页数）

表2中两个相关联的变量"积不变"，所以是反比例关系。追问：这里两个变量的积表示什么？（课外书的总页数）

表3中两个相关联的变量"比值不变"，所以是正比例关系。追问：这里两个变量的比值表示什么？（每天看的页数）

上面三个表格中的两个相关联的变量都是和看书这件事有关，它们到底呈什么关系，很容易搞混，同学们有什么好方法进行区分？"正比例"和"反比例"有什么相同与不同？

《正比例》和《反比例》这两个概念比较抽象，学习难度比较大，是六年级的教学难点。教材将《正比例》和《反比例》分开，虽然学生易于接受，但是会造成思维模式化。采用"整体建构"的方法，先掌握两种比例的特点，再对上面表格进行判断，在对比中辨析，反而更能帮助学生厘清两者之间的区别，从表象到本质，加深理解。

考虑教材的整体性和联系性，将相近或相反的教学内容整合和对比，进行"整体建构"，使学生得以在全局的高度去领悟知识的同中有异、异中有同、浑然一体的结构特点，形成求同存异的数学学习观，对于他们今后解决数学问题有很大的帮助。

四、"融会贯通"——实现思维的挖掘与迁移

由于教材文本表达的局限性,许多数学知识之间的内在联系并不是一目了然。特别是数学思维方法,本身具有内隐性,如果不深入挖掘,往往被遮蔽起来,对于数学学科核心素养的落实极为不利。这就需要教师能够认真研读教材,参透课标精神,将潜隐的数学思维方法挖掘出来,得以迁移运用。

如一年级时学习了9加几,掌握了凑十法,在计算8加几、7加几时就可以将凑十法进行迁移运用。到二年级学习两位数加法,在简便计算时,会运用凑百法。到了高年级还会遇到凑千法(如126+874=1 000)、凑一法(0.83+0.17=1)等。凑十法、凑百法、凑千法、凑一法,从算法的角度看都是不同的方法,并且它们分散在不同的年级、不同的知识点中,教学时很容易孤立化。但是这些算法从本质上讲都是一种"凑整"的思维方法,如果能够整体建构,用"凑整"来提炼概括,分散的数学思维方法就得到整合,课堂也会因此更有穿透力。

再如《梯形的面积》,之前学生已经学习了长方形、正方形、平行四边形、三角形等图形的面积,积累了丰富的"剪拼""倍拼"等图形"转化"的活动经验。那么在教学《梯形的面积》时,就不需要再从头开始,只需放手让学生将转化思想与探索图形面积的活动经验进行迁移即可。整个教学过程体现更大的开放度,学生的能力也能得到更多的培养。甚至在总结环节,还可以将学生的探究目光引向对圆面积的思索。整节课以数学思维和活动经验为线索,将整个小学阶段所有平面图形面积教学串成一条线,在学生脑海中留下一幅平面图形面积学习的全貌(图12)。课堂也因此显得更为宽广,更具鲜活的生命力,这就是"整体建构"的力量。

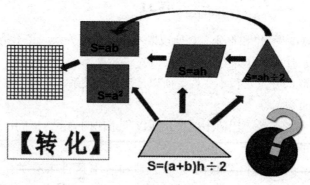

图 12

综上所述,指向"整体建构"的小学数学课时教学,遵循了学科的整体性与系统性,符合学生的认知规律和发展需求,促使数学核心素养的达成与落实,是一场向着教育本质回归的教学变革。

认知冲突策略在"反冲力"概念转化教学中的应用
——以《像火箭那样驱动小车》为例

温州市蒲鞋市小学 陈开华

学生科学概念的建构绝不是一蹴而就的，需要一个不断转变、完善的过程。这个过程因个体的不同或易或难，或快或慢。而学生在走进科学课堂之前并不是一张白纸，他们对生活中发生的各种现象、遇到的各种问题形成了自己独特的看法，对日常生活中所感知的现象、通过长期的积累而形成的对事物非本质的认识，已经有了一些朴素的理解，这种理解可以称为初始想法，或称为"前概念"。这些前概念有的能帮助学生理解新的概念，而有的对于建构科学概念会造成负面影响，甚至阻碍了科学概念的建构。

建构主义的观点认为，学习不仅是信息量的积累，它同时包含学习者由于新旧知识经验之间的冲突而引发的观念转变和认知结构的重组。那么如何采取有效的策略来帮助学生转变前概念，主动建构科学概念呢？本文以《像火箭那样驱动小车》为例，阐述如何利用认知冲突策略，帮助学生转化前概念，建构科学概念，促进小学科学课堂的有效学习。

一、聚焦关键问题，揭示学生"反冲力"前概念

在科学课上学生研究问题时口子小，挖掘才有可能深；深度有了，孩子的探究经历才会更真实、更生动、更有意义和价值。不然蜻蜓点水，只能是浮光掠影。《像火箭那样驱动小车》是教科版五年级上册"运动与力"单元第三课内容，本单元的核心概念为建立运动和力的关系。本课的重点是建构反冲力的概念，本课的科学概念为：一是气球里的气体喷出时，会产生一个和喷出方向相反的推力，叫作反冲力；二是要使静止的物体运动起来，必须对物体用力。要使物体运动得更快，必须对物体使用更大的力。

学生建构"反冲力"的概念是通过对气球小车的研究，气球小车也是本课的主要材料，对于这个材料产生的第一个问题就是："用气球能驱动小车吗？"因此，以这个问题作为本课的关键问题，让学生将注意力聚焦，在猜测的同时，要求学生写出自己的猜测依据，以此来揭示学生对"反冲力"的前概念（图1）。

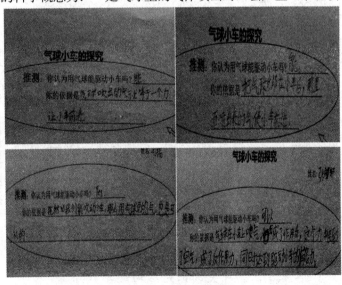

图1 学生的猜测

通过聚焦关键问题，可以反映出学生对反冲力的前概念分为以下四种：

（1）气球里面的气对准小车一放，有风力，小车受到风力会动。

（2）学生认为气球能驱动小车，气球吹出去的气就是一个力。

（3）把气球绑在小车上，用里面喷出来的气推动小车。

（4）气球在小车上喷气，有反冲力，这个力推到空气，成为反作用力，推动了小车。

分析学生的前概念，不难发现学生对反冲力的认知水平参差不齐，分为三个层面：个别学生清楚反冲力；大部分学生认为气球里气体喷出时产生的气会成为反冲力；还有部分学生知道要让小车动起来，需要给小车一个作用力。总体来说，学生对反冲力的认知是不到位的，如果只是单纯地告诉学生反冲力是与气体喷出方向相反的力，以此灌输反冲力的概念，学生不但不能真正建立反冲力的概念，而且这些不全面的认知还会影响学生建立运动和力的关系的核心概念，而此时这些前概念就会成为学生建立科学概念的"拦路虎"。

二、围绕核心概念，激化认知冲突

概念是儿童建构复杂能力的基石，学生可以运用认识或理解的核心概念，扩充到探究其他的问题上，触类旁通地解决学习和生活中遇到的某些问题。那么，如何围绕核心概念设计活动，展开教学，激化认知冲突呢？

1. 基于认知冲突的导入环节设计

认知冲突是指认知发展过程原有概念（或认知结构）与现实情境不相符时在心理上所产生的矛盾或冲突。导入环节的设计应该创设情境，让学生对原有的经验进行整理，并强化原有的正确认知，为激化认知冲突做好铺垫，教师在这个过程中，起到帮助学生整理和强化原有认知结构的作用。

如设计《像火箭那样驱动小车》的导入环节：

> 导入：让小车运动起来
> 1. 教师出示一辆小车，请学生想办法让小车运动起来。
> 2. 追问：同学们是怎么做的？小车是朝什么方向运动的？
> 3. 除了用这种办法，你还能想到什么方法来让小车动起来？
> （教师用板贴的形式板书记录学生所使用的方法）
> 4. 请学生观察比较这些让小车运动起来的方法有什么相同的地方和不同的地方。

通过让学生玩小车，思考有哪些方法可以让小车运动起来，如用力推小车，小车就往力推的方向运动；用吹气的方法，小车就会往吹气的方向运动；用力拉小车，小车也会往拉的方向运动。然后归纳、总结这些让小车运动起来的方法的相同点：让静止的物体运动起来需要给物体施加一个力，而且物体运动的方向与力的方向是一致的，建立运动与力的关系。强化和巩固学生这种原有的正确认知结构，并将这种认知结构用板书的形式凸显出来（图2），为激化认知冲突埋下伏笔。

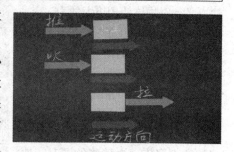

图2 板书

2. 基于认知冲突的探究活动设计

科学实验既是科学课程的重要内容，又是进行科学探究的重要途径，还是呈现问题情境的基本素材和方式,通过科学实验可以创设许多真实、生动、直观而又富有启发性的问题。利用科学实验,让学生获取第一手直观的信息,遭遇原有的认知结构,引发认知冲突。如在本课中,气球小车是有结构的材料,探究气球小车的运动是学生感兴趣的活动,也是揭示反冲力概念的实验支架。

因此,设计本课的探究活动如下:

气球小车的探究

1. 出示一只气球,请学生推测用气球能否驱动小车,并说明理由。意图:了解学生对反冲运动的前概念。
2. 安装气球小车,教师边说边演示如何安装气球小车,请学生思考并讨论,安装好的气球小车应该如何放置在起点上(是朝前还是朝后),并说明自己的想法。
3. 实验观察,并记录小车的运动。学生将安装好的气球小车,放置在桌面上进行实验观察。实验结束后,交流观察到的现象。将学生观察到的现象用板贴的方式记录到黑板上

学生根据自己的记录描述小车的运动,气球喷气时,推动了小车运动。但是只去观察气球小车的运动,获取的信息很容易让学生片面地认为是气球喷出的气的力推动了小车运动的错误概念,会让学生认为气球推动小车与之前让小车运动起来的力是不同的,而这里也正是引发认知冲突的最好时机,让原有的认知遭遇新收集的信息,迫使学生去思考。

3. 基于认知冲突的交流环节引导

探究活动后的交流,是学生对活动过程中收集信息的汇总,虽然每位学生都经历了相同的探究活动,但因个体的差异,学生收集到的信息、记录的方式和反应都不完全相同。引导学生用自己的语言将观察到的事实描述清楚。如在《像火箭那样驱动小车》一课中,在探究气球小车的运动之后,引导学生用自己的方式对气球小车运动进行描述,然后再去比较各个小组观察到的现象会发现,虽然每个小组记录和描述都不相同(图3),但是小车的运动方式却有相同的地方,即气球都是往后喷气的,小车都是往与喷气方向相反的地方运动的。将这些收集到的共同的信息利用板书的形式展示给全班同学(图4),形成矛盾,激化认知冲突。在前面的探究活动中,已经确定的认识结构是:物体的运动与力的方向是一致的。但是此时气球是往后喷出气体的,小车怎么会往前运动呢?这显然与学生前面的研究和认知是冲突的,学生不得不去思考:气球喷出气体产生的这个力是推动小车运动的力吗?这是怎么回事啊?以此激发学生的求知欲。

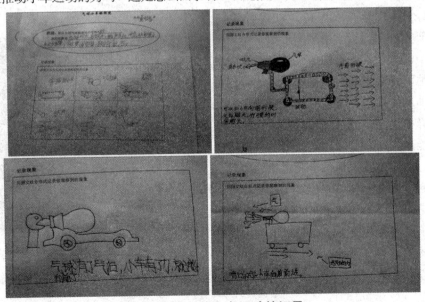

图3 探究气球小车运动的记录

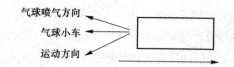

图4　小车运动方式相同之处的信息收集

三、利用认知冲突，建构科学概念

1. 集体研讨，解决认知冲突

集体研讨可以从学生的集体观察和用自己的语言表达交流观察到的现象之中引出矛盾事件，它的力量在于语言和思维的相互作用。使学生从学习的"此岸"达到他们用自己的语言有条理地揭示现象的"彼岸"。当学生通过探究获得的信息与之前所获得的认识有矛盾时，就会引起有意注意，此时是解决认识冲突的最好时机，教师应该作为一个组织者，将学生的认知冲突放大到全班，让全班同学参与研讨并解决认知冲突。如在《像火箭那样驱动小车》一课中，学生在探究活动结束之后，出现认知与原有认识不一致时，开展集体讨论，以下是研讨的片段：

> 师：气球是往后喷气的，小车怎么会往前运动呢？这是怎么回事呀？
> 生：气球喷气时，喷出的气体好像遇到了一面墙一样，会反过来推动小车。
> 生：气球喷气时，遇到了周围的空气，空气给了小车一个力。
> 生：气球喷气时，就像火箭一样驱动了小车。
> 生：有个反作用力，与小车运动的方向一致。

经过讨论之后，学生能用自己的语言揭示观察到的现象的本质，科学概念会逐渐清晰起来，学生自然就会意识到，小车的运动，看起来与之前不同，实质上确是相同的，也有一个力在使小车运动，这个力是在气球喷气时产生的，并且与喷气的方向是相反的，与小车的运动方向是一致的。此时，再给出反冲力的概念，学生理解起来就会水到渠成，也就更好地理解了运动和力的关系。

2. 概念转化后深入探究，巩固科学概念

教学研究表明，当学生刚刚形成一个新的科学概念时，这个概念在其认知结构中往往是孤立的，很容易受到其他因素的影响。前概念转化成新的科学概念以后，教师还需要引导学生对相似概念进行比较，同中比异，异中比同。通过比较，对事物的本质特征建立认识，能运用新获得的科学概念解决前概念无法解决的问题，让学生意识到科学概念比前概念更合理，并能解释更广泛的现象。如在《像火箭那样驱动小车》一课中，学生经历了气球小车的探究，已经明白反冲力，建构了反冲力的概念，此时给出利用反冲力的原理的有结构的材料（图5），让学生玩这样的一个杯子，并思考：往杯子里吹气，让杯子运动起来是与气球小车的运动相似，还是与用嘴去吹动小

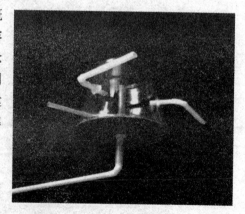

图5　材料

车相似？此时，因为个体的不同，新获得的科学概念还不能完全解决这个问题，会引发新的认知冲突。那么就可以让学生通过支配有结构的材料去收集证据，用自己的语言去揭示现象的本质。再通过集体研讨的方式，解决认知冲突。

以下是学生研讨的片段：

> 学生交流片段：
> 生：我认为杯子转起来更像气球小车，因为往里面吹气，旁边的吸管里面有气体往外出来。
> 生：我认为杯子转起来是因为反冲力，因为杯子转的方向与吸管的朝向刚好是反着的。
> 生：我也认为更像气球小车，因为改变了吸管的朝向，杯子转的方向就改变了。
> 生：我认为像用嘴吹，因为使劲吹的时候，杯子就会飞起来。

经过学生们的讨论，发现同样是用嘴去吹，作用在杯子上，会产生两种不同的运动，既强化了反冲力这个概念，又能留给孩子们继续思考的空间，让探究活动开始于一个问题的研究，也让学生们带着问题离开教室。

总之，利用认知冲突策略转化科学概念，可以参考 Lee 等提出的认知冲突过程模型，这个模型分为预备阶段、经历冲突阶段与冲突解决阶段三个阶段。本文在导入环节为冲突做了铺垫准备，在探究环节让学生们经历冲突，而在集体讨论时解决了认知冲突。再具体到其他科学概念的时候，就可以设计与之匹配的探究活动，在预备阶段创设冲突情境，让学生的思维卷入其中，在探究过程中形成认知矛盾经历冲突阶段，再通过集体研讨解决认知冲突，最终达到自我概念的发展。

参考文献

[1] 娄立新，闻震．围绕核心概念的建构设计和实施教学——《电和磁》教学实录与评析［J］．科学课，2012（4）：16-19+20．

[2] 周旭晨．巧妙利用前概念进行科学教学［J］．江苏教育，2012（12）：52-53．

[3] 罗美玲．认知冲突策略在概念转变教学中的应用［J］．化学教育，2013（5）：23-26．

[4] 吴芳．基于"探究—研讨"教学的导学单设计与应用研究［EB/OL］．http://www.0577ms.net/10005?id=815818805534720．

[5] 王润滋，袁雄敏．儿童"空气"前概念评测及教学策略简析［J］．北京教育（科学课），2013（5）：62-65．

[6] 中华人民共和国教育部．义务教育小学科学课程标准［M］．北京：北京师范大学出版社，2011．

[7] 兰本达，P.E.布莱克伍德，P.E.布兰德温．小学科学教育的"探究—研讨"教学法［M］．陈德彰，张泰金，译．北京：人民教育出版社，1983．

[8] 金丽媛．探究教学中促进前概念向科学概念转化的策略［D］．2014年浙江省小学科学论文．

[9] 自我概念变化：反思语境中第一人称代词的使用研究［D］．杭州师范大学，2012．

从用"尺子"到发明"尺子"
——低段科学课工程思维渗透的教学策略

温州市龙湾区屿田实验小学　戴乐韵

2017版科学课程标准将技术与工程内容作为独立的学习领域提了出来，凸显技术与工程教育的重要性。课标指出："人类观察自然、研究各种现象产生和变化的原因而产生科学，科学的核心是发现；对科学加以巧妙运用以适应环境、改善生活而产生技术，技术的核心是发明；人类为实现自己的需要，对已有的物质材料和生活环境加以系统性的开发、生产、加工、建造等，这便是工程，工程的核心是建造。运用科学、技术和工程，人类创造了丰富多彩的人工世界。"这一段话，阐明了科学技术与工程的主要特征及其相互之间的关系与科学技术和工程之于人类文明的意义。随着STEM教育的整合，各学科之间的联系越来越紧密，小学学习阶段的科学与工程教育之间又有交集，将科学、技术、工程、数学的整合提升到科学教学的重要层面，对科学教育从探究向实践的转变有着现实的指导意义。因此，工程思维在小学科学教学中对提高学生的工程实践能力，以及培养学生综合素质方面起着重要的作用。

工程思维是"应该如何做"的思维活动，是对实践的理性认识，是一种复杂层次的实体型思维，是指向解决问题的思维。心理学家提出人们在解决问题时会出现基于图式的加工，某一领域的专家组织其知识建构的方式不同于新手，在试图解决问题时专家和新手会建构不同的心理模型以指导其行为。以解决问题为核心的工程思维建构就是图式的获得和修正的过程，一年级科学课培养学生的工程思维渗透教育应是让学生在学习活动中经历从新手到专家的认知思维发展过程。下面以一年级上册《比较与测量》单元为例，简述工程思维渗透的教学策略。

一、学习使用"尺子"——认知图式增生，导向工程思维的价值

工程系统分析的主要原则之一就是问题导向原则即工程系统的目的及其目标群通常是明确的，有很强的针对性，同时强调情境分析法的重要辅助作用，基于此，为学生创设一个有意义的学习情境，明确一个值得投入的学习主题，是设计式学习模式的基础，在这一阶段，学生通过发现问题可以了解任务、明确问题，为后续的研究做准备。引发问题环节，对学生渗透工程思维的价值导向至关重要。基于现实的问题在日常教学中渗透"解决问题"的思维教育，让学生学会怎么做。

在渗透工程思维的教学活动中，既要考虑所要建造或建构的对象和目标，考虑学生的兴趣和需求，又要考虑建构的对象及目标，还要将整个活动本身与周围的资源，与周围的自然、社会、经济系统联系起来，将工程系统放到这个大系统的背景之中。这些背景、动作、信息等，通过具体化的学习活动在学生认知思维中形成图式的增生。

【案例一】《用手来测量》（有删减）
师：伸出你的中指！再伸出你的大拇指！

生伸出中指、大拇指。

师：科学上，我们叫它一拃。跟老师读一次，一拃。

生齐读：一拃！

师：一拃是哪个手指和哪个手指之间的距离呢？

生：大拇指和中指。

师：大拇指和中指之间最长的距离叫一拃，所以一定要撑开大大的才行。撑不开的可以放开无名指和小指。

师：一拃就像一把小尺子，可以帮助我们测量身边的物体。

师：下面同桌两个人一组我们来玩一个游戏。我喊一拃，1号同学要快速把大拇指和中指压在桌上量出一拃（示范），2号同学做小老师监督，如果他量得又对又好，请马上举手告诉老师加星！如果不对，请你马上帮他纠正。

本课的学习是让学生尝试学会使用"一拃"这把尺子去测量周围的物体。案例中，一拃便是学生的"尺子"，学生在活动中习得使用"尺子"的方法，用来测量课桌的高度，获得了一拃测量工具的图式，解决了周围物体长度测量的问题。"一拃"就是一个表征记忆中储存的一般概念的数据结构，是一个知识包，是程序性知识具体化的过程。又如《起点和终点》通过青蛙的动画视频，引发青蛙跳远比赛的问题情境，明确学习任务，从而激发学生工程思维的参与与启动，聚焦寻求办法解决问题，解决如何去公平比较和测量。以探索问题、解决问题来引导和维持学习者的学习兴趣和动机，创建真实有趣的教学环境，让学生带着真实的任务学习，从而使学生拥有学习的主动权。在学习过程中，工程思维的价值导向渗透在于首先让学生学会怎么做，再让学生学以致用，尝试使用所增生的图式，如一拃、起点、终点等指标，去解决实际的测量问题。通过竞赛游戏等活动，聚焦学习任务目标，渗透工程思维与社会生活的联系。工程思维的灵魂和核心在更大程度、更深层次上看是价值理性思维。渗透和培养学生工程思维，实际上是在培养学生以价值目标为导向和以价值目的为灵魂的思维。

二、理解"尺子"原理——认知图式调整，激发工程思维的优化

工程思维关注的是共性，思维过程区分为无意识、潜意识和有意识，在实际的问题与决策中，要尝试使用最合适的方法和工具进行模型设计与工程实践，力求最优化原则。工程解决方案也需要经历辩论的过程，这一过程包括对于潜在隐患的多因素分析，或成本、美学、功能分析等。最佳化设计的产生也需要经历相似的批判和论证过程。学会论证被认作是促进思考、建构新理解的核心过程。理解错误观点的错误之处、设计缺陷的原因与懂得对的观点为什么对和设计成功的原因一样重要。

解决问题的学习活动可以导致学生已有图式的修正及新图式的获得，主要经历三个不同的过程，即增生、调整和重建。当已有增生图式经发展而变得与现有经验更一致时，就出现了对概念和原理的重新调整。即当学生发现掌握的方法实际运用中出现矛盾或缺点，需要进一步改进时，会对原认知进行调整和修正。本单元从非标准单位到标准单位的学习，逐步理解"尺子"的正确使用原理是一个不断调整修正的学习过程，调整过程即工程思维中的优化论证。

【案例二】《用不同的物体来测量》

做好实验后，小组开始讨论：

1. 你们小组测量结果相同吗？
2. 如果不同是什么原因引起的？

学生领取材料，每组材料不同，开始测量。

学生将纸条结果汇报给老师板书。

小棒：5+ 5+ 5+ 5+ 5+ 5+ 5+ 5+

小立方体：13+ 13+ 13+13+

教师：小棒测量都是6加，说明你们的纸条是一样长的。

教师：都是用小立方体测量出来的，纸条是一样长的。

教师：你认为哪个纸条更长一点？

学生：小棒。

教师：为什么？

学生：小立方体比小棒多了一些。

学生：我也觉得小立方体长。

教师：我们来看一看，到底谁的长。（实物投影比较）

教师：用不同物体来测量可以吗？

教师：用不同物体来测量，结果能比较吗？

学生：不能。

教师：结果不便于比较。为了方便比较，我们要选择同一个物体来测量。用小棒和小立方体，你更喜欢用哪个来测量？

学生：小棒，测量很快。

学生：小立方体，因为它不会像小棒那样易滚动。

学生：小立方体不会滚动。

学生：小棒特别细。

学生：小棒滚来滚去还要捡太麻烦了。

……

【案例三】《用相同的物体来测量》

教师：小立方体不会滚，一个个测太麻烦了，你有没有办法测得更快点？

学生：把它们叠起来。

教师：老师把它们叠起来，那这个一测就是多少？

学生：十个。

教师：我们再来测一张白纸，请一位同学来测一测。

学生：学生演示十个十个来测量。（投影）

结果发现，两个十个，多出来的部分还得测量，多余的部分怎么办呢？用一个个立方体测量再记录下来，记作3加。

教师：这里是十，十，三加，一共多少？

学生：23加。

教师：（再摆出两个十连起来）是多少立方体长度？
教师：说一说订书机是多少个小立方体？
学生：7个。
教师：手机是多少个？
学生：14个。
教师：书本是多少个立方体？
学生：25加。
教师：会测了吗？

在以上两个案例中，【案例二】通过不同物体的测量结果出现的矛盾，引发优化方案的对比和讨论，发现小方块的测量方法更加便利。【案例三】中教师进一步激发学生思考一个方块测量的局限，如何提高测量的效率，由此学生想到从一到十进制的测量方法，这便是工程思维的方法优化思维，体现了在合作探究的过程中，学生通过测试和评估，激发学生的优化方案论证，对原本的方案和决策进行改进、提升、优化，调整原来的认知概念或原理，促进工程思维的辩证发展。又如《做一个测量纸带》一课教学环节，教师拿出两个杯子让学生用小方块测量，问学生小杯子一圈的长度和大杯子一圈的长度，用小方块能测吗？学生意识到实际测量用小方块无法弯曲的困难，从而开动脑筋思考各种其他方法测量。教师提示纸条能测吗？学生由此想到了办法，可以纸条绕起来测量，由此通过创设矛盾，利用已有的图式方法无法解决现有的问题，需要对原来的方法进行调整，从而激发学生的工程辩证优化思维，同时，明确本课的学习任务目标，体会做一个测量纸带的实践意义，渗透工程思维的价值导向和优化原则。

三、设计制作"尺子"——认知图式重建，搭建工程思维的框架

工程活动是一种构建新的存在物的实践，以造物为本质特征。工程思维作为一种"设计"，并"构建"新的存在物的思维，必然内在地包含着遵循事物因果联系与规律的科学思维方式，以及遵循方法手段操作流程与规范的技术思维方式。工程思维的发展贯穿整个构建和造物的过程中，需要通过一系列结构化的活动进行润物无声的渗透，最终帮助学生在螺旋向上的思维提升过程中，搭建工程思维的立体框架。一般高段的工程活动以项目式学习为支架，在经历设计—改进—再设计—再改进的过程中，通过设计图或方案，制作模型。模型制作包括两个阶段，即绘制图样和制作模型或原型。基于一年级的学习力水平，往往偏向图样的改进为模型的建构方式。

如《做一个测量纸带》教学活动，蕴含整个单元的技能和方法的综合应用，制作的过程虽然比较简单，重点以科学合理的方式标注尺子的刻度，实际上却悄悄燕子衔泥般搭建了学生工程思维的立体框架，学生经历整个单元的学习后，将能逐步领会工程思维的发展，只有理解了尺子设计的历程和意义，才能制作出尺子的雏形。工程思维的创造性如同放风筝者手中的线，它更具有方向性、目标性，强调的是标准化与操作性。通过前面从非标准单位逐渐到标准单位的调整过程，不断在类比学习中，调整图式适应新的情境，调整新的技能方法、思维方式适应新的解决问题的情境，进而创造了一个新的图式，形成图式的重建过程，工程思维的渗透发展在经验的反复一致中修正、更新、总结、清晰，最终得以形成工程思维的立体框架。

在《比较测量纸带与尺子》一课教学中，教师出示测量纸带，问学生用测量纸带测量物体，

可能需要用到哪些特点,学生说数字、方框、间隔一样长等,在掌握了这些必备要素的学习基础上,在视频指导下学生尝试测量。测量结束将两种不同纸带测量的结果展示在黑板上进行对比,引发多样性的讨论。进而出示标准的尺子进行测量,对比测量结果让学生进一步认识尺子是根据统一标准制定的,更加精确,更加标准(图1)。一系列结构化的设计,逐层递进,帮助学生构建尺子形成和逐渐标准化发展的立体模型。这个思维模型的产生是积极主动的,学生理解了尺子的使用原理,经历产生、发展、改进、完善的历程,体验工程活动的学习是一个不断去发现问题、解决问题的过程。

图1 《比较测量纸带与尺子》测量活动

四、提取"尺子"模式——认知图式迁移,架构工程思维的体系

认识并使用工具是技术类课型的基础教学内容,学生的工程素养和工程思维从一年级便已经开始启蒙。纵观《比较与测量》整个单元,蕴藏一个暗线,就是尺子的发展历程。学生可能已经接触使用过尺子,却并不知道尺子是怎样产生和发展出来的。本单元的学习,旨在希望学生在情感态度价值观上,对测量工具的发展历程通过一系列感知活动,上升为一个理性的认识,建立尺子发展的模型。整个单元的活动编写逻辑见表1,分析其每课的内部逻辑架构,在每课教学中通过指向明确的学习任务,建立联系,搭建思维发展的桥梁,逐步渗透工程思维的教育教学。

表1 《比较与测量》单元工程思维目标发展

课时	课题	工程与技术目标发展	对应尺子的要素
第一课	在观察中比较	比量,学会在观察中比较	比较长度
第二课	起点和终点	在观察中寻找相似点和不同点的时候,不自觉地开始确定起点和终点,理解公平比较的意义	零刻度线、量程
第三课	用手来测量	由比量转向测量,定量非标准的测量单位,如使用他们自己的手,将导致结果的多样性	刻度的标准单位
第四课	用不同的物体来测量	继续测量获得更多多样性的结果,当使用不同的标准单位测量相同的长度时,将得到多样化的结果	刻度的标准单位
第五课	用相同的物体来测量	用统一标准单位小立方体来测量物体,体会到标准单位比非标准单位能产生更可靠的比较结果	刻度的标准单位
第六课	做一个测量纸带	尝试舍弃小方块,制作一个便携的测量纸带,方便测量更长的物体	尺子的雏形
第七课	比较测量纸带和尺子	通过比较测量纸带和尺子,认识到更多的测量工具,了解测量工具的发展历程。体会到一些测量工具能给生活带来便利	尺子的改进和完善

通过整个单元的学习活动，学生具备了更多的科学知识和工程思维，从一个测量"新手"变成一个测量"专家"，从逐步学会使用"尺子"到发明"尺子"，从而建立测量的系列图式，建立"尺子"发展的思维模型。思维模型的建立为日后工程推理、预测、决策、应用等研究提供了基础。当学生习得的概念方法或观念被储存于认知记忆中，图式变得自动化，在今后解决测量问题中，已有的自动化的图示或心理模型就会被激活，可以将这些工程技能方法、工程思维模式提取、使用。在某种意义上，这种解决问题的方式就是识别出以前经历过的模式并将这些模式与手头问题的相应方面进行匹配，用于解决更复杂的技术工程问题，将原有知识迁移在新问题情境中，解决新的问题。理解了尺子的发展模型，打下了"应该如何做"的解决问题的工程思维基础，对于中高段如测力计的使用原理、计时工具的发展等思维模型的发展建立奠定了良好的认知基础。因此，让学生提高工程思维，提高问题决策的能力，更能促进有效学习。

工程思维体现了从思维到存在、从认识到实践的思维飞跃，其思维成果对世界产生直接、现实、广泛而深刻的影响作用——改变人们的生存方式，建构新的生活样态，是改变世界的思维。工程思维能力的形成是一个循序渐进的过程，应逐步强化与提高。从低段开始培养学生的工程思维，对培养学生科学核心素养的长足发展有着积极的作用。在一年级科学教学中重视培养学生的工程意识，在教学活动中点滴渗透工程思维，为学生核心素养的发展奠定基础，夯实底层思维建筑，最终实现学生科学素养的长足发展。

参考文献

［1］陈菲．小学 STEM 课程中工程思维培养的教学设计研究［J］．好家长，2018（05）：136．

［2］严国红．小学科学教学中学生工程思维能力的培养［J］．小学科学（教师版），2016（02）：40-41．

［3］黄小龙．以发展为导向，培养学生工程思维［J］．四川教育，2017（11）：20．

［4］周敏．从"教科学"到"做科学"——美国学前科学教育探析［J］．中国教师，2016（04）：91-94．

［5］李永胜．科学思维、技术思维与工程思维的比较研究［J］．创新，2017，11（04）：27-37．

［6］席学荣．培养学生的工程思维和创新思维——一至二年级科学课教学方法（二）［J］．云南教育（小学教师），2017（10）：13-15．

［7］德里斯科尔．学习心理学——面向教学的取向［M］．3 版．上海：华东师范大学出版社，2008．

基于"PBL"理念实施小学综合实践活动课程

温州市龙湾瑶溪镇第三小学 刘康康

小学综合实践活动课程是国家课程中一门重要的必修课,也是一门集实践性与知识性于一体的新课程,课程以实践活动为主要形式,强调学生的亲身经历,要求学生积极参与"操作、考察、实验、探究"等一系列活动,在活动中发现和解决问题。综合实践能力靠教师在课堂上的讲解是不能获得的,只有通过事物观察、调查研究、访问、资料搜集等实践活动获得。不少教师往往以传统的课堂面授方式进行教学,学生被动习得理论,极少进行实践操作,因而,学习兴趣和热情不高。与传统教学模式相比,指导教师借助"PBL"教学理念能够加强学科之间的渗透性、综合性,能扩大学生的知识面,培养学生综合素质,提高解决问题的实际能力,提升学习积极性、主动性和创造性,培养具有个体发展优势的全面发展高素质人才。

一、"PBL"的内涵——形成共识

"PBL"的英文全称为Problem-Based Learning,是以问题为基础的学习,是一种以解决问题为主的教学模式,突出"以学生为中心"的教育理念,是基于现实世界的以学生为中心的教育方式。1969年,由美国的神经病学教授Barrows在加拿大的麦克马斯特大学首创,为众多美国大学所推崇,现已成为国际主流的教学理念之一。

与传统的以学科为基础的教学法有很大不同,"PBL"强调以学生的主动学习为主,而不是传统教学中的以教师讲授为主;"PBL"将学习与项目或问题研究融合,使学生积极参与问题研究中;它以真实性任务驱动,强调将学习设置到复杂的、有意义的问题情境中,通过学生的自主探究和合作来解决问题,从而掌握课堂以外的知识,并形成解决问题的技能和自主学习的能力。

二、"PBL"的实施——探寻实践

近年来,我国教育界开始逐步重视"PBL"教学理念的运用,从2002年开始的国家新课程改革就已经充分吸收"PBL"理念,强调九年义务教育要关注学生发展和教师成长,重视以学定教。与传统教学方式不同,"PBL"是以问题作为学习新内容的起点,先有问题才有学习。"PBL"理念教学对学生来说,是以问题导向式学习过程培养其自主学习能力,引导他们捕捉整合及判断各种信息价值的能力,不断探索和发现问题,让学生亲身体验知识的产生和发展的过程。教师要及时转变角色,在活动过程中以问题为导向,并通过整合其他学科教学内容、创设真实活动情境、建立评价机制等环节,使得"PBL"教学不仅可以让学生获取知识,收获有效的学习方法,还可以培养其创新的思维方式。

1. 多角色扮演，厘清教学方式

在实施综合实践活动课程中要更好地发挥"PBL"教学，就要改变教师的教学观念，使教师认清楚 PBL 教学中的主要内容，掌握正确的教学方法，熟悉整个"PBL"理念教学过程。在活动课程中，教师是活动的引领者也是参与者，更是倾听者，教师应该在这三种角色中转换自如，教师在各小组活动期间应扮演"非强制性"的旁观者，而不是活动中的"主导者"。教师可能会提一些问题，回答一些问题，使学生去反思过程，但并不干预学生的研究方向。由各小组自主设计主题下的各个子课题，并制订活动研究计划。

例如：在"小小塑料袋"主题活动中，教师运用"PBL"教学引导学生确定了 5 个可行的子课题研究：一是塑料袋的危害；二是塑料袋的种类；三是塑料袋的处理方法；四是塑料袋的优点；五是人们使用塑料袋的现状。

各小组通过讨论制定活动研究方案并进行小组分工，就小组制定的研究方案在班级内进行讨论修改。在这个过程中，教师只是起到一个辅助者的作用，以"PBL"理念引导学生参与活动，但是不过分干涉学生的学习探究，让学生在实践中经历资料的收集、分析、整理等过程，培养学生收集处理信息的能力、自主获得知识的能力，以及自主分析与解决问题的能力。

2. 多问题导向，引导自主探究

"PBL"理念教学的基本途径就是先有问题，才有学习，所以，产生、设计、引导出适用于小学生身心特点、兴趣及需求的问题便是综合实践活动课程的首要条件。教师可以根据学生生活实际适时地设计出包含许多子问题的研究内容开展综合实践活动。

例如，有学生在食堂就餐后，发现浪费情况非常严重，从而产生调查"各种浪费背后所存在的问题"的主题实践活动；发现校园里突发课间安全事件后，产生"如何安排课间十分钟"的主题探究活动……

这些问题都是由学生在日常生活中发现并提出的，他们希望能够通过小组讨论、设计、调查等活动去解决问题。在实践过程中，每个小组对这些问题的解决提出自己的看法和建议，合作探究隐藏在这些问题背后的秘密，这就是"PBL"的魅力所在。

3. 多学科整合，丰富课程资源

随着课程改革的进一步深入，近年来，关注课程整合的学校、学科越来越多。加入综合性学习、主题学习、主题教学研究的人群也越来越多，学校的课程观更强烈，融合意识更强。在课程整合的过程中既开始关注知识构建体系的深度与广度，也开始关注学生能力发展的宽度和梯度，努力让学生学得快乐、学得多元、学得有趣、学得深入。新课程对不同阶段的学生在"价值体认、责任担当、问题解决、创意物化"等方面都提出了不同的要求，包含在各个学科的课程目标中。在"PBL"理念教学下，应该重视学生的学习过程，并强调提倡实践性学习、活动性学习和探究性学习、体验性学习。因此，将各个学科与综合实践活动课程进行有效整合是非常有必要的。

例如，"综合实践活动与小学数学学科的整合"——将小学数学学科中的"综合实践"和数学阅读材料（这里的阅读材料是指人教版数学教材中的"你知道吗""生活中的数学""数学游戏"三部分材料）的内容作为综合实践活动开展的资源进行利用。运用"PBL"理念进行教学活动，以问题为核心，引导学生从数学的角度提出问题、理解问题、解决问题，同时，在开展这些方面的实践活动时，又会用到数学中学到的知识或与数学有关的逻辑思维方式去解决问题，将小学数学学科与综合实践课程有效整合开展丰富多彩的实践活动。

4．多任务驱动，激发学习兴趣

爱因斯坦曾说过："兴趣是最好的老师，它可激发人的创造热情、好奇心和求知欲。"小学综合实践活动课程是一门以学生的兴趣和直接经验为基础，以学生生活和社会生活密切相关的各类现实性、综合性、实践性问题为内容，以学生实践学习为主的课程。"PBL"理念特别适用于综合实践活动这样实践性较强的学科，教师通过多种任务引导学生从生活、学习中所遇到的问题出发，提出问题、解决问题，同时，在这个过程中掌握知识，提高操作技能，真正成为课堂的主人，充分体现了学本课堂理念，充分调动了学生学习兴趣，大大提高了教学效果。

5．多元化评价，完善评价体系

综合实践活动课程的评价，既是活动的相对终结，又是活动的持续起点，更是活动的循环过程。评价是课程、教学的一个重要环节，也是提高综合实践活动课程效果的重要手段。在"PBL"教学评价中，不能只看活动结果，只关注学生成果的展示是否恰当、展示的内容是否合理、交流是否充分等方面，应该体现综合实践活动过程性评价与结果性评价相结合的理念，关注从制定研究方案到实施的全过程。对综合实践活动课程进行过程性与结果性相结合的评价，有助于转变教育观念，提高学生创新精神、实践能力，挖掘教师的教学潜能，发展学校的校园文化。"PBL"理念下的教学评价通常以组内评价、组间评价、家长评价、教师评价相结合的方式进行。

基于"PBL"理念实施小学综合实践活动课程能够较好激发小学生的学习兴趣，使学生在实践活动中提高实际动手能力、理论联系实践的能力和创新意识，并加强各科知识综合运用能力和问题分析能力，为更好地实施小学综合实践活动课程教学提供了一条新途径。

参考文献

［1］朱良才．让教学更生动：激发兴趣让学生快乐认知［M］．成都：西南师范大学出版社，2011．

［2］郭元祥．综合实践活动课程设计与实施［M］．北京：首都师范大学出版社，2001．

［3］杨静娟．综合实践活动课程中的资源统整［M］．北京：光明日报出版社，2016．

［4］陈秀维．浅议教师在综合实践活动中的角色定位［J］．素质教育大参考，2013（2）：18-20．

［5］孙峰霞，于冬．基于三元智力理论的PBL模式下小学综合实践活动课程评价体系构建［J］．现代中小学教育，2010（5）：20-22．

"淘宝式学习"推进小学综合实践活动
——以《牵手传统节日》课程为例

瓯海瞿溪小学教育集团信达校区　陈长春

近年来，追捧"洋节"、冷落中国传统节日已成为不争的事实，如何保护中国传统节日成为热点话题，全社会都在沸沸扬扬讨论着。笔者通过调查发现，我校学生过生日喜欢点蜡烛吃奶油蛋糕，却不知道清明节为什么要扫墓、端午节为什么要吃粽子、中秋节为什么要吃月饼，知道在母亲节里向母亲表达感恩却不知道在中秋节里向父母问好……

传统文化是民族的魂，教育是要传承这个魂。从2012年开始，笔者开发了三册《牵手传统节日》课程，包括春节、元宵、清明、端午、七夕、中秋、冬至七个传统节日。在实施过程中，笔者采用了"淘宝式学习"方式，嵌入四至六年级综合实践活动课程中实施，取得了显著的成效。

一、"淘宝式学习"的理念与模型

现如今网络购物给人们带来了巨大的便利，网购淘宝的兴起源于无微不至服务的营销方式。笔者借鉴淘宝模式的精准营销的理念，采用"淘宝式学习"，目的是让学生在学习时能"淘方便"。

1. "淘宝式学习"的定义

随着"云教育"的来临与我校智慧教室的建立，iPad进入课堂。iPad丰富多彩、图文并茂，并可以及时反馈的学习方式给学生学习带来了极大的方便。布鲁姆说："只要提供适当的先前与现时的条件，几乎所有的人都能学会一个人在世界上所能学会的东西。"笔者依据翻转课堂的教学结构图（图1），借鉴网络淘宝的优越、便捷、多样、齐全特点，将数字学习（E-learning）即E学习方式、面对面的课堂学习（Face to face）即F学习方式和实践练习（Practice）即P学习方式有机整合，这种混合式学习称为"淘宝式学习"，即"E-F-P学习"，如图2所示。

图1　翻转课堂教学结构示意图

2. "淘宝式学习"的模型

"淘宝式学习"所关注的是学生学习传统节日所获得的情感体验。其模型如图3所示。E-F-P分别代表数据学习、互动交流学习和练习时间反思学习。E学习可以时时、处处进行，使学习变得更为便捷，促进学生在各个阶段都能获得积累、发展；F学习鼓励学生多样化、多层次面对面交流，尊重并发展个体的差异性，在活动的过程中能更好地保护和促进学生的创造力；P学习让学生按照自己的意愿，选择自己喜欢的方式去个性化探知，获取经验。数字化E学习的目的是更好地面对面F学习，获得更大程度上的发展，而面对面课堂又成为推动实践练习P学习的动力。"E-F-P学习"是一个整体，相互促进，相互推动，相互补充，相辅而行，形成了良性循环，共同发挥优势，"淘宝式学习"已成为学生的一种习惯，一种学习方式。

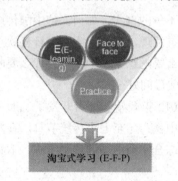

图2 "淘宝式学习"内涵图　　　　图3 "淘宝式学习"的模型图

二、运用"淘宝式学习"推进"牵手传统节日"的实践

E学习的闪光点是学生根据自己的喜好进行"淘宝"式学习；F学习的闪光点是为学生提供"有求必应"的优质服务；P学习的闪光点是提升了班级学生学习的凝聚力，很大程度上带动了学生学习《牵手传统节日》课程。

1. 点击E键，经历个性学习

E学习（E-learning）让学生学习思维可视、具体，学生经历了在线学习、海绵式学习，搜索与传统节日相关的信息进行主题式学习，在学习大量资料的基础上，系统梳理，对信息采集、辨别反思等，提高了对信息的分析处理能力。

表1 《牵手传统节日》在云盘的各年级内容

传统节日	年级	主题	传统节日	年级	主题
春节	四年级	过春节啦	七夕节	四年级	七月初七话七夕
	五年级	红红的中国结		五年级	牛郎织女鹊桥会
	六年级	敲锣打鼓过春节		六年级	八仙岩魁星爷
元宵节	四年级	忆元宵	中秋节	四年级	月满中秋
	五年级	乐元宵		五年级	情满中秋
	六年级	探元宵		六年级	情满中秋
清明节	四年级	清明节来了	冬至节	四年级	甜甜的汤圆
	五年级	棉菜绿饼糕又香		五年级	冬至美食
	六年级	忙趁东风放纸鸢		六年级	"再见"冬至
端午节	四年级	端午蛋香			
	五年级	端午龙腾			
	六年级	端午粽情			

笔者在360云盘上建立《牵手传统节日》共享平台，每个文件夹都用一个传统节日来命名（表1），每个传统节日文件夹资料非常丰富，如四年级"过春节啦"主题的文件夹就包含活动手册电子稿、温馨提醒"春节活动计划"、图片"温州春节美食"、文档"春节的由来和习俗"（百度百科）、PPT"温州过春节的变化"等，学生自主进行主题式学习，在大量学习的基础上，梳理自己的感受、问题和下一步具体实践计划，并存在以每位学生名字命名的文件夹中。每位学生个人文件夹中收集了过程记录、参观记录、访问记录、活动感想、收集资料、探究小论文、活动掠影等，每一个文件夹就是一位学生的成长袋。笔者根据云盘文件夹资料进行评价与奖励，例如，2015年《春节新变化》文件夹包含羊年刚出现的微信红包和学生参与温州电视台主办的春运送温暖公益活动等资料，以及撰写的《我爱打开微信红包》《回家的礼物》等研究性学习成果报告。

又如，学生将春节、元宵、端午、七夕、中秋等列入国家非物质文化遗产资料进行共享，又对每个节日的传统、由来、传说、食物、诗词、习俗等资料进行交流。学生自己去了解、阅读、观看、收集、筛选、整理、归纳，经历自主选择、自主探究、自主调控等个性学习完成学习任务。

2．按下F键，实现对话交流

F学习（Face to Face）课堂着眼于学生之间交流的需求，师生角色互换，让学生站到讲台、教师走到学生群中，使面对面交流能在更自然的条件下进行，促进学生了解彼此之间的学习成效。实施课程的主阵地在课堂，《牵手传统节日》活动手册首先对传统节日进行了详细介绍，从节日的由来、节日传说、节日习俗、节日古诗赏析，到每个节日的课外实践作业。教师在课堂内为学生分批、分组地进行面对面的诊断，为学生修正、充实对节日的看法，并为学生提供有效的建议。笔者为使师生心理上没有任何隔阂，增加面对面进行"淘宝"交流机会，在节日交流或成果展示课堂改变学生座位的排列方式，创设相应的环境。

F学习在不同座位排列的面对面交流中，学生可以通过眼神、表情、动作增进交流气氛，结合课堂反馈，做到能力发展型的教学，使课堂教学发生了质的改变。如清明除祭扫新坟、祭奠先人的习俗外，还有植树、踏青等开心而充满生机和活力的习俗。学生通过实践，将获得的各种信息带到课堂上来交流，如探讨清明传统节日时，课堂座位排列分别以"我们应该如何祭祀"专题讨论座位方式、"清明祭祖扫墓是不是迷信"辩论座位方式、"清明知识知多少"知识抢答赛座位方式、"让我们来开个新闻发布会吧"成果发布会座位方式等展开，学生无误地明白了文化，很多时候是"百姓日用而不知"的道理。这样，F学习使课堂成为学生的向往，课堂充满了愉悦、和谐的氛围，学生的个性爱好得到发展。

3．启动P键，聚焦问题探究

P学习（Practice）的实践练习，是解决"有效探究"的问题，也是解决"有效思考"的问题。《牵手传统节日》的价值就在活动过程中，因此，笔者按7个传统节日分别列出了一张主要实践活动项目与实践的表格，设立问题银行、问题信箱等平台，充分发挥教师在学生实践过程中的指导作用，系统而深入地引导学生走进每个传统节日。P学习涉及面广，需要学生的全体参与、全程参与、全面参与和全心参与。P学习需要教师做好两个方面的指导：一是学生在研究节日活动中所需要的方法，如怎样做调查、筛选资料、整理问题等；二是在节日研究活动中出现的未预测到的细节。家长也是P学习的重要参与人物，是节日探究是否获得成功的关键因素。

P学习要深层次实现探究，学生须对传统节日知识深入理解，《牵手传统节日》手册具有活动性、兴趣性、引导性、选择性和层次性，成为实现节日有效探究学习的突破口，目的是将传统节日和以往简单的吃吃玩玩相区别。学生明白了国家将大的传统节日定为法定假日的原因，用传统文化来浸润学生，让他们明白传统节日的真正含义。学生进行有主题的自主实践，邀请教师、同学、家长进行交流、评价，通过实践传统节日很好地体现了自己的见解，进一步明晰对传统的理解，在问题解决过程中形成知识建构，并发表学生自己个性的主张。在四年级月满中秋主题活动，其中《你看，月亮的脸悄悄地在变》中有这样一句话：咦，你有没有发现月亮的脸在变呢？怎么变的呢？

然后让学生画一画、写一写，学生根据活动手册分小组制订小课题研究计划，见表2，然后按照预先制订的计划，开展活动。

五年级情满中秋主题活动有《深情的诗词》环节：同学们，我国的诗词文化博大精深，其中关于中秋的诗词就有不少！快去翻翻有关书籍，找找中秋诗词。通过摘记出处、摘记日期、摘记内容、我的思考等活动，笔者一方面创建静态展台，以文字、KT板、图片、建筑物等成果展示；另一方面创建动态展示舞台，以国旗下、大厅、游园等予以展示，将传统节日成果展示给全校师生。学生在活动手册的引导下，在开放的情境中收集和加工信息，小组合作与人际交往、沟通，以科学态度解决实际问题，从一定角度深入理解节日的内涵，记录实践过程的文字、印象、图片等多种形式的作品，形成对待节日的态度、观念，以及提高了提出问题、解决问题能力。学生在P学习更有成就感，过节也有了更多的传统味，民族文化和价值观的自信同时得到了增强，多了更多的文化传承（表2）。

表2 "中秋的月亮"小课题研究计划

子课题题目	八月十五觅月亮				
指导教师	陈老师		班级	403班	
课题组成员	代佳、陈首尔、胡渊睿、毛淑骞、徐嘉			组长	吴烃婷
任务分工	画图员：胡渊睿 打字员：徐嘉 记录员：毛淑骞、马惜诺 资料员：陈首尔、代佳 汇报员：吴烃婷				
活动步骤	阶段	时间	任务	方法途径	负责人
	准备	7至10天	八月十五的月亮时间、规律	上网查找，小组讨论	吴烃婷
	研究	8至12天	今年八月十五月亮几点最圆，我把八月十五的月亮画下来，观赏八月十五的月亮	查找资料，画画月亮，写写月亮感想	陈首尔 代佳
	汇报整理	3至5天	让更多的人了解八月十五的月亮	做展板、出黑板。PPT介绍	吴烃婷
活动所需的条件	计算机、打印机、展板				
预期成果	让更多的人了解八月十五的月亮，知道八月十五月亮的规律				

三、运用"淘宝式学习"推进"牵手传统节日"的思考

依据综合实践活动课程的自主选择和主动实践理念，《牵手传统节日》不是简单的"消费"文化或"吃"文化，不只是纯粹简单的精神层面说教，通过"淘宝式学习"使节日过得更加有创意，更加有意思，也更加新奇。"淘宝式学习"让学生以节日文化为载体，在活动中进行体

验，在活动中学习，研究性学习形式将成果展现出来，充分运用如网站、微信、云盘等手段，注入传统节日相关文化资源，就等于注入了吸引力与感染力。"淘宝式学习"让学生节日过得有文化、有精神、有传统，已是我校传统文化教育的学习方式之一，已是学校尝试在各门学科推广实施的一种学习方式。

1. 运用"淘宝式学习"激发了参与意识。

小学生个性活泼好动、幼稚而天真，不喜欢教师一言谈的呆板教法。"淘宝式学习"迎合了学生求知欲旺盛、向师感强烈的天性，学生可以按照自己的节奏学习，培养学生独立思考、分析和解答问题的能力。"淘宝式学习"提倡学生进行自主探究，对一些有深度的问题，用充足的时间去思考、去表达，并通过多种途径进行互动交流，在交流中不时迸发出智慧的火花。

在《牵手传统节日》实施过程中，"淘宝式学习"能让学生在和谐气氛中驰骋联想，畅所欲言，云学习、交流、展示、反馈，集思广益，相互启发，获得更多创造性见解和主张。"淘宝式学习"充分实践"以学生的发展为本"理念，充分发挥学生主体作用，在这一过程中教师始终发挥主导作用，在节日实践活动过程中，不断促进学生健康成长和有效发展。

2. 运用"淘宝式学习"拉大了学习时空

F学习为学生提供了一个思考、探索、联想、创新的机会，《牵手传统节日》探究性、实践性非常强，具有延伸性、拓展性等特征，真正让学生在课堂得法于手册，课外得益于实践。"淘宝式学习"引导学生从书本走向生活、从课堂走向社会。每个传统节日的主题是确定的，"淘宝式学习"的开放性，让学生学习真正做到了"活"起来。一方面，"淘宝式学习"有利于教师面对面数据指导，呈现学生的多组数据，让小组之间进行数据对比，促进学生相互之间研讨，课堂学习有效性拓展延伸，触类旁通，学习更有意义；另一方面，"淘宝式学习"有利于教师面对面深入指导学生就传统节日的问题和讨论进行策划、探究、评价，以及参与家庭过节习俗、过节食品制作、家务。学习节日活动不是停留在面上，从活动主题切入，使学习走向深入，兴趣与能力在"淘宝式学习"过程中大幅度提升，得到了家长的支持与赞誉，学生对过节日积极态度获得了良好的社会反响。

3. 运用"淘宝式学习"提高了合作能力

每个班级中的学生的学业水平处在不同的层次，"淘宝式学习"具有自然的分层学习特点。"淘宝式学习"的交互性与挑战性使学生相互积极合作、乐于相互交流，学生学习必须参与合作。E学习学生有参与、分享的需求，具备合作的可能和必要，F学习能激起学生强烈的合作动机，在综合表达中，学生学会彼此协调各自的主张，明确各自主张的闪光点，P学习的合作目标对各个层次学生合作都有一定的挑战，应做到"知者先行、惑者跟进"。每位学生都能按照《牵手传统节日》活动手册按部就班完成任务，运用所学的知识，创造性地使用手册。从实践来看，依据不同的节日进行专题式的"淘宝式学习"实践活动，要组合具有不同能力和才华的学生，并发挥各自的长处，学生角色的配合，受到学生的欢迎，学生反映"淘宝式学习"收益最大。一位学生在活动感想中写道："忘不了元宵节中我们自己设计灯笼的展示，忘不了端午节穿着自己设计的粽娃服装，走上了赛龙舟的竞赛场……"

经过两年多的"淘宝式学习"实践探索，做到了以节日问题选择探究课题、以探究课题驱动实践、以实践解决问题、以解题过好传统节日，使《牵手传统节日》实践更有实效性与实用性。"淘宝式学习"得到了老师、学生、家长的一致好评，调查问卷显示，一些学生从一开始尝试着"淘宝"，结果一发不可收拾，实施两年来，学生从原先对清明、端午、中秋、七夕的知晓率从原来的12%、48%、59%和2%，到全部学生知晓率均为100%，个别学生还成了传统节日的"专家"，学生"清明节话'清明'""鞭炮会造成雾霾吗"等多个研究性成果获得区一、二等奖。笔者也收获颇丰，节日论文获省二等奖，案例获市一等奖，展示了多节市级公开课。我们发现"淘宝式学习"实施《牵手传统节日》既有文化内涵，也使传统节日学习变得轻松愉快，学生在探究活动中体验了传统节日文化的博大精深，体验了传统文化的魅力，体验了传统文化的精华。

《牵手传统节日》在综合实践活动课上实施，属于模块开发，在实施过程中需要跨学科学习，由于学生长期以来习惯于一个个独立的科目系统的学习，很少将不同的学科知识联系起来，融会贯通地加以运用，这不利于课程的整体实施；其次，"淘宝式学习"作为一种学习方式并非万能，在实践中也是困惑重重。今后打算充分利用"淘宝式学习"，引导学生围绕传统节日，学习多个领域的相关知识和技能，并利用它们解决问题、完成任务，从而促进分散的学科知识充分吸收，因为"书本以外周围还存在着一个活生生的世界"。

参考文献

[1] 张福涛. 翻转课堂理论研究与实践探索［M］. 济南：山东友谊出版社，2014.

[2] 朱联生. 关于"E"学习的思考与实践［J］. 江苏教育研究，2014（06）：29-30.

[3] 葛宏高. 激发参与意识优化建构生成［J］. 中学数学，2012（08）：47+49.

[4] 李博豪. 弘扬传统节日文化，增强青少年学生德育实效［J］. 教学与管理（理论版），2014（01）：63-65.

[5] 课堂上实施分层教学的一个有效做法［DB/OL］. http：//www.xzbu.com/9/view-4668H421.tm.

小小手指　大大创意
——"手指创意"在美术课堂的实践与思考

乐清市柳市镇第五小学　高　洁

创意生活是指学生通过自主地参与生活，用自己的眼光观察生活，用自己的心灵感受生活，用自己的方式探究生活，用已有的经验发现问题，在动手、动脑解决问题的过程中建构新的经验，最终提高自己生活质量的活动过程。

"手指创意"，顾名思义，就是利用手指进行的创意。手指也能创意？当然！只要一支笔和信手拈来的辅助道具，伸出手就可以展现出无限的创意。手指创意以表现人物为主，只要在一根手指上画上眼睛和嘴巴就是一个简单的人了，再利用身边常见的材料为人物添加道具和情境，或者画出人物的四肢动作和情境。也可以用此方式利用多根手指组合来表现一个人甚至多个人。通过单根手指、多根手指组合甚至整只手来表现创意。手指创意让学生避免了不善于画人物的尴尬，使他们在此过程中体会到了趣味性和美的感受，增强了观察力和思考能力，认识到了生活中再平凡的事物都能够创造出独特的、有新意的内容，从而有了创意生活的动力。

一、"手指创意"的教学背景

小学中高段是学生在生理上和心理上都迅速发展、成熟的时期。美术课堂中他们有了较好的创造性，许多想法都来自生活和实践；他们开始追求个性化，希望自己的作品是独特的，能表达自己的个性和思想。但与此同时，学生对于美术课兴趣的减弱往往会使他们忘记准备材料。因"画不像"而产生的"厌学"情绪也成了中高段学生学习美术的一大障碍。尤其是画人，班级中一大半学生画的人物还停留在儿童阶段，临摹人物也是学生最害怕的一项内容。针对以上情况，笔者设计了"手指创意"一课，此课不需要学生很多绘画技巧，绘画材料也是身边的平常事物。用手指表现人物的形式既能让学生感到新奇从而调动学习的积极性，又能让他们避免不擅长画人物的尴尬，而且手指创意能够很好地发挥他们的创意与个性，体现学生创意生活的能力。

二、"手指创意"的教学指导理念

1. 培养学生的观察力与思考能力

手指创意是用生活中最平常的物体来进行创意，结合自己的生活经验，表现生活中的人物和事件，创造出极具创意的内容。因此，需要学生善于观察生活，善于思考生活中的问题。

2. 开发学生的创造性思维

通过实践活动来培养学生的思维能力，达到发展想象力和创造力的目的，树立学生的创新精神和技术意识。

3. 提高学生的审美能力

让学生在活动中感受美术的趣味和成功的喜悦，同时，让学生懂得生活中美术无处不在，可以将美术融入生活实践中。用创新的思维去想象创造独具个性的作品，并用来美化生活。

4. 材料的选择应生活化

一根手指，一个笔套，一张纸巾，都能成为极具创意的资源。来源于生活的材料，能让学生在认识美术，走进美术的同时体会生活。让学生在伸出手指的同时就会想起这堂有趣的美术课，就会发现更多生活中的美术，这就是美术教育的意义！

三、"手指创意"的教学操作阶段

1. 情境设置，激发学生兴趣

要使学生不断地发现身边生活的创意，满足他们探究的心理需要，必须将学生放在主体位置，并给予其进行自主探索、自主创造必需的环境氛围。好的情境设置，能激起学生强烈的探究意识和动机，引发学生积极思维，从而发展思维能力和创造能力。在教学实践中，教师要引导学生从身边小事抓起，体现"近、小、实"的精神。

在"手指创意"中，为了让学生更好地进入主题，教师将画室进行了布置，四周墙壁张贴极具生活创意的大师作品图片，让学生一进教室就能从视觉上体验到生活中的美术创意，激发学生兴趣。教学伊始，教师给予学生积极的鼓励：只要我们善于发现，我们也能跟大师一样，设计出非常有创意的作品。学生的兴致便能有进一步的提高。教师引导学生创意生活可以从身边的平凡事物入手，随后伸出一根手指表示就连手指也能有非常精彩的创意。学生面面相觑，手指太普通了，能有什么创意啊？教师告诉学生只要用心去寻找去发现，创意便会从脑海中一个个涌现出来。学生用疑惑好奇的眼神注视着自己的手指，有的学生若有所思，有的学生开始了讨论，有的学生急切地想知道教师到底是何用意。学生的好奇体现了他们的兴趣已经得到了很好地调动。在此过程中，教师要注意保持师生之间的民主平等，创设宽松和谐的环境，让学生勇于提出问题并思考解决问题。

2. 欣赏感悟，增强创意动机

学生自身的情感体验是重要环节。体验越深刻、经历次数越多，就越有利于学生形成自己的生活创意。只有体验过实现创意的美妙感觉，才能从内心激发出发现生活并表现生活的动力，从而感悟创意生活的魅力。这种认识是学生在活动中自主体验到的，激发了学生热爱生活的激情，激励学生追求美好生活，增强创意美好生活的内驱力。

在"手指创意"中，充分调动学生的兴趣后，教师可利用实物投影仪，迅速在自己手指上画一幅作品展示给学生，同时，介绍手指创意的大致内容。学生从中可得到直观的感受，初步了解手指创意的方法。学生们有些跃跃欲试。教师组织学生欣赏他人的手指创意作品，从中学习设计技巧，获取设计灵感，开阔创作思路。也可以让学生从网上观看有关手指创意实例的视频，例如，在百度视频搜索中输入"手指创意"等关键词，就可以点击观看相关的制作视频，从中可以学到很多，也能激起学生创造思维的火花。在此过程中，学生在好奇心的驱使下，在探求欲望的激发下，根据自己已有的生活经验，探索获取信息知识。

3. 构思制作，展现精彩创意

"手指创意"的表现方式有单根手指的创意、多根手指的组合创意、整只手的创意设计。表现题材以人为主，可分为人物篇和事件篇。人物篇即用手指设计出不同身份的人，如各种职业的人或学生所喜爱的明星偶像；事件篇即给手指人物设定情境，可以选择自己所接触到的学习生活事件或看到听到体会到的各类事件。两种表现内容都是贴近学生生活的，因此，需要学生善于观察生活，善于体会生活。在构思的过程中，往往有学生不知道该表现什么，故而教师可以引导学生表现生活中的片段，如表现令人难忘的片段，可以是快乐的事件、好奇的事件、畏惧的事件、力不从心的事件……每位学生对生活的体会不同，因此，构思出的内容也是独具匠心。

在手指创意的操作阶段，学生需要考虑如何将自己的作品设计得更加形象，是以画的形式表现还是利用各种道具表现，又是利用什么道具才能更好地表现。一个笔套，一张纸条，一张纸巾，一条透明胶带……此时都成了学生们思考的对象。也有许多学生一时找不出很好的道具，便直接以画的形式表现。他们在纸上认真地绘画并且经过反复修改，不时将手指上的人物放在画中查看视觉效果，只为了能让画面更好地表现自己的创意。学生的情绪异常高涨，不时有人设计出第二幅、第三幅甚至第四幅作品。

4．技法指导，完善创意作品

人本主义心理学家马斯洛将创造力分为创造的灵感阶段和创造的实施阶段。完整的创造力包含创造性思维与表现能力两部分。要使学生的创造能力在完整意义上得以发展，开拓学生的创造性思维和培养一定的表现技能，两者缺一不可。创造活动不可能脱离造型形式和表现技能而单独存在，仅有创作的灵感，而没有表现的语言，再好的想法也无法实现。因此，在活动中教师要有意识地培养学生的技术意识，并进行适当的技法指导。在"手指创意"中，一些学生所表现的画面中需要文字表现，教师可引导他们加入变体美术字内容。设计各种情境时需要考虑人物的不同表情，表现多个人物时要注意使人物的表情丰富生动。画面的构图及如何用更好的形式表现主题也需要适当给学生以指导。

5．展示评价，收获创意成果

学生的内心深处都有渴望成功的欲望。教学生创意设计，不仅是传授知识技能的过程，更是指导、鼓励和信任，使学生有信心设计好作品，设计出自己的特色。"手指创意"作品的展示，教师采用拍照的形式。学生每完成一幅作品便可记录下来，这种方式让学生感觉非常新鲜，对手指创意也有了更多的积极性。在展示环节，将照片利用多媒体展现，当学生自己的作品出现在众人面前时，学生们都显得很兴奋。教师可让作者先介绍自己作品的构思创意并给予鼓励，再引导学生多角度去评价作品，尽量捕捉作品中的闪光点。最后可让学生选举最喜欢的"手指创意"作品。这样，不仅激发了他们强烈的自豪感，更激励着他们设计出更为优秀的作品来。学生在各自生活基础与环境上获得成功的前提下，更能发挥"创意生活"自身的激励作用。从而实现由"他律"变"自律"，自主地去尝试创意生活。

四、"手指创意"的教学方法引导

1．临摹

为了让学生初步体验手指创意，教师可将不同形式、不同题材的优秀手指创意作品图分发给每个小组，让学生先研究作品的创作思路、材料、方法等，做一番观察研究后，再进行简单的临摹制作，材料可与范作（图1～图3）相近，鼓励在材料上的独特使用，不求完全一致。

图1

图2

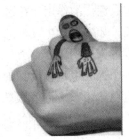

图3

2. 联想

"手指创意"是以丰富的联想为主导的,联想是创意思维的基础,为创意思维的运行提供了无限辽阔的时空。

(1)相似联想。相似联想是联想中最普遍的方法,是指由事物之间的相似点而形成的联想,也称为类似联想。相似联想是学生作品中运用最多的形式,对于开发基础不好的学生的创意起到了极其重要的作用。相似联想以范图中手指人物为基础展开,寻找生活中已有的与范图中人物动作或手指组合相类似的场景,从而设计出属于自己的创意作品。如范图中两根手指组合的形式表现劫匪与人质(图4),有学生用这种组合的形式设计出了同伴之间玩乐的温馨场面(图5),还有同学联系到自己怕鬼的心理,设计出另一种风格的作品(图6)。

图4

图5
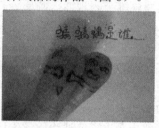
图6

(2)材料的联想。在材料的选择上可以寻找身边的常用材料,思考这种材料与所要表现的内容是否有相似性。如笔套的形状酷似帽子,在手指创意中可将笔套设计成帽子(图7);纸巾轻薄可撕剪,可将它设计成轻盈的裙子或衣服,更有学生奇思妙想,将纸巾与襁褓联系在一起(图8)。

图7

图8

(3)内容情节的联想。组织一个有趣的场景或是有情节的画面,对作品的内涵、意义具有点睛、深化的作用。在这个过程中,教师要有意识地引导学生进行情节联想,再组合构成情节画面。如一名学生设计的一个人在电扇前享受凉风(图9),另一名学生设计了一个顶着卷曲假发的人(图10)。笔者引导这两位同学将他们的创意进行组合,设计出了全新的形象,变成一个人在电扇前吹风时吹走了他的假发(图11)。改进后的作品更加有情节化和新意,从而也更能吸引人们的眼球。情节画面可以是学生在学习生活中自己亲身体验过的(图12、图13),也可以是学生的所见所闻,如人们面对灾难时候的场景(图14~图16)。

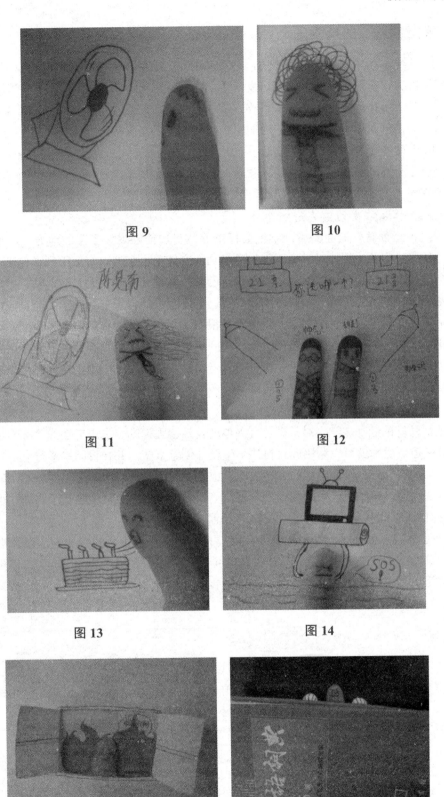

图 9　　　　　　　　　图 10

图 11　　　　　　　　　图 12

图 13　　　　　　　　　图 14

图 15　　　　　　　　　图 16

五、"手指创意"的思索

"取法乎上,得乎其中;取法乎中,得乎其下。"在倡导构建大美术观的今天,教师进行有趣的情境设置、有效的示范教学能启发学生的创造性思维,将创意融入生活,则能激发学生创造的兴趣。"手指创意"中平常的事物,简单的材料,却让学生情绪高涨,呈现出了极具创意的作品。为使创意在生活中有更广泛的应用空间,笔者在此有以下体会。

1. 抓住学生的好奇心开展活动

学生有了好奇心就会有兴趣去深入学习和尝试。为了使学生更好地产生好奇心,教师应做好各个环节的工作,如创设良好的情境、精心设计课堂内容等。

2. 选择贴近学生的内容进行创意

有了"手指创意"的经验后,学生会仔细寻找身边能够发挥创意的地方,继而自主去思考问题并且解决问题。例如,学生不仅将学习到的变体美术字的内容运用到了自己的名字设计中,而且将名字绘制到了饭卡上面。不但为自己的饭卡设计了独一无二的卡贴,展现了自己独特的创意的同时还节省了买卡贴的费用。有自己的创意设计在饭卡上,学生对自己的饭卡也更加爱惜了。又如学生对校发的图画本封面不是很满意,于是动手重新设计了封面。个性的封面不仅美化了事物,美化了生活,还让学生体会到了成就感,大大提高了他们的学习兴致。一件件小的生活事物,通过学生的自主寻找自主思考实践变成了一个个的生活创意,学生从中有了美的体验,无形之中提高了自己的生活质量。

3. 利用学生感兴趣的内容进行创意

兴趣是最好的老师,学生对某事物有兴趣就自然会去探究、去思考实践。如学生对废旧报纸十分有兴趣,教师就可以利用此材料让学生设计创意纸塑,并在校园里举行废旧报纸纸塑作品展览。学生看看自己设计制作的纸塑的欣喜也是可想而知的。又如学生对教室中的粉笔头产生了浓厚的兴趣,教师又可在此基础上开展粉笔雕刻教学。学生从中满足了兴趣,也学习到了知识,并且用自己的创意变废为宝,美化了生活。

生活无限,创意无限。只要我们善于留心观察生活,做生活的有心人,就算再简单的事物,也会迸发出创意的火花。在活动中,让学生发现生活中多姿多彩的"美",以更好地培养学生自主意识、创新思维和审美能力,使学生形成良好的情操和品质,享受创造带来的欢乐,增添生活的色彩和情趣。

参考文献

[1] 周钧韬. 美与生活 [M]. 哈尔滨:黑龙江人民出版社,1983.

[2] 李莉. 新课程教学资源的开发和利用 [M]. 北京:人民美术出版社,2004.

生本理念下的幼儿园规则游戏自主化的再思考

温州市第十一幼儿园 王 畅

规则性游戏有助于培养幼儿的规则意识、分工协作能力和集体意识，但传统规则性游戏的弊端是以教师预设为主，缺乏幼儿自主探索和创想的空间，不利于幼儿个性化地体验与表达。在本文中，笔者尝试以幼儿年龄特点和认知规律为基点，以幼儿自主为核心，对现有的规则性游戏在环境创设、材料流通、规则设置和游戏分享四个方面提出了有效的实施策略，设置了符合儿童长远发展需要的规则性游戏。

近年来，自主性游戏在幼儿教育中的地位越来越高。此类游戏让儿童按照自己的意愿自由选择、实践游戏，从而促进儿童主动性、独立性、创造性的全面发展。但是，在给予幼儿过多自由的同时，规则意识的培养也不容小觑，儿童只有在遵守规则的基础上，才能获得有效的发展，从而更好地适应将来的社会。因此，本文以幼儿园规则性游戏活动为出发点和落脚点，通过公共环境的打造、游戏材料的流通、游戏规则的设定和游戏评价的分享，探索基于生本幼儿园规则游戏的开展模式，最终促进儿童的规则意识，培养其自控自制能力，学会合作与公平竞争。

规则性游戏是由教育者依据教育目标编制的一种有组织、有计划的游戏教育活动。游戏中的幼儿行为受到规则的限制，按照规则所要求的步骤、玩法进行活动。因此，生本理念下规则游戏能够促进儿童在自主创造和规则意识之间获得平衡，具体做法如下。

一、公共环境：随时可玩、随处可变

在生本理念的支持下，我们可以对幼儿园公共环境（走廊、楼梯、自然角等）进行重新打造，构建"开放、可变、可供幼儿随时玩"的互动性公共环境。

（一）多样化的走廊墙面

皮亚杰认为："儿童的思维是在与环境的相互作用中发展起来的。"走廊是儿童日常学习、玩耍的重要场所，其环境的创设和儿童的发展有着密切的关系。因此，教师应充分发挥走廊环境从前期设计到后期效果的积极作用，结合儿童发展特征和心理特征用心设计与儿童日常生活、游戏相关的走廊，并让幼儿积极参与其中，发挥主体性和参与精神，获得成功的喜悦。走廊是儿童每天必经的场地，应根据现有主题教学，依据儿童认知特点和探索价值的比重进行合理布局与设计。通过平行班推进式的经验分享来深化主题的开展。于是，原先较为死板的走廊墙面成为儿童的学习墙、游戏墙、探索墙、记录墙、作品墙……多样化的墙面满足了不同年龄段儿童的不同需求。

学习墙：举例中班主题"感官总动员"。

在中班主题"感官总动员"中，教师们将关于动物嘴巴的知识做成了图文并茂的翻翻乐，孩子们通过在墙上翻看就能获得相关知识。

游戏墙：如大班主题"慧玩中国"。

将中国的姓氏布置成墙面，收集了幼儿园中所有孩子的姓氏，因此，孩子们在这里可以找到自己家族中的姓氏，进行对应的游戏。

在这个游戏进行过程中，又有孩子提议说："我们除了认识自己的姓氏，还要认识我们国家的国旗。"于是笔者让孩子们去收集他所知道的国旗，继而就有了一面"世界国旗大汇合"的墙。名字是孩子们取的，国旗的资源库是孩子们提供的，这个墙面就成了孩子们了解世界的窗口，孩子们在这里可以边游戏边了解世界。在这样的背景下，"国旗连连看"游戏自然创生而出，一人玩、两人玩、多人玩，孩子们玩得不亦乐乎。

在中班主题"感官总动员"中，老师们根据鼻子有闻气味的功能，在墙上设置了很多小瓶子，瓶子里有许多不同气味的东西，孩子们只有通过打开瓶盖闻一闻才能知道里面是什么。

（二）游戏式的自然区域

在幼儿园公共环境中，自然角都占有一定比例面积。原先的自然角都以动植物的观察和记录为主，长此以往，孩子们对自然角的探索兴趣和探索时间都在不断减少。于是笔者有了这样的一个思考，自然角是否也可以成为孩子们观察与游戏合二为一的区域呢？

图1的自然角被打造成"捉迷藏"的游戏区：一名儿童将图卡（3只小蝴蝶）藏在了植物角的木桩下，并告诉同学，他藏了3只动物，然后其他儿童一起寻找，最后一名儿童将3只蝴蝶找了出来。

图2为植物角，除和平时一样可以观察记录外，还可以让孩子们玩"找不同"的游戏，整个植物区一共分为三个游戏区，分别为1号区、2号区、3号区，教师或儿童每隔一段时间就会改变植物角里的摆设（如石头的数量，花盆的角度、距离等），1、2、3号图片分别有若干张，儿童拿着图卡，去对应的区域玩找不同的游戏。

图1

图2

通过游戏将自然角生态环境游戏化，不但增添了生态区域的情趣，而且引发幼儿不断观察、比较的互动性。

（三）互动性的楼道拐角

楼道拐角虽然面积不大，可用性有限，笔者还是基于儿童的需求将其打造成可以随时游戏的特别拐角。目前，楼道拐角可以打造成以下两类：

（1）拐角游戏：在拐角处摆放上格子和小装饰物，儿童根据图片随时移动、观察比较，这样的拐角不仅能起到装饰作用，而且可成为孩子自己设计游戏、变化游戏的场所。

（2）拐角游戏箱：有些拐角我们摆放了游戏箱，让孩子们根据自己的需求随时取放材料和游戏。

以儿童视角打造的走廊、楼梯拐角、自然角都让孩子们在玩中增长智慧，成为孩子每天最喜欢的地方。

二、游戏材料：循环流动、提升创造

游戏材料循环利用可以大大提高游戏的变化和可操作性，因此，在公共环境材料的投放上充分利用三级循环，使得原本固定、单一的游戏材料焕发出新的生命力。

1．小循环——班级内的跨区运用

对于游戏材料，除教师准备外，更关键的是孩子可根据自己玩的需求选择材料，所以除每个区域中的材料外，每个班级还设置有材料库，孩子们可以跨区域来选择材料。

2．中循环——跨班级的材料借用

每个班级都有不同的特色材料，如麻绳、石头、贝壳、纸筒、布料、海绵。

孩子们根据每个班级可以出借的清单，根据需要，去别的班级借用自己想要的材料。整体操作流程为：小组商议—翻阅各班材料清单—画好出借单—请求借用—玩好归还。

3．大循环——专用活动室的跨界使用

笔者所在幼儿园将智力游戏室、建构室、美术室合为一本，新创了"智慧谷"综合游戏区。在这里，有一个大型的材料库可以供孩子们自主选择各类游戏材料，笔者发现，孩子们在操作这三类材料时是可以进行互相转换的。例如，一些半成品的建构材料可以成为孩子们作画的载体和自创智力游戏的玩具。同时，经过孩子们自己设计并作画后建构材料，孩子在搭建时也会更有兴趣。这种整合为孩子与材料的互动提供了更多的创造性。

三个层次的循环，改变僵化的区域活动模式，提供大量的游戏材料，让孩子们根据自己的需求去选择，发展孩子的想象力和创造力，大大提高了环境的隐性教育价值。

三、游戏规则：儿童来定、自我约束

通过对《幼儿园教育指导纲要》和《3—6岁儿童学习与发展指南》的研读，笔者发现，游戏的本质是自由意志的体现，即"玩什么""怎么玩""与谁一起玩"，都由游戏者自己选择决定，这种自由让幼儿感到愉悦并产生自信。因此，在规则游戏的推进过程中，我们让孩子尝试"玩伴自己选""难度自己定""玩法自己创"。

（一）玩伴自己选

伙伴在中大班孩子游戏中是非常重要一个元素。好的伙伴可以促进相互学习，共同成长。因此，在规则游戏的初始阶段可以让孩子自主结对自主商量。

例如，笔者幼儿园有一个"散步也疯狂"的饭后游戏活动。孩子们会自己组队，选出组长，然后制订计划，再根据计划去完成散步活动。在下一次的散步活动时，孩子们可以选择原来的队员，也可以根据兴趣参加其他队伍，和谁一起玩，玩什么，都由孩子们自己决定。

（二）难度自己设

原先的规则游戏由于材料比较固定，难度也是比较固定的。由于孩子自身水平的差异，就会出现有些游戏的难度不能满足儿童的情况。那么因势利导，让孩子们自己来增加游戏的难度。

例如，眼力大搜索属于智力游戏中的记忆类游戏，本身有三个难度：记住材料的种类，记住材料与各材料的数量，记住材料、数量与它们摆放的序列。

刚开始，教师们在墙上设计了6块游戏板，让孩子们对应图片中的物体，找出它们的数量。可是很快孩子们就玩腻了，觉得游戏太简单了。于是教师便和孩子们有了这样一次对话：

师：你怎么找得这么快？

生：这些太简单了。

师：你觉得怎么样才能变得难找一点呢？

生：把要找的东西颜色都变成一样的，这样就难一点了。

师：可是这几块游戏板已经是做好的，不能再变了，有什么别的办法吗？

生：我可以自己找材料来玩这个游戏。

师：你想找什么材料呢？

生：我想找自己喜欢的一些玩具、积木，颜色是一样的。

于是该名学生端着盒子去了班级、创想室里找来了相关材料，并在游戏过程中，提出需要以这些操作板，分别设计出以下一系列的游戏：

游戏一：找一找，它们在哪里

游戏玩法：一位儿童选择游戏所需的材料，摆在一个大盒子里，并在操作板上做好各类数量的记录，请另一名儿童根据记录板上的数量，在大盒子里将这些材料找出来，最后进行校对。

游戏二：看谁找得对

游戏材料：增加沙漏。

游戏玩法：一名儿童选择游戏所需的材料，摆在一个大盒子里，并在操作板上做好各类数量的记录，另一儿童用1分钟的时间（沙漏计时），记住板上的材料，然后拿着拖盘去材料盒里把刚才记住的材料拿出来。最后校对。

儿童对"眼力大搜索"这个游戏规则的重新设定，充分发挥了儿童整合创造能力，儿童在自己创造的游戏中开展活动，获得了更大的成就感。

（三）玩法自己定

有了适宜的游戏材料和难度，孩子开始对游戏的玩法进行创编。我们开启儿童试玩的程序：先让儿童看材料、猜玩法、试一试、改一改。继而我们再让教师带着三个问题试玩材料："你想要让孩子玩什么？怎么玩？好玩吗？"在师幼均试玩以后，共同来制定这份材料的游戏规则。

例如，儿童在原先"眼力大搜索"这个游戏玩法的基础上，进行了反向的变化，创造出以下游戏：

游戏三：找找有几个

游戏玩法：一位儿童到材料库选择游戏所需的材料，摆在一个大盒子里，并在操作板上做好各类数量的记录，另一名儿童根据记录板找一找盒子里同种材料的数量，将数字卡片放在蓝色的操作板上（如数出第一种积木有5个，就在蓝色板的数量号格子里摆5的卡片），最后进行校对。

还可以进行同一类物体不同方向的变化。

游戏四：上上下下

游戏材料：同一颜色的剪刀。

游戏玩法：一名儿童在盒子里随意摆放剪刀，方向朝上、下、左、右，剪刀头有分开、合拢的，另一名儿童根据要求找出材料，指定状态、剪刀的数量（如方向朝下、剪刀头分开的剪刀有几把？），最后进行校对。

游戏五：记忆大冒险

游戏材料：增加宫格板、挡板。

游戏玩法：一名儿童选择所需材料板在宫格板上，另一名儿童用1分钟时间记忆。然后在看不见原材料的情况下（挡板遮住），根据记忆选择材料摆放在另一块板上相同的位置。最后进行校对。

在丰富的材料支持下，在允许规则变化的支持下，孩子们的规则游戏一个接一个地创生出来，即便是相同的材料，也会创生出新玩法。

四、游戏结果：分享互动、提升经验

每个游戏的过程中都会发生有趣的、惊奇的、意外的事情，这些都需要孩子们去做一些记录。这些分享可以让幼儿了解同伴、触发思维、学会概括。因此，每次游戏后，无论室内区域游戏还是户外的运动游戏，笔者都会在活动后，让孩子们来记录自己的游戏故事，这既是孩子们的游戏历程，也是孩子们的分享评价过程。我们把这些记录分成了三个板块：

（1）我的发现：今天我玩了什么？和谁玩？发生了哪些事情？

（2）自我反思：出现了什么？为什么会这样？如何解决？

（3）自我评价：我今天的心情、我的表现如何？

游戏活动结束后，孩子们除对游戏过程进行记录外，还会用贴纸的方式对自己今天的表现做一个自我评价。

这些图文结合的自我评价方式能够不断提升儿童的游戏经验，从而为下一次更高水平地游戏奠定一个好的基础（图3）。

| 爱运动 | 表现棒 | 会合作 | 会坚持 | 新发现 |

图3

通过公共区域的打造、游戏材料的流通、儿童设计游戏规则和游戏故事的分享，幼儿园形成了一个大型的可跨领域的规则游戏场。在这样的游戏场中，儿童在规则与自主的游戏中不断成长与发展，为幼儿创造力、合作力奠定良好的基础。

做有温度的教育
——瓯越教育人在行动
（下册）

主　编　伍　挺
副主编　潘建中　黄　静　钱　勇

北京理工大学出版社
BEIJING INSTITUTE OF TECHNOLOGY PRESS

内 容 提 要

本书是温州市"瓯越教育人才"培养计划("教育名家"培养对象、"未来名师"培养对象)的研修成果。全书分"办学思想""教学风格""专业成长""学科教学""立德树人""课程建设""教育故事"七大板块。本书的内容都来自校长、教师们的丰富实践,包含着他们在办学、教学过程中的真知灼见。本书可供中小学校长、教师们阅读。

版权专有　侵权必究

图书在版编目(CIP)数据

做有温度的教育:瓯越教育人在行动.下册/伍挺主编.—北京:北京理工大学出版社,2021.5
　ISBN 978-7-5682-9822-3

　Ⅰ.①做…　Ⅱ.①伍…　Ⅲ.①中小学教育-教育研究　Ⅳ.①G632.0

中国版本图书馆CIP数据核字(2021)第086518号

出版发行 / 北京理工大学出版社有限责任公司	
社　　址 / 北京市海淀区中关村南大街5号	
邮　　编 / 100081	
电　　话 /（010）68914775（总编室）	
（010）82562903（教材售后服务热线）	
（010）68948351（其他图书服务热线）	
网　　址 / http://www.bitpress.com.cn	
经　　销 / 全国各地新华书店	
印　　刷 / 北京紫瑞利印刷有限公司	
开　　本 / 787毫米×1092毫米　1/16	责任编辑 / 江　立
印　　张 / 31	文案编辑 / 江　立
字　　数 / 754千字	责任校对 / 周瑞红
版　　次 / 2021年5月第1版　2021年5月第1次印刷	责任印制 / 边心超
定　　价 / 498.00元（共3册）	

图书出现印装质量问题,请拨打售后服务热线,本社负责调换

序

利民莫先于兴学，兴学莫过于强师。

西晋太康年间，横阳学宫创立。瓯越大地，崇学重教之风即成传统，1700余年，弦歌不辍。

南宋永嘉学派，主张"经世致用，义利并举"，事功思想蔚然成风；清末大儒孙诒让，办实业，兴学校，求民智之开通，救民族于危亡，苦志力行，为浙南近代教育奠定基础。

温州教育，承传统古风，迎时代先潮。

依据中共中央、国务院《关于全面深化新时代教师队伍建设改革的意见》，结合温州市"十三五"教育事业发展规划，以办人民满意的教育为目标，温州市教育局于2018年至2020年间积极推进"瓯越教育人才"培养计划，分别实施"百千万工程"，即选拔100名"教育名家"培养对象、1 000名"未来名师"培养对象、10 000名"未来骨干教师"培养对象进行为期3年的培训。

其中，"教育名家"和"未来名师"培养对象采取了集中、分组、跟踪的过程性培训机制。三年坚持、三年探索，初步走出了一条富有温州特色的高质量教育人才培养之路。主要可以概括为：走进知名高校，开阔理论视野，熏养教育情怀；走近知名学校与名师，汲取管理经验，体悟教学艺术；聘请国内知名学科专家，深化个人实践，总结提炼经验；开展本地知名教师高端对话，促进相互学习，打造发展共同体；接轨温州骨干教师考核机制，着重实际行动，实现过程提升。

三年培训，走访省内外的高校与名校，对接省内外的名师，力求以"名"促"名"，体现了培训的高标性、学员的自主性、同伴的互动性、渠道的灵活性、过程的深入性和结果的评价性。

三年培训，其间虽受疫情严重冲击，但温州教育的未来名家名师们，抗疫之时率先承担公益网课，开展线上研训，深入探索线上教学的有效性，复学之后积极研究线上线下教学的融合，成就了学的多种可能，又丰厚了教的多样创造，教育教学成长之路从未阻断。

据不完全统计，三年之中，这批学员队伍中新晋了15位省特级教师、18位正高级教师、24位温州市名校长名教师名班主任、15位省教坛新秀，以及一批温州市教坛新秀、教坛中坚，新结了许多颇具价值的教科研成果，新出了许多温暖而有创意的生动案例。

而今，三年研修周期行将结束，以"教育名家"培养对象和"未来名师"培养对象为主的《做有温度的教育——瓯越教育人在行动》亦将付梓。翻阅样稿，一个个熟悉的名字，一次次熟悉的场景，共同演绎发生在身边的温州教育史。

"办学思想"板块。在未来已来的背景下，温州的校长、园长们，无不在思考：如何传承办学的传统，如何融入技术的力量，如何寻找学校的特质，如何更好地激发人的潜力，正是有了他们进取而又切近的想法和做法，方有温州近年来各层次、各类别优质学校的涌现。学校特色的背后，是办学者的深深思索。

"教学风格"板块。这些文章中，我们又读到了精益求精的匠人精神和独到的艺术视角，更有一种对教育教学的无比炽爱与对教学境界的孜孜以求。只有将教学看作生命的一部分，教学方成为艺术，教育工作才具备无比的魅力。温州教师培养有"五格四型三类"的体系，这些案例让我们看到如何从个人"升格"到形成个人风格，看到书写者们从优秀教师成长为领航型教师的可能。

"专业成长"板块。这是一种踏踏实实的进步与改变，既有个人的，又有团队的。他们都是从普通教师成长起来的"温州名师"，或者都只是扎根于一线的"平凡的温州教师"，阅读他们的成长之路，总是与阅读、科研、自我坚持密不可分，这是一个逐渐发现自我并开始努力成就自我的过程。对教育工作的热爱是在深入的教育工作中慢慢被点燃的，直至成为一种终生坚守的理想信念。

"学科教学"板块。这一板块数量最多，均来自老师们最为真切的日常记录，代表着温州基础教育各层面、各学科教学的最新动态。我们可以看到温州的教师如何用自己的智慧将核心素养落地，又如何用创意让深度学习成为可能。温州教育从来不缺乏对改革的敏感与勇气，也不缺乏来自最为一线的创造与践行，这种革新意识和勇气，正是温州精神的特质。

"立德树人"板块。陶行知先生言："生活即教育。"如何利用生活中的一切契机去进行教育上的唤醒？这些文章提供了丰富的范例，或是校园运动会，或是校园微拍，或是德育银行，点点滴滴，春风化雨，启示我们每位教育者如何改变一个孩子，如何去创造教育的奇迹。只有爱才可以点燃爱，只有温暖才可以增添温暖，只有心灵方能唤醒心灵。

"课程建设"板块。这些文章让我们看到，一位教师如何像大树扎根大地般的深入，在教学中做一次系统化的整体思考与梳理。更让人心动的是，这些课程多与具体的校情或瓯越乡土风情结合，启发我们思考温州的教育需要什么样的课程，而温州的课程又能为培养优秀的未来温州人才提供怎样的支撑。

"教育故事"板块。这些故事是属于温州教育人自己的，非常朴素，极其温暖，满是感动，它们就是瓯越大地上的每一位教师的日常。一样的辛苦付出，一样的富有激情；一样的遇到困难，一样的充满智慧；温州教育人用敢爱敢拼的奋斗精神，在瓯越的热土上演绎着属于自己的精彩。让我们不得不感叹，教育的力量就在身边，每一位教师都是了不起的。

《做有温度的教育——瓯越教育人在行动》是瓯越教育人才们的奋斗记忆，有着温州教育人特有的精神印记，还启示着瓯越教育人才队伍的未来建设。

极为不平凡的2020即将过去，2021在人们的期待中款款而来。

时代需要瓯越教育人才追求卓越。

2021年，"十四五"开局，全面建设社会主义现代化国家开启新征程。党的十九届五中全会指出，"十四五"时期要建设高质量教育体系，到2035年要建成教育强国。温州市委"十四五"规划建议提出，温州要打响"学在温州"品牌，打造"未来教育"标杆，建设教育教学水平在"长三角"领先、在全国有较大影响力的教育高地。

在第一轮培养行动的经验基础之上，进一步培育瓯越教育人才，提升并扩大温州高层次教育人才的质与量，是历史赋予的使命。我们急需一批具有教育情怀，富有创新思想，在教育教学路上能进行坚韧不拔探索的未来名家和名师，立大志、学大师、成大家，争做"未来教育"的温州领航者，带动更多的温州教师，以瓯越教师群体的力量托举温州成为教育的高地，为教育强国宏伟目标的实现添上一笔属于温州的精彩。

时代需要瓯越教育人才守正创新。

世界正进入一个百年未遇的大变局中，未来世界充满着复杂性与不确定性，需要教育者守住教育的本真，开启学习的未来。

面对"未来教育"，瓯越教育人才们要守得一身正气，以孙诒让这样的瓯越先贤为榜样，将为国育才作为人生的使命，立德树人，争做让党放心、家长满意、学生爱戴的温州良师典范；面对"未来教育"，瓯越教育人才们要勇于、善于改变自我角色，创新教书育人的方式，不断适应高质量教育发展的要求，要率先具备全方位应对、深度介入未来学习、教学与教育变革的综合素养和能力，要率先成为未来教学模式变革的创造者、引领者和优先示范者，争做"未来教育"浪潮的弄潮儿。

温州市瓯越教育人才培养的第一轮研训行动结束了，更好、更长的研训在于自我学习的坚持，真正的教育者必是终身的自我学习者。期待在不久的将来，这支队伍里能走出更多有全国影响力的瓯越名家和名师，引领温州全体教师，以奋斗奋进的温州人精神，奋力续写新时代温州教育创新史！

温州市教育局党委委员、副局长　伍挺
2020 年 12 月

目录

模块五 立德树人

001

01	做学生真实的榜样		
	——我的品质教育实践	郑小侠	2
02	中职学校德育多元评价机制的构建研究		
	——以瓯海职业中专"德育银行"为例	叶会乐	8
03	做学生的"心上人"		
	——基于"报喜鸟行动"的育人实践	郑碎飞	12
04	校园微拍：城郊新居民子女小学以"影"育人的实践探索	黄又绿	17
05	五觉协调：小学低段感觉统合游戏课程内容设计探索	谷海英	23
06	让每一片"朱俐叶"都舞动起来		
	——构建"树与叶"的德育理念	朱 俐	26
07	责任担当：高中生志愿服务活动能力的培育	董环环	29
08	以激情追求完美 用爱心滋润心田	郑金红	36
09	和教育谈一场永不分手的恋爱	叶鼎孟	39
10	用爱领航 育人成长	黄黎茹	43
11	立德树人：从差异到优势生长	李 静	46
12	为爱凝聚 真情感化	郑 雅	51
13	培养真正觉悟的人		
	——我的民主协商式德育追求	王 杨	55
14	主题运动会：学校运动会的突破与创新	石 峻	61
15	归属·共情·自信		
	——一个"感统失调"孩子转变的三部曲	余娟娟	67
16	沉睡·觉醒	吴淑玲	71
17	老师，您感染了我	郑士波	75
18	功夫在排练之外		
	——谈初中男声合唱团的建设	孙 茵	79

模块六
课程建设
085

01	构建课程框架　绘制课程蓝图	李　芳	86
02	基于高中学业背景下开展学校体育多维变革	陈钦梳	93
03	寻找教室里的"课程坐标"		
	——基于学生班级生活的班本课程实践与思考	徐斌华	100
04	"学为中心"视阈下学科关键能力及相应学导方式	金子翔	106
05	巴学园课程：让梦想长大	赵成木	112
06	一个项目，玩一节课		
	——小学数学"微项目化"学习方式	兰衍局	120
07	让课改充满智慧的气息	卓东健	130
08	海岛幼儿园海洋特色文化构建	侯仙琴	137
09	基于儿童·立足园本·智慧生长	张新琴	142
10	"五·五时光"：幼儿园情境体能活动的整体建构	金晓群	148
11	面向民营企业的现代学徒制人才培养模式应用研究	单淮峰	159
12	思维游戏：幼儿园意象美术课程群	陈碧霄	167
13	育人方式改革背景下的普通高中校本生涯教育实践	潘怡红	173
14	基于《几何画板》平台的高中数学选修课程的开发和实践	王巨才	179
15	苍中正道：社会主义核心价值观教育的校本探索	叶兰留	184
16	开发班本课程　提升核心素养	钟海静	189
17	《瓯海文化寻踪》课程建设	徐琦环	193
18	重构·融合		
	——"生活与创造"STEAM课程	吴芳芳	197
19	让梦想点亮每一个"港娃"人生	谢益明	209
20	基于初小衔接的创客课程建设	朱　蕾	213
21	创客·智造坊		
	——制造类专业人才培养的新样态	黄　威	217
22	融合与聚焦：以核心素养为导向的发展型职业人		
	——中职物流拓展课程开发与实践	郑王卉	222
23	美丽的童年从这里开始		
	——学校"童性课程"的建设	张晓珍	226
24	《行走语文》课程建设	黄小嫘	232
25	联动，加快新生班级常规建设		
	——一年级新生入学常规教育实施策略	郭琼琼	239
26	筛选重构　设计多元		
	——低年级《三字经》拓展课程建构与实践	蔡婷婷	242
27	万物启蒙：廊桥课程项目式学习实践	江海燕	247
28	"好美"课程建设	林瑞畅	252
29	"好玩数学"校本课程开发与实践	白　茹	258
30	劳动教育：助力学生精彩成长	陶晓迪	262

31	德育"微"视角　接轨"真"素养		
	——基于大数据背景下的日常德育微课的开发和建设	潘晓丹	268
32	四课六化：小学亲子辅导活动课程设计与实施策略	梁继亦	272
33	班班有美妙歌声		
	——小学班级合唱校本课程的开发和实践	朱慧静	277
34	童玩瓯塑课程　地接海洋灵气		
	——海岛小学瓯塑渔民画课程的开发与探索	臧乐乐	281
35	戏润童心·和美生长	姜　艺	286
36	疫情背景下幼儿园线上"六小"云课程的组织与实施	张　曦	290
37	家长"营"校：指向幼儿营养健康家园共育的实践创新	林　媚	294
38	基于"园本化"背景的"完美"课程群建设	翁旭艳	298
39	推进区域幼儿园课程建设的探索与思考	吕淑萍	303
40	基于物联网的STEAM课程研发	谢贤晓	307
41	基于"微·趣"实验　开发化学选修课程	倪　彪	310
42	以核心素养为导向的初中数学拓展性课程开发与实践	赵慧芳	316
43	石头记：基于海岛乡土元素的拓展课程建设及实施	林建海	323
44	捕捉"生长点"		
	——基于幼儿游戏的课程生长策略	林银艳	327
45	基于超学科理念的幼儿园STEAM教学		
46	"五阶模型"的设计与实施	何　丹	332

模块七
教育故事

339

01	平凡者的教育梦	沈正会	340
02	灵慧育人　荷香满园		
	——我和灵中的教育故事	黄发锐	345
03	热爱：教学生命的生长点	张寰宇	350
04	影像日记，"宅"出别样教学		
	——"镜头下的战'疫'"项目教学故事	吴俊声	358
05	数据无声　育人有道	李来国	362
06	校园足球：从班级活动走向文化传承	姚锦勇	366
07	越努力，越幸运	金　乐	370
08	我的教育故事之"黑天鹅"事件	钟伟建	374
09	从"无人问津"到"秒杀抢课"的逆袭		
	——我和《趣味戏曲》选修课程的故事	张文静	379
10	心中有爱，便是晴天	史素青	383
11	把有意义的事做得有意思		
	——我与学生的"美丽人生路"	陈庆锐	387

12	以声育人　以情动人	
	——做一名浸润孩子心田的教育歌手	邵徐爽　392
13	那一路的泥泞和风景	肖云豹　397
14	做一个快乐的"妈妈"	曹大统　401
15	光阴的故事	陈　静　404
16	追求语文教学"三美"融合	纪玉丕　410
17	解题的强身功效	周利明　414
18	做学生的"同龄人"	
	——班主任工作中的"共情"效应的探索与实践	李蓉蓉　418
19	春夏秋冬又一春	
	——关于心理志愿者的那些故事	李苗苗　423
20	起承转合	
	——音乐教育的浪漫乐章	郑洁丹　428
21	守望从教之初心，追寻成长之梦想	施　君　432
22	在课程开发路上的所见所闻	赵沛龙　436
23	陪伴你，遇见更好的自己	张瑞祥　440
24	一个教育世家走出来的"韧"教师	陈　静　444
25	化身，编织与童书阅读的美丽故事	鲍小珍　447
26	做一个快乐的守望者	陈园园　452
27	到最细密的地方淬炼金子	陈肖慧　456
28	"悄悄话"护童真	赵银玲　459
29	春风化雨育桃李	丁丽娜　463
30	"体验式"教育，体验生命成长	施世然　467
31	教育，是一场快乐的邂逅	杜丽君　472
32	蜕变的美丽	
	——综合实践活动名师的成长之路	黄灵颖　476
33	以民乐为底色，传承民族文化之美	李　密　479
34	成在用心，长在创新	郑增利　484

模块五　立德树人

"太上有立德，其次有立功，其次有立言，虽久不废，此之谓不朽"，人生最高的境界是立德有德、实现道德理想，其次是事业追求、建功立业，再次是有知识有思想、著书立说。将"立德"摆在第一位，是因为万事从做人开始。党中央把立德树人作为教育的根本任务，把教育放在改善民生和加强社会建设之首，体现了党中央对教育事业的高度重视和优先发展教育的坚定决心。

教育关乎为国家和民族培养合格建设者和接班人的千秋大计，"立德树人"就是要坚持德育为先，着眼促进学生全面发展，坚持培育学生健全人格，致力于"让每个孩子都能成为有用之才"的教育理想。

中小学生正处在世界观、人生观、价值观形成的关键时刻，德育为先显得更必要、更紧迫。

做学生真实的榜样
——我的品质教育实践

浙江省瓯海中学　郑小侠

德、智、体、美、劳五育都是班主任工作的内容，我对五育进行整合，梳理出高中生品质教育的四个方面，即道德品质、学习品质、意志品质、生活品质，这是支撑一个人成长为参天大树的四大品质。其中，德育侧重于对学生道德品质的锻造，智育侧重于学习品质的培养，体育侧重于意志品质的锤炼，美育与劳育则侧重于生活品质的提升。道德品质包括诚信、善良、责任心、同情心、乐于助人、宽宏大度、爱憎分明等品质，是人生"大树"发展的"根"；学习品质包括乐于学习、善于学习，如善于独立思考和钻研、高效、专注等品质，是人生"大树"发展的"干"；意志品质包括坚韧、刚强、不轻言放弃等品质，是人生"大树"发展的"枝"；生活品质是面对生活的状态，包括勤劳、热情、乐观、珍惜生命、热爱生活等品质，是人生发展的翠绿的叶、鲜艳的花、香甜的果（图1）。

垂生活品质之范——点燃生活激情，绽生命之花

垂意志品质之范——增强意志精神，壮生命之枝

垂学习品质之范——提升求知能力，强生命之干

垂道德品质之范——塑造高尚品格，扎生命之根

图1　人生"大树"发展

在品质方面，有什么样的教师，就会有什么样的学生。期望学生成为诚实的人，教师就不能欺骗；期望学生成为善良的人，教师就要有爱心；期望学生成为有担当的人，教师就要敬业。教师要善于独立思考和钻研，学生慢慢就能在课前主动预习、好奇求知，在课堂质疑思考、合作探究，在课后自主反思、归纳提升。教师盯着学生做操不如跟学生一起做操；教师看着学生跑步，不如陪着学生一起跑步；教师监视大课间，不如走进课间，与学生一起活动。校园里热爱生活、阳光向上的教师群体永远是学生最好的教材。

基于此，我强调班主任以身作则，用榜样示范的方式去感化与激励每一位学生，将自己对待学习、工作和生活的积极态度，将真善美的品质自然而然地传递给学生，使之在潜移默化中受到熏陶、自我教育，从而形成受益终生的四大品质。正如古希腊谚语："用道德和行为的示范来造就一个人，显然比用法律约束他更有价值。"

下面我结合带班经历，谈谈四大品质的垂范教育。

一、垂道德品质之范——塑造高尚品格，扎生命之根

1. 于细微处育诚信品质

2009年下半年，我开始接新一届高三。当年，类似于"新冠肺炎"的"甲流"在全国范围内肆虐，多喝水是抗击"甲流"的重要手段。一天早上，我发现不少学生在喝五颜六色的饮料，可当时学校没有直饮水，桶装水几杯下来就从热水变成温水、凉水，满足不了需求。在课间闲聊中我随口答应为学生烧开水。于是我买了一个热水壶，一个热水瓶。可第二天，我就发现热水瓶里的水秒光！于是，热水壶从一个变成三个，热水瓶也相应地变成了十个，到冬天竟有十五个。每天早上，我比原先更早到校，先烧两壶，避免孩子们喝隔夜水；中午，有午睡习惯的我为了保障孩子们有足够的开水喝只好压缩午休时间；晚自修前，我再连续烧十几瓶开水，以供应晚自修期间的需要。每烧开一壶水大约需要十五分钟，这极大地影响我工作的连贯性与专注性。孩子们很快发现这一点，多次强烈要求我不要再烧了。但我没有答应，直到高考结束，我觉得这是一次给学生做言出必行、一诺千金、诚实守信的垂范教育的机会。

我相信，我的孩子们在将来的人生路上，能如我一样遵守诺言，遇到类似的问题时，他们能做出正确的抉择，或诚信从商，或诚信从政，或遵守科学伦理。

2. 于真情处育爱心品质

高中生学业压力大，专注自身学习，时常无暇顾及他人，久而久之爱心被蒙上了一层纱，失去了光泽。

为了点燃学生的爱人之心，也为了让贫困的孩子时常吃到新鲜的水果，我自己掏腰包为全班同学购买水果，一周多次。有时是两箱香蕉，有时是一箱苹果，有时是西瓜、山竹、蓝莓……总之，我变着法儿让同学们感受爱心。为了避免几位贫困学生取用的尴尬，我会将水果、蛋白粉、奶粉、枸杞、蜂蜜等随意放在教室方便拿取的位置。虽然这只是很小的举动，但我始终相信关爱没有那么多的大道理，长期做下去，这种温暖的关爱之举，就会传递到每个学生身上、心里，潜移默化成为他们关爱他人的品质。

于是，运动场上，我总能见到学生们呐喊助威、关心他人的感人一幕；考场内外，总能见到学生们相互鼓励、加油打气的温馨场景；募捐会场，总能见到学生们诚意拳拳、爱心满满的动人画面。

3. 于矛盾处育宽容品质

班级与班级之间的矛盾总是难免的，在篮球赛、元旦文艺汇演等活动中都可能因竞争产生班级之间的摩擦。

有一年的田径运动会，我们班与隔壁兄弟班的实力旗鼓相当，都有希望夺得团体冠军。到了最后半个比赛日，竞争白热化。男子100米接力赛，我们两个预赛前两名的班级被分在了相邻的跑道。但是，在第三棒与第四棒的接力区，两个班的选手发生了碰撞，我们班差点掉棒，以致对方夺冠，我们班屈居亚军。学生们感到非常委屈，要求我一定要向裁判组申述。我觉得当时的碰撞是相互的而且是无意的，表示要放弃申诉，并一再引导学生们要宽容大度。但学生们仍然愤愤不平，表示不服。

接下来的女子1 500米长跑，我动员对方班级的班主任借用主席台的话筒一起为两个班的

选手加油。看着声嘶力竭的两位班主任，学生们终于被我们感动。运动会最后的项目是男子3000米长跑。我们两个班的同学们终于摈弃前嫌，相互为对方班级的运动员们加油鼓劲。

道德从来不需要讲大道理。在日常生活中，我们需要用自己的实际行动，来提升学生的道德认知，塑造学生高尚的品质。正如塞缪尔·约翰逊所说："榜样具有良好的感染力。"我相信垂范的力量一定会在学生身上扎根、传递。

二、垂学习品质之范——提升求知能力，强生命之干

学生到了高中阶段，学习能力有了重大发展，但也存在着学习主动性的不足、自律性差、学习不够专注、效率低下、钻研精神不足等症状，要想帮助孩子们，教师就应该首先做一个优秀的学习者。

我以身作则，通过"三个一"做学习品质的垂范。

1. 用好一套课桌——躬身示范，涵养专注品质

沈括说："人之于学，不专则不能，虽百工其业至微，犹不可相兼而善，况君子之道也。"对于高中生而言，专注是学业提升的关键，是做事成功的必备条件。

班上的学生虽然学习态度良好，但专注度不足，风吹草动就成为"抬头"一族。为了提高他们的专注度，我在讲台桌旁准备了桌椅，自习课、早晚自修陪伴他们专注学习。在教室里陪伴学生自修期间，我不在教室走动，不参与班级事务管理，我要做的就是：完全专注于自己的工作，坐姿端正，决不玩弄手机，不发出任何声音。学生耳濡目染，久而久之就形成入室即静、落座就学的习惯和专注的自律品质。

我偶尔外出讲课，那一套象征着我的课桌静静地陪伴着学生。每每回来经过窗外或推门进去，教室总是静寂祥和，没有人抬头看我，他们只专注于自己的学习，仿佛对学习从专注上升到虔诚的信仰。

2. 用实一张效率单——倾情引导，养成高效习惯

我们班的班训是"激情、高效"。所谓"激情"，就是做事有持久的热情；而"高效"包括高效率和高效果。

为了促使学生达到激情高效，我必须为人师表。于是我为自己设计了每日效率单（略）。效率单主要由计划、评价、反思三个部分组成。我每天严格按照效率单的计划认真执行、认真自我评价、撰写反思，并且将效率单长期摆放在我的课桌上，向全体同学公开，供学生效仿学习。

班里的学生耳濡目染，也纷纷制作了自己的效率单，做到每天早起有规划，睡前做反思。尤其是在缺失外在约束的疫情期间，宅家的学生都能一如既往地设计自己独特的"宅家学习效率单"（略），做到高效学习、激情满满。

3. 用活一套互动机制——师生互动，挖掘钻研能力

正所谓"用大力有余，入细心愈研"，我非常重视培养学生善于钻研的品质，经常跟学生分享我在专业上的钻研情况。这次疫情宅家也不例外。

疫情期间，我承担了多节面向全市学生的视频课。我经常借线上班会课的机会，跟学生分享我最新的教学设计与想法，也认真听取学生提出的意见。其中有一节"生命教育"的主题课，三次重大修改都是在线上与学生们共同讨论的，最终紧扣高中生的客观发展认知，将生命教育从"生死观教育""心理健康教育"提升到生命价值的教育，构建了生命的"长宽高"三个层次。

我的做法在改进自身教学的同时，也对学生们进行了钻研品质的现身教育。

在我的多种榜样示范下，学生们的钻研精神、学习内驱力、反思能力、时间管理能力逐步提升，班级的学习成绩也取得相应进步，我所带班级屡屡在高考中创造优异成绩。

三、垂意志品质之范——增强意志精神，壮生命之枝

意志品质对趋于成年的高中生来说是非常重要的品质。校园里全面发展的优秀学生往往是意志坚定、积极进取的。将来走上社会、事业有成、创造更突出的社会价值的，也往往是懂得拼搏、持之以恒的学生。可随着物质生活的日益丰富，许多学生缺乏毅力，怀揣梦想却缺乏为梦想坚持到底的品质，心向往着远方，双脚却不愿艰苦跋涉。鉴于此，我通过高质的全面陪伴来实现学生意志品质的垂范。

1. 陪跑步——磨炼坚韧意志

每天的跑操，我始终坚持与同学们一起跨越红色的跑道。到了周末，经常组织较长距离的跑步，有时达到20圈——8 000米，以此来磨炼意志、砥砺品性。

小包是一位高三男生，迷上了电子小说。起初，我找他谈话，跟他讲纪律，他态度很诚恳。但是过了几天，他重蹈覆辙。于是，我改用目标引领的方法跟他谈梦想。他坚持了两个星期。当第三次发现时，我再次改变了策略，对他进行了严厉地批评，他眼泪都快下来了，说："教师，事不过三，不会有下一次了！"当第四次发现时，我陷入了深深的自责与反思。这说明此前的纪律教育、目标教育和批评教育并未真正起作用。我与家长协商，最终一致认为，他的根本问题在于缺乏毅力，抵挡不住诱惑。于是，我出了狠招：陪小包跑三天，每天20圈。经过三天艰苦陪跑，小包最终领悟到坚韧意志的可贵，痛改前非，考上了浙江大学。每次他来看我，都会提起那三天跑步的情形与红色的跑道，他说那三天是他一辈子的精神财富。

一位毕业多年的同学曾这样回忆当年的跑步："第一次跑之前，我们都怕，以为20圈，甚至10圈、5圈都是很难完成的。但在老师的陪伴下跑完之后，我们发现许多困难并不像想象中那么可怕，只要有顽强的意志力，我们就可以跨越一切障碍。"

2. 陪学习——塑造执着品质

我们学校对班主任早自修的要求是6：50到教室，每周两次以上，但我每天早上6：00左右总是早早地来到教室，21年来没有因偷懒缺席过一次早自修，每天微笑地看着学生们带着笑容进入教室学习。我没有对学生们提出必须提早到教室的硬性要求，但在我的示范下，早上提前到教室的队伍越来越壮大。晚自修结束，我总是与学生们互道晚安，最后一个离开教室。学生们看到我的身影，能感觉到一种无形的奋进的力量，这种力量激励着他们完成每一天的学习任务。

几乎每一次自习课、体育课，我都陪伴在学生们的周围，感受他们学习上的专注，分享他们学习上的喜悦，倾听他们学习上的烦恼……因为我始终相信在潜移默化中都有着无声的教育力量，我的执着精神终将转移到学生们身上，转化成大家的品质。

3. 陪打卡——提升自律精神

疫情宅家期间，容易懈怠，为了提升学生们的自律精神，我决定每天陪伴他们早读和锻炼打卡。

早晨6：00我会准时出现在班级微信群里，道一声："最帅的人起来了，你们呢？"然后他们便自觉地一个个接龙道早安；早上8：30和下午4：30，我又会如期出现，鼓励他们："小侠教师要瘦成一道闪电，你们呢？"接着，学生便会一个个地将自己锻炼的视频发上来……学生们早起和锻炼的习惯就在我一次次的"陪打卡"中得到培养。美国著名习惯研究专家詹姆斯·克利尔在《掌控习惯》一书中强调："习惯是重复了足够多的次数之后而变得自动化的行为。"一种行为重复的次数越多，与之相关的身份就会得到强化，并最终实现自律。

一位毕业多年的学生来信说："以前，我夜里玩游戏，白天打瞌睡，不爱学习，懒得要命。您做了我们班主任之后，我慢慢地改变了：每天比早自修的规定时间早半个多小时到教室，周末时间和碎片时间都争分夺秒。从大学到现在，我仍然可以做到每天六点起床，晚上十一点睡觉。我的蜕变不是因为您的说教而是您的榜样。"

作为师长，我们总是抱怨孩子们缺乏吃苦耐劳的毅力，为何我们不以身作则带着他们一起体验、磨炼？

四、垂生活品质之范——点燃生活激情，绽生命之花

生活品质主要是指创造和享受美好生活的能力与素养。我认为高中生应具备的生活品质涵盖"劳育"和"美育"。"劳育"是培养学生的劳动技能与树立劳动观念的教育，是提高生活品质的前提与保障；"美育"是培养学生的审美观与阳光心态的教育，是优化生活品质的重要载体。

当下劳动教育在学校中被弱化，在家庭中被软化，在社会中被淡化。这些弊病直接导致学生的劳动机会减少、劳动意识缺乏，甚至出现一些学生轻视劳动、不会劳动、不珍惜劳动成果的现象。至于"美育"，少量的艺术课不足以让高中生真正学会欣赏美、创造美，保持对生活饱满的激情与热爱。鉴于此，作为班主任，我努力做了以下尝试。

1. 带头参与，培育勤劳品质

我认为，在劳动教育上，言传的力量是不足的，而身教能起到"不令而行"的效果。

我参与全班的轮流值日，轮到我值日时，我就会特别认真地扫地、拖地、擦黑板、擦窗台、擦玻璃。平时班级的搬搬抬抬，我也会主动参与。在我的身教下，学生们的劳动热情被激发出来，更加重视劳动，主动承担工作，珍惜劳动成果。

我关注自己每天的工作状态，做一位勤勉的教师，每天跟学生们在一起，深度参与他们的学习与生活，我们班的学生也变得越来越勤奋。

勤劳是美好生活的奠基，相信每个勤劳的孩子都会创造美好的生活。

2. 悦纳世界，享受生活之美

我认为让孩子们能用美的眼光看世界，拥有乐观的心态、丰富的精神追求、广泛的兴趣爱好非常重要。

"有什么样的班主任，就有什么样的班风。"快乐阳光的班主任会带出快乐阳光的班级和学生；严谨理性的班主任会带出严谨理性的班级和学生；相反，忧郁悲观的班主任所带出来的班级必然死气沉沉，而马虎懈怠的班主任所带出来的班级也往往松散懈怠。因此，班主任应尽量在学生面前展示乐观开朗、热爱生活、悦纳自我、悦纳世界等品质。因此，我总是努力抓住每一个"垂范"的时机，以期实现教育效果的最大化。

（1）在活动中创造快乐。在班集体建设的不同阶段组织不同主题的活动，建班之初组织破冰主题活动，建班过程中组织团队合作主题活动，临近考试组织放松身心主题活动……无论什么主题活动，我都亲自参与其中，与学生们一起玩，用我的笑声为各种活动加上一个永恒的主题——激情、快乐，为孩子做表率。

（2）在讲台上传递幽默。在课堂，我经常为学生们开讲座，我幽默风趣，充满对未来的信心，每场讲座必会引爆全场的笑点，用我乐观的生活态度感染场下的每一位同学。疫情期间，针对相对枯燥的网课，我会增加抢答、抽奖等活动，增加课堂的趣味性。

（3）在赛场上释放激情。我乐观开朗、富有激情，是学生们在比赛中最强的啦啦队队员。欧海中学是浙江省篮球特色学校，经常承办各种篮球赛。我浑厚高亢的呐喊、专业适当的指挥技巧，在大鼓的协助下，可以让学校千人体育馆沸腾，让他们跟我一起享受比赛的跌宕起伏，正如感受生活的酸甜苦辣、喜怒哀乐。

（4）在生活中播撒乐观。我曾经带病工作了两年，期间常会感伤，但是，在学生面前我会努力展示最饱满的精神、最阳光的面容，让他们领悟到：生活中，尽管有苦痛，但我们仍要悦纳生活中的各种挫折，从而快乐地生活。我不提倡带病工作，但我觉得，特殊的行业是有特殊性的，教书育人的班主任工作可以通过轻伤不下火线来传递乐观的生活态度，实现教育的特殊价值。

做孩子真实的榜样，家庭教育是如此，学校教育亦然。其实，教育不需要那么多冷冰冰的管理和说教，教育需要的是陪伴孩子一起成长，在孩子面前展示我们的激情、善良、顽强、有责任心等诸多优秀品质，使其在潜移默化中，吸取精神的阳光与雨露，扎生命之根，强生命之干，壮生命之枝，绽生命之花。我愿意做那个默默守护的陪伴者、并肩奔跑的陪跑者，无怨无悔。

中职学校德育多元评价机制的构建研究
——以瓯海职业中专"德育银行"为例

温州市瓯海职业中专集团学校　叶会乐

一、研究背景

立德树人是学校教育的任务和使命。就中职教育而言，这一使命不仅具有必要性，更具有紧迫性。中职学生在校期间形成的人生观、价值观和品行素养、职业道德将直接影响其毕业录用情况和就业、创业效果，乃至终生发展。然而，德育工作一直是教育中的一个难点，宏大的德育目标总是难以"落地"，德育成效不高，学生管理问题丛生。

纵观当前中职德育管理，主要存在以下几个问题。

（一）缺乏防微杜渐的管理机制

当前中职学校德育工作在一定程度上存在"假大空"现象，"应然"讲得多，"实然"管得少，尤其是难以全天候关注学生的一举一行，难以从源头上因势利导，等到发觉酿就大错时，已悔之晚矣。全员、全程、全方位德育成为纸上谈兵，德育的及时性、针对性难以提升。

（二）缺乏学生道德操守引导机制

中职生具备一定的道德分析、判断、选择能力，能够基本区分"是非黑白、孰对孰错"。但是受多元价值影响的中职学生个体在面对具体的道德情景和价值选择时，往往难以区分"能做什么""不能做什么"。而当前中职学校习惯于向中职学生"讲道理"，在引导学生作出正确的行为选择和道德判断方面缺乏可操作的教育载体。

（三）缺乏以功补过的自我矫正的成长机制

由于种种原因，中职学生中所谓的"双差生"（学业落后、品行落后）占比较大。为加强管理，中职学校往往"赏罚"过于分明，希望通过"犯错必重罚"的信条去强制约束学生的行为。这种惩罚往往只能对学生的行为进行甄别和督促，而很难发挥激励学生进步、促进学生发展的作用，难以实现学生自我矫正。

（四）缺乏用人单位全方位了解学生的评价机制

技能不扎实，企业可以再培养，而道德品质却难以短期重塑。因此，用人单位在考察录用员工时，最关心的不是员工技能高低，而是看学生是否具备独立人格，能否安心工作、吃苦耐劳。而用人单位对学生进行考查时，学校往往只能提供"结果性评语"，重现不了德育评价的整个过程。

德育评价是德育工作的重要组成部分，对德育工作起着导向性作用。因此，一直以来，我们的育人理念是：希望能够从创新德育评价机制入手，构建新型的中职德育管理模式，促使德育工作由静态到动态、由"无序"到"有序"、由"虚"变"实"，充分发挥德育导向和激励功能，确保实现职业教育"以生为本""人人成才"的目标。

二、学校德育多元评价模式的创新和实践

（一）构建个人和班集体"捆绑型"德育评价体系

1. 建立集体主义导向的德育评价观

传统德育的评价主要针对学生个体，并且就事论事，缺乏"同伴互助"的教育途径。通过"德育银行"，将个体道德操行考核与班集体评价考核有机结合起来，构建"一荣俱荣、一耻俱耻"的德育管理约束机制，进而培养学生的德育团队意识，充分发挥舆论监督作用。例如，学生个人的品德操行得分将同步影响班级的量化考核。

2. 引导学生自主管理、自主评价

该模式打破德育管理主体单一的局限，将管理权、评价权从班主任、学生管理部门等手里下放给学生，通过"值周班""课堂志"等形式，让学生体验德育管理、参与德育评价，在管理和评价过程中熟识道德操行标准，体会德育工作的良苦用心。

（二）"十大板块"：挖掘"德育银行"的评价内涵

根据《教育部关于深化职业教育教学改革全面提高人才培养质量的若干意见》《中等职业学校德育大纲（2014年修订）》等文件精神，遵循社会主义核心价值观，结合职校管理和中职学生学习生活的特点，学校将德育评价内容细化为学校、企业、家庭、社区四个方面的"十大板块"，将学生个人和班集体的方方面面设置成200多条子项目，涉及学生健康成长的方方面面。评价的内容、主体、形式、途径，都实现了从校内到校外的延伸、从单一到多元的拓展、从结果到过程的创新、从静态到动态的转变。同时，在完成德育评价环节的规定动作外，还可以备注形式留下更加详细的信息，如加减分的补充原因、评价主体的主观感受等，使评价内容更翔实，学生更容易接受。

（三）确立低起点、精准化的行为矫正方式

"十大板块"涵盖学生学习、生活的方方面面，"只要想得到，都会被收录"。以前从未引起关注的、细微的、具体的行为表现都将列入其中，成为学生对照规范品德操行的行为准则，从而实现低起点、精准化的德育评价标准。

（四）开发创新"德育银行"的"存支贷还"管理功能

将德育管理新模式命名为"德育银行"，意在"嫁接"现实银行的主要业务功能"存支贷还"。给每一个学生"存"上一定量的"德育学分"，当学生发生不良行为时便从所"存"的学分中扣"支"，一旦学分不足则可申请"贷"学分。有"贷"就要有"还"，"还贷"的方式是"以功抵过"。

"德育银行"如同学生建立成长档案，吸引学生关注自我，关注评价，积极成长。它的基础分为200分；加分犹如存入，减分犹如支出；扣分过多使其德育学分低于最低控制线时（高一、高二160分，高三180分），可以申请"贷"，但需撰写合同书、确认偿还方式和日期、联系两名担保人、当场签字画押。"还贷"形式包括获得替代学分（如假期社会实践）、奖励加分（如比赛获奖）。"贷款"申请人除在"贷款期限"内"偿还本金"外，还要"偿还利息"，否则将按规定惩处；担保人也要承担连带责任。

"德育银行"的"存支贷还"管理旨在让学生自我支配和管理虚拟的"德育学分"，力争多"存分"、实现少"支分"、避免去"贷分"，以达到自我约束、自我矫正、自我教育的育人目的。

（五）成功研发"德育银行"动态评价软件平台

随着"德育银行"评价内容的丰富，其覆盖面、操作方法也日益烦琐。在大数据时代，运用和借助先进的信息化手段，支持"德育银行"的数据运算和结果生成，是大势所趋和必然选择。我们聚合各部门骨干，集中高级程序设计师，研发一套操作性更强、客观性和保密性更强，同时可以动态掌握学生和班级德育状态的"德育银行"评价软件。

该软件主要采用 C#+SQL Server 数据库开发技术，使用 B/H 结构，客户端只需用浏览器就可以进行操作，了解软件操作系统中基础设置、权限设置、评分管理、查询统计等。以班主任为例，通过后台管理员设置，账号登录"德育银行"平台后就可以拥有"给学生评分""给班级评分""办理网上考勤""我的打分记录""本班打分记录""进入后台管理"等操作权限。另外，"德育银行"软件还实现与校讯通管理平台的对接，评价主体可以有针对性地将评价信息以短信形式发送给相关处室、教师、家长和企业。

（六）合理利用"德育银行"有效推动德育工作发展

全体教师、值周班、各功能处室（如安保大队、图书馆、宿舍等）、家长和企业负责人等，可根据授权采集学生、班级的信息，录入"德育银行"软件，使其自动量化为分数。坚持"谁负责谁录入，谁检查谁录入，谁碰到谁录入"的原则，要求评价主体及时完成，从而实现了学校德育工作"人人、时时、处处"的全程化、全员化改革。

"德育银行"数据库面向师生、家长、企业，甚至社区开放，他们根据权限查询到相关信息，并可以对数据进行筛选、排列。因此，可以轻松掌握任一层次（或同类问题）的学生群，从而很好地把握学校德育管理的动态，使德育工作有的放矢，德育措施也更有针对性。例如，学校将"德育银行"数据作为学生和班级评优评先的必要审核条件，引导学生扬长取长补短，不断激励前行；招工企业可以经授权登录"德育银行"查阅学生在校学习、在岗实习的动态表现，以此作为是否录用的参考标准（图1）。

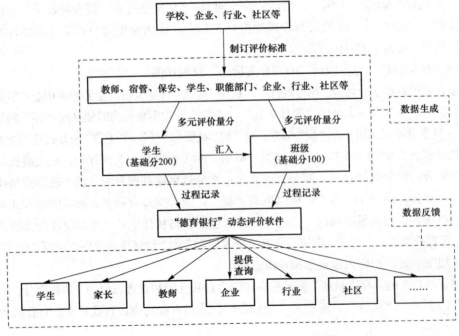

图1 "德育银行"多元评价机制流程图

（七）建设"德育银行服务大厅"实体交流平台

为更好地服务学生和班级，实现"德育银行"线上、线下联动运行，学校建设了占地面积为100多平方米的"德育银行服务大厅"。配置先进的触屏式查询终端、巨型电子屏幕、家长接待区及五大平台（值周信息、投诉建议、活动信息、后勤服务、行政接待），为大家提供分数查询、评价录入、数据分析等服务，并动态展播最新德育评价条目。同时，接受各类投诉建议、收发校园各类文体活动信息、补办校服校牌、办理学生证、发布遗失认领启示、提供保险咨询及其他后勤服务等，学生在这里如置身于真实的"银行"。"德育银行"服务大厅已经成为学校德育管理的重要阵地和对外展示窗口。

三、实践效果与反思

（一）探索了适合中职学生实际的德育管理新模式

我们立足中职办学实际，以德育评价创新为切入口，重构德育管理新模式。首先，确立正确的德育管理理念，从全面科学、激励引导等方面入手，实现德育的人本化。其次，通过德育管理内容、管理主体、管理手段、管理方式和评价结果使用等从"单一性"转向"多元化"，全方位、多角度反映学生在校学习生活的方方面面，帮助学生在夯实树德立人的基础上关注个性特长的发挥，促进了人的持续发展。再次，学校自主研发的"德育银行"动态评价软件，使评价精细化管理有了具体的载体，操作简便、反馈及时，数据动态有效，使全员管理有了实质性内容和可量化的结果，使多主体、多维度评价更具全面性和发展性，实现质量评价由"结果性"到"过程化"的转变。

（二）提高了中职学生的职业素养和道德情操

"德育银行"让学生在规范的要求下匡正自己的行为，在有效评价的潜移默化下变被动管理为主动进取，从而培养了学生的良好品质素养和道德情操。学校发起"德育银行"运行情况调查问卷，实际回收有效学生问卷1 197份、家长问卷811份、企业问卷184份，调查结果显示，学生、家长、企业等对于"德育银行"的关注度和使用率都很高，对于"德育银行"帮助提升学生道德情操和职业素养的认可度也很高。

（三）促进了学校的校风学风建设，优化了育人环境

瓯海职业中专集团学校是一所办学历史并不长的地处城郊接合区域的中职职校，教育质量长期在中段徘徊。历经德育管理新模式的探索实践，学生的精神面貌焕然一新，学校驶上了健康发展的快车道。近几年，学校无论在办学特色评估还是单项工作考核中，尤其是高考升学和技能竞赛成绩，都晋级温州市中职学校的领跑方阵，被评为国家中职示范校、首批浙江省中职名校立项建设单位、浙江省中职教育德育实验基地学校、浙江省中职德育品牌（德育银行）等。

虽然现阶段对德育多元评价机制的探索取得一定成效，但如何更科学、精准、有效地评价学生的综合素质与能力，如何更大范围调动企业和社区等第三方参与德育评价的积极性，将成为下一步继续深化研究的课题。

做学生的"心上人"
——基于"报喜鸟行动"的育人实践

温州市实验小学　郑碎飞

唤醒每一位学生的潜能,激励每一位学生进步多一点,让每一位学生成长为最好的自己——是我做班主任的追求!

所谓潜能生,一般的理解是对问题学生、差生、后进生等落后学生的一种礼貌称呼。"潜能"一词在教育学中的解释是"个体所具有的还未呈现的或者可以激发的能力"。在我的理解中,潜能生不单单是指需要雪中送炭的落后学生,也包括锦上添花的优秀生。落后生的落后是相对而言的,具有发展性;其落后主要表现在学习、行为、心理等方面,而不是品德方面;他们更需要在他人的帮助下才能进步。优秀生的优秀也是相对的,其某一方面的优秀在师长的指导下可以更上一层楼。基于以上对潜能生的理解,我尝试过各种培优扶差的教育策略,其中十几年如一日坚持开展的"报喜鸟行动"取得了显著的教育效果。"报喜鸟行动"是指在发现放大学生的闪光之处,运用喜鹊报喜正面激励的方式,通过实践一个个因材施教方案促进潜能生进步的一种教育活动。其基本步骤图示如图1所示。

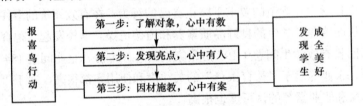

图1　报喜鸟行动基本步骤

一、刚柔并济,做问题学生转变的魔术师

三年级,东(化名)转入我班。开学第一课,他很神气地走上讲台自我介绍:"我是学校的名人,连校长都知道我!"看着这个趾高气扬的名人东,我下课后就直接拨通了他前班主任的电话。原来,这个名人东是一个很爱动的孩子,一节课屁股几乎都在椅子上跳舞,五分钟都坐不住!自恃个子高、力气大,和同学一言不合就动拳头。更要命的是常常溜出课堂在校园闲逛……这番话听得我心里直打鼓,东居然是这样的"名人"。他妈妈为此辞职,在家专职管教东,但没有效果。第一周,我跟班听课,科任教师知道我其实在听东的课——我利用《报喜鸟行动——课堂学习常规分时观察记录表》记录东的课堂言行。我发现东喜欢插嘴搞怪,美术教师说"用粗笔头画",他就接一句"用猪头画",引得同学们忍不住笑成一片,他自己更是得意地哈哈大笑,课堂被他搞得乱哄哄的。一个月不到,同学们的投诉就接二连三,还有一些

愤怒的家长联名要求把东退回去。

我想"让人讨厌的人，正是最需要关心的人"。国庆节，我特意与东约好去家访，我期待发现东的亮点，哪怕一点儿。东在小区门口迎接我——我心中一喜，这小子迎客有道啊！东带我参观他的书房，听他妈妈说早上 6：30 就开始整理了，还警告他妹妹不许进书房弄乱掉——和东课桌抽屉的乱七八糟是天壤之别，是不是他想给我留下美好的家访印象？东做了一大碗甜蛋羹招待我。我拿小碗分了一点，东把其他的分给奶奶和妹妹。我知道，按照温州待客之道的习俗，上甜蛋羹可是最高的礼节哟！尊师、敬老、爱幼不都是他的亮点吗？国庆后的班级晨会上，我讲了到东家家访的故事，东赢得了同学们的第一次掌声，热烈的掌声！——我发现，掌声响起的那一刻，东好享受……

从那以后，东特别喜欢亲近我。亲其师，信其道，导其行——建立在没有威吓、没有指责基础上的友好的师生关系，正是报喜鸟行动的基础，是约定中成长的前提，是行动有效必不可少的保证。我、家长、科任教师与东一起制订了"报喜鸟行动——滴水穿石计划"，约定课堂要坚持坐 10 分钟、15 分钟，直至一节课……，商量好周评月奖细则，然后大家和东一起签名。说起来容易做起来难，东坚持了 2 天，第 3 天就跑出去了；这周自评，东给自己打了一个差，我给他打了个合格，我告诉东，虽然你跑出去了，但跑的次数少了，有进步！东一有进步，我就给他送书并赠言鼓励，从绘本《大卫，不可以这样》到高尔基的《海燕》将近 30 来本。虽然东的课堂行为反反复复，一次甚至把好心提醒他的同桌卷子撕掉，但经过 1 000 多个日子的努力，东在改变：他向《温州晚报》投稿，我给编辑写了一封长信，希望有发表的机会鼓励东。习作真的发表了！学校给他发了一张"喜报"。东妈妈跟我说："我家小子把'喜报'送给奶奶做生日礼物，大家都夸他乖起来了。接下来，我可以放心去上班了。" 东赢得了同学们的支持，担任校领操员、旗手，成了名副其实的名人；而东觉得郑老师就像魔术师一样好玩，干脆就叫我魔术师了！

光阴荏苒，与东一路走来的四年时间一晃而过。孩子们毕业了，我在整理班级档案时，将近一半是关于东的。我给东作的记录有厚厚三大本，我和东家长的线上交流近五万字。每个文字仿佛都在验证法国著名教育家第斯多惠的一句名言："教学的艺术不在于传授本领，而在于激励、唤醒、鼓舞。"

二、量身定做，做跳级生的护花使者

2005 年 9 月，开学注册，班级里来了一位文静可爱的戴着眼镜的"小不点"——郑一粟。小姑娘年龄小，比同班同学小了近两岁，是直接从一年级跳级到三年级的。面对这位跳级的小女生，我脑海里问号多多——二年级的学习内容怎么办？学习能力怎么样？体育运动方面如何？和大近两岁的同学交往又会怎么样？我组织全体科任教师和一粟的爸爸妈妈开了一次只有两位家长的"微家长会"，制定了一份"报喜鸟行动——小小一粟，大大脚步"的因材施教方案。这位与众不同的跳级生，在我期待的目光中开始了她的新生活。

开学典礼，全班同学分两路纵队从教室到操场。从三楼的走廊到操场要下一段楼梯，一粟的位置在队伍最前面，下了四五级台阶，一粟就将求助的目光投向我——"郑老师，我有点怕。""来，和郑老师手拉手一起走，你能行的！"海伦·凯勒说"信心是命运的主宰。"一粟此时需要的就是信心。从此，每逢做操下楼梯，我和一粟的同排逸凡与一粟手拉手就成了一道风景。面对这道风景，我在思考：与一粟手拉手是一粟需要的，但一粟更需要的是独立前行。于是，每逢做完操回教室，我总会有意无意地问一句"大家发现一粟下楼梯进步在哪里？"有时我把同学们的发现写在《家校联系册》上，让一粟带回家和家长分享自己进步的快乐。

开学第五周的周一，我发现一粟走路一瘸一瘸的，平时的一粟可是蹦蹦跳跳的啊！"一粟，你的脚怎么了？""这个星期天我在家练习下楼梯，拐弯的时候不小心把膝盖碰肿了！"一粟不好意思地说。一粟妈妈告诉我，一粟在家里练习下楼梯已经坚持三个多星期了。想起一粟在日记中写练习走楼梯的一段话，我不禁笑了——"我刚到实验小学时，下楼梯走得很慢。郑老师就给我鼓气说：别害怕，没关系的，我在旁边护着你呢！郑老师还把居里夫人的话送给我：人应该要有恒心，尤其要有自信心。有了郑老师的鼓励，我就大胆地一步一步向下走；为了不拖班级出操下楼梯的后腿，每天下午回家我都不坐电梯，从一楼走到十一楼，上去下来再上去，反复三次，我觉得我能行。"在班级午会上，我请一粟把练习走楼梯的日记读给全班同学听，在同学们热烈的掌声中，我带领全班同学送给一粟一句话——小小一粟，大大脚步。

五年级结束，担任班长的一粟通过温州市外国语学校的面试，又一次跳级进入初中学习；温州中学毕业后留学英国。对于一粟而言，在我班三年的就读时间只是学生生涯的小小驿站，但是"小小一粟，大大脚步"方案的实施，为早慧的她铺好了起跑的成长之路。难怪一粟说到并做到了"老师，每年我都来看你！"，难忘一粟家长在"成长记录卡"上的一句话："孩子，你幸福地生活在实验小学这座四季如春的花园里，愿你天天快乐绽放！"

三、锦上添花，做好苗子的指导师

2009年6月，在浙江省教育学会和浙江省作家协会联合举办的"人民书店杯"第三届省少年文学之星征文比赛中，我班张晟同学荣获温州市中小学学生参加该项赛事以来的第一个一等奖。

第三届省少年文学之星征文比赛分为初评、复评、公示、现场作文、终评五个阶段。初评主题为"他和你"，张晟以一篇构思独特的《你从迷昏中醒来》从全省中小学4万余篇稿件中脱颖而出，成为100名进入现场作文比赛的学子之一。2009年4月26日上午8时半，现场作文以"慢慢长大"为题在浙江教育学院开赛，张晟沉着审题，列好提纲，奋笔疾书……5月中旬，经浙江文学院院长盛子潮、省教研室副主任柯孔标等评委根据考生的现场作文与"他和你"征文综合打分，依次排序，投票终评三十名一等奖获得者，张晟名列其中。

张晟是一位基础扎实的男孩，是习作的好苗子。对生活化儿童作文兴趣颇浓的我，给张晟制定了"报喜鸟行动——阅读中丰厚、习作中绽放"的指导方案。张晟在实验小学浓浓的"读书，最美的姿态"氛围中潜心阅读、超前阅读，六年级阅读等级考核时达到历届毕业生中的最高级——九级。每周周二和周四下午放学后，张晟都会准时来到四楼阅览室——同学们口中的"研究所"，一个为优生锦上添花、给"后进生"雪中送炭的辅导聊天室，我对张晟的习作进行专题分阶段指导：审题、选材、拟题、谋篇布局……两年来的练笔不辍、日积月累，张晟的习作水平突飞猛进。2007年、2008年均获校"金秋读书节"现场作文大赛一等奖；2008年8月获"棵棵树杯·温州市首届少年文学创作大赛"一等奖，并被评为温州市十大少年文学之星。2008年暑假，参加中日韩夏令营活动，出访日本时创作的童话《火神的笑颜》入选《中日韩童话创作集》。习作《五月汶川》《秋叶情思》在《温州商报》和《学生时代》发表；习作《又是一年春草绿》和《笑最珍贵》入选《温州市青少年作文精粹》出版，该文集作为给灾区孩子的心灵鸡汤，赠送给了汶川青川灾区的同龄人。2009年6月，个人文集《墨痕》出刊——一颗少年文学之星在瓯越大地冉冉升起！

我对文学的热爱，对儿童生活化作文的研究，犹如润物细无声的春雨滋润着每一位孩子，爱阅读好写作是我带的每一届学生的共同标签。2011年1月，学生沈小寒、王一诺获第三届全国"叶圣陶杯"听说读写大赛一等奖；2011年5月，学生庄源在浙江省委宣传部、省教育厅、省残联举行的全国第八届残疾人运动会"爱与你同行"征文活动中获省一等奖；2011年11月，学生潘之禾获全国第六届冰心作文奖三等奖，作品收入大赛文集出版发行，全国著名特级教师滕春友老师做了点评；2012年6月，学生刘一之在温州市巴拉巴拉杯第六届中小学生作文大赛获二等奖，个人毕业文集《路过》出刊，文集扉页上"献给敬爱的郑老师"让人感动；2013年4月，学生黄鑫、周芦荻在温州市第八届小作家杯比赛中获最高奖"十佳小作家"（中小学共十名）；2015年10月，黄鑫获星星诗刊杂志社举办的全国第三届"铜铃山杯"诗歌比赛三等奖，是十八位获奖者中唯一一位小学生。

四、呵护备至，做学困生成长的陪伴者

2018年9月，我接手的新班有一位语文测试只得3分的学困生窈。窈"记得慢，忘得快"，最简单的听写也是"零"分。我费尽心思寻找窈的闪光点，我发现窈的无意识记忆特别好，我请教医生、心理教师，制定了"报喜鸟行动——读注音童话，成识字大王"计划。每天午餐后，与窈相约四楼阅览室共读绘本。也许是觉得孩子成绩差丢面子，也许是重男轻女，窈的爸妈从不参加家长会，也不到学校接孩子，把窈寄托在家政学习生活。我多次联系家长要到她家家访，但是家长总以"外出了""不在家"等各种原因推脱。计划的实施需要家校携手，孩子的学习既包括学校的学习又包含家庭学习。一次，我忍无可忍地打电话给窈妈妈："班主任来家访，别人都是求之不得的，怎么你家推来推去的？"也许是精诚所至，金石为开。也许是我电话里的语气惊到了家长；也许是两者兼而有之——这次，窈的家长终于同意家访了。家访中，了解到了好多平时所不知道的和孩子成长密切相关的事，窈的妈妈既惭愧又感动地说："孩子小时候受过伤，智力特别弱。我都想放弃了，想不到老师您这样用心！"我自掏腰包买绘本、故事书送给窈，利用午休和下午放学时间给窈辅导。两年多的时间里，虽然窈在学习上的进步可以称为蜗牛步，虽然现在的窈还只能偶尔考合格，但她身边的朋友多了，更多自信的笑容已在她脸上绽放。

"报喜鸟行动"的实践应遵循以下原则：

（1）坚持正面教育，养成良好习惯。在教育孩子方面，我们往往容易有一种错误思想：以为让孩子受到处罚能帮助他做得更好，恰恰相反，孩子在自我感觉良好的时候才能做得更好。"报喜鸟行动"的实施，采取的是正面教育的方法，在约定中通过外在的动机而激励自己不断努力。

（2）无限度期待，相信教育是慢的艺术。"报喜鸟行动"本质上就是激励、唤醒、鼓舞，但它毕竟是建立在通俗行为主义基础上的一种制度，它的约定是有束缚的，包含着对学生的控制。周一贯先生就提醒，不能让学生"被报喜"。那么，如何尽可能消解它的弊端，从外在的、物质性的奖励逐步转化为内在的、精神性的欣赏，将有形的逐步过渡为无形的，他人的最终转

化为自我的,从而让孩子最终按自己的个性和速度快乐成长,这就是"报喜鸟行动"从开始的介入到逐渐的退出过程。这个过程可能很缓慢,是渐进的,有时还会反弹,有时甚至会变得更糟,教育者要学会认同、理解,要无限度期待。

（3）尊重差异,成就各自的精彩。因为一个人智能的发展是不均衡的,一旦找到它的最佳点,就容易迸发出智慧的火花。尊重学生的差异,关怀备至地呵护学生的成长,找到潜能生身上的闪光点就能激发他们的热情、活力和自信,使后进生急起直追,使优秀生出类拔萃。

"报喜鸟行动"是我把每个孩子完整地放在心上的一种教育实践。无论哪位学生有进步,我都要写上一段"报喜鸟风采人物颁奖词"送给他。在学生胡迦墨的成长记录盒里珍藏着一份报喜鸟风采人物喜报——胡迦墨同学："6月16日,是每位为人父者的节日——父亲节。这一天的晚餐是你老爸最开心的晚餐,因为有人请他吃饭。老爸的开心不是因为晚餐有多丰盛,而是主人的特殊：年仅十岁,花的钱是从他自己的压岁钱取出来的。这位他,就是你。古人云：百善孝为先！向你学习！经全班师生推荐,评为：班级风采人物孝心奖"。

爱是相互的、双向的——记得学生狄洋在毕业留言中说："郑老师,您的白头发越来越多了,我很担心时间把您的头发全染白！但是您放心,无论何时我都会认出您的哦！"学生喜欢叫我"飞哥",让"奔五"的我受宠若惊。在学校向家长调查"受欢迎星级教师"时,"把孩子交给郑老师,很放心！"是全体家长共同的心声。《温州日报》以《郑碎飞：让每个孩子成为最好的自己》为题报道了育人事迹。家长向《温州都市报》"感动温州年度人物"组委会提名："郑老师的爱心、慧心、细心、耐心、恒心让家长放心；他的教育充满了智慧,孩子们喜欢和他聊天,哪怕是批评,他是孩子的心上人。"每一位学生都是一粒藏在贝壳里的透亮的珍珠,关爱每一位学生,关注学生每一点,做学生的"心上人",我乐此不疲！

校园微拍：城郊新居民子女小学以"影"育人的实践探索

温州市鞋都第一小学　黄又绿

一、育人理念

由庚子鼠年的疫情反思教育，我们再次强烈地认识到完善德育工作长效机制的重要性。基于校情、学情思考如何根植学生生活解决真实问题，引领道德成长？如何引导家庭教育？什么教育形式才符合本校学生、家长的认知方式，进而获得价值认同？我们确定以校园微拍为抓手，以微电影为载体，本校全体师生、家长一起来发现生活中的德育微话题，用微（短）时间，拍摄微电影，进行微制作，然后在校园中广而告之，以此构建三全育人的德育新格局，努力让这种德育方式有时代感，有生活气，有趣味性，能解决问题，会促进成长。

"微"，指的是微电影、微视频，代表要在生活的细微处将德育做细、做小、做实；"拍"是一种获取资源的方式，也是自悟式学习、体验式学习。"以影育人"中的"影"，既是电影，也是影响，代表本课题的育人理念。

二、育人实践

（一）拍什么：根植学生生活圈，让德育能解决问题

杜威说："准备生活的唯一途径就是进行社会生活，离开了任何直接的社会需要和动机，离开了任何现存的社会情境，要培养对社会有益和有用的习惯，是不折不扣地在岸上通过做动作教儿童游泳。"选择微拍的主题，我们强调的是儿童的生活圈，儿童自身的生活经历、生活经验，努力促使他们在自身经验、体验中反思学习，解决自己遇到的问题。

1. 守则+价值观：以品行养成为目标，以德育微电影为载体

德育的范畴很大，我们基于小学生的道德成长规律，以具体、日常的"品行养成"为第一阶段目标，思考拍摄主题选择的问题。为了改变现行的德育工作以自上而下为主，应对"散打"为主的现状，使学生品行养成有序列性，我们以"社会主义核心价值观"和"中小学生守则"为上位目标，基于我校学生的学习需求和我校学生核心素养提出品行养成分段目标，初步制定"我校学生品行养成序列"，进而逐步构建品行养成微电影资源库。

（1）发现校园生活中的问题，提炼拍摄主题。校园生活是学生最主要的生活圈，也是学生走向社会前的"预热生活圈"。校园生活中存在着大量的德育素材，我们引导发现校园生活中的问题，以解决问题为目的，提炼拍摄微电影的主题。如学生发现生活中总有人在犯错后逃避责任，于是拍摄《咚，窗帘掉了！》；学生发现很多同学洗手后就甩甩手上

的水，因此引发了很多小摩擦，也破坏了校园环境，于是拍摄《小水滴不乱跑》；学生发现自己不认识校园中的很多植物，于是拍摄《我给花草树木做铭牌》；教师们觉得学生不自信，不敢有远大的梦想，于是拍摄了很多这方面的励志微电影《少年鑫浩的烦恼》《看见未来》《我长大啦》等。随着拍摄主题的选择，师生都成了德育的主体，不局限于身份，不拘泥于教材。

（2）发现家庭生活中的问题，提炼拍摄主题。家庭生活是学生真正的生活圈，也是学校教育的实践场、检验场。如何让家庭生活成为学校教育的助力，而不是阻力，是必须解决的问题。我们引导学生和家长一起发现家庭生活中的问题，以更好地生活为目的，提炼拍摄微电影的主题。如孩子喜欢嗑瓜子，可是技术不好，又令家里很乱，于是拍摄《吃瓜子小妙招》；孩子觉得冬天很难起床，于是拍摄《金奕然赖床记》现身说法；家长发现孩子动手能力差，许多家务活不会干，于是拍摄了很多学会做家务的微电影《整理书柜》《做水果沙拉》《学做蛋挞》《我学会了包书皮》《我学会了洗碗》《小厨师伍梓铭》等。看着这些主题，生活的气息扑面而来，我们觉得寻到了很珍贵的教育资源和教育力量。

（3）发现社会生活中的问题，提炼拍摄主题。社会生活既是学生的当下，又是学生的未来。依据生活即教育的理念，我们引导学生关注社会生活，发现一些与我们有关，是我们可以改变的问题，思考"应该如何、我要如何"。如孩子出行的安全是家长最关心的问题，所以，微电影《平安出行》特别受欢迎；低段孩子对超市特别感兴趣，于是拍摄《我学会了逛超市》；孩子们发现社会上很多人冷漠、不热心，于是拍摄《我来帮助你》；孩子们发现环境脏乱差，于是拍摄《让垃圾飞》《城市美容师》。以编剧、导演的视角看社会，令孩子们多了一份理性思考，多了一些辨别选择，德育便植根于儿童的社会生活中。

基于学生生活圈的微电影主题，带给学生德育的真实感，也是用一个儿童的经验去唤醒更多儿童的经验，用经验的表达去实现儿童经验的重构，以电影经验去实现儿童经验的提升，以他人的经验与儿童经验的交流互动去实现个人经验与社会文化价值的接续。

2. 课程＋实践性：以国家课程为核心，以德育微电影为拓展

檀传宝教授说：在审美的国度里，人的高贵是通过合规律性和合目的性相统一的形式养成的。在日常德育中，最重要的审美要素有四点：第一点是人格美，最好是教学相长的美好人生；第二点是"德"美或教育内容之美，如果枯燥的社会规范学习，居然能还原成一个有趣的东西，还原成既有智慧上的挑战又有精神享用性的东西，那么德育美就已经出现；第三点是德育活动外观形式美，"施展自由"之美；第四点是教育境界之美，也是合规律性、合目的性的统一。

小学道德与法治课程作为国家德育课程，其目标体系是毋庸置疑的，是我们必须落实到位的。它是德育的主阵地，其实施效果直接关系德育的有效性。我们该研究的是如何将课程意志表达得"美"。以檀教授的美学德育理念为指导，我们运用"校园微拍"使教学具备以上四点审美要素。

如统编版二年级上册第7课《我是班级值日生》一课，目标是如何做班级小主人，为大家服务，避免官本思想。按常规教学法，可能会出现的是教学过程很激昂，一切都是应该的、美好的、高尚的，可是回到实际班级生活中又会出现"为什么我要干扫地这么累的活，我去擦黑板也是完成了一份任务啊！""教师不在时，同学们那么吵，我要不要记录扣分呢？"……这一系列难题。我们打破惯性思维，这个主题的教学以拍摄一部微电影《值日生的烦恼》为活动载体展开。学生在撰写故事时就呈现了大量实际难题，在讨论剧本、后期剪辑时就做出了价值选择，在排练、拍摄时就反复演练了具体情境中的行为，在展播、观看、讨论时又深化了"什么才是集体一员"的主题探讨。在此过程中，教师看到了学生世界，看到学生思想，也表达了自己的经验与思考，实现了教学相长的美好德育。

我们以"校园微拍"践行美学德育，注重审美意义上的"趣味"，有趣的，生动活泼的，孩子乐在其中、主体得到弘扬，使学习变成一种高尚的游戏。同时，也慢慢地建立属于我们学校独有的教学微电影资源库，实现共享，丰富学习方式。

3. 活动+育人性：以工作高效为原则，以德育微电影为突破

在学校里，德育工作的布置很不受欢迎，因为总是布置很多活动，需要教师们投入大量的精力，而教师们认为德育活动更多的意义在于热闹，精力投入不值得；德育处总是强调"不能……不要……扣分……"，而熊孩子很多，不好落实。随着微电影德育有效性的逐渐显现，教师的育人观念逐渐转变。行政在布置某项工作时，班主任布置某项任务时，就想到了拍摄一部微电影，以电影发布代替原来的条例灌输，优化了育人方式，开拓了自主反复学习"优秀"的可能性。

如学校新设大型滑梯，孩子们很兴奋，滑梯摇摇欲坠。德育办就拍摄了一部微电影推送，孩子们一看就明白怎么上、怎么下、怎么排队……怎么玩才安全，怎么做才文明。德育水到渠成。

学校新设开放式书吧，为了让孩子们养成"拿书—放标志签—安静阅读—把书放回原处—把标志签放回原处—摆好椅子"这一系列文明阅读的好习惯。教导处就在书吧开放前夕先推送微电影。实践证明此法很有效，书吧开设近一年了，孩子们做得非常好，连一年级的孩子都能掌握这一套复杂的动作。

班主任要告诉家长突发异常天气如何有序接孩子，我们就拍摄突发异常天气放学演习的微电影。在每次突发异常天气时就推送给家长看一看。于是，大雨滂沱的校园依然秩序井然。

类似这样的德育微电影，避免了枯燥的说教，让学生在反复观看中自主学习品行，收到了很好的效果。尤其新生入学时，系列品行养成微电影发挥了巨大的作用，使幼小衔接课程实效性大增，大大减轻一年级班主任的工作量。在此实践探索的基础上，我们梳理了一年中学校所有的德育工作、德育活动，进行整体架构，以主题节来构建全年十二节德育体系，并持续研发以微电影为载体的德育课程，实现了"德育工作指南"提出的德育课程化。

（二）怎么拍：夯实学习过程性，让德育更丰富生动

美国新行为主义心理学家阿伯特·班杜拉认为：人们可以通过观察他人的行为及行为的后果而间接地产生学习，班杜拉称这种学习为观察学习。他认为，人类的大部分行为是通过观察而习得的。人们通过观察他人的行为，可获得榜样行为的符号性表征，并可以此引导观察者在今后做出与此相似的行为。观察学习分为四个过程，即注意过程、保持过程、复制过程、动机过程。运用该理论，我们尝试用"微电影"左右学生的"注意过程"，强化刺激，以直观、真实、艺术化的榜样唤起学生的有意注意，并用电影特技手段凸显"重要信息"，

从而将"观察学习"的第一步骤做实。"校园微拍"作为提供给儿童的学习机会、学习载体,我们注重的是拍摄过程的育人性。当学生主动发现生活中的道德问题开始创作影视作品时,他就是在主动思考,并明确了自己的价值选择。当学生参加演出,将那些动作反复操练,将那些台词反复讲述,就是在接受潜移默化的教育。教师在选择角色时,有时会故意选择那个"这方面的后进生",他一次次排练表演就是一次次强化训练,结果就自然地接受了精神洗礼。当学生作为导演、剪辑师,主导着这部剧的呈现时,他们在思考这个问题应该是怎么样的,怎么解决这个问题是最好的。微电影拍摄的全过程都是学生在主动参与、主动学习、主动思考、主动表达。

怎么拍,还涉及技术培训问题。在手机摄影普及的现代,我们认为技术比设备更重要。我们组织校本培训、开设拓展课程、开设家长学堂对教师、学生、家长进行微电影拍摄技术培训。让大家充分利用手机等常见设备,玩一玩、学一学、研一研、试一试,掌握拍摄基本技能。唯有大家都学会了,才能实现随时随地捕捉生活素材的可能性。

学校建立电影工厂,配备摄像机、三脚架、独脚架、稳定器、滑轨、补光灯、无人机、麦克风、刻录机、刻录光碟等设备供教师拍摄微电影使用。建立微电影制作资源库,收录784首音效、2702款视频素材、四套会声会影软件教程、四套 Office 2013 视频教程等,极大地方便了教师的微电影制作。

我们逢会必学技术,一会一技,既是量的积累,也是智慧的分享。我们还结合拓展课程和家长学堂为学生和家长提供拍摄技术培训。如:我校全员培训的技术,三分钟学会基本操作。

(三)如何用:探索教学新策略,让德育能培养思维

1. **课程育人研究**:微电影在小学道德与法治课程中的应用研究

在研究过程中,我们始终在思考如何更好地实施道德与法治课程,基于诸多有效实施困难的解决,我们认为德育微电影在课程教学中的使用有以下三大策略:

(1)补充拓展策略:利用校园微拍,丰富补充教材内容,呈现儿童生活,引领儿童过有道德的生活。

(2)引发思考策略:利用校园微拍,创设真实的道德情境,呈现儿童思考,引领儿童辨析、判断、选择。

(3)创设实践策略:利用校园微拍,将儿童变成学习场的主人,主动探索发现,主动表达思想,拍摄微电影的过程也是道德实践过程。

2. **管理育人研究**:微电影在行规管理、队活动中的应用研究

行为主义理论强调了环境对个体的影响,对于学生而言,所处的课堂情景与氛围是影响其成长的重要因素,除此之外,还有学校大环境。当借助"校园微拍"实行柔性德育时,我们也营造了民主、和谐、欢乐的校园氛围。德育工作的电影发布,不仅转变了工作方式,也实现了合作、共享,在一定程度上减轻了一线教师的工作负担。

微电影作为德育的载体,还有一个意义在于以微电影取代"道德说教",直抨学生心灵。如校园第二届微电影节主题是"发现美"(指向校园生活)、"学会"(指向家庭生活),各班拍摄微电影十六部,各家庭拍摄微电影五十部,题材包括如何面对困难、如何交到新朋友、爱护公物、温州人的奋斗精神等话题。这些影片正是我们想要进行的教育,而如今变成了学

生、家长作为教育主导者去推进。我们只需为这些影片创造各种展播的平台，为这些主创们点赞、加油、鼓励。

3. 协同育人研究：微电影在家庭教育中的应用研究

协同效应强调系统内驱力，即在外力的推动下子系统产生协同作用，实现从无序到有序的稳定转变。对于家校协同建设而言，正确的理念便是系统协同的外力，共同的行为追求便是协同的目的。

首先，学校通过自制微电影推送向家长传达了教育导向，弘扬了社会正气。疫情停课初期，区域层面还未实施"停课不停学"的方案时，我们就调取学校微电影资源库里的素材设计"三期六级、每日一课：新居民子女疫情中的价值观培育行动"线上德育公益课堂，吸引家长带着孩子一起来参与讨论当下热门话题、反思道德问题。其次，每年的学校微电影节中产生的家庭微电影，经学校把关、筛选后向全体家长推送，实现了家庭对家庭的影响，这种影响更贴近、更有说服力。最后，我们也通过家长拍摄的微电影，看到学生真实的家庭生活，看到家长现实的价值观，有利于我们思考、设计后续德育主题。

三、育人成效

（一）建成三个德育微电影资源库，实现科研成果可推广

本课题研究构建的道德与法治校本微电影资源库，遵循国家课程体系；构建品行养成微电影资源库，遵循中小学生守则体系；构建德育工作布置微电影资源库，遵循本校全年十二节德育体系。这些德育微电影，立足本校学生生活，寻找教学资源，运用微电影或微课的表达方式，这些微电影已在校内实现资源共享（Ftp：//122.228.156.110）。

（二）提炼一套校园微拍育人策略，实现育人方式多样性

该研究不仅指向于资源库的建设，也是以"微拍"为方式开展道德学习，对活动过程的育人策略进行研究。

（1）在发现问题、提炼主题的过程中，师生对生活现象进行归因分析，进行价值判断，对事件发展进行预判性思考。

（2）在自编自导、剪辑制作的过程中，学生是在设计某种行为，表达某种期待，批评某种选择，嘲笑某些想法。这些在现实生活中也许无法表达、不能表达，但借着艺术手段就可以自由驰骋了。

（3）在课堂应用、校园展播的过程中，师生会接收到同伴反馈，或是赞同，或是冷淡，或是支持，或是不信，……这都会让拍摄者体验到道德的力量、美好的力量、现实的力量，从而触发更多的反思。

（三）开辟一条教师专业发展新路径，促进农村学校教师迅速成长

农村教师专业发展的机会并不多，竞争力也很弱。微电影技术的习得，微电影德育课程的研究，为教师开辟了一条新的发展路径。仅两年，在微电影方面，我校教师获全国奖项1人次，市级奖项19人次，各级各类获奖386人次，骨干层次提升8人，优质课获奖9人。我校受邀在全省德育工作大会上做经验介绍，该案例入选为省"三全育人"德育落实机制培育案例，部分成果荣获区教学成果奖二等奖，市科研成果二等奖。

参考文献

[1] 中华人民共和国教育部.中小学德育工作指南[Z],2017.

[2] 中华人民共和国教育部.义务教育学校管理标准[Z],2017.

[3] 中华人民共和国教育部.关于加强中小学影视教育的指导意见[Z],2018.

[4] 加拉赫,布瑞恩.英语艺术中的电影研究[J].技术与教育学的未来,1986(11):15.

[5] 丽塔.综合儿童发展服务中视觉表现的伯恩斯坦分析[J].比较与国际教育研究,2016(1):24.

[6] 怀特海.教育的目的[C].上海:文汇出版社,2017:1-5.

[7] 黄谦.浅议微型电影创作的要点与拍摄技巧[J].南方企业家,2018(4).

[8] 张华.儿童认识论的转型[J].南京师大学报(社会科学版),2020(4):36-39.

[9] J. Piaget, B. Inhelder. The Psychology of the Child [J]. New York: Basic Books, 1969: 157.

五觉协调：小学低段感觉统合游戏课程内容设计探索

温州市瓯海区实验小学　谷海英

感觉统合是人类智慧的基础，是人生一切能力发展的根本。由于社会发展，儿童的生存空间、生活环境与以往相比，大为不同，相当程度上剥夺了促进儿童身心发展所必需的刺激，因而，造成孩子后天神经系统发育不良，导致出现一定程度的感觉统合失调现象。

一、基于调查：感觉统合失调现状亟待课程介入

（1）学生群体中出现感觉统合不协调的现象。据调查发现，区域经济发展与"儿童感觉统合失调"状况成正比关系。也就是经济越发达地区的儿童感觉统合失调可能越严重。我们课题组对浙南一所城镇学校 2 013 名学生调查发现，学生中患轻度感觉统合失调的比例为 16.7%，重度为 3.78%。因此，对该群体的关注和教育介入亟待加强。

（2）教育者对学生感觉统合不协调的认识偏差。教师和家长是孩子健康成长的共同促进者。我们在教育中发现：一是部分家长对"感觉统合失调"缺乏认识，将自己孩子的不同程度的"感觉统合失调"归结于学习方式不佳；二是部分教师，特别是班主任由于没有掌握"感觉统合失调"症状的专业判断能力，将孩子的"感觉统合失调"症状归结于学生的智力或品行问题。所以，出现此类感觉统合失调个例时，往往使得教育进入"教师找家长，家长训孩子，甚至打孩子，反而会使得问题恶化"的怪圈。

基于学校学生特殊群体的教育需要，与学校感觉统合教育介入认识偏差，笔者认为学校亟待开展"游戏化的小学低段感觉统合课程内容设计研究"，积极开发相应的课程内容，帮助学校特殊群体学生矫正不良心理状况。

二、五觉协调：满足学生个性需求的感觉统合游戏课程内容

依据感觉统合研究理论，从人体感觉通路出发，专业人员往往将感觉统合矫正课程内容从视觉、听觉、味觉、嗅觉、触觉、前庭觉和本体觉七个维度进行设置。但是，根据研究，从学生需求角度调查发现，学生在视觉、听觉、触觉、前庭觉和本体觉几个方面出现失调需要帮助的需求更大。再者经过两年多的实践发现，在校园中组织实施味觉和嗅觉的心理游戏缺乏专业的设备与环境。因此，根据学生的实际需求，我设置了更加符合校园感觉统合游戏实施的视觉、听觉、触觉、前庭觉和本体觉五觉感觉统合游戏。

（一）理论＋学情：搭建了"五觉协调"课程结构图

我们遵循感觉统合研究理论，根据学校实际情况和学生需求，从人体感觉通路出发，将感觉统合游戏课程内容结构设置为视觉、听觉、触觉、前庭觉和本体觉五觉感觉统合游戏。具体

结构图如图1所示。

（二）模块+焦点：形成了序列化"五觉协调"游戏主题

课程内容的具体化和游戏主题的序列化是一门课程开发的保障。课题组在课程内容的组织与设置上进行了不断的探索，科学地安排了课程内容，从纵向看，感觉统合游戏是以人的感觉通路为标准，可分为视觉、听觉、触觉、前庭觉和本体觉五个模块的游戏内容；从横向看，我们围绕每一模块和每一主题的游戏与训练焦点进行具体设置，不但让课程的内容主题序列化，并且每一项游戏的训练焦点清晰标注出来，为后续的课程实施提供保障。

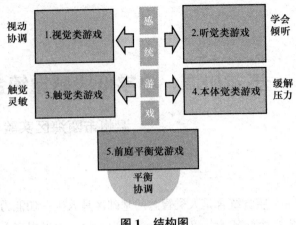

图1　结构图

（三）闯关+分享：设计了学生主动学习的系列学案

课程建设是逐步完善的过程。为了让我们的课程真正促进学生的发展，让学生感觉统合失调的现状得到改善，我们在广泛取材、实践检验、专家论证的基础上，编写了《小学感觉统合游戏》课程配套学案，即《小学低段感统游戏——学生用书》，每一个游戏学案都包括学习主题、规则与方法、交流与分享、游戏图示等几个板块。学案中的"交流与分享"板块的心育功能突出，把编者的心育意图隐含于其中（图2）。

图2　小学感觉统合游戏用书

（四）专业+主导：编写了指向辅助课程教学的教师用书

我们通过辅导实践发现，作为针对小学低段感觉统合失调特殊儿童群体的游戏，感觉统合心理游戏辅导必须具有专业性和主导性。因为，一是感觉统合失调的儿童个体存在差异，需要辅导教师根据个案具体情况分析其失调原因，选择相应的感觉统合游戏进行辅导；二是感觉统合游戏是针对性很强的介入辅导，不能由孩子自由玩耍，必须由辅导教师对游戏介入进行全程设计，包括游戏的选择、游戏的组织、游戏的反馈等过程需要教师主导性把控。

在课程《小学低段感统游戏——教师用书》中，从科学实施课程的角度，对感觉统合游戏的引导者——教师作了明确的引导，为班主任、教师如何利用"感觉统合游戏"课程有针对性地开展本班感觉统合失调学生的辅导制定了参考方案。每一个辅导方案往往包括辅导主题、游戏目的、辅导流程、辅导反馈等环节。这样,教师在辅导学生活动时能更明确、更有针对性。

三、四方成长:感觉统合游戏课程内容运用的成效

(1) 感觉统合心理游戏课程的开设促进学生身心健康发展。感觉统合游戏课程是以游戏的方式开展,小学生乐意参加,积极参加,并具有隐性的教育功能,让小学生在不知不觉中调整心态,克服心理问题。根据前测和后测对比,参加感觉统合游戏课程的学生的课程认同度从原来的 66.66% 提高到 91.66%,家长对自己孩子参加课程活动后的满意度为 100%。在对参加课程训练的 24 名学生一年后的感觉统合能力评估中发现,100% 的学生感觉统合能力水平有明显提高,具体表现为:一是儿童的视觉集中、分辨、转移、广度能力有了明显提高;二是儿童的听觉集中、听觉分辨、听觉转移、听觉记忆、听觉宽度有了明显改善;三是儿童的触觉和运动协调能力比以前增强;四是儿童各感觉系统的整体协调性得到提高。感觉统合游戏的介入辅导,让孩子能够恢复正常学习状态,能够融入正常学习群体。

(2) 感觉统合心理游戏课程的开设促进了教师团队的发展。参与感觉统合游戏课开发与研究的教师的课程理念得到提升,研究与实施能力得到明显提高,个人专业水平得到发展。5 人团队,近 3 年中,有 1 人被评为温州市心理名师,有 2 人被评为中学高级心理教师,有 2 人被评为区域骨干心理教师。近 2 年关于心理游戏课程建设的科研成果,有 8 篇论文在国家级核心杂志发表或市级以上获奖,有 2 项课题在省市级立项并获一等奖。团队中有 10 多人次在全国省市级作公开讲学。《心理游戏课程》获得全国优秀校本课程、浙江省精品校本课程和温州市精品校本课程一等奖。

(3) 感觉统合心理游戏课程的开设促进学校工作特色的形成。感觉统合心理游戏课程的研发和实施,促进了学校心理健康教育工作的特色形成,学校因此被评为温州心理健康教育特色学校、浙江省心理健康教育特色学校、浙江省心理游戏特色项目、全国心理健康教育特色学校。

(4) 感觉统合心理游戏课程的实施得到社会认可和推广。近年来,学校心理游戏课程以符合学生年龄特点、满足学生的需求和正向的社会导向,受到教育和社会各界的积极评价。10 多次被市级及以上媒体宣传报道,课程团队分别在全国研讨会、省级研讨做经验介绍 3 次,在市级研讨会作 10 多次的经验介绍推广。并且心理游戏课程的实施由原来的一个校区向全集团校的 5 个校区扩展,并且定期定人到周边 4 所学校作课程成果的推广实践,得到周边学校师生的欢迎。

参考文献

[1] 何娜,张金凤,卢志敏,等. 感觉统合教育进入幼儿园教育体系的几点思考 [J]. 读写算(教育教学研究),2010,03.

[2] 肖农,等. 康复治疗技术在儿童发育障碍中的应用 [A]. 儿童发育行为学术研讨会,2012,10.

让每一片"朱俐叶"都舞动起来
——构建"树与叶"的德育理念

温州市实验中学　朱　俐

我曾经看到过这样一段文字：当树叶离开大树妈妈时，它是很幸福、开心的。因为它们自由了，这说明它们长大了，终于可以去找属于它们自己的一片乐土和天空了。而树呢，因为爱而不挽留，但无论何时树都会在叶子的身后。原来，树与叶之间是奉献和亲情的关系。就像我们的学生一样，当他们长大了，就应该去做自己应该做的、喜欢做的事情。而我们做教师的就像树一样选择了默默守候！我们相信，新的生命会萌发！我们期待，落叶会归根！

这不禁让我想起了自己16年前在温州市名师林里种下的那棵小树，现在已茁壮成长为挺拔的大树，想起每次我的学生聚集在"朱俐树"下合照，想起学生为采摘到那一片片"朱俐叶"而欢呼的场景时，我的内心被深深地触动了。我心中有那么强烈的一种意愿：我愿意做一棵爱意常绿的树。只要一个眼神、一句问候，都会让我感到欣慰。任凭风吹雨打，千锤百炼，我始终以真诚与耐心去呵护每一片叶子，让每一片叶子发出青春的光彩，让每一片"朱俐叶"都舞动起来。

一、树给予叶之"家的归属感"

马斯洛需求层次理论将人的需求分成生理需求、安全需求、社交需求、尊重需求和自我实现需求五个层次，依次由较低层次到较高层次。根据马斯洛需求层次理论假定，人们可以被激励起来去满足一项或多项在他们一生中很重要的需求。现今我们的学生很明显已基本满足前两个需求，他们需要被激励满足的首先应该是归属感需求。

于是，我在与我的每一届新生在第一次见面会上就亲切地称呼他们为我的"朱俐叶"们；于是，几天后我的教室墙上就出现了这样一棵树：树上贴满了学生的照片，而我就是那个树干！就这样，我为我的这个新集体找到了精神的依托，新相识的孩子们也初步有了家的归属感。

一个班级要有班魂，也就是班级精神。它如同一个人的灵魂，有了它的存在可以使这个班集体充满生机和活力；它如同一面旗帜，有了它的存在可以引领着班集体与学生勇往直前！苏霍姆林斯基在《给教师的建议》一书中提出："教育者的使命就在于，他要跟每个青少年一起，构筑起他的精神生活的大厦。"作为一名教育工作者，我希望自己的学生具有团结向上、坚定执着的理想和信念，面对挫折、失败，不轻言放弃；懂得感恩，懂得回报，学会爱自己、爱他人；身心健康，快乐相随。我所追求的教育理念是：以学生影响学生，以人感染人；严在当严处，爱在细微中；营造团结上进的班级氛围，激发每一位学生最大的潜能。

二、树给予叶之"亲情的呵护"

树要枝繁叶茂，就得给予树叶充足的营养和关爱。为了让作为树叶的学生健康成长，作为树的我首先应呵护每一片叶子，耐心地给予他们正能量。于是我学会了在宽容鼓励学生的基础上赏识教育，在尊重理解学生的基础上挫折教育，同时也培养了我的一双敏锐的"眼"，善于捕捉最佳的育人契机。

开学第一周的"你好！中学"德育系列始业教育中，学校安排了5天的队列训练课，还推出了每班两名"训练标兵"的评选活动。当时班级刚成立，我一边在观察着学生一边在思考着班委的选举。在队列训练中途第3天我布置了一个任务：写训练有感和推荐候选人，并在成果评比前1天开的总结班会上，我先选了1位女生朗读她的感受。这位女生观察比较仔细，总结非常到位，获得了学生的一致肯定。于是我问学生：有没有同学推荐她为标兵候选人呢？结果站起了一批学生。于是我高声宣布：同学们，这就是我们这个新家庭的头——班长！站着的学生带头鼓起了掌声，因为他们很高兴，自己有眼光！我也跟着鼓掌，因为我很高兴自己选中的班长看样子将来会很有威望！接下去，我顺势而为，让学生继续推荐他们的候选人，就在每一位候选人被点名站起后，我都紧接着宣布他担任班级的岗位，结果推荐人很高兴，被推荐人很激动。当时那气氛热烈地让我这个老班主任都很感动。但是事情没有结束。我念了一个男生朱某的一段感受，在文章中他指出了班级某些不好的现象。我在全班同学面前肯定了这个男生，感谢他指出班级的不足实质上是促进班级的更好发展。然后我又让另一个男生丁某站起来朗读他的感受。事实是丁某就是朱某口中的那个不足。因为丁某先天协调能力较差，所以被同学误会他是不认真。我注意到朱某露出了然的神色，这就够了。我想他应该已知道自己误会了同学。到了成功展示那天，学生昂首挺胸的，一举夺得队列训练"尖刀班级"称号。

三、树给予叶之"精神的激励"

爱默生在《论自然》中说道："一个人所蕴藏的力量是新奇的，如果不去尝试，没有人甚至是他自己，也不知道他可以。"作为教育者，我们需要激励学生坚持不懈地挖掘内在的闪光点。每一片叶子展现属于自己的那抹绿色，才能让树撑起整片天空，也要让每片叶子能成为这棵树的一部分而骄傲。所以，我们要激励孩子内在的潜能，做最好的自己。同时培养学生团结向上、坚定执着的信念。

每一个人都有与生俱来的荣誉感，若班主任能设法激发整个集体的荣誉感，便能够凝聚这个集体。学校组织的各项比赛，是增强凝聚力的好机会。其实，结果有时并不重要，即使拿不了名次，准备的过程、比赛的过程就是一个很好的凝聚全班的过程。所以，班主任要带头投入，并且发动全班同学投入。每一个人投入越深，体验就越深，集体归属感就越强，集体凝聚力就大。

于是我在学校的各项德育系列活动中，如艺术节、体育节、科技节、数学节等，让学生发现自身潜能，培养学生团结向上、坚定执着的信念。我时时提醒自己的学生，不一定都要拿第一，但要用拿第一的精神去准备，重要的是努力的过程。就是这样执着拼搏的信念，我的每一届学生，从初一军训开始，到运动会、艺术节等各种竞赛活动，拿了一个又一个年级第一，创造了一个又一个"神话"。到毕业时，我让班上学生每人挑一张集体奖状，让他们将这段岁月永远留存。面对这样的班集体取得的成绩，学生怎么能不感到骄傲、自豪，至此培养孩子集体荣誉感和凝聚力的好时机到来了。我们想象这样一个场景："在运动会场上，学生们把鹅卵石放进空矿泉水瓶来助长啦啦队的声势，当听到赛场上空响彻着我们班学生的加油声，看到那些鹅卵石到最后被撞成粉末，你能想象这是怎样的一种集体精神吗？"

四、树给予叶之"品质的坚持"

这种强大的班级凝聚力所带来的成功体验，将会给孩子们更强的成就动机，更加坚信执着的推动力量，能形成坚定的品质及执着的信念，更好地完善了内在的精神世界。我们要让学生相信：世上，怕就怕"认真"二字。只要用坚韧和执着去开创属于我的天空，去追寻心中的梦，相信未来春光无限。这将对孩子们的学习乃至一生都有一个很大的影响，能促使他们勇敢地追梦！

女生某茹在小学从未参加过任何体育类竞赛。上了初中以后，她对自己的体育更为不自信。七年级的学校运动会来了，我决定鼓励她参加800米和1 500米的比赛。这对于她自己来说，简直是无法想象的挑战。我不断给她鼓励及心理暗示：努力过后，必定会成功；在体育场上，参与便是一种成就。于是，在每天放学后及周末时间，我陪同这个瘦瘦弱弱的小女孩不断地练习着长跑，从不间断，坚持着超越自己，为班级争得荣誉。经过两个月执着的训练，她出人意料地在校运动会800米及1 500米的比赛中，拔得头筹。这种不断挖掘自己内在潜能的意志，一直陪伴着她成长。后来，在她的坚持下，她实现了她人生道路上的一个又一个的"不可能"。

我觉得作为班主任的最大幸福就在于可以自信地说自己曾经对许多人的一生发挥了好的作用。

五、树给予叶之"身心的健康"

树要让叶健康成长，那么在树叶的成长过程中如果需要杀虫治病，就得要积极主动、提前预防。也就是说班主任要用自己积极的人格素养，引导教育孩子们眼里有光，心中有歌，向阳而生！

在组建班级德育特色活动中，我精心打造了两大系列活动——"暖心活动"和"球伴一生"。前者是以感恩为主题，呼吁"让我温暖你的心"，要对周边的一切心怀感恩，学会为朋友、教师、家人付出，更要放眼世界，奉献社会；后者是促进学生身心健康，让快乐相伴孩子成长。两大活动都着力于充分引入学生家长资源，从发挥家长的主观能动性入手寻找新的途径，达到家校联系的自主性；让家长与班主任联系更加主动、积极、有针对性，交流效果更加明显，在交流中彼此感到愉悦；及早发现孩子在不同时间段的情况，能够很好起到预防作用；最终达到彼此了解，相互支持，共同研究教育措施。这样更能增进和培养教师、家长、学生相互之间的情感，将师生之爱和亲子之爱融为一体，同心协力，使学校教育和家庭教育和谐统一。

在我的班级精神设计蓝图里，作为树的我还想给予叶子热情、凝聚、执着、活力、勇气、宽容、责任！我相信，只要有心，只要用心，我们总能找到通往学生精神家园的最佳途径，成为学生真正的引路者。与学生的相处无论和谐融洽还是斗智斗勇，都不会改变我的初衷：让每一片"朱俐叶"都舞动起来！我们一定能带着班级、带着学生走向明亮那方！

责任担当：高中生志愿服务活动能力的培育

瑞安中学　董环环

第一部分　育人理念

志愿服务是志愿者利用自己的时间、知识、能力为社会提供的一种无偿的需求。它体现了乐于奉献、诚信友善的优良品质，是社会主义核心价值观中爱国敬业、诚信友善的具体反映，是用实际行动践行社会主义核心价值观。

通过志愿服务这个实践平台，学生一方面在服务的过程中可以更多地了解社会需求、找准定位、发展技能，为自身就业做准备；另一方面还可以不断锻炼自己的坚韧品格，发挥自己的优势，在社会需要的时候承担起自己的那份责任，从而形成正确的价值观，让奉献、友爱、互助的志愿精神在学生身上得以传承，让整个社会都能感受到志愿服务衍生出的强大能量。

基于此，我们在育人实践中，进行志愿服务活动责任担当力提升培育，研发志愿服务自觉性内生动力策略，设置志愿服务活动技能专业化课程，打造与之匹配的学校—家庭—社区—社会的四位一体活动实践平台，研制多元志愿服务担当力评价方案，逐步完善"愿担当、能担当、多担当、善担当"志愿服务担当力提升系统，以期逐步实现学生志愿服务活动自觉性、专业性提升。

第二部分　育人实践

一、研发志愿服务自觉性内生动力策略，实现"愿"担当

在充分尊重高中生群体特征的基础上，根据马斯洛需求层次理论和埃里克森人格阶段发展原理，从理想应我、文化认同、美学意志三个维度调研高中生群体在志愿服务责任担当力教育实施的场域中的内生动力要素。其中理想应我侧重的是学生在志愿服务活动中，对自我发展的内在优化需求。文化认同侧重的是学生在志愿服务过程中，与他人沟通协作时的内在归属感渴求。美学意志侧重的是学生在志愿服务进程中，对活动给自己带来的人生幸福感的追求。

根据这三个维度，通过志愿活动实践跟踪、观察、分析、研究，形成了内生动力要素调查报告，并总结出结论：志愿服务活动的开展，必须在活动团队组建、活动内容确定、活动策略实施三个方面做出自主性调整。

（一）策略一：活动团队自主

1. 开展步骤

活动团队自主开展步骤如图1所示。

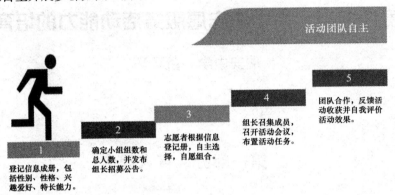

图1　活动团队自主开展步骤

2. 实践效果

活动团队的组建，如非外力强制性的捆绑组织，而是基于每个组员自主选择、自愿组合的基础，会给每个组员带来更多的团队归属感。

组员之间的黏合度比较高，这种亲密度会反作用于团队活动的目标制订、任务布置等环节，为后续活动起到了有力的推动作用。

由于自主选择的组员间存在一定的认知度，在整个活动中，学生间极少出现由于任务分配不均等细节问题而出现矛盾冲突。整个团队的合作相对比较和谐。在活动结束后，成员间也不会存在疏离性分散，甚至有些组员会渴望下次继续合作，产生了活动的延展性动力。

（二）策略二：活动内容自主

1. 开展步骤

活动内容自主开展步骤如图2所示。

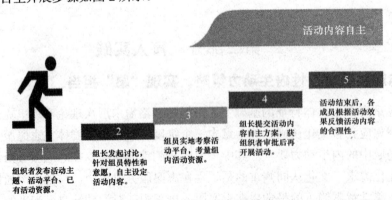

图2　活动内容自主开展步骤

2. 实践效果

将具体活动内容设定的一部分权力下放给成员，不仅调动成员的积极性，还让成员的主动性发挥出意想不到的效果，弥补组织者活动任务设定的漏洞，甚至超越原来的任务内容范围，达到更全面、更高效的目标。

如在社区卫生服务志愿活动中，团队成员从按规定任务进行服务转变为自主选择社区卫生服务的活动区域，很多团队选择的活动内容大大超出了原来组织者的预设，但同时又是非常有必要涉及的社区卫生服务内容。由于放权给学生自主选择本小组的服务区域后，就出现了由学生自发发掘的清理牛皮癣广告、清理河道等极其重要的环境清洁服务内容。

（三）策略三：活动方式自主

1．开展步骤

活动方式自主开展步骤如图 3 所示。

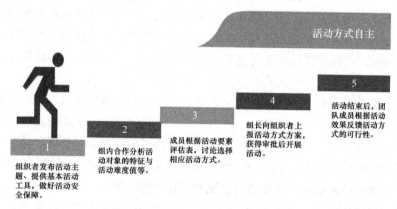

图 3　活动方式自主开展步骤

2．实践效果

活动方式自主主要基于活动内容自主。活动内容自主权下放，活动的策略就应运而生，而活动策略主要指的是学生为了达成活动目标而实施的习得性能力运用。在更新技能、激发创新、整合资源等方面具有内动力刺激作用。

（1）更新技能方面。为了完成志愿服务活动的任务，学生运用一定的策略方案，投入一定的体力、脑力劳动，输出既有技能成果或获得新技能学习。特别是新技能的获得，对参与活动的主动性激励更加强烈。

（2）激发创新方面。教育者预设的活动方式会成为基础方案，被更优质、更有效的策略自发地替代，带来活动方式的多样性和丰富性，学生得到更高层次的满足感与成就感，促使整个公益互动过程呈现活力，从而激活参与者的主动性。

（3）整合资源方面。策略实施时引入多层级社会资源，形成学校、社区、社会团体等的多位一体资源的融入，吸引学生享受自身与他人、与社会的密切接触，感受自身认知范畴的延展，获得知识、技能、心理等方面的多重体验。

二、设置志愿服务活动技能专业化课程，实现"能"担当

根据学校已有资源，参照社会已有普适志愿服务类型，教师团队开设了志愿服务技能培训课程。学生根据自己的兴趣爱好、已有特长、自我规划等选报相应课程，并修习获得技能认证学分，最后拿到资格认证书，才能参加实践活动。这样的专业化志愿服务培训，明确了志愿者是志愿精神的践行者，志愿者不仅传递服务，而用更专业的服务不断提高服务质量，使被服务

者在享受高质量服务的同时，也有利于志愿者本身的服务动力增强。

（一）第一步：**储备志愿服务专业技能型教师队伍**

通常的高中生志愿服务参与者仅限于学生，而教师一般作为校方遣派的活动命令者、组织者、管理者角色。这些教师的角色都是教育者淡出志愿服务队伍的做法。

在以上理念的引导下，开展各类活动吸引教师积极参与到志愿服务活动中，与学生志愿者共同全程参与服务，并借助瑞安中学成熟的教师成长发展培训平台，依托校内外资源开展校内教师的志愿服务专业化培训、资格认证，储备了多类型、多专业、多层次的志愿服务师资队伍。

（二）第二步：**学生登录校园网进行差异化选课**

志愿者的组成必须突破临时性、随意性现象，将志愿者的招募纳入校本课程选修课修习规范化运作中进行。学生若要成为志愿者，参加志愿服务活动，必须在校本课程中，选择志愿服务相关的选修课程，并在学校校本课程选修课系统登记在册，准时参加志愿服务活动技能培训课程，修习满一个学期才可拿到选修学分。

学生在每学期开学一周内，进入校园网选择自己的服务方向和项目，之后学校利用选修课程分班系统将他们划分为不同组别班级，进入不同种类的针对性课程培训。

目前已开设类型丰富、专业区分明确的多类课程供学生选择。如扶贫、消防、环保、红十字、心理救治、动植物保护等，志愿者工作的触角延伸到社会的各个领域。

（三）第三步：**技能指导师指导学生参加专业化技能培训**

技能培训课程将让学生通过基础知识的学习、案例分析和志愿者间交流等各种形式进入课程学习，主要了解志愿服务对象特征和相应的服务技巧。

如儿童教育志愿服务需要具备手工、舞蹈、体操等专业特长；历史文化救护志愿服务需要专业知识讲解能力；社会教育服务需要良好的沟通能力、心理疏导能力等。其中开展得较好的，是瑞安中学2015年至今，与社区儿童教育中心合作的志愿服务项目，学生志愿者能针对自闭症、唐氏综合征等特殊儿童开展手工艺品制作、舞蹈、体操、绘画等互动活动。

（四）第四步：**学生志愿者校内实践模拟培训**

学生志愿者校内实践模拟培训由校内对口的社团指导师、校内外的该领域的专家或专业技术人员负责，多方创设情境，搭建活动平台，提供给参加培训的公益活动参与者。目前已形成较成熟的体系，如红十字救护培训，不仅有专门设置的课程课时，还配备了仿真假人等器具，让学生现场模拟胸部按压、人工呼吸等救护技能；计算机协会拥有较先进的拍摄、制作等设备和场地，在协会指导师带领下可独立制作完成微电影等，该社团聚焦盲道占用问题拍摄的微电影《盲人测试》，引起了广大观众对盲人交通问题现状的关注……

（五）第五步：**学生志愿服务上岗资格认证**

瑞安中学的专业化志愿服务体系规定，学生完成一定课时的培训课程，已具备相应认证体系专业技能的，均认定为学生获得特定技能的志愿服务上岗资格，以个人获得相应的资格证书为评价标准，如参与现场救护的志愿者均已获得浙江省红十字现场救护资格证书；没有认证体系的志愿服务，依托校内各社团评价体系，由社团负责人和指导师根据参加专题讲座或实践活动的表现赋相应等级，未加入社团的学生统一按照瑞安中学星级学生评价体系，依据其参加的校内外社会实践活动表现赋相应星级，获得一定星级的学生个人视为通过资格认证，可以参加特定的公益活动。

三、打造"四位一体"的志愿服务活动平台,实现"多"担当

经过志愿服务实践过程中平台搭建的探索,我们打造了学生志愿者依托学校社团,联合高等院校、社区窗口、社会平台等各类资源的实践活动平台。

(一)学校社团+高等院校(校友)实践平台

瑞安中学的德育目标是培养"敢担当、有智慧、能做事"的高中毕业生。完成了三年担当精神熏陶、培养而走入高等院校的历届毕业生和校友,不仅在社会上继续发挥个人的公益担当角色,还利用自己更先进、更广阔的技能引领在校学生参与公益担当活动。如杭州校友会联合××商会共建助学教育金。再如每年大学生回访母校,进行职业生涯培训:高等院校专业介绍、招生政策宣讲、学习和高考经验交流。

(二)学校社团+社区窗口实践平台

与社区搭建活动平台,开展丰富多彩的实践活动。社区包含临近的居民区、城镇街道、农村基地等。活动可分为义务劳动型、志愿宣讲型、关爱沟通型、公益捐赠型等。诸如禁毒宣传活动、文明城市创建卫生打扫等志愿者公益活动,社区指导学生训练藤牌舞、舞龙参加运动会入场式表演和艺术节表演。

(三)学校社团+社会平台实践平台

校心理社团与瑞安市心理卫生协会开展共建活动平台,专业心理教师与学生志愿者参与考前心理讲座,给学生们讲述了考试心理的故事,并对家长进行心理咨询。2018年7月,瑞安市科技技术协会、瑞安市教育局举办云江童声留守儿童传统文化夏令营,瑞安中学心理社志愿者全程参与,用陪伴消解燥热的酷暑,用行动来书写、传递关爱和信念。校模拟政协社团近两年参与由中国致公党中央教育委员会主办的全国模拟政协比赛,模拟志愿服务参与家国民生政策的制定,增进国家认同与理解,提升责任与担当能力。

四、研制多元志愿服务担当力评价方案,实现"善"担当

实施多元的评价,更能促进志愿服务活动在目标认同、自我发展、理想应我等方面的深层意义实现,如图4所示。

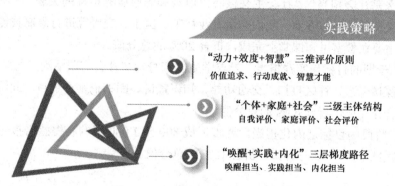

图4 志愿服务活动多元评价实施策略

(一)"动力+效度+智慧"三维评价原则

(1)对价值追求的评价:价值追求是动力,决定学生"想不想""愿不愿意"担当。如

何评测学生参与志愿服务的积极性呢？首先是考量报名阶段的主动性，我们会提早公布本学期的志愿服务清单，由学生自主选择时间和项目，对主动申领的和被动等待安排的两类学生进行记录；其次是看志愿活动中的到勤率，对于出现迟到或早退情况的同学，进行适当扣分；再次看学生总计志愿服务的时长，我们拟规定高中生每学期的志愿服务低于15学时的，将适当减分。

（2）对行为成就的评价：行为成就是效度，评价学生在"多大程度上""能否真正"践行担当。例如，在"交通指挥·文明劝导"活动中，曾出现学生志愿者在场，却依旧有行人或电动车抢闯红灯的情况，这种"低效志愿"是学生尽量要避免的；又如在"走进养老院"志愿活动中，学生不应只是表面上简单完成打扫房屋的劳务工作，还应主动走进老人的精神世界，真正地给老人带去关怀。

（3）对智慧才能的评价：智慧才能是保障，关系着学生"善不善于"担当。此项更侧重于对担当方法的评价，评价其是否"积极有效调动资源""是否具有推广的意义""是否具有前瞻性"等。例如，在反邪教、防骗、消防等文明宣讲活动中，有些学生别出心裁地设计了小品、双簧、历史剧等接地气的节目，好评如潮，这种创新应是值得提倡的。

（二）"个体+家庭+社会"三级主体结构

（1）自我评价：自我评价的过程实际上是对自己的志愿服务反思的过程。它能让学生发现自己的成就与不足，形成有效的实践方法，提高志愿服务能力，培养自控意识。

（2）家庭评价：学生同样渴望得到来自家长的认可，家长的积极评价同样能使学生更全面了解自己的特征，明确自己的努力方向。而家长参与评价，又能帮助家长更充分了解子女情况，从而及时引导或鼓励督促子女。

（3）社会评价：此项的操作过程，主要是志愿服务活动结束后，由被服务的对象或者合作单位进行及时反馈。例如，在"走进社区"志愿服务活动，将由居民委员会对学生进行满意度打分。

（三）"唤醒+实践+内化"三层梯度路径

（1）第一学期的目标是唤醒担当，一方面是志愿精神课程的学习，开展议题式讨论，议题有诸如"什么是社会担当""社会主义核心价值观和志愿服务精神的关联""学雷锋活动在当下的时代意义"等；另一方面，我们邀请专业社工、医生、交警等进行志愿技能上的科普和培训。此阶段主要在教室里和课堂上完成，折合20%的总分值。

（2）第二学期的目标是实践担当，要求学生能亲身参与社会实践活动（每学年不少于20学时），包括探访老人、社区打扫、交通劝导、知识宣讲、图书捐赠等项目。此阶段主要在校外和结对单位合作完成，折合65%的总分值。

（3）第三阶段的目标是内化担当，要求形成800～1 000字的心得感悟报告，并进行汇报展示（每个团队不少于15分钟），折合15%的总分值。

第三部分　实践成效

（1）有助于高中生志愿服务活动实质从"走形"趋向"走心"。激发志愿服务自觉性内生动力的三大策略，操作步骤清晰，实践效果明显。在活动团队自主、活动内容自主、活动方式自主的策略指引下，有效引导了学生志愿者自觉自发参与志愿服务，形成了良好的公益活动氛围，且促使学生志愿服务成为学校德育特色项目，被社会媒体多次关注，具有越来越大的社会影响力。

（2）有助于高中生志愿服务活动课程和实践平台从"单一"趋向"立体"。志愿服务教育选修课程，以及"四位一体"的情境化实践平台，从意识形态到行动体验，密切架构知行一体的立体化活动流程。在与其他学校交流借鉴过程中，彼此不断丰富和完善，逐步增强了校志愿服务指导师的师资力量，同时培养了大批志愿服务能力卓越的学生志愿者。

（3）有利于高中生志愿服务活动评价方案从"外部"趋向"深层"。育人实践中建构"动力＋效度＋智慧"三维评价原则，打造"个体＋家庭＋社会"三级主体结构，创设"唤醒＋实践＋内化"三层梯度路径，可多元多维有梯度地对学生参与的自觉性程度、参与过程的能力习得程度及内化收获的程度进行评测，为今后不断完善深化担当教育的评价体系建构提供了有意义的参考。

以激情追求完美 用爱心滋润心田

温州市龙湾中学 郑金红

一、育人理念

从教以来，我担任了14年的班主任。尤其是近3年，我连续担任高三毕业班普通班的班主任。已毕业的两届高三（1）班和高三（2）班的一段率在同一层次中都是最高的，2019届高三（1）班在2019年5月获得温州市先进班集体称号。

多年来，我始终以"学高为师，身正为范"的标准来严格要求自己。我觉得师生一场是生命中的相遇。作为教师，一定要为孩子们的未来负责。所以，在教学中，我总是不断钻研教材和考纲，更新自己的教育理念，改变教学方式，完善教学方法，倾尽自己的热情，努力提高课堂教学质量。我认为每个认真的孩子都会有进步，每个认真的孩子都会很优秀，每个认真的孩子都会有光明的未来！在班主任工作中，我认为要严与爱结合，教师最大的幸福就是亲历孩子们的成长，为孩子们更好地成长保驾护航。班主任工作是辛苦的，但都说最好的成长是陪伴，我坚信我的坚守与付出定能给孩子们带来无穷的力量，定能铸就他们的辉煌！具体来说，我觉得我的育人理念有以下两点：

（1）陪伴。我认为我的坚守让我的学生感受到我一直与他们同在。要是把高中三年比作爬山，那么高三就是最艰难的这一段，无论在体力上、心理上还是在精神上都在考验着所有的师生。作为高三的班主任，更不能有所懈怠。尤其在新高考的环境下，高三的学生总是处于相对紧张和相对轻松的相互交替的状态。那么，除正常的出勤外，在学生自习时、学生备考时，在我觉得学生最容易出现问题或波动时，我都会尽力陪伴在他们的身边，一方面，我能通过观察较真实地了解他们的学习与心理状况；另一方面，他们也能感受到我默默的关怀与陪伴。坚守让我获得了内心的踏实与平静，坚守让我不忘初心，努力前行，坚守让我坚信我的班级永不言败，we can fly！

（2）激励。我的鼓励给了我的学生无穷的力量。尤其是高三的学生，这一路走来可谓经历了风风雨雨，跌跌撞撞，也尝尽了酸甜苦辣。每一次考试都会牵动着他们的神经，都会给他们的内心带来一定的冲击。我想这一年里他们最需要的是有那么一个人，或有那么一群人一直在激励着他们，一直对他们有期待，一直对他们不离不弃。因为他们这一阶段心理最脆弱，情绪最善变，最容易自我怀疑，最容易自暴自弃。在激励学生方面，我充分利用班会课这一德育主阵地，我们观看过励志视频如《教育的意义》和《梦想的力量》，还有央视的《开讲啦》等。在大考前，我号召学生轮流在黑板上写上一句自己最喜欢的鼓励的话语来勉励自己和他人。如学生写过"不负春光，野蛮生长""只要你足够努力，最坏的结果不过是大器晚成""让每天都有所改变"，还有"低头学习，抬头做人"等。这一句句朴实又暖心的话语已深深扎根于学生的心中，以至于在集体活动时学生总是能响亮地喊出这催人奋进的话语。另外，在每次考试过后，我总是尽量找到学生的进步点、闪光点，从鼓励的角度让他们正视考试的意义，着眼长远，做好反思与规划，以期不断地进步与提升。

二、特色化的育人实践（发展潜质生）

我觉得每个孩子都有无限的潜能，只是需要被激发出来。我也认为其实每个孩子都渴望上进，只是需要认可与激励。连续 3 年来，我带的都是学校的普通班。

普通班的孩子相对而言学习基础薄弱，学习的意志力不强，缺乏顽强拼搏的精神。但我想这些孩子正因为缺乏学习的自主性，才需要教师的引导与带领。所以，带普通班我毫无怨言，我深感责任重大，我也深深思考：我该如何带领这些孩子更好地发展？几年来，我非常感谢这些孩子的陪伴，我觉得我自己也成长了很多。非常难忘的是有很多学生潜质被发现与发展，现以一个学生为例，谈谈我是如何发展这个孩子的潜质的。

2017 年 9 月，学校安排我担任高二（1）班的班主任，这是一个普通班，且刚刚组成（因为选考科目的不同，把原高一的班级重新组合）。一接手这个班级，就听说了一个叫陈易阶的孩子，在教师的眼里，他学习态度不是很端正，爱讲话，爱惹事，基本就是属于班级里很头疼的孩子。其他教师都觉得他分到了我的班级，他们都感到很庆幸。接下来的日子里，我就格外注意他。我当时想，如果我能把他转化，能调动他学习的积极性，那他不就是一个很励志的榜样吗？我觉得来自同伴的激励作用是无穷大的。军训时，我注意到了他的一个很好的品质：他总是悄悄地把大家随手扔掉的矿泉水瓶子捡起来，集中放在一起。还有我发现在训练正步走或站军姿时，他腰板挺得特别直，感觉他很认真。于是我就跟教官说，让他来当体委。当了体委之后，我发现他训练更加认真了，而且对待教师或教官很有礼貌。我当时就觉得这是一个潜力很大的孩子，应该是一个很好的孩子，可他为什么没有在高一走上正轨呢？带着疑问，在接下来的课堂教学中，我也密切观察他，在英语课上，他总是很积极地回答问题，学习热情很高。但他在语文课上喜欢睡觉，在数学课上乱接话。于是我找其他同学了解了情况，我发现他对英语课还是很感兴趣，对语文课提不起兴趣，对数学课很多听不懂。课余，我就经常跟他沟通交流，我积极肯定了他的优点，觉得他很有思想，有脑子，也有上进心，但意志力薄弱，而且学科发展不平衡。我当时跟他说，老师很欣赏你，你作为体委，希望你能给班级树立好的榜样，也相信你不会辜负老师的期望。在接下来的学习中，应该是觉得我很重视他、欣赏他，所以他也很认可我，听我的话，在第一次月考中，就从段里（总共 470 名）400 多名进步了 100 多名。这一次的进步激发了他对成功更多的渴求。他越来越努力了，这让我和他的家长都感到很欣慰。随后他的学习态度很快又发生了翻转，语文课上又继续睡觉，数学课上也开始睡觉了，再加上他爱吃零食，吃完后把垃圾袋就往教室的地上一扔，他的座位底下一片狼藉，这也引起了同学们的反感。学习上他又退缩了，与同学们的关系也紧张起来，所以，那个阶段也是他很低迷的阶段。我又及时找他沟通，发现他觉得语文课上教师讲得他都懂，数学课是由于难度加大，他觉得数学教师讲得太快，又跟不上了，再加上一些同学嫌弃他，让他产生了想放弃的想法。听了他的诉说，我也很同情他，主要还是因为他在学习上遇到了困难，不知道该怎样提升。我也听得出来，其实他还是想好好学习的。于是我跟他提议，既然大家的数学都不理想，那咱班成立几个数学小组，先选出数学小组长，由组员选择跟哪个组长，在接下来的学习中，各小组相互学习、相互竞争，看看哪个小组进步最大。结果他很赞同我的这个提议,这也为他数学的提升找到了一个小教师。我记得很清楚,在额外增加的数学自习课上,他为了小组的荣誉,都会积极地先备课,第二天再到讲台上讲给其他同学听。最开始,其实他对题目还不是很懂,处于边讲边想的状态。但我很佩服他的勇气,于是我号召全班同学给他鼓掌,学习他这种敢于拼搏、敢于尝试、敢于钻研的精神。在我的激励下,他的数学慢慢地跟上大家的节奏了。我又深入了解了他的语文,发现他的确看了很多书,对事物很有自己的看法,所以他觉得语文课上教师讲得并不重要。于是我就跟他分析了语文的高考和他近期的试卷,我们共同发现,他语文基础知识字词方面及现代文阅读等方面还是很欠缺的。他也很认同这一点,决定把语文薄弱的方面提升上来。在吃零食方面,有一天我把他桌面下的垃圾拍了照,抽个时间让他看了下,他也觉得很不好意思,我就给他提议在桌旁自己系个垃圾袋,他愉快地采纳了我的建议。接下来的学习就一直很顺利。2018年11月迎来了首考,而我也正好要生二胎,11月的一个周日的晚自修值班时,我交代了孩子们首考的注意事项,并嘱咐他们在老师休假的日子里要一如既往地努力学习,给老师争气。首考成绩出来后,我还在产假里,我以为陈易阶这个孩子会考得很好,因为他的强项是七选三,英语也进步很大。可成绩出来后,他的七选三考得很不理想,英语分数还好,有128分。因为那一次英语首考很难,他发挥到128分实在是很厉害,但七选三没有一科能放掉。所以在我仅2个月的产假结束,回到班级时,发现他情绪一直很低落,他也跟我说,首考没有考好的阴影一直伴随着他。我很理解他的心情,我也怕孩子们失去信心。失去信心是最可怕的。于是在接下来的教学中,我不时为他打气,跟他一起分析七选三科目的提升,虽然我不是很专业,但我当年也是文科生,所以对他的七选三科目的学习还是有一定的了解,另外每次模拟考后,我也会及时关注他的情绪状态,会及时跟他沟通,给他打气。我发现老师要一直盯住孩子,要一直给予他们鼓励,因为孩子的情绪会很不稳定,作为老师,我们还要有耐心,一个学生的转变与坚持不是一两天就能实现的。在我不断的关注下,慢慢地,他学习的劲头上来了。转眼间到了4月选考的时候,又一件事情让我的心一沉,他妈妈给我打电话,说他不想考了。于是我让他妈妈来到学校,我们三个一起坐在学校食堂一楼的凳子上,我详细了解了情况。原来是和同寝室的同学发生了点矛盾,他觉得那个同学有时会欺负他,再加上二考就要到来,心理压力也很大,就产生了弃考的念头。于是我又耐心地做了他的思想工作,并答应他我会帮他处理好他跟同学之间的关系。其实跟这个孩子相处了这么久之后,我发现他很情绪化,心态很不稳定,但我想,毕竟是十几岁的小孩子,面临着高考的压力,他所暴露出的问题也都是正常的。

三、育人成效

作为教师,我们一定要宽容。正是本着陪伴、激励、耐心、宽容的原则,我还是成功地转化了这个孩子,他二考很成功,在2019年6月的高考中,考取了627分的好成绩,最后被江苏师范大学汉语言文学教育专业录取。这个孩子也很懂得感恩,他写了一篇感谢我的文章,想着在学校建校十五周年时,发表在学校的刊物上。我为他的感恩之心而感到欣慰。高中三年是一个孩子最青春的三年,也是孩子们最重要的三年!我很荣幸,在孩子们最青春的年华里与他们相遇,并为他们更好地成长助一臂之力!作为教师,作为班主任,如何以精致的文化编码来培养我的学生,从而让他们有高贵的气质、高尚的思想、高超的才干,如何让我的学生能在走出高中校门时体会到生命的意义、拼搏的幸福,并有持续发展的内在动力,我一直在探索。虽然辛苦,我会一直努力走进学生的心灵,追求课堂的诗意,体验教育的幸福!我会继续以激情追求完美,用爱心滋润心田!

和教育谈一场永不分手的恋爱

永嘉瓯北第五中学　叶鼎孟

说起我和教育的这场恋爱，其实是包办式的。我是工人的后代，因为父母对知识的渴望让他们对知识分子也有着别样的崇敬，对老师更是如此，他们从小就教育我：对老师要比对爸爸、妈妈更尊敬。高考结束后，我就因父母之命去读了师范大学。毕业之后分配到了乐清市南塘中学，站在三尺讲台，想着几十年之后的自己是怎样都已经可以想象，对于喜欢新鲜事物、喜欢挑战的年轻时的我，那种不甘和懊恼时常让我处在暴走的边缘。在乐清的几年，和教育之间的这场恋爱始终不温不火，最大的想法就是不敢误人子弟。

2003年，通过调动考试我幸运地来到了永嘉瓯北第五中学。遇见瓯北第五中学是一种别样的美丽，但美丽中也有灰白和失意。2003年8月31日晚上9：30，家里的电话响了，是老校长打来的："叶老师啊，今年你当班主任，明天早上8：00到校开会。"我说："我的孩子还只有周岁多，家里老人也都不在身边，孩子没人照顾。"老校长只是说："这是学校的决定"，之后电话挂断了。我握着话筒欲哭无泪，但又有什么办法呢？只能接受。于是，19个月大的女儿开始了她长达五年的幼儿园生活，现在开玩笑都说她六岁半的时候就已经五年医科大学毕业了。

塞翁失马焉知非福，就是从这个电话开始，我意外地爱上了教书这份职业，尤其是当班主任，一步步、一点点地开始感受到学生带给自己的快乐和真诚的爱，也找到了自己存在的价值，原来这就是人生一场温暖的修行，在渡了学生三年的同时也渡了自己的灵魂。慢慢地我也摸索、积淀了一些育人理念，虽然过程中并不一帆风顺。

一、一个自作多情的我

2003年我接的是（2）班，这个班级总体水平并不好。那时候不懂什么班主任工作的技巧，想认识学生就是老老实实地点名，让学生喊到，当时就有一个高个子的女生斜着眼睛看我，然后和同学偷偷说着什么，说着说着周边的几个就一起偷偷地笑。后来我才知道，她当时就给我取了一个绰号叫"老太婆"，那时的我还只有28岁啊，现在想来正值青春年华呀，被一个小丫头叫"老太婆"，心里那个气呀。但也知道要让学生不叫这样的绰号只能让自己走近他们，认可我的努力和真心。但事情往往会事与愿违。其中有一个姓周的男孩子，这个孩子小学里就练跳高，但是因为一次训练不当脊椎受伤，跳高就成了他渴望而又遥远的事情。由于脊椎受伤，他不能长时间端坐，所以第一天来上课，他妈妈就给他端来一把竹椅，并一再和我强调不能让他跑跳，要我多注意他。他不能和其他孩子一样地自由跑跳玩耍，坐久了身体又吃不消，喜欢的跳高也因此绝缘，这个孩子渐渐地就变得脾气越来越暴躁，作业不做，上课睡觉，成绩一塌糊涂，甚至公然在课堂上打架。于是我经常找他谈话，到他家里家访（租住在塔下，每天自己骑自行车上学，家长都是打工的，还有一个哥哥在读高中，家庭负担很重），看到他家庭的情况，更是觉得自己身上背负着很神圣的使命一样，一定要劝他认真读书。然而有一天，在教室门口，这个孩子满脸的不屑和嘲讽，眼睛通红，从牙缝中冷冷地挤出了四个字：自作多情。我不知道该用什么样的词来形容我当时的震惊、委屈和恼怒。我甚至感觉他看我就像在看一个智力障碍者一样。我连怎么回他都不知道，眼睁睁看着他转身直接走进了教室。我不敢进教室，我怕自己受不了学生看我的眼神，于是回到了办公室。我不知道自己做错了什么，更不知道接下来该怎么做。

直到很久之后我才明白，己所不欲，勿施于人。同样，欲施于人，必为他人所欲。对学生需要爱心，但若觉得自己是圣人般打着"我是为你好"的旗号，那就是歪曲了"爱"这个字的真正含义。

冷静下来慢慢思考，发现这个孩子喜欢跳高，但是他妈妈担心他的身体所以坚决反对，这是问题的节点所在。明白了这一点，我转而把重心放在了了解他的身体恢复情况和做他妈妈的思想工作上，初二时这个孩子的身体基本康复，通过一而再、再而三地和他妈妈沟通，帮他和体育教师联系参加体育特长训练，这个孩子初三的时候终于参加了学校的运动会，甚至在这次运动会上打破了校纪录。他终于一点一点地向着我们预料的方向前进，后来凭借跳高特长进了上塘中学。现在的他是我的好朋友，做着自己喜欢的工作，积极向上，阳光善良。

二、一场惊心动魄的生命教育

我带过一个班级，班长叫胡安秀，她现在也是永嘉教师队伍中的一员。但她在这个故事里并不是主角。主角是一个朱姓男生和一个郑姓女生。这两个孩子因为初三运动会结缘，然后开始了一场分分合合的感情拉锯战。男孩子比较大男子主义，也容易吃醋，容不得这个女孩子和别的男生说话，连笑一下都不行，这个女生很无奈也很压抑，也找我哭了很多次，说自己想和他分手，我当然赞同她的意见。但可惜，分了又和好，我也说不清他们到底有多少次分手了，真的是小孩子的游戏，弄得我哭笑不得。老教师们可能还记得职高曾经春季招生，这个男孩子在我使劲地鼓动之下，去了职高读书。总算清净了。可惜没过两个月，事情发生了。正是二模考试的第二天，那个男孩子因为最近女生忙于考试没有理睬他，气不过就直接从职高里跑到学校找女生责问，女生气不过就骂了他，结果男生直接一脚踹到女生的肚子上，然后逃走了。这个女孩子越想越气，越想越伤心，于是就噔噔噔地往教室里跑去。胡安秀当时就在一旁看着他们吵架，看女生这么伤心，担心她会出事，到办公室找我，可那时我已经在走往校门口的路上，胡安秀看我不在就用我办公室的电话打给了我，简明扼要说女生不对劲。我心里那个慌呀，我拼命往教室里跑，那个时候教室在5楼，等我气喘吁吁跑到教室门口的时候，门窗全部紧锁着，透过窗户能看到这个女生正哭哭啼啼地一脚跨在最后面的窗台上，我现在想来都不知道自己哪来的力气，后门砰一声被我撞了进去，冲进去就抱住孩子的腰死命往后拽，两个人一起倒在地上，女生趴在我身上哭了很久，我不知道该怎么安慰她，只能一只手紧紧抱着她，另一只手不断拍着她的肩膀，觉得只有这样才能理顺她心里的气，也只有这样才能安抚我自己狂跳的后怕的心。

事后，当大家都冷静下来后，我意识到，这不仅是青春期的感情问题，更重要的是面对挫折的生命教育，我和这个孩子做了深度的探讨。毕业之时，这个孩子顺利考上了自己理想的高中，当她跟我感谢老师当时的救命之恩时，我很汗颜。作为学生成长过程中的引领者，我感觉自己在面对这些感情问题的时候，自认为是民主而理智的，但是忽视了我眼中是强势一面的男生的心理变化。表面上我是理智对待的，内心却急于当王母娘娘，寻找一切机会把他们分开。险些发生悲剧的处理过程，让我明白：发自内心的尊重、关怀、细心、掌握分寸等，尤其是平等原则在这里具有决定性意义。青春期的情感是长成芳香的百合还是带刺的玫瑰，有赖于我们教师的爱护和教育。我们当然可以把它剪断或连根拔起，但是这样做就会严重伤害一颗敏感的心，一株新发的幼苗就会长成畸形，甚至可能导致悲剧的发生。抱住女孩子的身子往后倒地的一刹那，我对生命的敏感和脆弱才有了更深层次的理解，学生给我上了一堂有生难忘的生命之课。自那时到现在，只要在学校，每天放学必和学生说：回家路上注意安全。

三、一棒改变人生轨迹

2014年6月，中考一结束，我便收到了一个女孩的短信："叶妈妈，祝贺您又成功送走一届，要保重身体。"

这个孩子，刚进我们班时，对学习不感兴趣。她特别喜欢打扮，头上那只特大号的、颜色特鲜艳的蝴蝶结，总会让我们在人群中一眼认出她，还经常把手机带到学校。更叫人担心的是，一到周末就和社会上的一些闲散人员出去玩。我找她谈了很多次，几乎每一次，她都表示自己从此一定痛改前非，一定不辜负老师家长的期望。但是，没过几天，她就又故态复萌。

一天，值日班长跟我说，这位学生新交了一个网友，连上课都在玩QQ，听说上个星期六竟然还叫网友冒充家长打电话给钢琴教师说自己生病请假，结果两人偷偷出去玩了一下午。这回，我忍无可忍，正是中午休息时间，我冲到教室把她揪了出来，在办公室里，她很爽快地承认了这事，并且一副你奈我何的姿态，我一气之下叫了起来："女孩子要自尊自爱，你到底要我怎么跟你说你才明白？"面对我的火气，这女孩竟然无动于衷，看着她桀骜不驯的样子，我冲动之下打了一个电话给她妈妈。

不一会儿，她妈妈就来到了学校，我叫她自己把情况和妈妈讲述，她不仅没有害怕，反而讲得绘声绘色，等到她把自己这几天的情况讲完的时候，站在办公室门口的母亲已经气得全身发抖，随手抓起靠在门口墙角的扫把，向女儿的身上挥去，从未见过母亲这样子的孩子惊呆了，站在孩子边上的我一看事情不妙，一个转身护在了她身上，扫把柄就刚刚好砸在了我的腿上，看着穿着裙子的左腿上一条红色的似蛇一样的东西一下子鼓起来，办公室里的三个人全惊呆了，孩子的母亲精神几乎崩溃，冲过来拼命对我说："对不起！"然后又冲过去摇晃着孩子的肩膀，哭喊着："你为什么这么不听话？你为什么这么不听话啊？"女孩看着我的腿，半天不能回过神来。看这样下去不是办法，我安抚了家长的情绪，请家长暂时到旁边的办公室。坐在办公室里，我看着她，她盯着我的腿很久很久，突然，这孩子站了起来一下子抱住我，趴在我的腿上哇的一声哭了出来，边哭边说："老师，我明白你真的是为我好了，我一定改！"

这回，她真的说话算话了。2012年的中考，她以641分的优异成绩考上了重点高中。

教师是陪伴者、引领者、唤醒者。但苦口婆心的说教，未必能让学生接受，改变人生的轨迹也许只是那一瞬间。有些时候，能温暖学生的可能是我们不经意之间的一句鼓励的话、一个赞赏的眼神、一个肯定的动作，或者是棍棒落下时那下意识的一挡。这一棒能换来一个重点高中，何乐而不为？

四、一场七月之约

2012年6月，2009级（12）班毕业了。这个班级全班41人，有5个同学考上温州中学，31个同学考上永嘉中学及其他重点高中，最低分591分。在毕业典礼上，我们相约每年7月的最后一个星期六排除万难也要相聚，并要在这一天，每个人都要向大家汇报自己一年的经历，包括我也不例外。因为我们约定：我们要成为彼此永远的骄傲！在2012年（12）班毕业的时候，我除了对学生的满腔热情外什么都没有。但是为了这个约定，我不断努力，提高自己的业务水平，充实自己的大脑，不能成为他们的骄傲，但也不能拖了他们的后腿。

教育在某种意义上来说，是有可逆性的。在学生还在学校读书的时候，每一个孩子既是精灵，又都是魔鬼，我们时时刻刻想着如何与他斗法，但是水涨船高。学生毕业了，在不断地斗法中建立的师生情谊，往往显得更为稳固。年轻一代反过来开始推动老一代人，是学生的优秀成就了教师的优秀。

所以我要向我的所有学生表示感谢。"感谢我这17年的班主任工作，也深深感谢我当班主任的7届学生还有我所教的每一个学生，因为我每天都被学生的青春气息滋养着，我和孩子们一起成长着，我时刻感受着这种成长的温暖和幸福。有了他们，我的生活更加充实，我的人生更有价值。"

2012年之前的我空有满腔的热情，这些热情只能感染一部分人，甚至不被接受时换来的是"自作多情"四个字。现在，我慢慢摸索，潜心学习，尤其是得到身边很多师友的指点和帮助，我的满腔热情和执着之下有了一点拨动学生心弦的艺术。如果2012年之前的教书生涯是量的积累，那么在这之后就是质的飞跃。有一段时间，我在面对分数和德育的时候，深感一种抉择两难的无力感，找不到支点。而且，我们会发现出现心理问题的孩子越来越多。这不得不逼着我们去思考，我们到底要培养的是什么样的人？我们到底要当什么样的教师？但现在，我认可教育最直接的社会目的应是教学生成为善良的、身心健康的劳动者和正直的公民。所以，立德树人，要做通晓教育教学规律和学科知识技能的"明白"之师；做明辨是非真伪，提炼自己独特理念的"明辨"之师；做有前瞻的视野，能够带领学生走向未来的"明天"之师。要做这样的贤明之师，我也慢慢地寻找到了自己的幸福之门。2019年8月，"温州市名班主任"的光荣称号是与教育恋爱中她送给我的一份大礼。

有人说，比远方更远的地方是我们对教育无尽的想象力和我们对学生永远的情怀。一场与教育的恋爱，曾不甘懊恼，曾失落流泪，也曾笑如夏花，从酸酸甜甜到刻骨铭心再到平淡从容。教育不是白富美，也不是高富帅，这场恋爱，不能讲求不经意回眸一刹那的怦然心动，不能追求花前月下的浪漫，它是一种刻骨铭心却又淡然的相处，是一种甘愿付出而幸福的甜蜜。为这种幸福，我们正行走在路上。

用爱领航　育人成长

温州市职业中等专业学校　黄黎茹

教育是一门仁而爱人的事业,其灵魂是爱。《爱的教育》中有过一段精辟的论述:"教育不能没有情感,没有爱就如同池塘没有水。没有水就没有池塘,没有爱就没有教育。"由此可见,爱是教育的核心动力,只有融入了爱的教育才是真正的教育。在爱的氛围下,教育才能进入良性的发展。正如孟子所言:"爱人者,人恒爱之;敬人者,人恒敬之。"学生对教师的爱和信任源自教师对学生的爱与信任。

在一个班级里,总是会出现一些"问题学生"。这些学生的智力水平属正常范围,但由于各种原因,无法很好地适应普通学校教育条件下的学习生活,最终导致"学业不振"或"学力不良"。现代学术界称这类学生为"学困生"。但这种"不振"或"不良"在一定的条件之下是可以转化的,教学实践中的许多事例也证明了这点。心理学研究表明:"自卑—厌学—拒教"是"学困生"的三大特征。在教育过程中,教师如能细心分析这些孩子的心理需求,并采取有针对性的教育策略,认同他们,关注他们,给他们爱和温暖,那么,便能够唤起学生对知识的渴求,激发他们学习的潜力,让他们充满自信地去面对人生。通过教育教学实践,笔者得出了以下几点经验。

一、接纳肯定,盯出高效

"学困生"往往是敏感、脆弱、自卑的,其心理上对"安全"的需求十分迫切,教师的关心和接纳对其信心的树立极其关键。

由于"学困生"的种种表现欠佳影响到了集体,他们可能会在一定程度上受到教师的忽视、冷落甚至歧视。"优秀生"受教师重视,被同学欣赏,"学困生"则可能遭教师忽略,被同学嫌弃,这就是一种典型的"不公平安排"。这样的"不公平安排"会让学生缺失安全感,产生"立足生存"的安全问题。现代教育理论已经将"无威胁性"的课堂(班级)气氛作为最重要的社会心理指标之一,因此,让学生产生安全感是教育的第一步。教师要给予这些学生诚挚的爱和关怀,让他们感受到教师是重视他们的。这时,学生便会产生相应肯定的情感反应,慢慢地他也就乐于接受教师的教导了。

曾有一个学生,入学的时候,对自己的专业认知十分茫然,而且上课不是睡觉就是看小说,成绩每次考起来都是倒数几名。按他自己的说法是被逼无奈选择了这个专业,他是十分讨厌这个专业的。为了转变他的态度,我时常找他谈话,耐心和他沟通,天天盯着他。在班委的选拔上,因为他体育比较突出,我推荐他担任班级的体育委员,把班级的晨跑统计任务交给他。刚开始,他有犹豫和迟疑,担心自己无法胜任,我鼓励他,让他去尝试。一个学期下来,因为对体育工作的负责让他获得了"工作之星"称号。在课堂上我也经常请他发言,让他感受到教师对他的重视;课后我也会额外布置一些小任务给他,还经常督促他学习。渐渐地,他的学业有了一些起色,在高二下学期,他顺利地通过了学业检测所有的科目。

俗话说:"亲其师信其道。"要取得学生的爱和信任,教师必须经常亲之近之。因此,在和他们接触时用平常心对待他们,敞开自己的心扉接纳他、关心他,采取的办法可以是"死缠烂打"式的,只要花时间、花功夫,相信学生一定会被你盯出成绩来。

二、分析原因,因势利导

每个人都需要得到别人的尊重,特别是"学困生",他们渴望理解和关爱,渴望得到他人的尊重和鼓励。

事物的发展是内因和外因共同起作用的结果,一个学生成为"学困生"也必定有很多原因。作为教师,更要学会换位思考,通过学生的眼睛看事物,找出具体的原因,然后理解他们的行为,帮助他们改正,同时,还要让他们相信进步的大门是永远为他们敞开的。我们要对他们多加了解,如家庭环境对他的影响,他未来的打算等。了解得越多,我们越能从中找到突破口,想到好办法去帮助学生。

记得有一次我班有个学生的饭卡不见了,当时只有三四个学生在班级里,我划定了小范围的人员。可是查了班级监控,没有看到谁拿了饭卡。第二天,丢卡的学生发现自己的饭卡被刷了,上报到了安保处,安保处一查,把监控图片发给我,我一看是丢卡孩子的室友,我的内心五味杂陈。如果公开处理拿卡的孩子,这样会让孩子一辈子抬不起头,说不定一辈子都走不出这阴影。于是,我先找家长了解她的情况,得知她的家境比较窘迫,最近家里人比较忙忘了给她充饭卡,这次犯错可能是一时兴起。然后我私下里找她谈话,当然我也没有直接说是她拿的,只是说老师要找几个当时在场的同学了解情况,暗示她现在的监控是无处不在的,然后告诉她捡到东西只要物归原主,弥补上损失,也会得到别人原谅的。过了一天,丢卡的孩子兴冲冲地告诉我,说卡找到了,卡旁边还有一个信封,里面是被刷的金额。当孩子追问我是谁拿的时候,我就告诉她:每个人都会犯错,只要改正,一切都是好的。孩子也就没有深究了。真诚的话语,小小的沟通,引导犯错的孩子做出了改正,也很好地维护了她的自尊,也维系了她和室友之间的感情。

我还得知她周六、周日都会去打工,有时候晚上还兼职做客服,这在一定程度上影响了她的成绩,周日返校也经常迟到。我把她叫过来谈话,肯定了她的努力,但是也指出了她的问题所在,并指导她制订好学习计划,同她做好奖惩的约定。还定期帮助她加强基础知识的学习,经常和她的家长沟通,提醒家长要给予孩子肯定和鼓励。对她的生活情况和学习情况适时了解、及时跟进,假期的时候还推荐她去培训机构实习锻炼。经过了一个学期的努力,迟到的现象杜绝了,期末的成绩也有了很大程度的进步。

关爱学生,尊重学生,尤其是对"学困生"。人格上的平等,热情的帮助,耐心的引导,有利于他们的进步和健康成长。师生之间形成了亲密、友好的感情双向交流,并通过这种交流,建立起亲近、谅解、依恋的心理关系,这才是教育获得成功的重要保障。

三、互助合作,促进成长

个人在集体中总会产生强烈的"归属"需求,集体的关心和帮助对"学困生"的进步起到非常重要的促进作用。

　　社会性是人的基本属性，被某一团体认可、接纳并在其中发挥作用，这是学生的重要心理需求。"学困生"更是需要集体的温暖。于是，我根据学生的性格、气质、兴趣特长、学习能力，在课堂教学、课外活动、班队组织中成立各式各样的合作小组。为激发学生的学习动机，班级里经常开展丰富多彩的课外活动，让"学困生"尽量多地参与，增强他们参考活动的愿望与兴趣。同时，在教育过程中还会做深入细致的心理疏导工作，对他们多关心、多安慰、多帮助、多鼓励，激发他们的自尊和信心，提高他们的心理品质。让"学困生"真切地感受到他属于这个课堂、属于这个集体。

　　同时，还努力创设学生之间积极交往的条件，重视班级计划的制订。班级计划不由教师包办代替，而是让全体同学酝酿，共同决策，在满足人人参与的前提下达到思想上的统一。这样的活动可以增强他们的纪律性和责任感，可以让他们感受到活动中的互助合作气氛。计划一旦制订便成了师生共同遵守的准则和法规，在执行班级计划时，更是要安排管理岗位让"学困生"担任，要让"学困生"感受到他们是集体中不可或缺的一分子。

　　美国著名心理学家詹姆斯指出："人类本身最深的需要是渴望得到别人的欣赏和鼓励。"学生在不断得到欣赏、激励，不断完成一个个目标的良性循环过程中，会逐步提高心理素质，形成良好的行为习惯。而指导学生建立合理的期望值也是非常关键的。"学困生"是一个让人付出更多精力和心力的群体，在教育教学工作中，我们必须用自己的热情、智慧和创造力，发挥自己对学生的学习和生活的科学指导作用，对他们关心爱护，对他们因势利导，让他们感受到集体的温暖、教师的关心，从而让他们获得安全感、信任感、成功感，让他们走向更美好的明天。

立德树人：从差异到优势生长

瑞安塘下职业中等专业学校 李 静

前几天，浙江省高考成绩查询开启的17点整，我收到了一封特别的信。这封信是以文档的形式，准时出现在我的微信里，标题是"弯腰赏花的人"。当我打开阅读完，内心的感动与激动喷涌而出，更多的是欢喜与欣慰。这是一个刚刚结束高中三年的男生，学生说"高中最大的惊喜就是您了"，文章最后还写道："祝静姐还是那个为了美丽的花朵愿意停下脚步弯腰欣赏的人。"我很欣喜于曾经不经意的一句话，便给他带来如此大的影响。我希望的最好的教育便是，将来我的学生，也能如我一样，看到路边的一朵小花，也能驻足欣赏。德国哲学家雅斯贝尔斯说："教育的本质意味着：一棵树摇动另一棵树，一朵云推动另一朵云，一个灵魂唤醒另一个灵魂。"是的，教育是人的灵魂的教育，而非理性知识和认知的堆积。若能让一颗自称"自卑、内向"的年轻的心灵，找到他的理想、追求，一直追逐那个远方的梦，那不是一件特别美好的事吗？

从教17年，我面对的职高学生，是一个个情感丰富、心思细腻、内心敏感又活跃奔放的生命个体。他们更加渴望人的理解、关爱、鼓励与引导。那么，作为语文教师，我该如何引导这些处在困惑当中的年轻个体呢？针对职高学生的差异，我们需要找到一个相对于木桶原理的长板思维：找出学生的优势特长或天赋，打造成这个领域的行家，再横向拓展。而我们运用语文宽泛的外延，包括积累、感悟、运用等手段，让学生最终获得素材、语言、情感及自己的独特感悟方面的积累。孔子所言"因材施教"，正是发挥了长板效应的优势生长。学生的差异性，决定了我们对于优质生、潜质生、学困生与异常生的不同策略。

一、培育优质生：师生对话，引领一个方向

苏格拉底说：最能启迪智慧、拓展思维的教育方式是师生之间的对话。作为职业高中的二线学校的一名语文班主任，我所任教的职高学生的入学基础分数已经低于一线学校，在为数不多的因中考发挥失利而"遗落"的"优质生"，我们首先要做的是对话。开学初，我采取问卷调查、分别谈话的形式，收集学生基本信息、兴趣爱好、性格特长等。通过层层筛选，最后确定几个培育对象，在多次沟通与鼓励、打气之下，这几个学生渐渐有了明确的方向，我告诉他们，你们考上大学不难，如今高职考的上线还是相对简单的，但比较难的是能考上本科。考上本科，便与普高学生考上二本、三本无异了。于是，在他们的内心深处，就种下了一颗种子：为了高考、为了本科而努力。在与学生讨论之后，我们制订了中午班级静班制度，即入班即静，入座即学。制度里明确规定了学习时间、学习要求及纪律要求等。又争取了寝室熄灯后集中一室再学习半小时。

除平时的对话交流外，在课堂教学中，对话教学更易引导学习方向，帮助学生树立远大的目标，立德树人。如《那一年，面包飘香》"探究主旨"教学板块，我设计了这样的提问：

师问：在分析了这样一些看似很"闲"实则"不闲"的人物和故事情节之后，我们明白了一部优秀的文学作品或者影视作品，都需要作者或编导，极其用心和智慧的设计与编排。而无论怎样的设计，都意指一个方向——本文主旨。你觉得作者最想突出怎样的主旨？

生1：作者是想告诉我们，正因面包店老板的坚持不懈，以及从小立下的志向，才让他最终成功。

生2：我觉得文中教师的鼓励与不放弃是学生前进的最大动力。

生3：最主要的是这个面包师傅懂得感恩……

师问：如此看来，你觉得面包师傅的成功都有哪些因素？

在小组讨论寻找文中线索后，学生罗列了文中外因信息：

A. 我陆陆续续听到他不用功念书的消息，心急如焚。

B. 请他吃饭，劝他好好念书，至少不可以抽烟，不可以打架，不可以喝酒，不可以嚼槟榔。

C. 写信劝他：第一，无论如何不要去KTV做事；第二，一定要学一种技术，这样将来才能在社会上立足。

D. 带他去饭馆吃饭，吃完以后在架子上买一大批面包送他。

面包师傅刚开始辍学时很伤心，在收到教师的信之后，特别是教师的那句"不要学坏，总要一技随身"，从那以后，一心一意学做面包。两年后，开创了这家面包店。

师问：现在我们看来，面包师傅成功的原因有教师的鼓励与帮助，但最主要的原因是个人的努力。凡事最大的因素是内因，这在任何年纪都不会改变。你们也是。只要你们认准了方向，勇往直前，义无反顾，定然也能成功。

……

保罗·弗莱雷说："没有教育者和受教育者之间的对话与交流，就没有真正的教育。"课堂上多一些看似对话实则引导，层层剖析、层层深入的环节，学生的理性思维、质疑批判也在对话中生成。施教之功，贵在引导。课堂上的激励，学习小组的进行，让这几个曾经迷惘的孩子更是找到了方向。特别是学生李加新，在今年的高考中，以541分成绩达到了本科分数线。

二、激发潜质生：留白想象，挖掘无限可能

2017年教育部颁发的《高中语文课程标准》中提出的18个学习任务群里的设置，就有充分估计问题导向、跨文化、个性化、自主合作等因素。闯过中考独木桥的职高生，大多信心不足、梦想缺乏，但是独具个性，若是此时能借一双翅膀，让他们飞到远处看一看，给予足够想象的世界，便是另一番领域、另一番境界。郑舒畅就是这样一个例子，她性格内向，不爱言语，经常小心翼翼、颤颤巍巍。正如她自己所说，初中不识愁滋味，不知中考重要性，落下了太多，以至于中考的不理想，严重打击自信心。在知其爱好写作，有借助笔端表达的欲望，有丰富的内心与敏锐的观察力时，我便鼓励她多写、多看、多改。军训宣传稿、运动会宣传稿、班级活动简讯、比赛通信，只要有机会，我便让她多练、多改、多看。作为一个语文班主任，尽我专业所能，让她一步步爱上写作、爱上表达，最后爱上学习。在课堂教学中，这样的方向留白更有助于激发学生的想象与探疑。

教学《界河》一课时，我便借用留白，让学生审视"人性"：

师问：从小说和同学们的作业中，我们看到士兵们对这条河的渴望。究竟是怎样一条河，如此诱惑着这名士兵，甘冒生命之险也要奋力跳下去？

请同学们以四人一小组，圈画课文，确定你方观点，寻找证据。并且补出"而此时他们却邂逅了这条河……"。

完成：这是一条_____的河。

学生在思考与讨论后得出两条观点：

观点A：这是一条美丽、令人快乐、渴望、恋人般的河，是人性中美好的部分。是年轻战士期待的、向往的，或者说人性中隐藏的美好的象征。

观点B：这是一条充满诱惑的河，致命、危险。

师小结：一条河，它美丽却又致命，那么是什么使这条普通的河向两个方向发展，上演美好和悲情呢？（自然引出战争话题）

在检查学生已有阅读经验下的初步理解，将阅读主权交给学生。挖一个"留白"处，让学生去寻找、填补，通过小组之间合作学习交流，并分享各组讨论的观点，生生交流、师生交流，突破界河存在的合理性。主问题下的讨论分层，让学生解读既有自我又有边界。

再后来，发现这个内向的女孩子爱上了画画，我便寻找多方资料让她了解高职考里的工美，在计算机专业里如何报考工美。在沟通与引导下，舒畅决定去参加工美的高职考。她喜欢画画，她想要进中国美术学院，当这个女生满眼发光地跟我述说她的梦想时，我的内心是湿润的。多好的青春，多好的梦啊。在后来的暑寒假，她都会孤身去杭州攻学专业课。当她取得专业模拟考第一时，她兴奋地打电话告诉我。我相信，她找到了属于她的翅膀。而在校的更多时间，她和那几位优质生，一起刷题、一起讨论、一起研讨数学题、一起同题写作文。我相信，那段时间，会是那几个年轻人最美好的时光。刚刚结束的高考，当她自信地告诉我分数时，我相信，这个女孩已经可以摆脱当初的恐惧、不自信了。

所以，我们何不多借几双翅膀，多创设几处"留白"空间，给这些迷惘、困惑又胆战的年轻人，让他们能抟扶摇而上者几千里，乃至几万里呢？

三、转化学困生：任务驱动，明确活动内容

"语文学习任务群"以任务为导向，以学习项目为载体，整合了学习情境、学习内容、学习方法和学习资源，引导学生在运用语言的过程中提升语文素养。黑格尔说："独立意识，亦即我们常说的自主意识，它是认知主体对自身的主体地位及自身价值的一种觉醒和需求"。而这种独立意识的培养，特别是针对学困生，可以试用任务驱动的教学方式。任务驱动的教与学的方式，能为学生提供体验实践的情境和感悟问题的情境，围绕任务开展学习，以任务的完成结果体验和总结学习过程等，改变学生的学习状态，使学生主动建构探究、实践、思考、运用、解决高智慧的学习体系。

针对班级学困生居多的情况，我借语文班主任之便，借助任务驱动，在班里大力推行背书打卡、每日研读一本书、全班共读《诗经》、一周一诗等系列活动，明确活动的内容，进行精准实践。背书打卡的内容，大多是考纲内要求背诵的古诗词，加上共读《诗经》挑选的诗歌，由课代表将背诵内容每日一抄于黑板上，刚开始全靠学生自觉，后来再课后抽查背诵。课堂教

学中的任务驱动，也取得稍许效果。

在《合欢树》"探讨合欢树，品赏这对母子的苦情"教学板块，我设计了以下任务：

探讨问题：

（1）合欢树有何寓意？

（2）合欢树的生长与史铁生的成长有何相似？

（3）母亲、史铁生与合欢树有何关联？

（4）史铁生两次"推说"而没进去看那棵由母亲亲自种下的"合欢树"，为什么？

任务安排：全班分成四组，每组一个话题，结合文本内容与课外资料，有理有据地讨论、分析、总结，写下讨论的内容，每组派一代表发言。

在任务驱动下，学生有了明确的思考方向，收集资料与理性思维、审美思辨都能顺利开展。学生在展示的过程中自然能归纳出以下内容：

（1）引入有关合欢树的传说解读寓意。（PPT展示寓言）

（2）母亲栽种合欢树的过程与母亲照顾呵护"我"的过程非常相似。（表格展示）

（3）合欢树与史铁生、母亲有着不可割舍的关联，作者着力描写合欢树并且以合欢树为标题，用意可谓之深：一是合欢树是母亲为"我"多少奔走寻找工作之时，压力极大、精神非常痛苦的情况下栽种并艰难成活下来的。母亲去世后，它俨然成了"我"对母亲的记忆与思念之情的象征，也是母亲离世后唯一能寄托作者怀念母亲情思的事物了。二是合欢树也是母亲爱美、爱生活的态度的重要表现，母亲会给自己做裙子，从来喜欢花草，都可见母亲也曾有的梦想、追求，只是在儿子残废了双腿之后全副心思都投在了儿子身上。这有助于彰显文章的主旨。合欢树与我都得到了母亲的呵护、关爱。

教师点拨：合欢树的作用不仅在于以上几点，更是作者对于生命感悟与认识的一个媒介，透过合欢树，作者深刻地反思生命的意义，获取对生命的体验与感悟，这是一种更高境界的感悟。

（4）史铁生的两次"推说"正是体现了作者极其复杂的内心世界。一方面，对于母亲的离世，有太多的愧疚与歉意，害怕触景生情、睹物伤怀；另一方面，深切地怀念母亲、思念母亲，这更体现了作者对母亲爱得深切与内隐。

四、改变异常生：批判质疑，情绪转化动力

2016年9月教育部颁布的《中国学生发展核心素养》中概括了六大核心素养、十八个基本要点，其中科学精神就包括理性思维、批判质疑、勇于探索三个方面。而青春期的孩子，生理的快速发育与心理的缓速发展，形成的撞击，常常是猛烈的。职高里大比例的单亲家庭或留守儿童家庭，也是一个明显的例证。郭东林是一个外地学生，中考分数高于班内其他学生，但学期初便明显地"暴露"了厌学。通过家访了解而知，他父母离异，他跟着父亲，周末放假回母亲那里。平时父子沟通不多。他所表现出的异常在课堂中时常出现。一次检查背诵，在被"质疑"未完成的情况下他一气呵成背诵全篇，赢得掌声之后，我便趁机鼓舞："你们看，郭东林正是因为有准备，他才能如此有底气地回应我。"之后，他逐渐改变。再后来，一次"请"了家长后，我和他爸爸"演"了一场戏。我当着他父亲的面，批评其父亲，而他的父亲，第一次向他的儿子道歉。那之后，这个学生在学习上的劲头更加足。正是对他的质疑精神的挖掘，才让这个学生动力十足，在高三以一匹黑马的姿势，以538分的成绩上线。

《邹忌讽齐王纳谏》教学过程中他就提出这样的质疑：

生：邹忌把"妻、妾、问"与"宫女左右、朝廷之臣和四境之内"作了类比。其他的我不说，可是把朝廷之臣跟妾相提并论，难道那些个大臣没有意见吗？

师：这是个问题。大家谈谈看。

生：用妾来比大臣，确实不算高明，至少有贬低大臣的意思。

师：这个看法，大家赞同吗？

生：应该是有道理的。毕竟谁也不希望自己是妾呀。

师：可是，从文中，大家看到大臣们有反对吗？

生：没是没有，不过可能是被省略了吧。

生：也有可能是齐王听着高兴，所以大家也就不敢出来扫兴了。

师：这个说法独特。因为君主高兴，所以臣下也就只得默认了，这在封建时期，应该是比较普遍的吧。

生：应该是非常普遍。大臣们再不高兴，总不能违了君王的意愿吧？

师：其实这种说法是有一定的道理，但并不真实。这里，教师需要向大家补充一个常识。在中国历史上，臣下把自己比为女性是一种文化传统。最早可能要从屈原开始，他一直喜欢用香草自喻，也喜欢把自己比作女子，盼望君王的赏识。后世人沿袭了这一思想，如李白、苏轼等，都在自己的作品中有过类似的说法。可能大家对此不理解，但这是一种史实，大家可以在课后查找资料加以证实。

生：还有这样的历史呀。有些不可理解。

师：大家指出的，齐王比较高兴，这也是邹忌成功的最根本原因。因为进谏的最终目标就是让君王接受自己的意见，而邹忌达到了。从后面的结果来看，我们也看到了邹忌的成功。但要提醒大家的是，大臣们之所以纷纷进谏，是因为齐王真的要听意见，正所谓，"上有所好，下必甚焉"，这告诉我们，进谏除技巧外，还需要揣摩君王的心思，需要碰到可谏之人，不然，后果堪虞。

学生只有在这样的批评质疑、集体思维碰撞后，才能更激发集体的智慧。不仅学得"讽谏"的技巧，而且能习得讽谏背后的深蕴。正如语文教育专家刘国正先生在《沙滩夜话》中提道："语文这东西，是同人的思想、情操和个性联系在一起的，把语文教学看成是孤立的，纯技术训练是当前许多弊端的导因。"只要我们灵活地思索、积极地探讨，那么我们的学生自然而然获得一种"胸藏万汇凭吞吐，笔有千钧任翕张"的自由境界。

学生的差异性决定了不同的策略。不同的策略引向不同的优势生长。这不同的成效，指向一个共同的育人目标。萨特说，阅读中的批判能够从正反两面洞察出文本中的真知和谬误，最终超越文本、超越作者、超越自我。所以，教育最好的姿态是什么？是学生说的"高中生活我最幸运的事便是遇见您"，还是学生说的"愿您还是那个看到美丽的花朵还是停下脚步欣赏的人"？其实，我们能给予学生的，就是挖掘学生的个性、优势特长，将其最大化地优化、整合、提升。

为爱凝聚　真情感化

瑞安市职业中等专业教育集团学校　郑　雅

一、育人理念

名师魏书生曾在《班主任工作漫谈》中写道:"我属于愿意当班主任的那类教师。我总觉得,做教师而不当班主任,那真是失去了增长能力的机会,吃了大亏。"也曾有许多教师感叹:"当班主任容易,当好班主任难!"从教 22 年,当了 14 年的班主任,对此我体会颇深。班主任工作,累并快乐着。既咀嚼含辛茹苦的酸涩,又品尝硕果累累的甘甜。班主任是一个班级的灵魂,既做学生求知的引路人,又做学生进步的引导者。让我们承接春风的细腻,携着细雨的滋润,一起品味满园桃李的芬芳,为校园增添一道文明亮丽的风景。

二、特色化的育人实践

班主任工作事无巨细,烦琐辛苦,每天都要和学生打交道,都要面临班级发生的形形色色的事件。如何在新时期背景下更有效地做好职高班主任工作呢?多年的育人实践如下。

1. 引导规划,明确目标

正所谓"良好的开端是成功的一半"。一个良好的班集体应有一个积极向上的奋斗目标。作为班主任,我结合本班学生的思想学习、生活实际,制定出本班的奋斗目标。班主任是班级的引路人,正确引导学生学习是每个班主任的主要职责。俗话说,兴趣是学生学习的第一位教师,这句话一点不假,一个对学习没有兴趣、没有目标的学生,很难在学习生涯中有所成就。学生一旦对学习产生兴趣,定下目标,就会有强大的动力。在每届学生的第一节班会课上,先自我亮相,我总是利用自己是专业课教师的优势,先亮出自己的专业证书,如高级教师职称证书、会计从业资格证书、初级会计师证、中级会计师证、电子商务师证、心理健康师证、普通话证、计算机等级证等做成 PPT 播放给学生观看。并且将往届毕业的学生中励志的案例(如考上本科,专业课考 292 分,技能比赛获大奖,在大学生中获省政府奖金、考取初级会计师资格,以及在工作中获得的荣誉成绩等)讲给学生听。这样用自己个人专业的魅力吸引学生,利用学生身边学长们的故事激励他们,并且给他们讲本专业的前景等励志性语言,激发学生对自己的未来产生美好的憧憬与热烈的向往,从而引导学生对自己在高考中想取得怎样的成绩,将来前进的方向进行近期打算与远期规划。所以学生目标清晰,科学规划,不但要在高考中取得理想成绩,并且技能比赛也不落下,我带过三届学生,均取得温州市技能大赛会计手工账项目一等奖的好成绩。我们不但要培养学生在考试中取得好成绩,还要培养学生学会学习、终身发展!

2. 踏实育人,勤恳管理

有一句佛家名言:"一花一世界,一叶一菩提"。它诠释的是淡定平和中要用微观的细腻去感悟体会宇宙的精彩。我把它借用到我们班主任工作中来理解:班主任工作的美好也许就是在烦琐和细节中,班主任需要用心、费神、善思和平和的心境去品味导师工作中五彩斑斓的美好。其中,最实效的做法就是"勤到班"——陪伴是最好的教育。勤到班，可以给同学们树立良好表率，有利于提高学生到班自觉性，也有利于观察了解学生的思想面貌、情感状态、健康状况、个性特征等，根据实情制订出切实可行的教育计划，对班级新出现的不利因素能随时予以具体的引导和控制。

我的做法：若有时间，定要潇洒走一回。教师可以一言不发，来了就好。

例如，下午放学后这段时间，似乎是无政府状态，学生易分散在操场、食堂、社团、教室、后花园、寝室，虽然是财会专业女生多的班级，也总免不了一些事儿。于是我经常去这些地方转转，看到自己学生点个头、打个招呼，也不跟他们多讲话，目的就是让他们知道班主任教师无处不在，不能在教师的眼皮底下做坏事。同样，在晚自习时，即使不是我值班的晚自习课，我也总会不定时过来看看，再次让学生感到班主任教师总在身边，创造学生安静自学的氛围。尤其是在高三阶段，更不能因为一些无谓的事情干扰学习。

"勤能补拙是良训。""勤"字要求我对学生要做到："像亲娘一样关心"——责任意识；"像后娘一样狠心"——惩戒意识；"像干娘一样热心"——宽容意识；"像丈母娘一样偏心"——培优意识。"勤"字也让学生感到温暖，从而更加信任教师，那么师生之间的关系就更加和谐，班级管理工作就会事倍功半。

3. 家校联合，真情感化

作为班主任，我从关爱学生的心态出发，动之以情，晓之以理，用自己的人格魅力去感化他们，让学生真正地从心底感受到教师对他们的关心和爱护。在班上，我既将学生看成彼此合作的一个伙伴，又会时刻关注他们的家庭生活。做到勤沟通——家校强强联合。

学生们大部分的压力来源于家庭。望子成龙、望女成凤的思想左右着许多家长和家庭，对学生施加的有形压力和无形压力特别大，有些学生坦言不愿进家，不愿面对父母，尤其是不能听父母的唠叨。父母有时的教育只能引起学生的反感，适得其反。为此，在召开家长会时，我把学生的心理特点跟家长进行分析，然后把事先收集到的学生对家长的意见和要求反馈给家长，请家长换位思考，思考学生的想法；要求家长做到家庭和谐幸福，做自己孩子的朋友，并且是知心朋友。这种做法的目的是帮助学生有效地消除家庭的负面影响和压力，家庭外部环境宽松了，不必要的负担和压力就没有了，学生能充分感受到家庭的良苦用心，这对于学习是非常有利的。班主任要能通过各种途径，力求将班级的工作情况，及时通报给学生家长，并努力创设条件，让家长积极参与到班级的管理中，让家长做班级实实在在的管理者。

我的做法：学生进步了，必须告诉家长，请家长在家多鼓励学生；学生犯错了，根据情况选择是否告诉家长，给学生留点面子；有事没事，偶尔联系家长，改变班主任打电话给家长就是告状的观念。

通过与学生多次的沟通中总结出这样的现象：瑞安市职业中等专业教育集团学校学生中有很多家庭都存在着各种各样的原因，导致学生觉得自己不幸福，然后破罐子破摔，惹出很多事端来。

记得曾有位学生叫彭乃威，云周人。在一次运动会期间喝酒了，他过来跟我说"老师我不想读书了"等诸如此类消极的话。我没有马上批评，而是先了解情况。经询问原因得知，他爸爸酗酒，父母为此经常吵架，这次他妈妈在无助之下离家出走，住到仙降厂里，已经3个星期没回家了。而运动会过后中秋节马上来临，他觉得中秋节本是团圆日，而自己回到家却看不到妈妈，不免感到心酸，于是就有了消极的想法和做法。此时我毫不犹豫地跟他说："你相信老师，我会给你妈妈打电话请她回家的。但你要保证再也不能犯这些糊涂的错误。"此时我深信母爱是伟大的、无私的。于是我在9月30日下午，拨通了他妈妈的电话，语重心长地跟她讲了孩子的变化和孩子心里的难受等情况。结果不出所料，他妈妈把我的话听进去了。第二天晚上21:08的时候，乃威给我发了一条信息："老师睡觉了吗？没打扰到您的休息吧！我想在睡觉前对您说声谢谢。我妈妈回家了，而且没跟我爸爸吵架。我真的很开心……"此后，他一直奋起追赶，考上大学。虽然不是他心中所理想的杭城的大学，由于2012年单考单招中会计专业上线分数是397分，他考了412分，最后被东方职业技术学院录取。这个孩子也可能由于家庭的原因，情商较高，逢年过节都会跟我联系，在他大三最后一个学期开学初，又跟我联系，说自己这个学期要实习了等之类的话，我刚好有一个同学在东方职业技术学院边上的卓诗妮鞋业公司当财务总监，我就问了同学那里需不需要实习生，结果事有凑巧，公司里正好要招考会计人员，就给了这个学生一次考试的机会。孩子很争气，专业课这门考了前三名，口才也较好，被录取了。他工作几年，很受公司重用。

4. 理解尊重，并驾齐驱

要理解尊重学生，首先就要了解学生的心理。现在的中学生有充分的自主意识，情感内容日渐丰富，智力结构基本完整，具有一定的判断能力，性格也基本形成。有些学生，他们误以为自己已经是一个成年人了，但其人格又没有绝对成熟，自控能力还是较差，分辨是非的能力也不完善，加上家庭的影响，有时在对待人和事的态度上缺乏谦让的精神。还有很多学生都是初中的后进生，长期居于受指责的状态，对大人的训斥形成一种抵制的心理。从中学生行为规范中，他们知道哪样是应该做的，哪样是正确的，也想做一个品学兼优的好学生，但做一次容易，次次做就难，所以坚持不下去。一旦当家长和教师没有及时鼓励和予以约束甚至指责时，他们就容易做错，甚至故意做错以示反抗。一旦他们形成了坏习惯，再改回来就很困难了。对待这样的学生确实很困扰，但也更需要耐心和毅力。那就是将学生当作朋友，理解和尊重学生的人格，平等民主地看待每一个学生，民主和谐的师生关系水到渠成，自然而然地就建立起来了。

我曾带过一个基础很差的职高班，班内的学生绝大部分属于"三差生"。大多数是破罐破摔，没有学习目标，对自己缺乏信心，毫无集体荣誉感可言。面对这样的职高学生，我并没有气馁，理解并且尊重他们，经常找学生聊天谈心，查找原因，并以"周记"作为心灵的交流载体，及时发现他们的闪光点，嘱咐他们以此为起点，迈好高中第一步，确定第一个目标，塑造一个全新的自我。经过我们不断的努力，这些学生不仅达到了这个目标，而且该班集体获得了"市级先进集体"荣誉称号。

5. 善于观察，珍视沟通

友好和谐的人际关系对于一个班级的团结稳定非常重要，学习本身就有压力，如果师生关系、同学关系不和谐，就会给学生产生更大的心理压力，这样对学生的学习效果和心理成长就会有比较大的影响。也许由于遗传因素、家庭条件、社会环境等方面的影响，学生在各方面存在着较大的差异。班主任就更应该注意观察每位学生的个性差异，对每一位学生都要有全面细致的了解。要利用各种机会和学生沟通，沟通多了就能了解学生的思想动态和行动表现，及时解决他们的思想困惑，纠正其不良行为。事实证明，师生的沟通可见一斑。要想让学生接受教师的观点，批评说教的效果远远比不上和学生谈话的效果明显。

沃尔玛公司总裁沃尔顿说过："如果你必须将沃尔玛管理体制浓缩成一种思想，那就是能沟通。因为它是我们成功的真正关键之一。"通过这种聊天沟通，既贯穿于整个教育过程，又是全方位、多角度、多功能的交流。既能增强教育效果，又能避免师生之间的隔阂和冲突，从而建立良好的师生关系，促进学生学业的提高，对差生的转化及学生的身心健康都有极大的裨益。

6. 为爱凝聚，真心相待

班主任工作来源于琐碎，发自平凡，但能成就学生的未来，归根结底要热爱班级。我长年累月地一步一步教导学生，怀揣着每次带学生的纯真和热情，真挚地爱着每一位学生。给他们真诚，给他们信任，给他们信心。

曾经有一个学生是外地人，叫黄莆根，他爸爸在瑞安以踩人力三轮车拉客为谋生手段，家里条件不好，孩子在初中表现更不好，甚至连中考都没有参加。高一开学不久，已经多次被我叫来聊天。恰好学校有个申报贫困生的名额，我在班级宣传时，发现这个孩子渴望的目光，于是我叫他回去跟父母商量，如果需要这个贫困生名额就让爸爸去居委会打证明上报学校。但由于他们不是本地人，去打证明的时候，那个社区主任根本不理他。我嘱咐他爸爸第二天再去，然后把电话给那个主任，让我跟主任谈。我在电话里跟主任说："他家就在您的管辖范围内，孩子爸爸骑三轮车，孩子妈妈在家带孩子，家庭情况怎样，领导们应该很清楚，我们都是做好事，现在这个孩子需要资助，等他成长以后，也会回报社会的，就请您高抬贵手吧！"最后主任再次对该生家庭情况进行排模调查，确定属于贫困家庭，出具了贫困证明。当他爸爸把证明送到学校的时候甭提多高兴了，同时告诫孩子："要好好读书，能碰到这样的好老师，是你的福气啊！"此后，该生的行为确实收敛很多，而且把心思放到学习上，顺利通过了会计从业资格考试。

三、育人的成效

班主任工作艰辛而神圣，相信每份辛劳都会有收获，我所带过的班级中曾获"2003学年温州市级先进集体""2010学年瑞安市先进集体"和"2015学年瑞安市先进集体"等荣誉称号。由于班主任工作较出色，我在2016年获得"温州市优秀班主任""瑞安市优秀班主任"荣誉称号。在多年班主任工作中我善于总结工作经验、撰写论文，并在一些研讨会上作专题讲座，与他人作经验分享，还积极参加德育类相关比赛，学生的成长收获丰富。整理汇总，近三年主要的成效如下：2019年2月论文《春风细雨润桃李 满园芳香爱意浓》发表于省级刊物《教育界》；2020年3月论文《浅谈中职财会专业班主任管理工作中柔性管理的运用》发表于国家级期刊《中国教师》；论文《挫折铸就美丽，陪伴增添精彩——浅谈中职班主任如何陪伴学生走过挫折》获2018年瑞安市中小学教师教育教学论文一等奖；论文《春雨润无声 导师促成长》获2019年瑞安市中小学教育管理论文二等奖；荣获2018年温州市中职学校职业能力大赛教师职业素养成长导师项目二等奖；2019年10月在温州市中职财经商贸类骨干教师送教下乡暨高三教学研讨活动作专题讲座《高三班主任的那些事》；培养的学生干部赵雪炉获"2017—2018学年浙江省政府奖学金"；培养的学生干部黄倩倩荣获"瑞安市优秀学生"荣誉符号；指导并参与学生的微电影作品拍摄，作品《摄》和《向着光亮那方》获得浙江省三等奖；作品《最好的自己》和《这个年纪的我们》分别获瑞安市二等奖、三等奖。

一分耕耘一分收获，在当班主任过程中，值得回味的案例实在是太多了，它们都是我教育生涯的财富。在今后的日子，我还会一如既往地做到理解并尊重学生，做学生成长的引导者与发展的引路人，投入爱心，持之以恒，尽量使我们的中职班集体像果园般爱意绵绵，硕果飘香。让我们承接春风的细腻，携着细雨的滋润，一起品味满园桃李的芬芳，为中职校园增添一道道文明亮丽的风景。

培养真正觉悟的人
——我的民主协商式德育追求

经开区天河镇第二小学　王　杨

一、育人理念

我是一名德育工作者。21年的德育工作，我推崇"培养真正觉悟的人"的育人理念。我追求并主张民主协商式德育。

我认为教育就是要培养一个真正觉悟的人。真正觉悟的人应该是有伟大理想信念、能辨别是非讲正义、负责任有担当的人，还应是一个能接受纪律约束的人。作为德育工作者的我们应该通过教育实践引导学生成为一个真正有觉悟的人，因此，我采用了民主协商式德育来实现我的育人理念——"培养真正觉悟的人"。

民主协商式德育是班主任逐渐从直接指挥班级活动的状态中解脱出来，放手发动群众，还政于生，创建民主机制，鼓励全班学生积极关心班级事务，踊跃参选班干部，人手一票参政议政，参加班级事务管理，此时班主任和班级的学生一样，都属于班级中的一员。班主任的角色发生了变化，班主任的作用也随之改变，班主任由传统的决策者转变为秘书长，只起到了协调与沟通的作用，班主任的作用也从台上转到台下，从直接到间接成为班级中的普通一员。民主协商式德育真正体现了以学生为主体，教师为主导的德育管理方式。

民主协商式德育，是在"部落—酋长制"（图1）和"族群—家长制"（图2）两种德育模式的基础上引申出来的一种理想化的民主协商式德育（图3）。民主协商式德育的班级管理模式，即假设将一个班级比作一朵花，那么现在的班主任和科任教师都是花瓣中的一员，真正实现了"管是为了不管""教是为了不教"的自我管理目标。

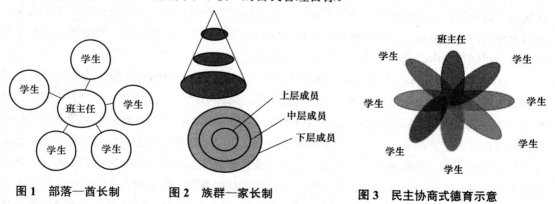

图1　部落—酋长制　　图2　族群—家长制　　图3　民主协商式德育示意

二、育人理念的背景

据调查研究，发现有90%以上的德育存在着缺乏主体性的德育，即没有尊重学生的主体地位，教师眼中只有制度、规定、荣誉，学生只是教师眼中的物；或者就是说教式德育；再者就是上传下达式德育。我们将其称为放任型、包办型和强制型德育管理模式。在这样的德育管理模式下，学生是没有愉悦感、主人感、自主感的，也不能激发学生主体性和主动性发展。所以，以上三种管理模式的德育都不符合我国学生发展核心素养提出的要以培养"全面发展的人"为核心，以"学会学习、健康生活、责任担当、实践创新等"为基本要点的素养理念。

杜威的民主教育理论认为，民主教育应是教师通过民主的方式来传授知识、教育学生，使之在民主意识和民主习惯方面获得觉悟。而目前有许多班级也采取民主型班级管理，但大多是一种表面上的民主，可以说是一种伪民主。民主的核心应该是对他与他人的生命给予关怀，应是民能做主方能民主，民不能做主不能民主。真正的民主协商应该要促进学生的自我觉醒，真正的民主应该是对人性权益的尊重与呵护，因此，真正的民主应该让学生成为有觉悟的人。

基于以上调查分析与认识，我提出了"培养真正觉悟的人"的育人理念，并通过民主协商式德育来予以实践。

三、育人理念发展历程

（一）在模仿中萌芽

1999年，我踏上了三尺讲台，成为一名小学语文教师并担任班主任。刚毕业的我为了把班级带好，让自己成为一名合格的班主任，总是事事亲力亲为，花了很多时间和精力在班级管理上，每天早上不到7点就到学校，带领孩子们早读，放学后把事情忙完才回家，往往都在天黑后才到家。那时孩子们也算"听话"。班级也在预料中各项成绩名列全段前茅。到了第二年，学校领导安排我做了学校少先队工作，多了一份工作，明显感觉时间不够用，学生也没以前那么"听话"，有人劝我放弃班主任工作，我毫不犹豫地否定了这个想法。

为了改变现状，我不断问自己：该怎么做才能让自己轻松些？怎样的班级管理才算是优秀的？我努力学习魏书生写的《漫谈班主任工作》一书，并模仿书中的方法在班级里进行尝试。之后还制定了班规，因为班规是我制定的，总是有些孩子会违反，我也会很严厉地批评他们。在班规的约束下，孩子们也"听话"了很多，但是制度毕竟是死的，而且只是我一个人所为，所以难免会被几个不遵守的学生破坏，在长时间的制度压制下，可想而知，我的第一届学生在表面上"听话"而内心是"汹涌澎湃"的，要不就是言听计从，没有自己的主见。

2003年我迎来了自己人生的第二届学生。我又开始琢磨着要如何让学生能主动积极地参与到班级管理中。当时在媒体网络不发达的情况下，阅读书籍、杂志是最好的学习渠道。于是那年夏天，我再次细致阅读魏书生教师的《漫谈班主任工作》，一想到魏老先生曾经在担任校长期间还担任两个班的班主任，还到全国各地讲学、研究，他到底是怎么做到的呢？于是我又反复阅读他的书籍、聆听他的讲座光盘。这次阅读我将关注点从制订班规转移到如何让全体学生积极主动地参与到班级管理中。其中有一章就是讲如何做到"班级中人人有事做，事事有人做，人人都是班干部"的具体策略，那年暑假我就开始谋划自己新班级的带班新模式，努力让孩子们在班级中人人有事做，使班级事务事事有人做。那时候起我就开始思考我要培养什么样的人，查阅大量文献资料，结合自身思考，我觉得我应该要培养有理想、负责任、有担当、守规矩的新时代公民。那又该如何在我的班上得到培养呢？又该如何培养呢？经过反复琢磨，我第一次提出了民主协商式德育。

（二）在提炼中清晰

2009年，我送走了我的第二届学生，又迎来了我的第三届学生，当时我有幸加入吴闪燕名班主任工作室。每一次的研修活动，我都积极参与，在吴老师的指导下，2010年4月我顺利评上了区第二批名班主任，于是在研修、评选过程中，我再次思考和提炼我的育人理念及带班风格。2012年，我有幸在温州市首届骨干班主任研修班遇见导师曾蓉蓉老师和郑碎飞老师，在他们的引领下，我成长很快。2013年我顺利评上了温州市第三届名班主任。之后在温州市第二届百名领军遇见了德育特级教师林志超导师，在温州市十三五领军教师研修班、温州市教育名家培养对象研修班，我又遇见了让我的育人理念逐渐清晰明朗的导师——浙江省特级教师、宁波立人中学厉佳旭校长。记得厉导在指导我如何提炼育人理念时，反复强调：你要不断问自己为什么要提出民主协商式德育？民主协商式德育最终的目的是什么？它最终指向是什么？再反复推敲追问到灵魂之处就是你这个民主协商式德育背后所支撑的育人理念。厉导还告诉我要多阅读相关理论，并推荐我阅读与民主协商式德育相关的理论书籍，如杜威的《民主主义与教育》、建构主义理论等。在厉导的耐心指导下，我结合自己十多年的班主任工作，进行不断地梳理、提炼、追问。我的民主协商式德育及其背后的育人理念——"培养真正觉悟的人"也逐步清晰明朗起来。

（三）在研修中形成

2014年，我很幸运地考上了杭州师范大学在职教育硕士。学校给我配备了一名著名的教育硕士论文导师——赵志毅教授。在赵教授的指导下，我正式提出了民主协商式德育。2016年，我以"'花瓣式'（即民主协商式）班级管理范式研究"为题申报了一个区级教育规划课题，同时认真地拜读赵老师的著作《德育原理》及他曾经在《上海教育》发表的《民主协商式班级管理的走向》一文，他还给我推荐了相关理论书籍及国内外相关研究的书籍。几年来，我在赵教授的指导下，边学习相关理论，边将理论在自己班级中进行实践。2017年，我的课题成果获得了二等奖。我的教育硕士毕业论文《"花瓣式"（即民主协商式）班级管理范式研究》也顺利通过答辩。从那时起，我心中更加坚定了我的民主协商式德育。2018年，我又以"民主协商式班级管理的实践研究"为题申报了区教育规划课题，2019年，我的课题又顺利结题并获得了二等奖。2020年3月，我的"LX模式：农村小学民主协商班级文化建设的叙事研究"在温州市教育规划课题中立项。一次又一次研究实践，更加坚定了我对"培养真正觉悟的人"育人理念的追求，也初步形成了我的民主协商式德育。

四、育人理念的实践

作为班主任，该如何在班级管理中践行我所追求的"培养真正觉悟的人"的育人理念呢？我采用了民主协商式德育。

民主协商式德育体现以生为本原则，代表当代民主新形态，集合全体学生、教师智慧管理班级，所生发出来的正能量无可估量。民主协商、平等参与，克服了自由主义消极因素；相互尊重、理性交流，既有独立思考，又有民主协商。在班级管理中，每一位成员都是一个不可或缺的构成因子，激活班级管理每一个构成单位，每一位学生既是管理者又是被管理者，并在多元互动中形成主人翁意识和过硬的管理能力，有利于营造一个和谐、关爱、友善、互助、公正、平等的班集体。

我从以下几个方面进行举例说明具体践行方法。

（一）班级精神我提炼，培养有理想信念的人

一个真正觉悟的人，应该是一个有伟大理想信念的人。每一个班级都应有一种自己特有的班级精神，班主任应利用这种班级精神的提炼，让班级的每一位学生都成为班级的主体，以此来引领班级的每一位学生向上向善发展。作为班主任的我该如何挖掘一个班级的精神来践行我的育人理念？

在传统的班级管理中，可以阿拉伯数字来给班级命名，例如：一（1）、一（2）……这样的班级命名，对学生没有亲切感；也可以是班主任自己给班级取一个名字，这样的班级命名不能体现学生的民主参与。民主协商式班级管理中德育，班级命名是由全班每一位同学共同参与命名的。我在成立班级之初先举行了"为班级命名征集活动"。征集活动要求全班学生在家长的指导下，给班级取一个名字，还得说出命名的意义所在。第二周的班会课上，我收到了来自全班40位同学的班级名字，其中有满天星班（寓意：班级40位同学就像40个星星在班级中不断闪烁）、水滴班（全班40位同学，每一位同学就像一个小水滴，只要大家团结起来就可以形成小溪流，最终汇入大海，这样就力大无比，代表着全班每一位同学都很重要，也寓意着团结就是力量，更代表着一个集体要凝聚在一起。还体现了水滴石穿，凡事都得坚持不懈才能成功）、绿芽班（全班40位同学一年级进来就像一颗小绿芽慢慢成长起来）……结果在全班40名同学和40名家长的投票之下，"水滴班"这个名字以高票胜出，大家纷纷表示，"水滴班"寓意比较深远，同时符合民主协商式德育，班级每一位同学都是主体。

在"培养真正觉悟的人"育人理念的引领下，民主协商式德育让全班每一位同学都参与到班级精神的提炼活动中，人人都是班级中的一员。让每一位同学在给班级命名的活动中主动展示自我，为今后走向社会，成为一名有主见、有想法、有集体精神、敢于发言、敢于推销自己的合格的现代化公民而奠定基础，同时，也对培养学生良好学习、生活习惯和道德品质有重要的促进作用。

（二）班级制度我来订，培养能接受纪律约束的人

一个真正有觉悟的人，应是一个能接受纪律约束的人。在传统的班级管理中，班主任将自己对学生的要求制订成班规，要求学生必须按照班规办事，不可违反。而在民主协商式班级管理中，我们的班规称为"班级公约"。这不仅仅是名称上的改变，更是一种做法上的改变，改以往班主任要求学生做到什么为全班同学通过班会课的讨论，寻找自己身上有哪些地方还做得不到位的，然后大家提出来，针对大部分同学做得不够的，再形成公约，这是全班同学通过讨论后的约定。例如，"水滴班"有几个同学上课经常迟到，影响了班级五项循环竞赛的夺星成绩，于是第一条公约大家就提议"按时上课不迟到"；再根据课间有部分同学会在走廊上或教室里跑来跑去，一是不安全，二是影响别人休息，于是就有同学提出"下课休息不乱跑"的公约……最后根据班级实际及本着公约要简单明了，让人读起来朗朗上口容易熟记于心的原则，进行集体讨论投票，最终确定了以下班级公约：

水滴班公约

我们是水滴班的一员，我们共同约定：

按时上课不迟到；上课专心勤思考；下课休息不乱跑；

同伴之间要友好；作业认真不潦草；劳动积极争环保。

2018年9月

在"培养真正觉悟的人"育人理念的引领下，民主协商式德育让全班每一位同学都参与到班规的制订中，充分体现了自己的班规自己订、自己订的规则自己守的民主意识。

（三）干部竞选我有份，培养负责任、有担当的人

一个真正觉悟的人，应是一个负责任、有担当的人。民主协商式德育需要每一个成员的热情参与，还需要建立完善的民主协商管理组织，具体负责执行、监督民主协商制度的落实。班主任依然是不可或缺的组织者、设计者、参与者。

民主协商式德育的实施有利于将班级管理工作化整为零。班级设置众多岗位，每一位学生都有比较明确的岗位，每一个岗位是一个管理点，如同岗位承包，责任人就是岗位学生，学生分摊班级管理工作和责任要对全体班级学生负责，而不是对班主任负责。岗位工作评价也由过去班主任一个人评价变为现在全体学生给出评价。

在民主协商式班级管理中，我每接一个班级都会在班级中举行班干部竞选，而每次选举都会比较隆重。在每个学期初家长会上（低段在家长会上布置，中高段时直接布置给学生本人），我会下发一张《班级班干部职位及岗位职责一览表》，上面清清楚楚地注明班级需要的岗位及岗位职责，让学生自己从中选择适合自己的岗位，当然还会空几行，鼓励学生自己去寻找岗位、发现岗位，甚至可以创造岗位，只要是你自己找到的新岗位，那这项工作就是你的。如果有多人申报同一个岗位，则启动班干部竞选第二轮，让这几位同学在班会课上陈述自己申报的理由，也就是班干部竞选演讲，之后由全班同学讨论并进行无记名投票产生，如果没竞选上再去寻找新岗位。等人人都有一个岗位了，再利用班会课的时间对全班同学进行岗前培训，培训后再进行为期一个月的岗位实践锻炼，如果都能达到预期职责标准将继续留任，如果没能达到标准将会进行待岗锻炼，直到改善后才能继续聘用。

这进一步实现了班级中人人有事做、事事有人做的民主协商式德育，努力做到人人都是班级中的主体，人人都是班级里的干部，人人都有责任管理好班级，充分体现民主协商式德育中责权兼并。学生自行选举班干部，建立班级管理公约，设置多种班级管理岗位，需要班主任对整体工作进行监督指导，负责对班级组织的全面建设，为民主协商管理班级发挥重要作用。

（四）先进评选我投票，培养能辨是非、讲正义的人

一个真正觉悟的人，还应是一个能辨别是非、讲正义的人。实施民主协商式德育，我开展了"我的先进我评选"活动。

在民主协商式班级管理中，每逢学期结束评选优秀学生评选时，都会让孩子们进行无记名投票，班主任和学生一样，每个人手中都有一张写有全班每个学生的选票，每人一票进行投票，再进行现场唱票，按票数从高到低选出班级中本学期的优秀学生。当然在每次评选过程中，也会有学生问："老师，能不能选自己啊？""当然可以，这是你的权利，每个人都有选与被选的权利。"平时班主任们总会担心学生会选不准，其实在孩子们的心目中都有一把公正的尺子，只是班主任担心或没有给予机会罢了，这样人手一票参政议政，让学生在公平、公正

的氛围中共同竞争、共同成长。此时，班主任和全班学生一样只作为班级中的普通一员，发挥信息传递、组织设计、协调应对等作用，为班级管理提供服务角色作用，有效地营造了一个民主、公开、公正、平等的班集体。

五、育人理念的成效

21年的班主任工作实践、研究和坚持，在"培养真正觉悟的人"的育人理念引领下，我逐步形成了自己的带班风格——民主协商式德育。这也正顺应了我国学生发展核心素养所提倡的要培养以"学会学习、健康生活、责任担当、实践创新"等为基本要点的"全面发展的人"。

21年来我所带的第一个班级在2002年被评为浙江省雏鹰红旗中队，2006年我所带的第二个班级获全国少先队十大魅力中队，2015年我所带的第三个班级获得了温州市先进班集体。我的学生也有300多人次在全国、省区市获奖。我个人也曾被评为浙江省师德楷模、浙江省教坛新秀、温州市名班主任、温州市瓯越情优秀教师，获得了20多项区级及以上综合荣誉。

经过21年的实践，我的民主协商式德育也逐步被同事、家长、领导、学生所认同。一个跟我共事21年的同事这样评价我："我们都知道，她带的班级学生每位都性格开朗、成绩优异、班级管理能力独当一面……在她的管理下学生是自主管理、快乐学习，她没有很多的教条但学生很尊重她，因为她很民主，也很尊重每个孩子。班级的每一次活动都尽可能地让全班每一个孩子参加，班级的每一个孩子都有自己的一个岗位，每一个孩子都能在自己的岗位上努力工作着，真正成了班级的小主人！在王老师的身上，我们看到了：唯有坚持，才能形成自己独有的风格！"

曾经与我共事10多年的学校领导这样评价我："王老师，她身兼数职，既教语文又当班主任、副校长，曾经还兼任办公室主任，又担任市省区三级名班主任工作室主持人，重点是她还可以做到一副班主任不该有的悠闲状态。有一次在采访她的学生中发现，看似王老师很悠闲，实则她早已与学生协商好，班级中的事务都被孩子们主动认领，她这个班主任当然也就高枕无忧了。在王老师身上，我们发现了教育应该让学生做一个真正觉悟的人。王老师的民主协商式德育使她悠闲，使她能在众多事务接踵而来之时保持清醒的头脑，从容地处理。"

在民主协商式德育的引领下，班级的每一次活动，我都尽可能地让全班每一个孩子参加，班级里的每一个孩子都有自己的一个岗位，每一个孩子都能在自己的岗位上努力工作，真正成为班级的小主人。班级中时刻流淌着民主的气息、协商的味道。平时孩子们有叫我"老王""王妈"的，甚至有叫"王杨姐姐"的，多亲切的感觉！这一切都源自我的民主协商式德育。

主题运动会：学校运动会的突破与创新

乐清市智仁乡寄宿小学 石 峻

"主题运动会"是在"立德树人"与"学生核心素养发展"等教育背景下，基于学校办学理念及育人目标，围绕某一个"项目""核心""焦点""主旨""中心""要旨"等主题而举办的多项体育运动的竞赛会。历经六年的实践，乐清市智仁乡寄宿小学全面改造了学校运动会的比赛主题、项目设置、组织形式与评价办法，克服了当前"田径运动会""亲子运动会""趣味运动会"等基层学校运动会的弊端，强化了学校运动会的教育性、锻炼性与文化性，已成功举办了"民族民风""农耕文化""海洋文化""童年童话""动植物朋友""太空科幻"六届主题运动会，创新出了200多项运动会项目，形成了一种在理念上、内容上、形式上、评价上都是全新的学校运动会模式。

一、背景与意义

（一）问题叩击

当下，绝大多数中小学学校运动会基本上都是以田径运动会为主，众所周知，田径运动会因竞赛规则严密、竞赛项目较少、竞赛水平要求较高而导致学生参与率不足30%，这显然与"学校运动会为学生"的学校运动会办会宗旨不符。同时，田径运动会因凸显的是竞技运动能力与水平，会产生追求"金牌第一"的锦标思想而忽视了运动会的"育人"功能。另外，传统的学校田径运动会与学校文化传承和建设脱轨、与学生品行教育脱轨也是一个不争的事实。因此，如何利用运动会这一教育平台，达到既强体又育人，既能活跃学校文体氛围又能实现文化的传承是一个值得研究的课题。

（二）时代呼唤

核心素养是党的教育方针的具体化。以"全面发展的人"为核心的《中国学生发展核心素养》总体框架包含人文底蕴、科学精神、学会学习、健康生活、责任担当、实践创新六大素养，如何让这些适应终身发展和社会发展需要的必备品格和关键能力落地生根是一个亟待需要解决的问题。学校运动会不仅是学校的一项教育教学活动，而且是一门综合实践课程。基于此，学校主题运动会必然是学生核心素养发展的有效载体，运动会主题的确立必须符合学生核心素养发展的要求，不能仅仅落实某一个素养或某一个领域。主题运动会应能将宏观的教育理念、学校培养目标与具体的教育教学实践有机联结在一起，能实现学生核心素养的发展。

二、构架与实施

（一）基于理念，确立主题

1. 基于学校课程理念

主题运动会是学校的一项教育教学活动。既然是活动，其主题必然是基于学校的课程理念与育人目标。例如，近年来，乐清育英寄宿学校小学分校先后确立了以"文化"为主题的"农耕文化""海洋文化"及以"科学"为主题的"太空科幻"学校主题运动会，这些"文化"与"科学"主题的确立，充分体现了学校"传统文化修身　科学理性笃行"的课程理念，实现了"德才兼备　中西融通"的育人目标。

2. 基于课程改革的焦点

主题运动会也是学校的一门课程。它既是一门体艺类拓展性课程，又是一门知识拓展类课程，还是一门综合实践课程。《浙江省深化义务教育课程改革指导意见》于2015年3月正式出台并明确要求各级各类学校分类建设拓展性课程，因此，我们就要从课程的视角来选择与确定运动会的主题，如"民族民风"主题、"动植物朋友"主题等，这些主题的确立，能充分拓展课程改革的特征，体现运动会的育人价值与学校的课程特色。

3. 基于体育学科的性质

主题运动会是学校体育的一个重要组成部分，是体育课堂教学的延伸和拓展，"身体练习"是体育课堂教学的特征，也是体育学科的性质。因此，在设计运动会主题时，可以将一些身体练习特征明显的项目作为主题，如"篮球""足球""排球"等主题运动会；还可以将一些专项素质与体能作为主题，如"力量""速度""耐力""灵敏"等主题运动会。这些"主题"的确立紧紧围绕着"身体练习"的体育特征，凸显了"强身健体"的功能价值。

4. 基于儿童中央的立场

"让儿童站在操场的正中央"主张一切以学生的健康成长为出发点。因此，我们在设计学校主题运动会时，必须从学生的需求出发，让学生站在操场的最中央。如"童年童话"主题运动会、"太空科幻"主题运动会等，这类运动会主题鲜明，把学生最喜爱、最感兴趣的"童话故事""科学与科技知识"引入校园，搬进运动场，与运动会有机融合，让学生充分享受童年的快乐，感受科学与科技的力量。

（二）选择内容，制定规则

"主题运动会"反对将一些传统的"竞技"式的、成人化的、枯燥无味的内容作为比赛项目，也反对将一些没有挑战性、低级趣味的游戏项目作为比赛项目。我们追求的是原创，要求源自体育课堂、源自生活、源自科技故事、源自历史典故，同时要适切主题寓意，具有安全、易学、可操作性强的特点，能满足不同性别、不同年龄、不同体质、不同兴趣爱好学生的需求。

1. 源自体育课堂

体育课堂是主题运动会竞赛项目的主要来源，同时，主题运动会又是检阅体育课堂学习效果的平台。在体育课上学动作、学技术，在运动会上能运用动作技术、展示动作技术是当下体育课程改革的走向。如农耕文化主题运动会中的"车轮滚滚"比赛项目（图1），此项目就是源自我们日常体育教学中的"前滚翻"，只不过是改变了一下练习环境，让学生在一封闭的类似"车轮"的圈内做连续前滚翻。再如动植物朋友主题运动会中的"穿越森林"项目（图2），该项目是源自体育课堂教学中的"足球：多种形式的脚内侧运球"，也是设置一个"森林"环境，以标志杆代替"树木"，让学生在"森林"环境中进行"运球"比快。像这样来自体育课堂教学中的比赛项目，既符合运动会的主题寓意，又生动形象。

图1 车轮滚滚（农耕文化主题运动会）　　图2 穿越森林（动植物朋友主题运动会）

2．源自生活实践

生产劳作活动不同于体育活动，但我们可以进行适宜的改造从而变为体育活动，也可以成为主题运动会的比赛项目。例如我们将生活中的"锯木头"加上规则和动作要领之后就改造成为"农耕"文化主题运动会的一个比赛项目。"抛缆绳"是渔民出海打捞归来将渔船停靠时将缆绳抛向岸边固定渔船的一个抛绳动作，通过改造，将它作为"海洋文化"主题运动会的一个比赛项目，同时，根据各年级段学生的能力与水平，将"缆绳"截成不同长度绕城圈满足不同年级段学生比赛需求。

3．源自科学科技

随着科学的发展与科技的进步，人们的生活方式也在发生着改变。科技在改变着生活，科技也在改变体育。认识科学、利用科技、科学锻炼身体不再是一句口号，而是学校的一项重要教育教学工作。对此，我们充分挖掘科学与科技教育资源，把一些科学现象、科技成果与运动会相结合。如在"太空科幻"主题运动会中，我们设计了"高铁时代"（图3）与"黑洞"（图4）两个集体项目比赛，在让学生参与比赛的同时，运用运动技能，传承科学精神，感受科技力量。

图3 高铁时代（太空科幻主题运动会）　　图4 黑洞（太空科幻主题运动会）

4．源自历史典故

"后羿射日""哪吒"等故事对每一个小学生来说基本上是耳熟能详，其故事情节能娓娓道来。后羿为什么能射日？哪吒为什么能快步如飞？他们凭借的是什么本领？是因为后羿掌握了射箭技能，哪吒脚踩风火轮有超强的平衡能力。对此，根据后羿射日的故事，我们童年童话主题运动会中设计了"后羿射日"项目（图5）；同样，根据哪吒脚踩风火轮的形象特征，我们设计了"水平一：脚踏滑板车过障碍"、"水平二：脚控平衡车过障碍"（图6）、"水平三：脚夹跳跳球跳短绳"的"哪吒"比赛项目。

图5 后羿射日（童年童话主题运动会）

图6 哪吒（童年童话主题运动会）

（三）准备器材，预先学练

传统的田径运动会需要规范的场地与标准的器材，而主题运动会就克服了这些苛刻的条件，甚至无须环形跑道，尤其适合场地小、器材短缺的学校，适合我国大部分中小学校情。

1. 利用现有的器材

主题运动会主张厉行节约，反对不必要的浪费。根据比赛需求，有一些常用的体育器材可以直接利用，例如，小体操垫可用来作为海洋文化主题运动会中"章鱼爬行"的器材，稍加改造还可以作为农耕文化主题运动会中"车轮滚滚"的"车轮"；将两个五人制足球门合在一起上面放置防盗网就可以作为"翻山越岭"及"爬渔网"的器材；肋木架可以直接用来的"上山摘花"的器材；篮球、足球、排球分别可以直接用来的"穿越森林""丛林穿梭""飞向太空"等比赛的器材。

2. 制作或购置简易器材

有些器材虽然比较简易，但日常教学中很少用到，像这样的器材一方面可以自制，另一方面可以在超市、农贸市场、淘宝网直接购置。如农耕文化主题运动会"农夫插秧"项目需要用到"秧苗"，我们就可以用废弃的"插花"修剪后作"秧苗"；超市里 5 kg、10 kg、15 kg 袋装大米，分别可以用来作农耕文化主题运动会中的"手提粮食""肩扛粮食""肩挑粮食"的器材；再如"沸腾的海洋"所需的"海洋球"就能在淘宝网上购买到等。

3. 改制特殊器材

对一些工艺不复杂的特殊器材，则需要改制。如海洋文化主题运动会中的"踩泥马"与"赛龙舟"项目，所用的"泥马"就是用儿童滑板车改制而成的，"龙舟"就是将常用的体操凳改制而成的。

4. 定制特殊器材

对一些安全系数要求比较高、工艺较复杂的器材，则需要特别定制。如动植物朋友主题运动会中"龟兔赛跑"需要用到的"龟"与"兔"，太空科幻主题运动会中"高铁时代"与"神州飞船"中的"高铁"与"飞船"模具，则需要专门的玩具生产厂家定制，以确保比赛的安全。

特别要注意，无论现有器材还是自制器材与定制器材，一定要确保比赛的安全，对一些不适合比赛的器材坚决不能用。器材准备好之后，还要让学生预先进行适应性练习，注意适度调整器材规格。

（四）编制规程，组织比赛

1. 布置场地因地制宜

虽然主题运动会要求的场地没有像田径运动会那样要求高，但因设置的项目比较多，场地安排时必须因地制宜，注意安排的合理性。如"蜘蛛侠"在攀岩场地；"上山摘花"在肋木架场地；"沙滩地掷球"在跳远沙坑场地。另外，还要注意各年级组相同项目与不同项目的场地安排，以免发生冲突。

2. 安排日程板块推进

主题运动会项目设置基本上都是分为集体项目与个人项目两大板块，安排日程时就按集体项目与个人项目两大板块推进，时间按1∶1分配，第一天安排集体项目板块，第二天安排个人项目板块。集体项目可根据学校规模与场地条件，可分2～3个场地同时进行，如果分2个场地，可分1～3年级一个场地，4～6年级一个场地；如果分3个场地，则可按水平分，水平一、二、三各一个场地。个人项目比赛可安排在各场地同时进行。

3. 组织比赛"四无""四定"

主题运动会没有像田径竞赛那样有严格的竞赛规则与比赛要求，采用的"四无""四定"即"无发令枪、无须佩戴号码布、无检录环节、无预赛，定比赛项目、定比赛地点、定裁判员、定比赛时间段"的组织形式，能够充分体现学生自主、自觉、自律。

（五）创新评价，改进激励

主题运动会不计团体总分与名次、不设金银铜奖，按主题特征设奖（表1）。这种评价方式淡化了运动会"金牌第一"的锦标主义色彩，能够大大激发学生积极参与运动的热情。

表1 主题运动会奖项设置

主题	奖项
农耕文化	水稻奖、小麦奖、玉米奖
海洋文化	鲸鱼奖、鲨鱼奖、鳗鱼奖
童年童话	格林奖、安徒生奖、小王子奖
动植物朋友	熊猫奖、金丝猴奖、梅花鹿奖
太空科幻	神舟号奖、蛟龙号奖、和谐号奖

三、实践成效

（一）彻底改变了传统的学校运动会的弊端

实践证明，"主题运动会"学生参与率超过了100%，实现了"人人参与"，凸显了"学生运动会为学生"的办会宗旨。从主题的确立、项目的遴选、比赛器材的制作与改进、比赛方法的确定、赛前的适应性学练到入场式、比赛、闭幕式的每一个环节，一切都是围绕"学生的发展"这一核心理念，一切都是根据学生年龄、生理心理特点与需求、学校育人目标与课程理念及地域资源等特点而校本化设计的，将"人文底蕴、科学精神、学会学习、健康生活、责任担当、实践创新"六大领域素养的全面发展真正应用在运动会中。

（二）实现了"学、练、赛"一致性

"主题运动会"比赛期虽然只有两天，但赛程贯穿全年。在一学年的时间里，教师将比赛

中相关运动技能、知识、文化的教学目标融进日常教学中,将各单项竞赛融入课外活动中,主题运动会相当于"总决赛",从而将"在课堂中学、在课外中练、在运动会中赛"有机联系在一起,同时,也体现了运动会的课程化。

(三)师生同步发展

2015—2019年连续五年《国家体质健康标准》检测结果显示:乐清市智仁乡寄宿小学学生优良率从37.7%上升至55.3%、合格率稳居温州市乃至全省同类学校首位。以"文化"与"科技"为主题而设计的运动会,不仅激发了学生运动兴趣,在发展学生体能、增强学生体质的同时,还让学生体验和领悟到了中华优秀传统文化的博大精深,学习和掌握了科学与科技知识,培养学生集体团队合作精神,凸显了学生的"运动能力、健康行为、体育品德"学科核心素养的发展。

实施主题运动会以来,乐清市智仁乡寄宿小学实验教师先后有20余篇相关论文、案例发表在《中国学校体育》《基础教育参考》《教学月刊》等权威杂志上并获奖,极大地促进了教师专业成长。

(四)办会特色鲜明

《中国教育报》《中国学校体育》等多家国家主流报纸杂志及媒体对乐清市智仁乡寄宿小学先后做过专题报道,我多次应邀到省内外教育部门及兄弟学校作经验交流推介。据统计,全省目前有60余所学校陆续举办了不同主题的主题运动会,影响市内外。"运动会主题化、主题课程化、课程序列化"的学校办会特色日益鲜明。

四、推广价值

(一)场地器材简单易于普及:省"薪"省"心"

无须标准的场地、规范的器材,尤其适合场地小、器材短缺的学校,适合大部分学校校情。

(二)内容创新满足学生需求:全"新"全"一"

所有项目都是原创,来源于体育课堂,来源于生活,源自科技故事,源自历史典故,具有安全、易学、可操作性强的特点。能满足不同性别、不同年龄、不同体质、不同兴趣爱好学生的需求。

(三)比赛组织简单易于操作:省"工"省"力"

采用"四无""四定",充分体现学生自主、自觉、自律。

(四)评价易于激发学生兴趣:有效有趣

不计团体总分、不计个人名次、不设金银铜奖,按主题特征设奖,学生参与的兴趣能得到提高,积极性能够得到激发。

"主题运动会"是一个新鲜事物,也是一个很有生命力的教育平台,它的生命力来自比赛项目与比赛形式的创新,来自核心素养发展的导入与交融,它突破了传统的学校运动会的弊端。"主题运动会"实施六年来虽然取得了一定成效,但尚处在探索实践阶段,需要进一步实践完善。

归属·共情·自信
——一个"感统失调"孩子转变的三部曲

温州市洞头区城关小学　余娟娟

　　国无德不兴，人无德不立。"立德树人"是教育事业发展必须落实好的根本任务。教育是心灵的艺术，从某种意义上说，教育最需要的不是"思想"，而是良知。做教育就是做人。教育的对象是活生生的人，教育的过程应该充满人情味，教育的每一个环节都应该体现对人的理解和尊重。

　　如果我们遇到的教育对象反应迟钝一点、语言表达奇怪一点、神情恍惚一点……我们的教育是否还能坚持"走心"一点呢？

　　苏霍姆林斯基曾说："不应当让一个不幸的、被不良环境造成艰难境遇的孩子知道，他是一个能力低、智力差的人。教育这样的孩子，应当比教育正常儿童百倍地细致、耐心和富于同情心。"[1]面对这些特殊的"他们"，与其拼命去想，用什么高深教育理论去引导，不如用"心"去养育！

　　2018年9月，一个特殊的孩子闯进了我的"教育理想国"，第一次让我见识到了"感统失调"。感统失调通俗的说法是儿童大脑在发展的过程中出现很轻微的障碍，通过药物治疗配合康复训练才能纠正。也就是说，感统失调并不是一种真正意义上的病症。感统失调的孩子智力都很正常，只是孩子的大脑和身体各部分的协调出现了障碍，使得许多优秀的方面表现不出来。通常孩子在12岁之前通过训练很容易纠正感统失调的现象，一旦超过12岁就会定型，无法改变。

　　两年前，小Z刚来我们班，当时开学已有月余。她的突然"造访"，让我笃定她的背后必定藏着"某个故事"。果不其然，初次见面，便让人印象深刻：长着小兔牙，流着鼻涕干，眼神涣散，游离不定。自她的课桌搬进教室的那一刻起，我的心便猛然悬起。一个声音告诉我：一场艰辛的"马拉松式的教育"即将开始！

　　第二天中午，临近放学，我正在上语文课，大家都在安安静静地写生字，可是她却径直站在那里，眼神始终在教室外面和教室四周游离。这种游离，我理解成在适应环境，因为她的眼神里有恐慌，像在寻求安全感。从昨天到现在，她的屁股就不曾坐下来过，书也未曾打开过，铅笔更是一动也不动地躺在笔槽里。她又好像在等什么？任凭你跟她说了多少句"坐下来"，她也无动于衷，好像她有一个自己的世界，她出不来，你也进不去……下课铃一响，我还没说"下课！"她已经离开位置。见她快要跑出门口了，我压不住心头蹿上来的一股无名火，一声大吼："站住！"她却头也不回，生气地说："我要去找妹妹！"便跑走了。这算是她与我说的第一句话。

上课不听、作业不写，又这么不配合，难怪会转学，又转班。才上二年级上学期，就已经转学3次，这个学期才开学一个月，她又已经转班3次。到底是为什么？我告诉自己一定要找出原因。于是，长达3天的观察记录开始了：她的表情、语气、肢体动作、不易察觉的情绪和情感状态都像放电影似的，印刻在我的脑海里。这个孩子似乎有点"疑似孤独症"，因为这几天，除了她口中的"妹妹"，她几乎没有与任何一个同学交流过。这又是为什么呢？

要真实、深入地了解一个孩子，有效的"家校沟通"必不可少。通过电访得知，在她一周岁的时候，从两层高的床上摔下来，头部磕到了坚硬的积木，流了很多血，缝了好几针，当时爸妈不在身边，有点惊吓过度，后来就变得不爱说话、怕见生人。原来根本原因在这里，让她的内心一直这样不安。我听着小Z小时候的故事，内心隐隐作痛，懊悔自己那天不该对她怒声呵斥……

序曲一：巧用介绍，寻找"归属"

我思索，她总是站着上课，是不是对这个班级还没有归属感。于是，第二周的周一，上班会课的时候，我替小Z做了一个视频短片的自我介绍，选了几张她拍得比较漂亮的照片和她在家里写得很端正的字，给全班同学看。还拉着她的手跟全班同学一个个打招呼。我看见她第一次不好意思地笑了，露出了可爱的"兔牙"，可以确定这样的仪式感，她从未经历过。下课了，我看见同学们主动去找她玩了，她也开始回应他们了。于是，我也开始找她"聊"了，她说自己喜欢现在的班级，她说自己不想走。我告诉她："这里就是你在学校的'家'，你不需要走。"她用一双大眼睛看看我，似乎还在质疑。于是我对她说："教室里的每一张凳子都有一个主人，你就是那张凳子的主人。"

这一周来，她真的变成了那张凳子的"主人"了，虽然上课的时候还会控制不住站起来东张西望，但总算坐着的时间比站着的长，眼神也坚定了，不再总是游离了。自从和同学们开始说话，她的笑容就渐渐多起来了，她的表情也渐渐不再惶恐了，平和了许多，感觉像是回过神来的样子，下课也不跑去找妹妹了！宝贝似的守着自己的凳子。面对这样"疑似孤独症"的孩子，归属感才是他们真正需要的。只有让他们感觉到自己是被身边的人或这个班集体认可与接纳的，他们才会从中得到温暖，并获得帮助和爱，从而消除或减少孤独和寂寞感，获得安全感。

序曲二：借用绘本，引起"共情"

本以为小Z屁股着了凳，应该可以安心上课了，可是发现她写作业的时候，反应会慢半拍，如一个词语已经拼出了拼音，字也是会写的，可是在下笔的时候，手却没有反应，好像大脑的信号得多等两分钟才能传达过来似的。又是一个课堂观察的发现，到底在家里会不会这样呢？我必须找她妈妈聊一聊，于是，我等到放学的时候，让她妈妈进学校，把这个情况反馈给她妈妈，竟不料，她妈妈说，这就是"感统失调"。

我查了百度百科，了解了这个新名词后，心情有些沉重：一个这么小的孩子，怎么承受得了这些"标签"，于是，面对她，我的内心变得格外柔软。可是，小组长可不干，每一次交作业他们组都是全班最慢，每一次小组合作他们组也没能按时完成任务。来自同学们的埋怨和责备渐渐多起来，小Z原本不快的动作变得更慢了，同学们还私底下叫她"蜗牛冠军"，我看着心里有些着急。

于是，我上了一节《牵着一只蜗牛去散步》的绘本班会课，借着绘声绘色的微电影，"慢蜗牛"的故事走进了每一个孩子的内心，他们似乎都有所触动。我借机引导孩子们：爸爸妈妈眼中有"蜗牛孩子"，教师眼中也有"蜗牛学生"，而你们眼中也有"蜗牛同学"，甚至有时候你会觉得自己就是一只慢慢的蜗牛，可是没关系，慢有慢的好处，闻花香，赏花园，感受微风的温柔，聆听虫鸣的清脆，观看满天星斗的亮丽……这些都是"慢"出来的风景。讲到这儿的时候，包括小Z在内的一些平时动作比较慢的孩子都似乎"如释重负"，开心了起来。而那些平时总爱嫌弃人家慢的同学也似乎理解了他们一些，面露惭色。

紧接着，我借助"共情"的力量，讲述了自己小的时候也因为是一只"慢蜗牛"而被别人嘲笑的故事。我又讲述了自己是怎样要求自己每天前进"一厘米"的经历，并给小Z在内的6只"慢蜗牛"找了6只"快蜗牛"，生生结对，每天监督帮助，进步一点点。和小Z结对的"快蜗牛"成了她的新同桌，不仅学习能力特别强，而且极富细心、耐心，小Z上课稍一走神，同桌就会提醒她；大家在做课堂作业的时候，小Z容易发呆，同桌就会督促她……渐渐地，小Z都能按时完成课堂作业，并按时上交了。她终于告别了"蜗牛冠军"的称号！

序曲三：朗读手册，建立"自信"

转眼间，过了期中考，她语、数两门都只考了50几分，但她妈妈说，孩子能把试卷上自己会的题目按时完成，已经很不错了。可我觉得，这个孩子还有潜能！要激发她的潜能，就要建立她学习的自信心。首先必须更新家长对小Z的固有偏见。家长会上，为了小Z，我特意引用了《朗读手册》里"珍妮弗"的例子：

当珍妮弗出生时，就被诊断为患有唐氏综合征，极有可能是耳聋、全盲，而且很可能是严重智障。但是，从她出生后，她的父母就抓住一切机会读故事给珍妮弗听。结果是，7年过去了，她是一名小学一年级的学生了，她的阅读测验总是得满分，这个原本可能是智障的孩子，居然已经成了班上阅读成绩最好的学生。这个故事让我们发现，朗读对孩子的健康成长来说是有巨大魔法的，哪怕是对有智力缺陷的孩子。

我还特意分享了一首诗：

你永远不会比我富有，

哪怕你手握无限的财富，

一箱箱的珠宝与一柜柜的黄金。

但是，我有读书给我听的妈妈。

我想借着家长会这么正式的场面，告诉小Z的家长：为了孩子，你必须改变！从你自己做起——每天坚持半小时阅读，引导小Z慢慢地对书本产生兴趣，对学习产生信心，也许这将会是改变孩子的一条路径，很可能会影响她的一生。家长很配合，虽然起初小Z还不是很喜欢看书，但已经养成了每天看书的习惯，她的心静了许多。同时，我也特别交代小Z家长，一定要多鼓励孩子，让她对学习产生自信心。在这个孩子心里，她对她的妹妹特别在意，所以家长在鼓励妹妹的同时，千万别忘了鼓励姐姐，不然她的心里永远没办法平衡。家长非常配合，并收获了很多欣喜：孩子是教师教的，更是家长教的。这话一点不假，小Z的家长也是非常尽心的，孩子有进步，会给我发短信，出现什么问题，也会很及时地跟我说，这样的家校联系才能真正促进孩子的成长。

12月6日那天,我在上《雾在哪里》这一课,我让孩子们仿说句子:如果你是雾,你想把什么藏起来?没想到,她竟然举手了,这是她第一次主动举手,她回答得很好。她是这么说的:我要把田野藏起来,无论庄稼、农民伯伯还是耕田的牛都看不见了。这太令人惊喜了!我还在怀疑这是否真的出自她的口,其他同学早已响起了雷鸣般的掌声。"很棒!你就要这样大声说出来!你能行!"我的肯定让她开心极了,接下来的课堂,她竟能盯着我的眼睛看,我教的,她都记下了,几乎同步。看,这样的她,哪有什么感统失调呀?

　　从那次以后,每一次"开火车"轮到她,她都会很快地站起来大声念出来,念对了,就自信满满地坐下去,颇有些得意,看着她的样子,我觉得真好!

　　12月12日那天,我从苏州出差回来,一进教室,就看见她冲着我笑,笑得非常温馨,恰巧我带了一些小零食要分给孩子们吃,就第一个分给了她,她别提有多开心呢!很多时候,教育的效果就成就在这些细节里!她开始写日记了。

　　就这样,这个孩子竟不知不觉喜欢上了语文课,考试成绩也呈阶梯式上升,从55分到70分,再到86分、90分,现在都能考到96分了,真让我惊喜呀!有一次,交期末练习卷的时候,她大声地跟我说:"老师,这次我一定要考一百!"多么美好的学习期待呀!竟然是她,那个曾经流着鼻涕干的孩子,向我证明了教育的奇迹!

　　像小Z这样有"感统失调"的孩子,内心已经特别脆弱,我们能做的就是保护好她,不能孤立她,因为一个完满的、在智力方面不断地丰富着的环境,是帮助她恢复正常最重要的条件之一。让她觉得自己和别人是一样的,不是特殊的。我们的"共情"是孩子脆弱时最安全的屏障,只有我们学会从学生的角度和情感来思考问题,才能养育她们的心,才能让她们像小苗一样,健康地向上生长。

　　"养鱼养水,养树养根,养人养心。"养心是教育的本质所在,教育就是"以心灵感应心灵"的过程,教育应该回归到孩子们的心灵深处。[2]

参考文献

[1] [苏]苏霍姆林斯基.给教师的建议[M].杜殿坤,译.北京:教育科学出版社,1984.

[2] 褚清源.立场[M].济南:山东文艺出版社,2017.

沉睡·觉醒

温州市财税会计学校　吴淑玲

李镇西教师有一句话经常在我耳边回荡，他说："教育的出发点和落脚点，都应该在孩子身上。研究并发现每个孩子的特点和潜力，就是我们教育的起点，唤醒并发展他们的潜能，帮助他们成为最好的自己，就是教育的终点。"[1]我认为，理想的教育，也应该是引导学生成为最好的自己，使学生成为人格健全、学业进步、身心和谐发展的人。

"老师，我是……那个总在课堂睡觉的学生，还记得不？"一天，微信通信录新朋友一栏弹出这样一条信息。

记忆瞬间被拉回了多年前，那年秋天，还在一个乡下小镇，对教育充满无限的憧憬和遐想，那是我刚踏入教坛的第三年。

深深记得我刚接高二计算机班的第一天课堂上，上课伊始，看到最后一排的一男生趴在课桌上睡觉，我习惯性地走到他座位旁，轻轻地敲敲他的桌子，他纹丝不动，继而轻轻地拍拍他，他很不耐烦地甩一下手，继续趴在课桌上。我又轻轻地推推他，他很生气地甩开我说："别烦我，别叫我！"旁边同学不断地朝我摇摇手并向我使眼色，示意我别叫醒他。我虽疑惑不解，但依然继续我的课堂。课后，我找他谈话，刚开始，他侧身朝我，僵着脸，看着窗外，一言不发。我微笑着说："我看你刚才下课笑起来的样子，真好看，很阳光。"他的脸部稍微地松弛下来。我贴心地问了几句后，他面无表情地说："我晚上睡不着。"我满脸关切说："那你找医生咨询一下吧！"他冷冷地答道："问过了，好不了，就那样！"第二天，他依然趴着睡觉。我依然找他谈话。最后，他就严肃地说："老师，我得了失眠症，医生都说没法治了，你不要找我谈话。"真的是这样吗？我困惑不已。

于是，我找他班主任了解情况，原来，他从高一到高二，所有的作业要么不交，要么草草了事，他几乎每节课都是趴在课桌上睡觉，毫无疑问，每门成绩都是挂红灯。一天，两天，一学期，两学期，老师和同学们也习惯了，甚至连他的家长也对他的学习成绩不抱任何幻想，大家一致认为：请他抬头，难于上青天。的确，俗话说，我们永远无法叫醒一个装睡的人。

苏霍姆林斯基说："在学生对待知识的态度上，最令人苦恼和感到担忧的，就是这种无动于衷的精神状态。学生在某一门学科上学业落后，考不及格，这倒并不可怕，最可怕的是他那冷淡的态度。"[2]虽然，他的冷淡令人望而却步，但是，我始终相信，每一个孩子都具有独特性，教师必须以教育学的眼光看孩子，尤其是在中职学校，有着很多学困生，能够转化、改变学困生，帮助他们成为最好的自己，使他感到不学无术，对书籍冷眼相看是不道德的，这也应该是教师的责任。所以，每次上课，我依然叫醒他。

一次课堂上，我让同桌叫醒他，他撑起睡眼惺忪的红眼睛苦苦地哀求我："老师，求求你，让我睡一会吧！我昨晚凌晨三点睡。"看着他渴求的目光，我就心软了：那就让他睡一会吧！但是，第二天，依然是这个理由，第三天，又是相同的理由。我认为，他为什么每晚都要三点睡呢？作为教师，真正看一个孩子的时候，不能仅仅用眼睛去看，要用心去看，他一定有深层原因。于是，我建议他说："你可以读读课外书，让自己变得疲惫易入眠。"他皱着眉头说："我试着阅读课外书，一分钟过去了，我停留在第一行字，十分钟过去了，还是停留在第一行字上，一个小时过去，依然在读第一行，我根本读不下去啊。"看得出来，他说得是真话，态度也坦诚。课后，我再三询问，终于，他一本正经地告诉我："老师，跟你实话实说吧，我每天晚上都要努力熬到凌晨三点，这样，我白天在教室就可以更好地入睡，因为我不喜欢读书，不喜欢上课，不喜欢做作业，如果我不睡觉，我就想说话，我一说话，老师和同学们就会说我影响别人。我父母说，等我高中毕业后，他们直接送我读大学。"

我知道，大教无痕，大音希声，如果我用刻意的说教和训斥，让学生知道学习虽然重要但并不难，但理解、共鸣呢？在我之前，已经有很多人教训过他了。我的"讲道理"不过是枯燥的重复罢了，与学生谈话有效比有道理更重要，我是否可以尝试先接纳他的情绪，先跟后带，尽量少问为什么，多问怎么办，引导他理性思考呢？

此时，我点点头："你不是不喜欢读书吗？还读大学啊。"他笑着说："大学还是要读的。"我说："嗯嗯，也是，那现在就直接读大学，不用等毕业啊？"他笑着反问我："老师，高中都没毕业？怎么读大学啊？"我看到他提了两次"毕业"一词，我装作好奇地问："咦？为何要高中'毕业'才能读大学？毕业不了怎么办？"他一愣。我想，师生对话，有时可以忘记自己是教师，仅仅当个什么都不懂的小学生，教师知道而不说破，听而不说道理，学生也许会在与教师的对话中有所体悟。

每次课堂上，我一如既往地走到他身边轻轻推醒他，他就哀求："老师，您就别管我了吧！"但是，我依然会轻轻推醒他，至少在我的课堂上，他有时候是半梦半醒之间，有时候一节课都在清醒地听课，我就请他起来回答个小问题。然后我也趁机表扬并鼓励他说，人生可以不成功，但不能不成长。他也会不置可否地笑笑说："老师，我就那样了，我也不想成长，我不相信我还能成长。"我想，当一个人"失败"成为习惯，对改变不抱任何信心时，他也就剩下了"我不相信了"，这是固定性思维，但是，如果我们能用成长型思维，相信所有的孩子受到激励、付出努力、坚持不懈，都能改变一点，那么他们也许能获得他们自己认为的成长。

苏霍姆林斯基说："对后进生的工作最有效的工作就是扩大他们的阅读范围。儿童的学习越困难，他在学习中遇到的似乎无法克服的障碍越多，他就应当更多地阅读。"[2]

课余，我经常与他聊天，我了解到他对阅读杂志并不很讨厌，于是，我时常推荐他读《思维与智慧》《读者文摘》，也推荐《智慧背囊》《诗文选粹》等。

那一天，下课后，远远地，他热情地与我打招呼，经过我身旁时，一股香水味扑鼻而来，我禁不住好奇地问："喷香水了，你……"还没等我说完，一阵红云突然爬上他那白皙的脸，他一溜烟就跑了。那一刻，我震惊了。他上课始终睡觉，不脸红；上课答不出问题，不脸红；被老师批评，不脸红；即使每门成绩挂红灯，不脸红……他会害羞？我相信一个会脸红、有廉耻之心的孩子，无论怎么也会有一颗正直善良之心吧！

他的脸红倒是启发了我，可以从他在乎的而又力所能及的小细节、小事情方面入手。记得这个孩子的字还不错，写得比较端正有力，我每次都是用不同的方式表扬他，或物质鼓励或留言表扬，或当众赞美。有一次，他的作业字体极其潦草，我课后去找他，特意叮嘱他重抄，他重抄后，依然是字迹潦草。我在课堂上讲评作业时候再次提醒他，也温馨提醒其他字写得不端正的学生要重抄，他很生气地说："老师，我的字就这样了，小学开始，就这样了，我能不能打字给你啊？"

我很想义正词严：考试中，卷面整洁、字体端正，能拿高分；生活中，一手好字让人赏心悦目；求职中，一手漂亮的好字，将会给人留下极好的印象等。但是，那一瞬间，我止语了，我陷入沉思：这些道理学生何尝不知道？何尝不明白？还需要我告知他们吗？为何他们会知而不行呢？

于是，我故意频频点头："是啊！是啊！嗯嗯，说得好！现在都是互联网时代了，为何还写字啊，大家的作业都电子稿给老师好了，同学们，对不对？"看到我这样说，一部分学生反而频频摇头并用表情告诉我不同意老师和他的观点。我继续说："那么，请同学们讨论一下，说说自己的想法。"学生唇枪舌剑，争得面红耳赤，互不相让。有的沉思，有的议论。

有位学生站起来反驳我，振振有词，说起中国书法艺术的线条、力量感、立体感、节奏感等是电脑码字不可替代的……那个瞬间，好多学生都点头同意，我也趁机展示了优秀的学生字迹，让他们欣赏书法艺术的魅力。我知道，那堂课上，学生应该多多少少有一点体悟了。

教育家杜威认为，教育并不是一件"告诉"和"被告知"的事情，而是一个主动的和建设性的过程，要使儿童"明白道理"，不要仅仅将道理告诉儿童，必须首先让儿童有机会在实践中获得连续不断的经验。在这种实践中将自己的认知内化为自身的人格品质，进而转化为行为，让他们做到知行合一。

于是，在他的作业本上、随笔本上，我习惯性地与他对话交流，每次都会字体工整地写一些话，不知不觉地会渗透这些想法：例如，家长和教师只是希望你做一个普通公民，有一技之长，能够自食其力，不给社会添麻烦，如果有能力，给社会创造财富，实现自己的人生价值就更好，每一个孩子都可以追求：做最好的自己等。

每次下课，我也总是找他聊聊他的生活状况和学习近况，当然不忘给他介绍一些有趣的课外书籍。

当然，我每节课依然叫醒他，我总觉得他现在还没有足够的觉悟，他的灵魂还在昏睡，也许他觉得在校所学的不是他现在最需要的东西，或许接下来的日子他会对学习越来越有兴趣……我在等待，等待他的觉悟，等待他的灵魂醒来，总有一天，他会是清醒的。至少，在我看来，他除了学习成绩极不理想，其他品质都还不错。我也始终相信，也许只有阶段性的学困生，在我眼里他们都是待优生。

接着，他的同桌告诉我，早自习，晚自习，自修课上，下课时候，甚至课堂上，总会看到他低头练字，他的课桌上总会有一本练字本，他现在在教室里除了睡觉就是练字。对练字的执着令我刮目相看。真的，他的字也写得越来越有范儿了。

再后来，他碰到我时打招呼的方式变了，总是欣喜地说："老师，你的摘抄作业我交了！""老师，你的随笔作业我写了！""老师，你的练习册我订正了！"我会笑着说："哦？我的作业你都帮我完成了，你真了不起！有你这样的学生我真幸福啊！"然后他就调皮说："反正你的语文作业我都有做哎！"

深深记得，距离语文学考只有两个月了，那一天下课，他主动找我，还郑重其事地问："老师，学考通不过，是不是没有毕业证书？"我笑笑说："那是。"他又追问："那我现在开始复习，学考能过吗？"我又惊又喜，与他一起讨论了一些学考复习的要点，也详细地制订学考复习计划，关于基础知识，关于阅读，关于写作等。该背的背，该记的记，该写的写，该刷题的刷题。

之后，他碰到我就会很得意地说："老师，我今天背了《念奴娇·赤壁怀古》……""老师，那个《劝学》的整理太难了，不过……""老师，我的作文能写到500字了……""老师，昨日的阅读理解选择题我做对了60%……"我当然是连声赞叹！

有一天课间，他欣喜若狂地说："老师，P图课上，我从原来的一窍不通，到现在一小时就能P出一幅美图！"我简直震惊了！

最后，他学考通过了，技能考也通过了，该补考的科目也补考了，顺利地拿到了毕业证书。

每个学困生的特点不同，每个学困生的转化路径也不尽相同，但是，在与学困生的交往过程中，尽可能少一些讲道理式的告知和告诉，尽可能淡化教育痕迹，尽可能隐蔽教育意图，尽可能不动声色，用不同的方式唤醒他们沉睡的灵魂，引导他们内省，去发现学习的兴趣，去体验学习的成就感和思维的快乐，促进每位学困生主动地、生动活泼地发展，应该是转化学困生的一条有效途径。

参考文献

［1］李镇西．教育为谁［M］．上海：华东师范大学出版社，2015．

［2］苏霍姆林斯基．给教师的建议［M］．北京：教育科学出版社，1984．

老师，您感染了我

文成巨屿镇中心学校　郑士波

一、我的教学风格

幽默风趣，富有激情。

二、诠释教学风格

德国教育学家第斯多惠说："教学的艺术不在于传授的本领，而在于激励、唤醒、鼓舞。"激情是点燃学生热情的火炬，是激发学生情趣的酵母，是促进学生学习的动力。没有激情的课堂，永远激不起学生的兴趣，只能是死水一潭，毫无生机，触动不了学生的思维，就像是一杯白开水，无滋无味。

1. 用我的无限热爱激发激情

做一个充满激情的数学教师，就要在自己的心中时常蓄积着犹如岩浆般的滚烫的情，让每一个学生心底里沉淀的情发酵、释放。老师也许是喜欢学生的，但我们教师一些过了头的想法和做法可能使学生产生强烈的痛苦，摧毁自信，酝酿敌视。当然，我们热爱学生，就要在我们的行为中清清楚楚地表露出来，去了解学生如何学和他们需要什么帮助，以便去鼓励学生努力地学习。我的课堂都是满怀着对教学的热爱去面对的，一心想着学生上课的状态，努力去营造一种轻松的氛围让学生去学习。

2. 用我的幽默风趣调动激情

戏剧大师莎士比亚也曾说："幽默是风趣和智慧的展现。"也有人说："幽默既是一种语言艺术，又是一种行为特征"。因此，一位数学教师拥有一份幽默，并且恰当运用幽默，能激发学生的情感，引起他们的喜悦和欢乐，使他们获得精神上的享受和快感，从而激发学生的学习兴趣和学习主动性，帮助学生加深对知识的理解和记忆，提高课堂教学效率。特级教师曾小豆老师曾在温州市农村教师数学优质课评比上对我上的课做过这样的评价："这位老师很有激情，很会调动学生学习的欲望，能够运用他幽默的语言去激励学生挑战自我，能够让课堂氛围时不时地充满欢声笑语。"

3. 用我的精心备课保证激情

备好课是一种态度，态度就是一种能力。教师课前充分的准备才能保证教师在课堂上张弛有度、挥洒自如，才能让课堂激情飞扬，或"化废为宝"，或"点石成金"。教师对教材的内容如何处理，教学方法如何设计，教学重点如何落实，教学难点如何突破以及课堂哪个时间学生容易疲倦，需要"花絮"的点缀、激情的渲染等，都要做到胸有成竹。

4. 用我的精思巧问迸出激情

一个教师如果不能把自己的问题有序地、层层深入地组织起来，不能把学生无序的问题甚至有时看上去无理的问题随机应变地引导深层，就很难驾驭课堂。孙绍振先生说："一个教师要在课堂上游刃有余，就得有本领把学生的想象引领到科学理性以外的美的天地中去。"这就是精思巧问的魅力，它能使教师的激情四溅，辐射到每一个学生身上。

正所谓教育因生命而美丽，上课因激情而精彩。如果说你的激情是平和宁静的，那它就像春日里的阳光，温暖无香，适宜禾苗的成长；如果说你是奔腾豪放型的，那它就像夏日里的暮雨，沁人心脾，适宜禾苗成熟。所以，老师们，请你们用属于你们的激情去打动学生的心灵，震撼学生的灵魂吧！

三、教学风格发展历程

我参加工作转正那年，县里考核组给我的课题是"一元一次方程的解法"，这节课我用非常普通的教学完成了考核，并顺利地成为一名数学教师。

2008年的一次浙江省"百人千场"送教下乡活动来到学校，我有幸参加了这次活动，来自浙江省各个地方的学校副校长甚至校长们给我们带来了他们精心准备好的课，给我带来了不断的思维冲击。其中，来自温岭某学校的一位副校长叶仁龙老师带来的一节课让我深感震撼，因为他上的课题和我当时转正时上的课题是同一个，他的设计，他的预设，他的课堂把控，无论哪个环节，远远超出了我的想象。我知道了数学课原来可以上得这么有味道，他作为一名校长，居然能够在百忙中还一如既往地参与到一线的教学中来，让我深深地折服；让我理解了数学教学除了有思考的教学设计之外，还需要一份热爱、一份激情。

也正是这一次经历让我的教学风格有了一定的转变，我不再偷懒于教学设计的思考，每节课都经过认真琢磨，设计从学生的角度出发，争取在教学中和学生多互动、多交流。

接着让我的教学风格彻底成型的是来自杭州富阳学校的盛志军老师的一节课《合并同类项》。盛老师作为数学界的名家，虽然参加工作已有三四十年，但他的那份教学激情让我为之一颤：盛老师的上课风格不正是我想要的吗？我喜欢那样的课堂，盛老师课堂语言幽默风趣，声音洪亮，激情有余，学生课堂气氛活跃，完全融入课堂的知识学习中去，在不知不觉中收获了知识，享受轻松的课堂氛围。

正是这些让我印象深刻的经历，让我形成了自己的教学风格：幽默的课堂语言，激情的课堂教学。

四、教学片段

【文成县优质课评比】

2010年的某一天，我自参加工作以来，第一次参加县数学课堂教学评比。我抽到的课题是浙教版七年级上册第三章《3.1平方根》，上课地点在文成实验二中。

片段一：

师（微笑）：很高兴能为实验二中七年级（6）班的同学们上课，我们都知道实验二中的学生是非常棒的。（提高分贝）今天同学们有没有信心跟老师合作上一堂精彩的课呢？

生：有！！！

师（笑容满面）：OK，那我们就开始Show起来吧！

反思：数学课常会给学生一种枯燥、沉闷的感觉，如果上课教师表情严肃，课堂的学习气氛就会更加难以调节。为了营造轻松活跃的课堂学习氛围，我始终微笑面对学生，以提高的音量＋夸张的表情＋幽默的语言消除了学生有教师听课的紧张心理，同时增加学生对任课教师的好感。这有助于提高学生后续学习的积极性。

片段二：

在接下来的教学过程中，教师用抑扬顿挫的语调，丰富多样的肢体语言，不断地激发学生的学习热情。其中在进行到平方根的表示方法时，教师看着学生的板书，再看看学生，皱着眉头说："这样书写是不是很麻烦啊？有没有简单的表述方法呢？"【过程略】

反思：按照传统的教学方法，教师直接给出平方根的表示方法，然后通过反复练习，学生也能学会用符号表示平方根。可是我认为数学课堂不只是教授学生学习数学知识，更应该激发学生学习的欲望，知道自己为什么要学习用符号表示平方根。在教学过程中，教师还可以通过游戏形式的活动开展数学教学，有助于学生思维的发展和合作能力的体现。教师在数学教学过程中适当地进行德育教育，可以一定程度上使学生对数学的兴趣持久化，增加学生的学习欲望。

【市农村教师优质课评比】

这次比赛是在我获得县优质课一等奖后两个星期左右进行的。这次我抽到的课题是浙教版八年级上册《5.4 一元一次不等式组（1）》。当时，我提前一天去了比赛场地，并且做了一些前期准备工作。

我本来准备在课前播放歌曲《相亲相爱的一家人》，来缓解学生和我自己的紧张心情（我在前一天去过班级观察，知道这是他们的班歌）。但当时太匆忙，没有把歌曲一起备份到上课的电脑当中去，所以就没有实现这个预设，很是可惜。幸好，我还有另外一手准备，那就是他们家乡的特产。

师：很高兴来这里给同学们上这么一堂课，初来乍到，请多多关照！

生：（稀稀落落地在位置上偷笑，没有说话）

师：来到宝地，怎么说也要带点东西回去，不然也太对不起这双脚了！所以呢，老师一大早就去市场转悠了。东西是够琳琅满目的了，可老师就喜欢经济实惠的，因此，挑了半天，就选择了它（拿出本地特长：马蹄笋），同学们知道这是什么宝贝吗？

生：瞧了半天，没有回答上来！

师：呀！你们这些主人居然还不知道啊？是马蹄笋啦！

师：可关键是老师早上去得急，所以一时没有算好要怎么买，才能满足我那些"亲朋好友"的要求，当然最要紧的是我自己的要求了：花费在100到150元之间。那今天就要请同学们帮我算一算了。（出示课件）

生：（面带微笑，马上集中精神看起了题目，并认真算了起来）

师：看来这"螃蟹"没有一个敢吃呢？不愧是相亲相爱的一家人，说明大家想一起来吃这螃蟹是吧？好，大家一起回答吧！

生：（齐声回答了他们列出来的不等式组）

反思：我在教学的刚开始阶段，抓住学生的荣誉感来入手，激发学生的学习兴趣。并且我在刚上课时并没有面带很严肃的表情，而是与他们以聊天的形式，以需要帮助的口吻来与学生交流，使得学生对我消除一定的戒心，增加好感，为下面的教学打下基础。

【县数学团体赛课评比】

这次团体赛课，我本来是想承担磨课叙述的环节，但经过组员的一致认定：我适合上课这个环节。所以就有了这次的经历。通过经验的积累和本身的风格，我已经形成了一套上课的特有模式：那就是上课往往利用自身丰富的肢体语言和抑扬顿挫的教学语言，充分调动学生的学习积极性，使得课堂富有激情，课堂上时不时会有学生的笑声出现，教学效果相对还不错。因此，这次的赛课，我继续保持了以往的风格，通过上课前对班级的观察，结合学生的特点,用一条线串了起来:就是通过这节课的学习,改掉学生粗心的毛病。

师:很高兴来这里为我们七年级(7)班的同学们上一堂课,上节课老师当了回间谍,去你们教室后面偷偷地观察了你们,发现我们同学们课堂很活跃呦!而且我知道你们的英语成绩也非常不错,刚才我听你们英语老师在那里报成绩,98分、97分很多吧?但我也听到了你们一个致命的缺点。

生:啊,什么呀!(彼此互相在位置上交头接耳了)

师:(此时面露诡笑)不相信是吗?那好,我可就要说了:你们的缺点就是"粗心"。刚才我看见老师让你们拿出试卷,可同学却都把试卷落在家里没有带过来,而且不是一个、两个呢,是很多个呢,你们英语老师也是发了牢骚吧?

生:(面带惊讶)老师怎么知道的?

师:所以啊,今天老师就帮大家好好地改改,因为接下来上的这节课就是需要我们同学细心,不然知识就学不好了。

……

反思:我通过学情分析,很好地利用了这点,既神秘又开放地进行了课前的教学引入。而且我对班级同学初步的了解,引起了学生的好奇与好感,减少了彼此之间的陌生感,容易让学生产生继续与教师交流的感觉。就拿班上一位女生来说吧:刚开始第一次回答我的问题时,在下面嘀咕了一句:"错了没有关系的吧?"我面带微笑:"没有关系,关键在于你参与了。"女生站起来回答错了,很害羞。我鼓励说:"没有关系,失败乃成功之母呀!"并且帮助她弄懂知识点。在接下来的教学过程中,该女生积极发言,而且是那种踊跃式的,回答也很正确。正是有了教师的激情,创设了很好的教学氛围,所以这节课下课铃声我们都没有听到,直到上课铃声响起。匆匆下课后,很多学生都与我打招呼说再见,而且很轻松,我偶有听到学生轻声说:"这节课太有意思了,这位老师很有趣啊。"我也很享受课上与学生很轻松的交流。

五、他人眼中的我

同事眼中的我:作为同事,郑老师的教学风格很风趣,课堂上经常能够听到学生们是在欢笑中开展的,虽然我们不是数学老师,但郑老师的校内公开课,我们也是一有空就会去听一听,享受下他的课堂氛围。他的课堂学生回答问题积极活跃,几乎是全体参与,郑老师很能够照顾后进生,让他们对学习数学也充满劲头,很不错,一节课下来,时间不知不觉就过去了,而且我们能够听明白今天教的知识。

学生眼中的我:郑老师的课堂,我们可以在很轻松的节奏下学习,但你又不能有一丝的懈怠,因为他会时不时地就用他幽默的点名来让你回答他的问题,如果你回答出来了,那你将享受到他另类的表扬;但如果你是因为走神而被点名的,又回答不了他的问题,那你享受到的可就不是表扬了,但也不能说是批评,他的那种"爱的教育"会让你刻骨铭心,让你知道在他的课堂要有怎么样的学习状态才是正确的,可以说郑老师的课堂充满着未知数,一切都很惊喜。

家长眼中的我:郑老师的教学水平不错,我们把孩子交给他,很放心,孩子们回家经常和我们聊起数学课堂,说很有趣,郑老师上课的内容很容易让孩子们理解,孩子们普遍都喜欢上数学课。

功夫在排练之外
——谈初中男声合唱团的建设

温州市第二中学 孙 茵

男声合唱作为合唱艺术中的一种特殊的艺术形式,在中学,特别是初中的合唱形式中并不多见。审视世界合唱史,从男童合唱到男声合唱一直在欧洲源远流长,而初中的男声合唱一直是浙江省乃至我国合唱艺术形式中的一项空白。于是我们学校于2005年,在原有合唱团的基础上,组建了国内初中的唯一一支男声合唱团,人数从刚开始的4人发展到现在的60人,从初一一点音乐也不懂的小毛孩培养到初三能带团训练的合唱团骨干。2010年,我们囊括了从温州市一等奖、浙江省一等奖到全国一等奖和世界金奖的所有级别合唱赛事的最高奖。

很多人也许会问:"男生的声带比起女生更容易出现充血、闭合不全、声音沙哑等现象;很少有男生从小开始接触音乐,所以在作品表现上会弱于女生;加上男生天生活泼好动的性格使合唱排练的纪律会难以管理……你是怎么让这些处在叛逆期的男孩们唱出动听的和声的?"

我的回答是,虽然进入变声期后,男生的喉结开始增大,声音变粗增厚,但这时,男生的声音与女生相比,力度更大,穿透力更强,更加刚劲有力,对豪迈刚强的作品更具表现力;男生更喜欢参加体育运动,体质和肺活量都要高于女生;男生争强好胜的性格使他们比女生更加开朗坚强、敢于克服困难……

一支合唱团队的成功与否,不仅仅在于合唱团能唱出悦耳的声音,更重要的是这和谐的和声来自你的团队对你的信赖和对这个集体的热爱,也在于你要获得各个方面包括学校、家长、任课教师对你的支持。所以,除平时的常规排练外,我们更要做好排练以外的各项工作,让排练事半功倍。

一、让男生爱上合唱

1. 认识自己之所长

其实我们身边不乏声乐的好苗子,关键在于我们怎么去发现和引导。对于这些好苗子,我一般都会给他们先培训几节课,几节课下来往往能让他们的歌声有很大的进步。而我要做的就是让他们认识到自己的长处,认识到自身的价值,爱上歌唱,为他们进入合唱团做好铺垫。

2. 领略合唱之美

刚开始,男生对唱歌并不喜欢,认为这是女孩子干的事情,排练经常出现人数不齐的情况。于是在每次排练之前,我经常让男生欣赏一些优美的、贴近生活的中外优秀男声的合唱作品,让学生感受男声合唱的魅力,体验各个国家的音乐文化之美;我还会邀请高年级及毕业的合唱团团员来给学生作讲座;让同年级的学生相互交流学习音乐的经验……慢慢地,男生们对合唱有了兴趣,不再有人缺席排练,他们认真自觉地唱好每一个音符、努力合作、用心表现合唱作品的艺术魅力。在自己的演唱水平不断地提高中，他们在美妙的和声中体验到了合唱的魅力，同时，也深深地爱上了合唱。

3. 体验合作之趣

每次训练之前，我会让男生们做一些有趣的合作练习，让他们在玩乐中学习合唱，而不是将训练当成一种负担。

如一个混声作品的小片段，我请一部分男生用假声来表现女声，而另一部分则用浑厚的男声来衬托。这样的效果会让每一个孩子惊喜："我们男声也能表现混声的作品？！"又如我会经常让男生们用各种音响（如口哨、气声、弹唇、哼鸣、说唱等）利用节奏和声部之间的配合，来模仿各种大自然和生活中的声响，这让学生觉得合唱之间的合作是这么有趣并吸引着他们。

我经常给男生们充分参与情感体验和表现的机会，并不断给予他们鼓励，树立他们的自信心。渐渐地，舞台对他们来说不再陌生，合唱带来了成功与愉悦。学生则会更加充满表现美的欲望和自信，更加有自信和热情地去积极参与到合唱活动中。

4. 感受教师之魅力

男声合唱团总是那么充满激情，需要教师有干练的作风和幽默的言语来驾驭这个生龙活虎的合唱团。作为这个集体的领头人，教师必须不断地学习充电、施展魅力，用丰富的学识来影响学生，用爱心来温暖学生，用行动来凝聚学生，在每次的合唱排练中，努力给合唱团营造轻松和谐的气氛。在这样的氛围中，谁会认为合唱不是一件快乐的事情呢？谁会不全心全意地投入快乐的合唱中呢？

二、让学生爱上合唱团

我们的校园是荟萃知识精华、凝结文明教育的神圣殿堂，是人类精神和心智的象牙之塔，是肩负着时代期许和培养莘莘学子成长的摇篮与家园。在这座象牙塔里，有一个属于我们自己的部落——合唱团，我们可以用爱让合唱团的学生们以坚定的信念和极大的热忱努力适应、打造属于自己的阳光部落。

1. 相逢是首歌

好的开始是成功的一半。每年新团员加入，我们的第一次课不是排练，而是"心灵的约会"，我们在这里要相互介绍自己，相互沟通和了解，同时介绍合唱团的心路历程，让大家拥有"第二个家"，一个新的精神家园，一个谱写人生乐章的舞台，也让学生拥有了新的精神支柱——合唱团的同学们和老师。如果说学校是我们生命长河中最灵动的一个音符，那么来自各个班级里的音符"组合"才是一首最动人的赞歌。每个团员要学会相互宽容，能为集体付出，做到"我付出，我成长，我快乐！"

2. 分工明细的干部体制

现在我们合唱团中有团长、副团长、学习委员、纪检委员、卫生委员、生活委员、艺术指导、纪律管理员、声部长、副声部长等，再加上学生自己制订的一些纪律，能将各项活动安排得井然有序。从排练开始的点名、分声部训练到合唱结束的整理工作，我们都由专人负责，做到每个环节高速有效，不浪费一分一秒，这也给我们专心排练保证了高质量和高效率。

3. 爱是我们的同心锁

（1）生活上的师生关系。平时，我在生活和学习上关心着合唱团的每一位学生：胡忠禄在一次杭州比赛中，突然发烧，我一整夜陪着他在医院挂盐水，都没有合眼；周仁瑜感冒了，我每天来上课的时候都给他带来药和水服用；陈学冬因为晚上住在老师家扭了脚，不敢和老师说，就偷偷打电话给我，因为时间很晚了，我带着他找了很多诊所都关门了，最后找到一位医生的家里，才给他的脚打上了药膏，又怕他夜里太冷，我又去买了条被子，给他送过去；任督想要考重点高中，我就带着他到新华书店买各种复习资料，还辅导他学习的方法；每次，如果合唱团排练晚了，我就把学生一个个送回家……这样的事例数不胜数，用学生的话说，我就是他们的家里人。

有付出就有回报，学生给予的回报是最让人感到温暖的。他们会在我遇到任何困难时不经意地帮助我；他们会在每年的生日给我送上祝福；他们会在每年的教师节给我带来快乐和惊喜；他们愿意与我分担他们的困惑、分享取得的成绩……我的财富就是我的学生！

只有让学生爱上合唱团，他们才愿意融入这个集体，愿意为这个集体付出，我们的排练才能有序地开展。

为了让合唱团的友谊不因离校而冷却，给大家一个常"回家"看看的机会，每年的腊月二十八，我们都要举办迎春团拜会，无论现在的还是毕了业的团员，都欢聚一堂。毕业的同学们看着在校学生们在合唱团里成长的足迹，回味自己在合唱团的那些时光；现在的团员更在学长身上看到了自己的未来和希望，了解他们的成长轨迹，学习他们的经验（图1）。

> 在合唱团，是我最幸福的日子，也是最快乐的日子，我不会忘，永远，我会记一辈子，虽然是"元老"级人物，但我们不能骄傲，还要和孙老师一起努力，还要帮老师忙，给老师解决一些负担！要做好模范带头作用！
> ——男声合唱团员陈乾琪

> 现在，我又进了校合唱团，合唱团寒假集训已经开始，我出人意料地当上了团长，身上也有了重任。但我会带领好所有团队，不仅提高自己，还要给他们做好榜样，不迟到，不早退，努力、认真地去对待每一次训练。
> ——男声合唱团员张佳运

图1　合唱团员的心声

我让学生懂得一滴水滴在石头上只能叹息着消失在空气中，大海中的水滴则会成为汹涌的波涛，奔流不息。我们的付出成就了集体的辉煌，同时我们完成了与集体的共同成长。

（2）专业上的师生关系。在我们的合唱团中，无论在训练、生活上还是学习上，都是老生带新生，实行一对一师徒结对，互帮互助。师傅会在训练中将自己学到的歌唱的方法、表情、歌曲处理等都传授给徒弟，徒弟也可在学习上请教师傅。这样，新团员可以专门针对自己的特点进行学习，教师也可以省却很多烦琐的教学工作，真是一举多得啊！

4. 集体凝聚力培养

每个人生活的空间都是有限的，当你想伸展四肢时，必须考虑不要碰到别人。所以，我们要让学生明白，为了集体的目标，我们要韬光养晦。我们合唱团的男生们都是极具个性的人物，特别爱突出自己、表现自我，那种不融于集体的声音总是此起彼伏。自从我将这句话——"合唱团里没有我，只有我们"带到团队中，那混乱的训练场面很快就不见了踪影。现在我们的男生们学会了在生活和训练中首先想到的是我们的团队，时刻听从指挥。在演唱自己声部的同时，仔细聆听其他声部的演唱，并相互烘托，大家在演唱中提高了集体意识和合作意识，体验到了平衡和谐之美。

平时的排练，学生们在一起建立起了深厚的友谊，寒暑假的集训，大家更是在一起打地铺、吃饭、睡觉，用学生自己的话来说："大家都是好哥们。"我们会主动为遇到生活上、学习上有困难的同学提供帮助，团员之间的感情非常融洽和睦。"在一起训练时，听歌声就知道哪些同学状态不对。"副团长吴慧琪说，男孩子们有话就说，来场"man's talk"，很多问题就都解决了。"有时候训练，你会明显感到四个声部的声音一直往前冲，很不和谐，这时我们会停下来，相互探讨哪里出了问题。"团长周毅在日记中写道，"我感受最多的并不是动听的歌声，而是不求回报的付出与爱。"

由于男生好动好斗的性格特点，再加上个别男生从小就习惯了自由散漫，他们对于需要齐心协力、共同努力的合唱训练，带来一定的难度。怎样使每个个体都融入集体，使这个集体充满凝聚力呢？美国麻省理工学院的气象学家洛伦兹发现了著名的气象学理论——"蝴蝶效应"，它的大胆想象和美学色彩固然令人着迷，但是其中深刻的科学内涵和绵厚的哲学魅力更令人深省。如果我们合唱团的每个孩子都能成为亚马逊热带雨林中那只快乐振翅的蝴蝶，那么我们的团队将是强大无比的。

三、让合唱团的学生成为优秀的人

成功在于魅力，不在于权力。在合唱团里，更多的是靠智慧、奉献、责任感和信任、关心、宽容等人格魅力来塑造团队。魅力也是一种修炼，我们需要从学生的心态、行为、品质、气质等多方面进行培养，全面提高学生的综合素质，让学生成为优秀的人。因此，如果合唱团的每位学生能成为魅力四射的优秀俊才，那么你的团队也将光芒万丈。

1. 拥有感恩的心（心灵）

一个懂得感恩的人，才会珍惜眼前的美好、幸福的生活，才会养成美好的品德。所以，我们每一个刚进合唱团的男孩子，入团的第一件事，就是给自己的父母写一封感谢信，感谢父母给了自己这么好的嗓子，更感谢父母这么多年的养育之恩，从这里起步，感恩生活，感恩社会。在每个学期里，我要求学生经常写信感谢自己的父母和任课教师，体谅他们的辛苦。因为感恩，我们合唱团的歌声才这么触动心弦。

2. 无规矩不成方圆（行为）

为了一个共同的目标，在我们合唱团里，每位刚进团的男生都要认真学习团员们自己制定和修改的合唱团团规与团章。尽管有时候，个性必须在纪律面前妥协有些残酷，但我们要有"戴着镣铐跳舞"的气度和智慧，因为这个"镣铐"使个体感受到集体的温暖和支撑，使青春的舞步更加轻盈和自信。

我们合唱团团章中有文明礼节篇、个人修养篇、人生道理篇，包括每个学生都要具备感恩、谦虚、耐心、恒心等优秀品质。这样，我们的合唱团不仅在歌声上胜人一筹，而且自身的素质和魅力势不可当。

3. 品质默化得契机（品质）

在排练中，学生们学会了尊重和忍耐，能体谅没能快速达到指挥要求的团员；当团队最终发出和谐的歌声时，我们的心胸和情操也得以升华；我们享受完成作品时的喜悦，珍惜付出后的收获；我们吃苦耐劳、持之以恒的顽强品质总会有所回报；对合唱作品分析时，我们学会了辨别人物、事物的美丑，坚守了爱憎分明的性格。在各方面的潜移默化中，合唱团的学生们逐渐成为品德高尚、心灵完美的人，这些进步又促进了学生对艺术作品的更高层次的理解和追求，对高级审美情趣的形成做了最扎实的铺垫。学生们渐渐学会了主动帮助有困难的人，学会敢于负责、理解他人，做有集体荣誉感的人。因为我们有真挚的感情，因为我们懂得生命的真谛，所以我们的歌声总是那样用情至深。

4. 放声高歌，相信自己（气质）

在合唱教学教学中，学生们如果没有歌唱的自信，也就谈不上高质量的教学，所以我认为培养合唱团学生们的自信心，是合唱教学中的重要一环。虽然对大部分学生来说，音乐不会成为他们的终生事业，但能在舞台上尽情歌唱、放声高歌，将一个个站着唱歌都不知道把手放在哪里的学生通过训练和表演，变成具有丰富舞台经验的表演家，这对他们是终身受用的。

我时刻给学生创造展示自己的机会。如每次排练，轮流让每个学生带团训练；每学期我们会开展"乘着歌声的翅膀飞翔"主题晨会，让合唱团的孩子们都有在全校师生面前展示自己才华的机会；我们团里现在所有的活动都是由学生发起，团干部策划、执行。不要不放心，放手让孩子们展现自己的才华，他们会越来越棒的！这样不但可以提高学生的演唱水平，还可以锻炼学生的胆量，积累舞台经验，激发学生的表演欲，提高学生的自信心和学习积极性。据我调查，上过舞台的学生，一般在一些重要的学科考试中都能超常发挥，取得优异的成绩，那是因为有在舞台上积累的过硬的心理素质。

"学习合唱，除能培养学生良好的审美情趣、增加艺术修养、完美人格的塑造外，在培养孩子的自信心方面也尤为重要。"所以，平时，我让每位学生在合唱团里都能自如地演唱，并在自己的博客里专门开设了"海坛合唱团"的专栏，让合唱团的每个人都有机会在这里展示自我。这里有合唱团同学的好文章，也有获奖节目的视频、音频和照片，让同学们充分感受到自己存在的价值。

5. 开心歌唱，增强体质（健康）

合唱对学生增强体质和提高学习质量有很大的帮助。深情地表现歌曲、聆听自己唱出的美妙歌声，可使人精神愉悦、情绪振奋，可以加强血液循环，解除疲劳，练习歌唱可以锻炼肺活量，其中的一些队形变化和动作表演，可以让学生得到适当的身体活动，消除学习的困乏，以更充沛的精力投入学习中。

四、获得外围力量的支持

不可否认，合唱活动的开展，光靠教师的努力和学生的热忱是不够的，它应该得到更多人包括其他任课教师和家长的支持，这样，我们的工作才能有序地开展。

1. 得到其他任课教师的支持

每学期的期中考试和期末考试，我们合唱团都要根据每位成绩进步学生的程度，评出三星级、四星级、五星级学习进步奖，并以奖状和奖品作为奖励，鼓励每一位学习进步的学生，并让表现突出的学生向大家介绍学习经验。这样，不仅让学习好的学生更加提升自己的成绩，也让落后的学生产生追赶成绩优秀学生的动力。

要知道，学校的任课教师最在乎的是学生的学习成绩，如果加入合唱团的学生，又多了一个你来督促学生的学习，那么没有人会拒绝我们的帮忙！

另外，我还组织了一个教师子女的合唱团，每周免费为教师的孩子排练和培训声乐，让音乐潜移默化每位教师，让每位教师都能了解合唱的好处，更加支持我们的合唱事业。

2. 得到家长的支持

作为家长，他希望把自己的孩子交到一个对孩子有耐心、有责任感且值得信任的教师手上，所以，在学生刚进入你的团队时，可以用一封信向家长介绍你自己。如

亲爱的×××家长：

我的名字是×××，很高兴因为您孩子的音乐才能被选进了合唱团，很荣幸能遇见这么优秀的孩子，我保证尽我所能让他取得最大的进步，无论音乐还是学习方面，如果您需要帮助，或者您有任何关于孩子的问题，都可以及时和我保持联系，我的电话是××××××。

许多家长都认为自己在培养孩子方面做得很优秀，大多数家长都以自己家的孩子而骄傲，家长最开心的时候就是听到别人夸奖自己的孩子，同时，大多数的孩子也希望家长和教师能因为他们而深感自豪。所以，就让我们把这些事实带到排练中去吧，只要发现学生的一点闪光点，就赶快给家长发张"快乐小纸条"吧！如

亲爱的×××家长：

因为××××××事情，我对您的孩子感到非常骄傲，希望您看到这张小纸条，也能对他的行为感到骄傲。

虽然做这些事情也许会占用您两分钟的时间，但是带来的效果远远大于这短短的两分钟。

总之，通过几年的尝试与摸索，我们的男声合唱团不仅在各类比赛中连连获奖，更有一大批学生考上音乐院校和重点高校的特长生，我们学校也被评为浙江省艺术（声乐）特色学校。所有这些成绩的取得只是我在男声合唱教学领域中的初步尝试，今后，我还要在理论和实践中坚持不懈地探索，进一步研究，不断进步，与我的男声合唱团共同成长！

模块六　课程建设

学校的课程建设不仅仅是一个观念问题，还是实践问题。社会在发展，时代在进步，技术在革新，课程建设为学校发展带来了机遇。

在学校课程建设的过程中，善于汲取、比较和判断各种课程观念，保持头脑的冷静和视野的开阔，明确学校课程建设的价值取向，认真考察学校课程建设的现实性和可行性，努力形成具有一定包容性的核心课程观念。无论我们确立怎样的核心课程观念，都不能脱离学校现实状况。

学校课程建设不是一蹴而就的，有一个不断发展完善的过程。树立一种过程性的思维方式，将过程性的思想贯穿于学校课程内容的选择和组织形式之中，是学校课程建设是否可行的关键。

构建课程框架 绘制课程蓝图

温州外国语学校 李 芳

一所学校的产品是什么？是"课程"。北师大教授裴娣娜说，课程是学校育人模式系统的重要部分，通过课程顶层设计，提升课程科学化水平，促进学校特色发展和学生个性化发展。

学校课程建设可分为确定课程理念、构建课程框架、开发开设课程、实施系列课程、打造优势学科、特色课程等环节。正所谓一张蓝图绘制到底。我认为这张蓝图的核心是课程框架。构建课程框架，可以以选定课程'坐标'、确立课程框架、组建特色课程群为基本环节。

在学校课程的逻辑起点上，以育人目标为指引，逐步具象，从课程方向到课程特色、课程类型、课程内容、课程结构等方面圈定学校课程的各个维度，聚水成涓、聚沙成塔，形成具有学校标识性的、可视化的课程框架。

一、选定课程"坐标"

坐标即用来确定直线上一点、平面内一点、空间一点的位置的有次序的一组数。坐标的作用是确定一个对象的位置，即"定位"。课程"坐标"，即一所学校的课程定位，指明了学校课程建设的具体方向、具体类型。

《浙江省深化普通高中课程改革方案》指出要实现普通高中多样化和特色化发展，其首要任务就是优化课程结构，即在优化整合必修课程的基础上，增加知识拓展、职业技能、兴趣特长、社会实践四类选修课程，以使不同潜质的学生都能自主选择、自主学习、自主发展。

浙江省的普通高中借力课程改革的春风，提炼学校"办学目标"、紧扣学校"育人目标"、梳理学校"课程目标"，综合定位学校的课程"坐标"（图1）。通常，各所学校的"课程类型"都是以必修课程和四类选修课程的标准来设置的；而其"课程目标"则往往从各校的育人目标出发，这也是浙江省深化普通高中课程改革、突围"千校一面"的最凸显的特色。

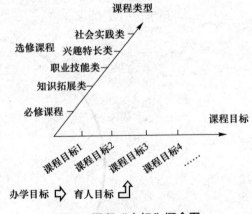

图1 课程"坐标"概念图

案例1：鄞州高级中学的课程"坐标"（表1）。

表1　鄞州高级中学的课程"坐标"

办学理念		自由、自律、博学、博爱	
办学使命		为学生奠基幸福人生，为社会培养优秀人才	
课程目标Ⅰ	课程目标Ⅱ	课程目标Ⅲ	培养途径（含课程开设）
身心健康	身体健康	具有健康的体魄	体质健康测试
		掌握一项体育技能	体育模块选修课程
		热爱体育运动	传统体育活动
	心理健康	没有心理疾病	规范的心理咨询；及时的心理预警；积极的人格塑造
		自我管理及自我发展能力	学生自主管理系列活动
		责任·感恩·诚信等品质	以"责任""感恩""诚信"为主题的德育系列活动
学力扎实		学业成绩优良	必修课程整合与校本化
		学习能力较强，实践能力和创新精神	知识拓展类选修课
			理科实验课程
		热爱学习，有终身学习意识	课堂教学方式改革
情趣高雅		有明确的生涯规划，远大的理想	生涯规划课程
		提升美育修养，提高欣赏美和创造美的能力，有一项以上的艺体爱好	艺术模块选修课程；美育课程
			社团活动规范化、系列化、精品化
		养成阅读习惯，不断提升人文素养	书香校园工程；语文阅读系列课程
视野开阔		聆听窗外的声音，了解学校以外的社会	社会实践活动；调查探究活动课程；职业技能类选修课；相关社团活动
		了解国际国内发生的大事	收看有关新闻节目；国际国内热点大事点评
		具有初步国际交往的能力，理解文化的多样性	英语特色课程；国际交流活动；国际优质课程

二、确立课程框架

一幅好图胜过千言万语，可以形象地展现你要费很多精力、搜肠刮肚地想出大量词汇来描绘的事物。构建课程框架，可以增强"视觉形象"，可以简单明了、显而易见、充满寓意地展现出一所学校课程建设的理念、结构、内容、特色。

（一）构建课程框图的灵感：景物言志

学校的建筑或景物是学校文化的有机组成部分，是学校形象的有力代表。以学校景物为蓝图构建课程框图可以很好地融入学校的办学理念、育人目标，体现学校精神。

案例2：浙江省温州中学"敞式"课程体系架构图

温州中学"敞式"课程体系架构图（图2）源自学校1902年的始建校舍"温州府属中山书院"（图3），由校史馆馆藏影像加工而成。两棵树寓意"夯实所学"，是学生的立学之根本。敞开式的屋顶,寓意多样化的"课程群"将打破原来的旧课程体系,带给学生一个前所未有的宽阔天地。学校的育人目标"为培养人格高尚、追求真理的领袖型、创新型人才奠定基础"烘托于"云蒸霞蔚"之中,寓意着学校期待打造"接地气、望云端"的课程体系,追求一种具智慧、有灵魂的教育,它将让一棵树摇动另一棵树,一朵云推动另一朵云,一个灵魂唤醒另一个灵魂。架构图中列出的四大特色课程群"学科固本舒根课程群""职业生涯规划课程群""领袖气质培养课程群""创新素养培育课程群"分别指向"学习力""规划力""领导力""创新力"的培养目标。

图2 温州中学"敞式"课程体系架构图

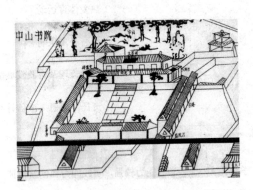

图3 原型:老校址温州府属中山书院

（二）构建课程框图的灵感:图案会意

图案是人类表达思想感情的视觉符号,能够储存记忆和知识,能够将信息的传达程序化、简单化,比文字符号更早地记录了人类精神的追求与渴望。

纵观省内学校的课程框架图,用图案的不在少数,如"飞行器"。

案例3：浙江省杭州第二中学"一体两翼三层四类"课程架构图

杭州第二中学的"一体两翼三层四类"课程架构图（图4）以"飞行器"为主体,体现"旨在将'必备素养、学业基础、人格成长、智慧成长'融为一体,进而促成学生'全面而自由'地成长"的课程思想;指向"育走向世界的精英人才"的课程目标,蕴含"让能飞的飞起来,让会飞的飞更高"的办学特色。其中,一体:指向作为学业基础的国家必修课程,此称"核心课程";

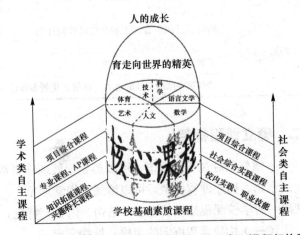

图4 杭州第二高级中学"一体两翼三层四类"课程架构图

两翼:一翼指向为人格成长的"社会类自主课程",另一翼指向为智慧成长的"学术类自主课程";三层:"一体两翼"三大板块的课程,均按由低到高三个目标层次设计与实施;四类:是指核心课程、社会类自主课程、学术类自主课程和以现代学生必备的"11＋1"基本素养为内容的"学校基础素质课程"四个课程类别。

（三）构建课程框图的灵感：文字蕴思

中国汉字博大精深、源远流长，汉字不仅意美、音美，而且形更美。以"汉字"为核心的建构方式意蕴深远、耐人寻味。如温州市第二高级中学以汉字"文"的阴阳开阖来定构课程图。

案例4：温州市第二高级中学"植根式"课程体系架构图

温州市第二高级中学"植根式"课程架构图（图5）以"根植、逗号、'文'字"为主构图，寓意学校课程"植根"于"德育课程"和"核心课程"的沃土，拓展出"发展课程"和"特色课程"形成"逗号"图案，寓意"课程改革永无止境，学生发展永不停步"。逗号中心"反白"的书法"文"字，既是学校"艺文"特色体现，又是学校培育"理智远虑、匡国为民"的艺文气质学子的象征。

图5　温州市第二高级中学"植根式"课程架构图

三、组建特色课程群

在课程框架之下是具体门类的课程开发与建设。2006年，浙江省启动普通高中课程改革实验，各校积极探索选修课程的开发之路，课程数量从"无"到"有"、从"有"到"多"。当开发课程的数量骤增时，随之出现新的问题，即课程质量良莠不齐，课程之间缺乏逻辑关联，导致学生学习碎片化，因而，课程建设的关注焦点转移到从"多"到"精"。2012年，浙江省深化普通高中课程改革，倡导普通高中特色化发展。如何体现学校特色？学校课程必须"结构化"，构建具有内在逻辑关联和学校特色的"课程群"，实现从"精"到"特"。

由此，"课程群"这一概念横空出世，介于课程框架和课程之间。它是指为完善学生的素质结构，围绕同一学科或研究主题，将与该学科或研究主题具有逻辑联系的若干课程在知识、方法、问题等方面进行重新规划、整合构建而成的有机的课程系统。课程群构建是以学生培养为主线、以课程的逻辑联系为纽带、以教师团队合作为支撑、以质量效益为抓手、以深化教学改革为动力的新型课程建设模式。目前，课程群构建已成为中小学校深化课程教学改革、优化课程设计的一种有效途径。

（一）示例特色课程群

何为特色课程群？特色课程群指凸显学校特色、基于教师特点、培养学生特质的课程群。以下以温州中学为例示例特色课程群的建设。

2012—2014年，温州中学先后建设、完善了知识拓展、职业技能、兴趣特长、社会实践四类245门选修课程，不仅进一步提升了选修课程的多样性，而且培育出一系列特色化、精品化的选修课程。

与此同时，在面对学校特色化、学生个性化发展的要求时，我们不断思考"究竟需要培养什么样的人""用怎样的课程来塑造学生""用什么方式来开设课程"。

最终，温州中学以学校育人目标"为培养具有高尚人格、追求真理的领袖型、创新型人才奠定基础"为旨向，革除原来课程中轻特色之弊端，重新梳理，形成含"学科固本舒根、职业生涯规划、领袖气质培养、创新素养培育"四大群的"敞开·敞亮"特色课程群架构,来稳固学生的"学习力"与"规划力",发展学生的"创新力"与"领导力"。优化整合的"敞开·敞亮"特色课程群,由101门课程组成,涉及必修校本化课程和选修课程,体现"敞式"理念,集"传授知识、培养能力、提高素质"于一体。"敞开·敞亮"特色课程群的内容框架见表2。

表2 "敞开·敞亮"特色课程群内容框架

培养目标	核心目标	课程群名称	分级目标	精品课程举例	创新实施策略
领袖型、创新型人才	提升学习力	学科固本舒根	夯实基础	《稳态与固态》《经济生活》《议论文写作思维指津》《基础生物学》	导生制 融合课程 项目课程
			拓展提升	《概率的前生今世》《和式彼端》《温州经济》《化学实验技能拓展》	
	提升规划力	职业生涯规划	梦想规划	《高中生涯规划辅导》《规划点亮人生》《薪火相传》《学长生涯感悟丛书》	
			职业体验	《我来做新闻》《模拟法庭》《走进城乡规划》《漫步华尔街》《导游英语》	
	提升创新力	创新素养培育	创新精神	《学得来的创意》《让古典音乐浸润心灵》《B-BOX创意口技》《砚边漫步》	
			创新思维	《游戏中的数学》《创意设计与研究性学习》《触摸书信里的历史现场》	
			创新能力	《互动媒体技术》《Arduino创意机器人》《MATLAB矩阵实验室》	
	提升领导力	领袖气质培养	领导理论	《领导力开发与培养》《打造领袖——高中生领导力提升体验营》《才能对决》	
			领导实践	《联盟承办文化》《社长课程》《学子修为大讨论》《爱心伞公德实验》	

注:含44门温州市精品课程、32门(次)浙江省精品或网络推荐课程。

(二)组建特色课程群的方式

组建特色课程群的方式可以多种多样,不拘泥于某种固定的格式。下面也以温州中学的特色课程群建设为例,说明不同状态下特色课程群建构的基本范式(表3)。

表3 不同状态下特色课程群建构的基本范式

前状态	无目标、有课程	有目标、无课程	有目标、有课程
建构范式	自下而上聚合式	自上而下规划式	由点到面整合式
建构路径	自下而上	自上而下	由点到面
建构策略	归类—比对	研究—开发	整合—拓展
范例	创新素养培育课程群	领袖气质培养课程群	学科固本舒根课程群 职业生涯规划课程群

1. "自下而上聚合式"课程群建构范式（图6）

在课程建设的繁荣期，面对数量众多，但目标散乱的课程，可以按照"自下而上"的方向，采取"归类定位—定标设标—比对筛选—开发发展"的策略进行梳理，就能解决群龙无首的局面，"聚合"成一个目标明确的课程群。

案例5："创新素养培育课程群"建构范式

第一，归类定位。在零散的课程中梳理出学科前沿类和科技创新型课程，都指向"创新力"目标且与学校育人目标吻合。第二，确定子目标。通过文献研究，提炼出创新力的要素，即创新精神、创新思维和创新能力。第三，比对筛选。将课程定位与课程群目标比对，筛选出：《万有引力与航空航天》等侧重培养发散性思维，《互动媒体技术》等侧重培养动手创造能力……。第四，开发空缺课程，侧重孕育创新精神的《学得来的创意》。第五，纳入艺术课程。基于创造力的高度是左右脑平衡发展的结果，将挖掘右脑潜能的艺术教育纳入创造精神培养的课程类别。

2. "自上而下规划式"课程群建构范式（图7）

在课程开发的成熟期，学校、教师具备了一定的课程研发能力，可以按"自上而下"的路径"规划"出一套特色鲜明的课程。

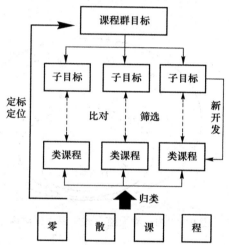

图6 "自下而上聚合式"课程群建构范式

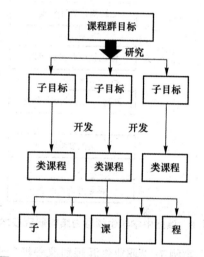

图7 "自上而下规划式"课程群建构范式

案例6："领袖气质培养课程群"建构范式

开始，只有课程指向的目标"领导力"，另外，没有其他成型的课程。一张白纸好画圈。学校按照图7所示的路径可以开发一个课程群。然而为了防止"领导力课程"难以融合学生的想法与需求，学校先将这个课程群的建设重点和难点集中在了探寻"温州中学学生领导力的结构模型"上。

学校以图8所示的技术路线，探清了教师和学生对领导力的不同理解：学生更注重领导者与他人的互动及自身的发展；教师则更重视领袖学生的责任意识、参与态度和学习时间的安排。但师生都共同认为，领导力需要理论提炼，更需要学以致用。因此，学校确定开发"领导理论"与"领导实践"两大类的领导力课程。形成了温州中学学子的领导力结构，即组织协调、理解尊重、时间管理、问题解决和任务执行。其中，前四点可归纳为"自我管理"和"影响他人"能力；第五点更偏向于领导实践的内容。因此，领导力课程需要通过多方面、多角度进行学习、实践。

与此同时，学校发现性别与年龄对高中生领导力发展并没有显著影响，但是领导力会随着"关键事件"的解决与"领导经验"的增多而不断提高，因而，学校试图通过《领导力开发与培养》《打造领袖——高中生领导力提升体验营》等课程，增强学生领导意识，通过《联盟承办文化》《社长课程》等课程，增加学生领导实践机会。

3. "由点到面整合式"课程群建构范式

在已形成核心课程但结构较为单一课程群的基础上，可以按照"由点到面"的发展路径，以"整合发展、拓展开发"为策略，丰富形成一个多样化的特色课程群（图9）。

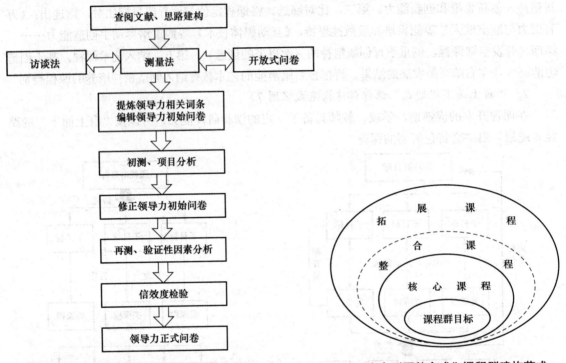

图8 温州中学学生领导力结构研究技术路线　　图9 "由点到面整合式"课程群建构范式

案例7："职业生涯规划课程群"建构范式

以《高中生涯规划辅导》为核心课程，延伸出了"生涯咨询""生涯访谈""校友回访""职业体验"等多元课程平台；延伸出了课程丛书《学长生涯感悟丛书》，每年一册，至今已达七辑，发行量达7 500多本；延伸出了各学科教师参与的20多门职业体验课；延伸出了生涯规划文化长廊、专用教室等物化环境。至此，已发展成为一个点面结合、立体式的课程群。

基于高中学业背景下开展学校体育多维变革

温州第二高级中学　陈钦梳

笔者基于目前高中的教育现状，运用多维度视角，深入剖析学业生态的症结，就如何在目前这种生态背景下开展高中体育课堂教学、课外活动、课余训练和运动竞赛的常态化活动进行积极探索，利用政策法规的相关规定，巧用课余碎片化时间，整合学校优质资源，引入社会体育力量，改变学校体育运作方式，创设学校多元文化，进行多维度的探索。为保证学生每天运动一小时，掌握1~2项运动技能，养成运动习惯，塑造良好品格和核心素养安全落地另辟蹊径，为高中体育健康发展寻求变革之道。

一、落实教育政策法规，保证体育活动开展

2007年《中共中央国务院关于加强青少年体育增强青少年体质的意见》、2010年《国家中长期教育改革和发展规划纲要（2010—2020年）》和2017年教育部《普通高中体育与健康课程标准》等文件都提出保证学生每天一小时运动的要求。《学校体育工作条例》中提出，"学校体育工作包括学校的体育课教学、课外体育活动、课余体育训练和体育竞赛""学校体育工作应当作为考核学校工作的一项基本内容。普通中小学校的体育工作应当列入督导计划"。明确规定，学校体育必须建立体育管理体系，形成体育课程、体育活动、课余训练和体育竞赛的完整体系。相关政策精神是落实学校体育工作的依据，任何人都不能违背精神，不能随意挪用、删减体育内容。作为学校体育实施的执行者，有权利和责任本着遵循政策法规精神，向学校和教育行政部门提出，要求落实学校体育相关政策精神，严格执行有关规定，保证学生参加体育活动的权益，正常开展体育常态活动，保障学校体育健康运行，为高中学校体育开展保驾护航。

二、构建一体化课程，运用碎片化时间

（1）立足课标精神，构建一体化课程。依照新课标精神，课程由国家、地方和学校三级课程管理体系组成。学校可根据学情和教学实际构建具有学校特色的课程体系。因此，在构建课程体系时，将学校体育工作有效融入课程体系中，将是学校体育工作顺利开展的关键。

多维度体育变革提出，依托课程构建，课堂传授运动技能，课外操练运动技能，运动训练和竞赛引领运动技能发展为一体化学校体育构建。图1所示的一体化课程设置，融入高中学校体育工作多维变革，突破了现实高中体育生态的制约，有效解决了体育课程落实不到位、政策法规执行不力、学生运动时间不足、运动技能发展滞后和学校体育氛围不浓等问题。图2所示的依托课程有效实施，落实了核心素养，回归了校园体育常态化，营造了学校体育氛围。

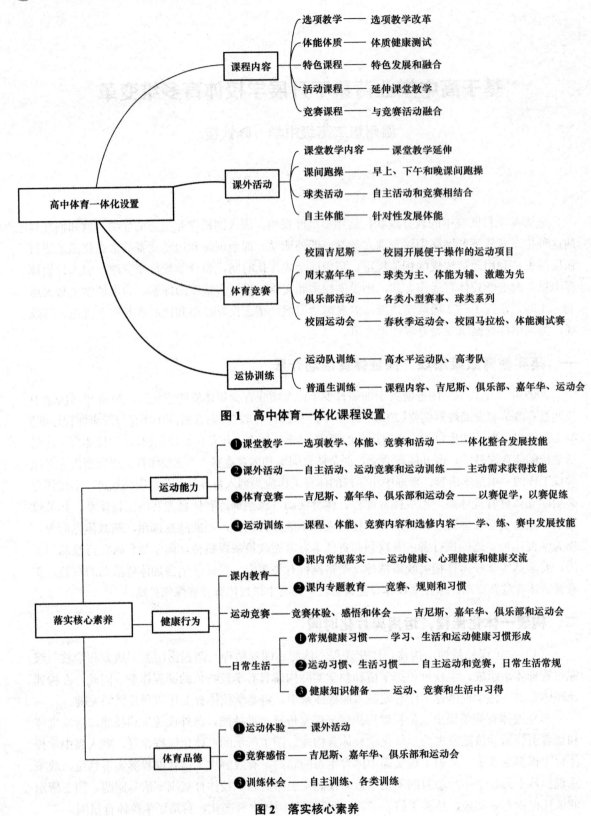

图 1　高中体育一体化课程设置

图 2　落实核心素养

经过××学校两年实施，数据证明选项教学内容变得丰富了，课外活动时间明显增加，体育竞赛次数大幅度增多，运动竞技水平显著提高，体质得到加强，落实了核心素养，证明了高中体育一体化设计的价值。具体见表1。

表1 ××高中体育一体化实施成果表

内容/对比	选项教学	每天运动时间（除体育课）	学期竞赛次数	运动技能水平	体质健康测试
实施前	分类选项	25~30分钟	2~3次	部分学生参与班级竞赛	体测合格率92.5%
实施后	一体化选项	55分钟	8~10次	全员学生参与班级竞赛	体测合格率99.4%

（2）实施选项教学改革。高中体育课程一体化对选项教学的实施进行改进。首先，确定方向。针对学校特色和优质资源，确定选项内容。其次，转变实施思路。将以往选项教学仅针对课堂教学，转变为课堂—课外活动—体育竞赛三者融合立体化选项教学模式，学校课外和赛事活动，必须落实选项教学内容，使课堂教学内容得到延伸、巩固和发展，实现"课上教技能，课外练技能"的运动技能发展模式。运动智能化管理，落实课内外选项实施；引进校外俱乐部和优质资源进入课堂，弥补课堂师资不足；打破授课教师为本校教师的资源模式，实施优质资源融合模式，有效提高教学水平。再次，明确选项。为确保高中阶段学生掌握1项以上运动技能，采用选项选拔制度，只有通过选项技能考核方能进行选项，杜绝盲目选项和随意换项。考核选项教学制度有效保证了技能学习质量，也符合运动技能形成规律和高中生态实际。同时，以课程为主导，强化运作和管理模式，将课程融入学校体育具体实施运作中，运用大数据、学校俱乐部和体育嘉年华具体实施，实现选项教学延伸和巩固，如图3所示。

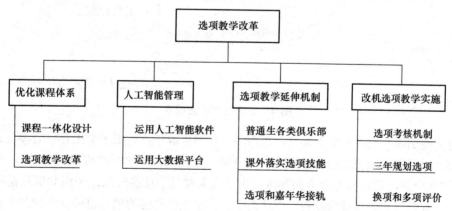

图3 选项教学改革

（3）巧用碎片时间，每天运动一小时。在学业繁重和高压之下，学生所有的运动时间几乎被占用了，那么如何破解困局呢？只能在巧用碎片化时间里寻找突破。从表2中可见，活动时间明显增加了，在不影响学习时间的前提下充分利用了早操、晚间操和周末时间进行体育运动。一周不计体育课和竞赛时间，周一至周五每天活动总时间为55分钟（其中早操和课外活动隔天错位安排），周末总时间为2小时，内容选用以简单高效和兴趣为主。这种安排巧妙解决了学生运动时间和内容的难题。

表2 ××高中碎片化时间和内容安排表

内容	早操	早课间	课外活动	晚课间	周六高校活动	周日返校俱乐部
时间	6：20—6：35	9：00—9：20	17：00—17：20	7：50—8：10	17：00—17：30	15：00—16：30
形式	跑操或体能	跑操	跑操或体能	跑操	自主活动	俱乐部活动
次数	3次	5次	3次	5次	1次	1次

（4）启动赛训引擎，提升运动水平。学校课余训练和运动竞赛采用"以赛促学，以赛带练，赛练融合"的训练与竞赛相融模式。融合模式指普通生和特长生相融合，训练和比赛相融合，校内外竞赛相融合，大大提高竞赛辐射面，有效提高学生参赛积极性和运动水平的提升。从图4中可见，有机融合使运动训练和竞赛机制变得更灵活。

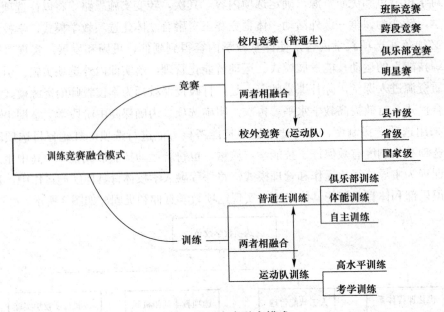

图4 训练竞赛融合模式

校外竞赛引领学校竞赛水平提升，校内多元化赛事改革，让更多学生有机会参与到运动竞赛中。如班际竞赛可用短时间和多频率形式开展，把正规篮球比赛改成校园3对3，或把时间缩短每节10分钟，总时间为两节的赛事。由于大大缩短了比赛时间，午间和课后都可开展比赛，扫除没有时间开展赛事的障碍。以此类推，许多学生喜爱的项目也可从时间和形式上稍作改进，就能安排如篮球3对3、足球6对6、排球3对3、迷你马拉松、体能挑战赛等丰富多彩的校园比赛，利用大量赛事带动学生训练，有效调动学生运动竞赛积极性，改变了高中学生"比赛难，参与少"的窘态。在训练上，普通学生在众多赛事中选择参赛，规定每位学生每学期必须参加至少一次体育比赛，依托选项教学和课外活动内容开展普及性训练，大大提高了学生训练积极性和参赛普及性。运动队训练采取"专人专管"系统训练和管理，严格管理，把握训练质量，为创建高水平运动队提供保障。以打造"一校一品"或"一校多品"品牌建设为目标，建设成省市乃至全国有影响力的高水平运动队，带动学校运动水平发展和加大学校影响力。

这种管理模式把常规训练和竞赛融入教学和课外活动中，增加学生参与运动竞赛的密度和强度，突破时间和运动水平制约比赛的瓶颈，实现了依托课程建设、课外活动训练和运动队融合，激发学生运动积极性，提高了运动技能水平。

三、整合有效资源，挖掘资源潜能

（1）整合校内资源。随着媒体的高速发展，学生的视野和需求越来越高。高中一体化体育管理，需要优质的资源，需要对校内资源、校外资源和家长资源进行有效的整合。从图 5 中可见，校内资源可对体育学科和非体育学科进行整合，如将非体育学科运动技能水平高的教师、本学科有潜力的教师进行外派培训等，有效增强了师资力量。

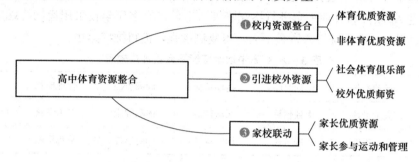

图 5　高中体育资源整合

（2）引进优质体育资源。随着人们对体育的重视，社会体育蓬勃发展，大量体育俱乐部和体育培训公司聚集着大批专业体育人才和管理人才。如何吸纳优质资源、项目和俱乐部进入校园，构建"社校一体"的师资模式，是盘活高中师资力量和丰富校园体育的重要举措。例如，引入优秀球类教练、攀岩教练和优质项目等。以往学校体育俱乐部的开展都只停留在校内层面，俱乐部开展受参与人员和师资力量限制。因此，俱乐部可引入社会力量联合开展，利用周末和课间开展学校俱乐部活动，为高中学校体育一体化中的课外活动和运动竞赛提供支持和指导，如图 6 所示。

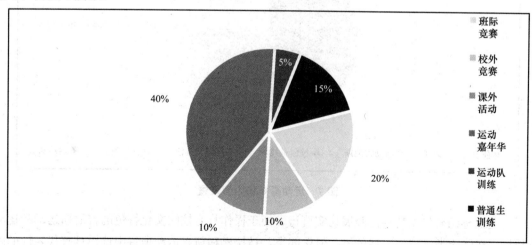

图 6　俱乐部参与校园体育活动内容

（3）启动家校联动模式。学校最丰富的资源是家长资源，充分挖掘家长资源，为学校体育开展提供助力。通过发动家委会，提高家长对体育的认知水平，让全校优质家长资源参与到体育指导和管理中。通过家校联动模式，校园体育活动在家长的支持和帮助下开展得更顺畅。

四、改进运作方式，创设多元文化

（1）运用大数据。采用人工智能进行高中体育一体化管理，是提高学校体育管理效率的有效措施。当前许多AI（人工智能）软件为监控运动量、负荷和恢复提供了科学的数据，能有效监管学生参与运动状态。由表3可见，学校可通过平台对学生运动参与、运动负荷、运动时间和健康状态进行即时监测，使管理更加科学和便利，也可降低人工成本。目前，小米、华为及苹果的运动手环和手表技术已经非常成熟，学校可针对实际情况开发校园运动App或软件，也可引进AI软件和管理平台进行终端管理。目前已有多所学校采用运动终端监管系统并取得较好的效果。该套系统投入资金不大，可复制性强，值得推广运用。

表3 ××高中动运智能平台管理成效表

内容/对比	运动参与	运动时间	运动负荷	健康监控	管理模式	数据统计
实施前	人工考核	大致估算	无法监测	体测健康	人工考核	学期统计
实施后	运动反馈	精确考核	即时反馈	即时监控	平台反馈	定期统计

（2）开展运动嘉年华。在学生每周返校后开展运动嘉年华活动，由体育俱乐部和社会资源协同负责，鼓励家长共同参与，让家长感受运动的重要性。时间安排在每周日下午三点到五点，内容围绕一体化课程和学生爱好进行设置，按年度和季度合理安排内容，包括校园吉尼斯、运动竞技场、运动勋章等模块。图7对校园马拉松、校园竞技场、球类系列赛事、体能类系列赛事、新兴体育运动项目和运动勋章进行了有机安排。

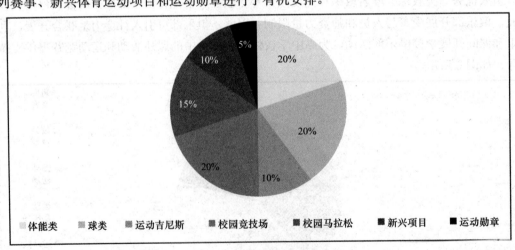

图7 运动嘉年华内容设置

立足课标结合校本特色，开展切实可行、便于操作具有校园文化特色的吉尼斯运动和运动竞技场，在体能类、球类、特色类、俱乐部类、马拉松和新兴运动项目中选择具有代表性的内容，创设校园吉尼斯，在周末的运动竞技场开展活动。充分调动学生的运动积极性，为落实体育活动注入生机，也营造了校园文化氛围。

运动勋章设置不但体现运动文化，而且其影响具有深远意义，可影响人的一生。校园可依托项目开展评选运动明星和运动勋章活动，以明星和勋章的形式来激励更多学生参与运动。在高中毕业那一刻，颁发运动勋章，学生将充满自信地走向社会，将高中体育经历铭刻在记忆深处，运动也成为伴随一生的习惯。

参考文献

[1] 赖向宏. 浅谈高中体育改革与发展[J]. 体育世界（学术版），2019（02）：198+94.

[2] 毕磊. 浅谈高中体育课堂教学中存在的问题及对策[J]. 中国校外教育，2017（11）：156.

[3] 陈金. 浅谈普通高中体育课程改革[J]. 佳木斯职业学院学报，2016（01）：352-353.

[4] 程丽艳. 健康中国视域下普通高中学校体育政策执行力探析[J]. 当代体育科技，2017，7（14）：111-113.

[5] 李刚. 构建我国高中学校体育教育质量提升的有效措施[J]. 当代体育科技，2017，7（21）：78-79

[6] 苏思明. 试谈高中学校体育的竞赛如何进行改革[J]. 当代体育科技，2012，2（17）：59，61.

[7] 包维理. 新课改下高中体育与健康大课程构建实践研究——以四川省广汉中学为例[J]. 教育教学论坛，2014（27）：192-193，194.

[8] 杜治华. 普通高中学校体育政策执行情况研究[J]. 四川体育科学，2018，37（5）：90-94，99.

[9] 袁鸿祥. 普通高中体育教师课程实施能力的现状及发展策略[J]. 体育学刊，2015（5）：111-114.

[10] 葛建南，孙超. 高中体育模块选项教学中存在问题及其解决对策[J]. 体育学刊，2011，18（2）：83-85.

[11] 李世宏. 高中体育专项化教学改革的必要性及面临的问题与实施策略[J]. 体育学刊，2016，23（1）：121-126.

[12] 张大超，杨娟. 美国3版《K-12国家体育教育标准》演变对学校体育影响的比较研究及启示[J]. 体育科学，2017，37（10）：21-31.

[13] 杨秋颖，崔洁，朱春山，等. 韩国《体育课程标准》选修教育课程解读[J]. 体育学刊，2017，24（1）：115-120.

[14] 季浏，马德浩. 改革开放40年我国学校体育发展回顾与前瞻[J]. 体育学研究，2018，1（5）：1-11.

[15] 谢维和. 谈核心素养的"资格"[J]. 中国教育学刊，2016（05）：卷首语.

寻找教室里的"课程坐标"
——基于学生班级生活的班本课程实践与思考

温州市第八中学 徐斌华

课程是学校实现教育目标的核心蓝图,不仅发生在学校,还发生在教育活动真正发生的场所——"班级"。基于"面向每一个"教育理念的思考,笔者选择校本和生本的中间点——进行以"班"为"本"的课程实践。国家、地方和学校是课程的三级开发者,沿着"国家—地方—校本"的思路延伸,同属一个维度的班级,也可以成为开发主体,用"班级"来命名"课程"理应可行。

为更好实现班集体发展及促进学生个体成长,以班级为单位,教师、学生、家长三方以学生班级生活为出发点,整合学生和班级的需求,利用班级资源共同开发的具有鲜明班级特色的教育内容的总和,我们都可以称之为班本课程。班本课程具有鲜明的班级特色,着眼于面向每一位学生,关注学生全面、和谐的发展,是三级课程的补充和发展,可以进一步完善学校课程体系。

一、课程定位:深化课改的新视角,常规教育基于班级生活的长期规划

"班本课程"从"学生班级生活"的视角构建班本课程,促使教育关注每一位学生。班本课程的要素平时就散见于学校的常规教育活动中,如主题班会、社会综合实践、传统节庆仪式……但多数教师缺乏远景规划,缺少对相关内容课程化的价值追寻,因而,难以通过系统建设而形成稳定的课程链。

班级是学生最基本的生活空间,每个班级都是由几十个鲜活、灵动的生命组成,他们都有自己独特的生命状态,有共性,也有自己的个性。师生、生生、家校、课程、环境等要素构成了一个复杂的班本教育体系。只有充分发挥班级中特定的人、事、物的教育效益,才能够满足、解决"每一个"的教育需求。课程的实施影响着学生,同时,他们的班级生活对课程实践在一定程度上也能产生某种影响。在实践中,班本课程既立足学生的个性成长,又关注到班级的可持续发展,是班级文化的重要的落脚点,可以更快地促进班级的个性发展和风格形成。

1. 班本课程的三个出发点

班本课程不是对国家课程、地方课程与校本课程的内容进行拓展、加深,而是要对这三种课程形态进行统整,增强课程内容与现实生活、班级实际、学生需求的衔接性、融合性。班本课程的系统性、结构性与一贯性突出,可以成为最基本也是最有效的班级文化建设活动。"尊重差异,顺应学生成长的节奏,促进学生个性成长"是班本开发的核心目标。课程在内容的深度与广度上应保持平衡,进行兼具特色性和科学性的选择。

(1)"我们的课程"——从学生的兴趣需求出发。班本课程的影响力主要通过学生去实现,

学生对课程的接受和认同决定了班本课程能否顺利推行及持续发展。在课程开发中，坚持从学生视角理解课程，筛选出符合条件的课程资源，才可能让课程目标落地。班本课程要让每一位学生都能找到自己的位置：有事可做、有话可说；有舞台可展示、有快乐能体验。

（2）"好玩的课程"——从学生的年龄特点出发。在实践中，课程活动仅仅使学生有当主人的感觉还不够，还要使课程产生持久的吸引力，需要符合学生好奇、好胜、好表现的心理需求。选择偏向于符合学生生理与心理特点的教育资源，通过时尚、有趣、好玩的课程，才能激发他们主动参与的热情。

与时俱进地创新课程内容，赋予其时代内涵；创新课程方式和载体，让学生乐在其中；拓展课程阵地，使学生时时处处感受到课程活动的存在等，都是增强班本课程吸引力的路径。

（3）"难忘的课程"——从班级教育教学出发。班本课程群要与班级教育主题内容匹配，尽可能多地让学生享受唯有在班本课程中才能感受到的一种成长体验和愉悦。从长远来说，"难忘的课程"还要对学生今后的成长产生积极作用。

2. 班本课程的三个维度

"班本"就是"以班为本"，它包含以下三个维度：

（1）"为了班级"，以解决班级所面临的问题，促进班级可持续发展，促进学生的个性成长为目标导向。与国家课程、地方课程自上而下的开发逻辑不同，班本课程是遵循自下而上的逻辑开发的，这有助于精准发现并快速满足学生的个性化成长需要。

（2）"在班级中"，时时、处处都是课程资源；课程存在于特定的班集体中，它的实施仅限于这个集体的全体成员。将班级学生需求、教育主张、班级文化建设活动等纳入课程规划中，各类课程经过改造后"落地"在一个班级里，它们就成了该班级的班本课程。

（3）"基于班级"，从班级实际情况出发，利用班级资源。既包括教师和学生，又涉及家长；既包括班级所能提供的显性社会资源，又包括班级现有的隐性智力支持。

二、课程规划：源自课程主张的理性思考，在班级定位与班本资源中统一

班本课程规划是从学生的实际需求出发，立足班级、基于班级而形成的一种有助于学生发展、班级建设的课程设计、开发过程。它主要包含两层含义：一是对国家课程、地方课程、校本课程在班级层面有效实施的课程补充开发；二是班级层面有助于满足学生发展需求的课程特色开发。

班本课程有鲜明的价值取向与课程主张，但也必须以学校课程规划为发展方向，让班本课程融入学校课程体系中，与其他课程形成育人合力。在课程开发的过程中，要克服课程的碎片化、随意性，让课程更有目的性、计划性，更加规范科学。

1. 班本课程的开发定位

班本课程是班级特色的一个重要的落脚点，可以更快地促进班级的个性发展和风格的形成。学生不仅是班级文化的体验者，而且是创造者和促进者。因此，无论班级特色、班本课程还是班级文化，其核心都是学生全面而有个性的发展。正因如此，班本课程的开发，不应只从班级特色的追求出发，而应立足学生发展需求，着眼于学生个性发展和可持续发展。

2. 班本课程的开发主体

教师作为课程的开发主体，并不意味着学生是被动的接受者，相反，学生是主动、积极的

参与者。教师应该将更多的机会和舞台留给学生与家长，让学生和家长成为课程的开发者与实施者。教师要"勇敢后退，适时跟进"，从课程的提供和实施者的角色里"退"出来，"进"为课程的倡导者、组织者和评估者。

3. 班本课程的开发目标

"尊重差异，个性成长，为了每一位学生的发展，让每一个生命温润美好"是课程开发的核心目标，课程源自班级内部的教师和学生的需求，依靠教师、学生和家长自身的条件与资源进行开发。由于学校班级众多，班级里每位学生的现实发展水平差异较大、每个教师的专业状态不均衡、每个家长的教育理念和投入程度也是不一样的，因而，班本课程具有多样性、可选择性，并且富有班级特色。

班本课程没有一个既定的模式，是在不断地互动、学习、实践的动态中构建起来的，包含两个方面的含义：一是使三级课程个性化、班本化，更符合本班学生的特点和需要；二是以教师、学生和家长为共同主体，开发新的课程。

4. 班本课程的开发流程

有学者将班本课程开发比作烹制美食：学生是我们的顾客，他们的发展是我们所希望呈现的美食。

（1）定位资源，关注学生班级生活。烹制任何一道美食，首先要知道自己拥有哪些加工的资源，明确素材是必不可少的条件。班主任是班本课程的积极践行者，但班本课程不等同于班主任课程，不是班主任一家之言。开发班本课程，还要考虑班级的基本情况。例如，在课程开发前，笔者会设计"我的精彩，我做主""智爸慧妈大讲堂"等课程调查问卷，了解学生的特长、兴趣与爱好，了解家长的职业专长和教育资源，征求他们对班本课程的建议。

社区教育资源有着特别的教育价值意义，因此还可以立足社区，最大限度地利用社区的课程资源，来开发班本课程。

（2）考虑需求，服务班级全体学生。班本课程属于点单服务，要基于学生需求而产生。一方面，每个孩子身上体现的成长需求与特长发展是不一样的，这就需要关注学生的已有基础；另一方面，学生想要达到的目标也是不同的，因此，对各种知识的具体需求也不同。课程应该努力为每一个孩子提供更合适的教育，提供更个性化的教育服务，为每一个孩子量身打造属于他自己的课程。

在前期调查的基础上，初步规划课程；召开家校沟通会，家校达成共识；由家委会牵头，在班级平台发布课程计划，征集课程资源；学生和家长共同协商，班主任提出参考意见，确定课程内容；形成班本课程开发与实施纲要，从"班级"的视角，构建包容、开放、多元的班本课程。

（3）着眼于未来，系统建设形成课程链。一个优秀的厨师不可能只用一道菜服务所有顾客，他需要了解顾客未来可能喜欢的口味，并以此为标准不断改进自己的厨艺。班本课程开发也不能局限于当前，应该将班级与学生置于发展进程中进行考虑。

三、课程实践：开放的课程平台，学生、家长与教师共同演绎精彩

班级中蕴含着丰富的课程资源。决定班级发展的，不是教室的空间和设施，而是课程立场，只要有效整合各种资源，教室就拥有无数成长故事，充满青春气息，洋溢温暖幸福。

首先，班级的很多学生"身怀绝技"，学生的差异性就是珍贵的课程资源，每个人身上的优点都可以成为班本课程的开发素材。其次，班级的学生家长职业分布广泛，大多数有较高的文化素养，能热情参与班级事务。这样的家长群体可以为学生提供高品质的丰富的课程。

班本课程主要通过家校微课程、主题活动、隐性课程等形式实施。

1. 班本课程实施的主阵地是班会课

（1）源于学生，回归班级的学生微课程。学生基于自身的兴趣爱好和特长，围绕"我的精彩，我做主"进行主题微课程设计。例如，小林同学的"我与尤克里里"，包括尤克里里的历史，尤克里里与吉他的区别，国内外著名的曲目，实物展示，现场演奏……班级学生人人可以开发一门微课程，课程文本装订成册，可以成为班本教材，也可以作为学生后续开发精品课程的素材。

学生也可以团队开发课程。如"时事周周谈"，每个团队负责前一周国内外要闻整理，在周一静校时间向班级同学阐述要闻内容并对某一事件点评。在这个过程中可以锻炼学生关注社会生活的自觉性和提高信息辨析的敏锐性。

学生开发的微课不在于特长的展示，更多的是要学习、挖掘自身特长项目背后更深层的内容，从而在课程实践中获得新的成功体验。

（2）基于学生，拓宽视野的家长微课程。家长结合自身优势或职业特色，以"智爸慧妈大讲堂"为载体，围绕"职业体验"主题开发家长微课。如"理财小知识""透过老照片看温州""我的拿手好菜：大厨来了"等课程。

（3）发展学生，衔接校本的班主任微课程。笔者基于"二十四节气"申遗成功的契机，结合学校生命教育理念开发的课程群，主要介绍节气传统习俗、地理气候、相关诗词等内容。

2. 主题活动是班本课程的重要载体

在"快乐、分享、求知、人文"指导思想下，活动课程让班级所有的时空都成为班本课程场景，让学生在丰富多彩的活动中，培养兴趣爱好，生成实践智慧。

班级开发具有时尚、艺术等元素的课程活动，将教育内涵通过具体活动展现出来，让丰富多彩的活动浓郁课程文化氛围。小型主题活动一般利用一节课时间，大型主题活动一般会持续一段时间。如班级开展"三读三共，悦读生活"主题活动，即"早读，小组共读；午读，师生共读；晚读，家庭共读"。班级每月评选"百合悦读星"，每学期评选"百合悦读家庭"，定期举行"百合读书会""好书推荐会"、举办"主题文章挑战赛"等系列活动。

3. 班级环境是班本课程的隐性延伸

通过深入分析班级的内涵发展、班级特色、课程理念，以及学生的多元学习需求，研究不同课程教学活动对空间的功能诉求，从物理设施、学习资源、技术环境、情感支撑和文化营造等维度上，对空间功能进行整体再构和巧妙运营，将课程理念转变为看得见的空间课程，让空间最大限度地满足不同学生的多元化发展需要。以活跃的空间文化布局诠释"空间即课程"的深刻内涵。

隐性课程是以间接的、内隐的方式呈现的课程，包括班训、班风、学风及师生关系、同学关系、班级规则、班级运行程序等。专门开设的、狭义的、显性的班本课程固然重要，而弥散性的、渗透性的隐性班本课程更为必要。比如班级以"岗位管理为中心"的自主管理模式，根据班情，集体商讨岗位的设置，一人一岗，如作业协调员、课间文明监督员、情绪管理员等，每位学生都尽着自己的能力和责任为班级服务。班级定期进行岗位竞选、聘任和评议。

班本课程生长在班级文化的土壤里，同时促进班级文化的发展。班级环境就在学生身边，是提供各种信息、渗透思想观念、进行相互交流的良好平台。如班训、班歌、班级大事志、班级日历、班级颁奖盛典、班级四大节及班级成长史、班级文化建设陪伴着学生的成长，凝聚着师生的共同愿景，体现了班级良好的人文氛围。班级文化情境凝聚着班级生态的文化愿景，体现了班级师生的文化认同，折射着班级师生的个性特点，最终形成班级风格。所以，班本课程可以视作班级文化以至班级风格的一种高端呈现。

4. 多维度评价促进班本课程体系化

逐步建立规范、科学的立体式评价体系，学习过程质性描述和激励性量化评价相结合，可以采取评选先进、课程感悟分享、优秀成果展示等外显性评价载体。它包含以下几个基本维度：

（1）参与性。在活动中，对学生参与的积极性评定等级。

（2）过程性。学生参与各种活动的表现。

（3）规范性。教师根据评价标准对学生的表现形成综合评价。

（4）实效性。跟踪反馈活动对学生成长的影响。

四、课程意义：班本课程让学生精彩无限，让班级建设插上飞翔的翅膀

班本课程是三级课程的延伸，有效弥补了各级课程之间的缺位和弊端，有重要的实践意义。

1. 班本课程是课程多元化和德育课程化在班级层面的有机结合

课程改革倡导多样性、可选择性理念，德育课程化是提高德育实效的必然选择，两者需要在班级层面有机结合，班本课程应运而生。班本课程关注班级层面，在保证学校统一课程规划下，充分考虑学生的个性差异，以多元化课程激发学生的积极性。

2. 班本课程开发为学生的全面发展提供无限空间

班本课程开发是"因材施教"理念的实践。它从学生的班级生活出发，充分发挥学生的选择性、创造性，为学生的全面发展提供无限成长空间。

3. 班本课程开发助推班级发展

班本课程着眼于班级目前存在的问题，隐性课程的开发有助于形成班级主流文化。在班本课程实施过程中，班主任与学生、家长的高效沟通，可以及时解决班级的某些普遍性问题，形成教育合力，助推班级发展。

五、课程反思：在困惑与疑虑中，班本课程一路前行

1. 班本课程存在的必要性

沿着"国家—地方—校本"的思路延伸，提出班本课程，难免有为研究而研究、赶潮流的嫌疑。同时，目前学校课程已经比较"满"，学校究竟有多少空间是留给班本课程的？教师的工作也已经很"满"，他们究竟有多大能力、多少时间去开发班本课程？

2. 单纯的学生特长展示不是课程

学生开发的微课不能光停留在表演上，而是要学习、挖掘自身特长项目背后更深层的内容，如相应的文化内涵、相关的名人佚事、其他资源的查询与学习等，从而在学习实践及讲授

中获得新的成功体验。班本课程的魅力更多的不在于结果的展示,而在于学习、探索的过程。

3．班主任要成为班本课程的"倡导、指导与评价者"

班主任是班本建设的总设计师、总规划师、总评价师。班本课程的开发与实施是一个有机的生态整体,班主任要整合各方教育资源,使课程得以顺利进行。班主任要充分调动各方面的积极因素,既要让学生成为班本课程建设的主体,又要让广大学生家长成为同盟军,还要让其他各科任教师成为坚定的支持者。班本课程建设的深入开展,考验的是班主任的综合能力。

（1）精心指导学生微课程。课程通过课堂内外的叠加,学校家庭的碰撞,实现共生共长。由于学生微课程的开发存在各种不足之处,教师在实施过程中要做好指导工作。

（2）适度培训家长讲师。家长讲师普遍素质高、能力强,但给学生上课,很容易将内容讲深讲偏,或出现不适宜的内容。因此,在家长讲师授课前,班主任要将授课原则和学生的接受能力、接受程度与讲师进行交流,并提出建议。

4．家长要成为课程的重要实践者和开发者

班本课程应有一定的整体性和发展性,要关注课程的延续性和系统性。如果引领课程开发的班主任更换,课程的延续性往往就会受到较大影响。因此,组建一支有课程开发意识的家长团队是班本课程系统开展的保障。

让学生与班本课程在教室相遇,让教室与班本课程浑然天成,让课程引领教室里的每个生命穿越时空,将班级狭小的空间"恢宏"为生机勃勃的春天原野,让每一棵花花草草都在阳光下"葱茏"地成长。

我相信：只要上路,总会遇上隆重的庆典。

参考文献

［1］李兆文,王浩龙．班本教育：寻找适合每一个孩子快乐成长的教育方式［J］．江苏教育研究,2012（12A）．

［2］钟启泉,张华．世界课程改革趋势研究［M］．北京：北京师范大学出版社,2010．

［3］李小红．教师与课程：创生的视角［M］．桂林：广西师范大学出版社,2009．

"学为中心"视阈下学科关键能力及相应学导方式

温州市籀园小学　金子翔

一、研究背景

随着新课程改革的全面推进，各种教育理念走进校园。"让学"即"让学生学"的理念走进Z小学后，这使得全校教师的思想得到强烈洗礼，学生主体的理念不再单纯停留到口头，而是走进每个人的心里。然而，仅仅有理念还不够，现有课堂教学还存在很多问题：教学目标主要以知识为导向，忽略了能力的形成和迁移，教学内容不利于学生能力的培养等问题。这些问题的根源在于教育教学中重视知识、轻视能力。

对能力的本体、能力分类进行研究，梳理各学科"学科关键能力"。第一，明确"能力为重"的课堂教学目标。每个学科有哪些关键能力？这些关键能力在不同年级要求有什么不同？这些要求如何呈现螺旋线路上升，进而构建各学科的关键能力序列？第二，明确教学内容最适合"能力为重"的课堂教学。围绕学科能力目标，进行教什么的研究。其中根据目标需要，对教材进行取舍、重组、增加，进而重构教材。教学内容选择需要把握的原则是：尽量选择能够锻炼培养能力的教学内容。在此基础上探索"学科关键能力"为重的课堂教学模式，并建立以"学科关键能力"为重的课堂评价标准及学业评价方案。

带着以上思考，我们查阅了国内外的同类研究。《四川教育》2011年第21期，由聂品、王宗新、张清银等教育专家商讨、研究的以"能力为重"要重哪些能力的实践研究，提出：以能力为重的课堂教学的核心内容，主要研讨素质教育与应试教育的优劣。邱莉梅负责的课题《以"能力为重"的当代教育》一文中提出，20世纪90年代以来，世界各国的教育改革运动此起彼伏，改革最终触及的关键问题，即课程改革与课堂跟进。为克服传统以知识为重的应试教育弊端，适应教育改革对教育评价的新要求，以多元学生综合能力培养为核心的素质教育改革在许多国家兴起，美国、英国和我国台湾地区相继进行了多元化课堂教学改革，这场改革在教育界、社会界引起强烈反响。但具体到"学科关键能力"的理论研究及实践层面的探索尚属空白。

二、成果的主要内容

（一）明确各学科"学科关键能力"

基于学科特征与学生学科学习认知规律，结合学科课程标准的能力要求，剖析学科核心素养的相关资料，我们明确了七大学科的"学科关键能力"，并构建了各年段"学科关键能力"序列。

1. 提炼了七大学科的"学科关键能力"

（1）转换能力：语文学科关键能力。语文是学习正确运用祖国的语言文字，衡量学生是否学会语文,不是看"理解"了多少语言知识和规则,也不能仅仅看"积累"了多少词语句子,而是应该看他是否能够熟练地"运用"这种语言作为评价的主要标志。如何"优质输入",进而"优质输出",这之间需要一些转换机制,这种"转换能力"就是语文学科关键能力。

(2) 化归与数学化能力:数学学科关键能力。数学是研究模式的科学,是研究关系的科学。确定情景问题中包含的数学成分,建立数学成分与已知的数学成分,建立数学成分与已知的数学模型之间的联系都是为了"建立新模式",通过不同方法使这些数学成分形象化和公式化是"模式化",用公式表示关系,对规则作出说明,尝试运用不同的数学模型,找出蕴含其中的关系和规则,都是模式化能力,或者也可以说是抽象化、概括化、数学化能力。这是数学学科关键能力之一。

另一个关键能力为化归的能力。如果问数学家与其他科学家在解决问题时,在思维方法上有什么特别的地方?可能的回答是:数学家的思维方式更善于运用化归能力。

(3) 阅读能力:英语学科关键能力。对于英语学科来说,大量的阅读,才会有大量语言和文化的输入,从而才会获取更多的信息和文化,即体现了信息素养和国际视野。在阅读的过程中,在获取语言和技能的同时,学生可以获得文化体验,汲取文化精华,提升思维品质,运用学习策略,实现创新迁移。同时,阅读兴趣的培养和阅读能力的提高才会实现英语学习力的持续发展。可见,阅读能力的提高是培养核心素养的必然要求。

(4) 论证能力:科学学科关键能力。2011年,美国国家科学研究中心发布了《K-12科学教育框架:实践、跨领域的概念和核心概念》,将基于论据的论证作为八个主要的科学实践活动之一,强调在科学中进行推理和论证。"论证"已被提到非常重要的地位,科学论证就是科学的核心,教科学就是要教会学生进行论证,在对话交流中,转变概念继而形成科学的概念架构,发展个人和社会背景方面的科学知识应用能力。

(5) 运动能力:体育学科关键能力。运动能力是学生的体能、运用技能及运用技能的方法等综合表现的一种能力,可见,体育学科要通过教学、体育课外活动、大课间、其他社团活动甚至家庭作业等来提高学生的运动能力。运动能力成了公认的体育学科关键能力。

(6) 鉴赏与表达能力:美术学科关键能力。美术课堂上的体验,其根本绝不是一种"记述",或者是"记录""临摹性表达",真正的体验是"发现"。基于这种本体特征的认识,美术组教师多次讨论将美术学科的学科能力归纳为"鉴赏力、绘画力、动手力、创造力"这四种能力,从而提炼了美术学科的关键能力为鉴赏与表达能力。

(7) 感知与表达能力:音乐学科关键能力。基础音乐教育小学阶段的课程内容包括四大领域,即感受与欣赏、表现、创造、音乐与相关文化。确定关键能力与以审美为核心的理念相对应,就是建立各学习领域共同的基础能力,具备这种能力、有这样一个共同的基础,那么所有学习领域都能连接在一起,音乐教育也有了自己的体系。因此,音乐学科的关键能力有两个:一要培养学生对音乐要素敏锐的感知能力;二要培养学生对音乐要素有正确的、有创造性的表达能力。

2. 构建了各年龄段"学科关键能力"序列

学科关键能力的形成是一个螺旋上升的过程,需要教学中为不同学段制定了相应的教学目标,让不同年龄段的学生学习最关键的能力,形成序列。

例如,英语学科围绕阅读能力构建了英语课程群,从低到高,有序递进。按照课程标准的要求，We Sing，We Spell，We Read，课程群遵循学生语言学习的规律，体现了英语学科关键能力的发展阶梯。低年级通过地道英语歌曲歌谣的教学培养孩子的语感，感受语言韵律的美，并增加语言的可理解输入。孩子们积累了一定的语感后我们借助英语自然拼音的教学，让孩子们学会自己拼读单词，逐步学会自学。中高年级则引导孩子们阅读经典作品和符合孩子心理特点的读物，教给孩子初级的阅读策略，并展开丰富的活动让孩子们在阅读过程中获得语言、思维和社会交往各项能力的发展。低段重在语感启蒙，中段重在拼读技能，高段关注阅读素养，这些能力的关联性很强，共同指向最终能力的形成。

再如数学学科，在以"化归和数学化的关键能力"为学科目标的低段教学研究中，发现困难重重。低段数学教学的主体是6～9岁的学生，该阶段的学生以形象思维为主，抽象概括能力较弱，学习能力较低。而学生数学学习的目标又聚焦到发展学生的数学关键能力，即数学化和化归能力，这些关键能力对学生来说是抽象的、复杂的、综合的。显然，低段学生现状与最终要培养的数学关键能力之间有较大的差距和难度。如何从"学"这个基本点出发，寻找基于学生需求但又有丰富的数学内涵的一个载体，达成"数学学科关键能力"的目标？低段数学组基于小学阶段的学生的思维特点及年龄特征，借助绘本将高位、抽象、复杂的数学关键能力分解成低位的、形象的、具体化的内容及途径，引导学生在主动学习中引发高阶、更深层次的学习。到了中高段又通过精题妙讲、思维拓展等载体落实学科关键能力。

（二）探索了基于"学科关键能力"的相应学导方式

明确了学科关键能力，最关键的是通过相应的学导方式，将各学科关键能力扎扎实实地落实到课堂教学。这需要教师把握价值准则，并探索不同课堂相应的学导方式。

1．基于"学科关键能力"相应学导方式的价值准则

著名的戴尔"学习金字塔"曾比较分析了听讲、阅读、声音/图片、示范/演示、小组讨论、做中学、马上应用/教别人等多种学习方式的学习结果的驻留率。在经历不同学习方式后的若干时间节点，不同学习方式的学习结果的有效驻留师完全不一样的。较有长远意义的学习方式为小组讨论、做中学、马上应用/教别人。

案例一：《识字六》（语文学科一年级下册）

（1）创设"少先队员去旅游"的情境。学生自由读课文1～3节，边读边记，你看到了什么？看谁记住得最多。

（2）回忆"看到了什么"。

每个孩子闭上眼睛，回忆刚才旅游（读书）中看到什么。教师请回忆最多的学生上台当小教师拿卡片带领大家认读，将卡片贴在黑板上（这时的卡片是凌乱的，是根据学生的学习生成的）。

（3）引导发现。

发现一："就这样向别人介绍旅游中看到的景物别人能清楚吗？"（师生一起按"来到什么地方看到什么？"移动黑板上的卡片，将海边、农村、乡村的景物组合在一起。凌乱的卡片在孩子们的积极思考、自主建构中组合成了课文的内容。）

发现二："看看这些生字，想想不同的地方，你又有什么发现？"发现生字的构字规律：海边有水（三点水）——海、沙、滩，有船（舟字旁）——舰、船；农村有禾木（禾木旁）——秧、苗、稻，有泥土（提土旁）——塘；山林有竹（竹字头）——竿，有木（木字旁）——桥。

"旅游,看到了哪些景物。请回忆,并说一说。"是马上应用/教别人,"这样介绍可以吗?要按照顺序介绍","做中学,发现什么?"是小组讨论/教别人。从表面上看,学生发言的机会似乎少了。但在看似沉默的外表下,学生的思想在主动燃烧,心灵在自由飞扬,每个学生都在各自不同的基础上自主建构。

也许,在目前这样有限的学习时间下,听讲与操练是效率较高的途径。但此"效率"是"教的密度的效率",而非"学的深刻的效率"。我们需要展开知识发生的过程,让学生们从"唯一"的学习方式中超越出来,从习惯性的应答思维中超越出来,让他更多地经历阐述的学习、问题解决的学习。只有这样,学生才有创造力,才有可能实现学以致用。

2. 基于"学科关键能力"相应学导方式的要素组合

(1)"先教后学"的课堂要素组合。"先教后学",其本质是将教化为学,提供给学生一种自我探索、自我思考、自我创造和自我表现的实际机会。

案例二:《凡卡》(语文学科,六年级)

1)帮助指导:读懂这篇课文写什么,反映了什么思想,应该不是问题,相信学生都能行。现在我们读一篇文章,对于六年级孩子来说,要关注语言特点、文章背后的意义及作者写作风格这几个方面。

2)先行学习:自由读课文,做批注。

3)小组学习:小组内交流讨论。交流汇报:划出四个区域、四个组。看哪个组发现得最多?

4)帮助指导,简单梳理。

"帮助指导"+"先行学习"+"小组学习"+"帮助指导"的要素组合很好地处理了"学""导"的关系,"导"帮助学生实现语言转换,以旧经验建构成新经验,比他完全自主地学习更快、更多、更有意义。

(2)"以学定教"的课堂要素组合。以学定教。其本质是化难为易。由于变容易了,学生就能学会。因为学会了,学生更容易激发学习的兴趣和信心。

案例三:《乘法的初步认识》(数学学科,二年级)

1)第一次:随意摆,探索乘法的意义。

①学情诊断:老师给每位学生都准备了花盆和种子的模型,和同桌商量一下想种几盆就种几盆,想种几粒种子就种几粒种子!(小组合作:师巡视收集典型例子)

②帮助指导:你种了几盆?每盆都种了几粒种子?(生答师画横线,几盆就画几条横线)一共种了几粒种子,请你列出计算式。找出加法算式的特征,理解乘法意义,认识乘号。

2)第二次:摆出用乘法计算的算式。

①学情诊断:像这样的加法算式你会摆了吗?同桌合作再来摆一个。

②小组学习:同桌互相说,一个说连加,一个说乘法。

3)第三次:看乘法算式摆。

①学情诊断:老师的种法可以用乘法算式 3×5 来表示,请你摆出我的种法。学生操作,教师巡视。

②帮助指导:请你列出加法算式,你有什么发现?(3个5和5个3都可以用同样的乘法算式来表示。)

这样的课堂指向数学化归能力，使乘法的概念不断地在"活动中内化"，学生对"乘法的初步认识"经历了由简单的操作层面上升到数学思考层面的过程。学情诊断，"诊断式"教研已经成了全体学科教师的自觉行为。

③"先学后教"的课堂要素组合。当学生处于相对独立和基本独立的学习阶段，具有一定的独立学习能力时，必须"先学后教"。

案例四：《月相变化》（科学学科，五年级）

1) 先行学习：课前布置观月任务（长达3周），要求画图记录月球亮面大小和形状的变化（提供观察记录单）。因天气因素的影响，如实记录观察到的现象（图1）。

2) 随堂任务：课上对自己的记录信息进行整体分析。

3) 小组学习：对比模拟实验和实际观测，发现两者的共性，思考原先提出的猜想是否合理，从而理解月相变化产生的原因。

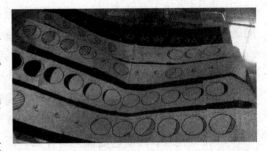

图1 记录月球亮面大小和形状的变化

4) 自主学习：带着问题再次观月，用观察到的事实进一步验证实验得出的规律，让学生经历的探究过程更加完整。

这是科学学科指向观察任务的研讨论证，科学组根据不同课型，还探索了一系列的做法。"先行学习"＋"随堂任务"＋"小组学习"＋"自主学习"的要素组合，把学的主动权交给学生，探究过程更明确，为探究后的合理论证提供了更好的素材支持，展现了教学过程中本应存在的生动性、复杂性、挑战性和生成性。

（三）研发基于"学科关键能力"的学业评价方案

任何教学变革都绕不开评价机制的保障与促进，为此，我们围绕以上"教什么""怎么教"，继续研发基于"学科关键能力"的学业评价方案。

秉承"上不封顶、下要保底"的理念，围绕"学科核心能力"，各学科进行分层、分类细化，通过项目活动、过程评价、终结性评价等多种形式相结合，同时安排星级题，免试特优生个别化评价等，供学有余力的学生实行自我挑战，改变一维评价模式，增强学生的学习能力，有效地促进学生的发展。这块研究尚在继续，将成为我们下一步深化研究的点。

三、研究成效与价值分析

（1）"学科关键能力"及各年段序列的明确，为教师预见与策划学习活动提供了清晰的目标指向，同时，聚焦关键能力及相应的学导方式照顾了学生的个别化学习，确保了学习活动的聚焦与高效。

研究后阶段，各学科开展了展示活动，课堂上，学生和教师之间的思维之火在不断地碰撞，奏响灵动和谐的课堂交响乐！2016年6月4日，温州市深化小学教育课程改革研讨会在我校举行，北京师范大学教授、博士生导师裴娣娜领衔的浙江省基础教育研究中心专家团队莅临指导，来自全市各县（市、区）领导、教研员和校长、骨干教师参加了会议。我们展示语文、数学、英语、美术、综合实践等课程群，共24节精品课。一个个课程群中的每个课程共同指向学生学科学习最关键的能力培养，各年段能力点又基于不同年龄段，关联性很强，前阶段学习为后阶段学习奠定良好的基础，课内为课外引领的方法，当前教学为未来发展筑建 DNA，正所谓"师傅引进门，修行在个人"。

学习内容的聚焦，学习方式的变革，使学生的学习能力也有了明显提高。通过对学生单元检测的数据分析，我们发现，语文学科学生在阅读题上的失分率有所降低，在主观题论述时语言表达更为流畅、清晰、严谨，学生在《九山湖》上的习作发表率也有了大幅增加，还有不少学生作品发表在市级期刊。数学、英语、科学学科毕业班学生参加温州市质量检测，能力上呈现了显著优势。在温州市艺术节中，我校学生获得了音乐类六个项目一等奖，美术类一等奖7人、二等奖8人、三等奖9人。省阳光体育比赛中，游泳2金2银，武术3金1银4铜，健美操收获亚军。学校被评为全国足球试点学校。

轻负担高质量的成效引起媒体关注。2016年4月22日，《温州日报》以《解码籀园教育特有的DNA：被拉长的教育》进行大篇幅报道。

（2）围绕学生何以学会，从期望学生"学会什么"出发，设计"何以学会"的完整学习历程，配合指向目标监测的形成性评价，使教学成为专业。

研究后期，语文教研组围绕学科关键能力，开展了全校性的阅读命题竞赛，从能力的四个维度、能力层级分配、各年段特点的契合度等角度评价，评出17个优秀奖，尽管我们的评价标准不一定非常科学，但这种实证诠释了教学的专业性。

（3）从学科本体特征切入的研究思维开启了新型教研，为学校内涵发展追求提供了鲜活的一线案例。

人的思维往往被惯性所左右。"熟知并非真知"。为何？惯性使然。从学科本体特征切入的研究，就给教研组搭建思考与研究的平台。以破除教师思维的惯性，使思考与研究回到教师的身边。

参考文献

[1] 崔允漷. 学历案：学生立场的教案变革 [J]. 中国教育报, 2016-06-09, 第006版.

[2] M. 希尔伯曼. 积极学习——101种有效教学策略 [M]. 陆怡如, 译. 上海：华东师范大学出版社, 2005.

[3] 张丰. 站在学生背后的教师——美国课堂给我们的启示 [J]. 人民教育, 2013（6）：46-48.

[4] 雅斯贝尔斯. 什么是教育 [M]. 邹进, 译. 北京：生活·读书·新知三联书店, 1991.

[5] 华国栋. 差异教学论 [M]. 北京：教育科学出版社, 2001.

[6] 卢敏玲, 庞永欣, 植佩敏. 课堂学习研究——如何照顾学生个别差异 [M]. 李树英, 郭永贤, 译. 北京：教育科学出版社, 2006.

[7] 谷生华, 林健. 非智力因素与语文学习 [M]. 重庆：重庆出版社, 2003.

[8] 郑国民. 新世纪语文课程改革研究 [M]. 北京：北京师范大学出版社, 2003.

[9] 叶圣陶. 叶圣陶集（第13卷）[M]. 南京：江苏教育出版社, 1992.

巴学园课程：让梦想长大

温州瓯海区实验小学 赵成木

学校在"积极教育"办学思想引领下，坚持"每一个孩子都是有无限发展可能的"的理念，明确了"培养学生积极和美的人格，为终身自能发展奠定基础"育人目标，并选择"巴学园课程"这一载体来贯彻落实。

"巴学园"一词来自20世纪最有影响的作品之一《窗边的小豆豆》。顽皮淘气的小豆豆被学校退学后来到宽松自由的"巴学园"里，小林校长用关爱、包容、理解、尊重的心态引导小豆豆健康快乐地成长。我们拟用"巴学园"来描述我们的课程，希望我们教师能用关爱、包容、理解、尊重的心态引导学生健康快乐地成长。

一、课程规划：指向核心素养的提升

（一）课程理念：指向"巴学园式"的积极教育

作为百年老校，1921年，夏承焘校长提出"传承民族文化，博学健体发展"的办学口号，解放初期提倡"健体和谐"的办学思想，20世纪60年代开始到20世纪末提出"尊重个性"教育办学理念。2008年以来顺应时代发展需求，结合学校发展方向，提出了"积极教育"办学理念。

"积极教育"是对学校发展历程的理念传承与发扬，是对教育本质的进一步理解和深化。"积极教育"办学理念体现以人为本的思想，恢复教育的本来功能和使命——使所有人的潜力得到充分的发挥并生活得幸福，体现了教育意义上的博爱，其核心就是要使学生最终都能"积极学习，自能发展"。我校课程统一在"积极教育"办学理念引领下进行整体设计和结构规划（图1）。

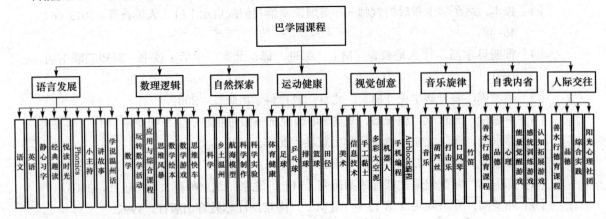

图1 "巴学园"课程整体框架

"巴学园"是一种"以人为本、呵护个性、激发兴趣"教育理想的伊甸园。关注人的本身，关注整体的人，尊重个性，呵护兴趣是"积极教育"办学理念在实践中的主要表现。"积极教育"办学理念与"巴学园"有着天然的联系与呼应关系。"积极学习，自能发展"作为"巴学园课程"的课程理念。它的提出与构建回应了"积极教育"办学理念的核心价值，物化"积极教育"办学理念的现实意义。

围绕育人目标，基于学校办学理念，学校培养目标提炼为：会关爱、善探究、爱学习、乐生活、勇实践、敢担当。培养学生积极和美的人格，为学生自能发展奠定基础。

（二）课程结构与内容："普及+个性"的课程架构

在课程设置上采用"凹凸"两个层面意义来建构。其中，凹课程为奠定学生终身发展基础的共同性课程。凹课程如学生发展的基石。学生在凹课程中汲取营养，夯实基础，发展自己。凸课程是指围绕学生的兴趣爱好及天赋特长而开发的拓展性课程，意在凸显学生个体个性成长与学校特色发展。既积极学习，又自能发展，培养基础扎实，个性鲜明的现代学生，是凹凸课程的根本目标（图2）。

图2 学校"巴学园"课程"凹凸"结构图

个性类课程如图3所示。

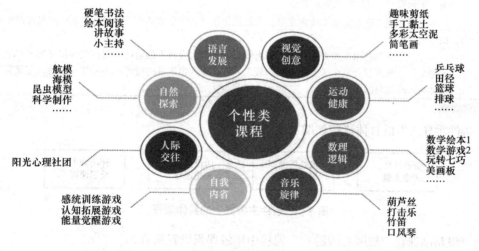

图3 个性类课程

二、课程研发：立足学生发展的基石

（一）构建了"三关键"课程开发模式

1. 需求优先式

以优先考虑满足学生的实际发展需求为先，为学生的个性需求留下充足时间，这也正是我校开发拓展性课程的本意（表1）。

表1 "需求优先式"课程开发模式相关分析

开发依据	以学生的实际发展需求为开发的主要依据。考虑：学生喜欢什么？学生希望得到什么？学生在成长过程中碰到哪些问题需要通过课程来解决？主要从学生希望开设哪类课程或哪些课程、学生好恶与选择等方面考虑
优势分析	一是把学生的需求放到第一位；二是以学生意愿调查为开端；三是强调校本课程的生成性
劣势分析	一是受资源条件限制较大；二是单纯强调学生兴趣，存在降低校本课程的系统性和质量，走向兴趣主义的倾向；三是对于小学而言，由于学生年龄和生活经验的制约，学生自主意识和能力尚有很大局限，不能保证学生较为理性地做出判断和选择

"需求优先式"的具体流程如图4所示。

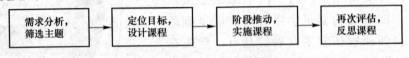

图4 "需求优先式"的具体流程

2. 条件主导式

拓展性课程最大的特点就是没有现成的教材，"条件主导式"给拓展性课程开发的研究寻找切入口（表2）。

表2 "条件主导式"课程开发模式相关分析

开发依据	以学校的资源条件为开发的主要依据。考虑：我能做什么？我有哪些可利用的资源？主要从师资力量、家长资源、社团发展等方面考虑
优势分析	一是强调通过资源分析来确定主题；二是强化教材、学生活动手册的导向作用；三是强调校本课程的生成性
劣势分析	一是完全从条件出发所开发的课程带有明显的"因人设科"的痕迹，资源能够保障的未必是学生所期望的；二是课程开发由于受资源制约较大，往往表现出散乱的特征，不易建立系统、完整有效的课程体系，难以突出学校特色

"条件主导式"的具体流程如图5所示。

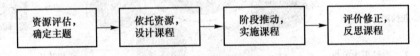

图5 "条件主导式"的具体流程

国家级精品课程"校园心理游戏"课程中年级课程设置见表3。

表3 国家级精品课程"校园心理游戏"课程中年级课程设置

年级	类型	功能	短课目标	短课名称
中年级全体学生	机能性游戏短课	通过相关感觉统合训练游戏，促进全体学生身体机能的发展，从而促进体脑协调发展	强化固有平衡、前庭平衡、触觉、大小肌肉双侧协调，灵活身体运动能力、健全左右脑均衡发展	1. 跳短绳 2. 左右手运球游戏 3. 踢毽子
			促进身体平衡能力、手眼协调、双侧均衡操纵能力的提高	1. 玩沙包 2. 跳皮筋 3. 单打乒乓

续表

年级	类型	功能	短课目标	短课名称
中年级全体学生	人文性游戏短课	通过游戏活动，训练学生注意力，发展学生创造性思维，培养学生团队成员之间的相互信任、相互协作、相互鼓励与支持的团队精神	在游戏中体验与同伴交往的快乐，培养学生的团队归属感	1. 大鱼网游戏 2. 万花筒游戏
			培养学生团队成员之间的相互信任、相互协作、相互鼓励与支持的团队精神	1. 行走在炮火中 2. 众志成城 3. 夹球游戏
			提高成员的自信心，感受成员之间合作的重要性，发展自卫能力	1. 挖地雷 2. 三拍子
			训练学生的注意力和意志能力	夹玻璃弹子
			在游戏中开拓学生思维，丰富想象力，提高创造力	折纸游戏

3. 目标导向式

以凸显学校特色为主，将学校特色构建看作培养学生个性化的必要途径（表4）。

表4 "目标导向式"课程开发模式相关分析

开发依据	目标导向式以学校办学目标为开发主要依据。考虑我需要什么？我该做什么？
优势分析	这种模式最大的优点就是有利于学校的特色化。建立特色也是校本课程的重要目标。由于目标明确，课程宜于系统与整合，一旦特色形成，其形成的教育功效也将是十分突出的
劣势分析	既不像需求主导式那样"专注"于学生而受学生的青睐，也不像条件主导式那样"专注"于资源条件而易于开发。一旦定位不当或开发不力，则可能造成学生兴趣不高、学校特色不明、教师费力不讨好的局面

"目标导向式"的具体流程如图6所示。

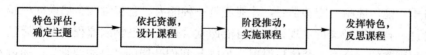

图6 "目标导向式"的具体流程

瓯海实验小学各校区特色评估与课程开发的关系分析见表5。

表5 瓯海实验小学各校区特色评估与课程开发的关系分析

校区	校区特色	开发课程范例
前汇校区	浙江省一级心理健康教育辅导站 浙江省艺术特色示范学校 全国校园文化先进单位	《心理游戏》国家级精品课程 《追球梦想》市级精品课程 《陶韵瓷风》省级精品课程 《水墨悠悠》省级精品课程
南瓯校区	全国民俗文化教育基地	《童戏撷趣》省级精品课程
龙霞校区	温州市科技示范学校	《冲上云霄》省级精品课程 《我爱发明》省级精品课程

（二）探索了"三结合"课程开发路径

课程研发权利在教师，自主权在教师。瓯海实验小学拓展性课程开发渠道主要有以下几种：

1. 与"办学特色"相结合——明晰课程研发价值性

课程的建设依赖于教师，着眼于学生，而最终带来的将是学校整体的发展。瓯海实验小学校本课程就是统一在"积极教育"办学思想引领下进行整体设计和结构规划的。"积极教育"的办学思想研究为"巴学园课程"开发提供哲学依据。

2. 与"校本研修"相结合——提高课程研发过程性

校本课程的开发与建设不是凭空而来的空中楼阁，有主题的教研组研修专题活动为学校校本课程开发与实施开辟途径。将"巴学园课程"进行校本化、个性化处理，是瓯海实验小学努力让课程资源走向最优化的主要渠道之一。

3. 与"课题研究"相结合——促使课程研发专业性

将课题内容与"巴学园课程"内容整合研究是瓯海实验小学课程开发的一种特色。学校每年立项课题多，成果显著，将两者整合可以一举两得。课题成果也为课程开发提供丰富的研究材料。

4. 与"专业特长"相结合——拓展课程研发广泛性

拓展性课程的开发与实施可以紧密联系教师自身的专业领域，并适度拓展延伸。如语文学科教师，可在文学写作、绘本阅读、主持演讲、朗诵剧本等相关领域发挥自己特长、开设课程。有些教师多才多艺，如虽担任数学教学，却在篆刻、摄影等方面有自己的兴趣与特长。将开发实施拓展性课程与教师个人专业特长相结合，扬长避短，相互促进，实现课程与专业双发展。

三、课程实施：转变学生学习的方式

（一）课堂变革：架构自能课堂，让课程理想落地

1. "自能课堂"1.0，让课堂有变化

"自能课堂"是"积极教育"办学理念而提出来的课堂教学理念与实践样态。自，首先代表自己，必须有自觉的行动，从而产生自信，主导学习的内在机制，能对自己的行为负责，最后达到自乐；能，能耐，能够学习，才能成就一种能力。它包含四个层面的内涵，即自主学习、自主管理、自主选择、自主规划。"自能课堂"是实施巴学园课程的常态课堂，是让课程理想成为课程事实的一个主要载体与渠道。2015年我们开展的"自能课堂"，通过不同学科，根据学科特点，选择适当的切入点进行课堂变革。例如，语文组从学习内容的角度来改变，以"群文阅读"作为转变课堂变革的切入点。美术组从学习方式的角度来改变，以"三让助学"来带动这个学科组课堂变革。

2. "自能课堂"2.0，让学习更丰富

基于中国教育发展的大背景与我校办学水平不断提升的基础之上，我们提出了"自能课堂"的升级版本——基于学习基础素养的"自能课堂"。

（1）学科学习实践：构建八大课程群，探究以学为中心课堂。基础性课程与拓展性课程从不同角度、不同层面、不同方式为学生学习提供多样可能。两者之间既有形式上的区别，又有目标上的趋同。目前，我校基础性课程与拓展性课程两者相加多达一百多门课程。但这些课程并非无序叠加或是简单堆砌。我们认同人的发展全面性，同时又各具有个性特点，以多元智能理论为原点，将全校一百年多门课程进行梳理辨析，形成八大课程群。数理逻辑课

程群如图 7 所示。

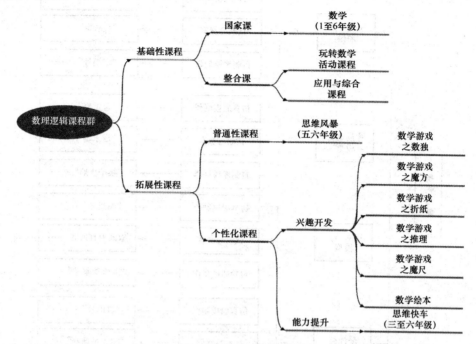

图 7　数理逻辑课程群

（2）跨学科学习实践：以项目化学习为主的课程建设。目前，学校开设了一百多门课程，有一小部分课程，已经在积极尝试着以项目化学习为主要学习方式，如《扬帆起航》课程（图8），学生通过制作模型、比赛、表演等多种形式，了解航海模型的主要部件、动力形式、控制方法、比赛方法等，认识关于船舶、海军、海洋方面的知识，在"制作""试航""探究""设计""创作""想象""反思""体验"等一系列活动中体会"做"的成功和乐趣，养成发现和解决问题的能力，培养合作精神和创新思维。

（二）课程整合：全面理解课程，让学习真实发生

1. 同一课程中的整合，指向更高效的学习

在不脱离教学大纲（课程纲要）的情况下整合现行的国家课程教材，进行校本化的实施，整合优化教学内容。根据学校师资情况，各学科重组力度各不相同，其中语文、数学、英语、科学重组力度较小，艺体学科重组力度较大。

2. 不同课程中的嵌入，指向有情境的学习

将凸课程嵌入凹课程中，整合实施，形成凹凸互补，既符合我校巴学园凹凸课程的结构特点，又符合基础教育课程改革的需求。例如，瓯之源民俗课程中的民俗佳节板块和善水行德育课程则采用嵌入式的实施方式。

（三）多样课程：自主选课走班，让需求适度满足

学校开设开发了126门拓展性课程（凸课程），采用全员参与和个性需求相结合，引导学生根据自身兴趣爱好与特长，选择适合的课程，形成自己的课程表。根据实施方式不同，拓展性课程可分为普及实施类课程和个性化实施课程。普及实施类课程如足球课程采用全员参与形式，每班每周固定上一节课；个性化实施课程每周集中一个半天，以走班形式按需编班。

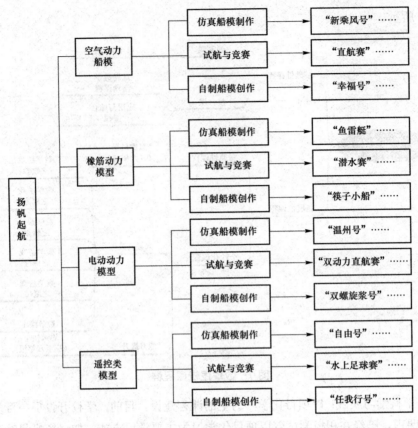

图 8 《扬帆起航》课程

（四）长短课时：突破单一长度，让学习更具实效

在课时安排上打破了原来单一的 40 分钟课时长度。根据不同课程特点，安排了短课（20 分钟）、长课（40 分钟）、大长课（80 分钟）。课时长短的设置，首先是根据学生身心发展特点，一般情况下，低年段比中高年级更适合短课。其次是根据课程在周课时中占有比例，尽可能更加细化，不浪费、不紧缩。

（五）衔接课程：提前筹备预设，让阶段自然过渡

关注不同阶段年龄特点与学习特点，能帮助学生实现阶段性自然过渡，实现身心可持续性发展。在幼小衔接方面，在开展《欢迎新同学》的课程，内容包括《入学第一天》《入学礼仪》《认识我的新校园》等，开展丰富多彩的入学活动，帮助学生尽快认识新环境，适应新的学习生活。在初小衔接方面，主要开展《青春期》课程教育，安排了"我爱我自己""人际交往""学业与职业规划"等课程内容，引导进入青春期学生，逐步适应成长的新阶段。

四、课程评价：促进课程不断优化

（一）教师课程开发的评价

1. 课程评价的流程

"巴学园"课程中每一个小课程开发与实施都在调查评估基础上出台，重点对师资情况、学生发展需求、家长期望、社会和社区要求，以及学校发展规划等因素作出有说服力的判断。

课程评价的流程如图 9 所示。

2．课程评价的指标

是否开设课程，怎样开设课程，课程实施效果如何等，需要有明确可测标杆。

图 9　课程评价的流程

课程委员会组织科研、教学、德育等部门根据上述标准可将全校校本课程实施分为优秀、合格、改进三个等级。每学期评选精品课程，给予一定的物质奖励；对于对学校发展有特别贡献的校本课程，可给予"功勋课程"奖励。一般每三年评选"功勋课程"一次。将低于底线的极个别课程评为改进课程，予以取消或者换实施者处理。

（二）学生课程学习的评价

1．基础性课程学习的评价

（1）激励性免考制度。每个班级不同学科安排一定比例的免考学生，既能激励学生学习兴趣，又能引导教师关注过程性评价。这一评价方法主要针对基础性课程。

（2）趣味性乐考体验。乐考评价，将语文、数学、品德、音乐、体育、美术等多门学科全方位整合，创设具体生动的考试情境，设计活泼童趣的试题，让学生在轻松愉悦的氛围下，既完成考试任务，又对学习活动产生浓厚兴趣。

（3）针对性板块笔试。不同学科由不同板块组成，在评价中还可以采取选择其中某一板块进行评价，如高段语文学科中，可以汲取"阅读"或是"习作"等其中某一板块进行评价测试。既可以高效地完成评价任务，又能以"窥一斑见全豹"观照学生语文学科整体素养。

（4）多元化作品展示。根据不同学科特点，采用不同评价方式，方能让评价达成促进学科发展目的。如音乐美术类课程，具体作品展示既能激发学生学习兴趣，同时，又能全面展现学习成果。

2．拓展性课程学习的评价

（1）课程评价的主体。不同的评价主体参与评价，能从不同的角度来评价，形成对课程一个比较完整的认识与评估。例如，参与的学生是课程直接体验者，是否喜欢课程最有说服力；课程专家能从更专业角度做出引领与指导（图 10）。

图 10　课程评价的主体

（2）课程评价的时机。从评价时机角度来看，采用过程性评价与结果性评价两者相互结合。在过程性评价中，强调关注学生学习态度、学习过程参与度与学习过程情感体验。在结果性评价中，重视学生学习成果的数量与质量。

（3）课程评价的方法。拓展性课程强调实践性、层次性与体验性，在评价方法的选择上也更加活泼，更强调趣味与体验。如《合唱》《音乐剧》之类的课程，舞台展示是最好的表达；如一些《篆刻》《趣味手工》等集合平时的作品创作，进行集中作品展示；而竞技展示最适合《趣味田径》《快乐气排球》等体能训练类课程；《咬文嚼字》《感统游戏》等可以进行现场参与体验。

一个项目，玩一节课
——小学数学"微项目化"学习方式

平阳县鳌江七小　兰衍局

《人民教育》曾于 2017 年 10 月 31 日刊发北京师范大学郝京华教授的文章《学生可能真的从来都没有学会过：警惕脆弱知识综合征》。文章引用过这样一个小学数学案例：每辆公共汽车能装载 36 名学生，运送 1 128 名学生需要多少辆公共汽车？结果有近五分之一的学生回答 31 辆余 12 人。郝教授提出"脆弱知识综合征"[①] 的概念，并指出大部分学生学习的知识是表层的，只是记住了公式并没有"真正理解"。

笔者近期参加了一次教学活动，其内容恰为"解决问题的策略——进一法和去尾法"。借助信息技术手段，笔者对 6 堂"同课异构"的课堂实录进行分析，发现一节课中教师平均提问高达 80 余次，平均每分钟大约出两个问题，最多的一节课教师提出 40 多个问题……除问题多外，教师制作 PPT 的张数也很多，最多的一位教师在一堂数学课设计了大约 50 多张 PPT，平均每 1 分钟学生就要抬头看屏幕。在教师反复"强信息刺激"的作用下，孩子们"被动"地"学会"了知识。更糟糕的是，教学中学生提出问题，动手操作的机会"寥寥无几"。

这无疑背离了我们教学改革的初衷！

一、问题审视：我们是否需要建立小学数学学习新方式

那么，如何避免脆弱知识综合征，正确打开数学学习新方式，让我们的孩子"真正理解"知识呢？我们先要明晰"理解"的概念。奥苏贝尔、布卢姆、威金斯、麦克泰等学者及哈佛大学的"零点研究"项目都对"理解"做过出色且深入的研究，提出了有关理解的四个维度[②]。笔者认为，小学数学学科教学可以通过解释、转译（用自己的话说一说）和推断来鉴别学生是否"理解"数学知识。

关于"真正理解"，笔者曾在澳大利亚某小学看到如下教学片段，感触颇深！

案例 1：设计桥梁

五年级的一堂课（大约 3 小时的长课），教师让学生设计一座桥梁。

任务要求是：桥梁要美观、坚固、材料要尽可能简单。

课堂上，学生以小组为单位开展学习，有的在走廊上讨论桥的样子，有的利用计算机查找有关桥梁的设计资料，有些利用计算机制作、设计桥梁的结构图。现场，每位学生都全身心地投

---

① "脆弱知识综合征"是美国学者"大卫·珀金斯"针对学生知识掌握不到位的情况提出来的一个比喻。大卫·珀金斯注意到有 3 种值得关注的知识学习结果：惰性知识、幼稚知识、模式化知识。

② "理解"的四个维度：一是能不能建立起知识间的联系，二是能不能做出判断以及新的探索，三是能不能运用知识，四是能不能用多种形式表达出来。

入，教师则巡视、个别辅导。最后，全班3个小组的学生上交了作品，并接受其他孩子的提问、质疑或改进……有一个小组的学生没有成功，也分享了"没有成功的经验"，教师一一作出评价。

笔者认为，这种学习方式有以下优点。

（1）学习是项目式的，学生们一节课就是围绕着"设计桥梁"这样的项目展开；

（2）学习是参与式的，在小组活动中每位学生都有机会参与桥梁设计，学生们在讨论、交流甚至争执中学习新知识；

（3）学习是跨学科的，在桥梁的设计中，大部分小组运用了"三角形的稳定性"以及从科学学科角度做"受力分析"。

这样的学习方式关注的不仅仅是知识的获得，更多的是思维的提升和素养的发展。孩子们在学习的过程中建立起了知识之间的联系，作出了新的探索，运用了各个学科的知识，并用作品的形式表达出来……应该说，学生"真正理解"了学习内容。

那么，我们需要建立怎样的数学学习新方式呢？基于我国国情和现实情况，笔者带领"浙江省小学数学网络名师工作室"的全体学员，开展了为期3年的研究，并提出"一个项目玩一节课"的微项目化学习方式。

二、概念解读："一个项目玩一节课"微项目化学习方式

1. 项目化学习

项目化学习（Project-Based Learning，PBL）又称为"基于项目的学习"或"项目学习"，普遍认为起源于美国教育家杜威的"从做中学"（Learning by doing）的教育理论。后来，这种理念逐渐被教育研究人员发展演变为"项目学习"教学法。"项目学习"的思想是以学生为中心，引导学生在"做项目"的过程中，经历真实的探究过程，并在实践中不断养成良好的思维习惯，从而进一步积累思维方法和活动经验，最终达到"深度学习"的理想效果。

2. 微项目化学习

上海教育科学研究院夏雪梅教授在《项目化学习设计：学习素养视角下的国际与本土实践》（教育科学出版社）一书中，将项目化学习分为"微项目化学习"[①]"学科项目化学习""跨学科项目化学习""超学科项目化学习"四类。本文所指"一个项目玩一节课"属于第一类。

3. "一个项目玩一节课"微项目化学习方式

"一个项目玩一节课"微项目化学习方式是指在小学数学教学中，利用一堂课的时间设计一个研究项目，让学生在独立探究、合作交流、自我反思等活动中，完成学习项目。

"一个项目玩一节课"的学习方式，相比以往的"探究性学习""基于问题的学习"等教学方式有着如下区别：

（1）突破时空的限定。本文所指的一节课，是将项目作为一个整体去设计的教学活动，学习的时间包含着课前、课中和课后三个时间段，学习的地点可以在教室或家里及其他地方。

（2）突破课时内容的限定。本文所指的学习方式是围绕一个素材（或问题）展开研究，首先强调数学知识的获得，我们往往会对"小学数学学习内容"进行重构，有时以"一个课时"为单位，也会基于"单元整合"的理念对几个课时的内容进行重构。

---

① 微项目化学习：是指在课堂中为学生提供15~20分钟长时段的探索性项目任务，或者在课外用类似实践性作业的形式对某个内容或主题进行小探索。

（3）形成项目成果。本文所指的学习方式强调能形成项目的研究成果或作品，需要说明的是，我们强调的研究成果和作品主要是思维外化的痕迹，可以是实物作品，更多的是学生的研究报告、完成的探究单、长作业等。

（4）本文所指的学习方式更加关注对学科关键能力的培养。

三、价值追寻：微项目化学习新方式能改变什么

数学具有描述世界和分析世界的巨大力量，学生在数学微项目化学习中能够领略数学学习的意义，获得丰富的、充实的数学学习经验，更有利于发展其数学思维和素养。除学科层面外，倡导微项目化学习，还有如下价值：

1. 可以作为中西方学习方式融合的"中间地带"

中国数学课堂有自己的独特之处，如关注学生数学知识的形成与发展，注重数学思想方法与逻辑推理能力的培养等，保证了课堂教学的高效率及知识目标的达成。但是，对学生的兴趣、创造力、问题解决能力等的环境营造和有意关注上又相对不足。

开展"一个项目玩一节课"的教学，能聚焦于数学的核心概念，创造出引发学生主动投入探索的挑战性问题情境，通过探究性的数学实践引发学生的互动和交流，是寻找中间地带的方式之一。

如"圆的面积"一课，教材要求将圆剪拼成一个"长方形"来推导（图1），而学生往往是想不到这样的"剪拼方式"的。由此，我们传统的教学，基本上是教师"课件演示"一遍，学生观看一遍推导过程，最终，学生背会了圆的面积公式。倘若结合西方"产婆术"的教学理念开展教学，又会怎么样呢？为此，笔者依据"微项目学习"理念，对这个课进行重新设计。

案例2：圆的面积

课前：给学生提供几个圆片，让学生自由寻找合作伙伴，利用两天的课外时间完成面积的计算。

课中反馈：在课堂教学反馈中学生得出了以下方法。

方法一：借助格子图，数出圆的面积；

方法二：用课本上介绍的方法计算（图1）；

方法三：测量"纸圆周长"，利用"草绳子"制作同样周长的圆，并等距减少周长，围成"圆面"，沿半径剪开，转化成三角形，测量底和高计算面积……（图2）；

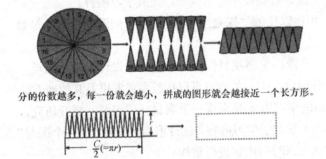

图1 课本上方法

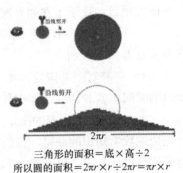

图2 利用"草绳子"

方法四：将纸圆片分割成"近似长方形"测量长、宽数据，计算得到圆的面积；利用信息技术手段，沿圆心等分，利用"等积变形"的思想，推导公式（图3）；

方法五：将圆片分割成"等边三角形"并切割剩余部分，拼接之后计算面积（图4）；

……

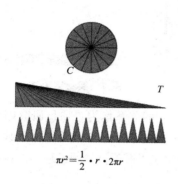

图3　沿圆心等分

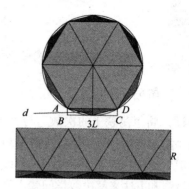

图4　分割成"等边三角形"

公式推导：根据自己不同的剪拼方法，完成线和面之间的沟通，进而推导出圆的面积计算公式。

这样的教学，让孩子们带着"求出一个纸圆的面积"这一项目开展学习。将一节课的时间拉长，将课内活动转向课外研究，将阅读教材转向查阅电子资料及教材……从而，让学生将更多的精力放在了圆面积公式的推导中，开阔视野，发展思维。

2. 可以基于数学学科内容，实现不同学科的"课程整合"

学生在"做项目"的过程中，除运用数学知识解决问题外，往往也会调动不同学科的知识储备，实现学科整合。

例如，笔者曾经以青岛版教材中"荡秋千"为主题，整合科学学科"摆的研究"内容，设计项目化的学习内容。主要环节如下：

案例3：荡秋千

（1）有三个小朋友想进行荡秋千比赛，如果比相同时间里谁荡的次数最多（图5），你觉得谁最有可能胜出？说说你的理由。

（2）实验操作。

实验一：如果想要知道摆的次数和小球的质量有没有关系，我们该怎样设计实验？

实验二：如果想要知道摆的次数和绳长有没有关系，又该怎样设计实验计划？

图5　荡秋千

实验三：计算机模拟实验：

（3）延伸：结合两次实验的结果（图6、图7），猜想如果换成30厘米的绳子可能会荡多少次，你是怎么想的？

（4）得出结论：在相同时间内，绳长越长，荡的次数越少；绳长越短，荡的次数越多。

在比较中，让学生明白：在进行数学实验时，只有数据越多才越接近真实结论，并学会在多种数据中选择一个数据代表整组数据的一般水平，提升了统计素养。

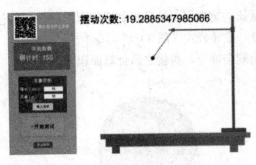
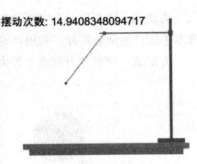

图6　实验结果1　　　　　　　　　　图7　实验结果2

整堂课，将"荡秋千的次数"与"绳长、质量"之间的关系作为"项目研究内容"，让学生经历"提出猜想—科学实验—得出结论"的全过程。这样的教学方式既保留了数学学科的"数学意识"，又打破了学科之间的界线，关键是让学生在"做项目"的过程中，运用"科学实验"的策略和方法来解决数学问题，发展学生综合能力。

3. 可以挖掘知识间的内在联系，发展"高阶思维"①

人教版小学数学对于同一知识体系内知识的编排体现了"螺旋上升"的特点。显然于编者而言，这样形式的编排是为了适应儿童的认知规律，便于他们循序渐进地构建自己的数学认知结构，其意义是鲜明的。但是，这样的编排也同样有遗憾，即学生难以将相关知识进行连贯的思考。

笔者发现，"单位相同才能相加减"的内容，教材上是分为好几个学段教学的。例如，低年级教学整数相加减、中年级教学小数相加减、高年级教学分数相加减，割断了几个知识点之间的联系。

为此，笔者利用五年级"异分母分数相加减"这一内容开展微项目化学习活动，力图打通知识之间的联系。这节课的核心是让学生明白，为什么要将异分母分数化为同分母分数相加减？其实，这个核心问题不仅仅是这堂课的核心，也是整个小学阶段计算教学的核心。通过这节课的算理理解，学生们就明白了加减法计算的真正含义，即将相同单位的量进行合并或拆分。另外，将异分母分数的计算方法纳入整个计算教学的体系中"沟通"，让学生体会"通分"的必要性。

课堂中，学生创造了各种 $\frac{3}{10}+\frac{1}{4}$ 的算法，如画图法（图8～图11）。学生们在比较、沟通中发现四种方法都是因为"计数单位相同"才能直接相加。

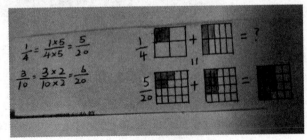
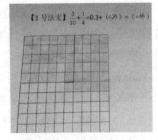

图8　画图法1　　　　　　　　　　图9　画图法2

---

① 高阶思维，是发生在较高认知水平层次上的心智活动或较高层次的认知能力。

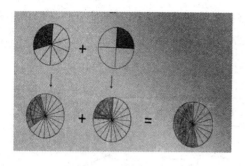

图 10　画图法 3

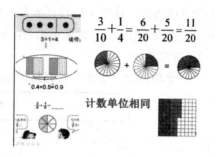

图 11　画图法 4

数学不仅应该教学生解题，也应该让学生通过问题解决更好地理解数学，理解数学的概念和思想。上述案例，学生将"求$\frac{3}{10}+\frac{1}{4}$的结果"作为研究项目，不仅让学生回忆加减计算的"前知识"，让学生愈加明白"整数、小数、分数"加减法的本质即"计数单位相同"；而且，让学生在项目化学习中发展对数学概念更多的理解，发展高阶思维，提升素养。这样做不仅是为了引导学生学好数学，而且是为了使学生成为一个更丰富的人，使学生看待问题的视角更为多样化。

四、策略跟进：怎样建立微项目化数学学习新方式

（一）微项目化学习内容设计

1. 设计原则

笔者遵循"基于教材，整合学科，发展思维，提升素养"的十六字原则去选择内容、设计课例。在开发时，依据数学的"核心知识"，基于教材实际或选择单独课时内容，或整合几个课时内容，兼顾不同学科的核心内容，发展高阶思维、提升素养能力。力图选择的内容，能让学生经历数学学习的过程，实现知识的"真正理解"。

2. 内容设计

笔者认为，不是所有的数学内容都适合用"一个项目玩一节课"的学习方式开展活动，只有能"体现数学本质，发展学生高阶能力"的内容才适合。为此，笔者对人教版教材 1～6 年级的全部内容都进行了梳理。

另外，借助"一个项目玩一节课"的学习方式，笔者带领团队开发了约 40 堂"数学拓展课例"。运用这种学习方式教学"拓展课程"，拓宽了学生的探究空间，效果更好。

3. 注意事项

（1）不太适合的内容：一是单纯技能性的知识，如小数的化简；二是学生一看就能明白的知识，如乘除法的意义。

（2）比较适合的内容：一是需要数学建模的知识，如烙饼问题；二是应用性比较强的知识，如数与形。

（二）微项目化学习策略开发

1. 开发原则

关于学习策略，笔者梳理了以下十六字的开发原则，即"任务驱动、实践探究、成果展示、持续评价"。在开展"一个项目玩一节课"学习方式变革时，教师要将驱动性任务（或本质问题）

放在学习情境中，让学生带着任务开展探究性实践（或社会性实践），对于能反映数学核心概念的实践成果要给予充分的展示机会，教师要对学生学习的过程和结果进行全方位的评价。

2. 研究路径

"一个项目玩一节课"研究路径如图12所示。

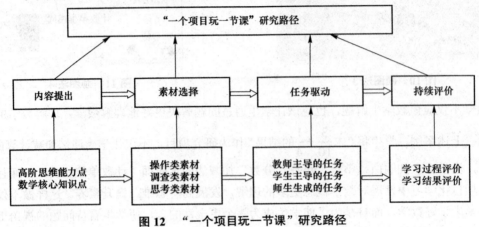

图12 "一个项目玩一节课"研究路径

3. 系统支持

（1）时空的支持：以40分钟的课堂教学为主，同时兼顾课前和课后。

（2）工具的支持：要开发学习工具，工具的开发力求朴实、简单、实用。

（三）微项目化学习策略实施

1. 深度解读教材，把握数学核心知识点及高阶思维能力点

"一个项目玩一节课"的微项目化学习方式，要求教师能依据教材的编写特点，寻找相对简洁又有拓展空间的素材开展有效的项目化学习，这就对教师的教材解读能力提出了更高的要求。

如折线统计图的内容。在教学中，教师不仅要区别"连续量"和"离散量"，还要明白人教版教材用"小东的身高情况"作为例题的优势与不足，灵活运用教材。

（1）教材只是呈现了小东未成年时候的身高状态，教学中如果只是展示例题中的折线，学生看到的折线的样子都是往上增长的，不利于丰富折线的认识；而事实上，小东成年之后会有一个稳定值，老年之后可能还会下降⋯⋯教师如果将这些折线都展现出来，就能丰富折线的认识。

（2）身高的折线变化还不是非常强烈，对于理解折线统计图反映"变化趋势"不利。在教学中，需要教师提供更加丰富的素材，来让学生感受到"变化趋势"。

（3）身高这个素材每一段的折线中间的点，反映的数据都是在两个端点数据之间，而实际上折线的变化并不是这样的，有时候中间的数据会高于两端的数据；这也需要教师再创造性地改编练习，如增加"体重"的情境（图13），这个情境最大的好处就是让学生发现：27日（右图显示的是27日当天的最高体重是54.2千克）这天教师的体重是高于26和28日的，从而突破关键点。另外，教师也可以改变统计的周期，以增加学生对"连续量"的深刻理解。如图14，通过对15日和16日这两段折线的分析，让孩子们明白按照1小时为单位来统计的话，点上的数据是变化莫测的，进而再次理解连续量的含义。

在开展"一个项目玩一节课"的项目学习策略过程中,首要任务是对教材的深度解读。只有对教材的深刻理解,才能把握项目的核心知识,在项目学习活动中科学有效地处理来自学生研究过程中的各种新问题、新思考,提升课堂教学效果。

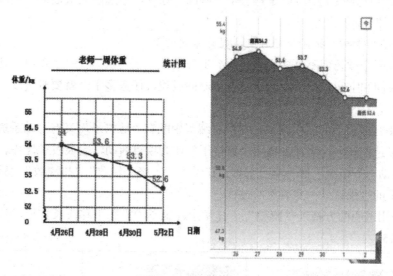

图13 "体重"情境

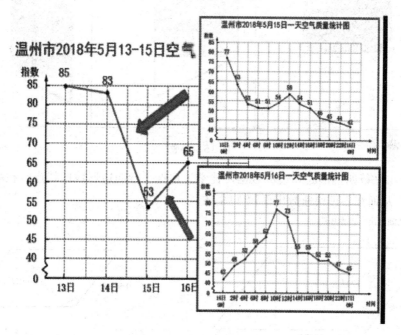

图14 空气质量统计图

2. 设计任务驱动项目,让学生经历数学实践的历程

任务驱动是一种建立在建构主义教学理论基础上的教学法。建构主义教学设计原理强调:学生的学习活动必须与大的任务或问题相结合,让学生在真实的教学情境中带着任务学习,以探索问题的解决方法来驱动和维持学习者学习的兴趣与动机,在完成实际任务的过程中完成知

识的学习任务,并从中发展认知能力和处理问题能力。

驱动性问题的设计既要考虑学生的兴趣、驱动性问题的真实性和必要性,又要能够保证学生通过这个项目对数学概念本身产生足够的理解,让学生充分经历数学实践的历程。如"圆的认识"一课,在课堂教学中可以聚焦一个"画圆"任务,通过不同层面的"画圆",以落实教学目标,提升素养。

3. 精简项目素材,拓宽探究时空,提升课堂效率

为什么是一个项目而不是多个项目呢?通过实践,笔者认为"一个项目"才能给学生更多自主探索的时间和空间,让学生的学习有丰厚的过程,任务多了,就要赶进度,不能真正实现"深度学习"。

例如,平行四边形的面积教学,在教材编写中既有"数格子"又有"动手剪拼"等操作材料。我们可以选择其一,笔者曾选用"数格子"作为项目活动,完成教学任务。

(1)借助"方格纸"这一学习工具,让学生"一格一格数""拼凑数""转化数",从而体会到数格子的过程就是"凑整"的过程。

(2)利用透明的方格纸"凑整",让学生在脑子中沿高平移成长方形,数出平行四边形的面积(图15)。

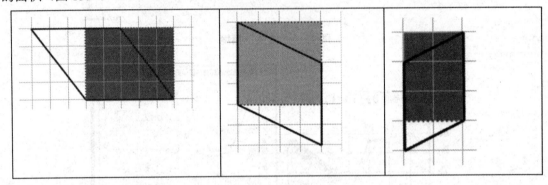

图15 凑整

(3)给出平行四边形底和边的数据,让学生根据平行四边形数据特点,在脑子中沿高平移成长方形,从而在心理快速数出面积(图16)。

你还能数出它的面积吗?

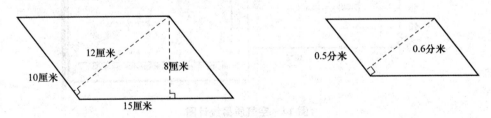

图16 给出平行四边形底和边的数据

(4)沟通"数格子"与面积计算公式"底×高"之间的相通之处(即只要知道底和高的数据,就能在脑子中沿高平移成长方形,从而在心理快速数出面积……而这个过程恰恰就是平行四边形的面积计算公式的推导过程),让学生明白了"数面积"的过程就是在运用公式计算

的过程，完成面积公式推导。

整堂课，借助"数格子"这一个项目，让学生从有方格地数到无方格地数，在数的过程中感受转化的思想，体会平行四边形与转化后长方形两者之间的联系。不仅完成了面积计算公式的推导，而且深刻地理解了面积计算公式为什么是底乘高。

这样，基于"面积公式推导"的数方格活动，学习素材更简单，课堂探究更深入，寓简单于丰富中，寓直观于深刻中，将有利于学生形成更有包容力的认知结构。

"一个项目玩一节课"作为"班级授课制"背景下的小学数学课堂教学新方式，未来是否会影响着传统的小学数学课堂教学模式？笔者尚不能"盖棺定论"。但是，笔者认为，关注知识获得的过程，肯定是教学研究中永恒不变的话题。"一个项目玩一节课"的微项目化学习方式就是基于这样的认识，朝着这个方向不断地努力！希望本文，能为你打开了一道窗，照进一缕阳光。

参考文献

［1］［美］薇薇恩·斯图尔特. 面向未来的世界级教育［M］. 张煜，李雨英子，张浩然，译. 浙江：浙江人民出版社，2017.

［2］余文森. 核心素养导向的课堂教学［M］. 上海：上海教育出版社，2017.

［3］李贺. 以学生为中心的教学：课堂重构与创新［M］. 北京：电子工业出版社，2017.

［4］夏雪梅. 项目化学习设计：学习素养视角下的国际与本土实践［M］. 北京：教育科学出版社，2018.

让课改充满智慧的气息

温州市蒲鞋市小学　卓东健

【课程规划】学校课程规划愿景和理念明晰，课程目标与培养目标、课程结构、课程设置相符合。课程设置能满足不同学生成长需要。形成具有学校特色的课程体系，课程结构合理。基础性课程与拓展性课程数量之比符合省厅要求；课程方案具体，操作性强，实施方便，并有实施效果呈现。

用"蒲公英"作为我们的校本课程名称的缘由：我校在建校之初，校园的右侧花丛中就矗立着一座洁白的大理石雕塑《放飞希望》，雕塑主体是一位长发飘飘、端庄秀里的女教师，手中所托起的蒲公英种子在风中欲起航扬帆，蒲公英以其朴素的美丽、朴实的姿态、顽强的生命力征服了每一位蒲小人的心，从此"蒲公英"在蒲小落地生根，培养了一代又一代充满朝气、积极进取的蒲小学子，见证和亲历了蒲小近三十年的发展历程。为此，我们在"智慧教育"办学理念之下，提出并构架"蒲公英课程"，回应"智慧教育"办学理念的核心价值，物化"智慧教育"办学理念的现实意义。组建集团后，以"蒲公英"作为我校的文化标识，以"蒲公英"命名课程，以强化蒲公英智慧教育品牌为抓手，推进四个校区的资源重组和文化融合，打造鲜活、和谐、多元的育人文化生态，让每一位学生拥有智慧，挖掘每一位学生的不同智慧，培育每一位学生的学习潜能和特长，让每一位学生拥有幸福童年，让每一位学生愉快学习，坚持德育为先、育人为本，对学生进行家国情怀、社会关爱、人格修养等教育。培养爱国、正气、知书、达理、朴实、求真的蒲小学子，努力促进蒲小学子全面而有个性的发展。

围绕蒲公英的课程理念，构建以校训"朴实·求真"为核心的教育体系，践行"人人享受优质教育"的理想，充分体现义务教育基础性、全面性和公平性。确立蒲公英课程体系，加强课程建设，创新教育方法，改进教育评价，尊重学生差异，坚持因材施教，坚持课程选择与开发相结合，让更多学生有选择课程的空间，并根据《浙江省义务教育课程设置及课时安排（2015年修订）》，扎扎实实做好基础性课程，积极探索拓展性课程，并体现地域和学校特色，努力突出蒲公英拓展性课程的兴趣性、活动性、层次性和选择性，满足学生的个性化学习需求。

课程框架图如图1所示。

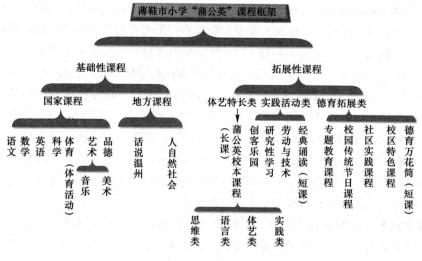

图1 课程框架图

【课程建设】 在课程建设和研发方面做到拓展性课程种类多样，科学规范。满足本校学生自主选择拓展性课程，课程内容符合学段特点。每门课程都有课程纲要、学习设计。拓展性课程有品质、有特色，《瓯剧童承》荣获浙江省义务教育精品课程并由中国文联出版社出版；《蒲公英》校本课程喜获浙江省"浙课最好玩TOP10"称号。2018年8月，《让蒲公英课程充满智慧的气息》由辽宁教育出版社出版；拓展性课程深受学生喜欢，满意度高，学生选课走班管理制度落实良好。

我们于2015年成立了学校各个学科课改小组，成员由校级—各学科课改组组长—各个组员构成，主要基于以下蒲公英校本拓展性课程内容开发：一是基于"长课与短课"语文教学的拓展性课程选择与开发；二是基于"数学整合"的拓展课教学的策略研究；三是基于科学探究性拓展性课程的开发和研究；四是基于体艺课程拓展性课程的开发和实施；五是其他课程的开发和实施。立足学生核心素养、关键能力的提升，从学生的发展角度定位来开发实施拓展性课程。

根据课程开发的理论，根据学校情况，从课程内容研究入手经历：内容→方法→目标→内容→方法→评价动态开发过程。就内容开发实施而言，教师要经过三个过程：洗脑筋（学习理论，转变观念）→动脑筋（在课程理论指导下，针对学生年龄特点，进行内容开发）→伤脑筋（不是完成了一次内容开发就可以画上一个休止符，要根据时间的变化，本人的观念变化，学生的变化，不断修改、完善，再开发，再修改，再完善的过程。这种伤脑筋的事对于教师来说是一种挑战、一种责任，同样也是一种崭露头角的机遇）。

通过近几年的努力，学校课改组由最初的13个小组扩充到23个，由最初参与的29人扩充到现在的90余人，学校的蒲公英拓展性课程《神奇数盒》《书香童言》《数学直通车》《整合万花筒》《光影嘉年华整合课程》《快乐体育》《硬笔书法》《印象南塘》《综合活动》《英语魔方》《精美纸艺》《玩转科学》《乒乓球》《创乐汇》等陆续开设，涵盖了体育类、艺术类、实践类、益智类、科学类、品德类六大校本课程。《瓯剧童承》荣获浙江省义务教育精品课程并由中国文联出版社出版；《蒲公英》校本课程喜获浙江省"浙课最好玩TOP10"称号；《走进数学思维王国》一书由中国石化出版社正式出版，全国各大新华书店销售，被北京、浙江等全国较多小学采用；《跆舞飞扬》让孩子们在快乐的跆拳道课堂中收获健康、自信、开朗、安全、礼仪和胆识，跆拳道社团的学生连续六年参加浙江省"阳光体育"特色学校跆拳道比赛共摘获13金12银21铜的好成绩！2016年12月，《科学拓展课程》登录中央电视台《正大综艺——脑洞大开》节目。2016年，学校荣获鹿城区首批课改样板学校称号；2018年8月，《让蒲公英课程充满智慧的气息》由辽宁教育出版社出版；2019年1月，我校校本培训精品课程建设经验在全省教师培训工作会议上交流，获得与会专家的一致好评；而每周三下午的蒲公英校本课程，作为全校的选修课程时间，时间为50分钟的长课，实行全校走班，开设校级选修课程和年级段选修课程，贯彻20字方针：自主选择、尊重差异、全校走班、全面发展、彰显个性。本学期龟湖校区开出50多门的校本选修课，并试点在龟湖校区开发网上抢课系统，深受学生喜欢，满意度高，让选课真正体现公平、公正和公开。

【课程实施】开齐开足各类课程，严格执行国家课程，统筹实施德育课程和综合实践活动。有效落实《温州市义务教育学科教学常规》，备课、上课、作业、辅导等教学常规实施效果良好。能较好实践"促进有效学习"课堂变革，打造特色智慧课堂。建立日常作业研究和管理制度，作业改革具有突破点和创新点。2018年，我校龟湖校区成功创建为温州市新常规示范学校，其他三个校区成功创建为温州市教学常规达标学校。

（一）依法开齐开足课程

根据国家课程标准要求，结合《关于深化义务教育课程改革的指导意见》课时安排建议，在不增加周标准课时数和周教学时间总量的前提下进行课时安排。

关于学科设置的说明：

（1）**语文学科**：本次课改要充分创设有利于教师个性化和学生自主化的展现，我们将在三四年级打破现有的教学模式，进行初步的尝试，选取1节语文课实行走班，充分发挥教师专长，关注学生差异，实行学生分层，这节课可以开设作文、阅读、写字、语文基础知识、经典诵读等，做到因材施教。

（2）**数学学科**：根据省课改指导意见一到六年级全部设置为每周4节课，要求数学教师在有效的时间内整合教材，创造性地使用教材，我们在鹿城区先进行学科整合初探。

（3）**艺术学科**：分别开设美术和音乐，在目前有限的条件下先分类开设，今后将做进一步整合。

（4）**体育与健康学科**：一、二年级每周4课时，三至六年级每周3课时。学校将充分利用大课间、课外活动等途径，增加学生体育活动时间，保证学生每天在校体育锻炼1小时。其中在一、二、五、六年段开设一节体育活动课，结合跆拳道、乒乓球、围棋等，由专职教师任教。

（二）德育课程和综合实践活动

学校的德育课程和综合实践活动能有效进行统筹整合实施，主要作以下几个方面的建设。

1. **微课程建设**

（1）国旗下讲话。由学生自主负责国旗下讲话是蒲小近几年来的一大亮点。几年来我们呈现了"三句半之牵手文明，亮丽蒲小""文明礼仪之你是我的小苹果""蒲小梦从这里出发""危险时刻怎么办"等主题鲜明，教育深刻，活泼有趣，容纳蒲小特色的主题晨会，接受了温州晚报的多次报道，培养了队员们的集体荣誉感，增长了见识，了解了社会大事小情。

（2）光影嘉年华。2016年，学校开设了"光影嘉年华"蒲公英课程，该课程通过亲子成语微电影的展播及颁奖、学生自编自导自演的校园微电影、畅谈阅读名著感受，以及"百花齐放，百家争鸣"等活动，致力于开阔学生视野，提高师生的电影鉴赏水平，引导学生感受文学与艺术的魅力，有效培养学生的综合素养，深受广大师生的欢迎和喜爱。

（3）蒲公英万花筒。我校将"蒲公英万花筒"栏目列入学校德育拓展课程，由大队部文体部负责，每日安排两名小主播，利用午间餐后给小公民们送去优美的文章、动人的校园歌曲和来自各班的祝福，深受大家欢迎，营造了融洽活泼的校园氛围，也给队员们一个抒发自己内心感想的平台。"蒲公英万花筒"栏目的设立还很好地弥补了以往集会受天气条件限制的缺点。周一如遇下雨天气，"蒲公英万花筒"栏目还承载着国旗下讲话的功能，队员们以广播剧的形式展示主题国旗下讲话。

2. 拓展实践活动建设

（1）六大快乐之旅。作为全国红领巾示范基地学校，学校十分重视学生综合素养的提高，为培育智慧型的学生创造有利的条件，学校常年推出"六大快乐之旅"，即科技之旅——携手温州科技馆；生态养成之旅——溯流母亲河，走进温瑞塘河；军事拓展之旅——驻温武警部队训练营；开心农场之旅——感受农业的魅力（农业生态园）；爱心慈善之旅——"公益""善行"即以"爱"的名义出发，向"善"的方向行走；温州民俗之旅——一年一度"拦街福"。

（2）六大特色节。学校每年开展体育节、艺术节、读书节、英语节、科技节、数学节活动，为学生提供了展示才华的舞台，使学生的综合素质得到了全面发展。如校园读书节通过引导学生阅读经典古诗词，做好文化积淀，同时加强现代童诗教育，激发灵性，润泽童心，形成了"诗香满园"的校园文化教育特色。近几年来，学生在各级各类比赛中硕果累累，取得了优异的成绩，每年学生参加国际、全国、省、市级以上各类竞赛共有1 000余人次获奖。跆拳道社团的学生连续六年参加浙江省"阳光体育"特色学校跆拳道比赛，共摘获13金12银21铜的好成绩。瓯剧社多次参加温州电视台等大型演出，并在中央电视台进行报道。

（3）六大技能。在智慧型学生的培育中，学校结合基地训练载体，鼓励每一位学生熟练掌握"六种"技能，即精通"两项"体育技能、掌握一种乐器、写好一手好字、掌握常用安全技能、熟练八个科学小实验、会背诵百首古诗。如鼓励学生掌握一种乐器，要求学生从小欣赏美、发现美、创造美，在艺术享受当中练就自己的特长，提升自己的品位。我们学校的艺术类选修课达10多种，学生都有机会习得一门特长。对常见的安全防范训练如火灾事故预防、食物中毒预防、楼梯走道安全、交通安全等我们都编制了小册子发给学生，并上挂校园网供家长阅读。

3. 蒲公英学堂建设

近三年来，我校开办了蒲公英学堂，我们向全校家长发出倡议，组织蒲公英学堂家长服务队的报名工作，得到全校家长的大力支持，蒲公英学堂家长服务队就此成立。每期的家长主讲嘉宾都为孩子们带来了不同内容的讲座。"交通安全、关系你我""打造小小理财师""绘声绘色绘梦想""从力克学品格""小学生形象礼仪""飞机如何翱翔在蓝天上"等内容丰富多彩，涉及各个方面，场场爆满，期期精彩，学生收获很大。我们还制定了《蒲公英学堂守则》和《蒲公英学堂管理职责》，受到了家长认可和一致的好评。蒲公英学堂活动还多次被《温州晚报》报道，大大扩大了学堂的影响力。

（三）教学常规建设

在落实常规方面，根据《温州市义务教育学科教学常规》制定出《蒲鞋市小学教学常规》《蒲鞋市小学备课方案》《蒲鞋市小学课堂常规》《蒲鞋市小学作业布置常规》等，对教师的备课、上课、作业、辅导等做进一步规范，教学常规实施效果良好。2018年，我校龟湖校区成功创建为温州市新常规示范学校，其他三个校区成功创建为温州市教学常规达标学校。

（1）深化备课改进。学校倡导"智慧教育"的核心在于课堂，而备课是实施智慧课堂的关键一环。2013年至今我校作为鹿城区备课改进试点校，将还原备课的本质作为改革的着力点，引领教师们在备课上做出更加规范的要求，其中一个最大改变就是加入了对关键问题的设计和解决。针对关键问题的设计和解决的有效落实，我们在平时的校本教研活动中继续深化"三·三"式校本教研新模式：课前（三调）——找准并设计关键问题，课中（三课）——破解关键问题，课后（三评）——检验关键问题。备课改进项目实施以来，取得了一系列可喜的成绩，《备课改进》一书获得鹿城区优秀课改成果集二等奖。2018年，学校先后承办了温州市地方课程、校本课程综合实践活动研讨会，鹿城区语文、数学等各学科各类研讨会多达7次，关于《优化"三式"教研，落实教学常规》的经验介绍在全区教导主任会议上发言；《让课程充满蒲公英的气息》观点报告在市级综合实践活动上发言，都是继续结合我校备课改进项目做进一步深化，在市、区起到了示范引领作用。

（2）创新作业设计。认真严格落实《浙江省教育厅办公室关于改进于加强中小学作业管理的指导意见》，做好"布置与管理、批改与反馈、控制与检查"。采取如不定期地进行作业展览、作品评选及精选作业选编；每学期的期初、期中、期末分别进行三次作业量抽查；对家长、学生进行不定期的问卷调查、电话回访等措施，切实减轻学生课业负担。在落实常规过程中始终抓住"有效作业"这根牛鼻子，做到"五精五必"：精编、精选、精批、精评、精练；有做必收，有收必改，有改必评，有错必纠，屡错必测。并在特色作业上做到创新，如我校每天结合体测的内容布置各年级段不同的体育锻炼的实践作业，深受家长的欢迎。邱策立老师带领的团队所做的有效数学作业公众号《神奇数盒》作业练习，被大量教师、家长转发使用，在集团校里实践并向区级推广，真正服务一线教学，影响面甚广。

（3）推进教研组建设。"一个人走路可能走得很快，但一群人可以走得更远"。在学校中，教研组作为一个最基本的单位，团队建设尤为重要。因此，我们努力打造一支塔尖式的教研团队。设立大组组长带领各年级组长，组长带领组员，期初进行计划制订，活动方案撰写，期末做好总结和反馈。一月打磨一节课。每次活动定时、定点、定课、定人、定序，每位教师都有任务，有做课前分析的，有开课的，有课后反思的，群策群力、分工合作，各个教研组活动开展有声有色。正因为长期规范坚持，2018学年度，我校三支教研团队脱颖而出，体育、信息和英语教研组获得区级优秀教研组称号，信息组被评为市级优秀教研组。

（4）注重"三个质量"。在教学常规上我们常抓不懈，在学业成绩上更是不放松，并坚持做好三个"质量落实点"，即重点做好低年级学生的学习习惯养成、重点把握毕业班学生学业成绩、重点关照学困生的帮扶提升工作。其中，学业成绩后20%学生的辅导帮扶工作，成为学校质量监控和学生学业提升工作中的重头戏。在教学过程中，教师要记录后20%学生辅导过程中的成绩变化，并针对这些学生的个性特点，运用"最近发展区"等现代教育理论，激发学习兴趣、挖掘潜能，提高他们的学业成绩，努力做到让每一位学生都能体验成功的喜悦。因此，蒲鞋市小学的学生综合素质优良，学业成绩连年保持前茅，在当地享有很好的口碑和很高的知名度，每年的一年级新生辖区招生爆满。

（四）特色课堂打造

在实践"促进有效学习"的课堂变革中，我们以智慧教育为目标，打造具有"智慧"色彩的课堂，秉承八字方针：自主、灵动、创新、扎实；具体表现为调研课堂、竞赛课堂、精品课堂、班子引领课堂、名师课堂五大形式，并分别制定出五大课堂的评价指标体系。

1. 调研课堂

如何让调研课堂不流于形式，真正意义上提高教师课堂教学水平并具有蒲小智慧课堂的特色一直是值得思考的问题。我们的调研课堂本着继承和创新，个别校区调研和集体调研相结合，平时周二分校区个别调研，每学期集体大调研两个校区，努力做到有创新、有深度。首先，在年龄上有规定，全校 50 周岁以下教师每年必听一节调研课，35 周岁以下青年教师每学期至少 2 节调研课，设跟踪主评人，即某一位年轻教师的课将由一位资深名师办公室教师跟着听，跟着评，这样，对教师的成长才会有了解、比较和促进。其次，每次调研后主评教师除和上课教师作当堂点评外，再将问题集中到一起集体反馈，指出被调研者的课堂亮点和不足，便于校区校长全面了解本校区教师的课堂教学情况，教导主任就综合学科落实情况、作业进度情况进行每个校区的全面摸底工作，包括学生访谈、查家校联系册、了解后 20% 学困生情况等，真正做到关注常态、立足课堂、促进减负。再次，被调研者的课不一定听得就是主课，还对教师的兼课进行听课，发现教师一个或更多的教学长处，再向全体教师进行兼课展示，以此促进各个学科教学的全面提升。

2. 竞赛课堂

暨"金钥匙"杯青年教师课堂评优活动，是学校的一大传统项目，每年 2 场，分 30 周岁以下和 30 周岁以上教师进行比赛，每届的竞赛活动均遵循"发放文件—确定专家—组织赛课—现场指导—评定等级—课例展示"。要求在规定时间内现场设计预案、上课，课后讲反思体会，比临场发挥，练教学基本功。至今已举办了 21 届，从不间断。评过的教师都说，过程是痛苦的，收获是巨大的。我校近几年无论参加区三坛评比还是市区优质课比赛，成绩都是同类学校前茅。能取得好成绩就是通过这样锻炼出来的。

3. 精品课堂

充分发挥教研组功能，我们遵循"确定课题—独立备课—团队磨课—组内交流—推荐人选—进行试教—汇报展示—名优秀教师剖析课例—专家引领，专题培训"这样的形式进行精品课堂活动，教研组成员分工合作，达到课堂设计最优化，分别在周二、周四、周五的教研活动时间进行全校展示，从而带动整个学校的教学研讨氛围。

4. 班子引领课堂

在我们学校，无论年轻的班子成员还是资深的学校领导，都能在课堂上一展身手。这是因为学校规定了班子成员每学年都要在不同场合展示自己的一节特色课。实践证明，班子的引领课往往是教师们最感兴趣的，他们先进的教学理念、独特的教学风格，总会带给教师们别样的启发和收获。

5. 名师课堂

名师课堂是由两部分组成的，一是名师工作室的教师每学期要向教师上展示课；二是每学年都有两场特级教师观摩会活动，如全国温州"千课万人"语文、数学专场活动，全国语文、数学"自在课堂"活动，蒋军晶、朱乐平、华应龙、张祖庆等 50 几位特级教师都曾站在博艺堂上为我们带来智慧教育的大餐。学校连续 12 年每年两次举行"成长　智慧　课堂"全国著名特级教师活动，各地名师从不同领域展示当前小学课堂教学研究中具有探究意义和实践价值的智慧成果，演绎新课程标准下的智慧课堂。

正是在这样的智慧课堂打磨下，我校教师专业发展取得了令人瞩目的成绩。单单近两年，卓东健被评为正高级教师，谷尚品被评为省教坛新秀，王晓丹教师被评为省教改之星，谷尚品、叶琳2人被评为市名师名班主任，陈开华等4位教师成为省网络名师工作室学科带头人，沈虹、陈开华2位教师为温州市"未来名师"培养对象，邱策立等5位教师被评为区名师名班主任，郑舟舟等5位教师被评为市学科骨干教师，王怡璇等13位年轻教师被评为区首届骨干教师，张丽琼、谷尚品等教师获得市优质课评比一等奖，林发儒教师的优质课获得部级奖，王晓丹等10位教师被推荐为鹿城区高端、高研班学员，向更高层次发起冲击。

【课程评价】变革评价方式，形成立体全面的"四心相连"的学生发展性评价体系。开展多元化学生综合素质评价，建立常态学生成长档案制度。拓展性课程学习纳入学业评价范畴，学校有学生拓展性课程学习成果的展示和汇报。实施基于课程标准学业水平考试命题，有效开展学生学业水平过程性反馈，并建立学校教师教学质量评价的激励机制，鼓励教师利用数据改进教学。《语言文字报》《中小学德育》《基础教育论坛》先后介绍了我校学生评价的创新举措，2019年5月我校又被评为温州市教育改革评价示范校。

学校从十几年前开始率先在温州市开展学生多元化评价的实践与研究，经过多年的实践和探索，已逐渐构建了"智慧学生""智慧教师""智慧家长"三位一体的"智慧教育"模式，"智慧教育"的最终目的是培育"智慧学生"。"四心相连"的创新性评价就是培育智慧学生发展问题的重要突破口。"四心相连"的学生发展性评价体系是一项创新变革，变革评价方式，形成立体全面的"智慧评价"体系。

"四心相连"评价体系有四大多元化特色，围绕评价主体学生、同伴、教师、家长，根据学业成绩、关键素养（靓丽十二星）、身体素质等综合素质发展内容，构建了分层动态的"学业评价"和自主成长的"非学业素质评价"两大操作体系和九大模式，还研发了便于操作的评价工具，将及时评价与指导性评价采用自评、同学互评、教师导评、家长助评"四心共振"，培育智慧学生，增强学生自我教育、自我管理、自我发展的意识、习惯和能力，成效显著，特别是"四心相连评语卡"深受学生和家长的喜爱，被作为孩子成长记录袋中的重要一项妥善收藏；"四心相连"的学生发展性评价体系已成为我校智慧教育的品牌项目。《语言文字报》《中小学德育》《基础教育论坛》先后介绍了我校学生评价的创新举措；成果在"全国红领巾小记者辅导计划"工作推广会、浙江省小教会创新评价论坛、温州市教育局首届政教主任培训会、鹿城区教导主任培训会等作专项介绍；几年来，山东省潍坊市、福建福州市、广西、东阳市等省内外教育考察团及省师干训中心、浙江大学相关专家、领导先后来到我校参观考察，并对我校的评价创举给予高度的赞誉。鹿城区教育局还将"四心相连评语卡"推广为全区各年级段素质报告单范本。2018年11月，评价典型经验《给每一个孩子一把成长的尺子》发表在《基础教育论坛》第二期，2019年5月我校又被评为温州市教育改革评价示范校。

海岛幼儿园海洋特色文化构建

温州市洞头区教育幼儿园　侯仙琴

幼儿园文化是幼儿园精神风貌的集中反映，是幼儿园通过传承、积累、创新不断形成的价值观念，以及承载这些价值观念的行为模式和物质载体。幼儿园地处海岛洞头，东海之滨，海上瀛洲，百岛洞头，人间仙境。这里物产丰富、民俗浓郁、人文淳朴、风光旖旎，一个梦幻般的世界，一个成就梦想的乐园！多年来，幼儿园充分利用海洋资源，秉承"幸福教育"的办园思想，努力让海洋文化落地生根，创设具有海岛特色的幼儿园。

一、以"海洋特色"为出发点，塑造海岛幼儿园精神文化

幼儿园精神文化是文化建设的核心内容，也是园所文化的最高层次。精神文化是一种不可替代的、无形的、蕴藏着育人价值的课程资源。它无时不在、无处不在，显现在师幼的言谈与行动中。加强精神文化建设，对幼儿园的长久发展和师幼的健康生长起着至关重要的作用。

1. 梳理办园理念，与幸福相约

理念是人的思维方式和价值取向，有什么样的理念就有什么样的教育，有什么样的教育就培养什么样的人。为了寻求教育理念，我们惊喜过、徘徊过、迷茫过，但静下心来梳理，我们对教育有新的思考。简单地说，教育就是将一个自然的人培养成为一个社会的人，让他适应自然、适应社会的共性发展过程，培养成为身心和谐幸福一生的个性发展过程。我园提出让海岛幼儿园孩子、教师、家庭、社会和谐幸福的生活的教育理念是——"幸福教育人　教育幸福人"。

维度一：幸福教育人

幸福教育人指的是教师对自己事业的认可，将教育当作一件幸福的事情来做，在教学中始终保持着一种良好的心态，去对待孩子，将幸福当作教育过程中师幼双方的情感体验，教师幸福地教，幼儿幸福地学。

维度二：教育幸福人

教育幸福人是以人获得幸福为目的的教育，培育能够创造幸福、享用幸福的人。就是希望师幼在教育和学习中，体验幸福，获得创造幸福的能力。

2. 征集园所吉祥物，与幸福相抱

我园在吉祥物的选择上，向全体师幼发出征集，充分发动师幼的智慧，结合地处海岛的实际，根据幼儿园办园理念，选择代表智慧、友善、团结、进取的"海豚"作为吉祥物。小海豚在我园各个角落上显现，班牌、玩具柜、主题墙、花园中的雕塑、门口欢迎的玩伴等。全体师幼为海豚命名，"小幸""小福"油然而生，孩子们每天上午来园与"小幸""小福"打招呼，

抱抱它们,可以与它们说说自己的心里话,下午与"小幸""小福"说再见,孩子们俨然将小海豚作为我们的同伴,幼儿园的一员。

3. 设计园所标志,与幸福相伴

幼儿园标志设计、幼儿园 logo 设计是幼儿园品牌建设的基础,是园所文化和教育理念的缩影,是幼儿园的标志(图1)。

(1)关注造型:海豚是教育幼儿园的吉祥物,在园标中,海豚象征幸福教师;代表"教育幼儿园"的字母缩写"jy",通过变形组合成生动活泼、充满朝气的幸福孩子,在海豚(教师)的包容和承托中快乐嬉戏,幸福成长。整个 logo 以圆形构图,体现幼儿园幸福大家庭的氛围,巧妙契合了幼儿园"幸福教育人 教育幸福人"的办园理念。

图1 标志

(2)注重色彩:设计中,采用了蓝色为主色调,代表海洋的博大、永恒和纯净,彰显"海洋文化"发展的悠长历史和无限前景;选取清新的绿色作为"j"形象的下半部分,并变形为孩子的身体,形象看似一棵小绿苗,表示教育要尊重生命、尊重孩子生机无限;"j"上面的一点则选用明亮的橙色,代表太阳,寓意在阳光的滋养下,小绿苗将会更加茁壮成长,预示教育幼儿园无限美好的未来!

二、以"海洋特色"为着眼点,营造海岛幼儿园物质文化

幼儿园的物质文化是指幼儿园内看得见、摸得着的物化的文化形态,是园所文化的外壳,奠定着幼儿园文化存在和发展的物质基础。同时,它又是精神文化的载体,体现着一定的价值目标、审美意象等,是富有内涵的人文环境。古人云:"近朱者赤,近墨者黑。"有位哲人也曾说过:"对孩子真正有价值的东西,是他周围的环境。"幼儿园的园舍环境,是整体精神的价值取向,是具有强大引导功能的教育资源。

1. 大环境——整体规划,展现海洋风

洞头是全国十四个海岛县之一,有着丰富的海洋资源。作为一所有着60多年办园历史的幼儿园,我园在整体大环境的创设上认真规划,寻找适合海岛的元素,努力为孩子创设温馨、雅致的环境。幼儿园园舍采用的是欧式建筑,外墙有典雅的浮雕。园内的环境以海洋风格布置,大厅迎面的抽象鱼、左边的迎风起航的轮船、右边一片蓝色的海岸线、头顶两层楼挑空顶上的船舵,让人仿佛走进了蓝色海洋世界。园内的整体色调是蓝色,主要体现在地面、走廊、楼道、墙面、灯具、玩具柜等,楼道的海洋装饰物、海岛特色材料等将海洋文化在环境中充分体现,让人一走进幼儿园就如同走进海洋世界。

2. 班级环境——区域布局,体现海岸线

班级环境在幼儿园环境创设中占有重要地位,孩子一日活动中大部分的时间都在班级,因此,创设直观、形象、互动的班级环境是非常重要的。我园在班级环境的创设中关注海洋元素的融入。每个班级都有160平方米,活动室四面采光,通风效果非常好。有幼儿集体活动区域和自主活动区域,午睡室一人一床,避免孩子之间相互干扰,盥洗室男女分厕,充分尊重孩子的个人隐私。在班级中设置娃娃家、建构区、阅读区、美术区、益智区等5~6个区域,区域名称、里面的操作材料、环境创设等,充分利用海岛地方资源,展现海岛地方特色。各个班级根据幼儿的年龄特点,让孩子们自主地选择区域,开展自主游戏活动,促进幼儿全面发展。

案例1：中一班环境创设

我园中一班在环境创设中，将主题定位为"遇见洞头"。结合海岛特色，环境主要体现在"风""闻""游""霓"。"风"代表风格，班级所有区域的布置体现出海洋、海岛的各种元素特色，投放材料都是洞头常见的贝壳、石头画等本土元素。"闻"，代表气味、听说或感受。班级区域创设海鲜一条街让孩子操作，"品尝"和感受家乡海岛的风土人情。班级植物角结合洞头是海上花园，设置了城市花园，让孩子们在幼儿园生活中感受"城在海中、村在花中、岛在景中、人在画中"的美好愿景。"游"代表游戏、游玩和旅游。中一班的标识指向牌都是目前洞头旅游网红打卡处，有网红村、风车屋、灯塔、小孩和狗等。"霓"代表色彩、精彩。例如，彩虹村之所以取名彩虹就是多彩，孩子们的世界是彩色的世界，在环境创设中将多彩、精彩、多才融入班级中；美工区叫七彩村，我们希望保持孩子眼里的世界多彩、美丽和童真，并让孩子学会用美工的形式展现出他眼中的美丽家长、美丽洞头，让他们将幸福以多彩的形式或样式呈现出来。

3．公共环境——整合资源，凸显海岛情

环境是重要的教育资源，《幼儿园教育指导纲要》中指出："幼儿园应为幼儿提供健康、丰富的生活和活动环境，满足他们多方面发展的需要，使他们在快乐的童年生活中获得有益于身心发展的经验。"为了让幼儿在环境中充分体验海洋文化，幼儿园创设了"海豚湾乐园"，利用幼儿园一楼到三楼的专用活动室和公共空间，设置了"海豚之家""海豚湾邮局""海豚湾银行"等22个游戏场所，供中大班幼儿开展混龄游戏。孩子们在富有海岛地方特色的环境，模拟海岛人民的生活，体验游戏的乐趣。

案例2：贝雕馆传承非遗文化

贝雕作为海岛民间的艺术珍藏，承载着海洋历史文化，代表着海岛人的精神面貌，赋予了浓烈的生活及情感色彩，是浙江省级非物质文化遗产。我园的贝雕操作活动，遵循从易到难、循序渐进的原则，引用适合幼儿学习的制作方法，如用堆、叠、联、粘等技术，鼓励幼儿动手去尝试利用剪取、堆砌、粘贴等工序手法，根据贝壳的不同大小、形状、疏密，大胆地运用多种形式去创作贝雕艺术品，以促进幼儿对贝雕的认识。贝雕文化逐渐渗入幼儿的艺术审美观念中，对幼儿艺术创新和审美观的构建起到潜移默化的影响作用。贝雕制作不仅帮助幼儿初步了解家乡传统艺术之美，弘扬民族精神；更提高了幼儿鉴赏美的能力，从而萌发对家乡传统工艺的热爱之情。

案例3：美术室突出海岛特色

孩子是天生的艺术家，艺术创造是孩子喜爱的活动。在幼儿园创意美术室，我们充分运用海洋元素，挖掘海岛特有的乡土美工资源，开发出具有海岛风味的适合海岛幼儿的创意美术活动，形成具有地方特色的美术教学资源。通过不断地深化研究，我们开展了多种内容、多种形式的美术活动，如将孩子们常见的贝壳、鹅卵石、沙等作为孩子们创作的材料，开展贝壳画、卵石画、沙画、渔灯制作等活动，创造艺术展现个性，萌发热爱家乡的品格，传承洞头渔家人民的智慧瑰宝，促进幼儿对美术活动的兴趣和创造性。

三、以"海洋特色"为落脚点，打造海岛幼儿园课程文化

课程贯彻着国家教育意志，也承载着教育文化的核心，是文化落地的核心竞争力。我园遵

循"一日生活皆课程"的要求,结合"松散中有形,自由中有序,游戏中有学,过程中有变"的规范,将课程落实到幼儿的一日活动中。在课程的开发中,关注海岛地方资源的运用,努力开发了具有海岛特色的园本课程。

1．"初寻"渔乡课程板块

幼儿园地处洞头海岛,有丰富的海洋资源,应如何开发地方资源,创建特色幼儿园?2001年我园开始做海洋特色园本课程的研究,课题在省级立项。教师围绕渔乡物产、渔乡习俗、渔乡风景、渔乡人物、渔乡新貌五大板块,寻找适合幼儿园的课程资源,尝试海洋课程的开发。课题成果《开发海岛园本课程资源 创建特色幼儿园的实践研究》荣获浙江省教科研成果二等奖、温州市基础教育成果一等奖;课题成果《创设富有海岛特色教育环境的实践研究》荣获温州市教科研成果一等奖。子课题分别荣获洞头区教科研成果一、二、三等奖。园本课程《蓝色海洋在我心中》荣获温州市精品课程二等奖。

2．"精制"海洋绘本课程

《洞头海洋动物故事》是洞头的国家级非物质文化遗产,将海洋文化以故事的形式传承,为海岛的孩子提供了较好的教育资源。如何将海岛的非物质文化遗产以孩子能理解和接受的形式展现? 2012年我们根据幼儿园孩子的年龄特点,选择了以绘本的形式开发,经过教师的解读文本、改编文本、自制绘本、课堂研磨、专家引领等方式,园本课程《美丽海洋 蓝色绘本》入选浙江省精品课程,其中幼儿用书《洞头海洋动物故事绘本》(一套8本)和教师用书《由海洋故事绘本爱上阅读》分别在中国文史出版社出版发行。园本课程荣获温州市精品课程一等奖。

3．"细磨"绘本主题教学

2015年,我们继续申报课题《海岛幼儿园开发海洋动物故事绘本课程的策略研究》,被立项为浙江省教研课题。深化研究是以海洋绘本为载体,拓展到五大领域,形成海洋绘本主题教学活动,每个绘本以一周到两周的时间开展实施,这样能够将领域进行融合。2018年,在省区市幼儿园课程改革的背景下,我们开始尝试课程审议的方式开展课程研究,在前审议中年段组教师对幼儿的学习经验和需求,做充分的了解,对主题中集体活动的安排、主题墙区域活动材料的设置、家长工作的跟进及其他活动的开展,以头脑风暴的形式,分组讨论并反馈,年段组达成共识后再落实。中审议时,各班根据幼儿的兴趣点,如果出现生成的内容,在年段微信群中及时交流,通过微信教研或临时教研活动,针对生成点展开讨论,寻找机遇价值点,适当地进行调整。后审议时,年段组对主题内容进行梳理,交流实施情况,如集体教学活动的开展,哪些合适,哪些可以做调整。对各班主题墙的创设、区域材料的投放开展交流,讲亮点和不足,为下次更好地开展活动提供依据。

案例4:课程活动化——中班半日活动《蟹兄弟闯世界》

在开发出园本课程的基础上,我园将课程以半日活动的方式开展,将绘本落实到幼儿的一日活动中。来园自主区域活动,孩子们自由选择各种有关螃蟹的材料,有钓螃蟹、给螃蟹穿新衣、螃蟹拼图、找螃蟹、晒螃蟹……户外体锻是《螃蟹旅行记》,孩子们学小螃蟹走过鹅卵石小路、独木桥、钻过山洞等,让他们体验螃蟹横着走的乐趣。绘本《蟹兄弟闯世界》,让孩子感受螃蟹四兄弟闯世界的历程,主要突出蟹老四因勇敢和坚强的信念而闯到大海里,过着幸福的生活,让孩子们明白一个道理:无论做什么事情都要坚持到底。通过半日前期的活动,孩子们在餐前活动中,自主地开展了螃蟹闯世界的游戏,在操场上利用呼啦圈、独木桥、足球栏等器械，自主搭建绘本中的游戏场景开展游戏。翻过足球栏对中班的孩子来说，是有一定的难度的。但孩子们学说着绘本中的对话："坚持不懈就能成功！"在尝试后，利用垫子稍作增高，顺利完成了闯的动作，体验成功的乐趣。

【活动感悟】将绘本故事渗透到幼儿的一日生活各个环节，让孩子在感受家乡教育资源的同时，通过操作活动中不断地尝试，促进幼儿的全面发展，激发了幼儿热爱家乡的情感。教师在活动中进一步明确课程开发的方向，学会分析教材，捕捉、挖掘教材的教育价值，使园本课程更符合幼儿的需求，提升幼儿园的文化内涵。

有丰富内涵的幼儿园文化是幼儿幸福成长的"营养"，我们海岛幼儿园在"海洋文化"的构建中脚踏实地，点滴做起，追寻教育的幸福今天；我们将心存梦想，激情满怀，追求教育的幸福明天！我们这些"幸福教育人"执着追求着"教育幸福人"，让生命丰富多彩，让人生更有价值！

参 考 文 献

[1] 项红专. 学校文化建设的理论与实践［M］. 杭州：浙江大学出版社，2010.
[2] 王全乐，郑军平. 校长与学校文化建设［M］. 保定：河北大学出版社，2012.
[3] 徐书业. 学校文化建设研究——基于生态的视角［M］. 桂林：广西师范大学出版社，2008.

基于儿童·立足园本·智慧生长

乐清市机关幼儿园　张新琴

随着新一轮课程改革的推进，我园对于园本课程建设有了更深入的认识，真正理解课程所承载的价值与意义，开始重新思考园本课程的定位和架构。"基于儿童，立足园本，智慧生长"成为我们幼儿园新一轮课程改革与实施的指导思想。为让幼儿园建设注入新思想、开拓新局面、明确新方向，我们在幼儿园多年积累的科学特色基础上，充分利用乐清区域文化、环境资源，全面分析幼儿园师资队伍、文化建设、课程资源和家园合作，扬优势，补短板，特制定了《智慧生长园本课程实施方案》并在实践中不断修正与完善，以期和孩子们一起智慧生长。

乐清市机关幼儿园自2007年开展"生活化科学教育"以来，一直将"科学"作为园本特色。课程从最初的单列与零散，到如今智慧生长课程的制定，经历了十几年的蜕变。

一、课程理念

课程理念：源于生活，基于游戏，智慧生长。

智慧生长课程以生活化教育为指导思想，以建构主义、全人教育、陈鹤琴"活教育"为理论依据，在遵循幼儿身心发展规律的基础上，鼓励幼儿在生活中主动建构，支持幼儿主动探究与学习体验，强调幼儿的最近发展区以及情感教育，从而促进幼儿的全面发展。

1. 源于生活

生活环境是幼儿教育发生的场所和根基，也是教育意义得以建构的场所。因此，课程只有融入生活实际才能为幼儿的生长提供滋养。课程内容的生发点就是从幼儿的生活经验出发——基于生活，融入生活，运用于生活。

2. 基于游戏

游戏是儿童最基本的活动方式，儿童只有在自己感兴趣的活动中才能表现出积极的主动性，游戏的快乐体验是儿童发展的原动力，在游戏中感受探究、学习的魅力，激发并保护儿童的好奇心和求知欲，支持儿童用自己的方式探索认识世界，主动构建自身的知识体系，从而焕发智慧的活力。

3. 智慧生长

（1）"智慧"是综合统整的，通过知识和能力来显现，同时还意味着一种明智的判断与选择，是对知识与能力的恰当运用，确保用知识和能力服务于美好的生活。

（2）"生长"一方面寓意着"希望"与"向上"，另一方面正切合温州市课程改革"看见生长的力量"的理念。智慧生长作为目标，在重点指向幼儿的同时也指向教师和家长，实施课程的过程也是三方共长的过程。

二、课程目标

培养"健康阳光、友善关爱、伶俐智慧、审美创造"的自主幼儿（简称智慧幼儿）。具体培养目标如下：

（1）健康阳光：体格健壮、动作灵活、习惯良好、情绪愉悦。
（2）友善关爱：自信关爱、善良合作、诚信守则、爱家爱国。
（3）伶俐智慧：良好倾听、流利表达、好奇探究、富有见解。
（4）审美创造：感受丰富、多元表现、想象创造、美雅情趣。

三、课程内容

智慧生长课程由共同性课程与特色课程两大板块组成。以共同性课程为主，即省编教材《游戏·发展·成长课程》的园本化，约占75%（不同年段适当有微调）；特色性课程为辅，即幼儿园自主开发的园本课程，分为"智慧·种子"科学探究课程与"乐音清扬"城市足迹课程，约占25%。这两大模块并非平行地独立存在，而是相互渗透与交织的整合关系（图1）。

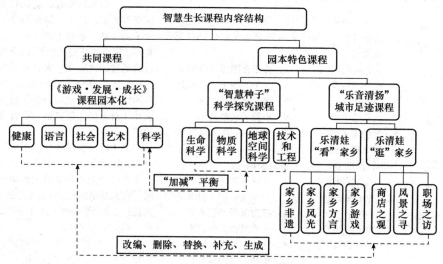

图1 智慧生长课程内容结构

（一）课程内容编制原则

1. 处理好内容加减之间动态平衡

我园自主开发的"智慧种子"科学探究课程增加了许多科学主题活动，此即为"加法"。这将使原先课程中科学活动的数量超过课程实际所需，因而，需要将共同性课程中的一些科学活动进行筛选，此即"减法"。在遵循幼儿需要、内容适度适宜、领域均衡的原则上进行"加减"的动态平衡。

2. 保持不同课程内容的替换整合

依托省编教材，结合幼儿园的现有身边资源，将主题内容进行改编、整合、补充、拓展。利用幼儿园的现有资源替换原主题中的内容，让活动内容更贴合幼儿生活。例如，省编教材大班上学期"果实奇遇"的主题，里面的部分活动内容离我园幼儿的生活和经验认知较远，分析大班幼儿关于植物认知的核心经验，选择了"智慧种子"科学探究课程中的"柿"情画意主题，直接利用我园有柿子树这个身边资源来开展，我们将两者进行了替换整合。

3．依托项目组资源按需科学选取

设立以五大领域为分类的项目组，每一个项目组是领域内容选择的研究共同体。项目组汇总小中大各自领域中的教材内容，收集我园教师的公开课、优质课、教育案例、课程故事等，形成幼儿园资源库。在课程内容的编制过程中，可以从资源库中按需进行选择性使用。

（二）课程具体内容

1．共同性课程内容选择

共同性课程内容主要依据省编教材，通过园本化的改编确定。以2019学年大班第一学期为例，见表1。

表1　2019学年第一学期大班上册园本化主题内容

课主题内容		审议后主题内容	调整情况分析
本部： 柿子成长记 龙凤桥园区： 玉米成长记	1．快乐采摘日 2．采摘日记 3．找果实 4．它们是果实吗 5．水果猜谜会 6．小猴摘桃 7．水果恰恰恰 8．金色玉米棒 9．玉米成长记 10．打扮玉米 11．玉米照相馆 12．种子在哪里 13．小种子 14．快乐的种子 15．保卫果园	本部： 1．柿子成长记（智慧种子课程） 2．快乐采摘日（社会）采摘日记（快乐采摘日延伸活动） 3．种子在哪里（科学） 4．快乐的种子（艺术） 5．保卫果园（健康） 6．小种子（语言） 7．树叶拓印《智慧种子课程》 龙凤桥园区： 1．金色玉米棒（语言） 2．玉米成长记（科学） 3．打扮玉米（艺术） 4．玉米照相馆（艺术） 5．种子在哪里（综合） 6．小种子（语言） 7．快乐的种子（艺术） 8．保卫果园（健康）	综合本部果树资源、幼儿兴趣、连续性探究等因素，把玉米调整为柿子树。结合柿子树开展一系列主题活动。龙凤桥园区在园区资源的基础上开展《玉米成长记》。后续通过园区联动"家庭好朋友日"进行"探究成果分享"，为幼儿搭建平台。让各园区对各自关注的内容了解更为深入，彼此能对不同的新鲜事物有好奇心与探究欲望。 与原主题《各种各样的果实》和《百变果实》相融合。 考虑活动的质量和数量的协调，因此删减《它们是果实吗》《水果猜谜会》《小猴摘桃》《水果恰恰恰》这几个活动，采用区域个别化学习方式。 在《快乐采摘日》中，可以把《采摘日记》直接投入区角，幼儿进行表征
果变果实	1．逛菜场 2．美味的南瓜 3．我们爱吃的 4．水果翻翻乐 5．柚子大变身	1．美味的南瓜（游戏社会） 2．远足：逛菜场 3．注意陌生人（安全教育） 4．玩稻草（稻草投放区角、自然角） 5．看"晒"场（艺术） 6．山居秋暝（语言） 7．水果翻翻乐（区域） 8．亲子活动：实地观察稻草 9．南瓜大变身（包括美食、外形）	1．《逛菜场》做成远足活动。 2．这个主题的语言活动比较少。《山居秋暝》以诗歌的形式，可以让孩子们感受诗歌的魅力，值得在课程当中实施。 3．《水果翻翻乐》可以投放在区角。 4．游戏教材里的《我们爱吃的》《柚子大变身》活动在小中班都接触了，因此删减。增加了《玩稻草》《看"晒"场》。 5．家长可以带孩子去观察稻草，加强对稻草的认知。 认识各种各样的南瓜，可以制作南瓜灯、南瓜大变身（外形、美食等多种形式），各班级准备食材，可以开展南瓜品尝会，后续延伸拓展到其他果实

2. 特色课程的内容选择

特色课程的构建和内容来源以熟悉家乡人文和地理风貌、科学启蒙教育为线索。

（1）"乐音清扬——城市足迹"课程由"乐清娃'看'家乡"与"乐清娃'逛'家乡"组成。"乐清娃'看'家乡"主要内容从家乡非遗、家乡风光、家乡方言、家乡游戏等板块切入，依据幼儿的年龄特点，选择适宜的教育内容构成。"乐清娃'逛'家乡"远足课程，在内容的选择上考虑小中大在路程、经验、目标三个维度上的递进性，确定小班的商店之观、中班的风景之寻和大班的职场之访。这些内容的选择一方面既为我园园外课程内容缺失作补充，又为幼儿的成长搭建更多的支架，让幼儿在真实的体验中收获成长的智慧。

（2）"智慧种子"科学探究课程紧紧围绕生活中的科学深入研究，利用幼儿园园内的空间与身边资源，有目的地选择适合本园孩子特点的内容，因地制宜实施科学教育课程（图2）。

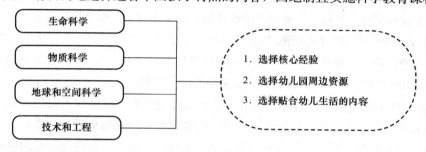

图2 教育课程

四、课程实施

1. 实施原则

（1）资源平台，共享共建。

（2）基于生活，注重体验。

（3）尊重幼儿，智慧引导。

（4）互动对话，共同成长。

2. 实施途径

教学活动、游戏活动、生活渗透、节庆活动、社会实践、环境浸润、家园共育是课程实施的基本途径，整体课程的实施注重七大途径的有机联结，相辅相成，缺一不可。

（1）有效性的教学活动：在实施过程中结合不同教学内容选择不同的组织形式。构建有智慧的学习——依据主题确定和生成原则，从幼儿的原有经验及感兴趣的事物入手，启发幼儿学习探究；构建有爱意的学习——注重学习活动中幼儿的情感体验，感受真善美；构建有对话的学习——注重学习活动中的师幼互动，关注幼儿在活动中的积极主动参与；构建有快乐的学习——让学习充满愉悦感，感受到学习过程的快乐。

（2）自主性的游戏活动：尊重幼儿的天性，提供充足的自主游戏时间与丰富的游戏材料。幼儿园共同建构与共享大型材料超市，班级建立材料超市，供幼儿自主游戏时选用；尊重幼儿选择游戏的意愿，教师成为游戏过程中的客观观察者和适当支持者，认识到游戏对幼儿发展的独特价值。

（3）日常性的生活渗透：一日生活皆课程，生活环节也是课程实施的重要环节与途径。

在实施过程中，注意保教人员的紧密配合，注重日常生活中保教人员的言行对幼儿潜移默化的教育作用；在日常活动中，关注幼儿的情绪识别、表达、调节能力，学习情绪理解和接纳，开设"心情翻翻乐""心情回收站""情绪加油站"等板块；安全教育序列化，根据各年龄段孩子的特点，将安全教育融入一日活动中，并做好开学安全第一课、安全教育周、消防安全月等教育活动；经典活动固定化，如"清洁日活动""大带小活动""问题树""小小气象播报员"等经典活动。

（4）体验性的节庆活动：重视传统文化的传承教育，将传统节日以及幼儿园特有的七彩节日主题活动进行班本化实施，让幼儿在体验中感受节日文化与氛围，积极建构经验。

（5）真实性的社会实践：课程实施过程中，注重幼儿真正的参与，不走过场。要有实践体验前的经验丰富和任务布置，实践中带着准备地看、听、想、做，实践后分享和梳理。在"乐清娃逛家乡"远足课程实施的过程中，遵循"由近及远"的基本原则，即"接近社会—进入社会—浸润于社会"。以"项目化"的方式开展，"逛前、逛中、逛后"三个阶段以一个完整项目的方式展开，逛前，共同讨论，唤起兴趣和经验，注重幼儿主体参与性；逛中，多重体验，多通道感知，丰富经验，注重主观体验性；逛后，反馈评价，多途径表达，运用经验，注重幼儿主动表达性。

（6）隐育性的环境浸润：合理创设适合幼儿年龄与发展，与课程实施相得益彰的环境。充分利用各处环境，挖掘环境的隐形教育功能。除常规的主题环境创设外，重点凸显环境的科学探究价值，如利用幼儿园走廊与楼梯分别设置"科学小知识""寻找幼儿园的秘密"和"科学绘本侦探社""气象站""奇妙扫一扫""我们的花草树木"等，使幼儿在与环境的互动中潜移默化地架构科学经验。利用班级自然角、种植园地、迷你小农场等，让幼儿在日常养护、观察中体验种养的快乐。

（7）互长性的家园共育：从单向联系走向双向沟通，从汇报反馈走向育人理念传递，从事件告知走向讲专业故事，要让每一次家长活动成为一次理念的输出。每一次主题活动、七彩节日、家长志愿者等活动，让家长共同参与，感受幼儿园的课程实施理念，不仅增加亲子情感的交流，还能达成智慧共长的目的。

在课程整体实施过程中秉承"发展观"，根据班级幼儿的实际情况、兴趣点以及课程资源的变化与发展，进行适度调整（图3）。

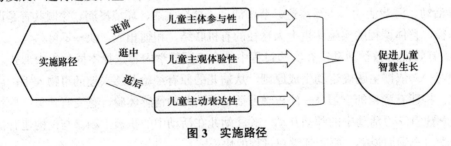

图3　实施路径

五、课程评价

幼儿园课程评价，坚持"客观性、主体性、修正性、整体性、质性评价与量化评价相结合"的原则，坚持以幼儿发展为本，根据课程目标，进行全面、客观、实事求是的评价，并不断完善优化园本课程方案，促进幼儿全面发展。

1. 课程方案评价

幼儿园课程指导小组、理论研究者、家长等多元主体构成课程方案审查委员会，按照一定标准，定期与不定期地对课程的目标、课程理念、课程结构的合理性、课程组织的科学性、可操作性等多方面进行评价，提出意见和建议，不断调整、完善、推广。

2. 实施过程评价

（1）蹲点观摩活动，直面过程中思考问题，分析课程实施情况。

课程领导小组成员定期开展蹲点观摩活动，亲临教研活动、集体备课、教育教学等活动现场，了解教师解决教育教学问题的教研情况与效果、主题课程实施班本化情况、日常教育教学活动过程的组织与实施等，关注教师的态度和行为，关注幼儿参与活动的态度、行为和方法，以旁观者的身份观察、诊断、分析、思考与调整。

（2）信息反馈获取，反馈分析中引发思考，获取建议适度调整。

通过《阶段性主题活动实施反馈》《班级课程实施调整反馈》等了解分析每学期教师实施课程中的问题与难点；通过《班级主题环境创设》了解班级主题脉络与实施情况；通过《幼儿园、班级家长信息反馈》《问卷星家长意见调查分析报告》等分析了解家长对主题活动实施的了解、参与并获取相应的建议等。

（3）量表评估分析，数据采集中科学评价，质性量化综合运用。

结合《幼儿园教学活动质量评价量表》《幼儿园生活活动质量评价量表》《保教人员工作实施评价表》等相应量表评价综合分析。

（三）课程效果评价

（1）幼儿发展评价——直接体验中培育情感，求证课程实施价值。

通过《幼儿"足迹"记载册》等表征作品，在幼儿用自己的方式记录每次活动前、活动中和活动后的所知、所想中，看到幼儿表征绘画水平、语言复述水平等多方面的变化。

通过我园个性化成长档案《时光迹》等，由教师、家长和幼儿共同记录幼儿在园三年内的各项活动、教学等档案，同时，对每次活动的目标设定进行分析判断，求证课程实施后幼儿发展。

（2）教师发展评价——直面课程价值所在，在反思中走近课程目标。

开展对教师专业素养的评价，包括领域核心经验，观察幼儿能力、环境创设能力、活动引导能力、评价分析能力、家园沟通能力等，体现课程整体实施教师的发展。

（3）家长发展评价——反馈活动引发感悟，在互动中形成价值认同。

通过家长对幼儿园课程了解的前测与后测的对比分析，家长沙龙《聊聊和孩子一起成长的故事》，家园板块文章分享《家园共育促生长我的做法》，家长参与幼儿课程实施《我为机幼宝贝成长出份力》等情况，综合了解、分析家长在课程整体实施过程中的育儿理念、家园共育、个人素养等方面的发展。

通过三方面的发展评价，求证课程整体实施促进幼儿、教师、家长三方共同智慧成长愿景的达成情况，以便更好地思考如何更加有效地实施课程。

"五·五时光"：幼儿园情境体能活动的整体建构

温州市第四幼儿园 金晓群

一、问题的提出

《3～6岁儿童学习与发展指南》中提出幼儿阶段是儿童身体发育和机能发展极为迅速的时期，所以，培养幼儿的运动能力、增强体质是幼教工作者的职责和肩负的重任。但是，在体能教学中存在以下几方面问题：

（1）幼儿体能活动"主能缺乐"。幼儿园组织的体能活动枯燥、单一、机械，不能激发幼儿快乐运动，并且忽略幼儿运动品质的发展等。杜威认为，"好的教学能唤醒儿童的思维，而教学的艺术就在于创设恰当的情境，并利用情境引导儿童。[①]"中国情境教学创始人、特级教师李吉林提出了情境教学促进儿童发展的"五要素"，重点强调情境教学中要注重体验性、实践性和愉悦性[②]。所以将情境理论运用于体能教学活动中显得尤为重要。

（2）幼儿体能活动"内容单一"。当下大多数幼儿园的体能教学活动多以高控的集体教学、单一的晨间活动为主，缺乏融合的自主、多元的体能活动内容体系。

（3）幼儿园运动资源利用单一。不能有效为体能活动服务，制约幼儿体能的发展。

（4）缺乏理论引领和技术指导。教师的体能专业理论素养薄弱，不能准确把握幼儿的兴趣点和年龄特征，导致组织的体能活动不能有效增强幼儿的体能。

为了解决上述问题，幼儿体能教学活动的变革研究迫在眉睫。

本研究针对问题首先梳理科学的概念与实施要素，体能是指通过力量、速度、耐力、协调、柔韧、灵敏等运动素质表现出来的人体基本的运动能力，幼儿园情境体能活动是以情境教学法为主线、以身体动作技能练习为手段，逐步增强幼儿体能的活动。情境体能活动的实施注重"四要素"：以情境教法为主线；以幼儿体能发展为基础；以身体练习为主要方式；重视幼儿的运动品质与态度。使幼儿在情境体能运动中既能获得愉悦的感受，又能获得体能的提升。逐步通过以下四个方面来突破：

（1）如何在情境教学理论指引下，寻找到体能教学中"乐"与"能"的平衡。

（2）如何形成多元化的幼儿情境体能活动，突破"内容单一"问题。

（3）如何因地制宜有效开发幼儿园资源，为体能教学服务，促使幼儿体能发展。

（4）如何将成果在区域间应用与推广，指导带领一批幼儿园提升体能活动组织水平，突破体能教学无引领无指导状态，最终落实健康教育为首位的精神。

---

① 杜威. 我们怎样思维·经验与教育[M]. 姜文闵, 译. 北京: 人民教育出版社, 1991.
② 李吉林. 为儿童的学习: 情境课程的实验与建构[M]. 北京: 外语教学与研究出版社, 2008.

二、解决问题的过程与方法

本研究历时 11 年，从一所幼儿园的研究，成为温州市级推广课题，带领 20 所实验园开展深度研究，本着达成"乐"与"能"平衡的活动原则，聚焦研究问题，使"体能教学活动"从"单纯的集体体能活动"走向多元化的"一日情境体能活动"。本研究主要经历了 A．初步尝试阶段（分视角研究）→ B．梳理统整阶段（形成一日情境体能内容体系）→ C．推广阶段（试点园向温州区域整体推进）→ D．深化研究阶段（情境体能生成课程的研究）四个阶段。

三、成果的主要内容

本研究所指的"五·五运动"情境体能活动是指在幼儿园活动中寻找出适合体能活动的五个时间节点，与五种体能活动相匹配，形成多元化的幼儿情境体能活动体系，并通过运动项目、情境模式、运动流程、运动样态、观察维度五种途径，来实现幼儿运动时光的愉悦性、科学性、实效性。这里的"时光"不仅指时间节点，还寄寓了运动时的愉悦、快乐，这也是该课题研究所追寻的主要目标之一（图1）。

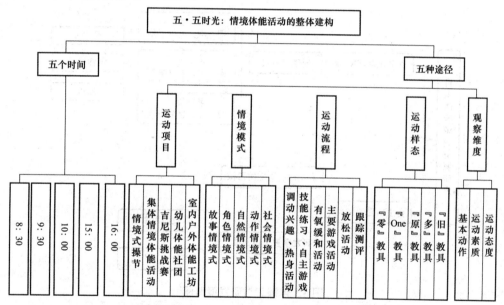

图 1 "五·五运动"：幼儿园一日情境体能活动的整体建构

（一）体现运动全面性，梳理形成情境体能活动的运动项目

本研究梳理形成情境体能活动的五项运动项目，如图 2 所示。

1．"室内、户外体锻时光"

活动时间：每天上午 8：30，冬季调整为每天上午 10：00，每次 1 小时。

活动意图（图 3）：

（1）户外体锻：围绕"自主 多元 挑战"的核心理念，充分利用幼儿园生态环境，开辟出若干个充满挑战的运动区域，自主研发运动器械，营造了从"地面"到"高空"、从"平面"到"立体"的多元运动环境。是打破传统的班级界限，让幼儿自主选择区域和器材，自由结伴、自主运动的一种组织形式。体验运动的快乐,促进身心和谐健康发展(图3)。

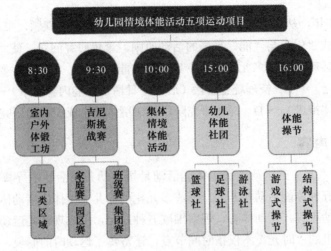

图2 幼儿园情境体能活动五项运动项目

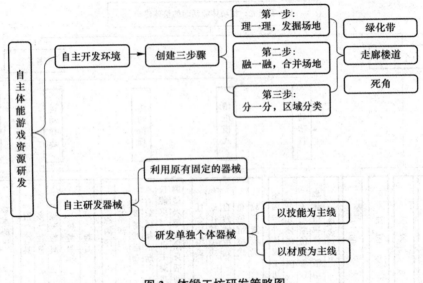

图3 体锻工坊研发策略图

(2)室内体锻:在室内场地进行,不受外部天气因素的影响,围绕"自主多元挑战"的核心理念,充分利用幼儿园室内环境,如阳台、楼道、门厅、活动室等,打破班级界限,幼儿自主选择材料、选择场地进行的室内自主运动。它以提高幼儿对体育活动的兴趣,促进幼儿动作发展为主,从而增强幼儿身体素质。

活动形式:

户外、室内体锻工坊依据玩法自主、项目自主的方式,在温州市鹿城区首创出体锻工坊的活动形式,简称体锻五步曲,包含了实施细节、保育工作等要求(图4)。

2.运动挑战时光

活动时间:上午9:30,一周1次。

活动意图:运动挑战时光是指吉尼斯挑战赛,是为了增强幼儿运动兴趣、激发幼儿运动潜能、挑战自我、体验成功的快乐而创设的，体现着"我参与，我做主"的运动精神。

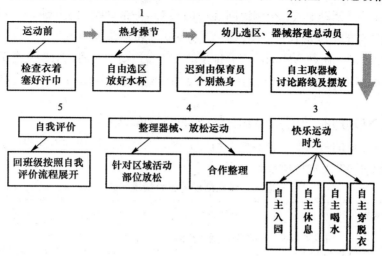

图 4　体锻工坊活动五步曲与要求

活动形式：吉尼斯挑战赛实行层级挑战赛的方式，有家庭赛、班级赛、园区赛、集团赛四个层面。而赛事类型包含个人项目、特色项目、团队项目，一个项目，做深做透，挑战成功的人员则作为园级吉尼斯纪录保持者，记入幼儿园吉尼斯记录册中。

3. 集体体能活动时光

活动时间：上午 10：00，一周 2～3 次。

活动意图：集体体能教学活动是专门为幼儿动作技能形成做基础。运动学指出，动作的形成都是从定向阶段走向熟练阶段。定向阶段是指对运动方式的了解，对动作的准确性要求较高，每次动作形成初始通过团队运动时光进行动作技能的示范，以提高动作准确性。同时，也可将以往动作技能中的共性问题在团队运动时光中加以解决。

4. 运动社团时光

活动时间：下午 15：00，一周 1 次。

活动意图：为了让拥有共同运动兴趣的孩子能聚集在一起感受、分享自身的运动经验，衍生出了以小团体运动为主的社团活动方式，主要有篮球、游泳、足球社团。

活动形式：运动社根据自己的运动兴趣来选择，采取"鼓励引导＋自主选择"相结合的方式进行。需要三步进行：先由教师对班级幼儿进行运动兴趣调查；接着让有共同兴趣又有积极运动意识的幼儿报名参加；最后，由专业的体育教师利用"玩一玩""练一练"的方式，从游戏着手，展开专项运动。同时，注重过程性评价和活动成果展示，也可以组织幼儿积极参加省、市级体育大会，贯彻体验第一、比赛第二的运动精神。

5. 体操时光

活动时间：每天下午 16：00。

活动意图：一日活动中，幼儿运动量在上午相对较强，下午则偏弱。于是，将体操时光放在下午 16：00 之后，用以平衡一日中的体能运动量。包括伸展、屈伸、下蹲、转体、踢腿、跳跃等动作，具有韵律感，富有趣味性和模仿性，配乐节奏欢快，符合儿童生理、心理发展规律。

活动形式：游戏操节与跑操操节除注重娱乐性外，还将运动量、运动缓冲作为操节形式的标准之一。

(1)游戏操节的活动形式：全园民间游戏(5分钟)—带动跳(10分钟)—放松操(3分钟)。

(2)跑操操节的活动形式：全园跑操(5分钟)—带动跳(10分钟)—放松操(3分钟)。

从上述可以看出，两种形式的前五分钟是幼儿全身运动的时间，对幼儿各关节、各部位都能起到热身效果。后三分钟为放松操节，是为了在15分钟剧烈运动后防止乳酸堆积、放松心情而进行的。

(二)依据情境理论，构建幼儿园体能活动的五大情境形式

在情境理论分析的基础上，体能教学情境的创编以情境的依托点不同作为分类的依据，梳理出了适合体能活动的五种情境形式(表1)。

表1　体能活动的五种情境形式

序号	情境形式	形式说明	形式特点
1	故事情境式	定义：依托故事渲染而成的情境。 分类说明： 1. 整体式，由完整的一个故事情境串联而成。 2. 大树式，在一个主情境的支撑下，变幻出多个小情境，就好似大树拥有主枝干又延伸出许多小树枝	1. 整体式故事情境适合难度大的动作，逐步突破。 2. 大树式故事情境适合有关联的动作组合
2	角色情境式	定义：依托角色扮演而成的情境。 说明：只强调创设的角色形象，使幼儿在固定的角色中自创出无限的角色情境	适合相对自由的体能运动及动作技能
3	自然情境式	定义：依托自然环境产生的现实情境。 说明：该模式从幼儿的生活经验出发，用自然生态的环境刺激幼儿将该经济激发出来，并尝试在自然生态的环境下运动	具体化，看得到，摸得着，易于感受的特点，适用于有生态资源的运动环境
4	动作情境式	定义：依托手势、姿态、眼神等动作产生的情境。 说明：该模式将动作指令对应情境，以动作指引情境间的转换	对反应力、敏捷度有高要求，适合运动游戏
5	社会情境式	定义：依托社会的某种现象而产生相对的情境。 说明：以社会中某种现象或热点来为幼儿创设情境，比如奔跑吧兄弟、世界吉尼斯、挑战者联盟等	热门的社会现象直接形成强而有效的内驱力

1. 以集体体能教学活动为例，展现故事情境式

案例：大班体能活动《快乐大作战》(故事情境式中的整体情境创设)

有一群可爱的心情娃娃每天都会在户外做运动，从而让自己更开心。(开展热身活动)可是有一天，有一群心情怪物要来破坏心情娃娃的好心情。今天我们的任务就是赶走心情怪物！这是我们的进攻武器，怎么赶走心情怪物？(开展目标投掷练习)糟了，心情怪物越来越多，他们还想跑到我们身上来！我们要紧紧靠在一起，既要保护好同伴，又要赶走心情怪物！(开展集体游戏：移动投掷)心情怪物逃跑了，一起开心地欢庆吧！(开展放松活动)

2. 以户外情境体锻工坊为例，展现自然情境式

玩法：幼儿在户外自然生态场，自设情境、自创布局、自带材料进行运动游戏的自由

创想。

例如,《小山坡,大世界》——户外主题情境工坊游戏课程化案例,一群幼儿在小山坡上奔跑,突发奇想玩起了对战游戏,开始布局,制作炸弹,进行运动游戏等。

(三)依据运动表现的多元性,梳理情境体能活动的五种运动样态

从运动表现的多元性、教具使用的特性,梳理了情境体能活动的五种运动样态,这五种运动样态在教具使用上可能存在一点交叉现象,这只是相对的划分。分别如下。

1."零"教具运动样态

(1)结构特点:零教具,不借助任何器械、不使用任何教具的运动。这是一种简单有效的锻炼方式,具有安全性、方便性、适应性等。零教具模式可以在原地或很小的地方进行,这不受场地限制,为体能活动提供了方便。

(2)具体案例见表2。

表2 具体案例

零教具运动项目	运动样态	目标
集体体能活动《逃家小兔》	教师在整个活动中让幼儿利用肢体的各部分作为障碍进行单脚、双脚连续跳跃的练习。有的幼儿利用手部、腿部组成图案供伙伴跳跃,有些幼儿则利用背部、肚子,教师在请幼儿跳跃的同时会有意识地提醒幼儿注意保护自己	1.通过肢体探索跳的各种方法,重点掌握连续并脚跳。 2.在情境游戏中发展创造性、身体灵敏性。 3.发展协商合作的能力及保护自己的能力
零教具体锻工坊游戏课程化案例《0+0的无限可能》	在"零教具工坊"游戏,给幼儿留出了无限的创意空间。例如,在一次"手脚对对碰"的游戏中,孩子们发现身体的其他部位也可以玩爬、跳、旋转等,教师鼓励孩子将游戏创想画下来,生发了第二次游戏"大家来推车"。在这次游戏中,玩法存在安全隐患。由此进行"安全我知道"讨论活动,并制作"保持安全距离""小心踩手""不推挤""当心碰撞"等安全标记,并放在"零教具工坊"的显眼位置。紧接着,孩子们在进行第三次游戏时提议玩集体游戏,随之生发了对团队合作、游戏规则的思考。从一个运动游戏,则生成新游戏再推进循环运动游戏,"零教具"体能游戏不再仅仅局限于健康领域,教师追随孩子们的兴趣,将活动往五大领域生发生长,实现运动游戏课程化	1.通过肢体探索走跑跳钻爬平衡等动作,推进运动游戏课程化,往五大领域生长,实现培育完整儿童。 2.在情境游戏中发展创造性、身体灵敏性。 3.发展协商合作的能力及保护自己的能力

2."one"教具运动样态

(1)结构特点:"one"教具,即一种教具,整个活动使用一种教具。"one 教具"运动样态主要有两种类型:一种是"一人玩一物"即每位幼儿人手一份相同的器械,能发展幼儿的创造性思维;另一种是"多人玩一物"即多名幼儿(或全班)共同使用一份器械,在培养创造性思维的同时又发展幼儿与同伴之间协调、合作的能力。

(2)具体案例见表3。

表3 具体案例

"one"教具运动项目	运动样态	目标
"一人玩一物"整体体能活动《椅子乐》	以中班《勇敢的小士兵》为例，教师为每位幼儿提供了一张椅子，整个活动围绕椅子的玩法展开。热身运动，骑马（椅子）进场、探索环节，自由寻找椅子的各种玩法；游戏环节，用椅子的各种玩法拼搭成道路；放松环节，先站着放松，然后坐在椅子上给伙伴放松，最后骑着小马（椅子）回教室	1. 发展高出跨走（高25厘米）能力，提高动作的协调性和平衡感。 2. 培养克服困难的精神及同伴合作的意识和能力
"多人玩一物"集体体能活动《好玩的溜溜布》	整个活动只有一份器械——长布，全班幼儿共同探索这条布的玩法，幼儿在探索出跳、走、绕、跨等方式后，协调合作玩"舞龙"	1. 在探索溜溜布的多种玩法中，巩固跳、跑等动作技能，掌握手脚爬的动作技能，体验游戏的快乐。 2. 初步感受合作带来的快乐

3. "原"教具运动样态

（1）结构特点：这里所指的"原"是原地的意思，如大型滑滑梯、攀爬墙等大型器械及生态场的树、土坡等，借助这些"原地"材料进行合理规划、充分利用，使每一件设施起到尽可能大的作用，有效激发幼儿的运动兴趣。

（2）具体案例见表4。

表4 具体案例

"原"教具运动项目	运动样态	目标
集体体能活动《消防战士》	教师将大型爬网与滑滑梯作为训练营，让幼儿在自由探索后训练在爬网和滑滑梯上快速攀爬的方法，最后让幼儿分为两个小组，一组速降法，一组抓提溜绳法，合作解救	1. 能在一定高度的物体上快速攀爬，向前、向后、向左、向右等攀爬。 2. 提高动作的协调性及灵敏性。 3. 体验合作挑战成功的快乐
"原"教具体锻工坊游戏课程化案例《小山坡，大世界》	小朋友在小山坡上奔跑，突发奇想玩起了对战游戏，开始布局，制作炸弹，开始对抗赛，进行了投掷练习，也延伸活动艺术活动《制作炸弹》、科学活动《认识钓鱼岛》。游戏在幼儿自发的讨论中，反复不断地推进，形成了运动游戏链；往五大领域生成，幼儿的走、跑、跳、钻、爬等动作得到训练	1. 利用原生态小山坡开展自主情境体锻工坊运动，使单个游戏往游戏链发展，形成课程化走向，发展幼儿的走、跑、跳、钻、爬、投掷等综合动作。 2. 提高动作的协调性及灵敏性。 3. 体验合作成功的快乐，发展良好的人格品质

4. "旧"教具运动样态

（1）结构特点：在生活中，随处可见许多废旧材料（如旧轮胎、没气的皮球、饮料瓶、旧报纸、麻袋、铁丝等），根据这些现有材料的特性，进行"量材录用"——通过加工、改造，制作成形式多变、各式各样的活动器械，让它们在课堂上"重获生机"。

（2）具体案例见表5。

表5 具体案例

"旧"教具运动项目	运动样态	目标
集体体能活动《弯弯王国寻宝记》	利用旧纸箱改造成好玩的箱子，让幼儿站在箱子里钻出头做热身操，让幼儿将箱子摆成队列绕障碍物跑，抱着箱子快速跑，并进行智力大比拼等，丰富多样的玩法让幼儿乐在其中	1. 在弯弯绕绕的取宝路径中学习蛇形跑，提高身体的灵敏性和协调性。 2. 在挑战性游戏中培养合作精神与竞争意识，体验成功的快乐

5. "多"教具运动样态

（1）结构特点：体能教具五花八门，材料丰富多样，让幼儿自主选择，尽情与材料互动，达到运动效果。

（2）具体案例见表6。

表6 具体案例

"多"教具运动项目	运动样态	目标
户外体锻工坊——探索工坊跳跃区	在户外体锻工坊——探索工坊跳跃区，投入各种各样的材料，让幼儿自由组合，自主搭建材料，进行各种跳的动作练习，如助跑跨跳、高处往下跳、弹跳等	1. 利用丰富多样的材料，自主组合，搭建，进行各种跳的动作练习。 2. 发展幼儿的想象力与创造力

（四）依据科学运动原理和生本理念，构建幼儿园体能活动的基本流程

我国香港中文大学体育运动科学系教授许世全研究发现并证实，由于儿童运动及静止时的心跳率较成年人高，传统按照成人心率强度而设置的运动处方，并不适用于儿童与青少年。他们应按本身体质，以更高的心跳率为锻炼标准，盲目跟从成人，往往只会事倍功半。应要求其心跳率130多次至150次，才是有效率的训练。而且运动时不能一直处于高强度状态，运动曲线图要呈现合理分布。

根据科学运动原理，所创设的体能活动应该遵循生本理念，体能教学从关注教师转变为关注幼儿的运动状态，所以，传统的体能三步骤（开始部分、基本部分、结束部分）已经不适用。为了让幼儿科学运动，本研究提出了体能活动六步骤：确定身体状况、调动兴趣、热身活动—技能练习（自主游戏）—有氧缓和运动—游戏活动—放松活动—跟踪测评。其中的有氧缓和运动是在幼儿高亢运动后，体能稍作缓冲，进行微小运动。这是本研究的创新提法，更体现运动的科学性与合理性。六步骤也可根据不同的运动样态、流程进行微调。依据"乐""能"平衡

理念，并构建了情境体能活动的双线融合模式。将情境三步骤"情境导入—情境展开—情境结束"与体能活动六步骤进行融合（表7），使两者相辅相成，融合交错，构成"情境体能活动环节图"（图5），合力助推"乐"与"能"达到平衡。

表7　情境体能活动流程

步骤		内容	说明
情境导入	第一步	确定身体状况、调动兴趣，热身运动	了解幼儿身体状况是否适宜参加运动，并采用情绪和语言激励幼儿参与。提升身体温度，活动关节，预防运动伤害
情境展开	第二步	动作技能学习	掌握本次活动的主要运动技能
	第三步	有氧缓和运动	为下一个环节"主要游戏"补充能量
	第四步	主要游戏活动	在情境游戏中再次巩固主要动作技能
情境结束	第五步	放松运动 心灵交流	为减缓激烈运动后乳酸的堆积，提高柔软度和放松心情
	第六步	课后跟踪	测控幼儿的心率是否恢复及身体状况是否正常

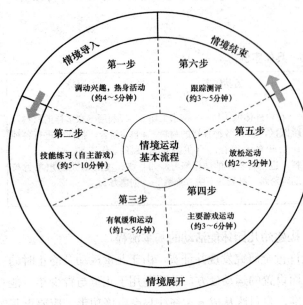

图5　情境体能活动环节图

（五）以促进幼儿发展为出发点与归宿，梳理情境体能活动的观察维度

情境体能活动的出发点与归宿是为了促进幼儿在运动中真实而完整地发展，观察幼儿的运动表现很重要，观察幼儿不仅仅要看表面现象，更重要的在于研究、总结孩子的运动行为表现，采取适宜的教育措施，最终促使幼儿体能有效发展。本研究通过三个观察维度对幼儿运动表现进行观察，借助感官或辅助仪器，进行系统、连续地观察、记录、分析，从而获取事实材料进行总结。观察尽量采用纵向跟踪，而不是片面的、偶然的（表8）。

表8　情境体能活动的观察维度与观察依据

观察维度	具体指标	观察依据
基本动作	走、跑、跳、钻、爬、平衡、投掷等动作	在运动中，走、跑、跳、钻、爬、平衡、投掷等动作正确、有力
运动素质	平衡能力、协调能力、灵敏性、柔韧性、速度、力量与耐力	1. 在运动中具有一定的平衡能力、协调能力、柔韧性、速度、力量与耐力。2. 动作协调、灵敏

续表

观察维度	具体指标	观察依据
运动态度	兴趣、主动性、专注力、创新性、意志力、坚持性、挑战性、自律性、社会规则	1. 对运动能表现出一定的兴趣。 2. 能主动选择自己喜欢的体育活动，乐于尝试不同的运动器械。 3. 在运动时遇到困难时能主动寻求解决的方法（自己解决或寻求家长帮助） 4. 运动有一定的专注性和持久性、自律性、乐于挑战。 5. 能进行自我评价，有自信心。 6. 在运动中愿意与同伴一起玩、乐于分享。 7. 在运动中愿意接受同伴的建议与帮助，能主动帮助在运动中有困难的同伴。 8. 有规则意识，能自我约束，适当调整自己的需求和行为以适应运动中的环境

四、实践效果与反思

（一）推广应用情况

自 2014 年开始，鹿城区将区域品牌打造定位在健康领域，本研究成果也逐渐在鹿城区各幼儿园中试行。2015 年本研究成果成为温州市精品推广品牌课题，20 所幼儿园和 2 个县成为跨区推广的试点，继续深化研究成果。

试点园案例：某实验园对室内外可运动空间进行梳理，拓展出了"地面发散·立体开发·拓展空间"的运动环境，如瓯海区仙岩中心幼儿园其"阳光运动"课程获得 2015 年温州市精品课程一等奖、温州市课改项目研究成果一等奖。实施园应用研究课题成果获得市级二等奖 7 项、市级三等奖 4 项。试点县案例：温州市平阳县也依据我园情境体能课程理念，全县幼儿园从户外活动与室内运动板块内容入手，重构自主运动区域内容及方式，全县推进"情境微运动"研究。此外，永嘉县的区域特色项目"情境体能资源的开发研究"也取得了一定的成效。

（二）实践成果与特色创新

十一年，在构建一日情境体能活动中研究了以下几个方面特色创新点：

（1）依据"乐"与"能"平衡理念，构建了情境体能活动的双线融合模式，使幼儿在运动中达成"乐"与"能"的平衡。

（2）建构"五·五运动"：幼儿园一日情境体能活动的整体体系。"五·五运动"指五个时间节点和五项途径，即在幼儿一日活动中寻找出适合体能的五个时间节点，使一日两小时运动分布更加合理。梳理了运动项目、情境模式、运动样态、运动流程、观察维度。尤其是五种运动样态中的"零教具"运动样态，通过"零教具"集体教学与"零教具"体锻工坊，实现小空间大运动的理念。在全国省市各级各类研讨会中推广交流，研究评价非常高。

参考文献

[1] 教育部. 3—6岁儿童学习与发展指南[Z]. 2012.
[2] 张首文, 白秋红. 幼儿园体育活动设计与指导[M]. 北京: 人民邮电出版社, 2017.
[3] 李吉林. 构建中国情境教育儿童学习范式[N]. 中国教师报, 2017-11-22(14).
[4] 王丽芳, 葛攀文. 户外游戏适宜幼儿身心发展的特点和需求[J]. 陕西学前师范学院学报, 2018, 34(1): 44-46.
[5] 杨丽军. "互联网+"视域下学前教育区域数字化资源共建共享探析[J]. 陕西学前师范学院学报, 2018, 34(2): 123-126.

面向民营企业的现代学徒制人才培养模式应用研究

温州市教育教学研究院 单淮峰

一、课题研究的主要成果

（一）明确民营企业人才需求

改革开放以来，民营经济已经成为中国经济发展的重要力量，在各种所有制经济增长方面，民营经济是增长最快的，极大地带动了国民经济的发展。中国民营企业数量的增长在世界上也是最快的。民营经济除推动中国经济高速增长外，同时解决了中国新增就业 70% 以上。

从民营企业近年发展的过程看，人才已成为企业发展的头等大事，民营企业已成为人才市场的大主顾。

随着科学技术的飞速发展、产品结构和行业结构调整步伐加快，民营企业想要提高市场占有率，关键在于充分认识到企业人才资源的重要性。目前，民营企业正面临"紧缺人才招不到，重要人才留不住"的困难境地，加强企业与职业教育的人才协同培养成为公认的必要途径。

经研究，民营企业人才层次与类型要求：当前民营企业急需具备中高职学历的专业技术人才。从学历层次看，民营企业急需的人才中，本科文化水平占 16%，大专文化水平占 48%，中专文化水平占 22%；从所需人才类型看，民营企业对专业技术技能人员的需求量最大，占 52%；营销类人才需求占 12%；一般员工的需求量占到 18%。这说明企业并不是盲目要求高学历，高职学校毕业生最受欢迎，许多岗位中职毕业生即可以满足其需求。

民营企业人才开发情况：随着民营企业专业化程度的不断提高与规模的不断壮大，人才来源渠道多样化。民营企业逐渐意识到企业的核心竞争力取决于人才，重视技术类人才的选拔和培养，才能使企业在激烈的市场竞争中生存下来。从企业人才开发所遇到的困难方面来看，有 61% 的企业认为最大的困难是人才来源渠道不畅通，难以招到符合要求的人才；有 9% 的企业认为最大的困难是培训成本高，有 18% 的企业认为最大的困难是人才信息沟通不够。

（二）"一徒多师"现代学徒制与"选择性"课程的有效融合

由于民营经济的特殊性，民营企业往往工作岗位设置比较模糊，通过现代学徒制所培养的能精准对接岗位需求的员工不一定能适应许多民营企业的真正需要，从调研结果来看，它们更加需要各方面能力全面的复合型人才，尤其是跨岗适应能力，仅仅精通某一技能是远远不够的。为了适应这一特点，结合浙江省新一轮课程改革的"选择性"要求，融入企业协同育人的诸多元素，打造"一徒多师"现代学徒制新模式，从培养方向、课程上予以更多的"选择"。

这种具体专业的"选择"式课程体系的设计要遵循所对应行业用人的要求，要明确民营企业人才的能力结构,针对能力结构需求来设计课程体系。

以计算机网络技术专业为例(表1)。课程类别可分为公共必修课、专业必修课、限定选修课、自由选修课。其中,专业必修课设置的主要目的是培养学生的专业基础知识与技能,无论从事计算机网络技术任何工作岗位都必须掌握的部分;限定选修课是为了提高岗位针对性和适应性而设置的,比如设有网络管理与维护、网络平台应用与维护、网络信息与安全、网络产品服务与营销、物联网技术应用等方面,可结合企业的实际情况和培养周期,引导学生选择一个或多个方向;自由选修课的足量开设可提升学生的跨岗、转岗适应能力,有助于职业素养和综合能力的培养,因此,自由选修课的开设不能过于盲目,不能为了选修而选修,需要校企双方协同设计,也可聘请企业中具有丰富工作经验的一线工程人员来授课。

表1　计算机网络技术专业课程

类型与方向		课程
必修课程模块	公共必修课	德育、语文、数学、英语、计算机应用基础、体育与健康
	专业必修课	职业认知与体验、计算机网络基础、计算机程序语言、计算机组装与维护、网络设备安装与调试、网络操作系统等
选修课程模块	限定选修课 网络管理与维护方向	网络综合布线、网页设计与制作、服务器配置与管理、网络管理与维护综合实训等
	网络平台应用与维护方向	数字图像处理、网站建设与维护、网络平台搭建与运维、网络平台应用与维护综合实训等
	网络信息与安全方向	网络信息安全基础、网站脚本设计与优化、网络协议与分析、网络信息安全综合实训等
	网络产品服务与营销方向	电子商务应用、网站建设与维护、IT产品营销、电子商务综合实训等
	网站建设与管理方向 物联网技术应用方向	……
	自由选修课	根据区域经济和企业实际用人需求,开设丰富多样的自由选修课程供学生选择,学校与企业要共同制定选课指导意见,包括毕业条件的要求,对学生进行正确的引导

针对培养的方向要求,校企深化合作,实施"一徒多师",可为学生的发展配置多个方向的导师,包含多技术岗位、管理、职业素养等方面。在多位导师的共同培养下,促使学生具备较强的跨岗适应能力,与民营企业的实际人才需求相吻合。

将"一徒多师"渗透到专业必修、限定选修、自由选修等课程中,采用多元化、过程化的校企联动评价,不仅仅看技能,更要注重学生的综合能力。

可针对每一个校企共同设计的岗位情境,如Web程序开发岗位,进行有针对性的实践考核,学生和企业导师对学生在工作过程中的表现进行客观记录,可以表现为考勤制度、工作态度与表现、工作效果及操作过程质量评价等几个方面;在过程考核中可采用以学生自评、教师评价、企业师傅评价三者相结合的考核方式;可以按笔试、口试、模拟工作、真实工作等形式。通过多样化的学生能力表现形式,企业多位师傅对学生进行整体客观评价。

（三）中高职衔接与现代学徒制的有效融合

当前，中高职衔接人才培养占有较高的比例，许多专业超过了30%，如物联网、计算机网络技术、电子信息等。新常态下，随着科技的快速发展，民营企业对人才的要求更加全面，对员工的层次要求也将会逐步提升，从调研结果上看，高职毕业生最受民营企业的欢迎。同时，实践证明许多专业岗位人才培养需要较长周期，仅三年的中职学习过程根本无法满足。由于行业发展、专业特点、学生年龄段等因素，在实施现代学徒制时会遇到许多困难，因此纵向延伸现代学徒制的培养周期，将中高职衔接与现代学徒制有效结合起来，有助于促进人才培养的有效性。

中高职合作培养最终的目标是为企业培养合格的人才，民营企业是其主要的服务对象，因此，在培养全过程中校企融合是关键，是解决"衔接"困难的最佳调和剂，不仅促使中高职两个学习阶段的有效衔接，而且促使学校教育与行业需求的有效衔接。将现代学徒制人才培养模式贯穿于中高职衔接全过程，所培养的学生更加符合民营企业用人标准，也有助于学生的长远发展。

通过长期实践，部分试点学校的试点专业基本形成了"企业、高职学校、中职学校"三主体育人体系。以技能培养为核心，探索创建"学生→学徒→员工"三位一体的人才培养目标，逐步建立专业人才培养质量标准化体系和质量监督评价体系；在校内外打造教学、实训和岗位培养多功能的专业实训基地，切实提高学生岗位技能和就业能力，培养符合"互联网+"时代背景下企业需要的应用技术专业人才；在师资队伍建设中，校企深度合作，实行校企岗位互聘，企业工程师和高校专业导师到校从事专业课程教学、课程实训和岗位实训等任务，学校教师到企业顶岗培训；校企合作共同开发校本教材，探索校企协同育人的现代学徒制专业人才培养模式，提高专业办学服务企业、社会和区域经济发展的能力；校企共同制定符合现代学徒制特点的管理制度。

1. 建立校企协同育人机制

探索以中职学校主体，企业培养贯穿和"五年一贯制"职业教育贯穿，构建现代学徒制的人才培养新模式。校企三方共同设计人才培养方案，共同建设基于项目驱动的课堂教学改革和基于工作过程的专业课程设置，开发实训课程和教材、设计教学实施、组织考核评价、开展教学研究等。三方共同构建中职人才培养知识体系，并与高职人才培养体系进行无缝对接；中职阶段采用"1.5+0.5+1"的人才培养模式，前3个学期主要是专业知识学习与技能训练；第4学期主要是项目实训；第3学年主要是岗位实训和顶岗实训。前3个学期的课程主要以学校教师为主，第4学期项目实训以企业工程师为主，第3学年由企业师傅或工程师负责岗位实训和顶岗实训。通过三方探索，基本形成"企业、学校"二元合一的教学与实训管理体系，探索实现"学生→学徒→员工"三位一体的人才培养目标，通过现代学徒制人才培养纵向周期的有效延伸，促使所培养的人才更加吻合民营企业的用人需求。

建立"现代学徒制"教学质量考核评价标准。校企双方要根据双方的实际情况共建现代学徒制的管理机构，负责组织、协调与管理工作，共同制定适应岗位训练，工学交替、岗位成才需求的刚柔相济的弹性教学管理制度。形成教学质量采用企业、学徒和学校三方评价机制，建立应用于"双重身份、双元育人、岗位培养、岗位成才"教学质量管理体系（图1），保证人才培养质量。主要包括课程模块考核、岗位能力考核两个模块的考核。

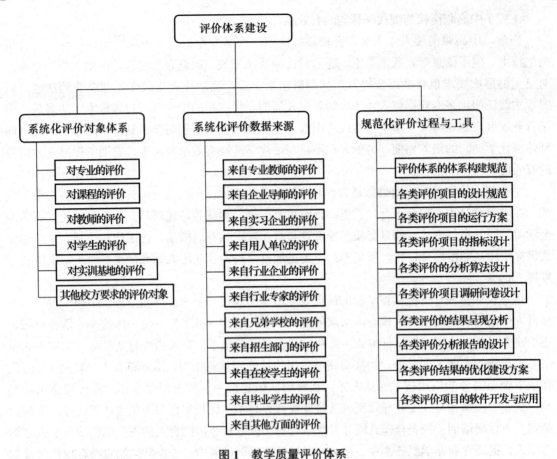

图 1 教学质量评价体系

2. 校企互聘共用的师资队伍

（1）优化教学团队，形成多元导师制。校企共建师资队伍是现代学徒制试点工作的重要任务。现代学徒制的教学任务必须由中职教师、高职教师和企业师傅共同承担，形成多元导师制。具体做法：加大校企、校际人员互聘共用、双向挂职锻炼、横向联合技术研发和专业建设的力度；合作企业选拔优秀高技能人才担任师傅，高校选派对口专业教师为专业导师；制定多元导师管理制度，指导教师的企业实践、技术服务、指导学生效果要纳入教师考核并作为晋升专业技术服务的依据；学校和企业要分别制定对教师及企业指导师的考核制度。

（2）校企导师联合培养。在中职阶段的人才培养方案中，就开始与企业建立联合培养方案，共同安排专业基础课程的讲授。按照学生的职业生涯规划和个人兴趣，分方向进行培养，依托企业的实训基地，采用校内导师、高校导师和企业导师的"多元导师"制联合培养。在教育行政部门的统筹指导下，成立学校领导和高校、企业及行业领导组成的专业指导工作委员会，整合教育资源，促进优质资源共享；制定中职人才培养方案，专业人才培养方案定位于培养生产、建设、服务、管理一线的中端技术、技能型人才；突出针对性和实践性，强化系统设计，以职业岗位群为基点构建课程体系，贯穿"专业与产业对接、课程内容与职业标准对接、教学过程与生产过程对接、学历证书与职业资格对接"的思路；加强师资队伍建设，教师是提高教育教学质量的关键，是提升学校竞争力的核心，需建立教师专业化发展培养工作机制。

3. 产教融合，改革教学模式

以项目为核心将课堂教学与生产实践相结合，采用"理论课堂＋实训室＋实训工厂"多种方式，产教融合，"工""学"交替，全面实现学习岗位和生产岗位的对接。"工"与"学"交替良好运转关键在于课程体系的架构，在选择型课程体系下面就容易实现，要做好的就是教学组织和管理，在企业如何管理，企业专家来校教学质量怎么监管，需要有一套行之有效的管理模式，校企双方共同建立。企业全程参与合作班级的教学，派遣技术骨干担任兼职教师，指派师傅担任学生的导师。学校教师经常与企业师傅研讨，开设符合学生理论学习及企业实践的校本课程。学生在校学习期间接受学校和企业的双重管理。学校和企业共同制订教学质量监控机制、改革评价模式，围绕企业用人标准，针对不同的课程建立不同的评价标准，采用自我评价、学生评价、企业评价和社会评价相结合的方式，建立以能力为核心，企业共同参与的学生评价模式，引导学生全面发展。

需要注意的是，教学过程要对接生产过程但又不等同生产过程。在"工""学"交替方式的引领下，力争实现教学过程与生产过程的对接，以解决学校发展与企业发展相背离的问题。

（四）现代学徒制渗透与融入，锻造新时代少年工匠

面向民营企业，现代学徒制也具有一定的适用度和融合度，并非所有企业和专业都可以不加选择地采用现代学徒制。在民族工艺传承类、机械加工类、设备维修类等操作技能要求较高的专业，学徒制对人才培养质量提升的效果非常明显。但是，现代学徒制并不是包治百病的灵丹妙药，如对应职业保密性强的专业，对应新兴产业的专业、尚待转型的专业、知识系统较强的专业等。各专业本身特点不同，人才培养模式和课程改革所处的阶段不同，学校所处的区域经济状态、产业布局不同，现代学徒制的实施是一个循序渐进的过程，不可能一蹴而就。各学校、各专业机械地完全采用现代学徒制人才模式来代替原有的人才培养模式，势必会造成混合，不利于满足民营经济整体对人才的需求，不利于职业教育人才培养质量的提升。

经过多年实践证明，不同学校、不同专业均可在原有人才培养模式中可渗透现代学徒元素，或与现代学徒制人才培养模式相融合。渗透多少、融合程度如何，具体问题具体分析。温州民营企业的基本情况，通过碎片、整体、体系三化共存，实现点面结合，通过以点带面逐步深化现代学徒制试点工作，增大现代学徒制资源的受益面，所采用的"点面结合·产教相融"的现代学徒制融入机制，是在原有基础上优化与完善，而不是完全摒弃，更有利于面向民营企业的现代学徒制的推进和发展，更能发挥它的优势。

具体的现代学徒制渗透与融入有工作室、竞赛集训、专业认知与体验、工学交替等形式。

1. 以工作室为载体，开展项目学习

各专业与民营企业合作，创建师生工作室，在我市各中职学校已是常态。通过校企合作平台，引入企业真实项目，聘请合作企业导师，在实战中提升技术水平和综合职业素养，锻造工匠精神。

现以物联网创新和惠民工作室为例。该工作室以温州市技能大师工作室为载体，在温州市总工会指导下，与温州创羿软件有限公司达成战略合作，由企业承担"技协帮"App 公益平台

技术开发和技术指导，由学校和工作室承担平台维护和日常运营。企业方面从各部门中抽调部分员工组建相应的培训指导团队，围绕技术支持和日常运营开展一系列的培训活动和多对多的针对性指导，带领专业教师和学生完成各项工作任务，在实践中提升学生的专业技能，培养学生各项关键能力，推动学生整体发展。

工作室师生加入总工会技协办公室组织的温州市技术服务队，走进园区、企业、社区，开展公益性服务，提升学生的综合素养和社会服务意识。市总工会"技协帮"服务队现有成员170多人，都是由我市各行各业的精英组成，里面既有劳动模范，又有行业大师，为锻造"少年工匠"起到了模范引领的作用。

2．赛教融合，以点突面

自全国职业院校职业技能大赛开办以来，已形成"校赛—省赛—国赛"的竞赛体系，职业技能竞赛已经成为职业教育的一道亮丽风景线。通过大赛平台，与产业紧密结合的赛项资源转化为教学资源，校企联动开展集训，推动产教融合。技能大赛训练过程中，实现了赛教融合的现代学徒制渗透，所培养的学生深受民营企业喜欢，许多学生都成为企业的技术、管理骨干。通过竞赛集训，学徒制渗透人才培养，体现在以下两个方面：

（1）师傅。由企业的工程师或具有丰富实战经验的指导师组成。主要工作有多渠道、多途径研究、学习赛项要求与内容；组织海选和过程培训，实现选拔与针对性训练同步联动，推动学生整体技能提升；开拓视野，始终站在技术前沿，带领学生学习新知识、新技术，提升技能水平；组织省赛、国赛集训，注重学生综合职业能力的培养；做好竞赛总结与宣传工作，宣扬工匠精神。

（2）小师傅。每届大赛成就了不少选手，为了发挥他们的技术、能力优势，学校可聘请他们为"小师傅"，参与并指导下一轮的集训工作。一方面，他们协助"师傅"指导新选手，凭借长期积累直接实战经验，凭借与选手的年龄接近度，可发挥出"师傅"以外的作用；另一方面，通过指导新选手的过程，他们自身的领导组织、协调管理、培训指导能力都得到了提高，有利于今后更好地发展。

3．校企联动开展专业认知与工学交替

任何一个准备进入中职专业学习的学生都需要了解他所学习的专业，结合当地社会经济的发展去了解行业的历史、规模、现状、前景，关注行业的最新动态，并且思考行业在未来的发展趋势，需要什么技术或才能。了解行业规范、企业文化与规章制度，理解和认识工作岗位职责、工作技能要求、岗位价值、地位与待遇，培养职业精神，设计出个人职业发展规划，毕业后将会在什么单位或部门就业，就业的岗位有哪些。专业认知和工学交替活动不能学校单方面地开展，需要与企业联手，引入企业导师，共建课程与基地。

专业认知教学活动一般在新生入校的第一周，或军训结束后一周，组织学生进入本专业所从事的行业相关的企业，通过参观企业生产环节了解产品形成过程；通过聆听专家讲座了解专业发展前沿；通过采访管理人员、一线工人了解岗位要求、薪资待遇；通过本校优秀毕业生现身说法，通过岗位"跟班"，欣赏技师娴熟的专业技能、感受岗位工作环境、劳动的艰辛与快乐。学生在感性方面对自己所学专业有一个比较客观、全面的认知，明确自己将来要胜任某个岗位所应具备的专业素养。学生今后的学习能联系实际，初步形成专业概念，为后续专业理论知识的学习奠定一个良好的基础，同时，培养对本专业的热爱，强化事业心和责任感，巩固专业思想。专业认知形式包括参观企业与岗位体验、聘请企业专家讲座、校外实践基地参观、企业文化与岗位体验等。

考虑到温州民营企业规模普遍偏小，难以解决大规模学生实习实践的需求，但要实现专业教学和企业生产的无缝衔接，在教学过程中，开拓性地采取"走出去，请进来"的方式进行教育教学改革，即到企业参与真实项目，或将企业项目引进课堂，企业导师与学校导师共同指导学生完成工作项目；邀请企业管理、工程技术人员通过开展师生职业素养训练营和专业工作室活动来增强学生的职业意识，明确职业定位，提升学生职业素养水平和教师的职业指导水平，取得了比较好的效果。具体项目可分为课堂练兵、企业实战、专业工作实体业务三大类。

其中，企业实战就是将学生带到企业，完成真实的项目，如网络搭建、机房布线等工程，将课堂搬到企业的真实项目环境中，将企业的岗位要求和学校教学紧密结合起来，比较透彻地了解各个项目的技术要求和各个岗位人才需求，初步获得组织与管理的实际技能，收获了很多实际的工作经验，将学校所学和实际工作的经验进行了有效的整合，对师生进一步理解与巩固所学的专业知识，拓宽知识面，提高分析问题与解决问题能力，具有指导意义。

师生一起走进企业，在企业师傅的带领下一起完成工程项目，可达到以下目标：通过"工""学"交替，实现学生向企业员工角色的转换，让学生在完成任务的过程中学习技能，从"被动"转变为"我要学"，从而改变贪玩、厌学情绪；以在校学习和企业实训的有机结合，用自己的知识和技能解决一些实际问题，培养岗位能力，增强合作意识和团队精神，获得一定的成就感和自豪感，提升学生的自信心；教师及时地接触企业，提升教师的职业能力、实战经验和教学水平；通过"工""学"交替活动积累经验、增长阅历，为就业创业夯实基础。

二、研究成效分析

（一）自我分析

针对目前现代学徒制人才培养的融合与渗透实施情况，从参与的民营企业、专业教师和学生中进行调查，并对调查问卷进行简单分析，我们看出：第一，对现代学徒制人才培养模式的接受程度：可以接受占82%，无所谓占11%，不能接受占7%。第二，现代学徒制人才培养模式与原有人才培养模式相比对师生的技能提升帮助程度：帮助很大占67%，一般占16%，没什么帮助占17%。第三，所在民营企业现代学徒制实施程度：全面实施占8%，部分专业有效实施占29%，局部渗透和融合占42%。

通过上面的分析可以反映出：

（1）通过该模式，学校和企业发挥主体作用，所培养的学生更加符合产业发展的要求。

（2）通过该模式，学校和企业获得共赢，呈现发展的可持续性。

（3）该模式是一个循序渐进的过程，存在很大的完善和发展的空间。

（4）各专业不同层次、不同程度、不同形式的渗透与融合现代学徒制，有利于提升中职教育整体质量水平。

（二）专家评价

（1）课题具有较高的研究意义和价值。该课题研究在一定程度上解决了目前中等职业教育传统人才培养模式下中职毕业生的专业技能与实际工作岗位所要求的职业技能存在很大差距的问题。有利于提升人才培养规格，优化人才结构，为全省提供成功的经验和典型的案例，具有应用价值。其前瞻性、针对性和普及性都比较强。

（2）课题研究过程扎实，成效显著。该课题采用行动研究法、调查法、经验总结法等研究方法，不断推进面向民营企业现代学徒制人才培养模式应用改进与完善。探索创建"学生→学徒→员工"三位一体的人才培养目标；提出"招生招工一体化"机制；形成"双导师制"；校企合作共同开发校本教材6本，探索和形成校企协同育人的现代学徒制专业人才培养模式。有方法，有制度，有成果。

（3）课题研究的不足与建议。该课题在实践应用的基础上，还需不断丰富和完善其理论体系，深刻反思课题研究的过程，进一步提升研究成果层次。

（4）这一研究课题价值较高，研究思路清晰、方法恰当，成果显著，具有推广价值。

参考文献

[1] 赵志群，陈俊兰．现代学徒制建设——现代职业教育制度的重要补充［J］．北京社会科学，2014（01）：28-32．

[2] 赵志群，陈俊兰．我国职业教育学徒制——历史、现状与展望［J］．中国职业技术教育，2013（18）：9-13．

[3] 冉云芳．企业参与职业教育办学的成本收益分析［D］．上海：华东师范大学，2016．

[4] 李锐．我国民营企业转型升级问题研究［D］．福州：福建师范大学，2013．

[5] 张基斌．重庆市民营企业人才调查及政策研究［D］．重庆：重庆大学，2013．

[6] 王婉芳．适应浙江民营企业需求的高职人才培养模式的思考［J］．全国商情（经济理论研究），2009（04）：18-20．

[7] 潘陆益．浙江民营企业发展视角下高校创业型人才培养路径探析［J］．江苏商论，2013（12）：99-101．

[8] 沈小碚，雷成良．现代学徒制的探源、践行及其审思［J］．职教论坛，2016（01）．

[9] 王钊．现代学徒制与构建我国现代职业教育体系的关系研究［J］．天津职业院校联合学报，2015（06）：7-11．

[10] 潘建峰．基于现代学徒制的高端制造业人才培养研究与实践［J］．中国职业技术教育，2016（5）：46-49．

思维游戏：幼儿园意象美术课程群

温州市鹿城区教育研究院　陈碧霄

儿童画是艺术，孩子们是天生的艺术家。儿童美术是以完整的人为对象，将儿童的完整、全面、和谐发展作为终极目标的育人手段。"意象美术"是以"赏美、体验、创造、表达"为核心理念；以生活为根基，整合各领域学科活动；以尊重幼儿的直觉感受和主观情意为前提；以想象、创造创作方法为手段；以无限超越现实的自主表达、全面育人为目标的"美术思维游戏"。

该成果是依托"意象美术"研究团队展开的研究和实践，该团队是基于"意象绘画"拓展研究需要而形成的课题组。2005年从温州市第九幼儿园"意象绘画"研究团队起步，2013年发展成"意象美术"研究团队，至今已携手走过了十六个春秋。在研究路上大家互帮互助、互研共享，获得了体系的研究经验，共建了"幼儿园'意象美术'课程群"。

一、"意象美术"研究团队发展历程

儿童绘画是一种轻松愉快的游戏形式，是与人交流的形象语言，更是创新教育的最佳载体。2005年协同温州市第九幼儿园团队，以传统绘画教学瓶颈问题为突破口；从"写生绘画"起步，走向"写意绘画→意象绘画→嫁接各学科→美术区域活动"的研究，形成"幼儿园'意象绘画'课程体系"。2012年该成果荣获浙江省第四届基础教育教学成果奖一等奖，2014年获国家级成果奖二等奖，拓展成果"低结构美术区域活动"荣获"浙江省教科规划课题二等奖"。

2013年5月，温州市教育局出台了《温州市优秀教科研成果推广与应用实施方案》，开启了首届温州市教科研推广研究项目，"意象绘画"便是其中的应用推广项目。在实施过程中，以温州市第九幼儿园为基地园，组成了"意象美术"课题组。八年来，一方面对实践园开展了"意象绘画"成果推广；另一方面开展了"意象手工、作品赏读、应用绘画"等各实验园的园本课程研究，共建了"意象美术"课程群。

二、"意象美术"课程群的概况与价值

1. "意象绘画"课程概况

"意象"是物象到心象，从心象再到意象，是一个创作主体知觉整合的复杂过程。其强调主体对客观物象的直觉感受和主观情意，不如具象那样尊重客观，又不像抽象那样无视客观，是创作主体对客观对象的有限超越。

意象绘画是根据3～6岁幼儿身心特点启发观察，捕捉生活和大自然中人物、动物、植物等自然物象的特征，再以这些自然物象为根基，以写意表达为基础，通过"借形想象、极限

伸缩、极限变形、借物置换、多物同构"等方法生发联想，使幼儿进入想象世界里，根据自己的主观感受自由自在地创造视觉语言。它不仅是一种艺术的想象、创造表达，更是一种心理工具，还是幼儿内心活动的一种形象表达和倾诉。同时发挥美术"纽带"的作用，与语言、社会、科学、音乐领域活动无痕嫁接。意象绘画课程体系如图1所示。

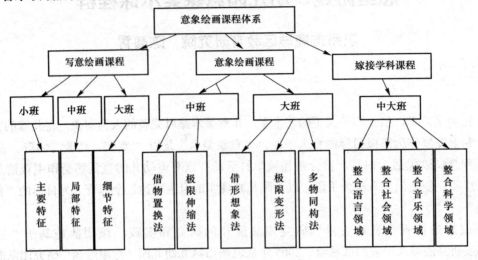

图1　意象绘画课程体系

课程价值："意象绘画"目标和理念清晰、科学；想象、创造创作方法多样、具体；绘画工具和材料普通、简便；"套餐式"支持策略具体、详尽；有效地达成"技能、赏美、思维、创造、表达"之间的平衡；实现了启智辅德、怡美育人的教育价值；突破了传统绘画教学的瓶颈问题。

2."意象手工"课程概况

"意象手工"是以生活为根基，以尊重幼儿的直觉感受和主观情意为前提，提供多元的想象、创造塑型方法，利用多样化的纸张、橡皮泥、自然物、绳子等材料，根据幼儿自我的感受、理解和想象，进行创意表达和表现，形成抽象、半抽象、具象，立体、半立体、平面的作品。同时，整合各学科领域创作，提供给幼儿多元的表现通道，表达对周围世界的认识和真情实感，享受"思维游戏"的快乐体验（表1）。

表1　"意象手工"课程概况

课程名称	幼儿园名称
"撕贴"课程	温州市第九幼儿园
"创想纸艺"课程	温州市第二幼儿园
"农户手工"课程	温州市第十五幼儿园
"创意泥工"课程	温州市少年宫附属幼儿园
"自然物手工"课程	泰顺县中心幼儿园

课程价值：挖掘了多元材料的特质和种类；丰富了多样化的创作方式；研发了多样的想

象、创造塑型方法；提炼了"套餐式"的支持策略；实现了手工操作与学科整合；有效地达成了"技能、赏美、思维、创造、表达"之间的平衡；发挥了启智辅德、怡美育人的价值；让手工塑型成为孩子们的另一种"画笔"，探索了传统单纯手工操作的不足。

3. "意象赏创"课程概况

"意象赏创"课程是根据3～6岁幼儿身心发展特点和生活经验，选取主题健康、画面生动的名画、绘本及幼儿自己的作品等。利用多元策略丰富审美经验，引发审美注意和欣赏作品，尊重幼儿的直觉感受和主观情意，激发自我的感受、理解和想象，体验审美愉悦，并利用提供语言表述、肢体表演、绘画创作、游戏创玩等多元的表现方式进行创意表达，是一种"看、听、说、做、演、玩"为一体的欣赏和再创作的活动课程（表2）。

表2 "意象赏创"课程概况

课程名称	幼儿园名称
"名画赏创"课程	温州市第四幼儿园（得月园区）
"绘本读创"课程	温州市第一幼儿园（亦美园区）
"说画"课程	泰顺县育才幼儿园

课程价值：梳理了作品选择的原则和条件；建立了各类作品的资源库；丰富了赏创的表现形式；研发了"套餐式"赏创支持策略；实现了整合学科领域教育目的；达成了"赏美、体验、创作、创造、表达"之间的平衡；发挥了启智辅德、怡美育人的价值；探索了单纯作品欣赏、缺乏体验和再创作表达的不足。

4. "应用绘画"课程概况

"实用绘画"是"意象绘画"的应用价值体现，即基于幼儿的生活经验，利用绘画的方式记录生活中已经发生的、可能发生的、希望发生的、未来发生的事情；发现生活中的美，利用绘画方式去表现、表达、宣传和创想。让幼儿记录生活、表现生活、创造生活，让绘画服务于幼儿的生活，让绘画成为幼儿表达自我、与人交流的"工具"，成为孩子们喜欢的"微信"（表3）。

表3 "应用绘画"课程概况

课程名称	幼儿园名称
"广告画"课程	温州市第十二幼儿园（华甸园区）
"记录画"课程	鹿城区得胜幼儿园
"科幻画"课程	经开区龙湾第六幼儿园

课程价值：拓展了"意象绘画"服务生活的价值；丰富了绘画表现生活的方式；研发了"套餐式"支持策略；提供了幼儿表达自我的"符号工具"；打开了成人走进幼儿心灵的窗口；达成了"赏美、记录、表达、创造、宣传"的平衡；丰富了幼儿多彩的童年；发挥了绘画启智辅德、怡美育人的价值；探索了绘画作为单纯的艺术教育的不足（图2）。

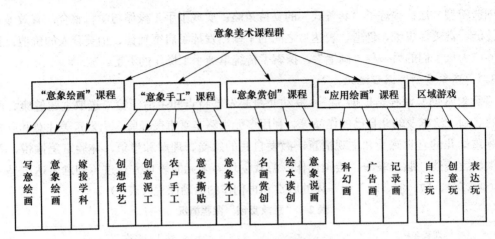

图 2　意象美术课程群

5．"套餐式"支持策略概况

幼儿园美术教育是促进儿童早期全面发展的重要路径，但在幼儿园日常的美术教学实践过程中，存在"教"与"不教"的困惑。有人主张"教"会影响儿童的自主表达，会制约儿童想象。"套餐式"支持策略，关注了美术活动的"观察与欣赏、探索与发现、创想与表现、评析与分享"四大环节，从"经验、思维、方法、技能"等方面，给予"套餐式"支持策略，在幼儿的已有经验与能力最近发展区之间搭建起了强有力的"学习支架"，促进幼儿自主、愉悦地"赏美、体验、想象、创造、表达"，享受快乐的"思维游戏"体验（该成果荣获2019年浙江省优秀教科规划课题成果评比一等奖）。

成果价值：丰富了美术教学实践中的支持策略；探索了广大教师们"教"与"不教""如何教""教什么"的困惑问题；达成了"教"与"技能"、"教"与"赏美"、"教"与"创造"、"教"与"表达"、"教"与"应用"之间的平衡；通过实践有效地证明了"教"的价值。

21世纪是信息时代、知识经济时代，"创新能力、思维能力、表达能力、阅读能力、艺术素养"是重要的核心素养。"意象美术"课题组紧抓这些素养，从"意象绘画"拓展到"意象手工""意象赏创""应用绘画"，在艺术教育的创作方法、表现方式、支持策略、多元价值体现，以及幼儿园如何开展课题研究等方面，进行了一系列的探索，希望能给大家带去一些启发。

三、"意象美术"自我感悟与专家点评

1．自我感悟

一项好的教学成果并不是一蹴而就的，除坚持、创新外，背后还有怎样的力量来支撑？幼儿园"意象美术"可谓好成果培育过程的典型。

源于真实研究的价值。任何教学研究和改革的原点，皆因以"学"为中心的教育立场。"幼儿园意象美术"起源于儿童的写生教学、生发于从写意走向意象的迭代，遵从幼儿的绘画特点，多途径、多策略、多方法、多视角的成果经纬，生动、充满童趣、令人忍俊不禁的画面跃然纸上，见证儿童的想象力、表达力，也见证了因儿童立场而格外真实的研究价值。

（1）追求品质科研的示范。追求高品质的研究是幼儿园"意象美术"的特质。十年研究，从设计—行动—反思到再设计，从写生—写意到意象的迭代，从一个领域到多领域的嫁接，历时十年，从市级教学成果奖到省级教学成果到国家级教学成果奖，欣赏一路风景，有效解决了问题，更抓到了研究的本质。

（2）见证推广共享的力量。温州市教育局于2013年推出优秀教科研成果推广项目，意象绘画被列为市级首批推广成果。许多幼儿园纷纷提出应用意向书，其中不乏如温州市第四幼儿园等科研基础较强的幼儿园，最后确定了20所幼儿园作为应用单位。这样，就形成1+N（1所基地＋多个研究参与学校）的新型组织，使成果从一所学校走向多所学校的联合，构建了新型的科研团队合作模式。于是，有了今天的"意象手工""意象赏创""应用绘画"，有了从1所实践园到20所联盟园，收获硕果累累之时，见证了成果本身从美术活动到课程群再到美术思维游戏本质的跨越；也见证了我作为成果主持人的个人专业成长、团队专业成长，更见证了背后广大幼儿园孩子们的想象力、表达力等无线生长。

真实、品质、共享三股研究力量融为一体，充分展现国家级教学成果的魅力，这样的成果在浮躁的今天确实是稀缺的。"意象绘画"做到了，并如此生动，时值以应时需，怀着让更多幼儿园受惠的初心，切合当下未来教育的传播方式，当力推！

2．专家点评

我对"意象美术"的印象

谈起"意象美术"印象，有两个是不能不说的：第一个印象是陈碧霄教师的执着、顶针，还有她的会学习、敢研究、能研究。说实话，在一线做研究是很不容易的事情，关键还做出了成果。这里所说的成果可不是指向那些获奖，获奖虽也很重要，但更重要的是这项成果在幼儿园美术教育教学领域有没有实践的意义、有没有推而广之。陈碧霄教师和她的"意象美术"既获了奖，又推而广之了。这就需要说说对"意象美术"的第二个印象。"意象美术"关注的幼儿园美术教育教学的点，或者叫切口，是很小的。客观地讲，针对这样的小切口进行研究是有挑战的，应该说是针对真问题来的。幼儿教育界对美术教育中的创造与想象能力培养的意义的关注由来已久，但很少能用可研可教的策略或者方法的视角，探究"创意美术"的教与学，为教师与儿童提供可操作、有意义、有效益的支持。经过多年如一日的坚持，陈碧霄教师与她的团队做到了。她们在实证中获取了"创意美术"的核心意义，即创意需要在关注儿童发展的基础上，基于经验而展开，依托一定的思维技巧或叫作思维路径，推动儿童展开想象创作的相对完备的"意象美术"的教学策略。它的意义在于厘清了幼儿园美术教育界关于创意美术教学的关键问题，创意也是可以"教"的，但需要尊重儿童，尊重思维的特征。

对于陈碧霄教师团队的后续研究，我也同样期待！

（吕耀坚　杭州幼儿师范学院副教授、硕士生导师，浙江省学前教育研究会秘书长）

儿童的艺术世界充满了魅力，而作为幼儿园教师如何基于儿童的立场为其搭建鹰架，更好地支持儿童在美术创作中自主地创造与表达，"意象美术"则给出了一份令人满意的答卷。

"意象美术"是以"意象"为切入点，从意象绘画出发，不断探索和创新，逐渐形成了具有系统性、游戏性、多元化特点的幼儿园美术课程体系。意象美术是一种美术思维游戏，注重启发儿童的思维，通过多元化"套餐式"支持策略，步步启发、逐步内化，借助美术表现形式让孩子有思考地自如创作与表达。"意象美术"体现了诸多教育价值：第一，解决了儿童作品程式化，无法利用美术形式自如表达的问题。第二，解决了教师不知如何出示范例和示范等教学瓶颈问题，同时，通过实践有效地证明了"教"的价值。第三，实现多领域融合，体现综合价值。第四，从儿童立场出发，开发儿童的创造能力、表现能力、表达能力，培养创造性思维，提升艺术素养，从而促进儿童的全面发展。

"意象美术"耕耘十六载，如今硕果累累，可喜可贺。期望"意象美术"研究团队携手共创新成果。

（林琛琛　温州大学教育学院副院长、副教授、硕士生导师）

育人方式改革背景下的普通高中校本生涯教育实践

温州市第十四高级中学　潘怡红

改革开放以来，中国社会高速发展，对人才培养和教育模式呈现出多样化的要求。2014年，《国务院关于深化考试招生制度改革的实施意见》明确提出"形成分类考试、综合评价、多元录取的考试招生模式"。新高考改革"增加学生选择权，促进科学选才"的目的是"逐步改变单纯以考试成绩评价录取学生的倾向，引导高中学校转变育人方式、发展素质教育"。

2019年，国务院办公厅《关于新时代推进普通高中育人方式改革的指导意见》中"适应学生全面而有个性发展的教育教学改革深入推进""科学的教育评价和考试招生制度基本建立""普通高中多样化有特色发展的格局基本形成"目标的提出，是对习近平总书记提出的"培养什么人、怎样培养人、为谁培养人"问题的回答。站在教育改革第一线的普通高中，必须对育人目的、育人标准、育人模式进行自上而下的系统设计。从2014年高考改革实施意见出台到2019年育人方式改革指导意见发布，5年的教育改革，无不渗透着学生自主选择权利加大、选择能力提升的改革要求。此背景下，生涯教育逐渐成为教育改革热点。

一、育人方式改革呼唤生涯教育深度挖掘选择教育功能

舒伯定义生涯教育是帮助学生建立并发展整合适当的自我概念，做出生涯选择与生活方式的过程。《国家中长期教育改革和发展规划纲要（2010—2020年）》指出要"建立学生发展指导制度"。学校生涯教育指导和帮助学生形成生涯信念、掌握生涯知识和培养生涯能力，有规划、有组织和综合性的教育活动。因此，生涯教育的实施成为学校推进新高考改革的重要途径。育人方式改革要求充分发挥生涯教育的"学会选择""我为选择负责"的指导功能，实现学生自身与社会价值认同，提升育人模式变革的实效性。

二、立足校本的生涯课程体系建构

课程是学校发挥育人功能的基本载体，立足校本的课程体系建设是实现学校育人模式变革的重要途径。新高考改革以来，高中生涯课程虽大步启动，但由于缺乏权威性课程纲要，没有统一的教材，多数学校在生涯课程的开设过程中存在着照搬国外或我国港澳台地区经验，套用高校职业规划课程，或者参照课程实施相对较成熟相关学校的模式等情况。很多学校的生涯教育流于形式或形同虚设，并未发挥生涯教育提升学生选择能力的育人功能。因此，生涯课程应该建立在学校的文化和环境基础之上，学生才能在特定的情境感知、理解，从而建构个人意义。

笔者所在学校是一所于 2013 年由两所普高融合形成的普通高中，总体生源基础薄弱。学校立足校情，思考育人标准的调整与革新，构建并实施具有学校特色的"四度"生涯课程体系。

（一）定位学校教育理念，设计"四度"生涯课程体系思路与框架

1. "幸福教育哲学"定位"四度"生涯课程目标

学校提出"幸福教育哲学"，并赋予具体内涵：教育是为了让人在自我发现、自我提升和自我实现的过程中体验到幸福，为未来选择自己喜欢的事业并能养活自己惠及家庭和社会奠基。

学校将"帮助学生实现从发现自我到提升自我最终实现自我"幸福体验过程的要求融入生涯课程中。结合《浙江省教育厅关于加强普通高中学生生涯规划教育的指导意见》内容要求，将"培养能够充分认识、提升自身兴趣特长和能力优势，能够结合自身学业水平、专业性向、生涯发展意向，科学选择升学路径、专业方向，决策'7 选 3'，并能合理安排高中三年课程修习计划，为未来的职业乃至生涯发展做准备，最终使自己成为一个爱慧俱佳的优秀公民"确立为生涯课程总目标，同时确立深度、宽度、高度、温度"四度"目标（图1）。

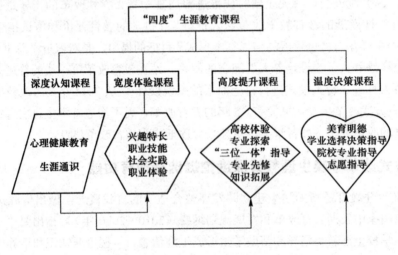

图 1 "四度"生涯教育课程

2. "因选施教"办学理念确立课程框架，指导学生"学会选"

基于生源实际和选择性教育理念，学校提出"有教无类，因选施教，爱慧俱佳"的办学理念。其中，"因选施教"正是生涯视角下选择性个性化教育的理念体现。"四度"生涯课程在"为学生的选择提供教育"的理念下，为学生多样化、多层级成长提供知识、方法、技能，指导学生"学会选"。

深度认知课程为认识自我，探索社会，科学决策提供方法，为"学会选"奠定认知方法基础。

宽度体验课程以霍兰德职业兴趣六角形为基础模型，将兴趣特长、职业技能、社会实践和职业体验等课程分类纳入其中，科学设置基于必修课的知识拓展课程群、基于 STEAM 学习的创客课程群、基于艺术与人文修养的美育课程群、基于健体和领导力培养的课程群与国际教育课程群，通过丰富课程群拓宽学生知识边界，为不同个性的学生在"学会选"能力的习得上提

供多元尝试平台。

高度提升课程通过高校体验、专业探索、"三位一体"指导、专业先修、知识拓展等课程，为学生提供"为选择负责"提供深度探索成长路径。

温度决策课程通过价值观层面把握方向，利用个性化的指导、咨询课程帮助学生做学业选择、专业决策，引导学生不断地确立人生观、世界观。

"四度"生涯课程体系，按照从自我认知结合社会认知再到选择决策的螺旋式认知发展规律，从深度、宽度、高度、温度不同维度，层层递进，为学生构建"学会选"的生涯教育平台。

（二）开放整合资源，丰富"四度"生涯课程体系内容与保障

1. 众多的精品课程，让学生有的选

新课改要求学校提供丰富的、多样的、多层次的选修课程供学生选择。我校实施新课程改革过程中，完成了必修课程校本化，积累了100多门选修课程，其中，市级以上精品课程47门、国家级精品课程1门、省级精品课程11门。因此，学校按照深度、宽度、高度、温度不同维度，整合、优化学校丰富的课程资源，充分挖掘其生涯教育内涵，将所有课程分维度、分层次、分类别纳入"四度"生涯课程体系中，让学生有的选，帮助学生自主选择、幸福体验。

2. 多方位保障机制，让学生选得好

（1）从专业教师团队到全员生涯导师的队伍培养。学校把培养学校自身生涯教育力量作为保障课程实施的重中之重。2015年，我校近60位教师接受生涯教育专业培训，获得国家生涯规划师认证。同时，择优组建由1名全球职业规划师、4名国家生涯规划师构成的生涯规划核心教研组。2017年，从核心教研组发展成立从校长到一线教师，覆盖所有学科的生涯项目组，为在学科教学中渗透生涯教育及生涯导师制及学业规划的实施奠定基础，全程、全方位为学生提供指导。

（2）从多元课程基地到生涯体验式校园文化建设。"四度"课程内容的多元性很大程度上得益于校园整体氛围软、硬件两方面的多元呈现。学校打造并不断升级创客中心、机器人实验室、非遗体验馆、明德讲坛、校园编辑部等专业化课程基地。让学生浸润其中，为课程的实施做好专业的硬件保证。2018年，学校建成第一条生涯主题长廊——"四度空间之格物致知"。同时，不断促进课程基地与校园文化之间的融合，扩大其内涵与外延，化零为整，逐步打造一所处处有生涯教育痕迹的生涯体验式校园。

（3）从家庭到社会的校外资源开发。家庭是学生的首要社会资源，家长对社会、生活的认识和理解直接地决定高中学生的选择。笔者所在学校整合家长资源为学生提供周末、假期职业体验平台，使家长成为课程参与者。

为全方位整合学校和家庭教育资源，学校还推行校社合作策略、高校衔接策略、国际合作策略、普职融通策略。温州市工艺美术研究院、市定向协会、市开朗足球俱乐部、油画联、梦想者传媒培训机构、省海洋水产研究所、省亚热带植物研究所、市博物馆、市律师协会、交警大队等社会机构，温州华侨中学、护士学校、建筑学校等中等职业学校，都与学校有合作课程。学校还与温州肯恩大学、温州大学、温州医科大学、温州商学院、万里学院等多所高等院校开展合作，为学生的生涯发展助力。

三、立足生本的个体生涯发展指导

学校育人模式的基础是关注本校生源特点。"学会选"的过程是基于学生自我发现、自我提升和自我实现的成长规律，反复尝试、思考、实践到知行合一的过程。

（一）关注分类成长的路径选择

新高考要求学校深度理解"学校育人、考试模式、高校招生"三者的关系，打通相互间的壁垒，才能推动育人模式改革。笔者所在学校在"有教无类"、让每位学生都获得公平教育机会的办学理念下，关注学生个性化成长，研究高校招生方式，结合学校优势，为学生量身选择七大成长途径，打造相应的课程，涵盖普通文化高考、"三位一体"、艺体特长、传媒升学、中韩国际、提前自主招生、普职融通，为学生提供个性化选择。学生只有知道不同路径的标准，找到适合自己的成长方式，才会用更长远的眼光来看待个人学习。因此，学校利用"四度"生涯课程为途径选择和培养制定不同策略。

深度提升课程中的"三位一体"指导课程，通过语言课、面试指导课、礼仪实操课、模拟面试大赛、简历大赛等不同的课程，为学生提供专业指导。学校从2017年到2018年高考，通过"三位一体"，被录取学生从33位提高到56位，其中在二段线下被本科录取人数从14位提升到19位。2019年，学校"三位一体"入围人数达到118人，面试入围率达80.2%。

针对有美术基础或有美术专业发展方向的学生，通过美术专业发展专题讲座、美术学习潜能评估、美术专业技能体验课等方式帮助学生确认美术高考路径。组建美术资优班，帮助学生在美术专业道路上发展。从2018年至2020年，学校被中央民族大学、湖南师范大学、中国美院、中央戏剧学院、南京林业大学等"985""211""双一流"大学录取学生数不断增加，历届美术资优班一段率高达92%以上。

针对有游泳、足球、田径等体育特长的学生，从高一进校开始，学校专门针对体育特长生的专业能力水平定位设计个人发展路径，帮助学生做好体育单招、高水平运动员或体育高考的路径规划。

针对有音乐、传媒等方面特长的学生，采取与体育特长生一样的培养模式。美术、音乐、传媒和体育升学人数提升快，质量也明显提升。

学生在高一入学和高二入学时有两次机会，根据自己的兴趣选择韩国留学或参加国内升学，建立"高一学语言、高二定去向、高三读预科"的办法，形成"1+1+1"模式。每学期邀请韩国全南大学、高丽大学、汉阳大学、白石大学等知名高校的专家给学生做留学咨询及韩国高校专业介绍。组织师生及家长赴韩国参加研学，开拓视野。在校内，开设国际理解、国际礼仪等子课程，为学生留学进一步拓宽渠道。近两年中韩班均100%升入韩国本科名校。

学科成绩在二段线下的学生，学校指导学生通过高职提前招生提前锁定省内优质的高职院校的优势专业。

针对少部分更喜欢或更适合职业教育的学生，学校深入研究单考单招政策，通过生涯通识课程帮助学生认识自我、增进职业理解，建立正确的成才观与就业观，在高二时转学至中等职业学校，选择单考单招成长路径，完成类别转型和本科升学。

（二）定位兴趣培养的课程修习

"四度"生涯课程按照笔者所在学校确立"基础尝试发现课程—中阶自我提升课程—高阶

自我实现课程"三阶塔式修习模式（图2），在选修方式和课程内容上，依据感官兴趣—自觉兴趣—志趣的兴趣发展模式，针对不同层次的学生，设置从低阶社团拓展兴趣选修，到中阶社团选修，再到高阶专业选修课程的梯级层次。低阶课程，通过多次选择，修习不同领域的基础类学科、兴趣、技能课程，发现自己的兴趣；中阶课程，通过知识拓展、社团、项目学习等提升特长能力；高阶课程，通过专业发展的课程确定志向，实现自我发展。兴趣培养的过程是能力提升和成长方向确立的过程。学生在学校的学习过程中发现自己的兴趣特长，并逐级培养，实现扬长教育。

图2　三阶塔式修习模式

（三）源于学习持续力的选考决策

新高考改革最重要的举措就是给予学生更多选择机会，包括对高考学科自由组合的权利，升学路径的多元化选择，高考志愿填报时有更宽泛的专业选择权。要将其教育选择权落到实处，很大程度上依赖学生的能力，特别是学科能力。学科能力对学生选择的平台和高度起着关键性作用。

学科兴趣是选择专业的前提和基础，会随着学科能力的提升而提升，直接影响学生的学习动力。学科能力是学生的智力、能力在特定学科中的具体体现，决定了学生的学习效力。学科价值是指学科内容对个人核心素养的提升。深层挖掘学科价值，是从学业规划到生涯发展的基础与过渡，有利于激发学科兴趣，发展学科能力。促进学习持续发展，需要将学科兴趣发展为学科能力，在学科能力提升过程中寻找平台兑现价值，再用价值观强化兴趣。当每一门学科的三叶草都能按照理想状态旋转，学生个体学业三叶草将不断循环扩大（图3）。

笔者所在学校以"学业规划三叶草模型"为载体，通过学科兴趣培养、学科能力精准培养、学科价值渗透与形成等途径，促进学生学科选择能力、动力和学习力提升，帮助学生做好包括"7选3"决策及学科学习持续发展。

图3　职业生涯三叶草模型

学校利用对学科兴趣、学科能力、学科价值量化评估，开发学科选科公式，指导选考决策。

$$学科选科分 = 学科兴趣 \times 30\% + 学科能力 \times 50\% + 学科价值 \times 20\%$$

其中，学科兴趣由学生根据内心喜好程度、选修课程内容与学科相关性、参加学科竞赛情况、学科教师对自身的影响等因素，自主给每门学科赋1～10分不同分值。由于高一阶段学生并不能看到高中三年学习全貌，因此，学科能力由任课教师利用精准教学的大数据留痕管理，给学生的学科能力赋1～10分不同分值。学科价值根据学生家庭资源、未来的职业和专业倾向，参考拟在浙招生普通高校专业（类）选考科目范围，自主给每门学科赋1～10分不同分值。

最后按照30%、50%、20%比例计入总分，每一门学科可以得到一个相对有参考价值的学科选科分。学生按照得分高低适当调整比例，确定最终选考科目。学校也得到统一的量化参考标准。

学科选考公式指导选考决策，充分考虑兴趣、能力及未来可持续发展，帮助学生在充分认知自身学习全貌及未来学习潜力的前提下，不断调适个人"学业规划三叶草"，提升学习持续力，为"选得更好"奠定基础。

基于校本课程建构的个人生涯发展指导，从"保障选择权利"到"引领选择结果"，重视学生选择能力的培养和对选择结果的担当，帮助学生"学会选、有的选、选得好"的普通高中生涯教育，必将随着育人方式的推进不断创新。

参考文献

[1] 沈之菲. 生涯心理辅导［M］. 上海：上海教育出版社，2000.

[2] 林清文. 生涯发展与规划手册［M］. 广州：世界图书出版公司，2003.

[3] 樊富珉. 团体心理咨询［M］. 北京：高等教育出版社，2005.

[4] 刘长江，尤扬. 认知信息加工理论及其辅导实践［J］. 沈阳师范大学学报（社会科学版），2005（5）：11-14.

[5] 曹嘉. 高校全程化职业生涯规划课程体系的构建［J］. 文学界，2010（8）：191-192.

[6] 尤敬党，吴大同. 青少年生涯规划指南［M］. 南京：南京师范大学出版社，2004.

[7] 孟万金. 职业规划——自我实现的教育生涯［M］. 上海：华东师范大学出版社，2004.

[8] 钟谷兰，杨开. 大学生职业生涯发展与规划［M］. 上海：华东师范大学出版社，2008.

基于《几何画板》平台的高中数学选修课程的开发和实践

温州市瓯海区第二高级中学　王巨才

一、课程框架

近几年的研究中，我们越来越明确"选修课程是必修课程的补充，选修课程的实施应该也必须对必修课程的教学有所促进"的意义。在选修课程的开发与实施过程中，我们也切身体会到了学生在数学学习上的困难和需求，针对这些实际的困难和需求，我们搭建了一个瓯海第二高级中学基于《几何画板》平台的高中数学选修课程体系（图1）。

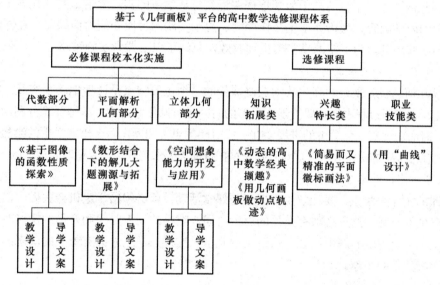

图1　基于《几何画板》平台的高中数学选修课程体系

限于研究时间，该图中有关"必修课程校本化实施"中的几门课程还处于开发状态，我们已经有了初步构思，并撰写出了若干教学设计与导学文案，通过一定的积累，相信可以逐步形成具体的课程。我们设想中的这些课程，并不是以选修课程的形式开设出来，而是融入在日常的必修课程教学中，通过对高中数学必修内容基于《几何画板》平台的校本化实施，提升课堂效率、促进学生学习、培养学生数学学习兴趣和获取知识能力，结合后续的基于《几何画板》平台的高中数学选修课程的修习达到促进必修内容教学的最终目的。

二、特色课程

本课程体系的特色课程是一套三本基于《几何画板》平台的高中数学选修课程，基本上覆盖了高中阶段数学教学内容的重要知识区块，同时兼顾了选修课程的不同类型（知识拓展类、兴趣特长类）。

1. 《动态的高中数学经典撷趣》

《动态的高中数学经典撷趣》是温州市瓯海区第二高级中学针对高一第二学期学生开设的一门18课时的知识拓展类选修课程，获温州市第五届普通高中精品选修课程评比二等奖。

2. 《简易而又精准的平面徽标画法》

《简易而又精准的平面徽标画法》是温州市瓯海区第二高级中学针对高二第一学期学生开设的一门18课时的兴趣特长类选修课程，获温州市第四届普通高中精品课程评比二等奖，并入选浙江省第四届普通高中精品课程。

3. 《用几何画板做动点轨迹》

《用几何画板做动点轨迹》是温州市瓯海区第二高级中学针对高二第二学期学生开设的一门18课时的知识拓展类选修课程，获温州市第二届普通高中精品课程评比二等奖。

三、课程的实施策略

基于《几何画板》平台的高中数学选修课程教材从学生的实际学情出发，扎根于高中数学必修教材中的教学内容，为培养学生合作探究、勇于实践的习惯和能力而编写。在课堂实施过程中也遇到一些问题，为了使课堂实施更加有效，总结了以下课堂实施策略。

1. 时时掌控，把握大局

基于《几何画板》平台的高中数学选修课程的一个主要特点是让学生动手实践，在"做中学"。因此，在学习过程中教师要给学生足够的时间进行操作和讨论，教师要充分利用计算机房交互平台，时时关注每一位学生的进展，在一段时间的思考和操作后会出现学生的激烈讨论，还经常会出现多种多样的操作方法，这对教师全局把握能力要求比较高，要适时收放，画龙点睛。

2. 不吝时间，动态生成

选修课的主体是学生，要让学生积极参与课堂活动，就必须给学生机会去做。而这个"机会"就是充足的时间。这里必须有充足的思考时间、充足的动手时间和充足的探讨时间，让他们从做中学，从出现的问题中反思，从讨论中升华。这样，学生才会有更多的动态的生成，才能感悟到学习数学的乐趣。

3. 同伴互助，互动交流

通过对这些选修课程的实施，我们试图将学生的数学学习习惯从被动转化为主动，从"单打独斗"转化为合作探究，这也是这类选修课程的一大特色。因此，在课堂教学中可以将学生分成若干小组，在进行一定时间的独立思考和操作后要鼓励学生进行小组互动交流，将自己的思想方法讲出来，促进同伴之间的学习，同时，各小组可以派代表在课堂上发言交流，以使学习成果最大化。

4. 作业监控，促进学习

作业是有效教学的一个重要环节，也是全面提升教学质量的必需，还是促进学生素质和谐发展的必需。选修课要走出选修无作业的误区。第一，有条件的学校在课后要开放一定时间的计算机房，以供学生练习和在校内完成作业，提倡有条件的学生回家加强课外学习；第二，作业宜精不宜多，内容要基于学生"最近发展区"，让学生获得解决问题的灵感，锻炼学生的数学思维，同时要结合必修教材的核心概念，培养学生获取知识的方式、方法和能力；第三，要求学生及时提交作业，对有亮点的作业要在下一节课堂内进行展示。

5. 转变理念，过程评价

我国传统的课程学习大多以考试成绩作为评价学生学习效果的唯一标准，这就导致了以做题为唯一有效手段来提升考试成绩的弊端。我们认为选修课程是一种兴趣学习，必须将课程学习的评价标准从结果评价转变为学习过程评价，这样才能鼓励学生更多地参与到学习过程中，淡化对学习结果的重视程度，减轻他们的学习负担和压力。我们针对本课程设计了《学生学习过程评价量规》。该量规从"具备的基础知识与技能""参与过程中的表现""情感与态度表现与发展""知识技能与应用"四个维度对学生修习本课程的过程进行评价。在本选修课程学习之后，采用学生自评、研习小组互评、授课教师评价三个方面加以权重打分。学生在三部分所得"★"个数相加之后除以3，所得分数大于12即认为本课程的学习达到要求，获得1个选修课学分；所得分数小于12，则不能获得学分。

四、课程开发和研究的实践成效

在课程的开发和实践过程中，我们欣喜地发现它给我们的学生、教师、教研组带来了一些积极的变化。

（一）学生层面

1. 增强了数学学习过程中的动手意识

数学学习过程中往往有很多学生是只动脑不动手，这样让本来抽象的数学变得更加抽象，如果能增强学生的动手意识，那很多问题就可以迎刃而解了。《几何画板》的学习就是一个动手的过程，如在《必修5》第一章正弦定理和余弦定理的教学过程中，遇到了判断正弦定理求解三角形出现无解、一解和两解的情况判定时，参与过《动态的高中数学经典撷趣》选修的学生会主动提出上讲台用几何画板软件作动态图像加以判定，进而总结出抽象的数学定量关系式，获得大家认可。这样的情况下，表述的学生获得了成就感、参与的学生获得了知识和方法，而教师收获的是自豪和幸福。

2. 提升了数学学习过程中的探究意识

修习过基于《几何画板》的高中数学选修课程的学生，在几乎所有的数学课上遇到难以解决的问题时，都会很顺口地爆出一句"用几何画板做一下看看"。貌似不经意的一句话反映出的是学生数学学习方法在主观上的一种变化。在《几何画板》上"做"出的数学，很多时候虽然只能在形上为学生提供一个大致的方向，但是激发出的是学生"绞尽脑汁"去计算、推导、证明这些猜想的主观原动力。这就是探究意识的一种体现，作为数学教师，此时"夫复何求"？

3. 提高了数学学习过程中的挑战意识

基于《几何画板》平台的选修课程的课堂是一个思考、动手、探讨、合作、分享的过程，探索的过程是曲折的，当学生在探究数学问题碰到困难时，教师可以给出恰当的提示或引导；当学生进行多次探索后仍有困难时，教师再次给出恰当的提示或暗示；同时，也要对学生的探究学习过程予以鼓励，营造一个轻松的学习环境，直到问题得到解决。在经过一段时间的练习以后，学生的自信心必将得到普遍增强，使学生具有敢于接受挑战的信念，提高学习数学知识的兴趣，愿意接受更多的具有开放性、探究性的数学问题。在经过一段时间的学习后就会有学生主动提出要求练习或解决一些问题，这说明学生已初步具有敢于接受新的挑战的意识。

4．提升了数学学习过程中的分享意识

本课程在实践过程中，参与选修的学生每节课都有机会发表自己成熟或不成熟、正确或存疑的成果、观点、疑问；都有机会参与讨论、分析和解答，逐渐养成了分享、讨论、质疑、答疑的交互式课堂学习方式。分享的胆量、意识和习惯已经慢慢生成，那么将一种理解变成多角度把握、将一份快乐变成双份快乐、将孤军奋战变成军团战役还会远吗？

（二）教师层面

在课程的开发和实践过程中，我们自身发生了一些潜移默化的变化。这些变化包括对选修课程的建设意识提升、对必修教材的整体把握能力提升、对必修课程的课堂教学理念进化等。

1．对选修课程的建设意识提升了

课程建设是一种荣誉，更是一份压力。在这种压力下，只有全情投入选修课程的开发过程中，才能保障课程开发的顺利进行。正是因此，我们总结出了高中数学选修课程的开发策略，并指导自己的课程开发行为。同时，我们发现自己对校本课程建设的意识提升了。每当在必修课的课堂教学中获得一些契合"开发策略"的灵感时，在网络上看到一些教学专业论文叙述到一些契合"开发策略"的实例时，在各个层次的培训中学习到一些契合"开发策略"的经验介绍时，在日常生活中偶遇到一些契合"开发策略"的事物时，我们都会随时随地地加以摘记，定期地在课题组研究讨论会议上提出自己思想的火花，以供大家探讨开发的可行性。抛开成功率的高低，我们认为自己的校本课程开发意识已经由"自发"进入了"自觉"阶段。

2．对必修教材的整体把握能力提升了

"选修课程开发必须扎根于必修教材"是我们课题组成员的共识。当我们的角色由教材的使用者转换为教材的开发者之后，我们终于体会到编写一本高中数学教材的艰辛。课程开发前，我们又组织课题组成员对现行的人教A版教材进行了认真的研读，这不仅是做几个题目、出几道试题、介绍几种方法，而且是品味问题背后所隐藏的知识本质与联系、品味问题承载的方法共性；不仅是推敲课堂教学中对教学环节的合理把握，而且是对教材呈现内容的深度与广度的整体思考。课题研究过程中对必修教材的研读、品味和思考提升了我们对它的整体把握能力，从另外一个角度来说也必然促进了我们的必修课教学工作。

3．对必修课程的课堂教学理念进化了

通过本课题基于《几何画板》平台的高中数学选修课程的课堂实施，我们发现自己的课堂教学行为有了一些改变。基于《几何画板》平台的高中数学选修课程的课堂实施以放手让学生"做数学"为核心理念。课堂上，每位学生都有一台属于自己的计算机进行实践操作，这就大大压缩了教师"自说自话"的空间。于是在课堂教学中，教师"不得不"将主动权"让"给学生，久而久之教师就养成了少说、多听的习惯。潜移默化中，这种"少说、多听"的习惯也被我们带入了必修课程的课堂教学中。

如函数 $y = mx + \dfrac{n}{x} (m, n \in R)$ 的性质研究教学中，以前我们的教学方式直接通过特例 $y = x - \dfrac{1}{x}$ 和 $y = x + \dfrac{1}{x}$ 进行分析和分类推广，教师在黑板上对这些归类出的函数性质加以总结，然后进行巩固练习。

而现在我们对形如 $y=mx+\dfrac{n}{x}(m,n\in R)$ 的函数性质研究教学，将主动权充分交给学生，一般直接提供函数 $y=mx+\dfrac{n}{x}(m,n\in R)$ 的形式，启发学生采用小组合作的学习形式，通过尝试作图、结合图像归纳特殊类型性质、推广到一般化等步骤，达到掌握此类函数性质的目的。其间，允许学生使用教室内的多媒体设备，遇到小组讨论悬而未决的问题，可以请求教师指导或与教师讨论。这样的教学形式，教师省力，学生投入，学习效果相对以前大大提升。

（三）教研组层面

本课程建设由课题组五位成员共同完成。同时，教研组内其他组员也给予了无私的帮助。此外，本课题的研究过程对我校数学教研组的选修课程开发能力、团队协作能力，以及校本研修主题和方式改变上也都产生了一些积极的作用。

1. 教研组选修课程开发能力得到提升

课题组五位成员任教年段分布于我校数学教研组高一、高二、高三，属于各段的骨干"把关"教师。他们通过将课题研究中总结的高中数学选修课程的开发与课堂实施策略在各自备课组集体备课中进行推广，很好地带动了我校数学教研组其他内容的选修课程开发与实施。

本课题在研究期间，我校数学教研组除《动态的高中数学经典撷趣》《简易而又精准的平面徽标画法》《用几何画板做动点轨迹》之外，还开发出了《数学史选讲》《数学命题欣赏》《古诗词中的数学》四门高中数学选修课程。学生的选修率高，学习效果好，评价高。在一定程度上促进了我校高中数学必修课程的教学的同时，还为我校顺利通过浙江省普通高中二级特色示范校的评估作出了贡献。

2. 校本研修主题系列化、研修方式多样化

通过本课题的研究，我们有意识地将我校数学教研组的校本研修主题从"必修课的课堂教学方法探讨"往"必修与选修课程的开发与课堂实施过程对比研讨"方向上调整，带来了校本研修的形式从老套的备课、听课、评课"老三样"转变为"必修、选修课程听、评课活动，选修课程开发论证、答辩与展示"等有机结合的新形式。参与研修的组员在选修课程的课堂实施听课环节也可以操作计算机展示自己的成果并给予说明；在选修课程开发论证、答辩与展示环节可以对自己和别人的选修课程开发思路、成果进行分析、说明、质疑和改进说明。

校本研修主题的迁移与方式的丰富激发了教研组成员参与其中的积极性。为了在研修过程中将自己的理念、思考说得有理有据，大家都是做过功课，有备而来的。这样的校本研修活动让我们感觉到了其真正的价值所在。

苍中正道：社会主义核心价值观教育的校本探索

浙江省苍南中学　叶兰留

一、"苍中正道"实施的逻辑起点

高中时期正是学生世界观、人生观和价值观形成与完善的重要阶段。高中生群体个体心智逐渐成熟和日趋稳定，自我意识和社会意识发展迅速。但是，他们明辨是非的能力和心理免疫力都有待加强，面对当前多元文化的冲击，容易在价值选择和行为选择上感到困惑和迷茫。为此，我们的课程力求遵循中学生德育的一般规律，坚持知行统一、践行体验，推动社会主义核心价值观内化于心外化于行，促进核心素养的养成。根据高中生的身心发展特点和规律设计形式多样、有计划、有目的的实践活动，引导和组织学生自主参与包括主题教育、考察参观、学科拓展、志愿服务、素质训练、研究性学习等实践活动。根据高中生的认知特点和结构，开发选修课程，创设有意义的学习情境，通过设计趣味性、项目式、主题式、体验式的学习活动，完善学生的认知结构，满足学生的个性化发展需要，增强学生的探究精神和综合素质。根据社会主义核心价值观的具体要求，结合我校学生发展实际，追求发展性核心性的道德素养培养。

二、"苍中正道"实施的技术线路设计

"苍中正道"实施的技术线路设计如图1所示。

三、"一院三课""一书三读"："苍中正道"的实施路径

（一）一院三课："苍中正道"校本样式的教育模式

"一院三课"即学生社会主义学院和学院具体组织实施的三类社会主义核心价值观教育课程，是我校系统开展社会主义核心价值观教育的学习载体和课程内容。

1. 学生社会主义学院的组织架构

案例1：国家系——记苍南中学"流浪猫狗问题"听证会

为了培养学生的民主意识，我校学生社会主义学院举行了一次别开生面的校园民主听证会——苍中中学"流浪猫狗问题"听证会。

这里有专家的病理分析、保安的真实案例、老师的理性劝说，更有学生的仁心人性。为了准备听证会发言，许多学生不仅访谈了同学、收集文献资料、咨询专家，甚至实地探访流浪狗收容中心……

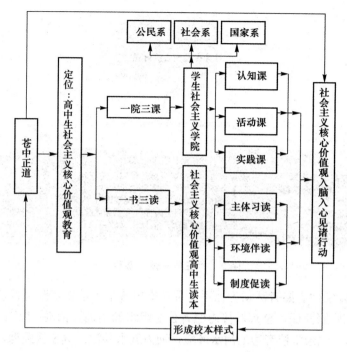

图 1 "苍中正道"实施的技术线路设计

会后，许多学生表示，这不仅仅是学习体验，更是一次深刻地民主历练和成长经历；据悉，这是我校继"校长有约"活动之后又一次培养现代公民的德育创新活动，也是我校建构培育社会主义核心价值观德育课程体系的新探索。

学院依托学校优质的教育教学资源、管理资源，发掘学校美丽人生德育体系的固有优势，发扬本土区域文化特征，由县宣传、教育、共青团、校友等力量组成学院顾问委员会，学校校长担任执行院长，优秀学生代表担任学生助理院长，下设"公民系""社会系"和"国家系"，以社会主义核心价值观中学生读本和中学生志愿者活动为教育与实践的抓手，突出"课程·践行·体验"特色。

2．三课的实施内容（图2）

通过学生社会主义学院，我们为学生学习社会主义核心价值观分别开展了认知学习、主题活动模拟与社会实践体验等相关课程。

（1）认知课利用国旗下演讲、选修课、主题讲座、学科渗透等强化对社会主义核心价值观的具体内容的熟悉、记忆和理解。

（2）活动课按照社会主义核心价值观12个词重新规划和设计主题活动，营造模拟真实情境。

图2 "三位一体"课程

（3）实践课以学生志愿者活动为抓手，重点推出若干个学生实践项目，作为学生具体行动指南。如学生志愿服务课，全程对接志愿者公益组织的培训、活动；"河小二"实践课，坚持定期取样、监测、记录学校旁边的河水环境，助力五水共治；气象实践课，利用校园气象观测站，实施PM2.5值的监控等气象监测活动；另外，还有"职业大体验"实践活动等深化学生社会主义核心价值观的践行体验。

（二）一书三读："苍中正道"校本样式的课程模式

"一书三读"即围绕社会主义核心价值观高中生读本通过主体习读、环境伴读、制度促读等方式系统推动社会主义核心价值观教育落地实施，是我校社会主义核心价值观教育的主线和具体抓手。

1. 一书：社会主义核心价值观高中生读本

（1）读本结构：读本共分12编，每一编由三课时组成，每一课时分三节，共14万字左右。每一课时又有头脑风暴、智汇堂、自由谈、课外阅读（课后活动）等几个主要板块构成。

案例2：爱国篇——《砥砺报国之行》（表1）

表1 《砥砺报国之行》读本结构

题目	环节	方式	意图
当爱国遇上"苹果"	情境导入	头脑风暴：辨析"爱国行为"的利弊	通过具体的案例情境，激趣引入
爱国要理性	基本原理探究	智汇堂：辩论赛 爱国更需要理性（正方）还是更需要热情（反方）	引发学生深入思考哪些是正确的爱国行为，进而得出爱国需要理性的认识
爱国，需要正确的打开方式	感悟提升	自由谈：我是一名高中生，身边能有什么事情是能表现爱国的呢？	在案例辨析和理论探究的铺垫下，通过生活中常见问题的切入，引导学生在轻松的气氛下总结提升：高中生爱国需要哪些正确的行为
辅助内容	升华拓展	专家点评	进一步拓展学生的认识
课外阅读	课外提升	南宋虞允文的爱国事迹	引导学生进一步把握爱国需要热情，需要理性，也需要能力

（2）读本特色：读本结合当代高中生思想实际，淡化理论灌输，将重要概念、基本原理融入学生的具体实践活动中，体现课程的交互性和实践导向；每个主题词分成三课时，每一课同时包含情境导入—活动探究—感悟提升—课外提升四个环节，并穿插相关链接、专家点评、课外阅读等学生自读素材，体现可读性和可操作性；同时，尝试"互联网+"直接在读本里插入相关视频的二维码，以供学生、教师方便深入学习。

（3）读本实施（表2）。

表2 读本实施

学段	内容	方式	课时	评价方法
高一	个人层面：爱国、敬业、诚信、友善	学生社会主义学院	每学期9个课时，1个学分；其中课堂教学安排6个课时，社会实践调查或课外阅读、机动3个课时	（1）形成性评价与终结性评价相结合的方式。形成性评价主要包括学生课堂出勤情况、课堂参与情况；终结性评价主要包括学生对课程资源的贡献（主要指案例收集、社会调查报告、实践总结等）、对课程的感悟和理解（主要看撰写小论文或者感悟心得）。（2）量化考核与质性评定相结合
高二	社会层面：自由、平等、公正、法治			
高三	国家层面：富强、民主、文明、和谐		高三以学生自主学习、阅读为主，班主任可以利用班会课有针对性地选择其中某些课时展开活动	

2. 三读：主体习读、环境伴读、制度促读

（1）主体习读，明确广大师生作为开展社会主义核心价值观教育的主体地位。学生层面，以班级为单位建立社会主义核心价值观学习小组，定期开展"双学"活动（学习社会主义核心价值观高中生读本、学习每月规定的主题内容）。教师层面，一方面通过党员夜学引导教师自主学习，党员教师带头学习；另一方面以学生社会主义学院授课等方式要求广大教师积极主动传播社会主义核心价值观的好声音，以教促学、教学相长。

案例3："双学"观摩活动

我校学生社会主义学院在高二年段开展以"我为社会主义核心价值观代言"为主题的双学观摩活动。高二3班以戴团徽仪式拉开了活动的序幕。在"党情在线"环节中，主持人以十八届四中全会和文艺工作会谈为例，讲述了核心价值观的内涵。之后，两位优秀的"十佳学生"代表和同学一起畅谈梦想的力量。"市十大杰出青年"苍中从自身角度切入，讲述了自己在公益事业上不断追求的故事，并鼓励在场同学要多学习技能，努力提升个人素质，在心怀梦想的同时要立足现实，做出成功的人生规划。而"马云"的出场则把全场的氛围带到高潮，他用一段激情澎湃的英文演讲告诉全场同学：学生生涯要敢闯敢拼，勇敢追梦。

高二15班则通过提问的方式引出"核心价值观"这一主题。之后对国内国际新闻的时事评论吸引了同学的眼球，其中提到的"逃往澳大利亚的中国贪腐官员"事件引起了同学的深思。在"时代先锋"环节中，政教主任受邀讲话，他向我们阐释了他对"富强、民主、文明、和谐、自由、平等、公正、法治、爱国、敬业、诚信、友善"二十四字真谛的理解。

最后，党总支副书记就本次的双学观摩活动进行点评。

（2）环境伴读，围绕社会主义核心价值观的教育路径，积极优化建设校园环境，实现环境育人。我们整合学校国旗台、草坪、走廊等"闲置"空间设计规划建立社会主义核心价值观主题微型公园、红色长廊、科普长廊、红色影院等校园文化阵地。

（3）制度促读，我们建立并完善校园社会主义核心价值观之星成长学分制、学生志愿者学分制度等，激发学生践行社会主义核心价值观的主动性和自觉性。

三、成效与创新：形成了普通高中开展社会主义核心价值观教育的新样本

（一）学生的社会主义核心价值观入脑入心见诸行动

（1）学生核心素养扎实提升。在教育实践中，一批"基础厚实、人格健康、个性鲜明"的学生涌现而出，彰显了育人的实绩。学校的班风、学风、校风明显改善，如校园带手机问题通过一系列活动教育杜绝。伴随社会主义核心价值观教育的深入，我校学生也成为核心价值观的积极宣传者，由学生团队自主创办的"半席·地平线"论坛和"世界名校青年精英论坛"，邀请杰出人士，向广大青年传播正能量、启蒙思想，深获社会好评。

（2）学生社会实践能力增强。近三年，学生志愿者比例达到100%，学生以社团、班级等名义积极参加县"五水共治——河小二""礼让斑马线文明行动""垃圾分类宣传员"等志愿者实践活动，在实践活动中，学生感知社会，体验人生，憧憬未来，锻炼能力。

（二）探索构建了普通高中开展社会主义核心价值观教育的校本样式："苍中正道"

（1）构建了核心价值观教育的校本样式。"苍中正道"是目前国内为数不多的开展社会主义核心价值观教育的课程样式之一。以培养担当民族复兴大任的时代新人为着眼点，以"一院三课""一书三读"为课程实施方式，基于学生视野对高中生进行社会主义核心价值观教育，践行"苍中三年，美丽一生"的育人理念。

（2）建设了富有特色的社会主义核心价值观主题教育阵地。为了进一步推动核心价值观具象化、有形化、生活化，营造社会主义核心价值观教育的浓厚氛围，我们围绕社会主义核心价值观的教育路径，积极优化建设校园环境，实现环境育人，尤其是探索成立学生社会主义学院，为课程的实施和不断完善提供基础保障。

（3）编著了社会主义核心价值观高中生读本。该读本得到了有关部门和专家的充分肯定："该读本的编写提升了学校、苍南县乃至市德育工作、精神文明建设和社会主义核心价值观建设的社会影响力，填补了国内高中生社会主义核心价值观德育（活动）读本的空白，为高中学校培育和践行社会主义核心价值观提供了课程借鉴和活动参考，为社会主义核心价值观进校园、融入德育体系，提供了具体的载体。"

开发班本课程　提升核心素养

平阳实验中学　钟海静

"Tell me and I forget.
Teach me and I may remember.
Involve me and I learn!" ——Benjamin Franklin

2016年9月发布的《中国学生发展核心素养》中提出培养"全面发展的人"为核心，可分为文化基础、自主发展、社会参与3个方面，综合表现为人文底蕴、科学精神、学会学习、健康生活、责任担当、实践创新6大素养，具体细化为国家认同等18个基本要点。

2014年6月发布的《教育部关于全面深化课程改革，落实立德树人根本任务的意见》提出：各学段学生发展核心素养体系，明确学生应具备的适应终身发展和社会发展需要的必备品格和关键能力，突出强调个人修养、社会关爱、家国情怀，更加注重自主发展、合作参与、创新实践。

核心素养与我们的班级育人的总体目标是一致的：培养全面发展的人。核心素养回答了德育的核心问题：培养什么样的人，并将德育目标具体化。在大力提倡素质教育的时代，培养学生自主发展的核心素养至关重要，依托班本课程，在一系列教材开发的过程中培养学生认识自然、认识社会、认识自我的能力，使他们逐渐发展成为有明确人生方向、有健全人格的合格中学生。

一、班本课程开发对提升核心素养的意义

通过大量的调查和研究不难发现，国家课程、地方课程因灵活度不够，不能挖掘最时髦、最经典的课程内容，发展孩子个性，让孩子全面发展。而班本课程的提出正弥补了这一缺失。主要是因为课程的开发和实施没有关注到"班级"层面——这个教育活动真正发生的场所。班级是教育真正发生的现场，课程的开发和实施只有到班级中才能真正落实。作为一种课程开发形式，班本课程可以作为三级课程管理的延伸和有效补充，弥补各级课程之间的不协调和弊端。如何落实核心素养，如何培养人？班本课程开发是关键。因此，班本课程的开发有着极其深远的实践意义。

（1）班本课程开发为提升核心素养提供着陆。核心素养的价值取向引领着课程改革的方向和模式。班本课程文化是一所学校校园文化的核心组成部分，反映了教育目的的价值取向和文化价值观念，反映了该学校的办学理念。先进班本课程文化是开放的、民主的、科学的，是为学生的发展和终身学习服务的，并且随着时代的变化、国家或地区之间要求的不同而与时俱进。

（2）班本课程开发为提升核心素养提供平台。课程是育人的根本载体，通常在地方课程

学校课程、相关学科教学、综合实践活动课或其他相关教学活动中开展。国家课程设置每个年级都提供了一定数量的地方与学校课程课时，这是开放式的课程管理，也为开发班本课程提供了平台。

（3）班本课程开发为提升核心素养提供生力。核心素养是知识、能力和态度等的综合表现，核心素养可以通过接受教育来形成和发展，核心素养具有发展连续性和阶段性，核心素养兼具个人价值和社会价值。班本课程开发是课程的补充和发展。它遵循"教育教学规律"，为"人的成长"提供丰富的各渠道教育资源。

课程开发、提升核心素养只有关注到班级层面才能真正落实。课程开发是一个课程生成的过程，这个过程是自下而上的构建，因此，我们更应该关注教育的最小单位——班级。这些论证都凸显了班本课程开发的重要性和势在必行。

二、班本课程开发的基本原则

"班本"是指在教育教学过程中，以班级为单位，以促进学生的发展为目标，从"班级"的视角理解教育内涵，创新教育途径，优化课程结构，促使教育教学更明确地指向班级中的每一位学生，实现让班级中的每一位学生得到全面发展的目标。班本课程是以班级为研究单位，旨在促进学生的全面发展，加强班级建设有效地落实国家课程和校本课程的一种独立于三级课程之外的课程。班本课程开发需要遵循以下基本原则。

（一）目标导向性原则

班本课程开发必须以国家的教育方针为准则与导向，以防止班本课程开发活动偏离国家的教育方针。班本课程目标应该以更好地达成教育目标为依归。虽然班本课程开发要根据不同学生和班级的特点，要凸显各个班级的特色，但在具体的实施过程中不能脱离整个教育目标。

以学生的需求为开发目标。每位学生都是独一无二的个体，他们作为发展中的人需要得到个性化的教育。而班本课程的开发就是为了满足学生的需求，促进学生的全面发展。为了达到这个目的，作为教师，我们首先应该对学生的需求做到了如指掌。这个需求不仅包括学生对知识的需求，更应该包括学生心理发展的需求。及时对学生需求进行分析，有利于"因材开发"。

（二）实践性原则

班本课程的开发是以提高学生的实践能力和发展学生个性为主要目标的。因此，在选择课程的内容上要坚持适用性和可操作性，充分激发学生的求知欲，使学生能够学以致用，活学活用，不仅能丰富学生的文化知识，更能提高学生各方面的能力。这是班本课程的特点，也是开发班本课程的出发点。

（三）多样性原则

国家课程开发追求共同、统一和均衡。班本课程开发则追求差异性、个性化，强调学生的兴趣、需要。因此，班本课程开发常呈现多元化。主要体现在以下几个方面。

（1）课程开发的多样性。班本课程的开发应该立足班级，着眼于学生：告诉我，我会忘记；教给我，我可能会记住；让我参与，我才能学会。满足学生的需求，开发多元化的活动课程。一是有特色地拓展、开发三级课程，有效促进三级课程的班本化实施；二是开发各类特色课程，如班队会课程、家长课程、班级文化建设等。内容多维并重、形式多样实用。

（2）开发主体的多样性。既然学习的主体是学生，那么课程开发的主体也应当是学生。班本课程的开发要求教师、学生、家长甚至社区成员参与。这样才能增加班本课程的丰富性。

（3）评价方式的多样性。多样性特色课程的开发也需要多元化的教育评价。因此，开发人员要通过深思熟虑，制定与各种特色课程相应的评价策略。

三、班本课程开发的基本类型

班本课程的开发立足班级层面，从学生自身的需求出发，更容易贴近学生，满足学生的需求，丰富学生的学习生活，激发学生的学习及生活兴趣，促进学生的全面发展。那么，班本课程的开发应该从哪些方面进行呢？笔者将从学科类班本课程、隐性班本课程、活动类班本课程和家长参与开发的班本课程四个方面来阐述班本课程开发的基本维度。

（一）学科类班本课程的开发

笔者认为从学科课程入手开发的课程就是学科类班本课程。它是国家课程的有效补充。学科教师根据本学科的特点，最主要的是根据本班学生的特点及对本学科知识的掌握程度，在学科教学之外，开发一些有助于本学科学习的辅助课程，以激发学生学习本学科的兴趣。它是学科知识的延伸，也是三级课程在班级层面的特色实施。

学科类班本课程是学生必修且学分至关重要的课程，课程设计、教学目标都有统一要求，教学水平及教师魅力对学生兴趣影响相对较弱，学生处于相对弱势，他们只是被动地接受，遵从教学安排是取得良好成绩的必要条件。这种教学方式最终会让学生熟悉并厌倦。而学科类班本课程的开发完全是从学生的角度出发的，是在必修课程之外的辅助课程，以学生为主体，容易被学生接受，从而促进学生对本学科学习的积极性。

（二）隐性班本课程的开发

隐性班本课程也称为潜在班本课程、隐蔽班本课程、非正式班本课程等。它是主要以间接的、内隐的方式呈现的课程。

隐性班本课程主要包括班风、学风及师生关系、同学关系等，有助于促进或干扰教育目标的实现。在班级管理中，有意识地选择和开发隐性班本课程，对于促进班级管理水平的提高具有十分重要的作用。

（三）活动类班本课程的开发

活动课程与分科课程相对，是以学生的兴趣、需要和能力为基础，通过学生自己组织的一系列活动而实施的课程。

活动课程是学生在教师引导下获得知识和技能的重要途径之一，也是促进学生心理发展的途径之一。它对于调动学生的积极性、主动性，培养学生解决实际问题的能力和创新精神，培养兴趣特长，丰富学生的精神生活，形成学生的思想品德，促进学生个性发展等，起着重要的作用。因而，越来越受到人们的重视。

以活动课程为基础在班级层面开发的课程就称为活动类班本课程。活动类班本课程本身就被称为"儿童中心课程"，是以学生为主体开发的。从班级层面结合本班学生的特点和需要开展一些活动，有利于学生学习积极性、主动性的发挥；通过各种活动的开展，也有利于培养学生解决实际问题的能力；同时，也是尊重学生主体地位的体现。

（四）家长参与开发的班本课程

家长是班本课程开发的重要资源之一。他们有着各种职业的角色和不同的社会体验，对学生将来的职业选择和对社会的认识有着极其重要的影响。本文将家长参与开发的班本课程界定为家长为课程的开发主体，主要以家长资源和学校周边环境资源为开发对象而形成的课程。

在教育孩子的路上，家长永远是教师最有利的朋友和助手。每个班级都有不同的家长资源，他们从事各种不同的职业，有着不同的知识背景，如果能将家长这一丰富的课程资源开发好，将会成为班级课程的一大特色。

四、班本课程开发的几点建议

（1）构建完善的班本课程的评价体系。
（2）多方参与，形成班本课程开发的合力。
（3）创造条件，调动教师开发班本课程的积极性。
（4）增强教师的课程意识，提高教师的课程开发能力。

结束语：

富兰克林说："告诉我，我会忘记。教给我，我可能会记住。让我参与，我才能学会。"教育不是把知道的已知经验灌输给孩子，而是让孩子亲自参与、体会、摸索、关注。这种自下而上的班本课程开发，可有效地促使学生主体从被动参与到主动参与、对班级的被动关注到主动关心、从之前的浅关注到深融入，相信将以造血细胞般源源不断地助力提升学生的核心素养。

参考文献

[1] 成尚荣. 关于班本课程［N］. 中国教师报，2013-10-30.

[2] 孙晓红. 班本课程化尝试［N］. 中国教师报，2016-5-19.

[3] 张维娜. 小学班本课程开发研究——以潍坊市潍城区小学为例[D]. 聊城：聊城大学，2015.

[4] 毛丽平. "心"文化引领下暖记忆课程的班本开发与实施［A］. //2014年江苏省中小学课程规划与实施现场观摩研讨会论文集［C］，2014.

《瓯海文化寻踪》课程建设

温州市瓯海区外国语学校　徐琦环

一、课程简介

瓯海人文荟萃，历史文化底蕴丰厚。见证历史变迁的民俗活动、流传千年的传统手工艺、家家户户耳熟能详的历史名人，承载着历史记忆的建筑，就像历史链条中文明的碎片，闪烁着历史的背影。然而，让人痛惜的是，原本我们可以触摸的"文明的碎片"，有些因长期无人问津或人为破坏，特别是城市化进程、新农村建设过程中的损坏，成为难言的遗憾与记忆。

让我们一起走进这些被人遗忘的历史，去了解这些优秀文化，承担起文化传承的责任，让这些文化宝藏代代流传。

二、课程背景

1. 传承瓯海当地文化

党的十九大报告中指出：文化是一个国家、一个民族的灵魂。文化兴国运兴，文化强民族强。文化是一个国家和民族精神的延续，而优秀的传统文化更是一个国家和民族文化与精神层面的集中表达，具有深远的意义。在瓯海历史的发展中，形成了许多优秀的传统文化。瓯海下辖12个街道、1个镇、1个省级开发区，三星级及以上景区有50个，土特产、文化遗产丰富。尤其是近代以来，因着瓯海特殊的地理位置和自然环境，在中国革命历史上也留下了浓重的一笔。通过了解这些优秀的传统文化，可以增强对祖国和家乡文化的自信心与自豪感，提升文化素质和内涵，从而实现在传承的过程中不断创新。

2. 提升学生核心素养

2014年3月教育部颁发了《关于进一步深化课程改革，落实"立德树人"重要任务的意见》，提出了培养学生的"核心素养"，即为学生终身发展和社会发展所需要的必备品格和关键能力。我们通过展现学生实际生活中触手可及的文化内容，激发学习的热情；通过展现瓯海文化发展的脉络、现存状况，引发学生对社会现状的思考，提出文化保护和传承对策，培养问题解决的能力。在问题解决的过程中，了解中华优秀传统文化，了解中国共产党的历史和光荣传统，形成具有热爱党、拥护党的意识和行动理解，形成为实现中华民族伟大复兴中国梦而不懈奋斗的信念和行动，增强国家认同素养。

3. 《瓯海文化寻踪》课程建设社团活动课程化

丰富校园文化活动尤其是学生社团活动，让学生在生动活泼的自主活动中，获得积极的情感体验，增强社会责任感，提高实践能力和学习能力，已然成为学校落实新课改精神，实施综合实践活动，加强社会实践和社区服务的集中体现。当下，学校社团活动轰轰烈烈全面铺展，社团活动课程化已成为拓展性课程开发和实施的关键点。《瓯海文化寻踪》课程设置立足学校社团活动的开展，秉持着瓯海区外国语学校"让视野更宽，与世界更近"的办学理念，以"展才气"为目标，引导学生"认识家乡，关注社会"，在问题探究和社会实践的过程中引导学生树立人生理想。

《瓯海文化寻踪》课程属于温州市瓯海区外国语学校《宽课程》体系下《社会与交往》课程中的一门课程（图1）。

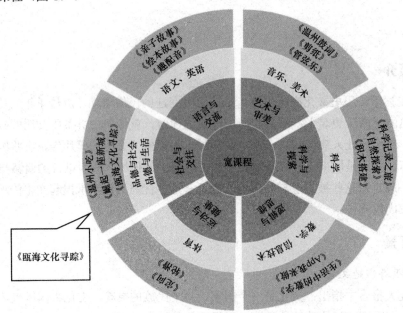

图1 《瓯海文化寻踪》课程

三、课程目标

（1）价值体认：通过学习瓯海优秀的民俗、工艺，了解瓯海悠久的历史；通过学习瓯海历史名人、文物古迹，了解他们（它们）的重要事迹。能够知道这些民俗、工艺、历史名人和文物古迹是瓯海文化的重要组成部分。

（2）责任担当：通过学习这些优秀的传统文化，加深对家乡的认识，增强对家乡、对国家的热爱，自觉承担起文化传承的责任；在学习的过程中明白自己身上所肩负的历史使命，勇于承担社会责任，积极参与公共事务，并积蓄力量将来参与国家建设。

（3）问题解决：通过展现瓯海文化发展的脉络、现存状况，引发对社会现状的思考；通过合作探究，明确传统文化在当今社会面临的困难，提出文化保护和传承对策，培养解决问题的能力。

（4）创意物化：以时间为脉络，了解瓯海千年文化的发展历程，感受瓯海文化内涵的丰富；以空间为架构，在认识瓯海的同时，领悟瓯海在历史发展中尤其是近代历史中发挥的重要贡献。通过小组汇报、撰写论文等方式，呈现学生的创意学习成果。

四、课程内容与实施

1. 具体实施

2015—2017 学年，在课程开设的三年时间里，我们团队经历了独自探索到团队合作，前期由负责人一人来实施，到后期组建了由教研员作为指导的课程开发团队，承担课程的开发与实施。以学校教研活动为平台，先后开展了几次研修活动（内容论证、课堂论证、课例研究），在实践中一步步完善课程，推动拓展性课程的开发与建设。

以 2017 学年为例，本课程开课时间为第二学期（即 2018 年 3—5 月），在每周周三下午第三节拓展课时开展教学，共 12 个课时。八年级学生自主选课，采取走班上课的形式，由八年级社会组教师负责上课。

2. 学习与组织方式

在学习过程中，资料收集和观点的提炼要求开展课前的资料搜集与阅读活动，对收集到的资料进行总结，能提炼出一定的观点。课堂上以小组为单位，对所收集的资料和提炼的观点进行展示，小组之间相互评价。在小组合作的基础上，教师给出史料，引导学生去思考。或者是在原有观点上的继续升华，或者是对原有观点的质疑及观点的重建。在课堂教学的过程中，组织学生小组讨论，自主解决问题、提出问题，以提高学生参与的积极性。

例如，在《周岙挑灯节》的教学中，合作讨论后有个小组推选的代表就来自泽雅周岙，亲身经历过教材中提到的元月十三周岙挑灯。他结合自己的实际经验描述了周岙挑灯的整个过程和盛况，并发表了自己对挑灯节现状的见解。这种贴近生活实际的题材帮助学生搭建起了学校学习与生活之间的桥梁，将他们的生活实践经验转变为解决问题的知识。学生成为课堂的主体，使得课堂精彩纷呈。

为了更好地凸显学科核心素养，学校在教学过程中十分重视"用史料创设情境"。例如，在《景德寺的钟声》一课中，教师给出瓯海郭溪景德寺的图片，结合图片解说景德寺是温州和平解放谈判旧址，国民党和共产党的代表曾两次在这里谈判温州和平解放事宜。在此基础上提出了问题：为什么温州能够通过和平谈判解放？教师给出"1949 年 4 月渡江战役""浙南游击根据地的建设、浙南解放战争的发展""中国共产党统战政策"等史料，在此基础上分析温州和平解放的原因，让学生认识到瓯海在温州历史上曾经发挥过的重要作用，增强对家乡的自信心和自豪感，从而培养学生的历史意识。

五、课程评价

在课程实施过程中，遵从过程性评价和阶段性评价相结合原则，评价主题多元化，调动学生学习的积极性。

课程评价关注学生的全面发展，不仅仅关注学生对知识和技能的获得情况，更关注学习的过程、方法，以及相应的情感态度和价值观等方面的发展。评价的内容为学习习惯、学习兴趣、学习能力、学习方法和情意发展。评价的主体以学生为主、教师为辅。学生针对学习过程中的自我表现有自我评价和同伴评价，教师的作用在于过程性地观察与记录，通过数据分析学生对以上几方面的表现，并给出客观的评价和改进建议。

（1）指向体验的过程性评价。

1）课堂表现评价：主要从考勤、课堂表现、思维能力和合作交流等方面评价，分为个人评价、同学评价和教师评价。

2）实践性评价：课前的资料收集（推荐任务完成）和课堂展示两部分。

（2）指向课程实施与完善的评价。

本课程开发努力做到"三个结合"，即课程开发与学科课程结合，拓展基础学科的学习内容，努力夯实学生的学科功底；与社会多样化需求结合，及时吸纳科技、文化、经济、社会发展的最新成果，奠定学生适应未来社会生活的基础；与学生自身发展需求相结合，促进学生个性特长的养成和发展。

六、课程成效

（1）深化对乡土文化的认识。先前学生对乡土文化的认识仅停留在是什么的层面上，经过本课程的学习之后，他们明白了为什么及今后要怎么做，对瓯海的乡土文化有了更深刻、更具体的认识。在最后一堂课上提问学生：除本课程提到的内容外，你还知道瓯海的哪些乡土文化？你们了解它们的历史和现在吗？从而引导学生去关注身边，利用各种资料去了解乡土文化，向身边的人宣传乡土文化，自觉承担起文化传承的责任。

（2）让家国情怀扎根心灵。本课程通过介绍优秀乡土文化，使学生了解到中华文化的博大精深，在潜移默化的熏陶中，增强对民族、对国家的认同。同时，也开拓学生的视野，让他们认识到自己与社会、国家是密切相关的，并在以后的学习中不断凝聚力量，为实现中国梦而不断奋进。

本课程自开发实施以来，取得了一系列的成绩。例如，徐琦环教师撰写的论文《守望乡土文化　激扬家国情怀》获温州市论文评比三等奖，学生林煊洋撰写的论文《寻踪泽雅永宁桥》获温州市历史与社会小论文评比二等奖，章萌芮撰写的小论文《探究温州西山窑的历史与发展》获温州市历史与社会小论文评比三等奖。我们将秉承将瓯海文化传承下去的信念，继续完善和实施课程，为瓯海文化的发展做出自己力所能及的贡献。

重构·融合
——"生活与创造"STEAM 课程

温州市第八中学　吴芳芳

一、"生活与创造"STEAM 课程描述

（一）"生活与创造"STEAM 课程框架

以培养学生综合问题解决能力为出发点，以学科学、习方法，玩科学、求创新，爱科学、爱生活为课程理念，从"科学·方法""科学·创造""科学·生活"三个维度，构建以融合、创造、生活为核心的"生活与创造"STEAM 课程（图 1）。

（二）"生活与创造"STEAM 课程设置

首先，在基础性课程和拓展性课程里寻找"生活与创造"STEAM 课程融合的方法和策略；其次，整合并高效利用校内外资源，为"生活与创造"STEAM 课程体系的构建提供保障；再次，确定"生活与创造"STEAM 课程架构并完善课程体系（表 1）。

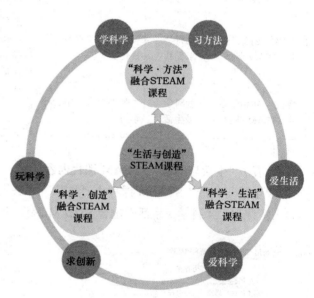

图 1　生活与创造 STEAM 课程

表 1　"生活与创造"STEAM 课程设置

课程类型	课程名称	七年级	八年级	九年级
基础性课程	"科学·方法"融合 STEAM 课程	隔周 1 课时 望远镜 简易温度计	隔周 1 课时 二氧化碳灭火器 浮力秤	隔周 1 课时 简易暖宝宝 高精确度天平
拓展性课程 （知识拓展）	"科学·创造"融合 STEAM 课程	每周 1 课时 火灾防护门 纸牌塔	每周 1 课时 免接触式消毒器 筷子桥	每周 1 课时 火灾报警器 纸飞机
拓展性课程 （实践活动）	"科学·生活"融合 STEAM 课程	暑期 4 课时 多层立体盆栽制作	暑期 4 课时 灭蚊灯制作	暑期 4 课时 便携实用的公筷制作

（三）"生活与创造" STEAM 课程管理

建立以校长、副校长、学科骨干为主要成员的"STEAM 课程领导小组"和三个"STEAM 课程融合实施研究小组"，负责课程开发、督促、检查、实施。

（四）"生活与创造" STEAM 课程目标

"生活与创造" STEAM 课程总目标：融合设计学习、项目学习、综合学习及核心素养等理论观点，强调真实问题、跨学科融合运用知识，凸显设计与工程技术的价值及问题解决为导向的学习方式，培养学生终生学习技能，包括沟通能力、合作能力、批判性思维与创造力和问题解决能力（表2）。

表2 "生活与创造" STEAM 课程目标

课程名称	课程理念	实施方式	课程分目标
"科学·方法"融合 STEAM 课程	学科学习方法	常态科学课堂进行学习	通过驱动性问题、探究学习、促进合作交流，培养学生像科学家一样思考问题、像工程师一样解决实际问题
"科学·创造"融合 STEAM 课程	玩科学求创新	拓展性课堂结合项目化学习	结合项目的开发、设计、制作、使用和评价等，运用科学、技术、工程和数学等领域知识与技能解决现实问题，培养学生的学习力、创新能力、提升思维品质和增加社会责任感
"科学·生活"融合 STEAM 课程	爱科学爱生活	暑期结合小组合作学习	结合暑期的挑战项目，将科学、数学、技术、工程等不同领域的知识具象化、可视化，像工程师一样解决真实问题，让学生热爱生活、感受生命的价值和珍惜生命

（五）"生活与创造" STEAM 课程内容

"生活与创造" STEAM 课程由"科学·方法"融合 STEAM 课程、"科学·创造"融合 STEAM 课程、"科学·生活"融合 STEAM 课程三个模块构成。具体内容如图2所示。

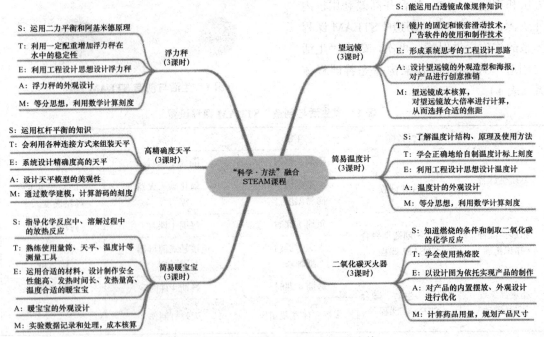

图2 "生活与创造" STEAM 课程实施

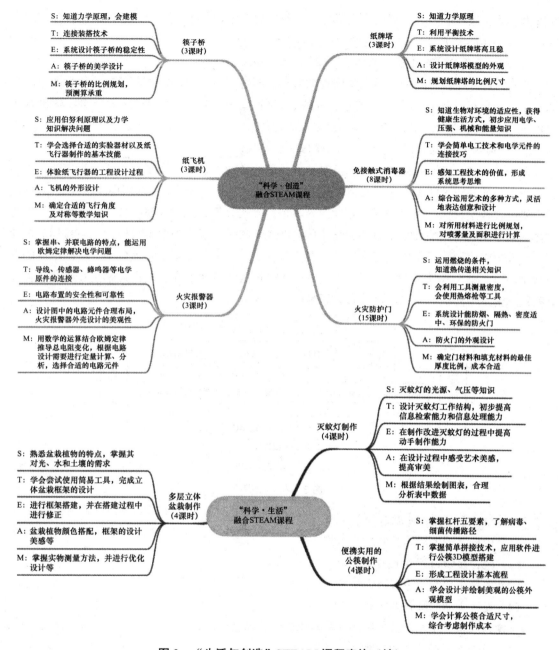

图2 "生活与创造"STEAM课程实施（续）

二、"生活与创造"STEAM课程实施

（一）重构——立足教材、基于科学学科知识方法整合的STEAM实践

在科学课堂里结合科学学科知识方法、核心概念融入STEAM理念是实施STEAM课程有效的实践路径。将STEAM教育与科学学科在课堂要素、教学模式、教学策略、课堂评价等方面进行整合。两者都强调学习的情境性，将科学问题置于现实的生活中，通过观察科学现象，探寻科学知识，在解决问题中学习科学知识，激发学生的好奇心和求知欲，从而提高学生的创

新能力和动手操作能力。在解决真实问题的过程中培养学生勇于探索、积极进取的科学态度和创造精神，这是 STEAM 教育和科学课程整合的核心价值。

1. 提炼基于 STEAM 理念的初中科学课堂教学要素

结合 STEAM 教育的特点及科学课程的特点，提炼了基于 STEAM 元素初中科学课堂的教学要素，即目标、问题、任务、支架、成果、评价六大要素，深入剖析六大要素，明确基于 STEAM 元素的科学课堂不同于传统的科学课堂。

2. 重构基于 STEAM 理念的初中科学课堂教学模式

基于梳理的 STEAM 特点、要素及对初中科学的教学理解，提出了以"任务为支架，以问题为引领"的基于 STEAM 理念的初中科学教学模式，如图 3 所示。由图中可以看出，教学模型主要包含教学目标、教学程序、教学内容、评价方式等教学元素。整个教学是以项目任务为载体的基于问题解决的教学，以培养学生的 STEAM 和科学素养为根本目标，在该目标的指导下，在教学中设计了"观察发现→设计方案→合作实践→评价分享→拓展延伸"不同维度的五个教学环节。整个教学过程将项目学习和 STEAM 相关学科融合在一起，让学生在收获蕴含在真实问题情景中知识的同时，培养高阶思维能力，达成素养目标。

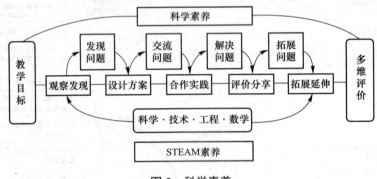

图 3　科学素养

3. 总结基于 STEAM 理念的初中科学课堂教学策略

（1）挖掘基于生活体验的真实情景。

（2）融合多学科素养的教学要求。

（3）依托工程实践进行科学探究。

（4）设计驱动的综合性问题。

4. 建构基于 STEAM 理念的初中科学课堂评价体系

（1）教学评价全程跟进（略）。

（2）教学评价多样化（略）。

（二）融合——基于项目式学习的科学拓展性 STEAM 课程的实践

基于 STEAM 理念，进行主题项目式学习，构建科学拓展性 STEAM 课程，课程内容包括"科学·创造"融合 STEAM 课程和"科学·生活"融合 STEAM 课程。

1. 重构 STEAM 项目式学习的教学目标

在教学中，教学目标的确定就尤为重要，是教师教学的指向标，是学生学习的灯塔。项目化学习目标是融合统整的，学生在完成驱动型问题的过程中，通过跨学科的融合学习，发现不同学科之间概念的联系，达成深度理解知识、发展能力、培养态度和价值观的素养目标。所以，STEAM 项目学习的教学目标要围绕选择的科学项目主题并结合 STEAM 理念和学生的认知特点进行适当的取舍形成有机整体。实现深度学习 STEM 项目化学习教学目标追求：关注融合、提高能力、提供挑战、培养素养（图4）。

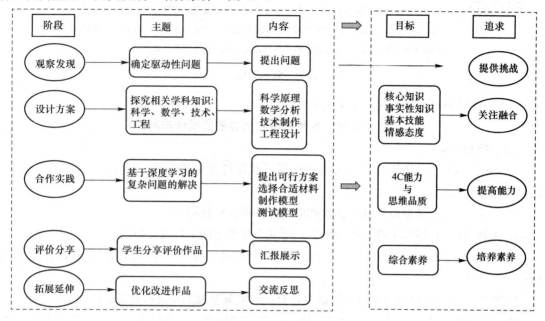

图 4　重构 STEAM 项目式学习的教学目标

2. 设置 STEAM 项目式学习教学流程

在实际教学操作中，教师遵循前面提到的教学模型，融合工程思想进行项目整体设计，整个项目流程分为六个阶段（图5）。在 STEAM 项目的六阶段开展过程与工程设计过程步骤形成了较为一致的对应关系。因此，在 STEAM 项目学习的第二阶段形成项目之后，以工程设计思想为纽带，将科学、数学等其他学科内容融合，进行调查、设计、创造和评估，成为一个完整的 STEAM 学习项目。

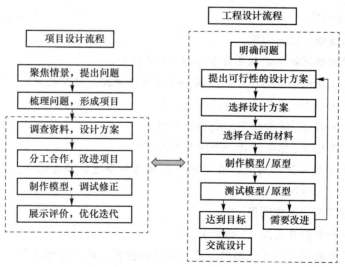

图 5　项目设计流程

3. 构建STEAM项目式学习教学策略（图6）

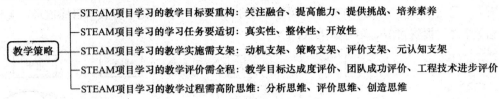

教学策略
- STEAM项目学习的教学目标要重构：关注融合、提高能力、提供挑战、培养素养
- STEAM项目学习的学习任务要适切：真实性、整体性、开放性
- STEAM项目学习的教学实施需支架：动机支架、策略支架、评价支架、元认知支架
- STEAM项目学习的教学评价需全程：教学目标达成度评价、团队成功评价、工程技术进步评价
- STEAM项目学习的教学过程需高阶思维：分析思维、评价思维、创造思维

图6　教学策略

4. STEAM项目式学习实施案例列举

《疫情背景下的免接触式消毒器的设计与制作》

（1）项目目标：

1）科学（S）：知道生物对环境的适应性；获得健康生活方式；初步应用电学、压强、机械和能量的知识。

2）技术（T）：学会简单电工技术和电学元件的连接技巧。

3）工程（E）：感知工程技术的价值，形成系统思考的工程设计思维。

4）艺术（A）：综合运用美术、图片、动画和模型等多种方式，灵活地表达创意和设计。

5）数学（M）：对所用材料进行成本计算；对喷雾量及面积进行计算。

6）能力目标：培养学生终生学习技能，包括沟通能力、合作能力、批判性思维与创造力和问题解决能力。

（2）驱动性问题：如何为防控疫情设计并制作一个免接触式喷雾消毒器？

（3）项目实施流程如图7所示。

聚焦情景，提出问题 → 梳理问题，形成项目 → 调查资料，设计方案 → 分工合作，改进项目 → 制作模型，调试修正 → 展示评价，优化迭代

图7　项目实施流程

（4）项目实施内容：

阶段一：聚焦情景，提出问题。

任务一：了解新型冠状病毒相关背景知识（1课时）。

【目标】知道生物对环境的适应性；获得健康生活方式；培养相应的社会责任感。

【核心问题】问题1：新型冠状病毒知多少？

问题2：防御病毒，我们该如何做？

问题3：你能设计一个防疫用品吗？

【学生活动】通过阅读、搜索、咨询等方式收集新型冠状病毒的相关知识，设计防疫用品，整理并制作文本、幻灯片或视频。

阶段二：梳理问题，形成项目。

任务二：设计一个防疫用品（1课时）。

【目标】感受工程设计的系统思维；培养信息的搜集与处理能力。

【学生活动】小组间对已设计的防疫用品的可行性进行设想，考虑产品的材料、性能、实用性、成本等因素，确定项目初步想法。

小组线上调查市场上的消毒器类型及原理，然后小组提供自己的设计初步想法。

阶段三：调查资料，设计方案。

任务三：形成免接触式喷雾消毒器初步设计图（1课时）。

【目标】初步应用电学、压强、机械和能量等知识，设计解决问题的方案。

【核心问题】问题1：免接触式喷雾消毒器的工作原理是什么？画出详细的设计图。

问题2：如何实现人手的无接触控制？

【学生活动】小组交流市场消毒器类型及原理的资料，成员通过交流与相互启发，形成免接触式喷雾消毒器初步设计图。

阶段四：分工合作，改进项目。

任务四：制订可行性方案——免接触式喷雾消毒器再设计（1课时）。

【目标】乐于在交流平台上分享自己的方案与创意，能汲取其他作品的优点并能修正自己的方案。

【学生活动】每小组派代表汇报设计图及方案①至方案⑦。

①脚踩式喷雾消毒器；②全自动喷雾消毒器；③电动水泵喷雾消毒器；④感应式纳米喷雾消毒器；⑤自动感应电动喷雾消毒器；⑥自动感应免洗消毒器；⑦编程技术的可控式喷雾消毒器。

【核心问题】问题1：该方案如何实现无接触式控制？

问题2：该方案还可能存在什么问题？

【学生活动】

（1）组间进行方案评价，选一个小组方案围绕两个核心问题进行分析并对其他组的方案提出疑问或建议，小组的记录员及时记录。

（2）各小组修正免接触式喷雾消毒器初步设计图。

阶段五：制作模型，调试修正。

任务五：形成免接触式喷雾消毒器的初步产品（2课时）。

【目标】学会选择合适的材料，学会简单电工技术和使用工具解决现实问题的能力。

【学生活动】每小组派代表汇报初步产品。

【核心问题】产品还有哪些需要改进的地方？

阶段六：展示评价，优化迭代。

任务六：形成产品，选择合适的场景展示产品效果（2课时）。

【目标】综合运用文字、图片、动画和模型等多种方式，灵活地表达想法、创意和设计成果，并能进一步地优化迭代。

【核心问题】如何以简洁明了的方式，介绍和推广自己的产品？

【各小组作品】

（1）方自豪组的作品——感应式纳米喷雾消毒器（图8）。

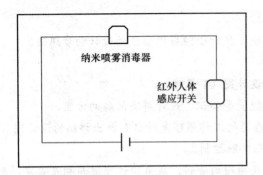
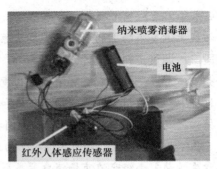

图 8　方自豪组作品模型

（2）高圣乔组的作品——编程技术的可控式喷雾消毒器（图9）。

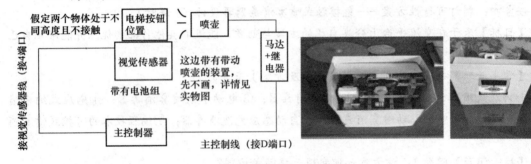

图 9　高圣乔组作品模型

（3）陈泓宇组的作品——电动水泵喷雾消毒器（图10）。

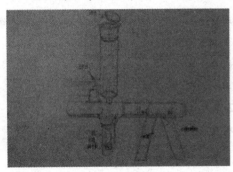

图 10　陈泓宇组作品模型

（4）余轩逸组作品——全自动喷雾消毒器（图11）。

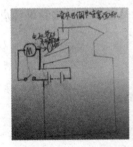

图 11　余轩逸组作品模型

（5）施婧璇组的模型——自动感应免洗消毒器（图12）。

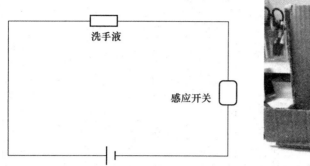

图12　施婧璇组作品模型

（6）邹旻妤组的模型——自动感应电动喷雾消毒器（图13）。

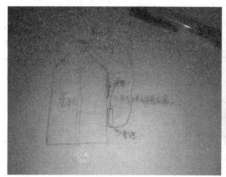

图13　邹旻妤组作品模型

【学生作品集】

学生作品汇总见表3。

表3　学生作品汇总

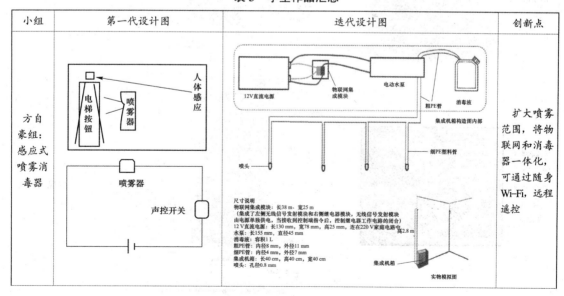

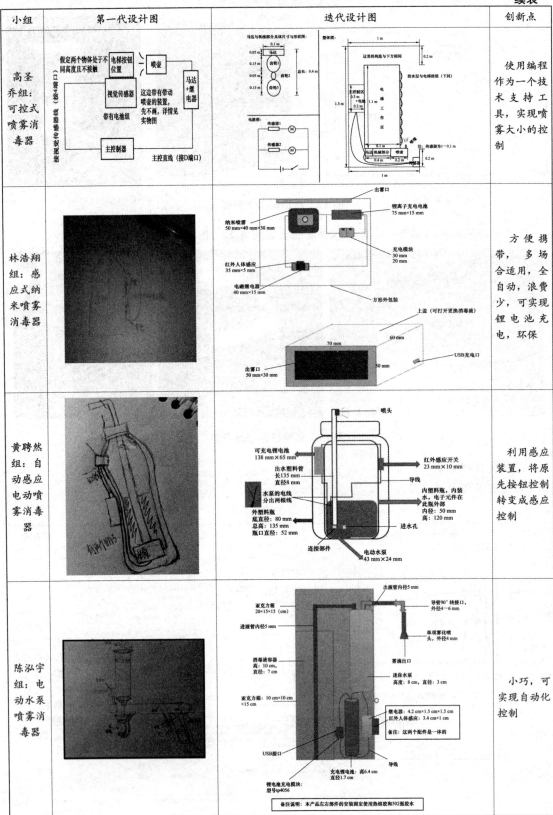

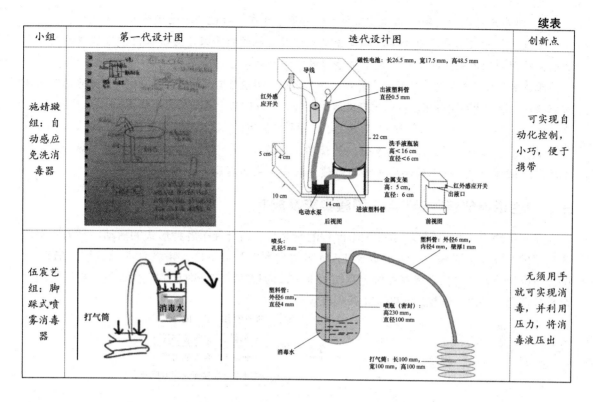

（5）项目评价。《设计制作免接触的消毒器》项目化学习的过程性评价量表有自我评价、组员评价、团队评价；结果性评价有产品评价和学生项目报告单。

1）制订产品评价量表——测定产品的目标达成度（表4）。

表4　产品评价

评价指标	0分	1分	2分	得分
设计图	无设计图	有设计图，但原理不清晰	有设计图且原理清晰	
外观	外观不美观、无外包装	外观美观、无外包装	外观美观、有外包装	
控制	需人力控制	自动化控制	感应控制	
喷液量是否可调节	不可调节	两挡调节	三挡及以上调节	
故障率（一分钟内故障的喷液次数占总次数的比率）	60%以上	30%～60%	30%	
是否漏液（密封性）	漏液	不漏液		
消毒液剩余量可见度	肉眼不可见	肉眼可见		
总分				

2）制订团队评价量表——衡量团队成功合作的程度。

3）制订自评量表和互评量表——衡量学生学习的情感、态度、价值观、达成度。

4）消毒器的设计与制作的项目报告——衡量学生在学习过程中的进步。

教师设计和使用产品报告单，搭建项目化学习过程的脚手架，为项目化学习过程的关键步骤或关键问题制定相应的指南，用于指导和修正学生的学习。

消毒器的设计与制作产品报告内容包括产品名称、小组分工、设计背景（解决生活中遇到的什么困难）、设计图与实物图、核心问题的解决过程、设计过程中遇到的问题解决的方法（用什么方法或材料解决的）、所需要的材料及来源、成本核算、使用说明、广告词、收获与反思等。

教师应在课前提前发放活动手册，并让学生在项目化学习过程中记录和书写，帮助学生形成思考、探讨和解决问题的思维方式与习惯，提高解决问题能力。

三、"生活与创造"STEAM课程实施及成效

学校围绕"生活与创造"STEAM课程的研究与实践开展了各种形式的活动，努力开发切合校情的STEAM课程，不断丰富STEAM教育内涵，拓展STEAM教育活动领域。STEAM课程建设为提升学生核心素养提供更宽阔的平台，为教师培养新时代的学生提供了更系统的教育教学理念与手段，学校的STEAM课程成效如图14所示。

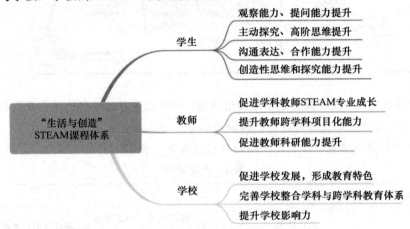

图14 "生活与创造"STEAM课程体系

"生活与创造"STEAM课程不仅满足了学生个性化的需求，还为学生的终生学习发展奠定了基础；不仅提高了学生的主动探究、深层思考的能力，还让他们获得了现代社会必备的整合信息、团队合作、协同创新的能力。在"生活与创造"STEAM课程的实践中，教师的跨学科教学能力、个人专业发展也不断得到提升，我校教师开发了《火灾报警器的制作》《天平的制作》等课例，让学生有时间充分动手实践，体验科学魅力，受到学生的极大欢迎。吴芳芳、蔡若茹、蔡南科、林冬冬等教师在国家专利、STEAM课程、课题、论文、项目化学习案例等评比中硕果累累，先后获得5项国家专利发明，22人次获得温州市一等奖、二等奖、三等奖。其中，吴芳芳和林冬冬教师负责实施的《疫情背景下的免接触式消毒器的设计与制作》STEAM学习案例入选浙江省案例集并代表温州市在2020年浙江省项目学习博览会上展示。

重构、融合、创造、生活——"生活与创造"STEAM课程体系的关键词，基于"生活与创造"STEAM课程体系的建设任重而道远，我们将继续致力于STEAM教育的研究与探索，力求再造学生的未来学习空间，优化组织管理形式，改进STEAM教与学，构建促进学生终身发展的多维生态系统。

让梦想点亮每一个"港娃"人生

永嘉岩头镇港头学校　谢益明

一、课程基础

港头学校是永嘉县岩头学区的一所九年一贯制的农村学校,2009年由港头中学与港头小学合并而成,学校先后被授予省达标学校、县平安学校、县小班化课改基地、县体育特色学校等多项荣誉称号。

学校坐落于国家4A风景区楠溪江畔,港头学校就像楠溪江畔小小的一个港湾。楠溪江的山岩中有峰笔立、崖如削、洞悬壁的奇异景观,景区内江滨村落风貌独特,保存着宋代以来的亭台楼阁、寺庙、道观、宗祠、牌楼等古建筑。特别是学校旁边的苍坡古村,是中国四大民居之一,至今仍保留着比较完整的历史风貌和许多传统文化遗迹。学生每天面对楠溪江和苍坡古村,对它们有着深厚的感情,也有着浓厚的兴趣。这些资源为我们课程的开发提供了丰富的素材。

我校现有18个教学班,每一个班级都备有多媒体设备;学校还有2个音乐室、2个实验室、2个美术室、1个图书室、1个读书吧、1个大队活动室,这些硬件设施为有效开展梦乡教育课程提供了有利条件。

我校现有教职工46人,其中高级教师2人、市教坛新秀2名、市骨干教师2名、县教学名师1名、县教坛新秀1名、县骨干教师3名,教师平均年龄在30岁左右,正处于教学生涯的黄金时期,教师爱岗敬业、责任心强、精力充沛、渴望上进,都希望成为孩子梦想的引航人。

二、课程理念与育人目标

梦乡即梦里水乡,梦乡教育是指以这片钟灵毓秀的水乡承载美好梦想,让梦想在这里孕育、诞生,一步步走向成熟,成就人生。

办学理念:让梦想点亮人生。

课程理念:"为每一位学生的梦想引航"的儿童课程,我校是一所农村学校,孩子都来自农村家庭,家庭条件一般,家长文化水平较低,对孩子没有要求,孩子没有梦想、没有人生规划,许多学生初三毕业就出去打工。因此,我们的课程要为每一位学生的梦想引航,让他们成为有梦想、有追求的人。

育人目标:培养有活力、有魅力、有魄力、有灵力、有梦力的追梦少年。

三、课程内容与设置

1. 课程结构

我们以"为每一位学生的梦想引航"为理念,建构了"梦乡"课程体系,如图1所示。

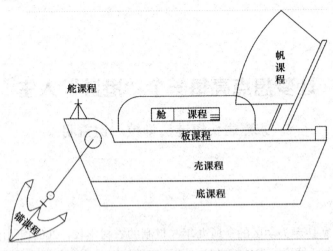

图1 港头学校"梦乡"课程结构

"梦乡"课程框架是船的形状,由帆课程、舵课程、锚课程、舱课程、板课程、壳课程、底课程构成。课程以儿童为中心,以基础课程与梦乡课程为核心,以人文底蕴、科学精神、学会学习、健康生活、实践创新、责任担当六大核心素养为支架,教师为梦想导航员,带领满船的港娃,驶向他们心中的梦中水乡,点亮每一个港娃心中的梦!

2. 特色课程:古道·楠溪

以"走进古村"为特色课程活动载体,通过课堂学习、实地走访、采集实践等形式,了解学习古井、古渠、古船、古门、古亭、古训、古风、古人,进而理解学习古村落背后的耕读田园和水文化,积淀人文知识和科学素养,指引港娃乘着港头的这艘船,通过美、智、技之道,从水道走上陆道,最终迈上人生大道(图2)。

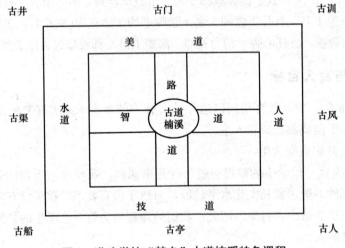

图2 港头学校"梦乡"古道楠溪特色课程

四、课程与教学实施

1. 整合基础性课程内容

基础性课程是指国家规定的必修课程,包括语文、数学、科学、英语、美术、体育等。为了更有效地实施"梦乡"拓展课程，在不影响基础性课程教学质量的前提下，我校对国家的基础性课程进行优化整合。将某些学科重合的内容进行合并整合，并探索小升初的课程衔接与内容整合。

2．优化教学时间

我校在课时总量和教学时间不变的前提下，对课堂教学时间进行了优化调整，将原来的每节课40分钟调整为15分钟、30分钟、40分钟、80分钟。15分钟为微课时，主要用于晨读、梦想游戏、运动一刻等；30分钟的小课时主要用于文化类拓展课程；40分钟的标准时间就要用于基础性课程的教学；而80分钟的大课时主要用于综合性拓展课程。

3．家庭、学校、社会有效结合

基础性课程的主阵地是教室，而"梦乡"课程的阵地不仅仅是教室，还有可能是楠溪江畔的滩林、苍坡古村、丽水街、芙蓉古村、农田等。因此，教学与教育的任务不再是教师一人来承担，拓展课的教师可能是农夫，也可能是果农，还有可能是交警等公职人员。所以，我们的课程需要整合身边的资源，需要家庭、学校、社会有效结合。

4．建立"梦乡"课堂结构

"梦乡"课堂结构是在梦乡教育思想的指导下为完成一定的教学目标，对构成教学的诸因素在时间、空间方面所设计的比较稳定的、简化的组合方式及其活动程序。"梦乡"课程结构可分为引梦、入梦、思梦、探梦、醉梦、圆梦六步骤。引梦为课题导入，通过师生互动、创设情境等方法将学生课前分散的注意力即刻转移到课堂上来，并使学生处于积极的学习状态，"梦乡"课堂的第一步就是引导学生关注课堂；入梦为进入课程教学，通过课前引导，带领学生进入学习状态，入梦是教学的过程，也是学生为课堂学习打基础的过程；思梦在教学过程中引导学生多做思考，善于提问，"思"是学习过程中的重要一环，学习与思考相结合是历代先贤哲人倡导的读书方法；探梦是在教学过程中的探索体验，通过小组讨论等环节，激发学生智慧的火花，促使更多学生参与课堂，尝试自行探究问题，找出答案，最后展示分享探究的结果；醉梦是指沉浸于课堂学习，好的课堂是能让学生犹如醉梦般完全沉浸在里面，只有使学生深深沉浸其中，才能使教学效果最大化；圆梦为有所收获，课堂教学的最终目标是让学生掌握知识，获得真理，以知识奠定实现梦想。

5．推行"1+4"合作课堂教学改革

实行"梦乡"课程的最终目的是提高教学质量，帮助每一位学生成为有梦想的追梦少年。因此，我校积极推进小而特教育，改进课堂教学，在探梦环节提出了"1+4"合作课堂。"1+4"合作课堂中的"1"是指合作学习的任务，也就是这节课学生要解决的主要问题。"4"是指学生合作学习中经历的"4环节"：自学（独学）、合学（对学、群学）、展学、评学。这里的自学不仅包括课前预习，也包括课堂上的自学；合学的形式比较多样，可以是同桌合学，也可以是对子合学，还可以是四人小组合作学；展学主要可分为个人展示、小组展示和全班展示三类；评学就是根据一定方法和标准，对合作学习和展示的过程做出客观的衡量与合理的判断。

6．开发评价工具，借物开展激励性评价

根据学生的年龄特征开发学具，对学生的合作学习进行合理评价，以促进合作学习的有效性。

（1）低段激励计数器。我校综合农村小班化课堂的特点，经过不断地创新与调整，创造出了属于自己的一套课堂激励机制——"计数器激励机制"。"五行计数器"上，总共有5个轨道，每个轨道上都有10颗珠子。在计数器的背面在每一个的轨道后面都写上序号，1到4号，代表每组的4位同学。在小班化课堂上，孩子每发言一次且正确，就从反面滚动一个珠子到正面。一共是4位成员，最后的一个轨道则设计成小组的激励。当合作学习时，哪一组表现优秀时，教师就适时给该组滚动一个珠子，以资鼓励。一节课之后，一颗珠子代表1分，以小组的形式统计总分。

（2）中段合作笔筒。根据江苏特级教师周婷教授的四色学习单理论及小班化的百分百教学理论，我校教师共同开发了合作笔筒。合作笔筒结构上分成照片架与笔筒两部分。照片架由四色单组成，主要用于合作环节，其中四色分别代表：蓝色代表自主思考、黄色代表合作讨论进行时、红色表示合作有疑问、绿色代表完成合作。学生在小组合作时，就可以利用四色单有序进行小组合作，教师也可以根据四色单的颜色，对各组的小组合作进行及时的评价与修正。

笔筒的作用有发言与评价两种。小班化教学提倡发言100%，因此，我们就借助笔筒激发学生上课积极发言。教师可以及时了解全班学生发言情况，及时把控，每一节课努力做到发言100%。笔筒的另一个功能便是激励评价，对于表现优异的小组，教师可以及时往笔筒里放入奖励积分。

五、课程评价与管理

1. 建立"梦乡少年"评价制度

我校的评价体系以甘泉少年、冰心少年、弄潮少年、甘露少年、彩虹少年为评价项目，学生每个月可以自行申报，班级考核，学校认定。每个学期末进行港头学校"梦乡少年"的评选，凡是在一个学期中取得3个及以上的项目，就有资格评选港头学校"梦乡少年"。

2. 建立"梦乡少年"积分奖励制度

每一个学期除可以评选"梦乡少年"外，学生还可以通过自己在"梦乡"课程中的优异表现获得积分，学生也可以通过优异的学业成绩获得积分，最终可以用积分换取奖品。只要积极参与"梦乡"课程，每一位学生都可以获得奖品。

3. 建立"梦想导师"奖励制度

每一个学期，学校通过教学常规检查、主题调研、学生访谈、家长反馈、质量分析、民主测评等方式对教师教学方式、教学效果等方面进行评价考核，从而评出优秀"梦想导师"。

基于初小衔接的创客课程建设

温州市瓯海区外国语学校　朱　蕾

创客教育近年来获得极大关注，欧美国家很多学校都开设创客课程，设立独立的创客空间，为学生基于创造的学习提供了环境、资源。在国内的校园中，创客教育被频繁提起，其中北京景山学校、温州中学、温州市实验中学备受关注。在这些学校中，推广创客文化、培养学生创客成为一种常见的教育教学现象。自温州市教育局党委书记、局长郑建海在首届全国青少年创客教育论坛上提出实施创客教育"五个一"工程以来，温州创客教育迈上了一个新台阶。目前，在学校中开展的创客教育很多，但对关注初小衔接，进行九年一体化创客课程体系构建的还不多，基于笔者在中小学的任教经历，对构建九年一贯的创客课程体系作了有益的探索。

一、融合理念，构建体系

瓯海区外国语学校办学哲学为"宽教育"，寄希望于培养宽视野的复合型人才。作为一所九年一贯制学校，基于九年一贯的理念来设计，更有利于学生的发展，经过一年多的论证和设计，学校构建了以"宽创客"为核心的课程体系（图1）。

围绕创客应该具备的核心能力，构建思考力课程群、建构力课程群、计算力课程群、创造力课程群（图2）。

图1　创客体系课程图谱

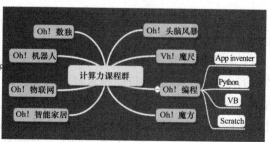

图2　课程群

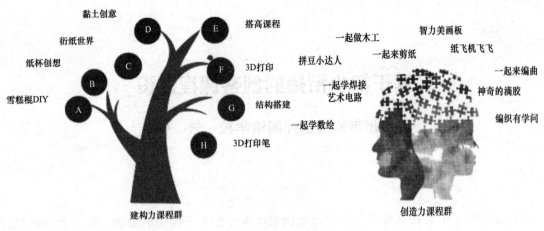

图 2 课程群（续）

并为每个课程群设置了相关课程。具体见表1。

表 1 相关课程

年级	建构力课程群	思考力课程群	创造力课程群	计算力课程群
一年级	结构搭建 A 纸创意 A	巧解九连环	数字剪纸	Oh! 魔尺
二年级	纸杯创想	思维画出来	艺术电路 A	Oh! 魔方
三年级	纸创意 B	记忆的魔法	一起学数绘 A 一起学数绘 B	Oh! 头脑风暴
四年级	黏土创意	电子做报刊 A	一起来编曲	Oh! 数独 Oh! 编程 A
五年级	3D 打印笔 A	数据巧分析 A	一起学数绘 A 艺术电路 B	Oh! 机器人 A
六年级	雪糕棍 DIY	电子做报刊 B	一起做木工 A	Oh! 编程 B
七年级	3D 打印 A	数据巧分析 B	一起学数绘 B	Oh! 编程 C
八年级	3D 打印笔 B	数据巧挖掘 A	一起做焊接 艺术电路 C	Oh! 机器人 B
九年级	3D 打印 B	数据巧挖掘 B	一起做木工 B	Oh! 物联网 Oh! 编程 D

九年一贯制的学校，统一的课程体系架构，有利于学生能力的培养和课程的分布，课程分布着眼于螺旋式的能力上升。

计算力课程群是创客课程体系的核心课程，专注于数据挖掘和分析。计算思维是运用计算机科学的基础概念进行问题求解、系统设计及人类行为理解等一系列思维活动。建构力课程群关注外在空间力，建构力强的人一般都是立体思维者，通过逻辑思维和建构力相结合，让学生的内在空间感和外在空间感都得到了充分训练。柏拉图说："思维是灵魂的自我谈话。"思考力的高低影响着认知水平、解决问题能力等多个维度的比拼。思考力课程群关注思考能力的培养，养成系统思考的习惯。创造力是人类特有的一种综合性本领。创造力是指产生新思想，发现和创造新事物的能力。它是知识、智力、能力及优良的个性品质等复杂多因素综合优化构成的。它是成功地完成某种创造性活动所必需的心理品质。创造力课程群关注于激发学生的创新能力。

同时，我校融合温州市第二批智慧校园实验校、温州市中小学首批 STEAM 教育试点校的创建，积极开展具备数据的提取与统计分析能力、数据洞察与信息挖掘能力、网络编程能力、数据的可视化表示等能力的数据科学家培养方面的探索实践。以学校课程体系为框架，以各课程群为核心，学校在初中、小学各学段开展了丰富多彩的课程活动。

二、创意无限，空间打造

学校的 W³ 创客活动中心是在市区两级教育部门支持下投入建成创客的活动空间，是为学生和教师提供一个固定的创客活动和交流场所，这是集教室、实验室及展示中心为一体的开放工场，主要用于开展与创客相关的线下创作交流活动。在空间设计上，也对初中、小学的不同学习阶段进行了衔接和打通，在空间设计中，既考虑中小学的差异性，又考虑了九年的衔接性。

作为一所新办学校，空间条件得天独厚，学校的功能室与教室按照 1∶1 建设，有充裕的空间来开展创客活动。W³ 创客活动中心位于西区教学楼四楼，并在东区教学楼五楼设立分中心。按照学校规划，学校创客活动中心拥有教室 7 个、小型空间 7 个、教师办公室 1 个，目前启用西 401、西 403、西 405、西 407、西 409、西 411、东 512 七个空间为创客活动空间，共计 468 m²，分为创想、创艺、创意、创作、创演等几个板块来划分区域功能。学校创客中心拥有 Arduino 套件、3D 打印笔、Scratch 传感板、树莓派、数码绘图板、激光切割机、3D 打印机等设备，可供开展各类课程活动。

创客中心在日常向学生开放，让空间成为学生玩创造、爱创造的最好场所。

经过创客教师们的不懈努力，学校创建成为温州市第三批创客基地学校，并开设了《Scratch 创意》《激光切割》《初中生玩 Python》《3D 打印真好玩》等一系列课程，引导学生走进创客中心，开展创客活动。

三、缤纷课程，支撑学习

（一）互动平台，互助学习

在传统课堂中，教师讲授知识主要使用 PPT 进行教学，PPT 是一款功能强大的演示软件，但信息传递是单向的，无法进行互动，学生也无法随时查看所需的知识内容。编程教学将改变教师讲、学生听的教学模式，因此，教师必须使用更多的互动手段，这在互动平台中，可以很好地得到解决，教师能在备课时添加视频、swf 文件、思维导图等各种媒体来丰富教学内容。在课堂中，课内可以随时查看教师提供给学生的相关资源，并进行复习、查漏补缺等，大大提高了课堂容量。而教师也从固化的教学环节中解放出来，成为学生的学习合作伙伴，与他们共同进行探究式学习。

根据课型不同，教师还可提供 Flash 程序供学生进行互动，加深对学习内容的掌握，或选择测验模块来当堂测试学生的知识掌握程度。在互动平台中，可以自动对学生的选择题、填空题进行批改，大大节约了时间，还可以对学生的成绩进行即时分析，使教师得到及时的反馈，调整教学策略。

（二）微课学习，点亮创造

通过我区自主开发的平台——慧课网平台，开展配套微课程建设，并根据实际，进行实例讲解。目前已经针对关注的创客课程热点，开发了多门微课程。

（三）自主开发，校本课程

学校以信息技术教师、科学教师、综合实践等专任教师组成创客团队，研究并开展校本课程，开发了门类丰富的校本精品课程。

四、创想造物，乐享创造

（一）W³社团创客爱好者召集令

W³创客社团成立于2016年10月，是以"创客教育"为理念的创新型社团，通过机器人实战、手机编程、数码创作等实践，挖掘学生的学习兴趣，培养学生的开拓创新思维，将科学、技术、工程、数学、艺术的学科知识融入创客活动当中，实现跨学科知识的融合教育。

W³是指World Wide Wise，希望社团成员能胸怀祖国，放眼世界，视野更宽，更加智慧。W³汇聚了学校一批热爱创造、热爱思考的学生。在这个充满热爱科技、热爱生活的团体里，一起前行，并荣获瓯海区"一鸣杯"第十二届校园社团文化节精品社团称号。

（二）学科节，发挥创客才能

学校定期开展学科节活动，在本年度"让孩子们体验一份活跃的生命旅程"为主题的学科节，涵盖中小学各学段内容，桦园诗雅、与"数"有约、英"悦"联盟、科创部落、"地"心引力、"历"精图治各项目活动中，孩子们充分发挥自己的创造力参与到课程活动中，展现风采。

在市区级各类创客比赛中，共计20人次获市级奖次、30人次获区级奖项。对于创办仅三年的学校来说，学生均占比十分可喜。

在创客教育的路上，我们要走的路还很长，无论是与学校课程的有机融合还是师资力量的培养，我们都还有很多工作需要去做，但是我们坚信，只要坚持，一定会有收获，我们还将继续探索。

参考文献

[1] 胡卫平. 思维型教学理论引领下创客与STEM融合的课程体系建构[J]. 中国教育信息化，2019（02）：27-29+34.

[2] 陈晶晶. 基于项目的农村小学创客校本课程开发内涵的思考[J]. 计算机产品与流通，2018（12）：281.

[3] 周利平，魏仕贵，邓丽萍，等. 创客教育活动设计与应用——以成都市泡桐树小学"玩转数学"创客课程为例[J]. 广西教育学院学报，2018（05）：197-202.

[4] 何燕妮，莫志慧. 创客教育视野下的课程教学设计——以多媒体课件制作课程为例[J]. 教育观察，2018，7（18）：124-126.

[5] 傅骞，郑娅峰. 创客教育区域推进策略研究[J]. 中国电化教育，2018（05）：61-68.

[6] 杨春丽，邸薇. 基于STEAM教育的小学"创客"课程构建[J]. 现代教育，2018（03）：59-61.

创客·智造坊
——制造类专业人才培养的新样态

温州市职业中等专业学校　黄　威

一、成果简介及解决的问题

（一）成果简介

人工智能时代的到来，《国家职业教育改革实施方案》等职教改革文件的颁布，为今后职业教育改革和发展指明了方向。未来的人才培养将从规模扩张向质量提升转变，培养学生的核心素养和可持续发展能力将成为中职教育的主要目标。近几年来，传统制造类专业无论从招生质量和就业质量上都出现了下降的趋势，而与人工智能相关的专业出现了招生就业双向火爆的现象。因此，专业的转型升级势在必行。同时，从当下的背景来看，以往以场地设备投入为主的专业建设模式也不再适应当下的需求，而应从人才培养的内涵入手，通过改革教学模式，重构教学内容等方法，为专业建设重新赋能。

温州市职业中等专业学校立足学校专业基础好、师资队伍强的优势，开展了"创客·智造坊"中职制造类专业人才培养的探索与实践（图1）。该实践面向专业融合教学、学生学能孵化两大目标，通过重构课程体系，实现教学内容与生产相对接，以促进"文化基础"与"专业学科"间的互相融合为抓手，开展创客教育，落实"做学研创""融合教研""学能监测"三项机制，探索培养适应新时代需求的中职制造类专业人才的人才培养新样态。

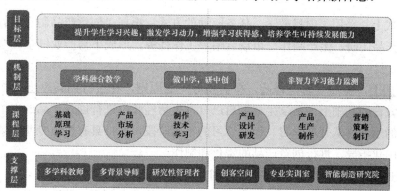

图1　"创客·智造坊"课改运作结构图

（二）成果解决的问题

1. 解决了教学模式与时代需求不匹配的问题

通过创客教育形式，培养学生的核心素养和可持续发展能力，以帮助学生适应未来社会岗位迭代加速,知识和技能的被替代周期变短的问题,从而实现职业教育模式从工业时代向人工智能时代的转变。

2. 解决了教学内容与生产实际脱节的问题

针对当下职业教育基于专业知识逻辑设计课程的弊病,"创客·智造坊"通过整合专业教学资源,重构了基于产品设计制造营销全过程的课程体系,解决了以往教学内容与生产实际相脱节的问题,使学生不仅学得有效,也学得有趣。

3. 解决了理论学习与技能训练分离的问题

"创客·智造坊"以"做中学,研中创"为指导,学生立足产品设计制造主线,让学生在制作的过程中学习原理,在创新和创造中学习知识,有效解决了以往知识学习和技能训练分离、"两张皮"的现象。

4. 解决了双创教学与专业教学不融合的问题

"创客·智造坊"通过设计制作智能化产品主线,将创新意识培育和创业能力培养有机地植入专业教学内容之中,实现了双创教育同专业教学有机融合的目的,真正使双创教育发挥出提升人才培养质量,助力学生发展的作用。

二、成果解决问题的主要途径

(一)构建一个课程体系,实现生产教学相对接

构建一个课程体系,即构建基于产品生产全过程的课程体系。以往的制造类专业课程体系,往往以偏概全,过于强调本专业在生产过程中的所要使用的知识与技能,而忽略了在生产过程中对于知识、技能和素养的整体要求。因此,我们通过整合校内资源,依托我校专业门类全的优势,重新构建了一个全新的课程体系。该课程以智能化产品的开发与制作为主线,在学习逻辑上,以创意为原点,让学生收集材料,确立产品的功能,并在导师的指导下确立产品实现的技术路径与工艺,进而进行成本核算、市场分析、产品设计与制作和网络营销等内容的学习。达到了双创教育和专业教学相融合,生产过程同教学过程相对接的目的。

在教学模式上,采用了项目教学、任务驱动的方式。根据"创意产品制作"教学项目,设置创意设计、产品调研、生产制作、市场营销等工作任务,形成了与产业链全面对接,高度适应的任务链。

在学习形式上,遵照"通识普及,按需指导"的原则,在进行创新思维训练、智能化素养提升等通识教育的基础上,由学生根据自己日常生活经验,进行创意产品的申报。申报立项的,组建相应的学习团队开展学习。而在学习的不同阶段,安排具有相应专业背景的教师和企业导师进行专门化指导,进行创意产品的孵化和制作。

(二)促进两个融合教学,助力多学科创客教育

创客教育的一大显著特征是跨学科教育,因此,在构建"创客·智造坊"的课程体系时,也特别强调学科之间的融合教学,具体体现在以下两个方面:

一是指向核心素养的"文化课+专业课"融合。通过在教学项目中有机融入分析报告撰写、零件尺寸计算、制作成本核算、说明书编制等应用型文化基础课内容,将学生的文化素养同专业素养紧密结合,有助于提升学生的学习兴趣,也实现了文化课学科核心素养的落地。

二是基于工作任务的专业融合。通过对某一教学项目或任务的目标分析,将多学科的素养融入该工作任务的教学中。在机械专业课程《工业产品设计》中融入美术类专业知识与素养,达到提升学生审美情趣,增强作品设计美感的目的,实现多专业学科的互相融合(图2)。

图2 "创客·智造坊"融合专业（学科）融合教学示意

(三)创设三个教学机制,构建人才培养新样态

(1)教学模式新样态——"做学研创"一体化机制。在教学模式上,"创客·智造坊"以智能化产品制作作为教学内容的主线,通过模块化的教学项目设置,整合数控、电子、电商、计算机等多个专业的相关教学内容,开展融合教学,让学生在产品制作研发的过程中,自主建构所需的知识与技能,实现"做中学,研中创"的教学新样态。在教学环境上,"创客·智造坊"实行"公共实训室"+"专业实训室"的形式,依托学校智能制造研究院、创生基地和创客空间的木工创意、开展智能化、创新思维等通识性教育,利用机电类专业实训基地开展专业技能提升训练。在学习方法上,通过小组合作的形式,开展对智能化产品设计研发的讨论、协作,针对小组的创意产品进行学习,在研究产品制造的过程中完成创造。

(2)教学研究新样态——多学科共同教研机制。为保证多学科融合教学的顺利推进,因此,学校在项目推动的初期,就以打造"学科融合教研共同体"为目标,集合各个专业(学科)的骨干教师,开展项目研究。研究团队将从不同的视角,针对同一教学内容进行谈论和分析,从而最终确定出课堂教学的流程与方法。同时,研究团队中的成员还会作为课堂的参与者或观察者,采集第一手的资料,对整堂课进行点评和分析,并提供改进意见。

(3)教学评价新样态——学生学能监测机制。"创客·智造坊"的评价内容主要是学生的综合素养和非智力因素学习能力,主要采用的是过程性评价手段。因此,在课改进行之初,就设立了学能监测部门,负责通过调查问卷、座谈调研、成绩分析、课堂观察等形式,定期对参与课改的学生学习能力变化进行监测反馈,从而形成教学质量监测的闭合回路,实现不断的改进优化。

(四)打造三个专业团队,做好新样态人力保障

(1)融合性教学团队。在"创客·智造坊"中,教学不再是以单独的任课教师进行设计和实施,而是根据相应的模块课程组成课程项目组。每个项目组由文化课教师、专业课教师、相关专业课教师组成教学团队,团队教师间通过共同的理论学习,教学上的互相观摩及主题讨论等形式,碰撞火花,激发灵感,开展本模块课程的教学计划修订,教学项目与任务设计,并合作备课开出公开课,形成了以课程建设为导向,以综合素养培养为目标的教研新样态。

(2)多元化导师团队。这里的多元主要包括三个层面,一是来源多元,导师既有校内导师(负责项目选择和技能训练),又有校外导师(负责技术指导和工艺提升);二是学科背景多元,数控、电子、计算机、电商等各学科教师都在不同的教学环节担任学生的导师;三是专长多元,在导师团队中,既有以技能见长的全国技术能手,又有擅长竞赛指导的全国优秀指导师,同时,还包括专业的教学名师等。通过一支各具专长的多元化导师团队,为学生的学习提供全方位的指导,从而保证了学生的学习效果。

(3)研究型管理团队。为解决以往课改项目重推进、轻反馈的不足。"创客·智造坊"采取了"项目管理+研究改进"的双重推动措施。在职责上,管理团队同研究团队各司其职,互相补充。管理团队主要负责教学计划的初定,教学的实施。研究团队则负责课程开发,实时监测和效果反馈;在组成上,管理人员和研究人员互为补充,互相配合,实现以管理落实研究、以研究提升管理的目的。

三、成果创新点

(一)理念创新

"创客·智造坊"的提出是对人工智能时代职教改革的积极响应和探索。该响应和探索针对当下人才培养的长远目标,结合学校"创·生"理念,提出了新的教学理念与目标——融合教学。为培养具有可持续发展能力的制造类专业人才,实现"三融合教学",即专业教学同双创教育的融合,指向核心素养的"文化课"+"专业课"融合教学,基于产品设计生产营销全过程的多专业融合教学。

(二)机制创新

"创客·智造坊"将职业教育原有的"做中学"理念深化为更具时代意义的"做中学,研中创",从环境再造、内容更新、方法优化等多个方面入手,形成了系统的方面"做学研创一体化"机制,为职业教育的课程改革、双创教育推广等探索出了一条新路。

"多学科融合教研机制"将传统的以教研组为单位的学科教研形式转变为以任教课程为单位的教研活动新样态,不仅有助于多学科间教学灵感的碰撞与互补,而且有效地促进了多学科的融合,形成了教研共同体建设的新范式。

(三)方法创新

在评价方法上,"创客·智造坊"立足"学能孵化"教学目标,开展对学生非智力因素学习能力的监测,从而实现了从学业成绩向学习能力、从终结性评价向过程性评价、从教师单一评价向多元化评价的转变,实现了教育评价方法的突破。

四、成果的推广应用效果

(一)构建了完整的模块化课程体系

在构建课程体系时,学校首先进行了学生的核心能力分析,形成了制造类专业学生核心能力一览表(表1)。而后在能力分析的基础上,进行相对应的课程建设,形成了包含基础教学、技术教学、制作实践、考核提升四大模块的课程体系,并形成了相应的课程计划。

表1 "创客·智造坊"制造类专业学生核心能力一览表

序号	学习能力	能力目标
1	语文应用能力	1. 项目计划撰写;2. 信息检索与筛选;3. 工艺文件编制;4. 产品说明书编制;5. 演示与汇报材料制作
2	数学应用能力	1. 数学计算思维;2. 机械图样数学转化;3. 数学工具使用能力
3	英语应用能力	1. 机电专业英语基础;2. 翻译工具使用;3. 中英文说明书制作
4	职业素养	1. 工匠精神;2. 创意思维与创新意识;3. 团队协作与社会交际;4. 职业素养与职业规划

续表

序号	学习能力	能力目标
5	机械加工能力	1．钳加工及装配；2．普通机床加工；3．木工制作与激光切割；4．数控机床加工；5．数控电切削；6．FDM、SLA增材制造
6	机械设计基础应用能力	1．材料与机械传动；2．零部件测绘；3．三维扫描技术；4．三维造型
7	机电控制基础能力	1．电子技术基础；2．电路装搭与焊接；3．单片机编程
8	产品推介与营销能力	1．工业产品摄影；2．产品微缩场景小电影拍摄与制作；3．产品营销策略与营销微平台搭建
9	智能化改造基础能力	1．伺服、驱动基础；2．AI语音与人脸识别；3．Python编程

（二）完成了一批融合化教学成果

学校已完成了《产品造型设计》《网络营销平台搭建》《产品项目文案撰写》《摄影基础》等专业融合课，《产品设计数学方法应用》《产品中英文说明书制作》《产品制作技艺分析与计划书编制》等应用型文化课程。其中应用文写作课程《石头剪刀布机安装说明书撰写》受邀在浙江省教师培训项目《中职语文课标解读及中职学生核心素养跨学科培育》中做典型经验介绍。

（三）形成了过程化监测评价体系

目前，学校构建了以学习兴趣、学习习惯、学习方法为指标的学习能力评价指标体系，以课堂观察的手段开展教学过程性数据采集，同时以问卷调查的形式，获取学生在参与了"创客·智造坊"项目前后的学习能力指标变化数据，从而实现了对学生学习能力的动态监测。

（四）学生素养明显提升

1．学习兴趣有提升

通过近半年的改革与实践，实验班学生的学习兴趣获得了较大的提升。通过对照两个班79名同学的调查结果发现，通过半学期的学习，学生在专业学习、课程内容、学习方式等方面的提升均超过了30%，没有按照兴趣选择就读专业的学生的比例也超过了20%。

2．创新意识被点燃

经过半学期的学习与实践，实验班学生共提交9份项目小发明创造申请表，其中，"多功能垃圾桶"等3个较为成熟的项目已经被列为实践项目，进入设计制作阶段。

（五）社会影响不断增强

1．引领区域改革

半年来，"创客·智造坊"已受邀在省级以上会议或学术论坛上做专题汇报4次，受到了教育部有关领导、职教领域资深专家和职教界同人的一致认可。

2．媒体广泛关注

《浙江教育报》发表的《"智能化+"时代，职业教育如何"升级"》的文章，对我校"创客·智造坊"的课改项目从理念、路径等方面进行了详细的介绍；《中国教育报》发表的《"创·生"引领的"智造"之路》，介绍了我校的"创·生"理念和"创客·智造坊"的相关情况，引起较大反响。

融合与聚焦：以核心素养为导向的发展型职业人
——中职物流拓展课程开发与实践

温州市瓯海职业中专集团学校　郑王卉

一、背景阐述

根据毕业生反馈信息和多年企业合作经验，笔者发现中职物流学生职业发展的关键已经不再是物流专项技能，企业更关注的往往是学生的综合素养与职业能力。而在中职物流领域暂时没有将专业知识与职场生涯融合在一起的课程，大多选用《职业生涯规划》这类通用课程，脱离了物流专业岗位，缺乏物流职场的特殊性。

在这种困惑中，笔者组织团队进行了全面的×市物流行业人才市场需求调研，进行了典型工作任务与岗位核心能力分析，出台了物流的人才培养方案，形成4+1的模块化课程体系，并通过企业共同研讨和专家论证指导，提炼了中职物流学生职业发展的12项关键能力。基于这12项关键能力，笔者将职业能力、核心素养与学生的就业发展相融合，开发了《学做职场物流人》拓展课程，旨在让学生通过课程的学习，学会思考个人职业规划，培养文书撰写能力和职场沟通表达能力，能进行简单的组织策划协调等。同时，培养学生树立正确的人生观与价值观，积极自信地面对求职就业，力求让学生做一个"能思、会写、敢说、实干"的职场物流人。

课程以一位学生毕业后进入第三方物流企业遇到的一系列实际问题为背景，提炼了物流职场中的12个关键问题，非常贴合中职物流学生的认知水平、能力特点和职业发展的需要。在这12个项目中，一部分是围绕学生在职场中"思"的能力，如项目一"我的物流之路"、项目十"我的人际沟通"，培养学生成为一个会"思考"、能理性应对职场的物流人；另一部分是围绕职场中"写"的能力，如项目二"我的求职之书"、项目十一"我的个人总结"，培养学生成为一个具有一定文书撰写能力的职场物流人；还有围绕职场中"说"的综合能力，如项目三"我的求职历程"、项目十二"我的竞聘演讲"，培养学生有效应对职场沟通交流的问题，成为一个能说会道的职场物流人；最后是围绕职场中"做"的综合能力，如项目四"我的入职准备"、项目七"我的投诉处理"、项目八"我的活动策划"，培养学生成为一个实"干"的职场物流人。

二、课程框架（图 1）

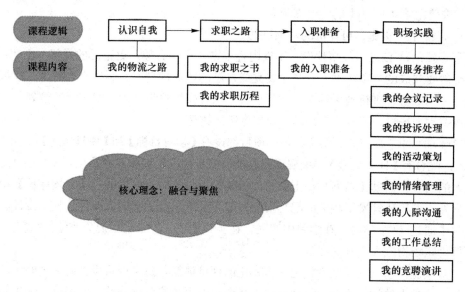

图 1　课程框架

三、实践分析

通过几轮的教学实践，笔者提出以下几点关于课程开发的思考，认为能够促进中职物流学生有效学习的课程，更应该是一个"故事片"、一个"项目书"、一个"趣味园"、一个"成果集"。

（一）一个紧密联系物流职场能力的"故事片"

《学做职场物流人》所选用的职场情境，是以笔者班级中一位毕业生陈达的物流职业之路为主线，以他的真实故事为原型进行案例情境的重构，讲述了陈达从学校毕业后进行的职场选择、职业规划、撰写简历、参加面试并顺利进入当家物流，在仓储管理部从事仓管员所遇到的系列"故事"，如开展业务介绍、做好会议记录、应对不良情绪、处理同事关系、进行竞聘演讲等。

课程实例 1：《我的服务推荐》项目情境

爱尚鞋业因原先委托的第三方物流公司经常出现延迟交货的情况和野蛮装卸导致的货物破损现象，决定重新寻找一家服务周到、有责任感的物流公司。爱尚鞋业了解到当家物流在 × 地区颇具实力，打算去实地考察当家物流的综合实力。

陈达进入当家物流公司已经半年了，因为一贯以来的出色表现让林总觉得他是一个可塑之才，决定要好好锻炼和大力培养他，于是林总将这次针对爱尚鞋业的服务推荐工作交给陈达。

接到这个任务的陈达犯了愁，虽然曾担任过学校活动的主持人，但是公司服务推荐这个完全陌生的领域，他从来没有接触过。这个推荐陈述的成败直接关系到能否为当家物流招揽一个新的重要客户，陈达深知这个任务的重要性，于是他开始认真钻研如何做好公司的服务推荐工作。

"学起于思，思源于疑。"这样带有故事性的项目情境设计，不仅高度融合了物流职场的关键能力，而且能激发学生的探究心理，调动学生学习的积极性和主动性。陈达的这 12 个成长片段抓住企业与物流人才市场迫切需求的关键职业能力,将枯燥的知识变成一个生动的"故事片",非常贴合中职学生的学习需求。

(二) 12个可实施、可评价的"项目书"

课程开发的这12个"故事片",不仅内容丰富、充实有趣,更重要的是每一个"故事片"即是学生需要完成的"项目书"。学生要完成自己的职业规划书、制作个人简历、模拟面试场景、做好入职准备、进行现场推介、撰写会议记录、模拟投诉处理、组织活动策划、应对不良情绪、模拟沟通场景、完成个人总结、模拟竞聘演讲等。

12个"项目书"都充分可实施,每个项目都设有【学习目标】和【项目概述】,由【项目情境】引入,配合有【任务链接】详细解读完成项目的步骤、要点和注意事项,学生自主完成【项目实施】的内容,借助【拓展小贴士】延伸相关知识与能力,最后通过【考核评价】检查实施成果。另外,课程还开发了相关的配套资源,如习题集、企业案例、课件、教学设计、视频资源等。学生通过72个学时,在学习中实践,在实践中成长,学会"思""写""说""做",为发展型"职场物流人"做好准备。

在有效实施的基础上,笔者构建了多元化的评价体系,每个项目设计有清晰明了的【项目评价表】检验学生的学习成果,包括自评、互评、师评和课后部分的企业评价。学生完成一个项目即可获得这个项目相应的考核积分,12个项目的实践也是一个阶段性综合评价的过程。

(三) 燃思维之火、领行动之路的"趣味园"

学生在读懂故事片、领取项目书之后,就要进入真正的项目实践环节,也就走入了燃思维之火、领行动之路的"趣味园"。在"趣味园"课堂中,笔者和课程开发团队融合了情境创设法、任务驱动法、案例分析法、启发引导法等教学方法,让学生在任务激趣中自主探究,学生进行小组合作、角色扮演,生成作品,互相PK,展示分享,充分感受自主学习中的快乐和任务达成时的成就感。

课程总计72课时,12个项目,每个项目3个课时。其中,第1课时是学生自读项目书,领取项目任务并进行思考。教师适当地引导,并配以陈达的案例进行部分关键问题的解读,然后学生进行课后的项目准备。例如,在《我的服务推荐》中,学生想要完成现场推介工作,必须了解推介企业的公司业务内容、收集图片资料、制作推介课件、组织推介语言等。学生做好基本的准备工作之后,将初步的成果资料上传到课程群,由笔者的课程团队进行指导与提点。在第2、3课时,课堂就变成了企业推介会的现场,布置了汇报展示区、目标客户区、推介准备区,学生进行企业业务推介的实战展示。教师将学生的每个推介片段都拍摄录制成册,挑选出部分作品发送给校企合作单位,由企业导师进行评价,实现多方位、多角度的评价。

课程实例:《我的求职历程》项目实施。

【项目任务内容】面试前的准备;求职礼仪规范;自我介绍;模拟面试训练。

【项目实施方法】采用求职角色扮演、模拟面试演练,每位学生上台展示和模拟面试,回答问题的时间控制在5~10分钟。

【项目实施步骤】

(1) 课前分组任务准备。教师提前布置项目内容,将学生分成若干小组,每组5~8人,并向每位学生下发一份项目评价表。课前每位学生以参加模拟面试为课题,从面试前的准备,面试时的礼仪、自我介绍和问答交谈着手准备,并在课堂活动中现场演练。

（2）模拟面试现场布置。以教室讲台为中心，布置场地和演练区。每位学生抽签并按照抽签顺序分别进行自我演示。台下学生以小组为单位，对演示者进行评审打分。

（3）模拟面试现场演练。教师和一名学生扮演面试官，每组派 2 位学生代表上台演示。演示面试的一系列场景：演示者在教室门口站立等候面试官指令—进入讲台向面试官问好并就坐—进行 2 分钟左右的自我介绍—回答面试官提出的问题。

面试问题参考如下，面试官可随机抽选问题：

你觉得从工作的角度分析自己，最大的优点和最大的缺点是什么？

你对于我们公司了解多少？你怎么理解你应聘的职位？

工作中你难以和同事、上司相处，你该怎么办？

请你讲一件你在以前的学习或实习工作中印象最深，最有成就感的事情。

如果你被录用，何时可以到职？

……

（4）交流研讨评选总结。学生以小组为单位，认真填写项目评价表，由组长负责以正确合理的行为面试举止为主题讨论 10 分钟，选出最佳面试者。最后教师结合学生演练情况，进行总结点评。

其他课程实例：项目实施的课堂场景布局

这一个燃思维之火、领行动之路的"趣味园"，有时候是一个"企业推介会现场"，有时候是一个"招聘面试会场"，有时候又变成"岗位竞聘演讲会场"，有时候又成为"客户投诉中心"。在每一个不同的故事场景中，结合每一个项目任务，课程开发了不同的"趣味"环境布置，充分激发学生在"玩"中学的乐趣与积极性。

（四）每一位学生物流职业之路的"成果集"

本课程展现了一条生生参与的"职业之路"，每一位学生都紧密地参与到课程的学习中，通过完成这 12 个项目形成自己的 12 项可视成果：1 份个人职业规划书、1 份个人简历、1 份面试自我介绍、1 份入职准备资料、1 次现场推介课件与讲话稿、1 份会议记录、1 次投诉处理的应对策略、1 份活动策划书、1 次不良情绪的调控方案、1 次人际沟通的现场对话、1 份个人总结、1 次竞聘发言的课件及讲话稿。

这个"成果集"模拟了学生未来职业发展的场景，让学生"思养三商、写可实用、说练谈吐、做攒经验"。"思"的部分引导学生树立正确的人生观价值观应对求职就业；"写"的部分让学生在将来的职场上能够实实在在地用起来；"说"的方面锻炼了学生的交流与谈吐；"做"的方面为学生积攒了职业道路中的许多经验。这个成果集为学生将来走入社会时，能零距离对接"职场物流人"做好了准备。

让笔者欣喜的是，从许多毕业生的职场轨迹和反馈中感受到，他们在课程学习中真正地吸取到了一些能够帮助职场发展的东西。笔者觉得，真正的教育正应该是服务于学生的点滴成长，哪怕只帮助他们解决了一小段时刻的一小点问题，也是我开发这个课程最大的成果。

美丽的童年从这里开始
——学校"童性课程"的建设

温州市教师教育院附属学校　张晓珍

学校坐落于风景秀丽的乐清市东塔山麓，创建于1993年，前身是由"乐师附小"发展而来，按照"花园式、庭院型"的寄宿标准建造，仰可观塔，俯能察银溪，得山水之清幽。

学校薪火相传，环境优美是孩子求学的好地方。看到孩子们天真灿烂的笑容时，我们认为，学校的教育要合乎孩子的成长规律，合乎孩子立足未来社会的需要，合乎教育的生态。

第一部分　学校课程建设基础

课程建设是一个系统工程，必须依赖学校物质设施、师资力量、办学经验等必备条件，需要一定的发展空间。

学校的不足之处，需要在课程建设过程中予以克服与改进，而这些方面也恰好为课程建设提供了发展空间与生长点。具体表现在以下几个方面：

（1）教育实践与教育理想还存在着一定的距离。笔者在制定课程规划时提出了"童性教育——美丽童年从这里开始"的办学理念，首先考虑的就是办学的核心理念，并将这一理念融入办学的方方面面，并内化为全体教师和学生的教育教学行为，让教育理想真正在教育实践中安家落户。

（2）课程意识需要进一步觉醒。部分教师难以适应课程发展的需求，部分教师课程意识不够强，课程的执行力、开发力、评价力参差不齐，在很大程度上影响了课程建设与课程实施。为此，需要借助有关专家的力量，进行课程建设规划与设计，对教师实施课程的能力进行系统培训。

（3）课程资源需要进行深度开发与利用。周边社区也有许多可利用的人力、设施资源，但现有的利用率还不高，还没有对丰富的资源进行合理开发。在未来的课程建设过程中，就要深入挖掘、研究这些资源，对资源进行分类，做到有计划、有针对性地加以开发与利用，努力构建资源系统，为课程建设服务，为学校育人工作服务。

（4）办学特色需要深层次的提炼。虽然学校的爱阅读教学、艺术、篮球等项目具有一定的特色，但内涵单一、零散，没有从学校整体发展上进行有效提炼，特别是项目没有课程化。

第二部分　课程理念

一、学校教育哲学：童性教育

儿童的生活还是烂漫的，以生为本，尊重个体差异，最大限度地满足学生个性发展需要，这是笔者校教育的起点和归宿。基于"美丽童年从这里出发"的儿童观,将学校的核心办学理念确定为"办适合儿童发展的教育",并将这一核心理念凝练为学校的教育哲学——童性教育。

1. 童性教育的第一大特征:倡导游戏教育

儿童是从游戏中学习的,这个学习是多方面的,除知识的增长外,还有经验的增加,还有自我内心成长,对生活、他人态度的渐渐形成等。

2. 童性教育的第二大特征:注意孩童模仿的影响

模仿是学习之母。观察儿童、理解儿童应该是我们很多精力和智慧的方向。应该从"小孩子好模仿"发现,深切地体会并谨慎地对待学校教育的渗透作用。

3. 童性教育的第三大特征:保护好孩子的好奇

在一个信息爆炸的年代,一个人要敢于向未知发起挑战。好奇和追根究底恰恰是科学和艺术发展的关键性动力。

4. 童性教育的第四大特征:孩童对成功的渴望

成功对于儿童的心理成长有着双重的意义,一方面,成功可以让人产生胜任感,让他感觉"我能""我行";另一方面,成功可以让儿童产生"自我认同感"。为儿童的成功创造条件,让儿童产生高涨的热情和自信,从而形成良性循环。

5. 童性教育的第五大特征:户外学习对孩子极具吸引力

自然界是有趣的,是丰富的,童性教育应该是无墙教育,打开学校,打开课堂。

6. 童性教育的第六大特征:培养合群的孩子

小孩子能否获得亲密的友谊,能否顺利地融入同龄人的团体,也对孩子的发展起着关键的作用,因为小孩子不仅会从同伴身上获得很多感情支持,而且能进行各种经验的交流和尝试,并通过同伴的看法来调整自己。

二、课程理念:美丽的童年从这里开始

基于对上述办学理念的梳理,对传统办学历史中优秀理念的传承,以及对当下学校发展现状的分析,笔者提出"童性教育"的温州市教师教育院附属学校新办学理念,具体解读为"呵护童性,梦想起航""美丽的童年从这里开始"。

(1)呵护童性。

1)呵护包含着精心、细心和耐心保护、爱护的含义,指向对未成年学生的心智和体能发展的可塑性与不成熟性的包容,呵护的主体是学校和教师。

2)教师所要呵护的"童性",是指儿童的天性和本性,即儿童身心发展的自然规律,代表着儿童一切发展的可能性,好奇心、创新性、探究性和成长的多样性。教师应当顺应儿童成长的天性,引导儿童的快乐成长、有效成长和正确成长,而不是从成人的角度去阻碍甚至是摧残儿童的成长。

3)从学校的视角看,呵护童性是指学校需要创设呵护童性成长的教育环境。其包括活动、课程、制度、自然与人际环境。只有得到学校和师长的精心呵护,儿童的梦想才能起航,驶向美好的未来。

(2)美丽的童年从这里出发。

1)美丽童年的主体是温州市教师教育院附属学校的学生,"美丽"是对温州市教师教育院

附属学校学生美好童年的概括,也是对温州市教师教育院附属学校美丽环境的回应。"童年"包含着"童真""童心""童趣"等一切美好的品性与初心,童年的本义是美好的,也应当是美丽的。

2)"从这里出发"代表着学校为儿童创设适宜成长发展的环境,为儿童的未来成长奠基,为儿童的一生发展系好第一颗扣子。意味着温州市教师教育院附属学校努力呵护童性,助力儿童成长,成为温州市教师教育院附属学校儿童走向未来、走向远方的人生出发点,为孩子的人生旅程打好品性、习惯、艺体等方面的根基,为其未来的发展引出善端。

第三部分　课程目标

充分发挥已有办学优势,进一步提高教师专业发展水平,秉承学校创"童性教育"办学理念,以八项内容,即乐求知、好阅读、懂健体、能审美、善合作、有创意、爱劳动、会生活为育人具体内容,培养学生成为新时代全面发展的温州市教师教育院附属学校文峰少年。

文峰少年:首先,温州市教师教育院附属学校坐落在东塔山下,银溪水旁,东塔山古称文笔峰,名"文峰",文峰是学校的地理标识,深为师生家长所认知;其次,"文峰"之"文",寓意儿童求知、学习文化知识;"文峰"之"峰",寓意儿童攀登文化知识高峰,全面发展,追求出类拔萃(表1)。

表1　育人目标

培养目标	关键评价项目
乐求知、好阅读	学会学习,激发求知欲望;博学多才,散发书香气质;勤恳学习,虚心请教他人;渴求新知,具备良好素养
善合作、有创意	善于合作,学会与人分享;乐于探究,具有创新精神;敢于挑战,敢于突破自我;着眼未来,发展创新思维
懂健体、能审美	热爱运动,拥有强健体魄;多才多艺,涵养艺术情怀;拥抱生命,提高审美情趣;自信自立,展现个人特长
爱劳动、会生活	学会劳动,学会分担事务,独立自主,感悟生活美好;爱上寄宿,参与学校管理,享受生活,完善独立人格

第四部分　课程体系

秉承"童性教育"的办学理念,以"让童性在课程中孕育发展"为课程理念,彰显学生体艺特长为标识,凝练温州市教师教育院附属学校学生核心素养,构建主题鲜明、形态丰富的童性课程体系,培育温州市教师教育院附属学校"文峰少年"。

根据温州市教师教育院附属学校培养"文峰少年"的育人目标,开发与构建更为丰富、可选择和精品化的学校"童性课程"体系。"童性课程"体系如图1所示,首先分为国家基础性课程和学校拓展性课程。其次围绕"童性划分拓展性课程,分为以下几项。

1. 基础性课程——童真童义

国家基础类课程——"童真童义"。取基础类课程"求真""义理"的含义,寓意基础性课程是儿童成长发展的基石,是儿童美丽童年起航的要素。

基础性课程是指语、数、英、科、艺、体、劳 7 门国家学科课程。规划期将探索长短课、大小课等灵活课形态,开展学科课程内容的整合。加强劳动与实践领域课程的教学,开展小学生研学实践活动。帮助学生认识与热爱乐清、温州家乡,在"行万里路"中开展劳动教育和实践,学会"见人、见事、见物",提高学生综合素质,实现全面育人。

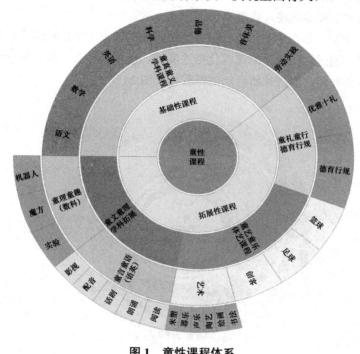

图 1　童性课程体系

2. 拓展性课程

拓展性课程分为三类——一是学科拓展类:"童文童理"课程("童文"指语英学科,"童理"指数科学科);二是德育行规类:"童礼童行"课程(优雅十礼和德育常规活动);三是体艺课程类:童艺童乐课程("篮球""足球""创客""艺术")。

"童文童理"课程是指学科拓展性课程,又分为两类:"童文"是指语英学科;"童理"是指数科学科。

(1)学科拓展类——童文童理课程。

1)"童文课程"。具体可分为阅读、朗诵、话剧、配音、影视等。其中特征最为鲜明的是温州市教师教育院附属学校"爱阅读"课程。

温州市教师教育院附属学校十分重视儿童阅读,将儿童阅读作为童性发展、养成气质的主要途径,将"好阅读"作为温州市教师教育院附属学校学生的核心素养之一,发展学生综合素质的重要手段,并建立相应的激励机制。

①推行阅读型班级、阅读型学校、阅读型家庭的建设。开展师生阅读与亲子阅读,提高学生阅读能力。

②在校本读本《文峰新咏》六册教材的基础上,建立儿童分级阅读书库、学期推荐书单,开展书香班级、阅读银行、阅读存折、班级流动阅读等活动。促进学生在阅读中开阔视野,提

高兴趣，培养能力。

③建立学生阅读评价方法，学生阅读记入《阅读存折》，依据每月《阅读存折》，评选校"阅读小明星""阅读小学士""阅读小硕士"，期末评选"书香小博士"，每学年评选爱阅读班级，使用阅读币每学期举行一次"阅读商店"兑购活动。进一步提高学生阅读兴趣，养成良好的阅读习惯。促进实现爱阅读课程的集群化，提高学生阅读品质，创新阅读指导课的类型。形成了明显的学生阅读轨迹，让整本书阅读成为常态化。

朗诵、话剧、配音、影视等与语英、童言童语有关的课程主要依托温州市教师教育院附属学校社团活动开展，通过社团活动的课程化推进实施，规划期将进一步培育学生参与度高、实施成效显著的语音类社团，促进社团活动的课程化（图2）。

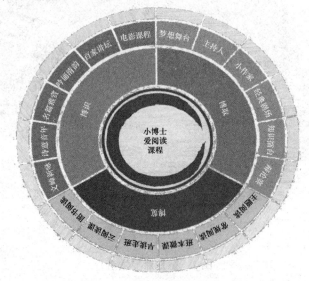

图2　小博士课程结构示意图

2）童理课程。主要是指数学与科学学科方面的拓展性课程。其包括机器人、魔方、科学实验与数学实验等。如数学魔方、数学实验等打造益智课程，基于学生知识和能力水平开发数学益智课程，培养学生数学创新思维，发展学生空间观念、推理能力、模型思想。机器人、科学实验室等围绕儿童认知与意向发展的倾向，建设与开发相应的课程活动。

（2）德育行规类——童礼童行课程。"童礼"课程主要指温州市教师教育院附属学校优雅十礼课程，"童行"课程主要指温州市教师教育院附属学校德育行规活动，德育主题活动、德育微课程等。

1）优雅十礼。优雅十礼，既包含了中华传统优秀文化的内容，又体现了与社会主义核心价值观、中小学生守则、小学生行为规范的观照。其是富有温州市教师教育院附属学校特色的德育课程，对于培育学生良好的品德，养成"文质彬彬"的文峰少年，具有积极意义（图3、图4）。

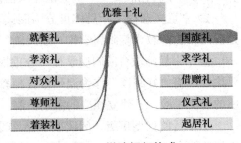

图3　悦读银行构成

2）德育行规活动。如学校推进行规序列化、班级制度建设等。

3）德育主题活动。衔接温州市"四品八德"要求，传承温州市教师教育院附属学校德育活动传统，开展主题月、主题活动等。

4）德育微课程。微课程是一种时间较短，课程内容主题突出的课程。主要在德育领域中呈现较多。如德育的主题活动、班组活动的课程化、幼小衔接课程等。

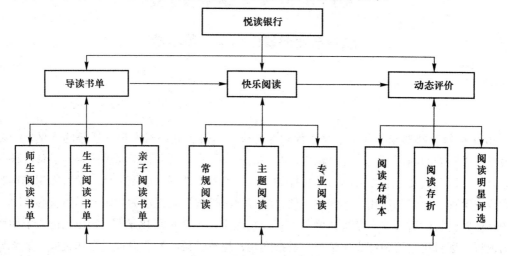

图 4　优雅十礼课程内容

（3）体艺特长类——童艺童乐课程。童艺童乐课程指陶冶情操、锻炼身体、发展才艺的课程，主要是温州市教师教育院附属学校的艺体特长类课程。

1）篮球、足球等体育特色课程。实施以"小篮球"促"大健康"教育观的落实，培植和开掘学校篮球特色资源，培养学生的篮球精神，丰富学校篮球文化，进一步开发学生身体运动智能，让学生"人人学会打篮球"，促使学生全面、个性发展，促成篮球特色品牌。

2）艺术类特色课程。包括声乐、器乐、剪纸与书法课程。重视剪纸、书法拓展性课程的开发，从剪纸、书法基本技巧到精品作品的创作等，形成一套剪纸、书法校本教材。逐步提高作品层次，明确课程方向。

3）科技创客类课程。充分利用学校与当地课程资源，开展综合类制作等课程；建设创客作坊，探究乐清土质、成分、空气的成分与污染等，培养学生的探究与创新精神。

首先，体艺特长类课程代表着对办学历史的尊重，作为依托教师教育院与温州中等幼儿师范学校的温州市教师教育院附属学校，学校有着先天其他学校所不能比拟的艺体导师的优势，代表着学校在办学方向上的"扬长"，以及对优质教育资源的充分考虑与利用。其次，"艺体见长"代表着学校的特色化办学方向。学校的办学行为和教育行为的目的、出发点和归宿是学生，学校和教育的价值最终应由学生来检验。从学校的办学历史看，学生的艺体特长创造了一个又一个的辉煌，不仅有艺术，还有体育特长中的篮球特色等，已经成为温州市教师教育院附属学校发展之路上的"金名片"。再次，艺体特长对于儿童未来人生的丰富，环境适应能力、心理承受能力，对生活的体验和审美能力，智力与创造力的开发等都具有重要的意义。艺体思维和技能的发展不仅对于小学阶段的学生来说在时间上是许可的，同时，对于其大脑的开发也有着非常深远的意义。

《行走语文》课程建设

温州市瓯海景山小学 黄小嫘

2014年教育部颁布了《关于全面深化课程改革，落实立德树人根本任务的意见》，提出了关于核心素养的内涵界定，即"学生应具备的适应终身发展和社会发展需要的必备品格和关键能力"。以个人发展和终身学习为目标的"核心素养"课程，应该取代以学科知识结构为核心的传统课程。如何具体化、实践化，使"语言学习过程"真正成为"语文学科核心素养"发展的路径？传统的讲授式、掌握式教学方式能担此重任吗？项目化学习（PBL）进入了课程改革的视野。项目化学习强调真实情境、复杂问题、超越学科、专业设计、合作完成、成果导向及评价跟进，作为一种独立的课程形态，运用大项目设计课程单元或模块，是小学生非常重要的学习方式。××小学针对学校语文教师、语文学科课程教学现状，选择立足学科、基于课程标准、指向学科核心素养的项目化学习探索，在"行走语文"课程中，设计真实的情境任务，引导学生运用多样的语文关键能力解决问题，主动参与学习，通过立体式学习的方式，发展语文核心素养。

一、"行走语文"课程的价值追求

1. 基于突破我校语文学习困境的需求

在研发课程之前，项目组调查了××小学学生的语文学习状况，呈现以下情况：学生在课堂中更多的是配合教师的教学，不具备真正的学习主动性；极少思考知识之间的联系与应用，学习的知识难以迁移到新情境中；很少有机会与同伴进行深度对话与探讨。要走出这些困境，难点一一呈现：如何在现有的结构化的语文学科教学中培育学生的语文核心素养？如何解决语文学科序列性和项目化学习的知识情境性之间的矛盾？如何在项目化学习中进行合理分组？如何在项目化学习结束后进行成果展示？如何在项目化学习过程中激发学生的个体责任？项目组一直在寻求课程研发的突破点。

2. 基于学生对"春秋游"活动的需求

课标中提到"语文课程是实践性课程，应着重培养学生的语文实践能力，而培养这种能力的主要途径也应是语文实践"。如何寻找一个合适的语文实践时机呢？项目组将视线放到了小学普遍存在的春秋游上，在"行走语文"课程开发之前，选取了学校二至六年级798名学生开展了调查。

从调查数据中发现，学生喜欢春秋游，但春秋游活动所达成的目标维度单一，与学生的需求有一定差距。如何利用好春秋游的阵地，运用项目化学习的方式进行深度学习，为学生提供一个真实、生动、有趣的学习情境，追求活动开展、语文要素的水乳交融，成了亟待项目组深思的问题。

3. 基于提升语文学科核心素养的需求

高中学科核心素养（专家讨论稿）中认为语文学科的核心素养应该包含语言建构与运用、思维发展与提升、审美鉴赏与创造、文化传承与理解。结合小学语文学科特点，小学语文核心要素的关键要素可提炼为语言建构与运用、思维发展与提升、语言习得的方法与策略、积极学习的情感与态度，具体又体现在提取信息、有序表达、情境对话、联结思维、积极评价、比较论证、联想推理、整合资讯等关键能力的培养上，这些关键能力成了××小学"行走语文"课程设计的风向标。

二、"行走语文"课程的项目设计

"行走语文"课程是一门需要语文教师亲自动手开发的课程，挖掘教材资源，精心将语文教材运用项目化学习的方式进行整合、切入、延伸。在设计与实施上可以采用以下几项策略。

1. 突出新理念，聚焦核心素养

"行走语文"课程的目标设计，立足课程的性质，以发展"语文学科核心素养"为宗旨，基于课程目标和教材内容，围绕"语言文字运用"来设计精准有层次的目标。项目组从知识与技能、方法与过程、情感态度价值观三个维度进行总目标的架构（图1）。

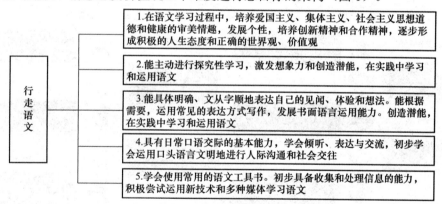

图1 "行走语文"课程总目标

每个年级的学生语文能力有差异，因此，对每一个年级活动设置了具体的细化目标，并尽可能用可以量化、反映学生学习变化的词语来描述。如以六年级的"访江心屿·听潮寻诗"和"春华秋实·温州医科大"为主题的项目学习，统整了解江心屿历史遗迹、积累古诗词、整理采访记录、撰写建议书、撰写研究报告等一系列任务，因此，设计了图2所示的目标。

2. 立足体验性，践行探究精神

"行走语文"课程按照春季与秋季两次活动来设计，分别以"春天在哪里"与"我看家乡新变化"为主题，六个年级根据学生不同年龄特征与学习能力设计了12个具体活动项目（图3）。

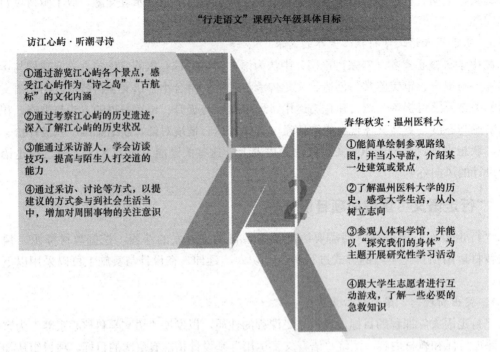

图 2 "行走语文"课程六年级具体目标

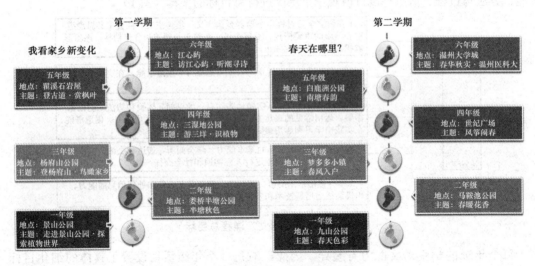

图 3 "行走语文"课程活动项目

我校地处温州城区西侧的××公园脚下，以校园为中心，向周边辐射，自然风光、田园山水、科技场馆、大学城、人文古韵、职业体验馆、塘河文化等景区融山水、人文、现代科技为一体。我校就从这丰富的资源中选取 12 个景点，地点由近及远，要求由简到难，活动由浅入深。12 次活动让学生经历徒步远行、职业体验、植物奥秘探索、登高山、参观博物馆与科技馆，培养学生的语文建构与运用、思维发展与提升、语言习得的策略与经验、积极学习的情感与态度。

3．聚焦关键能力，提出驱动问题

"行走语文"课程项目化学习中驱动性问题的提出要有一定的挑战性，贯穿始终，学生在解决驱动性问题的过程中整合基础知识与技能，学生通过项目来学习学科中的关键能力。这就意味着"行走语文"课程内容的设计要在真实性的情境中，以提取信息、有序表达、情境对话、联结思维、积极评价、比较论证、探究发现、文化认同等关键能力为风向标设计驱动性问题，提升学生的语文学科核心素养（图4）。

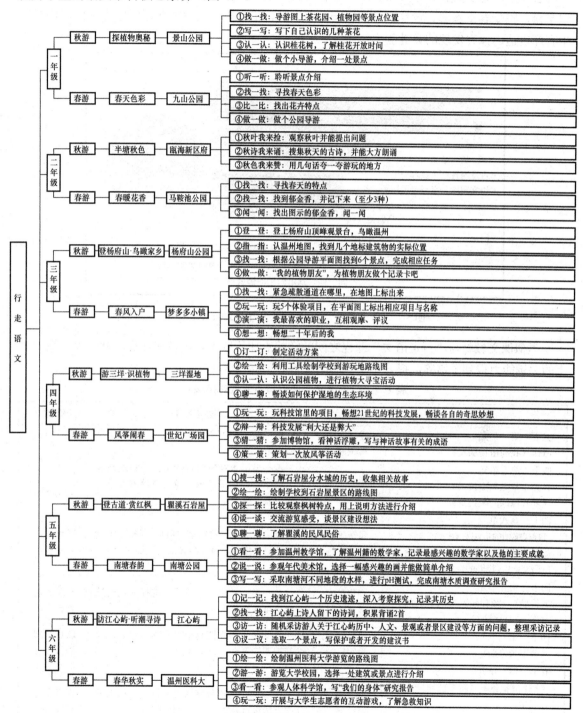

图4　"行走语文"课程驱动式问题设计图

如二年级的项目主题"春暖花香",设计了三个活动——"寻找春天的特点""找到郁金香,并记下来(至少3种)""找出图示的郁金香,闻一闻"。通过课堂上学生对课文的读、品、思、拓等学习活动,感受春天之美,激发学生热爱春天的情感。在文本学习的基础上,在项目化学习的过程中,整合与春天相关的资源,如春天的词语、儿歌、古诗、图片、视频等,增加课堂识字量,感受春意盎然。找春天、赏春天、闻春天,把享受春天与语文教学融为一体,培养学生有序表达、探究发现的关键能力(图5)。

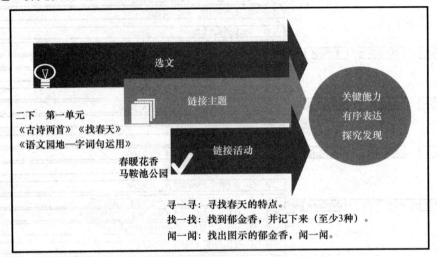

图5 "行走语文"课程二年级与语文教材链接点

类似课文教材与"行走语文"课程之间的链接点比比皆是,正是在这样的社会大情境中学生的关键能力得到了培养,提升了学生的语文核心素养(表1)。

表1 "行走语文"课程与语文教材链接点

选文	链接主题	链接项目	关键能力
三下 第一单元 习作《我的植物朋友》	登杨府山 鸟瞰家乡	做一做:"我的植物朋友",为植物朋友做个记录卡	提取信息 整合资讯
四上 第七单元 《为中华崛起而读书》 《那片绿绿的爬山虎》	南塘春韵 南塘公园	看一看:参观温州数学馆,了解温州籍的数学家,记录最感兴趣的数学家以及他的主要成就	比较论证 文化认同
四上 第八单元 《呼风唤雨的世纪》《电脑住宅》《飞向蓝天的恐龙》《飞船上的特殊乘客》 口语交际:《我们的奇思妙想》	风筝闹春 世纪广场	玩一玩:玩科技馆里的项目,畅想21世纪的科技发展,畅谈各自的奇思妙想	联想推理 有序表达
四上 第五单元 《长城》《颐和园》《秦兵马俑》 习作《写导游词》	春华秋实 温州医科大	游一游:游览大学校园,选择一处建筑或景点进行介绍	有序表达 整合资讯
四下 第八单元 《普罗米修斯》	风筝闹春 世纪广场	猜一猜:参观博物馆,看神话浮雕,写与神话故事有关的成语	联想推理 语言迁移
五上 第三单元 《鲸》《松鼠》《新型玻璃》《假如没有灰尘》 习作:《选择一种物品介绍给大家,用上说明方法》	登古道 赏红枫	探一探:比较观察枫树的特点,用上说明方法进行介绍	探究发现 有序表达

续表

选文	链接主题	链接项目	关键能力
五上 第二单元 口语交际：《策划一次活动》	风筝闹春 世纪广场	策一策：策划一次放风筝活动	使用工具 联结思维
五上 第一单元 《小苗与大树的对话》 《口语交际一》	访江心屿 听潮寻诗	访一访：随机采访一位游人，关于江心屿历史、人文、景观或者景区建设等方面的问题，整理采访记录	情境对话 有序表达
五下 第五单元 口语交际：《让名著中的人物走上舞台》	春风入户 梦多多小镇	演一演：我最喜欢的职业，互相观摩、评议	积极评价 语文审美
五下 第六单元 《利用信息，写简单的信息报告》	春华秋实 温州医科大	看一看：参观人体科学馆，写"我们的身体"研究报告	整合资讯 使用工具
六上 第四单元 习作：《写建议书》	访江心屿 听潮寻诗	议一议：选取一个景点，写保护或者开发的建议书	情境对话 比较论证
六下 第二单元 《北京的春节》《藏戏》《各具特色的民居》《和田的维吾尔人》《交流平台》	登古道 赏红枫	聊一聊：了解瞿溪的民风民俗	文化认同 整合资讯
六下 第五单元 口语交际：《科技发展：利大还是弊大》	风筝闹春 世纪广场	辩一辩：科技发展：利大还是弊大	比较论证 联想推理

4. 借助导学单，打通项目路径

"行走语文"课程以"产品"来呈现学生学习活动的成果。项目组根据各个年级的课程内容设计导学单，导学单既是课程的学习内容，又是活动的实施载体，为活动的顺利完成提供了学习支架。当"行走语文"课程以项目化学习的形式来开展时，聚焦任务探究，有助于学生不断研磨，将项目化学习的任务得以实践。

三、"行走语文"课程的整合实施

"行走语文"课程是基于学科中的关键能力的项目化学习。它将项目化学习的设计要素融入学科教学，通过项目化学习同时培育学生的问题解决、元认知、批判性思维、沟通与合作等重要的能力。用学科概念作为聚合器，不断地聚集更多的知识信息，将事实性的知识整合起来。

1. 以跨学科链接服务语文核心素养

"行走语文"课程主要以学科内的关键能力为载体，指向学科的本质，在此过程中会涉及其他学科，也会运用其他学科的知识作为支撑，但是，从核心知识的提出，到挑战性问题的解决，以及最后成果和评价的指向，都是学科的关键问题，体现对学科的本质性理解。如四年级的"南塘春韵"，设计了一项任务："采取南塘河不同地段的水样，进行 pH 测试，完成南塘水质调查研究报告。"进行跨学科链接，学生用 pH 测试纸进行水样检测，有条件的可以用显微镜观察水样中的微生物。有了科学学科的视野，会有理性观察的路径，以科学学科素养服务于语文课程。

案例呈现：如四年级的"南塘春韵"，设计了一项任务："采取南塘河不同地段的水样，进行 pH 测试，完成南塘水质调查研究报告。"（表2）。

表2 《关于南塘水质的调查报告研究》节选

《关于南塘水质的调查报告研究》
调查方法： （1）对南塘河段的上游、中游、下游进行水源的收集，进行试验对水源的pH值进行检测，观察水中是否有漂浮物等。 （2）在南塘河的周围分发问卷调查表，以了解南塘河。 （3）进行实地调查，观察南塘河段周边的情况，是否存在着大量的垃圾。 结果与分析： 水质分析结果： 上游：pH值检测为8～9，呈碱性。悬浊较少，但水较浑浊。 中游：pH值检测为8～9，呈碱性。比较上游而言悬浊物较少，水较清澈。但水较浑浊。 下游：pH值检测为8～9，呈碱性。比较上游跟下游而言悬浊物较密集，但水较其两者都清澈。但水较浑浊。

2．以四大指定领域助推语文核心素养

"行走语文"课程整合综合研究性学习、劳动与技术、社区服务与社会实践、信息技术四大指定领域。如六年级的"访江心屿·听潮寻诗"，安排"寻古"的研究性学习活动，学生通过实地参观调查访问、查阅资料等途径，了解到江心屿古迹的历史与现状；安排"寻访"社会实践活动，学生采访游人、小组讨论、实地考察，选取江心屿的一个景点，提出保护或者开发的建议，而网上查阅资料、制作演示文稿等均需要信息技术作为支撑。

3．以多样学习方式提升语文核心素养

"行走语文"课程通过学生对某一项目主题各个阶段的准备、思辨，借助个体与个体、团体与团体之间的分享，并通过创造性的实践行动，将思维的深度、广度推到新的高度，丰盈学生的语文综合学习能力。如五年级的"登古道·赏红枫"活动，学生以自主、合作与探究方式去了解石岩屋的历史，收集相关故事，绘制学校到石岩屋景区的路线图，交流游览感受、畅谈景区建设想法等。

4．以整合活动课时发展语文核心素养

每学期组织一次项目化学习活动，采取"2+1+1"课时，即活动前安排2课时，活动中安排1天，活动后安排1课时。活动前2课时与活动后1课时，1～2年级安排在德育微课时间中进行，3～6年级安排在综合实践活动课程中进行，语文课程的内容可以在这些课中进行渗透指导。

联动，加快新生班级常规建设
——一年级新生入学常规教育实施策略

温州市洞头实验小学　郭琼琼

一年级新生入学班集体建设中最重要的一项就是常规建设，只有常规建设落实到位，班集体的建设才能落实。而一年级新生刚从幼儿园进入，没有常规意识，自控能力差，所以，一入学一年级班主任会用两到四个星期进行专门的入学常规训练，班级常规建设。

在实施过程中，每位班主任基本是按照自己的经验或习惯开展的。有的教师一个星期就结束了，有的却要三或四个星期；有的教师会对孩子心理、习惯、知识等多方面进行衔接训练，有的却无从下手，不知道该做些什么；有的教师对学生的训练能做到细致有效，有的却纯粹走过场……因此，这就造成了经过这一段衔接期之后，每个班孩子之间的常规差异就开始呈现，而且越到高段，差异就会越来越大。因此，如何对一年级新生进行有效的入学常规训练，让新生班级的常规建设更快落实和形成，做好幼小衔接，光靠个别教师的行动还不行，我们必须将学校、教研组和家长等各个层面进行联动，才能事半功倍，取得更好的效果。

一、教研组联动：常规课程更科学

开学前，我们一年级全体班主任就组建了一年级教研组，教研组的第一个任务就是制订入学教育的课堂教学计划。

1．分配任务，目标更明确

我们年级组共七名班主任，根据入学教学的内容进行分块，一个人负责完成一块内容的要求和策略收集和填写，完成表格。

教师针对这一项，根据自己的经验和学习填写一年级新生应该到达的要求与如何完成的具体策略及做法。

将教师的要求汇总，就形成了一年级新生入学教育常规目标要求。

2．制订计划，实施更有序

之后教研组集中研讨，对各项要求和策略进行讨论，使之更加准确、具体，接着讨论时间和课时安排，制订计划。

这样每位班主任都知道，我这一节课训练什么内容，怎么训练，训练到怎样的度，即使是新教师、新班主任也能马上上手，所以，这一届的孩子很快都能适应一年级的知识学习，课堂常规和学习效果都很不错。

我们要求每位班主任严格按照这个计划开展入学教育，并且每个课时有教案，有反思（注：由于篇幅有限，具体的要求和策略不能一一罗列，这里提供减缩版）。

入学教育的课堂教学只是入学教育的一个方面，是在刚入学这个阶段中对学生进行集中的常规、习惯训练，为的是让学生尽快适应小学生活，适应小学教学，但这仅仅只是一个起始阶段，绝对不是常规学习的结束。不是说入学教育之后就不用再抓这些习惯和常规了，而是要总结，为后续更为漫长和艰难的阶段打基础。

所以，在入学教育结束之后，教研组会开展听课活动，主要检查班级常规建设的落实情况。教研组听课教师要指出每个班级存在的问题。班主任、教师要进行在下一个阶段的常规训练的计划，列出下个阶段常规教育的重点。

3. 统一要求，效果更优化

小学和幼儿园最大的区别就是课程细化，我们有不同的学科教师，在入学教育时，很容易出现每个学科教师各自为政，你有你的做法，我有我的想法，所以，在实施时，往往让学生无所适从，让落实效果大打折扣。为了让入学教育的效果更明显，我们在开学初还进行年级段的培训。我们将每个学科共有的常规或口令进行规定，让每个学科的任课教师在自己的课堂上进行落实。

由于这样的要求和常规是统一的，学生在班主任的入学教育课上进行学习，然后在其他学科的课堂上能够得到巩固，这样就不会出现数学课这样做，语文课那样做，而英语课又是另外一套，这样的学科教师之间的联动和配合，能让入学教育的常规训练事半功倍。

二、全校联动：常规资源更拓展

1. 利用学校资源

在入学教育这段时间，年级在学校的安排下组织了很多活动和相应的比赛，让孩子在活动中融入新环境，在比赛中巩固常规，形成班级荣誉感，找到存在感。

在讲座中知常规：一进校就组织大队部的教师给孩子们上课，让孩子学习学校的规章制度，知道哪些行为是要扣分的，扣分的后果是什么，如果不扣分会有怎样的奖励。让每个孩子的心往一个方向使。而且之前提到分组让孩子跟大队部的哥哥、姐姐熟悉了管理的流程，也让孩子们更加明白自己应该怎样做才能为班级争光。引导他们每天都要关注学校的班级行为扣分表，时时提醒他们，让他们知道我们常规训练的目的也是我们的整个班级的班级荣誉。我遵守常规不仅是为了我自己，而且是为了我们的班级。我们是一个整体，一荣俱荣、一损俱损。

在活动中学常规：我们举行"开笔礼"活动，用仪式感实现入学意识的深化。在开学第二周，我们一年级孩子举行了新生的"开笔礼"，我们赠毛笔，我们学握笔，我们行拜师礼。在浓浓的仪式感中，孩子们学习到了握笔写字的常规，知道了如何坐、怎么站。也让孩子们在新学校找到归属感，让他们感觉自己是这个学校的一员，学校为我骄傲，我为学校骄傲。

在比赛中练常规：我们还举行"整理书包比赛""队列比赛"等活动，在比赛中检验孩子入学教育的成果。因为比赛，孩子们的练习会投入更大的热情和努力，效果也会好很多，能让入学常规教育的成果得到巩固。而且在比赛中，每个班的孩子会更快地拧成一股绳，更快地形成一个班集体，产生对班级的归属感，产生对班级的集体荣誉感，这其实也是我们入学教育的目的所在。

2. 运用高年级资源

我们请了高年级的优秀学生跟孩子们讲自己的学习历程和学习乐趣。让孩子展示他在学校参加活动的一些照片和自己获得的荣誉，告诉孩子们，你们以后也可以这样，参加这么多精彩的活动，获得那么多的成功，以此激发孩子对自己未来的期望。

我们让孩子们分组跟随大队部的同学开展一天的检查、监督工作，体会小学生活的荣誉感。

我们进入高年级的课堂，看看高年级的大哥哥、大姐姐是怎么上课的，他们怎么坐、怎么站、怎么举手、怎么回答。我们去看高年级的晨会，看看他们是怎么出操、怎么排队、怎么做操。我们在食堂看高年级的哥哥、姐姐是怎么排队取餐盒，怎么吃饭，怎么收拾餐桌，怎么回收餐具……

这样，整个学校都成了一年级新生常规教育的资源，这样的入学教育比班主任在课堂上苦口婆心地讲和单调乏味地练效果要好得多，因为这样的教育是真实的，是有榜样的，是有体验的。

三、家校联动：常规建设更扎实

1. 在校的教育，在家延续

我们会将入学教育课程计划发给家长，让家长知道孩子每天在学校学了什么。我们也会将孩子们训练成果的照片，一天的学习生活情况发布在班级微信群中，让家长看到孩子在学校能将这些好习惯完成到怎样的程度。回家之后家长要以同样的标准来要求孩子，这样才不至于出现很多孩子在学校各个方面的习惯、常规都做得很好，可是回到家就完全成了另外一个样子，这样就会和学校的教学抵消。家校联动的目的就是让学校教育和家庭教育相一致，互为补充，让孩子更好地完成入学教学，适应小学学习。

2. 在校的快乐，在家分享

让他们将在学校学到的习惯，常规表演给家长看，让他们回家将学到的课文、生字展示给爸爸、妈妈、爷爷、奶奶，感受学习的成功感。在受到那么多的表扬和夸奖之后，孩子能感受到小学生活给他们带来的切切实实的成就感，让他们能激发学习的动力，更好地投入未来的学习生活中。

3. 在家的优点，在校鼓励

有一部分孩子在校愿意听教师的话，但在家缺乏积极性，很多好习惯不愿意保留，所以，为了帮助家长更好地在家巩固入学教育成果，我们让家长将孩子在家做得好的方面，比如能像在学校一样自己整理书包，能像在学校一样不挑食、光盘等用照片或文字的方式发到班级群。让其他家长、孩子点赞，第二天到学校再进行表扬、展示，这样的联动，让孩子感受到成功的喜悦，这样的家校联动坚持一段时间，对孩子入学教育的种种训练就能巩固成习惯，而不是抓一抓好一点，不抓又回去了。

入学教育在小学教育中只占很小的比重，在学生的学习生涯中，更是微不足道。时间虽短，但作用很大。这短短不足一个月的时间奠定了学生的学习习惯，激发了学生对小学学习生活的期待，让孩子能更快、更好地融入小学生活，也让教师更好、更轻松地开展知识的教学活动。

参考文献

[1] 邓祎. 幼小衔接视角下小学一年级新生入学初期适应现状研究 [D]. 上海：华东师范大学，2010.

[2] 白桦. 幼小衔接过程中如何关注幼儿的情感体验与心理需求 [D]. 教育科学（引文版），2011.

筛选重构　设计多元
——低年级《三字经》拓展课程建构与实践

瑞安市马鞍山实验小学　蔡婷婷

一、问题提出

（一）拓展课程的召唤

为弘扬传统文化，学校拓展课程在低段开设"经典吟诵"。《三字经》已有七百多年历史，共一千多字，三字一句，极易成诵，是吟诵材料首选。

（二）自身价值的彰显

《三字经》是中华民族博大智慧和美好情感的结晶，所载为至理常道，透射人文光芒，是提高学生人文素养的最佳学习内容。

1. 最佳识字材料

就识字角度论，小学六年认识3 500个左右常用汉字，照此算来，平均每天还学不到两个字。《三字经》一千多个字，背熟了，这些字也大致学会了，所花时间应该不用一年。

2. 最佳常识教育

《三字经》以短小的篇幅最大限度地涵盖中国传统教育、历史、天文、地理、伦理和道德及一些民间传说。

3. 最具语感韵文

《三字经》优美的音韵、舒适的节奏变化，能增强学生语感，提高其语言能力。

（三）诵读现状的尴尬（表1）

表1　马鞍山实小一年级学生《三字经》诵读情况调查情况统计

调查内容	入学前是否诵读过		是否了解内容		是否明白意思		是否喜欢诵读		喜欢诵读原因		不喜欢诵读原因			是否有必要诵读
选项	是		否		否		是	否	好记	表扬	读不懂	记不住	没意思	是
人数	189		267		284		106	196	22	54	67	53	76	247
百分比	62.5%		88.4%		94.0%		35.1%	64.9%	7.2%	17.9%	22.1%	17.5%	25%	81.8%

这次参加调查的是一年级段学生家长，共有315名学生，收到调查问卷302份。调查结果表明目前学生诵读《三字经》存在的问题主要有以下几点：

（1）不了解：半数以上学生有诵读经历，但效果不佳，大部分孩子不知《三字经》讲什么。

（2）不理解：不理解内容是学生不喜欢诵读的主要原因。

（3）不喜欢：家长都认同《三字经》，但学习形式单一无趣，它成了学生"最熟悉的陌生人"，成了鸡肋，食之无味，弃之可惜。

二、过程与方法

（1）追溯"不喜欢"，查找病因（表2）。

表2 马鞍山实验小学周边幼儿园、一二年级段《三字经》学习方式调查情况汇总表

调查内容	学习方式				评价方式		
项目	听音频	看视频	跟读	其他	检查读	检查背	其他
人数	90	75	90	0	98	92	6
百分比	91.8%	76.5%	91.8%	0%	100%	93.8%	6.12%

本次调查主要针对"学习方式"和"评价方式"展开，参加调查的是马鞍山实小周边5所幼儿园和马鞍山实验小学一二年级的教师，共105名，收到调查问卷98份。从调查情况汇总中可知：学校周边幼儿园组织《三字经》学习方式单一，多以枯燥的听音频、跟读为主，忽视低段儿童年龄、求知特征；教学流于形式，这是直接造成学生"不了解、不理解"的主要原因。评价方式单一，仅要求"读、背"，机械无意义，急功近利，是造成学生"不喜欢"的根源所在。改变《三字经》的学习方式、评价模式是顺利开展此课程的重要任务。

（2）遵循"会喜欢"，筛选内容。

通过研读《三字经》文本，发现可以将内容分板块按主题进行归类，秉着"生活实用性、与时俱进、符合低段孩子认知水平"的原则，对内容进行选择，"图书宝库"这部分内容与低年级学生的生活、学习相距甚远，超出他们的认知水平，可删除，不纳入目前阶段此课程的学习（表3）。

表3 《三字经》内容板块归类表

序号	内容	板块	是否纳入课程学习
1	人之初——师之惰	教育故事	√
2	子不学——宜先知	孝悌故事	√
3	曰春夏——人所饲	自然知识	√
4	曰黄道——三十五	地理知识	√
5	高曾祖——人所同	称谓礼仪	√
6	凡训蒙——数十五	图书宝库	×
7	自羲农——夕于斯	历史长廊	√
8	昔仲尼——下利民	勤学故事	√

（3）依照"喜欢什么"，寻找联结。

前期学情调查"马鞍山实验小学一年级学生《三字经》诵读情况调查情况统计"显示："不理解"成为学生不喜欢诵读的关键原因。如何让经典走进现代学生，以学生喜闻乐见的方式打开《三字经》的大门，让现代学生读懂古代文字，让《三字经》焕发新时代的生机？得有抓手，必须有介质，需要找到帮助学生理解的"联结"（图1）。

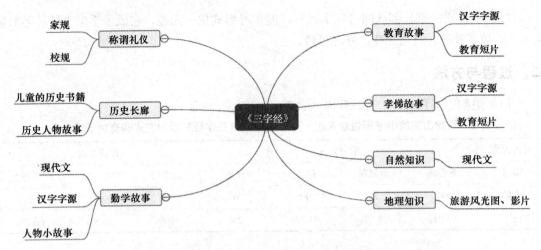

图 1　基于低年级认知水平的《三字经》各版块联结点思维导图

（4）围绕"如何喜欢"，构建课程。

三、主要成果

（一）勾勒"趣读乐学"课程愿景

面向现代化，拓宽学习领域，注重跨学科整合和现代科技手段的运用，努力建设充满趣味而有活力的《三字经》课程，使学生在不同内容和方法的相互交叉、渗透和整合中趣读乐学，既增加积累，又开阔视野、养成习惯，做和乐少年。

（二）重组"多元联结"课程内容

将故事、汉字字源、学习的语文课本、纪录片、《日常行为规范》等作为课程资源的有益联结是十分必要的。只有这样，才能引领学生在与《三字经》亲近中体悟生活，在对生活的体悟中亲近《三字经》（表4）。

表 4　低年级《三字经》微课程教学内容安排表

教学板块	教学内容		教学时间
	《三字经》原文内容	联结内容	
教育故事	人之初——师之惰	1. 汉字"教"字理 2. 故事"孟母三迁、孟母断织、五子登科"	2课时
孝悌故事	子不学——宜先知	1. 汉字"学、孝"字理 2. 故事"黄香温席、孔融让梨"	2课时
自然知识	曰春夏——人所饲	1. 课文一上《四季》、一下《春夏秋冬》（四季） 2. 一上《园地六》（四方） 3. 一上《金木水火土》（五行） 4. 一上《园地五》（植物） 5. 一上《比尾巴》《谁会飞》、一下《动物儿歌》《雪地里的小画家》（动物）	2课时
地理知识	曰黄道——三十五	1. 中央科教频道纪录片《中国大河》《三山五岳》 2. 地球仪、中国地图	2课时
称谓礼仪	高曾祖——人所同	1. 《中小学生日常行为规范》 2. 《瑞安市马鞍山实验小学学生手册》	2课时

续表

教学板块	教学内容		教学时间
	《三字经》原文内容	联结内容	
历史长廊	自羲农——夕于斯	《写给儿童的中国历史》系列丛书	8课时
勤学故事	昔仲尼——下利民	1. 《勤学佳话》（楚旭编） 2. 故事"后生可畏、赵普夜读、苏洵发愤、李泌赋棋、祖莹偷读、文姬辨琴、道韫咏絮、刘晏封官"	6课时

（三）探索"多元联结"实施策略

1. 故事化

儿童的思维是故事性思维已经被心理学所公认。"孩子们长时期里，其全部思考都是通过故事来进行的。"低年级学生都爱听故事，故事在教学中具有巨大的魔力。比起只注重分析的课堂来说，穿插讲故事的课堂更会集中学生的注意力，激发他们学习的热情，加深对知识的理解和发散思考。因此，我把故事有机融入《三字经》学习中，使《三字经》与故事交融。

2. 图像化

图像化将复杂的语言信息用视觉或触觉来"感知"，以"图像"手段来表达内容。"图像"只是形式，"图像化"才是内容。以形象、栩栩如生的图像来显示阅读的经过与成果，让很多深奥神秘的知识变得浅显易懂。

3. 生活化

《语文课程标准》根据语文教学的实际状况强调语文课程生活化，要求进一步密切语文学习与生活的联系，要求教师指导学生在生活中学语文、用语文，将语文学习的背景扩大到学生整个的生活世界。《三字经》"称谓礼仪"中教育学生要尊敬长辈、兄长，对朋友讲诚信，与《中小学生日常行为规范》和我校学生手册上的规范有重叠之处，因此，在诵读这部分内容时，我联结以上两个材料，从经文的内容到学生生活实际，经文理解就迎刃而解，进而引导学生做一个遵守规范的合格小学生。

4. 比较式

通过联结课本内容进行比较，辨别出经文中所指的意思。教师不需要不停地讲、不停地提问来达成目标，只要引导学生回忆学过的课文进行比较，在比较中，学生自然就会有所发现。例如，学习"自然知识"这一板块时，联结课文《四季》《春夏秋冬》，学生自然明白"此四时，运不穷"就是春夏秋冬四季轮转；比较阅读一上《园地六》："早晨起来，面向太阳。前面是东，后面是西。左面是北，右面是南。"学生自然明白"此四方，应乎中"就是东南西北四个方向对应的点是中心；联结一上课文《金木水火土》就明白了什么是"五行"等。

5. 欣赏式

在"地理知识"板块中，介绍了我国直接流入大海的四大江河，还介绍了五大名山，35个省。这对于低年级的孩子来说，生活阅历不丰富、知识面和眼界都未真正打开，如何诵读又谈何读懂呢？联结中央电视台科教频道《中国大河》《三山五岳》等系列纪录片，让学生跟着导游一路欣赏，一路增长见识，便是最佳的学习方式。

（四）设计"三类五型"基本课型

确定好联结点、联结的具体内容，找到了"多元联结"的实施策略，如何展开教学以实现联结教学的效果呢?这就需要课堂教学的展开。基于"多元联结"的主要策略,在课程实施中可以运用常见的课型,具体见表5。

表5 《三字经》微课程基本课型

学习内容	分类	课型	基本流程
人之初—师之惰	故事类	主题深入型	联结教育、孝悌、勤学、历史人物等主题故事:诵读经文—主题字理—听故事—讲故事—背诵积累—实践评价
子不学—宜先知			
自羲农—夕于斯			
昔仲尼—下利民			
曰春夏—人所饲	知识类	对比发现型	用现代短文理解古代文字,内化语言:古今联结—对比发现—背诵积累
曰黄道—三十五		链接拓展型	影像资料,化难为易:诵读—观看影像—理解关键词—背诵积累
高曾祖—人所同	生活类	迁移运用型	联系生活—迁移要求—规范言行—实践评价

(五)建立"多元化"评价机制

1. 动静结合的评价方式

"多元化"的课程评价方式更具操作性和情境性,既注重过程性评价:有静态的语言文字积累,有动态的说故事、介绍名山大川、做一件孝顺的事、画四季图;又注重总结性评价:优秀课程学员参加学校组织的"马小励志营"。既有量化评价,又有质性评价。

2. 不同的评价主体

在《三字经》微课程的评价单上,既有同学、教师,又有家长和自己。

3. 动态的展示平台

为展示学习成果,充分利用班级外墙的展示原地贴出画、在《三字经》中识得汉字制成的手抄报。并依托班级智慧班牌这个新兴的智能设备,展示孝顺父母,为父母做一件事的影像过程,充分将评价的过程展示出来。

参考文献

[1] 中华人民共和国教育部. 义务教育语文课程标准[M]. 北京:北京师范大学出版社,2012.

[2] 方亮辉,赵培敏. 一起来读《三字经》[M]. 杭州:浙江大学出版社,2018.

[3] 刘永平,李秀伟,张雪梅. 特色校本课程开发范例解读[M]. 南京:江苏教育出版社,2013.

[4] 吴刚平. 校本课程开发[M]. 成都:四川教育出版社,2002.

[5] 张开莲. 《三字经》对低段语文教学的借鉴意义[J]. 传统文化,2018(8):72-73.

[6] 庄严. 小学国学经典诵读的策略与方法[J]. 方法探索,2016(2):98-99.

[7] 蒋雅俊. 课程评价:课程价值的创造与实现[J]. 华南师范大学学报,2014(3):63-68.

万物启蒙：廊桥课程项目式学习实践

泰顺实验小学　江海燕

一、课程目标（从全面的核心素养到生活化的校本目标）

基于"成全每一个生命的精彩"的办学理念，学校提出"培养学生具有能生活、会生活、爱生活的生命态度和生活能力，让学生成长为能力所及的最好模样"的育人目标。能生活、会生活、爱生活既是社会能力的三个层次，又是生命态度的三个境界。如何用自己的文化素养和课程逻辑将中国学生素养进行校本化的理解和转化，形成校本化的表达？在学习研究《中国学生核心素养》的基础上，我校以课程为载体，不断对核心素养的各个方面进行细化、分解和调整，提炼与建构"水润课程体系"，开发《万物启蒙廊桥课程》为生活化学习系统，将宏观上位的核心素养理念具体化，并最终与微观的课程内容向紧密结合。由此将理论层面的素养具象为教师可具体实施和教学的内容，将核心素养的培养完全融入具体的课程生活之中。即以物为介，人在中央，周知一物运转规律，重建人类文明时空，建构核心思维能力，化育通识素养，理解人与世界的关系，培育中国君子（美雅学子）（图1、图2）。

图 1　中国学生核心素养图　　　　图 2　校本化学生核心素养图

二、课程图谱（从水润课程图谱到课程三阶架构图）

（1）水润课程体系：学校与"水"渊源深厚，为此，学校有意识地将"水"文化上升为学校文化乃至办学哲学，确立了"源头活水，滋养童年"的办学愿景，彰显"水润"文化办学特色，以水的"可变性"象征儿童的"可塑性"，厘定了"发现儿童，随型成器"的办学理念。随着办学实践的推进，学校从老子"水善利万物而不争"中得到启发，认为"利"，就是滋养，体现了水对万物生命的成全。为此，我校依据"万物启蒙"的课程理念，提炼"水润课程"作为学校课程，并确定以"微生活课程"为主轴，贯通"游文、游艺、游戏、游历"四大社会化课程领域，首先以泰顺廊桥作"物"，开发"万物启蒙廊桥课程"，形成"以万物—成见识—致良知"的课程三元进阶，打通学科边界，优化教师资源，整合拓展性课程，融汇教育与生活。赋予艺术与生活、运动与生活、数学与生活、科技与生活、阅读与生活、视听与生活、社区与生活七大课程群以丰富的内容，并形成体系。建构灵活、智慧、可重组的学习空间，以给学生提供更多的活动与交往空间，促进学生的社会性发展，弥合正式学习与非正式学习之间的界限，从而成全每一个生命的精彩（图3）。

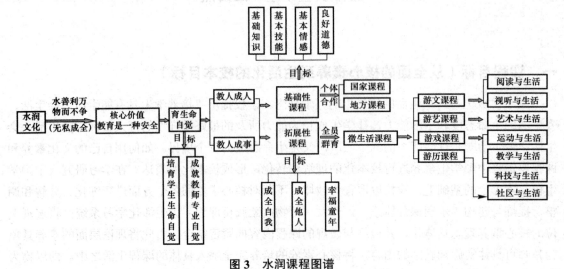

图3　水润课程图谱

（2）万物启蒙廊桥课程图谱。万物启蒙课程是有温度的通识教育，奉行创新格物致知，笃行知行合一。万物启蒙课程根植于中国文化精神，回归万物即教材，世界即课堂，教育即生活的原点的课程理念。建立儿童由自然到科学、人文的三阶认知，以培养全人素养。因为"泰顺廊桥"符合设计主题的四大特点：首先，廊桥是中国文化基本物象；其次，廊桥具有明显的在地文化特征；再次廊桥的内涵外延丰富并可感知体验；最后，因为廊桥与泰顺人民的生活习俗密切相关，因此，我校首先选择最具泰顺代表的"廊桥"作为我们万物启蒙课程的"物"，对万物启蒙廊桥课程进行顶层设计，设计出符合我校学情的学习序列和走向，真正实现多学科，多学段的全面融合。

（3）万物启蒙廊桥课程课堂形式。人类认识世界是有规律的，往往是先认识物的本身（识物），再了解物作为工具的用途（器物），最后领悟物的化育（化物），即"物—器—道"，这就是以儿童的认知规律架构的通识课程体系，也是万物启蒙廊桥课程特有的课堂学习形式。一桥一世界，廊桥即教材，引廊桥入课堂，与自然和谐相处，以文化串联廊桥，因廊桥串联课堂。我校廊桥课程打通生活和教育，以小博大，启蒙常识，养育通识素养，习得人与世界相处的智慧（图4）。

三、课程实施（从三维进阶课堂到无边界研学课堂）

（一）课程教学：万物启蒙廊桥课程1.0版行动

我校万物启蒙廊桥课程的实施是在探索与反思中前行，先

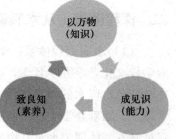

图4　课程三阶架构图

后经历了三个阶段的发展后,现已逐步走向规范。本版本行动是廊桥课程第一阶段以课堂教学为主。以四年级段为试点,依据万物启蒙课程"物、器、道"三阶认知,从科学板块、人文版块、艺术板块、游学板块对课程内容进行整体设计,紧扣"问—思—辩"模式展开教学(图5)。

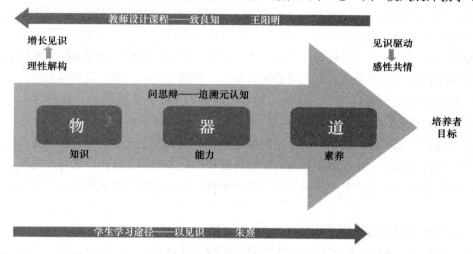

图 5　课程双向设计图

(1) 人文板块则从桥史、桥诗、桥文三个方面展开教学。廊桥是泰顺人的梦,是泰顺人的精神寄托。在桥史部分我们以"廊桥梦"为核心,按照历史时间的不同纬度,确定了"廊桥遗梦""廊桥寻梦""廊桥筑梦""廊桥圆梦"四部分内容。"廊桥遗梦"主要是寻找和搜集廊桥的神话、传说,感受泰顺先民逢水造桥,敢于和洪水猛兽作斗争的精神及乐于好施、积德为善的品质;"廊桥寻梦"主要分析泰顺先祖善于从山区的地理面貌、气候环境、资源条件出发,选择廊桥作为主要桥梁,体现泰顺先民追求师法自然、天人合一的山水情怀;"廊桥筑梦"主要从泰顺人民在廊桥一次又一次的水毁、修复、重生的经历中,锻造成的山里人不畏艰险、众志成城、从头再来的精神内核;"廊桥圆梦"则是从在外游子和创业人员恋桥思乡的情结中,体现出创业者"不畏艰难、敢为人先、商行天下、善行天下"的"泰商精神"。归根结底,"廊桥梦"就是泰顺人精神的生动体现。桥诗和桥文部分主要从文学角度安排内容。泰顺廊桥传承着中国古代精湛的建桥工艺,浸透着山水间的灵气,蕴含其中的各类桥记、题字、楹联、诗赋、雕刻、廊画、书法极其丰富,文化雅俗一体,特色鲜明,这些极具视觉冲击力的煌煌建筑,潜藏着泰顺古代先民的智慧,贴附着古人精神和思想文化的片段,承载着浙南山区深厚历史文化内涵。

(2) 科学板块从"识桥、造桥、用桥"三个方面梳理课程内容。在这一板块中,我们重点对廊桥的五种形态和叠梁拱廊桥的结构进行探究。因为根据桥梁专家的研究,泰顺廊桥的五种形态(支木梁廊桥、伸臂木梁廊桥、斜撑木梁廊桥、单孔石拱廊桥和编木拱梁廊桥)基本包含了浙闽廊桥发展的各个阶段,2012 年,"闽浙木拱廊桥"被正式列入中国世界文化遗产预备名单,对廊桥结构特别是对叠梁拱廊桥结构的研究意义就更为突出。

(3) 艺术板块的内容包括桥声、桥姿、桥影。桥声通过廊桥的歌、舞、话剧及廊桥民俗文化碇步龙进行艺术创作。桥姿包括廊桥彩绘、廊桥掠影、廊桥手工、廊桥墨韵,进行绘画、摄影、手工、书法多方面的艺术表现。桥影通过对《廊桥筑梦》《一带一路》等视频、影片的观赏，感受当代泰顺人的"廊桥精神"。学生的作品均展示于学校廊桥课程展厅中。

（4）游学板块和上面三个板块结合起来，穿插其间。让孩子通过自己的双脚来丈量中国文化启蒙地图，以泰顺廊桥为钥匙，以游学活动为探究途径，全学科融汇，开展项目式学习。2017学年，我校组织四年级学生进行了两次游学实践活动，首次是"访天阙，寻根五古文化"小导游主题游学活动，本次活动的"五古"，即古树、古道、古民居、古桥、古遗产。在本次游学活动中，我们选择了"寻根五古文化"其实也是寻求廊桥之根。探究泰顺古廊桥为什么会在这儿神奇地存在，是因为这五古之间是血脉相连，相辅相成的。第二次活动主题是"寻梦最美廊桥，我为泰顺旅游做代言"。这是一期专门以桥为主题的实践活动。活动之前，围绕着"观赏廊桥美丽风姿，唤起家乡自豪感"的主题教学，而后将学生分成资料组、导游组、文字小记者组等组别，指导各组制定自己小组的探究内容。因为有了充分的学习和准备，这次游学活动成了一次美的享受。小导游带领着同学们兴致勃勃地来到了廊桥边，参观文化园，了解廊桥历史，感受廊桥的制作工艺，用镜头摄下最美廊桥，用画笔画下最美廊桥，寻自己最美的廊桥梦。

（二）廊桥研学：万物启蒙廊桥课程2.0版行动

万物启蒙廊桥课程1.0版本经过一年的教学实践，2018年，我们做了调整，升级为2.0版本，推出廊桥课程的第二阶段行动，即万物启蒙廊桥课程研学行动。本阶段，我们将课堂搬到大自然中，走出从"学校到学校"、从"课堂到课堂"的封闭圈，不断地拓展教育的边界，引领学生走出学校教室，走向更为广阔的天地，以万物为课本，以"问—思—辩"的学习方式展开。孩子们在大自然中，融趣味与思辨于一体的无边界课堂，格于物，游于艺，志于道，探索人与桥在千百年演化过程中，彼此建立起来的一种山乡生活方式，也在真实的情境之中体验、合作、探究，真正形成适应未来社会发展的必备品格和关键能力。

（1）第一站：最美廊桥北涧桥，以"何以筑桥"为探究主题。孩子们踏过汀步，来到北涧桥对岸，面对泗水汇流之处，共同穿越时空，以两个终极问题追溯人类渡河的最初思路："人类为什么要造桥？如何根据不同的水域建造不同的桥？"。引导孩子们首先探讨桥的种类与不同地理特征之间的关系，孩子们在教师的引领下以思维导图逐步梳理，客观分析，理性比照，在层层问答讨论中逐渐构建起更严谨的逻辑推理。孩子们认知的整个过程从宏观到微观、由模糊到精确。在对于桥的起源、种类形成了初步认知之后，我们逐渐聚焦廊桥主题。透过现象看本质，浙闽山区为何出行大量廊桥成为主要的探究话题。随后，孩子们四人为一个小组，通力合作完成了工程浩大的中国百桥分布图探究任务。最后以读茅以升的《桥梁史话》作为本板块的补充内容，将泰顺廊桥置于桥梁文化中进行升华。一桥横跨南北，天堑变通途；一廊沟通东西，陌路成比邻，是所谓廊桥也。桥梁贯穿历史，人情贯穿桥梁。孩子们对"何以筑桥"主题有了更深刻的理解。

（2）第二站：最古老廊桥三条桥，以"叠梁拱桥"为探究主题。本板块的研学地点在三条桥和西旸桥。在三条桥上，孩子们开始探究中国古代造桥黑科技——叠梁拱结构。孩子们攀爬上溪滩边的巨石，仰望观察三条桥底部的叠梁拱结构，看见较短的木材通过纵横相贯，别压穿插，搭接而成，不用钉铆，构件之间压紧支撑，形成一道横跨两岸的虹霓，不禁对于其构思之巧妙叹为观止。回到桥面上，兴致勃勃的孩子们借助简单的一把木条，开始模仿搭建叠梁拱结构。在西旸桥上，孩子们开展测绘活动。孩子们在亲眼见证了梁思成的赵州桥测绘图后，小组协作使用皮尺、铅锤、红外线测距仪等工具，一丝不苟地测量记录廊桥的各项数值，并根据数据比例绘制西洋桥的模型图。从观察、测量到搭建，孩子们就在这样的体验中领悟了劳动人民的智慧与前人建造风雨廊桥的温情，恰如魏明伦在《廊桥赋》中所言："反射阳光者，虹也；反映人情者，桥也。桥上行人，桥下倒影。桥梁贯穿历史，人情贯穿桥梁。"

（3）第三站：最独特廊桥文重桥，以"毁桥建桥"为探究主题。文重桥，一座几经沉浮、命运多舛的廊桥。在这样一座屡建屡毁、屡毁屡建的桥上，讨论桥的命运兴衰真的是完美契合。活动在师生一起梳理了"从赵州桥到钱塘江大桥，中国桥梁有哪些变化？"中开始，孩子们在教师的引领下逐渐明白：钱塘江大桥的建造与炸毁到再建，桥的命运其实是人的命运。从中国桥梁之父茅以升的人生经历中，孩子们看到了中西会通的人文素养与科学学识的完美结合，更感受到了一个人对于事业的执着与家国情怀。而后全体师生从吟唱一首耳熟能详的英语儿歌 London Bridge Is Falling Down 开始，从地理、历史、政治等多元角度探讨分析为何伦敦桥一开始就背上了"falling down"的厄运，而位于海上丝绸之路重要港口泉州的洛阳桥千年不垮的背后究竟是怎样的技术含量支撑，以至洛阳桥建造背后涉及的北宋政治、经济、科技等多方面信息。看似聊的是桥，背后直指的是中西思维导致的文化差异。最后，国家级非物质文化遗产木拱桥传统营造技艺的传承人曾家快老师在文兴桥上，回溯他如何重修被莫兰迪台风摧毁的这座最难建造的不对称廊桥。曾老师耐心细致地给孩子们从技术层面层层解析文兴桥的结构与重新修复的整个过程，而最令人无比触动的是他淡淡的一句："建造细节把控肯定是我说了算，因为是我修的，第一个走上去的人是我，出了任何事情第一个死的也是我，必须负责到底的。"撑起一座廊桥的，最终还是人。

（4）第四站：跨径最大的仙居桥，以"廊桥写生"为活动主题。仙居桥，恰如其名，蓊郁葱茏的绿意环绕间，古意盎然的仙居桥宛若天降虹霓。天上的虹霓固然不可触及，然而我们可以用画笔将眼前这座虹霓般的廊桥留驻纸上。在教师的指导下，孩子们开始以水彩写生呈现仙居桥的美景。在绘画过程中，教师和孩子们聊陈逸飞的乌镇系列油画，引领孩子们体悟什么是"用世界的语言，讲民族的故事"。孩子们终于明白：廊桥，最乡土、最民族，但运用合适的艺术语言，便可呈现最世界的共情。而这样的课堂也进一步说明唯有被允许自由表达、自由发声的孩子，才能保有强韧的内心，在人生的路上行走更远。

（5）第五站：白鹤山庄铁索桥，以"神话之桥"为活动主题。在这座星岛上学习"牛郎织女"故事，在"问—思—辩"的教学中，孩子们剖析出经典传说背后的黑真相：一件被盗的羽衣，让一只降落人间的姑获鸟无法重返天空，开始了和人间"孝子"的一段孽缘。这则耳熟能详但实则经历了多轮改编的传说，深刻折射了中国人传统的伦理观念和固有逻辑。牛郎到底是感天动地的孝子还是令人不齿的流氓？织女到底该成为人间妻母还是自由飞鸟？所有的论辩最终指向的是人性，孩子们精彩的发言和自由的火花，让夜晚的小岛不再寂寥。孩子们的思维深度碰撞。

总之，万物启蒙廊桥课程研学行动360度转变课程内容的实施方式，创设新型的学习环境，促进学生在实践、体验、探究中，全面提高了学生的实践能力和核心素养。

"好美"课程建设

苍南县第三实验小学　林瑞畅

一、办学理念与课程理念

1. 学校办学理念

学校提出以"我好美"为核心语词，积极构建属于苍南县第三实验小学独有的学校文化建设。它包含两层含义，一是"我美"，也就是说作为苍南县第三实验小学的每一个人都要追问"我是谁？"：我是学生，要做好学习的小主人；我是教师，要做好学生的引路人；上至校长，下至门卫，都要努力去寻找自我，发现自我，从而实现自我，做最美的自己。二是"好美"。"好"有两种读音，也正是学校对学生培养的两个着力点。"hǎo"就是要培养学生的良好习惯，"hào"就是要发展学生的兴趣爱好。只有让学生养成良好的习惯，拥有自己的专项特长，才能对学生一辈子负责。

因此，构建一所"美"的学校，是学校全体师生共同追求的价值。让这所学校的每一位孩子均能毫无顾忌，以敢为天下先的温州人精神自豪地告诉所有人——"我好美"！这将成为第三实验小学全体人最美的一句座右铭。让学校全力以赴帮助师生美美地学习，美美地生活。学校的管理层，本着发现以及帮助发现更多可能性的美。学校教育的环境与空间、课程与课堂、理念与结构、教师与学生均应各美其美，以达美美与共。

（1）于师生——美丽师生，相遇美好。野蛮其体魄，高贵其精神。与美好的习惯相遇；与美好的道德发展相遇；与兴趣、爱好相遇；与书香人生相遇；与童年、童话、童心相遇；与科技之美相遇。与智慧人生相遇，成人之美。

（2）于学校——幸福校园，呈人之美。以美为旗，构建系列美的课程。成为一所理想的学校，直至抵达伟大的或卓越的学校。让第三实验小学与世界一起，成为时代的中心。

（3）于家长——名校优质，美好未来。新父母新家教。美丽父母，书香家庭，智慧家庭，幸福家庭。

（4）于行人——文化地标，国际窗口。好奇多于追问，敬仰胜于质疑。

（5）于课程——遇见最美的自己。在与课程的相遇中发现最美的自己，寻找茁壮成长的那棵树。

（6）于课堂——从心出发，唤醒美好心灵。智慧的挑战，情感的共鸣，发现的愉悦。追问核心的价值前提下，让知识、生活与生命共鸣。

2. 学校课程理念

学校的每一项课程都是文化融合，学生的每一种选择都是殊途同归。

学校课程在办学理念的指导下，以"我好美"为指导，确立"在与课程的相遇中发现最美的自己"的课程理念，一是揭示学校课程建设的"还美"之道，建立自主、开放的学校课程系统；二是合理设置学校课程，坚持公共基础和个性选择、常识认知和实践体验的平衡，坚持面向全体和关注个体并重，坚持达标与发展并重，贯通基础性课程和拓展性课程两大板块，理顺各类课程的逻辑关系并加以融合；三是将每一项课程建设成为文化融合课程，指向多元的素养培育，而不是单一对应的缺陷补偿或特长强化的手段。尤其是让拓展性课程给学生更多样化的选择，并将选择的课程作为承载培养核心素养的重要载体，让学生在合宜的课程中得到多方面的教育，最终实现"美丽校园、美丽教师、美丽学生"的目标，为培养现代公民打下坚实基础，为学生的充分、合理发展提供无限可能。

课程建设从学生发展规律、个体差异和教育伦理出发，坚持将"研究学生"作为课程实施的关键问题，以"关注学生有意义学习"为深化课改的核心目标，坚持基础性、全面性、公平性原则，坚持两类课程实施的活动性、兴趣性、层次性、选择性，关注基础性课程的有效实施和学生真实的深度学习，从学生生活和兴趣出发，注重认知发展和人格完善，并采取个别辅导、分层教学等手段结构保底、兼顾全体；关注拓展性课程的规范实施和学生参与学习体验的真实效能，将拓展性课程作为基础性课程班级授课教学的必要补充，融合两类课程并倒逼基础性课程教学优化改革。通过两类课程的实施，实现基础保底、全面保底和因材施教基础上的高品质相对公平，为学生发展提供最大可能。

二、课程设置与结构

（一）课程体系示意图

课程体系示意图如图 1 所示。

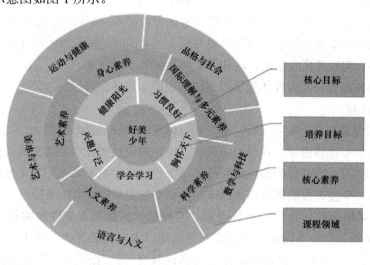

图 1　课程体系示意

（二）课程设置的基本思路

学校课程建设首先要开足开齐规定国家课程，整合相关课程资源进行校本化实施，同时，根据学校文化和办学条件，充分挖掘校本课程资源，给学生尽可能丰富的课程体验，建构"健之美、艺之美、阅之美、思之美、研之美"五大课程群的拓展性课程体系。

1. 基础性课程

含学科基础课程和学科拓展课程，学科基础课程即按国家课程标准规定开设的学科课程，学科拓展课程即学科课程校本化实施及与学科课程相关的实践体验类拓展课程。

（1）学科基础课程。严格按照《浙江省中小学课程建设方案》中规定的各学科总课时数，开足开齐各科课程。

（2）学科拓展课程。学科拓展课程主要包含项目整合课程、主题实践课程、班本体验课程三类课程。其中，主题实践课程与班本体验课程在限定拓展课程中与德育体验课程部分融合，项目学习课程主要有以下三类：

1）按周课时摘取出来的专门项目教学。如体育课中每周摘取一节，根据学段不同开设乒乓球、足球、篮球、跆拳道、武术等课程；三至六年级每周开设1节信息技术课程，原则上由信息技术专任教师任教，也可结合相关课程由其他教师兼任；三至六年级每周开设1节劳动与技术课程，其中三、四年级列入综合实践活动课程，五、六年级列入地方课程实施教学。

2）将专门项目引进部分学科课程中进行整合，每学期列出固定课时数实施教学。如将写字（书法）课程作为语文学科课程的重要拓展部分，每学段原则上每月1课时，由语文教师兼任，可结合书法教学由专门书法教师任教。教学内容可使用规定《写字》教材，结合语文学科写字练习进行教学，也可自主开发书法课程，低段以硬笔书法为主，中、高段以软笔书法为主；将创客教育课程引进信息课程，原则上每月1课时。

3）将专门项目引进所有学科中，每学期列出固定课时数实施教学。如全科阅读课程要求每学期按不同学段、不同学科的参考书目，一、二年级着重绘本阅读，三至六年级着重整本书共读。语文学科推荐4本以上图书并组织16课时左右的共读活动，其他学科推荐1本以上图书并组织4课时左右的共读活动；学科实践体验课程根据不同学段不同学科的具体教学内容安排，每位学科教师根据学科教学内容每学期开设2～4课时的探究性专题实践体验课程，组织学生开展探究性、实践性体验活动，活动方案列入教学计划安排。

同时，学科拓展课程和德育体验课程共同构成限定拓展课程。

2. 拓展性课程

含限定拓展课程和自主拓展课程。限定拓展课程即学校根据办学理念、办学实际和各年段学生特点，整合校本课程资源，在学校层面统一设置的项目整合和主题实践类课程，并鼓励各班级和教师根据自身特点开设的实践体验类拓展课程；自主拓展课程即学生根据自身兴趣特长和需求，自主选择学校开设的多种门类的体艺特长类和实践体验类拓展课程。

（1）限定拓展课程。含学科拓展课程、德育基础课程和德育体验课程。学科拓展课程中的项目整合课程与学科基础课程相结合开展实施，主题实践课程、班本体验课程与德育体验课程部分融合开展实施；德育基础课程即养成教育序列化课程，渗透到各学科教学和德育常规中，旨在培养学生良好行为习惯；德育体验课程的仪式节日课程与少先队活动课程相结合。

1）主题实践课程即每月主题课程，一般以月为单位实施，分为安全小管家（自护节）、小小文学家（读书节）、小小数学家（数学节）、小小艺术家（艺术节）、劳动小能手（劳动节）、小小演说家（语言节）、运动小健将（体育节）、小小科学家（科技节）、小小外交官

（英语节）等相对固定主题，结合学科课程，根据不同学段开展不同形式与内容的主题实践活动。其中社会实践、社区服务每学年 5 次。

2）班本体验课程即各班级根据学段、班级特点，由班主任协调各科教师并征求家长、学生意见后开展具有班级特色的实践体验活动，主要含三类：一是与主题实践课程相匹配的班级主题活动课程，一般每月 1 课时；二是班级自主开发或引进的特色实践体验课程，包括一、二年级的《嗨翻英语》《数学思维》等、三至六年级的信息技术课；三是心理健康课程，一般每月 1 课时；四是与节日课程相匹配的专题少先队活动课程，一般每月 1 课时。

3）德育体验课程中的仪式（节日）课程含学校设定的仪式课程和不同主题的节日课程。仪式课程主要有入学课程、十岁成长课程、毕业课程、跨年课程、开学课程、结业课程等，围绕特定仪式开展相关课程的系列活动。节日课程结合少先队活动课程，可分为传统文化、关爱生命、安全自护、美德少年、中国梦想、环境保护等主题，选取相关节日开展以仪式活动为主要形式的系列活动。

附：苍南县第三实验小学节日课程主题规划（表1）

表1　苍南县第三实验小学节日课程主题规划

主题	节日
传统文化	中秋节、重阳节、清明节、端午节
关爱生命	国际爱牙日、国际聋人节、国际盲人节、国际残疾人日、全国爱眼日
安全自护	全国防灾减灾日、交通安全日、全国中小学生安全教育日
美德少年	学雷锋日、母亲节、父亲节、中国少年先锋队诞辰日、教师节、世界读书日
环境保护	植树节、世界水日、世界无烟日
中国梦想	抗日胜利纪念日、六一儿童节、国庆节、元旦、国际劳动节

（2）自主拓展课程：自主拓展课程即由学生根据兴趣特长和需求自主选择参与的课程，含自主选修课程、社团课程、大课间课程和午读课程。

1）自主选修课程每周 2 课时，根据学生需求和教师兴趣专长开设多种门类的选修课程，学生通过网络平台自主选课、走班学习。开设门类以体艺特长和实践体验类为主，并整合出跨界课程，分别开设"健之美、艺之美、阅之美、思之美、研之美"五大课程群，如我爱绘本、朗诵、英语趣配音、尤克里里、京剧、儿童剧表演、舞蹈、器乐、健美操、漫画、钩秀、书法、田径运动、篮球、足球、乒乓球、羽毛球、机器人、航模等课程。通过科目化、制度化建设，有序组织、定点定人，使活动形式多样、生动活泼。

2）社团课程不占用周课时，一般在午间、下午托管时间和周末组织活动，由学生自主报名和教师遴选相结合，主要面向某一方面具有一定基础和特长的学生招收社团成员并开展强化提高型培训。

3）大课间活动课程根据学生年龄特点，在每天上午课间 30 分钟时间，采取学校统一安排和各班自行组织、学生自由组合相结合的方式开展体育运动，项目主要有跑步、集体舞、广播体操、跳绳、空竹、棋类等。

4）午读课程以自愿参加为原则，鼓励全校学生午间到校后参加 30 分钟的自主阅读活动。

三、课程的实施

（一）基础性课程实施做到保底有效、动态公平

（1）目标细化：从学科教学目标细化入手，参照《基于课程标准的小学语文学习目标设计》（赵刚，辽宁师范大学出版社），对各基础学科课程进行目标细化研究。

（2）作业优化：以"作业优化改革"为抓手提高学科基础课程实施有效性，以"创意作业"带动课改实施。从对作业类型和功能的认识、作业设计和运用策略、作业作为任务课堂教学等几个层次开展研究，探索目标叙写和作业设计要求、各学科作业设计与运用的重点任务、以"作业"为线索的教学设计流程、以"作业"为线索的教学预案模板，逐渐形成作业研究的项目实施框架、以"作业"为主线的教学设计和课堂实施体系、作业设计和教学预案资源库，并建立起作业批改与反馈机制。

（3）评价有效化：探索并逐步建立质量评价系统。依托学业质量评价有效平台，积极施行《小学生学业分项测评》，突出质量评价的导向、诊断、调适等功能，形成以基于课程标准的教学目标为导向、以作业优化融入教学为主要手段、以整体课程实施为依托，以学生综合素养提升为终极目标的学校教学质量评价系统，提高学科基础课程实施的有效性。

（4）过程公平化：在教学中要兼顾全体，对学生进行分层教学，根据学生特点个别辅导，真正为每一位学生的终身发展服务。

（二）拓展性课程实施做到多元推进、规范实施

1. 注重拓展性课程多元化和教师自主相结合，开足开齐课程

基于"我好美"的办学理念，学校提出每位教师要有"1+X"的课程素养，即每位教师在具备一门学科专业课教学的基础上，还要有兼任其他拓展性课程的素养。学校采取双师制特色拓展课程活动，充分利用社区的资源聘请县城某一方面的专家或非遗文化传承人进校园执教。具体时间安排在周二下午第二、三节课与周三下午的第一、二节课，纳入功课表成为常态的教育活动。其中，自主性拓展性课程分成五个课程群——"健之美、艺之美、阅之美、思之美、研之美"。并采取课程群的管理方式，设立群主对每个课程群进行规划、展示、评价等活动的开展。

2. 注重德育体验课程和实践类活动整合，让限定自主课程有特色

（1）学校以开展"每月主题一事"与"传统节日文化"为主题养成教育的德育平台，深化学生行为规范教育。"珍爱生命，安全第一""帮助别人，快乐自己""学常规，守纪律""远离垃圾食品，健康从我做起""学会交往，和谐相处"等一系列的主题月事教育活动；"中秋节——月圆中秋，情暖人间"，"重阳节——浓浓重阳情，深深敬老意"，"春节——张灯结彩辞旧岁，喜气洋洋迎新年"，"弘扬雷锋精神，争做美德少年"，"缅怀革命烈士，弘扬民族精神"，"品味端午文化，弘扬民族精神"等一系列传统节日文化。坚持举办"读书节、艺术节、体育节、科技节、英语节、童话节"等系列活动，丰富学生的课余生活，为学生搭建成长的舞台。

（2）以"国旗下微舞台表演"为平台，展示"我好美"学生面貌。每周由班级自发组织学生，通过表演的形式，展示"每月主题一事"，寓教于乐，提高德育的成效，营造全员德育的氛围，"国旗下微舞台表演"成为学生最喜欢的、最期待的传统舞台。

3. 利用师源选课平台，注重自主拓展课程的规范化实施

学校借助师源科技有限公司的网络平台，设置自主拓展课。通过平台的设置，引导学生选课，进行动态跟进与指导。学期末，还可利用平台进行网络评价，进行规范化管理。

五、课程评价

积极探索更为科学合理的评价方式，凸显学生的自我评价、过程评价和参与意识、活动技能、互助合作、情感体验等的主动性或深刻性；建立主体性课堂教学和德育活动评价指标，促进学生身心健康全面发展。课程评价体现定性评价和定量评价的结合，过程评价和结果评价的结合，评价主体体现多元化、系统化，重视描述性、过程性、对话性和发展性。

（一）系统性评价

（1）建立学生课程综合评价报告单，以课程为主要线索，将学生参与的基础性课程和拓展性课程过程和成绩进行系统的评价，以便于学生自己、家长、教师有效掌握在校学习生活情况、取得成绩、存在问题和整改方向。

（2）完善基于绩效考核的教师工作评价制度，将课程研发、实施过程规范性、创新性、参与度、目标达成情况和绩效进行系统的评价。

（3）统合所有门类科目的基础性课程和拓展性课程的评价，建立学校课程评价系统，规范、科学地开展课程研发与实施的过程和结果评价，为课程实施的优化调整提供依据。

（二）过程性评价

（1）建立学生成长记录档案，将学生在参与课程学习的作业、作品、照片、视频等材料通过家长、教师进行收集整理后予以分类保存。学生成果展示可通过实践操作、作品展示、竞赛、小组评比、汇报演出等形式进行。

（2）建立教师课程实施计划、进度、教案、考勤等过程性评价记录，学校通过听课、查阅资料、调查访问等形式，每学期对教师进行考核、评价，并建立档案。

（3）建立课程实施阶段评价制度，与学校常规工作相结合，有效运用问卷、调查、测量、统计等技术手段，定期开展课程实施的阶段小结与评价，及时发现问题，调整措施，有效解决，不断优化。

（三）描述性评价

（1）基础性课程一般根据学科性质，结合学生学习态度、过程参与、考核检测等方面，进行"优秀""良好""一般"等等级评价，中、高年段语文、数学、英语、科学等学科可参考评价部门测评方式，使用科学的测评工具进行测评，并将定量评价结果进一步作出描述性、发展性评价。拓展性课程参照过程材料主要对学生参与度、满意度和成果进行描述性评价，部分课程仅作参与评价，不作定性评价。

（2）根据学校课程实施的整体目标和任务要求，尝试对教师课程研发与实施规范性、达成度和成效进行描述性评价。

"好玩数学"校本课程开发与实践

温州市广场路小学 白 茹

一、课程研究的背景与意义

（一）问题的提出

问题1：数学的工具性与趣味性不合：传统的数学教育使学生片面地认识到"数学是理性的，数学就是一堆抽象的符号，数学就是解题"等。"应试教育"使数学教师在数学学习中过度进行以应试为目标的习题训练。在平时教学中强化了数学学习中的学科中心地位与应试功能，而忽略了数学课程对每一个学生都具有的教育功能，导致现在的多数学生对学习数学缺乏兴趣。

问题2：数学的统一性与个性化不调：在实施国家课程的过程中，由于学习方式单一，学习内容的枯燥，不能满足部分学生的个性化需求，不能实现学生的整体发展。以往的经验告诉我们：在某种程度上说，教学是使个体差异缩小，但有时也会增大，思维训练的结果会使学有余力的学生发展更快，可能分化更大。我们要承认分化，并促进其积极分化，把差异看作财富，谋求"有差异发展"，从小培养学生具有初步的创新意识和创造能力。

基于以上思考，我们进行"好玩数学"校本课程的研究，试图让数学课有所拓展，为学生个性发展及差异发展提供空间，让学生的思维能力和初步的创新意识得到不同程度的发展。

（二）研究的意义及价值

（1）数学校本课程的开发，可以拓宽数学课程范围，弥补国家课程研发的不足。

（2）校本课程的开发有利于形成学校办学特色，满足"个性化"的学校发展需求，同时，能提高教师对课程的兴趣和满意程度，从而增强教师数学专业素质和能力的提高。

（3）数学校本课程的开发有利于学生主体性的发展，也能更好地发展学生的数学特长，真正满足学生生存发展的需要。

二、课程研究的具体开发实施过程

（一）立足儿童视野，构建课程框架

"好玩数学"校本课程框架设置，我们采取板块化形式可分为上学期为数学游戏活动和下学期为数学阅读两大版块。每个大板块中又分为若干小模块，这样有助于随时修改、完善，保证校本课程与时俱进，充满活力。

板块一：数学游戏按照年级分为 6 个小模块

对于小学教育来说，游戏活动正是启发学生心智和兴趣，达到最好教育效果的最佳手段，数学教学也是如此。数学游戏由浅入深，容易上手，教师在对数学游戏活动的选择和设计上切合不同年龄段儿童的特点，让他们能够人人参与，喜于参与，并能在数学游戏活动中学习、思考，在游戏过程中求得知识。如果忽略了这一目的，游戏也就变成了玩，变得没有任何意义。所以，教师一定要注意在游戏过程中引导调控，因势利导，及时帮助学生迁移数学知识，形成学习效益，使游戏真正地能刺激学生学习的主动性、积极性，同时，也能够达到很好的教学效果。

板块二：数学阅读分为低段和高段 2 个小模块

1. 低段：五彩斑斓的数学绘本阅读

我们知道数学是一门比较抽象的学科，它没有语文那样充满情趣，是抽象的符号、推理与运算的结合，是一个充满思维活动的过程。低年级的学生在学习中注意力往往易于分散，容易对数学学习失去兴趣和信心，尤其是对于刚入学的一年级学生。鉴于此，绘本阅读可以把学生引入"好玩数学"的大门。数学绘本因图文并茂，贴近儿童，将数学知识巧妙蕴藏在生动有趣的故事中，能很好地激发儿童学习数学的兴趣，促使儿童积极地参与学习活动，主动探索数学知识。

2. 高段：私人定制的数学好书分享

进入第二学段班级里的学生开始产生两极分化现象，"人人都能获得必需的数学，不同的人在数学上得到不同的发展"。数学阅读要面向全体学生，让不同的学生在数学上都有成功的体验，都能增长数学知识，都能获得良好的数学教育，为每一个孩子的终身发展打下基础。因此，对于数学阅读没有统一的阅读书目，只是做了推荐书单。在这里允许每个孩子根据实际情况可以自由挑选自己喜欢的、适合的数学书籍，看完后向小伙伴们做一个分享推荐活动。

（二）站在数学立场，实施课程内容

新课标强调对学生创新意识与实践能力的培养，课程内容设置更趋于多元化、特色化，为学生的全面发展、整体提高提供更为广阔的空间。

板块一：数学游戏

我们的"好玩数学"校本课程，既能让教师的教学智慧、潜能得到开发，数学文化得到传播，提升数学教师课程领导力；又能弥补数学课堂过于注重知能体系、内容选择不够灵活的不足；还能活跃儿童的身心，促进学生数学素养的提升。开发"好玩数学"校本课程顺应了新课标和新课改的要求。于是我们深入教材，寻找与之匹配的"好玩数学"课程内容。

这 6 个小模块的数学游戏内容设置既是对国家课程内容的有效延伸，又是让学生身边喜闻乐见的数学小游戏。将严谨的数学知识、数学思想方法融入富有竞争性、体验性、交互性、愉悦性的游戏中，让学生在游戏中通过亲身参与和独立探索，构建自己对数学的理解的一项确实有益的尝试。这样的尝试能使学生在不经意间感悟化繁为简、从特殊到一般、一一对应及数学方法的优化等基本数学思想，让严肃的数学思想灵动起来了。

板块二：数学阅读

1. 从儿童的经验出发，低段绘本阅读（表1）

表1 绘本阅读

年级	书目	特　点
一年级	《数学帮帮忙》 （全25册）	这套书分为"数字与运算""量与计量""图形与几何""探索规律"和"统计与概率"，它的特点是教会孩子怎样用数学解决各种发生在身边的问题，非常适合小学一年级的孩子
二年级	《我是数学迷》 （全22册）	这套书中每本书都是不同作者所写，故事内容迥然不同，但都充满想象力，都能把要说明的数学原理巧妙地融入故事中，同学们非常喜欢看
三年级	《数学故事专辑》 （全5册）	这套书入选中国小学生30本基础阅读书目，不仅能引发孩子对数学的兴趣，还能引发孩子对阅读的兴趣

这几组数学绘本系列的每一本书都会讲一个发生在孩子身边的故事，由故事中出现的问题自然地引入一个数学知识，这些故事素材全部源自孩子的真实生活，不仅能引起孩子的共鸣，更会使他们在阅读过程中不知不觉被生动的情节所吸引，一步步去找到解决问题的方法和答案。孩子在主动参与和积极思考的过程中会慢慢发觉，课本上那些既枯燥又抽象的数学知识竟会变得如此容易理解和掌握，更重要的是，孩子还能深深感受到运用数学知识去解决实际生活中的问题所带来的快乐，从而激发他们学习数学的兴趣，让他们逐渐爱上数学。

2. 向数学的本质迈进，高段绘本分享

小学低段学生提取信息、处理信息能力相对薄弱，在纷繁复杂的素材面前，他们不能分清楚哪些信息是关键从而实施有效的数学阅读。而高段学生阅读理解能力在不断提高，他们能根据自己的情况选择合适的、符合其认知发展水平的数学书籍进行阅读。

如四年级的陈奕睿同学向全班同学推荐自己喜欢的《数学王国历险记》。

通常，同学们都会从内容简介、书中涉及的数学知识点、推荐理由等方面来分享自己喜欢的书籍。可见同学们在阅读中从故事情节中提升出数学知识，提炼出数学知识的本质，并将自己的感悟和同学们一起分享，是一件多么高兴的事情。

（三）回到教学场域，把握课程要点

自从增设了"好玩数学"课程后，我们的教学不是单纯地传授书本的知识和学习过程，而是促进学生全面发展，尤其是思维能力的发展的过程。但是在课程的实施过程中要注意把握几个要点，实现"三变"。

要点1：变课堂为学堂

理想化的课堂就是让每一个孩子实现个性化的学习，就是学生根据自己学习中遇到的问题，能在课堂上得到有效解决。对于"好玩数学"课程的形式进行了思考和规划。我们认为活动的形式主要根据活动内容和目标采取相应的形式，实施中应避免两种倾向：一是由于学生的自主而放任自流；二是注意规范，与学科教学的组织形式没有区别。因此，在课堂上我们选择活动形式时强调活动形式适合学生去操作、去实践、去交流、去合作、去研究，即强调学生主动参与，亲身实践。

要点 2：变盲目接受为主动探究

"好玩数学"课程，对于我们来讲是一个崭新的课程，它不仅让学生主动地获取知识，还促使学生去发现和研究问题；不仅让学生积累了知识，还增强了学生运用数学的意识；不仅让学生运用知识来解决实际问题，还培养了学生的创新精神。

校园里课间时分，放学后教室里、走廊上，经常可以看见孩子们投入地玩数学游戏，孩子们深深地迷上了这种不一样的数学学习方式。

班级里的一位同学就曾在数学日记里绘声绘色地描述她玩数独游戏的"独门秘籍"。

许多低段的学生在阅读数学绘本之后，情不自禁地也创造出属于自己的数学绘本。

要点 3：变单一为多元化的评价

学生在数学学习过程中，知识技能、数学思考问题和情感等方面的表现不是孤立的，这些方面的发展综合体现在数学学习过程中，因此，更关注学生的学习过程可持续的发展，重视对学生进行纵向比较。为了更全面、综合地进行评价，将日常评价与期末评价、阶段评价与集中评价、自我评价与他人评价有机相结合，给学生一个全面、客观、公正的评价。

家长的话语既是对这项课程的肯定，又是对孩子进步表现的肯定。

总之，"好玩数学"校本课程开发不是一次就能完成的，而是长期的、反复的研究与时俱进的过程。我们将会在实践中不断地摸索、发展、创造、完善与提升，让它成为一套具有较高含金量的活动课程。

劳动教育：助力学生精彩成长

温州市城南小学　陶晓迪

一、课程内容与特点

（一）学校育人目标

作为浙江省第一批艺术特色学校，学校依据中国学生发展核心素养要求，提出城南学子必须具备的六大核心素养，即强壮体魄、健康生活；知书达理、人文底蕴；发展思维、实践创新；学会学习、科学精神；责任担当、家国情怀；艺术审美、生活情趣。并相对应地建构了六大领域的课程群落，分别是射、书、数、御、礼、乐。其中的御课程，重在发展学生"科学与技术"素养。劳动教育是属于"御"课程领域的子课程，旨在通过劳动教育，使学生能够理解和形成马克思主义劳动观，牢固树立劳动最光荣、劳动最崇高、劳动最伟大、劳动最美丽的观念；体会劳动创造美好生活，体认劳动不分贵贱，热爱劳动，尊重普通劳动者，培养勤俭、奋斗、创新、奉献的劳动精神；具备满足生存发展需要的基本劳动能力，形成良好劳动习惯（表1）。

表1　温州市城南小学育人目标解读

育人目标	发展维度	核心素养要求	毕业生形象标准
有家国情怀的现代中国人和美的小使者	运动与健康	强壮体魄 健康生活	1. 有健康的体魄，BMI指数达标，各项体育测试项目达标； 2. 热爱运动，有2～3项擅长或者喜爱的体育运动项目； 3. 有良好的作息规律与饮食习惯，合理安排自己的生活； 4. 能正确认识自我，善于控制自己的情绪
	阅读与生活	知书达理 人文底蕴	1. 热爱阅读，自主完成学生指定阅读书目，并大量阅读有益书籍； 2. 能根据自己的兴趣与爱好，合理安排自己的学习时间； 3. 掌握适合自己的学习方法，养成良好的学习品质； 4. 提升文化修养，开阔生活视野，具备良好的理解与表达能力
	数学与思维	发展思维 实践创新	1. 对事物有好奇心，喜欢独立思考问题，分析问题； 2. 具有一定的思维能力、推理能力和空间观念，能辩证地看问题； 3. 喜欢动手操作，能够自主解决问题，有一些小创意； 4. 不刻板追求答案，喜欢从不同的角度提出问题、解决问题
	科学与技术	学会学习 科学精神	1. 热爱学习，善于总结经验，有自己独到的学习方法与策略； 2. 喜欢科学实验与研究，能从实证中找到答案，不迷信权威； 3. 坚持实事求是，反对主观想象，反对独断与虚伪； 4. 热爱劳动，善于实践，能从经验认知层面上升到理性认知层面，有一定的抽象能力

续表

育人目标	发展维度	核心素养要求	毕业生形象标准
有家国情怀的现代中国人和美的小使者	品德与世界	责任担当 家国情怀	1. 科学认识集体与个人的关系，具有一定的集体荣誉感； 2. 有一定的独立能力，乐于服务他人，乐于为家乡建设做贡献； 3. 认识个人、集体与国家的关系，具有国家荣誉感； 4. 初步了解世界各国的知识、文化，有一定的文化理解力和包容力
	艺术与审美	艺术审美 生活情趣	1. 热爱生活，热爱艺术，有1～2项自己擅长或喜爱的艺术项目； 2. 有一定的审美认知能力、判断能力和选择能力，坚持过雅性生活； 3. 喜欢美的东西，有一定的生活追求，精神生活富足； 4. 有一定的生活规划能力，坚持每年做成一件事，实现人生追求

（二）课程目标定位

学校严格落实《关于全面加强新时代大中小学劳动教育的意见》《少先队改革方案》《浙江省关于推进中小学生研学旅行的实施意见》《温州市中小学"四品八德"教育实施方案》等文件精神，立足学校实际，明确劳动教育目标。即通过参与家庭劳动和班级劳动，引导儿童掌握必备的生活劳动技能，形成初步的劳动观，让劳动成为儿童的自觉行为；通过参与校内外劳动，参与生产劳动与服务性劳动，提升儿童参与社会治理的态度与能力，引导儿童热爱劳动、尊重劳动者，形成勤俭、奋斗、创新、奉献的劳动精神，让劳动成为儿童改造世界、创造世界的自信行为（图1）。

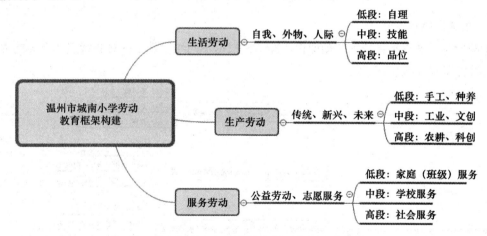

图1 温州市城南小学劳动教育课程框架构建

（三）课程框架与内容

基于学生成长需要，学校打造了劳动教育课程群落，包括基础性劳动课程即校本劳动课、普惠型拓展劳动课程（基于学科特色开发的学科劳育课）、选择性拓展课程（周四学堂劳育课）。有面向"特长学生"开设的社团课程，还有以志愿服务（公益劳动）为主的系列实践活动课程。

与此同时，学校基于儿童身心发展特点和行为能力设置课程框架，包括：一年级是以"净"艺为核心的指向"清洁术"的生活自理课程；二年级是以"格"艺为核心的指向"整理术"的品质生活课程；三年级是以"结"艺为核心的指向"编织术"的手工劳动课程；四年级是以"针"艺为核心的指向"机械术"的工业生产劳动课程；五年级是以"厨"艺为核心的指向"家居术"

的生活美学劳动课程；六年级是以"创"艺为核心的指向"创客术"的新形态劳动课程（图2）。

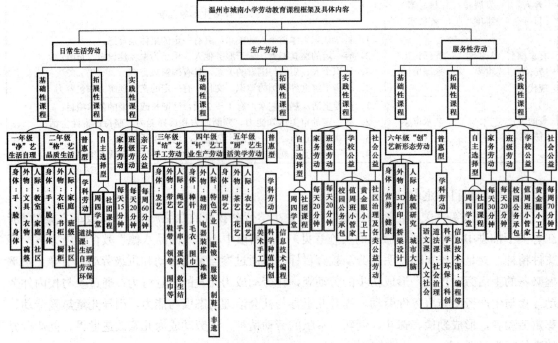

图2 温州市城南小学劳动课程框架及具体内容

1. 基础性课程内容

基础性劳动课程是指校本劳动课程，即学校根据不同年段学生的身心特点和行为能力开发的劳动教育课程（图3）。

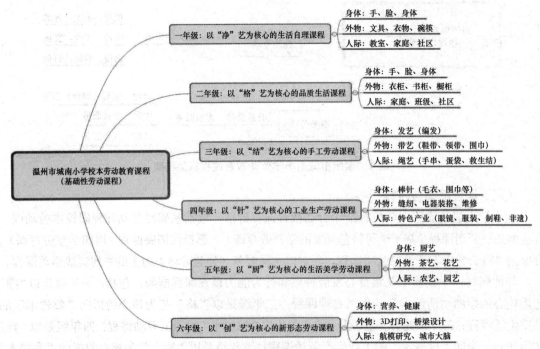

图3 温州市城南小学基础性劳动课程（校本劳动课）内容

2. 拓展性课程内容

拓展性劳动课程包括普惠型劳动拓展课程和自主选择型劳动课程。

（1）普惠型拓展课程是指与各基础学科相融合的劳育课程，包括基于科学学科的种植、养殖、科创劳动课程；基于信息技术学科的3D创客、编程等技术劳动课程；基于美术学科的手工劳动课程；基于道德与法治学科的劳动意识教育和环保课程等。

（2）自主选择型劳动课程包括周四学堂和社团课程，周四学堂涵盖烘焙、小厨驾到、瓯塑、"拼拼豆豆"等课程，社团课程则由学生根据兴趣和特长自主参加，包括航模等（图4）。

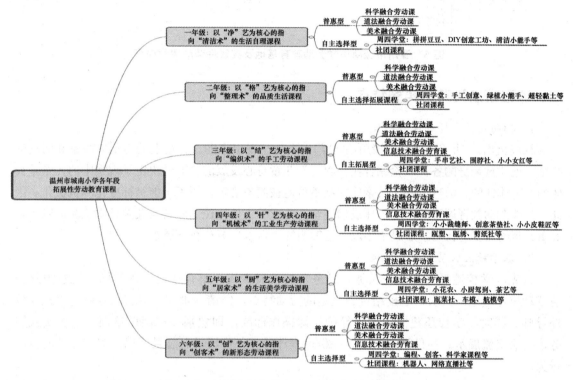

图4 温州市城南小学拓展性劳动教育课程内容

3. 实践性活动课程

学校遵循从"家庭—学校—社会"的发展主线，整合家庭、学校和社会资源，打通家庭、学校和社会的教育壁垒，开发校内外劳动基地，研发了系列实践型活动课程。家庭劳动教育基地由家长自行开发，涵盖生活自理、家务劳动、公益服务、简单生产劳动等内容，引导学生初步具有劳动意识，实现生活自理。校内劳动教育基地由德育处负责开发，涵盖烹饪、环保、手工、园艺、机器人、非遗等六大岗位，引导学生具有正确的劳动观念，养成良好的劳动习惯，具有一定的劳动技能。校外劳动基地则由校长室牵头，联合社会力量共同开发，涵盖厨艺、环保、务工、务农、商贸、文创六大岗位，培养学生参与社会劳动，提升劳动技能，学会珍惜劳动成果，尊重劳动人民（图5）。

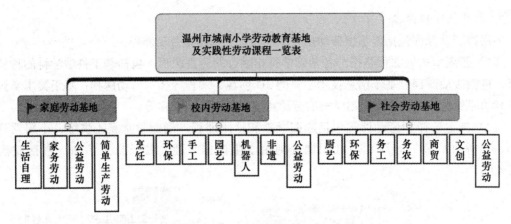

图5 温州市城南小学劳动教育基地及实践性劳动课程内容

二、课程研发策略与实施特点

1. 指向儿童立场的课程研发

杜威指出,"儿童经验的事物不是分门别类地呈现出来的。感情上的生动的联系和活动的联结,把儿童亲身的各种经验综合在一起。"儿童身心发展的一元性决定了现实中的儿童是具体的、整体性的、活生生的,其素质提高不可能被简单规定,更不可能被标准化和机械化。因此,学校劳动教育课程的开发与建设始终坚持儿童的主体地位,坚持与儿童日常经验的联系,尊重儿童的需要与权力,形成了年段特色鲜明的"六术"劳动教育课程。

2. 基于社区联动的课程实施

首先,学校遵循"家务—校务—社务"的发展主线,整合社会资源共同打造校内外公益劳动教育基地。其次,学校结合各基地的劳动特点,聘请一批德艺双馨的专业人士担任校外导师。同时,学校还建立了校外导师授课操作标准,即包括一次岗前培训、一次实践服务、一次交流展示、一份活动记录、一份过程评价、一份活动备忘录,以此规范导师的授课行为。

学校通过整合家庭、学校和社会资源,建立各类校内外教育基地,联动"校风""教风""学风"和"家风"建设,有效落实全员、全程、全方位育人,使学校成为一方文化高地。

3. 体现自主选择的课程实践

学校劳动课程充分体现自主选择的特点,让儿童通过"竞选"参与自己喜欢的岗位,在自己喜欢的岗位上学习、锻炼与成长,从而真正实现"让每一个孩子精彩起来"的办学理念。以红日亭服务性劳动课程为例,认识红日亭(即温州各个伏茶点),了解工作人员的工作情况及伏茶点的工作流程,学会认识中草药、配茶、熬茶、送茶、清洗等劳动内容是基础性课程学习内容。到校外伏茶点开展实践(就是普惠型选择课程),届时以班级为单位选择爱心伏茶点(如三乐亭、旭日亭、白鹿亭、通泰亭等)开展特色公益劳动。

另外,学校还会提供一大批自主选择型劳动岗位供学生选择参与,如红领巾社会管理岗、小喇叭宣传岗、红领巾导学服务岗等。每月学校都会定期发布劳动活动信息,由学生个人或者班级申请,认证后参加,通过一定的岗前培训,然后外出服务。不同的岗位满足了不同儿童的兴趣与特长,既让他们有了充足的职业体验过程,又能实现充分的个性化成长历练。

4. 指向核心素养的学生评价

（1）注重劳动意识培养，纳入综合素质评价。学校注重对学生进行劳动意识、劳动态度和劳动习惯等的培养，并结合学生平常的劳动行为进行定性和定量相结合的评价，并将之纳入综合素质发展评价报告单。

（2）注重劳动技能培养，定期举行技能考核。学校每学期开展劳动技能大比拼活动，分别于 11 月和 5 月进行。11 月开展与志愿服务相结合的劳动技能评比，如针对非遗小卫士开展的"最美瓯塑宣传画""最美瓯绣作品"评比；针对城市书房义工开展的"最佳图书整理员""编书小能手""最佳导读员"评选。5 月则偏重于生活自理、家政服务、校务管理、生产劳动方面的技能考核，如低段的系红领巾、系鞋带、叠衣服等，中段的班务整理、园艺、烹饪、校园整理等考核，高段的垃圾分类、营养三餐、场馆管家等项目的考核，旨在提升学生的劳动技能，培养良好的劳动习惯。

（3）举行劳动成果展示，营造劳动光荣氛围。学校坚持举行学生劳动成果展示活动，包括每月定期举行的普惠型劳动课程学习成果，如手工作品、园艺作品、3D 创客作品等；每学期的科技作品评比展示活动，如航模、机器人等；每年劳动节前夕举行生活作品展，如家庭图书角整理展示、水果拼盘汇等。同时，对于志愿服务方面表现突出的家庭、个人、集体与校外基地进行隆重的表彰典礼，并进行巡回展示。另外，学校还将定期举行"难忘的劳动经历"故事汇、"小小劳动模范"评选活动、"了不起的劳动作品"投票选举活动，并对推选出来的校园十大"小劳模"、十大精彩"劳动故事"、十大杰出"劳动作品"举行隆重的表彰仪式，营造劳动最光荣、全社会"尊劳尚创"的良好氛围。

德育"微"视角　接轨"真"素养
——基于大数据背景下的日常德育微课的开发和建设

温州市南汇小学　潘晓丹

"微时代"的来临,教育与时俱进,同步微信、微博、微电影、微视等生活形式喜闻乐见。在混合学习日益盛行的背景下,微课已成为当前我国教育信息化资源建设的热点和重点。它是在建构主义理论指导下,以特定单一知识点为教学内容,通过简短的视频或音频等多媒体形式记载并结合一定的学习任务而形成的一种教学资源、一种将教学内容与信息技术结合起来的产物。

德国教育学家第斯多惠说:"教学艺术的本质不在于传授本领,而在于激励、唤醒、鼓舞。"良好的教育教学资源就是那些能够"唤醒"人心灵的艺术品,我们应革新教育理念,改进教育方式和技巧,增添新的教育手段,充分挖掘网络资源的利用价值。伴随网络成长起来的学生的特点是:对空洞的说教不再新奇,而对音像视频资料、图文并茂的情景故事等多种感官刺激的信息资源更易于接受;对单向的灌输模式比较厌恶,更喜欢多向互动交流模式。我们的教育方式应该主动去适应学生这一特点。研究发现,视觉是人最重要的感觉,人感知外界事物中至少有80%以上的信息经视觉获得。学生除传统的学习和阅读外,利用各种新兴媒介传播的知识已成为他们感知外界事物的重要途径。这种由"微"视角带来的新型教育模式,已经渗透到了日常教育的方方面面,特别是德育教育内容,效果更佳。

为了切实提高德育实际效果,我们与相关德育专题教育进行了整合,并根据学生不同时段、不同层次、不同心理特点制作德育微课,建立德育教育微课资源库,再通过网络平台实现资源共享。同时,强化班主任对德育微课的合理充分利用,在班会课上形成"创设情境—问题导入—认真观看—感悟内化—交流体会—情绪共鸣—总结反思—持久行动"等环节,让学生入情入境,将视觉呈现内化为心灵强化等机制,目的是在教育过程中不受时空的限制,实现德育教育资源共享,能够满足不同阶段的教师需求和学生需求,也是一种将德育教育与素质教育结合的新型"微视角—真教育"模式。

1. 聚焦德育教育,精分微课板块

教学资源库的建设主要是素材类教学资源的建设,根据我校的实际需要,针对学校中德育教育的难点和要点,我们从班主任队伍建设篇(教师百问百答)、行为礼仪篇(我有好习惯)、生活技能篇(今天我当家)、艺术技能篇(小小歌唱家、小画家)、心理篇(生命教育)进行建设(图1)。

2. 共谱管理三部曲,奏响德育教育新模式

(1)第一步教师"独奏曲":以信息学习带动教师技能素养,进行全员培训。如果要做信息技术方面的建设,那么技术培训要先行。随着现代技术的不断发展,教师的教学方式也正

在不断地改变。"微课"这个词成为教育领域一个热门话题。"什么是微课?""微课是怎样开展的?"为了解决这些困惑,在校领导的高度重视下,我们积极参与到"微课"的学习培训、实践中。教师仍然是教育的主力军、引导者,以信息学习带动教师技能素养,进行全员培训,更新教师的理念,学习一定的微课制作软件知识,如"会声会影""格式工厂"等日常软件,这能在需要的时候大派用场,也让教师们做好技术储备。学习微课技术,让教师走在教育前沿。

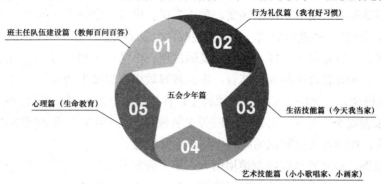

图1 教学资源库的建设

(2)第二步课堂"进行曲":线上线下同步推进方式,让微课渗透到日常德育教育中。在课堂中,积极推进微课的使用并鼓励自己创作微课,借助微课解决教育教学中的关键性问题。如音乐中的手势教学,在课堂中进行微课讲解,还可以通过网络平台进行线上二次学习,打破时空,具有实效性。整理的微课程,我们在之江汇教育广场等平台同步推出网络课程,深受学生的喜爱,被教师们广泛应用借鉴。

我们的一位教师在自己的教学反思中这样写道:"静待花开,微视频让体育教学更细腻。一节课面对着40位学生,而且每位学生的身体条件差异还非常大,很多时候没办法考虑到每位学生的学习需要。但是当微视频技术出现在体育教学中时,教学变得更加严谨、细腻,学生对上课也更加有兴趣,当然效果也肯定更好。"

(3)第三步全员"共鸣曲":以各类活动为载体,分层展示成果。微课教学以视频为主要载体,记录教师在课堂教学过程中围绕某个知识点(重点、难点、疑点)或教学环节而开展的精彩教与学活动全过程。微课的核心组成内容是课堂教学视段,同时,还包含与该主题相关的教学设计、素材课件、教学反思、练习设计及学习反馈、教师点评等辅助性教学资源。

通过微视频征集展播活动,为学生提供锻炼和展示的舞台,展示当代小学生实践能力、勇于创新和健康向上的精神风貌,并潜移默化影响自己及周围群体,促进综合素质的提高,同时,也对小学生的世界观、人生观、价值观的形成有着良好的引导作用,促进小学德育工作的发展。所有符合要求的作品在网站上播出,借助互联网传播功能,向社会传递小学生践行社会主义核心价值观的正能量。鼓励学生、教师和家长对展播作品进行投票,以扩大该活动的影响力,发挥更大的社会教育价值。对于学校微课中的部分内容,家长会一起欣赏学生拍摄的微课,极具感染力。

3. 践行日常德育,微课接轨自有招

在学校德育微课教育三部曲的过程中,也遇到了很多亟须解决的困难和待磨合的问题,教育讲究方法,才能达到高效和实效。于是,我校德育课题组成员在头脑风暴以后又提出了部

分解决策略,让高效的教育和微课的应用接轨。在三步曲之后,学生的生活能力有了显著的提高,主要呈现在以下三个方面:

(1)践行策略一:"课程化"安排,"赏视频"引领——改变教育模式,提升德育"认知力"。

德育教育中的认知能力是指学生主观对非主观的事物的反应能力。要让这一能力在愉悦、轻松的环境中得到提升,使学生乐于接受、敢于尝试,确有一定难度,所以,根据各年级学生的特点,我校运用两大策略进行尝试,生活情趣教育也应运而生,有了一定的成效。都说"读书百遍,其义自现。"教育也是一样,是个反复的过程。小学生喜动不喜静,偏好玩,对感官的事物特别敏感,如果在教育中能动静结合,那么教育效果就能事半功倍。所以,在很多教育细节中,我们加入微视频,穿插于德育特色课程中,在生活中反复出现起到引领和启示的作用。

德育课程根据安全、礼仪、心理、实践等主题教育,让学生在日常点滴的养成教育中获取真知,学做真人,在学习礼仪知识的同时,培养生活情趣。

如就餐礼仪课,教师就可以问题情境引入,聊一聊就餐礼仪中需要做的一些事情,再欣赏就餐礼仪微视频,讲讲还有哪些地方应该注意,并马上去餐厅实践,走一走,做一做。教师可以拍下微视频,进行表彰先进,鼓励后进。

(2)践行策略二:"拍客"在行动——在生活体验教育活动中,铸炼"实践力"。

《浙江省中长期教育改革和发展规划纲要》中对素质教育也提出了"学会生活"的要求,"加强德育与学生生活和社会实践有机衔接,使德育更贴近实际、更贴近学习生活"。学生的教育应该源于生活,用于生活,在生活体验中提升生活实践力。我校的德育教育活动以生活为主线,让孩子以"自己拍,互相拍"等形式,在生活体验教育活动中铸炼"实践力"。

微视频教学让学生的学习变得更加主动、有效。学生在教学中直观、反复地观摩技术动作,而且他们的学习对象可能就是身边的同学。对于学生来说,他们喜欢并乐意接受新的事物,微课对于他们来说更加有吸引力,而且视频更加直观,特别是低段的学生,学习技术动作都是从模仿教师开始,那么正确的、严谨的讲解与示范对他们来说就尤为重要。微视频教学能让学生更好地参与自主学习,在观看视频的同时学生相互之间就可以讨论,学生可以在练习中重复观看来增加对动作的记忆,能更好地提高技能的掌握程度。相比教师的言传身教,有时候学生的自主学习更能调动他们的学习热情,同学之间的讲解更加自然、亲切,而且能提高学生的创新意识。如"我的节目我录制""秩礼餐厅我最棒""小小监督员""最美图书管理员"等活动,都可拍摄行动,在生活体验教育活动中,铸炼"实践力"。特别是行规养成活动,低段学生学习模仿高段学生的礼仪视频,在孩子们拍摄、表演过程中,看到自己的优点,纠正错误,让行为动态可视化,有引领和导向的作用。

(3)践行策略三:"互拍"总动员——鼓励创新,激活"德育生命力"。

生活教育不止停留在认知和实践层次,其实孩子的成长活力更应被保护和激发。学校的教育不应只一味强调"知"和"行",还有"情"和"意"的教育延伸部分。"情"即对事对物的后续研究动力,是孩子发展的方向,尊重孩子的个性化;"意"则是指在教育的横向的拓展力和纵向的影响力,一次或一个教育,不应到此为止,而应是有生命力的,能在孩子心里扎根和发芽。"拍客"行动让学生在微课引领下渗透教育,让每一位学生在学校、家里都有实践和展示的机会,教师、家长和孩子都能够参与到德育教育中。同时,也可以就此丰富微课资源库，让资源库有更多、更广的教育资源。

微视频教学的神奇之处还在于除能运用于课内教学外，课外也可以同步授课与反馈。例如，生活节各种技能考核，一年级系红领巾、二年级整理课桌等，将事先已经录制好的教学视频内容发给家长，学生通过观看视频了解和巩固练习，家长也可以帮助指导纠正。这是一种双赢模式，也是共同学习和提高的过程。

微电影作为一种喜闻乐见的形式，"微"视角带来的"光影行动"，开始悄悄走进生活，渗透到教育教学中。学生的教育应该源于生活，用于生活，在生活体验中提升生活实践力。我校的微电影以学生为主力军，以生活为主线，鼓励孩子"自己写、自己拍、互相拍"，在生活体验教育活动中铸炼"生活实践力"。我校拍摄的微电影有《人在"疫"途之网囧》《捣蛋鬼矫正器》《勇气小药丸》《子煜，快跑！》《一撮被剪掉的头发》等微电影作品。学生在光影活动中拍摄、观看过程中讨论，调动他们的创作热情，而且能提高学生的创新意识，让每一位学生都有实践和展示的机会。让孩子在丰富多彩的游戏活动中体验自己的情绪，洞察他人情绪，鼓励创新，增强情绪转化力。微电影拍摄的过程，便是学生体验生活的载体，在拍摄中，孩子们有了不一样的想法，不一样的情绪感受，得到了不一样的锻炼。

从研究的立场上看德育教育面向生活，面向未来，有助于教育联系实际，更好满足学生的需要。从认知角度分析，通过德育教导微课资源库开发和建设，促进师生互动，吸引学生主动参与。从教育行为来看，教育者应该通过受教育者主动参与、反思利用自身已有经验进行课程的教育活动，进行探究、实践，是一种流动的、积极的教育行为。通过资源整合、开发，已形成德育微课教育场，聚集教育微课资源，深化教师对日常德育教育的理解，丰富其内涵，形式多样化，更接地气。

新形势下，学校德育教育不再"无形"，打破传统的学校德育教育模式，将新的媒体资源潜移默化地形成一种"有形"的教育课程和教育力量。这是符合当代小学生身心特点的"真"教育模式，用德育微课这种快节奏、高效率的形式寻求更加科学有效的育人方法，在智育中融入情商教育，从而达成在教学艺术本质上的"激励、唤醒、鼓舞"功能。

参考文献

[1] 顾鹏尧. 校园网教育资源中心的建设 [J]. 中小学电教，2003（5）：66-68.

[2] 胡宁晖. 教学资源库建设探讨 [J]. 中小学电教，2003（6）：65-67.

[3] 陈永银. 再审视农村小学远程教育资源应用 [J]. 中小学教育，2012（11）：169-170.

[4] 吴冬芹，任凯. 半翻转课堂微课资源课堂应用新模式探索 [J]. 中国教育技术装备，2016（22）：62-64.

四课六化：小学亲子辅导活动课程设计与实施策略

平阳昆阳镇练川小学　梁继亦

　　小学亲子辅导工作是小学心理健康教育的重要内容，但目前各小学亲子辅导面临"亲子沟通，缺乏方法技巧""辅导路径，形式单一无效""亲子课程，难以常态推进"等诸多问题。面对小学亲子辅导的艰巨任务，我们在思考：学校如何找到新的切入点，使亲子辅导工作得以"常态化"及有效地开展？2015年9月，浙江省颁发了《中小学亲子辅导工作指导纲要》，指出亲子辅导工作要面向学生和家长两大群体，学校在亲子辅导工作中要做到"统筹兼顾、分类辅导"，要让家长与孩子学会相互之间的亲子沟通技巧。近几年，我们试图找寻"亲子辅导"与教师、学生和家长之间的焊接点，将亲子辅导课程再次进行整合拓展使之成为常态，推进亲子辅导工作的重要途径，创新亲子辅导课程实施的路径与策略。

一、四课：建构小学亲子辅导活动课程设计框架体系

　　依据调查分析，我们以"县名师工作室"为平台，从培养亲子辅导培训师队伍入手，以"教师与家长、教师与学生、家长与学生"三个视角，通过"亲子辅导师课程""父母成长课程""亲子乐园课程""亲子互动课程"四课，让亲子辅导先进的理念、创新的思维、鲜活的技能技巧伴随着思想与情感，在彼此之间的交流互动中积极有效地沟通渗透，构建小学亲子活动辅导课程设计框架体系，落实学校亲子辅导的工作（图1）。

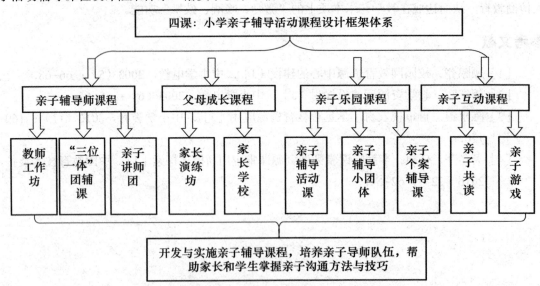

图1　四课：小学亲子辅导活动课程设计框架体系

通过以上亲子辅导活动"四课"框架体系建构与设计，让亲子导师课程成为亲子辅导培训师成长之所，让父母成长课程成为智慧父母成长的摇篮之地；让亲子乐园课程成为孩子走进父母的沟通之桥，让亲子互动课程成为父母孩子互动的爱心之道。

二、六化：推进小学亲子辅导活动课程的实施策略

1. 课程主题序列化

在课程实施的过程中，我们基于亲子活动课程、基于亲子辅导的内容、基于亲子关系的主题、基于学生不同年级段的年龄特征进行有序组织，形成主题序列化，将"四课"的状态信息转换为可以储存或传输的形式的过程，让教师、家长、学生都能得到最佳的体验。

（1）依据小学生不同年级段，设置亲子辅导活动课不同亲子辅导主题序列。人在成长的不同阶段，亲子关系会表现出不同特点，我们依据年级段，根据学生的年龄特点，设置小学亲子辅导活动课不同亲子辅导主题序列。

该课程根据小学生一年级至六年级亲子关系的变化特点，设置了认识父母、我与父母、爱的互动、学会沟通、合理表达、爱的联结六大主题。每一个主题根据学生年龄段的需要，由浅入深，在不同年级段设置相应的课程。整个课程体系呈螺旋上升状态。

（2）整合亲子辅导师课程与父母成长课程，形成亲子辅导主题序列。我们根据亲子课程的需要，为教师和家长建立了 8 个单元的亲子主题，其中我们的课题组成员已经在各个学校点开展得如火如荼，并且得到了家长和教师的一致认可，平阳新闻还专门为我们的亲子辅导活动点赞。

如"教师工作坊课程"和"家长演练坊课程"依据钟思嘉教授的《父母成长系统训练》，融合了哥顿的 pet 的反应倾听和我的信息等技术，再结合问卷中的沟通问题，我们课题组将主题序列化，分为四个维度八个单元（表1）。

表 1 教师工作坊课程与家长演练坊课程单元序列表

维度	单元主题	技巧	教学内容
亲子沟通灵活性	《爱的相逢》	团队建设	整合团体目标，建立团体规范，建立信任
	《爱的觉察》	觉察意识	觉察自己的教养方式、亲子沟通方式等
亲子沟通倾向性	《爱需学习》	真诚接纳	反思自己的亲子沟通，以戴克斯理论基础为依据，了解孩子行为目的
	《爱须改变》	角色扮演	改变自己原有的固化的思维模式，转化亲子辅导理念
亲子沟通技巧性	《爱的倾听》	反应倾听	了解封闭式与开放式倾听的差别，掌握具体化、回应情绪、身体语言等倾听技巧
	《爱的表达》	我的信息，我表达	了解问题所有权，运用"我的信息，我表达"及"问题解决五步骤"去正确表达
	《爱的鼓励》	鼓励技巧	了解鼓励与表扬的区别，学会重视过程、尊重接纳、积极关注、错中学习等方式去鼓励孩子
亲子沟通开放性	《爱的祝福》	脑力激荡术	在实际情境中去学会探索可采用的方法，学会执行评估；彼此祝福、结束团体

2. 课程内容生活化

小学亲子辅导活动课程的内容必须从生活中来，再还原于生活，并易于操作。无论亲子辅

导师课程还是父母成长课程，抑或是学生的亲子乐园课程，其体验的内容都是源于生活的点点滴滴。我们从三个方面来考虑：一是沟通内容；二是沟通意愿；三是沟通技巧。特别是从沟通技巧上，我们着重抓住倾听的技巧和表达的技巧，简单易行，可操作。

（1）亲子辅导师课程的内容来自学生平时与父母抵触的场景。如我们课题组余老师的一节亲子辅导活动课《发生冲突怎么办》，就是针对现实生活中出现的"暴力沟通"现象，当父与子、母与子之间的沟通出现困难时，我们孩子该如何应对呢？通过情景剧表演、绘画表达情绪、角色扮演等方式，聚焦问题，让学生自主自解，帮助学生与父母在"暴力沟通"的问题上学会有效沟通。

再如四年级的孩子出现青春期的叛逆时，总是嫌弃父母的唠叨，表示抗拒和抵触。此时的父母很焦虑，孩子则因为父母的不理解而苦恼。家长在家长演练坊中《爱的倾听》单元中，学会了静心走进自己孩子的内心，才能改变自己原先的做法。课题组的梁老师一节《倾听父母》将父母的唠叨展现在孩子的面前，让孩子们通过换位思考走进父母，明白父母唠叨背后浓浓的爱。

（2）父母成长课程的内容来自家长与孩子亲子冲突的常态。如"父母成长课程"之"家长演练坊"的第三单元《爱需学习》，为了让家长了解孩子行为背后的原因，我们家长到底该如何处理呢？我们将20位家长分成4组分别扮演生活中的"爸爸""妈妈""孩子"，以演练的形式展示智慧父母的方法（表2）。

表2　家长演练坊《爱需学习》亲子沟通技巧演练

组别	演练情境（沟通内容）	觉察方式（沟通技巧）	启示（沟通意愿）
第一组	以"孩子不好好写字，家长擦了让孩子重写，孩子哭闹，家长训斥"	要有同理心，先肯定孩子	家长要尊重孩子，给孩子选择权；我们想培养孩子一个良好的习惯，前期要陪伴孩子，和孩子一起规划，并以"小步子前进""小目标达成"的形式，一天比一天有进步；在孩子取得进步的时候，及时表扬
第二组	"孩子洗澡拖拉，只管自己看电视，不理会家长的劝告"	换位体察孩子想要妈妈说哪些鼓励的话	
第三组	家庭中真实的孩子写作业拖拉的情况	以平和的语气和孩子商量如何改进	
第四组	孩子赖床	和孩子做好时间约定，学会给孩子一定的自由支配的权力	

在《家长演练坊》的所有单元中，其体验的内容都是平时家长与孩子最平常、最普遍的亲子冲突、亲子矛盾，通过演练，让家长觉察自己原有的亲子沟通方式，并促使改变，演练亲子沟通技巧，掌握亲子沟通方法。

3．课程形式趣味化

在形式上，我们的小学亲子辅导以"体验式"为核心理念，通过心理剧编演等富有趣味的形式，让家长与孩子掌握亲子辅导方法与技巧。心理剧（Psychodrama）：原是由精神病理学家莫瑞努（Moreno）1921年提出的，心理剧能帮助参与者，通过音乐、绘画、游戏等活动热身，进而在演出中体验或重新体验自己的思想、情绪、梦境及人际关系，伴随剧情的发展，在安全的氛围中，探索、释放、觉察和分享内在自我是一种可以使患者的感情得以发泄，从而达到治疗效果的戏剧。

（1）父母成长课程——借"萨提亚"与"心理剧"。我们将"萨提亚"中的"家庭雕塑"

与"心理剧"引入"教师工作坊"与"家长演练坊"中，能真正让教师、家长通过心理剧式的创编与编演，内化亲子辅导的方法与技巧。

如"家长演练坊"第一单元《爱的相逢》中，刘老师率全体成员开展亲子辅导家长团体的实践体验。她通过"泡泡糖""小雨协奏曲"两个热身活动来活跃气氛，继而以抽图形找组员的形式将大团体分为四个小组，强调"尊重、信任、爱、敞开"的团体心理默契。在小组成员增进认识、澄清期待、整合目标，建立团体规范的基础上，刘老师借助"萨提亚"中的"家庭雕塑"，让家长演绎"爸爸""妈妈"与"孩子"，帮助成员们在心理剧中体验、感受家庭对孩子的影响。

（2）亲子乐园课程——从"读读演演"到"创编"。在"亲子乐园课程"中，其每节亲子辅导活动课中，至少都会有一个环节让学生进行心理剧的编排与演练，我们在各年段开设"体验式"亲子辅导活动课程：低、中段绘本故事就是"读读演演"——故事性强的心理剧；高段大多以"心理剧创编"角色转换为主——生活性强的亲子作品，改编成剧本。让学生将亲子沟通的方法与技巧在表演中得以实践和内化。

4．课程资源整合化

在研究实践中，我们一直在思考，怎样使亲子辅导实现最大效能，怎样体现亲子辅导活动课程的校本特色？我们主要通过改编、整合等方式使亲子辅导逐步课程化。

（1）改编——找寻"亲子辅导"课程内容开发和题材。五年来，我们找寻"亲子辅导"课程内容开发的题材，开发了《亲子导师课程》《父母成长课程》和《亲子乐园课程》。后者便是从"活动"走向"课程"的一个典型范例：梁继亦名师工作室里开展过的三十余节关于亲子辅导心理健康活动，如《爸爸妈妈在爱我》《心桥》等低中高段体验式主题活动，从关注"亲子之间的和谐关系"这一先进理念出发，倡导根据孩子的心理年龄特点来确定主题，以单元的形式编织成《亲子乐园》。全册教材所蕴含的每一个活动都是学校孩子生活的写照，共分为绘本演绎、角色互换和意向冥想三个阶段的主题活动（表3）。

表3　《亲子乐园》第一单元主题列举

活动主题 一级目标	活动课题 二级目标	活动实践 三级目标
沟通，心与心的桥梁	1．游戏"真心话大冒险" 2．共读绘本《我要大蜥蜴》 3．结合视频和即兴表演方式	1．从游戏"真心话大冒险"开始，拉近了学生的心理距离。 2．共读绘本《我要一只大蜥蜴》，探讨如何与父母沟通。 3．结合生活事例的视频，聊聊自己生活中与父母是如何沟通的，将在绘本中学到的方法运用到自己身上再进行即兴表演，既新颖又有效

小学亲子辅导课程的开发，将孩子们喜欢的绘本故事有效地运用到我们的心理健康活动课上，同时，在活动体验中渗透了许多亲子沟通技巧和技能。

（2）整合——实现"亲子辅导"活动课程资源开发最大化。我们在实践中将亲子课程与各种课程资源整合开发，使亲子辅导实现最大化。我们要求各学科教师在本学科找"亲子辅导"的研发点，并结合本学段找结合点。

如与美术课程整合，高老师的《完美老爸》一课中，他让学生用彩色笔涂出老爸的优点和缺点，学生会用比较鲜艳和明亮的颜色涂爸爸的优点；反之会用灰暗的颜色涂缺点，但是最后在课堂上呈现的是每个孩子的独一无二的爸爸。

5．课程评价全程化

评价是亲子辅导的组成部分之一，不仅是验证"体验式"亲子辅导的有效性，而且要贯穿在整个过程中。在活动过程中，对亲子辅导及时公正地评价，并能指导活动的展开，不应只关注最终的结果，而更要关注学生、家长体验全过程。

（1）实行星级评价机制，综合考查学生与家长活动体验效果。对于学生参与亲子乐园课程的学习，我们主要采用星级评价机制（亲子导师课程与父母成长课程同）。主要从沟通的倾向性、灵活性、技巧性与开发性等四方面综合考查学生（家长）在"亲子乐园课程"中的活动体验。

（2）建立多元评价模式，打通"体验式"亲子课程。建立多元评价模式，以激励为目的。"教师工作坊""家长演练坊"及亲子乐园中同伴之间的评价，也都是多方位的。同时，在评价中，打通"教师与家长、教师与学生、家长与学生"的多元互动模式。如《爱的鼓励》一课中，在情景演练课中有教师就用上了描述性称赞的8个万能句式，令亲子关系倍增。

6．课程管理立体化

为使小学亲子辅导活动课程真正实施落地，我们在实施管理网络呈现以下"多层面、立体性"的管理网络图，"点"带"面"，使"体验式"亲子辅导活动走向普及，以保障亲子辅导工作真正执行。同时，逐渐形成一支有亲子辅导技巧培训师团队，并辐射到县级的各个学校，使课题组的资源共享到县级每个小学的各个角落，真正做到管理立体化。

参考文献

[1] 庞红卫，阮玲玲．亟待关注的学校亲子辅导——2014年浙江省中小学亲子辅导状况调研报告［J］．浙江教育科学，2014（6）：3-6．

[2] 朱永祥，吴贤平，庞红卫，等．浙江省中小学亲子辅导工作成效分析报告［J］．浙江教育科学，2017（01）．

[3] 梁继亦．四坊六化：小学"体验式"亲子辅导实施路径与推进策略［J］．中小学心理健康教育杂志，2018（17）：18-22．

班班有美妙歌声
——小学班级合唱校本课程的开发和实践

温州经济技术开发区沙城第一小学　朱慧静

核心素养指的是学生在受教育过程中逐步形成的适应个人发展和社会发展的必备品格与关键能力。学科素养是核心素养下位的概念，是受核心素养引领，且为核心素养服务的。以核心素养的理念审视并指导音乐班级合唱校本课程的开发，让班级合唱校本课程成为培养学生音乐素养的重要载体。

笔者协同音乐组教师就班级合唱校本课程展开研究并付诸实践，提炼了校本教材《班班有美妙歌声》，作为班级合唱教学的一种补充和拓展，并使之系统化、课程化。该教材实施以来让合唱艺术惠及每一位学生，让班班都有美妙的歌声，使班级合唱校本课程真正成为培养学生音乐素养的重要载体。

一、班级合唱校本课程的缘起

音乐学科的核心素养有着鲜明的音乐特点，是学生依托音乐学习过程积淀音乐知识、形成音乐关键能力和能满足终身发展的审美能力，而音乐教学中的合唱是培养音乐素养的重要内容之一。笔者尝试开发的班级合唱校本课程作为音乐课程的补充，努力从学生发展的需求出发，对音乐教材内容进行整合、优化和加工，服务学生音乐素养发展的需求。

班级合唱校本课程的开发以"回到学生、依靠学生、为了学生"为宗旨，只有基于学生的学情和心理特点出发的课程才是富有生命力的课程，能让学生主动乐学。

1. 分析学情，尊重起点

在开发班级合唱校本课程时，需要了解学生现阶段已经具备的音乐学习能力，才能准确定位，做到"以生定材"，实现"以学定教"，达成优质的班级合唱教学。因此，我们针对学生的年龄段进行了分析，分析情况如下：

（1）低段（1～2年级）。在课堂学习中最显著的行为表现为"好奇、好动、好模仿"，从情感上看，他们容易兴奋、容易激动，喜欢发言，注意力容易分散。他们无法在一堂40分钟的课内自觉地进行持续而有效的学习。

（2）高段（3～6年级）。经过前面几年的学习，有较好的自我约束能力，能积极主动参与课堂学习活动，但学生因为家庭、个人等因素导致学习能力有差异，这个差异随着年级段的增长在逐步拉大距离。有的学生学习能力很强，在一个课时内能完成学习任务，有的学生学习能力很弱，无法完成学习任务。

（3）班级合唱。校本课程开发时就应该充分把握学生的这种年龄段特点和个别差异，寻找学生的能力"最近发展区",让学生跳一跳就能摘到"成功"的果实,享受学习的收获与成长的乐趣。

2. 适度把控,给予选择

在班级合唱校本课程开发中,学生要成为课程开发的参与者,参与课程的内容选择、编排、创编。教师要给予学生选择的权利,让学生想听、想说、想唱、想演,主动、大胆地表达个人感受和独特见解。在不断的选择中,提炼最适合学生的内容,引导培养正确的审美观。

从学生中来,又回到学生中去,这样提炼的校本课程少了"固化",多了"生成",少了"框架",多了"宽松",让学生站在课程的中央,真正"品尝"到一场音乐盛会。

二、班级合唱校本课程的开发

《中国学生发展核心素养》明确指出:学生核心素养综合表现为人文底蕴、科学精神、学会学习、健康生活、责任担当和实践创新六大素养。这六大素养也应当作为音乐学科的培养方向和目标。

1. 目标导航,构建支架

笔者与音乐组教师通过研究、实践、整理,坚持面向全体学生和促进个性发展的统一,遵循本课程集体与个体和谐的特殊性,确定班级合唱校本课程的目标,有助于学生积淀学科底蕴,学会学习,培养能力,提升素养。

(1)课程总目标。以"让每一位孩子享受合唱的魅力"为课程宗旨,努力为学生打下学习、精神的底子,通过开发、实践研究班级合唱校本课程,落实三大核心素养中的要点——审美情趣、乐学善学、团结协作、健全人格(图1)。

图1 课程总目标

(2)课程分目标。

1)1~2年级:通过歌、舞、图片、游戏相结合的趣味综合手段,激发学生对合唱的兴趣。在直观教学中乐意参与班级合唱校本课程的学习,初步体验合唱的美,尝试短小的合唱作品演唱。

2)3~6年级:创设生动活泼的学习氛围,丰富班级合唱校本课程的内容和学习方式,体验合唱的美,提升学生艺术审美能力,主动参与,善于表演。

2. 纵横衔接,优化内容

通过对小学音乐教材的分析,结合班级合唱校本课程的培养目标,把握循序渐进原则,通过合理利用、巧妙改编、创新拓展等方式，做好校本教材与国家教材之间的整合衔接。

例：小学班级合唱教学脉络图如图2所示。

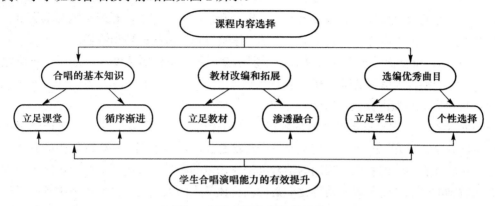

图2　小学班级合唱教学脉络

三、班级合唱校本课程的实施

班级合唱校本课程的实施围绕学生音乐素养的培养目标，根据课程内容，有步骤、有计划地组织实施，让学生主动品味、积累，运用音乐技能，充分进行音乐技能实践，使音乐能力与审美情趣同生共长。

1. 课程设置

《班班有美妙歌声》校本课程设置采用必修和选修两种方式。必修为课堂教学时间段；选修为学校统一的社团活动时间，通过两种方式，多角度、多层次给学生提供个性化的学习机会。

2. 课程实施进程

（1）课时安排：《班班有美妙歌声》校本课程作为国家课程音乐课的补充，与国家课程相结合使用，在每个月中安排1～2个课时结合教材实施。

（2）教师配备：《班班有美妙歌声》校本课程在全校实施，由专职音乐教师负责落实。

（3）教学研究：以课题研究为载体，进一步推动"班级合唱"教学主题研讨活动。例如：通读小学阶段的十二册音乐教材、"班级合唱"主题的教研活动，如滚动课、研讨课、一人多课、同课异构等。

3. 课程评价

班级合唱校本课程学习过程从课堂的即时评价、学习的阶段评价和期末的总结评价三个方面整合。

（1）即时评价准确。在校本课程实施过程中，教师应关注学生的多方位表现，及时发现，挖掘他们的潜能，发挥优势，给学生适时的鼓励。笔者在教学过程中尝试了音乐绿卡评价。根据教学内容和音乐活动项目，绿卡可分为倾听卡、表演卡、小小歌唱家等。学生通过校本课程中的音乐活动和活动评价标准获得绿卡。这样的评价能够让学生明确我要学什么，我学的时候要达到什么标准。同时，学生在校本课程的即时评价中也得到鼓励，培养自信，继而激发音乐学习动力。

（2）阶段评价到位。为了避免出现"重结果，轻过程"的偏差，教师根据班级合唱校本课程的实施进度，结合学生的心理特点启动阶段评价。一来可以呈现学生的学习掌握情况，二来可以进行学习的及时梳理，巩固音乐能力，提升音乐素养。例如，开展小组音乐展示、课前音乐沙龙等形式。人人参与，人人展示，让学生体验音乐学习的成功和愉悦。

（3）总结评价全面。举办校本课程成果展示会，拓宽平台的宽度和广度，让每位学生上台，彰显班级合唱校本课程的魅力和艺术。

例：班班有美妙歌声合唱音乐会。

学校每年举行一次"班班有美妙的歌声"合唱音乐会，鼓励全员参与。这是全校每位学生的盛事，教室、走廊、操场……校园的每个角落总能看到学生们或轻唱或轻哼的影子，我们的学生互相欣赏着同学的歌声，我们的学校沉浸在歌声的海洋里。有了这个以班级为单位的活动，音乐教师的合唱教学不再是精英化而是面向全体学生的大众化。"班班有美妙的歌声"合唱音乐会，是以班级为单位的合唱星火，点燃了人们对美妙歌声的追求。这个活动普及面广，受益学生多，也使得学校的艺术氛围更浓烈。

我们还推出了期末"晒晒我的学习成果"展示会。学生可以就班级合唱校本课程，申请参加"晒成果"，也可以是两个人的重唱组合，还可以是三个人的多重唱组合，甚至是十多人的小合唱组合。参与展示活动的孩子可以得到学校颁发的"特长卡"一张。在这个过程中，首先基于学生的本身出发，让学生自愿选择；其次改变了以往的评价手段，使评价实现多元化，让学生学会自如对待"学习那事儿"，激励学生积极、向上，并从中得到成功的愉悦，幸福成长。

校本课程开发和实践要着眼于学生的音乐核心素养，体现音乐学科本质，围绕目标，精选内容，创设情境，推动核心素养在班级合唱校本课程中落实。班级合唱校本课程，努力践行"坚持审美感知、突出艺术表现、增进文化理解"的课改理念，培养学生"向真""向善""向美""向上"的健康人格和优秀的人文素养，幸福地走向通往艺术审美的道路。

参考文献

［1］中华人民共和国教育部. 义务教育音乐课程标准［M］. 北京：北京师范大学出版社，2012.

［2］［美］詹姆士·L. 穆塞尔，现贝尔·格伦. 学校音乐教学心理学［M］. 郭小利，译. 成都：四川人民出版社，1983.

［3］［西德］凯特曼. 奥尔夫儿童音乐教学法初步［M］. 廖乃雄，译. 合肥：安徽文艺出版社，1987.

童玩瓯塑课程　地接海洋灵气
——海岛小学瓯塑渔民画课程的开发与探索

温州市洞头区东屏中心小学　臧乐乐

　　《关于实施中华优秀传统文化传承发展工程的意见》提出了"保护传承文化遗产"的重要性，而优秀传统文化进校园是保护传承非常重要的一种途径。温州瓯塑是一种具有地方特色的彩色浮雕，国家级非遗，温州独有的民间工艺美术。然而，因工艺难度较大，传承人较少，在温州当地鲜有人知。作为本土优秀的民间工艺美术，有必要让更多的人了解，并能够去传承。本课程以传承瓯塑为出发点，进行瓯塑拓展课程的开发。

　　在课程开发过程中，我们还需要解决瓯塑传统技法繁杂，学生不易掌握的问题；以及根据小学生身心发展的特点，设置课程内容的难易度。笔者从"课程内容""课程模式"两个方面来说一说我校瓯塑渔民画课程的开发与探索。

一、课程指南针：厘清内容，找准方向

　　"凡事预则立，不预则废"，课程内容就是课程实施的指南针，只有细致地规划，有目的地实施才能让课程不断地延伸与拓展。课程以与儿童画技法相近的渔民画作为瓯塑表现的对象，降低了瓯塑技法上的要求，更适合学生去创作，又因渔民画相对于儿童画来说构图与造型更适合瓯塑技法的联系（图1）。

图1　第一阶段作品（一）

（一）加一加：了解嫁接半创作

　　这是课程实施的第一阶段，让学生了解"瓯塑""渔民画"，运用半创作方式呈现了第一批瓯塑渔民画作品。这一阶段，学生从基础的瓯塑材料、瓯塑技法、渔民画知识开始，逐渐到结合渔民画运用半创作的方式呈现作品（图1）。这一时期的作品以洞头本土渔民画为范本，学习渔民画的构图，运用瓯塑材料来表现渔民画，同时，巧用生活中的物品来做瓯塑渔民画的载体，如盘子、贝壳、光盘等生活用具，利用瓯塑捏、贴、压等基础手法来做有生活味道的瓯塑渔民画，也丰富了瓯塑渔民画的形式。这一阶段以半创作的形式降低造型方面的难度，让学生更专注练习瓯塑技法，为后续的创作扎实技法基本功（图2）。

图2　第一阶段作品（二）

（二）整一整：故事整合四格画

　　课程实施的第二阶段是提高画面的故事性、趣味性。《洞头海洋动物故事》一书中生动有趣的故事情节给了我们灵感，《洞头海洋动物故事》是省级非物质遗产，是洞头本土民间故

事集,有了故事蓝本,再用瓯塑的形式来表现具有海味的四格连画的形式(图3)。创作的故事性加强,使学生学习的积极性、主动性都有所提高。皮亚杰建构主义理论认为:"儿童是在与周围环境相互作用的过程中,逐步建构起关于外部世界的知识,从而使自身认知结构得到发展。"对家乡多角度的了解,有助于学生建构对家乡的认知,产生对家乡的认同感及自豪感,而这种认同感与自豪感让学生更加自信并对学生健全人格的形成有着积极的意义。

图3　第二阶段作品

(三)创一创,特色提升创造力

这一阶段是瓯塑渔民画课程的创新阶段,引入洞头区旅游景点元素融合瓯塑渔民画,开发特色旅游文创产品,创新了瓯塑渔民画的创作内容。课程的内容从方便携带、地方风情及独特性三个方面入手,来选择合适的创作形式,例如:具有海味的"瓯塑扇贝挂件"(图4)、轻便海洋风的"瓯塑日式风铃"(图5)及瓯塑钥匙扣、个性项链(图6)等。创作形式的多样性,激发了学生更为浓厚的学习兴趣与操作欲望,有助于课程创新发展。生活即情境,让孩子们从现实生活出发,学以致用,让孩子们在课程中获得成就感,有助于学生身心健康发展。

图4　瓯塑扇贝挂件　　　图5　瓯塑日式风铃　　　图6　钥匙扣、项链

根据实践探索,笔者对课程的内容做了单元的梳理、重组与归类(表1)。

表1 课程内容与目标

单元	主题	内容	目标
第一单元	学习渔民画创作	1. 从色彩、构图、造型特点中认识渔民画。 2. 尝试创作	1. 认识渔民画。 2. 通过欣赏渔民画，尝试用半创作方式初步达成渔民画创作。 3. 培养对家乡的认同感
第二单元	学习瓯塑渔民画的创作	1. 认识瓯塑。 2. 瓯塑与渔民画的整合。 3. 瓯塑渔民画的创作	1. 通过看一看、摸一摸、说一说等活动了解瓯塑以及瓯塑与渔民画的结合。 2. 通过学习、尝试，掌握瓯塑渔民画的创作步骤与方法。 3. 培养对瓯塑渔民画创作的热情
第三单元	《洞头海洋动物故事》瓯塑四格漫画的创作	1. 了解家乡民俗文化。 2. 完成四格漫画	1. 通过阅读、收集等方式，了解家乡文化。 2. 通过小组合作的方式，运用瓯塑渔民画来创作四格漫画。 3. 培养家乡认同感与自豪感
第四单元	海洋特色旅游产品的开发创作	1. 了解家乡的旅游产业以及旅游产品的现状。 2. 创新创作形式	1. 通过观察、采访等方式，了解家乡旅游产品的现状。 2. 运用所学瓯塑渔民画知识进行创新开发。 3. 加强对家乡旅游业的了解，培养对家乡的热爱之情
第五单元	分享、提升	1. 向社会各界分享社团成果。 2. 接受评价，提升自我	1. 通过展示，向社会各界分享社团成果。 2. 采纳建议，提升自我。 3. 培养学生社团自豪感，增强学习兴趣

以上课程内容的设定是循序渐进的。只有习得第一、二单元的基础知识与技能之后才能进行更好的创作，而经过对家乡文献的了解与创作之后就能更好地创作出具有家乡特色的瓯塑渔民画作品。

二、课程魔法棒：探寻模式，以生为本

构建主义认为："学习不是被动接受信息刺激，而是主动地建构意义，是根据自己的经验背景，对外部信息进行主动地选择、加工和处理，获得自己的意义。"瓯塑渔民画课程的开发遵循学生发展规律，以生为本，关注学生个体发展。

（一）我来说——范作展示

3～6年级的孩子对外界充满兴趣，并容易接受新事物。例如：上第二单元第一课时《走进瓯塑》一课时，教师拿着一个纸箱（里面装着两个瓯塑渔民画盘子摆件），小组轮流摸一摸、看一看，以此来激发学生的好奇心，吸引学生的注意力，让学生迅速进入课堂状态。再请小组围绕"请你说说看到了什么？"这一问题展开讨论，并派代表发言。这些发言会让观察力薄弱的孩子得到补充，使范作展示更有效。建构主义认为："学习是在一定的情境即社会文化背景下，借助其他人的帮助即通过人际间的协作活动而实现的意义建构过程。"这一环节的设置便是运用这一理论提高学习有效性。

（二）我来赏——思维拓展

名作欣赏的目的是提高个人审美与艺术修养，同时也拓展了创作思维。在明晰步骤与方法以后，请孩子们看看同类题材的名家范作，如国画、油画、渔民画、版画、剪纸等各种各样的艺术表现形式，"说一说你准备怎么做"，如第四单元《海洋特色旅游产品的开发创作之挂件（虾）》这一课，就有很多摄影作品可提供参考外形，各种简笔画、写实油画及齐白石老先生栩栩如生的国画作品，这些作品的欣赏有利于学生思维拓展，促使作品多样化、个性化。

（三）我想做——明确任务

教学目标是教师根据教学目的、内容及学生实际而制定的一种具体要求和标准，是课堂教学的方向，是一堂课的灵魂。看完范作后，孩子们都跃跃欲试。打铁要趁热，导师应抓住机会明确课堂任务（教学目标承载者）。如在第四单元《海洋特色旅游产品的开发创作之扇贝挂件》这一课，在开始操作任务之前，请小组根据课程教本初稿来明晰步骤，以及"对于今天的任务，你还有什么问题吗？"，促使被动学习的孩子主动思考，并让其他同学帮助解答，有利于学生学习主动性的养成（图7）。

图7　德国交流生参照《扇贝挂件》初稿做瓯塑扇贝挂件

（四）我来创——构思创作

美国约翰·W.桑特洛克在《儿童发展》一书中提到 10～12 岁的儿童已经开始表现出与成人相似的操作技巧，因此，我们的学生能够运用双手进行包括"揉、搓、切、盘"等较为细致的精细瓯塑技巧。但技能都是需要熟能生巧的过程，所以在这一环节中，主要以小组合作的方式来开展课堂活动。

瓯塑是一种彩色浮雕，小组成员要互相检查色彩搭配是否合理。另外，因为瓯塑材料具有一定的黏性，对于孩子来说具有一定的难度。所以，有些细节的地方鼓励孩子们互帮互助，一起完成。因此，我采用"组间同质，组内异质的"小组模式，在构思创作过程中，以 4 人一组，每组新进人员一名，管理能力强的一名（组长）、技能优秀的一名（副组长），技能中等的一名，每组以相同的人员要素构成，同时组内要做好"以旧带新"的职责，明晰创作步骤，讲解创作要领，帮助新进成员更快地融入社团活动中。同时教师要加强巡视，及时纠错、指导，发现共性问题要让整个小组停下来，具体讲解示范。

同时，为提高讨论的有效性，笔者在课堂中采取了"游戏"制度，组长提醒在社团中小组内的探索活动、讨论活动以悄悄话的形式展开，如果分贝过大或者讨论与学习活动无关的话题便由教师开始启动"游戏暂停键"，全组暂停 3 分钟（第一次暂停）、5 分钟（第二次暂停），以此类推，这个游戏方法对孩子们养成良好的讨论习惯非常有效。

（五）我来评——展示评价

我校实行积分鼓励制度，每个学期的期中与期末各有一次积分换购活动，积分越多，可供选择的物品就越多，积分在孩子们的心中也是能力得到肯定的一种体现。在课程实施一段时间以后，笔者发现差生提高慢这一现象，却又苦于找不到有效解决的解决办法，经过多次的教学反思之后，发现在平常的教学中重展示、轻评价，导致差生存在的问题没有及时得到解决，进而使得提高缓慢。因此，在评价中，除自评外，笔者结合小组内评价并帮忙改进这种方式，最后以改进最多一组获胜，成员各积一分。这种方式以组内讨论为主，但又有目标可触，使得评价不只挂在嘴上，并且落实到手上，使得评价更具实用价值，学生的主体性也得到了彰显。

（六）我分享——课外拓展

与社团同学分享课堂心得，与班级同学分享在瓯塑社团的收获，与家长分享瓯塑知识……孩子们也将社团介绍给社团外的同学，社团学习已融入孩子们的生活中，能够主动与人分享社团里的收获，也有助于内驱力的培养。

三、结语

我校瓯塑渔民画课程的开发注重学生"主体性"，凸显"以生为本"，给予学生解决问题的自主权，教师刺激学生的思维，激发他们自己解决问题。

本课程紧抓本土非遗文化与海文化的融合，尽可能地培养学生的创新、实践能力，进一步促进学生的全面发展。而洞头区由百座小岛组成，渔业资源发达，活跃着一群热衷于渔民画创作的艺术群体，这些渔民画构思巧妙，造型大胆夸张，色彩强烈，装饰性强，意境雅拙率真，成为海岛一道亮丽的文化风景线，也被孩子们所熟知。本课程融合瓯塑与表现形式强烈的渔民画开发了"瓯塑渔民画"课程。孩子们生长在这里，有必要了解温州本土文化。

海岛小学瓯塑渔民画课程的开发，促使学生们越来越喜欢探究挖掘洞头本土海洋文化，丰富的海洋文化资源也为我们的创作提供了源源不断的灵感，使得我们更加地了解自己的家乡，为家乡璀璨的海洋文化感到自豪。

戏润童心·和美生长

温州市第一幼儿园 姜 艺

"戏润童心·和美生长"是温州市第一幼儿园"和戏"课程的理念,承载着幼儿园多年的文化积淀,引领着温州市第一幼儿园"和戏"课程逐步走向成熟。

"和戏"课程是在传承园所"和美"文化背景下,依据人本主义课程理论,以《幼儿园教育指导纲要》(以下简称《纲要》)、《3—6岁儿童学习与发展指南》(以下简称《指南》)为纲领,以温州市课改理念"看见爱与自由,看见生长的力量"为准则而制定。根据《浙江省教育厅关于全面推进幼儿园课程改革的指导意见》中"园本化"的系列要求,课程从园所实际出发,基于温州市第一幼儿园原有的"童绘戏剧"课程发展基础,借鉴《完整儿童活动课程》系列教材编写逻辑及内容,统整五大领域,结合一日生活、游戏、运动,编制而成。

一、课程溯源:上承文化·下启历程

"和戏"课程源自园所文化的内涵积淀及特色课程的进阶发展(图1)。

"和"字与"做愉悦多元、和美发展的幼儿教育"的办园理念一脉相承,与幼儿园培育"阳光、有慧、和乐的尚美儿童"、打造"温暖、有仪、平和的创美团队"、构筑"幸福、有质、融合的衡美园所"的文化建设目标紧密契合。

"戏"字与温州市第一幼儿园的特色课程息息相关,见证了幼儿园的戏剧课程从孕育萌芽到发展融合,直至深化、创生的历程。

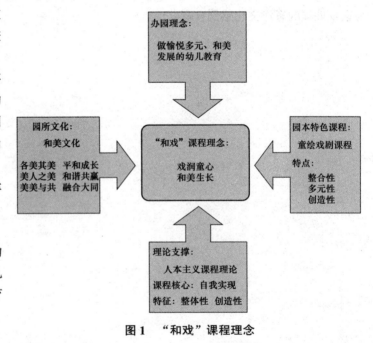

图1 "和戏"课程理念

二、课程理念:戏润童心,和美生长

"戏润童心"指向课程的主体内容,那就是戏剧。课程旨在运用戏剧综合、多元、创造的特点,发挥戏剧的审美、娱乐、育人、交流等功能,以戏之美浸润童心,以戏之慧丰润童智,以戏之行滋润童真。

"和美生长"包含两层含义,既指向课程实施手段,又指向课程价值取向。指向课程实施手段,是指课程在实施的过程中,要确保儿童在一种愉悦的情绪氛围中,在各个领域整合联结中,自主生长;指向课程价值取向,是指课程关注教育的整体性和儿童的个体差异,挖掘每一位孩子成长的独特价值,促进儿童全面又有个性的发展。

三、课程目标:阳光、有慧、和乐、尚美

依据人本主义课程理论培养"完整人"的目标,幼儿园课程组制定出了"和戏"课程的课程目标:培养"阳光、有慧、和乐、尚美"的儿童。这四块目标分别对应"体、智、德、美",符合《纲要》和《指南》全面发展的要求。同时,课程组根据各年龄段幼儿的年龄特点,对这四个目标进行了细化,形成了目标体系:

(1)阳光:身体健康、动作灵敏、习惯良好、情绪积极。
(2)有慧:能听会讲、善思乐探、敢于质疑、坚持专注。
(3)和乐:自我认同、友好交往、合作守规、爱家爱国。
(4)尚美:积极体验、善于想象、大胆表达、乐于创造。

四、课程内容结构与编制:共性课程 + 个性课程

"和戏"课程的内容结构是由园本化省编教材《完整儿童活动课程》和特色课程《童绘戏剧》共同构成的。课程组遵照"适切性"原则,让戏剧课程以选择性覆盖的形式,换取、融合省编课程,并结合生成内容,形成动态的课程(图2)。

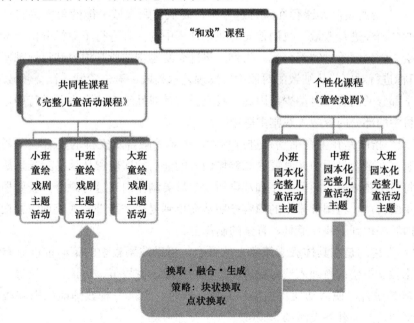

图 2 "和戏"课程

在课程内容的编制上,"和戏"课程的教材编辑借鉴了《完整儿童活动课程》的教材编辑纵向和横向的逻辑序度,遵循儿童的年龄特点,由简到繁、由具体到抽象、由已知到未知的认

知规律，来选择编排主题内容。

在主题安排上，"和戏"课程依据"儿童自我发展、儿童与自然、儿童与社会"三个维度分别选择相应的内容。主题编排上呈现出螺旋上升的结构，即同样维度的主题，依据儿童的年龄，其内容不断加深。

在解决"两类教材融合出现重复"问题中，"和戏"课程采用了三个策略对内容进行重组：对应换取—融合—生成。

1. 换取

（1）对应教材的编写逻辑进行换取。原教材横向维度是按照"我和自己""我和自然""我和社会"这样的逻辑序度编制的。而从纵向看，则是按照小、中、大不同年龄特点编制的。因此，我们根据纵、横两条逻辑，将童绘戏剧内容对应编制，形成课程内容。

（2）对应目标换取。以小班合家欢为例。原教材的主题包括两个子主题，主题目标是让孩子分别感受亲情和友情的可贵，学会感恩、学会交往。因此，对应这个目标，我们采用了两个绘本剧《我家是动物园》《这是谁的》进行替换，这两个绘本剧的主题目标和原教材的主题目标是紧密契合的。在这个主题里面，原教材大部分内容被替换了，只有小部分内容被留取，这种对应主题目标换取称为块状换取。

还有一种是点状换取，就是对应具体活动目标换取。以中班主题《我的家乡》为例，经过园本化处理之后，课程组发现，关于温州的绘本，市面上是没有的，因此，幼儿园留取了大部分原教材的内容，只对个别与邻居相关的活动，用微型剧《公鸡的新邻居》进行替换。

2. 融合

融合主要是指面、线、点三个方面的融合。

（1）"面"指的是两大课程在融合过程中，要从兼顾领域平衡的角度去安排。为了对戏剧主题内容的全面性进行考量，我们首先对戏剧课程中的内容进行了对标分析，为领域平衡做好准备。以绘本剧《白羊村的美容院》为例。将这个绘本剧的所有内容和目标都罗列出来，并与《指南》目标进行对应。从细致的对照中，发现艺术领域、语言领域、社会领域的内容居多，而健康、科学部分的内容相对偏少，因此，我们就有针对性地在这个主题进行中，有意识地将完整儿童教材中的部分内容融入戏剧主题中。

（2）"线"指的是在主题活动推进过程中，内容的融合及安排的先后顺序要进行科学合理的整合编制，在融合过程中尤其要注意领域内容的前后顺序应遵从从易到难螺旋式上升的原则。例如，将科学领域内容图形排序和戏剧活动中舞美制作内容进行融合，就要根据小班、中班、大班的年龄特点，将图形排序的内容按照从简单到复杂进行进阶式梳理，并根据戏剧课程的进程，将内容编织到服装、道具、背景的制作上。

（3）"点"指的是在具体教学策略上的融合，借助戏剧教学的策略推进原有教材内容的开展。如戏剧教学策略：教师入戏、轮廓图、空物想象、讲故事、讨论、会议等，这些策略可以和很多领域相融合，使活动变得更生动有趣，同时，也指引着教师能以更游戏化的方式引领、介入、陪伴幼儿展开各类活动。

3. 生成

课程内容设置在时间的安排上，适当留白，为生成预留空间。在每一个戏剧主题的安排过程中，我们会对课程进行前审议，预留小部分时间不安排内容，以满足幼儿随时生成活动的需求或补充内容。同时伴随着活动的开展，进行课程中审议，适时调整活动方案，力争让课程实施在预设和生成中实现动态平衡。

五、课程实施与成效：戏剧味、生活味、游戏味

"和戏"课程实施强调儿童和美生长的原则，重视儿童的生活学习方式，通过一日生活、主题教学、区域活动、节庆活动推进课程实施，体现课程实施的"戏剧味、生活味、游戏味"，具体安排见表1。

表1 和戏课程实施路径及安排

课程板块	实施路径	具体形式	内涵与功能	活动安排
《童绘戏剧》个性化课程	环境渗透	戏剧互动墙	通过环境的资源支持和教育渗透，有效促进幼儿发展	每季度更新
		戏剧体验角		每周一次
		绘本阅读馆		每周一次
	主题活动	戏剧集体教学	师幼共同建构的一系列戏剧活动，即从阅读导入开始，进行体验实践、戏剧表达、戏剧创作，最终形成完整的戏剧表达。主题活动中，渗透整合五大领域的内容	每学期3~4次，每次1个月左右
		戏剧工作坊		
		戏剧表演社		
	一日生活	戏剧创想操	将戏剧教育以不同形式渗透幼儿园一日生活各个环节中，实现戏剧教育的魅力	生活渗透，每日随机
		悦读阅美社		
		童话剧欣赏		
		餐前玩剧会		
		戏剧达人秀		
	游戏运动	戏剧游戏场	将戏剧游戏渗透到幼儿园一日活动中，形成自主游戏及运动空间	每天
		情境体锻坊		每天
	家园共育	亲子戏剧游戏	让家长参与和戏课程的实施，并关注幼儿在戏剧活动中的发展，促进家长间的教育对话交流和家长参与幼儿园特色课程的积极性	一月一次
		家长戏剧沙龙		一学期一次

在实施"和戏"课程中，课程组让孩子站在课程的中央，让教师成为课改的主角。经过不断地探索打磨，幼儿园梳理出以下四句话作为课程实施的行动纲领：你先想，我等着；你先说，我听着；你先做，我看着；你需要，我们一起来！这四句话不断地提醒着课程实施者，要学会等待、倾听、观察、合作。在所有人的共同努力下，儿童、教师、园所日益与课程同步生长，取得了和美共赢。

疫情背景下幼儿园线上"六小"云课程的组织与实施

温州大学附属实验幼儿园 张 曦

2020年春天，因受新冠肺炎疫情影响，所有的人都宅在家中，自我隔离，少出门，戴口罩。"停课不停学，停课不停教"，我们的教师积极响应投入网络课程的推送工作中。同时，县（区）、市各个教育公众号也推出了很多亲子互动教育资源。进入3月，家长也开始陆续复工，亲子互动的状况也发生很大变化。这期间，一些家长的心声，无法通过即时有效的对话进行互动沟通。为此，我们针对前期幼儿园的云课程工作进行了一些冷思考。

一、通过问卷调查冷思考疫情期间"云"课程现状

疫情开始阶段，幼儿园积极启动"疫情云端课程推送"，从"我知道、我了解""我宣传、我参与""我努力、我感恩"三个层次向幼儿和家长推送疫情防控的相关内容，帮助孩子们了解和认识"新冠病毒"与"自我防护"。随着疫情时间的延长，幼儿园公众号的阅读量和班级家长的互动频率开始下滑。3月幼儿园对集团园1 008名家长进行了一次从"幼儿作息""亲子互动""网络资源""园所支持"等多方面的"亲子宅家教育情况"问卷调查。从问卷信息分析的反馈中发现以下几个问题。

（一）网络资源的使用存在不足

1. 资源使用频率不高

从表1中发现家长对公众号推送的资源查看频率一般是2～3天，亲子宅家的互动频率54%的家庭在一周2～3次。一周2～3天的亲子互动对于孩子来说互动评率不高，因为幼儿园的孩子和中小学生不同，孩子更多的是在与周遭的人、事、物的互动中积累经验。

表1 幼儿园家长疫情期间的资源利用和互动情况表

频率	每天	隔天	2～3天	一周	从来没有
公众号资源浏览	30.65	0	39.09	23.91	6.35
利用公众号资源进行亲子互动频率	14.78	15.97	29.27	24.9	15.08

2. 家长获取网络资源的渠道比较局限

从"疫情期间家长浏览资源平台的统计"数据中发现，77.5%的家长是通过幼儿园公众号获取信息资源，其他渠道的比例在20%左右。虽然幼儿园从元宵后的3周相继推出了将近20多篇的亲子互动资源，但是毕竟幼儿园的教师投入的精力和能力有限，全面性和综合性是很难达成的。

（二）线上亲子互动的质量存在问题

1. 随着家长陆续复工，亲子互动的对象偏向隔代

从调查中发现，随着家长复工数的上升，孩子在家隔代陪伴的情况从原来的12.3%上升到29.37%，翻了两倍多。隔代陪伴带来的问题是陪伴质量的变化，孩子任性、生活无规律、电子产品使用时间任意延长等问题会不同程度地出现。

2. 随着宅家时间的延长，亲子互动质量降低

随着孩子宅家时间的延长，对于年轻的父母来说，亲子之间的陪伴从开始的"激情澎湃"逐渐出现"疲倦"。家长对外界支持的渴望开始提升，其中家长对"师幼线上互动"的需求达到了一半以上。

通过对集团园1 008份问卷调查的信息分析，幼儿园发现解决疫情期间家长反馈出来的问题，最有效的方法就是将前期的"暖心陪伴"从幼儿园层面下移到"班级"甚至更小的"班级小组"中，通过丰富、有效的线上"师幼互动""家园互动"解决资源利用的"家园单向"状态，及时解决亲子互动频率下降和补隔代陪伴问题。于是，结合幼儿园实际提出和架构"六小"云课程。

二、基于幼儿园育人目标的"六小"云课程内容

结合调查中家长对"云课程"内容提出的意见和建议，从幼儿园"全人发展"课程的理念"悦纳自然生发，成全生命美好"出发，以"让每个幼儿全面、和谐发展"为核心出发，架构"暖心陪伴""六小"云课程的内容。

1. 课程基本架构

从幼儿园五大领域出发，架构阅读小"彗"星（语言领域）、生活小能手（社会领域）、创"艺"小宝贝（艺术领域）、科学小达人（科学领域）、营养小"食"光（健康领域）、运动小健将（健康领域）的"六小"云课程。

2. 课程内容简介

（1）阅读小"彗"星课程：通过网络绘本，视频动画、故事录音等资源，以"疫情""生命""春天""幼小衔接"等为主题鼓励孩子在家和父母一起阅读。在亲子阅读中收获生命的美好。如关于生命的《如果地球被幼儿园吃掉了》、关于心理的《情绪小鬼之冠状病毒》、关于希望的《彩虹色的花》等。

（2）生活小能手课程：以"我最喜欢的玩具""我是家务小助手""衣柜大作战""萌娃聊天记""我会聊天"等为主题的生活小技能分享，帮助孩子们学会自己的玩具、衣物、书本等物品的整理，尝试有趣生活小窍门的体验，增添宅家的乐趣。其中，关于"我会聊天"更是让孩子们找到宅家和伙伴们互动的通道，对缓解孩子们宅家的情绪有很大的帮助。

（3）创"艺"小宝贝课程：以手工、绘画、歌唱、律动等艺术形式，让孩子在动一动、画一画、做一做、玩一玩中提升他们的艺术创作能力。因为受疫情的限制，孩子们宅家的手工等材料有限，教师们通过"克难"的手段寻到很多有趣的创意活动，如小手创意画、徒手律动《剪刀石头布》、绽放的纸花等。

（4）科学小达人课程：以探究性项目为载体，借助宅家环境中触手可及的材料进行科学性探究，让孩子们在动手体验中感受有趣的科学秘密，如《扑克牌叠叠乐》《小船向前游》《纸

飞机飞得远》《会发声的吸管》等。

（5）营养小"食"光课程：以幼儿园营养特色课程为基础，通过营养微课、营养小主播等途径，让孩子们在美食制作、美食品尝等活动中，了解和认识"科学营养""餐桌礼仪"方面的内容。如《营养寿司》《剥虾小能手》等。

（6）运动小健将课程：通过"幼儿园的快乐早操""运动直播""亲子运动达人"等内容，让孩子在熟悉的音乐中动一动、跳一跳，在愉快的运动氛围中促进亲子关系的发展，提高孩子的身体素质。

三、基于"核心经验"和"云技术"的"六小"云课程实施

1. 基于"核心经验"的课程实施策略

（1）"从经验到经验"的主题脉络式课程推进策略。幼儿园的课程主要以主题的方式推进内容。如"阅读小'彗星'"板块，孩子们在教师的带领下以《"疫"起玩吧》为主题从前经验调查入手，了解孩子们疫情期间宅家的感受和疫情结束之后的期望，借助"云游"幼儿园、"畅游"家庭、"神游"世界三个路径，通过"我的宅家生活""旅游主题阅读分享""跟着我走主题共读会"帮助孩子们在共读、分享、网络互动中积累对家、国、世界的新认知。

（2）"从问题到问题"科研反思型课程推进策略。在主题《幼儿园的云电台》中，教师因为孩子们提出"想念教师，但不能见面该怎么办？"的问题中发现教育的契机，选择"云电台"作为班级互动的平台，但是在第一次互动后，教师提出"孩子们还能够通过电台实现哪些线上互动呢？"于是，教师重新审视这个活动的目的和意义，并通过和家长、孩子们的互动提出新的问题。"我们云电台活动目的是什么？亟待解决的支架型问题是什么？孩子们还有什么需求？"在这样的思考和提问中，教师和孩子一起推进课程走向更深的内容。

2. 基于"云技术"的课程实施路径

因为疫情，所以"六小"云课程推进主要基于"云技术"中的"直播""微光室""抖音""腾讯会议""问卷星""钉钉""荔枝"等支持，实现顶层以下的实施路径：

（1）基于"云技术"的"家访"：为了了解幼儿、父母在家的情况，掌握他们宅家的具体情况，教师借助"云技术"中的直播过线和视频与孩子们见面。

（2）基于"云技术"的"电台"：教师、幼儿通过"荔枝"录制和播放睡前故事等提升孩子们的语言能力。

（3）基于"云技术"的"云运动"：教师通过"抖音"直播的方式，在班级群里营造运动的氛围，带动孩子们参与运动的兴趣，同时，在班级群通过小视频分享孩子宅家的亲子运动小游戏，帮助孩子建立自信心，促进孩子运动能力的发展。

（4）基于"云技术"的"云问候"：教师借助"微信""钉钉"等视频App与宅家幼儿开展一对一视频见面，和孩子聊一聊心事、趣事，帮助幼儿排解心理压力。

四、基于幼儿园办园理念的"六小"云课程评价

"让每个孩子成为更好的自己"的办园理念是幼儿园在推进课程改革中的方向目标。"六小"云课程作为疫情背景下幼儿园《全人发展课程》的重要补充部分，对幼儿园的孩子、教师都有很大促进和发展。我们主要通过对线上幼儿互动信息的"复盘"、宅家作品的解读和宅家

学习故事的分享，根据孩子在课程中的行为、言行和作品进行过程性评价。

（1）复盘式评价：教师对孩子在互动平台上的视频、语音等信息通过信息技术进行复盘，分析孩子在活动中的有效提问和团队的学习生长点。如教师和孩子们聊"春天在身边有什么变化？"这一问题，通过复盘发现孩子们有以下几种回应：

幼1："柳树发芽，树叶变绿了，小草长出来了，还有很多时令的蔬菜和水果。"

幼2："我种了黑豆，发芽了，然后炒了一盘菜，觉得特别好吃。"

幼3："我种了葱的"，他还特意搬来种植的花盆，给大家看葱花，"葱花就像蒲公英一般好看。"

幼4："我在家种了许多的多肉。"

幼5："为什么我们的种子不发芽？"

……

通过对信息复盘归纳，发现孩子们在活动中对科学探究的兴趣非常高，对问题质疑能力也非常强，能主动地提出自己的疑问，表达自己的发现，教师在归纳中能及时捕捉孩子的兴趣点，及时地引导班级孩子的探究性学习。

（2）解读式评价：通过对孩子绘画、语音、视频等作品的解读分析，教师及时评价孩子的整体能力水平，调整自己的课程内容和实施策略。如在云电台的活动中，教师通过孩子分享的故事音频，分析发现孩子们在语音的发音上有一些问题，于是教师针对孩子们的需求调整课程，帮助孩子们绕开个别的语音发音问题。

（3）故事式评价：通过帮助家长对孩子宅家学习故事的分析，转变家长的育儿观，促进亲子关系的和谐发展。如在"家务我来帮"中，家长在教师的指导下通过分析孩子宅家的劳动故事，发现自己的孩子通过自我服务和为家人服务过程中得到自我满足和得到心智发展，转变了家长的育儿观。

总之，通过"六小"云课程的架构和实施，家庭式的亲子互动让孩子们的个性得到发展、兴趣得到满足；多元化的过程评价使教师的专业能力得到挑战，教育观念得到转变。最终"六小"云课程的班本化实施还是取决于班级教师自身特长、班级家长资源、孩子的经验状况、家庭亲子互动状况等。

参考文献

[1] 李季湄，冯晓霞. 3—6岁儿童学习与发展指南解读[M]. 北京：人民教育出版社，2013.

[2] 方海光. 教育大数据——迈向未来学校的智慧教育[M]. 北京：电子工业社出版社，2019.

[3] 朱永新. 未来学校：重新定义教育[M]. 北京：中信出版社，2019.

[4] 赵帅. 破局：互联网+教育[M]. 北京：化学工业出版社，2018.

家长"营"校：指向幼儿营养健康家园共育的实践创新

平阳昆阳镇实验幼儿园　林　媚

一、研究背景与意义

（一）幼儿营养健康行为习惯亟待培养

幼儿正处在人生关键的生长发育期，幼儿时期膳食营养与健康状况直接关系一生发展，关系到每个家庭切身利益。纵观当前，发现存在以下问题：

（1）挑食偏食，营养失衡。幼儿日常生活偏食挑食现象普遍，营养长期失衡，造成超重和肥胖比例升高。

（2）进食分心，习惯不良。幼儿在进餐时不专心，思想不集中。各种不良习惯非常不利于幼儿健康成长。

（3）三餐随意，搭配不当。一日三餐搭配不科学。早餐普遍不重视，不吃早餐或者早餐质与量达不到，影响幼儿身心健康。

（二）家长均衡膳食指导能力亟待提升

孩子饮食问题也是家长痛点。课题组从家长营养知识、自身膳食习惯和行为、膳食价值观三个方面进行问卷调查，得出以下情况：

（1）营养知识贫乏，获取途径单一。家长营养健康知识知晓情况不容乐观，关于营养健康知识结构零碎、没有系统性。

（2）膳食习惯不佳，膳食行为固化。家长自身普遍存在不良饮食习惯：饮食没有规律，指导孩子进餐很不合理，存在着许多传统的错误。

（3）营养意识淡薄，未能学习积累。大部分家长认为自己在营养健康上没什么问题，也不需要改变什么。思想上不重视，行为上就不会主动积极地去学习和积累。

（三）幼儿营养健康家园共育亟须创新

（1）追本求源，改变家长才能改变幼儿。孩子营养问题根源在家长。改变家长才能最终改变孩子。普及营养知识，提高家长营养均衡指导能力至关重要。

（2）家园共育，创造有利条件搭建家长平台。目前并没有哪所幼儿园开设家长营养教育必修课。而我园是全县幼儿园唯一一所浙江省示范性家长学校，家长配合度高。同时，也是温州市学生营养与健康教育第三批试点学校，具备有力开展探索幼儿营养教育条件。

（3）家长营校，营养素养培育实践创新。我们力图通过本课题研究，创新解决当前实际问题，所以，本课题具有一定价值性、迫切性和时代性，也值得引起重视和推广。

二、研究过程与方法

本研究历时两年多,主要经历了 A. 家长"营"校组织架构阶段→B. 家长"营"校课程推进阶段→C. 家长"营"校总结评价三个阶段。

三、研究成果与创新

(一)三大策略:指向幼儿营养健康的家园共育组织建设

针对家长营校建设中不同家长的水平层次、工作性质、特长爱好、参与需求等特点,以按需参与为基础,初步形成了"营"校组织建设的三大策略,见表1。

表1 家长"营"校组织建设的三大策略

策略名称	起步阶段	发展阶段	深化阶段
	自我营养评估	需求导向引领	营连排三层级
参与主体	家长、幼儿	营校导师团、家长	全体家长、幼儿
操作工具	营养评估标准 营养评估建议	课程方案、光盘资源 实践成果(教材、PPT)	营连排三级活动 方案、实践
设计重点	自我反思学习	实践性学习	多样化学习方式

1. 自我营养评估:突出科学营养健康素养的自我达成与分析

自我营养评估策略适用于起步阶段,针对家长缺乏科学的营养知识问题。以《中国学龄儿童膳食指南》为引领,确定"饮食规律""吃好早餐""天天喝奶""少盐少油""食尚行为"五大主题来设置指标。分析对照,确立所处层次,以孩子问题对应,链接其问题存在带来的影响,让家长形象、直观、深刻地意识到自身营养健康素养不足会影响孩子健康成长,从而产生积极地想改变、学习的欲望。

2. 需求导向引领:突出营养健康课程的特点和创新

需求导向引领策略适用于发展阶段,针对不同的家长需求,解决各种营养健康问题。组建"故事早餐营""特需儿童营""营养陪餐营""营养直播营",并推选营长。另外,设置"主题创生营",即随机生成营,发起人是营长,负责本营活动组织、策划和实施。各营开展切合自己主题活动课程,家长对应选择参与就能从中获得有针对性的知识和技能。

3. 营连排三层级:突出课程评价和资源共享

营连排三层级策略适用于深化阶段,针对提高家长参与积极性和质量问题。评价标准以星级评定和立体多元评价结合的方式,以"排—连—营"三级梯度来进行。班为"成员排",年级为"作战连",园级为"指挥营"。只有经历过排的筛选、连的竞争才可以参与到"营"的级别。在这种动态式不同层级的活动中开展各类课程,能够激发家长们参与的兴趣,共享彼此的资源。

(二)四大课程:指向幼儿营养健康的家园共育课程研发

开设营养健康课程群,设置了以下四类课程(四大课程具体框架图略)(表2)。

表2 "营养健康课程群"课程框架

培养目标	核心目标	课程类型				学习方式
		"早餐我故事"课程	"营养直播间"课程	"特需儿童营"课程	"营养陪餐团"课程	
具备良好营养健康素养食尚家长	知识目标	认识早餐对健康的重要性	了解必要营养健康知识	了解特需儿童类型	认识食物对健康的影响	理论学习 实操演练 探究学习
	能力目标	合理搭配、制作早餐,培养健康饮食行为	掌握必备营养技能,并尝试作直播	能积极参与特需儿童的介入和矫正	参与食物选择、食谱制定,监督烹饪过程	
	情感目标	热心为家人做早餐,营造良好进餐氛围	愿意通过自身带动更多人重视营养健康	充分关爱特需儿童,乐意用心呵护	共同提高营养科学素养	

(1)"早餐我故事"课程。有故事的早餐,有早餐的故事。在温州市学生营养健康素养提升行动"坚持早餐100天,身体健康学习棒"的理念指引下,我们开展"早餐我故事"课程,呼吁全体家长能重视孩子的早餐问题,能主动、坚持为孩子做营养丰富的早餐。

(2)"营养直播间"课程。开通园钉钉"营养"直播间、抖音号,每期由营校家长线上直播"营养专题",可以是一顿美味的早餐、一份新式的甜品、一道舒心的菜式、一桌丰盛的大餐。

(3)"特需儿童营"课程。专门成立以保健医生为营主的为肥胖儿、贫血儿、食物过敏儿等"特需儿童"服务的课程。

(4)"营养陪餐团"课程。针对在园中餐,成立"营养陪餐团",围绕监督食堂操作流程、与幼儿共进午餐、制定食谱等方面来进行。每周三为"家长陪餐日",借助家长力量来改进。

四大营养健康课程实施路径灵活,线上线下结合,不受时间、空间限制。

(三)三大载体:指向幼儿营养健康的家园共育评价管理

1. 家园营养卡:幼儿营养自我管理与评价

罗列出需要改进的问题形成"家园营养卡",进行天天打卡,需要家长、幼儿、教师共同操作。

2. 星级评价表:家长课程实施管理与评价

对于家长、幼儿参与营校活动,我们主要采取星级评价机制。主要从参与支持性(次数)、活动及时性(是否及时完成任务)、活动建设性(能否给出建设性意见)、活动有效性四个方面进行。

3. 食尚小达人:亲子活动成果展示与评价

以家长营校为主力展示营养主题大型活动各项成果作为评价。通过成果展示,美篇制作,微信分享;浏览作品、点赞评论;平台投票,产生冠军等来提高宣传力度和参与效率。

综合以上三种评价机制,最终产生"食尚小达人":"食尚家长""食尚幼儿""食尚教师""食尚班级"。

四、研究成效与反思

(一)培养了幼儿均衡膳食习惯,实现了家园共育目标

(1)普通幼儿体质的变化。经研究,对开展"家长营校"前后对比,如幼儿的出勤率、生病率进行汇总,发现幼儿免疫力明显改善,其中咳嗽率降低了 26.7%,感冒率减少了 31.2%,发烧率减少了 6.8%,幼儿身高普遍有 4%～13% 的提高,以上数据说明幼儿体质逐渐好转。

(2)特需儿童情况的改善。通过"特需儿童营"课程的实施,经过体检数据的分析和比对,贫血儿童、视力不良、肥胖儿、龋齿类等明显减少(表3)。

表 3 "营"校特需儿童一年后情况统计表

研究前一年				研究后一年			
贫血儿童	体弱儿童	肥胖儿童	龋齿儿童	贫血儿童	体弱儿童	肥胖儿童	龋齿儿童
23	17	25	165	4	12	5	89

(3)幼儿饮食行为的改变。通过"家园营养卡"的汇总及在园进餐表现和家长反馈,幼儿原先的不良饮食习惯和行为发生着很大的改变。

(二)提升了家长营养健康素养,建立了家园共育机制

两年多来,家长营养意识和行为发生了改变:对营养问题的重视程度已达到 92%;对家长营校项目相当了解和认可,并有 87% 的家长表示只要自己时间允许,是很乐意参与到营校活动中的。

(三)培育了家长"营"校品牌,打造了家园共育特色

(1)教师品牌。幼儿营养健康的推进关键是家长,而家长教育的关键则是教师的引领。两年多来,我们也培养了一批具有营养业素养、营养技能和营养健康研究的教师团队。

(2)幼儿园品牌。于 2018 年率先在鳌江镇启动营养健康教育,努力打造营养健康校园品牌。幼儿科普剧获温州市一等奖;协办了温州市故事早餐分享会;两位家长在市级平台上作营养故事早餐经验分享;100 多篇营养健康活动报道在市县级教育平台上发布;30 多篇故事早餐被市学生与营养健康委员会征集并整理出书等,并辐射鳌江镇,我校为鳌江镇图书馆营养健康公益课定点单位,选送 20 多位教师进行辐射,为镇内儿童进行开课。

参考文献

[1] 中国营养学会. 中国学龄儿童膳食指南 2016 [M]. 北京:人民卫生出版社,2016.

[2] 刘芹德,刘希良. 农村学生及家长膳食营养 KPA 调查及干预效果分析 [J]. 中国自然医学书籍,2005(04):303-304.

[3] 谢志清,刘燕艳. 幼儿膳食营养健康教育的认识与实践研究 [J]. 考试周刊,2020(61):159-160.

[4] 杨春梅,李超. 浅议合理的饮食营养对健康的重要性 [J]. 首都医药,2012(20).

基于"园本化"背景的"完美"课程群建设

泰顺中心幼儿园　翁旭艳

一、规划基于"幼儿学习与发展"的"完美"课程群架构

完美课程的架构是整体推进的过程，基于对本园幼儿发展的定位，在课程理念的指导下，建立"完美"课程整体框架。课程目标指向幼儿全面发展，课程内容承载课程目标，课程实施体现师幼同构，课程评价完善课程建设（图1）。

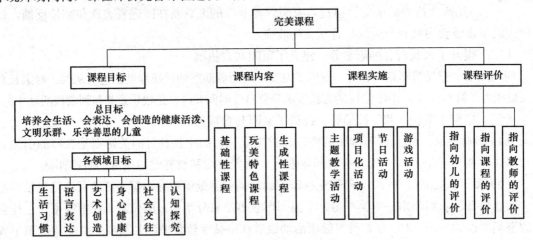

图1　"完美"课程框架图

二、建构基于"幼儿深度学习"的"完美"课程群内容

"完美"课程是基于我园的课程理念"会声绘色　玩美童年"和园所文化传承的基础性课程、玩美特色课程和生成性课程的总称。其强调游戏和发展并重，"玩"与"美"相融并进，玩是策略，美是目标，意在弘扬天性，因材施教，快乐成长，和谐发展。其内容以儿童的视角，寻找儿童喜欢的事情，发现儿童游戏背后的教育意义，预设与生成灵活统一、相辅相成。

（一）基础性课程——助推幼儿"自然的"全面发展

面向全体幼儿，注重幼儿多种经验的感知与获得，助推本园幼儿"自然的"全面发展（图2）。省编教材园本化通过主题审议的方式对教材价值与本园幼儿的发展需要做出思考，对省编课程进行理性的梳理、筛选与调整，使之成为符合本园幼儿的课程。缤纷9月节日课程是结合传统节日、教学主题、儿童兴趣等生成的节日课程。完美社团是根据中、大班幼儿兴趣爱好、特长开展的选择性课程，以自主、混龄走班形式开展。

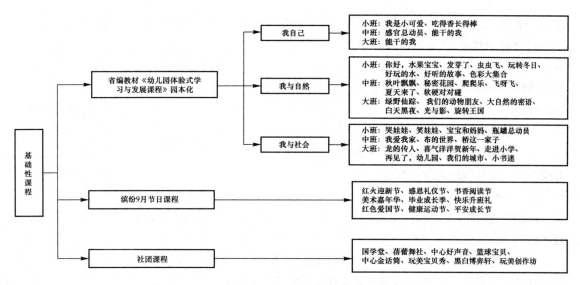

图 2　"基础课程"架构图

（二）玩美特色课程：满足幼儿"自由的"多元创作

利用生活中的事物为素材，以观察为基础，以想象、创造手法为手段，以嫁接主题、生活、区域活动为路径，以自主表达为目标的美术创意课程，旨在给儿童感受、想象、创造、表达的自由（图3）。

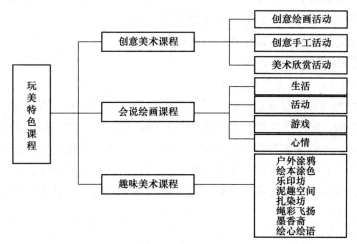

图 3　"玩美特色课程"架构图

创意美术课程是指嫁接主题活动、生活等路径开展的美术集体教学活动，注重儿童的愉快情绪体验和自由创作表现。会说绘画是指利用绘画方式，对生活、游戏、活动、心情等进行记录、宣传、幻想的一种绘画活动，表达自己对周围事物的感受和内心意愿，宣泄真情实感。趣味美术课程是指投放多元的"纸笔"，嫁接主题活动、生活、兴趣，开展的美术区域活动、班级特色美术游戏，注重美术活动游戏化、趣味化、生活化。

（三）生成性课程：满足幼儿"自发的"生成游戏

依据"温州游戏"理念，对幼儿的需要和感兴趣的事物的价值判断，不断调整活动，通过计划、体验与探究、交流与回想等环节，促进幼儿深度学习，生成的动态课程（图4）。

项目化课程是："追随儿童的学习、生活、游戏中兴趣与关注点，在儿童困惑、问题、质疑、争执中寻找课程源点，以主题教学活动、区域活动、小组活动或低结构游戏活动探索为主线，玩学于一体、师幼同构的动态课程"。空环境游戏是有侧重地投放各类低结构游戏材料，创设"空环境"，给儿童时间、空间、材料的保障，玩什么、怎么玩、和谁玩都由儿童自己决定与选择的游戏活动。

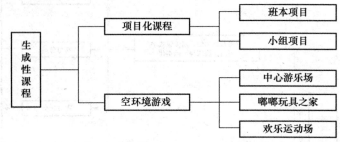

图4 "生成性课程"架构图

案例：中班项目化课程《小树叶，大智慧》。阶段一：调查、交流你都见过怎样的树叶（形状、纹理、颜色）？你还知道哪些关于树叶的故事？阶段二：初步预设主题项目内容关于树叶你还想知道什么？你觉得树叶和我们可以怎么玩？阶段三：动态实施课程计划、体验与探究、交流与回想。

三、优化基于"幼儿学习方式"的"多维架构+多重规划"的实施策略

完美课程实施由教师设计方案、创设环境、提供材料，鼓励幼儿在与老师、同伴和材料的互动中，用自己的方式，自然、自由、自主地探索，教师根据幼儿的探索情况进行观察，了解幼儿感兴趣的，确定指导策略，助推课程有效开展。

（一）"多维架构"主题活动

1. 三段逐步递进，确保课程适宜性

"完美"课程的内容是有递进性的，从小班到大班，由下而上，由易到难，根据各年龄段孩子的特点进行架构。同一类主题内容在不同年龄阶段都有所涉及，并呈现出从简单到复杂、从直接到间接、从具体到抽象等顺序性。如以"我自己"这一主题，小班重于对"我"身体的初步感知，在"吃"方面深入探究；中班延伸到"感官"，运用感官体验探究周围环境，发现自己的身体在长、本领在长；大班上升到较高的概念水平，关注的是我从哪里来、我喜欢、我的希望及我的心情等。

2. 预设生成相辅，注重课程自主性

完美课程的内容有预设、有生成。一是通过教学主题审议的方式在教材的选择、教学内容的确定、教学材料的投放等方面进行前预设，实现省编教材课程园本化；二是追随儿童兴趣与关注点，孩子在自己的生活和情境中发现问题，在问题中寻找课程原点，在质疑中生成课程内容，注重活动的过程体验，生成动态课程，深度学习。预设与生成灵活统一、相辅相成，发挥课程的整体效应，实现课程内容的自主性园本化。

3. 稳定弹性结合，体现课程民主性

完美课程的内容、时间的设置在相对稳定的同时又给予弹性的自由。例如：玩美特色课程与生成性课程占总课程的10%～20%，但在课程实施过程中，骨干型教师可提高生成性课程比例，新教师则可以相应减少生成性课程比例；在幼儿一日活动安排上，教师确保两小时户外

活动时间，可以适度地协调安排时间，实施"三弹性"制度：允许教师根据孩子在活动中的具体情况有效调整活动时间；允许教师根据主题、选择适合本班孩子的教学内容；允许教师增减主题内容。

（二）"多重规划"游戏环境

1. 润美环境，育美情趣

以"将环境还给儿童"为环境创设理念创设一廊一风格、一班一特色的美术创想环境。"一廊一风格"是指每个廊道以一种主材料或同一风格进行创设，或是儿童艺术创造的作品呈现，或是利用美术语言以"计划、游戏、回想"的形式进行课程故事的分享。一楼走廊以粉色调布艺为主，处处彰显温馨；二楼长廊以自然物为主材料，融入民间手工艺，彰显本土艺术气息；三楼长廊以黑白为主色调，融入中国元素，艺术畅享无限。"一班一特色"是指根据儿童年龄特点，与儿童共同制定班级美术游戏项目并共同创设有"一班一特色"班级游戏环境，包括乐印坊、泥趣空间、扎染坊、绳彩飞扬、墨香斋、绘心绘语等。幼儿园处处是美的享受，艺术的熏陶，培养儿童感受美、欣赏美、创造美的艺术情操。

2. 广集材料，激发创造

在"温州游戏"模式的理念下，选择生活中常见的、自然易得的纸、布、木头、泥巴等生活化、低结构材料，分类投放到美术游戏、空环境游戏、运动区域中。例如，在美术游戏中投放丰富的本土生态资源材料和辅助材料并进行分类：多元的纸笔、隐形的纸笔等，供儿童美术多元、本真创作。再如，在空环境游戏中心游乐场投放的是偏社会性自主游戏的低结构材料，嘟嘟玩具之家投放的是偏艺术空间创作的低结构游戏材料，欢乐运动场投放的是偏运动、建构类的低结构游戏材料。给儿童时间、空间、材料的保障，激发儿童自主的玩、协作的玩、创造的玩、深度的玩。

3. 百变空间，支持探究

在空间利用上，充分创设了百变空间支持孩子探究活动。通过升降架利用上空空间、通过长廊作品展示盒利用隐藏空间，储放儿童游戏材料、展示儿童作品、呈现课程游戏、拓展微运动游戏项目；通过移动区角柜、桌椅、垫子灵活利用空间，拓展区域游戏、微运动等游戏空间；通过创设"一空间多功能"的游戏环境，使同一空间、不同时间段，发挥不同的功能，如班级区域空间既是微运动体锻区，又是完美社团空间，还是美术游戏创意吧。百变游戏空间带给孩子的是自主、自由、自在，充分发挥环境的多元教育价值，支持儿童深度探究。

四、提炼基于"幼儿立场"的"三方面+多方式"评价体系

完美课程通过指向幼儿、教师和课程三个方面、多形式的课程评价方式，收集有关幼儿发展状况、教师教育行为及幼儿园课程建设的信息和意见。指向儿童的评价，注重幼儿的过程性评价、个性化评价和发展性评价；强调教师对自己的教育理念、教育态度、教育行为和教育效果进行分析与反思及课程架构的科学性、实施的有效性。

五、收获基于"园本化"背景的"完美"课程建设的成效

（一）收获幼儿全面发展的"四玩方式"

1. 自主的玩

在课程实施过程中，幼儿完全遵从自己的兴趣和需要选择社团、游戏项目、游戏场地，按

照自己的设计去搜寻材料、使用工具，在学习中协商分工、解决问题、参与决策、协调进度。

2. 创造的玩

在课程实施中，幼儿用多重感官探索世界的自然天性是随着与材料、环境、同伴的主动"对话与共享"过程中自主生成并生长的，呈现不断变化和"生长"的动态特征。

3. 协作的玩

在课程的组织上，如社团活动、体锻活动、空环境游戏等以自主、混龄、走班的模式使儿童走出班级，自发自主组成新的学习小组，享受最大化的学习资源、最大化的人际交往和最大化的自由，促进幼儿间的交往、合作、互助、共情。

4. 深度的玩

在游戏的探究中，不断"发现问题、解决问题"的循环中卷入多领域整合的深度学习，幼儿不仅玩，还在玩中感受挑战、表达自我、学习思考和解决问题，在玩中发展着自主、乐观、探究、创造、坚韧、协作等"美"的品质。

（二）实现教师专业成长的"四个关键转变"

课程改革探究过程中，教师在课程建设上有了明显的转变，课程理念从"给予孩子"转向"基于儿童"；课程目标从"可有可无"转向"多元链接"，课程的推进从"毫无关联"转向"脉络清晰"；活动的选择从"集体教学"转向"多种形式"。

（三）促进幼儿园发展的"品牌特色化"

"完美"课程是我园在课程改革中探索出来的符合本园实际、富有创新意识的发展举措，在实施中注重省编教材的配套使用，是新课程的有力补充。幼儿园从大环境到教室环境，从各班具有个性的主题项目研究到资源共享的空环境游戏区域……处处是艺术的熏陶、处处是儿童课程故事，自主、富有教育意义的游戏环境氛围，彰显了园本特色。在"完美"课程的实践研究中，我园逐渐提炼了办园理念，形成了优秀的案例、论文、课题，积累了课程开发的经验，为幼儿园品牌特色化发展打下良好的基础，在区域内形成了一定的影响力，为连续两年获得县发展性项目评估一等奖的成绩发挥了举足轻重的作用。

参考文献

[1] 教育部基础教育司. 《幼儿园教育指导纲要（试行）》解读[M]. 南京：江苏教育出版社，2002.

[2] 陈碧霄. 幼儿园"意象美术"创意教学[M]. 上海：华东师范大学出版社，2016.

[3] [美]丽莲·凯兹，西尔维亚·查德. 开启孩子的心灵世界项目教学法[M]. 胡美华，译. 南京：南京师范大学出版社，2007.

[4] 陈晓静. 学前教育课程园本化研究[J]. 当代教育论丛，2018（7）：137.

[5] 钱小芹. 贴地而行，做适宜、适切的园本化课程[J]. 江苏幼儿教育，2018（1）：36.

[6] 贾秋美. "自然教育"课程园本化实施策略探究[J]. 上海教育科研，2018（5）：64.

推进区域幼儿园课程建设的探索与思考

洞头教师发展中心　吕淑萍

当前,我区大多数幼儿园都在开展课程建设,有些已取得丰硕的成果,有独立且较为完整的课程体系;有些幼儿园在课程建构过程中还存在不少问题,如对幼儿园课程建设的重要性认识不足、理解不深,课程建设缺少理念支撑,实践过程教师参与度不够,课程建设效果难以评估等。在调查研究我区幼儿园课程改革的现状以后,根据《幼儿园教育指导纲要》《3—6岁儿童学习与发展指南》(以下简称《指南》)文件精神,深入探索与思考如何在课改中体现以理念为先导,让教师成为践行课程改革理念的关键,打通园际之间的交流,因地制宜,寻找突破口,让我区幼儿园课程改革走向更好的层面。

《指南》和《幼儿园工作规程》(以下简称《规程》)明确指出,幼儿园教育活动是有目的、有计划地引导幼儿生动活泼、主动活动的多种形式的教育过程。从时间的边界来看,幼儿园课程覆盖了幼儿从入园到离园的整个过程;从空间的范围来看,幼儿园课程主要发生在幼儿园内;从覆盖的内容来看,幼儿园课程涵盖了幼儿园五大领域的所有内容;从活动的形式来看,幼儿园课程囊括了幼儿园在园所内的游戏、学习、生活及运动;从幼儿园课程的本质来看,其最核心的本质是幼儿与外部环境的互动。

一、理念是先导,引领课程研究方向

理念先于行动。只有以科学正确的课程理念作为先导,才能引领我们做出适宜的课程建设。进行课程建设,首先要明确研究的方向,厘清课改的思路。以我区省一级幼儿园——教育幼儿园为例,其办园理念是"幸福教育人,教育幸福人",提炼了"为了孩子幸福成长"作为课程改革的精神追求和价值支撑。即创设充满爱与自由的环境,让孩子幸福学习、幸福生长,相信幼儿内在蕴藏着强大的精神能量和发展潜质,只要给以幼儿提供发展的条件与环境,必然会见证幼儿自我生长的力量。

再如,我区教育第二幼儿园一直秉承"乐绘世界 梦想花开"的办园理念,"乐绘"课程既是以绘本阅读与奥尔夫音乐教学相整合为特色的课程教育,又包含了引领幼儿描绘快乐童年的寓意,很好地体现了"智慧童年、悦读乐美、萌趣会聚"的办园宗旨。在"乐绘"课程里,该园力求让每个孩子感受成功、体验成功、收获成功,让每个孩子健康、快乐、自信地成长。

而我区省二级民办幼儿园——太阳岛幼儿园,在"以阳光心,育阳光人"的办园理念引领下,以"看见爱与自由,看见生长的力量"为核心,确定了"阳光课程,绽放童年"的幼儿园课程理念。

理念是课程建设的指明灯,深深地影响了幼儿园课程建设的研究方向和质量。只有在科学正确理念的引领下，幼儿园制定的课程目标、内容才能有明确的方向，课程改革才能取得预期效果。

二、教师是关键，走好专业发展之路

教师是践行课程理念的关键。课程建设需要所有教师的介入，每一位教师都是课程的建设者，都可以对实施的课程进行再调整、改造、创新，让课程更加适合孩子。因此，在课程的实施建设过程中，脚踏实地地去研究、实践，借力区级培训，立足园本教研，关注管理成效，让教师专业发展走得更好更快。

（1）因地制宜，分类组织培训。我区先后邀请省市区级课程专家、教授为我区幼儿园课程改革指点迷津，让教师"边做边学—学中思考—反思成长"。有聚焦式理论培训，围绕课程理论高度、核心观点展开培训，丰富课程改革领导者的理论知识系统；有主题式的讲座与集训，进一步深化教师对幼儿教育理论问题的理解，具体课程的开发，启发课程改革实施者的探究力和创新能力；有现场教学观摩活动，通过现场观察教师的教育行为，分析课程对幼儿发展的影响等不同方面，将问题层层剖析，找出最佳的方案，使课程沿着正确的轨道前行。

（2）立足园本，突出问题导向。幼儿园课程并非"纸上谈兵"，也不是"一劳永逸"，必须针对问题循环改进、不断更迭，从而促进课程研究发展。要立足园本教研活动，及时捕捉实践中出现的问题，并基于问题思考对策，及时纠偏调整，并再度付诸实践、再检验……如此循环往复，才能让课程日趋完善。如教育第二幼儿园教研组在实施"绘乐整合"课程中，发现了绘本与音乐活动中的声唱、律动游戏、音乐欣赏不同整合有不同的策略，教研组以年段为小组，以同课异构、一课多研等方式，根据各年龄段幼儿身心发展的特点，对绘本与音乐活动进行了深入的研讨，以解决问题为导向，总结了不同的经验，再论证再检验，最终在"绘乐整合"课程中达到了理想的状态。

（3）过程管理，提高课改成效。明确制度规范，区级、园级制定相应的制度文件，出台相关课程改革文件，以"比、促、评"等各种方式鼓励各等级幼儿园积极参与，按照不同等级、不同要求进行评比，提升幼儿园课程改革积极性。强化理念交流，通过举办课程建设交流会等形式，让课程改革先行的幼儿园介绍自身幼儿园课改的情况，从架构框架、如何实施、如何评价等多维度去交流，让思想的火花碰撞，促进提升；开展即时教研，实行课程现场培训即时分组教研，谈心得、谈学习，让参训教师积极参与，任务驱动促进自身学习。实施分层管理，对不同层级教师在课改中采取不同竞赛方式，如教学课堂评比、课程改革下区域环境的创设评比、班本课程的评比等方式，在课程建设管理中，以不同的管理形式多方面地促进教师专业的发展，从而提高幼儿园课程改革的成效。

三、合作是桥梁，打造共建共享平台

在"百花齐放"的幼儿园课程建设过程中，我区幼儿园在教育行政部门的组织下，以共建共享的模式，打通园所界限，让幼儿园之间合作、让分层同类教师联手、让园本教研互通，充分凝聚各园课程研究力量，从而不断推动课程建设的研究共同体。

（1）园所结对合作共赢。以区层面"集团办园"为契机，将省一级幼儿园与省三级幼儿园进行捆绑，公民办幼儿园结对制度，以共同的研究任务为核心，紧紧围绕研究目的开展课程研究研讨活动。如省一级教育幼儿园充分挖掘海岛资源，开展"海洋绘本"园本课程，省三级霓屿幼儿园开展"紫菜嘉年华"游戏课程，育才幼儿园开展海岛民间体育游戏课程。结对园就针对海岛资源共同讨论课程方案的设计，在研讨后对课程理念及其核心价值进行再认识，并将课程带回幼儿园再实施、再完善，进一步思考本园的特色课程建设。园所结对手拉手的运行方式有利于建立共赢的运行方式，也更有利于推进合作研究。

（2）师资携手合作共进。区级通过不同层次教师的划分，如新手教师、青年教师、骨干教师、专家教师，依次推进，不断向新的高层次跃进，旨在帮助教师挖掘自己专业发展的潜力，找准定位，切合教师实际目标。采用各类比赛、活动参与的方式，不同的评比为不同层次的教师"量身定做"。既关注教师教育理念、实践上的共性问题，展开专题教研；又根据不同层次的教师类型，解决个性发展的问题（表1）。

表1 层次教师

层次教师	课程研修方向	具体培养措施
新手教师	规范教育行为，成为合格的课程实施者	新教师听课、上课、技能评比、试课等
青年教师	优化教育行为，对课程有进一步深入的理解	优质课评比、园本课程实施、园本教研等
骨干教师	精练教育行为，对课程深度理解并能丰厚创造，成为优秀课程设计者	设计班本课程、课程审议、改编教材、特色提升等
专家教师	精彩教育行为，创造性地开发课程，形成自己的特色	课程的建构，课题的实施、风格形成等

由分层教师培训体系的实施，还可借助"青蓝结对""师徒结对""名师工作室"等途径，提升教师多渠道参与研训，促进教师科学快速地成长、成熟、完善，激发教师个体的内在驱动力，为幼儿园课程的实施提供有力的保障。

（3）捆绑教研合作共享。园本课程的研究与实践应更加注重体现过程性、动态性及文化适宜性等特点。通过"园本化"课程来实现，不断深入进行改造和完善，从而促进教师专业发展，关注各幼儿园园本教研活动，以区级层面打造"捆绑教研"，公、民办幼儿园的捆绑，现场参与优质园园本教研活动，指导薄弱幼儿园园本教研活动，"参与了、提高了、反思了"，为各幼儿园的园本教研活动打开新思路，从而带动区级联片园本教研活动。

四、特色是亮点，探索课程发展路径

在各幼儿园课程建设的过程中，应以"边研究、边实践、边思考"的研究路径，总结有效的经验，还需要进行深入的思考与实践，寻求突破口。

（1）寻找海岛资源特色。幼儿园应充分挖掘海岛资源、幼儿园周边的资源、社区家长资源等，找准定位，让课程真正适合幼儿园园所发展。我区教育幼儿园一直着力开发"海洋绘本"园本课程；教育第二幼儿园开展海岛幼儿园运用奥尔夫音乐教育的园本课程；教育第三幼儿园开展海岛幼儿园创意美术的实践研究……使得天独厚的海岛资源充分运用在幼儿园课程之中，在教育实践中研究教育实践的行动。

（2）关注园所发展需求。幼儿是课程之本，在课程实践中要倾听幼儿园的声音，才能不忘初心。教师是课程实施的主体，家长是课程实施的合作伙伴，他们的想法与需求是课程设计重要的信息来源，必须给予重视，才能激发课程的持续研究。例如，我区民办城关中心幼儿园，一直致力于开发研究幼儿的礼仪课程，将礼仪课程渗透到幼儿的一日生活、教师的园本研修、家长学校等，以课程建设促进幼儿园办园内涵的发展。

（3）不断探索持续研究。幼儿园课程建设是一个长期的实践工作，需要注重实践和过程管理模式，探索公办与民办幼儿园良性的、互动的发展态势，创建学习型团队，打造幼儿园品牌。例如，教育幼儿园出版发行幼儿用书《洞头海洋动物故事绘本》（一套八册）和教师用书《由海洋故事绘本爱上阅读》，为海岛幼儿园提供特色园本课程教材。现尝试将海洋动物故事绘本以主题的形式实施，融入五大领域的内容，将海洋绘本课程主题化。教师们在长期的、不断探索的课程实践中，提高了教育教学水平，提升了科研能力，凝聚了自身的实践智慧。幼儿园课程建设与教师专业发展都取得了可喜的成绩。

幼儿园课程不是一种固定的模式，也没有最佳的方案。它是一种理念，要有科学的教育哲学思想进行指导，建立在顶层对幼儿园课程的架构，明确研究的方向，搭建多元化学习平台，打造高素质师资队伍，鼓励园所对话的课程文化，且行且思，是一个长期、持续研究的实践过程。

参考文献

[1] 虞永平. 幼儿园课程建设的"序言"[J]. 今日教育（幼教全刊），2017（5）.

[2] 王微丽，霍力岩. 支架儿童的主动学习——经历 经验 经典[M]. 北京：北京师范大学出版社，2016.

[3] 朱家雄. 幼儿园课程的理论与实践[M]. 上海：华东师范出版社，2018.

基于物联网的 STEAM 课程研发

平阳教师发展中心 谢贤晓

"万物互联"的时代正渐行渐近,物联网技术也越来越受到创客教育、STEAM 教育领域的重视。但因为缺乏简单易用的物联网平台和廉价稳定的智能终端,中小学生很难有机会理解物联网原理,真正学习物联网技术并开发各种创意应用。在这样的背景下,"虚谷物联"项目诞生了。

一、"虚谷物联"项目

2018 年,全国创客名师谢作如、信息技术高中课标组专家樊磊和教育部教育装备研究与发展中心的梁森山等共同发起的一个公益的国产开源硬件项目——"虚谷计划"联合技术开发。专家开发了使用 ESP32 芯片的开源硬件掌控板,使物联网采集终端低成本化使用成为可能。同年,在"虚谷计划"的推动下,由"虚谷计划"项目组开发的开源 MQTT 服务器程序——SIOT,为中小学 STEAM 教育实施物联网教学提供了专用服务器平台。SIOT 和掌控板的出现,不仅让物联网技术进入基础教育成为可能,还提供了一种更加便捷的数据采集方式,帮助学生使用"数据探究"的方式去研究科学问题。

2018 年发布的开源硬件掌控板,则让物联网终端实现了低成本。两者的结合降低了中小学的物联网实验室建设成本及技术门槛,使学生不仅能够真正学习到物联网的核心技术,还能通过物联网技术采集数据、分析数据,进而探究科学问题。

平台已经建好,终端掌控板已经面市,从不可能到可能,从可能到实现,中小学物联网教学场景已从虚拟变成现实。为了让物联网教育真正全面扎实有效落地于中小学课堂,走进教学一线,成为 STEAM 教育实施的有机组成部分,真正促进学生创新精神和实践能力的养成,开发易实施、能复制、重实操的基于物联网的 STEAM 课程势在必行。

二、物联网课程开发

要普及物联网教育,仅仅为教师们提供理论和技术培训是不够的,最好能够提供简单易用的课程,作为他们实施教学的"脚手架"。我们团队在"虚谷物联"项目组的支持下,根据物联网技术的两大亮点——远程控制和数据采集,结合《中小学综合实践活动课程指导纲要》中提出的活动方式,对物联网课程进行了开发,并初步形成了两种设计思路,具体如下:

(1)设计制作类。设计制作是指学生运用各种工具、工艺(包括信息技术)进行设计,并动手操作,将自己的创意、方案付诸现实,转化为物品或作品的过程。教师可以指导学生学习物联网技术,并利用这方面的技术设计能够解决真实世界问题的应用,制作出相关作品。

(2)考察探究类。考察探究是学生基于自身兴趣,在教师的指导下,从自然、社会和自身生活中选择和确定研究主题,开展研究性学习,在观察、记录和思考中,主动获取知识,分析并解决问题的过程。在考察探究的活动中，学生以物联网技术为工具，利用实时、无线的方式采集数据，进行基于数据的科学探究活动。

三、设计制作类课程的开发

我们将设计制作类的课程命名为"趣味物联网作品设计"，带领学生学习物联网技术并设计相关应用，涉及的软件、硬件分别是"Mind+"（一款基于Scratch3.0开发的青少年图形化编程软件）、掌控板（包含其他传感器、执行器的学习套件），以项目式学习为主要学习方式，开发各种创意应用。

1．课程目标

熟悉开源硬件掌控板的编程，理解物联网的运行原理，能够利用物联网技术设计各种与智能家居、互动媒体相关的创客作品，培养STEAM素养。

2．课程定位

执教对象为非零起点学生，具有一定的Scratch编程基础；课程内容的设计上偏向于网络互动与实际应用，以项目化的方式进行呈现；实例的选择从易到难，遵循循序渐进原则，最终完成一个完整的物联网作品并进行展示。

3．硬件选择

本课程在实施过程中，除需要掌控板外，还需要一些输入硬件设备（DHT11温湿度传感器、3D手势、电导、鳄鱼夹）和输出硬件设备（继电器、舵机、电风扇），连接掌控板和输入、输出设备的拓展板。在课程开设前，需要将教师机设置为数据采集服务器，定时采集各种数据，供学生连接使用。

4．课程内容

"趣味物联网作品设计"的核心内容是了解、体验、剖析和设计物联网作品，涵盖了传感器、开源硬件、编程和网络等技术。我们可将课程分为掌控板编程基础、简易气象台、电子沙盘设计和简易智能家居四个单元，每个主题的学习从创设情境开始，通过"我要学"→"我要做"→"我要想"→"我要练"→"我要读"展开。

物联网是互联网的延伸，涉及的知识点较多，如网络基础知识、MQTT协议、订阅消息、发送消息等。所以，"趣味物联网作品设计"在课程设计上涉及网络通信、自动控制、硬件编程等多方面的问题，是一门跨学科学习的课程。通过系列专题学习，引导学生开展深入探究与实践，从而发现问题、思考问题，并且能运用物联网技术解决实际问题，培养学生处理问题的能力和综合素养。在教学过程中，教师不要过分强调知识的深度，而要强调知识的广度，让学生通过网络多了解物联网作品，并尝试"仿造"，然后"改良"，最终实现"创新"。

四、考察探究类课程的开发

数据分析已经深入科学、技术、工程和现代生活的各个方面，科学数据分析的一般流程为：收集数据—整理数据—提取数据—构建模型—推断并获取结论。SIOT服务器能够收集并导出物联网数据，因此，学生通过SIOT能获得大量的科学实验数据，并利用这些数据进行研究和分析。考察探究类的课程，我们命名为"基于物联网技术的科学探究"，顾名思义，就是利用物联网技术进行科学探究。

1. 课程目标

借助开源硬件和物联网技术，通过数据采集、分析的方式探究科学实验中的各种变量，亲历基于数据的科学探究过程，培养数据统计、数学建模、编程和科学探究能力。

2. 课程定位

执教对象可以是编程零起点学生，不关注编程；教师可以是非信息技术专业的教师，如科学教师、综合实践活动教师。

3. 硬件选择

本课程除需要掌控板和拓展板外，还需要实验过程中采集数据所需的输入硬件设备，如DHT11传感器、土壤湿度传感器、超声波传感器、PM2.5传感器、可燃气体、浑浊传感器、液位传感器、紫外线传感器、防水温度传感器、模拟气体传感器（MQ9）和LM35温度传感器等。

4. 课程内容

"基于物联网技术的科学探究"课程的核心内容是收集、提取数据，进行科学探究。课程分为两个单元：第一单元主要是读取数据，呈现数据，熟悉网络平台；第二单元采用项目化学习方式，一个实验就是一个项目，每个项目由2～3课时完成（表1）。

表1 课程内容

单元	主题
第一单元 物联网编程基础	1. 感知世界（通过 Mind+ 的串口监视器查看数据） （1）板载传感器（光线、声音、加速度） （2）外接传感器（运动、可燃气体、温湿度） 2. 数据汇集（通过物联网平台查看数据） （1）数据上传网络平台 （2）数据可视化 3. 互联控制 （1）手动控制（订阅消息，网络发送、超链接控制） （2）实时控制（定时测量工具）
第二单元 物联网创意实验	1. 一天最高的温度（数据统计、最大值、最小值） 2. 测试小车的速度（斜面平均值，数据通过网络进行汇总） 3. 不同颜色对热辐射的吸收（可视化呈现） 4. 光的闪烁（周期采集，原理和测试方式） 5. 心跳和运动（运动量对心跳的影响统计） 6. 养花的秘密（通过数据收集，了解不同花的生长环境）

科学探究是人们在研究各类科学特别是自然科学问题时所采取的方法，包括四个步骤：提出问题；猜想假设；接受检验；不断完善。其中，接受检验就是通过实验的办法来验证假设和猜想，收集并整理通过实验得出的实验现象、实验数据，以及其他与猜想假设有关的所有资料、信息等，为验证猜想与假设做好充分准备。

物联网课程的设计除上面介绍的两种方法外，还可以做互动媒体、交互游戏等。开发物联网课程，真正将物联网技术引入中小学课堂，是我们正在努力的工作。希望有更多的学生因为这类课程的实施，轻松掌握物联网技术，体验大数据，设计出各种创新应用。

基于"微·趣"实验 开发化学选修课程

浙江省温州第二外国语学校　倪　彪

一、问题的提出

　　坚持有利于促进学生的个性发展，有利于培育普通高中的学校特色，将课程选择权交给学生，将课程开发权交给教师，促进高中多样化、特色化，实现学生在共同基础上有个性的发展始终是教学改革的方向。重新审视现行苏教版化学必修教材中提供的部分实验，存在一些不足之处，主要表现为趣味性不足、实验装置复杂、忽视环保意识、脱离生活实际、内容探究性不强等。因此，如何突出学生主体，提高学生的参与度，同时，使一个普通的化学实验变得有趣且微型化，实现人人动手，在吸引学生注意力的同时实现简化操作、提高安全性，是新课程改革中实验改革的一个方向，也为我们建设选修课程提供良好的素材。为此，我们结合化学必修实验，开发了《"微·趣"化学实验课程》，获得了温州市普通高中精品选修课程评选一等奖，并入选浙江省普通高中推荐选修化学课程目录。

二、微型化、趣味化

　　所谓"微型化"，指的是相对于常规实验而言，在可能的实验条件下，采用尽可能少的试剂，使用仪器装置微型化的实验。虽然其化学试剂用量一般只为常规实验用量的几十分之一乃至几千分之一，但其效果可以达到准确。微型化学实验与传统实验相比，具有节约开支、减少污染等优点，但微型化学实验不是常规实验的简单缩微，也不是对常规实验的补充，更不是与常规实验的对立，是用预防化学污染的新实验思想、新方法和新技术对常规实验进行改革和发展的必然结果，是化学实验方法的创新性的变革。

　　所谓"趣味化"，指的是利用新异的实验装置、瑰丽多变的实验现象以增强化学实验的趣味性，启迪学生思维，激发学生强烈的求知欲，消除实验对学生的神秘感和距离感。化学实验的趣味化，有助于教师创设生动活泼的实验教学情境，可以在教学过程中有效地调节课堂气氛，使学生由被动地听讲转化为积极主动地观察与思考。所以，中学化学实验的微型化、趣味化给选修课程的建设提供了新的途径。

三、开发步骤、过程、方法

　　开发的大体步骤是：第一步：收集苏教版必修1、必修2教材中的课堂实验，按实验内容分类（如基本操作实验、揭示化学概念和基础理论的实验、元素化合物的制备和性质、结合生产生活实际的实验等），然后从"利用新异的实验装置""利用多变的实现现象"等角度进行微型化和趣味化的创新设计，并绘制实验装置图。第二步：通过对教材实验"微型化·趣味化"的创新设计，深入实验室进行实践操作。通过反复实践、录像、观察、评价等手段与形式，对实验探究的成功与失败之处进行深入反思，再对实验进行修正，最终形成一系列的实验方案、装置、实录。

在整个过程中，我们充分发挥学生的力量，将实验以项目的形式布置给学生，让学生参与完成实验设计，实践操作。具体流程开展如图1所示。

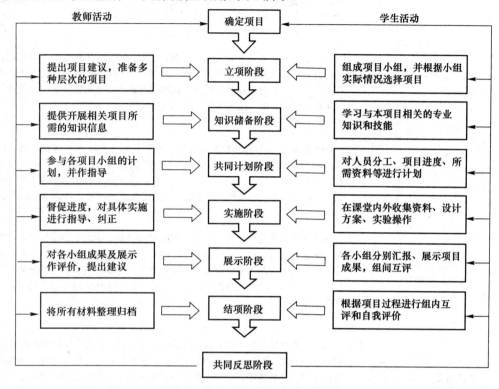

图1 学生参与课程开发流程示意

在整个过程中，主体是学生，学生通过与项目相关知识的获取、运用、共享、发现、传播，达到交流沟通、合作学习的目的。每4～6位学生组成的项目小组，尽量遵循"组间同质、组内异质"的原则，可以由教师指定搭配，也可以由学生自行组合后再经教师协调。

确立项目之后，教师和学生的知识储备是否充分是能否完成整个项目教学的关键因素之一，对学生易于接受、掌握的知识和技能，放手让学生自己去查阅、摸索、尝试。教师应当从"扶"到"放"，逐步加大学生的自主程度，在各个环节加强指导性作用，如必要信息的提示、项目的细化分解等。

我们以高一必修的化学教材为主要参照物，对必修教材中的部分实验进行微型化、趣味化的改进和开发，截至目前，已经成功开发和实施8个实验，开发了一整套微趣实验装置，并拍摄成录像，形成了一套《"微·趣"化学实验课程》教材。

课程主要内容见表1。

表1 《"微·趣"化学实验课程》内容简介

编号	课节主题	课时	主要内容
1	焰色反应	2	以培养皿和脱脂棉组装成一套实验装置，以蘸酒精的棉花为载体，包裹上氯化镁、氢氧化钡、氯化钠、碳酸钾、硫酸铜等固体试剂，点燃置于暗处观察，实验现象明显且非常漂亮，尤其是钾的焰色反应，不需要透过蓝色钴玻璃也可以看得清楚
2	氯气的制取及性质探究	2	用一个培养皿和两个表面皿（一大一小）、脱脂棉等组装成一套集制取—性质探究—尾气处理一体化的装置，以氯酸钾和浓盐酸原料制取氯气，以碘化钾溶液、氢氧化钠加酚酞溶液、硝酸银溶液等试剂来探究氯气的性质，装置简单，气密性好，试剂用量极少，Cl_2污染小，实验现象美观
3	碳酸钠和碳酸氢钠稳定性的比较	2	以Y形玻璃管为实验装置，在Y形玻璃管的一侧放入Na_2CO_3，另一侧放入$NaHCO_3$，Y形玻璃管管口塞上带玻璃管的橡皮塞，将玻璃管通入一澄清石灰水的烧杯，先加热含Na_2CO_3的一侧，再加热含$NaHCO_3$的一侧，观察烧杯内澄清石灰水的现象。可以很直观地比较出Na_2CO_3、$NaHCO_3$的稳定性
4	二氧化硫的制取及性质探究	2	用西林瓶和多孔玻璃管（自制）等组装成一套集制取—性质探究—尾气处理一体化的装置，以亚硫酸钠和稀硫酸为原料制取二氧化硫，以高锰酸钾溶液、紫色石蕊试剂、品红溶液、氯化钡和过氧化氢的混合物等试剂来探究二氧化硫的性质，实验用量极少，整体性强，适用于任何固—液/液—液反应产生气体的实验
5	硫化氢和二氧化硫的反应	2	以三个西林瓶和两个胶头滴管组成实验装置，在两个西林瓶中用Na_2SO_3和FeS，H_2SO_4和稀HCl两组混合物分别制取二氧化硫和硫化氢，用两根橡皮管将两气体导入第三个西林瓶，并浸有氢氧化钠的棉花放在第三个西林瓶口。可以实现SO_2和H_2S气体的制取及两者反应的一体化
6	铜和浓硫酸的反应	2	以铁架台、一个Y形管组装成实验装置，在Y形玻璃管的一侧加入一滴管浓硫酸和一条铜丝，另一侧加入一滴管品红溶液，在Y形管的上端放入浸润氢氧化钠溶液的棉花团，塞紧Y形试管口，加热浓硫酸。铜丝可以自由上下移动，便于控制反应，检验产物的现象依然很明显
7	铜和稀硝酸的反应	2	将注射器作为反应容器，铜和稀硝酸在注射器中反应，既趣味又安全，既能演示实验又能学生实验；抽取空气前，反应产生的无色气体NO清晰可见；抽取空气后，NO变NO_2的现象非常明显，作为演示实验说服力强；废液、废气处理简单
8	钠和乙醇的反应	2	以干燥的注射器为反应容器，注射器中加入适量的钠和二甲苯，推入针栓，将空气排尽，记下钠和二甲苯的总体积。用针筒抽取0.5 mL的无水乙醇，用橡皮塞密封针筒的针尖，观察实验现象。通过实验所测的气体体积，可以推断乙醇的分子结构

教材编写的基本模式如下案例所示：

【案例】：《"微·趣"化学实验课程》教材第四节

SO₂ 的制取及性质探究

精彩预告

知识回顾：

（1）SO_2 的制取：亚硫酸钠和稀硫酸。

（2）SO_2 的漂白性、还原性、酸性氧化物。

SO_2 是一种无色、具有刺激性气味的气体，大气主要污染物之一，被雨水吸收后会形成酸雨。它具有漂白性，可用于漂白草帽等。能抑制霉菌和细菌的滋生，可用作食物和干果的防腐剂，但必须严格按照国家有关范围和标准使用。

动手时刻

实验仪器：

两个西林瓶、一个玻璃弯管、一个胶头滴管、一个 2 mL 注射器、一个四槽多泡玻璃管（自制）、一个橡皮塞、一根橡皮管、药匙。

实验试剂：

Na_2SO_3 固体、1 mol/L 稀 H_2SO_4、紫色石蕊试剂、1 mol/L NaOH 溶液、酸性高锰酸钾溶液、品红溶液、氯化钡溶液、30% 的过氧化氢。

实验步骤：

（1）两个西林瓶编号为①和②，在西林瓶①中装入两勺 Na_2SO_3 固体，塞上带细玻璃弯管的橡胶塞。在西林瓶②中装入 NaOH 溶液，塞上橡皮塞，在橡皮塞上插入一个去胶头的胶头滴管。

（2）在四槽多泡玻璃管（自制）中分别装入酸性高锰酸钾溶液、紫色石蕊试剂、品红溶液、氯化钡和过氧化氢的混合溶液。

（3）用橡皮塞将多泡玻璃管的一端与西林瓶①连接，用橡皮管将多泡玻璃管的另一端与胶头滴管连接。

（4）连接好装置后，取注射器抽取 2 mL 稀 H_2SO_4，注入西林瓶①，观察现象（图2、图3）。

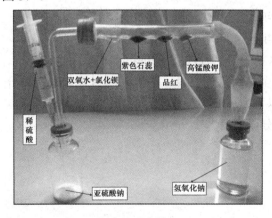
图 2　反应前

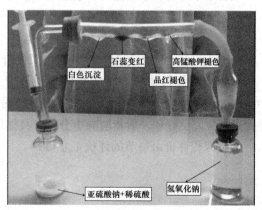
图 3　反应后

实验警示：
保证装置的气密性良好。
应用评估
改进优点：
试剂用量极少，实验一气呵成，整体性强，适用于任何固－液／液－液反应产生气体及气体性质检验的实验，尾气处理方便，污染小。
思考讨论：
（1）为什么 SO_2 不能使氯化钡溶液变浑浊，加入过氧化氢后可以变浑浊？
（2）你还有哪些更好的改进方法？
实验欣赏（略）
化学在线（略）

精彩预告是引导同学们回顾已有知识，联系原有的经验，激发探索的欲望；动手时刻是引领同学们积极投身实践活动，在"做中学"的自主探究中享受发现的快乐；应用评估在教材阐述实验原理及同学们实践之后引出相关问题，考察同学们知识迁移能力和问题解决能力；实验欣赏提供生动的素材，让同学们进一步领略化学的奇妙魅力；化学在线提供国外主流网站，使同学们在完成必要的学习任务之余开拓视野。

四、课程评价

课程内容是以实验项目形式展开的，因此，课程评价主要借鉴档案袋评价方式，包括两个方面：一方面是对实验项目结果的评价，即对所完成的项目作品和展示环节进行评价；另一方面是对实验项目过程的评价，即对项目实施过程进行评价。

结果评价包括组间互评和教师评价；过程评价包括自我评价和组内互评。自我评价是由学生根据自己的学习情况、工作表现、能力成长进行评价；组间互评和组内互评，要求学习小组之间或对组内成员进行客观性、全面性、全程性的评价；教师评价主要是教师根据学生在项目开发实施过程和课堂上的表现及学生在该过程中的成长状况，对学生进行总体评价。

项目结果评价和项目过程评价设计：

$$项目结果评价 = 组间互评平均分 \times 50\% + 教师评价 \times 50\%$$
$$项目过程评价 = 组间互评平均分 \times 50\% + 自我评价 \times 50\%$$
$$项目评价 = 项目结果评价 \times 50\% + 项目过程评价 \times 50\%$$

根据项目评价得分，将所有同学划分为三个等级：优、良、一般。项目评价最终得分 90～100 分为优秀、75～90 分为良好、75 分以下为一般。每节内容的评价根据评价等级，优秀得满分，良好和一般相应减少分值，具体得分详见表2。

最终课程评价由每节的评价汇总得到。

表 2　课程评价总表

学生姓名：_____　　　　　评价日期：_____

课程内容	课时	评价得分		
		优秀	良好	一般
焰色反应	2	10	8	6
氯气的制取及性质探究	2	20	16	12
碳酸钠和碳酸氢钠稳定性的比较	2	10	8	6
二氧化硫的制取及性质探究	2	10	8	6
硫化氢和二氧化硫的反应	2	10	8	6
铜和浓硫酸的反应	2	10	8	6
铜和稀硝酸的反应	2	10	8	6
钠和乙醇的反应	2	10	8	6
教师评语				

注：在表格对应等级的分数上打 √ 。

在开发的过程中始终立足必修教材中的化学实验，从"微·趣"的角度引导学生参与开发，激发学生的兴趣，满足学生动手的欲望；让学生在解决部分教材实验缺陷问题的过程中，体会实验开发所带来的成就感。学生能够将课堂内所教授的知识方法加以应用和推广，提高了分析实验的能力，激发了学生的质疑精神，收到了很好的效果。同时，整个课程开发的过程、方法、评价方法也为今后开发更多的选修课程提供了一个参考模本。今后，我们继续以这种模式开发更多的选修课程。

参考文献

[1] 中华人民共和国教育部. 普通高中化学课程标准（实验）[M]. 北京：人民教育出版社，2003.

[2] 王祖浩. 化学 1 [M]. 南京：江苏凤凰教育出版社，2009.

[3] 王祖浩. 化学 2 [M]. 南京：凤凰出版传媒集团，江苏教育出版社，2007.

[4] [德] 鲁道夫·普法伊费尔，傅小芳. 项目教学的理论与实践 [M]. 南京：江苏教育出版社，2007.

[5] 颜东鸿，何正堂，沈茂晖. 高中化学课堂教学中促进学生参与评价的策略探索 [J]. 化学教学，2011（10）：17-19.

以核心素养为导向的初中数学拓展性课程开发与实践

瑞安市飞云中学　赵慧芳

一、功能与定位：基于发展学生核心素养目标的拓展性课程

　　浙江省于2015年启动的深化义务教育课程改革明确提出，将义务教育课程划分为基础性课程和拓展性课程两大类。基础性课程主要培养学生适应终身发展和未来社会发展所需的必备品格与关键能力；拓展性课程应立足学生个性化发展，满足学生的个性化学习需求，开发和培育学生的潜能和特长，为学生数学核心素养的充分发展提供机会。

　　因此，初中数学拓展性课程，应以初中基础性课程为主要载体，以发展数学核心素养为导向，通过课程内容所承载的文化内涵、底蕴和意义空间来延伸、拓展和发展学生的数学思维、数学素养，满足差异化学习的需要，开发学生的潜能，促进学生全面而有个性的发展，是一种体现不同基础要求、具有一定开放性的课程。

　　建设和开发初中数学拓展性课程并进行教学，是发展学生的数学核心素养的重要途径。将基础性课程进行延伸、应用和整合，感悟数学基本思想，提升数学思维能力，从而使得人人都能获得良好的数学教育，不同的人在数学上得到不同的发展。

二、方法与策略：以核心素养为导向的拓展性课程的开发路径

1. 路径一：以"阅读材料"为依托，开发"数学史拾趣"课程

　　"阅读材料"是教材正文的补充和延伸，是很重要的课程资源。阅读材料一般包括数学史、数学家的故事、数学概念的来源、数学在现代生活和科学技术中的广泛应用、计算机教育技术的应用等。它是引导学生投入数学活动、了解数学发展史、进行思想品质教育、开阔视野、发展能力的极好素材，有助于学生"数学文化""数学语言""数学观念"等素养的发展。其具体操作模型如图1所示。

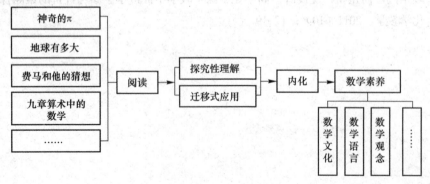

图1　操作模型

一些"介绍性"的阅读材料可以让学生通过阅读，了解某一重要历史事件所渗透的数学知识及其发生、发展的历程，感悟数学家为真理孜孜以求的高贵品质及严谨求实的科学精神等，将感受到的"数学精神"内化为自身的学习品质。有些"过程性"的阅读材料还需要辅以探究式的理解和迁移式的应用，逐步转化自身的数学素养。

2．路径二：以"探究活动"为载体，开发"数学思想方法"课程

教材中有许多的"探究活动"，有些探究活动为学生创设了充分沟通与合作的课堂学习环境，鼓励学生积极进行数学交流，学生在交流中学习数学语言，并运用数学语言中特定的符号、词汇、句法去交流，去认识世界，从而逐渐获得常识的积累，有助于提升学生的数学语言素养。有些探究活动选择一些初中数学应该掌握的数学思想方法，在学生的探索活动中，经历数学知识产生、形成的过程，从而帮助学生更好地理解数学知识、感悟数学的思想方法，有助于提升学生的数学方法素养。有些探究活动是以问题的形式出现的，通过这些问题的教学，可以培养学生的数学问题素养。合理地利用探究活动，创造思考性的拓展性素材，将有助于学生"数学语言""数学方法""数学问题"等素养的发展。其具体操作模型如图2所示。

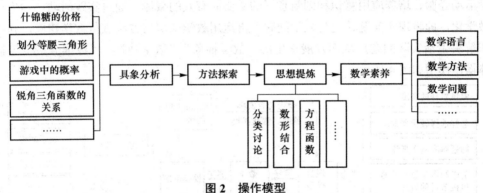

图 2　操作模型

对于这些素材的运用，我们不能将现成的结论或某一原理及其正确性直接告诉学生，而应让学生独立地进行探索，让学生仔细地分析，比较各种事实，研究各种现象之间的因果关系，积极地思考，从具体材料中的特殊情况延伸到一般情况。在问题的解决与反思中对探究"成果"进行展示与评价，从而构建起一系列解决问题的"思想与方法"，提升学生的数学素养。

3．路径三：以"设计题"为蓝本，开发"数学实验探究"课程

教材中还有大量的设计题，以问题的形式，为学生提供了大量从事数学活动的机会。要求学生运用一系列常规工具（如三角板等）与媒体工具（如几何画板软件等），在数学思维活动的参与下进行以实际操作为特征的数学验证或探究活动，用"形"的方式还原或探索某一命题的发生发展过程。学生通过动手实践获得直观感知和形象思维，再通过感性与理性的结合抽象出数学原理与方法，从而获得数学结论。在活动中积累数学活动经验，发展"数学抽象""数学建模""数学运算"等素养。其具体操作模型如图3所示。

在运用设计题时，教师要为学生提供充足的、从事数学活动的机会，指导学生将数学问题的过程与结果、操作与思维、实验与论证融于一体。学生通过手脑并用"做"数学的过程获得丰富的数学活动经历和体验，形成直观的数学理解等。

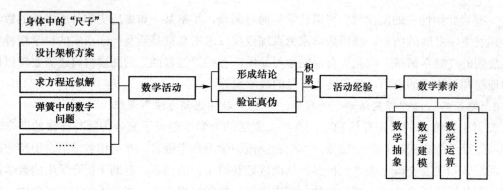

图 3 操作模型

4．路径四：以"课题学习"为桥梁，开发"数学综合实践"课程

教材中还精心设计了一些来源于现实生活问题的"课题学习"，它以问题为载体，以"解决问题"为特征，在学生开展综合实践活动中渗透了数学思想和方法。"课题学习"是学生积累数学活动经验、培养应用意识和创新意识的重要而有效的载体。通过实践活动，学生将生活问题数学化，即将现实问题转化为数学问题，再运用数学知识与方法进行数学建模，利用数学的知识解决生活实际问题，从而发展学生的"数学抽象""数学建模""数据分析"等素养。其具体操作模型如图 4 所示。

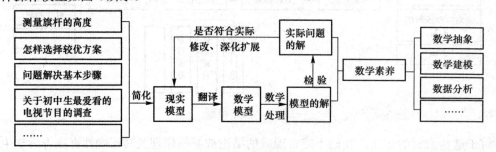

图 4 操作模型

数学课题学习的实质就是渗透了探究性学习、数学思想和方法的数学活动。在学习时，我们要为学生进行实践性、探索性和研究性的学习提供一种有效渠道，鼓励学生通过动手实践、自主交流、合作交流解决问题。通过做调查、实验和研究，经历体验获得成功，增强在学习中克服困难的勇气。

三、实践与研究：落实核心素养的拓展性课程的课堂实施

浙江省、温州市《课程改革的指导和实施意见》指出：改进课堂教学方法，改革传统低效的课堂教学模式，改革教学组织方式，加强信息技术在教学中的应用，深化评价改革，突出学科基本素养。在对开发的素材开展课堂实践的基础上，探索出了针对"阅读材料""探究活动""设计题""课题学习"四种不同素材的一般课堂实施模式，归纳出各种课型的课堂实施的四环节。

1．"数学史拾趣"塑造文化品格

"数学史拾趣"拓展课的实施四环节："引入故事"（学生讲述、阅读、微视频等）→"理

解概念"（师生共同抽取"故事"中的核心概念并加以吸收）→"再现原理"（用工具或"模型"解读"故事"所阐述的数学原理）→"迁移应用"（学生能将"原理"与生活中的实例予以关联并能合理应用）。

案例1：神奇的π。

课题实施流程图如图5所示。

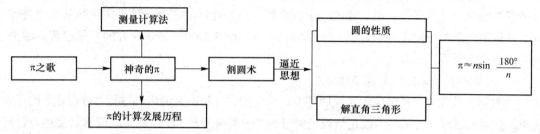

图5　课题实施流程图

环节一：以"π的钢琴曲"为背景音乐，观看微视频，了解圆周率的发展。

环节二：通过查阅资料搜集圆周率的数值"准确性"的重要意义，以及圆周率π的计算方法。了解刘徽的"割圆术"。

环节三：（1）体验"割圆术"，通过数学作图、几何画板将圆n等分，并求出多边形周长C和直径d的比，探究多边形边数和周长与直径的比的变化规律（表1）。

表1　多边形边数和周长与直径的比的变化规律

多边形边数n	4	6	8	12	16	32	…	n
多边形周长C和直径d的比值								

（2）借助算式$\pi = n\sin\frac{180°}{n}$，求出当n=5，6，7，8时π的值。若刘徽算出的π约为3.141 6，要得到这个近似值，探究n的最小值。

环节四：π的应用——π的钢琴曲（以π的近似值为音符演奏的曲子）、鲁洛三角形等。

评析：本节课从史实出发，引导学生进行探究，体验割圆术，很好地向学生渗透了一种极限思维方法，以及微积分的思想，呈现用几何法研究π的值。本节课不仅是数学知识和方法的学习，更重要的是渗透了数学文化。让学生感受到割圆术的伟大，也体现了古代中国在数学上取得的巨大成就，激发学生的自豪感和爱国主义情怀。

2．"数学思想方法"织造思维过程

"数学思想方法"拓展课的实施四环节：分析问题（学生全面把握问题特征）→探究问题（学生运用所学知识展开探究）→挖掘提升（学生对解决问题过程中的关键"要素"进行挖掘，将其提炼为一种数学思想或方法）→总结提炼（对探究的思路、探究过程中运用的方法进行总结提炼）。

案例2：探索三角形可以被分割成两个等腰三角形的条件。

环节一：微视频学习：一个三角形能否分割成两个等腰三角形？以内角分别为72°、72°、36°和10°、20°、150°的三角形为例。

（学生发现以上两个三角形均满足其中一个角是另一个角的两倍）

环节二：猜想一个三角形满足一个角是另一个角的两倍时能分成两个等腰三角形，并给出验证。

环节三：探究满足什么条件的两个三角形能分割成两个等腰三角形。

环节四：提炼具体的分割方法，并归纳探究过程及运用的思想方法。

评析：本节课通过"视频预学—课上猜想—实践验证—分类讨论—反例说明—提炼总结"等环节，搭建一个个平台、层层递进、由特殊到一般，让学生在充分动手实践的基础上提炼出一个三角形可以被分割成两个等腰三角形的条件，让学生经历了数学探究的一般过程，渗透了分类讨论及方程等思想方法。

3．"数学实验探究"锻造思想方法

"数学实验探究"拓展课的实施四环节：动手操作（将研究的内容进行"可视化"的探索，这里的探索容纳着"尝试"、改正与改进的过程）→实验分析（学生在实践探索后要进行计算、推理和验证）→数学建模（学生将得到的结论进行更一般化的探究，建立数学模型）→归纳提升（学生对研究出的结论、研究过程进行反思整理）。

案例3：有趣的拼图。

环节一：（剪拼两个等边长的正方形）

问题：你能将两个边长为1的小正方形纸片剪拼成一个大正方形吗？请你剪一剪、试一试。

环节二：（剪拼两个非等边长的正方形）

探究：如图6所示，正方形 ABCD 的边 CD 在正方形 ECGF 的边 CE 上，B、C、G 三点在一条直线上，且边长分别为5和12。

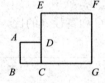

图6 环节二正方形

请问能否将这个图通过剪拼，拼成一个正方形？

（学生展示拼法如图7所示）

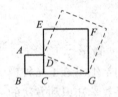   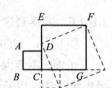

图7 环节二学生展示拼法

归纳"L"形的剪拼方法，应用结论剪拼如下的"L"形。

环节三：（剪拼一个正方形、一个长方形）

应用：如图8所示，正方形 ABCD 的边 CD 在矩形 ECGF 的边 CE 上，B、C、G 三点在一条直线上，且 AB=5，CE=6，CG=24，你能否将其剪拼成一个正方形？

（学生展示拼法如图9所示）

环节四：（剪拼非"L"形）

拓展：如图10所示，正方形 ABCD 的边长为12，等腰 Rt△AFE 的斜边 AE=10，且边 AD 和 AE 在同一条直线上。请你把这个图形剪拼成一个正方形。

（学生展示拼法如图11所示）

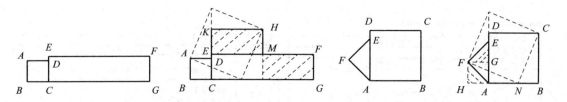

| 图 8　环节三图形 | 图 9　环节三学生展示拼法 | 图 10　环节四图形 | 图 11　环节四学生展示拼法 |

评析：本节课由七巧板中得到的启发（改变图形的形状，不改变面积）开展拼图探索，探讨了图形的剪拼问题，通过动手实验操作，让学生探究出"L"形的两个正方形剪拼成个正方形的方法：算、找、剪、拼。关键在于构造正方形的边长。再引导学生展开一般性探究：非"L"形但可转化为工形的图形拼成一个正方形。关键在于如何转化，在构造和转化过程中要积极探究和创新。充分体现数学思维的灵活性和创造性，使数学的等积思想和转化思想在剪拼中得以很好的利用。

4．"数学实践活动"打造应用理念

"数学实践活动"拓展课的实施四环节：制订方案（学生从活"事件"中获取关键信息，制订方案）→活动实施（学生依据既定的方案，开展数学实践活动）→分析建模（学生将活动所获取的信息进行分析、数学化，建立解决问题的策略与方法）→解决检验（学生用数学知识、方法解决问题，并进行检验是否符合实际）。

案例 4：测量旗杆高度。

这是九年级下册的一次教学实践活动，活动前一天将学生进行分组，由小组讨论制订方案，要求利用相似的知识测量旗杆的高度。

活动一：活动前一天，让学生自主学习书本上内容，再经小组交流，商讨尽可能多的测量方案，组长协调好制定测量方案，准备好测量工具（由组长协调，要求各组的方案不能重复）。

活动二：课堂上学生小组合作，测量旗杆高度，填写活动记录表。

活动三：以小组为单位，整理所采用的测量方案及相应数据，计算得到目标物体高度，以文字形式撰写报告。

活动四：由各组派代表发言，汇报本组的测量报告，包括利用相似测量的方案测量的数据和计算结果，过程中遇到的问题及解决方案（部分展示如图 12 所示）。

评析：本节数学实践活动课，在熟悉的问题情境中"做"数学，在"做"中积累体验，积累了测量高度的活动经验，形成了求建筑物高度的解决方法。通过测量方案的设计和实际问题的解决，体会相似三角形在现实生活中应用的广泛性。在"做"数学的过程中学会用数学的眼光观察现象、发现问题，学会用数学的语言描述背景、表达问题，学会用数学的思维分析问题、解决问题，培养学生应用数学知识解决实际问题的意识和能力，增强学好数学的自信心，发展数学应用意识，获得良好的数学素养。

学生展示1：《测量旗杆高度方案表》

项目	过程与方法
测量工具	标尺、皮尺
测量原理	相似三角形的性质，太阳光线是平行光线
测量步骤	1.将标杆CD直立于地面上，并测出CD长； 2.用皮尺量出标杆影长DF； 3.量出同一时刻旗杆的影长BE
计算方法	由△ABE∽△CDF对应边成比例，将测量的BE、CD、DF代入，求出AB的长，即旗杆的高度

学生展示2：《测量旗杆高度方案表》

测量工具	平面镜、皮尺
测量原理	相似三角形的性质，光的反射原理
测量步骤	1.在旗杆AB前面的地面上平放一面平面镜（E）； 2.观测者沿着直线BE后退到点D，调整位置，使其恰好在镜子里看到旗杆的顶点A； 3.测量旗杆底部与镜子的距离BE； 4.测量观察者眼睛C到地面的距离CD，观察者与镜子的距离ED
计算方法	由△ABE∽△CDF对应边成比例，将测量的BE、ED、CD代入，求出AB的长，即旗杆的高度

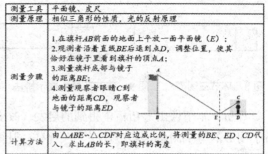

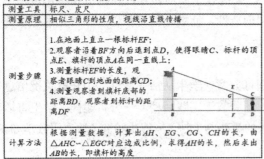

学生展示3：《测量旗杆高度方案表》

测量工具	标尺、皮尺
测量原理	相似三角形的性质，视线沿直线传播
测量步骤	1.在地面上直立一根标杆EF； 2.观察者沿着BF方向后退到点D，使得眼睛C、标杆的顶点E、旗杆的顶点A在同一直线上； 3.测量标杆EF的长度，观察者眼睛C到地面的距离CD； 4.测量观察者到旗杆底部的距离BD，观察者到标杆的距离DF
计算方法	根据测量数据，计算出AH、EG、CG、CH的长，由△AHC∽△EGC对应边成比例，求得AH的长，然后求出AB的长，即旗杆的高度

学生展示4：《测量旗杆高度方案表》

测量工具	标尺、皮尺
测量原理	相似三角形的性质，视线沿直线传播
测量步骤	1.用手举一根标尺EF，让标尺与地面垂直； 2.调整人与旗杆的距离和眼睛与标尺的距离，使旗杆顶点A、标尺端点E、眼睛点C，三点成一条直线； 3.测量标尺EF的长和眼睛C到地面的距离CD； 4.测量观察者眼睛C到标尺EF的距离CG，观察者到旗杆底部距离BD
计算方法	由△ABE∽△CDF对应边成比例，将测量的BE、CD、DF代入，求出AB的长，即旗杆的高度

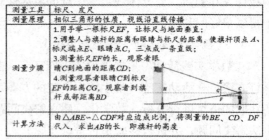

图12　测量旗杆高度方案

参考文献

[1] 章才岔，何萍．基于教材的初中数学拓展性课程开发研究[J]．中学数学杂志，2019（4）：1-5．

[2] 关雯，陈婷．初探"课题学习"在数学教学中应注意的几个问题[J]．甘肃联合大学学报（自然科学版），2005（3）：58-60．

[3] 陈洪远．初中数学拓展性课程的开发与实施的研究[J]．中学数学参考（中旬），2017（5）．

[4] 何萍，潘芳芳．初中数学拓展性微课程的实践研究[J]．中学数学月刊，2018（6）．

石头记：基于海岛乡土元素的拓展课程建设及实施

温州市洞头区第二中学 林建海

一、课程建构

（一）课程目标

《石头记》基于学生的特点和学科的要求，制定了课程目标，具体要求为：知道社会调查是历史与社会学科基本的学习方法，掌握社会调查的一般步骤，能通过社会调查，搜集与海岛石头相关的自然要素和人文要素；能结合海岛石头房、《永禁粮米浮征德政碑记》等，展开具体的实践活动任务，分析情境、提出问题、解决问题，增强实践取向，培育学科素养；感受家乡之美，树立关注家乡的意识。

（二）课程内容

课程必须有效地选择内容，避免学习内容累赘，流于琐碎或平庸倾向。我国的台湾中正大学课程专家黄光雄指出，"课程内容包括两部分：第一部分是来自社会文化的学科知识，其涵盖不同范围的学科、主题、概念、事实；第二部分是指学习经验……特别是学习经验，可引导学生与学习环境产生交互作用，以达成教学目标"[1]。《石头记》依此选择适切的乡土素材，以作为课程内容。

1. 基于学科知识

"课程选择应该提供各学科知识的基本观念，因为基本概念、原理原则、思维模式是不同于肤浅的表面信息知识，强调知识概念的加深而不是一味地重视加广。"就初中社会科而言，着重表现为"空间感知""历史意识""公民自觉""综合思维""社会实践"等核心素养[2]。缘此，《石头记》极力避免简单知识的灌输，秉持学科知识的基本观念和核心素养，选择典型性的课程内容。比如，以海岛石头房为对象，通过描述其建筑特征，构建石头房与海岛自然环境、自然资源之间的联系，从而理解"因地制宜"这一基本观念。再如，以《永禁粮米浮征德政碑记》为例，结合其他文献资料，考证大门岛的古称，从而凸显"史料实证"学科方法。

2. 强调学习经验

"学习经验应该以学生的现有经验为起点，以学生的生活经验为基础"[3]，从这两个方面加以应用，才可体现经验的适当性，令课程内容更具可学习性。学生的现有经验，也可理解为学生现有的能力。一方面，从实际情况来看，关于乡土素材，学生有一定程度的兴趣、需要和能力，但在认知方法和认知内容上表现为不同程度的杂乱、粗浅。据此，参照历史与社会七年级下册《综合探究六 如何开展社会调查——以调查家乡为例》，明晰社会调查的一般步骤，

---

① 黄光雄，蔡清田.核心素养：课程发展与设计新论[M].上海：华东师范大学出版社，2017.
② 牛学文.基于核心素养的社会科考试评价[J].教学月刊中学版（政治教学），2017（12）：43-47.
③ 同①。

再通过社会调查活动搜集岛上与石头有关的自然要素或人文要素，最终掌握较为科学的认知方法和完备的认知内容，为其余课程学习做好铺垫。

另一方面，适宜的生活经验能够帮助学生将所学应用在其他熟悉的情境中，以促进学习迁移。历史与社会七年级下册第六单元展示了中国四大地理区域的大格局，其意在于令学习者"既能看到每个区域自然环境的显著特征，又能看到那里的自然环境对当地人们生活的影响"。而以海岛石头房为对象，详细说明石头房以花岗岩为墙体材料，缘于大门岛盛产花岗岩，且花岗岩耐腐蚀、抗压性强，能够适应海岛夏季多暴雨、多强台风的自然环境。在构造熟悉情境和体验生活经验的过程中，学生感叹前辈的生活智慧，真情实感不抑而出，同时，教科书上所讲述的区域自然环境与社会生活的关系，更为彻底地立体化和内在化。

需要说明的是，《石头记》所选择的具体的课程内容，都综合了学科知识和学习经验，但部分课程内容会侧重于其中某一方面。

（三）课程组织

课程组织是指根据课程标准，将课程要素妥善地加以设计，安置排列其组合关系，以增进学习效果、累积学习之功能。换而言之，经过课程选择得到的课程内容，如果不透过课程组织的努力过程与教育成果，将是支离破碎、不易学习且缺乏教育意义的。"课程组织也如同课程内容一般，包括两个层面，也即内容的组织与学习经验的组织"[①]。

1. 学习内容的组织

"由具体到抽象的课程组织是最佳的组织方式，即指课程宜先由视听嗅味触等可具体观察或感觉的学习经验开始，而后及于抽象思考的层次[②]。"《石头记》开篇就指导学生通过社会调查实践，搜集大门岛上与石头有关的自然要素或人文要素。学生基于自己的生活经验和学习经验，在实地考察和文献阅读的过程中，自主探究并积累资料，如岩石景观、海岛石头房、刻有文字的石碑等。如此先举出具体事例，再从这些具体经验中找出抽象意义，符合学生的学习兴趣和认知规律，有利于课程推进。

2. 学习经验的组织

每一位学生并不会经由使用同一方法、同一类型活动或同一媒介，达成最有效的学习，因此，课程必须为学生提供不同的学习内容、形式和方法等，以促成个人的成长。从学习内容看，《石头记》涉猎自然环境、历史人文。从学习形式看，教学既有在教室展开，又有在实地进行。从学习方法看，除讨论、表达外，同时，强调学习个体的能动性和团队协作。每位学生可以基于个人的学习能力和生活经验参与课程，分享各种不同的学习机会。

基于以上课程目标、课程内容和课程组织，具体课程建构见表1，并有待在课程实施过程中进一步优化。

表1　课程建构

学习主题	学习课时及形式	学习目标
遇见海岛的石头	1课时课堂学习	知道社会调查是历史与社会学科基本的学习方法，掌握社会调查的一般步骤
	1课时社会调查	通过社会调查，初步搜集、记录与海岛石头相关的自然要素和人文要素

---

① 黄光雄，蔡清田. 核心素养：课程发展与设计新论[M]. 上海：华东师范大学出版社，2017.

② 同①。

续表

学习主题	学习课时及形式	学习目标
探秘海岛石头房	1课时社会调查	走访村落,拍照记录不同类型的石头房,描述石头房的建筑特征、装饰图文
探秘海岛石头房	1课时课堂学习	结合实地调查和文献资料,构建石头房与海岛自然环境、自然资源的内在联系,解释装饰图文的内涵
碑文中的真历史	1课时参观学习	参观现存的《永禁粮米浮征德政碑记》,能够简要阐述碑记内容
碑文中的真历史	1课时课堂学习	结合《永禁粮米浮征德政碑记》,运用其他文献资料,考证大门岛的古称;评判碑记所载的历史事件
石头的精神世界	1课时文学阅读	通过文学阅读,初步搜集、记录与石头相关的文学内容和文学形象
石头的精神世界	1课时课堂学习	结合文学著作中的石头形象,提炼坚毅、刚稳的石头品质和不屈不挠的石头精神

二、课程实施

余文森指出,"就实际表现而言,核心素养指的是个体在面对复杂的、不确定的现实生活情境时,能够综合运用特定学习方式所孕育出来的学科观念、思维模式和探究技能,结构化的学科知识和技能,以及世界观、人生观和价值观在内的动力系统,进行分析情境、提出问题、解决问题、交流结果的综合性品质"[1]。而《石头记》引导学生在具体的社会生活情景下,运用社会调查的方法,主动提出问题并解决问题,明确地指向学科核心素养。在此,以《探秘海岛石头房》为例,就具体的课程实施加以说明。

1. 分析情境

情境是课堂教学的基本要素,教师需要依据学生的学习能力,设计出有助于学生主动追求新的理解、新的技能、新的态度与兴趣的学习情境。如教师提供日常所见的海岛石头房的照片(图1),学生通过观察,归纳海岛石头房的建筑特征,即以花岗岩为墙体材料,"人"字屋顶结构,房瓦上压有规整的石块。需要指出的是,学生走访各个村落,发现海岛石头房类型多样,且有多种装饰图文(图2),大大丰富了教师原先设计的情境。因此,教师应该强调学生在创设、分析情境中的能动性,鼓励学生主动、全面地参与进来,补充、完善情境。

图1 常见的石头房(教师提供)　　图2 西式门窗梁的石头房(学生提供)

---

[1] 黄光雄,蔡清田. 核心素养:课程发展与设计新论[M]. 上海:华东师范大学出版社,2017.

2. 提出问题

"有价值的教学情境一定是内含问题的情境,它能有效地引发学生的思考。"针对教师提供的海岛石头房照片和社会调查所得,学生接连提出问题,大致罗列如下:

问题1:墙体为什么采用花岗岩石块?

问题2:屋顶为什么是"人"字结构?

问题3:房瓦为什么压上规整的石块?

问题4:为什么采用西式风格门窗梁?

问题5:岛民为什么不再住在石头房?

问题6:石头房还有怎样的利用价值?

在这个过程中,教师要注意到学习群体内的个体表现。首先,注重个体的学习表现,在学生提出问题时,鼓励学生先通过个人思考得出结论,再进行团体合作交流,强调个体思维的独立性。其次,关注个体的学习能力,针对学生提出的问题,基于学生学习能力的差别,给予分层评价,尊重个体学习的差异性。

3. 解决问题

"学习成为一个持续不断提升的过程,其重点不在于获得特定的标准答案,而是持续不断地研究问题。"伴随问题驱动,学生再次走访石头房,仔细观察,询问户主,并查阅《洞头县志》等文献资料,采纳了各种数据资料,得出科学性的结论。如"以花岗岩为房屋墙体材料,一是因为岛上广布、遍地可取;二是考虑其抗压的特性,以便抵抗强风袭击和暴雨冲刷;人字坡结构屋顶,倾斜度较大,有利于雨水排出,保证了房屋的安全;灰瓦上排列规整的石块,防止瓦片被强风掀走"。从分析情境、提出问题到解决问题,学生归纳了区域典型建筑特点,认知了区域自然环境特点,建构了两者之间的紧密关系,进而形成了客观、正确的区域地理认识,同时,强化了实践取向、社会活动和公共参与。

【教学成效】

日常课堂教学往往存在两大突出问题。从"讲"的形式来看,教师习惯性地采用口头表达的方式,希望在有限的时间内让学生尽可能地掌握更多知识,留给学生单独思考、同伴合作、书面练习的时间少之又少。学生被动地接受大量知识,往往不理解重点和难点,也不利于养成良好的做题习惯。从"讲"的内容来看,教师讲授的内容没有明确的主线,欠缺形象的情境,设问混杂烦冗。久而久之,使学生的思维逻辑越发混乱,学习的意趣往往难以保持。

相比日常课堂教学中存在的不足,该拓展课程在实施过程中呈现出较为明显的效果。首先,学生对习以为常的海岛乡土元素产生了极大的学习兴趣,有足够的探究愿望。其次,学生在社会实践的过程中,通过观察、访谈、图画等多种方式,了解石头房的建筑特征、装饰图文、与主题相关的碑文、文学作品等。再次,学生在分析情境、提出问题、解决问题的过程中,运用了学科核心知识,培育了学科核心素养。另外,学生更乐于寻求团队合作和分享。在课程实施前后,有学生撰写了题为《探寻海岛石头房的秘密》的小论文,参加市级评比并获一等奖。有教师开展了相关主题的市级公开课教学,并获得好评。

捕捉"生长点"
——基于幼儿游戏的课程生长策略

温州市龙湾区第一幼儿园　林银艳

生长点是"游戏中幼儿的兴趣（问题）点经教师的价值判断而生发的教育点，是课程从游戏中来又回到游戏中去的链接点，也是课程创生与预设的链接点"[①]。生长点是推进游戏课程生长的重要线索，也是推进幼儿深度学习的重要推手。通过捕捉生长点，帮助幼儿将碎片式的经验进行梳理、提升和拓展，协助他们在自己的最近发展区里生发自己的课程，促进幼儿的深度学习和发展。但是，游戏中如何通过观察捕捉生长点，如何判断生长点与幼儿发展的关系，如何生成课程，都是一线教师在实施游戏课程中普遍存在的困惑。在实践探索中总结和梳理了园本实践的思路和策略。

一、五问策略，找准游戏中的生长点

游戏课程没有既定的教材作为扶手，主要通过追随儿童游戏中的发展需求，捕捉生长点，即时生成相应的内容来支持儿童的学习与发展。生长点的捕捉教师需要作两个方面的价值判断，就是生长点对接的两端，"一是对幼儿活动中的兴趣点、需求点、困惑点作价值判断；二是对对接的内容作适宜性判断"。[②]但是面对千变万化的游戏，许多教师感到茫然和不知所措，主要表现在：一是不知道哪个点才是儿童发展所需；二是面对这么多生长点，该如何抉择？三是捕捉到生长点后不知道该做些什么？针对这些现象，我们分析讨论发现教师存在两种现象：一是经验主义，观察时带有较强的主观意识，以自己的"认为"代替儿童真实的需求；二是观察没有聚焦，扫描一圈，眼中、脑中一片空白，没有内容物！这种现象以新教师居多，是缺乏观察的意识和方法与解读分析的专业能力所致。"五问策略"通过五个层层递进的问题，为教师搭建了一条客观科学的观察与思考路径，是帮助教师准确捕捉生长点的一种行之有效的方法。

我们以"喷水池玩球"游戏视频为例辅助说明。

1. 观察白描：幼儿在玩什么？

"五问策略"，以"幼儿在玩什么"为开端，引导教师从客观观察开始，让新教师眼睛开始聚焦，了解幼儿"生发"的起点和源头在哪里，经验教师摆脱主观经验，这是捕捉生长点的前提。例如，牛牛和彤彤看着水从地下的管子喷出来，两人拍打水柱，在飞溅的水珠中肆意开心，牛牛拿起篮子里的海洋球放在喷出来的水柱上，发现海洋球在水柱顶端不断翻滚，但是不

[①] 浙江师范大学步社民教授讲座《游戏课程里的幼儿、教师及其环境》，2018年11月。
[②] 浙江师范大学步社民教授讲座《幼儿园课程如何生长》，2019年10月。

会掉下来，他和彤彤拍手大笑欢呼！

2. 解读分析：正在和什么经验建立链接？

解读之问帮助教师思考现象背后的意义，将幼儿的游戏行为与幼儿的经验发展链接，了解儿童目前经验水平与将要发展的方向，促使教师摆脱主观经验，这是捕捉生长点的前提。

玩水满足幼儿对水的喜爱之情，和同伴一起游戏满足交往的需求，他们知道物体在水里有些会浮起来，有些会沉下去，牛牛看着水柱往上的力量和方向，无意间拿起网球、乒乓球、玻璃弹珠——尝试。

3. 价值判断：幼儿有什么困难或者需求？

判断之问帮助教师进行价值判断，从皮亚杰的建构主义基本观点出发，判断儿童能否用现有的经验去同化信息，与环境保持平衡，以此探索和感知儿童的已有经验和最近发展区，是捕捉生长点的关键，是对儿童兴趣点、需求点的判断，为下一步的支持行为做好科学的前提准备。

4. 支持策略：我该做些什么？

决策之问帮助教师厘清基于幼儿的已有经验和最近发展区，思考幼儿需要"长"向哪里，我该做哪些内容的对接，这是捕捉生长点做的关于对接内容的判断和后续行为的决策，儿童需要什么，教师支持什么，《3—6岁儿童学习与发展指南》将是我们判断和决策的主要依据。

5. 梳理反思：我的支持是否有效？

反思之问帮助教师思考自己的支持行为的科学性和适宜性，将自己的支持行为与幼儿的学习和发展进行链接，以此来评价行为的有效性，反思后续的跟进措施，并为幼儿开启新一轮游戏做好认知和经验上的准备。

图1 五问策略

"五问策略"以环状螺旋式上升的路径帮助教师客观准确地找准游戏中的生长点，把儿童的兴趣与需求和他应该生长的方向链接起来，与我们对孩子理想发展的目标对接起来（图1）。

那么，如何在找准生长点的基础上支持儿童持续地学习与发展呢？实践中，我们以"项目课程"的方式来推动儿童的学习不断地往前延伸与发展。

二、基于生长点生发项目课程的现实路径

项目课程就是儿童围绕生活或游戏中某个感兴趣的问题进行深入探索，教师根据一定的教育价值取向，优化并整合幼儿园内外各种资源，发挥环境的隐性教育作用，支持儿童自主地在合作探究的过程中构建认知与人格。一个项目课程的诞生、形成、发展实际上就是"问题链"的不断深入和发展，而"问题"就是项目课程的"生长点"，是促使儿童的探究形成项目课程的关键。

1. 捕捉兴趣点，发现生长点

游戏中孩子们无时无刻不在进行着他们的学习，如果儿童自己的兴趣得到了认同和支持，他们的学习就不需要外来的推动力，他们凭着自己的兴趣就能使学习持续下去。不同的儿童有着不同的兴趣，有多少兴趣可以作为生成课程的一个组成部分呢？游戏中教师需从幼儿的需求和发展出发，去捕捉游戏中有价值的兴趣点，发现生长点，及时适宜地支持或生发有针对性的

教学活动，来推动幼儿的发展，并润物细无声地生成相应的课程。

如：在"动物研究所"游戏中，孩子们每天都会背着他们的工具包，如法布尔一样，时不时地拿出他们的放大镜、小铁锹在这里挖一下，那里看一下。这天，他们对着两条小蚯蚓叽叽喳喳：

睿：蚯蚓是泥土的好朋友，他喜欢待在泥土里。

萱：它会让泥土变得松松的，植物都喜欢他！

睿：蚯蚓最大的本领就是断了还会长，它永远不会死的！

铭：它会死的！肯定会死的，所有动物都会死的！

浩：不会死的！不信，我们用剪刀剪一下，看看它会不会再长出来……

教师抓住这个兴趣点："用剪刀剪人家的身体，蚯蚓会痛吗？"孩子们脸上马上都显示出一副痛苦的样子，"你们有什么办法去知道你们的猜测对不对呢？"教师的参与和语言的支持让孩子们展开了激烈的讨论，也让游戏持续的时间更长，游戏也更有深度，并在隐性支持幼儿生发新的课程——大班科学《动物再生奥秘》《螃蟹的奇遇》等活动。

2. 巧设困惑点，"制造"生长点

游戏的发展总是按照"萌芽—发展—停滞不前—失去兴趣"的隐性规律在反复进行着，当幼儿在游戏中出现"停滞不前"的状态时，如果没有一定的支持策略，也许游戏离销声匿迹就不远了，而在"停滞不前"的阶段往往是幼儿推进"最近发展区"最关键的时刻，因为从"萌芽"到"发展"，游戏中的经验和认知都是幼儿目前的水平，而"停滞不前"时，说明依靠幼儿目前的经验和认知去解决有困难，需要借助"外力"让幼儿能"跳一跳，够得着"。此时，巧设"困惑"，激发他们探究的兴趣和征服的欲望，适宜的情境"催生"有价值的生长点，并顺势生发课程内容，不断推进他们的"最近发展区"，最终获得发展。

例如，"动物研究所"游戏中，孩子们围在一起看蚯蚓，看着看着，他们开始觉得无聊和乏味，眼神也开始迷离，教师见状顺势参与："蚯蚓的身体颜色怎么都是这么黑乎乎的啊？真难看，有没有白色、黄色的蚯蚓？"

"肯定没有，因为泥土就是这么黑乎乎的啊。"

"泥土黑乎乎的，它干吗也要黑乎乎的？找都找不到它。"教师故意埋怨。

……

教师在不断"发难"中，为幼儿巧设困惑，引发思考，推进他们的游戏进展，游戏线索从"蚯蚓的生长习性—动物的再生奥秘—动物的保护色……"逐步递进，丰富着课程的内容。

《动植物研究所》课程网络如图2所示。

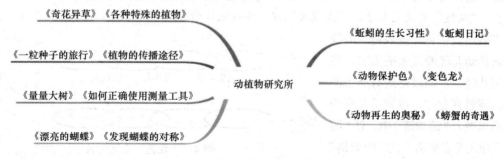

图2　《动植物研究所》课程网络

3. 依据"游戏链"线索，判断课程生长点

"链"百度词义是用金属环节连套而成的索子，"游戏链"，顾名思义，就是一个个游戏因着某种内在的联系形成环环相扣的链子，意喻游戏不断向前、向深处发展的方向，而游戏与游戏之间交叉相扣的地方就是游戏向前发展的链接点，就是一个该游戏课程的生长点。如何从"游戏链"的发展线索去判断课程的生长点呢？浙江师范大学步社民教授提出课程生长的两条基本逻辑：幼儿是否自主、浅层学习—深度学习。依据该逻辑，首先课程的生长点一定是来源于幼儿自主、自发的愿望和需求；其次捕捉判断的生长点是否能基于儿童目前的发展水平，促进其深度学习。

如"动植物研究所"游戏中，依据"游戏链"的发展线索去判断课程生长点（图3）。

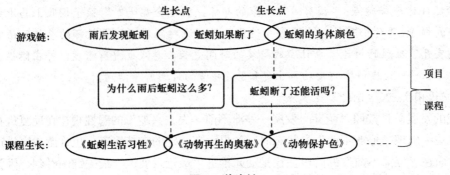

图3 游戏链

基于游戏链的发展线索，在不断地捕捉生长点、判断生长点和生发内容中，游戏逐渐丰满，课程在深度生长，所有的活动构成一个网，形成一张充满各种可能的课程生长网络图。

4. 解读"经验链"需求，生发课程内容

在每个发展阶段，都有着该年龄段的生活经验和发展任务，如剪、贴、跳跃、季节、水的流动……经验随着年龄而不断增加。在游戏中，教师要善于解读幼儿游戏行为背后的经验、能力水平，思考该年龄段应该需要和掌握的经验，依托游戏这个载体，为幼儿创设有准备的环境，生发紧跟幼儿经验学习与发展需求的内容，为幼儿发展做好适宜的脚手架，隐形推动着儿童认知、经验、情绪情感的成长，新的经验又推动着游戏的进一步发展，使课程紧紧围绕儿童的经验发展需求。

如《健身房》游戏引起了幼儿的积极关注，孩子们自主进行了一系列的探索和提问：跑步机是有开关的，有时会快有时会慢，健身房里有教练的，肌肉是怎么练出来的……

面对这么多的问题，教师首先要进行价值判断，根据幼儿的需求，精心设计，使幼儿在问题解决中获得必要的脚手架，为其后续的探究做好充分的认知和经验的准备。

5. "双链"交互生长中，形成项目课程，实现深度学习

游戏中，依据"游戏链"的线索，解读幼儿经验发展的需求，借助"游戏链"，通过创造有准备的环境，将教育意图，也就是儿童的发展需求融入"游戏链"中，使"游戏链"和儿童发展需求的"经验链"相互融合和促进，交互生长，在双

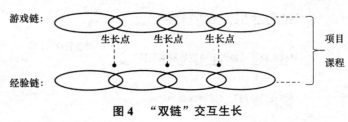

图4 "双链"交互生长

链不断向前、向深处发展的过程中自然形成项目课程，真正实现儿童的深度学习（图4）。

除游戏链外，游戏中还会有"问题链""材料链"等发展线索，与之对应的均是儿童"经验链"的发展，最终指向的是儿童的发展。

将儿童的发展需求与一个发展相适宜的游戏发展线索自然协调地融合，在此过程中，教师创造环境和机会帮助儿童回顾和反思他们的游戏经验，创造新的经验，再在游戏中体验新经验，如此循环往复，推进幼儿经验和能力的不断丰富、拓展和发展。他们学会了思考，变得更加主动、有责任感、富有创造性和发明的想象，他们发展了理解课程中的概念或重要思想的能力。这些都是深度学习的重要特征。

生成性课程因为需要教师对幼儿的兴趣和需求进行价值判断，追随儿童的脚步，搭建学习的支架，这样高的要求让许多教师望而却步。我们通过"五问策略"为教师搭建捕捉游戏中的生长点的路径与方法，在此基础上，解读分析游戏链与幼儿经验链，将游戏链与幼儿的经验链和课程生长进行链接，以项目课程的方式推动游戏似滚雪球般不断丰富，不断发展深入，实现儿童的深度学习，最终指向儿童的完整发展。

参考文献

[1]［美］伊丽莎白·琼斯，约翰·尼莫. 生成课程［M］. 周欣，等，译. 上海：华东师范大学出版社，2004.

[2] 步社民. 幼儿园课程如何生长［J］. 天津师范大学学报，2019（10）.

[3] 王振宇. 论游戏课程化［J］. 幼儿教育，2018（4）.

[4] 虞永平. 课程在儿童的生活和行动里［N］. 中国教育报，2016-12-04.

基于超学科理念的幼儿园 STEAM 教学"五阶模型"的设计与实施

温州市鹿城实验幼儿园　何　丹

STEAM 教育作为近两年 K—12 教育领域的热点话题，越来越受到各国的重视。2013 年，美国《新一代科学教育标准》颁布，将工程领域正式引入科学教育，直接表明从幼儿园到高中持续开展 STEAM 教育的必要性。2016 年 9 月，美国研究所与美国教育部联合发布的《STEAM2026：STEAM 教育创新愿景》中将"开展早期 STEAM 教育"列为未来 STEAM 教育创新的八大挑战之一。如何在幼儿园阶段研究和实施 STEAM 教育无疑将成为下一个研究热点。推进幼儿园 STEAM 教育，首先要有较好的课程内容和教学模式的支持。幼儿园教育本来就是主题背景下的五大领域融合，这与 STEM 教育的跨学科理念不谋而合。为此，本文基于超学科理念下开展幼儿园 STEAM 教学"五阶模型"设计研究，突出了幼儿园 STEAM 课程实践的理念引领和实施路径的深度融合。

一、超学科理念下幼儿园 STEAM 教学"五阶模型"的提出

（一）"超学科"概念的界定

从课程内容视角来看，有单学科、多学科、跨学科、超学科的样式。超学科就学科角度而言，是在承认学科的基础上，创造出一种新的机构，超越学科界限的一种知识体系，不同于单学科、多学科和跨学科；超学科就研究对象而言，是研究现实生活和真实世界中复杂和结构不良问题，这些问题是人类的"核心共性"。本文选用了 IB 课程的六大超学科主题、八大超学科概念和五大超学科技能[①]来驱动幼儿园 STEAM 课程的实践。

（二）幼儿园 STEAM 教学"五阶模型"的理论支持

2017 年美国亚利桑那州立大学的 Danah Henriksen 提出在 STEAM 课程实施过程中采用设计思维，此观点在幼儿园 STEAM 课程设计中引起了广泛的关注[②]。该设计思维的教学过程体现在共情、需求、创想、原型制作和测试五个环节，其共情和需求环节为"问题与聚焦"提供依据，其创想、原型制作和测试环节为"设计与创作"提供依据（图 1）。

《基于 STEAM 理念的大班儿童工程教育研究——以幼儿园"木工坊"为例》[③]一文中提到的"儿童的工程"理论指出：儿童的工程即是儿童针对面临的特定问题，调动自己生活经验，

---

① IBO．小学项目的实施：国际初等教育课程框架［M］．加的夫：国际文凭，2010．
② 胡慧睿，王阳，陈小玲．基于设计思维的幼儿园 STEAM 活动设计与实施［J］．陕西学前师范学院学报，2019（8）：63—67．
③ 任秋燕．基于 STEAM 理念的大班儿童工程教育研究——以幼儿园"木工坊"为例［D］．南京：南京师范大学，2018．

综合运用多领域的知识与技能，确定可行性方案，使用特定材料或工具，按照一定方法与步骤深入地实践。过程中反复完善方案设计，形成新方法和策略，不断迭代经验。这一理论为我园"五阶模型"的五个阶段流程设计提供理论依据。

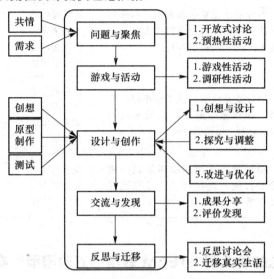

图 1　幼儿园 STEAM 教学"五阶模型"

（三）幼儿园 STEAM 教学"五阶模型"的内涵与特征

超学科理念下幼儿园 STEAM 教学"五阶模型"以超学科六大主题[①]为基础创设真实问题情境，以 STEAM 教育为载体，项目化学习为路径，师幼在情境中共同研究确定项目解决方案，整个过程以超学科八大概念[②]驱动幼儿解释现象、解决问题、创作作品，幼儿在解决真实问题的过程中习得超学科知识、超学科技能[③]、品质，从而采取负责任的行动，并迁移到现实生活，最终发展幼儿高阶认知。设计思维融入五个步骤，每个步骤都有具体的幼儿任务、教师任务、学习方法和组织形式（表1）。

表 1　幼儿园 STEAM 教学"五阶模型"

阶段	幼儿任务	教师任务	学习方法	组织形式
问题与聚焦	开放式讨论 预热性活动	基于超学科六大主题背景，引发幼儿生成驱动性问题，明确项目任务	自由联想法 提问发现法 合作学习法	生活活动、游戏活动、集体活动、户外活动等
游戏与活动	游戏性活动 调研性活动	围绕项目任务设计相关的区域性游戏或调研性活动。掌握幼儿最近发展区	游戏探索法 绘本阅读法 实验研究法 采访调研法 研学考察法	角色游戏、表演游戏、建构游戏、科学游戏、户外游戏、研学活动、调查活动、集体活动等

---

① IB 课程的六大超学科主题分别是我们是谁、我们身处什么时空、我们如何表达自己、世界如何运作、我们如何组织自己和共享地球。

② IB 课程的八大超学科概念分别是形式、功能、原因、变化、联系、观点、责任和反思。

③ IB 课程的五大超学科技能分别是思考技能、社交技能、沟通技能、自我管理技能和研究技能。

续表

阶段	幼儿任务	教师任务	学习方法	组织形式
设计与创作	创想与设计 探究与调整 改进与优化	引导幼儿反复改善方案,形成新方法和策略,用超学科八大概念和五大技能驱动深度学习	自由联想法 实践操作法 绘画描述法 语言表达法 合作学习法	任务合作型的分班活动 任务分层型的小组活动 问题聚焦型的集体活动
交流与发现	成果分享 评价发现	引导幼儿将项目成果在小组、班级、园级进行展示,接受来自同伴、教师、家长的评价	语言表达法 情境表演法 多元评价法 合作学习法	小组展示 班级展示 园级展示
反思与迁移	反思讨论会 迁移真实生活	引导幼儿运用超学科知识、概念和技能,迭代经验,迁移到现实生活	反思总结法 自由联想法 提问发现法	个人活动 小组活动 集体活动

二、基于超学科理念的幼儿园 STEAM 教学"五阶模型"实施策略

(一)在"六大超学科主题"背景中生成 STEAM 项目主题

超学科六大主题具有全球性的重要意义——对所有文化背景中的所有学生来说都重要,它为学生提供探索人类共同经验的机会[①]。每学期幼儿园都会选取一至两个超学科主题下的课程模块,围绕该课程模块为幼儿创设有准备的环境,激发幼儿生成探究问题和行动。例如,超学科主题"共享地球"中对资源和环境的保护,引起了大班幼儿的兴趣,教师解析超学科主题的核心要素后,STEAM 项目《再生纸》在大班幼儿中自然而然生成。

(二)在"三层次目标"制定中聚焦 STEAM 项目目标

超学科理念下幼儿园 STEAM 教育的目标包含超学科目标、STEAM 学科关键经验目标和高阶认知目标,由高到低、由表及里、由分到统地进行全面剖解、厘清关系,以此发现每个 STEAM 项目能够给 3 ~ 6 岁幼儿提供的更多发展可能性。

1. 超学科目标"统摄"项目

六大超学科主题不仅是 STEAM 项目化学习的背景来源,也是项目的知识目标,因为项目化学习中所需要的知识都涵盖在内。八大超学科概念是区别于单学科和跨学科的概念,具有超越事实的持久价值和迁移价值,可以统摄具体学科概念[②]。五大超学科技能不是指狭隘的幼儿动手技能,而是幼儿社会化全面发展的技能。态度是指能适应未来社会的人才所需要的世界观。最后是所付诸的负责任的行动。教师根据班级 STEAM 项目理清超学科六大主题、八大概念、五项技能和十二种态度目标在整个项目中的具体涉及分量,根据幼儿年龄段特点制定目标(表2)。

---

① IBO. 小学项目的实施:国际初等教育课程框架[M]. 加的夫:国际文凭,2010.
② 夏雪梅. 项目化学习设计:学习素养视角下的国际与本土实践[M]. 北京:教育科学出版社,2018.

表 2　大班项目《再生纸》超学科目标

超学科主题	共享地球——探究努力与他人及其他生物分享有限资源时的权利与责任
超学科概念	形式：不同纸的样子、造纸术的由来、造纸的步骤。 功能：纸的作用、功能和特性。 原因：造纸成功的因素。 变化：废纸变成再生纸的造纸过程
超学科技能	思考技能：在出现问题的时候学会思考解决方法。 沟通技能：在制作纸时与同伴沟通、交流。 自我管理技能：管理、整理造纸使用的工具，尝试学习造纸技术。 研究技能：研究制作纸的技能、方法、材料、工具和步骤
态度	合作：协同合作完成造纸的每一步。 创意：利用废旧材料创造再生纸。 好奇心：对探究造纸的原材料、技术、工具等保持强烈的好奇心。 尊重：尊重自然，保护环境，节约能源
行动	再生纸

2. STEAM 关键经验"卷入"项目

STEAM 各学科关键经验本身具有自己的价值，同时，又为幼儿提供了探索六个超学科主题所需的工程思维、知识和技能。教师应在认识到它们之间的各种联系后，制定班级 STEAM 项目的 S、T、E、A、M 目标，从而理解各学科领域相互关联的性质。它们不仅彼此融会贯通，还同处于上述超学科主题之下[①]（表 3）。

表 3　《再生纸》S、T、E、A、M 目标

科学	知道纸是从哪里来的；了解造纸的步骤
技术	学习造纸的技术；学习正确使用造纸工具；知道如何使原材料褪色变白
工程	能够利用学会的造纸技术将废纸重新制作再利用
人文	了解小蔡伦的故事；用再生纸进行绘画、折纸等活动；节约用纸，减少滥砍滥伐，保护森林资源
数学	探究水和原材料的不同比例，了解煮原材料和打磨材料的不同时间把控

3. 高阶认知策略"带动"项目

高阶认知本研究选择马扎诺（2015）的学习维度框架，该框架描述了六个方面的高阶策略：问题解决、创见、决策、实验、调研和系统分析[②]。教师要基于超学科目标和 STEAM 关键经验思考整个项目中的六大高阶认知策略（表 4）。

表 4　《再生纸》高阶认知目标

问题解决	解决造纸过程中的问题
创见	创造再生纸
系统分析	分析造纸的步骤
实验	根据已有经验进行造纸实验
调研	研学调查古法造纸的制作过程

[①] IBO. 小学项目的实施：国际初等教育课程框架[M]. 加的夫：国际文凭，2010.
[②] 夏雪梅. 项目化学习设计：学习素养视角下的国际与本土实践[M]. 北京：教育科学出版社，2018.

(三) 在"八大超学科概念"驱动中完成STEAM项目实施

以超学科八大概念促进教师和幼儿探究,每个问题都会引出富有成效的探究线索。当这些问题被当成一个整体看待时,各个概念就成为易于操作和开放式的研究工具。为教师指导和幼儿探究提供师幼互动,以及课程架构的线索。以大班项目《再生纸》为例,五个阶段都会涉及最关键的超学科概念(图2)。

三、基于"五阶模型"的幼儿园STEAM教学实施路径

幼儿园STEAM教学的"五阶模型"分为问题与聚焦、游戏与活动、设计与创作、交流与发现、反思与迁移五个环节。下面以大班项目《再生纸》为例说明项目实施的具体操作路径。该项目起源于幼儿发现美工区的纸总是很快就用完,于是幼儿萌发想造纸的念头。

阶段一:在"问题与聚焦"中明确行动。在开放式讨论会中幼儿就真实问题"纸总是不够用"展开讨论,幼儿和教师共同提炼驱动性问题——有什么办法可以变出纸?

在预热性活动中,幼儿通过纸是怎么来的、小蔡伦的故事和初尝古法造纸三次活动对造纸有了初步的认知,知道纸是从纸浆中捞出的,造纸的原材料是树木,以及造纸的步骤。为此,幼儿和教师共同明确行动——创造再生纸。

阶段二:在"游戏与活动"中储备经验。研学活动中幼儿通过实地考察和体验等方式全面了解古法造纸的步骤,知道很多关于造纸的知识。在区域性游戏中,各个区角围绕纸进行活动,让幼儿深入了解纸的用途、造纸的流程、工具和材料等。

阶段三:在"设计与创作"中迭代学习。本阶段进行了"纸巾造纸"和"废纸造纸"两次行动。

"纸巾造纸"创想与设计环节幼儿对造纸步骤进行设计。探究与调整环节幼儿尝试使用纸巾作为原材料,用手撕纸做成纸浆造纸并晾晒。结果幼儿发现用撕纸后形成的纸浆造的纸,其质地粗糙;用竹编簸箕捞纸,纸张形状不规整。于是,在改进与优化环节中,幼儿改变撕纸技巧,将纸巾撕的细碎后再通过煮纸制作纸浆,制作完成后发现纸张质地略显粗糙;用捞网捞纸,纸张形状变得规整。但是,幼儿发现纸巾造纸浪费严重,不利于环保,于是幼儿进行废纸造纸。

"废纸造纸"创想与设计环节幼儿基于纸巾造纸经验,计划使用多种捣纸工具将纸浆变得细碎。探究与调整环节中,幼儿多人合作将废纸进行撕纸、捣碎、煮纸、漂白、去迹。接着幼儿使用捞网进行捞纸,最后晒纸。改进与优化环节,幼儿将废纸放入废旧榨汁机榨纸,并改进晾晒方法,用废旧烘干机和烤箱进行烘纸、烤纸,不断迭代经验。最终,纸张质地终于从粗糙变得细腻。

阶段四:在"交流与发现"中自我剖析。幼儿在班内公开展示再生纸,通过观察纸的厚薄、水彩笔的渗水程度来比较谁的纸张更优秀。另外,幼儿将作品在全园展出,邀请其他班幼儿体验、尝试制作再生纸,倡议同伴节约用纸,保护环境。项目评价主要分为组间的作品评价、超学科目标评价和幼儿十大学习者形象自评。

阶段五:在"反思与迁移"中认知重构。在反思讨论会中,幼儿将习得的造纸经验用于制造其他类型纸张,感受到成功的喜悦。知道造纸辛苦,对造纸工人产生敬畏。能将多余纸张有效利用,制作成工艺品。知道纸是由树木制成的,浪费纸等于浪费树木,为此,幼儿萌发了环保意识,养成收集废纸并有效利用的好习惯。

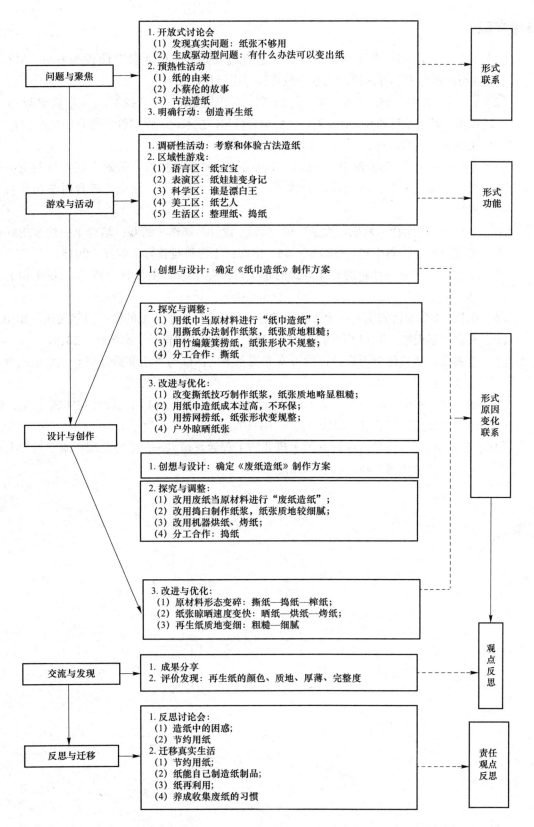

图 2 大班《再生纸》项目流程图

参考文献

[1] [美] 卡罗尔·格斯特维奇. 发展适宜性实践——早期教育课程与发展 [M]. 3版. 霍力岩, 等, 译. 北京: 教育科学出版社, 2011.

[2] [美] 罗伯特·M. 卡普拉罗, [美] 玛丽·玛格丽特·卡普拉罗, [美] 詹姆斯·R. 摩根. 基于项目的STEM学习: 一种整合科学、技术、工程和数学的学习方式 [M]. 王雪华, 屈梅, 译. 上海: 上海科技教育出版社, 2016.

[3] [美] 安·S. 爱泼斯坦（Ann S. Epstein）. 科学和技术: 关键发展指标与支持性教学策略 [M]. 霍力岩, 刘睿文, 任宏伟, 等, 译. 北京: 教育科学出版社, 2018.

[4] [美] 玛格丽特·赫尼, 大卫·E. 坎特. 设计·制作·游戏: 培养下一代STEM创新者 [M]. 赵中建, 张悦颖, 译. 上海: 上海科技教育出版社, 2015.

[5] 蒋逸民. 作为一种新的研究形式的超学科研究 [J]. 浙江社会科学, 2009 (1): 8-15.

[6] IBO. 小学项目的实施: 国际初等教育课程框架 [M]. 加的夫: 国际文凭, 2010.

[7] 王素, 李正福. STEM教育这样做 [M]. 北京: 教育科学出版社, 2019.

[8] 夏雪梅. 项目化学习设计: 学习素养视角下的国际与本土实践 [M]. 北京: 教育科学出版社, 2018.

[9] 胡慧睿, 王阳, 陈小玲. 基于设计思维的幼儿园STEAM活动设计与实施 [J]. 陕西学前师范学院学报, 2019 (8): 63-67.

[10] 任秋燕. 基于STEAM理念的大班儿童工程教育研究——以幼儿园"木工坊"为例 [D]. 南京: 南京师范大学, 2018.

模块七　教育故事

　　教师的爱是滴滴甘露，即使枯萎的心灵也能苏醒；教师的爱是融融春风，即使冰冻了的感情也会消融。教师的爱在教学工作中是非常重要的，具有不可代替的作用。

　　要使学生健康成长，就要把爱的种子撒向全体学生，让每位学生都感受到师爱的温暖。师爱比渊博的知识更为重要。能够得到教师的关爱是每位学生最基本的心理需求，师爱对于学生来说是一种鞭策和激励，对每位学生的成长和进步都有很大的推动作用。每一个孩子都是一个独立的个体，他们有各自的特点。理解孩子，走进孩子的心，才能体会到做教师的乐趣。

　　爱是阳光，能融化冰雪；爱是春雨，能滋生万物；爱是桥梁，能沟通师生的心灵。有了爱，师生才能以诚相见，心心相印；没有爱，就没有真正的教育。

平凡者的教育梦

泰顺县教师发展中心　沈正会

我是一个平凡的人，出生在一个偏僻的小山村。我的祖辈世代为农，耕田、种地、挖泥、做瓦……父辈们面朝黄土背朝天的生活，让我小小年纪便懂得了生活的甘苦，更让我的性格中多了一份山里人不怕吃苦的韧性。

天资平平的我，靠着勤奋，在同龄人中脱颖而出，以优异的成绩考入了师范学校。三年的师范生活开启了我的教育梦想，"做一名受学生欢迎的教师"暗暗地种在了我的心田。也正是"勤奋"，让我后来平凡的教师生活，绽放出了一朵又一朵不平凡的"梦想之花"。

一、寻梦普师

1989年，我考上了平阳师范学校，成了小山村有史以来第一个跳出农门的读书人。我深知，对于山里娃来说，这个学习机会弥足珍贵。于是，在跨入师范学校校门时，我便在心里下定决心：我一定要努力学习，以后成为一位优秀的教师。有了梦想的激励，在师范学校学习期间，我不仅在知识上努力夯实根基，而且在学习能力上努力自我提升。

三年的师范学习生涯中，我几乎每天都往学校图书馆跑，翻遍了图书馆里的刊物，尤其是小学数学教学杂志，看到好的课例设计、教学片段，我就及时摘抄。在师范学校三年，手抄本的案例就有15本。同时，杂志上刊登的特级教师先进事迹，如磁石般地吸引着我，他们高尚的师德、奉献的精神、高超的教学艺术，深深地感染着我，让我感受到小学数学教学园地充满芳香，这更坚定了我做一名有抱负的小学数学教师的信念。

于是，毕业时，我在留念册扉页上写下了"我的志向——当一名特级教师"。

二、启梦乡村

1992年毕业分配，我回到自己小学时的母校——一所普通的乡村中心学校。当时的校长是我小学时的教师，他知道我数学学得很好，就安排我教初二数学。对于一个刚从师范学校毕业的新教师，要承担初中数学教学任务，其难度可想而知。至今我仍记得刚开始工作时遇到的第一个挑战：学生提问的难题我无法当场解答。所谓师者，传道授业解惑，若连学生的提问都无法解决，还提什么成为优秀教师呢？至今我仍记得那个场景，学生站在办公桌前，期待的眼神让我如坐针毡。在那个年代，教师可是学生心中唯一的权威！但直觉告诉我不能欺骗学生，所以，我很诚恳地告诉学生："这个问题难住老师了，我先想一想，想出来了再教你。"回到家中，我的第一件事就是钻研题目，解不出题目心里就仿佛吊着千斤坠。因此毫不夸张地说，在工作的前两年，"钻"成了我教育教学工作的主旋律，钻难题、钻教材、钻学生、钻课堂……

每天晚上，我都反复琢磨教材，思考怎样才能让学生容易理解、掌握学习内容，也常常为自己的一个个"金点子"而欣喜若狂。

工作两年后，我积累了一定的教学经验，便要求自己每节常态课做到"三坚持"：一是坚持先看教参，剖析教学目标，自主设计教学过程；二是坚持寻找资源，在教案集与各种教学杂志上，寻找相应的内容设计，吸取借鉴（为了备课时方便查找，每年暑假我都再次翻阅最近一年的数学教学刊物，整理出课例目录索引）；三是坚持课后反思，及时写教学札记，将每节课的收获与遗憾记录下来。我将每一节常态课都当成公开课来准备。如果哪一天，跟朋友出去玩了，没有备课，睡觉时就会很不踏实，总觉得当天有什么事没完成。这样的备课习惯让我对教材有了自我的解读，对设计有了自我的思考，对课堂有了自我的实践。

功夫不负有心人，这样的坚持，让我教学班的数学成绩在每次全县抽考中都名列前茅！我的工作得到了学生、家长、同事及领导的一致好评。工作第三年，我就以学区预选第一名的成绩参加了全县的初中数学优质课评比。当时没有现在这样丰富的资料可供参考，于是我就逐字逐句反复研读手中的资料，几乎将教参和教学大纲中有关的内容全部背诵下来，然后根据自己的理解设计课例，一遍遍试讲。经过刻苦努力和精心准备，最终获得县一等奖的好成绩。初尝讲课的甜头，我信心倍增，这也鼓舞着我在数学教学的路上坚持不懈地努力攀登。

随着课堂教学经验的丰富，我开始不断学习探索现代教育教学理念，每年自费订阅《中小学数学》《人民教育》等近10种杂志，认真学习前沿的教学信息，努力触摸教学改革的脉络。我边阅读边思考，及时将阅读中的点滴感悟记录下来，并结合课堂上的教学实践与反思，写了大量的随笔、札记，不断向教学杂志投稿。如此只问耕耘不问收获的坚持，竟有了意外的惊喜。1995年4月，我的第一篇教学论文在教学杂志上发表了。看到自己的文章变成工工整整的铅字文，真有"范进中举"之感！时至今日，我仍然能感受到第一篇教学论文发表时的那份激动与欣喜，这也让我赢得了专业自信，从此更加痴迷教育专业写作，一发而不可收。

一分耕耘，一分收获。由于我不断发表教学论文，年年参加县学科教学论文评比，屡获一等奖，渐渐地我引起县教研室领导对我的关注。当时县教研室小学数学教研员雷子东、林汝彦经常带着我一起参加各级数学教学研讨会，给予了我很多学习成长的机会、展示的平台。正是因为在这样的一次次学习与历练中，我才逐渐成长起来，一直走在追梦的路上。

三、逐梦"简约"

1996年9月，因学校附设初中撤并，我开始任教小学数学。2001年8月通过公开选调，我到了泰顺县实验小学工作。对于我，这又是一个新的起点。在这里，我迎来了新的挑战，并不断在课堂教学上寻求着新的突破，向着最初的教育梦想不断奋进。

追梦路上，我尤其感谢领导的培养，有幸获得了一次又一次宝贵的培训学习机会。我先后被选派参加温州市小学数学骨干教师研修班、温州市百名领军教师高端培训班、浙派名师培养对象高端培训班等。高层次的学习与交流加快了我成长的步伐，也在不知不觉中改进了我的教学行为，指导教师们无私大爱的人格魅力更是如春雨润物般潜移默化地影响着我。

尤为幸运的是，我被选进了特级教师谢作长的名师工作室。他先进的教育理念、丰富的教学经验、高超的教学技能，像一盏明灯照亮我前进的道路。谢老师经常带领我们一起磨课——磨课的过程，其实就是研究与推敲、总结与反思的过程。这个过程饱含艰辛，多少次我觉得山穷水尽之时，经谢老师一指点，总能带来柳暗花明又一村的欣喜，这样的欣喜亦可谓成长的幸福。谢老师说：一定要带着自己的思考进入课堂，一定要深入钻研教材，一定要准确把握学情。听课，要做好听课前的准备，即先熟悉上课内容，要从学科价值的高度、从学生的角度审视课堂教学。

在和谢老师学习的过程中，我看到了数学教学更加广阔的天空，我的教学底蕴也日渐深厚。谢老师的引领和多年的摸爬滚打让我逐渐明晰了自己的教学主张——倡导"简约课堂"，主张数学课堂要简单，拒绝花哨，进而逐步形成"简约而丰满，开放而扎实"的教学风格。在数学课堂教学中，我努力对课堂教学的情境创设、内容选择、活动组织、结构安排、媒体使用、语言表达等教学要素进行精确把握和经济妙用，以清晰、精练、深刻的外在形式具体地表达丰富的思想内涵，以达到数学教学内容和方法的最大限度地整合优化，使课堂变得更为简洁、明了、自然、高效。

花若盛开，蝴蝶自来。多年的不懈努力、执着追求终于结出收获的果实：我开始一次又一次走向省、市级教学研究活动的舞台，上展示课、研讨课、示范课……从2003年至2013年的十年时间里，我共开过省、市级公开课18节，每节课所体现出的"简约"的气质都给听课教师留下了深刻印象。2008年，在浙江省新课程经验交流会中，我上了一堂"小数的大小比较"。凭着精巧的设计、灵动的演绎，这一课在所有课中脱颖而出，在投票评教中获得了第一名，得到了听课教师的一致赞誉。

赞誉、鲜花之后，我没有停止对课堂的思索。当课堂的功能窄化或异化为只关注知识的传授时，一定是有缺失的。我深深地感到，教育教学，其本质应该是"人"学，课堂，应该是生命的课堂，应该立足学生身心全面发展。这样的课堂更多的是生命的对话，应该涌动着生命的成长与智慧，应该是健康、快乐、轻松的生活方式的另一种延续。

课堂是教师成长的根基。作为一名平凡的教师，我的教育梦想扎根在课堂。随着对课堂教学思考的深入，我逐渐触摸到"简约化教学"的真谛。2013年12月，温州市教育教学研究院在泰顺县实验小学召开了温州市第三届小学数学课改领航现场会，各县（区）教研员、骨干教师纷纷前来听课指导，对我的"简约课堂"给予了充分的肯定。

四、筑梦科研

课堂，是我最为迷恋的原野。都说好课是磨出来的。这里的磨，不仅是打磨，更应是琢磨。至今，我还清晰地记得参加浙江省新课程经验交流活动时，执教"小数的大小比较"的经历。从一稿到四稿，从全盘推翻到部分改良，在"打磨"与"琢磨"的过程中，我深深地体会到"做一名能上出好课的教师，需要教师能够成为研究者"。

随着对课堂追求的深入，我越来越觉得研究对于教师的重要。"做一名研究型教师"成为我新的梦想。于是，2005年起，我开始了从"上课"向"研究"的视角转变。

从县级课题起步，到成功申报温州市级课题，再到省级研究课题的立项，我品尝到了教育研究成功的喜悦。2010年，我带领学校的数学教师团队开启了数学"简约化教学"的研究之旅。我们通过"简约化教学"改革实验，探索常态下的数学简约化教学的策略与多元课堂教学模式，以提升学生的数学品质与能力，提高教师的研究与课堂驾驭能力。五年来，我围绕主持的省级课题《小学数学简约化教学的实践研究》撰写了《数学课堂的"瘦身"策略》《我们需要什么样的新课导入》等8篇"简约化教学"专题论文，分别发表于《小学教学研究》《中小学数学（小学版)》等权威杂志，2013年，经过编辑整理课题研究成果，出版了个人学术专著《小学数学简约化教学探索》。

在那个既有付出又有收获的过程中，我逐渐领悟了当一名教书匠是平淡无味的，当一名教育教学的研究者却充满了挑战和乐趣！作为一名教师，不仅要教学实践，还要学会研究总结，学会把自己的思想用文字表达出来，这样可以让自己站得更高、看得更远。教学研究真是一件幸福的事！

五、助梦他人

2014年8月，因工作需要，我被调到县教师发展中心，担任小学数学研训员，从事小学数学教学研究与培训工作。2014年9月，我又非常荣幸地被浙江省教育厅评为"浙江省第十一批特级教师"。

此时有很多朋友建议：你也算功成名就了，不用那么拼，好好享受生活吧！这话乍一听，貌似有理。但是，回望一路走来，曾经有那么多人无私地鼓励我、帮助我、指导我，这样的大爱一直浸润着我的灵魂。而今，是我回馈这份爱的时候了，而最好的回报就是延续、传承这种爱。以我所学，指导年轻教师们的成长，为他们的教育梦助力。尤其是在研训员的岗位上，更应树立"为他人作嫁衣"的奉献精神，培养出更多的优秀教师。这应该是我丰富人生价值的必然选择，这样想着，我便不敢懈怠！

作为一名研训员，我始终将自己摆在马前卒的位置，不止步于做理念和原则的讲授者、指导者，而是勇敢地投身课堂，做创新实践者。我每学期坚持在县研训活动中上一节公开课，做一至两个专题讲座。在每次课堂实践后，我都会勇于迎接大家的"评头论足"，并真诚地与他们交流教学技能技巧、设计理念，分享上课心得。我用自己的实际行动告诉教师们：只有经历过焦虑和煎熬，才能留下深刻的专业体验，并实现自我超越。

指导是一种释放，是在输入与输出之间寻找平衡。我把所思考的东西全部倒给了教师们，却从来没有担心过被教师们超越，因为我知道：空杯和满杯相比，空杯倒进去的水更多，空杯心态让人进步。

带出一支优秀的骨干教师队伍是研训员的职责，也是我的梦想。对于骨干教师的培养，我成立了不同的梯队：名优教师核心组、青年教师中心组、青年骨干教师研修班等。

对于名优教师核心组教师们的培养，在帮助他们提炼自己的教学风格与教学主张的同时，我重在给他们定目标、压担子，以及让他们带徒弟，让他们引领周围的同事，发挥名优教师的辐射带动作用，让更多的教师都拥有自己的梦想。

在青年教师中心组活动过程中，我和他们一起学习课程标准，一起学习《给教师的一百条建议》等教育教学书籍，组织他们开展学习心得交流会；一起以"读懂学生""读懂教材"为主题，以课堂教学研究为平台，以课堂观察为方式，积极促进青年教师在上课与评课、观察与被观察中实践、反思、交流、成长；还要求他们每周必写一篇教学随笔或教学心得，每月必写一篇教学反思，每学期至少设计一篇优秀的教学设计，写一篇教学论文，上一节优质课。

对于青年骨干教师研修班学员，我重在点燃他们的激情与梦想之火，激发他们的专业自觉性，培养他们专业执着的精神。在这样的过程中，我县的小学数学青年教师们快速地成长着……

在辅导青年教师参加市级及以上优质课比赛时，我会带领一批名优教师跟参赛教师一起，对参赛课进行深入的实践与研究；教学设计，一个环节一个环节地思考、修改；教学语言，一句话一句话地斟酌、修改；选择教具学具，从颜色到布局，从操作便捷到辅助效果，哪怕细小到一个标点符号，都要多次思考、修改和完善……甚至半夜醒来时，依旧会对某一个教学环节进行深入思考。这五年来，我县青年教师参加市级课堂教学比赛、省级与国家级"优课"评比，均取得了比较理想的成绩。

赠人玫瑰，手留余香。在成就他人的过程中也成就了自我。自担任县小学数学研训员以来，我先后被评为县首届"杰出人才"、温州市"551人才培养人选"，2017年年底，我还顺利通过浙江省正高级教师评审。

经过这二十多年的努力，现在的我虽已圆梦，但我仍会坚持初心、努力前行。因为人生重要的不是某个具体梦想的达成，而是在不断追求梦想的过程中体会成长带来的快乐，感受追求带来的愉悦，收获奋斗带来的幸福。

灵慧育人　荷香满园
——我和灵中的教育故事

苍南县灵溪中学　黄发锐

十年前，承蒙组织厚爱，我出任灵溪中学书记、校长。

迎着9月略带凉意的秋风，闻着夏末残留的荷香，我站在致远桥上陷入了沉思：我要为这个学校做些什么，能为这个学校带来些什么？我坚守的教育初心让我肩负着沉甸甸的使命。我十分清楚地知道这所学校建校至今走过了将近一甲子历史，这是一段怎样艰难曲折而又光辉灿烂的岁月？50多年来，学校虽然几经波折，数易其名，但一直传承"自强不息，合心合力"的办学传统，在苍南县这片古老而又新鲜的土地上屹立不倒，茁壮发展。经过不断的努力奋斗，学校也赢得了苍南教育"黄埔军校"的美誉，为家乡与社会发展培养了近两万名毕业生，为国家输送了一大批高素质的优秀人才。灵溪中学走出去的校友，人才辈出，不胜枚举，中国证监会党委书记、主席易会满，中国科学院院士、香港中文大学教授谢作伟等就是其中的杰出代表。

成绩只能代表过去，当时盛名之下的灵溪中学确实面临着诸多的困难：如硬件不硬，狭小的校门进去，学校占地面积仅33亩，建筑老旧破败，办学用房极度匮乏，是一个典型的袖珍型校园，一眼就可以看到头；如软件偏软，当时的教学质量不佳，在与同城兄弟的竞争中不占优势，师生士气低落，对学校的认同感不强等。可以说，校园的硬环境和软环境都很令人无奈。

如何快速、高效地扭转被动局面，让老学校焕发出新活力，我迫切需要一个撬动学校发展的支点，经过再三思考，我想到了文化，即通过建设学校的文化，用文化来引领师生、发展学校。那么新的问题又来了，该为这个老牌名校选择怎样的文化内涵呢？由此我想到了第一天进入校门时，迎接我的那一方荷塘，那个承载着所有师生记忆和牵挂，见证了学校全部成长与发展的翠绿荷塘。经过充分的调研与论证，我们就从荷塘引申、生发开来，决定打造灵溪中学"灵荷文化"。"灵荷文化"的基础就是灵溪中学与荷花文化的结合，"灵"有灵动、灵慧、灵性之意，"荷"具有清雅傲直、出淤泥而不染的高洁品质，两相结合，"灵荷"更具高雅脱俗的精神风致，十分适合校园氛围。另外，我们还积极开发"灵荷"文化的精神蕴意。"荷"与"和""合"谐音，"莲"与"联""连"谐音，因此，荷文化有着和平、和谐、合作、合力、团结的本身内涵和衍生内涵。我们挖掘"荷"的内涵，拓展它的外延，逐渐形成了以"荷"精神为引领，人、物、境和事和谐统一的特色学校文化系统，努力将灵溪中学打造成宜学、宜教、宜居的和美校园。

据此，我们明确了以"灵慧育人"为核心，积极打造五"和"文化，推动以下五个转变。

一、荷园沁心——学校环境的转变

美国行为主义心理学的创始人华生认为：人格是可以改变的，因为它是环境的影响形成的，所以改变人格的途径就是改变人所处的环境。在环境育人上，我从来没有停止探索的脚步，我们因地制宜，提出了"小校园、大学校"的发展理念，创设出以"灵荷"为主题、以"润物无声"为特质的校园环境，充分发挥环境文化的育人功能。经过数年的思考、探索与实践，今天的灵中面貌也与之前大不相同。

现在的灵溪中学，走进校门，首先映入眼帘的是两汪碧绿的荷塘，你可以缓缓地走上致远桥，望着两边的莲叶片片，荷香满园；你也可以看到桥上的栏杆都雕刻着与莲相关的诗词，让学生能够近距离地感受到莲花出淤泥而不染的意境品格。另外，我们构建了以"灵荷香远"雕塑为荷蕊和八个文化功能区为荷瓣的实体文化体系，建设完善了灵荷文化空间、立德树人接墙、"印象灵中"浮雕等。江南园林与荷特色相融合的"和美校园"真正成了极富育人教化功能又宁静宜居的舒适家园。

二、合志励心——教师心态的转变

德国教育家第斯多惠说："谁要是自己还没有发展培养和教育好，他就不能发展培养和教育别人。"确实，大学者，非大楼也，乃大师也。教师是学校的基石，好的教师才能教出好的学生，好的学校必须有好的教师。然而，十年前的灵溪中学教师士气不太足，教师对于自己的个人专业发展不是很专注，甚至对于评一级和高级职称也都没有什么兴趣，按照现在的讲法就是很佛系。我知道灵溪中学教师的实力，但是他们很多时候缺乏信心和勇气，缺乏自我发展的欲望和动力。例如，我们学校的陈盛益教师，他是2000年毕业，教书深受学生欢迎，但是任教十余年还没怎么在市县开过公开课，当时也不想评高级。我很清楚他的实力，为此我还特别与他谈过几次。不断的鼓励终于说服他参加了县里的优质课比赛，赛后得到县教研员梁亦锦教师充分肯定，并勉励他好好努力，一定会变得更好的。果然，他从此一发不可收拾，先是代表县荣获市优质课第一名，而后代表市荣获省优质课一等奖，被评上浙江省教坛新秀。其实在我们学校还有很多这样的教师，我也一直关注并鼓励着他们不断成长。我们都说教学是一个学校的生命，那么可以这样讲，教师的专业是这个生命的心脏，是动力，是源泉。当然，光是激励是不够的，还得创设各种机会让他们有成长的空间，我们通过邀请各级、各类省市名师组成专家指导团来指导的"请进来"和积极鼓励教师参加各类评比的"送出去"，以及开设"灵荷讲坛""教师论坛"和"德育论坛"等"同伴互助"的校本教研模式，让教师在交流中生成智慧。我们还通过评选最受学生欢迎教师奖——"香荷奖"教师，以传播满满的正能量。

到目前为止，我们学校现有学科骨干教师80多人次以上，而其中85%的教师是这九年评上的。更令人欣慰的是，这些教师评上之后都没有离开学校，暑假我们县个别优质高中全县招聘，我们学校没有教师参加，杭高、瑞安中学等一类学校来我们学校要教师，我们教师没有去，还有一位省特级教师朱伟教师主动入驻我校，我想这是因为大家把这里看成家了，因为我们都是相亲相爱的一家人。这就是灵溪中学的教师，这就是不是亲人胜似亲人的我的灵中同人。

三、和睦同心——备考策略的转变

我们经常说要办人民满意的教育。在我看来，人民满意一是要家长满意，二是要学生满意，三是要社会满意。这三者指向了同一个目标，那就是高考成绩的优异。那么怎么才能让高考备考出成绩呢？我认为，必须转变策略，做到知己知彼，百战百胜。

我们的高三备战的第一步是明确目标：年段提出鲜明的目标：9090100，然后分解到每一个班级，最后落实到每一位学生。

目标明确后，我们开始全力制定并落实"三战"策略。一是战略实：①基于经验，完善重点班建设，完善学生自由选择"7选3"走班，这对语数英分层教学和评价极有好处，同时，学生可以找到自己最擅长的三科选考科目，最大可能发挥各学科优势；②找准对手，俗话说"小胜靠团体、大胜靠对手"，我们首先寻找比我们优秀的榜样目标，与他们联考，并互通信息，在比较中找到自己的弱项，找到差距，以追求不断进步；③分段分类，根据选考分段特点以及不同类别学生情况，做好科学规划。二是战术精：①稳步走，分批推进；②多沟通，加强管理，建立各种管理微信群，决策前及时沟通，及时反馈，决策后认真管理，坚决执行；③用技术，科学管理，因为分学段又是走班，所以，我们制定一生一课表，并用云平台进行管理，强调纵向比较和自我评价。三是战斗准（学校的备考如果战略和战术上都比较完善，那么在实际操作过程中更多要看一个个细节的落实，我们称之为"小战斗"）：①引领表率，一个年段的教师人心是否齐，正能量是否足，年段领导的表率、模范引领作用很重要，我们的搭段行政几乎每天都在学校，还不计报酬，这让所有的教师心服口服，年段的凝聚力、执行力也由此增强；②掌控时间；③外力引领；④自主学习；⑤持续激励；⑥关注命题。

另外，我们全体高三教师形成共识，对学生的深入了解家访是十分重要的。我们每年都会在暑假开始时和农历腊月廿七至廿九去学生家家访。因此，在年末，高三教师特别是班主任，不是在家访就是在家访的路上。我们要求一年下来班主任都要去一趟学生家里，教师对于这个决议也很赞同。每年的家访我也会全程参与，一次不落。通过家访，我深深地感受到不同家庭学生的困境，我们要理解学生，就要直接走入他们的心中。我们每次结束家访的时候，都会深深地拥抱学生，师生情谊在这样的拥抱中得以加强、得以升华。我想灵溪中学这几年的高考成绩不俗，很大一部分来自我们对于学生的真正意义上的关心，来自我们创设的一系列激励活动。

四、和乐开心——校园生活的转变

苏霍姆林斯基说："所有能使孩子得到美的享受、美的快乐和美的满足的东西，都具有一种奇特的教育力量。"这句话一直在启示我，我们到底要给学生什么？目前的剧场效应使得整个教育各个层面异常焦虑。我们除让学生学得昏天暗地外，难道就不能给他们提供一些小欢喜、小回忆吗？

因此，我们基于"灵慧育人、灵性成长、和谐发展"的办学理念，结合学校的校园"荷"文化，积极打造富有学校特色的"灵荷舒长"德育体系。我们坚持开展所有能让学生在校园里和乐开心的活动，打造属于荷花战士特有的"灵中节庆"，比如每年都有，我也每次必到的"温馨冬至夜"活动，看晚会、玩游戏、吃汤圆，师生其乐融融。又比如三年一届的"国庆通宵晚会"，每位灵溪中学的学子都经历过这个通宵晚会。我们有精彩绝伦的文艺晚会，有热情似火的灵中好声音，有火爆至极的美食一条街，有步步惊喜的游戏乐园，还有彻夜畅谈的帐篷盛会，活动最终在第二天早上升旗仪式国旗下讲话后结束。2019年10月12日，我们学校第六届通宵晚会再次盛大上演，不仅全校师生都倾情投入其中，享受无尽快乐；更有微信网络直播，吸引了数万灵溪中学校友及社会各界人士的关注。让我更为感动的是，晚会之前我收到了很多学生的微信和短信，这些学生都是已经毕业的灵溪中学的学生，他们都问我："校长，通宵晚会我们要回去看看，能否让我们再享受一次那个狂欢夜和不眠夜？"这是他们在灵溪中学最美好的回忆，是属于他们青春最重要的见证。

简而言之，我校的"灵荷舒长"德育体系一共包含以下八大主题活动：①传统节日系列，如学校每三年一次的"国庆通宵晚会""温馨冬至夜"——吃汤圆活动和"家和万事兴"——中秋夜活动等，我们所做的一切就是把传统节日真正融入学生的青春血液，成为他们永不磨灭的人生体验；②体育活动系列，如通过举办运动会、篮球赛、拔河赛等系列体育活动让学生更加健康快乐地成长；③文艺比赛系列，通过灵中好声音、"春天颂诗"比赛、金话筒主持人大赛、辩论赛等活动让学生展示自己的才艺，并找到自信；④亲情教育系列，通过举办家长会、感恩父母动员会、母亲节制作贺卡等活动让学生加深对亲情的体悟；⑤环保教育系列，通过绿色征文、绿色环保行、公益植树等系列活动强化学生的环保意识；⑥责任教育系列，通过高一新生欢迎仪式、高二段军训大会、高三段成人仪式等活动让学生理解责任、坚持和爱；⑦社会教育系列，通过召开学代会、团代会和各类学生座谈会让学生积极参与学校事务的管理，增强民主意识，培养合格公民；⑧快乐学习系列，举办教研组特色活动——语文组有"特色语文节"，数学组有"数学文化周"，英语组有"快乐英语周"，物理组和生物、化学组联合举办"科技节"，政史地组有"文综文化周"，让学生在学科专题活动中收获知识、收获快乐、收获成长。

这一切的目的就是让学生在繁忙的高中学习之余能够找到属于他们的快乐，找到属于他们的小时代、小欢喜。

五、和谐暖心——灵中精神的转变

随着灵溪中学面貌的一步步转变，合心合力、和谐和睦的灵溪中学也迎来了越来越大的发展空间，我们要评省二了！记得我们当初做这个决定的时候，很多教师觉得根本不可能，因为学校的硬件摆在那。但当我们下定决心要做的时候，所有的反对杂音都消失了，全体师生马上自发动员，全力备战。在评省二的最后关头，我们部分行政人员甚至没有回家，在学校通宵达旦地做最后准备；所有教师那天都根据学校建议穿黑裤子、白衬衣，齐刷刷地成为一道亮丽的风景线；我们师生都精神抖擞、信心满满，最后我们以温州市第一名的成绩通过，评估组组长、台州市教育局袁相千副局长总结说道："灵溪中学最让我感动的是师生的那个精神气，那股教师应该有的志气，那股学生应该有的朝气。"

凭着这股子精神气、志气、朝气，2017年10月29日我们又胜利举办了灵溪中学六十周年大庆。这次庆典校友如云、高朋满座，新老灵中人齐聚荷园，共襄盛举，中国科学院院士候选人、浙江大学教授叶志镇亲临现场，中国证监会主席易会满校友也发来祝贺视频和亲笔贺信，令人格外惊喜。

近年来，在大家的共同努力下，灵溪中学接连荣获省首批二级特色高中、全国青少年校园足球特色学校、省文明单位、省绿色学校、浙江省"三育人"先进集体、浙江省美丽校园候选学校、浙江省省级心理健康教育示范点、温州市首批德育特色示范校、温州市首批"5A"级平安校园等各级各类先进荣誉。另外，从2009年开始，我们连续11年荣获苍南县教育质量成果奖,其中多次荣获一等奖、获得第一名。今年高考在重点线人数超过县局指标的基础上,本科率再创新高,荣获"温州市 2019 年教育教学质量优秀单位"。

另外,受组织委托,2017 学年我兼任桥墩高中校长、书记,2018 学年兼任书记,当初接任务时,我内心有过挣扎,因为家中上有 80 岁母亲,下有 18 岁高考生,灵溪中学六十大庆在即,两所学校面临温州市一模大考,尤其是当时的桥墩高中是百废待兴的状态,怎么办?当时的我暗下决心,决不能辜负组织的信任。从那天起,几乎每天的工作状态是:不是在桥墩高中的路上,就是去往灵溪中学的路上;不是在灵溪中学的课堂,就是在桥墩高中的课堂;不是在桥墩高中的会议室,就是在灵溪中学的会议室……就这样,在领导的支持和关爱下,在师生的帮助和共同努力下,两年来,我与桥墩高中同人们通过树正气、聚人心、抓质量、定制度、立规范等行为,激发了桥墩高中沉寂已久的活力,点燃了桥墩高中再次启航的动力,重现了这所苍南又一老牌学校的魅力,2018 学年桥墩高中荣获县高考质量奖。

再次站在致远桥头,作为迈入第十个年头的灵溪中学校长,我感慨万千,九年的辛勤耕耘,九年的风雨历程,灵溪中学已然成为我生命中最重要的一个部分。让我欣慰的是,我没有辜负灵溪中学,更让我自豪的是,我的教育初心不变,我的教育使命不改!今日的灵溪中学校园美、学生好、教师棒!荷的精神、荷的文化已融入师生的血脉,成为学校的灵魂,荷叶田田,莲香悠悠,作为灵溪中学的一分子,我很幸运,我很感恩,我很幸福!

热爱：教学生命的生长点

温州市第二外国语学校　张寰宇

热爱是一位教师教学生命的生长点。这样的感受是在我 21 年的教书生涯中慢慢形成的，并越发强烈。然而，20 年前的我还只是一个迷茫的青年，只在为自己能否站稳讲台而惶恐不安。

一、在课堂立足——我的备课故事

1997 年 9 月，我在鹿城区的一所偏僻的乡村中学——仰义中学踏上了讲台，学校有多远呢？为了赶学校的早读，我需要早上 5 点从市区的家里出发，赶到中巴车的始发站坐首发车，然后恰能赶上 7 点半的早读。

那年我 20 岁。刚到学校报到时，校长看着瘦瘦、小小、软弱的我，不无担心地说："初三的孩子都长得比你高了，不知道你能不能压得住啊！"但我后来之所以还能压得住这批比我高的孩子，靠的是与学生只有 5 岁的年龄差和一股使不完的工作热情。我每日比学生们更早地到学校，比学生更迟地离开学校。路途上所有的艰难和遥远，都被师生间朋友般相处的快乐给消解了。

面朝碧野，背倚青山的乡村中学，给了我教学上最初的快乐与自由。我后来回想，如果我在教学上总还能有一些创意，可能就与那两年所获得的一种教学的自由与野性是有关的。当然，另一方面，我的教学技能还是非常粗糙。

第一阶段：借助每次公开课不断地磨课。

两年后，我被选调到市区的温州市第十七中学。学校帮我安排了一位极好的教学启蒙师傅。师傅课堂的精彩令我震撼，语文组同伴的敬业令我惊叹，他们对于课堂的精心、苦心、用心，让我心生无比的敬意，同时，也感到无比惶恐和不安。在新的学校里，我能站稳讲台吗？我能教好语文吗？我终于明白，一位真正的好教师是靠课堂打动学生的。而这背后需要倾注太多的心血。那么，有什么途径能较快地提升教学能力？师傅说："要多开课，并不断磨课。"

于是我积极地开课，不断地磨课，即便一堂校级公开课也往往要磨个五六节、六七节，精雕细琢着课堂的每一个细节。那时的我最喜欢读一些名师的课堂实录，我学习着他们的教学技巧，琢磨着他们的课堂智慧。慢慢地，我的课堂由粗糙逐渐变得精致，我也克服了一些固有的课堂毛病，教学能力有所提升，一些教学创意受到了肯定。正是经过了这样的磨砺，原本教学底子薄弱的我在 26 岁时评上了区教坛新秀，27 岁时评上了市教坛新秀。

再后来，我参加了一次省里的大赛。磨课依然是必不可少的，但在长达一个多月的磨课中，一直有感觉不对劲的地方，但自己又解决不了，结果自然并不理想。这次经历让我清醒地认识到：我其实并没有真正读懂文本，没有真正读懂学生，没有真正读懂生命。这堂课所暴露的问题恰恰就是我平时课堂中存在的问题。磨课只能解决一堂课的问题，不能解决所有课的问题。要彻底解决问题只有一种法子，那就是把平时每一堂课扎扎实实地备好、上好，真正地提升教学能力。

第二阶段：将每一堂常态课备成自己的精品课。

首先改变的是备课时的阅读。各类鉴赏辞典和名家解读书籍让我知道名家是怎么读文学作品的；郑杰的《给教师的一百天新建议》、吴非的《不跪着教书》让我知道了什么叫作教育的情怀；再后来，《美国语文》、周彬"课堂"系列三部曲、顾明远编的《国际教育新理念》等书告诉我什么是课堂，什么是教育，什么是人；现在即便是《读书》杂志，也总能让我找到备课灵感和触发。

随着我备课时阅读内容的改变，我的设计思维也在发生改变，最终带来的是课堂对话的改变。我慢慢地认识到：教师要给予学生的，除知识能力外，更应该是一种心灵的丰富和精神的成长；而教学成功的关键，就是要找到这一条让教师、教材、学生生命相融的通道。我开始感觉每一种文体、每一个文字都有一种特别的生命力。别人从不开课的文章，我偏要拿来开课；别人觉得没有意思的文本，我硬是要读出意思来。看得更多，想得更久，花费的时间也更多，当然，学生激发出来的思想也就更多。但时间又往往是不够的。

生命总是很有意思，11年后，我再一次来到一所四周都是田野的学校。2010年温州市第二外国语学校初中部创办，我担任第一届班主任。作为市直属第一所公办寄宿制初中，温州市第二外国语学校受到社会各界的强烈关注。家长们极其关心或者说极其担心，因为住校的孩子都还只是六七年级。为了陪伴孩子们度过适应期，当时，我们每个班主任在校的时间都是"朝六晚九"，甚至更早、更晚。那么，备课的时间又在哪里呢？我的选择是"朝三朝六"，晚上到家睡下已差不多11点了，早上三四点就起来了，备课到六点多一点就赶往学校。为什么要这样？后来我回想，不是没有现成的教学设计，而是我早已习惯了不重复的课，更不愿意让学生去感受一堂准备不充分的课。

在长期的苦备中，我终于有了三点收获：一是生命追求，一堂课、一门学科当以学生的生命成长为终极追求；二是原创意识，只有独立地备课，方有独立的教师。教案是教师个体生命的思考印记，这样的原创直接影响了我对于命题和作业的原创习惯；三是精工精神，在磨课阶段，我精心雕琢着课堂的每一个问题、每一句话、每一个细节，会将课件做得极其精美，会配以适当的材料或引用，而现在我才理解，所谓的精益求精并不是精美，而是一种深入与透彻。

在这样的努力下，我的课堂成了师生之间、作者与读者之间最坦诚心灵的地方。我与学生在课堂上一同喜怒哀乐，与文本一起悲欢离合。我们都在语文课中感受到了一种生命交流的快乐。

踏上讲台以来，同事对我的称呼发生了变化：一开始，大家叫我"寰宇"，再后来，我还不到30岁时，大家叫我"小张"；再后来他们叫我"大张"，现在，大家叫我"老张"。同样，学生对我的称呼也在发生相应的变化：一开始，学生唤我"老张"（我现在还清晰地记得，那年我才23岁，我的一个学生一起笔就写道：我的语文教师，是一个中年男人……）。后来，学生唤我"张哥",再后来,他们唤我"小平头",而这几年来,他们唤我"寰寰",无论在校园里还是在课堂上。总的来说,是越发没大没小,这样的"昵称"正是学生与我之间毫无间隙的平等。有时候,我也会收到一些亲切的信件,这些都成了我繁忙工作中最好的安慰,促使我更坚定地走下去。

第三阶段:将每一堂常态课变为公开课。

将自己的每一堂常态课作为开放课,任何时候都向同组同校同伴开放,通过开放课堂促进自己的教学创新。为什么要教学创新?因为学情变了,我需要通过更好玩、更深入浅出的方式让孩子进入文本,例如,《济南的冬天》一课,以让孩子到黑板绘画的方式来画"济南的冬天",以绘画品读文字,以想象感受温情;也因为我自己的人生阅历变了,教《〈论语〉十二章》时,布置了一个课堂任务,让孩子画出心目中的孔子形象,有一个孩子将孔子画成一个渺小的火柴人,在辽阔的天地间感叹:"逝者如斯夫,不舍昼夜。"伟大如孔子,也感自我之渺小;而正因为如此,孔子才伟大。更重要的原因,是我身上的责任变了,来到温州市第二外国语学校以后,我担任了很多青年教师的教学指导师,包括温州市青年教师指导和温州大学校外导师。这些年,我一直开放着课堂,以随时让青年人听课的姿态来备课、上课。正因为如此,我得以保持着良好的上课状态,并逐渐提升着自己的课堂教学能力和理解能力。

在温州市第二外国语学校初中部的走廊上,一抬头就能看见青翠俊秀的大罗山。每次上完课,我总会看下大罗山,然后若有所思,继续自己的教学实践。我曾经给自己写了十个字:抬头大罗山,回首小课堂,并一直以此自勉。所谓"仰望星空,脚踏实地",在我看来,教师最重要的实地就是课堂。

二、在生活中立人——我的"说说"尝试

1. 何谓"说说"?

到了温州市第二外国语学校之后,我开始尝试一种新的写作作业——"说说"。"说说"就是类似于日记随笔又不同于日记随笔的语文作业。它最初源于QQ空间的说说,有两个很重要的特征。

第一个特征是"追求自由",即字数不限,题材不限,文体不限,写不写也不限(每日都写,感觉太忙了就别写,教师每日都改)。自由的表达是真实写作的基础,但最重要的是教师每天都批改,这就成了一种鼓励、期许的目光。因为有了教师的期待与鼓励,再懒惰的孩子也会开始拿起笔来,并越写越多,因为这已不是一种简单的作业,用学生的话来说:"说说是一个能吐露心灵的地方。"

第二个特征是"拥抱生活",即不为作文而作,而是为了心灵和生活而作。不仅仅是为了语文能力,更是为了学生应该有的一种校园生活。"说说"的存在,其实是与温州市第二外国语学校的校园环境密不可分的。

2. 为什么要推行"说说"?

温州市第二外国语学校是一所寄宿制学校,当我看到这些孩子长久地待在教室里时,我就想着得让他们多出来走走。真正的教育是要立足人的环境的。温州市第二外国语学校的环境,那是多么美好啊。往东,能仰望大罗山;往西,能遥望白云山。学校紧邻温瑞塘河,欧式建筑,如梦幻般的城堡,爬墙虎一年一年地执着向上,颜色从浅翠变深绿,又从淡黄变深红;一

年之中，桃花、樱花、栀子花、蔷薇、桂花、梅花次第开放；每到 4 月，清风就将整个三垟湿地的橘花香气送到校园，真是沁人心脾。因为天地很开阔，如果你会观察，还能看到南飞的大雁、夜空的北斗七星。这样的地方，怎能不让孩子多多关注，多出去走走呢？教育就是要解放人的心灵，要培养人对自然、对环境的敏感能力。作为语文教师，我就想利用语文的平台——"说说"，将学生导向生活，导向自然，导向天地。

秋天来了，我将孩子带到秋天里，去晒秋日的暖阳，去看明媚的蓝天；桂花开了，我将孩子带去细赏桂花，他们得以知道原来桂花有金桂和银桂之分，而且颜色浓的往往香气淡些，颜色淡的往往香气浓些，这就是"香花不色，色花不香"啊。只有这样，孩子们身上的各处感官才被真正地打开，正所谓"五官生五觉，五觉生文章"。正如一个孩子所说："即使说说可长可短，每天还是会花大把的时间和心思在'说说'身上，有时从早上睁眼开始，有时从路过的一朵花开始，有时从神志不清的交谈开始，脑海里就开始逐渐勾勒出一个框架，扯上些偶尔文艺时想出的句子，再花费大半个晚课间或大半个晚自习来把东西写到丑得不能再丑的本子上，用丑得不能再丑的文字写着每天。"

除用生活环境激发写作外，我也用学生的个人生活和阅读经历激发写作，同时也用写作促进阅读。在学习鲁迅的《故乡》之后，有学生就写道："我和迅哥儿想的一样，在应试教育压迫下的我们应该有新的生活，为我们所未经生活过的。至少，总该消除学霸、学渣两极分化吧。"这是多么触动人心的话啊，虽然这个孩子的想法不一定能实现，但他的文字闪耀着思想的光辉。

自由的"说说"，与生活息息相关的"说说"，让我发现了每一个孩子都有他思考上的亮点，只要他有思考上的亮点，就必然有写作上的亮点。教师要做的就是发现亮点，放大亮点，同时点拨、引导学生不断地增加亮点。有时候我想，很多孩子没有写作能力的高下，只有写作特点的不同。每一个孩子在某一时间里都是一位作家。

3. 怎么推行"说说"？

既然有这么多的"作家"，为什么不鼓励他们把作品保存下来，进行发表交流呢？而一个写作者最大的荣耀，不正是有在公众面前言说的能力和资格吗？在温州市第二外国语学校八年，我先后教了六个班，我引导孩子们先后创立了八个班刊，从《笔心》《光点》《黎明城》《乔木·梵音》《文风雅致》再到现在的《青春纪念册》，其中，《光点》作为班级文学社还被选为意林中国知名中小学文学社。八年倏然而过，学生来的来了，走的走了，只留下我依然坚持着。

有一日，我颇有感慨地在微信中写道："画几条波浪线，这是我一年中做得最有意义的事情，没有也许。"但是，要画几条波浪线又谈何容易呢？阅读着每一个文字，究竟圈画哪些文字才能触及学生的心弦呢？这考验着教师的眼力与能力；每天都要改"说说"，少则一个多小时，多则两三个小时，这考验着教师的精力与持久力。有时，吃力也未必能讨好呢，如果实在是太忙了，那么，"每天都改"就无法兑现，只能拖延，孩子们就抱怨了："你怎么改得这么慢啊？"我只能说："对不起啊，对不起啊！"；又有时，家长会有所质疑："张老师，孩子花了大把时间写'说说'，其他功课的作业怎么办啊？"还有时，同事也会提醒："每天改'说说'太耗时间，同时，也需要给几个作文题练练啊。"是啊，每天都改，太耗时间，而且有时吃力不讨好啊，这些我不是不知道。但是知道归知道，执着归执着。因为我知道，写作能力的提升依靠的是一种动态的过程，并不是专门的作文课。在这样的过程中，学生的语言表达能力、对周围生活的敏感能力都得到提升。另外，教学其实是彼此的，在我每日批改"说说"的过程中，我对语言文字的敏感、鉴赏、引导能力也在提升。更重要的是，我打开了孩子们的心门，孩子们也打开了我的心门，"说说"成了师生共同对有温度的语文生活的追求。

一个孩子说："异班同伴惊叹起班中同学写'说说'的用心，是不解的语气，奇怪于为何会有人用尽了所有心绪，只为这一白纸上一行行工整的黑字……"为了可以写出更优秀的作品，为了可以在所谓的人生重大关卡脱颖而出吗？为了做那个永远认真完成作业的"好孩子"，为了自己的名字可以出现在班刊的某一个角落？绝不是这样的，也绝不可以是这样的……你的生命中有那么多形形色色的人匆匆路过或是相伴你走过漫漫岁月，有那么多形形色色的人与故事以各样的方式一一上演。于是你听到它们的声音，它们不想被错过，于是它们找到了你。你于是成为那个媒介，开始用笔写下那些不该被忘记的面容与光阴。

更多的动力来自孩子们毕业之后的来信。一个刚高考完的孩子说："（是你）让我们重新认识语文，热爱语文，学会思考如何做一个有温度的人。"另一个在高中的孩子说："（自从初中养成了习惯后）云、月、花、星、草都成为高中螺旋式生活的一种慰藉。"一个大学读到一半，决定要从理科转系到文科的孩子，在做决定时给我写了一封信，她说："一个教师，有时真的可以让一个学生'起死回生'，又或者让学生'开出一朵花来，并学会享受它的芬芳'。"

就这样，在不知不觉中，我对语文教学有了一种越发强烈的热爱。我也渐次感悟到，语文是拥有一种特别的温暖的。研读作品，那些人类最高贵的灵魂给予我力量，是为一种温暖；与孩子交流，与人类最纯粹的心灵对话，唤醒了我的童心，是为一种温暖；汉语，这种最美丽的文字，赋予我的工作一种诗性的温暖。任何学科，只要抵达教育教学本质的大地，就能收获诗性的温暖。

三、在整合中立学——我的教学改革

2014年，我已是一位很有经验的中年教师了。我与学生们在每一篇文本的世界里，在每一堂语文课的天地中徜徉，也算是轻松快乐。然而，长期的单篇阅读教学，就像从一个点跑到了另一个点，从一堂课跳到了另一堂课，这种跳跃、反复的教学缺乏联结、整体的考量；师生都容易走进语文学习的密林之中，迷失前行的方向。

更让我纠结的是考试。传统的命题似乎并不能完全将学生阶段性学习中的所读所见所听所思在考试中得到呈现。如果说有一些大型总结性评价是为了考查学生，我想更多的小型阶段性评价是为了激励学生、帮助学生、成全学生。于是我就想着要建构一个基于教材、符合学情特点、集合教师个性的单元整合化的课程体系，让课与课之间形成联系，课前与课后进行衔接，阅读与写作能够互促，学习与评价得以配合。最终使学生的学习不再是点到点的跳跃，而是面到面的提升。

1. 一个人的课改一百天

"一个人的课改一百天"最初是从我个人的九年级复习教学开始的。2015年，我进行了九年级语文单元整合化复习教学的尝试，我称之为"一个人的课改一百天"，从九年级下学期开学到临考复习之间约100天。我的做法可以基本概括为"新课与复习同步，应考与塑人共求"。在上新课的同时，我又融入了一定量的基于教材的主题阅读课、主题写作课，让孩子在初中心智最为成熟的时候进行最有广度、最有深度、最有必要的拓展阅读，然后又将孩子这个阶段所读所见所思所听在试卷中充分呈现。因为有了前面学习充分的累积，所以到了试卷中一经试题的引导孩子就很容易获得新的触发，这就基本上达到了我的目的：考试不再只是考试，而是成了学习的一部分。

一次考试后，有孩子这样描述："上次语文考试是我平生经历过的最非凡的一次考试。我在进入阅读部分后被逐渐唤起真情，随着一字字的逐步览阅和一次次的组织语言，我竟感到了考试中所不应有的感动。全程40分基础，30分作文，我几乎饱含热泪，怀揣着激动的心完成试卷。"这个孩子的心情我是理解的，因为他在前段时间中有了足量的专题阅读，在考试中，某个材料或试题击中了他的心门，引起了剧烈的共鸣。

另外，我每周都会安排一周进度表，这样既规划了自己有系统地教学，又指导学生有目的地学习。如此，一些学生就能提前安排自己的学习，就能对语文学习有一个整体上的把握了。

2. 十个人的先锋语文组

温州市第二外国语学校初中语文组很小，总共十个人；温州市第二外国语学校初中语文教师也很年轻，有6位是教龄5年内的青年教师。那么，这很小很年轻的语文组，能否有一些不一样的教研活动，让年轻人快速地成长起来呢？还是要借助改革的力量。依托我的单元整合化课型研究，我们组里先后开展了专题阅读课、名著复习课、整本书阅读的主题研讨会等，每一次专题，我总是第一个开课、第一个尝试，同时，组内的年轻人也成了勇敢吃螃蟹的人，他们在开课、比赛、命题、论文上处处开花，在理念和实践上也迅速与新教材接轨。2018年5月，温州市第二外国语学校语文组被评为温州市先进教研组。

3. 十三个人的两年探索

第三个层面的尝试，是"十三个人的两年探索——单元整合化教学的课型研究"。当单元有了整合时，课型就发生了变化，为了解决最难的"怎样备课、怎样设计、怎样上课"的问题。这时，我又与我工作室的学员一起，在不同地域、不同学校面向不同学生展开了教学尝试与方法研究。两年来，我们13位语文教师，共27次集中活动、27次省市县级开课、26次省市县级讲座，足迹遍布杭州、青田、玉环、鹿城、瑞安、苍南、乐清、文成……在如此高密度的活动之下研究的课题获得了省一等奖。那么，这些课是如何产生的呢？如果白天没有时间，那就晚上吧；如果平时没有时间，那就周末吧。我们找一个茶吧、点一壶茶，就开始了我们一起的议课、试课、磨课、反思。两年来，我与我的学员共读、共备、共教、共思、共性，我在帮助他们的同时，也在提升自己的理解。我们一起追求着语文的真理，在语文中寻找真我，彼此取暖，彼此成全。2017年11月，我的工作室被评为温州市优秀名师工作室。

4. 最重要、最本质的改变

最重要的改变是学生的学习和思维。这几年，我教学的班级都是来自辖区摇号的普通班，可外面的教师来听课，惊讶于课堂激烈的讨论、学生深刻的思想、敏捷的思维。我知道，这正是大量而深刻的整合教学的结果。在平时的课堂里，这些孩子习惯了比较性思维、联系性思维、审辨性思维。这些孩子不一定都能在中考中取得优异的成绩，但到了高中有很多当了语文课代表，而且最近一两年，男生当课代表比较多，我猜想，这是否也与我整合教学有关呢？在我们做名著复习课的那年，温州中考恰好考了读后感的写作，我们在实践上跟上了语文课改的理念。

最本质的改变是教师的备课与思维。因为整合教学强调对各类教学内容的勾连、提炼，这就大大增加了教师备课的工作量、阅读量，但正因为如此，教师的备课成了其最好的海量阅读的途径，在阅读、思考、设计、反思中，教师的比较性思维、联系性思维、审辨性思维在提升，最终提升了自己的教学素养。

经过几年的探索，我越发明晰了我对整合化教学和语文课改的目的和意义，它不仅仅是改变学生的学习成果，还改变师生共同的思维和精神，即用思维精神之改变，促进人之改变；用人之改变，促进教育之改变；用教育之改变，促进国家民族之进步。这是教育探索的乐趣。当然，我也深知，个体好变，众人难变；教学好变，思维难变；课堂好变，教育难变。但正因为如此，语文教育才显得如此富有理想主义的光辉和触动人心的力量。我们的尝试，似乎就有这样一种光辉和力量。

教学不仅仅是教书育人，还是给予人潜力生长的空间。任何学科任何一个点，只要深究进去，就有一种无穷无尽的探索乐趣，并且都孕育了无限的教育奇迹和生命生长的可能。

四、在坚持中立我——我的成长片段

唯有坚持，方能在教育教学中寻找并塑造真正的自我。

1. 做一个长跑者

一个人在人生的某个阶段，必将有一个质的转变，对于我而言，这个质的转变并不是教学上的，而是我从一个从不运动的人转变为一个热爱跑步的人。

2013年前后，我的身体状态跌落到了谷底。身体已经劳累至极，各种毛病开始出现，向我发出了一次又一次的警告；心理也已疲惫不堪，我担心各种繁杂的事务将严重冲击我喜爱的语文教学。我进入了职业生涯的一个真正瓶颈期。

为了找到自我救赎的方法，我读哲学书籍，我读人物传记，直到我读到了这样一本书才真正豁然开朗。村上春树在《当我跑步时，我谈些什么》中告诉我：勇敢地面对眼前的难题，全力以赴，逐一解决。同时，还要以尽可能长的眼光去看待问题，尽可能远地去眺望风景。当你决意做一个长跑者时，你就能以尽可能长的眼光去看待问题，并勇敢面对眼前的难题。

我开始向村上学习跑步……从三四圈开始，慢慢增加，有一天跑到了10千米，这正是村上每日的距离。每天清晨5点起来，晴天则跑步，雨天则读书备课。清晨的跑步带给我一天的精气神，我开始变得乐观、平和、宽容、自律，并勇敢地承担每一个任务。

跑步就是发现自我。我开始做一个脚踏大地、气宇轩昂、精神十足的跑步者，并由此真正突破个人职业生涯中的瓶颈期。

2. 做一个坚持者

促进个人成长的另一个极好的锻炼契机就是去完成教研任务，在任务驱动中得以提升自我。然后，这些任务又往往繁重到与学校的工作、个人的生活发生强烈的冲突。

在2016年的某个学期中，我同时兼顾了以下任务：温州市教研院的《复习导引》作文板块，8万多字，三易其稿；浙江省教育厅的《初中语文命题研究》，五易其稿，共10万多字，凝结为3万字；温州市教研院的《2016初中语文教学新常规》。另外，还有学校的九年级一模命题。怎么办呢？我个人的拖沓已使得任务从相当繁重变得无比艰巨。我告诉自己，唯有做下去，才是唯一的出路。这些任务不也就是在考验并锻炼我的能力吗？事实也证明，这样的任务关过去之后，我个人的文字编写能力及对工作的整合能力得到了极大的提升。那天，我将伙伴叫到学校来，指导他们进行九年级一模命题，自己则完成手头的任务。直至凌晨两三点，我将一位伙伴送到校门口，我们抬起头，看见了漫天的繁星。

有一句话说：能力越大，责任越大；其实有时候，责任越大，相应的能力也越大。请相信，自我的能力是能在任务中得以提升的，但关键在于，你能够不断地坚持，再坚持。

3. 做一个行走者

释放自我的另外一种很好的方式就是旅行。我曾看过大海，也曾跨过高山。

有一年，我带着家人去印度尼西亚的爪哇岛上寻觅一座神秘的火山。那日，连续坐了15个小时的汽车才抵达山脚。然后，又是三四个小时的山路。我与妻儿，还有几个外国人一起缩在一辆小面包车中，外面是滂沱的大雨和泥泞的山路。到达客栈已是凌晨两三点了。早上六点起来，只见云开雾散，天朗气清，那座神秘的火山就在眼前。为什么要如此长途跋涉去看一座山呢？因为山就在那里。语文教学不也如此吗？我只是一个普通的初中语文教师，做不了什么大事。但那些初中语文的前辈们总给予我教好语文、做好语文的特别意义和价值。我的师傅曾教导我，能教好一批学生是一批学生，能改变一些教师是一些教师；市教研员曾一再鼓励我，好好走下去，一定能走好的。这些鼓励的话语使我不得不去思考在我们平凡琐碎的工作中到底应该做哪些小事，怎样才像陶行知先生当年所说，从小事中做出大事的意义来。怎样才是不违背自己初心的，怎样才是不丧失我们作为一个语文教师的独立追求的。

于漪教师说："教育是一项有理想的职业，没有理想的教育是不存在的。"回顾我的教学成长路，自被师傅领进教学之门后，我一直没有懈怠过，其中似乎有一种理想的光芒在照耀着，我一路追寻，一路改变，越发安静，越发坚韧，我的教学成长路像自我的一路修行。

正是这样的一种力量，让我变得执着，变得坚持。让我在清晨开始奔跑，让我在深夜能够劳作。因为我知道，如果没有清晨的奔跑，是看不到绚丽的日出的；如果没有深夜的劳作，是看不到漫天繁星的；如果没有长途跋涉，是看不见真正的高山的。相信吧，教学生涯之中，没有一步是白走的。仰义中学，给了我教学上的野性；温州市第十七中学，给了我教学上的精心；而在温州市第二外国语学校这所广阔的校园里，我与孩子们一起获得了心灵上的开阔。

我已走了21年的语文之路，这无疑已经是一条不归路了，那么，唯有走下去，深入下去，放下该放下的，执着该执着的，才是一条无悔之路，才是一条有意义之路。这正如《西游记》一片段所述：

沙僧道："似这般火盛，无路通西，怎生是好？"

八戒道："只拣无火处走便罢。"

三藏道："哪方无火？"

八戒道："东方、南方、北方，俱无火。"

又问："哪方有经？"

八戒道："西方有经。"

三藏道："我只要往有经处去哩！"

影像日记,"宅"出别样教学
——"镜头下的战'疫'"项目教学故事

温州市第二职业中等专业学校　吴俊声

2020 年新春伊始,新冠肺炎疫情让往年喧嚣的春节一下子静了下来,人们不再走亲访友、推杯换盏,而是积极响应政府号召——宅家战"疫"。少了喧嚣,战"疫"给了我们难得的冷静思考的"窗口期"。

习近平总书记曾寄语文艺工作者"自觉与人民同呼吸、共命运、心连心,欢乐着人民的欢乐,忧患着人民的忧患,做人民的孺子牛"。作为一名摄影教师,教会学生按快门很简单,但如何教会学生在人民的生活中拍出具有感染力的照片很难。

教育部发了"停课不停学"的通知后,疫情发生以来一直揪着的内心有了一丝欣喜和波动,一个强烈的念头萦绕在我的脑海:让高一、高二五个班的 150 多位学生们都以"宅家镜头战'疫'"为主题参与拍摄。于是便同教研组的几位教师一起研讨、着手准备,线上教学开始后,"镜头下的战'疫'"项目教学便开始同步实施了。当前,国内的疫情渐渐平息,宅家镜头战"疫"也可能随着线上教学的结束而暂停,姑且记一笔,权当为本次项目教学做个回顾和小结。

一、项目实施分步走

项目教学准备阶段,我们认真分析了学生的学习情况,结合对以往教学规律的认识,我们将整体项目设计为赏名作、练技能、评作品、展成果四个环节。

(1)第一环节:赏名作。为了做好教学准备,我收集了大量关于人像摄影名家的图文资料,并选了四位名家的杰作利用 1 课时的时间和学生分享。

第一位是德国摄影大师奥古斯特·桑德(1876—1963),是 20 世纪德国最伟大的摄影家。桑德的镜头在穿越不同身份与不同性格的人物之中,攫取到了同一血源里所蕴藏着的精神内涵。他在一副副不一样的面孔下、不一样的眼神里、不一样的照相姿势和不一样的画面构图中,不约而同地表现出了日耳曼民族所具有的普遍特性:骄傲、倔强、严肃、紧张、勤勉,而且他们在同样的传统包袱的压力下,有着同样的深沉与忧郁。桑德随即被摄影界奉为"使用镜头的巴尔扎克"。

第二位是被誉为"摄影界伦勃朗"的优素福·卡什(Yousuf Karsh,1908—2002),是享誉国际的肖像摄影家。作为唯一的加拿大摄影大师,他的名字还收录在百名 20 世纪最有影响力人物的《世界名人录》中。许多到过渥太华的名人,都以能获得一张卡什拍摄的肖像为荣。他还被奉为"摄取灵魂的人像大师"。

第三位是阿诺德·纽曼(Arnold Newman)(1918—2006),是世界上最知名最受尊敬的美国摄影师,拍摄了许多大明星和政治名人。纽曼是一位构图大师,工作非常认真细致,会将现场的每一个细节都记录下来。他不断地大胆创新，从不墨守成规，是"环境肖像"的代名词。

第四位是中国后现代极具代表性的社会人文纪实摄影家黄小兵。通过四位不同年代不同国家不同风格的人像摄影大师、纪实名家的作品赏析，学生们更加热爱人像摄影，并很有可能成为自己终生的职业。

（2）第二环节：练技能。通过前面两周的网课，学生们逐渐习惯了这种上课形式，如何让学生宅家不出门又能提升专业技能，又成为我们影像专业课教师的新课题。作为职高数字影像专业学生，技能掌握是他们的根本，大多数学生在学校学习专业技能期间，拍摄对象都是学校同学或者一些活动记录，而很少将镜头对准家人。为了给学生做示范，我首先自己拿起相机记录家人在疫情宅家期间以及窗外的风景，并在课上和学生做了分享，也在课后布置了以"'战疫'宅家影像日记"为主题的家庭作业，要求拍摄家庭成员环境肖像6～8张、窗外景象2～4张，让学生们通过一周的拍摄于2月23日前上传有料网。同时，联络了同是专业教师的两位班主任，让他们在各自的班会课上督促同学们保质保量地完成作业。

（3）第三环节：评作品。这一环节主要是教师点评，并让学生对作品进行互评。有料网是我们数字影像专业自行开发的一个供师生同时参与的教学平台，我们让两个年级五个班级的150多位学生将作品上传到平台，再加上我们全教研组教师在各自专业课上的引领与指导，学生们可以在平台上互评互学，思路也更加开阔了。

（4）第四环节：展成果。这一环节主要让学生展示学习成果，在分享的过程中产生创作思维的火花，进行更加深入的思考，并进行更多的创作尝试。另外，学生在展示自己学习成果的同时，也渐渐收获了自信。一开始，学生总是不敢展示自己的作品，生怕别人评价不好。于是，我根据在有料网上查看他们所交的作业，发现比较优秀的作品，就通过微信私信鼓励他们将优秀作品发到朋友圈，让更多人感受影像的力量。他们一旦发出照片，我就会点赞转发，并将自己朋友圈内的评价截屏发给学生，让学生在朋友圈里感受到更多的关注，有更强的创作动力。

二、项目内容随"疫"变

项目初期，因为疫情形势严峻，我们一直将作业的地点定位在家里，学生的创作瓶颈期很快到来，鼓励学生深入思考、细致观察几乎成了我们对学生每日的鼓励话语，同时，也倒逼我们教师每日创作，将宅家战"疫"拍得更加生动。随着疫情的控制，温州"清零"数日后，疫情防控措施有了变化，我们便鼓励学生在做好防护的情况下，将创作题材从宅家影像延伸至社会街头影像，探究记录疫情对复工复产、日常出行、生活娱乐等方面的影响，同时提供拍摄场景的多样性，如小区、街头、餐馆、招工中介、工厂等；从拍摄题材上给予学生启发和引导。除纪实题材的拍摄外，我们还通过网络收集的作品来启发学生运用超现实手法，利用创意多元的方式表达疫情主题。在小区附近，拿相机去记录一些景象，更加丰富了这个主题。

三、项目指导在线跟

在进行项目第一环节时，由于是初上网课，不知道学生在现场的学习状态让我们所有教师都很心慌，针对这一现象多次开展线上教研组探讨，在钉钉上随时与学生互动，并布置作业，让学生们利用课外1周的时间，根据教师提供的材料，自己再去网络上搜集更多资料，并在笔记本上手写学习心得，拍照发给教师。通过这些措施，督促学生投入项目学习中。在项目进行过程中，我们根据学生完成的作品情况，及时调整教学策略。如从第一次上交的作业来看，学生们对家庭环境及人物表现的捕捉还不够理想，从专业角度来说，画面的主题、拍摄机位、构图、曝光还有欠缺，于是我在第三周的点评课上给同学们一一评价，并在两班级微信群里转发了多条关于家庭影像记录的微信帖供学生参考借鉴，并要求学生发布第二次的宅家影像日记作业，拍摄家庭成员环境肖像六张（含家庭成员的合影一张，组照可以算一张，简单文字描述被摄者的身份），窗外、街道防疫景象四张（标签请注明拍摄地点、事件）。

四、项目成果多渠展

自2月10日项目教学开始至今，短短6周12课时的时间里，学生在学校影像素材平台——有料网上交了累计4 920张左右的成片，学习强国、温州教育发布、温州市摄影家协会公众号等平台多次转发学生战"疫"作品，且都在网络上引起了转发的"小高潮"，令我十分欣喜。

最初的设想是通过有料网、朋友圈展示学生的作品，但学生日益出彩的作品让我倍感兴奋，学校的微信公众号连载发布了学生的优秀战"疫"作品。3月18日，学习强国省级平台刊发了"温二职专学生相机记录抗疫感人瞬间"。此后，温州教育发布、温州市摄影家协会等微信公众号平台都专刊发布了学生的优秀作品。学生王璇的"我和爸爸一起宅家影像日记"组照更是得到中国知名摄影评论家、策展人陈有为老师的赏识，将其发表在"冻土层"公众号的《疫战时刻》专栏上。通过这些平台的展示，学生的作品被赋予了更强的社会价值和传播力，学生的社会责任感也得到了进一步提升。

我们有1/4学生来自温州以外的全国各地，在这个非常时期，"宅家就是抗疫"，而宅家影像日记恰是全国人民万众一心宅家抗疫的一次影像记录，150多位学生的影像日记将是一份非常时期珍贵的社会文本和历史记忆。短短几周，项目教学的成效大大出乎我们的意料，学生的创作灵感还在继续迸发。

窗外、街道防疫景象优秀作业如图1～图3所示。

图1 《上车戴口罩》 作者：肖路遥

图2 《时间静止》 作者：张钧皓

图3 《囤物资》 作者：陈慧

学生学习心得：

在这次学习中，我的作品得到了学习强国 App、摄影家协会的转发及名师的点评，还有亲人朋友的转发支持，令我感到备受认可。我将更加努力地提升专业技能，在专业中奠定个人的风格，为实现理想和个人价值不断奋斗。

——2018 摄影 2 班王璇

此次学习不仅使我更加明确了作为一个摄影师的社会责任，也得到了非常大的价值认同。

——2018 摄影 1 班肖路遥

通过《时间静止》的定格画面，引发了人们对于疫情的深思。在创作的过程中，不断思考也不断成长，好的作品始终来源于生活的实践。

——2019 摄影 1 班张钧皓

习近平总书记说："人民是创作的源头活水，只有扎根人民，创作才能获得取之不尽、用之不竭的源泉。文化文艺工作者要走进实践深处，观照人民生活，表达人民心声，用心用情用功抒写人民、描绘人民、歌唱人民。"通过此次战"疫"影像日记的项目教学活动，让学生深入生活，了解民众百态，关心社会焦点。运用专业技术记录这段非常时期的影像记忆。疫情终会结束，但未来引导学生用心记录的路还很长，路漫漫其修远兮，我将坚守一位摄影教师的初心继续走下去。

数据无声　育人有道

温州护士学校　李来国

作为一名数学教师,本人喜欢与数据打交道;常会通过数据的收集与整理,进行相关的数据分析,或利用统计软件充分挖掘数据背后隐藏着的信息,通过数据循证这条"暗线",伺机而行,常常可以达到"数据无声,育人有道"的效果。下面举些实践案例,供同行参考。

(1)嘻嘻,老师,我还没"抄",你怎么就知道了?

某次监考,直觉告诉我,陈某同学眼神游离,可能有"夹带"嫌疑。经考前纪律声明,还是"叫不醒一个装睡的人";等作弊成为事实再处分?显然不是育人本意;"搜身"?显然不是育人好招——教育要"防患于未然""一切为了学生的发展"。

本着"能想着将成绩考好点的学生,至少还是一个好学生"的理念,我需要寻找一个契机,学生也在寻找"时机"——估计此时双方都有着丰富的内心活动。等我收集够了"数据",于是慢慢踱步来到学生身边,轻声说:"拿出来吧。"起初陈同学还故作惊讶:"拿什么啊?"我微微一笑,说:"你兜里的纸条啊,我知道在左边的裤兜里。"陈同学迅速地抬起头,脸上浮出一丝惊讶,搓着笔给自己打起了圆场:"嘻嘻,老师,我还没'抄',你怎么就知道了?"我幽默地对他说:"大家拼命写的时候,你已在人群中'多瞄了我4眼',一直在'测算'我和你之间的'安全距离',还是现在交掉了吧,这样还不算作弊,若等你真作弊了,你的档案里留有'处分'的标签,到时你想说自己是一名好学生,别人也不会认同了,你说呢?"陈同学一边撇撇嘴,一边掏出纸条:"老师你好厉害!"

N年以后,我去学车,他正好在车管所里负责登记,一见到我,不经意间蹦出第一句话居然是:"老师你好厉害!""您坐,这个报名流程我来……"

——摘自本人的德育论文《潜移默化 引而不发》

(2)"我也有想看的书啊,可学校图书馆有吗?"

平时找问题学生谈话,我一般先给一本书、一瓶矿泉水,冷静半小时后才开始,那样双方的心态会平和一些,能创设一个良好的沟通氛围。记得有一次和郑某同学谈心,希望他能少玩游戏多读一点书,郑同学嘟哝了一句:"我也想看书啊,可学校图书馆有吗?"我马上意识到,学生说的是在理的,学校图书馆的书籍大多有点陈旧,图书采购环节还没能做到以生为本。"这个问题我先了解一下,你喜欢哪些书老师先记下来,你提的这个问题非常有价值,我相信学校会很重视,会感谢你。"

接下来关于学校图书采购的故事大致是这样的:

我先向图书馆馆长了解学校所购书目和购书流程,得知原来的方式是管理员负责采购,钱没花完就购经典著作补齐——尽管多数学生不感兴趣,但金额必须用完。

接着提出一些思考与建议:"学生借书时是刷卡的,我们可通过刷卡数据进行一些归类分析,包括男女生借阅的书籍有何不同,不同年级学生借阅的书籍有何不同,不同专业的学生借阅偏好有无差异,还可以依借阅的书籍频率来增加数量以满足需要……"

图书馆导出了近三年统计数据表明:文学艺术类和科学技术类图书排名前2位,借书原因排名前3位的是休闲娱乐、满足兴趣爱好、增长见识和开拓视野。图1所示为部分分析结果。

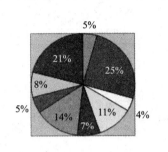  

每周到图书馆次数

图1 分析结果

图书馆在采购书籍时,根据学生的借阅情况、阅读类型、数量和爱好、其阅读能力和水平进行选购,还将经过筛选、分类、排序和适合学生个性需求的书目信息及时传递给学生代表,大大提高了图书借阅量,后期还举办了书评竞赛等,充分发挥了学校图书馆功能。

没想到学生不经意间的一句话促成了之后学校图书馆的大变革,此举措也成了学校后勤的一个信息化管理的市级课题并获得一等奖。对于郑同学,图书馆也专门做了表扬,称赞他为学弟学妹们做了一件大好事,请他参与学校的图书管理等,这大大增加了他的自豪感。

——摘自本人课题《数字化视野下中职学生课外阅读状况调查及引领策略研究》(市一等奖)

(3)"我们班反正是垫底的,所以……"

某次上课,本人激情满满,可是走到教室左边,黑板下的脚踏板矮了一些,走到右边,脚踏板又咔嚓一下,什么情况?望着班里诸多同学在低头窃笑,我感觉课堂氛围有些怪异,于是掀开脚踏板一看,脚踏板下居然塞满了垃圾,估计累积已久,怎么回事?怎么办?

"老师,我们班反正是垫底的,所以……",找平时关系较好的同学到办公室了解情况时,他们极力回避"是谁干的"的话题。后来终于大致厘清事件的来龙去脉:中职学校由于专业不同,录进班级的男女生比例不同,入校的中考成绩也差异明显,学校的班级周竞赛是一个标准,本班属于电子专业,没有女生。无论本班男生前期如何努力,卫生还是垫底,在每周一的集会上被多次点名,学生感觉非常无奈,直至"破罐子破摔":不知从哪天开始,值日生一人抬起脚踏板,一人将垃圾扫进,盖好,走人……

如何重新激活学生们的工作积极性?怎样化解同类问题?对于青春期的他们,通过制度强制执行肯定不行,问题的源头应在评价机制的合理性方面。通过百度搜索"班级管理""难度系数"等关键词,几无现成管理制度可供参考,受到某院校的人为规定"补偿差值2分"的启发,得给出一个合理的难度系数,才会让学生感觉"公平",才能真正激活学生的内驱力。

为实现班级管理评价制度的合理性,我通过与班主任的访谈,大致可以得知班级管理难度与入学的分数、班级总人数、班级中男女生的比例等因素存在密切关系。再通过阅读文献资料,借助统计软件,收集并分析了近五年来本校相应班级的男女生数、入学中考分数等原始数据,利用 SPSS 软件分析各因子对竞赛结果影响,检测到以下结论:其实班级竞赛分值主要与班主任经验、班级总人数、班级入学分及住校男生数相关,与所学专业关联还不是最本质的。具体数值见表1。

表1 数值

班级管理难度	班主任经验	所学专业	班级总人数	班级入学分	住校男生数
Sig.(2-tailed)	0.259	0.015	0.577	0.149	0.500

(注:Sig. 小于 0.05 表示不存在显著差异性)

利用线性拟合制定的中职学校班级管理难度系数量表,利用线性拟合的方法,再经德育团队协商,结合学校管理实际,给出不同班级一个难度的附加分(图2)。

这样创新操作的优点在于:开头所讲的那个工科班级通过班级人数、入学分数及住校男生数三个因素,可在管理难度值中得附加分 7 分,就算周卫生竞赛实际分只得 93 分,也能折成满分,荣获 A 等班级。这样学生就有了动力、有了希望,做事就有了热情,也解决了学校管理中"差班班主任"不愿当的现象。

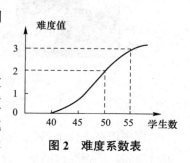

图2 难度系数表

——摘自本人课题《挖掘数据深层功效 助推职校精准管理》(市一等奖)

(4)"老师,我们班这次没考好,你会不会很伤心啊?"

高三分班后的某次测试,当我进入新班级准备分析试卷时,全班学生非常安静。"怎么了?"我有点心虚。过了一会儿,才有一个女生大着胆子说:"老师,我们班这次没考好,你会不会很伤心啊?""不会啊,才开始……"我小心试探。结果那女生说:"不可能,我们看出来了,你的神情透露了!"好敏感的女生!我才反应过来:"其实在上课前我刚查询了数据,对其中的一道三角求值题得分率感到诧异,可能是还没缓过神来。"

课中与学生互动时,我已明白了本题症结所在:"三角求值"中的那道题得分率比预期的偏低,可以追溯到两类学生来自不同班级,原来是先前不同的任课教师选择不同的教法所致。课后我从"云阅卷平台"导出学生的原始答卷时,竟然发现本题的两种解法中,利用"齐次法"的得分率达到 81%,而利用"代换法"求值的同学总体得分率只有 42%,之后经过团队的研究探讨,一致认为"齐次法"更加有效,符合中职学生喜欢可操作性强的教学方法的学习特点;"代换法"属于代数范畴,需要较强的逻辑思维性,而"齐次法"更倾向于一种"数学模型",有一个框架可以套用。通过理论探索得知,"数学模型化"应是"可视化教学"的一部分,中职学生更易于接受"可视化、可操作"的课堂教学。为了验证这一观点,课题团队还组织了一次较大规模的调查与访谈。

数据分析显示,由于中职学生数学功底较弱,只要是偏抽象的、逻辑推理强的数学知识,中职学生大都感到学习存在困难,因此,教师最好采用可视化、可操作、宽基础、少逻辑等特点的教学,中职数学的教学设计不能单纯以知识为中心,需要结合学情进行"反向定制",这对后继的课堂教学明显有着指导意义。本人对高三复习中"二次函数的图像与性质"的知识点进行了图谱设计,尽量做到以生为本,让抽象的知识也能呈现"可视化"(图3)。

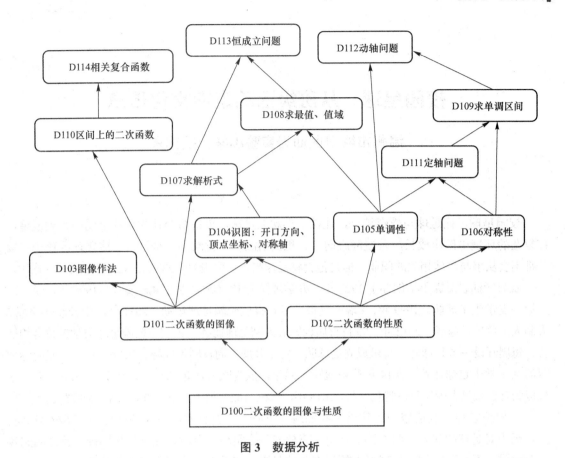

图 3 数据分析

有了知识图谱，再配置相应的习题，只要学生在哪道题错了，就能在图谱中找到相关的知识点进行查漏补缺，特别是通过网络阅卷，能获得更多的数据信息，能获得不同班级在某知识点上的得分情况，教师可借助数据循证的方式进行针对性更强的备课、授课，效果也非常明显。通过近三年的研究和积累，本人所在的教研团队不仅获得诸多科研成果，而且所在中职学校的数学高职考成绩已稳居浙江省同类学校的前茅。

——摘自本人课题《适切性视角下中职数学课堂教学的诊补策略研究》（市二等奖）

（5）结语。"数据虽无声，育人却有道。"数据及数据信息的运用，随着大数据时代的到来，如何助力学生成长、丰富学校管理，肯定还有更多更精彩的故事在后头，本文的几个案例旨在抛砖引玉，期待同行有更多更精彩的故事，期待更多的争鸣与探索。

校园足球：从班级活动走向文化传承

温州市瓯海区仙岩实验小学 姚锦勇

校园足球，让足球与教育结合，让孩子喜欢上足球，创造机会让学生在活动中得到锻炼，在复杂的环境中健康成长，营造健康向上、积极活泼的文化氛围。也许有一些踢球的孩子一辈子都不会从事与足球相关的职业，但是他会将足球当作一种爱好，这就是校园足球最大的作用。

瓯海区仙岩霞霖小学创办于1927年。办学规模为12个班，学生400多人。1996年，学校成立第一支学生足球队。1999年，《瑞安日报》专题报道校园足球运动。2011年，学校改建完成5人制人工草皮足球场。2012年，举行首届校园五人制足球比赛，正式将校园足球与学校教育相结合，每周开设一节足球课，每班成立足球队，每年开展一周校园足球赛。2011年以来，坚持参加瓯海区小学生足球比赛，2014年获得冠军，同年，成为瓯海区足球训练基地学校。2015年，学校成为首批全国青少年足球特色学校。2018年，学校与仙岩穗丰小学合并，发展为仙岩实验小学。

"校长老师，能把您的足球借给我们踢一下吗？"办公室门口说话的是一个五年级的女生。因为对足球的热爱，我的办公室里一直放着一个足球。有时，孩子们想踢球，就会跑到我办公室借。看着孩子们在足球场上快乐奔跑的身影，似乎看到了那个刚刚师范毕业风华正茂的我，看到了我和一群孩子在尘土飞扬的老式操场上，追逐着一个已经皮面斑驳的足球，看到了这些年一路走来，一个又一个爱上足球的孩子。

一、那些年，我们一起追过的足球梦

在我的空间里，有一张拍于1996年的照片，照片上是13个男孩子。这是我从教第一年班级足球队的孩子们，也是我们仙岩霞霖小学第一批踢球的孩子。20多年了，孩子们都已长大成人，且大多已为人父。

1996年，我从师范学校毕业分配到仙岩霞霖小学教毕业班。那一年，我19岁。那时的生活极其简单，没有计算机，没有网络，也没有手机，工作之余，就是读书、踢球。学校没有足球场，只有一片空地，还长满了野草，我时常独自一个人拿一个足球颠球或踢墙。

有一天，一群男生围上来，问："老师，您在做什么？"

我说："踢足球啊！"

"踢足球？老师，您能教我们吗？"

"你们也想踢吗？好啊！想学的，以后放学后就跟老师一起踢足球！"

从此，在落日的余晖中，我的身边多了一群孩子，我们用书包砌成球门，我们在满是杂草的泥地上奔跑嬉戏。

踢球会影响学习成绩吗？

多年以后，孩子们和我聚在一起，谈的最多的就是当年一起追过的足球梦。有个孩子调侃说："老师，我那时最担心的就是考试考不好。一旦考不好，你就不让我们踢球了！"

我委屈地说："你们可知道，我带你们踢球，得承受多大的压力！"

那个时候，踢球在很多人看来是不务正业。领导提醒我，要做好本职工作；同事劝导我，学生成绩考得好才是硬道理；有家长找来问我，怎么可以带学生踢球？影响考试成绩怎么办？踢足球会不会对学生的成绩产生影响，这对我们也是一个考验。我不得不向领导、家长保证，绝不影响学生的学业成绩，与学生约法三章，想踢足球先要考高分。

那年的毕业考，孩子们交上了一份满意的答卷，打消了我心中的疑虑。与原来相比，每一位同学的成绩都在提升，尤其是我任教的语文学科。有一位同学的数学考试只花了20分钟左右，成绩是满分。

多年以后的今天，我又问这批孩子："踢球影响你们的学习成绩吗？"孩子们是这样回答的："踢球以前，除了学习还是学习，挺苦挺累，对学习也没兴趣了，后来在足球中找到了欢乐，学习也更有劲。"

"踢球以前，课余时间不是看电视就是玩电子游戏，现在不同了，足球是我最大的爱好。"

"课余生活丰富了，学习自然有劲，老师您不是说过，玩得痛快才能学得扎实。我们就是这样。"

"老师你那时还说成绩下降就要退出球队，我们常抽空自己温习，上课集中注意力听讲，成绩怎么会下降？"

二、我们的球队就叫"落花生"

那时候，我带着我们班的孩子踢球，让很多男孩子羡慕。慢慢地，很多不是我们班的孩子也加入了我们踢球的队伍。

练兵千日，用兵一时。其他班级的一些同学组成联队，要与我们班切磋"球艺"。比赛前一天，我在班里给孩子们打气，鼓励孩子们做文明观众，给队员们加油。

一个孩子问："老师，我们的足球队有名字吗？"

"对啊，我们的球队得有个名字，那取什么呢？大家讨论一下吧！"

孩子们七嘴八舌地议论开了。一会，一个孩子站起来说："老师，我们的球队就叫'落花生'吧！"

"落花生？说说你的理由吧！"

那个孩子说："我们不是刚学过许地山的《落花生》吗？花生的特点是矮矮地长在地里，默默地埋藏自己。我们的足球队员也要像花生那样，做有用的人，不要做只讲体面而对别人没有用处的人。"

说得好！教室里响起了一片热烈的掌声。

脚踏实地、扎扎实实正是"落花生"的写照，又何尝不是我们每一个队员所应该具备的优良作风呢？

那一天，我们的足球队有了自己的名字，就叫"落花生"。

比赛时，孩子们高举小黑板，写着："落花生，必胜""落花生，加油"……

足球把场上的运动员和场下的观众紧紧地团结在一起。

三、老师，我能坚持！

那场比赛至今还让这群踢球的孩子们津津乐道，谈起比赛，个个回到了当年那个激情飞扬的年代。

我们不会忘记小个子后卫被有力的射门打在肚子上，忍痛坚持比赛；不会忘记队长在小腿抽筋的情况下顽强地将比分扳平；更不会忘记班长摔倒在满是石子的沙地操场上，膝盖还在流血……

孩子，歇一歇吧！回答我的只有一个声音："老师，我能坚持！"

足球比赛，实际是一场意志力的较量。

后来，一个孩子在他的作文《老师教我踢足球》中这样写道："踢足球是一种有益的活动，它既可以使人的大脑得到适当的休息，又使人增长见识、锻炼意志、促进健康。"

而后，每一年，我带的班级都会成立足球队，很多不是我带的班级也会自发组织足球队，许多热爱足球的社会人士义务地承担孩子们的校外教练。1999年8月，《瑞安日报》报社记者王永乐先生来到学校，对我们的足球运动进行了专访，他在专访中写道："炎炎酷暑，记者在学校操场上，见到了训练的小球迷，他们在教练的带领下，玩起了黑白分明的足球：点球、射门、带球过人……动作神态也毫不含糊。"仙岩霞霖小学的足球运动已引起我市体委领导及一些足球权威人士的注意，他们纷纷给予好评，寄予厚望……

2000年，我离开了仙岩霞霖小学，听说还有孩子在踢球。

四、中国梦，让每一个孩子想踢球成为可能

"足球要从娃娃抓起"——这句中国球迷耳熟能详的话，是由喜爱足球的邓小平同志最早提出的。2015年，中央全面深化改革领导小组第十次会议审议通过《中国足球改革总体方案》，首次将发展足球运动上升到国家层面。教育部、国家体育总局联合实施"校园足球"计划，为校园足球的发展提供了难得的历史机遇。中国梦，足球梦，让每一个孩子想踢球成为可能。给孩子们一个想踢就踢的足球场。

2007年，我回到了最初工作的仙岩霞霖小学。作为一个与孩子一起追过足球梦的教师，作为校长，看着体育教师带着孩子们在水泥地的操场上踢球，我暗暗下定决心，要给孩子们一个足球场，一个想踢就踢的足球场。

机会来了。2010年，在社会各界的支持下，我们计划改建操场。新改建的操场必须给孩子们一个足球场。虽然我们的操场很小，150米的环形跑道，中间还必须有一个篮球场。我和体育教师一商量，从环形跑道的中间一分为二，一边篮球场，另一边改建成当下流行的五人制足球场。2011年，我们的操场改建完成，我们的孩子有了一个属于自己的五人制足球场，这在我们街道是独一无二的。从此，孩子们可以开心地在人造草皮上踢球了，再也不必担心在水泥地上摔倒受伤。

五、以课程建设推动校园足球的发展

2012年3月，仙岩霞霖小学举行首届校园五人制足球比赛，全校四、五、六年级共6支代表队60多名选手参加比赛，15场比赛为期一周，孩子们称为足球周。

我们的校园足球运动逐渐步入正轨，在"健康教育"理念的引领下，以课程建设推动校园足球的普及和发展。一是在体育课中单列一节作为足球课，让每一个孩子踢球成为可能；二是班班成立足球队，有男、女两支队伍，每队10人左右，每年4月开展班级间的足球比赛，迄今已是第四届；三是每周五下午开展社团活动选修走班，组建学校足球队，聘请校外辅导员提高竞技水平；四是组队参加市区小学生足球比赛。

正如清华附小校长窦桂梅校长说的那样，体育应为小学核心课程，将"健康"作为首要的培养目标，以渐进的方式让所有人都爱上体育。我们"每周有足球课，每班有足球队，每年有足球赛"，逐步形成了"以球健体、以球启智、以球向善、以球致美"的校园足球文化。

开学初，我接到一个家长的电话。他说孩子选社团活动走班希望参加足球队，可是又担心名额有限。他说孩子喜欢足球，他也希望孩子能进足球队。我耐心地跟他解释，如果孩子喜欢足球，让孩子自己去找教师，向教师申请。就算这次落选，下一次选课也还是有机会的。更何况，我们学校还有很多途径可以踢足球，先参加班级足球队，上好每周一节的足球课，等技术进步了自然选进校足球队。家长一听，高兴地说："还有这么多踢球的机会啊！"

多年前，家长因孩子踢球找上门。今天，家长为孩子踢球找上门。这真是最好的足球年代。

六、我只是把踢足球当作一种兴趣

"嘟——！"哨声响起，比赛结束。"猴哥"和他的小伙伴们激动地哭了。2014年5月11日，当"猴哥"一脚踢进点球时，门将奋勇扑出对方点球，注定这是一个不平凡的日子，这一天属于"猴哥"和他的小伙伴们。

仙岩霞霖小学足球队队长，小伙伴们亲切地称他"猴哥"。2014年小学生足球比赛，"猴哥"和他的小伙伴们一次又一次击败强大的对手，一路过关斩将，从死亡之组挺进四强。决赛迎战上届冠军，孩子们在场上奋力地奔跑、拼抢、摔倒，再奔跑，神勇地顶住了强有力的攻击，1：1战平，最终点球获胜，书写草根足球的神话。这是热爱足球的孩子们给自己最珍贵的毕业礼物，是他们人生最美好的记忆。

有人问这些孩子，长大做什么？要进专业队吗？孩子们说："没有想过，只是将足球当作一种兴趣，有球踢我就高兴。"

快乐、友谊、不服输、勇往直前——这就是我们的校园足球。

顾明远先生倡导"活动教育"，从实践论的哲学基础、皮亚杰的心理学基础和学生主体论的教育学基础三个方面做了充分的论证。"活动教育"以学生为主体，让学生在活动中获取知识和智慧、能力和技巧，体悟人生，主动成长，形成正确的世界观、人生观、价值观，养成高尚的品质和完善的人格。

校园足球让足球与教育结合，让孩子喜欢上足球，创造机会让学生在活动中得到锻炼，在复杂的环境中健康成长，营造健康向上、积极活泼的文化氛围。也许有一些踢球的孩子一辈子都不会从事与足球相关的职业，但是他会将足球当作一种爱好，这就是校园足球最大的作用。

越努力，越幸运

永嘉县岩头镇中心幼儿园　金　乐

  我是来自农村的孩子，全天然的放养方式让我循规蹈矩地上小学、初中……父母常伴随在耳边的话语："如果你会读书，家里会让你好好读书，不会读，那就买头牛让你放牛去吧！"那时没多想，感觉自己非常听老师的话，一直走在好好读书的路上，直到努力工作……

一、幸运之门——梦想总是要有的

  1987年5月，对于即将初三毕业的优秀学生来说，面临着参加提前招和继续高中学习的选择。提前招，从教师的话来说，意味着从此以后端上了铁饭碗，吃公粮，拿工资，简直是鱼跃龙门中状元。当时，教师还向我建议，让我读幼师，因为幼师毕业出来分配最差的也是城镇，不会分到农村。那时我根本不知道什么是幼师，也没有上过幼儿园，只知道出来就是带孩子的教师。当年，有浙江幼儿师范学校和温州幼儿师范学校两个学校，教师建议我能够考上温州幼师就万幸了，全县只有一个名额的浙江幼师就甭想了！真是"初生牛犊不怕虎"，那时的我心里想着：要报就先报浙江幼师，真不行再报温州幼师！在教师劝说无果的情况下，我第一个志愿毅然决然地填了浙江幼儿师范学校。

  日子在忙碌和焦虑中度过，面试的时间到了。那天早上，我在父亲的带领下找到了温州九中的试场，迟到了……在监考教师的催促下，莫名其妙的我进入了教室：教室的前方放了张桌子，桌上摆了一个热水瓶，旁边的人都在埋头苦干。此时，懵懂的我觉得似乎该干点啥！没有学过美术的我拿起了笔，在紧张的对比中画下了热水瓶、桌子，同时还画了朝着我们的抽屉，现在想想，似乎还有点透视的原理呢！

  一轮轮的面试项目在焦虑中度过，在教师的引领下，我来到了音乐室，我在紧张中完成了专为这次面试准备的一首歌，那也是教师事先告诉我而准备的！然后是弹钢琴，根本不可能的事，学校里也只有风琴呢！我只好在教师的指导下尽量地让自己的手指张开到最大限度，好像是跨八度。接下来又是节奏和听力的考试，长长的稳定的二分音符、四分音符我都能拍出节奏，碰到切分音的时候，听了好几次就是拍错。记得当时的教师问我："你平时有上音乐课吗？"我说："老师，我们学校没有上音乐课的。""那你是怎么会拍节奏的呢？""老师，那是因为我们村里老人死了，都有吹吹打打唱歌的，我很喜欢就经常跟着去听，感觉上是这样就这样拍了。"我如实回答。最后让我跳个舞的时候，我更不会了，无奈教师只好让我做了几节广播操。

  等待的日子总是漫长，在我患得患失，认定基本无望的时候，一天，村里的广播提示我有一封挂号信，我打开一看，兴奋地叫出了声，原来是浙江幼儿师范学校的录取通知单。感谢我的初中教师，让我走入幼师的校门！庆幸自己：梦想总是要有的，万一实现了呢！

二、求学之路——世上无难事，只怕有心人

没见过世面的农村娃在学习的过程中总有那么点难忘的事！第一次到学校，是父亲送我去的杭州，乘了一天的长途汽车，把我送到寝室，绕了一圈校园就走了。用我妈的话说，第二天起床刚打开门就看到我爸爸，惊讶地说："你怎么也不陪陪女儿，马上就回来了，孩子可怎么办啊！"要知道，初中毕业的我还没单独一个人离开过家，去过一个地方呢，即使是温州市区或旁边的乐清白象。不得不佩服自己的适应能力，看到隔壁的同学们经常抹眼泪、哭鼻子，说着想家的话，我就这么硬生生地挺过来了，只有在八月十五那一天，全班的同学听着潘美辰的《我想有个家》的时候，全线崩溃，包括我也哇哇大哭。

生活能力不怎么样的我不仅能缝好自己的棉被（那时还没有被套），还会帮同学缝，也曾试着给同桌剪过几次学生头。

在幼师学习的道路上，先天不足的我要做的事情比别人多。首先就是普通话，因为那时的教师有部分是不说普通话而说方言的，说的也是不标准的，因此那时的我不仅带着温州口音，而且是怪怪的温州的普通话。可想而知，上课回答问题的时候有多么尴尬和自卑。记得语文课的张宏教师，同学们都喜欢他的课堂。在一次作文课的时候，他一次次的不点名地说出作文的内容，让该作文的同学起来读一读，我心知肚明，教师表扬的是我，鼓励的是我，但我还是犹豫，不敢举手。终究抵不过教师的坚持，我战战兢兢地小举了我的右手，张老师毫不迟疑地叫出了我的名字，我觉得那天是在同学们的忍耐和包容中读完了那段文字。幼师学校里非常注重口语的表达和普通话的标准，最后我在努力煎熬下终于达到了二甲的成绩。

在学校也有很多的趣事：记得舞蹈课时间，也是我们班同学的受难日，我们的教师经常取笑我们同学：我家里的那只猫都要比你们跳得好！劈叉下腰，凑巧来个燕子探海，没有舞蹈基础的我们气得教师跳脚，经常一脚就扫过来，吓得我们不敢大声喘气。我真恨那时候的自己，竟然听不懂教师说的"表情、表情"是个什么东西，后来终于明白就是"傻笑"。现在还记得，有一天上藏族舞蹈动作课，教师竟然叫我上去示范，还说这才是舞蹈，我一脸的懵，后来心想：原来这就是跳舞，甩袖子的时候全身的骨头要像散了架似的，摇摇摆摆。

为了技能的提高，双休日我们几个同学总是早早起来，有人去抢琴房，有人去食堂买早餐，练了琴再跑舞蹈室，忙得不亦乐乎。学习是辛苦的，但也是有回报的。在我的努力坚持下，有几个学期我竟然获得了学校的奖学金。努力学习的过程让我明白：天下无难事，只怕有心人！

三、教育之心——一辈子做好一件事

1990年我从浙江幼儿师范学校毕业后，便扎根永嘉县机关幼儿园，担任9年的班主任，4年的教学副园长，16年的园长。在工作中，我认为：只有热爱这份职业，才能做好这份事业。我最幸运的是：我的职业是我喜欢做的、做得快乐的一件事！因此我每天早早来到幼儿园，班级、小朋友中间经常穿梭着我的身影。朋友们说我："家里的事你不管，幼儿园的事你跑得比兔子都快！"很多人笑我是"工作狂"，我总是默默地回答："我喜欢，所以我快乐！"……

怎样让孩子在游戏中快乐地学习，培养良好的行为习惯和学习习惯，为孩子的终身发展打基础是我一直思考的问题。带着"完整儿童"的发展理念，我不断地思索和改进工作。在幼儿园里，我们经常会发现有那么一些孩子，被同伴贴上标签，从而自暴自弃，造成厌学等现象。幼儿园也曾有位小朋友，行为习惯极差，影响全班孩子，造成了很坏的影响，也成为全班的标签生。其他家长也跟教师和行政人员反映。班级教师多次和该家长协调，也让家长及时配合幼儿园教育，做到家园一致。多次协调，家长烦了，反而怪教师，要提出调班，教师心凉了，建议孩子换幼儿园……我在向教师、家长分析利弊后，带领行政人员一起进班了解幼儿情况，组织讨论、制订孩子的教育调整计划，教师每天跟家长沟通，行政人员每天不定时地进班，以行政人员的职业魅力和教育方法接近幼儿，鼓励支持，发现闪光点，逐步树立小朋友在班级里的声誉和自信（如经常到班级说说这个孩子近段时间有进步的地方，发一张园长的专项进步奖等），鼓励孩子自觉克制自己的行为。经过半年多的共同努力，这位小朋友不仅个人习惯有很大转变，还在我们的推荐下参加全县七巧板比赛，获得二等奖的佳绩。这不仅树立了小朋友的信心，而且让家长看到了希望，同时，给了他们满足感和成就感，改变了孩子的行为习惯和认识。在这个过程中，带给我们更多的是思考和发现，逐步地改变着我们的儿童观、教育观。

在教育教学中，我越来越有使命感和责任感，越来越觉得专业之路的重要性。因此，我坚持自己的专业发展，走近儿童，解读儿童，进班上课，参加各级各类比赛等。1999年，我在当副园长的时候，从县里开始一路参加到省里的教坛新秀评比，获得了浙江省"教坛新秀"荣誉称号。2012年，我又参加市里的"教坛中坚"评比，在别人感觉不可思议的同时，再次展示了自己的教学基本功。同时，我致力于幼儿园的课程改革，2006年，提出了"楠溪江本土课程"的开发，2008年在省市立项。十余年来，带着团队逐渐形成了具有幼儿园特色的"童韵"课程体系，经历了从量变到质变的过程。2012、2017年课程成果《我爱楠溪江——幼儿园本土课程的研究和实践》《楠溪小韵园本课程二次开发和实践研究》分别在浙江大学出版社、上海交通大学出版社出版发行。在课程改革的过程中，我们有很多的困惑和困难，但我们始终坚持着！

2013年，我走上了园长的管理岗位，坚持科学、民主、艺术相结合的管理模式，知人善任，善于发现教师的闪光点。以自己的人格魅力和课程领导力影响、感染教师，引导教师共同发展，形成团结、和谐的人际关系，注重幼儿园文化的建设。运用行政影响力，引领教师形成正确的人生观、世界观，正确处理国家和集体、集体和个人的关系，培养教师的良好素养。在日常工作中，注重发挥团队的作用，聆听团队的声音，依靠团队引领幼儿园发展。因为我知道：水能载舟，亦能覆舟！2017年，响应教育局出台的"发展共同体"的文件精神，我担任岩头中心幼儿园和机关幼儿园两个园的园长，肩上的责任重了，但我的责任心不变。抱着"边做边调整"的指导思想，不怕困难、全力以赴的心，一路前行。我始终相信：办法总比困难多！

四、成长之路——心有多大，舞台就有多大

在成长的路上，总有着机遇和挑战！2013年在教育局政工科的牵头下，我们组织了永嘉县领军教师培养工程，我们学前教育有幸邀请了杨蓉教师作我们的指导师，师徒结对一年半时间。这是我专业发展的重要契机。杨老师是我成长过程中的贵人，在她的关心引领下，我拥有

了不一样的平台，有了更广阔的舞台。参加了刘力教授组织的"浙江省幼教高端班"，在刘力和姚安娣老师的精心组织下，我非常幸运地得到全省特级教师的全面引领和指导，与全省的优秀教师共同学习。后我又参加了浙江省"名师名园长"培养对象培训班、温州市"十三五"领军教师培训班，对自己做了更详细的规划，得到了专家有针对性的指导！

  机会总是留给有准备的人！在学习的路上，我不断更新自己的教育教学理念，跟着特级教师、优秀教师的脚步，融会贯通，学以致用，从不懈怠。记得第一次的高端班学员公开课，六个名额，里面没有我。活动时间接近，有一天，姚老师打电话问我可以上公开课吗？因为事先上课的一个教师临时有事上不了，我欣然接受，在杨蓉老师的亲自指导下，我顺利地完成了第一次的省级公开课，这也让我走进了大众的视野，在获得了好评的同时也增强了个人的自信心。2014年高端班组织的"浙派新名师公开展示活动"让我又一次走到台前，音乐游戏《小鸡kimi》展示了我的教学魅力和教学风格，让我崭露头角。后来，我参加了多次的省级送教下乡活动，多次开展的音乐游戏活动《超级玛丽》《非洲欢迎您》《孙悟空打妖怪》等都得到同行的好评！我还参加了西藏青海、玉树的支教活动，在省内拥有了一定的知名度！2016年，我获得永嘉县"名校长"、温州市"名师"的荣誉称号。2018年，我获得浙江省"特级教师"称号。荣誉的获得是天时、地利、人和的结果，我始终心怀感恩，感恩一路上遇到的专家和导师，感谢遇见的美好！在幼教的道路上，我将十年如一日地坚持和努力。我坚信：越努力，越幸运！

我的教育故事之"黑天鹅"事件

温州第二高级中学　钟伟建

说到教育故事，大家脑子中蹦出的都是成功人士的成功案例，然而我的这个并不是，我的"故事"堪称"事故"。

一、我被家长举报了

一天中午德育主任告诉我，家长联名向部段投诉我了，随后转发了一份名单给我。我一看，天啊，有十二个之多。选科分班没到一个月，竟然有这么多家长对我有意见，是什么情况？

问具体因为什么事，说是有学生向我反映寝室里电话坏了，我冷冷地理都不理。没有任何一位学生，也没有任何一位家长向我反映寝室里电话坏了要我去处理呀！我隐约想起组班没几天，有个妈妈私下微信我，孩子寝室电话坏了联系不上，让我通知她小孩给她打个电话。要知道，班主任的职业习惯是抓住一切机会教育学生，新班当时来了两个分校的学生，对学校生活不熟悉，现在孩子生活能力又普遍弱，于是我在班级里说了这样的一段话：同学们遇到事情不要只会找家长，要学会自己处理。如寝室电话坏了，你们只会求助家长，家长一般会跟我（班主任）说，我其实也搞不清哪个寝室具体由哪个生活指导教师负责，我一般会反映给后勤部门，后勤再跟生活指导教师说……你们直接找生活指导教师多方便呀！（住宿制学校，学生一回寝室就可以碰到生活指导教师。）然后还告诉他们存生活费去哪里，拍校园卡照片去哪里，买校服去哪里……没想到就这番日常的教导成了家长举报我的导火索。

我仔细回想了一下自己跟这些孩子及家长在这三周来的交际，找找自己到底有什么地方疏漏了。其中一个孩子有次到我办公室直掉眼泪又不说话，我知道她想家了，就让小孩分别给父母打了电话，结果似乎不让人满意，小孩抹着眼泪回教室了。我不放心找她聊，小孩还是不愿说，于是我又自己给她妈妈打电话，让家长过来接孩子回家住一夜，顺便开导一下。第二天早上 6：48，家长打电话过来问孩子到教室了没，那时我车子刚开到学校门口，到了学校发现家长在 6：45 的时候已发我微信问过我同样的问题了。当周周日下午三点多，家长又在微信上问我孩子到教室了没有。这样任性的家长凭什么投诉我？一个家长午休期间打电话把我吵醒要我做孩子的思想工作，我很有耐心地跟她沟通了个把小时，当时对方也很客气，一直说感谢的话，后来我把事情也处理得很好。我没有意识到自己哪里得罪她了！还有一个家长是教育系统的主要领导，曾向我提出孩子眼睛散光，个高总是坐后排，希望我能把小孩座位排前一点。排位那天恰巧留出了一个稍微靠前的位置给这个孩子，可是最后这孩子自己坐回后排了。小孩自作主张，这事情也能怪我？有几位家长加了微信，讲了希望教师多多关照的话，我也都热情地回复了! ……十二个家长全都没见过面，有三个甚至连微信都没加过。我这是遇上了一群怎样的家长？

看着这十二个孩子的名单，我发现大都是两周观察中发现的重点工作对象：成绩不够优秀，上课不专注，自修课会吃东西，下课爱闹腾……我记起主任提示我的一句话："关注一下，这些孩子来自哪个班！"

我发现，有九个孩子全都来自原来的 Q 班。

原 Q 班有十个孩子选了这个组合，是进入本班人数最多的，其中有九位家长出现在了这个投诉名单中。唯一没在的是一个段家委 Z 家长。Z 家长说家长们在段家长群里说各种难听的话，他出面阻止，然后把情况汇集起来反馈到部段。说起 Z 家长，我对他的印象非常好，私下微信里他多次表示作为家委一定会支持配合我的工作。有次一个妈妈大中午在班级群@我，说自己在学校门口，让我通知她孩子出来一下。我跑到教室一看，教室空空如也。一会儿 Z 家长微信我说自己已经告诉这个家长要注意作息时间，这个点教师找学生不方便。他表示，教师只需专心教研教学，其他杂事家委都会尽力做的。遇到这样明事理的家长，我的心被暖到了。

我想知道问题到底出在哪里，就跟 Z 家长联系了。一沟通，事情比我想象的还要严重。家长们不止对我班主任工作有意见，还质疑我的教学。例如，说我上课声音太轻了。可这不可能呀，我带着扩音器呢。说我上课用手机，还看手机。我把上课教案传手机上了呀，难不成教师带着教案上课也有错？何况我无纸化办公都五年了，今天倒出问题了。说我文言文没有一个字一个字翻译！语文教改这么多年，谁规定教文言文必须逐字逐句翻译的……意见太多了，而且每个都很无厘头。

在教学方面，我还是有些自信的，分班后经常有学生来表示不舍，莫非是换班造成的？选班后，学生中就流传出我带的是一个理科组合班，后来竟到了全段皆知的地步了，就差最后一步没公布了。这个理科组合班高手云集，原重点班中前几名的学生基本都到这班了，我内心也接受了这个成绩突出的班级。直到学生报到前我才拿到名单，才知道跟传说中的不一致，班级和同为语文教师的原 Q 班班主任换了。现班级偏文，成绩弱不说，人多女生多，"篮子"多事情肯定多。虽说内心有点小失落，但是我知道现组合中有学生和家长提出过让我带的意愿，学校做这个安排是基于对我的信任，我要对得起这份信任，所以我很快调整了心态。万万没有想到，"红"极遭"黑"，好班被换，还遭质疑，实在是有苦难言。

Q 班班主任说 Z 家长能力很强，班主任把所有事情交给他就可以了，他会把一切摆平的。原 Q 班学生开始对某个教师也有过意见，是 Z 家长做通了其他家长的思想工作，后来学生也认可了这个教师。原班主任的话让我更加信任 Z 家长。

Z 家长也一直让我不用担心，他会把事情处理好的。当天晚上他告诉我自己跟大部分家长通过话了，大多数家长都被说通了；也跟那个教育系统的领导家长通了四十多分钟的电话，对方说不会计较座位这种小事的。但最后 Z 家长又说了一句："我自己也是个特级教师，课堂不被学生喜欢，教师要反省自己！"

二、真相浮出水面

第二天跟办公室同事一吐槽，才得知这个管教育的家长教过几年书，但根本不是特级教师。过了一阵子，我冷静了下来。一位教师出身又管教育的领导，不可能说出这么"专业"的外行话来。作为家长，他公开贬损自己孩子的班主任有必要吗？即便心里有意见，他有必要跟另一个社会上的人说他人的坏话吗？更何况领导干部又有什么闲工夫跟别人聊四十多分钟的电话？Z家长把其他家长当枪使，但是言多必失。

早上Z家长又给我发来了好多短信——说是自己谈过话的家长的回馈，同样不是截图。我很快发现端倪，所有短信似乎都有意无意地透出一点，反映的是女学生家长，而Z家长的孩子是个男生。

Z家长才是问题所在！

果不出所料，发给德育主任的所有短信并非截图，都是他编辑的。以家长的口吻，言辞极其不堪，每条都到了人身攻击的地步；很多都托他人之口，上纲上线。唯一一条Z家长以自己身份发的举报性短信，是更早前发给教学主任的，原来说我上课不逐句逐字翻译"需要深入谈话"的就是他自己。为了进一步证实自己的猜测，我找出了一条明确指向某位学生的短信，并向这位家长证实，家长很肯定地告诉我："老师，我没有发过这样的短信！"

事情开始出现转机，另一位家长联系上了我。据说这位家长听闻此事也曾给部段打过电话，他求证过自己的孩子，表示我"是位很好的老师"。从这位家长口中我逐渐地了解到，家长们在大群或者班级群吐槽我是根本没有的事，整个事件全是Z家长一个人搞的，他借用了自己在Q班的"群众基础"，私下搜集我的"证据"，添油加醋，甚至把各种揣测扭曲变形后成了实锤。

那Z家长为什么拿我开刀呢？这事还得从W同学——原班级留给我的一个痛说起。W父母是医生，父亲对女儿极其宠爱，看过太多孩子心理出问题，他只希望小孩健康快乐成长，长大后能留在身边，所以对成绩不作任何要求。中考进入这所重点高中，孩子直言是超长发挥多了50多分的结果。疫情期两个多月的网课间，W迷上了网购，花了三千多块钱，买了一堆衣服，从未参加过一次早自修，有记录的旷课就达三十多节课，父亲也没说她。W同学生性活泼好动，爱交朋友，到哪身边都围着一堆爱说爱闹的女同学，这Q班中有六个女生就是和她同组坐的。先前在班级里没少让我头疼，下课闹，上课也爱讲话，同桌成绩后退得一塌糊涂。有次同桌的妈妈想和W家长碰面沟通一下，W父亲霸气护娃，直接拒绝了该家长和我。说实话，这孩子真是个人才，脑瓜灵，能力也不错，她要学好，是个不可多得的助手，要跟你作起对来，那是够你受的。

至于她为什么和我有芥蒂，原因出在一次她做的课前演讲上。W演讲的内容是这样的：一个小孩在学校与同学闹了矛盾，回家跟母亲说了之后，母亲批评了他，然后这小孩跳河自杀了，这事在网上引起了激烈的讨论。W同学的核心观点是，批评这个孩子的都是大人，认为他没有为父母着想，孩子们则都站在这孩子一边，认为他有权力这么做。W认为大人会帮大人说话，他们小孩当然也支持小孩的做法。她还认为父母对孩子好是因为希望子女长大后能回报父母……我当时第一个反应是要教育孩子们珍惜自己的生命，所以当即表态：作为家长，我为孩子而付出是为了孩子有更好的人生，绝不是为求回报；生命是第一位的，这孩子自杀就是错误的……但是显然W心里不舒服，而且班上还有支持者。为这事，我愁了一段时间，私下做了这些学生的思想工作，也关注过W的家长，发现其家庭并没有问题才放心。但是因为我的"不认可"，小孩子开始暗暗跟我杠上了，而父亲的拒绝沟通也使这件事情没有得到妥善的解决。我带理科班的说法出来后，W以为我管不着她了，还明着跟我较了一阵劲。后来发现自己还得留在我班里,她能不折腾吗?如果在原班级,同学间彼此了解,她再折腾也没人理会,而新班学生都不知情,被"老同志"一吓,几个孩子回家就跟家长吐槽了。这事就被Z家长拿来做文章了。

事情马上有了反转,新同学很快熟悉了,可能发现班主任并不是W所说的那样,有人就把矛头指向了W,舆论认为给部段的"反映材料"就是W同学所写,内心冤屈的W为此哭了好几次。当然,我这个当事者是最后知道真相的人。

我知道教育W这样的孩子需要时间和时机。我把她叫过来好好谈了一次。她一直为自己喊冤,用她的话是不能把家长的错算在她头上,自己无非就是在边上"煽风点火"而已。W还很委屈自己总是背黑锅(跟W要好的同学成绩都后退,家长都认为是受了W影响),从心底里表示"以后再也不闹腾了"。我也指出了这期间的利害关系,她一个任性的做法让自己和教师都受到了伤害,也肯定了她这段时间有很大进步。确实最近她吵闹得少了,上课也认真了,在我课堂上还会举手发言。

借用这个时机,我约W父亲谈了一下。原来父亲一直坚信女儿会把所有的事情跟自己讲。诚然,这对父女关系还是挺好的,如女儿会告诉他先前同桌是因为失恋了,又不能跟妈妈讲,所以经常找W谈心,W呢,宁可受人误解也要当好知心姐姐。但是显然,她对父亲隐瞒了自己在校的"丑事",比如演讲的事情对父亲只字不提,这回因同学们反戈一击学乖了,却告诉父亲是因为最近班主任不再针对她了……家长毕竟也是知识分子,很快就明白了。离开时,家长握着我的手说了句:"老师,对不起呀。"

一切水落石出,再后来借着家长开会之机,我让Z家长约上几个举报我的家长,他百般推脱,见实在没法了叫了两个。事情当然如我所料,那两个家长对整件事一无所知,更别提什么举报的事了。Z家长当然清楚我什么都明白了,尴尬地借故提前离席。几天后,他打电话给我,为这事郑重跟我道歉。

这些道歉虽然姗姗来迟,但是对一个教师的尊重和肯定。

三、我感慨万千

现如今教师被家长投诉的情况不少,但是被诬告的,大概率不多,我不妨把这事称作"黑天鹅"事件吧。它就这样真实地发生了,从中我看到了一系列跟教育有关的问题,选几点来谈谈。

(1)我感到教师是弱者。从"黑天鹅"事件中可以看出,网络暴力并没有对教师显示出和善的一面,社会人可以在网络上任意发表揣测、攻击教师的言论,而教师不能反击,也制止不了。可能有人说家长不是最尖锐的群体,但那份克制也是因为他们的孩子还需要我们付出。而且家长投诉教师,尽管内容不真实,举报者也不会因此受到处罚,教师则只能自求多福。在"黑天鹅"事件中,W家长毫发无损,而我得以保全有些侥幸。我想一个很重要的原因是自己兢兢业业从而有底气对抗这种质疑。从接手班级到现在,我一刻也没放松过,一天也没在正点下过班。有天晚上校长过来巡视看到我,还说了句"你怎么天天在办公室?赶紧回家!"的话呢!其次,学校在这事上是保护了我。从头到尾,校长和部段都给了我充分的信任和支持。主任把事情告诉我的时候就说:"我们绝对相信你,遇到问题我们配合你。"而校长明事理,看问题眼光犀利,对待事情宽广有温度,能够倾听一线教师的倾诉并且给予开导与指引。如果没有学校的信任，大概率，我会被处理或被谈话或被领导不待见。我很庆幸。

（2）家庭教育该何去何从。现如今家长的文化程度逐渐提高，对教育也有了更多的主见。以往家长唯学校是从、唯教师马首是瞻的情况正悄然发生变化，当家庭教育和学校教育并不一致的时候，家庭教育跟学校抗衡的现象逐渐多起来了。如医生家庭，父亲在教育自己孩子的问题上很有主见，也很有底气，他清楚自己要什么。如果不是自己小孩最后受伤害了，家长是不会理会学校的一套的。现在生活条件好了，孩子最多只有两个，父母对孩子非常宠溺。在我这个男女生数接近五比一的班里，我的感受更为明显。家长对孩子有要求，也仅限于学习，其他的绝对给予尊重和满足，其结果往往是孩子虽然懂道理但改不了任性。为什么社会越来越注重生命教育，但学生自杀的悲剧在一次次上演，我以为我们在教给孩子独立自主意识的同时，让孩子也学会了说"我的生命我做主"。学校教育面对不同于自己的家庭教育时，该选择妥协以保全自己，还是选择融合以中庸对之，还是选择对抗以捍卫真理？我感到迷茫。

（3）家校要在多大程度上进行合作。原先班级都成立了家委会，各班又推举一位家长当段家委，分班后我班里就有了四位段家委。家委会在家校沟通上确实立了大功，但是也给我工作增加了额外的负担。家委会成员基本自荐，家长的素质也是参差不齐。比如W家长私下投诉学校、教师和生活指导教师已不是一次两次了，有些事还是他自己出面做的。投诉于他有利无害，于是在投诉之路上他越走越远。这次投诉我，如果没有学校的信任加上我的穷究到底，他一箭至少三雕：以段家委之名，他得到了部段的赏识；以"忠臣干将"的角色，获取我的信任；以热心家长的身份，收获一拨家长粉丝。可惜人算不如天算，玩过火了。后来他还打电话质问主任为什么把这事跟我说了呢，如果不是孩子在我班，结局如何不得而知。然而不管怎样，我坚信W家长对孩子是真心的，对教育也是重视的，这种真心和重视加重了对学校和教师的不信任感。例如，他向我打听新班科任教师还打听我原班的教师（分班后科任教师跟着班主任走），听说政治和历史教师换了就刨根问底。其实是因为年轻的政治教师怀孕了，高三就下来了一位资历很深的教师接替她；历史学科则是考虑到工作量，教师教学考和选考班要搭配。我想，如果刚好相反，由年轻的教师取代资历深的教师，他一定会拿起"投诉"武器的。教师在讲无私奉献的同时，是否要让家长看到以求自保？教育在教孩子的同时是否要放下身姿求取家长信任？我感到有些无奈。

从"无人问津"到"秒杀抢课"的逆袭
——我和《趣味戏曲》选修课程的故事

温州市第二十一中学　张文静

文思如泉难抒情，
静影飘然我独行。
老来若能桃李艳，
师心不负日月明。

这是我写的一首藏头诗。每次上高中语文第一课，我总是这样向学生介绍我自己。总觉得纵使有如泉的文思也难以表达我对戏曲的这份热爱，总想将它带进中学校园，将它发扬光大。

此身浮云 / 飘心飞絮思不群 / 常闻戏曲 / 方觉一缕香魂尚存 / 是你让我 / 为你哭 / 为你笑 / 为你迷 / 为你痴……

由此，也可见我对戏曲的痴迷程度。自进入中学任教开始，我就想着有一天能够在学校里开设戏曲课程，以传承并弘扬民族经典文化。可事实上，这是一项非常艰巨的任务，很多年过去了，我也没有找到志同道合的人，也没有愿意跟我学习的学生。真可谓"静影飘然我独行"，颇有凄凉之感。

一、初设戏曲课程，无人问津

2006年，浙江省启动了第一轮新课改，提倡在中学开设校本课程。当学校让我们填报开课申请时，可把我高兴坏了，心想：这下可有我的用武之地了。毕竟有很多积累，所以用不了半天时间，我就填好了申报表，规划了18个课时内容，兴致勃勃地向学校递交了《走进中国戏曲》校本课程开设方案。我满怀希望：这下好了，有了学校的支持，我一定可以找到一批与我一起学习戏曲的孩子，让他们爱上戏曲，弘扬戏曲文化。选课结束的那天，我真是又兴奋又紧张。两天的焦急等待，却只等来了"可惜"两个字。教科室主任语重心长地跟我说："文静啊，你这个戏曲的课程方案写得不错，我很看好，但是没有一个学生选啊。""哦，好吧！"我悻悻地走了。回去的路上一直在思考：为什么呢？可能是课程内容设计得不够吸引人吧！

2007年，我认真修改自己的校本课程纲要，丰富课程内容，再一次向学校递交了我的开设校本课程申请报告。我自认为已经做了很多努力，这次总会有人选了吧。公布课程开设的那天，教科室主任面带微笑地向我走来，让我看到了极大的希望。我迫不及待地问："赵老师，怎么样，可以开吗？""可惜。"听到这两个字我就觉得好绝望。"虽然没有开设出来，但是这次已经有3个学生选你的课了，你应该高兴啊！下次再努力努力，说不定就可以了！"赵老师安慰了我一番。唉，还是没能开出来，我百思不得其解，为什么呢？明明这么有意思的课怎么就没有学生喜欢呢？看我在办公室唉声叹气，好多同事都来劝我："你还是算了吧，别再瞎折腾了。你说这戏曲吧，连我们都不喜欢了，学生怎么会喜欢呢！""对呀，这戏曲伊呀呀呀唱个半天也唱不完，好不让人心烦。""你唱得是挺好听的，我倒是喜欢，可是学生也得有音乐功底啊，要不然谁能唱啊？"同事们这一劝，没把我的热情劝没，反而把我的意志劝得更加坚定了。

我仔细琢磨同事们的话，觉得很有道理。也许这就是学生们不选我的戏曲课程的主要原因。那还有其他的原因吗？为此，我私底下找了一批学生咨询，之后总结出四大理由：一是对中国戏曲不了解；二是觉得戏曲唱腔太老套；三是认为戏曲知识太枯燥；四是担心无法唱好戏曲。面对这个调查结果，我一下子又重新看到了曙光。要想让学生去选择我的《走进中国戏曲》，宣传很重要。最起码要先让学生知道什么是中国戏曲，明白中国戏曲也是好玩、好听、好学、好唱的。

二、借力各种课堂，引生入戏

（1）在自己的语文课堂中见缝插针，植入"戏曲因子"。例如，在教授《祝福》这一课时，自己清唱了一段越剧《祥林嫂·听他一番心酸话》："听他一番心酸话，倒叫我有口也言难开。有钱人娶亲是平常事，那穷人无钱亲难配……"，这一曲让学生在回味醇厚的越韵中感受到祥林嫂对贺老六的那份同情，对婆婆的怨恨，那种留不得、走不得、生不得、死不得的幽怨纠结之情。在教授乐府诗《孔雀东南飞》时，我给学生们唱《人去楼空空寂寂》："人去楼空空寂寂，往日恩情情切切。忆往昔，往昔夫妻甜如蜜……"，这一曲让学生感受焦仲卿离开妻子后的无限哀伤和心中积蓄已久的悲愤与无奈。在进行《林黛玉进贾府》教学时，我教学生唱《天上掉下个林妹妹》："天上掉下个林妹妹，似一朵轻云刚出岫……"，用欢快的曲调唱出贾宝玉见林妹妹时的惊艳与似曾相识之感。这些用越剧特殊唱腔表达出来的情感是我们用读和看根本体会不到的。而且听惯了流行歌曲的学生，偶尔听一两段韵味深长的越剧，也觉得"有趣""有料"。就这样，我首先把自己语文教学班的孩子们带进戏中来，慢慢激发他们学唱戏曲的热情。

（2）主动"请缨"为请假的选修课教师代课。我跟教务主任说，只要是选修课程教师有请假的，需要找人代课，你都找我，我都可以帮你。他很高兴，毕竟选修课程的代课教师是很难找的。于是，无论什么选修课，我都给学生上《走进中国戏曲》课。我可以很自信地说："只要给我一堂课，我就能让学生对中国戏曲改观。"事实就是如此，记得我给初中的《歌词中的文学艺术》《英语直拼法》《快乐编织》和高中《走进红楼梦》《英语语法与听力》《民族舞蹈》等选修课代过课。每次课后，总有学生发出感叹"想不到戏曲课也挺有意思的""原来中国戏曲是这样的呀"，还有些学生是哼着黄梅戏"树上的鸟儿成双对，绿水青山带笑颜……"走出教室的。虽然因为上了很多课，自己身心俱疲，但听到这不成调调的哼声，我内心的那股高兴劲掩不住地浮上了面容。

除这些外，我还采用了很多方式向学生传播戏曲知识。如在中澳部的 VCE 中文里有一块内容是专题研究，我就带领学生共同观看越剧《陆游与唐婉》，带他们欣赏名段《钗头凤》，引导他们不仅从艺术角度来谈这首词的经典之处，而且从唱腔、情感角度谈它的内涵。在高中部教授《长亭送别》时，我就带学生一起欣赏越剧《西厢记》，学唱名句"碧云天，黄花地，西风紧，北雁南飞……"；讲到《闺塾》时，我就跟学生聊昆曲《牡丹亭》，发起对杜丽娘和柳梦梅"为爱而死，为爱而生"爱情观的探讨。

记得有一次在学校日益讲坛《国粹京剧》分享课上，我指导学生如何"三看脸谱来识人"，通过不同的色彩、图形、图纹可以看出人物的性格、年龄、身份、地位、美丑、经历、命运、情绪等。最后学以致用，让学生结合自己刚学过的《鸿门宴》和《廉颇蔺相如列传》两篇文章内容及背景知识，为项羽和廉颇画一张脸谱。有学生在廉颇的脸谱上面画了许多荆条，我问他："为何这样设计？"他说："老师，你不是说从脸谱上可以看出这个人的重要经历吗？后羿脸上有很多太阳，通过太阳我们想到了后羿射日的故事。你看这荆条不是就代表负荆请罪吗？"每一位学生设计的脸谱都不尽相同，但是他们都在认真地翻阅这两篇文言文，为自己设计的脸谱找出一个合理的解说词。

课后，很多学生跟我说："老师，今天的课太有意思了，我还从来没有上过这样的文言文课呢！"就这样，我用自己的方式吸引学生渐渐走进戏曲。

三、开设趣味戏曲，秒杀抢课

2008年，我将自己的校本课程由《走近中国戏曲》更名为《趣味戏曲》，再次向学校提出开课申请。这一次终于如愿以偿，成功开课。毕竟我们学校开设的选修课程实在太丰富了，所以选我课的也只有18人，但是我已经非常高兴了。

上课的第一天，我先做了一个调查：你为什么选择《趣味戏曲》课？理由一：我喜欢这个课程；理由二：好朋友选了，所以我也选了；理由三：没有什么课程好选了，没办法选这个；理由四：其他原因。

"好，同学们，选择第一条原因的请举手！"话音刚落，我就开始环顾四周了，看了一遍又一遍，也只有孤零零的一只手。"哈哈哈"这时候，全班哄堂大笑。

还好，这么多年落选，已经让我的脸皮磨得有点厚了，我也没觉得尴尬。而且通过前面的试验，我对自己的课还是很有信心的。我就跟学生说："不要笑，三节课后，我保证你们绝大多数人会喜欢上这门课。"

就这样，经过第一节课《戏曲知识大竞猜》，学生们连蒙带猜地学到了很多好玩的戏曲知识，还得到了好多巧克力和大白兔奶糖；第二节课《国粹京剧》，在双方激烈的辩论赛中，学生们明白了京剧为什么能够成为国粹；第三节课《神秘脸谱》，学生们认真又愉悦地参与了唱脸谱、话脸谱、识脸谱、画脸谱、展脸谱的每一个环节。

三节课后，我又做了一次问卷调查，不过这次是纸质无记名调查，其中第一题就是："如果再给你一次机会选课，你会选择《趣味戏曲》吗？"结果正如我所预测的那样，40位同学全都选择了"会"。你肯定认为我把人数写错了，怎么开班只有18人，现在40人呢。这就不得不讲讲我们学校的校本课程制度了。开班前三节属于试听课，如果不喜欢是可以换课的。就这样，我的班级从第一节的18人，到第二节的25人，最后到了第三节的40人。

这届的学生里有一位叫黄银艳的，还写过一篇文章《意想不到的精彩——选修张文静教师〈趣味戏曲〉有感》发表在《学生时代》，真实地表达了她无可奈何地进了《趣味戏曲》选修课班，然后深深喜欢上这门课的情感经历。她说："我庆幸自己的马虎，庆幸自己错过了选课的时间，要不然凭我清醒的头脑是绝不可能选择《趣味戏曲》这门在同学们印象中无比枯燥乏味的课程的。在三节课后的问卷中,我毫不犹豫地选择了'会',而且在接下来的这一个学期里,每一次课我都很期待,期待《趣味戏曲》的下一堂课更加精彩。"学生的认同就是一种无比强大的力量,为此,我在戏曲进校园这条路上走得更加坚定。

2011 年,我们学校开始实施网络选课,由于人数有限定,有些热门的课程学生"下手"晚了就选不上了,而我的《趣味戏曲》就在这被"秒杀"的课程之列。到这时候,《趣味戏曲》才算在校园内站稳了脚跟。

2012 年,《趣味戏曲》荣获温州市第二届精品选修课程评比一等奖。2013 年,《趣味戏曲》荣获浙江省第二批百门精品选修课程,同时,入选浙江省第二批普通高中网络推荐选修课程。

随着选修课程开设的正规化、常态化,原来简单的教案难以满足教学的需求,我又萌生了把自己教学的系列课程资料编成完整教材的想法。大约用了一年的时间,我坚持积累素材,完成了第一版的戏曲教材。后来在温州市名师娄沂老师的指导下,又重新梳理并修改了每一个章节的内容,并在第 26 届中国戏剧梅花奖得主方汝将老师的帮助下,终于在 2014 年完成了《趣味戏曲》选修课程教材的编著,于 10 月由浙江工商大学出版社正式出版印刷。

四、回顾开发经历,越行越定

从 2006 年到 2014 年,我用了整整 8 年的时间,历尽艰辛将《趣味戏曲》从"无人问津"的校本选修课程做到"秒杀抢课"的省级精品选修课程,再至出版《趣味戏曲》教材,没有对戏曲的一份最真挚的热爱之情,难以支撑我坚持下来。浙江省特级教师郑可菜这样评价我:"她以自己对中国文化的自觉传承和担当引领学生'走进'中国戏曲。她以新颖创意的教学方式引导学生了解京剧、越剧、黄梅戏、南戏等剧种,培养学生的本土情怀,弘扬传承乡土文化,丰富学生的文化素养,促进学生的自我生成。"《温州商报》以"'80 后'中学教师编个性戏曲教材"对我的事迹进行专题的大篇幅报道,为此,我也入选为"温州教育十大新闻人物"。

其实,我就是想找一群人与我同行,一起学戏曲、唱戏曲,一起传播戏曲文化而已。"老来若能桃李艳,师心不负日月明",如果到老,能有几个与我一起学习戏曲、发扬戏曲的孩子,我的这片拳拳师心定如日月昭明。

希望我的"戏曲进校园"之路越行越开阔,我也一定越行越坚定。

心中有爱，便是晴天

温州市第二十一中学　史素青

无论平时我们所倡导的德育为先，还是新课程背景下提出来的核心词"立德树人"，都意味着教育教学中要时刻重视"人"的发展，要重视日常点滴或文学作品对"人"的心灵、人格的浸润。我国台湾著名学者蒋勋也说，教师一定要是人师，教育本身就是对人的关心。

"心中有爱"，这不仅是对我自己的要求，而且是我对学生的要求。周红五教授曾说，"人"之所以能站定，能活下去，是因为有两条腿的支撑，而这两条腿就是情感和认知。因此我希望每一个孩子心中都能有情有爱。在学生的人生中播撒下追求真善美的精神种子，是教育的终极目标。钱理群教授说过："人在年轻时代有这样的精神垫了底，以后无论遇到什么艰难曲折，人生经历了怎样的精神危机，都能从容应对，坚守住基本的精神路线，始终保持积极向上的精神态势，不至于在精神上被压垮。"

也正因此，所以无论身为班主任还是仅作为语文教师的我，都很关注每一位学生的成长，关注他们的内心世界，努力做一个"人师"。

时间永是流逝，但有些事情却依旧历历在目。现分享几个教育小故事，也希冀自己再次从中找寻到教育的初心，更坚定教书育人的信念。

一、从起始课开始植入爱的因子

每当接手高一新生，看着一张张稚嫩、青涩的脸庞，看着他们面对全新的环境那种好奇又有点小紧张的样子，我就知道，第一堂课及第一份班级公约的制定非常重要，而"爱"就要从此刻开始植入，植入孩子们的心田，浸润他们的心灵。

第一堂课我除向高一新生作学校及新教师的介绍外，还会把视线转向学校的食堂工作人员、楼道清洁工、保安、宿管……因为校园里每一顿可口的饭菜、每一个干净的角落、每一天安全的守候，都离不开这些默默付出的勤勤恳恳的工作者。学生们心中的良善被自然而然地激发出来，此时再顺势一转，让学生做理性的思考，去制定一份班级公约，既约束自己，又温暖他人。

学生们经过认真的反省，共同制定了班级公约，以下是2019级新生共同的承诺（节选其中十条）：①如果你不够自律，请勿带手机；假如真的带了，请立即交与班主任代为保管；②请相信自己一定能很好地完成一切测试与练习，如若不能，请先请教教师和同学；③当你有了目标请一定马上行动，不给拖沓找借口；④班级是我们的班级，寝室是我们的寝室，我们要尽全力去爱；⑤学习和身体，只有一个好不是好，两样都好才值得骄傲；⑥像对待家人一样对待教师、同学，像对待长辈一样对待保安、宿管、清洁工；⑦课堂上请让思维流淌，自习时请做一个安静的美男（女）子；⑧如果别人犯了错，请不要嘲笑；如果你犯了错，请好好反省主动道歉；⑨如果别人收获了成绩，请为他鼓掌；如果别人有了困难，请拉他一把；⑩没有最好，只有更好，不断突破自己，做永远的No.1。

从此开始，全班同学都有了行动指南，也都有了纪律保障。形成的这份公约不只是挂在墙上，它更是化作了每一个人的行动。每一天，无论碰到教师、同学还是保安、保洁，同学们都会真诚地说"你好""谢谢"；在班级值周时更是不怕苦、不怕累，把校园各个隐蔽的角落都翻了个遍，垃圾不好扫，就夹，夹不出来，就捡，捡不起来，就拽……迎着朝阳，又迎来夕阳，只要是该劳作的时间点，学生们绝不马虎。这忙碌着的身影变成了校园中最美的风景。

心中有爱和暖，我们也终将拥有高贵而有趣的灵魂。

二、在日常德育中丰富爱的含义

根据学校管理条例，学生是不允许带手机的，如果有带必须上交班主任处，由班主任代为保管。再加上有班级公约，几个带了手机的从来都是很自觉地将手机交由我保管。

时间过了几个星期之后，突然接到一位家长的电话，说孩子寝室有同学玩手机，她家的孩子也吵着闹着要。我第一反应是不可能，但无风不起浪。诧异之余，我开始不动声色地去摸排情况。

没想到，在那上交来的手机里发现了一只模型机。既然目标已经被我锁定，那我更没必要火急火燎地去处理这个事情了。我要将这件事当作一个教育契机，要让学生明白"爱"还有很丰富的内涵，它包括爱个人名誉、爱集体荣誉。于是，我设置了一堂特殊的班会课，这节班会上我只让学生认认真真地反思四个问题：①我将最大的信任交给你，你回馈我的是什么？②我认为你是最好的，你又是如何定位自己的？③我认为你很单纯，你在耍什么小聪明？④要建设一个优秀的班集体，靠谁？

当这四个问题逐一呈现出来时，学生们的神色也越来越凝重，我知道，他们的心灵已经有了震动。

有人说，教学过程就是学生的一种特殊的生活过程，这个过程单一了，学生发展就会单一；这个过程丰富了，学生的发展就会丰富。德育也如此。

每次遇到问题如果都只会说大道理碎碎念，那学生也就习惯了听，却不一定能学会反思。只有真正触动学生的心灵，让他们真正意识到自己的问题，他们才会真的去改变，并慢慢走向人格的完善。也只有当学生心中都有了美好的精神，才能让学生有人生的支柱，他们才有可能担负起建设的重任。

这一节班会课结束后，主动过来找我坦白的、道歉的学生不少，有的承认没交作业，有的反思不该跟同学闹矛盾，有的说自己不该在晚自习结束之后还拉着同学去打乒乓球……而我最想看到的那个交了模型机的女生，也是心事重重，三番五次走到我的办公室门口又折回身去。我把一切都看在眼里，但不到约定"主动坦白"的最后期限我绝不轻易出手，因为我更愿意相信孩子的心灵是纯洁的，精神是纯粹的，只是偶尔会耍些小聪明，想偷懒，自制力差了一点而已。果不其然，这个孩子犹豫再三之后来了，眼神里有些闪躲，但毕竟是站到了我的面前。她不仅认识到了自己错误的严重性，还带来了一份保证书。从此以后，我班再无学生轻易拿自身荣誉和人格开玩笑，班级行规和班风学风更是有了进一步的提升，班主任管理相当轻松。

"我们已经走得太远，以致忘记了当初为何出发。"这一句诗也提醒着我们，无论学生有着怎样的变化，我们在德育的路上走得有多远，德育的初衷不能忘。有爱的德育是有温度的德育，教会学生爱的德育也是最温暖的德育。当他们非常乐意去接受社会规范对他的约束（或指导、帮助），非常高兴、自豪且精神上非常愉悦地接受道德教育内容的时候，那种德育才是最好的德育。

春风化雨，育人于无痕。

三、拒绝固化思维，去"标签"化，彰显爱和温暖

"明眸皓齿"工程被选为2019年我市政府十件民生实事中的第一项，我谨记心中，并希望通过自己的努力让每一个孩子都能意识到自身的价值和意义，让每一个孩子都变得更为自信，更愿意敞开心扉，绽放自信的笑容。而在整个教育过程中，我不会轻易给任何一个学生贴"标签"，因为一旦贴了"标签"，我们就有可能戴上有色眼镜去看他。拒绝固化思维，去"标签"化，彰显爱和暖，而学生回馈我们的也必将是满满的爱和温暖。

2019年，有个孩子被分到了我的班上。他姓毛，我们都叫他毛毛。

高一报到那天，待新生到齐坐定，我鼓励学生上台自我介绍，既是锻炼，又为了解。胆子大点的孩子抢着讲，稍微内向点的也能在我的鼓励之下上台发言，可还差一个孩子没上台，我有点着急："毛同学。"四下环顾，看遍四周，没人回应。我又喊了一遍，还是没有回应，我很纳闷是不是学校给我的名单出了错："谁没上台？""谁是毛同学？""有没有谁的名字跟这三个字接近的？"场面一度特别尴尬。大家你看我我看你，又过了许久，才有一个男生站起来说："算了算了，我认了，是我。"说完就坐下了。

这一次特别的见面，毛毛给我留下了很深刻的印象。这之后很长一段时间他都不与人交流，独来独往，不声不响，安静地坐着，静静地听着，就是不说话。现在回想起来，我庆幸自己没有过早给他贴上"内向"或"极为内向"之类的"标签"，也没有因为他不太爱说话就不跟他说话。为人师者，尊重人的不一样，用自己广博的胸襟和情怀托起每一位学生，让各种不同的学生都有一片自由的土地，可以自由地成长。从认识的那一天起，我就希望他能变得越来越开朗。

一年一度闲暇节，表演游戏摆摊，节目美食礼物，应有尽有，整个校园为之沸腾。但偶然遇到毛毛的时候，他却一脸愁容："老师，这闲暇节太没意思了。"我一惊："怎么了？""我没钱，想买的东西都买不了。""哦，是这样啊，来，我有现金，跟我去办公室拿。"我顺势拍了拍他的肩膀。

当晚他妈妈微信转账后说，毛毛回家很开心，因为班主任帮他解决了大难题，他买到了自己心仪的小礼物。

微雨的夜晚，学生都在教室自习。我照例抽空去转转。毛毛举手示意，我招手让他出来。他却欲言又止。我拍拍他的肩膀，让他跟我一样背靠走廊栏杆，放松。他跟我对视了几秒，又很羞涩地垂下了头。我告诉他我很乐意当他的听众。他思索了片刻，又抬头，说："老师，我这两天很生气。""难怪，看你有点心事重重的样子。"毛毛一听顿时把事情的经过说了一遍，并坦言想自己跟同学面对面地化解矛盾。我很赞成他直面问题、解决问题的勇气，大大地肯定

了他,表扬了他。这件事情解决得很顺利,但毛毛好像还有话说。

我心中一阵窃喜,这个男孩终于要敞开心扉了。果不其然,他停顿片刻后说:"老师,我真的很感谢您!我很开心能遇到您!"之后,他主动聊起了过去,他说读初中时班风学风很差,他反感之余只有把自己紧紧地包裹起来,但现在不一样了……说到高中,他笑了……他说他很喜欢这个班,很有安全感。当下,我感慨万分,这是我第一次看到他笑,也是第一次听他说那么多。

再聊起那次特别的见面会,毛毛"噗嗤"一下笑出了声。"哇,你若笑了,便是晴天!"高兴之余,我化用了白落梅的一句话送给他!

你若笑了,便是晴天;心中有爱,更是晴天。明眸皓齿,不再是梦。

写在后面:

当下,自杀或出意外的话题不绝于耳,尤其是涉及在校学生的,更是令人心碎。每当此时,总会有一个声音在我的内心深处响起:"爱孩子,爱每一个与你有缘的孩子。"是的,无论我是不是班主任,也无论我教哪个年段哪个班级,面对怎样的学生,我都会真诚地去爱,也真诚地引导学生去爱,珍爱生命,爱惜名誉,热爱生活,爱自己所拥有……

从教整20年,班主任当了9年,一路走来,辛苦着,也幸福着。心中有爱,便是晴天。我将继续努力!

把有意义的事做得有意思
——我与学生的"美丽人生路"

浙江省苍南中学 陈庆锐

2019年9月,我第六次策划了混合多媒体论坛——"半席·地平线"演讲,全球华人圈6位行业大咖应邀分享。报名公众号发出才一小时,600个席位就被一抢而空。活动采取同步直播,在线人数近30万。活动之后,点赞之声不绝于耳:"高端精彩,可与TED一比!"

往期嘉宾、世界银行大数据专家徐来问我:"是什么原因促使你与学生坚持不懈地做'半席·地平线'演讲的?"(图1)

图1

"在中学里,他伏案学习;在大学里,他应该站起来,四面瞭望",怀特海的名言,在我看来有不同理解。"2010年最紧缺的十种职业,在2004年还未出现","互联网+"时代,学生面临亘古未有的变革。中学阶段,伏案读书,固然不错;但与世界发展连接,学以致用,更显可贵。

学生的未来在今天的校园里,那么教师该如何教学生一生有用的东西,让学生能在高中三年奠定其美丽人生的基础?如何把有意义的事做得有意思,尊重学生立场?一言以蔽之,推倒学校无形的围墙,打造无限真实的生活情境,我如是思,亦如是行。

一、学校即社会:在校园中打造无限真实的社会生活

杜威说:"学校即社会。"在校园中,只有创设无限真实的社会生活让学生去策划、组织、参与,才能引导学生在真实的关系中成为最好的自己。于是,我与同事们构建了"美丽人生"主题教育内容:基石课程体系、"践行体验 自我成长"课程体系、学院课程体系。前者为必修,试图"让每一个学生都拥有人生必需的品德与技能";后两者为选修,期待"让不一样的学生变得更不一样"。三者不离"体验"二字,为学生的成长服务。

基石课程以人格教育为核心，以阅读、劳动、心理健康、诚信等13个与学生现在及未来密切相关的主题为重点，以月为单位，构建系统有序的课程体系。1、2月，关注"读书·网络与人生"；3月，畅谈"奉献与人生"；4月，开启"科技·艺术与人生"；5月，亲近土地，演绎"劳动与人生"……月月有主题，周周有亮点，激发学生参与感，让其真正成为课程的主角。

两年前，陈善杰与他的同学们被要求选修基石课程，"当时还挺不以为然的"，但现在，他们从中学会了避险逃生、电器维修、手工编织、待人接物、应急救护、烹饪烘焙、辩论演讲、假钞识别、野外生存九大技能，"这些技能，我想，以后用到的机会很大"，拿到基石课程通行护照的陈善杰笑着说。

高一的邓颖则更期待体系中苍中大讲堂课程，各种职业人士的讲座，帮她渡过了"7选3"的迷惘。在这里，学生还会经常碰到名家大师、海内外名校学子的讲座。前不久，姜伯驹院士的讲座令她印象深刻。"800人的会场，不闻一点异响，真是感受到顶级学者的气场。那满头白发，根根蕴藏智慧啊！"而这样级别的名家讲座，在苍南中学，每年都不下10场。

"相比之下，我更喜欢一月一场的名校学子讲座，从国内到欧美，大学里正发生什么，我们总能第一时间知道，他们的经历正可供我参考！"前几天，纽约大学斯特恩商学院梁觊的分享，学生会干部蔡紫莹表示获益良多（图2）。

图2

基石课程，筑基自我发展，广闻窗外声音，学生的胸襟和视界自然不同。视界有多大，世界就有多大，我坚信这一点。

二、"践行体验 自我成长"主题课程 精彩玩不停

"我与校长面对面""禁止手机入校园全校听证会""学生会代表参与食堂承包评估会""学生银行监事会"……这些看上去很"神奇"又很"自由"的课程，便来自"践行体验 自我成长"主题课程体系（图3）。

"以今日之真实经历，从容应对明日之真实生活"是我创设"践行体验 自我成长"主题课程体系的出发点，生涯规划课程、"人文阅读·卓越口才"博雅课程、创新审美课程、"行健力"实践课程、践行校园民主课程、领导力提升课程等十个维度课程供学生自由选择，促进学生全面而有个性的发展，形成具有苍南中学独具特色的校园公共生活。

图3

痛并快乐着是学生会主席黄媛对校园民主课程的感受。尽管拥有宋庆龄奖学金、省优秀共青团员等诸多荣誉，并有丰富的学生干部经验，但黄媛在竞选主席的时候，还是感到前所未有的压力。在苍南中学，学生会主席的选举与美国总统选举并无二致，候选人报名，公开辩论，面向全体同学陈述施政纲领，最终一人一票选出主席。当黄媛以78%的高票当选，准备呼口气时，由师生代表组成的监事会随之成立，学生会主要干部须得两个月向监事会述职一次。"践行民主，像戴着镣铐跳舞，但恰恰在这个过程中，理解了自由与容忍的关系，学会了明亮的对话。"黄媛深有感触地说。

体验课程将兴趣上升为"志趣"，实现了对学生的价值引领，学校民主氛围空前浓郁。熄灯的时间合理吗？食堂、小卖部的伙食卫生有保障吗？图书馆开放的时间能延长吗？学生权益中心借助校长有约、处室约谈会与学校交涉，用大数据传达学生心声，反映学校问题，督促学校工作提质。有时，他们直接联系市场监督管理局、卫计委等县级主管部门，关注师生权益。"有问题，找权益中心"，已成了许多学生的共识。

可与民主课程相媲美的是社团领导力课程。为了激发社团的内驱力，所有社团的经费皆需自筹，或开发项目，或向学生银行贷款，或拉赞助。旦旦商社是学生银行最大的顾客，贷款3 000元，承包了学校图书馆走廊的咖啡机，经过一学期经营，现在已经盈利。与之相比，模拟联合国社则只有投入，却无经济的产出，于是，他们选择拉赞助商。"拉赞助，学问深；详计划，瞄准人；胆要大，脸要厚；胜不骄，败不馁。"邓颖说，这是拉赞助圣经，直接解决了社团活动经费之忧，还锻炼了社团成员的协作沟通能力与活动领导能力。

为了社团健康发展，我为每个社团课程聘请1名在高校学习的苍南中学优秀校友，担任导师，通过微信、现场指导等方式，促进社团课程建设。这一尝试提升了创意，实现了衔接，还收获了成绩。晨钟文学社、桐雨记者社被省厅评为"省优秀学生社团"，爱心天使社、壹加壹志愿者队被评为省"四个一"暑期优秀实践队，声名在外。

三、开放式"学院制"促进学生个性发展

为切实满足每一位学生的个性成长需求，我与同事还立足学术型高中的现实，探索开放式"学院制"课程建设，成立了达·芬奇艺术学院、爱因斯坦科学院、姜立夫数学院、爱迪

生科技院、孔子人文学院、犄顿商学院等学院，帮助各层次学生发现自己、发展自己（图4）。

图4

学院机构由顾问委员会、院长、导师委员会组成，下设单元课程，为学生提供四个层级的阶梯课程。以达·芬奇艺术学院的数码摄影为例，第一层级的"傻瓜相机基础入门"是供全体学生参与的博览课程；第二层级的"单反摄影""景物、人物摄影"是供60%左右的学生参与的兴趣选修课程；第三层级的"黑白修饰""个人网页、作品集"是面向40%左右的拔尖创新人才的项目课程；第四层级的"摄影名家讲座""摄影比赛""个人摄影服务校园、社区"课程是为20%左右的学生搭建的高端教育实践课程。

学院课程注重学生团队拓展、学科拓展、心理拓展和职业拓展等，围绕"认识你自己"和"成为你自己"展开，让学生在学院里得以全面而有个性地发展。达·芬奇艺术学院的创意策划中心单元，为学校每个活动都设计了精美的海报，提升了活动品位；在学校首届班主任节中，他们承担了60位班主任的海报设计，获得师生一致好评。当时的主力金海舟，则已成了中国漫画最高奖得主。

犄顿商学院成立的苍南中学学生银行，则向学校借了10 000元启动基金，分别开发了学生手环、手绘地图、明信片、元旦晚会光盘等产品，日益壮大，已成为各社团的资金之源。

因为体验，所以真实；因为真实，所以成长。在真实情境的濡染下，学生不放过一切可以体验的机会。他们众筹开学晚会，突破时空，连线世界；为校内流浪猫狗的去留召开听证会，唇枪舌剑，但又能彬彬有礼；竞争申报旦旦市场、元旦晚会、艺术节等活动的主办权，担任体育节的裁判，还策划了"多元文化节"，其思考之缜密，调动各界资源之能力，参与活动课程之热情，超出我的想象。

四、社会即学校：在社会中打造移动的学校

刚结束WIN温州城市大会不久，温肯大四学生郑大为便接到了学妹蔡紫莹的电话。刚经历高考的蔡紫莹向郑大为请教筹办多媒体混合演讲的相关事宜，这个暑期，她与高三同学们想面向世界排名前50的名校，邀请青年领袖，举办属于他们自己的TED演讲大会，并期望能成为苍南中学高三学子的传统。

"这件事也许轻而易举,也许困难重重,但总要试试!"蔡紫莹对学长说。郑大为心里一阵温暖,在高中时,他带领小伙伴们举行县首届高中生模拟联合国大会时,也是同样的想法。当时,模拟联合国大会对于他们,还是新鲜事物,英语演讲、会刊、十多所高中数百人的吃饭……一系列问题,真是战战兢兢。"不过,那次经历对我发起创办 WIN 演讲有很大帮助。"刚满三岁的 WIN,现在省内颇有名气,某知名媒体想用 20 万元收购,被郑大为谢绝了。

郑大为、蔡紫莹是许多苍南中学人的缩影,他们的舞台早已经不囿于校园。李希贵说:"地点已死,空间长大。""以天地为课堂,以世界为书本"是我与学生的另一追求。在社会中打造移动的学校,延伸苍南中学美丽人生的追求,是我们的渴望。

1. 千种职业大体验课程

学生以小组为单位,利用春、秋假进入各个职业体验基地,当工人,当教师,当医生,当商人,体验职场生活,寻找"职场坐标",寻求对"三百六十行"的初步体验和感性认识。

"在幼儿园当了几天的助教,哎呀,我的天,小朋友闹腾的,让人崩溃啊,当幼儿园教师不容易!"

"在商场当导购,站得腿抽筋,但收获了人生中第一份工资,既感艰辛,又感欣喜,爱拼才会赢!"

他们在做中学、在学中做,诚如一个跟消防局的战士下基层的小组所言,"书本上的知识突然全活过来了,通过职业表面看到了深层,感谢千种职业大体验活动"。

2. 走向高校课程

"走向高校课程,让我从容应对高校生活,还帮我顺利通过了 CCTV 第六届梦工坊的选拔。""大爱清尘"志愿者许思慧如是说。走向高校课程,除海内外名校学子讲座、实地考察大学外,每年暑期,学校都要联系部分高校在苍南的社会实践队,让苍南中学学生参与其间。高校社会实践活动视野开阔,组织严密,要求严格,有序高效。近年来,我们与浙江工商大学开展的模拟法庭活动、与浙江师范大学开展的源于欧美的"时间银行"公益项目等,在社会上获得好评。高校的社会实践活动为学生提供了难得的学习平台,点燃了苍南中学学子创造的激情,涌现出了"学生大使团""真人图书馆"等精品课程。

3. 学生游学课程

读万卷书,行万里路,交万个友,是学校对学生的要求。前者重要,后两者也不容忽视。世界那么大,咋能不看看。每年两周的美国游学,为期一周的韩国交流,异邦的风,开拓了他们的视野,为学生提供了更广大的视域来观照自己。

学,为了致用。游学之后,学生们组建了学生大使团,试图将自己的所见、所闻、所思、所行以 TED 形式与初中学子共分享。"游学、交流课程太精彩了,深入其间,你会看到另一个美国、韩国,也会看到另一个自己。"接到初中母校的邀请,黄媛充满期待。

雅斯贝尔斯说:"过去和未来都在现在之中。"学校、社会应是学生的试验田,一个让他们可以挑战自我、发现自我潜能的地方。有一天,学生对我说:"我们苍南中学就是一个小小的阿莱夫,但是从中折射出整个世界……"把有意义的事做得有意思,呵,教育可以这么好玩!

以声育人 以情动人
——做一名浸润孩子心田的教育歌手

浙江省永嘉中学 邵徐爽

学生亲切地叫我一声"爽哥",我自豪地称我的学生为"爽家军",也是希望他们的人生像我的名字一样:渐渐地爽起来!

从小母亲就培养我刚正不阿的个性,当了教师之后,我的刚正不阿配合上我的大嗓门,练就了属于我的歌唱风格——狂野而又不失温情!自诩为永中小韩磊!喜欢唱歌的我,时不时地就在办公室小吼几声。也不知道什么时候开始,我的学生都知道了我会唱歌,总是希望我给他们唱歌。而我从来都不轻易地出手(因为我知道我拿不出手),但总会在特定时间豁出去地吼一首。孩子们总说:他们喜欢我的歌声,因为我嘶哑的歌声背后,包含着深深的情感和无限的力量!在我14年教书的生涯中,我用了三种方式唱响了三首歌,也正是那三首歌,留给了学生永久的记忆,成就了师生共同的辉煌!今天我就和大家一起来分享三首歌的教育故事。

一、《海阔天空》——在勇敢以后

2005年,当我走上教师岗位时,我就默默地告诉自己一定要做一个微笑走心派的教师,包容、和蔼那是必须的!想法是丰满的,现实是骨感的,面对初中刚解放出来的孩子,一群正处于成熟与不成熟之间,时不时还会来几个叛逆期的孩子,我微笑走心,他们走肺,最后个别人的没心没肺,气得我哪里还敢走心,只剩下强颜微笑,就差走掌了,要不是"君子动口不动手"这句至理名言一直警醒着我,我差点就练成降龙十八掌了!第一届我带的是普通班,全校2个重点班、10个普通班,可想而知竞争有多激烈,刚出道的我,年轻气盛,血气方刚,面对第一个月常规最差、月考成绩最差的结果,我怒火冲天,但是我忍着,在班会课上仍苦口婆心地做着全班的思想工作,耐心地告知学生学习和常规的重要性,灌着满满的鸡汤,直到一位学生在底下说了一句:"老师,别再灌我们鸡汤了,你说的我们都听过了!"全班哄堂大笑!"啪"一声响,震耳欲聋,一本书从我手里极速地飞到了桌面!学生们被吓了一跳,直到现在我还记得当时的一段话:"荒唐,可笑,难道你们就没有一点耻辱感吗?全校10个普通班,我们倒是很全面,全部倒数第一,初中的你们如此优秀,难道高中就要成为埋没你们优秀的坟墓吗?"紧接着我越说越响,气吞山河的气势像在引吭高歌,他们神情严肃,充满了自责!最后我以一句"爽家军绝不向困难低头"结束了这次咆哮!当下课的铃声响起来的时候,我头也不回地走出了教室!一出教室门,窗前、门后全是其他班的学生,都来看热闹了!现场很尴尬,我赶忙逃离,只剩一群还沉浸在刚才震耳欲聋的声响中的学生!

这次之后,学生学习慢慢自觉了,班风也徐徐改善,但是总感觉这个团队还是欠缺一种坚定勇敢向上的力量！高一上学期期末考试结束之后，我们班级从原先的最后一名，上升到了第二名，我很激动，成绩的进步和假期的到来让他们兴奋无比，在教室里他们大声喧哗，吵闹非凡！当我走入教室的时候，凌乱的现场让我几乎崩溃，但是转念一想，都快放假了，此时严肃的批评必将让他们带着失落的情绪回家，不好。而那时，我刚刚学会一首歌，阿信的《海阔天空》，何不在最后的欢喜中，给他们再增添点继续奋斗的力量呢？于是，我大声地向学生宣布："在放假前，让我来为你们高歌一首！"当听到这个消息时，教室里顿时安静了，过了两秒，全班响起了热烈的掌声并伴随着他们的一声大吼："好！"也正是那声吼，把走道上的学生全部吸引过来了，大家都围着窗前一探究竟，高一（6）班又有什么新动静了。只见这时，班级里响起了我的歌声，没有伴奏，只有一个在调上的声音在咆哮（阿信的歌是所有歌手里音调最高的），当我咆哮完的时候，我已经筋疲力尽，用着已经嘶哑的声音说道："孩子们，其实你们很勇敢，面对困境我们不认输，这次的进步证明了我们的优秀，但是我们的路还很长，正如刚才的这首歌里所唱的'海阔天空，在勇敢之后'，相信勇敢的我们，必定海阔天空！我们可以的！"经久不息的掌声，把我们大家的心紧紧地团结在了一起！从那时以后，"海阔天空"就成了我们班的班歌，也从那以后，爽家军再也没有向困难低过头。正是这一种信念，让我的班级在高考中创造辉煌，取得了10个普通班中第一名的成绩，考上重点大学的人数18个，并且有一名学生获得了县探花，考上了浙江大学！一首歌曲用尽了我的全力，却唱入了学生们的心田，不仅凝聚了班级的精神，同时拥有了努力拼搏的力量，更为我们的一生留下了精彩的瞬间！

二、《我的未来不是梦》——我认真地过每一分钟

第二届我接到了重点班的任务，全校6个重点班，10个普通班。开学第一天，学生已经知道我是一个会唱歌的教师，对我十分期待，想着法子让我唱歌给他们听，可我耳根不软，就是没出手，直到我遇到了这么一位学生，他的父亲开杂货店养育了三个子女，家里并不是很富裕。周日的一天早上，他父亲打了电话给我："邵老师，昨晚陈隆在学校吗？"我内心也一愣，陈隆是在回家的名单上的啊？我说："陈隆说是回家了的，你先别急，我先去了解一下。"挂完电话，我赶忙到学校向住校的学生了解情况，结果确定陈隆不在学校！没过多久，他父亲又打电话给我："邵老师，我了解过了，孩子告诉我在同学家，我问过他的同学家长了，他没在！他一定是去网吧通宵了。邵老师，怎么办呢？帮帮他吧！"

面对父亲的请求，我无法拒绝，路见不平一声吼啊，该出手时就出手啊！有了对策的我，爽快地答应！并让他第二天早上来我办公室。

第二天，一个沧桑但是又不缺气质的父亲早早地在我办公室门口等我了。进门，我就问他："陈隆爸爸，陈隆在初中的时候性格怎么样？"

"很开朗，没有什么大的问题。"

"那如果我批评他的时候大声点，严厉点，他会不会承受不住呢？"

"邵老师，绝对没有问题，初中他的班主任有一次就把他狠狠地骂了一顿，在那之后他成绩就进步了，我家的孩子绝对没问题。"

"那好，接下来我先得让你有一个准备，待会儿我会把陈隆叫到办公室，我会比较严厉地批评他，你千万别见怪。"

"不会不会，老师，您只管骂，你打他我都不会说一句的。"

我心虚地笑了一下，补充道："但是我需要你的配合，待会儿我说让他回去反思的时候，你就向我求情。"

"好，好。"也不知他哪来的自信，一口答应。

安排好之后，我让陈隆拿着书包到我办公室。内心的害怕让他战战兢兢地走进了我的办公室。突然，他很惊讶，看到他父亲竟站在门口。进来之后，他爸爸随手把门一关。

"陈隆，你昨晚去哪里了？"我严肃地问道。

"去同学家了。"他战战兢兢地答道。

"还不承认吗？"我咆哮道！

"我，我，我去网吧了。"他的声音越来越小。那么快就承认，说明昨晚已经收到消息了，而且做好坦白的准备了。

"网吧，你有资格去网吧吗？你有想过你的父母吗？你有想过你自己的前程吗？荒唐！你看看你父亲，一个含辛茹苦把你养大的父亲。与其让你这么颓废下去，不顾学业，还不如让你回家早早工作。如果你不能明白这个道理，学习对你来说没有任何意义，回家想清楚之后再来吧！"

"爽哥，我不要回去！"他坚定地回答道。

我没有作答，坐了下来只管自己批改作业了。

在这个时候，陈隆的爸爸用嘶哑的声音向我求情："邵老师，请看在我的面上，能不能再给他一次机会，我替陈隆向您道歉！"说着，陈隆爸爸用手擦拭了一下眼角的泪水！我被震撼到了，我从没有想过他父亲用这么一种方式来"配合"我的"演出"。我平复了一下自己的情绪，抬起头看了陈隆一眼，以严肃的神态，语重心长地说道："陈隆，我被你父亲打动了，一个父亲为自己的孩子去求我，我没有理由不答应他，作为教师，我今天的机会给的是你父亲，并不是你！记住，你只有这么一次机会！回到你的位置上去。"

紧握着的双手，让我感受到了他的自责。他沉重的步伐，让我担心他会不会振作。看着离去的背影，我多么希望他能改变！

接下来的日子，陈隆再也没有去网吧通宵过，他彻底改变了，他用一次又一次的行动来证明他的优秀。一天，我主动邀请陈隆一起打篮球，在休息的过程中我问他，为什么改变那么大，那小子摸摸脑袋，不好意思地说："爽哥，我这么大从来没有见过我爸爸哭过，在我印象中，他是一个农民，他没有什么文化，但他是一个坚强的父亲！没日没夜地工作，从没在我们面前抱怨过一次，总是会把最好的东西给我们，所以看到他哭，我觉得对不起他。"一番话，让我认识了一个平凡而又伟大的父亲，也让我了解到陈隆内心的善良！为了让他更有毅力和自信，同时，也想自己班的孩子们认真地对待以后的每一分钟，我偷偷地报名参加学校里组织的教师十佳歌手比赛，当这批孩子以观众的身份在台下知晓我要上台比赛时，他们疯狂了，呐喊声、尖叫声弥补了我在歌唱时的跑调不足，最后在我们的"配合"下，我的这首《我的未来不是梦》获得第四名。我站在台上对着他们深情地吼道："你们的未来不是梦，让我们一起认真渡过每一分钟！高二（5）班的孩子你们可以的！"孩子们坚定地在台下回应了我："我们一定会的！"这样的回应响彻了整个会场，也响入了每一个孩子的心田！从此认真成了我们的态度，用好每一分钟成了我们的目标。在共同的努力下，最终胡东、林智恒考上了清华大学、北京大学，更是培养出了 45 个学生考入重点大学。一首歌不仅唱入了学生的心灵，更是唱响了他们的未来！这届之后，我越发喜欢唱歌了，也正是如此越加促使我成为一名教育的歌手！

三、《追梦赤子心》——向前跑，带着赤子的骄傲

2015 年，我担任了创新班的班主任。创新班的孩子其实和别的孩子一样，他们也会有成长的困惑、学习上的压力。新的开始，又让自己有新的认识，同时，又得让自己有新的举措，我突然发现，做一名歌手容易，但是做一名会写词、会编曲的全能型歌手还是有难度的，因为要不断学会谱写新的篇章。

由于在初中，这批孩子都是学校里的佼佼者，可在高中，面对一批高手，总是会有差别。尤其是数学，好多学生面对它都变得懵懂，越学越没信心，甚至都要放弃。面对这种情况，我立马出手，于是乎，我的课间，我的午间，我的晚间成了这批孩子的了，细心的解答、宽心的鼓励、尽心的陪伴成了我采取的最重要的方法。每次我都告诉他们，让他们要有这样的决心："数学虐我千百遍，我依然对它如初恋。"同时，我又要给他们属于我的决心："你若不离，我便不弃，你若自暴自弃，我依然生死相依。"也正是这样的决心，让我学会了耐心等待，也正是这种耐心，给了学生成长的时间与空间。一直的坚持最终也让他们对数学找到了感觉，为他们敲响名校的大门助力！

另外，就是班级的融合，毕竟一群优秀的学生在一起，总是会出现情感上面的缺失。想家、和同桌关系不好、寝室里有人打呼噜引起"天下大乱"，总之，矛盾点总是频频出现。其实考上名校，取得骄人的成绩，并不是我们最终的目的，培养他们团结向上和相知、相爱、相守的情感才是我努力的目标。有人说过，最好的教育就是陪伴，于是，我又开始了我的编曲。我告诉学生，高中三年我将陪伴他们每一天，和他们一起快乐，和他们一起难过！每天早上我 6 点之前就到校，站在教室门口迎接他们的到来，晚上 10 点我还会站在门口和他们一一道别，默默相守，终将深深感动。我依稀记得，每天早上出来的时候，一家人都仍在梦中，我回到家的时候一家人正在梦中，唯有我的妻子在默默地等我回来，递上一杯热茶。我知道我少了陪伴家人的时间，可是班级 50 个孩子，每一个孩子都是一个家庭的希望，我更有责任与义务去陪伴他们。三年来，我把每一个孩子的生日记在了一张纸上，贴在我的办公桌前，回家的时候看一下，第二天再给过生日的孩子送上一份祝福。每个月的月底，我会准备两个蛋糕，为该月的孩子举办一个集体生日。看到他们在生日会上的快乐与幸福，我越发觉得付出值得。一次次美食、一次次水果都能为他们紧张而又枯燥的学习生活增添乐趣；每一次活动，我都用手机拍下他们最美的瞬间，并发在了朋友圈，直到高考结束之后，我打开了朋友圈的限制，当孩子们从我的朋友圈上找到自己一张张的过往图片的时候，他们对班级的爱、对班级的相守更加坚定了！

有了凝聚力，才有向前冲的动力。还记得在离高考还有两个月的时候，班级里的氛围十分紧张，作为班主任的我想给他们紧张的生活中增添点力量。于是有一天我告诉学生，在高考祝福晚会上我要为你们唱一首歌，歌的名字叫《追梦赤子心》。孩子们哄堂大笑，一个孩子站了起来说道："爽哥，我们知道你唱歌唱得好，但是这首歌，难度太大，声音太高，你肯定唱不起来！"那时的我不知道哪里来的勇气，握紧了拳头，信心满满地说："拳头代表自信和力量，我可以的！"直到晚会的前一天，高三的辛苦加上练歌的勤奋，我声音彻底哑了。那天课

堂上，孩子们担心地说道："爽哥，你今天的声音，还是别唱了吧。"我微微一笑，再次握紧了拳头。那天早上，我赶紧去医院挂了一瓶点滴，效果挺明显的，到了晚上，我嘶哑的声音有了起色。站在舞台上的我，用嘹亮的声音，吼完了一整首歌，完成了自己的承诺，学生的呐喊声、欢呼声给了我最后的力量，我再次握紧拳头大声喊道："你们是最棒的！"嘶哑的声音，给了学生无穷的动力。"充满鲜花的世界到底在哪里，如果她真的存在我一定会去，我想在那里最高的山峰矗立，不在乎他是不是悬崖峭壁！向前跑，带着赤子的骄傲！"每每在他们遇到困难的时候，我的歌声总会在教室里响起，让歌声赋予他们力量，让歌声陪伴他们前行！正是这样的力量，让他们面对高考从不怯懦，最终创造了1人上北京大学、2人上海交通大学、10人上浙江大学、46人上重点大学的骄人成绩。歌声过后是回忆，人家说曲终人散，而我们的歌声却永远留在学生心底，也能伴随着他们走南闯北，终将指引着他们再聚拢、相伴、相守！

2018年，我再次受到了学校的重视，担任了高一段的段长，可是我提了一个要求，我要继续担任班主任，就这样我还兼任着一个班的班主任的工作。因为我的成长离不开班主任的工作，只要我坚持做着，我才不会淡忘最初的那份做浸润于每一个孩子心田的教育歌手的心，如今的我还在不断学习，因为20个班级的大家庭更会促使我去谱写更多、更广、更有色彩的歌曲。最后也感谢教育局给我的支持与帮助，让我在这15年里取得了县、市、省级的多项荣誉，让我在歌唱事业中增添了很多资本。

用歌声来陪伴学生成长，用歌声来充实我的教育理念：爽之一字，既如一人张开臂膀为学生遮蔽风雨，又似以宽广襟怀拥抱学生大大小小的错误。心宽意爽，所需的不仅是可应对问题的实力与担当，更是包容开放的心态。用耐心与爱心与学生共同面对成长路途中的风风雨雨，才能回首向来萧瑟处，道一句也无风雨也无晴。育人的快乐来自孩子的成长，对教育的热爱正如韩磊《等待》歌里所唱的：我为什么，还在等待，我不知道为何仍这样痴情，明知辉煌过后是暗淡，仍期待着把一切从头来过，我们既然曾经拥有，我的爱就不想停顿，每个梦里都有你的梦，共同期待一个永恒的春天！

那一路的泥泞和风景

温州市龙湾中学　肖云豹

　　从教 15 年，一路走来，有些许收获，也有不少挫折和困惑。看到不少美丽的风景，也踩到很多的泥泞。有人说"踩过去的泥泞都留下了痕迹"，可真要提笔写，看着计算机里的一堆教学资料，却又感觉无从下手。流年，那就做个流水账吧。

　　2001 年，我考入温师院历史系，度过了快乐的四年。虽然我的成绩不是最好，可还是看了一些书，尤其是大四那年，翻了不少历史教学论方面的论著，如聂幼犁先生的《历史课程与教学论》。后来证明，这些论著对我帮助甚大。在实习时，初上讲台的我荣幸地遇到了指导师赖彬雄，从备课到做课件、上课、课后反思，他给予我细致的指导。第一节课是上《同盟会的建立和革命形势的发展》，我凭借充分的准备和流畅的讲述（其实那就是背教案），获得了学生和小伙伴们的认可，赖老师特别指出了我的一个长处——对教材有自己的理解。我居然有点飘飘然了，结果第二节课，上砸了。赖老师毫不客气地指出了我的弱点，不过事后他私下跟我说："我看好你，以后努力，你定会成为一个不错的历史教师。"到现在，我还认为实习的最大收获不是一个"优"，而是他的这句话。

一、从桥墩高中到龙湾中学

　　临近毕业，我和家乡的一所学校苍南桥墩高中签了约，是班里最早签约的几个人之一。很多人不解我为何这么早就签到一个山区学校。其实，我已经了解过那年苍南有三所山区高中需要历史教师。那为何不等毕业后县里统一招考呢？说不定还能去好点的城镇初中。因为我的母校两位历史教师梁亦锦和方仙来当时已经分别做了苍南县和温州市的教研员，我想循着他们在高中历史教学的路走下去。

　　虽说是我主动签的约，可 2005 年那个夏天去单位报到时，看到只有一栋教学楼还有黑土操场时，我的心还是拔凉的。语言不通，学生基础薄弱又顽皮，学校管理松懈……但是我并没有消沉下去。一方面，我深信我的教学能影响我的学生，因此我扎根课堂，认认真真地做题、备课、上课，不断改进教学方式，探索适合山区学生的历史教学模式。高一结束时我还谢绝了直接任教高三，为的就是能完整地教一轮，使自己对教材的理解更透彻，知识体系更完善。另一方面，我积极地参加各种教研活动，拓宽视野，提高能力。至今，我还保留着 6 个学期 6 次省级教研活动的通知和车票。特别要感谢刘修礼校长和梁亦锦教师，是他们给了我成长的平台。

　　这里特别要提及第一年工作时开设的第一次县级公开课——一节失败的课，也是我从教以来的第一次挫折。这节课的课题是《红军的长征》，为了出彩，我的教学设计超越了学情，加上过度紧张，结果可想而知。课后点评时，一位获过省优质课一等奖的女教师毫不客气地说："为何学生喜欢历史，却不喜欢历史课呢？就是因为我们的教学出了问题。"这句话深深地刺激了我，也让我更加认清了自己。2006年，我拿到了第一个教学荣誉——苍南县第二届教坛新苗奖。

2008年5月，我遇到了第一个转机——龙湾中学公开招聘历史教师。经过笔试、上课、面试等环节，我顺利地成为龙湾中学的一员。报到时，时任校长柯晓平明确地指出了我的专业发展方向。那年暑假我就开始上班，而且是任教高三，这对我来说是一个不小的挑战。第一年新高考，可新教材我却没讲过，只能加班加点地熟悉教材，并自己编习题，经常备课到深夜。从那之后，我又带了七届高三，还时常跨年段，并连续担任6年的班主任工作，做了10年的教研组组长。高强度的教学也最大限度地激发了我的潜能。

来龙湾中学后，面对着学习力较强的学生，还有身边的高水平教师，我加强了专业阅读，并尽量将阅读收获用到教学实际中。正如一位教育名家说的："读书不是为应付明天的课，而是出自内心的需要和对知识的渴求。如果你想有更多的空闲时间，不至于将备课变成单调乏味的死抠教科书，那就要读学术著作。应当在你所教的那门科学领域里，使学生教科书里包含的那点科学基础知识，对你来说只不过是入门的常识。在你的科学知识的大海里，你所教给学生的教科书里的那点基础知识，应当只是沧海一粟。"例如，现行高中历史教科书关于"新文化运动"一课的历史叙事有以下特点：置于近代中国巨变的时代背景下，凸显"器物—制度—文化"的思想演变趋势；多依据《新青年》文本解读其思想意蕴，思想演变与社会发展互动方面的用笔甚少；多关注"运动"的结果，"运动"的过程相对弱化；对"运动家"的思想主张着墨甚多，对他们的文化传播策略与社会环境的互动则缺乏关注。这样的叙事虽然便于宏观把握新文化运动的发展，但是容易把鲜活的历史概念化和简单化，难免会使学生形成这样的认识：《新青年》一创刊就名扬天下；新文化运动一开始就声势浩然，应者云集，从者如流；新文化人过于激进的主张应该予以彻底的批判和否定；新文化人的当下诠释等于后来史家的言说叙事。阅读相关论著后，我发现"新文化"由涓涓细流汇成洪波巨浪，经历了一个相当的"运动"过程。于是，我决定适当关注新文化人的文化传播策略与社会环境的互动，用史料把"新文化运动"的"运动"凸显出来。为此，我设计了这样一个片段：

材料一：1918年1月4日，鲁迅致许寿裳信中提道："《新青年》以不能广行，书肆拟中止；独秀辈与之交涉，已允续刊，定于本月十五出版云。"1919年1月，陈独秀在《本志罪案之答辩书》中坦承："本志经过三年，发行已满三十册；所说的都是极平常的话，社会上却大惊小怪，八面非难，那旧人物是不用说了，就是呱呱叫的青年学生，也把《新青年》看作一种邪说、怪物，离经叛道的异端，非圣无法的叛逆。"

——《鲁迅全集》《新青年》第6卷第1号

师：《新青年》办了两年多，面临着怎样的困境？

生：杂志销量不好，书肆准备停刊，遭到旧人物甚至青年学生的非议和责难。

师：为了扩大杂志的影响力，陈独秀采取了哪些做法呢？我们继续看材料二。

材料二：除了北京大学这块招牌，陈独秀为扩大杂志影响，还采取了一些措施。第一招是文章"故作危言，以耸国民"，语不惊人死不休。第二招是自己骂自己。钱玄同化名"王敬轩"，以读者名义洋洋意寿责排斥孔子，废灭纲常，尤集矢于文学革命。再由刘半农逐一批驳。双方各尽意气之能事，骂的人百般挑衅，批驳的人淋漓刻薄，非常具有戏剧性和观赏效果，激发和吸引读者的注意力。第三招是挑衅竞争对手，拿当时最有影响的刊物《东方杂志》开刀。文章不乏刁难、挑衅，甚至动辄给对方贴上"复辟"的标签。在陈独秀的轮番攻击下，《东方杂志》发行量急剧下降，主笔杜亚泉不得不因此而卸任。

——王奇生《新文化是如何"运动"起来的》

师：你如何看待这些做法？

生：陈独秀这样做是为了扩大杂志的影响，这我可以理解。但是"挑衅竞争对手"好像有点过分了。这些做法用今天的话来讲就是"炒作"。

从学生的思考和应答中可以看出，学生认识到《新青年》影响的扩大，除作者队伍、思想主张及社会环境之变动外，与陈独秀等人对媒体传播技巧的娴熟运用也有一定关系。杰出历史人物的立体形象跃然纸上。

二、"两手抓"和"双肩挑"

我非常认同浙江省历史特级教师朱世光说的："教学与科研是教师行走在事业之路上的两条腿，不以教学为重，则是教师丢缺本业；没有科研，教师则难以发展，更妄谈成为名师和人师。"坚守教学的主阵地——课堂，使我的基本功更加夯实；做科研，使我在更高的平台上逐步地成长。

2008年5月，市教研员方仙来布置了一个任务，为全市的会考复习会作专题讲座。在准备阶段，我认真做了历年学考真题，研读了考试说明，不断地将修改后的讲稿发给方仙来教师研讨，还向特级教师林岚请教。这样的一个过程远比一张讲座证书重要。此后，我又陆陆续续地作了十几个市级讲座。

2009年，在方仙来教师的力推之下，我和温州第二高级中学魏飞教师代表温州出战在舟山举行的浙江省首届高中历史教师教学能力评比赛。这次比赛也成了我专业发展的重要突破口。比赛分两个项目：命题和说课。当时，命题对于绝大多数教师来说还是新事物，也不像现在这么重视。为此，我下载了一百多篇相关文章，买了两本专著。说课是从指定的一个必修课中随意抽取课题，准备一个小时。那个炎热的夏天，我待在办公室里，白天全身心地准备比赛，晚上看一集美剧《越狱》。结果，我和魏飞教师不负众望，拿下两个一等奖，命题成绩，我俩并列第三。11年过去了，我还记得宣布比赛结果的那一天——7月22日，日全食，也会偶尔看看计算机里2个G的比赛准备资料。当然，我也从这次比赛中进一步看到了自己的不足之处。

此后，我多次参加省市的命题工作，还成为市高考研究指导小组成员。对命题保有一份温情，是因为我始终认为命题不仅能提升教师对课标、教材的理解与把握能力，还有助于加深对学生的研究深度和对学生学习的了解程度。正如朱郁华教师说的："只要有教学就必然会有考试，有考试就必然需要命题。命题绝不只是专家的事，它应当是教师基本功的重要组成部分。因为它关系到日常教学评价的准确度，关系到教师作业布置是否有效、对学生的思维训练是否得当。命题能力体现教师的专业水平，因为一份科学、有效的试题不仅体现教师对课标、教材的理解与把握能力，而且体现教师对学生的研究深度、对学生学习的了解程度。作为一名教师，不仅要能够命题，还要能够命出高质量的题，一个连一套试题都不会出的教师不能算个好教师，因为他把握不住教学重点，不知道哪些是学生应知应会的，进而也就不能进行有针对性的教学和辅导，不能做到有的放矢。"通过命题，我也结识了一些高校教授和中学名师，他们的学术功底和为人处事对我影响甚大。

2014年评市教坛新秀又是一次重要的促进和反思。虽然我评上了，可也看到了自己的一个弱项——论文少且质量不高。市教师教育院副院长黄静教师点拨我，那么多的讲座和命题经历，却没有转换成高质量的论文，实在可惜也不应该。一语惊醒梦中人，我抓紧从教学实践中的困惑和闪光点入手，写成教学论文。例如，在听了不少《明末清初的思想活跃局面》公开课后，我感到我们的思想史教学存在不少误区：结合时代背景理解思想潮流却滑向泛泛分析，而没有找准问题的关键；对不同思想家进行比较，提炼共同主张，却忽视了从专题的角度梳理思想的演变过程；形式化地从政治、经济和文化等角度探讨中西社会环境的差异等。结合自己的教学实际，我写成了论文《思想史教学常见误区分析——以"明末清初的思想活跃局面"为例》，发表在《中学历史教学参考》上。后来，我又有《史料教学须"求真""求准"和"求巧"》《近三年浙江历史选考试题分析与教学策略》两篇论文被中国人民大学复印报刊资料全文转载。

此外，我参与了省级课题《基于学生有效学习的高中历史教材解读研究》《高中学生修习历史学科核心素养的路径实践研究》，主持市级课题《高中历史教学中提高学生读图能力的策略研究》、区级课题《高中学生历史学科"时空观念"核心素养提升的实践研究》。在论文写作和课题研究中，特别感谢林岚、黄静、方军、王少莲、何卫标等教师的指点和提携。

2017年9月，蔡朝晖校长安排给我一个新职务，负责学校的新闻宣传工作。接手行政工作后做的第一件事就是编辑《温州教育》，介绍龙湾中学走班教学的专文。学校的走班教学全国闻名，我也加深了对走班教学的研究并出版了专著《选择的力量：选课走班》。另外，通过与《光明日报》《上海教育》《温州日报》《温州都市报》等媒体的接洽，以及和其他科室协调学校事务，我与人沟通能力提高了不少。教学和行政"双肩挑"的日子里，我虽然更忙了，可是也更充实了。

无论多忙、多累，我始终保持着一颗初心，也始终牢记专业才是立身之本。苏霍姆林斯基说："在自己的工作中分析各种教育现象，正是向教育的智慧攀登的第一个阶梯。""要让教师学会从事创造性的研究……凡是感到自己是一个研究者的教师，最有可能变成教育工作的能手。"我还没有成为研究者的教师和教育工作的能手，但我在努力地向教育的智慧高峰攀登。

从新苗到新秀，我始终将自己当成一个需要不断学习和进步的新教师。成为名师是我的不懈追求。感谢这个时代，感谢我遇到的这些贵人。新一轮课改又开始了，我还在路上，我会一直在路上。

做一个快乐的"妈妈"

平阳鳌江中学　曹大统

记得1997年的中考,我满怀期待的一颗心在张榜时跌落谷底。公立高中已经无望了,一想到私立高中高昂的代培费,或许该认命好好地做一个农民吧!可是由于母亲的一再坚持和付出,我跨越了人生重要的一个成长期。从高中到大学,我谨记母亲的教诲,认真、踏实地学习,以优异的成绩毕业,参与了神圣的教育工作。

回忆自己的工作历程,从学生口中的"统哥"再到如今大家亲切的一声"曹妈",我庆幸自己身边的一切美好,感恩一路相伴走来的师长和同事,他们给予我一次次无私的帮助,我更加感谢那些可爱的学生,是他们激发了我一次次的学习,我们共同进步、共同成长。

一、学习——紧抓每一次机遇

2004年参加工作,我怀着忐忑的心第一次来到校长室的情形依然清晰:"经过校长室商议,我们想聘请你为计算机班的班主任,但是计算机班男生多可能会较难管理,你有信心吗?"脑袋其实出现了片刻的短路,但是回答依然是坚决的:"请校长放心,我一定不辱使命,我相信自己能够做好,我一定会认真做好的!"

我明白,作为新教师,能够担任班主任是多么不容易,一边要站稳讲台,一边要学习德育管理。但我更加清楚,我已经抓住了一次宝贵的成长机遇,我要多方学习,我要提高自己的教育教学水平,我相信自己可以成为一名骨干教师。于是,我怀着一颗诚恳的心拜师学艺,经验丰富的黄师傅总会在关键时刻对我的班级管理提出科学意见,感谢她在我疑惑时的不吝赐教,若干年后我获得的县级优秀班主任荣誉真的离不开她对我的指导;而金师傅则允许我随时进入他的课堂观摩学习,他又会适时深入我的课堂对我的教学提出种种看法,第二年我在县优质课评比中取得了第一名,感谢金师傅对我的帮助。

2008年,一次教师大会上,赵校长传达了浙江省实施新课改的精神,表明学校综合高中部将会开设研究性学习和通用技术课程。虽然当时任教职高电子电工和计算机,但我感觉新课改的机遇实属难得,在一次和校长的诚恳交流中,我毅然决定转行通用技术并兼任研究性学习的教学工作。参加省培,潜心研究教材,自己探索校本实验,作为学校唯一的通用技术教师,我感觉自己的学习舞台无限宽广,每一次的学有所获激励着我继续前进。

2009年,由于综合高中办学限制,我调到了鳌江中学。从职高到普高,仿佛为我打开了另一扇大门,一切都很陌生却又充满挑战。在黄校长鼓励的目光中,当年我主动担任了只有3人的技术教研组组长,人手不足我就多肩挑,我可以任教信息技术、通用技术和研究性学习科目,我也可以从高一再横跨高二和高三上课。我深知自己身上的责任,我只有不停地学习才能胜任自己的工作，跨学科、跨年段的工作让我保持了学习的热情和动力，对我后期在技术学科上的教、研产生了非常重要的影响。

机会总是留给有准备的人，成功往往更倾向于更加努力的人。没有谁生来就能胜任任何工作，我们需要一颗勇敢的心、一颗坚定的心，认定了学起来做，认定了努力去做，事情坚持着、坚持着就会顺起来。反思多年的工作，我主动抓住了每一次的成长机会，写论文、做课题、上公开课、参与省市县的各项教研活动，通过一次次的学习和交流来促进自身进步。从获得市级学科骨干称号到荣获市教坛中坚再到市名教师，主动抓住机遇保持学习就是我的有效途径。

二、温暖——做有温度的教育

2016年后，我在单位多了个外号"曹妈妈"，听惯了学生的"统哥"，突然冷不丁从同事口中来句"曹妈"，甚至个别学生也开始大胆改口。大家可以想象我当时的尴尬，但现在我每每听到别人叫"曹妈"就倍感亲切。或许有人会很奇怪一个大老爷们怎么会被起了个"妈妈"的雅号？记得那年秋风正起，恰周一下午班会课，年段各班主任自发组织学生到操场放风筝，我就坐在操场看台上看着，然后就来了一班同学围坐在我的身边，听我讲着大学里的故事，一个同事远远地拍了一张学生围坐着听我讲故事的照片，自此听妈妈讲过去事情的故事就发酵出了一个"曹妈妈"。

都说妈妈的爱是无私的，妈妈的爱又是细致的。我不能像母亲一样满足学生方方面面的要求，但我会用一颗教子的心去教育每一位学生，我始终相信，心与心用"情"维系着，产生的教育力量必然是巨大的。

第一次当班主任，班级来了一个很特殊的学生，姓温，年龄比同班同学大3岁，比我也就小4岁。他是我们班的班长，他比别人更能吃苦，学习刻苦，能力突出，空闲之余最喜欢打篮球！经过家访得知，该生父亲由于重病导致家庭异常困难，孩子初中毕业后就去社会上工作了，母亲实在不忍孩子艰辛，七借八凑送孩子来职高读书，希望能够在毕业后找个稍微好点的工作。在和孩子母亲的交流中，我震撼于母爱的伟大，无私的母爱深深地触动了我，当晚我彻夜难眠，脑中始终徘徊着我该如何去帮助我的学生。其实我生怕我的刻意会伤害到该生的自尊心，但是在不断的交流和接触中，我发现该同学经过了3年的社会历练后表现得异常成熟和坚强，于是我通过校团委帮他申请困难补助，通过年段申请来减免学杂费，假期来临前想尽办法通过就业指导处或者团委联络勤工俭学的机会，在一些特定的场合，我也给他提供一些经济上的支持。温同学是如此真诚又如此坚强，他说："老班，我好想早点毕业，我好想早点工作，我妈妈太苦了！"

前段时间通过朋友圈我看到他发出来的关于在舟山海洋与渔业局完成的又一个工作成果，我真的替他高兴，真情实感的教育改变了一个人的命运。温同学经过自己的努力，从普通职工开始一路奋斗，目前在诸暨已经创办了一家名为"信念"的广告公司。

虽然我暂时脱离了班主任队伍，但我仍常年坚守在高三战线，我深知学生的压力之重。分层教学，心理疏导，"四联四进"，结对帮扶等手段的实施确实助力了高三学业，但是临近高考学生的焦虑情绪始终存在。为了更好地帮助学生，我会主动放弃中午休息的时间深入教室进行答疑，历年高三的最后一个学期在中午期间每周每班至少一次进教室坐班已经成了我的必然。大家看到我一进教室，学生就飞奔而来抢夺答疑顺序，你就会明白我一直坚持的意义了。

时间会证明一切，用心的教育肯定会充满温度。所谓教师与其他行业的区别，或许是从上班时关注几个人到关心一群人的转变、从下班后顾好自己到仍要关心那群人的转变吧。每每收到毕业学生发来的消息，我总是喜上心头，我为他们自豪，我为自己的工作自豪。

三、乐观——保持快乐的心态

我曾问过每届学生：你喜欢老师来给你们上课吗？学生的回答几乎都是一样的，他们说喜欢老师上课的激情和幽默，在老师的课堂上总是很开心，时间过得特别快。记得第一天进新班级课堂，我的开场白就是："感谢大猩猩拉了一坨屎让我们成为师生。"学生愣在那里的情形让我记忆深刻，当一个学生反应过来喊了句"那是猿粪"，顿时引来教室里的哄堂大笑，瞬间就筑起了我们的师生桥梁。课堂应该是灵动的，课堂不单单只有课本，我已经习惯了在课堂里分享快乐，今天发生的事、今天碰到的人都会成为我课堂的喜悦养料。当学生愿意倾听你时，我们的教育已经开始进驻心灵。快乐本身是会传染的，我快乐学生快乐，我积极学生积极，所以这么多年来我一直坚定地执行着：保持快乐的心态，我快乐地工作，学生快乐地学习。在良好心态的支撑下，我们的技术选考成绩一直在同类学校中名列前茅，最好时我们考到了全市前十。

2015年的评定高级职称之旅至今记忆犹新，失败了但也是成功的，让我对努力和机遇有了更深刻的理解，我的心中只有一个坚定的目标：通过自己的努力通过高级职称评定。2016年我卷土重来，我一个人每天只要有空就把自己关在实验室，一个摄像机两个月近50个随机课题演练，只要有机会，我就去教师发展中心教室里等待教研员的指导和帮助，感谢自己的付出，更感谢帮助我的师长和朋友，积极快乐的心态、坚定不移的决心让我一路走到市名师评选。

从教16年了，教师工作的辛苦不言而喻，众所周知。每天要备课、讲课、辅导、批改作业，尤其是长期任教高三的高考压力让人不敢有一刻放松，现在我还要承担部分行政工作，难得空闲在家时还要时不时被提醒下"你现在有两个儿子了"。但我从来不会让工作和生活打垮，我明白保持积极乐观的心态才能让我卸下包袱全速前进，不断地参与学习才能让我有更好的能力投身于有温度的教育工作。

心里种着一颗向日葵，生活便会一路向阳。以饱满精神迎接挑战，快乐即幸福，我要做一个快乐的"曹妈妈"。

光阴的故事

温州市第二外国语学校　陈　静

我曾是少年，在像云一样的日子里，
纤细的事物，在昏暗与映射中依然可见。
今日立秋。
此刻，抬头望月，夜空中深深浅浅的蓝黑，引人无限遐想。

这些年，日复一日地行走，几乎要忘了岁月——这个秋天，我将迎来职业生涯的第二十二个纪念日。真快啊，我的前半生就这样一分为二，一半的光阴和少年同行。暮气总是抵不过朝气的，我庆幸自己最初的选择，与少年相伴，我的青春被无限延长。

一、一个人的写作课

月考后，收卷时，我看到这样的一份答卷，内心是崩溃的。尽管这孩子日常作业糟糕透了，连抄写生字词的作业都难以完成，但这次交上来一份几乎完整版的"白卷"，还是狠狠地伤到了我。

各科都是垫底，学习能力弱到爆，父母工作忙没时间照顾孩子，孩子也不够理解父母甚至不尊重父母，亲子关系很紧张，双方相看两厌……

打消了和家长交流的念头，我打算和孩子谈人生、谈理想，指着试卷问他："你还想读几年书，如果这样下去，中考之后就没书读了，高中是选拔后才有书读的。你的读书时光进入倒计时了，只有三年。"

我在脑海里想了几遍这样的台词，也能想象这孩子沮丧地耷拉脑袋，嘴角却歪向一侧的模样。终于，劳作课的铃声响了，我疾步到教室去找他，没找着。我又折回来，看到孩子们提着网球拍，三三两两地上楼来。我一下子就叫住了他，脑门上渗着汗珠，小脸红扑扑的，看着也没那么讨厌了（坐在办公室看着他"鬼画符"般的卷子，我真生气了）。我说："外套都脱了，不冷吧？""不冷。""那好，咱们下楼溜达一下。"

下楼左拐，就是一条小径，路边种的是桂树，隐隐有花的香。我忍不住深吸一口气，真香啊，他走得极慢，问他，说没闻到。他走两步停一步，始终和我保持着距离，我也就不再往前走了，就在亭子边驻足。

"你喜欢打网球吗？""不知道。""看你一身汗，打得一定很起劲吧？""嗯。""这次考试，你是不是来不及啊？""对，我头疼"（好吧，又是头疼。作业不交也是头疼，这个理由一直没有更新）。""我昨晚没睡好……他欲言又止。"你小学时候有没有遇到过这种情况？有过几次。有没有想过，这份试卷明天发回去，带回家爸爸、妈妈看到之后的反应？""嗯，他们会说，怎么就这么几分！""就这样？""他们会骂我。""那会不会打你？"他不说话了。

我突然就心疼起来，把手搭在他的肩上，真瘦。起风了，我们往回走，从一楼的廊里过。我再次停下来，问他："你现在还头疼吗？"他摇摇头。"如果再给你一次机会，你觉得哪些地方可以再补一补？""作文（这是我没想到的，我既没想到自己会这么问他，也没想到他会这么回答）。""那你想好怎么写了吗？""没有。""秋天里有很多可以写的东西，你通过观察，总会发现的。""我不知道，我只看漫画书，我还是写不来（不好，他要反悔）。"这时候，我看见了走廊右侧的藤蔓，还是绿意葱茏。我伸手拉了一根长藤，扯到我们两人的中间。"你看，这里好多叶子啊，颜色都不一样啊，来，你也来摸一下这藤。"他把手从裤兜里抽出来，轻轻碰了一下枝蔓，右眼皮跳了一跳。

"你看到什么了？""叶子。""还有呢？""叶子上有很多洞。""为什么有这么多的洞？""被虫子咬了。""这些被虫子咬烂的叶子好不好看？""不好看。""好，那咱们就拿掉这不好看的，我说着就使劲扯下那片洞叶。再往上看，这里还有，好不好看？""不好看。"我继续扯下几片残叶。再往上看，还有，我再问他，他不作声了。死死地盯着这一片片叶子，说："不好看，但不要摘了。""你不是说被虫子咬了不好看吗？""嗯，但那也是叶子。"

"你觉得'叶子被虫子咬了'就像我们人被怎样了？""就像我们的手受伤了。""对哦，我们身体受伤了，也不好这样直接砍掉哦。还像什么？""像，像被大人骂。虫子咬了哪里一样？咬了我的心一样。""痛吧，但也不能把心挖了（说到这里，我有点说不下去了，离我的预设太远了，我本是来兴师问罪的啊，就算谈人生，也该有个收口吧，硬着头皮继续扯）。"

"你看啊，这藤蔓看着要枯的样子，可是上面长着这么多的新叶呢，这新叶看着多么喜人的样子，可边上都围着残叶，我们不能因为叶子被虫咬而扯光这一树的叶子啊。"我忍不住更用力地把藤拉向自己，将一片被虫子咬得斑斑驳驳的叶子凑到他的眼前，就快碰到他的鼻尖了。"你看，你透过这片叶子看到了什么？"他狐疑地看向我，眯起了眼。"我，看到了老师的脸，脸上有绿色的影子。"我再把叶子高举起来："我们一起看，看到了什么？""我看到了云，叶子大的云。"

这片被虫子咬得七零八落的叶子，仿佛一扇雕花的窗，在我们眼前徐徐推开。

咱们就看到这里吧，你现在有什么想法了？嗯，就写秋天里的叶子。

看着他的背影，我还是舒了一口气，不知道明天我能否收到今天的这片"叶子"。

【后记】

时隔两个半月，重新拾起这片"叶子"，我的内心平静了许多。七十多个日子过去了，这个孩子，已经会断断续续地背下一首郭沫若的诗《天上的街市》。每节语文课都冲我咧嘴笑，也很听我的话，每天抄抄写写，总算不再把三个字的名儿撑开六个格子……后来几次月考，前面基础部分的内容还是基本留白，但作文纸那页满满当当，看得出，每一个字都是他很努力地塞进方正的格子里的。

这次"好书推荐"的时候，他睁大了眼，迎着他亮晶晶的眸子，我听见他说："我也可以参加吗？""嗯，当然，只要你愿意，我们很期待哦！"那一刻，我又看到了他双颊上的那抹红晕，只是，这次不是因为刚上完体育课。这红扑扑的脸颊，透着神圣的光芒。没有一个孩子天生愚钝，没有一个孩子甘心愚钝，我愿意，陪着你，慢慢走，慢慢欣赏一路风景。

海明威曾经说过，现实不一定总是美好的，但我们必须拥有一颗面对美好的永恒的心。

正是凭着对人的自由全面发展的渴望，我们才会对现实的教育、现实中人的命运心怀依恋，对细微的教育事件保持一种深切的人文幽思，对我们的点滴思考坚持一种温暖的人间情怀，同时，也对现实中的各种教育问题进行理性的批判与必要的反思。

也许，我们始终只能在现实与理想之间徘徊，然而，我们始终眺望着理想的高地，以一颗平凡的、挚爱的、理性的心灵来守望教育，守望我们心中的教育梦想。虽然也会有暂时的休憩和沮丧，但我们永远怀着找寻精神家园的热情，且行且思。

二、读诗的日子

转眼，秋分已过。今晨，继续说新诗，不知怎地就说到了"我爱你"这三个字。那就寻个意象换种方式表达这三个字吧，少年看着窗外来了一句："我爱你，就像天边那朵云，和阳光一起撒在你的心里。"迅即传来一片惊呼。

少年长大了，就是一首诗。

当《远方的寂静》在教室里流淌开来，我给少年们诵读了舒婷的《致橡树》，这是我最爱的一首诗，没有之一。

此刻，我读给了少年听，之后，少年再齐声读一遍。

教室里出奇地静，我的心出奇地柔软，我靠在讲台边，说了好多，又好像什么也没说。

我说：

我们无法预知爱情在生命中的哪一刻到来，但请你一定要坚持，坚持你的位置，坚守你足下的土地。

不远的将来，在座的女孩子或许会比男孩子受到更多的催促，那不一定是爱情敲门的声音，在世俗的观念里，女孩似乎就该更早地涉足爱情海踏入婚姻的殿堂。

但是，女孩请你们不要因此而感到局促，不要匆匆忙忙地去赴约，也不要懵懵懂懂地去表白。

你要确信遇见的是你的那棵"橡树"，

你要确信你已经成长为一株"木棉"；

男孩，你更不能心急。

不久的将来，你已是玉树临风，

你的身边渐渐"繁花似锦"，不要轻易地说出那三个字。

你要确信，你遇见的是你的那株"木棉"，

你要确信你已经成长为那棵"橡树"。

根，紧握在地下，

叶，相触在云里。

每阵风过

我们都互相致意，

这才是伟大的爱情。

这些话，真是我说的吗？可是教室里，这么静，这么静。只有，风吹过树叶的声音。

三、小胖《每日咸谈》诞生记

我曾在一个寻常的傍晚，一片枯藤之下，与一位新生对话（更多的是我一个人说的话）。

后来的经历告诉我，那一次对话并没有对那个孩子产生多大的影响，也许是孩子实在太弱了，不仅仅是写作方面，阅读、朗读，甚至书写都有极大的困难，该如何继续跟进？两年过去了，我没有找到答案。有什么方法可以帮到这批"局部弱小"的孩子？我一筹莫展。

这个秋天，另一个孩子的表现，触发我重新思考这一问题。

这是一个极具喜感的孩子，模仿力超强，在去年课本剧比赛中的表现令人过目不忘，在班级里就是一活宝。可是，就是这样一个说话贼溜，到哪儿都不怯场的孩子视写作为头号大敌，半天憋不出一个字来。到了考场，他也能硬生生地填满格子，只是文不对题。每次反思总说自己懒，下次要改。这样的日子一过就是两年。

那天晚自习，这孩子又跑来办公室，向数学教师请教数学问题。他一手拿卷一手托着腮帮，眯缝着眼一脸柔情地瞅着数学教师，肉肉的身子倚靠在桌板围栏上，很是惬意。我的座位就在数学教师的斜后方，眼前的场景几乎每天都要见三回，再寻常不过了。可那一天，我看出了别的什么东西。我在这孩子身上，看到了特别温柔的一面，他看数学教师的眼神和上语文课时是那么不同，语文课上，他就是一个孩子，一个时而懂事、时而任性的孩子，他爱热闹，他好表现，他喜欢逗大家哈哈大笑。可是在这里，他静静地倚在桌角，抿着嘴，静静地和数学教师说着话，一样的语速，一样的声调，一样的活泼，一样的俏皮，可是，就是给人特别舒服的感觉。对，他此刻是舒服的，不是苦逼着琢磨数学题，苦逼着写下解方程的步骤。他喜欢这个桌角，喜欢在桌角边与数学教师对话的感觉。我笃信不疑。

于是，我待他问完所有的数学问题之后，把他叫到了自己的身边，我说，和你商量一件事，你和戚老师这么熟，咱就把和戚老师的交流写下来，怎么样？好呀！孩子答应得特别爽快。明早交给我啊。好嘞！

临走，孩子还给数学教师倒了杯水，轻轻搁在桌上，留下一句："老师呀，给您倒的温水，不冷不热正好喝的，您要喝啊——。"

第二天一早，孩子来办公室交数学作业，刚上任的数学课代表，分外尽责。见到我冲我笑笑，没等我开口，他一拍脑门："哎呀，老师你等等。"一溜烟跑出去了，再抬头，孩子把本子递给我。打开一看，圆滚滚的字迹铺满了一整页，我趁还没早读，快速打成了电子稿，一共260个字。一边打字一边想着，这错别字啊，这语病啊，真受不了。要不要帮他改一改呢，快打完的时候，我改变了主意。就原封不动，干脆打印出来，在阅读课上给小伙伴们互评互批。

当我以这样的火速（我是真的佩服自己的效率）发下任务单的时候，这孩子再次展现戏精的本色，一副与我无关的模样。小伙伴们读到短文，都乐了，连连呼唤"小胖，哈哈，小胖——"。

"不是我，真的不是我！"小胖终于绷不住了。

每一位同学完成个人评价之后，在学习小组交流的基础上，我们先一一列举了短文的亮点，再善意地给了小胖这样那样的建议。我第一次看到小胖如此专注地从头听到尾，笔记如此自觉，字迹如此工整。还有上台发言的同学，真诚友好，说到不足，还联系到自身，说给小胖提意见其实是给自己找不足，无间隙的交流就是彼此为鉴，真好。

我们围绕"小胖"和"戚总"说了好多，说到"以描写来说话"，说到"虚实相生"，最后悠扬上来说"我们不妨以小小说来构思创作"……我很难还原课堂上我和孩子们的每一句话，但我想记录在此，告诉自己，如果我能多些耐心给自己，生活会不会有所不同？

当我敲打这些文字的时候，小胖就坐在我前桌，他正聚精会神地修改他的这篇小小的文章，我说："我打了369个字了。"他说自己写得比昨天多多了，我要写一个《每日戚谈》的系列……

最后，他回转身把本子递给我的时候，眼神是疲惫的，是那种使完了劲之后的疲惫。老师，我把题目也改了哈，就一个字"说"，是不是更好？

我打开来看，果然长多了。错别字，嗯，还是有。但仿佛没那么讨厌了。

小胖，已经迫不及待地做数学卷去了……

【小胖原作】

一次无意间的对话

"当，当！"我拿这作业本在敲打这教师办公室的门。门开了，是戚老师开的门。我随后走到了老师的旁边，看到教师手上正做这复习题。老师的大脑在飞快地思考的二三秒就画了条辅助线说："搞定！"老师随后理了理发型问道："小胖，有什么事"。而这时我的眼神这焦距在那道题目上，说："老师，这题其实很简单。"得意的口气说道："因为……所以那个……然后……OK！"一边说这，一边用手指着题目，脸上还有得意后浅浅的微笑。老师这才反应过来："哦，可以啊，小胖有进步啊。"说着摸了摸我的大肚皮。就这样我和老师有开始聊了起来，有说有笑。

【小胖改作】

戚说

"当，当！"我拿着作业本在敲打着老师办公室的门。门开了，是"戚总"开的门。我随后走到了老师的座位旁边，看到老师正做着复习题。"戚总"手里的红笔不停地转着，像是绞尽脑汁地思考着。"嗒！"他手里的笔落在了桌上。"搞定！"戚总握紧的拳头打开成了扇形，伸了个懒腰，随后理了理飞行状的发型问道："小胖，有什么事？"而这时我的眼神正聚焦在那道题上，说："'戚总'，看来你老了，这题不是很简单吗？"我以得意的口气说道："因为……所以那个……然后……OK！"一边说我一边用手指着题目，脸上露出自豪的微笑。老师这才反应过来："小伙子，可以啊，有进步！"笑呵呵地摸了摸我的大肚皮。这时的小胖更牛了，头一抬，手一插："那必须的，也不看看我是谁，我可是你的课代表哇！"

就这样我和"戚总"又开始聊了起来，有说有笑。

四、小伙子的方块字

午饭后，返回办公室的路径大致有两条。雨日，从一楼架空层走直角路线；晴时，斜穿博雅广场。

今天路过这一处，竟然有了新的发现。往日我从未注意到每一棵树干上都缠绕着铜丝。有的粗，有的细，有的长，有的短。有几株树干上的叶子枯黄枯黄，与铜丝缠绵，有种说不出的味道。我一直以为，这种形态的松树是天生的。见了这一圈又一圈的铜丝，恍然，有些生命就是拧巴着成长的，拧着拧着，就长成了你想要的模样。

……

小伙子一步一步慢慢地走出办公室，嘴里叨叨着，我都不敢出这扇门了。待他轻轻合上门，我长长地呼出一口气。

太不容易了，又太容易了。这孩子的字迹是出了名的。方块字是画出来的，我曾经说过无数次，好好写字啊，把笔画写清楚啊……但是，交上来的作业依旧是圆体字。

这学期以来，孩子的学习态度有了很大的改变，每周的积累本都是满满当当的，我发现字迹比以往有了微妙的变化，写作文也比以前积极多了。

他曾和我交流，只要是写与人无关的东西，就特别有感觉。昨天课堂上分享了广场上"铜丝绕树"的感悟，他在课后写了满满当当两大页纸。今天一早，我就把他的文章整理成了电子稿，唤他过来看。

我说："你看手写稿和电子稿有什么不一样的感觉？如果你不是作者本人，读原稿会不会很费神？"

孩子回答："我可能读完全文的耐性都没有。"

是啊，好好的一篇作品，读者因为你的字迹不清难以品读文本，无法理解你想表达的内涵。这该多么遗憾啊！

孩子摩挲着手上的水笔盖子，若有所思。

汉字讲究的是"横平竖直"，来，你在心里默念三遍这个词，在本子上写一次——"横—平—竖—直"。

他落笔了，写得很慢，但比我想象的快多了。提笔的瞬间，我大叫一声："哇，小子你藏得够深啊！原来你会写汉字啊！你这也写得太好了吧！来来来，自己看看哪里还可以更好一点？"

"横折弯钩还是有点圆，直角再明显一点。继续，再写一次……"

就这样，一遍，两遍，三遍，四遍，写到第五遍的时候，小伙子憋不住笑了。

"我可以写这么好啊，多少年了，我小时候练过硬笔书法，可是有段时间我越写越草，后来怎么都回不去了，我爸妈为了我写字的事情生了我多少气啊……"

我心里有些难过，我是不是做得太迟了，如果早一些做这样的陪伴，多一些耐心等待，是不是这个孩子就可以早一点找回自己、找回自信。

随之，我继续和他练字，从上面的词语中选择最难写的、最陌生的写，每写完一个，我们都欢呼一下。最后，从练习册中完成看拼音写汉字，遇到孩子不熟悉的，我就稍微提示下，结果仅仅失误了一个词。

字越写越多、越写越方正，孩子的身板也越来越直。

我说："今天就写到这儿，咱们接着来聊聊你昨晚写的这篇文章……"

从头到尾，孩子的思维都很活跃，表达也很清晰。

交流完了，我和他拉钩击拳，立下誓言，走出这扇门，就和圆体汉字告别了。

我说："我已经拍照为证，好男儿一诺千金啊。"

这一刻的我，就是那缠绕松枝的铜丝吧，大约就是了。

【彩蛋】

因为昨晚的约定，今天就有了新的期待。早读前，没见着人。心想过了一夜，该不会打回原形了吧？有点儿悬。早读时，小伙子的笔刷刷刷地运作不停。我凑过去一看，这方块字码的，啧啧啧，翻到前页比较原迹，真真切切地感受到什么是"判若两人"。

小伙子嘴上说："这是假的，这是假的。"嘴角的弧度倒很诚实。

【尾声】

过了不惑之年，对人生反而有了更多的疑惑。也许，心底里还是把自己视作年轻人吧。那么，继续你的职责：平整脚下的土地，而非焦虑时光。

追求语文教学"三美"融合

温州市洞头区实验中学　纪玉丕

面对语文教学曾经的"应试化""功利化"倾向，一直以来，本人在语文教学过程中，追求"真情、素养、审美"的教学风格，努力实现语文教学的三美境界：习惯美、内涵美与情趣美。将"三美"在融合中实践，在融合中提升，化平凡为神奇，在潜移默化中追求一种习惯的养成、兴趣的建构和审美的追求。我会尝试上一些不算正统的语文课，如书法指导课、朗诵指导课、札记随笔指导课、剧本表演课、名著导学课、项目实践课等，用心开设"别样课型"，只为实现语文教学"三美"的价值追求。与大家分享我在实践"真情、素养、审美"教学风格中，实现"三美"融合过程的教学故事。

一、语文书法课——"练习书法是一种技能，更是一种情趣与享受"

每当开启一个新班的语文教学，我的第一节一定是书法课。或许源于对书法的热爱，或是认为汉字是语文学科的源头。每周一张书法作业阅批，每月一次书法作业点评等，帮助学生养成良好的书写习惯，进而热爱书法是我让学生爱上语文的第一个习惯，也是第一份审美与情趣。为此，书法十二字法则"上紧下松、左紧右松、突出主笔"也成为我的经典书法教学规律！初一开始坚持不懈，每周雷打不动一张书法作业批改与讲评，层级式考核，不仅能让孩子们喜欢书法、喜欢语文，更让他们懂得以审美的眼光认识语文汉字的美，认识语文的魅力。

当技法转变为一种热爱时，哪怕遭遇初三紧张的升学考验，学生们依旧将午休一节课书法练习当作一种紧张复习之余的一份休闲与享受。这份认同，不免让我内心欣慰！孩子们收获的不仅是一手规范、漂亮的字，更是人生的一种态度与趣味。2011年，一位毕业就读职高的学生写了一封信给我："老师，感谢你初中三年书法的训练，我的字在初中班级排不上号，来到职高居然成为学校推荐参加区市比赛的选手，真是一种意外的惊喜！"一位乖巧的女生因为认真练字，初中获得市级二等奖、高中获得市级一等奖。

教师们评价说："纪老师班的学生，字写得就是不一样！"

2010年，我当了教务处长，学校开始推行大读写，在我们的推行下，学校形成了午休练字课程，并长期坚持了下来！

二、语文诵读表演课——"不被看好的孩子也能创造奇迹"

语文学科是一门有声的语言，诵读能力对于学生的语文教学至关重要。为此，我认为，将诵读当作语文教师必修的课程，并引导学生热爱诵读，成为诵读行家里手的关键。

我的课堂中一定会有专设的诵读指导课、班级诵读会和诵读赛。我会抓住典型的文章和富有诗意的诗歌，进行诵读技法指导活动，让每一位孩子都能勇敢地站在班级的舞台中央自信诵读。

记得 2010 年，初一一场班级朗诵比赛，我让全班同学参与，先进行班级赛，评选出班级的优秀选手，组队参加校级朗诵大赛。一个学校负责朗诵训练的音乐教师，对我挑选的一位主诵男生表示不认可，说他的声音太"娘娘腔"，缺少男子汉气概，建议我更换。我觉得孩子天赋好，我更相信我有改变的能力。正式比赛当天，我们班获得一等奖，这位音乐教师担任评委，她听了很是惊讶地说："怎样就短短几天，这个孩子朗诵水平就完全不一样了，纪老师，你真是厉害！"至此，这个男生一直参加学校的诵读社团，并代表学校获得区一等奖和市级团体二等奖，还成为一名优秀的主持人、校园十佳歌手等。

当然，课本剧的演绎也是学生们最最喜欢的。通常一节表演课，我会让孩子们小组合作，自行准备道具，分角色，可以采用旁白式结构，也可以直接进行情境表演，虽然费时，孩子们却十分喜欢，收获的是孩子们的奇思创想。

总之，我们班推荐的学生参加诵读、演讲、表演赛基本都能拿大奖，班级里的一位学生获得全国海洋故事一等奖，2012 年中考被瓯海中学以课本剧艺术特长生录取。

教师们评价说："任何孩子只要纪老师指导，朗读的水平就是不一般！"

慢慢地，语文组的诵读比赛成为每一年学校的经典文化，传承了下来，并不断发扬光大。学校的诵读作品经常代表区参加市级比赛。

三、语文读写指导课——"一同演绎札记与随笔的精彩"

语文的读体现在诵读能力，语文的写则体现在读写之积累与表达上。洞头区有一项目语文的常规，大家一直很欣赏，那就是坚持十多年的七年级札记和八年级随笔常规。每个学期期末，全班、全校、全区都会进行大评比，看看谁积累多，看看谁成果优。

带班多年，我一直非常注重对学生这两项常规的指导监督。我始终认为把常规做扎实，学生语文素养就有根基。我总是对孩子们说："每一本摘记或随笔都是我们用心阅读、用心习作的成果，值得我们一辈子珍藏。"班级学生的摘记、随笔也常常能够获得区里一等奖。

女儿初中，初一学年摘记获区里一等奖，初二开始做随笔的时候，我偶然获得一本硬壳本子，里面是全空白页的漂亮本子。我把它送给她，追求完美的她，一看就喜欢上这个本子。于是，每一周的随笔，我都和她一起设计、编排，让作品和版式、字体相互融合，体现自己的个性，加上彩铅笔淡淡的图案色彩勾勒，形成内容完美融合于形式、富有百变版式的随笔本。2018 年区里评选，她的随笔竟然获得区里十多年来唯一特别设置的特等奖！这个随笔本，不仅成为她的一项精美作品，也成为我的一项研究战果。

教师们评价说："有了这样的常规态度，学生们的语文成绩怎么都差不了。"

是的，慢慢地，当教师用心对待，教会孩子们养成日积月累的习惯时，大部分孩子都能将每一篇摘记和随笔做好，他们所构思的设计、倾注的情感，累积成为一种良好的学习习惯与学习态度，进而，慢慢转变为一种关键的能力和一份独特的审美，甚至是一种优秀的品质！

四、语文作文课——"点燃真情，不动笔墨的叛逆孩子写出了惊人感恩佳作"

课堂是充满艺术的，但首要的是真情的投入，我一直相信，热情是能够带动和感化每一颗尘封的心灵的。

2007年，我突然接手一个新班级，这个班有一个男生很特殊，语文课从不动笔，平常基本不读书，经常在社会混。我的第一节语文课，要求大家各写一句名言，他一开始像往常一样不动笔墨，我走过去，说你是一个聪明的孩子，一两句话难不倒你吧。在我的多次鼓励下，他写下了这么句话："不为失败找借口，只为成功想办法。"第二天，我把他的这一句名言庄重而醒目地写在班级黑板上，让大家去猜一猜，这么棒的一句名言会是谁的杰作！最后，当我公布姓名时，大家都十分惊讶，我顺势表扬了他，并让这句名言在班级黑板上停留了一个星期！第三节课，我要求大家写一写自己，让老师认识大家！他竟然自觉动手，在一节课写出了不被大家了解的真实的自己，一个叛逆、反抗、逃学但却孝顺的自己，一个期望被关注但总管不住自己的自己，并诉说了自己家庭的不幸，妈妈失语，爸爸是残疾人，以及妈妈在一年前离开，带给了他无限的伤痛与思念！我给了他大大的赞，还买了字帖送给他，建议他有空多练练字！

就这样，一个男生的写作真情被激活了！学校恰好有一个感恩征文比赛，我将这次比赛当作一次作文素材，要求全班同学都要写！他的作品《声音爱声音》，写了失语妈妈命运的坎坷与伟大，以及自己对去世母亲的感恩与思念。这篇文章令每一个人都留下了真情的眼泪！它也成为我教书多年看到的最感人、最富真情的佳作，作品获得校级一等奖，并被推荐到县里评选获得一等奖！

教师们的评价：

原任教语文曾老师不无感慨地说："我怎么从来都不知道，他竟然是一个写作天才，幸好你发现了他！"

是的，当你打开孩子的心扉，激活孩子的灵感时，带给我们的就是一个个改变的奇迹和一个个意外的惊喜。我以这个孩子为案例，写成了一篇《赏识激励让教育不再平庸》，获得温州市案例一等奖。

五、语文项目创新课——"融合栏目的作品欣赏，孩子们超喜欢"

语文课源自生活、高于生活，学校疫情期间，校团委负责精心设计推出了一个校园栏目——"阳光新声音"。实验中学"阳光新声音"就是一种传播声音正能量的节目。目前，学校共推出了六期，受到了师生的广泛好评。"声音的能量无可限量"，无论主持还是作品诵读、作品交流都由学生在教师的指导下主动完成，孩子们超级喜欢！

怎样让语文课与之融合，便有了"线上语文新声音栏目项目化主题课"。

疫情下语文诗歌课专题，我们展示了孩子们课前录制的声音作品，孩子们格外兴奋，聆听中比较，比较中学习，触动了每一个孩子的兴趣。

疫情下"疫情的真善美""疫情微写作"的写作专题课，让孩子们结合自己经历，结合所见所闻，去感受与表达自己对疫情生活、疫情社会及疫情价值观的认知。

疫情下"我的作品你来读"专题，孩子们推荐嘉宾读作品，作品有《那一刻的美景》《遗体的力量》《向姑姑致敬》等，在语文课堂活动中，有学生作品诵读、作品交流、作品点评感悟等，因为孩子们的全情投入，作品强大的震撼力带给孩子们心灵深深的震撼！

教师们的评价：

语文项目与学校的栏目融合，由孩子们全程策划、主持、对话、交流、互动等，这样的课堂才是以学生为本的真实情境的素养课堂！

我想，面对新语文教育，面对核心素养的培育，语文课的创新是一种必然，但一定是基于以生为本的课堂，一定是指向学生核心素养的培养的课堂，一定是语文教师情感的真挚引领。项目化的语文课链接学校的"阳光新声音"栏目就是一种全面的突破与创新！长期坚持，一定能够带来可见的惊喜！

解题的强身功效

温州市实验中学 周利明

2007年,我硕士研究生毕业于北京师范大学数学学院,出于对教育的热爱,我应聘到温州市实验中学工作。在走上工作岗位之前,我向已经参加工作的师兄、师姐们学习了不少的经验,做好了应对自己预想的各种困难的准备,信心满怀地踏上了"征程"。工作13年来我在不断的失败和挫折中坚定前行,养成了坚持进行解题研究的良好习惯,提高了自己对数学的理解、对学生的了解、对课堂教学的把握。

一、故事1:初登讲台的尴尬

遥想当年,我头顶硕士大帽,从北京师范大学空降到温州市实验中学的三尺讲台。我甚是自信,心想这些小儿科的知识还不是信手拈来?谁曾想,走上讲台第四天,我讲解七年级数学第一章第四节《1.4 绝对值》一课,课堂相当顺利,就是在课将要结束的时候,有一学生甚是好学,问我一个问题:如何求得 $|x-1|+|x-2|$ 的最小值?当时我给学生用"零点分段法"滔滔不绝地反复讲了十几分钟,虽然我讲的是满头大汗,学生却两眼茫然。我当时还想学生怎么这个都难懂呢?后与师傅讨论,这种分段法涉及的知识学生还没有学到,所以学生理解不了。其实用绝对值的几何意义是非常好解释的,就是数轴上 x 到1与2两点的距离之和的最小值,当 $1 \leqslant x \leqslant 2$ 时,最小值就是1。

这个遭遇使我十分尴尬,让我明白了无论自己的学历有多高,教学中也要选择符合学生思维水平的方法。其实这个尴尬的原因,一方面是自己在教学时没有来得及对浙教版的教材体系做深入的解读,所以才发生了用学生不知道的知识来讲解的情况;另一方面是由于自己没有进行解题研究,所以我对于初中这种简单的技巧都不知道。同时,这次的尴尬经历也让我深刻认识到解题是中学理科教师的基本功,也是实现有效教学、与学生交流的重要工具。因此,教师需要通过解题的学习和研究来提高自己的业务水平,只有自己强壮了,才能更好地服务教学、服务学生。

二、故事2:艰辛曲折地前进

此尴尬经历之后,我尽可能地利用课余时间加强解题方面的训练,以滋补强身,从中我学习到了很多的解题方法,同时,也开始有意识地对题目按照解题方法进行分类,并将其渗透在教学中,慢慢地我感觉自己对于教材的把握越来越准确了,教授给学生的解题方法也越来越好了,同时,自己在教学中也越来越自信了。

半年之后的2008年3月,温州市教育教学研究院组织了"温州市首届初中数学教师学科知识竞赛"，我被学校选派出去参加比赛。题目倒都是自己能力范围之内的，然而总感觉自己好几道题目都没有找到"捷径"，因此，在做题的过程中三心二意，不断变换解题方法，所以浪费了很多的时间，结果在收卷的时候还有最后两个大题都没有来得及看，所以成绩不理想，只有三等奖。我当时心中甚是郁闷：自己是数学专业的硕士研究生，在数学学习和研究方面付出了十几年的努力，却在自认为"小儿科"的题目面前栽了大跟头，真是感觉有些无地自容，也愧对学校的信赖与厚望。

后与师傅交流，他开导我说："刚走出校园，由学生转变为教师，没有系统的解题训练，解题方法不直接，速度慢这都是正常的；你的功底是很好的，就是缺乏练习，感觉很"虚"，有时间要多做题目，只有多做题目才能使自己强大起来！"结合师傅的教导我对自己的工作态度、方法及半年多来数次的失败进行了深刻的反思。我从内心深处对解题产生了非常强烈的"欲望"！

在接下来的教学工作中，我谨记师傅的教导，每天中午休息时间和每天晚上备课结束后都坚持解题学习和研究至少4个小时。一年多一点的时间我读完了黄东坡的《培优竞赛新方法》（七、八、九年级）共3册，单壿、熊斌教师的《奥数教程》（七、八、九年级）共3册。学校也发现了我在解题方面的执着，并且通过解题研究也使自己在教学中有了比较明显的进步，所以，在2008年9月学校让我兼带八年级的数学兴趣选修班，每天与学生研究解题。后来学生问我的绝大多数题目我只需瞄两眼，几秒之内就可以得到最佳的解题方法，甚至给出答案。解题水平进步了很多，自己感觉强壮了起来。

记得2010年11月的某个下午，我收到了学校的代课通知单，第二天下午的一、二两节，我要去九年级代数学兴趣选修班的课。当时我想已然滋补了这么多，应该够强壮吧。等到放学时我才知道我的教学内容是丁葆荣教师编写的、浙江大学出版社出版的《初中数学竞赛教程》九年级分册，第十九讲《四点共圆》。学生已经将后面的习题都做了，我要做的就是根据学生的反映，哪一个有困难就讲解哪一个，并适当补充一些类似的问题和学生一起交流一下四点共圆的解题思想方法。当时我一听就虚了，心想今晚就踏踏实实地恶补吧。这种课是最难上的，因为那些题目都是全国联赛级别的，更要命的是30好几个题目基本都是首次"谋面"，谁知道学生哪个有问题啊？所以，我得把每一个题目都做出来；另外，从教学的角度出发，还得思考好如何给学生分析。不狠补第二天肯定被挂在讲台上，因为学生要是问到我没有准备的题目，即使我会解这个题目，但也要时间去思考，不能马上分析给学生，更谈不上方法的指导。所以，那天晚上我从6：00开始一直补到第二天凌晨2：00多。

第二天，我满怀自信地走进教室，将学生的问题一一解答，令学生感觉这个教师水平还不错！所以，有一位学生就在快下课的时候又委婉地说："老师，还有问题想问一下，就是前面一节有个题目的参考答案说利用圆的内角定理和圆的外角定理解题，我们不知道这两个定理，老师能帮我们讲一下吗？"面对学生那期待的双眼，我迅速搜寻着自己的记忆，发现我的大脑里这个知识"真没有"，只能本着教学中实事求是的原则，脸一红、心一横，告诉学生这个我也真的不知道。后来我查了一下，原来这个知识是很简单的，我还真知道它，但我不知道它叫"圆内角定理、圆外角定理"，如果我早一点读完这本书，"这个就可以有"了。

因此，在接下来的两个月的时间，我就将这本书全部读完了。感觉自己又强壮了许多，在2011年1月温州市第二届初中数学教师学科知识竞赛中，我以很快的速度答完题，留了不少时间检查，本来以为自己可以拿满分的，谁知还是由于疏忽，填空题错舍了一个答案。虽拿到了一等奖，但还有一点小小的遗憾。不过这个遗憾也是激发我继续滋补强身的动力，相信经过这一轮的教学我将更强壮！

三、故事3：专业成长的收获

坚持解题让我收获了教学中的自信，也貌似发现了一条专业成长的"捷径"。2012年，我顺利被评为"温州市第四届学科骨干教师"；同年9月、10月两次开出市级公开课，并取得不错的教学效果。这些成功的背后都是自己坚持解题的功劳！在坚持解题的同时我也开始关注命题，并参加了温州市首届初中教师中考命题研修班，经过两年多的培训和与研修班同学们的交流，我收获很多，其实我一直以来的解题研究都偏向于数学竞赛，对于中考试题的研究略显不足，尤其是对一些中考问题解题方法的提炼不够，因此，在接下来的几年中，我一方面坚持数学竞赛问题的解题研究；另一方面坚持全国中考数学试题的解题研究，通过这两个方面的研究，我的课堂结构更加合理，分析问题和解决问题的手段更加丰富精准。

很多次课结束后都会有学生跑过来说："教师您今天上课太精彩了，真霸气。"这句话让我陷入了深思：在上学的时候感觉我们的初中、高中教师都特牛：他们上课时就是在烟壳或纸上写几个题目，然后就可以滔滔不绝地用N多种方法去解决一个题目，心中特钦佩这些教师。今天我终于也可以做到游刃有余地合理驾驭课堂，我至今才真正体会到，在这个过程中教师做了多少的题目才熟悉了教学内容和解题思路。同时，我深切地体会到数学教师一定要进行解题学习和研究，否则就很难站稳讲台，也很难实现自身的专业成长。事实上，解题是教师熟悉教学内容的必经之路，也是形成教学方法和教学能力的重要途径。

2017年，我被评为温州市第五届"教坛中坚"，2019年我被评为浙江省"教坛新秀"，这些成绩的取得就是因为我坚持解题，所以我对课堂的构思、驾驭、开展做得更好一些。

四、故事4：助力学生的成长

数学解题是一个充满刺激和挑战的过程，也是一个痛并快乐着的过程。解题的强身在提高自身素质的同时也是为了更好地服务学生。我用"题海战术"锤炼自己，课堂讲解就能高效、精准、灵活，课后布置的作业就会很精练、很有针对性，也有不少曾畏惧数学的孩子因为我的课堂逐渐领略到数学的魅力，从而喜欢上了数学。记得2017年9月起，我接九年级一个班级的数学，与不少女生一样，现就读温州中学高三的蔡同学是个很勤奋的女孩子，但是每次数学成绩都在125分左右，徘徊不前，这让她感觉数学是最大的"心魔"。我鼓励她课堂认真听讲，有不懂的地方课后及时找我问明白，并将我课堂讲解的和课后作业中的所有问题都及时整理消化。慢慢地，她发现这个方法很实用，考试中的很多题型、方法都是我平时教过的。她从我课堂的解题思路中慢慢找到了感觉并喜欢上了数学，对数学也有了信心，那一年成绩进步很大，如愿进入温州中学就读高中。

从2015年起，我担任我们学校中山书院的数学指导师，面对这些优秀的孩子，教学中我也遇到了很大的挑战，孩子们涉猎的问题非常广泛，思考也很深刻，许多问题涉及了高中、大学的知识，其中平面几何和数论内容有些已经达到了全国高中数学联赛的难度，为了能更好地服务学生我不断地研究这些方面的知识，我又重新系统学习了高中数学教材，大学《初等数论》，做完了全套《高中数学竞赛教程》，坚持做每期的《中等数学》及其每年增刊中的数学问题，即使是这样也会有不少问题我一下子不能给学生解答，其中的痛相信理科教师都能体会。经过这么几年的坚持，我明显感觉自己在数学解题方面又有了比较大的进步。为学生准备的讲义也越来越有针对性、越来越系统，给学生的指导也越来越精准，也能从数学的本质方面去揭示一些好的解题思路和方法。

这些痛并快乐着的努力为我校中山书院这批优秀的学生在初中阶段的数学学习提供了很大的助力。我任教的毕业生班级每次都有20多位学生被温州中学提前录取，并且他们在高中阶段的数学学习也非常棒，接连有学生获CMO金牌、银牌并被北京大学数学系提前录取，也有很多学生进入清华大学、复旦大学、上海交通大学、浙江大学、中国科学技术大学等名校的数学系或数学相关专业就读，用我们学校黄慧校长的话说："周老师已毕业的学生中就读数学专业的比例相对较高，很多就是在初中阶段和数学结缘。"

回顾这13年的数学解题历程，虽然艰辛但也是非常值得和非常有价值的，我在提高自身素质的同时也为很多学生在初中阶段，甚至今后的数学学习方面提供了助力。现在解题已经成了我的习惯和必需品，我将在解题研究的道路上继续前行，努力做好数学教学路上的践行者，做好学生数学学习道路上的引路人。

做学生的"同龄人"
——班主任工作中的"共情"效应的探索与实践

温州市实验中学府东分校　李蓉蓉

学生：老师，你好像长不大！

我：是吗？真好！做"长不大"的老师多好啊，这样才会永远记住我也曾经是学生，这样我才会成为你们真正的朋友。

学生：对啊，老师，好像有什么事我们都愿意跟你说！

……

一次和学生的闲聊却让自己对十来年的班主任工作有了一个阶段性的定位：一个"长不大"的班主任，一位想做学生们的"同龄人"的班主任。

有位学者这么说过："如果一个人无论春夏秋冬都能平静地微笑，这个人就是高贵；如果一个人无论喜怒哀乐都能自然流露，这个人就是朴实。高贵和朴实都表明了一个人的生活态度，它们同样美好，只是高贵接近神灵，朴实毗邻稚童。"现今的中学生，因学业繁重，以及来自家庭、社会等方方面面的压力，心理负担过重。他们迫切需要倾诉，需要理解。作为班主任，必须深入学生，密切与学生交往，充分了解学生的心理需求，主动建立爱的关系。那么班主任应该以什么身份和学生们相处呢？是新一代灵魂的塑造者、文化知识的传递者、班级集体的领导者？……笔者认为，班主任可以作为学生们的"同龄人"，真正地换位思考，将"共情"的心理效应发挥到极致，朴实地和学生们相处。

共情（Empathy），也称为神入、同理心，共情又译作移情、同感、投情等。它是一心理学名词，在现今班主任工作中，尤其是在和孩子们进行彼此的"心灵触摸"中起到了极大的作用。在此，我们以做学生"身边的人""心上的人""精神上的人"和"存在的人"四个方面阐述，充分发挥"共情"在班主任工作中的效能，真正实践有效教育。

一、共情以"身"：做同龄的"身边人"

广义的共情是指所有人际场合中产生的设身处地为他人着想的能力。换成对班主任工作来说，就是能够在各样的场合中，为我们的孩子着想。进而使得孩子们感受到身边有教师，教师的行为就是我们行为的标杆。这时，共情已经成为教师使自己成为教育的标杆方式。那么，教师的教育理念就能很快实践，教师的教育方式就能得到学生的认同。"亲其师，信其道"的梦想，就能在现实中有效地被证实了。因此，要共情以"身"：做同龄的"身边人"。

1. "同龄人"之大扫除的故事

第一次大扫除：在忙碌了一个小时后，教室里窗明几净，课桌椅整齐，连空气都感觉特别清新。这时，我发现教室前门缝里还有垃圾，也没多想，就蹲下来用手将垃圾抠出来。全班哗然："老师自己在捡垃圾呢。""不能让老师捡啊，这块是我负责的，我来捡。"负责这块的学生马上就过来了。

听着学生们叽叽喳喳的讨论声，我笑着说："老师也是班级的一分子啊，捡垃圾有什么关系呢。我相信我们班任何一个同学看到，都会像我一样去捡的，是吗？""是。"学生们异口同声地回答。

接下来一段时间里，我发现教室天天都有新的变化：书架上摆上了芦荟，还每天都有人浇水；教师的小讲台桌里面的资料每天都整整齐齐的，还被分类放着；教室的计算机桌脏了，有同学中午都没有休息，一个人干得不亦乐乎；墙上突然多了幅油画，原来是学生把自己在家画的画拿来了……看着同学们一点点地装饰班级，我充满了幸福感，并给孩子们买了两盆绿萝，并告诉他们："一盆代表女生，一盆代表男生，它们的茁壮茂盛就代表着你们的茁壮成长，一定要把它们养好！"学生们懂得了关注生命，他们去查植物养殖的书，小心地养护它们。慢慢地我们有了记录开心时刻的照片墙，慢慢地我们有了彰显个性的班服，慢慢地我们有了记录七年级一年时光的光盘……，初中三年，我们有许多要一起做的事，"一起"是一个多么美好而温暖的词汇，为了这个"一起"，班上的每一个孩子都学会了努力，并也在努力着……

2. "同龄人"之感

如果我现在就是他们的"同龄人"，如果我看到我的老师都将自己当作班级的一员，身体力行为班级建设出力，我一定会深受感染的。因此，哪怕是捡垃圾这样的小事，都会收到令人欣喜的效果。现在，作为班主任的我，更是深刻体会到：作为班主任，不能只靠简单的说教，而应身体力行，以自己的实际行动作为"星星之火"，在班级形成"燎原之势"。诚如古代教育家孔子所说："其身正，不令则行；其身不正，虽令不从。"

二、共情以"心"：做同龄的"心上人"

Mayeroff（1971）认为："共情就是'关怀一个人，必须能够了解他及他的世界，就好像我就是他，我必须能够好像用他的眼看他的世界及他自己一样，而不能把他看成物品一样从外面去审核、观察，必须能与他同在他的世界里，并进入他的世界，从内部去体认他的生活方式及他的目标与方向'。"那么，在班主任工作中，我们也需要进入孩子的世界，真正将心比心，做他们的"心上人"，也成为他们心灵上的"需要"。于是，共情就成了心与心理解的方式。这样，我们的教育将会直达问题的最核心的位置，并明白地知道孩子们需要什么，而我们也将做出最合理的反应，并达到相应的效果。因此，要共情以"心"：做同龄的"心上人"。

1. "同龄人"之初恋的故事

有一阵子，我发现一向活泼开朗的 A 有些反常：上课没精打采，下课不言不语，家长反映他在家里也是寡言少语，好像满腹心事，作业错误率明显提高，成绩下降。于是在有天放学后，我把他叫到了办公室。只见他脸色有点发白，两眼不敢正视我，看得出他内心有点慌乱和不安，我轻声问他："有心事吧？可以告诉我吗？或许我可以给你一些参考意见。"一再开导下，他终于告诉我他喜欢上了班级的一个女生，很想和她表白，希望和她建立超出友谊的关系。显然 A 被这件事深深地苦恼着，心情很矛盾。

我明白 A 也像一些处于青春萌动期的孩子一样，开始走入了"感情"的误区。我告诉自己一定要正确引导他，不可操之过急；更何况，他会说出来，也是对我的信任。为了使谈话气氛活跃些，不至于使他过分紧张不安，我笑着说："这个女生确实很值得人欣赏啊！你长大了哦！"他脸上泛起了笑容。

"那你下定决心要向她表白了吗？"我问他。A摇摇头，并问道："老师，我该怎么办啊？"

"既然这位女同学已经不知不觉闯入你的心里，你也无法躲避，那就正视她，让她安静地埋在心里。同时你必须把握好自己，将这份好感转化为激励自己投入学习的动力，她成绩比你要好，相信你也不甘愿自己和她不平衡对吗？"A用力点了点头。接下来的日子里，我更加注意接触他，关注他，并让他也担任班级的班干部，想让他通过工作上的接触能对这种所谓的"感情"有新的认识。

A对我的决定感觉惊讶，同时，我也表明了我对他的信任，并告诉他这件事会一直是我们之间的秘密。从他的神情里，我感受到了他的感动。有一段时间里，几乎每天我都和这个男孩一起回家，路上我们什么都聊，就是不会谈起这个话题。慢慢地，A又像以前那样活泼开朗了，而且多了几分成熟，工作上有条不紊，成绩也稳中有升。终于，我等来了一句："老师，谢谢你耐心教育我、帮助我，我已经走出来了，要不然我也不敢想后果将会怎样……"

2. "同龄人"之感

如果现在我就是他们的"同龄人"，如果我也喜欢上了一个同学，在那风雨飘摇的花季，我一定非常需要理解、指导，一定希望有人能给我脆弱的心灵一种支撑，因为要一人面对父母的责怪、学业的压力，那需要多大的一种坚强啊！现在，作为班主任的我，理解青春期的孩子们的感情问题是他们成长中必然要经历的，但一定要有引导。如果他们出现一些反常的行为，或做出一些不该做的事，切忌大惊小怪，更不能强制性下"禁令"，这样反而会引起逆反心理，达不到应有的效果。而应冷静分析，慎重处理，耐心诱导，根据学生的思想基础和可接受能力，激励他们自爱、自强，最关键的是要从中学会思考，然后进步！

三、共情以"灵"：做同龄的"精神人"

罗杰斯对共情的解释是："能够正确地了解当事人内在的主观世界，并且能将有意义的讯息传达给当事人。明了或察觉到当事人蕴含着的个人意义的世界，就好像是你自己的世界，但是没有丧失这'好像'的特质。"从他的解读中，我们可以明白"共情"其实就是可以和当事人的"灵魂"相通。而这样的要求，就是需要我们在工作中，真正回到学生的"同龄"阶段，恢复到那份"灵魂"，让我们的"精神"和孩子们的"精神"属于同一个"灵魂"。这时，共情已经成了互相以"灵魂"相通的过程。那么，彼此"心灵交融"的时候，就会精神相通，双方的沟通将会因为这样的基础，而显得倍有效果。因此，要共情以"灵"：做同龄的"精神人"。

1. "同龄人"之友谊的故事

B同学是个外表开朗外向，内心却极其敏感脆弱的女孩。在和她的多次聊天中，感觉她总是因一些细节问题苦恼不堪，如同学迎面走来没跟她打招呼、上课时举手教师没叫她、好朋友生日没有告诉她等。时间久了，她认为自己在别人眼里是一个可有可无的人，甚至认为周围的同学都在和她作对。一次心理课上，心理教师当场布置了一个题为"我是……的人"的任务，B同学的答案居然是"我是一个性格分裂的人"，教师和同学们听了一片哗然。课后她主动找到我，说了心理课的事并问我："老师，大家都说我这个人太敏感，其实，我只是想得到别人的尊重而已，也许是我的表达出现了问题，到底怎么样我才能摆脱这种痛苦呢？"看着她痛苦的神情，我心里特别难受，我问她："如果我是这时候的你，你猜我会怎样呢？"她说："老师，你一定会处理很好的，不像我，一团糟。"我摇了摇头："不，我也会像你一样困惑的。或许我还没你这样有勇气找老师，更别说当着同学们的面给自己那样一个评价！"我的话让她更加愿意回答我接下来的问题："同学没和你打招呼，那么你主动和同学打招呼了吗？"她摇头。"上课时举手教师没叫你，是不是老师没看到呢？毕竟班级还有其他同学。"她同意我的观点。"好朋友生日没有告诉你，那么你生日叫同学了吗？"她说她的生日正好是周末。"那么你应该明白啊，发生这样的事是正常的。既不能说明你是'重要的人'，也不能说明你是'可有可无的人'，对吗？"她用力点点头。

顺势我告诉她，这正是人际交往的经典法则之一《黄金法则》："你想人家怎样对你，你也要怎样待人。"那时候 B 同学的笑容在我眼中灿烂无比。

2．"同龄人"之感

如果现在我就是他们的同龄人，我也会懵懂，也会迷茫，也会多变，也会犯错，更会失败，有时甚至会把自己变成刺猬，伤了别人，也伤了自己。友谊对任何人都是那么珍贵和重要，不可缺少，所以想被重视、想被尊重，不想被忽视。现在，作为班主任的我，更加懂得了什么叫"善解人意"，并愿意告诉学生们学会多角度地想问题，并说出感受。用善良的真心、善良的理解、善良的态度去理解他人的意图，愉悦了自己，也使别人开心，真的是"赠人玫瑰，手留余香"！

四、共情以"存"：做同龄的"倾诉人"

共情之所以是利他行为的基础，是因为具备共情特质的人能切身感受到别人的需要与苦恼，并能在必要时以得体和尊重的方式向他人提供支持与帮助，因此，非常有助于健康人际关系的建立。有的时候，作为痛苦的人的需要，仅仅是有人被需要而已，仅仅是在痛苦的时候，存在而"被倾诉"。那么，在这个时候，"共情"就是一种"存在"，就是同龄人"倾诉"的需要者。班主任也是学生最后的屏障。相对于班主任教育效果来说，这个时候最能触及学生最"柔软"的时刻，那么，"雪中送炭"的教育效果，就可想而知了。因此，要共情以"存"：做同龄的"倾诉人"。

1．"同龄人"之家长的故事

在平时的工作中，我特别想做到的是能引导家长成为我的教育伙伴，使学校教育和家庭教育形成合力，培养出优秀的学生。我很看重家长会这个平台，在我看来，这是教师、学生、家长的阳光聚会。

记得七年级上学期的期中考试后的家长会，从我内心我特别不想把家长会的重点定为"成绩汇报"，我让学生和家长一起参加，重头戏是家长和子女的面对面沟通。首先让每个孩子都写了自己想和爸爸或妈妈说的话并且对于要不要署名不做硬性要求，想不到孩子们都写了很多，而且基本上都写了名字。在孩子们一个个读完自己写的内容之后，家长的表现我真的太感动了，每位家长都发言，还屡次出现争着站起来说的情况，有家长还临时写下来，怕自己到时太激动无法表达顺畅。中间有家长因为有感触而无法说下去时，大家报以掌声总是会帮她续上她的话。家长的哽咽，家长的眼泪，特别是男性家长的眼泪，这都让孩子们很感动，孩子们的感动之情溢于言表。或许他们第一次看到平时在他们眼里只会严厉、只会要求的家长，现在就像大朋友一样和自己说话沟通，相信这样的家长会，学生、家长和教师都是有收获的。

2."同龄人"之感

回想起自己做学生时，"黎明前的暴风雨""告状会"都是家长会的代名词，所以现在，作为班主任的我，更愿意帮助家长和孩子沟通，搭建起友善的交流的桥梁，帮助学生们找回对父母的信任，帮助家长找回和孩子们相处的自信，做学生们的朋友，做家长们的朋友！

……

教书育人是我们的工作，是我们在生命中不断去经历的事。它如同这世界上的任何职业一样，不需要抱怨、推卸。唯有用心，才会感受到人生的价值和意义所在。而在这样的工作中，我们认为，要坚定自己的信念，做学生们的"同龄人"，让童心与学生共鸣，让不泯的童心感染学生，呼唤他们活得更纯洁、更潇洒。

参考文献

[1] 冯杨. 教师怎样和学生说话[M]. 周呈奇, 译. 海口：海南出版社，2005.

[2] 唐思群, 屠荣生. 师生沟通的艺术[M]. 北京：教育科学出版社，2006.

[3] 谭保斌. 班主任学[M]. 长沙：湖南师范大学出版社，2008.

[4] 叶澜, 等. 教师角色与教师发展新探[M]. 北京：教育科学出版社，2001.

[5] 林崇德. 教育的智慧[M]. 北京：开明出版社，1999.

[6] 朱永新. 朱永新教育文集[M]. 北京：人民教育出版社，2004.

春夏秋冬又一春
——关于心理志愿者的那些故事

温州市第十四中学　李苗苗

很多年之后，面对铺天盖地的直播间、主播人，我会忍不住回想与心理空中课堂第一次的亲密接触。那是周末的晚上，空气里有月的影子，还有浅浅的花香，五楼的心理办公室还铺着20世纪80年代的红色木地板，踩上去有外婆家的亲切叮咛；摄像头是我们邀请信息技术主任精心设置的黄金比例成像；我端坐在计算机前，对着空气与一百多位看不见的学生对话。我感觉自己的声音是落进棉花里无声的忐忑，还有那种没有实体却通过无线网络真实跳跃的心灵被看见所带来的兴奋感。

这是2008年10月温州市第十四中学心理空中课堂的第一节课，是学校心理特色品牌孕育的开始。我作为一名心理专职教师，同时，也是学校心理志愿者团队一员的角色实力开启并见证了志愿者团队这一路的行走与成长。从2008年到2018年，心理志愿者是我们共同的名字，它见证了不同学科、不同年龄的教师在专业道路上的成长与自我的个性化发展。空中课堂等志愿者行动，大力诠释助人自助理念，在每个人的心田播下了爱与美的种子。

夏长：酝酿与蓬勃发展（2008—2010年）

夏，蕃秀，天地气交，万物华实。此谓夏长。

教育即生长，本着"为每一个学生的幸福人生奠基"的办学理念，在关注心理健康教育，关怀"每一个"，"助人自助"醒目生发，行政大力助推下，志愿者团队蓬勃发展，空中课堂热烈展开，学校心理健康教育开始构建一个大格局，这是心教育热烈生长的夏天。

2008年，缘于学校信息技术教科研特色的教科研潮流，借助中小学辅导网的组织资源与网络平台，心理健康教育空中课堂成功登场。同时，借助心理健康教育C证全员培训创设的良好心理氛围，校级领导提出心理健康教育志愿者团队的创建构想，德育中层组织团队给予行政上的支持与保障，心理专职教师负责活动的具体设计与实施。以初生牛犊不怕虎的姿势，三驾马车上路了。

以心理健康教育上岗资格证书C证的持有作为基础条件，以"每个人上一节心理空中课堂"作为具体任务指标，我们共招募志愿者13名，其中有温州市首届心育研修班学员教师、深受师生敬重的终身班主任教师，他们也逐渐担当了团队指导师的角色。所有人基于对心理学纯粹的兴趣和热爱，拥有一颗年轻成长的心，而事实也证明，首批志愿者始终是团队的中坚力量,他们是最亮的星。

怀着一颗诚挚与火热的心,团队对于空中课堂展开积极研讨筹备。心理专职教师拟订主题,结合个人兴趣倾向自主选择主讲话题。要求每一堂课都通过团队打磨备课才呈现于空中课堂。学年共开设22节课,学生上线人次滚雪球式地越变越大,达到近1 000人。校园内外掀起心理空中课堂热议高潮。志愿者团队的专业发展也是骄人,多位教师自主考取国家二级心理咨询师等。可以说心理空中课堂的试水获得了极大成功。对于与空中课堂第一次的亲密接触,有教师分享说"自己就像个主持人",有不适更有创造的喜悦。也有教师感言"帮助别人、快乐自己",道出了我们集体的心声。

这里的志愿者故事是心理专职教师从边缘学科走向学校主流融合的故事。有这样一道选择题:一个人坐摩天轮、生病了一个人挂盐水,一个人吃年夜饭,你觉得哪个最孤单?我想说,作为学校唯一一个心理专职教师很孤单。志愿者角色让心理学科真正得到了融合的机会。它不再是单枪匹马的战斗或束之高阁的神秘,而是落在了脚踏实地的土壤上生根发芽,与不同学科交流融合而逐渐被更多的人认可与尊重。

秋收:成熟与丰美硕果(2010—2012年)

秋,容平,自然景象因万物成熟而平定收敛,是为秋收。

心理志愿者团队壮大成熟,心教育的大格局走向精细化管理,志愿者工作制度应运而生,理性管理滋养下的心教育渐成志愿者文化。专题研讨会、特色观摩大会、省一级辅导站评估、国培会议——我们的心育文化愈见芬芳。这里是心教育硕果累累的秋天。

志愿者队伍的壮大是我们的坚守与深入拓展。第二次招募是心的吸引与靠近,心的认可与欣赏。以工作5年以下的年轻教师为重点招募对象,我们共招募24位教师,包括两位未取得C证的年轻教师,他们作为实习者角色积极参与活动,在持证后再出境空中课堂。同时,团队还吸引更多教研组长等资深教师的参与,他们关注青少年心理,对心理教育有自己的思考与发现,谦虚地共同承担空中课堂开课任务,也给予心理辅导很多指导性建议。团队多位教师考取浙江师范大学心理健康教育硕士。这里的志愿者故事是关于兼职心理教师的故事。

团队逐渐开辟专业化成长第二阶梯。我们将比较成熟的心理志愿者发展为兼职咨询教师,并排入心理咨询室值班表,负责每周一个中午的心理个别咨询时间。他们对心理学的热爱、对教育事业的热情让团队焕发出了强大的生命力。

如志愿者叶老师,她怀着对儿子对青少年的爱、带着对亲子关系的反思开展志愿者心理辅导的行动研究,她对家庭教育的思考与分享是我们团队互动与成长的重要力量:我通过学校的网络平台,在空中课堂上给学生上《其实我懂你的心》有关亲子关系的课,引导学生认识亲子关系、亲子沟通的重要性,反思自己与父母之间的关系,学会与父母沟通的技巧,改善亲子关系,可以说正因为我关心亲子关系,我对心理健康辅导更有兴趣、更有热情了。其结果是心理健康辅导志愿者工作帮助了我的生活与教育生涯,使我体验到助人自助的快乐。

志愿者卓老师是温州德育心育的先行者,她热情带领并不吝指导青年教师,同时,她也是第一批担当起兼职心理咨询任务的志愿者。她从德育心育角色的冲突到整合，从学生害怕的政教主任到亲切的知心大姐姐转变，也是我们学校心理健康教育道路从无到有、从模仿到自主的典型案例。她在国培会议中分享：回顾两年的心理辅导路程，从模拟优秀到展示优秀，我们已积累了不少宝贵的心育经验和自己辅导的专长主题。除辅导理念要明确，选题必须有针对性、时效性，既符合该年级学生年龄特征和学生的发展性需要，又要反映出当下学生共同的发展性问题，切不可只停留在仿造上，要从"制造"走向"创造"，使心理辅导课既科学又艺术。

还有更多的兼职心理教师，他们是积极考取国家心理咨询师、重视班级管理中的心力量的班主任，是退休后依然打造快乐教育事业的终身班主任，是热爱阅读擅长思考与整合的跨界达人，是积极生活乐于发现的青年教师……他们在志愿服务中丰富自己的生命，也书写了学校心理健康教育品牌的传奇。

冬藏：沉寂中的坚持与思考（2013—2016年）

冬，闭藏，生机潜伏，万物蛰藏，是为冬藏。

学校分流整合下，原有的资源和体系发生变化，志愿者团队变动流离中坚守，心理空中课堂有茫然，更有坚持。我们在困境中拷问行动的有效性，在挫折中整合与成长，回归初心。这一年是心教育蛰藏而等待生机的冬天。

空中课堂既顺应了信息化技术的时代潮流，又不可避免地被大环境变迁影响。初高中分离、教师调动、学校集团化等，冲击不断。可喜的是，我们的管理制度经受住了考验。志愿者团队成员坚持在一份真心奉献的心意上，开设空中课堂。如果没有这份沉淀的坚持与坚守，何来再生根发芽的契机。

这个阶段，我们的重心从活动创设转向团队建设，从向外拓展更多地转向从内反思。我们停下来，更多地听到团队内在的声音。我们学会慢下来，更多地强大自身内心的力量，更从容面对所有的发生。依托良好的宣导效应，志愿者团队组建有了更丰富的层次，有了更自如的渗透空间。"心欣志愿者"以青年教师为主体，着眼于助人自助的"欣"，在心理辅导过程中以自身的活力青春阳光感染学生，建设"欣于志愿"文化；"心馨志愿者"由中老年教师和退休教师及学生家长构成，着眼于助人的"馨"字，馨者，温馨，馨香也，旨在心理辅导过程中以自身的经验、人生阅历引导学生走上温馨幸福的人生之路；"心星志愿者"以学生群体为主，着眼于助人自助的"星"字，既是心理阳光闪亮之星，又寓意着"星星之火，可以燎原"。

这里的志愿者故事是星志愿者、学生志愿者的故事，他们是最可爱的人。选拔与培训心理委员，他们构成了"心星志愿者"文化。这是我们在同辈辅导理念下从教师群体到学生群体的勇敢尝试。我们通过班级推荐，选拔出责任心强、人际关系处理能力强的心理委员，开展为期10课时的"心灵大使"训练营，培训课程包括同伴辅导理念与技术、工作实务培训、团队拓展、气质训练等，并与心理志愿者团队的教师结队，完成志愿者文化的层次链接。经过培训的心理委员能在班级中积极宣传心理健康知识，及时做好班级心理健康信息的监测工作，每周上交班级"心里晴雨表"，开展心理主题班会，他们是学生心里的观察员、师生沟通的桥梁，是学生的知心朋友，是"守护心灵，倾听心语"的大使。

第一届的心理社长，刚开始过于普通而不被信服的男孩子，因为坚持服务大家的心而坚守为最了不起的社长，并逆袭为高三学霸。他经历的困苦窘境是青春期普遍的烦恼，体能考试前受严重的伤、青春期恋情被家长阻挠、生涯选择的纠结等，但他用乐观的心态、坚强的意志、积极的人际支持交出了可供学弟学妹们参考的样卷。他所带领的心理社团发挥了良好的同辈辅导效应，帮助更多的青少年顺利度过青春期。

如果教师志愿者是一棵树摇动另一棵树，一朵云推动另一朵云，那么学生志愿者就是生命和幸福本身，也是我们的初心。在沉寂的冬天，学生就是我们的火把，是生命的种子。

春生：改革中的发陈与生长（2016—2018 年）

春，发陈，天地俱兴，万物以荣，此谓春生。

志愿者团队全新招募发展带来勃勃生机：我们联合艺术教研组开发校本活力静心操、开展跨界的课题研究；我们联谊工会拓展悦读会等活动关注教师心理；我们统整社区资源、家长学校办心理门诊等；我们发挥专兼职教师的专业优势开发家长效能课程、学生社团课程等，这里有精彩纷呈的志愿者文化，这里是心教育新芽萌发的春天。

2016 年，学校被教育部授予"全国中小学心理健康教育特色学校"称号。这是对我们工作坚守的肯定与支持。2018 年，学校集团化改革，重新确定德育校长方向引领、心理教研员增设专兼职教师成立教研组的工作机制，并招募志愿者。

教研员参与的教师沙龙活动主题多元化，包括肌动学、健脑操、意象对话、户外拓展、家庭教育阅读分享等，沙龙活动开始更多地关注教师心理健康与心理休闲。这些活动极大地吸引了团队以外教师的参与，并受广泛肯定。如心阅读活动教师分享"太受教了，没想到家庭教育有这么多学问"、心理操学习很多教师主动发起表示"看到学生学，教师也想学"等。

当教研组成立、教研备课沙龙活动常态化开展时，心理教研员是我们重要的外援支持，也是我们团队不可或缺的重要角色。他不仅带来了最前沿的科学专业知识，还以她的人生阅历给予我们生命阶段的关怀。例如，有一位年轻的班主任身处新手妈妈、新手班主任的双重压力与困境之地，她想要退出心理志愿者团队并表现得焦躁不安，在最后的沙龙活动中因为教研员的一句话泪流满面。许多年之后还很感谢教研员，觉得她给了当时的自己莫大的支持与温暖，也让自己的育儿之路有更多的安心与放松。这就是教研员的魅力，她在教师圈以外帮助我们视野开阔，她的人格魅力也影响了许多人对心理学、对家庭教育的态度。不可否认，教研员还是我们志愿者团队中隐形的平衡力量，让学校的行政支持与保障更能发挥效用。

2019 年，浙江省心理督导师制度及心理督导站的成立为志愿者团队带来了全新的思考与建设内容。我们迅速建立了教研员行政督导制度，以及心理专职教师专业督导兼职教师个案咨询例会制、专兼职教师与班主任共同参与的个案研讨沙龙制等，从而在学校建设成为一个闭环的教师成长的小小生态系统。教师个人的专业化成长离不开生命阶段个人议题的面对与解决，我们所做的心的工作也对自我的心灵成长提出更高的要求。

每一个志愿者，每一颗星星之火。我们累并快乐着。累是工作量的几何级增长，快乐是水滴融入大海的欢呼。志愿者行动是付出，也是得到。得到同伴支持、得到学生喜欢、得到领导认可，也获得自我滋养和成长。志愿者行动不仅是付出，更是自我生命的滋养。我们也在志愿者服务中进一步澄清与阐释我们的助人自助文化：爱在心中，美在行中。爱，爱人爱己，爱学生爱教育，爱是自主自愿，爱是无私奉献，爱是我们的志愿灵魂所在，爱是我们的内心强大修炼；行，践行于心理空中课堂，行走于师生心灵之间，行是我们的现实依托，行是我们的外显追求。

起承转合
——音乐教育的浪漫乐章

温州市第八中学　郑洁丹

总有一些相遇，会留下抹不去的记忆；总有一些选择，会影响生命的成长。这些回忆，像清茶、似云烟，在齿间绵长回荡，在心间馨香弥漫。

喜欢音乐，喜欢表演，是我自记事起就有的印象。未识字就爱裹着纱巾咿咿呀呀模仿着梨园；四岁登台独唱，踮脚够上比人高的话筒引来笑声满堂；惟妙惟肖演着"故事大王"被少艺校挑选；从此，音乐学习成了童年时光的最好陪伴。大学毕业重回母校，仰视着前辈们的身影，跟随着他们的步伐，从初为人师的新鲜到收放自如的绽放，一路编写着我的浪漫乐章。

一、初心始现、怀揣梦想

对音乐舞台的渴望和追求我是认真的！利用业余时间，把独唱、表演唱从省市级唱到了全国舞台，奖项固然诱人，但享受舞台才是我最大的梦想。为了继续提升自己的专业，2003年我加入了刚刚成立的温州市合唱团，成为首批团员，这一选择竟让我与合唱结下了不解之缘。

从自费做演出服第一次出征全国合唱赛事，到囊括全国所有专业的政府奖项，再到国际赛事的冠军和金奖，我们整整历经了17年！摸爬滚打，勇往直前，逆流而上，我成为仅有的几位见证全程的老团员之一。17年所有重大赛事和演出，我从未缺席，青春与合唱荣辱与共、骄傲共长！回顾走过的青春岁月，专业的训练、磨合只是必备基础，体能和心态的磨砺，才是常人难以想象的挑战。很多人慕名而来却也黯然退出，因为表面的云淡风轻，靠的是背后的咬紧牙关；光鲜亮丽的舞台风采，拼的是台下千百次的一丝不苟。

我们曾因比赛演出到过很多国家、去过很多城市，迎来日出朝霞，送走星辰月光，却基本未识城市的模样。俄罗斯街头，飞奔着一群穿着鲜艳演出服的中国姑娘，挤上人满为患的公交，为的是掐秒掐点赶到遥远的排练场；西班牙广场，盘旋的鸽群和教堂的钟声陪伴着我们还未来得及倒时差的"梦幻"和声。演播大厅的候场区、电梯口、柱子边，席地而坐就是一天；候机厅、大巴上，曲谱一翻就是排练场。回忆，看似如数家珍，经历，却已深深刻在心里。17年的"历劫"，我也从女声团主力担当"升级"到男团指挥。从作品编排到兼任团委工作，事无巨细，身心投入，我学到了很多知识经验，收获了伙伴们的深厚情感。指挥的责任感、使命感铸就了我持之以恒、包容坚毅的为师品质。

二、初心未改、激情飞扬

2006年，我第一次带着自己的学生团参加了市艺术节比赛；2008年，又因一批喜爱音乐孩子的诉求，组建了一支高中合唱团队，内心暗下决心：我要带着孩子们在舞台上续写歌唱梦想。因为一个年级只有四个班，把喜欢音乐但凡能出声音的都算上，40人都凑不齐，更别说男女声比例了。但是没关系，人少心齐，更适合潜心练基础。就这样，中午午休时间和下午放学后的校园里，会准时准点响起我们团或稚嫩或不连贯的歌声。慢慢地，这歌声变得越来越融洽、越来越和谐，甚至有教师们开玩笑说，午休时若没有合唱团的歌声陪伴，反而有些空落落的，不习惯。

合唱舞台的多年积累使我对合唱表现有了独到的感受和理解，能对学生倾囊相授让我尤为满足。带团伊始，一人扮演多重角色：学习作品、声部打磨，我是声乐指导；动作设计、律动表演，我是形体指导；作品改编、艺术加工，我是作曲指导；服装设计、妆容打造，我是舞美指导；亮相舞台、定海神针，我是名副其实的指挥……。我带着团队孩子们进步，团队也带着我摸索、成长。随着对合唱艺术不断深入地实践，一套循序渐进且颇见实效的指导流程日益清晰起来："深刻理解作品—精准诠释作品—专注观察倾听—关注迁移效果—加强自身修炼。"

6年光阴里我带领着高中团队乘风破浪，在市级、省级、全国连续揽下了一等奖。新老更替，理念传承，成绩证明了我们的努力，也让大家振奋和自信。那些掩藏在日常琐碎里的温暖和感动，永远定格在我的脑海里。

寒冷的2月，训练结束等公交突遇倾盆大雨，自告奋勇抬大鼓的5位男生，把3把伞全撑在鼓上，又跑进小店买了多块毛巾盖在鼓面上。鼓安然无恙，他们却淋成落汤鸡……

因一次小恙，本打算在家遥控选拔新团员工作，实在是太过牵挂，未愈便迫不及待回校。当一步三挪的我刚刚踏进操场时，久候的老团员们蜂拥而来，扶的扶、搀的搀，将我脚尖都不着地地"托举"到椅子上，欣赏他们一手操持的"新作品"。一边是正襟危坐的新团员，一边是暗暗使劲频频鼓励的老团员，温暖、幸福溢满在我脸上……

2014年，因市直学校体制改革，我离开了自己深爱的高中合唱团队。虽不舍，但很快收拾心情，重新归零。高中宝贝们口中亲切温柔的"丹姐"、强大霸气的"丹哥"变成了初中孩子们眼中的"丹丹老大"，清脆响亮让人特别开心……从2017年首次带初中团队重返比赛舞台到如今，心中感慨万千：楼梯下钢琴旁，操场边绿荫下，音乐室台阶上，是分声部训练场。声部长带领着有条不紊地训练，纪律委员不时地严格督促；自觉自律，在歌声里培养。演出服装分门别类，团委人员认真分发、核对、整理叠放，井井有条让人惊叹。细心的团委举着白色颜料，蹲地上逐一检查和刷鞋子，为了让所有人的小白鞋在台上都一样洁白闪亮……连续三年市一等奖，文化禅街上校园品牌青春飞扬。艰难，踩脚下；担当，装心里；信任，共渲染。

培养有爱心、耐心、自信心、包容心、责任心的"五心"学生，是我校合唱团的理念，正是因为"和"，让我的社团凝聚成光、声名鹊起。尽管每年都有放飞和离别，在深深不舍中我渐渐悟出：师徒一场，意味着你得不断目送他们的背影渐行渐远。你站在校园，希望他高飞，也期待他回首，和你一笑说："丹姐放心，我会加油！"

三、初心不忘、挥洒课堂

带团的幸福经历也让我对音乐课堂教学产生了一种别样的情愫。对于我的温州市第八中学，我有深厚的情感，学校历任领导和同事们都很信任我、呵护我，正如我信任和爱护我的学生们。在音乐教育上，我深刻感受到"合"的魅力和作用，以合聚心，以小见大，用音乐传递能量，"合"让我的教学如虎添翼。

"班班有和声，师生共合唱"，我打造了校艺术节主项，一个"共"字，汇聚了集体能量：班主任、教师与学生相互挑战担任指挥、领唱、伴奏、表演，同排练共舞台，亲近零距离，让师生各显才能，各班精彩绽放。

追求多变和创新是我的教学风格。多年前，为上一节足球音乐课，作为足球小白的我，守着电视看了多场赛事，恶补足球知识，虽然磨课时不断出现"越位、抬脚过高、空门"的经历，但凭着一股韧劲儿，背着手风琴，愣是把这场"球"从市里踢到了浙江省的新课改观摩现场。课成功了，齐达内也成了我当时的偶像。"以故事引旋律"创设情境课堂，拿下了市教坛新秀奖；尝试"图文思维在歌唱教学中的运用"带来市优课一等奖的惊喜。"舞台上有光彩，讲台上有风采"是我对自己作为一名音乐教育工作者的理想定位。

所有的学生都是一棵迎风摆动的青青小草，我愿意作为他们的阳光雨露，为他们松土施肥，努力为他们打造有温度的课堂。"明星的诞生"是为了挖掘他们的潜力；"声临其境"是为了鼓励小组合作；"王牌对王牌"是为了凝聚集体的力量。我的课堂，曾将第一次上台泣不成声的学生揽入母爱般的拥抱；我的课堂，曾向一名找不到同伴，躺地上自暴自弃的学生伸出邀约之手；我的课堂，曾"冒险"鼓励一位有自闭倾向的孩子在公开课上担当了重要角色。我时常想，这些瞬间，如果能为他们的人生带来一次感动、一种激励、一种正面影响，我们的"教"不才真正延伸出"育"的意义和价值吗？这些经常、日常和平常，凝聚了孩子们成长的点滴，汇集了教育人的爱心、耐心和信心，只有无私地、持续地付出教师之爱，才能让课堂升温，让教育恒温。

"传递温度，迁移力量"，我享受这有意义的感觉，乐意做一个教育的有心人。

四、初心恒守、绽放能量

2018年我加入钱瑞华名师工作室，因开班活动在我校举行，第一篇通信稿自然由我代言。"寻一束光，觅一片海"，这便是我当初灵光一现的标题。跟随教育智者，引领我遇见更好的自己，对我来说，真是恰逢其时。唯有深深扎根土壤，汲取更多养分，才能带着孩子们更好地向阳生长。

要说工作室带给我的最深影响，恐怕是这样一句话——"核"，让理念拨云见日。精准又长远的任务计划单，让人目不暇接，没有想不到，还必须都做到。从起初的战战兢兢到现在的恋恋不舍，历练和考验让我们的步伐更加坚定而果敢。

踏实做——打造教学风格。组队小伙伴，我们制订了《聚剧珠玑·悦乐一试》三剧串联活动方案。小组齐磨课、求不同，精彩纷呈送教下乡。感谢导师赠予我的八字风格"情智并重，婉约如歌"，带着唯美的提升，我一鼓作气再次打磨，在"百场万人"携手送教行动中，收获了大小音乐"粉丝"们的点赞。

真诚说——练就说课风采。深入教材，个性解读；真实评课，花样说课。《运用兵法讲京剧》的说课方式让我另辟蹊径、独树一帜，十五分钟的展现不仅得到导师"A+"的超级肯定，同时，收获了同伴们的一致赞誉。兴奋激动，心如鹿撞，恍若回到了学生时代，学习的滋味真棒！

个性写——提升研究品质。课例设计、案例编写、作品创编、微书统整，只有将思想落在文字上，才能留下永久的痕迹。《品韵民乐》线上发言过了一把诗情画意配乐诗的瘾；《合唱编创》母子合唱做了一次即兴直播的高难度演绎；《从投石问路到水到渠成》让我有机会为鹿城区空中课堂添一抹亮色，从省里脱颖而出入围全国优秀微课堂；《多彩音乐剧》有惊无险地斩获了疫情期我市精品案例的桂冠。

这一切的内驱力与工作室这部战斗机的源动力密切相关。导师的"核心"主旋律高位、高端、高雅，与学员们共同谱写了一首跌宕起伏的复调作品，引人共鸣，令人感叹！都说一个人可能走得快，但一群人一定能走得更远。

错过那么多应该陪伴的时间，缺席了那么多应该出现的场合，正如儿子所言："妈妈不是在工作，就是在工作的路上……"

尽管如此，我还是会大声地宣告：我的音乐教育之路很快乐、很特别、很浪漫！

快乐就是：在你生日当天的零点，学生扎堆地掐秒送祝福，偷偷策划生日仪式制造惊喜，几年如一日……

特别就是："丹姐，我快毕业了，带了你以前经常给我们买的老婆饼来看你哦，不知道多福居的味道还是不是和以前一样……"

浪漫就是："丹丹老大，我在高中又进了合唱团了，教师都表扬我""丹姐丹姐，要给你送喜糖咯""丹姐，我做爸爸了，这是我们一家三口的照片"……

家长说："多亏有你"；学生说："我好爱您"；同伴说："幸福有你"；团队说："信任是你"；儿子说："在我眼里，您就是世界上最好的妈妈。"而我想说："感恩遇见！青春年少，扬帆起航；岁月沉淀，乘风破浪；阅尽千帆，慢慢品味这一路独一无二的美丽风景映衬着浪漫乐章！"

守望从教之初心，追寻成长之梦想

瑞安市林垟学校 施 君

开始想"谈谈自己的人生发展路径"总不会很难，还有什么事比陈述自己的过往更容易的吗？然而，要从这经历过的 19 年农村教学生活的点点滴滴开始，却时而清晰、时而模糊，清晰是在这漫长的时日里总有些令人难以忘怀的记忆，或人或事；模糊是穿梭不止的镜头画面，总让人无法想起每一个细节。或许，这就是成长之路……

成长之路看似一路荆棘，若有佳人偕行、贵人相助，实在是一路芬芳。

一、"学""教"相长，从课堂教学开始出发

即便是大学读了师范学校，也没想过一辈子做教师，据说是双向选择的最后一年，我也得以早早落实了在瑞安市林垟学校（当时还称林垟中学）的工作。2002 年至 2007 年这第一个六年于我而言，真心是懵懂，不晓得什么是教研、科研，什么是师训，就是觉得教师就是教书的，顶多做个班主任，资历老些再做行政，那就是遥远的事情了。

因为学校要求，写过几篇论文参评，譬如"如何培养学生的学习兴趣""重视课堂教学，提高教学质量"之类的，基本是石沉大海，杳无音信；新教师培训时也上过几节课，不好也不坏，最后一个"考核合格"结束新教师的身份。从一开始就担任班主任的职业，一连当了 12 年，后因转岗行政而作罢，课不见长，班主任倒是当得风生水起——家长认同、学生喜欢，然而教学成绩飘忽不定，年终的教学质量评价在中游徘徊，时不时还往下飘一飘。现在想起来，这第一个六年其实是很痛苦的，每天风里来雨里去，在别人眼中只是个毛头小子，虽勤劳但专业发展上难有突破，将来也难有发展。

初中班主任曾在笔者从事教师职业时告诫"要争取在 3～5 年内有自己的思考，有自己的教学风格"，现在想起来当时是有自己的风格，却不在课堂之内，心若不真诚，形式重于内容，必将本末倒置。值得庆幸的是，某种"特立独行"的特质和学校教师们的支持还是让我稍稍收心并去思考这样一个问题：我的"学"应该如何转化为有效的"教"，我的"教"如何更有效地推动学生的"学"。基于这样的思考，我始终坚持两件事：哪怕过程简陋些，也一定要按照自己的思路去备课，哪怕工作再忙，也要定期让学生写学习反馈，与学生进行座谈交流；最后在此基础上思考如何上出有效又有意思的课。

坚持这样的做法容易产生两个极端：反复强调自我，则会拒绝接受他人的优秀经验；过于迁就学生思维，易于弱化对文本解读和教学目标达成——事实上到今天，我的课堂还时不时有拖沓、零散的问题，也与当年"侃"得过多有些许关联。任何事物都存在两面性，优秀教师的

引领和自身的努力坚持，学生兴趣不减且成绩还是稳步提升，一定程度达成预期效果，给了我很大的鼓舞；当然，这还远远不够……

二、"教""研"相济，在教学实践中获得启发

因为期望能够轻松、高效地教学，便期望找到某种"捷径"，初中三年两轮教学完成后才开始有意识地思考"教学规律"的问题（实在是后知后觉）。没有外在的转机在守候，只期望内心追求能倒逼自己努力并抓住机会。2008年来了，次年要评中级职称了，随手一翻，自己竟然连一张学区及以上级别的证书都没有——别人口中所谓的"职称很难评的"难道要一语成谶了吗？虽然当时学校科研氛围并不浓烈，在向领导表达了自己的意愿后，学校也努力提供了一些机会，譬如挽留教研员听取我的课，觉得不错又在县级层面开了一节农村研讨课；之后便是温州市农村教师专业知识竞赛、农村教育教学论文评比等，我竟然抓住了机会并且还取得了不错的成绩。加上班主任方面的成绩，终于在2009年我以微弱的优势通过了中级职称评审。原本以为发展到这里算是差不多了……

这是一次"关键"的课堂教学展示：一节以"工业文明"为主干知识的复习课，我设计了"历史界限""自主学习""发掘原因"三大块内容，细化了从政治、经济、文化等各个层面的知识点；结果学生刚表述完知识点，原因尚未挖掘，课堂铃声就悄然响起，台下百余名教师一片哗然。

会后请教教研员应秀芳教师，她既严厉批评我的"漫不经心"，又要求我对设计和课件进行重组、修改。再改之后，重新上，依然无法破解桎梏：学生反应被动、课件链接复杂、概念知识碎片化，就连自己顿挫感也很强。再次请教应教师及其他经验丰富的教师，大家提及，不要尝试在原课件上修补，跳出来，想一想学生会对这方面的知识有怎样的期望，在学生的思维逻辑上会有怎样的思考——渐渐地，我豁然开朗了，一直以来自己都在强调一个"教"的行为，教什么？怎么教？为谁教？这些从来都是搁置在身旁的。原来"教"还需要"研"，是研究的研，是研读的研，是研磨的研；不是蜻蜓点水，而是精雕细琢的教研艺术。

有了这样的启发，教学不再是我眼中枯燥无味的事情，也并非哄哄孩子如此简单，还有教学研究、科研撰写、教师培训等，于我而言是一张白纸，也是我即将成长里程碑的到来。2009年职称评审结束，在休整了一年后，我又参评了瑞安市"三坛"（教坛新秀、教坛中坚、教坛宿将），从参加笔试到说课，经过多次模拟训练，多方请教优秀教师和专家，最后也顺利评上。值得说明的是，教学的引领者或经验丰富的教师能够给予我们很多的帮助，譬如阅读的书目、关注的重点、撰写的流程等；而一旦要参评比赛，就要早早开始准备：做习题、看书、摘记，尤其是在教学实践后的反思撰写，每一次心得都会给自己带来最大的改进。从"教"到"研"，从行动到思考，当过程内化为抽象且有效的路径时，让我深深认识到一点：教学要投入，经验要总结，不足要反思，实现"捷径"才更有意义。

显然，这样的收获是循序渐进的，是绵长悠远的；在逐步改进教学工作后，学生成绩有了明显提高，自己也逐渐开始喜欢上写的感觉。曾记得2011年在龙湾中学参与聆听温州市思想品德优质课评比活动，每节课后都撰写了300字以上的个人感悟，两天14节课下来竟然写成了五六千字的教学感悟，又加深了自己对课堂教学的理解。除日常努力上好课外，我还积极阅读书刊，坚持做到了可参加的比赛都参加，对于教学与专业发展的齐头并进颇有感触了。

作为青年教师，在自己学校已经是不错了，但一旦外出开课或研讨就发现自己短板不少，我常常带着这样的疑问寻求瑞安的名师们：胡学森、应秀芳、虞文斌、项秀平……实际上他们也很关注我的成长，对于我的疑问，总是不厌其烦地指点我：要抓住学科教学的关键，坚持以学为中心，注重从命题角度来关注教学，要用综合性的眼光来审查过程等。

略微的勤劳加上贵人指点，总会有所收获的：2009—2012年同事戏谑我是三等奖专业户，而从2012年下半年起二等奖出现的频率就高了起来，除论文发表或获奖外，课题也开始在县级层面立项，各种比赛项目或开课也时不时出现我的身影。很多时候我们就纠缠于"教"的问题，缺少宏观视野来看到教学的问题，教学行为就会成为机械化的反复，要会"教"，也会"研"，以"研"促进"教"，两者相得益彰、齐头并进，这是我教书第二个阶段的深切体会。

三、"研""训"相容，以更大平台推动成长

有段时间，年轻教师跟我交流教师个人专业发展的问题，问到"什么是其中的关键举措"，我略为沉思后表示："除了个人努力，优秀的同伴与适切的平台也很重要，尤其是后者。"成长不是"等""靠""要"，也不是都要等到机会成熟才行动，更多的时候是自己在成长，把握机会，假若有适切的平台，可以让教师们得到更快、更高效、更真实地成长。

自2011年评上温州学科骨干教师后，我在2011年赴上海参加华东师范大学的温州市骨干教师研修，聆听了诸多专家和卓越同学的发言，发现了自己成长中的不足；为了赶上大家脚步，我坚持聆听并记录每一位专家的讲座，还撰写了自己的个人反思。从农村学校出来的教师常常有两个方面的桎梏：眼界小，易于满足现状，一旦发现与他人的差距，就不够自信；也因为之前取得一些成绩就容易自负，不愿意认同接受他人的观点。于我而言就是最好的例证，而研训的平台给了我最直接而深刻的体验，过程是艰难的，收获却是出乎意料的。

自2015年起，本人参加了各种培训班和工作室，譬如蒋金崇名师工作室、徐乃赛名师工作室、温州（瑞安）两级的未来名师培养对象研修班、温州市命题研修班、瑞安市学科第五批中心组，还包括自主申报的各种培训项目。各种繁忙的活动、接二连三的任务，有反复切磋，有艰难行走，有真诚鼓励；有茫然失措的时候，有备尝艰难的时日，也有豁然开朗之时——总之，走了过来，就发现一切都变得弥足珍贵且值得了，这些"珍贵"已深深印铸我心。

曾以为教书是感性的事情，也一直由着自己的性子教学生，在一次普通的工作室展示课中"随心所欲"完成一次教学任务，导师蒋金崇教师在给我的课堂留言中写道，一节课要完成什么任务，学生学到什么是要明确的；虽然呈现形式可以多元化、新颖，但是应达成的目标于教师而言，本身是需要清晰明了的。看似漫不经心的点拨却在电闪雷鸣间让我陷入纠结境地：固执还是改变？带着疑问好几次与导师、与同伴们交流"教学的目的"话题，从知晓到理解再到领悟，对"学为中心""自主探究""有效学习""建构主义""翻转课堂"等教学名词渐渐清晰。多次聆听优秀课堂展示，尤其是专家们的点评（以往自己不太重视），对课堂"感性"的认识逐渐向"理性"靠拢，而且理解优秀的课堂教学不仅仅只是教，还有设计、评价、命题、活动、技术等多方面因素的共同作用，这种改进实在是醍醐灌顶。

撰写亦是如此，一直以来文章撰写都是我的软肋，篇数虽多却层次不高，对于论文的理解大多停留在过程记录和个人反思，语句又烦琐，解决措施空泛不着边。2018年年初，省教研室推出以"课程建设"为主题的教学研究论文评比活动，本人捉襟见肘：对课程建设涉猎不多、

不深，无从下手。初稿文章在当地只获得了二等奖，硬着头皮探询工作室导师徐乃赛老师的意见，徐老师从课程认识、文本结构、创新点等方面提出了看法，前后反复的追问与记录竟然达到六七百字，实在是详细到极致；修改的过程是辛苦的，后续还不时得到导师们（徐乃赛、夏陈伟等）的修改建议，很快便成文上传，最终获得了浙江省一等奖，得到各界同人的高度评价。惊喜之余，我更是深深思考"如何改变以往投机取巧式的撰写""如何真正让文章源于实践、用于实践"等问题，逐渐提高了立意、搭结构、引文、修改等文章撰写的规范要求，延伸到教学中，也更深地领悟到了"严谨"的真谛。

今天的我，得到了远比自己开始想要的多得多的成果。有一天，一位年轻教师对我说："如果我将来也像你一样，该有多好呀。"我怎么就成了别人羡慕的"他"？

这一切大概源于"梦想"，一个不太具体但是始终存在的梦想——就算在农村，也要做好教书的本分。一路上，有引路人，有偕行者，也可能有各种考验；至于其他，你在行进的路上不刻意逃避或偷懒，总是会水到渠成。

在课程开发路上的所见所闻

文成二源镇中心学校 赵沛龙

每年的5月，学校、县里、市里刮起阵阵科研风，论文的撰写、课题的申报，让广大教师朋友们摩拳擦掌准备播撒"花种"，但播撒花种容易，如何让花香四溢，让人驻足欣赏，养花之人可得花费一番工夫。

一、选题——山重水复疑无路，柳暗花明又一村

"课程"是什么？

"课程"一词最早出现于唐朝，唐朝孔颖达为《诗经·小雅·小弁》中"奕奕寝庙，君子作之"句作疏："维护课程，必君子监之，乃依法制。"但此课程非彼课程。

宋代朱熹在《朱子全书·论学》中提及"宽着期限，紧着课程""小立课程，大作工夫"等。虽然他对这里的"课程"没有明确的界定，但含义是很清楚的，即指功课及其进程。

如今，众多教育家认为可以用"经验"作为关键用语，将课程作为教育蓝图。因此，课程应该是"在学校指导下，学生所经历的全部经验"。经过时代的发展和经验的归纳，我们将课程分为文化课程、活动课程、实践课程、隐性课程。其中，文化课程包括国家课程、地方课程、校本课程；义务课程改革鼓励教师开发拓展性课程、校本课程。我抓住课程改革的契机，为开发一门怎样的校本课程而苦思冥想。自2015年秋开始，这个问题一直在脑海中萦绕，一下课就在办公室里冥思苦想，其间，我也罗列了几个语文方面的教学困惑，思考是不是从中可以展开研究，但是做大做细比较难，而且缺乏特色，也或许是经验的不足，让我抓不住研究方向。

"何人为我解迷惘？"一次偶然的机会，温州某学校开展课改研讨会，我怀着向名家借鉴思想、启发思维的想法参与这次活动，这次的研讨会让我"柳暗花明又一村"。两节电影课程展示课和专家的课程介绍，深刻剖析了课程的架构和理念，李振村教授更是强调了：做课程从特色出发，做好特色。我在思考：我们学校的特色是什么？有什么特色资源可以利用？我们学校地处农村，刘基等名人人文底蕴丰厚、农耕文化深厚，是否可以做"耕读课程"？回去之后，我和几个同事商量和讨论，并向几位专家请教，撰写了《小山村，大课堂，南田乡土课程开发与研究》的课题方案，并成功在市级立项。

二、实践——不是一番寒彻骨，怎得梅花扑鼻香

"行路难，难于上青天"市级课题的成功立项之后，随即便在县里立项了五个子课题，涉及耕种、传统饮食、传统技艺、刘伯温传说、民间语言五个方面。对于我们刚做课题的人来

说，尤其这个乡土课题是以校级层面申报，课题比较大，涉及面比较广，课题之路确实难行（图1）。

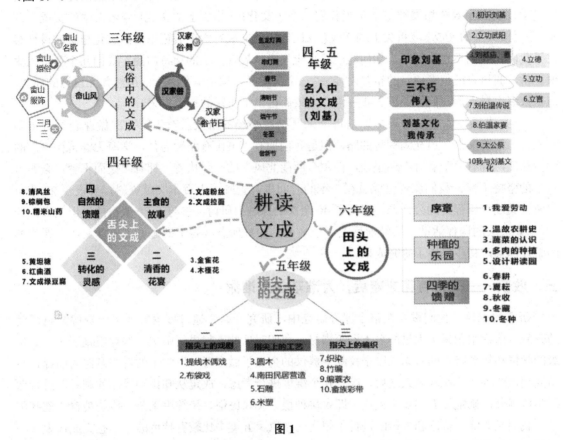

图1

（1）"万事开头难"。乡土课程偏向于地方课程、综合实践、劳动技术课程的综合，我校并无这类专业的教师，都是主科教师兼课，经验的缺乏直接导致课程难以入手。记得第一次组织课题会议，5位负责人相视无言，不知从何入手，做什么？怎么做？尴尬的场面让我们明白课题不是想象得那么简单，我做了个简单的分工，并强调课程第一步——学习。

（2）知识积累难。"读书破万卷，下笔如有神"，学习是快速积累经验的唯一途径，各组负责人和成员通过图书馆、网络等方式阅读乡土有关的书籍和相关经验课程，可是本地有关乡土的书籍相当少。但是在搜罗信息时发现，文成县新闻网有乡土的板块，我们下载并截取了片段，第二天奔赴新闻中心寻找相关的记者，从中得到了许多宝贵的资料和文成非遗文化传承人的联系方式，我们根据得到的信息，走访当地的老人和非遗传承人了解本土的乡土文化。同时，先后组织成员10余次到县、市、省参与课题和课程的学习培训。

（3）活动开展难。每一次的活动开展都是一次人力、物力的消耗战。就传统美食来说，每一次都得提前一天准备各种材料。有一次，我们教师提前准备了学生做豆腐的各种材料，还通过家长联系了当地做豆腐的师傅，第二天的活动开展前，当地的豆腐师傅却突然有事情离开了，活动不能如期开展，看着孩子们满怀期待的目光变得失望无比，我们也倍感无奈，此时，突然有位老教师说山头有位会做豆腐的师傅，负责人驱车10里路，到山头去接做豆腐的师傅到学校开展活动,虽然过程很艰辛,但是能让孩子们有所收获是我们最大的满足。

(4) 文化布置难。乡土课程是我们学校的特色项目,但是显性的文化布置确是空缺,我们向学校要求了6个拓展教室来布置我们的乡土文化:《指尖上的文成》《名人中的文成(刘基)》《田头上的文成》《舌尖上的文成》《民俗中的文成》六个展览馆。但文化布置的设计难住了我们,我们不是设计师,如何能凸显乡土气息,展现乡土的独特内涵?我们几个负责人集聚一堂,商讨自己负责项目的布置内容。"三个臭皮匠,顶个诸葛亮",虽然并无设计的经验,但是人多力量大,我们你一言、我一语,大致商讨出了布置的初步方案。

(5) 成果提炼难。成果提炼是每个课题结题必经的阶段,对于第一次做课题的青年团队而言,无疑又是一道充满荆棘的路,但是我们拥有"书山有路勤为径,学海无涯苦作舟"的勤奋品质,拥有"千磨万击还坚劲,任尔东西南北风"的顽强执着,拥有"锲而不舍,金石可镂"的坚持不懈,我们课题组成员在2年的时间里,查阅了上百本文献资料,开设了20余节"耕读文成"课程群的公开课,召开了40余次的课题组研讨,参与了20余次的外出培训,开展了50余次的课程活动,历经前后上百个晚上的加班加点,终于搭建了"耕读文成"课程群的整体框架,初步提炼了研究成果。

三、收获——采得百花成蜜后,为谁辛苦为谁甜

研究的成果:我们贯穿在整个课程研究中,研究开始,通过搜集家乡乡土资源素材活动的开展,课程组积累了大量的乡土资源素材,我们对这些素材进行筛选,课程组基于3～6年级的学情和年龄特点的考虑,以全校师生提供的金点子做参考,以学生的自主意愿为前提,在访问周边的各个项目的艺人之后,综合几个维度进行考虑,决定从知识和操作的难易度进行课程学段划分,确定了五类乡土板块,即农耕种植、民风民俗、传统手工艺、传统美食、刘基传记。我们又删除了普遍和失传的进行了归类,选取了五类中比较有特色的、具有文成代表性的项目,最终开发了五门精品课程。

此次的课程研究"甜"了学生,首先是拓宽了学生的发展空间,拓展课程强调的是"以人为本",以人的充分自由发展为最高目标。学生的传统手工艺的绘画、手抄报等作品挂在了学校的走廊和功能教室中,学生在实践活动中,掌握了各方面的技能,沟通了与社会生活的联系,获得了调查分析、信息处理的能力,增强了社会责任感与使命感。例如,学生在联系参观时交往能力得到了很好的培养,在为家乡的传统手工艺做宣传时,知道了自己保护和传承文化的责任。在这个过程中,学生的综合素质提高了,学生的个性特长得到了发展。学生围绕课题内容撰写的《结缘指尖,薪火相传》在实践活动成果评比中荣获县三等奖;《制作植物标本》在综合实践活动成果评比中荣获温州市三等奖;《农耕乐园》在综合实践活动成果评比中荣获县二等奖;《神奇之果,百变苦槠》在实践活动成果评比中荣获县二等奖;《颗颗土豆落地生》在实践活动成果评比中荣获县二等奖;《风情生田园,愿君多采撷》在综合实践活动成果评比中荣获县二等奖。

此次的课程研究"苦"了教师。研究的过程虽然艰辛,可是"苦"的背后是充实,是快速的成长,是满满的收获。教师加深了对课程改革的理解,对耕读文成课程群的架构,以及课程的活动实施都有了创造性的理解;教师的科研能力也得到进一步的提高。

在深入研究课程的过程中,摘取的丰硕果实:课程组教师以《指尖上的文成》拓展课程课

例中的"创意木艺——七巧板"为蓝本，获得浙江省劳技优质课一等奖；本校 2 篇耕读课程的相关案例入选浙江省 2018 年综合实践活动课程教育教学优秀案例；耕读文成：在地化拓展课程群建设新样式荣获温州市基础教育成果二等奖；《五课三师：'耕读文成'乡土拓展课程群建设的实践研究》荣获温州市教科规划课程类一等奖；《走进刘伯温：小学低段语文综合性学习拓展课程开发的研究》温州市教师小课程类二等奖；《基于二源社区"农耕文化"资源的开发与研究》项目研究荣获温州市二等奖；《指尖上的文成》拓展课程在温州市精品课程评比中荣获一等奖；《沃土》拓展课程在温州市精品课程评比中荣获三等奖。撰写课程故事 6 篇，其中，2 篇各获得文成县课程故事评比二等奖和三等奖；撰写有关论文 4 篇，其中 3 篇论文获得温州市二等奖；完成典型课例 8 例。

四、反思——路漫漫其修远兮，吾将上下而求索

课题不经历从开始立项的苦思冥想，不经历艰难困苦的上下求索，怎能得到花香四溢的课题之花？俗话说得好：不经历风雨，怎能看见彩虹？一次次的苦难都是人生路上的考验，一次次的探索都是人生经验的丰富，一次次的学习都是人生知识的积累。"路漫漫其修远兮，吾将上下而求索"，课题研究的路还很长，我们播撒的"花种"总有一天会绽放迷人的芬芳，因为我相信——风会记得一朵花的香。

陪伴你,遇见更好的自己

瑞安塘下职业中等专业学校　张瑞祥

我是一名负责团委工作的心理教师。经过13年多的成长与磨炼,我深刻地感受到:教育不只是一种技术,更是一种艺术、一种回归本质生命个体成长的艺术。中职学生们存在学业效能感低、缺乏成功体验和价值感体验、渴望爱与归属感等普遍现象,进而容易因低自我评价、低自尊水平而引发一系列的行为问题,而这些行为的背后往往有着更深层次的渴望和诉求。作为学生的成长导师,当我面对一个个鲜活的生命因各种原因过度消耗成长能量而变得压抑、脆弱、自卑、逃避甚至叛逆时,我始终相信每个生命都是向上向善的,坚持用耐心的倾听、真诚的关注和积极的同理与学生在一起,唤醒潜藏在他们内心的积极力量与智慧,引领他们在不断提升自我修复生命能力的同时遇见更好的自己。

一、用相信影响心灵

2018年11月的第一天,白天运动会,晚上红歌大赛,班主任们个个忙得焦头烂额,学生们倒是个个激情昂扬。我理解班主任们的辛苦,但也始终坚信当所有的辛苦能转化成学生们的成长时,一切都是值得的。当红歌大赛接近尾声时,学生干部匆匆跑来告诉正站在舞台上准备说结束词的我,男主持放在篮球架下的校服裤子不见了,里面有300多元的现金和一张饭卡。我第一时间通过手上的话筒播报寻物启事,希望看到的同学及时把裤子放回原处。活动结束后学生干部过来说裤子已经找到,我以为这事就这样过去了。但回到家后,男主持的班主任就来电了,说裤子是拿回来了,饭卡也还在,但300多元现金没有了,现在学生一个人埋在被窝里不想说话的样子让人很担心。我怕学生情绪受影响,而且钱又是学生在主持活动的时候弄丢的,当下毫不犹豫地说这钱我给他报销,让学生放心。班主任听后也就安心地挂了电话。

挂掉电话后我陷入了思考:这丢失的钱真的报销了就可以了吗?对于那个男生来说丢掉的只是300块钱,可对于这笔钱的新主人来说是得还是失?于是我迅速编辑了一则寻物启事:红歌大赛落下帷幕,一张张青春活力的面孔依旧浮现在眼前,这是拼搏的资本。今晚的男主持放在篮球场的裤子后来找到了,饭卡依旧在,但300多元现金不在了。这300多元对于新主人这个年龄来讲确实是一笔不少的钱,但从长远的成长来讲,这笔钱算得了什么呢?!所以,看到此消息的钱的新主人,希望你明天一早能把钱塞进综合楼二楼团委办公室门缝底下,物归原主!

我将《寻物启事》通过团支书转发至班级群。第二天一早满怀期待到达办公室,仔仔细细、里里外外地查看办公室地面,虽然一目了然,可惜再三确认就是没有钱的影子。想着学生今天就要回家了,怎么办……这个时候事情竟然有了转机,学生干部说男主持的钱找回来了。我急忙打电话向班主任确认,班主任说男主持只跟她说钱找回来了,她还以为是我给报销的。我又找了男主持当面了解情况，他说今天一早睡醒，钱就出现在他床上了，分文不少。

钱直接回到了他的床上，这意味着什么？我没有把这个问题抛给学生，而是简单地说了一句，钱找回了就好。我不知道把钱送回来的人是谁，也不知道他看到《寻物启事》时的心情如何，更不知道他的背后有着怎么样的成长故事，但我相信他和所有人一样都有着一颗向上、向善的心，有着这样一颗向上、向善的心，他总会找到正确的成长方向。

二、用倾听重构心灵

开学初，读大二的小成来学校看我，和我分享大学的收获和规划。不禁让我回想起四年前刚入学的他，那时同学们评价他做事认真、诚恳善良、乐于助人。而让我关注到他的是：以全校第一名的成绩提前招考入校的他时常流露出不自信甚至自卑。作为他的心理教师，如何引领他突破自己的成长障碍，成了我那段时间的一个重要课题。我邀请他参加由我带领的自我成长团体辅导小组。他爽快地应邀而来，却成了初次团辅中阻抗最明显的一位。这是不是他自动化的自我保护方式呢？我带着疑问继续关注他，等待他主动说出自己的故事。

无独有偶。班主任邀请我一起去他家家访。那是一间逼仄的小出租房，门边放着一个小桌子上面是一个满是油污的煤气灶和一些锅碗瓢盆，再往里走一些，就是两张锈迹斑斑的上下铺铁床和已经无法辨认颜色的席梦思床，房间里还堆满了各种杂物。年龄偏大又喜欢喝酒的父亲，一脸愁闷唉声叹气的母亲，还有三个同样正在读书的兄弟姐妹。从家访中得知，小成多年前跟随父母从河南来到瑞安，父亲踩三轮车谋生，母亲在工厂里计件赚取生活费，四个兄弟姐妹都还在读书阶段，家庭经济非常困难。整个家访过程，母亲不断地和我们诉说生活的不易、孩子不听话等，父亲则在一旁默默地不说话。这是一个在经济上、社会地位上都处于弱势的家庭，对生活的抱怨及压抑的家庭氛围更是催化了小成内心的脆弱。但我能做些什么呢？我能改变他的家庭模式吗？不能！我知道只有让小成接纳当下的状况才有更多的能量成就崭新的自我。而我能做的就是引领小成接纳他的家庭现状，避免在负能量中恶性循环。

因此，在第三次团辅结束后，基于已有的信任关系，我直接采用面质技术打破了他的面具。我问他：你喜欢在团体中的自己吗？小成无语，将头低下了。我继续说道："我感觉有一种东西一直在阻碍着你释放你的优秀。""它叫自卑！"小成清晰地说道。他的答案让人意外又让人感觉是意料之中，是的，就是这样的自我标签阻碍了他，我引导他说它还叫"压抑"。听到"压抑"这两个字，小成的眼泪再也控制不住地流下来了，情绪缓和之后，他开始讲述他的成长故事……我用心倾听着，不断地鼓励他把心里的想法说出来。最后，他说想告别那个容易自责和压抑的自己。这时，我的工作水到渠成，我用积极心理学的视角带领着他去重新解读自己的成长故事，启发他觉察潜藏在这些成长故事背后的积极意义。慢慢地，当他发现这个故事带来的积极面之后，他开始慢慢释怀、慢慢接纳，他的心灵也得以重新建构，开始有力量重新思考要做一个怎么样的人。我发现笑容逐渐多地展露在了这个大男孩的脸上。

对自我的剖析就像剥洋葱，剥的过程总是容易让我们流泪，有人会害怕流泪而拒绝剥开，也有人会选择尽管流泪还是慢慢剥开去面对。我很庆幸小成选择了后者，当他接纳了发生在他身上的一切时，他的成长契机就如约而至。

三、用关注温暖心灵

2018年的招生工作经过一上午的忙碌,将要接近尾声。一男生走过来面试,我按程序规定迅速地一看分数卡二看仪表,都OK,结果发现家长没有到场。我告诉他:"报名必须有监护人签字,你赶紧和家长联系。"他缓缓地走到一边打电话,过了好一会儿,他过来轻轻地说:"爸爸在瑞安那边。"我追问:"那能来吗?"他静静地站着不回答,我示意他再问问看时,他说我爸叫我打电话给我妈。可是过了好一会儿,迟迟不见他拨打电话,眼看其他几位教师都在整理招生材料了,我有些着急地说那你就给你妈妈打个电话吧。他终于照做了,但没几句就挂了。这时,我的余光关注到了他的已拨电话都没有显示"爸爸"或"妈妈",而都是长长的11位数字。

看着男孩单薄的身躯、飘忽的眼神,我隐约地感受到了他的默默承受。待他坐下,我忍不住和他交谈起来,隐约中得知他爸妈正在冷战中,他成了皮球被踢来踢去。那一刻,看见孩子低落的状态,我的心情复杂,我叫男孩先拨通妈妈的电话,听说我是招生教师,孩子妈妈赶忙开始咨询专业的情况,我及时打断并清楚地告知我与她通话的原因——孩子现在最大的问题不在于对专业的了解程度,而是当他看着这么多同龄人在家长陪同下报名的时候,他却成了父母惩罚对方的砝码,无助而又胆怯。与妈妈通话完毕,我鼓励男孩再给爸爸打电话,爸爸依旧说着气话。我实在有些听不下去了,果断拿了男孩的电话,我说作为外人,我看到你孩子现在的情况我觉得我需要和你交流一下,当然你如果不愿意我就不说了。电话那头很急切地说:"老师你说你说,我们都是为了孩子好。"是的,我们都是为了孩子好,冲着这句话我与还未正式成为我校学生的家长足足通话了半个小时。最后我问:"现在能来学校吗?真不行就明早过来,孩子也在这里等了一个多小时了。"家长马上回答说:"老师我马上就到。"我告知男孩并让他赶紧去学校门口等爸爸。

看着男孩转身出去的瞬间,他的肢体变得比之前雀跃了。我想,这就是他内心的力量吧。过了几分钟,男孩又静静地回到报名处,后面跟着爸爸。男孩的爸爸非常客气,不断地感谢我。顺利报名后,我叫住这个孩子,温和地对他说:"通过刚刚短暂的了解,我能感受到你内心复杂的心情,但同时也看到了你不轻易放弃的内在力量,父母的关系最终会怎么样是他们的选择,接纳当下发生的一切,我相信你会变得更加有力量去面对自己的高中生活,你不一定能改变父母,但你一定有机会让自己变得更好。"男孩听后,若有所思地点点头。我也请父亲到旁边交谈了几句,和他分析了这样的情况持续下去可能对孩子产生的影响,希望他能与孩子妈妈达成共识,无论夫妻关系如何,尽量将对孩子的负面影响降到最低。

转眼入学一年多了,男孩在路上看到我,远远地就用响亮的声音向我问好,从班主任那里得知他在班级里各方面表现都挺好,我想他还会越来越好。

四、用同理触动心灵

2019年的教师节,即将奔赴大学的小天来学校看我,他依旧腼腆、和善,但多了一份坚定。我鼓励他说:"继续带着这份和善与坚定开启大学生活,你的未来会更加美好!"在曾经的中职课堂上,就算所有同学都昏昏欲睡,他肯定还是会坐得端端正正。我和他的密切交集始于一次期中考核——我的成长故事。全班的考核作业中,他的开场白第一时间引起了我的注意：每个人都有一个命运，一个属于自己的命运，一个意想不到的命运。

这个"意想不到"的背后有着一个怎么样的成长故事呢？我迫不及待地看下去。他的写作水平很一般，但看得出来在很努力地表达着。他试图描述他的爸爸，又试图想对自己的命运表达些什么。他的爸爸是个瘾君子，因吸毒欠了一屁股债，妈妈多次提出离婚都未果。终于，在他爸爸被强制抓去戒毒时他妈妈离家出走了。幸运的是，小叔一家愿意照料他长大。几年后，他与爸爸有过短暂的交集。但回来后没多久就不正常过日子，有时甚至打他出气。在学校，同学们都知道他爸爸是吸毒犯，说他是坏孩子，没人愿意和他玩。很多次，他觉得活着是没有意义的，想过跳楼、跳河……可次次失败。不久，他的爸爸又因抢劫被抓，他又回到了小叔家安稳地生活了三年。之后他的爸爸再一次回来，他强烈地感受到了妈妈当年的煎熬，很想逃离有他爸爸的生活。可没等他想好逃离计划，他的爸爸因照旧吸毒喝酒抽烟，做不正当的事，很快就死在了马路旁的一个破屋子里。终于，他妈妈把他接到身边，然后他开始了新的生活，有爸爸（继父）、有妈妈，就像其他孩子一样。

透过字里行间的朴素表达，我却越发心疼小天。"爸爸回来了！"对于大多孩子来讲，都意味着温暖的怀抱与尽情的撒娇，而对他而言却是一份担心与煎熬。我不断地觉察着他在描述这段成长故事背后的渴望。表面上看起来，他有一定的力量接纳这样的现实，但他只是在冷静地讲述着一个叫"父亲"的人的故事，而不是"我的父亲"。一位不堪的父亲形象对一位正在青春期的男孩意味着什么呢？我不能改变这些既成的事实，但我想我需要帮助他和"爸爸"达成一个有力量的连接。

我找他聊天，面对面地批改他的文章，并希望他能进一步细节化描述他与爸爸相处的片段，着重回忆具体的情境是什么，感受是什么。他欣然地接受了这个任务，或者说，他愿意去重新解构他的成长故事。次日，他就把修改稿交给了我。新的故事中有他与父亲的拥抱，这曾带给他温暖；有他与父亲的离别，这曾带给他忧伤。最为重要的是，新的故事中有他对父亲的感恩，感恩给予生命，感恩给予姓名。当我看到的"感恩"字眼时，我为之而感动。

文章的最后他写道："我的命运因为'我的父亲'绕了很多弯，但当我小心翼翼地翻开与父亲有关的成长篇章时，我依旧觉得命运待我不薄。因为，父亲给我取名叫天赐，既然是天赐，我就要珍惜，让我的命运因努力而变得更精彩。"

五、结束语

著名教育家苏霍姆林斯基说过："在每个孩子心中最隐秘的一角，都有一根独特的琴弦，拨动它就会发出特有的音响，要使孩子的心同我们讲的话发生共鸣，我们自身就需要同孩子的心弦对准音调。"因此，面对"问题"行为和不够有力量的学生，最能打动和影响他们的，也许并不是花样繁多的形式，而是出于真诚的理解和关怀，相信他们身上的"上"与"善"。

最后，让我们相信每位学生个体都是鲜活的、有能量的，引领学生不断关注到自己有潜能、有力量的积极面，用相信、倾听、关注与共情激活他们的内在力量和智慧，提升他们自我修复生命的能力，他们的价值感和自信心便会油然而生。尤为重要的是，在陪伴学生们成长的同时，自己的生命也得以丰富润泽，我想，这就是理想的成长导师状态吧！

一个教育世家走出来的"韧"教师

乐清虹桥镇第一小学 陈 静

我出生在一个教书世家,是家族中的第13位教师。从小就受到了默默耕耘在教育线上的父母的耳濡目染——对教育的热忱,对学生的奉献……于是,这"平凡而又神圣的事业"成为我一直追寻的目标!2003年被分配到虹桥镇第六小学任教并担任班主任。从此,我与"教育"真正走到了一起,并在前行的人生之路上留下了一个个珍贵的回忆。

一、曾有韧性——"主动请缨,在挑战中用心经营!"

在师范学校里,我主攻的是美术教育,报到后发现学校里紧缺班主任。开学在即,一个大家公认的"垃圾班"却无人接任。原因是这个班的42个孩子三分之二是外地生,剩下三分之一大多是本地家境贫寒或是被留守的儿童,班级行为习惯差,学习能力弱……20岁的我,可谓"初生牛犊不怕虎",主动向校长请缨:"只要您相信,我一个美术毕业的教师,也能带好班级,就给我一个机会吧!我申请成为这个班的语文教师兼班主任!"

一场持久战开始了,无论学习还是生活,我都时刻"以身示范":要求学生努力学习前,我先做到忘我工作和刻苦钻研——上好每一堂课,课课写反思,利用好在校的每一分钟辅导学生,尤其是学困生;教育学生热爱劳动时,我率先挑最脏、最累的活和学生一起参与劳动;叮嘱学生遵守纪律时,我首先做到了遵守校纪班规——早早到校,迟迟离开……

为了更快、更好、更全面地了解学生,我开始"一期三次"(学初、期中、期末)的家访活动。一个天色已暗的黄昏,我畅快地告别了本次家访活动中的最后一家。发动电瓶车没跑多远,一辆三轮车迎面冲来,把我撞飞了,重重地摔在了地上,双手、双脚血淋淋的!这次意外,我的手和脚共缝了8针,疤痕至今清晰可见!第二天,当我一瘸一拐地出现在教室时,学生们纷纷说:"老师,您不要再家访了!我们会好好努力的……"看到一群孩子如此之大的转变,那一刻,心中只有一个念头:这样的挑战,我一定要用心经营!

凭着这一股拼劲和韧性,我带着这个班一步一步向前走。在第一学期的质量检测中,优秀率由原来的21%提高到了51%,及格率由原来的77%提高到了94%。"垃圾班"不仅摘掉了帽子,还赢得了"文明班级"称号。

二、曾有韧劲——"责任鞭策,在忘我中潜心教育!"

2007年,我以乐清市小学语文公开选调总分第二的成绩进入离家稍近的虹桥镇第一小学任教。在这所学校里,我一如既往地将时间倾注到学生身上,和家长交流孩子每日在校情况,家长碰上难事给我打电话更是常事。

1. 爱心不放假

2010年的正月初一，杨同学全身被鞭炮烧伤达深二度，送温州118医院抢救。当天，我就赶到医院。在接下来的几天里，我每天驱车来回100多千米，为的是陪伴、鼓励伤痛中的孩子。

2012年一个夏夜，我中暑了。电话响起，家长对撰写孩子参评温州双十佳少年的事迹报告束手无策，请求帮忙。我二话没说就应下，一边不停地抹着清凉油醒脑，一边开始撰写孩子的事迹材料。凌晨时分，家长拿着材料离开了，瘫软的我也终于有了时间好好刮痧。

2014年，一个已上初中的孩子不堪家庭和学业压力，两次离家出走。忧心忡忡的家长向我求助。陪着家长走遍每一个已毕业的同学家，找遍网吧、宾馆，每次都找到凌晨两三点；成为家长和孩子中间的桥梁，化解了他们之间的矛盾。情绪趋于平静的孩子再次发奋学习。

2015年暑期，班里几个孩子第一次参加"全国青少年科学影像节评比"就获得两个三等奖的好成绩。结果是喜悦的，但是过程的付出，也是常人难以想象的。指导拍摄，修改剧本，剪辑微电影，与家长一起，一直忙到深夜12点，是那段时间的真实写照。因为劳累过度，再加上刚刚怀有身孕，我不得不住院保胎。可即便在病床上，我心里想着的还是学生的科学部落格日志要参加乐清市评比的事。我特意叫医生把滞留针打进左手，留出右手给学生修改日志的打印稿。后来，该日志获得乐清市一等奖的好成绩，并推送温州市获得一等奖。

2015—2018年，我协同科学教师，坚持整整四年不停步，带领学生们一起参加科学的各种比赛。每一篇文章我都精心指导修改，每一次现场答辩我都带学生回家精心辅导。抛下嗷嗷待哺的幼女，为学生忙到深夜一两点是经常有的事。至于指导师这个荣誉嘛，写不写我的名字，真的是一点也不计较，只要班里的孩子能获奖，一切付出都值得！功夫不负有心人，2018年，卓杭、乔睿都评上了温州市"小科学家""乐清市小科学家"。

为了孩子，周末可以舍去，假期可以缩水，谁让我是一个班主任呢！

2. 天才靠培养

平日里，我从不以成绩去衡量学生。班上的后进生张同学，学习能力弱但动手能力强，我就鼓励孩子参加了虹桥镇第一小学少科院承包到班级的蘑菇种植，希望通过科学实验探究活动来改变孩子，提升学习的积极性与自信心。

一个月后，这个孩子竟然发现了蘑菇会冒烟。这个发现震惊了少科院，因为无人知道蘑菇是这样释放孢子的。这给了孩子前所未有的成就感。孩子开始变得自信，爱钻研。

看着孩子的变化，家长这样说道："今年，温州的一单位要我们调过去，但是我们觉得再也不会遇到像您这样用心待孩子的好教师了，我们要等孩子在你的班读完小学再调。"

我告诉家长，这只是每一个班主任应该履行的职责，像这样的天才，我应该再早一点发现！

3. 发展在多元

一直以来，我都希望孩子们的小学生活丰富多彩，充满情趣。元旦诗歌汇演，学校要求每级段报送两个节目。我主动接下任务，每天利用休息时间给学生们排练。从表情到动作，从队形到走位，从制作背景音乐到租演出服……我一个人默默地战斗着，嗓子也累哑了，最后全班孩子不负众望，赢得掌声一片。

为了感谢班主任的用心付出，有个别家长想用请客吃饭形式表达对教师的心意，我婉言谢绝："换一种方式哦，请好好配合我，让我们的孩子获得多元发展，那才是更棒的！"

正是这样的努力和坚持换来了一届又一届优秀的班集体，在虹桥镇第一小学带的2007届班级曾被评为市"雏鹰红旗中队"；2013届班级更是学校对外的一个窗口！2019年2月，美国马里斯维尔市政府代表团访问乐清。市政府指定虹桥镇第一小学作为访问交流点之一。20日，恰逢开学第一天，代表团一行6人，在市府办、市教育局、虹桥镇等部门领导的陪同下，进入我班听课。要知道，整个访问交流活动，代表团只进两个班级听两节课。我清晰地记得，当时，无论任课教师、家长还是学生，说起这个事情，别提有多骄傲了，因为这可是虹桥镇第一小学建校百年以来的第一次涉外活动啊！

三、曾有韧骨——"教研能力，在打磨中不断提升！"

由于在师范学校主修美术专业，我深知要想做一个出色的"语文人"，必须比别人更努力。我坚守"笨鸟先飞"的理念，学做"笨鸟"。一是积累，多听课。我记不清写了多少听课笔记。终有一日，当同事们翻阅我的听课记录本，发现每一篇听课笔记都是用"红蓝两笔"记录教师和学生的活动时，大为惊叹。很快，这种有效的听课方法，被许多同事、同学效仿。二是请教，虚心向名师请教。三是磨课，不断讨论改进。

2006年，有一次我在承担虹桥镇第六小学片区教研课的前几天里反复高烧。上课的前一晚，我烧到40多摄氏度，住进了急诊科的重症监护室。校长赶来了，劝我放弃上课，身体为重。可是第二天一大早，我强打起精神溜出了重症监护室，铆足了劲把课上完了。那节课的案例后来得了县级一等、温州二等奖。

2007年之后，我结合虹桥镇第一小学的发展动态，致力于小学语文课堂借助电子白板深化"学用"的研究。我的三个电子白板语文教学课例分别获得全国一、二、三等奖，应中央电教馆邀请去无锡市上展示课，接受无锡教育电视台的采访；并在温州市中小学交互式电子白板创新教学应用研讨会中作经验交流；所执笔的课题获得了温州市一等奖。

2019年8月，在圆满带完我在虹桥镇第一小学的两届毕业生后，因为夫家在乐清的缘故，我告别了工作整整12年的学校，进入了建设路小学任教。

从教18年来，我以勤为径，以苦作舟，逐渐成长起来。在市多项课堂教学比赛上获一等奖，先后评上了县级学科骨干教师、温州市教坛新秀、高级教师；在温州市、县开了17次公开课和讲座；30多篇教学论文及案例屡获市县一、二、三等奖，或是公开发表。

在自己成长的同时，我还带动周边教师共同进步。每年的县级赛课活动是我最忙碌的时候，我会帮教师们一起打磨；每年的论文联评，由于要给同事修改论文太多，常常忙到凌晨才能眯上眼。2013年，我每周抽一个下午要到芙蓉镇第二小学支教。2013年到2015年我被聘为虹桥镇第七小学语文指导师。2014年至今，我被聘为市新教师岗位培训指导师，所带的三个徒弟均获得乐清市优质课一等奖。

18年，其实不长，凭着教育世家走出来的这股子韧劲，我取得了点点滴滴的成绩。面对学科的挑战，那股"不怕输"的韧性，坚韧无比，带领"垃圾班"走向了文明班；面对问题学生和学困生，那种"春风化雨"般的柔韧情怀，感动着学生和家长；面对个人的成长，那副"宝剑锋从磨砺出"的强韧之骨，使我迎来教学上的春天。而这背后支撑的正是教育世家耳濡目染、潜移默化的教育信念的大爱与大责，强大的韧劲将会支持我继续坚守在语文教师兼班主任这个岗位上，坚守教育——"韧"的力量！

化身，编织与童书阅读的美丽故事

永嘉瓯北第二小学　鲍小珍

"一个人一辈子围绕一件事转，全世界将会围绕你转；一个人一辈子围绕全世界转，全世界最终将会抛弃你。"

我愿牵起"童书阅读"之手，化身"花婆婆、尼古拉、艾伯特"，编织一个个美丽的故事……

一、花婆婆·播下一颗童书阅读的种子

《花婆婆》中的一位风烛残年的老婆婆说自己想做一件让世界变得更美丽的事，整个夏天，她的口袋里都装满了花种子，并将它们撒在了乡间的小路边、教堂后面，就是如此，让世界变得更美丽了。作为一群孩子的教师，两位孩子的母亲，县爱阅读导读团的一员，一个县名师工作室的主持人，我一直希望自己能如《花婆婆》中那位老婆婆一般，做一件让童书阅读变得更美妙、让教育变得更美好的事：为孩子的阅读点灯，把故事带进孩子心里，把世界带到孩子面前，让孩子的童年充满神奇，充满阳光！

从教 24 年，我一直行走在阅读的路上。从最初的只读文学类书籍，到阅读教育教学理论书籍并深"陷"其中；从最初的泛泛而读，到后来的思考、提炼、应用。我在坚持阅读的过程中不断提升自己的专业能力，丰富自身的涵养，做到横向学习、纵向成长，带动身边的人一起阅读。

随着儿子和班级学生的成长，我开始深读图画书和各类儿童书籍，精心挑选，并创设家庭书吧，存书几千册，陪着孩子一起读——我希望能通过榜样的力量，用陪伴的力量，在他们心间播下一颗阅读的种子，慢慢地生根、发芽，愿读过的每一本书，都会在他们的生活中留下点滴的印迹……

二、尼古拉·探索一条童书阅读的通道

什么时候是最佳时间？8 至 14 岁是孩子的黄金阅读期，全民阅读时代，做好当下小学生的童书阅读势在必行。什么人最重要？对于阅读来说，学生自身和教师引领最重要。什么事是应该做的？在童书课堂中开启实践摸索，将反思到的问题通过童书课题研究解决，最终形成系统的童书课程。

《尼古拉的三个问题》引发了我对探索童书阅读通道的无尽思考，我抓住孩子的最佳阅读时机，开启童书阅读的实践研究，将"童书课堂、童书课题、童书课程"三课合一。

（一）通道一：立足童书课堂，在实践阶梯中摸索

2006年是我开启童书阅读摸索的第一届。那时，无论城镇还是农村，大阅读环境并不理想，记得当年我们的眼里只有语文书，基本上没有组织读课外书，当时，受《儿童的文学世界》《儿童阅读指导丛书》两本书的影响，我成立班级读书会，以"异质互补"的分组原则，采用小队共交流的形式，组织读书交流活动。

2011年受新课标的影响，带2012届学生时，我将"小组共读"改成"全班共读"，将阅读目标从"注重量的积累"转变到"注重质的提升"。在入学前，设计班级专属作业本，梳理本学期阅读书目，设计阅读指导单，引领孩子每读一本就填写交流。再组织学生开展"小教师阅读交流课"。

2016年，新教材的出现为我的童书阅读引领提供了新思路。我充分发挥了微信的作用，在全班共读的基础上，做好微信平台阅读交流课。我把阅读交流分成三个梯次来做：阅读一本书之前的"阅读推介课"，边读边导的"阅读指导课"，阅读后进行的"阅读分享课"。经过一段时间微信平台阅读交流课后，我对阅读的引领又进行了一个系统的梳理，注意到系统选书，注意到阅读策略的渗透，注意到阅读交流的层次，由"课内的指导"到"课外的阅读"，或由"课外的阅读"到"课内的交流"，如此形成课内课外童书阅读一体化，让童书阅读常规化、深度化。

带2018届学生时，我逐渐形成了自己的童书阅读观：在全班共阅共交流共指导的基础上突出个性阅读、个性交流，采用跨界统整多维度阅读课的形式，从"多内容选择、多策略阅读、多渠道交流、多元化评价"四个方面来构建童书课堂，努力由课内延伸到课外，将书本中的内容整合到生活实践中，让阅读思维、阅读能力、阅读习惯三者共生。

13年的童书阅读引领之路漫漫，同事们很不解：你何必如此较真呢？把课堂时间拿出来做考试以外的事情，这不是自找麻烦吗？但我清楚地明白在四阶型的童书阅读课上，学生的童书阅读能力呈阶梯式提升：从提高兴致的悦读—引领指导的阅读—实施策略的跃读—跨界统整的越读，直至童书阅读最深处（图1）。

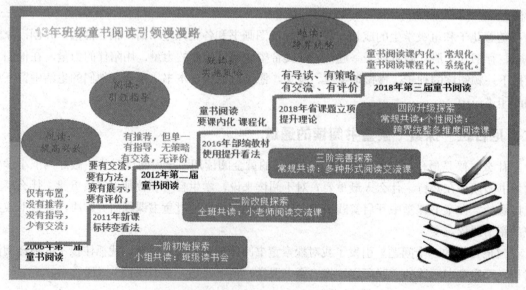

图1　13年班级童书阅读引领漫漫路

（二）通道二：聚焦童书课题，在问题延伸网中深化

在做童书课堂引领的路上，我渐渐发现了童书阅读引领中的各种问题：选择的书籍没有序列，没有综合考虑所有学生的兴趣、习惯，极少关注学生的整体发展、全面发展等。不同个性、不同阅历的学生对阅读的需求、体验和理解是不同的，但阅读策略、阅读交流与评价的单一满足不了这种阅读差异与需求。于是，在2018年，我申报并成功立项了省级课题《基于跨界统整的多维度童书阅读的实践研究》，试图探索如何做到"多内容选择、多策略阅读、多渠道交流、多元化评价"。当时自己正逢怀"二孩"和产假，但思考热情未减，带着工作室成员，结合自己平常的阅读引领经验开展讨论，每次讨论，总会呈现"八仙过海，各显神通"的局面。

在多内容选择时，我想到了其实阅读就像我们呼吸那样自然，就像我们平常吃饭那样必需，所以，我从"对象·时间·空间·程度"四个维度制定三餐阅读：公共餐＋套餐＋自助餐。很显然，公共餐阅读和套餐阅读要求所有学生必读，而自助餐阅读供学生自主选择。公共餐是单元主题和"快乐读书吧"的阅读延伸；套餐是阅读结合中国学生发展素养，从四个维度，全面地考虑到学生的横向发展和纵向发展；自助餐阅读书目尊重学生的差异性和个性化发展，根据学生的特点、特长和成长交往、未来职业规划等角度来选择阅读书目。

带着这种系统整体观，我们开始寻找多策略阅读的路径，从学生的特点及实际出发，我们找到一条基于"思维·调控·支架"的全程式阅读统整策略，从思维的角度出发，引导学生在阅读活动中既有整体阅读，又有批判思辨，还有创意评价；从"计划、管理、反思"这一过程，引导制订并实施阅读计划，进行阅读的自我管理，对自己的阅读行为进行反思，促进阅读行为的改变和阅读效果的提升。还利用支架策略通过搭建能直观呈现、梳理、概括和整合文本信息的各类表、单、图等阅读支架，以激发阅读兴趣、降低阅读难度。

带着跨界统整思维，打破时间空间的限制，将不同场合、不同方式和不同的媒介融合，以网络、课堂、舞台为基点，借助课堂交流、舞台展示、微信公众号推送等多维互动交流的方式探索了一条全方位跨界的多渠道交流："线上线下、台上台下、课上课下"结合，实现学生与书本、教师、同伴的互动交流，实现台上表演者与角色、台下观众的交流，实现学生与读者的交流。

在多样化评价时，制定了"分类·分层·分项"的多样化阅读评价标准，分向评价拓宽评价主体，多方参与评价，关注每一位学生，做到全员评价。分层评价关注小学六年的发展过程，通过对不同程度、不同层次的（阅读力和道德水准）学生进行分析，形成全程评价。分类评价关注学生的每一面发展，形成全面评价。

带着网状思维，根据有序分工，在这个课题研究的过程中，我延伸出许多子课题：发现童书阅读评价是一个盲点与难点，就开展《基于多维度童书阅读的 M-H-C 评价体系构建实践研究》；随着统编教材的全面铺开使用，发现用好快乐读书吧是一个重点，就着手开展《基于"三位一体"的"快乐读书吧"整合教学实践研究》的课题研究。

沿着这样的研究思路，现在我立足学生的实际原点与未来发展点，准备深入开展《基于"生活·生长·生命"情境下生态阅读策略的实践研究》的课题研究，立足生态阅读，从基于生活的内容阅读、基于生长的过程阅读和基于生命的目标阅读这三个内容，让阅读顺应学生天性，自然发生，和谐发展。

（三）通道三：梳理童书课程，在特色群中系统提升

有了阅读的积淀，也有了行动的反思，再有了反思后的梳理与重构，把实践行动上升到课题研究，甚至是课程的开发，如此做一只有耐心能触类旁通的蜘蛛，以课题研究带动课堂变革，以课堂变革带动学生的发展，形成一张因"课堂·课题·课程"研究共同编织成的学网，真正提升学生的阅读力，提高课堂的效率，让师生在课题研究中共同成长。

最近两年，工作室基于跨界统整的多维度童书阅读的实践研究，从"挖掘学生的阅读兴趣，开拓学生的阅读思维，培养学生的阅读习惯"等方面出发，构建"多策略阅读指导"的课堂，开发一门多维度童书阅读的课程，努力在"共同研究—主题实践—特色提升"中形成自己的风格，形成系统又有特色的课程体系。此后，由课程出发，再回到课堂，不管教师的课堂驾驭力还是教师的研究力，都会是一大提升。

三、艾伯特·传递一股童书阅读的力量

《每一个善举》中这句话给了我坚持推动阅读的无限力量：我们所做的每一件小事都会像波纹一样，向整个世界发散力量。就童书阅读来讲，学校还没有作为一门真正的课程在实施和考核，要想坚持做好这件事，靠的是一份阅读情怀，靠的是一份坚持，靠的是一份扩散，靠的是一帮人的坚持，形成一个阅读共同体。

2017年至今，我带着自己十来年积累的课外阅读经验，开展课外阅读讲座、阅读指导课，从沿江走进了农村，先后走进了温州市籀园小学、温州森马协和国际学校、鹿城七都小学、瓯北罗东小学、瓯北四小、瓯北六小、瓯北七小、瓯北八小、上塘城西小学；走进农村桥头二小、桥下镇中心小学、五尺小学、枫林福和希望小学、张溪中心小学，足迹遍布永嘉各个角落。渐渐地，爱阅读足迹慢慢扩散，走出温州来到诸暨，走出小学走进高校，曾在丽水学院为浙江省平台选课的教师做了一天的童书阅读讲座；走进温州大学为小教系的大学生做《聊聊童书阅读那些事儿》，受到了教师们和同学们的好评（图2）。

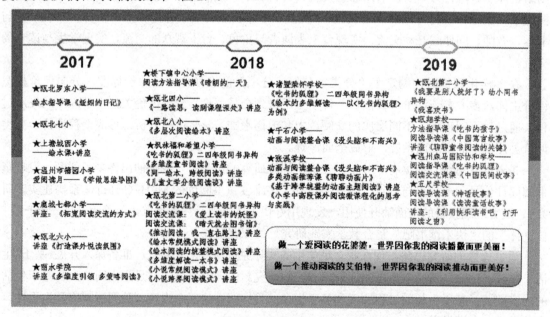

图2　我的阅历

一个人可以走得很快，一群人可以走得很远。两年里，我带领着工作室成员开展一次次童书阅读跨界统整的专题活动：有以"儿童故事、童话、寓言、民间故事、神话故事、小说"等文体为主的专题统整活动；有以文本内容"爱上读书、悦纳自我、人与自然、人文积淀、人文情怀、社会责任、健全人格、交流意识、珍惜生命、展望未来"等为主题的统整阅读活动；也有以"绘本阅读"架起幼小衔接的跨界阅读活动，有以"名著阅读"架起小升初衔接的跨界阅读活动……

为了推动工作室成员做一个更好的艾伯特去推动学生的阅读，我还构建了一个提升教师阅读素养的"三界阅读"模式，从"时间、空间、程度"三个维度，构建全程性、持续性、终身性的无界阅读，构建多样性、发展性、协调性的跨界阅读，构建分层性、进阶性、分享性的层界阅读，让阅读无界延续终身，让阅读内容、阅读形式和阅读活动实行跨界，打通阅读的各大渠道，提升阅读兴致，养成阅读习惯；在阅读程度上达到层界阅读，使阅读能力有层界地提升，从而更好地引领学生去阅读。

如平常通过"搭建阅读交流平台"（与学生共读一本书，学生每周录制书里的故事，做一张阅读记录卡，教师对其进行批阅，再发布在微信公众号搭建的阅读平台"童书领读"上。通过这一过程，以批阅监督学生的阅读来倒逼教师的阅读）和"组织阅读交流课"（与学生共读一本书后，让学生充当小教师交流，教师对其交流结果进行指导，以此倒逼教师伴读，让教师与学生在交流中形成阅读的共鸣）等方式来伴学生阅读，与学生形成一个伴读共同体。

又如工作室做了一个"童书荐读"的栏目，就将工作室学员捆绑成一个研读共同体，坚持每周为学生推荐一本童书，从"故事梗概、本作者原意图、众读者多解读、小学生寻学径、大教师找教点"这几个方面去解读，如此坚持解读推荐，就倒逼自己与学生一起共读儿童文学的书籍，倒逼自己与其他教师共同研读，共进步，共发展，自身的阅读素养自然提升。教师自身的素养提升了，才有推动学生阅读的力量。

《有你真好》向我们传达了两个人因为学会了分享而一起发现新世界的故事。因为热爱，所以我一直走在阅读的路上。推动童书阅读，我也不曾停歇。未来的阅读路上，我想有很多人因为阅读一起走在推动的路上，然后互相道声：阅读，有你真好！热爱阅读的花婆婆，有你真好！思辨阅读的尼古拉，有你真好！分享阅读的艾伯特，有你真好！那时，世界真的因为童书阅读会更美丽、更美好！

做一个快乐的守望者

平阳县昆阳镇第一小学　陈园园

一、回到最初的起点：坚持梦想不放弃

19岁该是上学的年龄，但作为师范学校"末代皇孙"的我，却被推上了讲台。一个19岁、个头不高、看起来又有点娃娃脸的女教师注定要接受一系列艰难的挑战。

在和孩子们短暂接触之后，挑战开始接踵而至，课堂上，他们不停地闹腾，把我给急哭了；课后，他们打打闹闹，把我气哭了；放学后，他们留下又脏又乱的教室，只有我一个人留下来默默擦洗，那时，我委屈地哭了，因为我在父母的眼中也还是个孩子。

更难的挑战则来自家长们，对于这个"小姑娘"，家长们也是"另眼相看"，他们用一种疑惑、不信任的眼光来看待我，用不屑的语气来指责我："我孩子这次考得这么差啊？100分考了多少个？"更有甚者，有家长悄悄跑到领导那里要求给孩子调班，但此时的我已经开始渐渐明白，作为一个19岁的"小姑娘"教师，我没有太多话语权，有的只是默默学习、默默忍耐、默默耕耘、默默等候，我相信"那流泪撒种的，必定欢呼收割"。

让孩子们爱上语文，爱上我的语文课就是我最初的梦想。那时我带的班级是半寄宿的，中午有午休，晚上有晚自修，于是当别人把这些时间拿来做题、讲题时，我让她们听我讲故事，相比之下，我们班的娃幸福多了。也不知过了多长时间，我班的孩子恋上了听我讲故事，习惯了中午、晚上的故事时光，就这样一本一本、一部一部地读。从我一个人读，到几个学生读，再到一群家长的亲子共读……读书的方式在变，但读书的热情不变。他们以读书为乐，甚至暗地里较劲儿，比谁读得多、读得透、读得广。在她们四年级开学初，我送给他们每个人一份礼物——班级作品集：那里有他们每一个人从一年级到三年级精彩的练笔、涂鸦、习作……在那个时候，自己编辑、自己投资为孩子们出作品集是极其罕见的。当孩子们捧着刊印着自己作品的书刊时，他们兴奋极了、激动极了，他们早已对这个能带给他们快乐、成功的"苹果教师"心生崇拜。当家长们看着孩子们一步步地成长，感受到学习是那么快乐，他们也开始对我这个"小不点"真正"另眼相看"了。不再是冷嘲热讽，不再是怀疑指责，更多的是信任和支持。

我的19岁这一年，是这群孩子的学习生涯的起点，也是"红苹果"教师生涯的起点，这起点有沮丧、有历练，但也让我清楚地知道坚持的梦想是什么，就是让我这微弱的光去照亮孩子们快乐学语文的路。

二、最忆那年支教时：播撒语文的种子

我是一个农家女，六七岁时曾随着身为蜂农的父母追赶花的海洋，也深入一个个穷乡

僻壤，在我心里一直有一个梦，能去支教。就在第一届学生毕业后，我就得到了这样一个机会——去鹤溪小学支教一年。但梦想与现实总是有差距，实际的付出总比预想的要多。

为了能充分利用好"资源"，校领导让我接手了一个全校闻名的毕业班，虽然已经做好了充分的准备，但是第一节语文课我的激情似火还是被她们的冷漠生生浇熄了。50几个孩子，一堂课上居然没有一个人回答问题，一半的孩子与你的眼神无交流，课堂真是死一般的沉寂。虽然高年级孩子不喜欢发言，但这已然超过了我的最低限度，这让喜欢与学生对话、生生对话的我备受打击。再看看收上来的第一篇作文，敢情好，三分之一的孩子本子"失踪了"，一半的孩子写作不足250字，还有不少100字左右的，面对这等情况，我头上是直冒冷汗！怎么办？怎么办？怎么办？一年的时间，只能"死马当活马医了"！

（1）治"无声"病。孩子们课堂上过于腼腆，举手积极性不高，有不会、不想、不好意思等原因。因此，我尽量把每节课设计得新颖，降低难度，原本两课时的分成三课时学，利用多媒体资源，让课堂尽可能有趣、有冲击力。采用"威逼利诱、严刑逼说"之策略，让他们开口。一开始，每天固定几名学生作为主发言者，其他人有感受随时欢迎插话；等几轮下来，孩子们觉得开口也不是啥丢脸的活，这嘴张开了，心门也就打开了。渐渐地，课堂中有了会心的微笑、响亮的回答、通红的笑脸、激励的掌声……

（2）治"无语"病。药方：成立作文小组。根据第一次作文的表现，把不同习作水平的学生分成一组，5人一小组。形成以"自评—组改—师评—自改—眷抄"为流程的评改模式，一开始孩子们很不适应，无从下手，于是我慷慨地拿出大把语文课陪他们一起评，毕竟是高年级的学生，上手还是快的。在懂得欣赏他人的同时，自身的习作水平正不断提升。记得其中有一个小女生，刚开始，她的作文只能写十几个字，在作文小组的帮助、不断鼓励下，一次次修改后，渐渐地，这个女生对写作文不再恐惧了，也变得有兴趣了，还能经常写出几句精彩的词句。

（3）治"无书"病。学生语文能力薄弱，很大一部分原因是课外阅读的缺失。有的孩子家里条件有限，有的孩子是没有这方面的习惯，而有些孩子则从思想上不够重视……针对种种情况，我在不断强调课外阅读重要性的同时以身作则，经常和他们一起阅读，学生的阅读兴趣渐渐被培养起来了。因为学校没有图书室，我组织条件相对较好的学生将书带到学校，成立流动图书室，同学们互相借阅已有的资源，两个学期为孩子买了上百本的课外书，激励孩子们用心阅读。

你栽种的是什么，你收获的也必定是什么，当我选择以一颗毫无偏见的心去付出爱和关怀时，我也收获了一次次感动。有一次在写景作文课上，我发现很多学生早已动笔写了，只有一个男生还在那里挠头搔笔，我想他一定是遇到困难了。于是我耐心地引导这个学生选材，谈着谈着，突然无意提起甘蔗地，正好该生家中种植甘蔗。学生苦思冥想的材料解决了，于是我开玩笑似的说："等你作文写好了，也摘一根甘蔗给老师尝尝。"

过了许久，已将此事忘得一干二净的我却在一个星期二的清晨看到了该生拿着高高的、挺拔的甘蔗向我走来。或许这位学生的成就比不上其他的同学，但就此举动，谁能否认他不是一个好学生？那一刻我感受到如果我们用爱浇灌，用爱栽培，或许学生成就并一定是最棒的，但他一定能学会回馈爱，懂得感恩与友善。

虽然这一年的支教生活很快过去，但在我的心中留下了难以磨灭的印记，我觉得从人的本性来说，我们往往很容易去爱那些可爱的、聪明的、学习成绩好的，其实好学生是可以从具有爱的养分的土壤中被培育出来的。同样土地肥沃了，语文的种子才能发芽、成长，长成参天大树！

三、再一次扬帆起航：创新才是硬道理

在我成长的路上我一直心存感恩，因为有太多教师指引我、太多伙伴激励我、太多人在支持我，让我获得了一个又一个荣誉——"温州市教坛新秀""县名师""温州市优秀班主任""县师德楷模"……但我深知一个教师无论你有多少年的教龄，无论曾经获得过什么，如果停止思考，意味着你将裹足不前。如果你只关心书本上的知识，没有走入学生心里，教学效果将会大打折扣，而我总是想尽一切办法利用班主任的活来滋润自己种语文的田。

这所谓"亲其师，信其道"，为了让孩子们能在玩中学、学中玩，我那高速运转的脑袋又酝酿出了一件又一件宝贝……

1. 法宝一：班级运动会

现在的孩子学习压力越来越大，但体质越来越差，所以当接到一年级时，我就想一定要把这个班级的体育成绩抓好、身体素质培养好。说干就干，在2011年6月1日，他们班第一届亲子运动会就隆重召开了。一两个月前就开始排练小组节目，排各个项目，排各类工作人员等，实在太累了，想着干一次就够了，哪知第一届开完了效果很好。第一，一些常年不在家的父母因为孩子的这个运动会赶回来了，弄得孩子感激涕零；第二，一两个月训练下来，孩子们的参赛项目成绩突飞猛进；第三，极大地增进了同学之间的情谊。于是，家长们说："老师，这么好的活动，我们得坚持，到时候六年下来，这是多么美好的回忆啊！"就这样，我被"忽悠"着已经干了五年。

2. 法宝二：出班刊

班刊是我们班从三年级开始的，每周一刊。一开始只是想着这对孩子们应该是一件好事儿，所以想也没想后果就开始了。为孩子们准备一本"妙笔生花本"，把课堂内要写的小练笔、班级的大小事等写进本子。第一个学期，孩子们所有的作品都是我打印入计算机的，周末回家排版，周一出刊。那时候，每天中午等孩子们都放学回家了，我便一个人在教室里批改录入，这一打直接把我打入了医院，我生平第一次因为工作强度过大，体力透支，因肺炎不得不请假。这一病，我觉得我不能拿自己的生命开玩笑，而又不想停止这一项对学生极好的事儿，于是，我又想到了一个办法，让家长参与。第二个学期，我采用一周周五上交学生的"妙笔生花本"，批改一次，把好的作品让家长录入计算机，然后发到我的邮箱，我再利用周末时间排版，周一出刊。目前班刊已经出到170期了，虽然累，但我想，这是我想为孩子们坚持的事儿，我一定要做下去，让孩子们知道什么叫"坚持不懈"！

3. 法宝三：开生日会

当我与孩子之间的情感不是很浓，竞争意识强烈但相互关爱、宽容的心相当淡薄时，我就想着，能不能通过我的一些举措形成一些影响，造成一些改变。加上我们班极其特殊，有12个孩子的父母是常年不在家的，有30个左右是父母一方不在家的，孩子与父母之间的沟通有的已经出现了极大的问题。班级有一位学生曾经对着打电话来问候他的母亲说："你打电话给我干什么，死在外面算了！"于是，在暑假的某一天，我突然想到在班级召开集体生日会，看看

能起到什么样的效果。于是，每个月我给在相同月份出生的孩子在教室里过一次集体生日，给予不缺爱的孩子以教育，给予缺爱的孩子以关怀。即使每人只能吃到一点点的蛋糕，对于他们来说，一个月的生日会也是极其渴望的。他们有教师和同学的陪伴，他们有父母送上的祝福，他们在快乐、感动中更加深刻体会到"生日"的意义。套用一位家长的话说："我们班缺爱的孩子特别多，这一招对他们真管用！"孩子们在父母的祝福声中学会了感恩，在同学的祝贺中学会了分享，在有趣的游戏中学会了团结。

读书交流会、开心剧场、语文写生、新闻播报、给我三分钟……在我的班级里，学生的活动总是那么丰富多彩，学得有滋有味，在我的课堂，她们能"玩中学、学中乐、乐中思、思中进"！

作为一名教师，我知道学习的重要性，因此，我参加了工作室、各类培训班、研修班，我常常自费和小伙伴去参加各类培训：亲近母语论坛，新经典阅读会……我的身上披戴着越来越多的荣誉，但在我心里依然有那朴实的理想：尽自己的能力去影响可爱的孩子，做一片沃土去滋润不同的学生，每一颗种子花期都不尽相同，我能做的就是播种——等待！

到最细密的地方淬炼金子

苍南第一实验小学　陈肖慧

真正金光灿灿的金子，是经过了一遍遍淬炼之后，才最终呈现出金子的本色。

——题记

2003年，我大专毕业参加工作，怀揣梦想和期待走上三尺讲台成为一名人民教师。在我幸福地担任一名数学教师的那一天起，我就暗暗给自己下了一个目标——每天遇见更好的自己。

一、每个孩子都是一块金矿石

熠熠生辉的金子来自暗淡的金矿石。在我眼中，每一位学生都是这样一块金矿石，但是，必须经过一道道的淬炼，他们才会成为一块金子，散发出他们应有的光彩。

我这样想着，也始终这样做着。淬炼学生要从了解学生开始，我努力走进学生的情感世界，从学生的一个个眼神里、一个个表情中读懂学生的信息。

谢某某——同学、家长、教师眼中的顽石。上课就想睡觉，下课后就生龙活虎，对学习不感兴趣，有时还利用课间的时间在黑板上写很多的脏话，还会偷拿别人东西……据了解这个孩子长期跟随奶奶，属于留守儿童。本着不放弃任何一个孩子的初衷，我通过日常观察、同学访谈、家长沟通全方位了解孩子的具体情况。于是着手开始对症下药，改变就从一个橘子开始：一次因为作业无法课内完成，我私下叫到办公室辅导，凑巧办公室桌头正好有几个橘子，我便叫他一起吃，但是他很腼腆地拿了一个舍不得吃，说要带回家。据家人说，孩子回家后非常开心，说老师今天送了他一个橘子，而这个橘子他一直舍不得吃，在家里搁了好几天。后来，连任课教师和同学都知道数学教师送他一个橘子的事情了。之后我有意识地请他帮我做事，如在课前帮我泡杯温水，课后帮我端书本……慢慢地，他上课想睡觉的状态少了，偶尔还能举手回答，我就趁机请他回答，当他回答正确的时候给予他更多的表扬。有一次，单元检测完成后，我让全班孩子订正，其他孩子都订正好已经回家了，他还没好，我叫他来我办公室，一道道讲解，还跟他进行了交流，问他最近学习上怎样、生活上怎样、与同学交流怎样？之后的每一天，他碰到我就大声打招呼，上课的精神明显好了，会听、会问、会思考。课后还会主动帮忙，记得有一次值日生没把黑板擦干净，他就主动过来帮忙，课前主动过来问老师你需要倒温水吗？据奶奶反映，有好长一段时间没有偷拿的坏习惯了。听到孩子有这么大的转变，父母非常开心，但是一个橘子引起的改变只能坚持一段时间，于是我抓住这个机会，与家长、班主任教师再次沟通，大家积极配合，让他的这一状态坚持得久点，能把他的闪光点再一次提升，让他知道当自己做得好的时候会得到大家的认可。顽石开始慢慢发出光彩来了，我暗自窃喜！

从一个孩子到一群孩子，我淬炼乐此不疲。2014届1班的这群孩子们虽然才艺不够突出，但是对运动方面还是很有兴趣，于是从低段开始就经常开展班级乒乓球赛、班级运动会等体育项目，让每位孩子都得到锻炼，即使到了六年级，也鼓励孩子们去操场运动。因此，我们班的孩子都很喜欢运动，有乒乓球爱好者、足球爱好者、篮球爱好者等。我还会给孩子们上《开学第一课》《生命的意义》《我会控制情绪》《我的家庭新成员》等心理活动课，有个叫陈君锐的孩子在毕业感言中这样写道："在六年的学习生活中，令我最开心的，就是遇到了班主任——陈肖慧老师。她无论在学习上，还是课外生活中，都给予我很多的帮助，鼓励我参加各种各样的活动。还教会我一种表达内心想法的方式——写信。当我沮丧、开心、思索时，总会拿起笔，将自己的想法写出来……"在顽石炼金的过程中，我也收获多多：我撰写的德育案例《一个橘子引起的改变》获得县一等奖，撰写德育案例《从"1"到"1＋X"的改变》获得县一等奖。

在我眼中，每位学生都是金矿石，都具备金子一样的潜质。但是，如果不经过千锤百炼，有些孩子可能一辈子都无法发现自己的潜能，也一辈子都不会发出金子的光芒。我很庆幸，我是一名教师，我是那个能够发现孩子潜质的人，在一遍又一遍的淬炼过程中，孩子们发光了，我也成长了！2005年我取得心理健康C证，2017年取得心理健康B证。2016年我被评为德育先进工作者，2017年被评为苍南县教育先进工作者。

二、发光的金子都是经过淬炼的

别以为自己是块金子，就一定会闪闪发光，发光的金子，都是经过一遍遍淬炼的。太多时候太多的人，没有被开采出来，或者没有经过淬炼，而错失了自己本该灿烂的人生。作为一名教育者，怎样让智慧在课堂教学中闪耀，怎样让更多的金子在我的课堂中发光，这就是我无时无刻不在思考、探索和追求的本质。

淬炼自己是为了让更多的金子发光。于是，我紧守教学的主阵地——课堂。备教材、备素养、备学生，力求让每一堂课都有智慧在发光。

有一次，县里派我去参加温州市优质课评比，课题是三年级的《归一问题》，我代表的是县里的荣誉，我有点紧张，有点彷徨。最终我想平时怎么做就怎么做吧。于是开始备教材，抓住数学本质，通过解读教材，发现归一问题的本质属性就是先要求出一份量是多少，通过数的变化、价格问题、路程问题等，引导学生观察它们共同的地方，寻找到它们都是先求出一份是多少，从而解决归一问题。备素养，抓住核心素养，我们的学生将来并不都是数学工作者，为什么还要人人学数学呢？于是我在备课时思考的是：当学生淡忘了今天所学的具体数学知识后，还能留下素养。归一问题这节课，让学生在解决问题的过程中逐渐渗透模型思想和化归思想。备学生，抓住差异分析，设计一道这样的练习："陈老师买了3个月饼花了24元，那如果买6个同样的月饼需要多少钱？"让学生都能用这节课学习的先求一份量再求几份量的方法解题，同时，还可以让学有余力的孩子发现数的特征寻找到更简洁的方法，用倍数的方法解题。同时，设计一道开放题，让不同层次的学生可以有不同的填法，在尊重学生的个体差异的同时，给学生一个自主创造的空间，让学生的创新意识得以释放和发展。《归一问题》这节课最终获得2016年温州市优质课一等奖。这样的一次磨课经历，让我感悟到在课堂中我们无法帮助学生解决他们所有的"无知"，所以，我们要教会他们利用自己的"已知"，去探索更多的未知，在教会他们知识的同时，更应该渗透数学思想和方法。也要努力把思考的钥匙交给学生，留给学生独立思考的时间，让他们学会提问，学会在分享汇报交流中学习和修正，这样，让学生在思考、交流的过程中思维得以提升，开启学生学习更多知识的智慧之门。

近几年，我不仅上好自己班的每一节课，还经常在省市县上示范课。2018年上市级公开课《表内乘法的整理与复习》，2019年县级公开课《用字母表示数》，2020年在疫情期间上了三节县级网课和一节省名师工作室的《圆柱和圆锥的整理与复习》。我还下乡走进农村孩子的课堂，走进莒溪小学、马站小学、藻溪小学、灵溪七小等。在一节节课例的淬炼中我看到了越来越多的金子在发光。

四（6）班陈千寻同学在今年期末考试作文《我的数学老师》中这样描述："她的课别有风趣。一次，在学习面积单位公顷和平方千米时，她带领我们到校园中实地考察，令我们印象深刻。她还经常发一些与数学有关的奇怪的小东西，在学习小数点时，她给我们发放一个红色磁片，当作小数点，可以研究小数点移动引起小数的大小变化；学习三角形时，她给我们发放吸管，让我们拼搭……我们真幸福，有这样一个风趣幽默、做事认真、和蔼可亲的数学老师。"我觉得这就是对我最好的肯定。

三、到最细密的地方淬炼金子

到最细密的地方淬炼金子，让专业在科研道路上前行。

有钻研才会有提高，为了让自己的课堂更高效，让数学课更有魅力，我开始从教学的困惑点入手进行研究，每位教师都抱怨学生的计算错误率高，于是我就开始研究计算。从看书—思考—模仿写作，我开始撰写教师小课题《如何提高中年级学生的计算能力》获得县一等奖、市二等奖。每次期末学生做得辛苦、教师改得很累，如何能够改变现状，于是我迎难而上挑战复习课的教学，近几年做了不少关于复习课的研究，除上公开课、示范课，其中这些内容写成设计、写成论文、做成课题等，2019年将《乘法的整理与复习》撰写成论文获得县一等奖，撰写的设计获得市二等奖；2020年《三角形的整理与复习》撰写的设计获得县一等奖并推送到市里，《圆柱和圆锥的整理与复习》的案例获得市线上学科教学案例一等奖，同时，还做课题研究《结构化学习：小学数学复习课的实践研究》。2019年，在陈加仓教师的带领下，我针对学生的难点和易错点编著了两本专题特训二上的《表内乘法》和《圆柱和圆锥》，这两本专题于2019年下半年出版。

所有的一切都需要在孤独和坚守中磨砺，你会在新的大地上和万物齐唱。

成长的过程中有孤独的守望、有兴趣的坚守。个人的努力、亲人的支持、同伴的帮助、领导的鼓励、导师的引领（雷子东老师、陈加仓老师、陈裕鑫老师、陈益阳老师、黄静老师，以及我们县小的导师团队曾小兵老师、林振兴老师、陈永旭老师、林青松老师、肖燕飞老师等），让我对教学有了更深的体会，逐渐形成自己的教学风格：简约、亲切、有感染力。我在2017年被评为温州市教坛新秀，2019年被评为苍南县名教师。

"悄悄话"护童真

乐清市虹桥镇第九小学　赵银玲

"正确地进行教育不是一件简单的事，而是一个复杂和困难的任务……要点钻研，要点机智，要点忍耐，要点自制。"当我阅读《学生个案诊疗》一书时，英国社会学家、哲学家斯宾塞的这句教育名言就跃入眼前。作为班主任，我们很多时候，面对学生犯下的错误，总是利用自己的"威严"或"惩戒"的方式让其改正，总想着让犯错者付出一定的代价，这看似将"恶"的种子已经扼杀，但往往这样的结局是我们会不自觉地将学生推向我们的对立面，师生之间的和谐消失了。因此，如何正确地对待学生的问题，我们何不改变自己的心态，转换教育方式，站在学生的角度去考虑问题，守护他们的童真呢？

一、尤克里里"逃走"记

记得一年级第二个学期的一个周二中午，我正在办公室里备课，班长郑辰逸火急火燎地推开办公室的门，说："赵老师，不好了，我们班又出现了'失窃'事件，杨梓汝的尤克里里不见了，她正在教室里号啕大哭呢。"我一听，顿时火冒三丈，前几天刚刚破了"印章失窃案"，怎么就这么几天的时间又出现"尤克里里失窃案"，这次抓到谁，非得好好教训一顿不可，还真当我是"病猫"呢。我噌地一下从座位上站起来，跟着班长就到教室里"查案"。当我一进教室，见教室里除了哭成泪人的杨梓汝，就是五个在学校里就餐的同学，其他人都回家吃饭了。我只好作罢，询问她一些情况，她边哭边诉说："因为下午的拓展课要用，我早上就把它带来了。中午吃完饭回来发现它不见了。""会不会是家里忘了带来呢？"班长说："我早上和她一起进校的时候看见她手里就拿着的。""那你会不会不是放在座位旁，有没有放到柜子里，仔细再找找。""我都找了，都没有找到，而且教室里的每个角落都找遍了，还是没有，我如果丢了，回家妈妈肯定会打我，她叫我中午带，我不听，现在丢了，怎么办呢？……"看着她那伤心的泪水，我安慰她说："别哭了，没关系，赵老师今天一定帮你找到，如果找不到，我会跟你妈妈说的，她不会打你的。"听完了我的话，她的哭声渐渐平息，慢慢地拿出作业开始写。我也回到办公室继续备课，等候其他学生的到来，准备中午的"查案"。

中午等全班同学都到齐了，我此时的愤怒之情已在等待中渐渐平息，我平静地跟孩子们说了这件事情，班级里就立刻炸开了锅，大家叽叽喳喳地讨论着，我维持了纪律后，请孩子们说说有没有谁看到有同学"不小心"拿错了杨梓汝的尤克里里。大家都摇摇头说没看见，有几个同学说自己早上看见她带来了，课间没关注，后来上完第三节课体育课后就直接回家吃饭了。其他还有些同学眼睛时不时地瞟向那几个"曾经的案犯"。我也仔细地观察着那几个"案犯"的表情，没有以前拿东西时的那份躲闪，而是泰然处之地和同学讨论，并且对上我的眼睛也不"心虚"。正当我一筹莫展时，"调皮鬼"朱泥禺说了一句："老师，我们又不是学尤克里里的，再说拿了也不会弹，谁会这么无聊呀？会不会是谁的尤克里里丢了，把她的拿走给自己呢？"大家你一言我一语，都没有说出结果。我只好笑着对学生说："看来是杨梓汝的尤克里里特别淘气，自己长腿'逃走'了，如果她逃到谁那里，请大家及时把它送回家。"

二、"诸葛亮们"献计策

回到办公室，我一脸的沮丧，回想着孩子们刚才那一张张纯真的脸，真的发现不了谁是"案犯"，足见这个"案犯"功底之深厚，竟能做到"不露声色"。但这个"失窃案"必须破，不能就这样不了了之，一来要改正学生这种错误行为，以免"误入歧途"；二来已经答应杨梓汝了，一定要帮她找回"失物"，避免让她受皮肉之苦。怎么办呢？如果下午没有学生将失物送回，我该如何处理呢？我将这件事和办公室里几位班主任商讨对策，大家有的建议找个别"目标"谈话，有的建议进行"大搜查"，也有的建议骗学生说教室里有监控，如果谁不承认，查出来，就要严肃处理……但这样兴师动众真的好吗？那些无辜的孩子他们又会作何感想呢？又会如何看待谈话的"目标"呢？而"不小心借走"的同学会不会因为恐惧而不来上学呢？……这些均有可能伤害到他们的自尊心，将其推到了我的对立面。我纠结着，不知如何是好。

果然下午毫无进展，在杨梓汝恳切的目光下，我给她妈妈打了一个电话，告知孩子丢失尤克里里事件，让家长不要惩罚孩子，我会帮忙找回的。而对其他孩子则用了一个"缓兵之计"，说："老师相信我们班的同学都是非常有爱心的，一定能帮杨梓汝找回'逃走'的尤克里里，希望大家回去后好好想想，如果找到了，可以送它'回家'。"

三、巧妙策略"悄悄话"

虽然今天是让我巧妙地"搪塞"过去了，可如果真的没有孩子拿回来，难道就此"停步"吗？那还不滋生"恶习"。因此，晚上放学一回家，我就搬出了家里的一些班级管理案例和书籍寻找有效解决策略，在著名特级教师李镇西的《班主任日记——心灵写诗》中找寻了策略：班主任最重要的不是管理，而是走进心灵，用"悄悄话"的方式可以解决很多问题。"一语惊醒梦中人"，是呀，一年级的孩子纯真善良，没有太多的"拐弯抹角"，如果让说"悄悄话"，这不仅拉近了师生之间的距离，更保护了"不小心"孩子的自尊心，那尤克里里"逃走"事件也会迎刃而解了。

苏霍姆林斯基曾建议：教师要把教育意图尽可能隐藏起来，不要让孩子每时每刻都感觉到被大人教育着。于是，第二天早上第一节语文课，我抓住一年级孩子爱玩游戏的心理，抱着试试看的态度，在班级里开展了"好朋友说出心中的小秘密"的悄悄话游戏。我对孩子们说："孩子们，老师想和大家成为好朋友，大家喜欢吗？""喜欢！"孩子们异口同声地回答。"那我这位好朋友想和大家玩一个'好朋友说说心中的小秘密'的悄悄话游戏，大家愿意吗？"一听说游戏，贪玩的他们就立刻欢呼跳跃起来。我借机说："我们每个人都会犯一些错误，我也会，如果你的好朋友我犯了错误，想改正，你们会原谅我，给我一个改正的机会吗？""会！"孩子们异口同声地回答，而且态度真诚。我见时机已成熟，就揭示了游戏主题——我会改。并宣布游戏要求：找自己的好朋友，悄悄说自己曾经犯错的小秘密。倾听的好朋友要做到：保守秘密，提醒改正。悄悄话小秘密开始。

话音刚落，这群充满童趣的"小鬼"们就开始离开位置，找自己的好朋友悄悄说小秘密了。看着他们愉快交流，没人来找我，我心里"咯噔"一下，难道学生"口是心非"，不愿与我交朋友，我的"计划"难道要"泡汤"？我心中忧虑万分。这时"小话痨"郑智航跑到我身边。"智航，你想和我交朋友，对吗？""对呀，好朋友，我告诉你一个小秘密，我上次跟你撒了一个谎，我其实那天作业没写，故意说自己落在家里，你能原谅我吗？"我笑着说："这是我俩之间的秘密，我会保守好的，我原谅你了。你真是一个敢于承认错误的好孩子。"我为他竖起了大拇指。其他孩子看见了，就陆陆续续地有几个活泼的孩子过来和我交流他们的小秘密，都得到了我的表扬和温馨提示。

四、"悄悄话"守幸福

一节课的"悄悄话"游戏在欢快的铃声中落幕，就像孩子的愉悦心情一样。虽然"尤克里里逃走"事件还没有眉目，但我想只要这个游戏延续下去，一定会有花开的幸福收获。

第二天，这个游戏还在孩子们中间延续着，我发现课间的时候，沉默寡言的徐晨曦多次在我办公室门口徘徊，想进去又不敢进去。难道是她吗？我带着心中的疑虑，没有戳破她的纠结。直到放学，她也没有找我，我也不去找她，相信给予等待，让她纠结之后，才会有深刻的体会，自认不足，这比说教更有效。

第三天早上，我一到学校，远远就看见办公室门口站着焦虑不安的徐晨曦，她不停地在门口徘徊，双手来回搓着，甚是紧张。我想，昨晚的她肯定"痛苦难眠"，所以一大早就来"投案了"。我提着手提袋，神态自若地走近办公室，她看见我走来，弱弱地叫了声："赵老师。"我故作惊讶地说："这么早来我办公室，是想和我交朋友吗？"她脸红了，低声地应了一声："嗯。"我热情地招呼她到办公室，请她坐下，她受宠若惊地望着我，对上我那诚恳的双眼，随即低下头说："赵老师，我想告诉你一个小秘密，杨梓汝的尤克里里其实是我拿的，你能帮我保守秘密吗？"我长长地舒了一口气，漫长的三天等待，终于"拨开云雾见月明"，"尤克里里逃走"事件终于结案。我笑着摸摸她的头说："当然可以，我们是好朋友嘛，游戏规则就是保守秘密。谢谢你对我的信任，送尤克里里回家，我要为你的勇敢承认错误点赞，你是一个知错就改的好孩子。"她那颗忐忑不安的心终于放下了，我见她深深地叹了一口气，随即又问："你准备怎么送它回家，你自己送，还是想请我帮忙？"她诺诺地说："你能帮我吗？我怕被发现。"我爽快地答应了她的请求，让她去把尤克里里拿过来，悄悄地放在我的位置上，我上课时帮她还。同时，我语重心长地对她说："我虽然为你的勇于承认错误点赞，但也要温馨提醒你，如果以后要想借别人的东西，一定要事先跟别人说一声，不能再这样'不小心'了，好吗？"她使劲地点头，然后如释重负地回到了教室，脸上又露出了笑容。

此后，我见她的性格也渐渐开朗起来，上课也能见到她高举的小手，课间渐渐地和同学们友好相处，脸上的笑容渐渐多起来了。

有人说，教师就是一座桥，将宽容、信任、爱心的"桥梁"架到了学生的心坎。才能将学生从无知的、错误的此岸，引渡到成长的彼岸。当学生看起来最讨厌时，也就是他最需要帮助的时候。

每一位孩子就如含苞欲放的花蕾，需要我们用汗水去浇灌，守护其天真、烂漫的童心。

让我们悄悄走进他们，用我们的真诚、宽容、耐心、期待、信任、尊重……去守候、呵护他们的童真，让他们在教育的这片沃土上绽放风采，享受幸福。

春风化雨育桃李

永嘉乌牛第一小学 丁丽娜

我不是诗人,不能用漂亮的诗句讴歌我的职业;我不是学者,不能用深邃的思想思考我的价值;我不是歌手,不能用动听的歌喉歌咏我的岗位。然而,我是教师——一名兼任班主任的小学语文教师,我要在我脑海中采撷如花的词汇,构筑我心中最美好的诗篇;我要用深深的思索,推演我心中最奥秘的哲理;我要用凝重的感情,唱出我心中最迷人的颂歌——我爱我的学生,我爱我的事业。

工作至今,我已在讲台上站了 20 个年头。风风雨雨,酸甜苦辣,为人师者的种种滋味尝遍过后,我越来越感觉到,自己离不开这个职业。

一、爱心唤心:拥有一颗火热的教育之心

作为一名教师,爱学生,是教师的天职。哪位学生病了,我就亲自带他去医院,给他关怀和安慰;哪位学生生活有困难,我都想方设法解决;无论谁思想上有疙瘩,我都愿意帮助解开;无论谁有了点滴的进步,我都要送去一声鼓励,送去一片挚爱。

香香便是这"爱心"的沐浴者之一,2000 年我刚分配到一所农村小学,就遇见了她。一出生就被狠心的父母遗弃在路旁是小香香的不幸,但是一位好心的老人见到可怜的孩子在路边哇哇大哭就领养了她,也算是她不幸中的大幸。只是老人年已过八旬,老伴又离她们母女而去,家里根本没有多余的收入,全靠政府的一点微薄的补贴维持生计,母女俩生活过得非常艰苦。每当衣服破了个洞时,就打个补丁继续穿上;每当头痛发烧看不起医生时,就熬一熬挺过去。每天过着有一顿吃一顿、没一顿饿一顿的生活。最苦的就是孩子的学费,每次看到老人单薄的背影出现在校长室时,周围的人们都投去同情的目光。减免、资助的通知还没下达,孩子的学费也就一直拖欠。先上学,再交学费已成惯例,但是她们哪还会有钱交学费呀?

一天,我照常上了人民教育出版社的小语论坛,便向网友们提起此事。一位不愿意曝光的网友叔叔通过我将他的资助和爱心传达给小香香。以后的几个学期里,只要一开学,网友叔叔就把资助金打在我的卡里,并打电话催促我要尽快帮香香交学费,买生活用品、学习用品、玩具等。"只要别的孩子有的,香香也应该照样有。"这是他经常挂在嘴边说的一句话。中秋节那天,他把一盒包装精致的月饼送到我手上,让我带给香香;过年过节的时候,他又通过我将衣服和礼物送给了香香。我也曾多次提到让孩子跟网友叔叔见个面,但是他极力反对,这就让我很容易联想到了"雷锋",全国人民学习的榜样,做好事不留名字。

就这样,他默默地资助了三年。三年中,这爱心慢慢地滋养了自己的一颗火热爱心。记

得那一次，香香在快乐体育园玩耍时跌落摔伤胳膊，我急忙送她到医院，忙前忙后，以至于医生认为我就是她的家人，天色将晚孩子要转到温州儿童医院，我又脱下上衣穿在她身上……当孩子在家疗养时，我又买了礼物去看她。当孩子回校后，用优异的成绩报答教师时，我觉得自己是最骄傲的；孩子长大后，发来感恩的短信表达对我的爱时，我觉得自己是最幸福的。因为我爱孩子，孩子也爱我。

我喜欢这样一首小诗："当人梯——用我们的坚韧／让学生踩着我们的肩膀奔向新的征程／当园丁——用我们的勤恳／让科学的百花园永远五彩缤纷／当春蚕——用我们的才能／让知识的绸缎从我们身上延伸／当蜡烛——用我们的忠诚／燃烧自己给人间带来光明。"我本是一个极平常的人，因为做了一名教师，我的人生才有了不平常的意义。

二、童心筑梦：构筑一个伟大的教育之梦

作为一名班主任，我爱我的事业。"在玩中学，在学中玩"是我作为班主任的座右铭，我梦想着要利用丰富多彩的活动和具有较强针对性的社会实践来充实孩子们的生活，让每一个孩子都有梦可做，不让分数和排名夺走孩子的健康、德性和幸福童年！当我编织这美丽的梦想时，爱心和童心就是我教育事业永不言败的一道防线。

带着梦想，我在自己的班级里创新并实施了班干部轮换制度。班干部轮换制度就是一改当前一人做班长，长久当班长的局限，也解决了当前副班长等一些虚名的设置。努力做到面向全体，切合学生实际，尊重个人意愿，锻炼学生能力，学习管理技巧，让人人参与到班级的管理中，让事事都有人负责完成。这样，不但充分调动学生的参与热情，而且又激发学生的责任心，发挥了其正面教育的效应。

（1）命名：在我们为班级命名时，孩子们的心情非常激动，都希望自己能为班级取一个响亮的名字！他们议论纷纷、各抒己见。例如，"小蜜蜂班"希望大家都像小蜜蜂一样勤劳为班级服务；"团结班"希望全班同学团结合作等。集思广益后，"彩虹班"得到大家的认可，孩子们喜欢色彩斑斓的彩虹，而作为班主任的我最大的愿望就是带给他们七彩的童年，陪着孩子一起遇见他生命中绚丽的彩虹。通过为班级命名，强化了学生对集体概念的理解，有了集体感，他们才会爱上自己的班级，并乐意为集体服务。

（2）口号：在取好班名后，孩子们都在为集体拥有"彩虹"这样一个美丽的名字而骄傲，全班沐浴在七彩阳光之中，像花儿一样汲取着光和热，每一朵小花都在尽情绽放，蓬勃向上。今年正值深化"四品八德"教育关键时期，当孩子们学习这些要求时，体会了教师对他们的殷切期望，沐浴着教师对他们的关怀。我点拨："孩子们，你们是祖国的未来，老师期盼着他茁壮成长，让我们一起想想我们班的口号……"在一阵沉默后，几个孩子依次发表了自己的想法，经过我们后来的共同讨论，我们就将蒋依婷的口号修改成：沐浴七彩阳光，健康快乐成长。

（3）班徽：设计班徽我是从全班所有作品中选取 6 幅比较优秀的作品作为候选设计图，并请上"设计师"讲解自己设计的理念，再由全班同学投票，选出自己认为最好的设计，最后录用选票最高的作品作为本班班徽，充分体现了"我的班级我做主"的教育思想。如果孩子对自己的集体熟视无睹或是敌视，那么我们做任何努力也是枉然；如果孩子把集体看成自己的事，让集体真正走入心中，他们才会真正珍惜集体的一切。让孩子们从心底里接纳自己的集体，做集体的主人。

当然，班集体建设就是在学习和生活中一点一滴地完善。班歌、班诗、班花、彩虹币都是班级精神文化的代表，为干部轮换制保驾护航，奠定基础，并发挥强大的德育功能。在活动和仪式中，班主任给孩子搭建展示平台，科学、有序地进行轮换，切实体现本制度的目的性、严密性、有效性。

（4）启动仪式：学期初我们开始策划开展了"我的班级我做主"启动仪式。这是第一届班委还没成立之前，筹备小组成员和我一起策划的。先做好人员分工，接着安排活动程序，再提醒大家注意的地方让全体学生分组准备，最后串词形成主持稿。在启动仪式上，我们融合了少先队礼仪教育，将模拟队会的形式开展出旗、唱队歌等程序。邀请了校长和德育处领导检阅我们的队伍，邀请家长来见证我们的学生"当家做主"的活动风采。校长的授旗、班主任宣读第一届班委名单为他们授标志、组员的依次介绍、纪律委员宣读班规、家长代表的发言让我们的活动显得朴素又隆重。

（5）活动展示：每一届班委都有一月的主题式展示活动。活动分为6个小队开展，当班委拿出方案布置任务后，小组长召集组内成员商讨、计划、调查、排练或邀请校外辅导员参与指导。接下来我们便做了每月一主题的计划：三月艺术月和安全教育；四月读书月和传统文化教育；五月感恩月和端午节；六月好学向上等"四品八德"教育。每届班委自己选出主持人，整理主持稿，自己抽好签，各小组准备内容，上台展示他们这个月来的成果。例如，为配合学校安全教育活动，他们积极地投身其中；参加完采茶活动后，制作精美绘本；积极组织和参与每月班级读书会"共读一本书活动"，个个都展现了非凡的才能。

（6）交接仪式：一个月任期圆满之后，第一届班委开始策划怎样将"政权"移交到下一任班委了。班委开始接触小队长，在每人汇报自己岗位工作的得失同时，开始在小队长里面任命第二届班委，通过他们的一一结对，我们的第二届班委名单就出炉了，接着又策划了交接仪式。通过一次次的活动和仪式，我们的全体参与的理念已经深入人心，我们的人人锻炼梦想已初步实现。

尝试着为孩子做一些有意义的事情，将有意义的活动做得更有意思。以童心来影响一个个活生生的生命个体，以崇高的教育理想为目标，去为孩子的发展守护，做他们人生路上的引路人。

三、恒心持情：坚持一份专注的教育之情

作为一名语文教师，我更专注我的教学。朱永新教授说："一个人阅读史，就是他的精神发育史。"我专注儿童阅读20年，虽然道路曲折，但磕磕碰碰一直坚持到现在。第一届学生没有课外读物，我从网上募捐；第二届学生不知如何选书，我用自己的工资购买书籍大声读给他们听；第三届学生每月共读一本书一直读到毕业……我相信种子，相信岁月，相信阅读的力量。阅读为人生打底，阅读让我的教室发出光芒，成为学生一生的习惯，就像呼吸一样自然。

我们班在干部轮换制度的引领下，一直坚守在阅读的前线，班级以小队活动的方式来进行每一次的"彩虹小书虫"成长之旅。作为语文教师，我最大的心愿就是陪着孩子们一起遇见他们生命中的绚丽的彩虹。

记得四年级上学期，我们彩虹班的"保险公司"开张。学生投保10元，每天写作500字，谁能坚持一个月就能获得奖励金100元。一个月后，竟然有四位同学成功，让我很是佩服。再者，延续几年的班级阅读活动中涌现了大批"阅读之星"，还有的在创意写作中表现优秀，还

有的学会制作精美的读书笔记，我觉得应该对他们进行一场有仪式感的嘉奖。

于是，我召集本届班委干部一起商议："我们要怎样做呢？"

"老师要不我们开个家长会？""当着家长的面颁奖？""要不要每个小队出个节目？"孩子们你一言我一语确定了初步计划，回教室后和小队成员继续商定组内事物。而我唯一的要求就是形式不得重复，要关于阅读的，且快速上报者优先。最后小组上报的有小品、健美操、相声和唱歌。两个主持人串稿，几位获奖者准备写获奖感言。就这样，我们的活动悄悄地开始了，童心在活动中逐渐流露。

当然中间离不开我的监督和指导。

"如果你们稿子写不出来，节目排不起来就不开家长会了！"这是我的"威胁"，也是过程的督促，任何人都是需要鞭策的，第二天就收到完整稿件了。看来有时候得吓吓他们，才会有动力和速度。那天下午，我给四个小队一一把关节目质量，并稍作指导和调整。

一个星期内，孩子们自己撰稿，自导自演。整个班级分工合作，制作共读图书《雪精来过》分章节思维导图。就是连邀请函也是学生自己写的，我保留原味地稍加修改一下，就发送给家长了。

阅读盛会开幕那天，礼仪队员为陆续到场的家长佩戴鲜艳的红领巾，签到队员负责引导家长签名，主持人、演员都带着期盼等待精彩上演。

我先从多元智能理论入手，告诉大家分数不是唯一，人有九大发展智能，看你强哪几项，补哪几项，正确认识自己，取长补短，团队合作是我们现代人必备的生存技能之一。所以，我们班级打造阅读平台，并不仅仅是为读几本书，学知识，而是要通过阅读学习方法，学习策略，学会沟通，拓展能力，内化思想，指导行为，指向核心素养发展的全阅读。

最后，我们进行了现场颁奖仪式和精彩的展示活动。

当一个人在将自己的整个的心灵浸染到书的海洋中时，那种沁人心脾的感觉是无法形容的。读书时慢慢享受到了其中的乐趣，活动时渐渐应用出书中的奥秘。于是读书就不是一种苦和累，而是一种精神的旅行。在这场"旅行"中，孩子们找到适合的角色和岗位，发挥自己的特长和优点为集体服务，接受岗位的锻炼，感受了任职的艰辛，体验为集体承担责任的自豪。这一份情在学生更加自信的表现中让我坚信自己的坚持是正确的。

古人云："一年之计，莫如树谷；十年之计，莫如树木；终身之计，莫如树人。"我庆幸命运赐给了我这个职业。选择我所爱的，爱我所选择的，这是我对每一个生命所倾注的一份爱心；带上童心，携手梦想，继续走在筑梦的路上；持之以恒，坚持不懈，继续演绎更加精彩的教育故事。我要把教师这一职业当作一生的事业加以追求，言传身教，衣带渐宽终不悔；鞠躬尽瘁，一腔热血洒杏坛。

"体验式"教育，体验生命成长

平阳昆阳镇第二小学　施世然

生活中，我们经常发现教师反反复复地对学生唠叨多少次："你要好好学习，你父母每天面朝黄土背朝天，辛苦挣钱多不易，再不好好学习能对得起他们吗？……"

有些家长总是会告诉孩子："妈妈工作辛苦，每天给你洗衣做饭、辅导你学习很辛苦，你要体谅我，要省心点……"

可是我们的孩子对这些话已经产生很强的抗体，他们不以为然，或者说他们依然如故。

我们经常会很生气地说："我说这话都是为你们好，你们怎么就听不进去呢？"我们认为的句句真理，字字珠玑在教育孩子时显得那么苍白无力？问题出在哪里吗？

记得有位教师一堂关于感恩的主题班会课，我们的教育缺失的是让孩子去体验。教师让学生玩"气球宝贝"游戏，让孩子去体验当妈妈的感受。没过一会儿工夫，孩子们纷纷说："怀上小宝宝干什么都不太容易。走路得小心翼翼地护着，蹲下时还怕把小宝宝挤着，睡觉时还不能翻身……，妈妈我觉得你很辛苦！"一次极短暂的体验，就让孩子有了切身的体会。曾经苦口婆心劝说了多少回都未解的难题，却在体验中迎刃而解，见效果了。这个小案例再现了体验式教育的无限魅力！

我认为单凭苍白的说教，对孩子来说只能是拂耳微风，无关痛痒，过后就无影无踪了。要想使学生对自己的所作所为有一个正确的认识，要积极为学生创设体验情境和活动，让学生在活动中体验，在体验中感悟与反思，在表达与分享中提升认识，最终达到自我成长、互助成长、共同成长的目的。

一、对话交流式活动，体验"生命成长"

苏格拉底将自己称为"助产婆"。我们应该像苏格拉底那样，不是以上帝或权威的视角，将大道理强加给孩子，而是用一系列的对话式交流，启发学生思考，一步步地引导他们自己找到谜底，体验"生命的成长"。

本学期孩子们进入六年级，开学后第二个星期的周五，我在办公室突然听到外面刺耳的喧哗声。我走出去一看，发现在一个过道上，我们班一群男生几乎都在。他们神情激动，大喊大叫，动作幅度也很大。我走过去后，平静地跟他们说，你们玩得很开心，对吗？他们满头大汗地点头，开心地说对的。

我马上意识到这个事件是一个教育的良机，可帮助孩子建立起对生命意义的认知。怎样活得既快乐又自由，这里边充满了哲学智慧。于是，师生之间有了一次问答式对话。

地点：办公室

师：你们知道每个场地有不同的活动意义吗？操场适合做什么？教室适合做什么？高速上

适合做什么……

学生争着回答，运动、学习、开车……

师：你们真聪明。如果在操场跑道上吃饭会怎样？在教室里进行400米跑步会怎么样？（学生听了都笑了，觉得那些行为根本不合适）如果在高速上快乐自由地奔跑，会发生什么？（学生做出恐怖的表情）那么刚才你们玩乐的地方是适合做什么的？

生：走路。

师：在那里喧闹不行吗？

生：会影响教师办公，旁边是美术教室，会影响艺术创造（教师趁机表扬，几个本来犯事的孩子，就变成了探求正确结论的主动者，他们跃跃欲试，不断思考），那里是过道，影响行人通过……

师：老师也很想你们快乐，但如果我们的快乐是建立在别人的烦恼、不便，甚至痛苦之上，这种快乐你们还要吗？这种快乐是怎样的？（无耻的、浅薄的……）

师：那我们商量一下怎么玩才能玩得既快乐，又不影响别人。学生纷纷提出了一些方法（最后，孩子们很有成就感地走出了办公室，因为觉得今天是他们自己找到了正确的结论）。

这次对话很有效，学生的变化喜人。之后的一段时间，我都没有看到孩子在那里喧闹。而且他们按照自己想出的办法三三两两开展起文明的游戏。其实，这就是互相理解的"魔力"。孩子们在教师的诘问与互动中开始意识到，真正的快乐不是仅仅满足于自己个体的自由和快乐。正如黑格尔所说，纯粹按照本能去生活的人是最不自由的。

就是这样的一次错误，因为柔情诘问，变成了美好的相遇。只要我们坚持这样做，学生就会推己及人地善待自己和他人的生命，带领他们踏上生命之旅。

二、自主模拟式活动，体验"生命成长"

在教育教学中，有时候仅用对话交流，学生无法得到更为直观、深切内心感受的时候，可以用自主模拟活动策略，让学生在自主情境中去亲身体验，收到良好效果。

如"排座位"，好多孩子会更多考虑到自己的需求，会说我只想跟班级成绩最好的孩子一起坐，我不要跟他一起坐，甚至有个别后进生，人人避之，都不要跟他坐，哪怕前后排也很勉强，有可能还会升级到家长也参与到这个尖锐问题中。面对这样的境况，我们可能心里涌上的是责备、气恼，而不是引导他们承担他们自己应尽的职责，也就是培养班级责任感。可想，我们没有花时间给孩子体验班级责任感，孩子怎能获得呢？

开学初，又到了排座位的日子了，排完座位第二天，班里一个很有个性的男孩子小艺就举手了，从他的表述中得知：对于排座位，他希望跟好学生一起坐，这样也可以让好学生管管他，这话听起来似乎有道理。但我内心一刹那冒出来的就是，不可能。我当时清楚地知道，这个问题没有解决好；一会影响到接班时营造起来的和谐氛围，有可能还会上升为家校矛盾；二会导致孩子只想到自己的需求，没有班级责任感；三这个小艺是班级特殊孩子，经常会坚持自己的观点，很偏执，处理不当，更加会导致他的叛逆。

我首先表示："你跟成绩优秀的同学一起坐，你觉得自己有哪些好处？"他说："我会很开心，学习会更努力。"我笑着说："很多同学可能都有这个愿望。但老师想把班级位置怎么排的问题交给你们来解决，你们来讨论一下：'全班实行跟自己喜欢的同学一起坐，这样是否可行，可以吗？'"

这个问题激起了千层浪，他们就成了班级决策的主人，他们考虑应该怎么安排位置。刚才那个同学也不需要到我这里赢得同意，争得权利。一节班会课，学生开展了头脑风暴。同学讨论了一番，各有说法，争执不下。这时，一个同学说："老师，我们试试就知道了。""好，全班现在开始都找自己喜欢的人坐位置。"

同学们坐好了。刚刚提出要求要跟自己喜欢的同学一起坐的，没有如愿，因为另一个同学并不愿意跟他一起坐。因为他平时性格强势，同学并不是很喜欢他。还有两三个同学没有找到自己喜欢的人，就找个空位坐了下来。

同学们观察了一番教室，经过讨论得出这种方法不可行。因为矮的同学坐在后面看不见。刚才那个提问题的同学不甘心，说那让高的一对坐后面。但他们又发现有些互相喜欢的同学，身高相差很大，其中有一对，就是一个全班最高、一个全班最矮的。最后，他们认为在学校里座位主要是为课堂学习服务的，能否看见是很重要的安排依据。而且他们说喜欢的人坐在一起会忍不住上课讲话，就影响课堂专注度了。

这个尖锐的问题和谐地解决了，那个提出的问题特别有个性、有点倔强的男孩子此时也心服口服，笑着摇头说："看来不行。"最后全班决定给班级右边前排留一个位置，作为奖励位置，给每月进步最明显的人。

我们教师如果扮演"超级教师"，孩子就学会了期待这个世界为他们服务，而不是他们为这个世界服务。长此以往，当这些孩子不能如愿的时候，就会寻求破坏。

当我们不是只告诉孩子怎么做，而是问孩子应该怎么做时，他们就有机会去亲身体验"责任"两字。通过自主模拟活动，孩子有了真切感受，内心对这件事有了更深的认识，从而提升了明辨是非的能力，同时家长也没话说。当他们自己在想怎么给班级排位置的时候，就增强了班级归属感，心中有了他人，体验了生命成长。

三、游戏体验式活动，体验"生命成长"

（一）欣赏歌曲：《众人划桨开大船》

导入德育实践活动：团结友爱力量大。

1. 欣赏歌曲。

2. 请学生说一说：这首歌中最令你感动的是哪一句？最令你觉得心潮澎湃的、振奋的是哪一段？

（二）表演《最后的答案》

表演内容：

眼睛：我是人体中最重要的部位，有了我，人们可以看见世间所有的光明，不被黑暗蒙蔽，可以选择阳光大道去行走，避免一些黑暗的冲突。人们有了我，可以迈过前方的险阻。

鼻子：不，我才是人体中最重要的部位。大自然、生活中的所有芳香，人类都是通过我闻到的。假如没有我，人类将无法呼吸，无法净去空气中的尘埃，让支气管得到新鲜的氧气，否则人们都会奄奄一息，无法生存。

嘴巴：不是的，我也可以为人类提供氧气，供他们呼吸，只是不能净化罢了。但是我可以替人们品尝餐桌的美味佳肴，让人们满足爱吃的欲望，人类可以通过我补充营养物质。

耳朵：不对，不对！我才是人体最重要的部位，如果没有我，你们就不能听到任何声音，更不要说什么悠扬的音乐了，别人说的任何事，都不能执行，所以我才是最重要的。

脑袋：我是脑袋，我是司令部，你们这群小兵，全都要听我的。我让你们向东，就不能向西。不然，我就罢工了，让你们全部瘫软。

手：不要争了，我才是人身体最重要的部分呢！我的作用最大，没听说吗？劳动创造财富，没有手，怎么劳动啊？有我在，才有钱花呀！

脚：你们说的都不对！我才是人体中最重要的部位，人们有了我，不论道路平坦还是崎岖，都可以走过。我才是人体最重要的部位。

人：好了，不要说了。让我这个人类评论一下吧！你们都是人体最重要的部分。你们应该团结一致，携手共进，才能创造更加美好的未来！

1．观看表演。

2．说一说：观看后，你的答案是怎样的？

（三）游戏："众志成城"

规则：

1．全班分为10个组，每组6人。

2．在地上摆三张报纸，首先由第一组的同学来参与体验。第一步，打开报纸，要求组内同学站在上面，坚持1分钟，而且脚不能踏出报纸。第二步，将报纸对折，组内每个同学仍要站在报纸上坚持1分钟，但脚绝对不能踏出报纸。如果脚踏出去，就得出局。由其他组继续进行挑战。第三步，再将报纸第二次对折，想尽一切办法一起站在一块小小的报纸上，并坚持1分钟。依次类推，最有办法坚持下去的组将会胜出，每人获得一份小礼物。

3．步骤同2，只是在体验的过程中，每组内有一名同学眼睛被蒙住来扮演盲人，对于这样的弱势群体，引导孩子们要做到不抛弃、不放弃。

（四）通过以上体验，谈谈你们懂得了什么道理？

（小组讨论，由小组长记录小组内成员的发言，并进行总结与陈述）

1．这个世界上并非每个人的成就都是个人的，它们的成功凝聚着千千万万人的汗水和泪水。

2．人生路上，我们难免会有挫折、失败和困难。有时候并不是一个人的力量就可以解决的。它需要合作、需要团结。

3．很多时候人是需要被帮助的，也许独来独往是自己的个性，但是当自己不能解决的时候，你会忽然发现原来融入集体是那么重要。

4．团结、合作的力量是巨大的，是足以创造奇迹的。

5．我希望通过这次活动，我们同学能够团结起来，共同将我们班建设成为一个团结友爱、风雨同舟的班级。让我们在这个充满着友爱、温暖的大家庭里健康成长。

（五）合唱《团结就是力量》

总结：歌词里说："团结就是力量，这力量是铁，这力量是钢，比铁硬，比钢强……"如果我们在平时的生活、学习中，团结友爱、齐心协力、互相合作、热爱集体，相信我们班在任何方面都能取得更大的进步，让我们一起说——团结友爱力量大。

（六）拓展与延伸

班级的成长离不开每个人的努力，只有班级的每位同学都得到了提高，我们班才会越来越好。请同学们在课后开展"两人互助联谊活动"，你可以帮助一名后进生提高学习成绩，你也可以关爱一名生活上有困难的同学，你也可以帮助某个同学攻克他的缺点……相信大家的力量是无穷的，一个月后，我们再一起说说帮助他人后各自的感受。

这样的"体验式"活动开展是比较成功的，其中给我启示最深刻的是在第三个环节："众志成城"游戏体验式活动。孩子们在这个环节中体现出的互助、不抛弃、不放弃、团结一心的精神着实让我觉得他们真是太棒了；他们在这个活动中你帮我，我帮你，共同出谋划策，表现出了极大的创造力。在报纸第二次对折后，要在那么小的地方站上6个人，实属不易，但他们想到了"填海造田"的方法，也想到了借助其他物品（如凳子）来给团队中的成员一个支点，他们个头大的背起、抱起个头小的，他们手挽着手，紧紧抱在一起，他们关心"盲人"，做到了使整个团队中的成员一个都不少，一个都没落下，他们感受着彼此的关怀、彼此的呼吸，感受着集体的力量、团队的力量，从而升华了集体主义情感。这次活动课我的启示就是：实践是情感升华的载体，体验是当代孩子必须经历的一个过程。有体验，他们的感悟才会更深刻。

教育只有触及内心的亲身体验，从体验中对自己的行为进行反思，进行自我教育，才能提高明辨是非的能力。"体验式"教育是教育者依据德育目标和未成年人的心理、生理特征，以及个体经历创设相关的情境，让未成年人在实际生活中体验、感悟，通过反思体验和体验内化形成个人的道德意识和思想品质，在反复的体验中积淀成自己的思想道德行为。未成年人在各种体验中主宰自我、修正自己，在与人交往中，在日常行为中去体验、去感悟、去构建社会与时代所希望他们拥有的爱国情怀、民族精神、集体意识。综合多年实践，我觉得"体验式"教育是一种行之有效的德育方法，值得进一步研究和实践。

教育，是一场快乐的邂逅

温州市瓯海区学生实践学校　杜丽君

最近读到一篇来自《中国教师报》的文章《世界上最优秀教师都是相似的：富有活力，充满激情且思想飞扬》，初读之时，我就对此文产生了很大的代入感：从教20年，我充满活力，充满激情。我是不是优秀教师？

其实每个人在教学生涯中都会问自己：我工作兢兢业业，是不是优秀教师？我蹲下身来教书，潜下心来育人，是不是优秀教师？扪心自问，我应该是一位敢于闯一闯的教师，应该是同事眼中充满激情的教师，应该是孩子眼中带着绿野气息的教师。

一、该闯的年龄，勇敢闯一闯

与教育相遇，是在18岁的花季。

18岁是一个放飞希望的多彩季节，也是一段青春绽放的年华。我带着梦想踏上三尺讲台。犹记得第一次新教师公开课《小蝌蚪找妈妈》，童真洋溢的课堂上，我时而化身鲤鱼妈妈，时而变身乌龟妈妈，低段教材生动活泼的内容及儿童天真可爱的特性让我流连忘返。记得当时的瑞安教研员这样评价："课堂生动有趣，能把握住低年级的学生特点，将来定是一名优秀的语文教师。"时至今日我依然为我曾经是一位语文教师而骄傲。

人生中有诸多的选择，正如贾平凹先生的"舍得，不舍不得，小舍小得，大舍大得"。从教第二个年头，学校领导让我担任学校大队辅导员一职。对于全校最年轻的我来说，这是机遇，也是挑战。"有梦就去勇敢闯一闯"，回眸18年前的那个晚上，就是这个思想激励着我接下这个重担，从而开启了"我和红领巾"的不解之缘。

那时候，我一边感受着语文教学的自得其乐，一边摸爬滚打地亲近红领巾。稚气未脱的我总想着：试试看，跌倒再爬起来，难倒了重来。于是一路风雨兼程。2003年新课改正式启动，时任学校教导主任陈建胜教师对我说："做个课题试试看。"说实话，教龄才4年的我，连什么叫好课还在摸索中，课题是什么更是天方夜谭般的遥远。但庆幸自己有这份敢于闯一闯的勇气，开始了课题《农村小学快乐档案袋评价的实施与思考》的研究。做课题的一年多，没有指导师示范，没有专家引路，一切都是那样的"农村风范"。我只能不断地查阅书籍、学习课题研究的方法，以此弥补自己理论知识与实践操作的不足。课题中期，我还借大队辅导员工作之便，让孩子们进行了"快乐档案袋"的汇报。而这些举动正是"双赢"之行，一年后课题结题时，我准时提交了结题报告——洋洋洒洒3万字。时任区发展中心叶芬教师说："很久没有见过一个如此扎扎实实的课题了，虽然是二等奖，但有一等奖的风范。"这对"初生牛犊不怕虎"的我来说，就是一针强心剂，随后，我的课题研究陆续荣获区一等奖、市一等奖。凭着年少轻狂的那股劲，我带着学习的心闯荡"教学生涯"，迎来了第一次大丰收。

二、红领巾的魅力，我自疯狂

小小一块红绸，承载着成千上万儿童的希望；鲜艳的红领巾，方寸之间绽放无限的力量。我曾许愿，愿红领巾与白发齐飞扬。

红领巾带给我的精彩，难以用尺寸来描绘。非说成果，全国优秀少先队辅导员、浙江省平安行动贡献奖、浙江省师德楷模、温州市十大岗位优秀青年能手、瓯海区十杰，都可以道一道故事。最让我乐此不疲的是红领巾活动的设计与实践。

现任浙江省总辅导员的葛红敏老师，原是温州市总辅导员。她给我上的第一节红领巾课，就是《少先队的活动设计与思考》。听着她激情澎湃的介绍，我不禁随着她感受一次次少先队活动的精彩：她创建的温州市队长学校，创全省先河；她带领的少先队和辅导员争章技能技巧大赛，年年蝉联省金奖。每每跟着葛老师，我都感觉自己的浅薄：创意不够新颖，经验不够丰富。记忆最深刻的是参加温州市第六次少代会的筹备工作，我负责工作报告的后续修改和开幕主持词的撰写。已知任务的重要性，我非常认真地起稿、修改、再改。但到了葛老师手里，她依然非常严谨："用'承载'好，还是'记载'？这句话是不是参照了省少代会的词？不行，这次团省委也有领导要到现场的……"细致入微地修改，让我脸庞微红。她用自身的行动告诉我：她心中的红领巾，神圣且荣耀。

我开始潜下心，读懂红领巾；我开始带着少先队员，欢快地成长在红领巾的道路上。我校坐落在著名的侨乡丽岙，一大批留守儿童成为少先队员群体中别样的存在。记得2006年的留守儿童座谈会上，一位留守的孩子委屈地说："我知道爸爸妈妈辛苦，在国外打工，是为了让我过上更好的生活。可他们知道吗？我只想让他们能陪伴我，一起过个生日，在我深夜惊醒的时候给我一个温暖的拥抱。我多想和他们说说笑笑，哪怕他们批评我也好。"看着孩子满脸的泪水，我沉默了。为了让这些孩子感受集体的温暖，我以红领巾的力量，在学校创建了留守儿童活动之家；同时联合街道团委、侨联开展"手拉手 心连心"活动。我还积极为这些孩子寻找代理家长，通过联谊活动让代理爸爸、代理妈妈带着这群留守的孩子过生日，一起漫步生活。虽然只是杯水车薪，但这群留守的孩子说："谢谢我的代理妈妈，让我有了被爱的感觉。"

作为一名辅导员，当我懈怠的时候，我时常寻找心中的榜样人物：现今87周岁的俞明德老爷爷，至今还是《辅导员》杂志的名誉编辑，至今还活跃在校园；现今65周岁的魏慈瑛教师，依然在全国范围进行讲座、指导、介绍。红领巾与白发齐飘扬，成为一道最美的风景。我在追逐这道风景的路上，不断前行。

三、转身后的坚守，回归真我

现如今看来，当时的舍得之间，其实有许多的不舍。2001年的第一次取舍，让我爱上了红领巾；2010年的取舍，让我选择了学科转身。

自问自己应该是一名尽责的教师。虽未做到桃李满天下，但也有得意门生上百。因为工作岗位的变迁，我深感压力：校长岗位会议多、杂事多，再教语文恐误人子弟；我也深知自己离大家风范尚远，实难两头兼顾。于是开始了综合实践的探索之旅。

为何是综合实践？这似乎得溯源到儿童时代。似乎身边许多人的童年都在讲述小人书的喜爱，但任凭我几番追寻童年记忆，却难觅踪影。反倒是：一个女童端坐于家门口，手上拿着针线，灵活地在毛线衫上穿上至下。不一会儿，一朵灵动鲜丽的花朵跃然而上。左邻右舍都笑说："手工这么好，将来可以靠手工赚钱了。"时光变迁，一晃已是教学生涯二十载。似乎孩童时代的劳动体验还记忆犹新。

  不一样的童年，不一样的梦想。2017年9月我到温州市瓯海区丽岙街道第三小学交流，担任辅导员。有一天突发奇想：要不要把学校后门的这块地拿过来玩一玩？说实话，当时秉承的确实是带着学生玩一玩的心态。那块地杂草丛生，我们很快化身为"开荒者"。我带着六年级的全部学生从那块地里挖出了野生的大南瓜，那种兴奋的劲，现在仍记忆犹新。交流的两年里，我们把这块地做精、做大，形成了6.8亩的规模，很快就在区里打响了名声。那时在温州市瓯海区丽岙街道第三小学，我曾放过豪言："我要把这块地做得全省都知道！"确实那几年里我做到了：浙江团省委多次带领省内优秀辅导员到我校进行互观互检活动，我们的学军学农活动一度成为标杆。

  说实话，开创容易守住难。丽岙校网撤并，我也到原丽岙华侨小学下呈校区担任校长。学校与绿葵基地之间的远距离成了我的老大难。我只能时不时带领我们孩子小长征、大体验，以学校带队、家长带队各种方式来亲近这块绿地。可以说，我当时就是"守着这串钥匙，不放手"。

  2014年校网再一次撤并，我又再度负责这块地。但是新的困难出现了：绿葵基地与学校的距离需要学生步行20分钟左右，这不上不下的时间给我出了难题：拓展性课程时间这么一走，课怎么上？深化课改的明灯启迪，我开始有了课程开发的意识。首当其冲就选择了绿葵实践基地，开发了《小神农的试验田》课程，先后荣获瓯海区和温州市一等奖。也是课程开发的思考，这块地里的元素充实起来了：我开始带领孩子们从种植体验到人文认识，开始带领孩子们寻访中草药种植专家及中医医生等人。现在我的做法是：每个星期，我带领两个班的学生提早出发，小长征到绿葵基地，开始体验种植活动。守着这块地，我找到了我和植物的缘分，也找到了我的生长点！

四、春风化雨的滋养，如沐暖阳

  一生中我们会遇到很多人，会做过很多事。有些人朝夕相处却相距千里，有些人不期而遇却终生难忘；有些事日日在手却一成不变，有些事悄然变化就能点燃精彩。

  瓯海区综合实践名师陈长春教师是我成长路上亦师亦友的重要人。我称呼他为"老大"。正式与老大的会面就是他工作室招募成员后的第一次遇见，已有十年之久。那是2010年的冬天，陈长春工作室学员齐聚瞿溪第一小学。每个人做了介绍，我犹记得老大介绍时，幽默风趣：别看我长得黑，实际年龄不大，也就1978年出生……那时我脑海中蹦出的一句话是：天啊，竟然只比我大几岁，竟然已经是瓯海区名师，竟然开了名师工作室，太厉害了！伴着仰慕，和着追赶，我开始了陈长春工作室的学习之旅。那几年里，我几乎一个学期2～3次公开课的积累，而所有的这些荣誉都是老大的指导成果。他是个非常细心的人，每年的论文撰写都会组织工作室成员开展组内互学、互评、互改，他还会特别邀请专家给工作室成员指点迷津。记得我曾经请他指导论文，他客气地说："我自己的还没有写呀，我看看吧。"我暗自揣度：哈哈，看来差不多。但第二天反馈给我的稿子，让我羞愧：电子稿中运用修改符号做了记录的，大概 20 来处；甚至别字、病句都给我做了标注……至今每年写论文，我都会记起老大的指导。今年他更是给了我醍醐灌顶的引领：连续五年，七个课题，温州市一等奖。我想：跟着老大，没错……

后来有幸师从浙江省特级教师潘春波。他是瓯海外国语学校的校长，大家都称呼他为"潘校"。但在我的心里觉得"老师"这个词，是天底下最光荣的词，所以我一直亲切地称呼他为"潘老师"。潘老师的指导，如他的人一样：严谨、稳重，细节中展现大气，点滴中绽放智慧。他的《乔哈里视窗》为我打开另一个视域：所谓的乔哈里视窗（Johari Window），是一种关于沟通的技巧和理论，也被称为"自我意识的发现一反馈模型"。根据"自己知道—自己不知"和"他人知道—他人不知"两个维度，依据人际传播双方对传播内容的熟悉程度，将人际沟通信息划分为四个区，即开放区、盲目区、隐秘区（又称隐藏区）和未知区（也称封闭区）。这个理论对我最大的帮助，是让我从另一视角开启了对综合实践的解读，更加细致地从心理学的维度分析了学生在综合实践活动中创新精神和实践能力的养成与追求。

什么是春风化雨？什么是润物无声……教学生涯中认识的一位位导师，都让我如沐暖阳。极具个性风采的瓯海区综合实践教研员傅根起教师，给我的谆谆教诲，让我铭刻在心；一路支持我的陈良汉校长，"丽君，你能行"不断激励我前行……

"到岸请君回首望，蓬莱宫在海中央。"最美的传说在心里，最美的课堂亦是心灵得到满足的课堂。如何让综合实践的课堂成为孩子们为之神往的快乐场，我开始反思自己"十年如一日"的坚守是什么。绿意葱茏的课堂就是我的坚守。我带着孩子们在绿葵实践基地种了十年，玩了十年，学了十年，于是，我循着潘老师指点的方向，在实践种植中体悟成长，在理念落地中哲学寻根。

五、结伴而行，继续快乐的邂逅

2018 年我开始设立区名师工作室，取名"与君同乐"，恰逢学员六人，组成"七仙女"团。

乐该何往？蓬莱中央在哪方？我不禁回首老大给我的十年之路，不禁盘点潘老师指向的迷津那方，我开始带着七仙女，以植物为世界，以绿植唤醒综合实践的精彩。绿成为田野里的那抹色彩，也成为工作室成员驰骋的追求。我们一群人，从植物生长 STEM 活动到课程建设，共同活跃在绿葵实践基地里，活跃在校园草丛边，活跃在绿意课堂上。从 2018 年 10 月 23 日的第一次"七仙女"聚会至今，我们以绿葵实践基地元素为载体，研究《植物向性运动实验盒》，探索《夏日里的"凉药"》，寻觅《花样泡泡的魅力》，培养一位位《小小园艺师》，我们共同去发现《假如我是教师》的成长追求。我们以日常组内研讨为阵地，与陈长春名师工作室携手共建，共同探讨 STEM 课程的学材开发、课堂研讨、实践探索、科研推进。我们在绿色世界里寻觅成长的真谛，我们在综合实践乐土中感受体验的魅力，我们快乐着，我们在一起"与君同乐"。

蜕变的美丽
——综合实践活动名师的成长之路

乐清蒲岐镇第二小学　黄灵颖

当我们看到美丽的蝴蝶在花丛中翩翩起舞时，谁会想到它曾经是一只丑陋的毛毛虫？从丑陋的毛毛虫到美丽的蝴蝶，它经历了一个由"卵→虫→蛹→蝴蝶"的蜕变的过程，每次蜕变都是一次质变，都是一次华丽的转身。由此可知，丑陋与美丽之间没有什么不可逾越的界限，关键是你想不想变、想不想飞。在这个过程中，有寂寞，有痛苦，有磨砺，有失败，有坚守，有煎熬，而这一切都是生命的升华，是一个不断努力、不断进取的过程。十年磨一剑，砺得梅花香。10年的探索见证着一位教师务实的态度和成长的蜕变。

一、在信念中入门

2009年，校长带上第一年上任教导主任的我，参加了温州市的综合实践活动现场会。那一天，我才知道有一门叫"综合实践活动"的学科，它是国家课程，每所学校必须开设。出于对课程的敬畏和工作职责的使然，我对这门学科非常重视。2009年我参加了乐清市综合实践活动首届研修班，想通过研修班的学习，让自己较快入门。10位新手，在教研员谢老师的带领下，意气风发，开垦着乐清市综合实践活动这块荒地。我珍惜每一次学习和展示的机会，两年的研修班中，我开发了很多主题的课，因此，有机会经常外出上课。我开发的方法指导课《如何做采访》被省网络课录用。课后我及时写反思，撰写案例。最幸福的是教研员能手把手教我写案例和论文，我的第一篇案例居然获乐清一等奖、温州三等奖，还被省期刊刊登，题目显示在杂志封面。此时，我深刻感受到专业的力量，专业带来的成就感，为自己终于脱离了"闭门造车"的困境而开心。通过研修，我对这门学科有了更深入的了解。综合实践活动是其他课程的母课程，是一门让学生能力生根的课程，是其他学科的综合运用课程，在学生的成长过程中，发挥着无可限量的作用。这更坚定了我的信心。2010年6月3日，作为教导主任的我，毅然接受了承办乐清市综合实践活动现场会的任务。一是乐清课程改革的需要；二是学校的需要。对于一所农村小学来说，能有机会承办一次市级活动，多么来之不易啊！我们学校也可以趁机规范综合实践活动课程，早做机会更多。教师和孩子们太需要这种展示的机会了。虽然我只有一年多的学科教学经验，但是还是带领6位教师开发了3种课型6个主题的内容。与教师们磨课、整理资料等，从1月接受这项任务一直到6月，度过了不眠的半年。那一天，当我的教师们神采奕奕地登上综合实践活动的舞台时，当一批批小向导娴熟地介绍劳动基地和校园时，与会教师给予了很大的肯定。本次活动的成功举办不仅是对学校的最大肯定，更为学校的课程发展指明了方向。

鲁迅先生说："孩子初学步的第一步，在成人看来，的确是幼稚、危险、不成样子，或者简直是可笑的。"在综合实践活动学科的道路上，我们迈出的这一步虽然也显得有点幼稚，甚至是令人不放心的。然而正是这可贵的第一步，为我们带来了对基础教育改革的期待，带来了对自己专业成长的盼望！在课程改革中，我们这群孤鸟欣然入境，已经变成了一群适应环境的留鸟了！

二、在坚守中蜕变

"自信人生二百年，会当水击三千里。"在以后的成长路上，我如饥似渴地走在课改的路上。我有机会参加省综合实践活动年会和国家培训，在聆听专家们的讲座，荡涤思想的同时，也尽可能创设各种条件与专家对话。在与他们接触的过程中，我不仅及时获取课改的最新信息，了解课程发展的动态，他们的课程理念也给我极其深刻的影响，对于唤醒我的课程意识起到了事半功倍的作用。思想就这样在一次次的聆听和学习中荡涤着！

在成长的过程中，必须感谢一个人——我的教研员谢老师。她不仅是一位专业、认真的教研员，更是我的知心姐姐。她漂亮、热情、和蔼，无论对领导还是普通的教师和学生，都笑容迎人，亲切交流。她以得体、高雅的处事态度生活着，同时，也深深地影响着我。与她在一起，工作会不知不觉地变得严谨，生活会不知不觉地变得温暖。当我在工作中和生活中迷失方向时，只要一想到她，心中就有了标杆。她善良、智慧，总能发现每个人身上的优点，总能与人友好相处。跟她一起谈心，总能如沐春风。她个人散发的魅力激励着我，使我能及时反思自己的工作和言行，不容许任何错误玷污我的工作。跟着谢老师，自然是站在巨人的肩膀上学习，收获特别多。她跟我说得最多的一句话就是，××，你太棒了。看似哄小孩子的一句话，但是对于这个我大人来说，这句久违的赞美是多么激励人。2012 年，我曾写下文章《又想谢老师》。我写道："迷茫中又想到谢教师，想到她与人交流时的和风细雨，想到她待人时的宽容大度，我又找到了方向：早上晨会时，我做周总结，虽然想批评学生很多不足之处，但是我最终还是选择和学生一起在吟诵诗歌中，慢慢地感化他们；中午看到学生快迟到了，不再像以前那样指责：'还不快点，快迟到了。'而说：'小朋友们，同学们和老师等着你们呢，快点！'"今天不坐在自己办公室了，而是到各个办公室转转，和教师们聊聊。回到家，和老公交流时，以商量、征求的语气说话，与自己儿子像朋友一样聊着，发现生活中的每一个人都是善良的，都是温暖的。心情顿时好了起来。又想谢老师，那是一种心灵的润泽；又想谢老师，又向成熟跨入几步；又想谢老师，虽然不能复制她，但我会向她慢慢走近……谢老师不仅让我成为更专业的教师，而且让我成为更优秀的校长。也许就是她的人格魅力，让我如此专注于这门学科，专业地成长起来。

几年来，我抓住每一次评比的机会，让自己成长起来。2012 年评上乐清骨干，2014 年评上温州三坛，2016 年评上乐清名师，一路上，披荆斩棘，登上更高的台阶。学校和教师们也跟着我一起成长起来：2011 年，成为副校长后，我毅然带领学校的骨干教师们走上综合实践活动学科道路。学校 6 位骨干教师跟随我一起学习，如今都能快速成长；还带领教师们参加团队赛课，获得一等奖；综合实践活动教研组被评为温州市先进教研组。2012 年学校被评为温州市综合实践活动教研基地，隔年要承担一次温州市级教研活动，这给予我们学校和教师更大的展示舞台。2018 年，学校借助综合实践活动学科，被评为乐清市课程样板校。学校综合实践活动的特色项目获乐清一等奖。如今学校综合实践课程常态开展，还配备了优秀的兼职教师。

  我们乐清综合实践活动组这个大家庭也茁壮成长着。2014年，我和包晓红老师开创了小学综合实践活动的高级教师的先河。从此，我们学科教师在高级教师职称的路上，走得更稳、更顺利。几年研修班学习下来，当初的10位教师，有6位坚持了下来，到现在，都成为综合实践活动的学科带头人。而后起之秀们，就像雨后春笋一样蓬勃发展，如今的研修班成员已发展到136名。

三、在分享中华丽转身

  2016年6月，我被评为乐清市名师，9月怀孕了。想到第二个学期肯定要请假生娃，于是第一个学期尽量做得多些，虽然到医院检查，医生总会以高龄产妇的理由时刻提醒我检查这那的、注意这那的，但是一工作起来，依然雷厉风行。同事们开玩笑说："你还真以为自己是小年轻呀！"在坐月子期间，一个徒弟要参加乐清市的经验介绍，辅导他做课件，写讲话稿，两个晚上，一讲下来就要3个多小时。我妈背地里心疼地对我说："坐月子不能这样看电脑、说话的呀！"第二天，徒弟来电告知，发言很成功，感谢师傅指导，我非常欣慰。另一个徒弟要我辅导她试课，于是就弄到一个小黑板，房间变成了教室，成功试课。月子期间能创造出特殊的学习环境，在家都能与徒弟们交流，何乐而不为呢？学校离家近，哺乳不影响，6月生了宝，9月就上了班。可是在名师考核中，我居然不及格，有点委屈。但是，对于考核来说，是需要一张张证书来证明的。而那些没有证书的付出和辅导，是你内心深处对自己的认可，是一种对工作的热爱，无法衡量。有时候，教师们开玩笑说："黄老师，你不教语文，收入减少不少。如今你是综合实践活动名师了，又能怎样？没有几个学校知道这门学科，没有学校请你讲座，你这个名师也就无人问津了。你到底图个啥呀？"我说："教师要耐得住寂寞、清贫，名师更要守得住这块净土。"习近平总书记说："有信念、有梦想、有奋斗、有奉献的人生，才是有意义的人生。"我只想告诉自己，那就是，我来人间一趟，我曾见过太阳，我在那万丈光芒里，曾无畏无惧。

  经过十个春秋的打磨，岁月洗涤，自己已经从当初那个"初生牛犊不怕虎"的新手走向了名师！一步一个脚印走来，与课程一起成长。自我素质的提高、专业的发展真真切切地成为我内心最执着的追求。一路上，摸着石头过河，在尝尽了心酸的同时，也逐渐明晰了自己未来的方向。要找正确的路，靠的是智慧，我很庆幸选对了；走得多远，靠的是耐心，唯有坚持才能达成目标；走得畅快，靠的是心态，心态旷达，累快乐着；走得精彩，靠的是境界，有多精彩，眼前的风景就有多奇妙。感谢综合实践活动课程，让我的教育生活如此精彩曼妙。我愿在综合实践活动的时光里继续漫步成长，等待那一场破茧的美丽！

以民乐为底色，传承民族文化之美

温州市城南小学　李　密

我是一名普普通通的音乐教师，18年前，我与民乐认识并结缘，在源远流长的民族文化滋养下，我坚定脚步，走上了传承民族音乐文化之美的幸福大道。开发民乐特色课程，传承优秀传统文化，培育民乐表演能手，打造丝竹雅韵校园，民乐改变了我的成长路径，民乐让我遇见更好的自己，民乐让我的教育生命焕发出新的光彩！

一、匠心坚守、国乐飘香

（一）遇见民乐遇见爱

与民乐的相识，缘起于多年前的艺术节器乐比赛。我校是温州地区最早践行器乐进课堂的学校之一，手风琴、口琴等乐器在20世纪90年代末开始进入我校的音乐课堂，2002年我们排演的小乐器与民乐混搭风合奏《瑶族舞曲》在获得市级一等奖后，学校的民乐教学就此拉开序幕，而我也终于有机会走进博大精深的中国民乐。

带着对民族器乐的好奇，也为了更快地胜任乐团的工作，初识民乐的几年里，我一直游走于不同的乐器教室，孜孜不倦地学习着各种乐器的调律演奏，每次排练，我都坚守在排练厅，协同指挥一起调音指导。乐团工作很烦琐，小到一件乐器的摆放、一套演出服的敲定，大到一场音乐会的安排、一次外出比赛的落实，而民乐社团活动都在课外放学时间，陪伴团队活动常常都是披星戴月地回家。几年下来，我也有过打退堂鼓的念头，但看着孩子们幸福自信地站上舞台，听着源远流长的民族音乐在耳畔响起，收获与感动掩盖了辛苦和疲惫，这份爱也让我坚持下来。

（二）民乐社团铸品牌

我的民乐教育之路从民乐社团建设开始。建团初期，在温州地区全日制小学民乐社团经验几乎一篇空白，组建民乐团只能摸着石头过河。在温州民乐届前辈的引领帮助下，第一年我们从学校2～6年级招收到首批学员，分十个专业，开启了民乐社团活动。短短一年多，学员水平迅速提升，我们的合奏课排演的作品《草原欢歌》也捧回了市中小学生艺术节、国际青少年艺术节等多个大奖。

在快速成长的同时，我也深刻意识到，团队要发展，必须有规范健全的建团机制。正所谓铁打的算盘流水的兵，在建团的第一年，就遇上了团员毕业的困境，被动地等队员毕业再补充人员导致很多原梯队的孩子要浪费大量时间去帮助新进的队员熟悉乐曲。有经验后，我们开始提前充实新队员，我们还组建了第二、第三合奏梯队，成为一队的坚实后备力量，有进步的队员可以及时地调整到高层次梯队中，这样既能调动队员积极性，又能保证团队的稳固性。2007

年开始,我又尝试按年级分专业招收队员,并每年在二年级招生,形成多个年级梯队。这样的梯队建设模式,也让我们团队从原有的60多人的小团发展成为200多固定人员的大型社团。

音乐是一种合作性很强的艺术,孩子孤立地学习一种乐器,没有与伙伴们交流、合作的机会,对音乐素质的提高和团结协作精神的培养是不利的。如果在孩子初步掌握一种乐器的基础上,让其同时参加合奏训练,其就能在更宽阔的领域内认识民族音乐,就能在与小伙伴的密切合作中领略到合奏艺术之美,尽早地参与到团结协作中。合奏训练是我们团队的一大特色,创建乐队至今我一直积极抓好合奏队伍训练,在学生升入四年级后,便开始组建乐队,每年保持四、五、六三个年级的合奏梯队的均衡发展。

民乐社团从原来的不为人知到小有名气,一路走来,并不是一蹴而就的。为了让团队快速成熟,我还积极联系寻找各种比赛演出资源,争取让孩子们有机会多上舞台。以演促学,特色兴团,在比赛交流活动中,我将节目特色和质量放在第一位,严格的标准让团队水平不断提升,并在市级、省级比赛中崭露头角。2009年民乐团被评为浙江省优秀学生社团,民乐也成为我们学校的艺术教育特色名片。

(三)特色培艺育人才

在推进学校民乐教育的过程中,我始终认为,艺术学习不仅是为了培养专业演奏家,更主要的是为了让孩子认识和了解优秀的传统音乐文化,培养孩子对于美的感受、内心的充盈和自信的提升。如何让学校民乐教学惠及更多的孩子,如何在培艺的同时提升孩子的个性化素养呢?我以课题研究为依托,努力实现学校民乐教育向特色化发展。

2015年,我们在城南校区二年级段增加普惠性拓展课程——笛子,城南校区的民乐也从"精英"的社团活动向"普惠"的课程化延伸。目前,学习笛子的学生已有在校生五个年级段800余名,实现了人人都会演奏乐器、人人都喜欢演奏乐器的美好愿景。

2015年9月开始,我校在周四下午还开发出了阮咸、小鼓民打等选择性的拓展课。通过课程的学习,孩子聆听感受到优秀的民族器乐作品的魅力,学生还在原来器乐进课堂独奏、齐奏的基础上体验到合奏、群奏等多样化的演奏方式,在提高学习兴趣的同时培养了自信心和合作意识。

2016年11月,推出了首场以鉴赏与展演为特色的民乐午间音乐会,坚持每学期两个主题,二至六个场次不等,延续至今已开设了打击、扬琴、吹奏、琵琶等7种不同的乐器,近20场,惠及的学生达到1 500多人,营造了高雅的校园文化氛围。民乐团还坚持每两年开展一场民乐专场音乐会,音乐会邀请三个校区的学生、家长、教师,走进剧院一起欣赏。

2020年突如其来的疫情打破了学习生活的节奏,为了发挥民乐教育的育美价值,我联合乐团的孩子们,推出"民乐小主播"线上系列活动:以"演奏+鉴赏"的方式,在展现艺术才能的同时,介绍乐曲的相关知识,追溯乐器的历史和演奏技法。小主播活动吸引了乐团的很多学生和家长,小乐手们化身艺美小使者,自主开发课程内容,直观生动地讲解,大师范儿十足,疫情期间,他们犹如阴霾中的那束阳光,温暖着身边的每一个人。

民乐团还多次组织学生赴韩国、新加坡等国家,以及我国台湾、香港、澳门地区开展艺术研学活动,以艺会友,通过艺术研学,孩子们不仅将传统中国文化和良好的礼仪素养传递给国际友人,同时,还融入异域文化的交流互动之中,领略到不同国家、地区的民族风情与魅力,培养了厚重、大气、高远、时尚的气质。

奏、赏、演相融的特色民乐普惠课程在培养学生艺术潜能的同时，以孩子认同与弘扬本国优秀文化，全面提升学生的综合素养为目标，拓宽了学生的艺术文化视野，使孩子们成为具有民族心、世界眼的地球人。

二、慧心蕴美、丰厚底蕴

中国学生将"人文底蕴"作为全面发展的人的第一大核心素养，而人文底蕴不是简单地通过参与一项活动就能提高的，它的培育是循序渐进、厚积薄发的浸润过程。做有温度又有能量的音乐教学，将多年来亲近民族音乐文化的收获反哺于课堂，将中华民族精神、文化、音乐之美蕴于音乐教学活动之中，一直是我的目标与追求。

（一）渗透风土民情，了解民族文化

音乐作品是各民族性格、气质和情感表达方式最为生动的体现，以不同的习惯性音乐语言和音乐形态为载体呈现。各个民族生活在不同的地理环境中，有着明显的民族特征和不同的生产、生活方式，形成的性格、气质和情感表达方式也各不相同。

《喜鹊钻篱笆》就是一首富有代表性的作品，是流行在贵州威宁地区的彝族儿歌，也是一首十分典型的游戏歌曲，全曲用原汁原味的彝语演唱，具有浓郁的民族风格特点。彝族方言与学生的语言相去甚远，对于西南边陲的彝族风土学生也知之甚少，怎样让孩子感受、理解音乐的情感内涵，准确表达音乐的情绪意蕴呢？这节课的设计中，我尝试从民族文化的角度切入，通过穿着民族服饰，运用彝族最具特色的乐器——月琴为学生的歌舞伴奏，和学生一起猜想体验彝族方言，手拉手跳起彝族舞蹈……潜移默化地渗透彝族的音乐文化，学生在有趣的彝语翻译对答、欢乐的月琴伴唱及特色的游戏体验中，逐步扩大了音乐文化视野，拉近了与民族音乐间的距离，认识和了解了富有浓郁地方特色的彝族音乐文化。

《音乐课程标准》还指出："应将我国各民族优秀的传统音乐作为音乐课重要的教学内容，通过学习民族音乐，使学生了解和热爱祖国的音乐文化。"民歌是民族音乐的重要组成部分，学生在多角度、全方位地了解民族音乐文化时，能更好地接受和喜爱民族音乐，民族之情也油然而生！

（二）对比地域差异，拓宽文化视野

"一方水土养育一方人。"同样的《茉莉花》因不同地域、民族在不同的地理、气候、语言、文化影响下，产生了各异的风格。

江苏《茉莉花》的旋律如江南的小桥流水清丽、灵动。在课例《芬芳茉莉》中，我巧借学生的器乐演奏资源引入：以竹笛的演奏来展现旋律，在同伴的演奏中，让学生感受到旋律的婉转优美；琵琶是这堂课请来的第二件民族乐器，因这首《茉莉花》源起于江苏，用琵琶唱方言，模拟苏州评弹，更具地方韵味。

江苏《茉莉花》与东北《茉莉花》的歌词虽相近，却因语言的差异，情趣韵味各有不同。前者以吴侬软语演唱，一些开口音、翘舌音常常发成比较靠前的闭口音和平舌音，而东北《茉莉花》开口较大，多用衬词。在模唱前通过引导学生有起伏感地念词，体会歌词音调与旋律起伏的关联，使学生在依字行腔的体验中感受民歌的神韵。

东北《茉莉花》还带有北方人性格的幽默豪爽，大跳、滑音的起伏感使音乐动感十足，这样的音乐带有律动感，在聆听中结合当地的秧歌动态，让学生站起来学一学、扭一扭，既激发

了学生的兴趣，又让学生更好地感知音乐的特色。

南北差异带来极强的听觉冲击，也正是这种冲击，吸引了我。在课例中，我抓住了几首作品之间的差异来进行对比、体验，将不同地域的音乐以最具地方特色的体验方式呈现在孩子面前，用跨越时空的民歌之美来滋养孩子的民乐情愫。

（三）融入文化生活，培养民族情怀

音乐民族情感的培育依托音乐作品民族风格的表现与体验，还将人类丰富的生活和情感再现于节奏和旋律中。我们不仅要享受音乐本身纯粹的"声音的愉悦"，更重要的是让学生从音乐的视角领略、把握各个地区各个民族各类人群不同的生活情趣和精神风貌。

《丰收锣鼓》是彭修文、蔡惠泉于1972年创作的一首民族管弦乐曲，表现了我国农民劳动生活和喜获丰收的欢乐情绪。"锣鼓"是乐器，更是一种民间传统文化，与人们的劳动生活密不可分。怎样让生活在城市的孩子们，体会中国劳动人民生活的情境，感受锣鼓文化在劳动生产中的不同意义呢？这首作品长达6分钟，我根据乐曲的乐段特点，以"忙丰收""唱丰收""赏丰收"和"庆丰收"来给音乐加标题，使抽象的音乐更加形象化。这首乐曲最大的特色与价值是，借鉴我国民间吹打音乐的鼓点和旋技，吸收了潮州锣鼓、京剧锣鼓、苏南吹打的手法，再加以变化发展，推陈出新，充分发挥我国丰富多彩的民族打击乐器的表现能力。根据作品特点，我还结合主题旋律设计了"锣鼓经"念与奏，不仅让学生了解了民族打击乐器，熟悉了音乐的主题，通过十面锣、锣鼓经的念奏体验，而且让中国独有的锣鼓，在学生的心中不断回响。

中国的民族音乐丰富多彩、博大精深，在各种活动、礼仪中有着广泛的实践。聆赏经典音乐，通过学习、吸收本民族特有的精神、气质，能培养学生健康高尚的艺术品位，丰厚学生的民族文化底蕴，让孩子们在民族音乐文化的滋养下奠定坚实的根基。

三、初心不改、薪火相传

民族传统音乐凝聚着炎黄子孙的精神，彰显了中华儿女的智慧。然而，20世纪80年代以来受流行音乐和外来音乐的影响，人们的审美视角也悄然发生改变，很多传统音乐文化正在逐渐淡出人们的印象。走在传扬民族文化之路上，我深知肩负重任，也希望通过自己的努力为民族音乐文化的普及、传承、发展尽绵薄之力。

（一）民乐经典传承

作为区域学生艺术精品社团，我经常有机会带领团队参与各类演出、访问、交流活动，每一次交流活动的选曲我都别具匠心，走访我国台湾，我让孩子们带去当地小伙伴们熟悉的台湾儿歌《天黑黑》；美国学者访校，就演奏富有温州地域特色的《叮叮当》；艺术特色学校交流，我们带去独具家乡韵味的《对鸟》……这些优秀的地方音乐是地域文化最直接的载体，但又超脱于文化与国界之上，是最容易联通人心的桥梁。为了让孩子喜欢这些地域特色浓郁的音乐，演奏前我都请专家进行重新编曲，或唱奏结合，或奏演相融，以适合孩子们演绎的方式将这些优秀传统文化源源不断地输送给他们。

（二）民乐推陈出新

民族音乐文化要让孩子们喜欢、乐于奏演，还需要通过民族音乐文化的再创造来实现。著名作曲家周成龙教师曾说："创作要有鲜明的主题与地域性，把传统民间音乐素材经过提炼加

工，真正做到传承发展与新时代审美意识相结合。"在引领学生聆听经典、演绎传统的同时，我还努力将传统民乐推陈出新：让孩子们用民族器乐演奏《可爱的蓝精灵》《雪绒花》《权御天下》等影视动漫音乐；将地方音乐、戏曲音乐加工整理改编，在古曲《将军令》中加入戏曲打击，将"道情"表演融入合奏表演；推出了阮乐队、小十二乐坊等新民乐组合……传统民乐内容与形式的年轻化、多元化，激发了学生的好奇心，孩子们也更乐意去演绎、发扬。

（三）民乐香飘万里

回望与民乐相伴走过的18年，我很感恩得到了许多民乐前辈的帮助，我很幸福同事们能与我携手成为同路人。努力与坚守让我们共同体验到从播种到收获的喜悦。我们的许多孩子坚持民乐梦想走上了专业道路，有的孩子毕业归来加入民族音乐的教学队伍中，还有海外留学的学子，在异地他乡组建民乐团，将我们的民族音乐发扬光大。从我们学校毕业走出的民乐演奏能手们也助推区域中学的民乐团队快速发展壮大起来。我们的民乐教育特色不仅在本地区发挥了辐射作用，还吸引了宁波、台州、杭州、青海、新疆、台湾等其他地区的学校领导、艺术教师到访。2019年10月，我收到了来自中国音乐教育大会的邀请函，并在大会上作《国乐飘香 精彩城南》的经验交流，把我们的经验分享给同类学校的教师们。一支支民乐团队在身边建成，一个个民乐普惠课程在周边学校落地……共同的努力、相同的愿景让民族音乐花开遍地！

传承民族文化之路任重道远，只要初心不改，定能让流淌于孩子们血脉中的文化基因一代代传承下去，并能汇聚成坚不可摧的文化自信！

成在用心，长在创新

平阳教师发展中心　郑增利

在温州师范学院化学系读书时，我一直追求进步，积极向党组织靠拢，大二时（现在还清晰地记得是 1995 年 5 月 5 日）加入中国共产党，成为 1993 级化本至毕业唯一的男生党员。曾经熟读的《党章》，说实话已没记住多少了，但是中国共产党全心全意为人民服务的宗旨，一直铭记于心！所以无论当教师、做校长或是现在担任的教研员，一直在践行"服务"二字，踏踏实实地做一名教育服务工作者。

一、爱心：学生成长之根

大学毕业时，我被分配到昆阳镇第二中学任教自然科学，也不知道怎么上好课，怎么当好教师，但心里很清楚的是学生是我的服务对象，凡事尽量多从学生的角度考虑。我的课堂中学生发言的机会很多，或者说课堂中任何时候任何学生有话讲，我都会停下来让学生先讲，而且不用举手站起来即可。我的课堂还有一个习惯，课前先让学生提问，提关于本节课想了解的东西或是有困惑的地方，之后我开讲。所以，学生在我的课堂中状态很放松，学习自然科学的兴趣也相当好。学生愿意学，学习效果自然会好。我任教三个班的自然科学时，成绩排年级前三名；教两个班时，成绩排年级前两名。印象最深刻的是课堂中曾出现"我们要拖课"！

故事 1：我们要拖课

那是一节有关爬行类动物的课，好像是自然科学七年级下册中的一节。下午第三节上的，课中让学生介绍自己了解的爬行动物及特点。学生们最喜欢介绍的是恐龙，因为他们阅读了大量的相关书籍，什么梁龙、翼龙、霸王龙等，个个讲得很起劲，所讲的我几乎都不知道。在每一位学生介绍完之后，我都会问"同学们是否同意他（她）的观点""还有不同意见吗？"，马上会有学生提出不同意见或作补充。就这样，一边津津乐道地介绍，一边争得面红耳赤，大伙儿兴致盎然，情绪高涨，当下课铃声响起时，感觉意犹未尽，齐呼"我们要拖课"……

教了这么多年的书，听学生们齐呼"我们要拖课"，有且只有一次，还是在第一年教书时碰到的。现在回忆起来，当时的教学设计是没有什么特别之处的，学生们为何如此喜欢呢？一是把课堂真正交给学生是前提，教师只做必要的引导与衔接，学生的思考与发言时间大大地超过了教师讲课的时间；二是课堂中激趣很重要，能把学生的学习兴趣与主观能动性激发出来，课就上活了；三是引发认知冲突是深度学习的根本，能引发学生认知冲突的教学，会不断地向纵深推进，在碰撞中不断产生思维的火花。从这个角度看，它对现在的科学教学还是有所启发的。

二、热心：教师发展之本

我在昆阳镇第四中学与昆阳镇第三中学两所初中先后担任过校长，在日常的规划学校发展、营造育人文化、领导课程教学、引领教师成长、优化内部管理与调适外部环境等工作中，时刻致力服务于学校的优质特色发展。而学校的优质特色发展要靠全体教师努力完成，服务于学校的发展即服务于教师的发展；同时，学校的发展最终为学生成长服务，所以，服务于学校的发展亦即服务于学生的成长。教师发展与学生成长的主阵地是课堂，校长对课堂的关注就牵住了服务学校发展的"牛鼻子"，我在以上两所初中任职时时刻关注的事情之一便是建设最受学生欢迎的课堂。

故事2：最受学生欢迎的课堂

无论昆阳镇第四中学，还是昆阳镇第三中学，任职一年时，我均已听遍全校所有教师的课。大量地听课后，我发现不同教师的课堂差别很大。有的教师教学目标定位精准，教学效益优良；有的教师只顾自己讲，上课的效益可能还比不上学生自习。怎么改变这种现状，让课堂更加高效地为学生的学习服务呢？通过与各年级的学生座谈，结合班子会上对教学现状的研讨，我在全校范围内推出最受学生欢迎的课堂评比。评比基本标准：上课无迟到、早退与手机响铃等现象；讲课通俗易懂；学习参与面广。评比形式：各班级每天选出最受学生欢迎的课一节，每个周五下午放学前由班委从其中选出两节本周最受学生欢迎的课上交教务处，每周一公布上周最受学生欢迎的课堂及累计情况。开始好多教师不以为然，慢慢地，关注的教师越来越多。学生也很灵活，有些水平一般的教师越来越努力后也能被选出。到期末，统计出最受学生欢迎课堂节数最多的十位教师当选本学期"最受学生欢迎的教师"，不发奖状、不发奖金，大会上由学生致辞与献花，那一刻有些台上的教师眼眶微湿……

校长很忙，可以有种种理由说想去听课但没时间，因为没有校长会说课堂不重要。但是能坚持常进课堂听课的校长与很少进课堂听课的校长，对学校里教师与学生的了解及学校管理的效益，差别是很大的。一是校长对课堂的关注，可以带动领导班子多进课堂了解情况，无论分管教学的领导还是德育的领导，常到课堂里均能了解更多教师与学生的真实情况，总务主任多进课堂也能多了解班级财产管理等情况，以上均有利于领导班子更好地管理与服务；二是校长带动领导班子对课堂的关注，会让任课教师更加努力地钻研教材、关注学情，在备课上更下功夫，教学效率与教学效益自然会得到提升；三是通过最受学生欢迎的课堂评比，教师对课堂的关注与投入增加了，最终受益的是我们的学生，使得我们服务的主体真正得以更好地成长。此乃教育之大幸也！

三、匠心：学科建设之魂

到发展中心任初中科学教研员时，我考虑最多的是"怎么给全县初中科学教师当好服务员"。首先是加强学习，我见缝插针地钻研课标，熟读教材，研究命题；积极参加各种业务研讨会、培训学习会，向专家与同行请教；广泛阅读各领域书籍，力求拓宽知识面与信息渠道。

其次是大量听课,听各种层次教师各种类型的课并耐心与上课教师研讨,一般每周听课不少于5节,特别忙的周次里也会想尽办法挤出半天时间去听课。还有只要教师们有需要,"磨课""磨稿""磨题"是工作常态。为更好地加强初中科学教师队伍建设,我确定了以点带面,以局部推动整体,主抓当前、放眼未来的策略,组建了县初中科学青年骨干教师培养班。

故事3:青年骨干教师培养班

截至2017年7月,我县共有初中科学教师403位,其中年龄低于35周岁的青年教师133人,占比33%。133位青年教师很难同时在一个培养班中高效发展,在业务与态度兼顾、城镇与农村兼顾、南北片区兼顾的原则下,最终确定了15位教师作为县首届青年教师培养班的学员。每位学员每年至少经历一次"撰写一份活动策划方案,开一节公开课,作一次主题发言"等成长体验,在体验中激发思考、在思考中得到学习与积累、由积累获得成长。另外,每个学期一次的集中外出培训是学员们重要的学习途径和成长契机。每一期的外出培训活动都会做精心的编排——围绕一个核心主题、邀请有名望的专家、做同课异构等,力求深度学习。2020年7月,县首届青年骨干教师培养班结业。3年中,15位学员参与策划研讨的活动达33次,承担各级公开课和讲座71人次,论文案例获奖43人次,主持参与课题9个,教学获奖27人次,命题获奖10人次……

组建青年骨干教师培养班,不是规定动作,是自选动作;培养班不是一般的培训班,因为培养周期达3年。指导引领培养班学员,是不是主要为一部分科学教师服务而不为全体教师服务呢?答案是否定的,一是培养班学员参与策划的教研活动,在可行性分析论证后,付诸实施时大门往往向全县初中科学教师开放,很多教师积极参与学习研讨并收获;二是培养班学员来自各个学校,他(她)们学习特别主动,很是珍惜,在备课、上课和作业等各项教学常规工作中认真投入、积极上进,辐射和影响一大批教师努力学习和工作;三是培养班学员都是35周岁以下的青年教师,他(她)的活力和干劲对各个学校或团体的老教师触动很大,产生"鲶鱼效应",激发共同发展。在帮助教师提升的路上,其实得益最多的还是我自己,在一次次"磨"的路上,一次次突破自我;在一次次"引"的路上,一次次发展自我。第二届青年骨干教师培养班正在筹备中……

常怀服务之心,眼里长着太阳,笑里全是坦荡,心里饱含温暖。